中國民事訴訟法의 原理와 解釋

孫漢琦

弘文社

머리말

필자가 중국 민사소송법과 인연을 맺게 된 지도 벌써 20여 년이 지났다. 한국과 중국은 1992년 8월 24일 수교하였다. 수교 직전까지도 중국은 우리에게는 적성국가(敵性國家)여서 그들과의 접촉은 철저히 금지되어 있었다. 따라서 중국관련 자료는 접할 도리가 없었다. 법률분야도 마찬가지여서 수교 상대국인 중국의 법률제도에 관한 지식이 전무(全無)인 상태였다. 당시 법무부에서는 중국의 법률제도의 윤곽(輪廓)이라도 시급히 파악할 필요가 있다는 점을 인식하여 중국법에 관한 일련의 資料輯(法務資料)을 발간하기로 결정하게 되었다.

당시 필자는 법무자문위원회의 연구위원으로 재직하고 있었다. 1991년 어느 날 법무실의 담당검사가 필자에게 책 한 권을 건네주면서 한문(漢文)을 좀 하신다는 이야기를 들었는데 이 책으로 중국민사소송법 자료집을 집필해 줄 수 있겠느냐고 물었다. 그 책이 ≪中国民事诉讼法教程≫이었으며 중국인민법원출판사가 1988년에 발간한 것이었다. 이것이 필자와 중국 민사소송법의 첫 조우(遭遇)였다. 집필을 승낙하고 책을 열어보니 처음 보는 간체자(简体字)로 쓰여 있었다. 당시에는 간체자가 생소할 뿐만 아니라 간체자 사전조차 구할 수 없는 형편이었다. 이리저리 뜯어 맞추어 간체자를 혼자 익혀가면서 책을 읽느라 고생했던 기억이 생생하다.

그 후 필자가 대학으로 자리를 옮기고서야 원고를 완성하였다. 완성한 후 원고를 곧바로 제출하려다, 단 한 권의 책만 가지고 원고를 작성했다는 점이 너무 마음에 걸려 자료를 더 찾아보기로 하고 그해(1992년) 여름방학이 시작되자마자 무작정 북경(北京)으로 건너갔다. 그런데 가보니 내가 참고했던 ≪中国民事诉讼法教程≫은 1982년에 처음 실험적으로 만든 시행법(試行法)에 대한 해설서였고, 이미 이를 고쳐 1991년에 정식으로 〈中华人民共和国民事诉讼法〉이 제정·공포되어 이미 시행 중에 있었고, 이에 대한 해설서가 상당히 나와 있는 상태였다. 당황스러웠으나 구해지는 대로 한 보따리 자료를 모아가지고 돌아와 그 여름방학 내내 다시 원고를 고쳐 법무부에 보냈으며, 이것이 1992년 12월에 법무자료 제161집으로 출간된 ≪中國法硏究(Ⅲ) －民事訴訟法－≫이다.

이 책을 지금 들여다보면 부끄럽기 짝이 없다. 내용의 빈약함은 당시의 자료수집난의 탓으로 돌린다 하더라도, 근본적으로 중국 민사소송법에 대한 이해가 너무 부족했었다. 이 점이 내내 마음의 부담으로 되어 다시 연구하여 정식으로 출간해야겠다는 생각을 늘 가지고 있었다. 그러나 이 일 저 일에 밀려 원고를 마무리하지 못하던 중 2010년 9월부터 연구년을 얻게 되어 북경대학교 법학원에서 다시 집필 작업을 할 수 있게 되었다. 2011년 6월 귀국할 때 이미 원고가 완성되어 있었으나, 다시 대폭의 개정이 예정되어 있었기 때문에 부득이 출간을 연기할 수밖에 없었다. 2012년 60항목에 걸친 중국 민사소송법의 개정이 있었으며 이를 반영하여 개고(改稿)한 끝에 이제야 출간할 수 있게 되었다.

집필을 하면서 부족하나마 나름대로 중점을 둔 것이 있다면, 중국 민사소송법을 처음 접하는 독자라도 이해할 수 있도록 노력하였다는 점이다. 수교한 지 이미 20여 년이 지났으나 중국의 민사소송제도는 아직 우리에게 낯설기만 하다. 아직도 중국 민사소송에서는 이러이러 하다는데 그게 사실이냐는 놀람과 조소(嘲笑)가 뒤섞인 질문을 받는다. 처음 중국 민사소송법을 접했을 때 필자도 당혹스러웠다. 처분권주의 · 변론주의의 적용이 없고 기판력도 인정되지 않으니, 극언(極言)하자면 재판이 끝났다고 끝난 것이 아니요 이겼다고 이긴 것이 아니라고도 할 수 있을 것이고, 그렇다면 이것이 재판이냐는 의문이 뇌리에서 떠나지 않았기 때문이다. 2007년과 2012년의 두 차례의 개정으로 이와 같은 생경(生硬)한 느낌은 많이 해소되었다. 그러나 아직도 절차의 각 국면에 우리와 차이가 나는 점이 적지 않다.

민사소송법은 어느 한 국가 · 사회를 규율하는 규범이고 필연적으로 그 정치체제, 경제체제의 영향을 받기 마련이다. 따라서 어느 국가의 민사소송법은 선진적이고 어느 국가의 민사소송법은 후진적이라고 단면적으로 평가하는 것은 정당하지 않은 점이 있다. 중국은 개혁개방 이래 시장경제를 도입하고 있지만 정치적으로는 여전히 사회주의를 고수하고 있고, 민사소송제도의 출발점도 자본주의 민사소송이 아니라 사회주의 민사소송이었다. 이 두 가지 점에 대한 이해가 없이는 중국의 소송제도를 이해할 수 없다.

따라서 본서에서는 앞부분에서 사회주의 민사소송의 기본원리인 국가간예주의(國家干預主義)와 진실절대주의(眞實絕對主義)를 소개하고, 절차 각 국면에서 우리와 차이가 나는 이유를 이 기본원리와 연결하여 반복적으로 설명하였다. 또 우리에게는 낯선 용어(예: 申訴)에 대하여는 가능한 충실히 각주(脚註)를 달고, 중복되더라도 어느 부분의 이해를 위하여 필요하다고 인정되면 다시 달아 뒤로 돌아가지 않아도 되도록 하였다. 그리고 좀 더 정밀한 연구를 하고자 하는 분을 위하여 법률과 사법해석들은 가능한 모두 찾아 확인하고 각주에 그 정확한 명칭을 사용하였으며 참고자료에 함께 모아 정리해 두었다.

집필 작업 중 능력부족을 다시 절감하게 되었으며, 20년이 넘는 천착(穿鑿)에도 별 무소득이라는 점을 깨닫는 데 그치고 말았다. 도도평장(都都平丈)의 억지해석이 무수(無數)할 것이므로 미리 사죄하며 엄한 질정(叱正)을 기대한다.

본서 집필의 대부분은 북경대학 법학원의 연구실에서 이루어졌다. 훌륭한 연구실을 주고 물심양면으로 격려해준 북경대학교 법학원의 张守文 원장, 潘剑锋 부원장, 王建成 부원장, 그리고 필자의 오랜 친구인 李鸣 교수, 钱明星 교수, 甘培忠 교수, 刘凯湘 교수, 傅郁林 교수 등 북경대학교 법학원 교수제위에게 심심한 감사를 드린다. 그동안 필자는 수많은 중국 학자들의 학문적 도움을 받아왔다. 특히 오랜 기간 양국의 민사소송제도를 함께 연구해온 화동정법대학의 陈刚 교수는 필자의 ≪한국민사소송법도론(韓國民事訴訟法導論)≫을 중국의 법제출판사에서 출간할 수 있도록 적극적으로 도와 주었다.

그리고 한국에 유학(留學)와서 민사소송법을 전공한 중국인 제자들의 도움도 컸다. 현재 인천대학교의 교수로 재직 중인 김호(金鎬) 박사, 귀국하여 북경청년정치학원의 교수로 재직 중인 공금평(孔金萍) 박사, 하얼빈사범대학의 교수로 재직 중인 윤문희(尹文熙) 박사, 그리고 법학석사를 취득한 홍위(洪巍) 양 등 많은 중국인 제자들의 도움을 받았다. 마지막으로 판로가 밝지 않은 전문서적임에도 출판을 흔쾌히 허락해 준 홍문사(弘文社)의 임권규(林勸圭) 사장님과 어지러운 원고를 손보아 멋진 책으로 만들어 준 선시현(宣始賢) 과장을 비롯한 홍문사 직원 여러분께 깊이 감사드린다.

2014년 8월

연세대학교 광복관(光復館) 연구실에서

저자 識

차 례

제1편 | 서 론(緖論)

제 2 편 | 법원과 관할

제 3 편 | 중국 민사소송의 당사자제도

제 4 편 | 제1심 소송절차

제 5 편 | 상소심절차 및 심판감독절차

제 6 편 | 특별절차

제 7 편 | 섭외민사소송절차

제 8 편 | 민사집행절차

참 고 문 헌

I 단행본(單行本)

1. 기본서(基本書)

(1) 민사소송법

全国人大常委会法制工作委员会民法室 编著, ≪中华人民共和国民事诉讼法≫ 解释与适用, 人民法院出版社(2012)

奚晓明 主编, ≪中华人民共和国民事诉讼法≫ 修改条文理解与适用, 人民法院出版社(2012)

齐树洁 主编, 民事诉讼法(第二版), 中国人民大学出版社(2010)

齐树洁 主编, 民事诉讼法(第3版), 中国人民大学出版社(2013)

刘家兴-潘剑锋 主编, 民事诉讼法教程(第三版), 北京大学出版社(2010)

张卫平 著, 民事诉讼法(第二版), 法律出版社(2010)

蔡虹 著, 民事诉讼法学(第二版), 北京大学出版社(2010)

谭兵-李浩 主编, 民事诉讼法学, 法律出版社(2009)

江伟 主编, 民事诉讼法(第四版), 中国人民大学出版社(2008)

江伟 主编, 民事诉讼法(第三版), 高等教育出版社(2008)

常怡 主编, 民事诉讼法学, 中国法制出版社(2008)

赵钢-占善刚-刘学在 著, 民事诉讼法, 武汉大学出版社(2008)

唐德华, 新民事诉讼法(实务精答), 人民法院出版社(2008)

唐德华, 新民事诉讼法(司法适用指南 上), 人民法院出版社(2008)

唐德华, 新民事诉讼法(司法适用指南 下), 人民法院出版社(2008)

汤维建 主编, 民事诉讼法学, 北京大学出版社(2008)

江伟 主编, 民事诉讼法专论, 中国人民大学出版社(2005)

张卫平 著, 民事诉讼法, 法律出版社(2004)

汤维建-向泰 编著, 民事诉讼法, 中国人民大学出版社(2003)

樊崇义 主编, 诉讼法学研究(第四卷), 中国检察出版社(2003)

田平安 主编, 民事诉讼法学, 中国人民公安大学出版社(2003)

杨荣馨 主编, 民事诉讼原理, 法律出版社(2003)

梁书文 主编, 民事诉讼法适用意见新释, 中国法制出版社(2002)

潘剑锋, 民事诉讼原理, 北京大学出版社(2001)

杨荣新 主编，民事诉讼法，中国政法大学出版社(2001)
王亚新 著，社会改革中的民事诉讼，中国法制出版社(2001)
金又成 主编，民事诉讼制度改革研究，中国法制出版社(2001)
江伟 主编，民事诉讼法，中国人民大学出版社(2000)
梁书文-回沪明-杨荣新 主编，民事诉讼法及配套规定新释新解(上)，人民法院出版社(2000)
梁书文-回沪明-杨荣新 主编，民事诉讼法及配套规定新释新解(下)，人民法院出版社(2000)
陈桂明 主编，民事诉讼法，中国人民大学出版社(2000)
江伟 主编，民事诉讼法学原理，中国人民大学出版社(1999)
田平安 主编，民事诉讼法学，中国政法大学出版社(1999)
陈桂明 主编，民事诉讼法通论，中国政法大学出版社(1999)
张淑兰 主编，民事诉讼法学，中国政法大学出版社(1999)
常怡 主编，民事诉讼法学(第三版)，中国政法大学出版社(1999)
单国军 编著，民事诉讼实务，中国发展出版社(1998)
张晓为-王庆建 主编，民事诉讼法，中国法制出版社(1998)
杨荣新 主编，民事诉讼法，中国政法大学出版社(1997)
柴发邦 主编，民事诉讼法学，北京大学出版社(1994)
常怡 主编，民事诉讼法学(第一版)，中国政法大学出版社(1994)
柴发邦 主编，中国民事诉讼法学，中国人民公安大学出版社(1993)
柴发邦 主编，民事诉讼法纲要，中国人民公安大学出版社(1993)
周道鸾 主编，民事诉讼法教程，法律出版社(1993)
最高人民法院民事审判庭 编，民事诉讼法例解，人民法院出版社(1993)
杨荣新 主编，中国民事诉讼法，中国政法大学出版社(1992)
杨荣新 主编，中国民事诉讼法，中国政法大学出版社(1992)
胡康生-肖峋 主编，中华人民共和国民事诉讼法讲话，中国民主法制出版社(1991)
中华人民共和国民事诉讼法释论，中国政法大学出版社(1991)
杨书文 主编，民事诉讼法讲话，中国检察出版社(1991)
樊崇义 主编，中国刑事诉讼法，中国政法大学出版社(1991)
最高人民法院民事诉讼法培训班 编，民事诉讼法讲座(1991)
王怀安 主编，中国民事诉讼法教程，人民法院出版社(1988)

(2) 민사집행법

金永熙 著，法院执行实务新论，人民法院出版社(2000)
刘永发 编著，执行法律实务，西苑出版社(2000)
常怡 主编，强制执行的理论与实务，重庆出版社(1992)

2. 전문서(專門書)

毕玉谦 著，民事诉讼证明妨碍研究，北京大学出版社(2010)
谭世贵 主编，中国司法制度(第二版)，法律出版社(2008)

刘树桥，马辉 主编，人民调解实务，暨南大学出版社(2008)
王福华，民事诉讼专题研究，中国法制出版社(2007)
何文燕等 著，民事诉讼理论改革与制度创新，中国法制出版社(2007)
张艳蕊 著，民事公益诉讼制度研究，北京大学出版社(2007)
池强 主编，民事立案，调解与再审实务研究，法律出版社(2007)
张卫平，转换的逻辑，法律出版社(2007)
高壮华，市场经济与民事诉讼结构研究，中国法制出版社(2006)
廖中洪 主编，民事诉讼改革(热点问题研究综述 1991-2005)，中国检察出版社(2006)
陈刚 主编，比较民事诉讼法，中国人民大学出版社(2006)
陈刚-廖永安 主编，移植与创新，中国法制出版社(2005)
张卫平，民事诉讼：关键词展开，中国人民大学出版社(2005)
张卫平，转换的逻辑，法律出版社(2004)
鲁千晓-吴新梅 著，诉讼程序公正论，人民法院出版社(2004)
最高人民法院民事审判第一庭 编，民事审判指导与参考，法律出版社(2004)
江伟 主编，中国民事审判改革研究，中国政法大学出版社(2003)
陈刚 著，民事诉讼法制的现代化，中国检察出版社(2003)
赵泽君，民事诉讼规则疑难问题例说，中国检察出版社(2003)
法苑精萃编辑委员会 编，中国诉讼法学精萃，机械工业出版社(2003)
法苑精萃编辑委员会 编，中国诉讼法学精萃，机械工业出版社(2002)
江伟-邵明-陈刚 著，民事诉权研究，法律出版社(2002)
杨荣新 主编，民事诉讼法修改的若干基本问题，中国法制出版社(2002)
肖建华，民事诉讼当事人研究，中国政法大学出版社(2002)
何文燕-廖永安 著，民事诉讼理论与改革的探索，中国检察出版社(2002)
李交发 著，中国诉讼法史，中国检察出版社(2002)
王福华，民事诉讼基本结构，中国检察出版社(2002)
金友成 主编，民事诉讼制度改革研究，中国法制出版社(2001)
叶自强 著，民事诉讼制度的改革，法律出版社(2001)
郝明 编著，民事检察实务，人民法院出版社(2001)
肖建华，当事人问题研析，中国法制出版社(2001)
黄川 著，民事诉讼管辖研究，中国法制出版社(2001)
陈刚 主编，比较民事诉讼法，中国人民大学出版社(2001)
范愉 著，非诉讼纠纷解决机制研究，中国人民大学出版社(2000)
肖建国 著，民事诉讼程序价值论，中国人民大学出版社(2000)
张卫平，诉讼构架与程式，清华大学出版社(2000)
张新民-王欣新 主编，人民调解工作手册(2000)
张新民-王欣新 主编，人民调解员工作手册，中国法制出版社(2000)
徐家力-吴云浩 编著，中国律师制度史，中国政法大学出版社(2000)

章武生等著, 司法现代化与民事诉讼制度的建构, 法律出版社(2000)
最高人民法院 ≪民事审判司法解释实用问答≫ 编写组, 民事审判司法解释实用问答(2000)
最高人民检察院民事行政检察厅, 人民检察院民事行政抗诉案例选(2), 法律出版社(1999)
最高人民检察院民事行政检察厅, 人民检察院民事行政抗诉案例选(3), 法律出版社(1999)
王敬藩 主编, 民事诉讼法教学案例, 中国政法大学出版社(1999)
江伟-杨荣新 主编, 人民调解学概论(1998)
陈桂明-马怀德 著, 案例诉讼法教程, 中国政法大学出版社(1996)
杨立新 主编, 疑难民事纠纷司法对策(第二集), 吉林人民出版社(1994)
王强义, 民事诉讼特别程序研究, 中国政法大学出版社(1993)
徐瑞柏-汤树华, 蒋志培 编著, 民事案件司法程序实务, 新时代出版社(1993)
茅彭年-李必达 主编, 中国律师制度研究, 法律出版社(1992)
陈培章等 主编, 诉讼指南, 法律出版社(1991)
江伟-杨荣新 主编, 人民调解概论, 法律出版社(1990)

3. 번역서(飜譯書)

奥特马 尧厄尼希(周翠 译), 民事诉讼法, 法律出版社(2003)
林剑锋, 民事诉讼法(高桥宏志 著), 法律出版社(2003)
中村英郎(陈刚等译), 新民事诉讼法讲义, 法律出版社(2001)
白绿铉, 日本新民事诉讼法, 中国法制出版社(2000)
白绿铉, 民事诉讼法(兼子一, 竹下守夫), 法律出版社(1995)

4. 해석서(解釋書)

最高人民法院司法解释, 最高人民法院研究室编(2009)
最高人民法院关于民事诉讼证据的若干规定(注释本), 法律出版社(2009)
现行民事诉讼法司法解释, 中国法制出版社(2002)
最高人民法院司法解释, 最高人民法院研究室编(2001)
新民事诉讼法条文释义, 人民法院出版社(1991)

II 참고법령

1. 법률

中华人民共和国民事诉讼法(2012年 修正)(全国人大常务委员会, 2012-8-31)
中华人民共和国侵权责任法(全国人民代表大会常务委员会, 2009-12-26)
中华人民共和国劳动争议调解仲裁法(全国人大常务委员会, 2007-12-29)
中华人民共和国民事诉讼法(2007年 修正)(全国人大常务委员会, 2007-10-28)

中华人民共和国劳动合同法(全国人大常务委员会, 2007-06-29)
中华人民共和国物权法(全国人民代表大会, 2007-03-16)
中华人民共和国企业破产法(全国人大常务委员会, 2006-08-27)
中华人民共和国禁毒法(全国人大常务委员会, 2006-08-27)
中华人民共和国公证法(全国人大常务委员会, 2005-08-28)
中华人民共和国票据法(2004修正)(全国人大常务委员会, 2004-08-28)
中华人民共和国拍卖法(2004修正)(全国人大常务委员会, 2004-08-28)
中华人民共和国著作权法实施条例(2002)(国务院, 2002-08-02)
中华人民共和国商标法(全国人大常务委员会, 2001-12-01)
中华人民共和国著作权法(2001年 修正)(全国人大常务委员会, 2001-10-27)
中华人民共和国工会法(全国人民代表大会, 2001-10-27)
中华人民共和国婚姻法(全国人大常务委员会, 2001-04-28)
中华人民共和国合同法(全国人民代表大会, 1999-03-15)
中华人民共和国海事诉讼特别程序法(全国人大常务委员会, 1999-12-25)
中华人民共和国担保法(全国人大常务委员会, 1995-06-30)
中华人民共和国劳动法(全国人大常务委员会, 1994-07-05)
中华人民共和国反不正当竞争法(全国人大常务委员会, 1993-09-02)
中华人民共和国海洋环境保护法(全国人民代表大会常务委员会, 1999-12-25)
中华人民共和国刑事诉讼法(全国人民代表大会, 2012-3-14)

2. 사법해석 등

(1) 의견(意見)

最高人民法院关于建立健全诉讼与非诉讼相衔接的矛盾纠纷解决机制的若干意见 [法发(2009) 45号, 2009-07-24]
最高人民法院关于受理审查民事申请再审案件的若干意见 [法发(2009) 26号, 2009-04-27]
关于完善院长, 副院长, 庭长副庭长参加合议庭审理案件制度的若干意见 [法发(2007) 14号, 2007-3-30]
最高人民法院关于进一步发挥诉讼调解在构建社会主义和谐社会中积极作用的若干意见 (2007-03-07)
关于人民陪审员选任培训考核工作的实施意见 [法发(2004) 22号, 2004-12-13]
最高人民法院 《关于适用〈中华人民共和国民事诉讼法〉若干问题的意见》 [法发(1992) 22号, 1992-07-14]
最高人民法院关于人民法院审理借贷案件的若干意见 [法(民)发(1991) 21号, 1991-07-02]
最高人民法院关于贯彻执行 《中华人民共和国民法通则》 若干问题的意见[试行](一) (1988-01-26; 【失效时间】 2008-12-24)
最高人民法院关于贯彻执行 《中华人民共和国民法通则》 若干问题的意见(试行) [最高人民法院: 法(办)发(1998) 6号, 1988-1-26]

(2) 해석(解釋)

最高人民法院关于适用 ≪中华人民共和国合同法≫ 若干问题的解释 [法释(2009) 5号, 2009-4-24]

最高人民法院关于适用 ≪中华人民共和国民事诉讼法≫ 审判监督程序若干问题的解释 [法释(2008) 14号, 2008-11-25]

最高人民法院关于适用 ≪中华人民共和国民事诉讼法≫ 执行程序若干问题的解释 [法释(2008) 13号, 2008-11-03]

最高人民法院关于审理不正当竞争民事案件应用法律若干问题的解释 [法释(2007) 2号, 2007-1-12]

最高人民法院关于审理涉及计算机网络著作权纠纷案件适用法律若干问题的解释(2006年 修正) [法释(2006) 11号, 2006-12-08]

最高人民法院关于审理技术合同纠纷案件适用法律若干问题的解释 [法释(2004) 20号, 2004-12-16]

最高人民法院关于审理人身损害赔偿案件适用法律若干问题的解释 [法释(2003) 20号, 2003-12-26]

最高人民法院关于适用 ≪中华人民共和国海事诉讼特别程序法≫ 若干问题的解释 [法释(2003) 3号, 2003-01-06]

最高人民法院关于审理著作权民事纠纷案件适用法律若干问题的解释 [法释(2002) 31号, 2002-10-12]

最高人民法院关于审理商标民事纠纷案件适用法律若干问题的解释 [法释(2002) 32号, 2002-10-12]

最高人民法院关于审理商标案件有关管辖和法律适用范围问题的解释 [法释(2002) 1号, 2002-1-9]

最高人民法院关于适用 ≪中华人民共和国婚姻法≫ 若干问题的解释(一) [法释(2001) 30号, 2001-12-25]

关于审理劳动争议案件适用法律若干问题解释 [法释(2001) 14号, 2001-4-16]

最高人民法院关于审理涉及计算机网络域名民事纠纷案件适用法律若干问题的解释 [法释(2001) 24号, 2001-07-17]

最高人民法院关于审理劳动争议案件适用法律若干问题的解释 [法释(2001) 14号, 2001-04-16]

最高人民法院关于确定民事侵权精神损害赔偿责任若干问题的解释 [法释(2001) 7号, 2001-03-10]

最高人民法院关于适用 ≪中华人民共和国担保法≫ 若干问题的解释 [法释(2000) 44号, 2000-12-08]

最高人民法院关于民事, 行政诉讼中司法赔偿若干问题的解释 [法释(2000) 27号, 2000-09-21]

最高人民法院关于适用 ≪中华人民共和国合同法≫ 若干问题的解释(一) [法释(1999) 19号, 1999-12-19]

最高人民法院关于审理名誉权案件若干问题的解释 [法释(1998) 26号, 1998-09-15]

最高人民法院关于执行 ≪中华人民共和国行政诉讼法≫ 若干问题的解释 (最高人民法院, 2000-3-8)

(3) 규정(規定)

最高人民法院关于委托执行若干问题的规定 [法释(2011) 11号, 2011-05-03]

民事案件案由规定(2011年 修正) [法发(2011) 41号, 2011-02-18]

最高人民法院关于人民法院民事执行中拍卖, 变卖财产的规定 [法释(2004) 16号, 2004-11-15]

最高人民法院关于人民法院民事执行中查封, 扣押, 冻结财产的规定 [法释(2004) 15号, 2004-11-04]

最高人民法院关于以法院专递方式邮寄送达民事诉讼文书的若干规定 [法释(2004) 13号, 2004-09-17]

最高人民法院关于人民法院民事调解工作若干问题的规定 [法释(2004) 12号, 2004-09-16]

最高人民法院关于适用简易程序审理民事案件的若干规定 [法释(2003) 15号, 2003-09-10]

最高人民法院关于审理期货纠纷案件若干问题的规定 [法释(2003) 10号, 2003-6-18]

最高人民法院关于审理证券市场因虚假陈述引发的民事赔偿案件的若干规定 [法释(2003) 2号, 2003-1-9]

最高人民法院关于诉讼代理人查阅民事案件材料的规定 [法释(2002) 39号, 2002-12-07]

最高人民法院关于正确适用暂缓执行措施若干问题的规定 [法发(2002) 16号, 2002-9-28]

关于人民法院合议庭工作的若干规定 [法释(2002) 25号, 2002-8-12]

最高人民法院关于人民法院对民事案件发回重审和指令再审有关问题的规定 [法释(2002) 24号, 2002-07-31]

最高人民法院关于涉外民商事案件诉讼管辖若干问题的规定 [法释(2002) 5号, 2002-2-25]

最高人民法院关于民事诉讼证据的若干规定 [法释(2001) 33号, 2001-12-21]

最高人民法院关于海事法院受理案件范围的若干规定 [法释(2001) 27号, 2001-9-11]

最高人民法院关于审理专利纠纷案件适用法律问题的若干规定 [法释(2001) 21号, 2001-6-22]

最高人民法院关于对诉前停止侵犯专利权行为适用法律问题的若干规定 [法释(2001) 20号, 2001-06-07]

最高人民法院关于适用督促程序若干问题的规定 [法释(2001) 2号, 2001-01-08]

最高人民法院关于审理票据纠纷案件若干问题的规定 [法释(2000) 32号, 2000-11-21]

最高人民法院关于严格执行案件审理期限制度的若干规定 [法释(2000) 29号, 2000-9-22]

最高人民法院关于人民法院受理申请承认外国法院离婚判决案件有关问题的规定 [法释(2000) 6号, 2000-03-01]

最高人民法院关于审判人员严格执行回避制度的若干规定 [法发(2000) 5号, 2000-01-31]

最高人民法院关于审理农业承包合同纠纷案件若干问题的规定 [法释(1999) 15号, 1999-06-28; 【失效日期】 2008-12-28]

最高人民法院关于严格执行公开审判制度的若干规定(1999-03-08)

最高人民法院关于人民法院执行工作若干问题的规定(试行) [法释(1998) 15号, 1998-07-18]

最高人民法院关于民事经济审判方式改革问题的若干规定 [法释(1998) 14号, 1998-07-11]

最高人民法院关于人民法院立案工作的暂行规定 [法发(1997) 7号, 1997-04-21]

最高人民法院关于在确定经济纠纷案件管辖中如何确定购销合同履行地问题的规定 [法发(1996) 28号, 1996-09-12]

最高人民法院关于在经济审判工作中严格执行 《中华人民共和国民事诉讼法》 的若干规定 [法发(1994) 29号, 1994年 12月 22号]

最高人民法院关于中国公民申请承认外国法院离婚判决程序问题的规定 [法(民)发(1991) 21号, 1991-08-13]

最高人民法院关于铁路运输法院对经济纠纷案件管辖范围的规定 [法(交)发(1990) 8号, 1990-6-16]

最高人民法院关于诉讼代理人查阅民事案件材料的规定 [法释(2002) 39号, 2002-11-15]

最高人民法院关于司法公开的六项规定 [法发(2009) 58号, 2009-12-8]

最高人民法院关于人民法院在互联网公布裁判文书的规定 [法释(2013) 26号, 2013-11-21]

(4) 통지(通知)

最高人民法院关于适用《关于民事诉讼证据的若干规定》中有关举证时限规定的通知 [法发(2008) 42号, 2008-12-11]

最高人民法院关于人民法院受理共同诉讼案件问题的通知 [法(2005) 270号, 2005-12-30]

最高人民法院关于严格执行高级人民法院受理第一审民商事纠纷案件级别管辖标准问题的通知 [法(2002) 23号, 2002-2-1]

最高人民法院关于受理证券市场因虚假陈述引发的民事侵权纠纷案件有关问题的通知(对外贸易经济合作部 2001年 第9号令, 2002-01-15)

最高人民法院关于开展涉及集成电路布图设计案件审判工作的通知 [法发(2001) 24号, 2001-11-16]

最高人民法院关于各高级人民法院受理第一审民事, 经济纠纷案件问题的通知 [法发(1999) 11号, 1999-4-9]

最高人民法院关于民事经济审判方式改革问题的若干规定 [法释(1998) 14号, 1998-07-11]

国家工商行政管理局关于印发《企业集团登记管理暂行规定》的通知(1998-04-06)

最高人民法院关于人民法院立案工作的暂行规定(1997-05-29)

中国人民银行, 最高人民法院, 最高人民检察院, 公安部关于查询, 冻结, 扣划企业事业单位, 机关, 团体银行存款的通知 [银发(1993) 356号, 1993-12-11]

最高人民法院关于印发《第一审经济纠纷案件适用普通程序开庭审理的若干规定》的通知 [法发(1993) 34号, 1993-11-16]

最高人民法院, 外交部, 司法部关于我国法院和外国法院通过外交途径相互委托送达法律文书若干问题的通知 [外发(1986) 47号, 1986-08-14]

(5) 비복(批復)

最高人民法院关于专利法, 商标法修改后专利, 相关案件分工问题的批复 [法复(2002) 117号, 2002-5-21]

最高人民法院关于当事人对仲裁协议的效力提出异议由哪一级人民法院管辖问题的批复 [法释(2005) 25号, 2000-8-8]

最高人民法院关于民事诉讼委托代理人的代理权限问题的批复 [法复(1997) 1号, 1997-01-23]

最高人民法院关于经济合同的名称与内容不一致时如何确定管辖权问题的批复 [法复(1996) 16号, 1996-11-13]

最高人民法院关于执行级别管辖规定几个问题的批复 [法复(1996) 5号, 1996-5-7]

最高人民法院关于未经对方当事人同意私自录制其谈话取得的资料不能作为证据使用的批复 [复(1995) 2号, 1995-03-06]

最高人民法院关于如何确定借款合同履行地问题的批复 [法复(1993) 10号, 1993-11-17]

最高人民法院关于经济纠纷案件当事人向受诉法院提出管辖权异议的期限问题的批复〉[法(经)复(1990) 10号, 1990-8-5]

最高人民法院第三人能否对管辖权提出异议问题的批复 [法(经)复(1990) 9号, 1990-7-8]

(6) 기타(其他)

司法鉴定程序通则(司法部令 第107号, 2007-08-07)

诉讼费用交纳办法(国务院令 第481号, 2006-12-19)

全国人大会常委会关于司法鉴定管理问题的决定(2005-02-28)

信访条例(2005年)(国务院, 2005-01-10)

关于完善人民陪审员制度的决定(全国人大常务委员会, 2004-08-28)

人民法院民事诉讼风险提示书(2003-12-26)

中华人民共和国诉讼法律选编(中国法制出版社, 2002)

民事诉讼法及其配套规定(中国法制出版社, 2002)

人民调解工作若干规定及配套规定(中国法制出版社, 2002)

外国律师事务所驻华代表机构管理条例(中华人民共和国国务院令 第338号, 2001-12-22)

人民检察院民事行政抗诉案件办案规则(2001-09-30)

人民法院审判长选任办法(试行) [法发(2000) 16号, 2000-7-11]

最高人民法院关于当事人就案件级别管辖权向上级法院提出异议上级法院发函通知移送, 而下级法院拒不移送, 也不作出实体判决应如何处理问题的复函 [法函(1996) 150号, 1996-10-9]

最高人民法院关于当事人就级别管辖提出异议应如何处理问题的函 [法函(1995) 95号, 1995-7-3]

最高人民法院关于审理名誉权案件若干问题的解答 [法发(1993) 15号, 1993-08-07]

中华人民共和国人民法院法庭规则 [法发(1993) 40号, 1993-12-01]

中华人民共和国领事特权与豁免条例(全国人大常务委员会, 1990-10-30)

中华人民共和国外交特权与豁免条例(全国人大常务委员会, 1986-09-05)

中国国际贸易促进委员会共同海损理算暂行规则(1975-01-01)

제1편
서론(緖論)

제1장 | 중국 민사소송법 개관

제2장 | 중국 민사소송제도의 특색

제3장 | 중국 민사소송의 기본원칙

제4장 | 중국 민사소송의 기본제도

제1장 중국 민사소송법 개관

제1절 중국 민사소송법의 역사

I. 서언(序言)

중국은 1949년 사회주의화한 이래 중요 생산수단을 국유화 내지 사회화하고 사소유권을 바탕으로 하는 시장경제체제는 철저히 배격하였다. 이에 따라 민사분쟁이라는 것이 사회적으로 별 의미를 갖지 않게 되고 시장경제체제를 토대로 하는 서구식 민사소송제도는 쓸모없는 것이 되고 말았다. 이와 같은 현상은 중국뿐만 아니라 모든 사회주의 국가에서 공통적으로 볼 수 있는 현상이었다.

과거 중국에서는 이미 청말(清末) 민국초기(民國初期)에 형사법과 민사법의 구별, 실체법과 절차법의 구별을 알기 시작하였으나, 사회주의화한 이후에는 민사법분야의 발전이 정체되기 시작하였으며 특히 1966년에 시작되어 10년간 계속된 문화혁명시기에는 법률제도 전반이 심한 혼돈상태를 겪게 되었다. 특히 이 기간에는 법원의 재판업무가 마비되고 검찰원이 폐지되기도 하였다. 문화혁명이 끝난 후 1976년부터 1979년 사이에는 문화혁명 기간 동안 파괴되었던 제도를 복구하는 데 주력하였으며, 1979년을 기점으로 본격적인 법률제도의 정비와 새로운 입법작업에 착수하였다. 경제체제도 과거의 계획경제로부터 자본주의의 시장경제체제를 도입하기 시작하였으며, 중국공산당 제12기 3중전회(三中全會: 1984.10.20)에서는 경제체제의 변경을 선언하여 중국의 경제체제를 '계획적 상품경제체제(計劃的商品經濟體制)'라고 선언하게 되었다.[1] 이와 더불어 폐지 또는 정체되었던 민사법분야의 입법작업이 활발해지게 되었고, 경제체제의 변경을 뒷받침할 절차법의 정비도 서두르게 되었다.

---

1) 중국헌법 제15조 제1항은 "국가는 사회주의 시장경제를 실행한다(國家实行社会主义市场经济)" 라고 선언하고 있다.

Ⅱ. 중국 민사소송법의 역사

1. 사회주의화 이전의 민사소송제도

고대 중국에서도 민사소송과 형사소송의 개념이 분화되었던 적이 있으며 이를 각각 송(訟)과 옥(獄)이라 하고 청송절옥(聽訟折獄)[2]이라는 말로 민사소송절차와 형사소송절차를 표현하였다.[3] 그리고 서주(西周)시대에는 소송비용을 징수하는 제도도 마련되어 있었다고 한다. 그러나 고대사회가 발전함에 따라 통치권 강화를 위하여 민·형사 재판제도를 통합하게 되었고 법전상으로도 민사법과 형사법, 나아가 실체법과 절차법의 구별이 없어지게 되었다. 그리고 사회규범으로서의 형사법을 중시하고 민사법을 경시(重刑事輕民事)하게 되었으며, 실체법을 중시하고 절차법을 경시하는(重實體法輕節次法) 전통이 확립되게 되었다. 이와 같은 현상은 청말(淸末)의 변법운동(變法運動)[4]시기까지 계속되었다. 청조 말의 변법운동으로 서구의 법률제도가 도입되기 시작하자 민사법과 형사법의 구별과 실체법과 절차법의 구별을 재인식하게 되었고 1910년에는 처음으로 〈대청민사소송률(초안)(大淸民事訴訟律(草案))〉이 제정되기에 이르렀다.[5] 그러나 이 법률초안은 청왕조의 몰락(1912년)으로 그 시행을 보지 못하였다.

그 후 국공(國共)내전기간 중 국민당정부는 몇 차례 민사소송조례 등을 공포·시행한 끝에 1932년 〈중화민국민사소송법〉을 제정 · 공포하게 되었으며,[6] 중국공산당이 지배하던 각 혁명근거지(이른바 解放區)에서는 별도로 약간의 민사소송법규범[7]이 공포

---

2) 여기의 절(折)은 결단하다, 판단하다의 뜻이다. 따라서 절옥(折獄)은 옥사를 처결한다는 의미이다. 君子以折獄致刑(易經).

3) 柴发邦 主编, 中国民事诉讼法学, 中国人民公安大学出版社(1993), 33面 이하; 马原 主編, 民事审判的理論与实务, 人民法院出版社(1992), 32面 이하 등.

4) 청일전쟁(1894~1895년) 패배 이후 절충적 개혁인 양무운동(洋務運動)의 한계를 느끼고 캉유웨이(康有爲), 량치차오(梁啓超) 등이 중심이 되어 정치, 교육, 법률 등 청나라 사회전반의 제도들을 근본적으로 개혁하고자 한 운동이었으나 서태후(西太后)의 쿠데타(戊戌政變: 1899년)로 실패하였다.

5) 이 초안은 수율대신(修律大臣) 심가본(沈家本)이 편찬한 것으로 독일민사소송법을 남본(藍本)으로 하고 일본, 오스트리아, 헝가리 등의 민사소송법을 참조하여 만든 것으로 전4편 800조에 이르는 방대한 법전이었다. 이 법전은 시행되지는 못하였으나 그 후 북양군벌(北洋軍閥)과 국민당정부의 민사소송법의 모태가 되었다[常怡 主编, 民事诉讼法学(第一版), 中国政法大学出版社(1994), 2~3面 참조].

6) 이 법률은 9편 12장에 636개의 조문을 가지고 있었으며, 그 후 1935년과 1945년 대폭 개정되었으며, 현재의 대만 민사소송법으로 되었다[王甲乙·楊建華·鄭健才 共著, ≪民事訴訟法新論≫, 臺北三民書局(1989), 8面].

7) 예컨대 〈裁判部暫行组织及裁判条例(1932年)〉, 〈中华苏维埃共和國司法程序(1934年)〉, 〈陝甘宁边区军民事诉讼暫行条例(1943年)〉 등과 같은 것이다.

·시행되고 있었다. 그런데 이와 같은 해방구의 민사재판제도는 국민당정부의 그것과는 매우 다른 원칙하에 만들어진 것이며 양심종심제(兩審終審制), 현지심판[就地審判] 및 순회재판제도(巡廻審判制度), 인민배심제도(人民陪審制度), 인민조정(人民調停)과 법원조정제도(法院調停制度) 등이 채택되어 있었다.[8] 이와 같이 사회주의화되기 이전의 대륙은 국민당정부가 지배하는 지역과 공산당이 지배하는 혁명근거지로 나뉘어 두 가지의 사회체제가 공존하였으며 이에 따라 민사소송제도도 두 종류가 병존하고 있었다.[9] 이와 같은 공존상태는 1949년 대륙이 완전히 사회주의화됨에 따라 종지부(終止符)를 찍게 되었고 대륙에서는 사회주의 법제화의 길을 걷게 되었다. 그동안 국민당정부에 의하여 시행되던 법률은 중국공산당 중앙(中央)이 1949년 2월에 공포한 〈국민당의 육법전서폐지와 해방구사법원칙확정에 관한 지시(关于废除国民党的六法全书与确定解放区司法原则的指示)〉에 따라 전면적으로 폐지되었다.

2. 사회주의화 이후의 민사소송제도

1950년 12월 중국 중앙인민정부법제위원회는 〈중화인민공화국소송절차통칙(中华人民共和国诉讼程序通则)(草案)〉을 제정하여 사회주의 소송제도의 기초를 마련하였으며,[10] 1954년에 이르러서는 〈중화인민공화국헌법(中华人民共和國宪法)〉, 〈중화인민공화국법원조직법(中华人民共和國人民法院组织法)〉과 〈중화인민공화국검찰원조직법(中华人民共和國人民检察院组织法)〉이 제정되어 재판제도의 골격이 마련되었다.[11]

민사소송만을 전문적으로 다룬 최초의 문건은 최고인민법원이 1956년 10월에 발행[印发]한 〈각급법원 민사사건심판절차에 관한 총결(关于各级人民法院民事案件审判程序总结)〉[12]이며 이는 곧 조문화되어 1957년에 〈민사사건심판절차(초안)[民事案件审判程序(草

---

8) 柴发邦 主编, 前揭書, 38~40面; 常怡 主编, 前揭書 3面 참조.

9) 이와 같은 두 제도는 항일전쟁을 위한 제2차 국공합작시기(1937.9~1945.8)에는 한때 통합되어 국민당의 법률에 따라 지방법원, 고등법원 등의 재판기관을 설치한 적도 있었으나 그 운영은 중국공산당과 인민정부가 독자적으로 하였다[王怀安 主编, 中国民事诉讼法教程, 人民法院出版社(1988), 6面].

10) 사회주의화 이후 처음 나온 소송법(草案)이었으나 공포·시행되지는 못하였다[谭兵, 李浩 主编, 民事诉讼法学, 法律出版社(2009), 17面].

11) 1954년 9월에 개최된 제1기 전국인민대표자대회 제1차 회의에서 위 세 가지 법률이 통과되어 중국 사법제도의 기틀이 마련되게 되었다. 기본법률의 제정권은 전국인민대표대회가 가지나 기타 법률은 제정권을 상무위원회에 위임하기도 한다. 이하 전국인민대표대회는 전인대(全人大)로 줄여 부르기로 한다.

12) 이 총결은 기소, 심리전공작, 심리, 재판, 상소, 재심, 집행의 7개 부문으로 구성된 것으로 민사재판의 경험을 모아 민사소송법의 제정에 기초를 제공함과 동시에 절차법의 흠결로 인한 법원간의 심리와 재판의 불통일과 부적절한 절차진행으로 인한 인민의 불만을 해소하기 위하여 제

案)]〉로 발간되었다(모두 84개의 조문으로 구성됨). 이 총결은 실제로 소송규범으로 작용하고 있었으나 10년간의 문화혁명기간 동안에는 그 기능을 발휘할 수가 없었다. 1979년 2월에 최고인민법원은 제2차 전국민사심판공작회의(全国民事审判工作会议)를 개최하여 이전의 총결을 기본으로 하여 〈인민법원민사사건심판절차제도규정(人民法院审判民事案件程序制度的规定)〉을 새로 제정하였다.

그 후 1979년 9월에는 전인대(全人大) 상무위원회의 법제위원회가 민사소송법기초소조(小組)를 구성하여 정식으로 민사소송법 제정작업에 착수하였다. 이 기초위원회는 약 2년 반의 기간 동안 전후 3차의 전국적인 토론을 거친 후 민사소송법 초안(草案)을 마련하였으며, 1981년 12월에 개최된 제5기 전인대 제4차 전체회의에서는 이 초안을 원칙적으로 통과시키면서, 전인대 상무위원회에 이를 수정·공포할 권한을 부여하였다. 이에 따라 1982년 3월 8일에는 제5기 전인대 상무위원회 제22차 회의에서 수정 초안인 〈중화인민공화국민사소송법(試行): 中华人民共和國民事诉讼法(试行)〉[13]이 통과되어 같은 해 10월 1일부로 전국적으로 시행되기에 이르렀다. 이 법의 제정은 실체법을 중시하고 절차법을 경시하는 전통적 법관념으로부터의 탈피를 알리는 사건이었으며,[14] 이로써 중국은 사회주의화 이후에 처음으로 체계적으로 정비된 민사소송법전을 가지게 되었다. 그러나 이 법은 명칭 중 시행(試行)이라는 말이 보여 주듯이 확정된 법률로서의 의미보다는 시험적으로 시행해 본다는 의미를 가지고 있었으며, 정식 법률제정을 예고하는 의미에서 일종의 한시법적 역할을 하는 것이었다.

이 시행법(試行法)은 9년간 시행되다가 그동안 진행된 개혁개방정책의 결과를 반영하고, 그동안 제정된 〈민법통칙(民法通則)〉, 〈특허법[专利法]〉, 〈상표법(商标法)〉, 〈저작권법(著作权法)〉 등 실체법과의 조화를 위하여 대폭적인 수정을 거쳐서, 1991년 4월 9일 제7기 전국인민대표대회 제4차 회의에서 〈중화인민공화국민사소송법(中华人民共和國民事诉讼法)〉으로 통과되었고 같은 날부터 시행되기에 이르렀다.[15] 이것이 중국이 정식으로 제정한 최초의 민사소송법이며 현재도 그 골격이 유지되고 있다. 이 민사소송법은 4편 29장으로 총 270개의 조문으로 구성되어 시행법보다 6장(章) 65개의 조문이 늘어났으며 그 내용에도 상당한 변화가 있었다.

정된 것이다.

13) 이 법은 전체 5편 23장에 205개의 조문으로 구성되어 있었다.

14) 개혁개방을 내걸고 시장경제체제를 도입하기 시작한 후 최초로 제정된 중국의 민사관련 법률이었으며, 민법통칙 등 민사실체법의 제정보다 시기가 상당히 앞섰다는 점을 유의할 필요가 있다.

15) 이 법의 특징과 시법(試法)과의 차이 및 수정의 배경 등에 관하여는 最高人民法院民事訴訟法培訓班이 편찬한 ≪民事诉讼法讲座≫(法律出版社, 1991)가 자세하다.

제2절 민사소송법의 개정

I. 2007년의 개정

1. 개정경과

1991년 정식 제정된 중국 민사소송법은 16년간 시행되어 중국인의 민사권익보호에 큰 역할을 하였으며, 변화하는 사회질서와 경제질서의 유지·보호에 큰 공헌을 하였다. 그러나 개혁개방의 고도화와 더불어 시장경제체제의 도입이 심화되어 경제가 급속히 발전하게 되자, 경제계층(주체)이 다양화되게 되었고, 경제조직의 형태와 경제적 이해관계도 함께 다양화하게 되는 새로운 상황이 전개되게 되었고, 이에 따라 이전에는 볼 수 없었던 새로운 문제가 속출하게 되었으며[16] 또 민사분쟁이 대폭 증가하게 되었다. 이와 같은 문제에 직면하게 되자 아직 사회주의적 색채가 짙었던 민사소송법이 더 이상 변화된 사회의 실제적 요구에 부응할 수 없게 되었다.[17] 이에 따라 그동안의 사법실천(司法實踐) 경험을 함께 모아 민사소송법을 개정하기에 이르렀다.

즉 2007년 10월 28일 제10기 전인대 상무위원회 제30차 회의는 〈중화인민공화국 민사소송법 개정에 관한 결정〉을 통과시켜 민사소송법 제정 16년 만에 처음으로 법률을 개정하였다. 그동안 민사소송법 개정의 요청이 끊임없이 제기되었으며 제10기 인민대표대회에 연명으로 제출된 민사소송법개정안만도 90건에 이르렀다.[18] 개정요구의 폭도 매우 다양하여 제1심 보통절차, 간이절차, 제2심 절차, 섭외민사소송절차, 공익소송제도, 증거제도, 조정제도 등 절차 전반에 걸쳐 개정요구가 있었다. 그러나 이번 개정에서는 개정 요구가 가장 강하고 또 조건이 성숙되었다고 판단되는 심판감독절차(재심제도)와 집행절차에 한정하여 부분적으로 개정하는 데 그쳤다.[19][20]

---

16) 예컨대 기업법인관련사건, 증권관련사건과 같은 것은 이전에는 볼 수 없었던 새로운 유형의 사건이었다.

17) 2007년 6월 18일 전국인민대표대회 상무위원회에 부의된 〈中华人民共和國民事诉讼法修正案(草案)〉, 2面 참조.

18) 이번 개정작업에서 크게 참고되었던 개정건의안은 江必新 등의 호남단(湖南團) 30여 명이 제출한 〈申訴難, 執行難의 해결을 위한 민사소송법개정에 관한 건의〉였으며, 이를 토대로 2007년 6월부터 전국인민대표대회 상무위원회 제28차, 제29차, 제30차 회의를 통한 심의를 거쳐 개정결정이 이루어진 것이다.

19) 현재의 중국 민사소송법은 매우 불완전한 것이라며 전면적인 개정을 요구하는 견해도 있으나, 아직 제반요건이 충족되지 않았다는 판단을 한 것이며, 이번 개정은 이른바 “신소난(申訴難)”, “집행난(執行難)”으로 대변되는 재심절차와 집행절차에 대한 국민의 불만을 해소하는 데 그치

또한 2007년 〈기업법인파산법(企业法人破产法)〉이 단행법으로 제정됨에 따라 기업법인파산절차에 관한 제19장이 삭제되었으며 일부 조문의 위치를 재조정하였다. 따라서 개정법의 편제(編制)는 4편 28장에 268개의 조문으로 구성되었다.

2. 개정내용

(1) 재심제도의 정비

양심종심제도를 취하는 중국에서는 사실상 기판력제도가 없다는 평가를 할 수 있을 정도로 재심이 광범위하게 이용되고 있다.[21] 재심제도는 심판감독절차라고 불리기도 하는데 우리와는 달리 당사자 이외에 법원과 검찰원도 재심을 일으킬 수 있도록 되어 있다. 특히 당사자의 재심신청과 관련된 불만이 많았으며 반대로 남용되는 경우도 많았다. 개정법에서는 재심 신청사유를 기존의 5개 사유로부터 15개 사유로 구체화하였으며, 재심의 실시여부를 신청일로부터 3개월 이내에 반드시 결정하도록 하였다. 또한 검찰원이 요구하는 재심[22]의 경우도 그 사유를 기존의 4개에서 당사자의 재심사유와 통일하여 15개로 구체화하였으며, 이 경우에는 신청일로부터 30일 이내에 재심결정을 하여야 한다고 하였다. 또한 당사자의 재심신청 기간은 원칙적으로 판결이나 재정이 법률적 효력을 발생한 후 2년 이내에 제기하도록 하였으나, 2년 후라도 당해 판결의 근거가 되었던 법률문서(법률적 효력이 발생하는 문서)가 폐지 또는 변경된 경우 또는 재판관여인이 독직수회(貪汚受賄)한 경우, 사정(私情)에 이끌려 재판(徇私舞弊)[23]하거나 법을 왜곡하여 재판(枉法裁判)[24]한 것이 발견된 경우에는 그 사유를 안 날로부터 3개월 이내에 재심신청을 할 수 있도록 하였다. 한편 재심신청 법원도 과거에는 원심법원 또는 바로 위의 상급법원 중 선택할 수 있었으나 개정법에서는 바로 위급의 법원에만 할 수 있는 것으로 일원화하였다.

그러나 이번 재심제도의 정비는 재심사유를 엄격히 제한하여 확정판결의 효력(기판

게 되었다.

20) 제10기 전국인민대표대회에 제출된 90건의 수정안 중 57개안이 심판감독절차와 집행절차의 개선을 요구하여 그 수가 약 2/3에 이르게 되었다.

21) 2006년 각급법원에 접수된 재심신청은 227,002건에 달하고 있으며, 이 중 재심하기로 결정된 것이 48,214건이고 이 중 판결을 변경한 것이 15,568건이라고 하며, 이와 같은 재심사건의 90% 이상이 민사사건이라고 한다(上揭, 2007년 6월 18일 전국인민대표대회 상무위원회 〈中华人民共和國民事诉讼法修正案(草案)〉, 4面 참조).

22) 검찰원이 재심을 요구하는 것을 항소(抗訴)라 한다.

23) 사리사욕(私利私慾)이나 사적 인간관계에 이끌려 잘못 재판하는 것을 말한다. 중대한 徇私舞弊는 형법상의 독직죄의 일종이다(중국형법 제397조 등).

24) 민사, 행정사건을 재판하는 법관이 사실과 법률을 왜곡하여 재판하는 것을 말한다. 중대한 枉法裁判은 형법상의 독직죄 중의 하나이다(중국형법 제399조).

력)을 확고히 한다는 의미보다는 당사자의 재심신청권을 보장하는 쪽(소위 申诉难의 해결)으로 기울게 되어 판결효력의 강화와는 거리가 있다는 아쉬움이 있다.

(2) 집행절차의 정비

최근 강제집행 신청건수가 비약적으로 증가하고 있으며,[25] 강제집행절차에 대한 중국 국민의 불만은 이미 그 한도를 넘었다는 평가이다. 따라서 이른바 집행난(执行难)을 해결하기 위하여 민사소송법 제3편(집행절차)을 대폭 개정하게 되었다. 그 중요한 내용을 보면 다음과 같다.

1) 피신청인이 법률문서로 확정된 의무를 이행하지 않는 경우에는 법원이 직접 혹은 관련기관에 통지하여 출국의 제한, 신용정보 계통에의 기재, 매체를 통한 채무불이행 정보의 공개 기타 법률이 정한 조치를 취할 수 있도록 하여 피신청인의 의무이행을 촉진하도록 하였다.
2) 피집행인이 집행재산을 이전(移轉)하거나 은닉(隱匿)할 염려가 있는 경우에는 집행관이 즉시 강제조치를 할 수 있도록 하였다. 나아가 피집행인은 집행통지를 받은 날로부터 이전 1년간의 재산상황을 보고하도록 하였으며, 보고를 거부하거나 허위보고를 한 경우에는 정상의 경중에 따라 피집행인 또는 그 법정대리인, 기관의 주요책임자 혹은 직접책임자에 대하여 벌금을 과하거나 구류에 처하도록 하였다.
3) 과거에는 기층인민법원 또는 중급인민법원에만 집행기관을 설치하도록 되어있었으나, 고급인민법원과 최고인민법원에도 집행기관이 필요하다는 점을 고려하여 그 설치를 위한 근거를 마련하였다.
4) 과거에는 판결과 재정은 제1심 법원이 집행하도록 하고 있었으나, 피집행인의 재산이 제1심 법원 관할지역 이외에 존재하는 경우에 대비하여 제1심 법원과 같은 급인 피집행인의 재산소재지 법원에서도 집행할 수 있도록 하였다. 아울러 판결이나 재정(裁定) 이외의 법률문서의 집행은 피신청인의 주소지 혹은 피신청인의 재산소재지 법원이 집행하도록 하였다.
5) 과거에는 당사자 쌍방 혹은 일방이 공민인 경우에는 1년, 당사자 쌍방이 법인 기타 조직인 경우에는 6개월 이내에만 집행신청을 할 수 있도록 되어있었다(개정 전 민소법 제219조). 이와 같은 단기간의 집행시효는 집행에 대한 불만의 큰 원인으로 작용하여 왔으며, 채무자의 자발적 이행이나 당사자간의 화해에 장애가 된다는 비판이 있었다. 개정법에서는 집행신청기간을 연장하여 공민, 법인 기타 조직을 불문하고 통일적으로 2년으로 연장하였으며, 집행시효의 중단과 중지에 관한 규정을 신설하였다.
6) 법규위반의 집행행위에 대하여 당사자, 이해관계인이 집행을 담당하고 있는 법원에 서면으로 이의를 할 수 있도록 하는 집행이의(执行异议)에 관한 규정을 신설하였다.

---

25) 2006년 각급법원에 수리된 강제집행신청은 213만여 건에 이르며, 이 중 법원의 집행통지를 받고 채무를 이행한 것이 71만여 건, 강제집행된 것이 46만여 건에 이른다고 한다[上揭, 2007년 6월 18일 전국인민대표대회 상무위원회 〈中华人民共和国民事诉讼法修正案(草案)〉, 6面 참조]. 중국에서는 집행개시 후 일단 집행통지를 하여 일정한 기한 내에 채무를 이행할 것을 권고하고 이를 이행하지 않는 경우에 비로소 강제조치를 취하는 것이 원칙이다.

7) 지역이기주의[地方保護主義][26] 등의 원인으로 인하여 집행이 장기간 방치되는 것을 방지하기 위하여, 집행신청 후 6월 이내 집행되지 않는 경우에는 바로 위급의 법원에 집행을 신청할 수 있도록 하였다. 이 경우 바로 위급의 법원은 피신청법원에 대하여 일정기간 내에 집행하도록 명령하거나, 스스로 집행하거나 다른 법원이 집행하도록 결정할 수 있게 하였다.
8) 집행과정에서 제3자[案外人]가 집행목적물에 대하여 이의를 하는 경우에 대한 규정을 신설하였다.

Ⅱ. 2012년의 개정

1. 개정경과

위에서 본 바와 같이 2007년에는 ① 심판감독절차(재심제도), ② 집행절차 두 부분에 한정된 개정이 있었다. 그러나 1991년의 민사소송법에 대한 개정의 요구는 결코 이 두 분야에 한정된 것이 아니었고 전면적인 개정이 있어야 한다는 의견과 건의가 끊이지 않았었다. 그 근본적인 이유는 경제의 급속한 발전, 시장화에 따라 사적 분쟁이 급격히 증가하고 이전에 볼 수 없었던 새로운 종류의 분쟁이 속속 출현한 데서 찾을 수 있다.

우선 수리된 민사 제1심 사건의 증가를 보면 1990년에서 2010년 사이에는 매년 약 4.67%의 증가를 가져왔으며, 2011년 수리된 제1심 민사사건 수는 약 662만 건에 달하여 전년 대비 약 8.3%의 증가로 급격한 증가율을 보이고 있다.[27]

한편 최근에는 혼인가정사건, 채권채무사건, 손해배상사건 등의 전통적인 사건 이외에 이전에는 볼 수 없었던 회사관계사건, 금융사건, 증권관련사건, 지식재산권 사건, 섭외사건, 해상해사사건 등이 속속 출현하여 현재 사용되는 사건분류명칭(案由)만도 424개에 달하게 되었다.[28]

이와 같은 사건의 급속한 증가와 다양화에 대처하기 위하여 2010년 7월에 전인대(全人大) 상무위원회에서는 민사소송법의 전면적인 개정작업을 하기로 결정하고 위원회를 구성하였다.

이후 2011년 10월 24일 제11기 전인대 상무위원회 제23차 회의에서 수정안 초안의

26) 지역이기주의를 중국에서는 지방보호주의(地方保護主義)라 한다.
27) 奚晓明 主编, ≪中华人民共和国民事诉讼法≫ 修改条文理解与适用, 人民法院出版社(2012. 9), 1면 참조.
28) 上揭書 同面.

설명이 있었다.[29] 초안의 설명에 따르면 개정작업의 방향은 ① 중국적 특색을 가진 사회주의 법치이념을 견지하며, 그간의 민사소송법 운용의 경험과 실무상 나타난 새로운 상황과 문제점을 결합하여 당사자의 소송상 권리보장을 강화하고 사법의 공정을 옹호하며, ② 민사소송의 기본원리를 준수하고 사법자원을 과학적으로 배분함으로써 소송의 효율성을 제고하며, ③ 민사소송에 대한 법률적 감독을 강화하여 법률의 정확한 시행을 보장하며, ④ 민사분쟁을 해결하여 조화롭고(和谐) 안정적인 사회를 촉진하는 데 중점을 두며, ⑤ 인식(의견)이 일치되지 않고 아직 제대로 파악할 수 없는 몇 가지 문제에 대하여는 규정을 두지 않는 방식을 취하기로 하였다.[30]

이와 같은 원칙하에 수정안에서 중점을 둔 것은 7개 분야로 ① 조정과 소송의 상호연계 시스템의 정비, ② 당사자의 소송권리 보장의 강화, ③ 당사자의 거증제도(입증제도)의 정비, ④ 간이절차의 정비, ⑤ 검찰원의 법률감독권의 강화, ⑥ 심판감독절차(재심절차)의 정비, ⑦ 집행절차의 정비였다. 수정초안은 구체적으로는 54개[31]의 항목을 가지고 있었으며 민사소송법의 전 분야에 걸치는 전면수정의 형식을 취하고 있었다.

이 수정초안을 가지고 거듭 심의를 한 후 2012년 8월 31일 제11기 전인대 상무위원회 제28차 회의에서 수정안을 통과시켜 전면적인 수정이 이루어졌으며, 2013년 1월 1일을 기해 실시를 하게 되었다. 이 개정 민사소송법은 2007년 개정법보다 조문수가 늘어나 전체적으로 27장 284조에 달하게 되었다.[32]

2. 개정내용

개정의 주요내용을 보면 다음과 같다.

(1) 조정과 소송의 상호연계 시스템의 정비

최근 조정을 중시하는 추세를 반영하여 조정과 소송을 서로 유기적으로 연결하여 분쟁해결의 효율성을 제고하도록 하였다.

1) 선행조정제도의 신설

당사자가 법원에 제소를 한 경우라도 법원이 조정이 적당하다고 인정하면 우선 조정을 실시한다. 다만 당사자가 조정을 거절하는 경우에는 그러하지 아니하다(개정 민

29) 초안설명은 전인대 상무위원회 법제공작 위원회 부주임 왕승명(王胜明)이 하였다.
30) 위 설명 제1면 참조.
31) 그 후 심의과정에서 개정사항이 늘어나 60개에 달하는 대개정이 되었다.
32) 2007년 개정법은 28장 268조로 구성되었으나 섭외소송에 관한 제26장(재산보전)이 삭제되어 2012년 개정법은 27개의 장으로 되었으며 조문은 284조로 원래보다 16개가 증가되었다.

소법 제122조).

2) 특별절차에 조정합의 확인절차의 신설

조정합의에 대한 확인제도를 특별절차의 일종으로 신설하여 제15장 제6절로 함으로써 민사소송법과 인민조정법을 연결하여, 법원과 민간기구인 인민조정위원회가 협력하여 분쟁을 해결할 수 있는 길을 열었다.

(2) 당사자의 소송권리의 보장

1) 위탁대리인[33]의 범위 제한

위탁대리인의 범위를 조정하여 공민대리를 제한하는 한편 기층법률사무소의 대리자격을 명문화하였다(개정 민소법 제58조 제2항).

2) 공익소송제도의 신설

개정법은 제55조를 신설하여 "환경오염, 다수 소비자의 합법적 권익 침해 등 사회공공이익을 해하는 행위에 대하여는 법률이 규정하는 기관 및 관련 조직이 인민법원에 소를 제기할 수 있다"라고 규정하여 그동안 논란이 있던 공익소송제도를 수립하였다.

3) 제3자 취소의 소

2012년 개정법에서는 제56조에 제3항을 새로 두어 이른바 제3자 취소의 소(第三人撤销之诉)를 신설하였다. 이에 따라 독립청구권 있는 참가 혹은 독립청구권 없는 참가를 할 수 있는 위치에 있는 제3자가 자기의 책임으로 돌릴 수 없는 사유로 인하여 소송에 참가하지 못한 경우는 자기의 민사권익이 침해된 사실을 알았거나 알 수 있었던 날로부터 6개월 이내에 그 판결, 재정 혹은 조정서를 낸 법원에 원판결, 재정, 조정서의 변경이나 취소를 구하는 소를 제기할 수 있게 되었다.

4) 독촉절차의 소송절차로의 이행

2012년 개정 전 제도에서는 지급명령에 대한 이의에 따라 자동으로 소송으로 이행되는 것이 아니라 당사자의 선택에 따라 법원에 소를 제기할 수 있도록 하였다(구법 제194조). 불고불리의 원칙과 처분권주의의 존중을 위한 것이었다고 하나, 이로 인하여 독촉절차의 효용이 상당히 저하되었던 점을 부인할 수 없다. 이번 개정에서는 제217조에 제2항을 신설하여 지급명령이 실효된 경우에는 소송절차로 옮겨진다고 하였다.

또 수리된 사건이 당사자간에 쟁의가 없고 독촉절차의 취지에 부합하는 경우에는 독촉절차로 전환할 수 있도록 하였다(개정 민소법 제133조).

---

33) 소송위임에 의한 소송대리인을 중국에서는 위탁대리인이라 부른다.

(3) 거증제도의 정비

증거의 종류에 전자데이터를 추가하였고(개정 민소법 제63조), 적시제출주의를 천명하는 동시에 당사자에게 증거를 제출할 기간을 확정해주는 제도를 신설하고 기간을 넘겨 제출하는 경우에는 그 이유의 설명을 명하는 제도를 만들었다(제65조). 그리고 법원이 증거를 제출받은 경우에는 그 인수증을 발급하도록 하였다(제66조).

당사자에게 전문적 사항에 관하여 법원에 감정신청을 할 수 있는 권한을 부여하고 이 경우 감정인은 양 당사자가 합의하여 정하고 합의가 되지 않는 경우에는 인민법원이 지정하도록 하였다(제76조).

(4) 간이절차의 정비

2012년 개정에서는 간이절차에 관하여 몇 가지 중대한 개선을 하게 되었다. 특히 당사자에게 간이절차를 선택할 수 있는 권한을 부여하였으며(개정 민소법 제157조 제2항), 간이절차 중에 법원이 필요하다고 인정하면 보통절차로 전환하는 재정(裁定)을 할 수 있는 제도(제163조)를 신설하였다. 그리고 제162조를 신설하여 간이사건으로서 소송목적의 값이 일정액 이하인 사건에 대하여는 단심제(一審終審)를 시행하도록 하여 이른바 소액소송절차를 마련하게 되었다.

(5) 검찰원의 법률감독권의 강화

2012년 개정에서는 검찰원의 감독범위를 "민사심판활동"에서 "민사소송"으로 바꾸었다. 여기의 민사소송은 광의의 민사소송 및 이와 관련되는 행위 모두가 포함되는 개념이다. 이에 따라 감독의 대상은 인민법원의 소송활동은 물론 집행활동이나 조정활동도 포함되게 되었다.

그리고 감독의 방식도 이전에는 법률적 효력이 발생한 판결 등에 대한 항소를 통하도록 하고 있었으나 2012년 개정에서는 항소 이외에 이른바 검찰건의(檢察建議)라는 감독방식을 새로 설치하였다. 검찰건의는 위법행위에 대한 처벌의 요구나 잘못된 재판의 교정을 요구하는 중국의 법률제도상의 독특한 업무집행방식이다. 검찰건의는 ① 재심검찰건의와 ② 심판원[34]의 위법행위에 대한 검찰건의 두 가지가 있다.

(6) 심판감독절차(재심절차)의 정비

개정 전 재심의 신청법원은 바로 위급의 법원으로 한정되어 있었으나 개정법에서는

---

34) 중국의 민사소송법에서는 법관 대신 심판원(审判员)이라는 용어를 사용한다. 심판원은 법관으로 보(補)하므로 이후에는 심판원은 '법관'으로, 심판인원(审判人员)은 '법관 등'으로 바꾸어 부르기로 한다. 다만 심판원이라는 용어를 사용하는 것이 더 자연스러운 경우에는 그대로 사용하기로 한다.

당사자 일방이 다수이거나 당사자 쌍방이 모두 공민인 경우에는 원심법원에도 신청할 수 있도록 하였다(개정 민소법 제199조). 그리고 재심사유를 정비하여 개정 전 법 제179조의 제1항과 제2항을 통합하는 동시에 과거 제1항 제7호 사유(관할위반)와 제2항 전단(前段)의 판결, 재정에 영향을 줄 수 있는 절차위반이라는 사유를 삭제하여 재심사유를 모두 13개로 축소하였다(제200조). 또한 재심신청기간을 2년에서 6개월로 대폭 단축하였으며 사유의 존재를 안 날 혹은 알았어야 할 날로부터 신청기간을 기산하는 예외적 사유를 4개로 확대하였다(제205조).

인민검찰원의 항소제도를 정비하여 인민검찰원이 동급의 인민법원의 재판에 대하여 이른바 재심 검찰건의를 할 수 있도록 하였다(제208조).

(7) 집행절차의 정비

전술한 바와 같이 인민검찰원이 집행절차를 감독할 수 있다는 규정을 신설하였다(개정 민소법 제235조).

집행화해가 상대방의 사기 혹은 협박에 의한 것인 때에는 집행의 속개를 신청할 수 있도록 하였으며(제230조), 즉시 강제조치를 할 수 있는 제도를 고쳐 집행통지를 한 후 재산의 은닉 등의 염려와 관계없이 즉시 강제조치에 들어갈 수 있도록 하였다(제240조).

또한 특별절차편에 담보물권의 실현을 위한 절차(제7절)를 신설하여 담보권자가 쉽게 집행권원을 얻을 수 있도록 하였다(제196조, 제197조).

(8) 기타 주요 개정사항

1) 기본원칙의 수정

기본원칙 제13조 제1항에 신의성실원칙을 추가하였으며 이에 따라 처분원칙은 제2항으로 되었다. 또한 개정 전 제16조에 있던 인민조정원칙은 이를 삭제하였다.

2) 관할제도의 정비

관할제도를 수정하여 우선 회사관계 소송의 재판적을 신설하였으며(개정 민소법 제26조), 변론관할제도를 신설하였다. 즉 개정 전에는 섭외사건에만 변론관할을 인정하고 국내사건에서는 변론관할을 인정하지 않았으나 개정법에서는 이를 통일하여 국내사건에 대하여도 변론관할(묵시적 합의관할)을 인정하게 되었다(제127조 제2항). 또 관할권의 하향식 이전(移轉)을 제한하여 확실한 필요가 있는 때만 할 수 있도록 하였다(제38조).

3) 보전절차의 정비

원래 중국의 민사소송법에서는 재산에 대한 보전만 인정할 뿐 작위 또는 부작위를 구하는 이른바 행위보전은 인정하지 않고 있었다. 따라서 민사소송법 제9장의 표제(標題)도 재산보전으로 되어있었다. 그러나 2012년 개정으로 행위보전제도를 도입하여 제9장의 표제도 재산을 빼고 보전이라 하였다.

4) 판결서 등의 공개

당사자 이외의 일반인도 법률적 효력이 발생한 판결서, 재정서를 열람할 수 있도록 하였다. 다만 국가기밀, 상업상의 비밀 또는 개인의 사생활에 관련된 경우에는 공개하지 않는다(개정 민소법 제156조).

제2장 중국 민사소송제도의 특색

제1절 국가간예주의와 진실절대주의

I. 서언(序言)

중국은 1978년 이래 개혁개방[1]의 기치(旗幟)하에 점진적으로 시장경제체제를 도입하였으며 그 결과 현재 경제체제는 과거의 사회주의 계획경제의 흔적을 찾아보기 어려울 정도이다. 그러나 정치적으로는 여전히 사회주의의 기조를 유지하고 있음을 잊지 말아야 한다.[2] 따라서 경제체제와 정치체제 사이의 모순이 발생하게 되었으며 이와 같은 모순은 중국의 민사소송제도를 이해하기 어렵게 하는 근본적인 원인으로 작용하고 있다. 즉 우리의 민사소송제도는 자본주의 시장경제체제를 바탕으로 하는 것인 반면 중국의 민사소송제도는 사회주의 시장경제를 바탕으로 하는 것이기 때문에 기본적인 발상이 달라 우리가 쉽게 이해할 수 없는 부분이 상당히 많다.

비록 1978년부터 개혁개방이 시작되었다고 하나, 1982년에 제정된 〈민사소송법(試行)〉은 사회주의의 종주국이었던 구소련의 민사소송법전의 영향을 크게 받아 제정된 것으로 사회주의 민사소송의 색채가 매우 강한 법률이었다. 1991년의 〈민사소송법〉을 제정할 당시는 개혁개방이 어느 정도 진행되어 자본주의적 시장경제가 상당부분 도입된 시점이었다. 그럼에도 불구하고 법률에는 사회주의적 색채가 상당히 남아 있

1) 개혁개방(改革開放)은 대내적 개혁과 대외적 개방을 합친 말이다. 대내적으로는 집단농장을 해체하고 토지임차제(承包制)를 도입하는 것으로부터 개혁을 시작하였으며, 대외적으로는 서구에 문호를 개방하고 경제체제를 계획경제에서 시장경제로 전환하려는 시도를 하게 되었다(이른바 사회주의 시장경제체제). 개혁개방은 1978년 12월에 개최된 공산당의 제11기 3중전회(三中全會)에서 등소평(邓小平)의 주도로 채택되었다.

2) 전술한 중국공산당 제12기 3중전회(三中全會: 1984.10.20)의 계획적상품경제체제(計劃的商品經濟體制)라는 용어에서도 계획적이라는 한정어를 붙이고 있음을 주의할 필요가 있다. 그 후 1993년 헌법에서부터는 사회주의 시장경제라는 용어를 사용하고 있다.

었으며, 아직 우리의 제도와 많은 차이를 보이고 있다. 이와 같이 사회주의적인 색채를 불식하지 못한 근본적인 이유는 역시 사회주의를 고수하고 있는 정치·사회체제에서 찾을 수 있을 것이다.

비록 경제는 시장경제화하였으나 정치적인 문제로 인하여 사회주의 민사소송제도의 기본원칙을 완전히 폐기하거나 탈각적(脫殼的)으로 변형시키는 것이 불가능했었다는 점이 새 법의 제정에서도 한계로 작용하였음을 부인할 수 없다. 이에 따라 1991년의 법에도 정도는 완화되었으나 여전히 사회주의 민사소송적 요소가 남아 있었으며, 이와 같은 정치적 제약은 그 이후 민사소송법의 개정에서도 여전히 영향을 미쳐 경제체제와 소송제도의 호응관계(呼應關係)를 세우는 데 장애가 되고 있다.

그러나 개혁개방이 심화됨에 따라[3] 1990년대 중반부터는 민사소송 분야에서도 구소련식의 사회주의 민사소송에서 탈피하려는 경향이 학계를 중심으로 크게 일어나게 되었다. 그 결과 서구 민사소송법의 기본원칙을 도입하고자 하는 노력이 역시 학계를 중심으로 활발히 전개되고 있으며 실무에서도 이를 받아들이고 있다.[4]

중국의 민사소송법은 원래 사회주의 민사소송제도에서 그 뿌리를 두고 있으며 경제체제가 시장화하였음에도 불구하고 사회주의 민사소송의 색채를 완전히 불식하지 못하고 있으므로 중국의 민사소송제도를 이해하기 위해서는 우선 사회주의 민사소송의 기본적 특색과 기본원칙에 대한 이해가 선행되어야 한다. 그리고 전형적인 사회주의 민사소송의 모습은 구소련의 민사소송에서 찾을 수 있으므로 이에 대한 대략적인 이해가 있어야 한다.

Ⅱ. 구소련 민사소송법과 중국 민사소송법

민사소송제도를 자본주의 민사소송과 사회주의 민사소송으로 나눈다면 사회주의 민사소송제도의 원형은 구소련(舊蘇聯)[5]의 민사소송법에서 찾을 수 있다. 구소련은

---

3) 경제체제의 시장경제로의 전환이 심화된 것을 개혁개방의 심화라고 이해할 수 있을 것이다.
4) 처분권주의, 변론주의, 기판력제도가 사회주의 민사소송과 시장경제 민사소송의 기본적인 차이이며 현재 중국에서도 이와 같은 기본원칙의 확립을 위해 많은 노력을 하고 있다. 다만 이와 같은 기본원칙은 사회주의의 기본원칙과 너무 거리가 있는 것이며 이를 정면으로 도입하려면 늘 정치적인 문제에 직면하게 된다.
5) 소비에트사회주의공화국연방(Union of Soviet Socialist Republics: USSR)을 말한다. 소비에트사회주의공화국이 연합한 최초의 사회주의 연방국가였고 1992년 1월 1일 해체될 때까지 유지되었다. 구성국은 러시아를 비롯하여 우크라이나, 벨라루스, 우즈베키스탄, 카자흐스탄, 아제르바이잔, 몰다비아, 키르키스, 타지크, 아르메니아, 투르크멘, 그루지야, 에스토니아, 라트비아, 리

1923년 이른바 〈소비에트민사소송법전(苏维埃[6]民事诉讼法典)〉을 만들었다.

이 법전은 레닌(Vladimir Ilich Lenin, 列宁: 1870~1924)이 주도하여 만든 것으로 자본주의 민사소송법과는 완전히 다른 원칙을 담고 있었다. 특히 민사소송의 목적이 합법적 공공이익의 보호에 있다는 점을 강조하고 이를 실천하기 위하여 국가간예원칙과 사회간예원칙을 기본원칙으로 하고 있었다. 이는 레닌의 사상을 반영한 것으로 레닌은 민사법률이 사법(私法)임을 부정하였으며 국가의 간섭이 배제되는 사인(私人)의 권리를 부정하였다. 즉 재산의 사유화를 금지하고 사법관계와 공법관계의 구분을 폐지하고 모든 법률관계를 공법관계로 일원화하였다. 이에 따라 민사소송법에도 국가간예원칙(國家干預原則)을 두고 법원과 검찰장이 민사소송에 간예하는 것을 인정하였으며, 이를 철저히 관철하기 위하여 사회간예원칙(社會干預原則)을 보조수단으로 인정하여 전통적인 불고불리(不告不理: 현재의 처분권주의라고 할 수 있을 것이다)원칙을 철저히 배척하였다.

그 후 구소련은 소비에트가맹국의 입법을 통일하기 위하여 1961년에 〈소련 및 가맹공화국민사소송강요(苏联和各加盟共和国民事诉讼纲要)〉를 제정하였다. 이 강요(綱要)도 기본적으로 1923년 법전의 원칙을 계승하였으며 다만 민사소송을 제기할 수 있는 주체를 확대하였고,[7] 또 제1심 재판의 경우는 인민배심제를 채택하도록 하였다.[8] 이 밖에도 섭외소송에 관한 장(章)을 따로 두고 있었다. 이 강요(綱要)를 기초로 1964년에는 정식으로 〈러시아소비에트연방사회주의공화국민사소송법전(俄罗斯苏维埃联邦社会主义共和国民事诉讼法典)〉을 제정하였다. 이 법전이 위의 강요(綱要)와 더불어 구소련민사소송제도의 기본규범이 되었다. 이 법전은 6편, 42장 436개의 조문을 두고 있었으며 그 후 소비에트가맹국을 넘어 불가리아, 헝가리, 폴란드 등 동구(東歐)국가의 민사소송법에도 중대한 영향을 미쳤으며 사회주의 국가 민사소송법의 전범(典範)이 되었다.

중국도 사회주의 국가로서 구소련 민사소송법의 영향을 크게 받았음은 물론이다. 특히 1950년대 사회주의 법제 건설시기에는 구소련 민사소송법이 전면적으로 계수(繼受)되던 시기였으며, 그 후에도 적어도 1990년대 전반까지 수십 년간 그 영향에서 벗어나지 못하고 많든 적든 구소련 민사소송법의 기본원칙의 지배를 받게 되었다. 즉

투아니아의 15개 공화국이었다.

6) 苏维埃(Soviet)는 러시아어로 평의회 또는 대표자 회의를 뜻하는 말이었으나, 러시아 혁명시 노동자, 병사 등의 대의원인 소비에트 기관이 창설되면서 부르주아 민주주의의 의회에 대비되는 개념으로 사용되게 되었으며, 민중에 의해 자발적으로 조직되고 운영되는 프롤레타리아 독재 정권의 권력 기관이란 의미로 전용되게 되었다.

7) 柴发邦 主编, 前揭 中国民事诉讼法学, 36面 참조.

8) 다만 여기의 배심제는 영미국가의 배심제가 아니라 일종의 참심제(參審制)임을 주의해야 한다.

1982년의 시행법(試行法)이나 1991년의 민사소송법을 제정함에도 그 영향에서 벗어나지 못하였으며, 그 체제도 〈러시아소비에트연방사회주의공화국민사소송법전(俄罗斯苏维埃联邦社会主义共和国民事诉讼法典)〉과 유사한 점이 있다.

그러나 위에서 말한 바와 같이 1990년대 후반부터는 구소련 민사소송법의 기본원칙에 대한 반성이 일기 시작했으며, 독자적으로 민사소송에 대한 연구를 하기 시작하였다. 이와 같은 노력은 정식의 입법[9]에서는 아직 전면적으로 반영되지는 못하고 있으나, 최고인민법원의 사법해석 등을 통하여 어느 정도 그 목적을 달성하고 있다. 그러나 법률제도는 물론 국민의 법의식도 아직 구소련 민사소송법, 즉 사회주의 민사소송법의 영향으로부터 완전히 벗어나지는 못하고 있다.[10]

Ⅲ. 국가간예주의(國家干預主義)

1. 국가간예주의의 기원(起源)과 내용

국가간예주의는 사회주의 민사소송의 대원칙이다.[11] 이에 반하여 대등한 당사자 사이의 분쟁을 해결하는 제도인 민사소송에는 국가는 간여하지 않는다는 것이, 비록 대륙법계와 영미법계간의 약간의 차이는 있으나, 서구 민사소송제도의 공통적인 대원칙이다.

위에서 말한 바와 같이 국가간예주의의 원조(元祖)는 사회주의 민사소송제도를 가장 먼저 수립한 구소련의 민사소송법이다. 국가간예주의의 이론적 근거를 좀 더 부연하면 사회주의국가에서의 공민의 민사적 권리는 사회주의 공유제를 기초로 발생하는 것이기 때문에 공민의 민사권리의 행사는 결국 국가, 사회, 집체의 이익과 관련을 맺게 된다는 점에서 구하고 있다. 따라서 국가는 민사소송의 주체가 되어야 한다고 한다.

더 나아가 구소련 민사소송법의 입법자들은 소송제도의 분석과 평가를 철저히 계급론(階級論)의 관점에서 하고 있으며, 그 결과 사회주의 민사소송에서는 반드시 국가의

9) 전국인민대표대회나 그 상무위원회에서의 입법을 말한다. 민사소송법의 개정은 전인대상무위원회의 입법을 거치게 된다. 여기에서의 입법에는 자주 정치적인 문제에 봉착하게 된다. 즉 사회주의라는 정치적 제약이 전면적인 개정을 어렵게 한다. 따라서 흔히 최고인민법원의 사법해석을 통하여 우회적으로 제도의 변경을 시도함은 뒤에 보는 바와 같다.

10) 张卫平, 转换的逻辑, 法律出版社(2006), 179面 참조.

11) 시장경제 민사소송의 대원칙이 처분권주의라면 사회주의 민사소송의 대원칙은 국가간예주의라 할 수 있다.

간예가 필요하다고 못을 박았다. 즉 자본주의 국가의 소송제도는 자산계급(資産階級)에 봉사하는 허구적인 제도이며, 소련민사소송법은 무산계급(無産階級)을 위하여 봉사하는 무산계급을 위한 내실이 있는 우월한 제도라고 평가를 하였으며,[12] 자본주의 민사소송의 원리인 변론주의, 처분권주의와 같은 심리원칙은 변호사를 선임할 수 있는 여유가 있고 법률적 소양을 갖춘 자산계급을 위한 소송원칙일 뿐, 객관적 진실을 탐구하는 데는 전혀 도움이 되지 않는 허구적인 원칙이라고 주장하였다.

그러므로 사회적, 경제적으로 열세한 지위에 있는 노동자, 농민의 권익을 보호하기 위해서는 자본주의 민사소송법과는 전혀 다른 제도를 마련해야 하며, 결국 국가가 적극적으로 민사소송에 간여하여 객관적 진실을 밝혀주는 소송형태가 필요하다는 것이다. 이러한 이론적 근거에 따라 인민검찰장(人民檢察長)은 국가의 대표기관으로서 언제라도 민사소송을 제기하는 등 소송에 개입할 수 있으며, 법원 자신도 언제라도 민사소송에 개입할 수 있다는 원칙이 나오게 되었다.

한 발 더 나아가 계급투쟁론의 관철을 위해서는 국가간예를 보충할 수 있는 사회간예도 인정해야 한다는 것이 구소련 민사소송법의 태도였다. 예컨대 인민검찰 이외에 공회(工會: 노동조합)는 노동자를 위하여 자기 명의로 소송을 제기할 수 있으며, 아동보호기관, 호적등기관 등이 생활비 지급관련 소를 직접 제기할 수 있다고 하며(구소련 민사소송법 제2조), 이를 이른바 사회간예(社會干預)라 하였다.

위에서 말한 바와 같이 사회주의 민사소송제도의 특징을 한마디로 표현한다면 국가간예주의가 지배하는 절차라고 할 수 있다. 자본주의 민사소송에서는 상상을 할 수 없을 정도로 판결절차나 집행절차에 국가가 간예를 한다.

전술한 바와 같이 중국도 1950년대부터 구소련 민사소송법의 큰 영향을 받아 왔으며 국가간예주의를 당연한 원칙으로 받아들였다. 이 원칙은 1982년 〈민사소송법(試行法)〉이나 1991년 제정된 현행의 〈민사소송법〉에서도 상당부분 인정하고 있다. 다만 중국 민사소송법에는 국가간예주의를 직접 천명(闡明)한 명문의 규정은 없다. 그러나 절차 각 단계에서 국가가 적극적으로 간예할 수 있도록 하고 있으므로 이를 흔히 명문의 규정이 없는 기본원칙이라고도 한다. 그러나 중국이 민사소송법을 제정하는 과정에서는 중국 자신의 사회실정이나 정책을 고려하였으므로,[13] 국가간예의 내용은 구소련의 그것과 약간 다르며,[14] 전술한 바와 같이 1990년 후반 이후 학계에서는 구소

12) 张卫平, 前揭 转换的逻辑, 176面 참조.

13) 시행법 제정시 이미 시장경제를 받아들이기 시작하고 있었음을 기억해야 한다.

14) 예컨대 원래 사회간예제도는 사회단체가 소를 제기할 수 있는 것이었으나 중국에서는 사회단체의 직접제소를 금지하고 개인의 제소를 물질적, 정신적으로 도와줄 수 있다는 원칙으로 바뀌어

련의 민사소송방식에서 탈피하고자 하는 노력이 있었고, 또 실무에서도 이를 어느 정도 받아들이고 있다. 그러나 이를 완전히 불식(拂拭)했다고 할 수 없으며 심판과정에서 여전히 명문의 규정이 없는 기본원칙으로 작용하고 있음을 부정할 수 없다.

구소련 민사소송법의 영향, 국가간예주의와 진실절대주의, 중국이 사회주의 국가라는 점에 대한 이해와 인식이 없이는 중국의 민사소송제도를 제대로 바라볼 수 없다.[15)]

2. 국가간예주의(國家干預主義)하의 민사소송의 특징

국가간예주의는 정도의 차이는 있을지라도 사회주의 국가가 공유하는 민사소송의 기본원칙으로 소송제도의 배후에서 큰 위력을 발휘한다. 국가간예주의는 절차의 각 국면과 단계에서 다양하게 표출된다. 중요한 것을 보면 다음과 같다.

(1) 처분권주의(處分權主義)의 배척

국가간예형 민사소송의 전범(典範)인 구소련 민사소송법은 제2조에서 소의 제기 단계부터 국가의 간예를 인정하고 있었다. 즉 국가를 대표하는 인민검찰장은 일정한 경우에는 스스로 민사소송을 제기할 수 있을 뿐만 아니라, 국가와 노동인민을 위하여 언제라도 민사소송에 참가할 수 있었으며 필요하다고 인정하면 스스로 상소를 제기할 수도 있었다. 중국의 경우는 이보다는 간예가 완화된 형태로 도입되기는 하였으나 후술(민사소송의 기본원칙 부분 참조)하는 바와 같이 아직도 처분권주의가 완전히 기능하지 못하고 있다.

(2) 변론주의(辯論主義)의 배척

국가간예형 민사소송에서는 소송자료의 수집제출과 관련된 변론주의가 크게 위축되며 소송은 철저히 직권탐지주의적으로 진행된다. 전술한 바와 같이 사회주의 민사소송법 이론에서는 변론주의는 진실을 왜곡하는 도구일 뿐이며, 이를 통하여 달성되는 정의는 결국 자산계급의 이익에만 봉사하는 허구적인 원칙이라는 비판을 하였다. 변론주의와 처분권주의는 사회주의 민사소송법 이론측에서 자본주의적 소송구조를 공격하는 가장 큰 표적(標的)이었다.

구소련을 위시한 사회주의 국가의 소송관(訴訟觀)에 의하면 법원은 사회적 약자를

소위 제소지원의 원칙(중국 민사소송법 제15조)이 탄생한 것과 같다.

15) 흔히 듣는 중국의 민사소송은 민사소송이 아니라는 비난은 우리의 시각에서는 자연스러운 것이며 바로 국가간예주의의 전통에 대한 이해의 부재로부터 오는 것이다.

보호할 의무를 부담하며, 사회적 약자가 권리를 침해당하면 국가는 적극적으로 간여하여 이를 보호해야 하며, 당사자의 사실주장 여부, 증거의 제출여부에 따라 소송의 결과가 달라져서는 아니 된다고 한다. 이 이론에 의하면 변론주의는 입론(立論)의 여지가 없게 되며 결국 극단적인 직권탐지주의를 취할 수밖에 없게 된다. 이에 따라 변론주의의 보완책으로서 논의되는 석명권의 개념도 필요 없게 된다.

중국의 경우는 이와 같은 극단적인 모습으로부터는 어느 정도 탈피하였으나, 개인의 법률지식의 부족이나 소송기술의 미흡에 기인(起因)하는 객관적 진실과 어긋나는 판결(즉 결과가 뒤바뀐 판결)에 대하여는 여전히 부정적인 성향이 강하게 나타나고 있다.[16] 다만 근래에는 학자들 사이에 변론주의의 충실화와 석명권의 범위 설정에 관한 논의가 활발하다.

Ⅳ. 진실절대주의

국가간예원칙과 더불어 중국 민사소송제도를 관류(貫流)하는 또 하나의 큰 특징은 민사소송에 있어서 객관적 진실의 가치를 대단히 높이 평가한다는 점이다. 소송제도가 당사자 간의 사적분쟁을 해결하는 제도이기는 하나 국가가 간예하는 이상 객관적 진실이 훼손되어서는 아니 된다는 점이 서구의 민사소송에서보다 월등히 강조된다. 이와 같은 제도운영의 원칙을 진실절대주의(眞實絕對主義)라 하며, "잘못이 있으면 반드시 바로잡는다(有錯必糾)"는 원칙이 이를 뒷받침하게 된다. 이 원칙은 위의 국가간예의 목적에 해당하는 것이기도 하며 서로 표리관계를 이루고 있다.

민사소송에 있어서 진실절대주의가 단단히 자리 잡게 된 이유에 대하여 중국의 전통적인 관념상 객관적 진실이 아닌 것이 행세(行勢)하는 것을 용인할 수 없었다고 하는 설명도 보이기는 하나, 사회주의 민사소송제도를 수립한 마당에 과거의 전통을 계승했다는 설명은 설득력이 떨어진다고 할 수밖에 없다. 구소련 민사소송법의 영향을 받은

16) 2003년 필자가 중국에서 열린 민사소송법 학술대회에 참가한 경험을 보면 변론주의에 대한 이질감을 잘 알 수 있다. 당시 학자들이 화두(話頭)로 삼고 풀고자 한 문제가 있다. 예컨대 甲이 乙과 丙에게 각각 10만 위안을 대여해 준 경우 乙은 대여를 시인하고 그 중 2만 위안을 갚았다는 주장을 하고, 丙이 대여사실을 부인하고 甲이 대여사실 증명에 실패하였으나 법원은 대여의 심증을 가지게 된 경우 각각 어떤 판결을 할 것인가. 1990년대 후반부터 변론주의를 도입하고자 노력하였으나 이 문제에 대하여 학자들 간에 열띤 토론을 하는 것을 보면, 주요사실에 대한 자백의 구속력과 주요사실에 대한 증명책임을 내용으로 하는 변론주의를 완전히 받아들이지 못하고 있음을 볼 수 있었다. 즉 아직도 양심적인 乙은 8만 원을 더 갚아야 하고 비양심적인 丙은 갚지 않아도 된다는 판결을 국가법원이 할 수 있는지를 놓고 의견이 분분하던 시절이었다.

것이며, 국가권위의 절대화와 더불어 국가가 간여하는 소송에서 객관적 진실 이외에 부진실(不眞實)이 통용되는 것을 용인할 수 없었다고 설명하는 것이 솔직할 것이다.

진실절대주의는 직접적으로는 변론주의의 입지를 붕괴시키고 나아가 잘못된 재판이 강제력을 가진다는 현상을 수용할 수 없게 하므로 기판력제도의 부정으로 귀결된다. 따라서 확정된 판결이라 하더라도 잘못이 있으면 반드시 고쳐야 하므로, 중국의 민사소송에서는 재심이 매우 광범위하게 인정되고 있다. 또 국가는 모든 것의 상위에 존재하는 기관으로서 판결의 정확성도 국가가 이를 감독해야 하므로 재심절차를 심판감독절차라 부른다. 그리고 재심 발동의 주체도 당사자에 한정되지 않고 법원과 검찰원도 감독자의 지위에서 재심발동의 주체가 된다는 것이 중국민사소송의 기본구조이다.[17] 이와 같이 재심절차가 극도로 관대하게 인정되기 때문에 결국에는 기판력 제도는 수립될 수가 없었고, 확정판결의 효력에 기판력이라는 말을 사용하지 않고 법률적 효력이라는 매우 애매한 용어를 사용하고 있다.

제2절 중국 민사소송의 법원(法源)

I. 민사소송법전

중국의 민사소송법은 순수한 소송절차 이외에 다양한 절차를 아울러 규정하고 있다. 제2편의 제15장은 특별절차라는 표제하에 선거자격사건, 실종선고와 사망선고사건, 공민의 민사행위무능력 및 제한민사행위능력을 인정하는 사건, 재산의 무주(無主)를 선언하는 사건 등 비송사건을 다루고 있으며, 제3편에서는 집행절차에 관한 규정을 두어 소송절차와 집행절차를 통일적으로 규정하고 있다. 나아가서는 제4편에서 섭외민사소송절차를 다루는 특별규정을 두고 있다. 다만 1991년 민사소송법 제2편 제19장에 있던 기업법인 파산절차는 2007년 3월 기업법인 파산법이 단행법으로 제정됨에 따라 개정법에서는 삭제되었다.

또한 소송절차의 분화도 미흡한 형편이다. 행정소송절차는 행정소송법이 별도로 제

---

17) 재심절차를 규정한 민사소송법 제16장은 2007년, 2012년 개정 후에도 그 표제(標題)가 여전히 심판감독절차[审判监督程序]이다.

정되어 있어 별개의 절차로 취급되나, 가사소송은 여전히 민사소송으로 다루어지고 있다. 가사소송이 분화되지 못한 점은 입법의 미비이기는 하나, 통상의 민사소송절차도 처분권주의가 상당히 제한을 받고 있으며, 소송자료의 수집도 직권탐지주의적으로 운용되어 왔기 때문에 양자를 분리할 필요성을 크게 느끼지 않았던 데서도 그 원인의 하나를 찾을 수 있을 것이다. 그러나 최근 민사소송에 처분권주의와 변론주의가 자리를 잡아가게 되자[18] 가사소송법을 분리하려는 노력도 활발해지고 있다.

Ⅱ. 법원(法源)의 다양성

중국의 민사소송법은 다양한 분야를 다루면서도 조문수는 모두 284개에 불과하다.[19] 조문수가 적은 것은 중국 법률의 일반적인 특성이기도 한다. 이와 같은 특이한 현상에는 여러 가지의 이유가 복합적으로 작용하고 있다. 우선 표의문자(表意文字)인 한자의 특성상 한글과 같은 표음문자로 표기하는 경우보다 함축적인 표현이 자유로워 상대적으로 적은 조문으로 여러 가지를 함께 규율할 수 있다.[20] 그러나 이와 같은 문자적 특성만으로는 조문수가 이렇게 적은 것을 충분히 설명할 수는 없다.

이보다는 위에서 설명한 사회주의 민사소송의 전통에서 그 원인을 찾는 것이 올바른 인식일 것으로 생각된다. 더구나 아직 개혁개방이 심화되기 전에는 일반 국민이 아직 시장경제체제의 법률에 익숙하지 못한 면이 있었으며, 자기 책임하에 모든 소송행위를 해야 한다는 점을 완전히 이해하지 못하는 경우가 많았다. 이러한 상황하에서는 조문을 정밀하게 구체적으로 설치하기보다는 법원과 법관에게 재량의 여지를 주어 국가간예원칙 내지 진실절대주의를 구현하여 국민의 권리를 보호하도록 하는 것이 유리하다고 판단하였을 것이다.[21]

적은 조문수를 보충하기 위하여 중국에는 민사소송법 이외에 수많은 최고인민법원의 사법해석[22]이 공포되어 광의의 민사소송법으로서의 법원(法源)을 형성하고 있다.[23]

---

18) 처분권주의와 변론주의는 사실 중국 민사소송의 기본원칙으로 되어있으나, 후술하는 바와 같이 그 내용은 공허한 것이었다. 그러나 2001년 최고인민법원이 사법해석〈最高人民法院关于民事诉讼证据的若干规定〉[法释(2001) 33号]을 통하여 실무상 처분권주의와 변론주의의 내실을 기하게 되었다(뒤의 증거편 참조).

19) 1982년 試行法은 205개, 1991년 법은 270개, 2007년 법은 268개였다.

20) 또 확실히 문장의 길이도 짧아질 수 있다.

21) 시장경제체제가 심화된 근래에 제정되는 실체법의 경우는 조문수가 방대해진 것도 그 방증(傍證)이 될 수 있다고 본다.

22) 사법해석의 범람을 "망망한 바다와 같이 넓다(浩如煙海)"고 표현한 학자도 있다[赵钢, 占善刚,

이와 같은 사법해석의 범람은 1990년대 말부터 더욱 심해지기 시작했다. 그 주요한 원인은 우선 개혁개방의 심화와 더불어 분쟁이 다양화, 복잡화의 길을 걷게 되었으며 과거에는 보지 못하였던 종류의 사건이 빈발(頻發)하게 되었고 그 해결을 위한 지침이 필요했던 점에서 찾을 수 있다. 시장경제의 심화와 더불어 민사소송제도도 시장경제 방식으로 전환되어야 하는 것이 적절함에도 불구하고 사회주의를 고수하고 있는 중국에서 민사소송법 자체를 시장경제적인 것으로 바꾸기가 매우 어려운 점이 있다.[24] 이 어려움을 타파하기 위하여 최고인민법원이 자체의 사법해석을 통하여 심판방식을 개선하려고 노력하는 와중(渦中)에 무수한 사법해석이 나오게 되는 점도 무시할 수 없다.

사법해석[25]은 최고인민법원이 공포하는 것이나, 특수한 경우에는 사법부(司法部)[26] 등 다른 국가기관에서도 사법해석과 유사한 규범성 문건[27]을 내리기도 한다. 또 때에 따라서는 최고인민법원과 다른 국가기관이 연합하여 공포하기도 한다.[28] 따라서 사건에 적용할 광의의 민사소송법이라는 관점에서 본다면 법률자체의 조문수가 적을 뿐 절차적 규준(規準)은 결코 적은 것이 아니다. 그러나 매우 혼란스러운 것은 사실이며 난립(亂立)한 사법해석은 민사소송법 연구에도 상당한 지장을 주고 있다.[29]

사법해석 중 가장 중요한 것은 〈중화인민공화국민사소송법적용에 관한 약간문제에

刘学在 著, 民事诉讼法, 武汉大学出版社(2008), 321面].

23) 최고인민법원의 사법해석 이외에 다른 기관(예컨대 사법부)에서 내리는 규범성 문건도 새로운 문건으로 폐지될 때까지 일정한 규범력을 갖게 된다. 사법해석이라는 용어는 전인대의 입법해석, 행정기관의 행정해석 등에 대비되는 용어이며 그 종류는 매우 다양하다.

24) 정치적인 문제로 입법의 탄력성이 떨어지게 된다. 법률은 유일한 정치권력기관인 전인대 또는 그 상무위원회에서 제정, 개정을 하며, 여기서는 늘 정치체제와의 합치문제가 제기되기 때문이다.

25) 주요법률이 제정되거나 개정되면 최고인민법원에서 그 법률에 대한 사법해석(司法解釋)을 내게 되며 마치 우리의 대법원 규칙과 같은 역할을 한다. 그러나 최근의 경향을 보면 상위법인 민사소송법의 기본절차를 사법해석을 통하여 우회적으로 변경하는 현상도 볼 수 있다(예: 변론주의의 도입).

26) 국가행정기관(국무원 산하)이며 기능은 다르나 우리나라의 법무부에 상당한다. 예컨대 사법부의 "농촌의 개혁과 발전 및 안정을 촉진하기 위하여 가일층 인민조정공작을 강화할 것에 관한 통지"[1995년 2월, 司發(1995) 002호]와 같은 문건은 사법부가 발령한 행정해석의 일종이나 분쟁해결과 관련이 있는 것이다.

27) 중국법상의 규범성 문건의 의미 종류 등에 관하여는 정이근 저, 중국공법학연구, 도서출판 오름(2007), 126面 이하 참조.

28) 예컨대 最高人民法院, 外交部, 司法部关于执行〈关于向国外送达民事或商事司法文书和司法外文书公约〉有关程序的通知[外发(1992) 8号, 1992-03-04]는 최고인민법원과 외교부, 사법부가 공동으로 마련하여 공포한 것이다.

29) 최고인민법원은 때때로 폐지되는 사법해석의 목록을 심판위원회의 의결을 거쳐 공포한다. 예: 2001년 12월 24일 최고인민법원 심판위원회의 의결을 거쳐 공포한 法釋(2001) 32호에는 폐지되는 2000년 말 이전에 공포된 사법해석 목록을 싣고 있으며, 최근에는 2008년 12월 18일 法釋(2008) 15호로 2007년 이전에 공포되었던 사법해석 중 27건을 폐지하였다.

대한 의견(关于适用中华人民共和国民事诉讼法若干问题的意见)〉[30]이며 1991년 정식의 민사소송법이 제정된 다음 해(1992년 7월 14일) 최고인민법원이 공포했으며, 상당히 많은 조문(공포당시 320개)을 가지고 있다. 2007년 민사소송법 중 재심절차(심판감독절차)와 집행절차의 개정 후에는 이 부분에 대하여 다시 별도로 〈중화인민공화국민사소송법 집행절차의 약간문제에 대한 해석(中华人民共和国民事诉讼法执行程序若干问题的解释: 2008년 11월 25일)〉과 〈중화인민공화국민사소송법 심판감독절차의 약간문제에 대한 해석(中华人民共和国民事诉讼法审判监督程序若干问题的解释: 2008년 12월 18일)〉을 새로 공포하여 이전의 〈약간의견〉중 해당 부분은 폐지하였다. 최고인민법원의 사법해석의 성격에 관하여는 광의의 민사소송 법원(法源)에 해당한다는 견해가 많고 또 일부의 사법해석에는 사법해석 자체에서 "법률과 같은 효력을 가진다"라고 선언하고 있다.[31] 그러나 일부의 견해는 최고인민법원은 입법권이 없고 법률이 최고인민법원에 해석을 위임한 바도 없으므로 법원(法源)으로 볼 수 없다고 한다.[32] 본서에서는 사법해석이 실질적으로 소송절차를 규율하고 있는 점을 감안하여 광의의 법원에 포함시키기로 한다.

이와 같은 사법해석으로도 해결할 수 없는 문제가 발생하는 경우에는 수소법원이 최고인민법원에 문의하여 처리하는데 이와 같은 제도를 비복(批复)[33]이라 한다. 이와 같은 비복은 당해사건을 처리함에 지침이 될 뿐만 아니라 이후 유사한 사건에도 적용할 수 있으며 최고인민법원은 비복을 취합, 정리하여 정식의 문건으로 각급법원에 통지하기도 한다.

30) 이하 〈약간의견〉이라 칭한다. 사법해석의 표제는 매우 다양하다. 의견 이외에 규정(規定), 통지(通知), 복함(复函)이라는 표제를 쓰는 경우도 있다.

31) 예컨대 2007년 발령된 〈최고인민법원의 사법해석공작에 관한 규정(最高人民法院法院关于司法解释工作的规定)〉 제4조.

32) 赵钢, 占善刚, 刘学在 著, 民事诉讼法, 武汉大学出版社(2008), 7面 참조.

33) 비복은 하급법원이 최고인민법원에 대하여 제기한 의문에 대하여 연구를 하여 답변을 하는 것을 말한다. "귀(貴) 법원이 보낸 --호의 서신을 받았다. 이에 연구를 거쳐 다음과 같이 답변한다"라는 형태를 취한다. 비복도 일종의 사법해석이며 매우 한정된 문제에 대한 해석인 점에서 다른 형식의 사법해석과 차이가 있다.

제3장 중국 민사소송의 기본원칙

제1절 서언(序言)

민사소송의 기본원칙은 민사소송법의 제·개정(制改正)과 민사소송제도의 운용에 있어서 기본이 되는 지도원칙을 말한다. 즉 민사소송의 진행에 있어서 법원은 물론이고 당사자 기타 참여인도 반드시 지켜야 하는 소송행위의 준칙(準則)을 말한다.[1] 민사소송법은 정치체제의 영향을 받게 되며, 중국 민사소송법은 사회주의헌법과 법원조직법을 근거로 하여 중국의 현실을 출발점으로 하고 수십 년간 법원이 민사사건을 처리한 경험을 참작하여 제정된 것이다(민소법 제1조). 따라서 그 기본원칙은 사회주의 민사소송에 관한 기본원칙이므로 우리 민사소송의 기본원칙과는 다른 점이 많다.

기본원칙을 민사소송법의 모두(冒頭)에 모아 규정하는 것은 서구 국가의 입법례에서는 드물며(프랑스 민소법은 이 형식을 취하고 있다) 구소련이나 동구 국가와 같은 사회주의 국가의 민사소송법에서 흔히 볼 수 있는 입법례이다.[2] 법전의 앞부분에 이렇게 기본원칙을 모아 강조하는 이유는 첫째, 기본원칙을 통하여 민사소송법의 제정이나 개정에 있어서 기본적인 방침을 유지하도록 하고자 하는 것이며, 둘째, 민사소송법상의 각종제도를 정확히 이해하여 이를 실수 없이 적용하기 위한 실무상 통일적 기준을 마련하는 데 있다고 한다.[3]

중국의 민사소송법은 제1편 제1장에 12개(제5조 내지 제16조)[4]의 기본원칙에 관련된 조문을 두고 있다. 이 원칙에 대한 분류방법에는 여러 가지의 견해가 있다. 다만 이

1) 潘剑锋, 民事诉讼原理, 北京大学出版社(2001). 75面; 杨荣新 主编, 民事诉讼法, 中国政法大学出版社(2001), 34面; 柴发邦 主编, 民事诉讼法学, 北京大学出版社(修訂本), 1994, 北京大學出版社, 61面 참조.
2) 赵钢, 占善刚, 刘学在 著, 民事诉讼法, 武汉大学出版社(2008), 39面 참조.
3) 潘剑锋, 前揭書, 76面.
4) 원래 13개였으나 2012년 개정에서 인민조정원칙이 삭제되어 12개로 되었다.

중 제10조의 합의원칙(合議原則), 회피원칙(回避原則), 공개심판원칙 및 양심종심(兩審終審) 원칙은 민사소송의 기본제도로 분류하여 기본원칙과 달리 취급하는 것이 현재 거의 통일된 견해이다.[5] 제10조 이외의 원칙을 기본원칙이라고 하여도 이를 어떻게 분류할 것인지에 대하여는 견해가 일치하지 않고 있다. 통설적인 방법은 공통원칙[共有原則][6]과 민사소송특유의 원칙으로 대별하는 방법이다.

공통원칙이라 함은 헌법, 형사소송법, 행정소송법에도 유사한 규정이 있는 원칙을 가리키는 것으로 ① 법원이 민사재판권을 행사한다는 원칙(제6조 제1항), ② 법원이 민사사건을 독립하여 재판한다는 원칙(제6조 제2항), ③ 사실을 기초로 하고 법률을 규준으로 한다는 원칙(제7조), ④ 법률을 적용함에 있어서의 당사자 간의 평등의 원칙(제8조 제2문), ⑤ 자기민족의 문자와 언어로 소송을 할 수 있다는 원칙(제11조 제1항), ⑥ 검찰감독의 원칙(제14조), ⑦ 민족자치지방에서의 변통(變通)과 규정보충의 원칙(제16조)을 들고 있다.

민사소송특유의 원칙이라 함은 민사소송법에만 규정이 있는 원칙을 말하며 ① 소송권리평등의 원칙(제8조 제1문), ② 자유의사[自願]와 합법(合法)의 원칙하에 조정을 시행할 원칙(제9조), ③ 변론원칙(제12조), ④ 처분원칙(제13조), ⑤ 제소지원의 원칙(제15조), ⑥ 동등의 원칙과 대등의 원칙(제5조)을 가리킨다.

그러나 현재 위와 같은 통설에 대하여 여러 가지 이설(異說)이 나오고 있으며 변론원칙과 처분원칙만이 민사소송의 기본원칙이라는 견해도 있으며[7] 명문의 규정이 없으나 신의성실원칙(誠實信用原則)을 기본원칙에 포함해야 한다는 견해가 보편화되어 있었으며, 2012년의 개정에서는 이 원칙을 제13조 제1항에 신설하였다.

본서에서는 위의 분류방법과는 무관하게 법조문의 순서에 따라 기본원칙을 살펴보되 좀 더 많은 설명이 필요한 변론원칙, 처분원칙과 재판감독원칙은 순서를 뒤로 미루어 자세히 논의하기로 한다.

---

5) 潘剑锋, 前揭書, 81面 이하; 江伟 主编, 民事诉讼法, 中国人民大学出版社(2000), 53面 이하 참조.

6) 공통원칙이라 함은 헌법, 법원조직법, 형사소송법 등이 규정하고 있는 것을 다시 민사소송법에 규정해 놓은 것으로 민사소송은 물론 형사소송, 행정소송 등에도 같이 적용되는 원칙을 말한다.

7) 肖建国 著, 民事诉讼程序价值论, 中国人民大学出版社(2000), 148面 이하. 이 견해에 의하면 이 두 가지 이외의 것은 법률상의 규정으로 인식하거나 민사소송법상 구체적인 제도에 편입하면 족하다고 한다.

제2절 기본원칙

I. 동등(同等)원칙과 대등(對等)원칙

민사소송법 제5조는 외국인 등의 중국 내에 있어서의 지위를 정하고 있다. 즉 외국인, 무국적자, 외국기업과 조직이 법원에 소를 제기하고 응소함에 있어서는 중화인민공화국 공민, 법인 및 조직과 동등한 소송상의 권리와 의무가 있으며(제1항), 외국법원이 중화인민공화국 공민, 법인 및 기타 조직의 민사소송권리에 대하여 제한을 가할 수 있는 경우는 중화인민공화국 법원은 그 국가의 공민, 기업 및 조직의 민사소송권리에 대하여 대등한 원칙을 시행한다(제2항). 전자를 동등원칙(同等原則)이라 하며 후자를 대등원칙(對等原則)이라 한다. 이 원칙을 모두(冒頭)에 규정하고 있으므로 민사소송의 기본원칙으로 분류하기도 하나[8] 섭외소송의 일반원칙으로 설명하는 것이 보통이다.[9]

Ⅱ. 법원의 재판권의 통일 행사 및 법원독립의 원칙

민사소송법 제6조는 제1항에서 “민사사건의 재판권은 인민법원이 행사한다”라고 규정하고 있다. 이를 법원의 민사재판권의 통일행사 원칙이라고 한다. 또한 제2항에서 “인민법원은 법률의 규정에 따라 독립하여 민사사건을 재판하며 행정기관, 사회단체 및 개인의 간섭을 받지 아니한다”라고 규정하고 있으며 이를 법원독립의 원칙이라 한다. 우리의 관점에서 보면 이는 헌법상의 문제로 당연한 것이므로 민사소송법에 조문을 둘 필요가 없다는 점에서 어색한 느낌이 있다. 그러나 중국의 정치체제와 관련하여 특별한 의미를 가지고 있다고 보아야 한다. 내용을 부연(敷衍)하면 다음과 같다.

1. 법원의 재판권의 통일 행사

중국의 헌법 제123조와 법원조직법 제1조는 “중화인민공화국 인민법원은 국가의 재판기관이다”라고 규정하고 있으며 이를 받은 것이 민사소송법 제6조이다.

---

8) 江伟 主编, 民事诉讼法, 中国人民大学出版社(2008), 65面 이하.
9) 뒤의 섭외소송부분 참조.

원래 사회주의 민사소송에 있어서의 법원은 국가의 한 기관에 불과할 뿐 독립적인 지위를 인정받지 못하였다. 이에 따라 민사분쟁도 법원이 전담하여 해결해야 한다는 관념도 매우 희박하며 다른 국가기관도 분쟁해결의 기능을 발휘할 수 있다는 것이 원칙이었다. 뒤에 설명하는 법원의 주관(主管)이라는 개념은 이와 같은 사고에서 나온 것이다. 이와 같은 구소련식의 전통적 사회주의 민사소송의 원칙에서 벗어나, 법원이 민사재판을 전담한다고 선언한 것이 이 규정이다. 따라서 현재는 민사재판권은 오직 법원만이 행사할 수 있도록 되었다.[10] 다만 중재기구도 민사분쟁 해결권을 가지고 있으나 당사자의 선택이 문제일 뿐 재판권의 통일행사를 방해하는 것은 아니라고 한다.

2. 법원 독립의 원칙

한편 제6조 제2항에서는 법원의 심판권행사의 독립을 규정하고 있다. 즉 법원은 법률의 규정에 따라 독립하여 민사사건을 재판하며 행정기관, 사회단체 및 개인의 간섭을 받지 아니한다고 하여 그 독립성을 선언하고 있다. 이는 헌법 제126조와 인민법원조직법 제4조의 내용을 옮겨 규정한 것이다.

구소련식의 민사소송제도에서는 전술한 바와 같이 법원도 국가의 한 기관에 불과할 뿐 독립적인 지위를 가지지 못하였으며, 이에 따라 법관도 독립적인 지위를 가지지 못하고 일종의 국가사무를 처리하는 공무원의 지위에 머물게 되었으며, 재판활동도 일반 공무와 별 구분이 없이 국가행위의 일환으로 취급됨에 불과하였다.[11] 따라서 법관의 재판활동도 당연히 공적 성격과 정치성을 띠는 것으로 인식되어 왔다.[12] 이와 같은 체제에서 재판권을 독자적으로 행사한다는 것이 불가능하였음은 물론이다.

이와 같은 구소련식 민사소송원칙에서 벗어나고자 한 것이 이 규정의 취지이나 아직 완전히 탈피하지는 못하고 있음을 주의해야 한다. 현재 많은 변화가 있기는 하나 아직 중국의 재판권독립의 원칙은 전체로서의 법원의 독립을 말하는 것이며 개개 재판기관(법관)의 물적 독립을 의미하지는 않는다. 또 법원의 독립조차도 아직은 매우 미흡한 형편이다. 따라서 법원과 법관은 여러 가지의 제약 아래에 재판을 하게 된다.

제약의 빌미가 된 것은 바로 헌법과 인민법원조직법이라고 볼 수 있다. 중국의 첫

10) 헌법에서는 인민법원이 국가의 재판기관임을 선언하고 있을 뿐 인민법원만이 재판권을 행사할 수 있다고 하지 않는다. 이에 비하여 민사소송법 제6조는 민사재판권은 인민법원만이 이를 행사할 수 있다는 것을 선언한 점에 의의가 있다.

11) 张卫平, 前揭 转换的逻辑, 178面 참조.

12) 1950년대에는 법원을 소위 계급독재의 도구 혹은 칼자루(刀把子)로 보는 이른바 법원공구론(法院工具论)이 성행하였다.

번째 헌법인 1954년 〈중화인민공화국헌법〉에서는 법원 독립의 원칙을 "인민법원은 독립하여 심판을 하며 오로지 법률에만 복종한다"라고 규정하고 있었다. 이 규정을 문언대로 해석한다면 법원이 재판을 함에 있어서는 일체의 다른 기관의 간섭을 받지 않는 것을 선언한 것으로 볼 수 있다. 그러나 1978년 헌법개정시 이를 "인민법원은 법률의 규정에 따라 독립하여 민사사건을 재판하며 행정기관, 사회단체 및 개인의 간섭을 받지 아니한다"라고 고쳤다. 이와 같은 개정은 조문의 구체화인 것 같이 보이나 오히려 법원의 재판에 간섭할 수 없는 실체를 행정기관, 사회단체 및 개인으로 한정하여, 권력기관,[13] 당(黨), 군사기관 등이 재판에 간섭할 수도 있다는 해석에 빌미를 준 점에서 입법의 후퇴라는 비판을 받고 있다.[14] 문화혁명 후 다시 제정되었던 인민법원조직법 제4조도 "인민법원은 독립하여 심판을 하며 오직 법률에만 복종한다"라고 되어 있었으나 개정된 헌법조문에 따라 1983년 이를 개정하여 "인민법원은 법률에 따라 독립하여 심판권을 행사하며 행정기관, 사회단체 및 개인의 간섭을 받지 않는다"라고 하여 헌법 제126조와 일치시켰다.

다만 최근의 입법을 보면 법관의 독립적인 지위를 어느 정도 인정하려는 경향이 보인다. 예컨대 1995년 제정된 〈중화인민공화국 법관법〉 제3조는 "법관은 반드시 헌법과 법률을 충실히 집행해야 하며, 전심전력으로 인민을 위하여 복무해야 한다"라고 하여 헌법과 법률에의 복종을 강조하고 있고, 제4조는 "법관이 법률에 따라 직책을 이행함에 있어서는 법률의 보호를 받는다"라는 규정을 두고 있다.

그러나 학자들의 많은 비판이 있기는 하나 사법의 독립이라는 단어는 여전히 기피용어이며 법관이 재판을 함에 있어서는 여러 면으로 제약을 받고 있는 것이 현실이다. 그 중요한 제약을 보면 다음과 같다.

(1) 공산당의 영도(領導)

재판기관은 중국 공산당의 영도를 받아야 한다. 다른 사회주의 국가에서와 마찬가지로 중국에서도 1980년대 초반까지는 법원의 판결은 공산당이 승인하여야 효력을 가지는 것으로 되어 있었다. 현재는 구체적인 사건에 대한 당의 간섭은 금지되고 있으나 현실적으로 여전히 정치상, 조직상 영도권을 가지고 있으며 재판기관은 당의 영도를 거부할 수 없다.[15]

---

13) 중국은 삼권분립(三權分立)을 하지 않고 인민집중제(人民集中制)를 취하며 각급 인민대표대회만이 인민의 권력을 행사할 수 있는 기관이므로 흔히 인민대표대회만을 권력기관이라 부른다. 그리고 행정기관, 사법기관 모두 이 인민대표대회가 만들어낸 하부기관에 불과하다.

14) 汤维建 主编, 民事诉讼法学, 北京大学出版社(2008), 131面 이하 참조.

15) 梁书文, 回沪明, 杨荣新 主编, 民事诉讼法及配套规定新释新解(上), 人民法院出版社(2000), 58面

(2) 인민대표대회와 여론의 감독

재판기관은 인민대중의 감독을 받게 되며 그 방식은 각급 인민대표대회를 통한 감독과 인민대중의 직접적인 감독의 두 가지이다. 우선 각급 인민대표대회는 법원의 재판업무 보고를 받게 되며, 재판사항을 순회·감독할 수 있으며 각급 법원의 원장과 법관의 임면권(任免權: 선거권)을 가지고 있다(법관법 제11조 이하).

인민대중도 구체적인 사건에 대하여 진정(陳情)[16] 또는 건의(建議)의 방식을 통하여 감독권을 행사할 수 있으며 언론매체에 의한 감독도 일정한 규정이 없이 행해지고 있다.[17] 이와 같은 현상은 우선 3권분립제를 취하지 않고 인민전정제(人民专政制)를 취하는 데에 그 근본원인이 있다. 법원과 법관의 독립과 관련하여 마르크스는 "법률이 이미 사리사욕에 공헌하기 위하여 제정된 것인데, (법관이) 공평무사하게 법률에 따라 판결한다는 것이 무슨 의미가 있는가"라고 하였다고 한다.[18]

(3) 법원내부의 감독과 검찰원의 감독

법원장과 재판기관의 관계는 독립적인 관계가 아니며 원칙적으로 영도와 영도를 받는 관계이며, 각급법원에 설치된 심판위원회와 재판기관과의 관계도 영도와 영도를 받는 관계 내지는 감독과 감독을 받는 관계이다. 다만 최근에는 소위 재판장책임제[审判长负责制]가 실시되고 있으며 심판위원회의 권한도 점차 약화되어 보고요구 제도도 점차 소멸되어가는 과정에 있다고 한다.

또한 검찰원은 국가의 법률감독기관으로 우리와는 비교할 수 없을 정도로 민사재판에 대한 감독을 한다(후술 심판감독원칙 부분 참조).

(4) 지방행정기관의 영향

중국 사법제도에서 항시 지적되는 것이 지역이기주의[地方保护主义: 지방보호주의]이다. 지역이기주의는 특히 중국의 법원예산의 특성과 관련하여 문제가 된다. 중국의 법원예산은 독립적으로 편성, 집행되는 것이 아니라 지방정부의 재정의 일부로 되어 있다. 이에 따라 법원은 지방행정권력의 영향을 받을 수밖에 없다.

참조.

16) 이를 신소(申訴)라고 한다. 신소권은 공민의 헌법상의 권리이며 어느 기관에라도 신소할 수 있으며, 신소가 있으면 반드시 이를 처리해 주어야 한다(이른바 拘束的 申訴).

17) 일정한 규제규정을 두어야 한다는 주장도 있다(汤维建 主编, 前揭 民事诉讼法学, 134面).

18) 杨荣新 主编, 中国民事诉讼法, 中国政法大学出版社(1992), 39面 참조.

Ⅲ. 사실근거와 법률규준의 원칙

민소법 제7조는 "인민법원이 민사사건을 재판함에 있어서는 사실을 근거로 하고 법률을 규준[准绳][19]으로 하여야 한다"라고 규정하고 있다.

그 의의는 첫째, 법원이 심판함에 있어서는 법정절차에 따라 증거에 의해 증명된 사실만을 기초로 하여야 하며, 엄격히 관련 실체법규의 규정에 의거하여 재판해야 한다는 것이다. 이를 위하여 법원은 증거를 객관적, 전면적으로 대조심사(核實)해야 하며, 당사자가 증거를 제출함에 어려움이 있거나 법원이 사실심리에 필요하다고 인정하는 경우에는 능동적으로 증거를 조사수집 해야 한다(제64조 제2항, 제3항). 이 원칙과 관련하여 민사소송에서 확정해야 할 "사실"이 반드시 객관적 사실이어야 하는가에 관하여 상당한 논란이 있으며 이는 증거법의 사실인정 방법과 밀접한 관련이 있다(뒤 증거법 부분 참조).

Ⅳ. 당사자지위평등의 원칙

1. 지위평등의 의의

민사소송의 당사자는 평등한 대우를 받으며 동등한 소송상의 권리를 향유하며 동등한 소송상 의무를 부담한다. 또한 법원이 민사사건을 심리하는 경우에는 당사자가 소송상의 권리를 행사하는 것을 보장해야 하며, 당사자에게 법률을 적용하는 경우에는 일률적으로 평등하게 하여야 한다(민소법 제8조). 따라서 어느 누구도 법 위에 존재할 수 없으며 특권을 누릴 수 없다.

민사소송법 제8조는 헌법 제33조의 "공민은 법률 앞에서 일률적으로 평등하다"라는 조항과 헌법 제4조의 민족평등의 조항 및 제48조의 남녀평등조항을 받아 민사소송법의 원칙으로 내세운 것이다. 또 최근 중국에서 유행하는 절차공정가치론의 관점에서 이 원칙의 근거를 찾기도 한다.[20]

---

19) 준승(准绳)은 원래 목수가 사용하는 수준기(水準器)와 먹줄을 가리키는 말이다.

20) 赵钢, 占善刚, 刘学在 著, 前揭書, 46面. 절차의 공정한 운영에 가치를 두는 견해로 당사자 중 누구도 절차상 우대받을 수 없다고 한다. 이 견해는 과거 객관적 진실 발견에 무게를 두었던 것을 비판하고 나온 것이다.

2. 지위평등의 구체적 내용

당사자지위 평등원칙은 다음과 같이 몇 가지의 내용을 가진다.

(1) 민사소송의 당사자는 국적, 민족(혈통에 따른 구분), 종족(種族: 피부색에 따른 구분), 직업, 종교, 정치적 상태를 묻지 않고 모두 동등한 대우를 받는다. 따라서 외국인, 무국적자, 외국기업과 조직도 법원에 소를 제기하고 응소함에 있어서는 중화인민공화국 공민, 법인 및 조직과 동등한 소송상의 권리와 의무를 가지게 된다(민소법 제5조 제1항: 이른바 同等原則). 다만 외국법원이 중화인민공화국 공민, 법인 및 기타 조직의 민사소송권리에 대하여 제한을 가할 수 있는 경우는 중화인민공화국 인민법원은 그 국가의 공민, 기업 및 조직의 민사소송권리에 대하여 대등한 원칙을 시행한다(동조 제2항: 이른바 對等原則).

(2) 법원은 당사자가 편리하게 소송상의 권리를 행사할 수 있도록 해주어야 한다. 예컨대 당사자가 소장 작성에 곤란을 느끼는 경우에는 구술제소를 허용해주어야 하며(민소법 제120조), 필요하다고 인정되는 경우에는 현지에 나가서 재판하여야 한다(민소법 제135조). 특히 법원은 당사자가 어떠한 소송상의 권리를 누릴 수 있는지를 능동적으로 알려주어야 하며, 법률규정을 모르거나 이해를 하지 못하는 경우에는 적극적으로 도와주어야 한다. 이와 같은 원칙은 법원이 적극적으로 소송에 간여하여야 한다는 점을 말한 것으로 이른바 국가간예원칙의 표현이라 할 수도 있다. 예컨대 법원의 주관에 속하지 않는 사건을 가지고 제소를 한 경우에도 그냥 각하해서는 아니 되고 찾아갈 기관을 설명해주도록 하는 것과 같다(민소법 제124조).

(3) 각 민족은 모두 자기 민족의 언어와 문자로 소송할 권리를 가지며 소수민족이 집단거주하거나 여러 민족이 공동거주하는 지방의 법원은 현지민족이 상용(常用)하는 언어와 문자로 심리를 하고 법률문서를 작성하여야 한다. 또한 현지민족이 상용하는 언어와 문자에 통하지 않는 소송관계자에게는 번역과 통역을 해 주어야 한다(민소법 제11조). 다민족 국가인 중국에서는 이와 같은 원칙을 헌법(제134조)에도 규정하고 있으며 법원조직법(제6조), 민족구역자치법(제47조)에도 같은 원칙을 두고 있다.

V. 조정중시(調整重視)의 원칙

중국의 민사소송에서는 조정[調停: 중국에서는 조해(调解)라 한다]을 매우 중시하며 이러한 조정을 통하여 분쟁을 해결하는 것이 중국 사법의 성공적 경험이며 우수한 전통이라고 자부한다.[21] 이와 같이 조정을 중시하는 경향은 중국의 전통적인 사상인 유가사상(儒家思想)에서 그 근원을 찾기도 하나[22] 현대의 조정중시원칙은 공산혁명기의 해방구에서 조정을 중시하던 전통에서 비롯된 것이라 한다.[23][24] 즉 사회주의 혁명초기에 이미 해방구에서 "조정을 위주로 하고 재판을 보조수단으로 한다(调解为主, 审判为辅)"라는 8자(字)원칙이 마련되었고,[25] 1963년에는 "조사연구를 하고 현지에서 해결하며 조정을 위주로 한다(调查研究, 就地解决, 调解为主)"라는 12자 원칙이 확정되었으며, 1964년에는 "군중에 의지하고, 조사연구를 하고, 현지에서 해결하며 조정을 위주로 한다(依靠群众, 调查研究, 就地解决, 调解为主)"라는 16자 원칙이 마련되어 오랜 기간 적용되어 왔다.[26] 중국의 조정에는 두 가지 종류가 있다. 하나는 법원에 소가 제기된 경우 수소법원이 행하는 법원조정[法院調解: 민소법 제9조]이고 또 하나는 법원 이외의 기관이 진행하는 소송외적 조정이다. 소송외의 조정에는 인민조정위원회가 행하는 인민조정[人民调解: 2012년 개정에서 민소법 제16조의 인민조정원칙은 삭제되었다]과 행정조정 및 중재기관이 행하는 중재 중의 조정이 있다.

21) 실제로 1992년의 전국 법원의 민사1심사건 통계표에 의하면 전체 결안수(結案數) 1,948,949건 중 조정에 의한 해결이 1,136,970건, 판결에 의한 것이 460,932건, 기타가 351,047건으로 조정에 의한 해결이 약 58%에 이르고 있는 것을 볼 수 있다(中國法律年鑑, 中國法律年鑑社, 1993, 936面, 표5 참조). 또 2006년 통계에 의하면 민사 1심안건의 결안수 4,385,732건 중 조정으로 끝난 것이 1,426,245건으로 약 32.5%에 달하고 있다.

22) 梁书文, 回沪明, 杨荣新 主编, 前揭 民事诉讼法及配套规定新释新解(上), 73面 참조. 유가(儒家)의 "덕주형보(德主刑輔)" 사상은 분쟁해결수단 중 조정과 잘 어울린다고 한다.

23) 常怡 主编, 民事诉讼法学(第一版), 中国政法大学出版社(1994), 36面: 周道鸾 主编, 民事诉讼法教程, 法律出版社(1993), 69面 등.

24) 조정을 중시하는 경향은 모택동의 "인민내부의 모순은 민주적 방법으로만 해결할 수 있으며 토론적, 비판적, 설복교육적 방법으로만 해결할 수 있다"라는 지적(王怀安 主编, 前揭 中国民事诉讼法教程, 31面 참조)에서 볼 수 있는 바와 같이, 민사재판을 주로 법인식 작업으로 보는 자본주의 사회와는 달리 재판의 선전 및 교육기능을 강조하는 사회주의 국가의 경향에서도 그 원인을 찾을 수 있다.

25) 해방구에서는 국민당 정부의 법률과 소송제도가 전면 폐지되었기 때문에 법정의 소송절차에 의한 법률에 의한 재판 자체가 불가능하였을 것이고, 법의 공백을 메우기 위하여 조정이 중시될 수밖에 없었던 점도 부인할 수 없다.

26) 潘剑锋, 前揭書, 83面. 이와 같은 8자 원칙, 12자 원칙, 16자 원칙은 모두 공산혁명기의 해방구의 분쟁해결방식을 결정적으로 마련한 것으로 평가받는 마석오(馬錫五)의 심판형식에서 유래한 것이다[张卫平, 转换的逻辑, 法律出版社(2004), 159面 이하 참조]. 군중에 의지한다는 말에 주목할 필요가 있다. 법률에 따라 재판하는 것이 아니라 군중의 의사에 따라 분쟁을 해결한다는 것으로 읽힐 수 있다.

Ⅵ. 민족의 고유문자와 언어사용의 원칙

민사소송법 제11조에 의하면 중국 내의 각 민족은 모두 자기 민족의 언어와 문자로 민사소송을 할 권리를 가진다. 또 소수민족이 집단거주하거나 여러 민족이 공통 거주하는 지역에서는 법원은 현지민족에게 통용되는 언어와 문자로 심리를 하고 법률문서를 작성해야 하며, 만약 현지민족에게 통용되는 언어, 문자에 통하지 않는 소송관계자에게는 통역(번역)을 제공해 주어야 한다. 이는 헌법 제134조 및 인민법원조직법 제6조의 규정을 민사소송법에 도입한 것이다. 또 위에서 본 당사자 지위평등의 원칙의 한 부분이기도 하다.

Ⅶ. 제소지원(提訴支援)의 원칙

1. 제소지원의 의의

민사소송법 제15조는 "기관, 사회단체, 기업·사업단위는 국가, 집체 혹은 개인의 민사적 권익에 손해를 가하는 행위에 대하여 손해를 입은 단위나 개인이 인민법원에 제소하는 것을 지원(법조문에는 支持로 되어있다)할 수 있다"라고 하여 소위 제소지원의 원칙을 민사소송의 기본원칙으로 하고 있다. 이 원칙은 현실생활에서 민사권익을 침해당했음에도 불구하고 감정을 상할 것을 두려워하거나, 상호간의 관계에 악영향을 미칠 것을 두려워하거나 기타의 원인으로 제소를 꺼리는 경우 이들의 제소를 지지하고 성원해 주는 것을 그 내용으로 한다.[27]

제소지원은 피해자의 구제라는 목적도 있으나 오히려 국가, 집체 및 개인이 타인의 민사권익에 관심을 갖게 함으로써 각종의 민사위법행위를 억제하는 데 그 목적이 있다고 하며,[28] 사회의 힘(力量)을 빌려 약자를 도와 정의를 세우고 사악한 것을 몰아내어 사회주의 법제를 널리 일으키고 사회주의 도덕관념을 발양(發揚)하고자 하는 것이라 한다.[29] 이 원칙의 유래는 레닌이 사회주의의 민사법률관계는 사법관계가 아니라 공법관계라고 한 것을 기초로 하여, 민사소송에 법원과 검찰원이 간예하도록 한 것을

27) 이와 같이 분쟁과 직접 이해관계가 없는 제3자가 소송에 개입할 수 있도록 하는 것을 소위 군중노선방침[群众路线方针]이라 부르기도 한다.
28) 王怀安 主编, 前揭 中国民事诉讼法教程, 38面.
29) 潘剑锋, 前揭書, 91面.

기초로 하여 이를 보충·심화하는 제도로 마련된 것이라 한다.[30] 즉 레닌이 주도하여 만든 구소련 민사소송법 제23조는 국가간예는 물론 보충적으로 소위 사회간예(社会干预)도 인정하고 있었다(앞의 국가간예주의 부분 참조). 사회간예는 보호책임이 있는 기관, 조직 또는 공민이 피보호자를 위하여 자기 명의로 민사소송을 제기하는 것을 말하는 것이었다. 예컨대 노동조합, 부녀연맹 등이 자기 명의로 그 소속원을 위하여 민사소송을 제기하는 것을 말한다. 중국은 시행법(試行法) 시대부터 사회간예제도를 직접 도입하지는 않고 당사자가 소를 제기하는 것을 사회단체가 지지·지원하는 방식으로 완화하여 도입하였다.

최근 학설의 경향을 보면 이 제소지원의 원칙은 민사소송의 기본원칙에서 삭제해야 한다는 견해가 많다. 그 근거로는 우선 소제기 전단계의 문제이므로 민사소송의 기본원칙으로 보기 어렵고, 처분주의와 배치된다는 점, 최근 이 규정이 기능을 발휘하는 경우는 거의 없다는 점을 들고 있다.[31]

또 이 원칙은 상당부분 법률구조제도와 겹칠 수 있다고 하며 오히려 법률구조제도를 확충하여야 한다는 주장도 있다. 중국의 법률구조는 변호사법[律师法]과 그 사법해석에 근거를 두고 있으며, 1999년의 사법부와 최고인민법원이 공동으로 선포한 〈민사법률원조공작의 약간문제에 대한 연합통지(关于民事法律援助工作若干问题的联合通知)〉에서는 "공민이 부양료, 양육비, 노동보수, 공상(公傷) 등에 관한 민사소송을 제기하는 경우에 이하의 조건에 부합하는 경우에는 관할 법원 소재지의 법률원조기관에 법률원조를 신청할 수 있다"고 하고 있으며, 원조의 조건으로는 ① 자기의 합법적인 권익의 보호를 위하여 법률원조를 필요로 한다는 것을 충분히 증명할 것, ② 본인 및 가정의 경제사정이 현지 정부기관이 정한 경제곤란공민의 표준에 부합할 것으로 하고 있다. 다만 그 대상이 공민이 부양료, 양육비, 노동보수, 공상(公傷) 등으로 한정되어 있는 점이 제소지원의 원칙과 다르다.

2. 제소지원의 내용

(1) 제소지원의 주체는 피해자에 대한 보호책임을 부담하는 기관, 단체 및 기업·사업단위(單位)여야 하며 개별적 공민은 지원을 할 수 없다. 예컨대 부녀연합회는 부녀자가 피해자인 경우에, 공청단(公青團)은 청년이 피해자인 경우에, 기업·사업단위는 그 단위에 속하는 노동자가 피해자인 때 제소지원을 할 수 있다. 그리고 이러한 지원

30) 周道鸾 主编, 前揭 民事诉讼法教程, 77面 참조.
31) 汤维建 主编, 前揭 民事诉讼法学, 159~16面 참조.

주체는 사건의 직접적인 이해관계인이 아니므로 소권을 가지지 못하며 자기명의로 제소할 수 없다.[32] 원래 구소련의 민사소송법에서는 개별적 공민도 지원의 주체가 될 수 있었으며 지원주체가 자기 명의로 민사소송을 제기할 수 있음은 물론 이미 제기된 민사소송에 참가할 수도 있었으나 중국의 경우는 지원주체에서 개별적 공민을 제외하였으며, 직접 소를 제기하거나 소송에 참가하는 것을 허용하지 않도록 한 것이다.

(2) 지원방법은 정신적인 것이든 물질적인 것이든 묻지 않는다. 따라서 지원주체는 법률과 정책의 선전을 통하여 정신적 부담을 제거해주거나 물질적인 지원을 해줌으로써 당사자가 법률에 따라 법원에 제소하는 것을 고무하고 격려해 줄 수 있다. 예컨대 노동능력을 상실한 노인의 자녀가 부양의무를 이행하지 않아 노인의 생활이 극도로 곤란하지만 자녀가 더 심하게 학대할 것을 두려워하여 법원에 제소하지 못하는 경우도 있다.[33] 이러한 상황에 있는 경우 그 노인의 소속단위나 기층조직은 그에게 법률규정을 알려주어 정신적 부담을 제거하여 법원에 제소할 수 있게 지원할 수 있으며, 동시에 그에게 도의상 혹은 물질상의 필요한 도움을 줄 수 있다. 경우에 따라서는 피해자의 소장 작성을 도와줄 수도 있으며 피해자의 동의가 있는 경우에는 그 소송대리인이 되어 소송을 대리할 수도 있다.[34]

Ⅷ. 민족자치지방의 변통(变通)과 보충의 원칙

중국에는 55개의 소수민족이 있다. 소수민족은 오랜 기간 동안 한족(漢族)과는 다른 고유의 역사와 문화를 형성해왔기 때문에 한족위주의 법률제도가 민족의 정서와 맞지 않는 경우가 있다. 이에 따라 중국은 민족의 자치를 인정하는 지역을 두고 현지의 구체적인 상황에 맞추어 자치조례를 제정하여 법률생활을 영위할 수 있도록 하고 있다. 현재 인정되는 자치지방은 모두 155개이며 그 종류는 자치구(自治區: 5개), 자치주(自治州: 30개)와 자치현(自治縣: 120개)이 있다. 이와 같은 지역에서는 민사소송법의 적용에 있어서도 각 민족의 특성을 반영하여 규정을 다소 변경하거나(법전용어는 变通), 필요한 규정을 보충하여 법률생활의 안정을 기할 수 있도록 하고 있다.

---

32) 周道鸾 主编,上揭書 78面; 潘剑锋, 上揭書, 同面.

33) 중국에서는 자녀의 부모부양의무를 헌법상의 의무로 하고 있다(헌법 제49조 제3항). 이를 받아 중화인민공화국혼인법 제15조도 자녀의 부모에 대한 부양의무를 규정하고 있으며 자녀가 이를 이행하지 않는 경우는 법원에 이를 청구할 수 있도록 하고 있다.

34) 중국에는 아직 변호사대리 원칙이 확립되어 있지 않다.

민사소송법 제16조는 "민족자치지방의 인민대표대회는 헌법 및 본법의 원칙에 근거하고 현지민족의 구체적 사정을 참작하여 변통적인 또는 보충적인 규정을 제정할 수 있다. 자치구의 변통이나 보충 규정은 전국인민대표대회 상무위원회에 보고하여 비준을 받는다. 자치주, 자치현의 규정은 성 또는 자치구의 인민대표대회 상무위원회에 보고하여 비준을 받고 또한 전국인민대표대회 상무위원회에 보고하여 비치해 둔다"고 규정하고 있다.

Ⅸ. 변론원칙(辯論原則)

1. 변론원칙의 의의

중국 민사소송법 제12조는 "인민법원이 민사사건을 심리하는 때에는 당사자는 변론을 할 권리를 가진다"라고 하여 변론원칙을 규정하고 있다.[35] 그러나 종래의 중국의 변론원칙은 우리나라의 변론주의와는 다른 개념이었다는 점에 유의해야 한다. 우리나라의 변론주의는 법원과 당사자간의 심판작업 분업의 일종으로 당사자의 주요사실에 대한 주장책임, 다툼 있는 주요사실에 대한 증명책임과 법원에 대한 자백의 구속력을 내용으로 하나, 중국의 변론원칙은 자기에게 유리한 사실을 주장하고 증거를 제출할 권리를 강조하는 것이고, 당사자의 책임이나 법원에 대한 구속력을 정하는 원칙이 아니기 때문이다.

중국에서는 보통 변론원칙을 인민법원의 주재하에 당사자가 사건사실과 쟁점에 다가갈 수 있는 문제를 말하며, 이를 위하여 각자 자기에게 유리한 사실과 그 근거를 진술하고, 서로 반박하고 답변할 수 있는 권리라고 정의해 왔다. 이와 같은 내용의 변론원칙은 우리 민사소송법의 관점에서 보면 당연한 것으로 공허한 원칙일 수밖에 없다. 굳이 그 의의를 찾는다면 사회주의하에서 공민에게 법원의 처분만을 기다리지 않고 직접 법원에 나아가 자기의견을 발표할 수 있는 권리를 부여하였다는 정치적 의미(상징)라 할 수 있을 것이다.[36]

변론원칙의 내용이 이와 같이 상징적인 의미만을 가지게 된 이유는 사회주의 민사

---

35) 중국에서는 일반적으로 변론주의라는 말 대신 변론원칙이라는 표현을 사용하고 있다. 학자에 따라서는 사회주의 민사소송의 변론원칙과 자본주의 민사소송의 변론주의로 나누어 부르기도 하나 모두 변론원칙이라는 말로 통일하는 경우도 많다. 이하에서는 중국의 원칙을 지칭하는 경우는 변론원칙으로, 우리식의 원칙을 지칭하는 때는 변론주의로 적절히 섞어 부르기로 한다.

36) 이와 같은 점은 중국의 학자도 지적하고 있다. 张卫平, 前揭 转换的逻辑, 149面 이하 참조.

소송의 원칙, 즉 국가간예주의와 진실절대주의에서 비롯된 것임은 물론이다.[37)] 진실절대주의 원칙상 당사자의 주장이나 증명이 없다고 하여 국가가 간예하는 민사소송에서 진실에 반하는 재판을 할 수 없으므로 당사자에게 주장책임, 증명책임을 부담시킬 수 없으며, 당사자간의 진실에 반하는 자백에 법원이 구속된다는 것을 인정할 수 없게 되므로 서구식의 변론주의는 자리를 잡을 여지가 없게 되었다. 따라서 변론원칙의 내용은 국가(법원)가 스스로 사실과 증거를 수집하여 재판하는 절차에서 그래도 자기에게 유리하다고 생각하는 사실과 증거를 제출할 권리를 준다는 정치적 의미만을 가지게 된 것이다. 국가간예주의와 정치적 의미의 변론원칙의 공존현상은 구소련 민사소송법에서 통용되던 것이며 이를 중국이 계승한 것이다.[38)]

그러나 1990년대 중반부터 진행된 절차개혁으로 인하여 이제는 완전히 다른 모습을 보이고 있음을 주의해야 한다. 즉 2001년의 〈증거규정〉의 공포를 계기로 심판원칙으로서의 변론원칙은 과거와 달리 소송자료 수집원칙으로서의 변론주의의 기능을 하는 것으로 변모하게 되었다.

2. 소송자료 수집원칙으로서의 변론원칙

(1) 중국의 변론원칙의 특징

상술한 바와 같이 과거 중국 민사소송법상 변론원칙은 민사소송 자체의 기본원칙으로서 당사자에게 유리한 사실과 증거를 제출할 수 있다는 정치적 시혜(施惠)에 그칠 뿐 소송자료 수집에 관한 원칙이라고는 할 수 없었다. 국가가 전면적으로 간예하여 객관적 진실을 밝혀 재판해야 하는 사회주의 민사소송에서는 소송자료의 수집에 관한한 철저한 직권탐지주의가 적용될 뿐 당사자의 주장, 상호간의 일치하는 진술 등에 국가법원이 구속될 수 없기 때문이다. 이와 같이 법원이 구속당하지 않는 중국 특유의 변론원칙을 비구속적(非拘束的) 변론원칙이라 부르기도 한다.[39)]

따라서 변론원칙에 입각한 사실이나 증거의 제출도 그 자체로 어떤 효과가 발생하기보다는 법관의 직무수행과정상 필요한 정보획득의 통로(단서의 제공)로 인식하는 것이 과거의 실정이었다. 따라서 과거에는 소송심리가 철저히 직권탐지주의적이었다.[40)]

---

37) 张卫平, 上揭書, 153面.

38) 江伟 主编, 民事诉讼法专论, 中国人民大学出版社(2005), 99面 참조.

39) 张卫平, 前揭書, 141面:江伟 主编. 上揭書, 99面: 汤维建 主编, 前揭書, 153면 등. 이와 반대로 자본주의 국가의 변론주의를 구속적 변론원칙이라 한다.

40) 汤维建 主编, 前揭 民事诉讼法学, 153~154面 참조. 다만 여기서는 직권탐지주의라는 말을 사용하지는 않고 직권주의 소송모델이라는 말을 사용하고 있다.

또 국가간예형의 직권탐지주의적 절차에서 법원은 스스로 사실을 밝히고 시비를 가려 객관적 진실에 맞는 재판을 해야 할 책임을 부담하게 되므로, 당사자가 소송절차를 위반하거나 소송질서를 교란하여 법원의 진실발견을 방해하는 경우에 대하여는, 자본주의 민사소송에서보다 훨씬 엄격한 태도를 보인다. 중국의 민사소송법은 이 점을 강조하여 따로 장(章)을 두어 민사소송 방해행위에 대하여 엄격히 제재를 하고 있다(제10장의 표제도 "민사소송 방해행위에 대한 강제조치"이며 제109조 이하에 9개의 조문을 두고 있다).

그러나 1990년대 중반을 기점으로 하여 학자들은 이와 같은 구소련식의 소송모델에서 벗어나 변론주의 원칙을 세워야 한다고 강력히 주장해 왔으며 실무에서도 이를 받아들여 이제는 변론주의식으로 심리를 진행하고 있다는 점을 주의해야 한다. 특히 2001년 최고인민법원의 〈증거규정〉[41]이 공포된 후에는 사실에 대한 주장책임과 증명책임을 인정하게 되었으며 자백의 구속력도 인정되게 되었다. 따라서 민사소송법의 변론원칙에 관한 규정과는 달리 이제는 소송자료 수집에서는 직권탐지주의에서 벗어나 완전하지는 않으나 변론주의를 적용하게 되었다.[42]

(2) 사실의 주장과 자백의 구속력

과거 중국의 민사소송에서는 국가간예주의가 변론주의와 함께 기능하기 때문에 법원은 당사자의 변론내용에 구애받지 않는 것이 원칙이었다. 즉 사실의 진실여부는 당사자가 좌우할 수 없으며 진실은 법원이 인정하는 경우에만 존재한다고 생각하였다. 또 변론주의가 통용되지 않으므로 석명권의 범위와 같은 것은 문제가 되지 않는다. 진실발견을 위해서라면 법원은 제한 없이 모든 사항에 대하여 석명할 수 있으며, 절차의 공정보다는 진실발견이 상위 가치이기 때문에 법원이 당사자 일방을 직접 도와줄 수도 있다고 하였다.[43] 그러나 2001년 〈증거규정〉이 공포된 이후에는 사실주장에 대하여도 기한을 설정함으로써 실권에 대한 책임을 인정하게 되었으며, 재판상 자백의 구속력도 인정되게 되었다(〈증거규정〉 제8조). 그러나 주장책임이나 자백의 구속력

---

41) 〈最高人民法院关于民事诉讼证据的若干规定〉 法释(2001) 33号. 이하 〈증거규정〉이라 줄여 부른다.

42) 민사소송법 제12조의 변론원칙과 〈증거규정〉상의 사실과 증거에 대한 원칙 사이에 괴리(乖離)가 발생하게 되었으나 민사소송법 제12조의 변론원칙은 엄밀하게 본다면 소송자료의 수집에 관한 변론주의 원칙이라 할 수 없으므로 문리상의 직접적인 마찰은 그리 크지 않다고 본다.

43) 학계에는 최근 변론주의의 확립과 석명권에 대한 논의가 활발하다. 또 근래에는 절차공정론[程序公正论]이 큰 화두가 되고 있음에 주의해야 한다. 이제까지는 진실발견을 위해서라면 절차의 공평한 진행이라는 것이 큰 문제가 아니었으나, 이미 절차공정이 정면으로 나오게 되었으며, 물론 그 골자(骨子)는 처분권주의와 변론주의의 강조이다.

을 인정한다고 하더라도 진실발견에 대한 강박관념을 완전히 떨쳐버리지는 못하고 있음을 볼 수 있다. 예컨대 신증거(新證據)라는 개념을 사용하여 주장 · 증명책임의 예외를 널리 인정하고 있으며, 자백의 구속력이 제2심에서도 유지되는지의 여부 등에 관한 논란이 종식되지 않고 있다.[44]

(3) 증거의 수집

증거의 면에서도 원래 법원은 독립적으로 증거를 수집하고 조사할 권한을 가지고 있었다. 1982년 시행법의 규정(試行法 제56조 제2항)은 "인민법원은 법정절차에 따라 전면적으로 객관적으로 증거를 수집하고 조사해야 한다"라고 하여 법원에 전적으로 증거수집 의무를 부과하고 있었다. 1991년 민사소송법 제64조는 당사자에게 자기 주장사실에 대한 증거를 제출할 책임이 있음을 규정하는 동시에, "당사자 및 그 소송대리인이 객관적인 원인으로 스스로 수집할 수 없는 증거나 인민법원이 사건심리에 필요하다고 인정하는 증거는 인민법원이 마땅히 증거를 수집해야 한다고 하여(제2항) 절충적인 태도를 취하였다. 그리고 〈약간의견〉에서는 위 사건심리에 필요한 경우를 구체적으로 한정하게 되었다(자세한 것은 증거편 참조). 그러나 민사소송법 제64조의 책임은 증거제출책임(주관적 증명책임)을 의미하는 것이었을 뿐 진위불명에 대한 불이익 부담으로서의 객관적 증명책임이 아니라는 것이 당시의 해석이었다.[45]

그 후 1990년대 후반부터는 당사자의 책임을 요소로 하는 변론주의의 개념이 들어오게 되었으며 증명이 불충분하면 권리자라 하여도 경쟁의 원리(시장경제의 원리)에 따라 그것만으로 패소할 수도 있다는 생각을 하게 되었고, 아무리 법원이 증거를 조사·수집한다 해도 진위불명사태가 발생할 수 있다는 점도 점차 시인하게 되었다. 이에 따라 객관적 증명책임 개념이 1990년대 말부터 받아들여지게 되었으며 전술한 바와 같이 이 개념은 최고인민법원의 사법해석에도 반영되게 되었으며, 이것이 바로 〈증거규정〉상의 증명책임에 대한 규정이다. 따라서 현재는 증명책임의 개념자체는 우리와 큰 차이가 없게 되었다.[46]

---

44) 자세한 것은 제4편 제4장 제4절 등 참조. 예컨대 제1심에서 재판상 자백으로 패소한 당사자가 상소를 제기한 후 상소심에서 다시 다투고 증거를 제출하는 경우에 제1심에서의 자백의 효력이 유지되는지의 여부에 대하여 여전히 논란이 되고 있다.

45) 1990년대 중반까지의 중국의 학설이나 실무에서는 결과 책임으로서의 객관적 증명책임의 분배라는 것을 인정하지 않았다. 즉 증거는 국가가 조사하여 수집하는 것이며 국가가 증거를 조사·수집하는 한 진위불명이란 있을 수 없다고(국가의 無誤謬性을) 强辯할 수밖에 없었으며, 증명책임을 진위불명사태와 연결시켜 객관적 증명책임을 만들어낼 도리가 없었다.

46) 다만 우리보다는 훨씬 과감한 증명책임 전환이 인정되고 있다는 점은 주목할 만하다.

3. 사실과 증거의 소송자료화 과정(국가간예주의와 변론원칙의 조화)

변론주의에 의하면 주요사실에 관련된 소송자료는 당사자가 변론에서 주장하고 증명한 것에 한정된다. 그러나 국가간예주의하에서는 당사자가 변론에서 주장하지 않은 사실도 재판의 근거로 할 수 있으며 법원이 스스로 수집한 증거도 재판의 근거로 할 수 있다. 다만 최고인민법원의 사법해석[47]에 의하면 사실과 증거는 반드시 당사자의 질증(質證)을 거쳐야 비로소 재판의 근거로 할 수 있다고 한다. 질증은 변론과는 의미가 다르며 법원의 주재하에 양 당사자가 구술로 소송에 현출된 사실과 증거에 대하여 공방을 하는 것을 가리킨다.[48] 사법해석의 이와 같은 태도는 당사자주의를 지향하는 듯한 모습을 가지므로 변론주의의 도외시에 대한 일종의 보완으로 볼 수도 있다.[49] 그러나 여전히 직권탐지주의적인 의식이 살아있기 때문에 실무상 질증의 절차적 가치를 어떻게 평가할 것인지는 의문이며, 실제로 법원이 독자적으로 수집한 사실과 증거에 대하여도 법정변론에서의 당사자의 질증(質證)이 필요한가에 관하여는 필요하다는 견해도 있으나 이를 부정하는 견해도 상당한 것 같다.[50]

X. 신의성실원칙과 처분원칙(處分原則)[51]

1. 신의성실원칙

(1) 의의

2012년의 개정으로 중국 민사소송법에는 신의성실원칙이 명문으로 자리 잡게 되었다.[52] 그러나 독립된 조문을 가지지는 못하고 원래부터 기본원칙 중의 하나였던 처분원칙(处分原则)에 관한 조문(제13조)에 별항(別項)을 두는 방식으로 입법을 하여 제13조 제1항에 "민사소송에는 신의성실원칙을 준수해야 한다"라고 규정하고 제2항에 처분원칙을 규정하게 되었다.[53]

---

47) 최고인민법원의 "민사경제심판방식의 개혁문제에 대한 약간의 규정(关于民事经济审判方式改革问题的若干规定: 1998년 7월 11일 공포)"과 〈증거규정〉이 질증을 요구하고 있다.

48) 현출된 증거에 대한 법원에 의한 조사가 아니라 당사자간의 진실성에 대한 공방이다.

49) 张卫平, 前揭書, 154~155面 참조.

50) 上揭書, 155面.

51) 자세한 문헌으로는 공진핑(孔金萍), 민사소송법상 "처분권주의에 관한 연구(중국의 처분원칙의 문제점과 개선방향을 중심으로)", 2013. 2. 연세대학교 박사학위논문이 있다.

52) 중국에서는 이를 성실신용원칙(诚实信用原则)이라고 부른다.

53) 제1차 심의 후에 제13조를 "당사자는 법률의 규정범위 내에서 자기의 민사권리 및 소송권리를

이와 같이 신의성실원칙을 도입하게 된 것은 신의성실원칙이 이미 모든 나라의 민사소송의 기본원칙으로 되었다는 점, 그리고 명문의 규정은 없었으나 중국의 사법제도에서도 오랫동안 신의성실원칙을 중시하고 적용해왔다는 점[54]을 감안한 것이다.

(2) 신의성실원칙의 적용

1) 적용주체

신의성실원칙이 당사자와 기타 소송참여인에게 적용되는 점에 관하여는 이론이 없으나 법원에 신의성실원칙이 적용되는지에 관하여는 다툼이 있다. 법원에 대하여도 이 원칙이 적용되어야 한다는 견해에 의하면 법원이 당사자에게 신의성실을 요구하는 것과 마찬가지로 당사자도 법원에 대하여 신의를 요구할 수 있으며, 현실적으로 소송이 공정하게 되기 위하여는 법원에 대하여도 이 원칙이 적용되어야 한다고 한다. 한편 이를 반대하는 견해에서는 법원과 당사자의 관계는 권력의 주체와 객체의 관계이므로 신의성실의 원칙을 법원에 적용하는 것은 어울리지 않는다고 한다.[55]

원래 신의성실원칙이 진실의무, 금반언 등을 주요 내용으로 하는 점에서 주로 당사자에게 요구되는 점이 있기는 하나 법원의 그 적용대상에서 제외하는 것은 타당치 못하다고 본다. 그리고 예컨대 〈증거규정〉 제7조는 재량에 의한 증명책임의 분배를 인정하면서 이 경우 법원이 공평의 원칙과 신의성실의 원칙에 입각하여 증명책임을 분배할 것을 요구하고 있으므로 법원을 그 적용대상에서 제외하기는 힘들 것이다.[56]

2) 신의성실원칙의 적용의 내용

(가) 당사자에 대한 적용

당사자와 소송참여인에 대하여 신의칙을 적용하면 구체적으로 다음과 같은 내용을 가지게 될 것이다.

처분할 수 있다. 당사자는 자기의 권리를 행사함에 신의성실원칙을 준수해야 한다"라고 수정하여 뒤에 신의성실원칙을 두려고 하였으나 제2차 심의 후에 항을 달리 하고 제1항에 신의성실원칙을 두게 되었다(奚晓明 主编, 前揭 ≪中华人民共和国民事诉讼法≫ 修改条文理解与适用, 12面 참조).

54) 서주(西周) 시대의 사법제도에 이미 신의성실을 요구하는 규정이 있었다고 하며, 민국시대인 1922년에 공포되었던 〈민사소송조례(民事诉讼条例)〉에도 신의성실 위반에 대하여 벌금을 부과하는 조항이 있었다고 한다(奚晓明 主编, 上揭書, 13~15面 참조).

55) 上揭書, 19~20面 참조. 심지어 신의성실원칙에 입각하여 자유재량권을 행사할 수 있도록 하면 감정에 따른 사법(感情司法)이 이루어질 수도 있다고 한다.

56) 〈증거규정〉 제7조는 "법률에 구체적인 규정이 없고 이 규정 및 기타 사법해석에 의해 증명책임의 부담을 확정할 수 없는 경우에, 인민법원은 공평의 원칙과 신의성실의 원칙에 근거하여 당사자의 증명능력 등의 요소를 종합하여 증명책임의 부담을 확정할 수 있다고 규정하고 있다."

① 소권남용의 금지

당사자는 제소권, 관할에 대한 이의권, 회피신청권, 증거제출권을 남용해서는 안 될 것이며, 절차에 따르지 않은 소송상의 권리행사, 소송지연 목적으로 하는 행위, 소송절차를 교란시키는 행위를 해서는 안 될 것이다. 2012년의 개정에서는 당사자간의 악의의 통모(通謀)에 따른 소송이나 조정의 방식으로 타인의 권리를 침해하는 행위에 대해 민사제재는 물론 형사소추도 할 수 있도록 하였으며(제112조), 피집행인과 다른 사람이 통모하여 집행을 방해하는 것에 대한 제재규정(제113조)을 신설하였다. 또 민사소송법 제56조에 제3항을 신설하여 자기에게 책임이 없는 사유로 소송에 참여하지 못한 제3자가 그 판결이나 조정서의 취소, 변경을 구하는 소를 제기할 수 있도록 하여 타인의 가장소송에 의해 권리가 침해되는 것을 방지하고 있다. 모두 명문의 규정이 있으나 신의성실원칙에 기초를 둔 것으로 볼 수 있을 것이다.

② 소송상 권리의 실효

오랜 기간 동안 행사하지 않아 상대방이 이미 그것을 더 이상 행사하지 않을 것으로 믿고 있는 경우에 뒤늦게 이를 행사해서는 안 될 것이다. 2012년 개정시에 민사소송법 제65조를 신설하여 주장사실에 대한 증거를 적시에 내도록 하고, 법원이 사건의 성질과 심리의 상황을 보아가면서 증거를 제출할 수 있는 기한을 정하도록 하고 있다.

③ 진실의무

당사자와 소송관계인은 법원에 대하여 허위의 진술을 해서는 아니 된다. 민사소송법에 이에 관한 직접적인 규정은 없으나 이 의무를 전제로 한 규정이 산재해 있다(민소법 제75조, 〈증거규정〉 제3조, 제57조 등).

④ 금반언(禁反言)

상대방의 신의를 저버리고 함부로 이전의 행위나 태도를 취소하거나 변경해서는 안 된다는 원칙으로 영미의 형평법(衡平法)에서 근원한 것이다. 다만 당사자간의 다툼의 장(場)인 민사소송에서 이를 엄격히 요구할 수는 없을 것이다. 민사소송법에는 명문의 규정이 없으나 해사소송법에는 규정을 둔 것이 있다.[57]

(나) 법원에 대한 적용

법원이 재량권을 행사할 때는 신의성실 원칙에 맞도록 해야 한다. 따라서 관할권의 남용,[58] 과도한 조정행위 등의 행위를 해서는 안 될 것이다. 또 당사자의 소송상의 지위를 충분히 존중해 주어야 할 것이며, 당사자의 변론권을 무단히 박탈해서는 안 된

57) 〈海事诉讼特别程序法〉 제85조.
58) 중국에서는 관할권 없는 법원이 관할권을 행사하려는 경우도 많다고 한다.

다(재심신청 사유이다).

2. 처분원칙

(1) 처분원칙의 의의

중국 민사소송법 제13조 제2항은 "당사자는 법률이 규정하는 범위 내에서 자기의 민사상의 권리와 소송상의 권리를 처분할 권한이 있다"라고 규정하고 있다. 중국의 통설에 의하면 이 조항은 사적자치(중국에서는 私權自治라는 용어를 즐겨 사용한다)에 근거한 처분권주의를 선언한 것이라 한다.[59] 조문 중 자기의 민사권리를 처분할 수 있다는 표현이 있으나 소송 중 실체법상의 사권의 처분에는 소송상 권리의 행사가 수반되는 것이기 때문에 민사소송에 있어서의 처분권주의는 자기의 소송상의 권리를 지배하고 처분할 수 있는 권리에 귀일(歸一)한다고 한다.[60] 우리 민사소송법 제203조에 해당하는 규정이라고 할 수 있으나, 그 내용이나 규정의 형식이 우리의 처분권주의와 큰 차이를 보이고 있다. 이미 본 바와 같이 원래 사회주의 민사소송에서는 당사자 처분권주의와 같은 개념은 철저히 배격되어 왔다. 즉 당사자가 원하는 경우에만 절차가 개시되며, 법원은 당사자가 지정하는 대상에 대하여 그 원하는 범위 내에서만 재판을 해야 하며, 절차의 계속을 원하지 않는 경우는 당사자가 언제라도 이를 종료시킬 수 있다는 생각은 국가간예형의 사회주의 민사소송에서는 인정될 수 없는 것이었다.

중국 민사소송법의 제정은 이미 개혁개방이 시작된 이후(1982년, 1991년)에 이루어졌으므로 구소련식의 사회주의 민사소송법을 그대로 계수한 것은 아니었다. 따라서 당사자의 처분의 권리를 완전히 배격하지는 않았으며 1982년에 제정된 민사소송법(試行法)에서도 처분주의를 기본원칙으로 규정하였으며(試行法 제11조), 1991년 민사소송법에도 역시 같은 내용의 규정을 가지고 있다.

그러나 처분원칙은 아직 민사소송의 시종(始終)을 관류(貫流)하는 대원칙으로 고양(高揚)되지 못하고 있으며 제한된 기능을 발휘하고 있을 뿐이다. 또 그 규정 형식도 변론원칙과 마찬가지로 당사자의 권리라고 선언하고 있을 뿐 법원에 대한 구속력의 관점에 대하여는 침묵을 하고 있다. 따라서 법원은 당사자의 처분권의 행사에 구속되지 않을 수 있으므로 변론원칙에서와 마찬가지로 이와 같은 처분주의를 비구속성 처분주의라고 부르기도 하며,[61] 국가간예주의와 결합된 처분원칙[62]이라고 하기도 한다.

---

59) 潘剑锋, 前揭書, 88面 이하; 江伟 主编, 前揭 民事诉讼法专论, 93면 이하 등. 중국에서는 처분권주의를 처분원칙 또는 처분주의라고 한다. 이하에서는 중국에 관한 경우는 처분원칙, 처분주의로 우리 제도상의 표현인 경우는 처분권주의로 부르기로 한다.

60) 江伟 主编, 上揭書, 94面.

(2) 처분원칙의 제한

1) 제한의 의의

중국에서의 처분원칙은 소송절차를 지배하는 대원칙이 되지 못하고 매우 위축된 형태로 적용되고 있다. 최근 학자들의 심한 비판과 개선의 요구가 있으나 아직 국가간예원칙이 막강한 힘을 발휘하고 있음을 부인할 도리가 없다.

우선 제13조 제2항은 명문(明文)으로 "법률이 허용하는 범위" 내에서만 처분할 수 있다고 규정하고 있으며, 법률이 허용하는 범위를 어떻게 정하느냐에 대한 명확한 기준이 없다. 현재의 실무와 통설은 당사자의 처분행위가 법률규정에 위반하거나 국가, 집체, 사회 혹은 개인의 민사권익을 침해하는 경우에는 그 처분은 무효라고 해석하고 있으나 이 역시 매우 막연한 개념이다.[63]

1982년의 시행법(試行法)보다 1991년의 민사소송법에서는 처분권주의를 강화한 면이 있다고는 하나 아직 우리의 민사소송법상의 처분권주의와는 현격한 차이가 있고, 비록 처분원칙과 국가간예주의가 오늘날에도 대등한 지위를 갖는다고 할 수는 없다는 것이 현재의 다수의 견해이긴 하나, 당사자의 처분자유와 국가의 간예가 결합된 형태로 매우 독특한 양상을 보이고 있다.[64] 신랄(辛辣)하게 말한다면 중국의 처분권주의는 당사자의 처분의 자유를 인정하기 위한 것이라기보다는 처분의 제한을 합리화하기 위한 원칙[65]이라 할 정도로 그 제한이 심하다.

처분원칙을 그 적용국면에 따라 분석하면 ① 절차 개시 면에 있어서의 처분원칙, ② 절차의 대상 및 범위의 확정 면에서의 처분원칙, ③ 절차의 종료 면에 있어서의 처분원칙으로 나누어 볼 수 있을 것이다. 그러나 절차 각 국면에서 당사자의 처분행위가 결정적인 효과를 가지지 못하고 법원(국가)의 간예가 일반화되어 있다. 그 주요한 것을 국면(局面)에 따라 살펴보면 다음과 같다.

2) 절차의 개시와 처분원칙

중국에서도 원칙적으로 당사자의 요구 없이는 절차가 개시되지 못한다. 그러나 우리나라와는 달리 절차의 개시에 국가 내지 법원의 개입이 인정되는 경우가 많다. 그

---

61) 汤维建 主编, 전개 民事诉讼法学, 157面.
62) 谭兵, 李浩 主编, 民事诉讼法学, 法律出版社(2009), 89面 참조.
63) 王怀安 主编, 前揭書, 37面; 田平安 主编, 民事诉讼法学, 中国人民公安大学出版社(2003), 79面; 江伟 主编, 民事诉讼法, 高等教育出版社(2008), 35面 등. 이와 같은 불명확한 규정과 해석의 유래는 역시 소련민사소송법에서 찾을 수 있다고 한다.
64) 周道鸾 主编, 前揭書, 74面; 潘剑锋, 前揭書, 89面; 江伟 主编, 前揭 民事诉讼法专论, 95面.
65) 张卫平, 前揭 转换的逻辑, 155面.

예를 보면 다음과 같다.

(가) 민사소송법 제100조 제1항은 "인민법원은 당사자 일방의 행위 또는 기타 원인으로 인하여 판결이 집행 불가능이 되거나 집행이 어려워질 가능성이 있는 사건에 대하여는 상대방 당사자의 신청에 따라 재정으로 그 재산에 대하여 보전을 하여, 일정한 행위를 하도록 하거나 하지 못하도록 금지할 수 있다. 당사자가 신청하지 않는 경우라도 법원은 필요한 경우에는 재정으로 보전조치를 취할 수 있다."라고 규정하고 있다. 즉 보전조치(우리의 가압류나 가처분에 해당)를 당사자의 신청이 없이 법원이 직권으로 할 수 있도록 하고 있다.

(나) 민사소송법 제236조 제1항은 "당사자는 법률적 효력이 발생한 판결, 재정을 반드시 이행하여야 한다. 일방이 이행을 거절하는 경우에는 상대방 당사자가 법원에 집행을 신청할 수 있으며, 법관이 집행관에게 이송하여 집행하게 할 수 있다."라고 규정하고 있다. 이는 강제집행을 당사자의 신청이 없는 경우에도 법원이 집행기관에게 넘겨 집행을 개시하게 할 수 있다는 규정으로, 상당한 비판을 받아왔으나 이번 개정에서도 그대로 유지되었다.[66]

(다) 중국의 재심제도는 우리와 전혀 다르다. 우선 재심을 신청할 수 있는 주체로 당사자는 물론이고 법원, 검찰원도 심판감독권의 행사의 일환으로 재심절차를 개시할 수 있도록 하고 있다. 뿐만 아니라 재심사유도 매우 막연하여 재심이 거의 무제한 허용되는 결과를 초래하였다. 2007년 민사소송법의 개정에서 재심제도를 정비하였으나 법원의 재심결정이나 검찰원의 재심신청(抗訴)제도를 폐지하지 못하였다(민소법 제198조 내지 제213조). 이와 같은 점은 국가간예주의와 "착오가 있으면 반드시 바로 잡아야 한다(有錯必糾)"라는 도그마가 아직 건재하다는 것을 보여준다. 이와 같은 이념에 의하면 당사자의 재심신청도 당사자의 권리구제라는 측면보다는 법원이 재판상의 착오를 바로잡는 통로임을 강조하게 된다.

(라) 독립청구권 없는 제3자에 대하여 법원이 통지를 하여 소송에 참가시킬 수가 있다(민소법 제56조 제2항). 독립청구권 없는 제3자는 우리 민사소송에 있어서의 보조참가인에 해당한다. 즉 보조참가의 자격이 있는 자가 스스로 참가신청을 할 수 있음은 물론 법원이 통지를 하여 참가시킬 수 있도록 되어있다.

(마) 법원이 스스로 절차를 개시할 수는 없으나 재판실무상 일부의 법원이나 법관이 사건을 개발해 내어 제소를 교사하거나 특정 기업을 위하여 소송을 통한 채무회수를 도와주는 경향도 있다고 한다.[67] 검찰원이 민사소송을 제기할 수 있는가가 문제되

---

66) 법원이 직접 집행을 개시하도록 한 규정은 부양료, 양육비 등을 염두에 둔 규정으로 보인다.

나 일정한 공익관련소송의 경우에는 현재 검찰원이 소를 제기하고 있으며, 2012년 개정으로 환경오염, 다수의 소비자 권익침해 등 사회공공이익과 관련되는 분쟁에서는 국가기관이나 관련단체가 직접 소를 제기할 수 있는 이른바 공익소송제도를 수립하였다(민소법 제55조). 여기의 기관에 인민검찰원이 포함됨은 물론이다.

3) 절차의 대상 및 범위의 확정과 처분원칙

민사소송에 있어서 그 대상 및 범위의 확정권한은 원고에게 있다는 것은 중국에서도 마찬가지이다. 그러나 당사자의 권한에 대하여는 다음과 같은 예외가 인정된다.

(가) 중국 민사소송법 제13조 제2항의 규정은 당사자의 권리를 천명하고 있을 뿐 우리 민사소송법 제203조[68]와는 달리 당사자가 신청하지 않은 사항은 재판할 수 없다는 내용을 담고 있지 않다. 중국의 재판실무를 보면 법원에 따라서는 당사자의 신청범위를 넘는 것은 물론 스스로 청구를 변경하는 경우도 있다고 한다.[69] "권리를 침해당한 자는 그 권리를 소송을 통하여 완전히 회복하여야 한다"라는 원칙에 입각한 것으로 보인다.[70]

(나) 민사소송법 제168조는 "제2심 인민법원은 상소청구와 관련 있는 사실 및 적용법률에 대하여 심사해야 한다"라고 규정하고 있다. 이 규정에 따르면 제2심 법원의 심판범위는 상소청구와 관련된 사실관계 및 적용 법률에 한정되게 된다.[71] 그러나 이 규정에 대한 최고인민법원의 사법해석인 〈약간의견〉 제180조는 "제2심 인민법원이 민사소송법 제168조에 따라 상소인의 상소청구의 관련사실 및 법률적용에 대하여 심사함에 있어서 상소청구 이외에 원판결에 착오가 있음을 발견한 경우에는 이를 바로 잡아야 한다"라고 규정하여 유착필규(有錯必糾)사상을 다시 강조하고 있다. 다만 판결이 법률의 금지성 규정을 위반하거나 사회공공이익이나 개인의 이익을 침해하는 경우로 한정하고 있다.[72]

4) 절차의 종료와 처분원칙

처분권주의에 의하면 소송이 진행되는 도중 당사자가 판결에 의한 해결을 포기하고

---

67) 江伟 主编, 前揭 民事诉讼法专论, 96面; 汤维建 主编, 前揭 民事诉讼法学, 157面 참조.

68) 제203조는 "법원은 당사자가 신청하지 않은 사항에 대하여는 재판하지 못한다"라고 하고 있다.

69) 江伟 主编, 前揭 民事诉讼法专论, 96面; 汤维建 主编, 前揭 民事诉讼法学, 158面.

70) 최근 중국에서도 소송물이론에 관심을 갖는 학자가 많다. 재판실무를 보면 國家干預主義와 결합하여 신소송물이론적으로 운용되고 있음이 특이하다. 다만 학자들은 구소송물이론이 통설이라고 한다.

71) 원래 시행법 시대의 규정에 의하면 "제2심 인민법원은 상소범위에 의한 제한을 받지 않는다"고 되어있던 것을 사실 및 법률적용에 한정하였다.

72) 〈민사경제심판방식 개혁문제에 관한 약간규정(关于民事经济审判方式改革问题的若关规定)〉[최고인민법원 法釋(1998) 14호] 제2조 참조.

화해하거나, 청구를 포기 또는 인낙하거나 소나 상소를 취하한 경우에는 절차를 종료하는 것이 원칙이다. 다만 이와 같은 당사자의 처분행위는 제3자나 공공의 이익과 관련되는 경우 일정한 제한을 받게 된다. 중국의 민사소송에서는 국가간예주의상 한층 더 심한 제한을 받는다. 중요한 것을 보면 다음과 같다.

(가) 소 또는 상소의 취하

우리 민사소송법상으로는 소 또는 상소를 취하하는 것은 법원이 간섭할 수 없는 단독적 소송행위이다. 다만 소의 취하에는 응소한 피고의 동의가 그 효력발생 요건으로 작용할 뿐이다.[73] 그러나 중국의 경우에는 사정이 다르다. 중국 민사소송법 제145조 제1항은 "판결의 선고 전에 원고가 소의 취하를 신청한 경우 그 허가여부를 인민법원이 재정(裁定: 우리의 결정)한다"하고 제2항에서는 "인민법원이 취하를 불허하는 경우, 원고가 소환장을 받고도 정당한 이유 없이 출석하지 않는 경우에는 결석판결을 할 수 있다"라고 규정하여 법원의 전면적인 간섭을 허용하고 있다. 또 제173조는 "제2심 판결의 선고 전에 상소인이 상소의 취하를 신청한 경우에는 그 허가여부를 제2심 인민법원이 결정한다"라고 규정하여 상소취하의 여부도 법원이 결정하도록 하고 있다.[74]

법원의 간섭을 인정하면서도 어떤 경우에 소의 취하를 불허할 것인지에 대한 규정이 민사소송법에는 전혀 없다. 그 후 최고인민법원의 〈약간의견〉 제161조는 "당사자가 취하를 신청했거나 취하로 처리해야 할 사건(소환장을 받고도 원고가 정당한 이유 없이 출석하지 않거나 법원의 허가 없이 중도에 퇴정하는 경우: 제129조)에서, 당사자가 법률에 위반한 행위를 하여 법에 따라 처리할 필요가 있는 경우에는 그 신청을 허가하지 않거나 취하되지 않은 것으로 처리해야 한다"라고 하여 법률위반의 행위를 기준으로 하고 있으나 무엇이 법률위반인지가 명확하지 않다. 학계에서는 대체로 소의 취하가 국가, 사회, 집체 내지 기타 공민의 합법적인 권익을 침해하는 경우라고 하고 있다.[75]

(나) 재판상 화해 등

중국의 민사소송에는 재판상 화해제도나 청구의 포기(拋棄), 인낙(認諾)제도가 발달하지 못하였다. 민사소송법 제50조는 "당사자는 스스로 화해할 수 있다"라고 되어있

73) 다만 상법상 주주의 대표소송 등에서는 법원의 허가를 얻어야 취하할 수 있게 하고 있다.

74) 소의 취하를 취효적 소송행위로 하고 있는 점에 대하여 학계에서는 상당한 비판이 있다. 이와 같은 법원의 간여는 국가간예주의의 표현으로, 행위의 합법성(국가, 사회의 이익을 해하지 않을 요청)을 확보하고, 한편으로는 입법당시 새 제도의 시행에 아직 익숙하지 못한 공민이 감언이설에 넘어가거나 협박에 의해 취하하는 것을 막아 주기 위한 의미도 있었다[예컨대 梁书文, 回沪明, 杨荣新 主编, 民事诉讼法及配套规定新释新解(上), 人民法院出版社(2000), 1354面; 柴发邦 主编, 中国民事诉讼法学, 中国人民公安大学出版社(1993), 374~375面].

75) 潘剑锋, 前揭 民事诉讼原理, 89面; 张卫平, 前揭 转换的逻辑, 157面 등.

고 또 민사소송법 제230조는 집행 중에도 스스로 화해할 수 있다고 되어있으나 중국에서는 재판상화해가 소송종료 사유가 되지 못한다. 즉 당사자에 의한 소송종료사유는 소의 취하만 인정되며 독립된 소송상 화해제도는 없다고 보아야 한다.[76)]

그리고 법원의 소송종료 행위는 판결과 법원조정으로 대별된다. 이에 따라 양 당사자가 스스로 화해를 하고 이에 기초하여 법원에 조정서를 작성해 줄 것을 요청하는 경우에는 화해내용을 검토하여 법률위반이나 국가, 사회의 이익을 해하지 않는 것으로 인정되는 경우에는 조정서를 작성하여 준다[화해서가 아닌 조정서의 작성을 신청해야 하는 점을 주의해야 한다: 〈인민법원의 민사조정공작에 관한 약간문제에 대한 규정(关于人民法院民事调解工作若干问题的规定)〉 제4조 제1항].

또한 민사소송법 제51조는 "원고는 소송상의 청구를 포기하거나 변경할 수 있다. 피고는 소송상의 청구를 승인하거나 반박할 수 있으며 반소를 제기할 권리가 있다"라고 규정하고 있으나 포기나 인낙의 효과에 대하여는 규정이 없다. 실무상 포기조서나 인낙조서제도는 없으며 결국 조정서로 종결하거나 판결로 종결하게 된다.[77)] 그리고 청구의 포기나 인낙의 의사표시에 대한 각 법원의 처리도 통일되지 않고 있다.[78)]

위와 같이 당사자의 소송종료 권한과 종료방식의 선택권을 제한한 것은 결국 국가간예원칙에서 유래한 것이며, 소송이 진행되는 도중 국가의 간예 없이 당사자 자신들만의 행위로 소송을 종료시킨다는 것을 쉽사리 인정할 수 없었기 때문이다.

XI. 검찰감독원칙

1. 의의와 연혁

중국 민사소송법의 큰 특징의 하나는 인민검찰원이 민사소송에 깊이 개입한다는 점이다. 검찰원이 민사소송 과정에 참여하여 법률적 감독을 하도록 하는 것을 검찰감독원칙이라 한다. 중국 헌법 제129조는 "검찰원은 국가의 법률감독기관이다[79)]"라고 규정하고 있으며 검찰원조직법 제1조도 같은 규정을 두고 있다. 이에 따라 검찰원은 형사소송은 물론(형소법 제148조 이하) 민사소송과 행정소송에 대하여도 법률적 감독을

76) 谭兵, 李浩 主编, 前揭 民事诉讼法学, 238面 이하 참조.
77) 梁书文, 回沪明, 杨荣新 主编, 民事诉讼法及配套规定新释新解(上), 人民法院出版社(2000), 672面.
78) 江伟 主编, 前揭 民事诉讼法专论, 97面.
79) 법률감독이라는 말은 매우 포괄적이며 그 한계가 명확하지 않다. 국가의 법률적용에 대한 일반적인 감독을 말하는 것으로 볼 수밖에 없다.

할 권한을 가진다(민소법 제14조 및 제208조 내지 제213조).

이와 같이 검찰이 민사소송에 관여하는 전통은 소련의 민사소송제도에서 연유한 것이다. 전술한 1923년 소련민사소송법전 제23조는 "검찰장은 국가 혹은 노동인민의 이익보호에 필요가 있다고 인정하는 경우에는 민사소송을 제기하거나 민사소송에 참가할 수 있다."라는 규정을 두고 있었다. 구소련에서는 모든 생산수단의 사유화를 부정하였을 뿐만 아니라[80] 생산, 분배 및 그 교환활동도 국가가 직접 담당하는 계획경제를 취하고 공법관계와 사법관계의 구분을 폐지하여 모든 경제활동은 국가의 이익과 필연적으로 관련되게 되었다. 이에 따라 국가를 대표하는 기관인 검찰이 민사재판활동에 관여하는 것이 당연시되었다.

중국의 민사소송법은 1950년대 이후로 줄곧 구소련 민사소송법의 영향을 받아왔으며 1982년의 시행법은 물론 1991년의 민사소송법에도 구소련법에 기초한 검찰감독원칙을 기본원칙으로 천명하고 있다. 다만 개혁개방이 고도화되어 계획경제로부터 탈피한 최근에는 점차 구소련 민사소송법학 이론으로부터 벗어나려는 경향이 있으며 학계에서는 검찰의 민사재판 감독에 대하여 달갑지 않은 시선을 보내고 있다. 최근 학계와 실무계에서 가장 격렬한 논쟁을 벌이고 있는 부분 중의 하나이다. 검찰감독원칙을 폐지해야 한다는 견해가 있는가 하면 인민검찰의 감독범위를 확대하여 민사소송 전과정을 검찰이 감독하도록 해야 한다는 주장도 있다. 그러나 현재로서는 인민검찰의 민사재판감독원칙을 완전히 폐지할 수는 없다는 견해가 다수를 이루고 있으며 그 이유로 중국의 국정(國情)을 들고 있다. 즉 법제건설이 아직 발전 중의 단계에 있고, 아직 법관의 자질이 낮아 법률에 의한 재판을 하지 않거나 법률을 엄격히 집행하지 않고 말로 법을 대신하거나(以言代法) 권력으로 법을 누르는(以權壓法) 현상이 남아있고 사법부패가 근절되지 않아 잘못된 재판이 나오는 것을 막을 길이 없다는 점에서 아직 검찰감독원칙을 폐지할 수 없다고 한다.[81] 이와 같은 존치론 내지는 확대론은 물론 인민검찰원측에서 많이 주장하고 있으며, 최근 젊은 학자들은 감독의 범위를 합리적으로 제한해야 한다는 주장을 하고 있다. 그러나 2012년 개정에서는 확대론이 승리를 하여 검찰감독원칙이 오히려 확대·강화되었다.

2. 감독의 범위

구법 제14조는 "민사심판활동"에 대하여 법률감독을 할 수 있다고 되어있는 것과

80) 개인이 소유권을 행사할 수 있는 것은 냄비와 사발에 불과하였다는 이야기도 있다.
81) 廖中洪 主编, 民事诉讼改革(热点问题研究综述, 1991~2005), 中国检察出版社(2006), 378面 참조.

관련하여 집행활동이나 조정활동, 법관의 위법행위 등에 대하여 법률적 감독을 할 수 있는지에 관하여 명문의 규정이 없었다.[82] 2012년 개정에서는 "민사심판활동"을 "민사소송"으로 바꾸었다. 여기의 민사소송은 광의의 민사소송 및 이와 관련되는 행위 모두가 포함되는 개념이다. 이에 따라 감독의 대상은 인민법원의 소송활동은 물론 집행활동이나 조정활동도 포함되게 되어 명문의 규정으로 감독의 범위를 확대하였다.

구체적으로는 법률적 효력이 발생한 판결, 재정(제208조 제1항 전문)은 물론 조정서에 대하여도 국가 또는 사회공공이익을 해하는 것을 발견한 경우에는 항소를 제기할 수 있도록 하고 있다(같은 항 후문). 또 집행도 광의의 민사소송에 속하므로 검찰감독의 대상이 되게 되었으며 이를 위하여 제19장 집행편의 일반규정 말미에 제235조를 신설하여 인민검찰원이 민사집행활동에 대하여 법률적 감독을 할 권한이 있음을 선언하였다.[83] 한편 재판을 담당하는 법관의 위법행위에 대하여는 제208조 3항을 신설하여 인민검찰원이 동급의 인민법원에 그 위법행위에 대하여 이른바 검찰건의를 할 수 있도록 하였다.

3. 감독의 방식과 절차

2007년 법에서는 감독방식에 관하여 심판감독절차를 정하고 있는 구법 제16장의 제187조부터 제190조에 "이미 법률적 효력이 발생한 인민법원의 판결, 재정에 제179조 소정의 사유가 있는 경우는 검찰원이 항소(抗訴)를 할 수 있다"고 하여 사후적 감독수단으로서의 항소를 인정하고 있을 뿐 기타 절차진행 중의 감독방식 등에 관하여는 구체적인 규정이 없었다.[84]

이에 비하여 2012년 개정법은 항소 이외에 이른바 검찰건의라는 감독방식을 새로 도입하였다. 검찰건의는 위법행위에 대한 처벌의 요구나 잘못된 재판의 교정을 요구하는 중국의 법률제도상의 독특한 검찰업무집행방식이다. 검찰건의는 ① 재심검찰건의와 ② 법관의 위법행위에 대한 검찰건의 두 가지가 있다.

---

82) 1982년의 시행법(試行法)에서는 "인민법원의 민사심판활동"을 감독할 권한이 있다고 하였으나, 1991년 법에서 "인민법원의"를 삭제하였다. 이에 따라 당사자의 소송수행에 대하여도 인민검찰원이 법률적 감독을 할 수 있는지가 문제되었으며 아직도 학설이 일치하지 않고 있다.

83) 근래 검찰원이 민사집행절차에 대한 감독권을 갖는지에 대하여 상당한 논란이 있었다. 논자에 따라서는 광의의 심판절차에는 집행절차가 포함되므로 검찰원의 감독이 가능하다고 보나 대체로 부정적인 견해가 강한 듯 했으며, 최고인민법원도 인민법원이 집행 중 발한 압류결정에 대하여 인민검찰원이 항소한 사례에 대한 비복(批復)으로 검찰의 항소는 법률상 근거가 없는 것이니 검찰원이 항소를 고집하는 경우에는 불수리의 통지를 하라고 한 바도 있다. 그러나 2012 개정에서는 집행절차를 감독의 대상으로 하였다.

84) 인민검찰원의 재판감독 실무에 관하여는 郝明 编著, 民事检察实务, 人民法院出版社(2001) 참조.

재심검찰건의는 지방의 각급인민검찰원이 동급의 인민법원의 확정된 판결, 재정에 재심사유가 있음을 발견한 경우, 조정서가 국가 또는 사회공공이익을 해함을 발견한 경우에 직접 그 동급의 인민법원에 재심을 할 것을 건의하는 것을 말한다. 구법상 인민검찰원이 확정된 판결, 재정에 대하여 재심을 청구하는 항소(抗訴)는 상급인민검찰원이 그보다 낮은 급의 인민법원에 제기할 수 있으며, 인민검찰원이 자기와 동급인 인민법원에 직접 항소를 할 수는 없고 상급인민검찰원에 보고하여 항소를 제기해 줄 것을 신청할 수 있을 뿐이었다. 그러나 2012년 개정법은 제208조 제2항에서 이전과 같이 상급인민법원에 항소해줄 것을 신청할 수 있는 이외에 직접 동급 인민법원에 재심검찰건의를 하고 이를 상급인민검찰원에 보고할 수 있도록 하였다. 이와 같은 재심검찰건의제도는 2001년 최고인민검찰원이 내린 〈人民检察院民事行政办案规则〉에서 처음 언급한 이래 2011년에는 최고인민법원과 최고인민검찰원이 합동으로 내린 〈关于民事审判活动与行政诉讼活动实行法律监督的若干规定(试行)〉 제6조, 제7조에 규정되어 있던 것이었다. 이를 2012년의 민사소송법 개정에서 흡수한 것이다.[85]

이에 비하여 법관의 위법행위에 대한 검찰건의는 심판감독과는 관계없이 법관의 위법행위를 바로잡고 처벌해줄 것을 요구하는 것이다. 2012 개정법 제208조 제3항은 "각급인민검찰원은 심판감독절차(즉 재심절차) 이외에 기타 심판절차 중에 법관 등의 위법행위에 대하여 동급의 인민법원에 검찰건의를 제출할 권한이 있다(各级人民检察院对审判监督程序以外的其他审判程序中审判人员的违法行为, 有权向同级人民法院提出检察建议)"고 하고 있다.

또 강학(講學)상으로는 인민검찰의 재판감독을 사전감독(事前監督), 중간감독[事中監督], 사후감독(事後監督)으로 나누기도 한다.[86] 사전감독은 검찰원이 직접 민사소송을 제기하는 것을 말하며, 중간감독은 검찰원이 이미 제기된 민사재판에 간여하여 공정성을 감독하는 것을 말하며, 사후감독은 검찰원이 민소법상의 심판감독절차에 따라 이미 법률적 효력이 발생한 판결이나 재정(결정)에 대하여 항소(抗訴)[87]를 제기하는 것을 말한다.

(1) 사전감독

원래 구소련 민사소송법에서는 검찰원이 언제라도 필요하다고 인정되는 경우에는

85) 奚晓明 主编, ≪中华人民共和国民事诉讼法≫ 修改条文理解与适用, 人民法院出版社(2012. 9), 28~29面 참조.

86) 汤维建 主编, 前揭 民事诉讼法学, 107面.

87) 중국 민사소송법상 항소는 검찰원이 법원의 판결에 대하여 재심을 청구하는 절차를 말한다.

민사소송을 제기할 수 있도록 하고 있었다. 그러나 중국의 민사소송법에는 이와 같은 규정을 두고 있지 않다. 또 검찰원조직법(中华人民共和国人民检察院组织法: 1983年 修正)에도 검찰원이 직접 민사소송을 제기할 수 있는 근거를 두지 않고 있다. 이에 따라 중국에서는 민사소송법 제14조의 규정에 따라 검찰원이 직접 민사소송을 제기하거나 민사소송에 참가할 수 있는가의 문제에 대하여 논란이 있어 왔다.

중국의 현실에서 검찰원이 감독기능을 효과적으로 수행하기 위해서는 직접 민사소송을 제기하거나 소송에 참가할 수 있도록 해야 한다는 긍정설[88]과 당사자가 제소하지 않는 경우는 인민검찰원이 대신 제소를 강행할 필요가 없다는 점(處分原則), 검찰이 어느 일방의 편을 두어 소송에 참가하는 것은 공정성을 잃는 것이라는 점과 특히 섭외사건의 경우 인민검찰원이 소송에 참가하는 것은 외국 당사자의 의혹을 사서 중국법원의 관할권행사가 어려워진다는 점을 들어 반대하는 부정설[89]이 대립하여 왔다.

그러나 최근에는 이른바 공익소송(公益訴訟)이란 개념이 보편화되면서 일정한 종류의 사건에 대하여는 검찰원이 직접 소를 제기할 수 있도록 입법화해야 한다는 견해가 많았으며,[90] 실무상 검찰원이 국가사회의 손해를 방지한다는 취지에서 제기한 소가 적지 않으며 법원도 이를 수리하여 판결을 하고 있다.[91] 이와 같은 점을 고려하여 2012년 개정시 제55조에 이른바 공익소송에 관한 규정을 두어 "환경오염, 다수의 소비자의 합법적 권익을 침해하는 등 사회공공이익에 손해를 가하는 행위에 대하여는 법률에 규정된 기관 및 관련 조직이 인민법원에 소를 제기할 수 있다"고 하였다. 여기의 법률에 규정된 기관에 인민검찰원이 포함되는 것은 물론이고 주로 인민검찰원이 원고가 되는 것을 상정한 입법이다.[92]

(2) 중간감독(事中監督: 절차진행 중의 감독)

중간감독이라 함은 절차진행 중에 주로 절차의 합법성에 관하여 인민검찰원이 개입하는 것을 말한다. 이와 관련하여서는 두 가지가 문제된다.

우선 절차진행 중 검찰원이 민사소송에 참가할 수 있는지의 문제이다. 원래 구소련

---

88) 樊崇义 主编, 诉讼法学研究(第四卷), 中国检察出版社(2003), 139 이하 "檢察機關提起民事訴訟問題硏究" 부분 참조.

89) 周道鸾 主编, 前揭 民事诉讼法教程, 75~76面.

90) 赵钢, 占善刚, 刘学在 著, 前揭 民事诉讼法, 58面.

91) 张艳蕊 著, 民事公益诉讼制度研究, 北京大学出版社(2007), 4面 이하 참조. 이에 의하면 검찰기관의 민사소송제기의 효시가 된 것은 1997년 하남성(河南省)의 방성현(方城縣)의 검찰원이 국유재산의 유실을 막기 위하여 매매계약의 무효와 국유재산의 회수를 구하는 소를 제기한 사건이라고 하며, 그 후 약 200건에 가까운 사례가 있다고 한다.

92) 李浩-刘敏, 中国公益诉讼制度的构建(2012년 제4회 한중민사소송법학회 발표논문) 참조.

의 민사소송법에서는 재판진행 중 검찰원이 소송참가를 할 수 있도록 되어있었으나 중국 민사소송법에서는 이를 받아들이지 않았으며,[93] 이에 대하여는 반대설[94]도 있으나 대체로 후술하는 항소(抗訴)로 충분하며 소송참가를 인정할 필요는 없다고 하는 설이 우세하다.[95]

둘째로 법원의 재판활동 이외에 당사자의 소송행위도 감독할 수 있는지가 문제된다. 1982년의 시행법에서는 제12조에서 "검찰원은 인민법원의 민사소송활동에 대하여 법률적 감독을 실시한다"라고 되어있었으나 1991년 민사소송법 제14조에서는 "인민법원의"라는 말을 삭제하였기 때문이다. 법원의 재판활동에 대하여 감독할 수 있다는 점에 대하여는 별로 다툼이 없으나 당사자의 소송활동에 대하여는 견해의 대립이 있다. 즉 위법행위가 있더라도 감독권을 발휘할 수 없다[96]는 견해와 감독권을 발휘할 수 있다는 견해[97]가 대립하고 있다.

당사자의 소송활동을 감독할 수 있다는 견해에 의하면 예컨대 당사자의 소송방해행위가 엄중한 경우에는 법원에 그 처벌을 촉구할 수 있으며 범죄를 구성하는 경우에는 국가를 대표하여 형사책임을 추궁할 수 있다고 한다.[98] 처벌의 촉구는 검찰의견, 검찰건의, 위법시정의 통지 등의 문건을 사용한다고 한다. 원래 민사소송법 제1편 제10장은 민사소송 방해행위에 대한 강제조치라는 제목으로 당사자의 소송교란행위를 경중에 따라 벌금, 구류(범죄를 구성하는 경우에는 형사책임의 추궁) 등으로 처벌할 수 있도록 하고 있으나 이는 법원이 직접 처벌하는 것으로 검찰원의 간여를 예정하고 있지 않다.

중간감독으로 중요한 것은 절차를 진행하는 법관의 위법행위를 발견하여 이를 바로 잡는 일이다. 이와 같은 법원의 재판활동의 감독방식으로는 대체로 당사자의 고발이나 제보로 재판기관이 독직수회(贪污受贿)하거나 사정(私情)에 이끌려 재판(徇私舞弊)하거나, 법을 왜곡하여 재판(枉法裁判)한 것을 발견했을 때는 형사소송절차에 따라 공소제기를 하여 법적책임을 묻는다고 한다. 그러나 이것은 실제로는 형사책임을 묻는 것을 의미할 뿐 민사재판의 감독이라고 볼 수는 없을 것이다. 다만 2012년 개정법에서

---

93) 1954년 처음 제정되었던 〈검찰원조직법(人民检察院组织法)〉에서는 국가 및 인민의 이익에 관련되는 중요한 사건에 대하여 검찰원이 소송을 제기하거나 참가할 수 있도록 되어있었으나 1979년 개정법에서는 이를 폐지하였다.

94) 金友成 主编, 民事诉讼制度改革研究, 中国法制出版社(2001), 77面.

95) 江伟 主编, 民事诉讼法(第四版), 中国人民大学出版社(2008), 66面 등 참조.

96) 潘剑锋, 前揭書 90面.

97) 江伟 主编, 前揭 民事诉讼法(第四版), 65面; 汤维建 主编, 前揭 民事诉讼法学, 102面 등.

98) 江伟 主编, 前揭 民事诉讼法(第四版), 65面; 汤维建 主编, 前揭 民事诉讼法学, 102面 등.

는 이미 본 바와 같이 이른바 법관의 위법행위에 대한 검찰건의제도를 도입하였다(제208조 제3항).

(3) 사후감독

사후감독은 이미 법률적 효력이 발생한 재판에 대하여 검찰원이 심판감독절차에 따라 재심을 청구하는 것을 말한다(이를 抗訴라 한다). 민사소송법 제208조 이하의 검찰원의 항소권은 1991년 민사소송법에서 신설한 것이다. 다만 연혁적으로는 이미 1989년에 제정되었던 행정소송법에 먼저 이 항소제도를 도입하였으며 동일한 내용을 1991년 민사소송법 제정시 도입한 것이다(자세한 내용은 후술 심판감독절차편 참조). 전술한 바와 같이 이전에는 항소가 명문의 규정에 의한 검찰원의 재판활동 감독수단으로 유일한 것이었으나, 2012년 개정에서 재심검찰건의제도가 신설되었음은 이미 본 바와 같다.

제4장 중국 민사소송의 기본제도

제1절 서언(序言)

민사소송의 기본제도라 함은 민사사건의 심판에 있어서 반드시 지켜야 하는 기본적인 틀을 말한다. 이 기본제도는 민사사건 심판의 정상적인 운용을 위한 것으로 기본원칙의 구현을 위한 교량(橋梁)역할을 하는 것으로 이해되고 있다. 기본원칙이 민사소송의 기본정신과 가치의 면을 규정하는 추상적인 원칙으로서 입법과 사법의 준칙 역할을 하며 인민법원은 물론 당사자 등 소송관여인도 지킬 원칙인 데 반하여 기본제도는 일종의 법원의 절차운영규범으로서 기본원칙의 구현에 이바지한다고 한다. 무엇을 기본제도로 볼 것인지에 대하여 현재 중국의 학자들의 견해는 일치하지 않고 있다.

학자들이 공통적으로 거론하는 기본제도는 합의제도, 회피제도, 공개심판제도 및 양심종심제도 4가지이다. 그러나 학자에 따라서는 순회심리·현지재판 및 배심제도를 추가하는 경우도 있고 또 배심제도만을 추가하는 경우도 있다. 2000년 이전의 교과서에는 순회심리·현지재판을 추가하고 있는 경우가 많다. 이는 1982년의 시행법(試行法) 제7조가 "인민법원이 민사사건을 심리함에 있어서는 필요와 가능성에 입각하여 법정(法庭)을 파견하여 순회심리하고 현지에 나가 재판해야 한다"고 되어있었기 때문이다. 그러나 1991년의 민사소송법에서는 이를 기본원칙에서 삭제하고 뒤의 제1심 절차와 제2심 절차에서 임의적으로 채택할 수 있도록 하였기 때문에 그 의의가 상당히 감소하였다고 볼 수 있다. 배심제의 경우는 비록 민사소송법 제1장에 규정을 두지 않고 제3장 재판조직(제39조 제1항)에 두기는 하였으나 최근 전국인민대표대회 상무위원회가 다시 이를 중시하라는 결정(关于完善人民陪审员制度的决定)을 내린 후 학자에 따라서는 이를 기본제도에 편입하기도 한다.[1] 본서에서는 민사소송법 제10조가 정하고

1) 赵钢, 占善刚, 刘学在 著, 民事诉讼法, 73면 이하.

있는 합의제도, 회피제도, 공개재판제도와 양심종심제도를 살펴보고 현재는 상당히 퇴색한 제도이나 중국 특유의 역사적 의미가 있는 순회심리·현지재판제도를 살펴보기로 한다. 다만 합의제도, 회피제도와 양심종심제도는 간략히 의의만 설명하고 후술하는 법원 부분에서 자세히 설명하기로 한다.

제2절 기본제도의 종류

Ⅰ. 합의제도(合議制度)

법원이 민사사건을 심리하는 경우는 간단한 사건을 단독제(중국에서는 獨任制라 한다)로 하는 외에는 법관과 배심원 또는 법관만으로 합의부(합의정)를 구성하여 심리를 하게 함으로써 재판의 질을 보장하고 있다. 즉 민사소송법 제1장 제10조에 합의제가 원칙임을 천명하고 제3장 재판조직(민소법 제39조 이하)부분에서 구체적으로 합의부의 조직에 관한 규정을 두고 있다. 합의부의 구성과 배심제에 관한 자세한 내용은 재판기관 부분의 설명에 미룬다.

Ⅱ. 회피제도(回避制度)

재판관여인과 당사자간의 관계에 따라 재판이 불공정해지는 것을 방지하기 위하여 회피제도를 인정하여 당사자의 합법적 권익을 보호하고 있다. 다만 중국의 회피제도는 우리제도가 제척, 기피, 회피로 나누어 재판의 공정을 도모함에 비하여 회피라는 용어 하나로 묶어 사용하고 있다(민소법 제10조 및 구민소법 제45조 이하).[2] 인간관계를 중시하는 중국의 사회에서 법관의 공정은 큰 문제가 되고 있으며, 이를 개선하기 위하여 최고인민법원은 법관 등에 대한 회피원칙을 엄격히 집행하라는 사법해석[3]을 내

2) 회피는 우리나라의 제척과 기피를 합한 것으로 볼 수 있으며 회피의 사유 중 "본안의 당사자, 소송대리인과 기타 이해관계가 있어 사건의 공정처리에 영향을 줄 가능성이 있는 때"는 우리의 기피사유에 해당한다 할 것이나 같은 조에 다른 사유와 한꺼번에 규정되어(구법 제45조 제1항 제3호, 개정법 제44조 제1항 제3호) 제척과 기피가 명확히 구분되지 않는다.

3) 〈最高人民法院关于审判人员严格执行回避制度的若干规定〉 法发(2000) 5号(2000-01-31).

리고 있으며, 상당히 구체적인 원칙을 두고 있다.

사법해석에 의하면 심판정의 구성원이 ① 본안의 당사자이거나 당사자와 직계혈친(直系血親)의 관계에 있거나 3대 이내의 방계혈족 혹은 인척관계에 있는 경우, ② 본인이나 그 근친속(近親屬)과 본안이 이해관계가 있는 때, ③ 본안의 증인, 감정인, 검증인, 변호인, 소송대리인을 맡았던 경우, ④ 본안의 소송대리인, 변호인과 부부, 부모, 자녀 혹은 친형제 자매관계의 관계가 있는 때, ⑤ 본인과 본안의 당사자와 기타 이해관계가 있어 사건의 공정처리에 영향을 줄 가능성이 있는 때에는 스스로 회피하여야 하며, 당사자와 그 법정대리인은 회피를 요구할 수 있다.[4] 이 밖에도 심판정(審判庭) 구성원이 ① 허가를 받지 않고 사사로이 당사자 일방 혹은 그 대리인, 변호인을 회견한 경우, ② 본안 당사자를 위하여 대리인, 변호인 혹은 변호사를 추천하거나 소개한 경우, 기타 사람을 소개하여 사건을 처리하게 한 경우, ③ 당사자나 그 위탁인으로부터 재물 기타 이익을 받거나 그들에게 비용을 부담할 것을 요구한 경우, ④ 당사자 혹은 그 위탁인의 연회 초청을 받은 경우 혹은 그가 비용을 지불하는 기타 활동에 참가한 경우, ⑤ 본안 당사자 혹은 그 위탁인에게서 돈을 빌리거나, 교통수단, 통신수단 혹은 기타 물품을 빌리거나, 그들로부터 상품구입, 주택장식 등과 관련하여 배려를 받은 경우 등도 회피사유가 된다. 다만 이 경우에는 당사자가 관련증거를 제출해야 한다.[5]

회피신청은 개정심리 단계에서 심판장에게 하게 되며, 회피신청이 있으면 휴정을 선언하고 회피에 대한 재판을 한다. 법원장이 심판장을 하는 사건의 경우에는 심판위원회가 재판을 하며, 법관에 대한 회피신청은 법원장이 결정하며 기타 심판관여인에 대한 회피는 심판장이 결정을 한다. 회피신청이 이유 없는 경우에는 개정을 재개하여 심판장이 기각을 선언하며, 신청이 이유 있는 경우에는 심판장이 심리의 연기를 선언한다. 회피신청의 기각에 대하여는 1차에 한하여 재의(복의: 复议)를 신청할 수 있으며 재의신청은 심리의 진행에 영향을 주지 않는다. 재의에 대하여는 3일 이내에 결정을 하여 신청인에게 통지하며 개정 중에는 법정에서 결정을 고지하여 준다.[6]

2012년 개정법에서는 구민소법 제45조를 제44조로 옮기는 동시에 수정을 가하였다. 그 수정내용을 보면 ① 제1항에서 법관이 아래의 사항에 해당하는 때에는 "회피하여야 한다"라고 규정했던 것을 고쳐 "스스로 회피해야 한다"라고 고쳐 스스로 직무

---

4) 上揭 규정 제1조.
5) 上揭 규정 제2조.
6) 最高人民法院关于印发〈第一审经济纠纷案件适用普通程序开庭审理的若干规定〉的通知 제18조.

로부터 물러나야 한다는 점을 분명히 하였다. 우리 법의 제척 내지 회피에 해당하는 것으로 보이기도 한다. ② 제1항이 회피사유 중 3호를 구법의 "본안 당사자와 기타 관계에 있어"로 되어있던 것을 "본안 당사자, 소송대리인과 기타관계에 있어"로 고쳐 범위를 넓혔다(우리의 기피사유에 해당한다 할 수 있을 것). ③ 제2항을 신설하여 법관이 당사자, 소송대리인의 접대를 받거나 선물을 받은 경우 혹은 규정을 위반하여 당사자, 소송대리인을 만난 경우에도 당사자가 회피신청을 할 수 있도록 하였다. ④ 제3항을 신설하여 제2항의 위반행위를 한 경우는 법률에 따라 책임을 추궁한다는 점을 명확히 하였다.

개정법의 시행 중에도 충돌되지 않는 한 위에서 말한 사법해석[7]이 여전히 적용되며 위 사법해석은 매우 자세하므로 개정법의 내용이 크게 달라진 것은 없다고 보아야 한다.[8]

Ⅲ. 공개재판제도

민사소송법 제10조에 공개재판제도를 선언하고 있으며 같은 법 제12조에서는 "인민법원의 민사사건 심리는 국가기밀, 개인의 사생활에 관련되는 것 또는 법률이 별도로 규정하는 것을 제외하고는 공개하여야 한다(제1항). 이혼사건, 상업상의 비밀에 관련되는 사건은 당사자가 비공개를 신청하는 때에는 심리를 공개하지 아니 할 수 있다(제2항)"라고 규정하여 재판의 공개를 요구하고 있다. 제1항의 비공개사건을 절대적 비공개사건이라 하고 제2항의 신청에 의한 비공개사건을 상대적 비공개사건이라 한다.

비공개심리를 하는 경우도 재판의 선고는 언제나 공개해야 한다. 공개는 군중에 대한 공개와 사회적 공개가 포함된다. 전자로부터 일반인의 방청이 허용되며 후자로부터 취재보도가 허용된다. 국가의 비밀에 속하는 것은 국가권력기관의 비밀, 군대의 비밀은 물론이고 공산당의 비밀도 국가의 비밀로 취급된다.[9] 공개재판주의의 관철에는 예전에는 적지 않은 문제점이 있었다고 한다. 우선 법정의 부족으로 방청석이 없이 재판을 진행하는 경우가 있으며, 제2심은 일반적으로 공개하지 않았다고 한다.[10] 그러나 1999년 최고인민법원은 〈공개심판제의 엄격집행에 관한 약간의 규정(关于严格

---

7) 〈最高人民法院关于审判人员严格执行回避制度的若干规定〉 法发(2000) 5号(2000-01-31).

8) 奚晓明 主编, 前揭 《中华人民共和国民事诉讼法》 修改条文理解与适用, 87面 참조.

9) 潘剑锋, 前揭書, 100面.

10) 上揭書, 同面.

执行公开审判制度的若干规定)〉을 제정하여 공개주의 관련내용을 상세히 규정하고 있다. 이 규정 제3조에 의하면 제2심 재판도 일정한 경우를 제외하고는 공개하도록 하고 있다. 또 제11조에 의하면 공개심리하는 사건은 법원의 허가를 얻어 신문기자가 기록, 녹음, 촬영하거나 법정실황을 방송할 수 있도록 하고 있다. 나아가서 이 규정 제7조는 공개규정을 어긴 재판의 처리방식을 정하고 있다. 즉 공개재판규정을 어긴 재판에 대하여 당사자가 상소한 경우에는 제2심 법원이 이를 취소하고 제1심으로 환송하여 재판하게 하고, 확정된 재판에 대하여 당사자가 재심신청을 하거나 검찰원이 심판감독절차에 의하여 항소한 경우에는 재심결정을 해주어야 한다.

Ⅳ. 양심종심제도(兩審終審制度)

중국은 민사, 형사재판을 불문하고 양심종심제(2심제)를 채택하고 있다. 법원조직법 제12조는 "법원이 사건을 재판하는 때에는 양심종심제를 실시한다(제1항)"고 규정하고 있으며, 이를 받아 민사소송법에서도 양심종심제도를 취하고 있다(민소법 제10조)(양심종심제도에 관하여는 후술 법원의 심급제도 부분 참조).

Ⅴ. 순회재판과 현지재판[巡廻審理, 就地辨案原則]

1. 의의 및 내용

순회재판과 현지재판제도는 중국 민사소송법의 독특한 심리원칙의 하나로 사회주의화 과정에서 탄생한 이래 매우 중시되어 왔고 또 자랑으로 삼아온 원칙이었다. 이 원칙은 사회주의 혁명기의 법관이자 행정관이었던 마석오(馬錫五)가 수립한 원칙이다.[11] 요컨대 이 원칙은 법원이 민사사건을 처리하는 경우, 앉아서 사건을 묻는 것이

11) 王懷安, 前揭書, 34面; 柴發邦, 前揭書, 121面 참조. 馬錫五(1898~1962)는 陝西省에서 출생하여 공산당에 입당한 이래 행정관으로 활동하는 동시에 1946년에는 陝甘寧邊區(陝西省, 甘肅省, 寧夏回族自治區)의 고등법원장을 거쳤고 1954년에는 최고인민법원 부원장을 역임하였다. 인격이 고매하고 청빈한 것으로 이름났으며 마석오가 수립한 재판방식은 초기 중국 민사소송제도의 수립에 매우 큰 영향을 주었다. 毛澤東조차 마석오를 마청천(馬靑天: 송나라 시대의 유명한 판관 포청천에 비유한 것임)이라 칭하며 "재판은 마석오의 방식에 따라 조사연구하고 현지에서 재판(就地辦案)해야 한다"고 하였다고 한다. 마석오의 재판광경을 기술한 것을 보면 "마석오 동지는 깊숙이 군중 속에 들어가 군중에 의지하여 군중 속에서 재판하였다. 어느 지방에 도착하면 언제

아니라 법원청사를 나가 군중 속에 깊숙이 들어가 현지에서 재판을 한다는 것이다. 차라리 자기가 고생하더라도 군중의 번거로움을 강요하지 않는다는 원칙에 입각하여 오랜 기간 시행되어 많은 효과를 본 원칙이라 한다.

이 원칙의 장점은 다음과 같다고 한다. 우선 임시로 조직한 법원이 증거나 증인이 존재하는 분쟁발생지로 나아가 재판을 하므로 사건의 사실관계를 조사하고 시비(是非)를 가려 재판하기가 편리하므로 사건을 정확히 해결할 수 있다는 것이다. 둘째로 당사자 기타 소송관계인도 법원에 드나드는 시간, 노력, 경비의 지출을 피할 수 있어 소송으로 인한 피해를 절감할 수 있다. 이와 같이 법원과 당사자 모두에게 편리하게 한다는 것을 이른바 양편원칙(兩便原則)이라 한다. 또 한 가지 매우 큰 장점으로 드는 것은 그 지역에서 공개재판을 함으로써 지역실정에 맞는 법제선전(法制宣傳)을 하기에 매우 유리하다는 것이다.[12] 민사소송법 제2조는 민사소송의 목적 중의 하나로 공민이 자각적으로 법률을 지키도록 교육하는 것을 들고 있다. 따라서 현지에 나아가 재판을 한다는 것은 그 지역 주민에 대한 하나의 훌륭한 법률교육이 된다는 것이다(裁判一件, 教育一片).

2. 원칙의 퇴조

1982년의 시행법(試行法) 시대에는 위와 같은 원칙이 기본제도로 되어있었다(시행법 제7조). 그러나 1991년의 민사소송법부터는 이를 기본원칙부분에서 규정하지 않고 제2편 소송절차에 옮겨놓고 있다(민소법 제121조 및 152조: 2012년 개정법 제135조 및 169조). 따라서 이 원칙은 이제는 민사소송의 기본제도로 볼 수는 없다. 더구나 시행법(試行法) 제7조와 현행법 제135조는 그 표현을 달리 하고 있다. 즉 시행법 제7조는 "법원은 민사사건 심리시 마땅히 필요성과 가능성에 근거하여 법정을 파출하여 순회심리하고 현지에서 재판(就地辦案)하여야 한다"라고 하여 법원의 의무로 하고 있음에 대하여, 1991년 법부터는 "법원은 민사사건 심리시 필요성과 가능성에 근거하여 순회심리하고 현지에서 재판(就地辦案)한다"고 하여 의무성을 배제하고 있다. 즉 법문 중 마땅히(원문은 應當)라는 말이 삭제되었다. 또한 1991년 법률제정의 제안설명에서도 이를 기

나 원고와 피고 및 주위사람을 불러놓고, 쌍방의 말을 듣고 문제점이 밝혀지면 곧 서너 마디 간단한 말로 재판을 하고 이의가 있는지를 물었다. 이에 대하여 모두 박수를 쳐 동의를 하면 사건이 곧바로 해결되었으며 군중들은 그를 마청천(馬靑天)이라 불렀다"고 한다(중국길림대학출판사간, 中华实用法学大词典, 126面 및 张卫平, 前揭 转换的逻辑, 172面에서 전재). 마석오의 심판의 방식은 주로 조정의 형태를 띠고 있었으며 이후 중국 민사소송에서의 조정중시원칙의 형성에 결정적인 영향을 미쳤다.

12) 柴发邦 主编, 前揭 中国民事诉讼法学, 121面.

본제도로 들고 있지 않다.[13)]

따라서 이 원칙은 조문의 위치로 보나 그 표현으로 보나 구법에서보다 상당히 격하되었으며, 현재 실무상 순회심리나 현지재판[就地辨案]을 하는 경우도 점차 자취를 감추어 가고 있다고 한다.[14)]

13) 〈关于中华人民共和国民事诉讼法(试行修改草案的说明)〉. 제안설명은 1991년 4월 2일 제7기 전국인민대표대회 제4차 회의에서 전인대법률위원회 주임위원인 王汉斌이 하였다.

14) 민사재판과 경제재판역량의 부족으로 이 원칙이 충분히 지켜지지 않고 있다는 언급으로는 柴发邦 主编, 前揭 中国民事诉讼法学, 122面.

제 2 편

법원과 관할

제1장 | 중국의 법원과 법관

제2장 | 법원의 재판기관

제3장 | 민사소송의 주관(主管)과 관할

제1장 중국의 법원과 법관

제1절 중국의 법원

Ⅰ. 중국의 정체(政體)와 법원의 위상(位相)

중국 헌법 제1조 제1항은 국가성격을 "노동자계급이 영도하고 노동자와 농민의 연맹을 기초로 하는 인민민주전정(專政)의 사회주의국가이다"라고 규정하고 있다. 즉 권력분립주의를 취하지 않고 인민전정 즉 인민독재제를 취하고 있음을 선언하고 있다. 그리고 제2조는 모든 권력은 인민[1]에게 있으며, 인민의 권력은 전국인민대표대회와 지방의 각급인민대표대회를 통하여 행사하도록 하고 있다. 이 헌법의 규정에 따라 인민대표대회만이 국가의 권력기관이 된다. 즉 전국인민대표대회가 최고의 국가권력기관이며(헌법 제57조), 지방의 각급 인민대표대회는 각 지방의 권력기관이다(헌법 제96조). 그리고 권력은 전국인민대표대회가 통일적·집중적으로 행사하며 이를 민주집중제(民主集中制)라 한다(헌법 제3조). 이와 같은 중국의 정체(政體)는 권력을 분립시켜 상호 견제하게 하는 우리의 권력분립제(權力分立制)와는 근본적인 차이가 있다.

이에 따라 중국의 국가기구의 조직을 그려보면 전국인민대표대회를 정점(頂點)으로 하여 그 밑에 행정기관(国务院), 군사기관(中央军事委员会), 재판기관(最高人民法院), 검찰기관(最高人民检察院)이 나란히 배치되어 있다. 이들은 모두 인민대표대회에 의하여 조직되는 인민대표대회의 하부기관이며, 인민대표대회의 감독을 받고 인민대표대회에 대하여 책임을 지도록 되어있다. 법률의 해석권(추상적 해석권한)도 전국인민대표대

1) 인민과 공민은 구분해야 한다. 공민(公民)은 중국 국적을 가진 모든 자연인을 가리키며, 인민(人民)은 계급독재의 주체를 가리키는 말이며 원래는 노동자와 농민만을 가리키는 용어였다. 다만 최근에는 인민의 용어가 확대 해석되어 인텔리 계급, 자본가계급도 포함되어 가므로 그 차이가 좁아지고 있다고 보아야 한다.

회와 그 상무위원회에 있다. 이에 따라 중국의 법원은 독립적인 지위를 누리지 못하며 권력분립의 한 축을 담당하는 사법부(司法府)[2)]의 개념은 없으며, 비독립적인 재판기관으로서의 법원만이 인민대표대회 아래 존재할 뿐이다.

최고인민법원은 전국인민대표에 대하여 책임을 지며, 지방의 각급 법원은 그를 탄생시킨 지방의 인민대표대회(권력기관)에 대하여 책임을 지도록 헌법에 명시되어 있다(헌법 제128조). 여기에 더하여 실질적으로 인민대표대회를 탄생시키는 공산당(共産黨)과 문제를 감안하면 더 복잡한 양상을 띠게 된다. 다만 이미 언급한 바와 같이 인민법원은 재판권을 통일적으로 행사하도록 되어있으며(헌법 제123조 제1항, 민사소송법 제6조 제1항), 법률의 규정에 따라 독립하여 민사사건을 심판하며, 행정기관, 사회단체 및 개인의 간섭을 받지 않도록 되어있다(헌법 제126조, 민사소송법 제6조 제2항). 그러나 이것도 완전히 보장되지 않고 있는 것이 현실이라는 점은 이미 본 바와 같다.

Ⅱ. 법원의 종류

중국의 법원체계는 기층인민법원(基層人民法院), 중급인민법원(中級人民法院), 고급인민법원(高級人民法院)으로 구분되는 지방의 각급 법원과 북경의 최고인민법원(最高人民法院)으로 구성되는 4급의 일반법원(一般法院)과, 특수한 사건을 다루는 몇 개의 전문법원(專門人民法院)으로 구성되어 있다.[3)] 그리고 기층인민법원은 일종의 파출법원(派出法院)인 인민법정(人民法庭)을 설치하는 경우도 있다. 한편 재판기관으로서의 협의의 법원은 합의정(合議庭)과 독임정(獨任庭)으로 나뉘어 각각 재판업무를 분담하고 있으며, 합의정의 경우에는 배심제(陪審制)[4)]가 실시되기도 한다. 그리고 통상 민사소송의 심급은 우리와는 달리 2심제(兩審終審制)를 취하는 것이 원칙이므로 제2심 재판이 종심적인 재판이 된다.

---

2) 중국에는 사법부(司法府)라는 용어를 사용하지 않는다. 중국의 사법부(司法部)는 국무원 소속의 법률전담 행정기구로 우리의 법무부와 유사한 지위를 가진다.

3) 중국의 법원체계와 재판조직에 관하여는, 孫漢琦, "中國民事裁判制度의 基本原則에 관한 硏究", 법조 제458호, 제459호 참조.

4) 영미식의 배심제도가 아니라 비법관(非法官)인 심판원이 함께 심리에 참가하는 제도이며 독일의 참심제(參審制)와 유사하다고 할 수 있다.

1. 기층인민법원(基層人民法院)

기층인민법원은 가장 기초가 되는 하급법원으로 그 종류에는 현(縣)과 시(市: 縣級市)의 법원, 자치현(自治縣)의 법원, 시할구(市割區)[5]의 법원이 있다(법원조직법 17조).

기층인민법원은 원장 1인과 약간 명의 부원장과 법관(法官: 審判員이라 부른다)으로 구성되며, 다시 민사재판정, 형사재판정 및 경제재판정을 설치할 수 있으며 각 정(庭)[6]에는 정장(庭長)과 부정장을 둔다.

또한 기층인민법원은 각 지역의 인구와 사건 상황에 따라 인민법정(人民法庭: 우리의 시·군법원과 유사)을 설치할 수 있다. 인민법정은 기층인민법원의 일부로 보며 그 판결과 재정은 기층인민법원의 판결과 재정으로 된다(법조법 제19조[7]). 2011년 현재 중국에는 3,117개의 기층인민법원과 18,000여 개의 인민법정이 있다.

기층인민법원은 원칙적으로 형사 및 민사 제1심 사건을 심판하며, 인민조정위원회의 인민조정을 지도한다(법조법 제21조 제2호).

기층인민법원의 원장은 그 지역 인민대표대회에서 선거로 임면(任免)하며 부원장, 심판위원회위원, 정장(庭長) 및 부정장 그리고 그 이외의 법관(심판원)[8]은 원장이 그 지역의 인민대표대회 상무위원회에 제청하여 임면한다. 민족자치지역의 경우도 마찬가지이다(법관법 제11조 제3항 및 5항).

2. 중급인민법원(中級人民法院)

중급인민법원의 종류에는 ① 성, 자치구 내에 지역에 따라 설치된 중급인민법원, ② 직할시 내에 설립되는 중급인민법원, ③ 성, 자치구의 할시(割市: 市割區)에 설치되는 중급인민법원, ④ 자치주에 설치되는 중급인민법원이 있다. 2011년 현재 전국에 409개가 있다.

---

5) 중국의 행정구역의 종류는 크게 ① 성(省), 자치구(自治區) 및 직할시(直轄市)로 나누며, ② 성과 자치구는 다시 자치주(自治州)와 현(縣), 자치현(自治縣), 시(市)로 구분되며, ③ 현과 자치현은 다시 향(鄕), 민족향(民族鄕), 진(鎭)으로 나뉜다. 그리고 직할시와 비교적 큰 시(市)는 다시 구(市割區: 시할구라고도 부른다)와 현(縣)으로 나뉜다.

6) 중국에서는 법정, 재판정 등을 표기할 때 우리가 廷을 쓰는 것과 달리 庭을 사용한다.

7) 인민법정의 설치·운영을 위하여 최고인민법원은 〈인민법정의 약간문제에 관한 규정(关于人民法庭若干问题的规定)〉(法发 20号)을 발하였다. 이에 의하면 인민법정에는 적어도 3인 이상의 법관을 두어야 하며 현지의 사정을 고려하여 설치하되 행정구역의 제한을 받지 않는다(제3조 및 제9조).

8) 재판기관의 구성원을 중국에서는 심판원(审判员) 또는 심판인원(审判人员)이라고 부른다. 심판원은 법관으로 補하며(우리의 판사라는 말과 유사), 배심제를 취하는 경우에는 법관 이외에 배심원도 심판에 참가하며 이를 합하여 대개 심판인원(審判人員)이라 부른다.

중급인민법원에는 원장 1인, 약간 명의 부원장, 정장(庭長), 부정장 및 법관(심판원)으로 구성되며 민사재판정, 형사재판정 및 경제재판정을 설치하며 필요에 따라서는 다른 재판정도 설치할 수 있다(법조법 제23조).

중급인민법원은 법령이 그 관할로 한 제1심 사건, 기층인민법원이 중급인민법원으로 이송한 사건, 기층인민법원의 판결이나 결정에 대한 상소사건을 재판한다(법조법 제24조).

중급인민법원의 원장은 그 지역 인민대표대회에서 선거로 임면(任免)하며 부원장, 심판위원회위원, 정장(庭長) 및 부정장 그리고 그 이외의 법관(심판원)은 원장이 그 급의 인민대표대회 상무위원회에 제청하여 임면한다. 민족자치지역의 경우도 마찬가지로 임면한다(중국법관법 제11조 제3항 및 5항). 다만 ① 성, 자치구 내에 지역에 따라 설치된 중급인민법원, ② 직할시 내에 설립되는 중급인민법원의 원장은 성, 자치구, 직할시의 인민대표대회 상무위원회가 주임회의의 추천을 받아 임면하며, 부원장, 심판위원회위원, 정장, 부정장 및 법관(심판원)은 고급인민법원장의 제청을 받아 성, 자치구, 직할시 인민대표대회 상무위원회가 임면한다(법관법 제11조 제4항).

3. 고급인민법원(高級人民法院)

고급인민법원은 지방의 최상급의 인민법원이며 성(省)고급인민법원, 자치구고급인민법원, 직할시고급인민법원이 있다(법조법 제25조). 2011년 현재 전국에 32개의 고급인민법원이 있다.

고급인민법원도 원장 1인과 약간 명의 부원장, 정장, 부정장 및 법관(심판원)으로 구성되며 민사재판정, 형사재판정 및 경제재판정이 설치되며 필요에 따라서 기타의 재판정을 설치할 수 있다(법조법 제26조).

고급인민법원은 ① 법률, 법령에 의하여 그 관할로 된 제1심 사건, ② 하급법원이 이송한 제1심 사건, ③ 하급법원의 판결, 결정(재정)에 대한 상소사건, ④ 검찰원이 심판감독절차에 따라 제기한 항소사건을 재판한다.

4. 최고인민법원(最高人民法院)

최고인민법원은 중국의 최고재판기관이며 북경(北京)에 소재한다. 최고인민법원은 원장 1인과 약간 명의 부원장, 정장, 부정장과 법관(심판원)으로 구성되며, 민사재판정, 형사재판정 및 경제재판정을 설치하며 필요에 따라 특별재판정을 구성할 수 있다(법조법 제30조).

최고인민법원은 지방의 각급 법원 및 전문법원의 재판사무를 감독한다(법조법 제29조). 여기서 제1심으로 혹은 제2심으로 내린 판결과 재정(결정)은 모두 종심적인 재판이다.

최고인민법원은 ① 법률과 법령에 의해 그 관할로 된 제1심 사건 및 스스로 재판함이 마땅하다고 인정하는 제1심 사건, ② 고급인민법원 및 전문법원의 판결과 재정(결정)에 대한 상소사건, ③ 최고인민검찰원이 심판감독절차에 따라 제기하는 항소사건을 재판하며(법조법 제31조), 심판과정에 어떻게 구체적인 법률, 법령을 적용할 것인가에 대한 해석을 한다(법조법 제32조).

5. 전문법원(專門人民法院)

중국의 전문법원에는 군사법원(軍事法院), 해사법원(海事法院), 철로운수법원(鐵路運輸法院), 삼림법원(森林法院)이 있다.

군사법원은 인민해방군 내에 설치되며 3급으로 나누어져 있으며 군형사사건을 다룬다.

철로운수법원은 ① 철로화물운송계약분쟁사건, ② 철로 여객 및 수화물 운송계약의 분쟁사건 등 11가지의 철도운송과 관계된 사건을 다룬다.[9] 철로운수법원은 기층인민법원과 중급인민법원의 두 종류가 있으며 기층인민법원은 철로관리분국소재지에 설치하며 전국에 현재 58개가 설치되어 있으며, 중급인민법원은 철로관리국소재지에 설치되며 현재 북경 등에 12개가 설치되어 있다.[10]

해사법원은 해사손해배상사건, 해상계약분쟁사건, 기타 해사·해상사건과 해사집행사건 및 해사보전사건의 5부류의 총 63가지의 사건을 제1심으로 취급한다.[11] 최고인민법원의 〈약간의견〉 제2조에 따라 해사·해상사건은 해사법원의 관할로 되어있으며 해사법원은 심급상 중급인민법원에 해당한다. 따라서 해사·해상사건의 제2심은 당해 지역의 고급인민법원이 담당한다.[12] 현재 해사법원은 대련(大連), 천진(天津), 청도(青

9) 최고인민법원의 〈약간의견〉 제30조와 최고인민법원의 〈关于铁路运输法院案件管辖范围的若干规定〉(2012) 제3조 참조.
10) 单国军 编著, 民事诉讼实务, 中国发展出版社(1998), 19~20面 참조.
11) 최고인민법원의 〈关于海事法院受案范围的规定〉[法(交)发(1989) 6号, 1989-5-13]. 이 사법해석은 2001년에 개정되었다. 또 중국은 해사소송에 관한 특별절차법을 제정하였음을 주목해야 한다. 1999년 12월 25일에 제정되어 2000년 7월 1일부터 시행되는 〈中华人民共和国海事诉讼特别程序法〉이 그것이다. 이 법은 12장 127조에 이르는 방대한 것으로 해사소송 전반에 관한 특별규정을 두고 있다. 민사소송법과는 일반법과 특별법의 관계를 가지게 된다(동법 제2조).
12) 单国军 编著, 前揭 民事诉讼实务, 20面.

島), 상해(上海), 영파(寧波), 하문(廈門), 광주(廣州), 해구(海口), 무한(武漢) 및 북해(北海)에 10개의 법원이 설치되어 있다.

삼림법원은 삼림(森林)의 보호를 위하여 설치된 법원으로 삼림 내의 자원 파괴행위 등을 다루며 2급의 법원이 설치되어 있다.[13)]

제2절 중국의 법관제도

Ⅰ. 법관의 자격

1. 법관자격요건의 변천

문화혁명(1966~1976)의 소용돌이 속에서 중국의 법원제도와 검찰제도는 철저히 파괴되었으며 법학을 전공한 학생의 배출도 중단되게 되었다. 문화혁명이 끝난 후 법원과 재판제도가 다시 회복되자 갑자기 법관과 검찰관의 수요가 발생했으나 자격을 갖춘 법관을 찾는다는 것이 거의 불가능하게 되었다. 따라서 적당한 방법으로 법관의 수요를 채울 수밖에 없었고, 고도의 법률지식과 소양(素養)을 법관의 자격요건으로 부과할 도리가 없었다.

따라서 상당히 오랜 기간 동안, 즉 1995년 법관법이 제정될 때까지, 법관의 자격으로 법원조직법에 따라 "선거권 및 피선거권이 있는 만 23세의 공민"일 것을 요구할 뿐이었다. 그 당시의 실정을 보면 자기 법원의 내부직원 중에서 뽑아 법관으로 임명하는 방법을 주로 사용하여 왔다. 즉 서기로 일정기간 근무한 후에는 보조심판원(助理審判員이라 한다)으로 임명하고 또 일정한 연한이 되면 법관으로 임명하는 식이었다.[14)] 따라서 이 시기에는 법학을 전공하지 않고 법관에 임명된 경우가 상당히 많았다(검찰관의 경우도 대체로 같았다).

이와 같은 폐단을 개선하기 위하여 중국은 1995년에 법관법(中华人民共和国法官法)을

13) 이 외에도 헤이룽장성(黑龙江省)에는 농업개발법원(农垦法院)이 설치되어 있으며, 랴오닝성(辽宁省)에는 석유법원(石油法院)이 설치되어 있다.

14) 潘劍锋, "中国统一司法考试模式研究", 연세대학교 법과대학-북경대학법학원 국제학술대회 발표논문, 법학연구 제16권 제4호(2006. 12), 173면 참조.

제정하게 되었으며 비로소 법관의 자격을 제한하기 시작하였다. 1995년 법관법[15] 제9조는 다음과 같은 자격조건을 요구하고 있었다. 즉 ① 중화인민공화국의 국적을 가지고 있을 것, ② 만 23세에 달했을 것, ③ 중화인민공화국 헌법을 옹호할 것, ④ 양호한 정치, 업무 능력을 가지고 있고 품행이 양호할 것, ⑤ 신체가 건강할 것이라는 요건을 정하고 있는 외에 마지막으로 ⑥ 학력요건을 두었다.

이 여섯째의 학력요건을 보면 ① 대학교에서 법률전공으로 졸업하거나 법률 이외의 전공으로 졸업하고 법률지식을 구비하여 만 2년간 업무에 종사한 자, ② 법률전공 학사학위를 얻고 만 1년간 업무에 종사한 자를 기본으로 하였다. 다만 법학석사 또는 법학박사학위를 받은 경우는 위 업무 연한의 제한을 받지 아니하는 것으로 하였다.

그리고 이 법 시행 전에 임명된 법관으로 위 학력요건을 충족하지 못하는 자는 업무교육(培训)을 받아 일정한 기간 내에 조건을 맞추도록 하며 그 구체적인 방법은 최고인민법원이 정하도록 하였다.

한편 법관법에서는 과거의 관행을 타파하고자 제12조에서 "초임법관과 보조법관의 채용은 공개시험[16]에 의하고, 재덕겸비(才德兼備)를 기준으로 하여 법관자격을 갖춘 자 중에 우수한 자를 뽑아 임명한다"라고 제한하여 반드시 공개시험을 거치도록 하였다. 이에 따라 일단 공개시험을 통과하고 인민대표대회의 임명을 받아야 최종적으로 법관의 자격을 취득하게 되었다. 이 법관법 제12조의 규정에 근거하여 같은 해에 최고인민법원은 〈초임법관, 보조법관고시임시규정(最高人民法院初任审判员, 助理审判员考试暂行办法)〉을 발표하여 공개시험을 실시하게 되었다. 그러나 이 시험은 2002년 전국적으로 통일된 사법고시를 실시하기 전까지는 실제로 사회에 개방된 것이 아니라 법원계통 내부에서 진행되어 왔다.[17]

변호사의 자격은 오히려 법관의 자격보다 일찍 제한하기 시작하였다. 즉 1986년부터 전국적으로 통일적인 변호사자격시험을 보기 시작하였으며 이로써 중국의 법률직업 전문자격 시대를 열게 되었다. 변호사자격시험은 이 직업에 진입하려는 사람들에게 공평한 기회를 제공하는 동시에 변호사의 수준을 향상시키는 데 기여를 하였다.

변호사자격시험의 실시는 결국 변호사의 법률지식이나 업무능력이 법관보다 우수하다는 어색한 현상을 초래하게 되었다. 이와 같은 불합리한 점을 타파하고 법조계의 기본적 소양(素養)을 통일하기 위하여 중국은 2002년부터 전국적으로 통일국가사법고

15) 법관법은 2001년 개정으로 자격요건이 약간 변경되어, 고급인민법원과 최고인민법원의 법관의 경우는 법률실무경력 기간을 강화하고 있다.

16) 이 조항은 2001년 개정으로 "통일사법고시를 합격하여 자격을 취득한 자"로 바뀌었다.

17) 潘剑锋, 前揭論文, 174面 참조.

시(統一國家司法考試)를 실시하게 되었으며, 이미 법관, 검찰관, 변호사의 지위에 있는 자 이외에는 사법고시를 합격해야 법관(법관법 제12조), 검찰관(검찰관법 제13조), 변호사(律師法 제5조)의 자격을 얻을 수 있게 되었다. 이로써 이제까지 난삽(難澁)하기 그지없던 법조인력 배출제도가 정리되게 되었다.

그러나 중국의 법관과 검찰관은 수입이 보편적으로 변호사보다 낮고 업무로 인한 스트레스가 많기 때문에 사법고시에 합격한 인재가 법관과 검찰관직에 나아가기를 꺼리는 경향이 있으며 심지어는 법관과 검찰관으로 근무하다가도 사법고시를 합격하면 곧바로 법복을 벗고 변호사의 대열에 합류하는 경우도 적지 않다고 한다.[18] 따라서 사법고시제도를 통해 우수한 법관을 확보하려던 계획은 아직 충분히 실현되고 있지는 않고 있다. 또 사법고시 합격과 임관 사이에는 직접적인 연관이 없고 초임법관이나 초임 보조법관의 임명에는 여전히 법원자체의 시험이 실시되고 있다. 즉 위에서 언급한 〈초임법관, 보조법관고시임시규정(最高人民法院初任审判员, 助理审判员考试暂行办法)〉은 여전히 효력을 유지하고 있다.

2. 중국의 국가사법고시제도

법조인력의 배출시험인 국가사법고시에 필요한 법규로 2001년 최고인민법원, 최고인민검찰원 및 사법부(司法部: 국무원의 사법부)가 공동으로 "국가사법고시실시규칙(試行)"[19]을 공포하여 2002년 첫 시험이 시행되었다. 그 후 매년 1회 9월 중에 실시되고 있다.

중국의 사법고시는 응시자에게 중국국적으로 요구하고 있으며 대학교 본과의 법률전공졸업자 혹은 비법률전공자로서 법률전공지식을 구비한 자로 되어있다(규칙 제15조).[20]

---

18) 潘剑锋, 前揭論文, 189面 참조. 주의할 점은 사법고시제도가 실시되기 전에 재직 중이던 법관이나 검찰관에게는 변호사자격이 주어지지 않는다는 점이다. 1986년부터 실시되던 변호사시험(律師試驗)은 법관과 검찰관의 자격과는 전혀 무관한 시험이었기 때문이다. 다만 2007년 개정 변호사법 제8조는 개정 전 7조가 대학 본과 이상의 학력을 가지고 "법률연구, 교학 등의 전업에 종사하고 고위 직함(职称: 교수, 학술원 원사 등의 전문직의 칭호)을 가지고 있거나 이와 동등한 전문직 수준을 가진 사람"이 변호사 영업증을 신청한 경우에는 국무원의 사법행정 부서의 심사비준을 거쳐 변호사자격을 수여한다"라고 되어있던 것을 "법률서비스가 긴요한 영역에서 15년간 종사한 사람"으로 변경하였음은 주시할 만하다.

19) 〈国家司法考试实施办法〉. 이 법은 2008년 司法部가 단독 공포한 〈国家司法考试实施办法〉으로 대체되었다.

20) 비법률전공자로서 법률전공지식을 가진 자를 어떻게 볼 것인가가 현재 문제되고 있다. 2008년 〈国家司法考试实施办法〉으로 대체되기 전의 〈国家司法考试实施办法〉 제13조는 "법관법, 검찰관법 및 변호사법이 요구하는 전공조건을 가진 자"로 한정하고 있었으나 현행규칙 제15조는 대

시험은 사법부(司法部)가 주관하며 방식은 한 번의 필기시험으로 하며 2일에 걸쳐서 실시된다. 시험과목에는 이론법학, 응용법학, 현행 법률규정, 법률실무 및 법률직업도덕이 포함되어야 하며(규칙 제8조), 2009년의 경우를 보면 제1교시에는 종합지식을 묻는 문제로 법리학, 법제사, 헌법, 경제법, 국제법, 국제사법, 국제경제법, 사법제도와 법률직업도덕이 포함된다. 제2교시는 형사와 행정법률제도를 묻는 문제로 형법, 형사소송법, 행정법과 행정소송법이 포함된다. 제3교시는 민상사법률제도에 관한 것으로 민법, 상법, 민사소송법(중재법 포함)이 포함되며, 제4교시는 사례분석시험으로 법리학, 헌법, 행정법 및 행정소송법, 형법 및 형사소송법, 민법, 상법, 민사소송법에서 출제된다. 제1, 제2, 제3교시는 각각 180분을, 제4교시는 210분을 준다.

채점 후 합격 커트라인은 사법부가 최고인민법원과 최고인민검찰원과 상의하여 발표한다. 특이한 점은 일부 빈곤지역의 경우는 커트라인을 낮춰준다는 점이다.[21] 사법고시에 합격하면 사법부가 〈법률직업자격증서(法律職業資格證書)〉를 수여한다.

Ⅱ. 법관의 종류

중국의 법관은 4등(等) 12급(級)으로 나누어진다(법관법 제18조). 법관의 등급과 편제, 평정 및 승진 방법에 관한 자세한 사항에 관하여는 별도의 규칙(중화인민공화국법관등급임시규정〈中华人民共和国法官等级暂行规定〉)이 있다. 법관법과 이 규정에 의하면 법관의 등급은 직무편제에 따라 정한다.

법관은 ① 수석대법관, ② 대법관, ③ 고급법관, ④ 법관의 4등(等)으로 구별된다. 수석대법관은 급(級)의 구분이 없고, 나머지는 다시 급이 나뉜다. 즉 대법관은 1급과 2급으로 나뉘고, 고급법관은 1급에서 4급으로 나뉘고, 법관은 1급에서 5급으로 구분된다. 따라서 모두 12급으로 편성되어 있다(규칙 제5조). 이리하여 법관은 4등 12급으로 분류되게 된다.

그리고 각급 법원의 원장, 부원장, 심판위원회위원, 정장(庭長), 부정장, 법관과 조

학교 본과에서 법률을 전공한 졸업생 또는 비법률전공의 졸업생으로서 법률전공지식을 갖춘 자"로 변경하였다. 2009년 사법부가 공포한 사법시험공고에도 같은 내용의 자격을 요구하고 있으나, 교육여건이 나쁜 지역의 응시생에게는 조건을 완화해, 정규 법과대학 졸업생(법학사학위를 취득한 본과 졸업생)이 아닌 전문학교(专科) 법학전공의 졸업생(법학사학위는 없고 졸업장만 받음)도 응시할 수 있도록 하고 있다(司法部关于2009年司法考试有关事项的公告 참조).

21) 예컨대 2004년 사법고시의 경우는 커트라인이 360점이나 일부 빈곤지역의 커트라인은 335점으로 하였다(潘剑锋, 前揭論文, 176面 참조).

리법관(助理審判員: 보조법관)은 각각 규정에 따른 등급의 법관이 배속된다(규칙 제6조). 예컨대 최고인민법원의 경우는 원장은 수석대법관이 하고 부원장은 1급의 대법관 내지 2급의 대법관이 맡으며, 심판위원회위원은 2급의 대법관 내지 2급의 고급법관이 임명되며 법관은 1급의 고급법관 내지 4급의 고급법관이 담당한다.

고급인민법원의 원장은 2급의 대법관이 맡으며 중급인민법원 원장은 1급의 고급법관 내지 3급의 고급법관이 맡고 기층인민법원장은 3급의 고급법관 내지 4급의 고급법관이 임명된다.

보조법관(助理審判員)은 각급 법원이 스스로 임면(任免)하며 법관의 업무를 보조한다. 다만 법원장이 제청으로 심판위원회를 통과하면 임시로 법관의 직무를 대행할 수 있다(법조법 제37조). 보조법관의 등급은 법원의 종류에 따라 다르며 예컨대 기층인민법원의 보조법관은 3 내지 5급의 법관으로 보하며, 최고인민법원의 보조법관은 1 내지 3급의 법관으로 보한다(규칙 제6조).

법관의 승진연한은 5급 법관에서 3급 법관에 이르기까지는 3년, 3급 법관에서 1급 법관에 이르기까지는 4년이다. 그리고 반드시 승진시험에 합격해야 한다. 1급 법관 이상은 선출로 승진한다.

제2장 법원의 재판기관

제1절 재판기관의 개관

법원의 재판기관(협의의 법원)에는 합의정(合議庭)과 독임정(獨任庭)이 있으며 특히 어려운 사건에 대하여 법원에 지침을 주는 등의 기능을 하는 심판위원회(審判委員會)가 각급 법원에 설치되어 있다. 중국의 민사사건 제1심은 원칙적으로 합의정에서 재판하며(合議制) 간이절차(簡易節次: 민사소송법 제157조 이하)가 적용되는 사건 등 특별규정이 있는 경우만 독임정에서 재판(獨任制)한다. 한편 사건의 성질, 소송목적의 값의 대소에 따른 동일법원 내의 재판권의 분장관계를 정한 우리의 합의부와 단독판사간의 사물관할과 같은 개념은 없으나, 대신 사건의 성질, 소송목적의 값의 대소를 기준으로 제1심의 사건을 어느 급의 법원이 재판하느냐를 정하는 이른바 급별관할(級別管轄: 기층인민법원이 재판할 것인가 혹은 중급 이상의 법원이 재판할 것인가)이 있다. 제1심 법원의 합의정에서 재판하는 경우에는 배심제(陪審制)가 실시되어 법관 아닌 사람이 심리에 직접 참여하기도 한다.

제2절 합의정(合議庭)과 독임정(獨任庭)

I. 합의정(合議庭)

중국의 민사재판제도에서 합의정은 가장 기본적인 재판기관으로 심급을 불문하고 원심인지, 환송사건, 재심사건인지를 가리지 않고 원칙적으로 합의정에서 재판한다(합의제 원칙). 다만 합의정의 구성은 심급과 절차에 따라 다르다.

1. 합의정의 구성

(1) 제1심의 합의정

민사소송법 제39조 제1항은 "법원의 제1심 민사사건의 심리는 법관과 배심원으로 공동 구성된 합의정 혹은 법관만으로 구성된 합의정에서 한다. 합의정의 구성인원은 반드시 홀수이어야 한다"라고 규정하고 있다. 따라서 제1심의 합의정에는 두 가지의 형식이 있다.

(가) 법관과 배심원으로 구성된 합의정

합의정은 3명 이상으로 구성되며 그 수는 반드시 홀수가 되어야 한다. 그러나 실무상 통상적인 경우에는 3명으로 구성된다. 그리고 법관과 배심원의 구성 비율에 관하여는 이전에는 법률에 규정을 두지 않고 있기 때문에 법원이 그때그때 사안에 따라 결정할 수 있었으나 최근에는 규정을 마련하여 일정한 사건에 대하여는 반드시 인민배심원을 참가시키도록 하고 있다. 배심원이 법원에서 직무를 집행하는 경우는 심판장(재판장)의 직무를 담당하지 못하는 외에는 법관과 동등한 권리의무가 있다(민사소송법 제39조 제3항). 중국의 배심제에 관하여는 아래 4에서 자세히 살펴보기로 한다.

(나) 법관만으로 구성되는 합의정

통상절차에 따라 제1심을 담당하는 법원은 배심원을 사용하지 않고 법관만으로 합의정을 구성할 수도 있다. 특별절차에 의하여 심리하는 선거자격사건(민사소송법 제181조 이하), 중대하고 복잡한 비송사건(예컨대 실종 혹은 사망선고사건, 행위능력의 배제 혹은 제한을 위한 사건 중 복잡한 사건) 등의 경우에는 언제나 법관만으로 합의정을 구성한다.[1]

(2) 제2심의 합의정

제2심의 합의정은 제1심과는 달리 법관만으로 구성되며 반드시 홀수로 구성해야 한다(민사소송법 제40조 제1항). 제2심 법원의 주요임무는 제1심 재판의 사실인정이나 법률적용의 정확성을 심사하고 하급법원의 재판활동을 감독·지도하는 것이기 때문에 반드시 합의제를 취하고 합의정의 구성은 법관만으로 하도록 하고 있는 것이다.

(3) 환송심(還送審)과 재심(再審)의 합의정

제2심 법원이 제1심의 판결 혹은 재정을 취소하고 제1심으로 환송한 경우(发回重审)에는 원심법원은 제1심 절차에 따라 별도의 합의정을 구성하여 재판한다(민소법 제40

1) 梁书文, 回沪明, 杨荣新 主编, 前揭 民事诉讼法及配套规定新释新解(上), 424面; 江伟 主编, 前揭 民事诉讼法(第四版), 71面.

조 제2항). 별도의 합의정을 구성해야 하므로 원심에 참가했던 구성원은 환송심의 재판에 참가하지 못한다. 또 합의정을 구성하여 재판한다고 하므로 제1심이 독임정(獨任庭) 사건이었다 하더라도(예컨대 간이절차에 의하는 사건) 환송심에서는 반드시 합의정을 구성하여 재판하여야 한다.

심판감독절차에 따라 재심을 결정한 재심사건에는 원심이 제1심이었던 경우는 제1심 절차에 따라, 원심이 제2심이었던 경우에는 제2심 절차에 따라 합의정을 구성하여 재판한다(같은 조 제3항). 제1심에서 재심되는 경우라도 원심에 참여했던 자를 제외하고 반드시 합의정을 구성해야 한다. 다만 재심합의정을 구성하는 경우에 구성원의 비율(법관과 배심원의 비율)을 원심과 달리 변경해도 무방하다.[2] 나아가 원심의 합의정이 법관과 배심원으로 구성되었던 경우라도 재심합의정은 법관만으로 구성할 수 있으며, 그 반대도 가능하다. 합의정의 구성원으로 참가했던 자는 역시 선입견의 배제를 위하여 재심합의정의 구성원이 될 수 없다.[3]

상급법원이 하급법원의 사건을 끌어올려 제1심으로 재판하는 것을 제심(提审)이라고 한다(민소법 제38조 제1항). 또 하급법원은 그 관할에 속하는 사건을 상급법원에 요청하여 제1심으로 심판하게 할 수 있다(같은 조 제2항). 이 경우에는 비록 상급법원에서 제1심으로 다룬 것이나 재심을 하는 경우에는 제2심 절차에 대한 재심에 준하여 제2심 절차에 따라 별도의 합의정을 구성하여 재판한다.

2. 심판장과 사건책임법관[案件承办法官]

합의정의 심판활동은 심판장(우리의 재판장에 해당)의 주재하에 진행된다. 심판장은 수소법원의 법원장 혹은 정장(庭长[4])이 법관 중에 한 명을 지정하는 것이 원칙이나 법원장, 부원장, 심판위원회위원, 정장(庭长)이나 부정장이 합의정에 참가하는 경우에는 이들이 심판장을 맡게 된다. 이전에는 심판장의 자격에 관하여 특별한 제한이 없었고 그때그때 수소법원의 법관 중에 임명하거나 법원장 등이 스스로 맡게 하였으나 2007년부터는 〈법원심판장선임규칙〉을[5] 공포하여 자격을 제한하고 법원에 심판장이라는 직책을 상설하여 배치하게 되었다(규칙 제2조). 이에 따라 합의정도 고정화의 현상을 가져와 상설적인 것으로 변하였다.[6]

---

2) 江伟 主编, 民事诉讼法(第四版), 同面 참조.
3) 张淑兰 主编, 前揭 民事诉讼法学, 153면 등.
4) 법원에 설치되는 민사재판정, 형사재판정 및 경제재판정의 정장(庭长)을 말하며 합의정의 장은 심판장(审判长)이다.
5) 〈人民法院审判长选任办法(试行)〉 法发(2000) 16号, 2000-7-11.

이전에는 법률을 전공하지 않은 사람도 심판장을 할 수 있도록 하였으나 이 규칙에 의하면 반드시 법률을 전공한 사람만 심판장이 될 수 있도록 하고 있다. 즉 최고인민법원과 고급인민법원의 심판장은 대학 법률본과(法律本科) 이상의 학력을 가지고 재판경력이 5년 이상이어야 하며, 중급인민법원의 심판장은 대학 법률본과 이상의 학력을 가지고 재판경력이 4년 이상이어야 한다. 기층인민법원의 경우는 전문대학의 법률전공(法律专科) 이상의 학력을 가지고 3년 이상 재판을 한 경력이 필요하다(규칙 제3조 제항). 다만 경제, 문화가 발달하지 못한 지역의 법원은 심판위원회의 결정에 따라서 심판장의 학력과 경력 요건을 완화할 수 있다(동조 제2항).

또 각급법원의 원장, 부원장, 정장, 부정장은 매년 의무적으로 일정 횟수[7] 합의정에 참여하여 심판을 해야 한다. 이 제도의 개선을 위하여 최근 최고인민법원은 〈원장, 부원장, 정장, 부정장이 합의정에 참가하여 사건을 심리하는 제도에 관한 약간의 의견〉[8]을 공포하였다. 이 의견에 의하면 법원의 원장, 부원장, 정장, 부정장은 심판위원회에 참가하여 사건을 처리하는 외에 합의정에 참가하여 심판을 하도록 되어있다(제1조). 이들이 참가하는 합의사건은 ① 어렵거나(疑难), 복잡, 중대한 사건, ② 신유형의 사건, ③ 법률적용상 보편성을 가진 사건, ④ 스스로 합의정에 참가하는 것이 마땅하다고 인정하는 사건이다(제2조).

원장 등은 참가하여 심리의 시범을 보이고 심판 작업의 경험을 결집(結集)하고 심판업무에 대한 지도업무를 한다(제4조). 원장과 부원장(정장과 부정장은 제외)이 참가하는 경우에 다수의 의견과 원장, 부원장의 의견이 엇갈리는 경우에는 사건을 심판위원회의 토론에 부치는 결정을 할 수 있다(제5조).

또 합의정이 사건을 수리한 경우에는 법률의 규정에 따라 혹은 심판장이 사건책임법관[案件承办法官]을 정해야 한다. 사건책임법관은 우리나라의 주심판사와 유사한 제도이며, 개정 전의 조정, 개정준비(開庭準備) 등의 활동을 한다.

3. 합의정의 직무활동

(1) 심판활동

합의정의 직무활동에 관하여 민사소송법은 제42조와 제43조의 규정을 두고 있다.

---

6) 汤维建 主编, 前揭 民事诉讼法学, 171面에 의하면, 원래 합의정은 상설적인 기구가 아니고 필요에 따라 구성되고 심판이 종결되면 해산되는 임시적인 심판조직이었다고 한다.

7) 의무적으로 참가해야 하는 사건의 수는 최고인민법원 등이 정한다.

8) 〈关于完善院长, 副院长, 庭长副庭长参加合议庭审理案件制度的若干意见〉 法发(2007) 14号, 2007-3-30.

즉 합의정이 사건을 평의하는 경우에는 다수결의 원칙에 따르며, 조서를 작성하여 합의정 구성원이 서명하며, 평의 중 이견(異見)이 있는 경우에는 그대로 조서에 기입한다(제42조). 법관 등은 사건을 공평하게 처리해야 하며(제43조 제1항), 당사자나 그 소송대리인으로부터 접대를 받거나 선물을 받아서는 아니 된다(동조 제2항). 법관 등이 뇌물을 받거나 사사로운 정에 이끌려 재판(徇私舞弊)하거나 법을 왜곡하여 재판(枉法裁判)하는 경우에는 그 법적 책임을 물으며, 범죄를 구성하는 경우에는 형사책임을 추궁한다(동조 제3항). 2002년에는 최고인민법원이 합의정의 업무활동에 관하여 상당히 자세한 규정(법원합의정의 업무집행에 관한 약간의 규정[9])을 공포하였다.

이 규정에 의하면 합의정의 평의(評議)는 심리종결 후 5일 이내에 하여야 한다(제9조). 합의시에는 먼저 사건책임법관[案件承办法官]이 인정사실과 증거가 정확하고 충분한지의 여부와 법률적용 등에 관하여 의견을 발표하고 심판장이 최후로 의견을 발표하고 평의의 결론을 낸다(제10조).

다만 ① 어렵거나 복잡한 사건, 중대한 사건 또는 신유형의 사건으로 합의정이 심판위원회의 토론결정에 맡길 필요가 있다고 인정하는 사건, ② 법률적용에 관하여 의견의 불일치가 심한 사건, ③ 기타 심판위원회의 토론결정에 의할 것으로 합의정이 인정하거나, 수소법원의 심판위원회가 스스로 토론하여 결정할 것으로 결정한 사건의 경우는 원장에게 제청하여 심판위원회에 돌려 그 토론결정에 따라 재판한다(12조). 합의정이 심판위원회의 결정에 이의(異議)가 있는 경우에는 1회에 한하여 원장에게 제청하여 심판위원회가 다시 심의하게 할 수 있다(제13조).

합의정은 평의결론이나 심판위원회의 결정이 있은 날로부터 5일 이내에 재판서를 작성해야 하며, 재판서는 일반적으로 심판장 혹은 사건책임법관이 작성한다(제14조, 제15조).

(2) 합의정과 법원장, 정장 및 심판위원회와의 관계

재판기관의 물적 독립이 확립되지 않은 중국에서는 합의부가 다른 행정기관이나 사회단체 등의 간섭은 받지 않으나(앞의 제1편 제3장 제2절 II 참조) 위 합의정의 심판활동에서 본 바와 같이 법원의 법원장이나 심판위원회의 감독을 받게 되는 점에서 우리와 많은 차이가 있다.

우선 심판위원회(심판위원회에 관한 자세한 것은 아래 제3절 참조)와 합의정의 관계는 영도(領導)와 영도를 받는 관계, 감독과 감독을 받는 관계로 일컬어진다.[10] 위에서 본

9) 〈关于人民法院合议庭工作的若干规定〉 法释(2002) 25号, 2002-8-12.
10) 江伟 主编, 前揭 民事诉讼法(第四版), 72面 참조.

바와 같이 일정한 사건은 스스로 재판하지 못하고 심판위원회의 토론결정에 따르도록 한다. 심판위원회의 결정에 1회에 한하여 이의할 수 있으나 결국은 그 결정으로부터 벗어날 수 없다.

또 원장과 정장(庭長: 민사재판정의 정장)은 행정사무를 통할(統轄)하는 외에 구체적인 사건에 대하여도 강력한 지휘권한을 가진다. 즉 원장은 스스로 합의정에 참여하여 심판작업을 하면서 사건의 결론에 영향을 미칠 수 있을 뿐만 아니라, 참가하지 않은 경우도 일반적으로 자기법원 합의정의 평의의견이나 재판서를 심사할 권한을 가지고 있다. 다만 스스로 합의정의 평의결론을 고칠 수는 없고 서면의견을 제출하여 합의정에 다시 평의하도록 건의할 수 있다. 만약 합의정의 재평의(再評議)에 대하여도 여전히 이견이 있다면 스스로 심판위원회에 회부할 수 있다. 정장(庭長)도 재평의에 대하여 여전히 이견이 있는 경우에는 원장에게 제청하여 심판위원회의 토론에 회부할 수 있다.[11] 더구나 심판위원회의 위원장은 법원장이다. 이와 같은 심판위원회와 법원장의 적극적인 간여는 진실절대주의와 밀접한 관련이 있으며 오판을 방지하기 위한 것이 주목적이다. 그리고 현재 법관의 직업적 능력에 대한 회의(懷疑)가 저변(低邊)에 놓여 있음은 물론이다. 그러나 이와 같은 예속관계는 많은 폐단을 초래하기도 한다.

4. 합의정과 인민배심제(人民陪審制)

(1) 의의

중국의 제1심 절차에서는 합의정을 구성함에 있어서 비법관인 배심원을 참가시킬 수 있으며, 합의정에 참가하는 배심원은 법관과 동등한 권리와 의무를 지니게 된다. 다만 심판장의 직책을 맡지는 못한다. 중국의 배심제는 영미의 배심재판과는 다른 것으로 독일의 참심제(參審制)에 해당한다고 할 수 있다.[12] 배심제도는 원래 사회주의국가인 중국의 중요한 재판원칙이었으며, 중요성은 ① 일반 대중의 재판업무 감독, ② 일반 대중이 직접 법률적용에 참여함으로써 대중의 의지, 현재의 일반의 행위와 도덕의 표준을 반영하게 하는 동시에, ③ 사건의 성질에 맞는 전문가를 초빙하여 재판에 참여시킴으로써 재판의 정확성을 높이고 재판의 설득력을 제고하는 데 있다고 한다.[13] 또 논자에 따라서는 배심원은 일반대중이므로 행정기관이나 법원간부들의 영향

---

11) 위 〈关于人民法院合议庭工作的若干规定〉, 제16조 및 제17조 참조.

12) 唐德华, 新民事诉讼法(实务精答), 人民法院出版社(2008), 116面. 따라서 배심원은 차라리 참심원으로 바꾸어 번역하는 것이 타당할 듯하다.

13) 梁书文, 回沪明, 杨荣新 主编, 前揭 民事诉讼法及配套规定新释新解(上), 426~427面.

을 덜 받기 때문에 사법독립의 원칙을 촉진하는 데 도움이 된다고도 한다.[14] 다만 그 동안 중국의 배심제에는 몇 가지 중대한 결함이 있어 그 활용이 그다지 활발하지 못하였으나 최근 활성화를 위한 일련의 조치를 취하고 있다. 배심제는 제1심 절차에 한하여 임의적으로 시행된다(민사소송법 제39조 제1항).

(2) 인민배심제의 문제점

종래 중국에서는 배심제가 그다지 활발히 이용되지 않았다고 한다. 즉 법원의 법관수가 부족하여 합의제를 실시할 사건에 대하여도 독임제를 선택하는 경우가 많았고, 합의제를 시행하는 경우에도 심판장이 흔히 자기 법원의 다른 법관을 청하여 합의정을 구성하고 심지어는 자기 법원의 사무직원을 배심원 대신 합의정에 참가시키는 경우도 있었다고 한다. 이에 따라 배심원이 재판에 참가하는 경우가 매우 드물게 되었다고 한다.[15] 또한 배심원이 참가하는 경우에도 실제로는 재판활동을 하지 않고 곁다리로 앉아있는 현상이 보편화되었다고 한다.[16]

중국의 배심제도의 병폐로 지적되어 온 것은 ① 배심원의 자질부족, ② 배심원의 선임의 어려움이다. 이전에는 배심원의 자격으로는 연령과 선거권 이외에 특별한 제한을 가하지 않기 때문에 배심원으로 선출된 사람이 법률지식은 물론이고 특정분야에 대한 전문지식을 갖춘 경우가 매우 드물었다. 또한 대체로 한번 선출해두고 이를 방치하여 특별한 관리나 교육을 하지 않았기 때문에 배심원의 자질이 법관과 동등한 위치에서 재판에 참가하기에는 매우 미흡하다는 것이었다. 또 배심원의 재판참가의 보수가 너무 적다는 것도 배심원을 구하기 어려운 점의 하나였다고 한다.

근래 배심제의 존폐에 관하여 학자들이 격렬한 논쟁[17]을 벌이고 있었으나, 최근 인민배심제의 활성화를 위하여 몇 가지 중요한 조치가 있었다. 즉 2004년에는 제10기 전국인민대표대회 상무위원회 제13차 회의에서 "인민배심원제도의 개선에 관한 결정"[18]이 통과되었으며, 이에 근거하여 최고인민법원과 사법부(司法部)가 공동으로 "인민배심원의 선임, 훈련, 고과작업의 실시에 관한 의견"[19]을 공포하였으며, 잇달아 최고인민법원에서는 인민배심원관리규칙[20]을 공포하여 인민배심제도를 대폭 정비하는

14) 田平安 主编, 前揭 民事诉讼法学, 51面.
15) 梁书文, 回沪明, 杨荣新 主编, 前揭 民事诉讼法及配套规定新释新解(上), 427面.
16) 배석은 하나 심리하지 않고, 심리는 하나 평의하지 않고, 평의는 하나 판결하지 않는다는 점(陪而不审, 审而不议, 议而不决)이 지적되곤 했다.
17) 논쟁에 관한 자세한 것은 廖中洪 主编, 前揭 民事诉讼改革(热点问题研究综述 1991-2005), 77面 이하; 金友成 主编, 民事诉讼制度改革研究, 中国法制出版社(2001), 20面 이하 참조.
18) 〈关于完善人民陪审员制度的决定〉 2004-08-28. 全国人大常务委员会 공포.
19) 〈关于人民陪审员选任培训考核工作的实施意见〉 法发(2004) 22号, 2004-12-13.

작업을 하였다. 이하 개선된 새 제도를 중심으로 보면 다음과 같다.

(3) 배심원의 자격과 배심제가 적용되는 사건

(가) 배심원의 자격과 선출

이전에는 배심원에 특별한 자격을 요하지 않았으나 현재는 상당히 엄격한 자격을 요하고 있다. 즉 위 "인민배심원제도의 개선에 관한 결정" 제4조 내지 6조의 규정에 의하면 만 23세에 달한 신체 건강하고 품행이 양호한 사람으로서 전문대학(专科) 이상의 학력을 소지하여야 하며, 전인대상무위원회의 구성원, 법원, 검찰원, 공안기관, 국가안전기관이나 사법행정기관의 구성원 또는 개업 변호사는 배심원이 될 수 없다. 또 전과자나 파면을 당한 사람도 배심원이 될 수 없다. 다만 자격자를 구하기 곤란한 지방의 경우는 비교적 연령이 많고 대중의 위망(威望)이 높으며 인민배심원을 담당할 수 있다고 인정되는 자 중에서 선임해도 된다.[21]

인민배심원을 선임하기 위하여 우선 기층인민법원은 자기 구역의 사건수, 인구, 면적, 민족분포 등의 요소에 상급법원의 차출수요[22]를 고려하여 인민배심원의 정원에 관한 의견을 같은 급의 인민대표대회 상무위원회에 제출하여 확정을 받는다.[23] 그 후 기층인민법원은 그 지역의 기층인민조직이 본인의 동의를 얻어 추천하는 자 혹은 스스로 직접 법원에 신청한 자 중에서 심사를 거쳐 후보자 명단을 작성하여 관련자료와 함께 같은 급의 인민대표대회 상무위원회에 제출하여 임명절차를 거친다. 임명 후에는 그 명단을 같은 급의 인민정부 사법기관에 보고하며, 고급인민법원에 보내 비치하게 한다.[24] 인민배심원의 임기는 5년이며 연임은 불가하다.[25]

(나) 배심제가 적용되는 사건

인민배심제에 관한 민사소송법의 규정은 매우 간단하다. 즉 민사소송법 제39조 제1

---

20) 〈关于人民陪审员选任培训考核工作的实施意见〉 法发(2004) 22号, 2004-12-13.

21) 위 〈关于人民陪审员选任培训考核工作的实施意见〉 제2조.

22) 중급인민법원 혹은 고급인민법원 등 상급법원은 별도로 인민배심원을 선임하는 것이 아니라 자기 소재지의 기층인민법원이 선임해놓은 배심원 패널에서 차출한다(위 〈关于完善人民陪审员制度的决定〉 제14조 제2항). 주의할 점은 중국의 경우는 이른바 급별관할을 인정하여 중급인민법원, 고급인민법원은 물론 최고인민법원도 민사 제1심을 담당하기 때문에 배심원이 필요한 경우가 있다는 점이다.

23) 각 기층인민법원의 인민배심원 수는 그 법원 소속 법관 수를 넘지 못하나 적어도 소속 법관 수의 1/2에 달해야 한다(〈關于人民陪審員管理辦法〉 제5조).

24) 위 〈關于人民陪審員管理辦法〉 제18조.

25) 〈关于完善人民陪审员制度的决定〉 제9조는 임기 5년을 규정하고 있을 뿐 연임가능 여부에 대하여는 언급이 없다. 연임규정을 두지 않은 이유는 인민배심원의 반직업법관화(半職業法官化)를 방지하기 위한 것이라 한다.

항이 "법원이 제1심 민사사건을 심리하는 경우, 법관과 배심원으로 합의정을 구성하거나 법관만으로 합의정을 구성하여 심리한다"라는 규정만을 두고 있을 뿐이다. 그리고 이전에는 인민배심제를 취할 것인지는 법원의 재량에 맡기고 있었다. 그러나 위 〈인민배심원제도의 개선에 관한 결정〉 제2조에 의하면 ① 사회적 영향이 비교적 큰 형사, 민사, 행정사건, ② 형사사건의 피고인, 민사사건의 원고와 피고, 행정사건의 원고가 합의정에 인민배심원의 참가를 요청하는 사건의 경우에는 간이절차로 심리되는 사건이나 기타 법규가 달리 정하는 사건을 제외하고는 인민배심원을 참가시키도록 하여 제도의 활성화를 기하고 있다.[26] 또 배심제를 취하는 경우 법관과 배심원간의 구성비율도 예전에는 아무런 제한이 없었으나 현재는 합의정 구성원의 1/3 이상이어야 하다는 규정을 두고 있다(결정 제3조).

(4) 배심원의 직무활동

민사소송법 제39조 제3항은 "배심원이 배심직무를 집행하는 경우에는 법관과 동등한 권리와 의무가 있다"라고 규정하고 있다. 위 전국인민대표대회 상무위원회의 결정은 배심원의 직무활동에 관한 자세한 규정을 두고 있다. 즉 배심원이 법률에 따라 심판활동을 하는 것은 배심원의 권리이자 의무이며 법률의 보호를 받는다(결정 제10조 제1항). 또 인민배심원의 소재단위나 호적소재지의 기층조직은 인민배심원의 심판참가활동을 보장해야 하며(동조 제3항), 인민배심원이 심판활동에 참여하는 데 드는 교통비, 식사비용 등은 법원이 지급한다(결정 제18조 제1항). 직장을 가지고 있는 인민배심원의 경우 그 직장에서는 심판활동에 참가하는 기간 동안 임금, 상여금 기타 복리후생을 삭감해서는 아니 된다(동조 제2항). 고정수입이 없는 인민배심원이 심판활동에 참여하는 경우에는 법원이 현지 직공의 전년도 평균 화폐임금 수준을 참조하여 참가일수에 따라 금전을 지급한다(동조 제3항).

인민배심원은 심판에 참가할 뿐만 아니라 평의시에 사실인정과 법률적용에 관하여 독립적인 표결권을 행사한다(결정 제11조 제1항). 또 인민배심원과 법관간에 의견이 일치하지 않는 경우에는 그 의견을 평의조서(評議調書)에 기록해야 하며, 필요하다고 인정하는 경우에는 원장에게 심판위원회의 토론결정에 회부할 것을 제청할 수 있다(동조 제2항). 인민배심원에 대하여는 법관에 대한 회피에 준하여 회피원칙이 적용된다(결정 제12조).

---

26) 따라서 배심제도는 중국 민사소송법상의 기본제도로 보아야 한다는 견해도 있다(前揭 赵钢, 占善刚, 刘学在 著, 民事诉讼法, 73면 이하).

Ⅱ. 독임정(獨任庭)

1. 독임정의 구성

법관 1인으로 구성되는 재판기관을 말한다. 독임정은 반드시 법관 즉 심판원으로 구성되며 배심원은 독임정을 맡을 수 없다. 때에 따라서는 보조법관(助理审判员: 역시 법관임)이 맡을 수도 있다. 독임정은 기층인민법원과 그 파출법정인 인민법정에만 적용되며 중급인민법원 이상에서는 제1심으로 재판하는 경우라도 반드시 합의제가 시행되며 독임제는 금지된다. 또 양심종심제(兩審終審制)를 취하는 중국에서는 제2심 재판은 종심적 재판이므로 독임제를 취하지 않고 언제나 합의제를 취한다. 환송심이나 재심절차에서도 언제나 합의제를 실시한다.

2. 독임사건(단독사건)

중국의 민사소송에 있어서는 합의제가 원칙이기 때문에 독임제가 적용되는 경우는 법에 특히 규정이 있는 경우에 한한다. 현재 독임제가 실시되는 경우는 다음의 두 가지이다. 다만 독임제를 시행하는 중이라도 사정의 변화가 있는 경우[27)]에는 독임제를 중지하고 합의제로 전환해야 하며, 원래 기층인민법원에서 독임제로 재판하던 것이 중급 이상의 법원으로 이송되는 경우도 합의제로 전환해야 한다.

(1) 간이절차가 적용되는 사건

간이절차(민사소송법 제13장 제157조 이하)가 적용되는 사건은 법관 1인으로 구성되는 독임정에서 재판한다(민사소송법 제39조 제2항). 간이절차는 우리나라의 소액사건심판절차에 유사한 절차구조를 가진 절차[28)]로 간단한 민사사건을 신속히 처리하는 절차이다. 이 절차가 적용되는 사건은 ① 사실관계가 명확한 사건, ② 권리의무관계가 명확한 사건, ③ 쟁의가 크지 않은 사건이다. 그 각각의 의미에 관하여는 〈약간의견〉 제

27) 예컨대 공동소송인의 추가가 있거나 청구취지의 확장이 있는 경우, 혹은 간단한 민사사건, 일반적인 비송사건으로 취급했으나 도중에 복잡한 사건으로 판명되는 경우 등[前揭 梁书文, 回沪明, 杨荣新 主编, 民事诉讼法及配套规定新释新解(上), 425~426面 참조]. 그 밖에 기층인민법원이 독임제로 재판하는 도중 관할권의 이전(移转: 후술)이 이루어져 상급법원에서 재판하는 경우에는 합의부를 구성하여 재판해야 한다.

28) 간이절차는 구술제소, 임의출석이 가능한 점, 소환방식의 간소화, 개정심리방식의 간소화, 단기간 내의 재판(원칙적으로 3개월 내에 완결) 등 우리의 소액사건심판절차와 유사한 면이 많다. 이와 같은 제도는 사회주의 혁명시기(국민당정부와의 항쟁시기, 항일항쟁시기)에 만들어진 것이라고 한다[梁书文, 回沪明, 杨荣新 主编, 民事诉讼法及配套规定新释新解(下), 人民法院出版社(2000), 1440面 참조].

168조에 정의되어 있다. 즉 사실관계가 명확한 사건이라 함은 당사자간의 다툼에 대한 진술이 기본적으로 일치하고 기초할 수 있는 증거가 제출되어 있으며 법원이 증거조사를 하지 않고도 재판할 수 있는 사건을 말하며, 권리의무관계가 명확한 사건이라 함은 누가 권리자이고 누가 의무자인지가 명백한 사건을 가리키며 쟁의가 크지 않은 사건은 사건의 시비, 책임 및 소송목적의 값에 대하여 원칙적으로 이견이 없는 사건을 가리키는 것으로 되어있다.

한편 기층인민법원의 경제정(经济庭)에서 재판하는 사건에 대하여도 같은 조건하에 간이절차를 적용할 수 있도록 하고 있다.[29)]

주의할 것은 행방불명자를 피고로 하는 사건에 대하여는 간이절차를 적용하지 못하며(〈약간의견〉 제169조), 이미 보통재판절차가 개시된 사건은 사정의 변화가 있어도 간이절차로 바꾸지 못하며(〈약간의견〉 제171조), 환송심이나 재심에서도 간이절차를 적용하지 못한다는 점이다(〈약간의견〉 제174조).

(2) 일반적인 비송사건

민사소송법 제178조에 의하면 특별절차(민사소송법 제15장)가 적용되는 비송사건 중 선거자격사건과 중대하고 복잡한 사건(위에 말한 바와 같이 합의제를 취함)을 제외한 일반의 비송사건은 법관 1인으로 구성되는 독임정에서 재판하도록 하고 있다.

제3절 심판위원회

Ⅰ. 심판위원회의 의의

중국의 모든 법원에는 법원조직법 제11조에 따라 심판위원회가 설치되어 일정한 직무를 담당한다. 심판위원회는 행정기구가 아닌 상설적인 재판기관이다. 그 위원의 임명은 지방의 각급법원은 법원장이 동급의 인민대표대회 상무위원회에 제청하여 임명하며, 최고인민법원의 경우는 최고인민법원 원장이 전국인민대표대회 상무위원회에 제청하여 임명한다(법조법 제2항). 심판위원회는 법원장이 주재하며, 직접 재판을 하는

29) 최고인민법원의 〈经济纠纷案件适用简易程序开庭审理的若干规定〉[法释(1998) 14号, 1993-11-16] 제1조.

것은 아니나 일정한 자의 제청에 따라 특정사안에 대하여 토론하여 결정하면 이 결정에 따라 합의정 등이 재판을 하게 되며 재판 이외의 일도 한다. 그 구체적인 직무는 다음과 같다.

Ⅱ. 심판위원회의 기능

1. 어려운 사건(疑難事件)의 토론·결정

재판 중 어려운 문제에 봉착(逢着)한 경우에는 심판위원회에 제청하여 그 토론·결정에 따라 재판할 수 있다. 특히 형사재판의 경우 사형에 처하는 사건의 경우는 심판위원회의 결정에 따라야 하며, 민사사건의 경우에도 ① 어렵고 복잡하거나 새로운 종류의 사건이어서 합의부가 심판위원회의 토론과 결정을 거쳐야 한다고 인정하는 경우, ② 합의부 구성원간에 법률적용에 대한 의견대립이 심한 경우(전원일치 또는 과반수를 형성하지 못하는 경우), 기타 합의정이 심판위원회의 결정이 필요하다고 인정하는 경우에는 원장에게 제청하여 심판위원회로 넘겨 그 결정에 따라 재판할 수 있다.[30)] 합의정이 심판위원회의 결정에 불복하는 경우에는 원장에게 제청하여 1회의 복의[再議]를 신청할 수 있다.

2. 재심여부의 결정

법원장은 자기 법원에서 내린 판결, 재정(裁定), 조정서에 잘못이 있음이 확실하다고 인정하는 경우에는 당해사건을 심판위원회에 회부하여 그 재심 여부를 결정하게 할 수 있다(민사소송법 제198조 제1항).

3. 실무경험의 취합

심판위원회는 법률의 적용, 재판실무, 직무태도 등에 관한 경험을 취합하여 재판관계자의 재판사무를 지도하는 자료로 사용하여 재판관계자의 사법능력(司法能力)을 제고하여야 한다(법원조직법 제11조 제1항).

---

30) 前揭 최고인민법원의 〈关于人民法院合议庭工作的若干规定〉 제12조.

제4절 민사소송의 심급제도(兩審終審制度)

Ⅰ. 의의와 연혁

중국의 소송제도는 민사소송, 형사소송을 가리지 않고 2심제가 원칙으로 되어있다(两审终审).[31] 양심종심제도는 우리나라를 비롯한 대다수의 국가가 취하는 3심제와는 다른 것으로 중국 민사소송제도의 하나의 특징으로 되어있다. 한편 우리와는 달리 중국의 법원조직은 4급(지방의 기층인민법원, 중급인민법원, 고급인민법원과 북경의 최고인민법원)으로 되어있으므로 양심종심제는 실제로는 4급 양심종심제이다. 따라서 4급의 법원들 중 둘을 거치면 판결이 확정된다.

중국의 소송제도의 발전과정을 보면 이른바 신민주주의혁명기(국민당정부와의 항쟁시기)에는 혁명근거지에서 3심제를 시행하고 있었다. 즉 현법원(縣法院)이 제1심을, 지구법원(地區法院)이 2심을 그리고 변구고등법원(邊區高等法院)이 3심을 담당하고 있었다.[32] 그러나 중화인민공화국의 건국 후에는 양심종심제가 확립되었고 이와 같은 제도는 1954년에 제정된 중화인민공화국법원조직법에서 채택되었고 1979년 같은 법의 개정과 현행 민사소송법의 제정에서도 그 골격이 그대로 유지되고 있다.

중국이 2심제를 취하고 있는 이유는 중국의 현실을 감안한 것으로서 다음과 같은 두 가지 점을 특히 고려한 것이라 한다.

(1) 당사자의 편리와 법원부담의 경감

우선 중국은 국토가 넓고 아직 교통이 불편한 지역이 많다는 점이 고려되었다 한다. 따라서 2심제를 취하여 당사자의 시간, 비용, 노력을 절감시켜 주는 것이 오히려 3심제를 취하는 것보다 당사자에게 편리하고 법률관계를 장기간 미확정 상태로 방치하지 않는 길이 된다는 점을 고려한 것이라 한다. 또한 현재의 중국의 법원의 인적·물적 설비로는 3심제로부터 오는 심리부담을 감당할 수 없으므로 양심종심제가 현실적이라는 것이다.

---

31) 다만 형사소송에서 사형에 처한 사건은 최고인민법원이 다시 심사하여 비준(최고인민법원 심판위원회가 심사결정)하게 되므로 실질적으로 3심제가 시행된다[死刑复核主义: 樊崇义 主编, 中国刑事诉讼法, 中国政法大学出版社(1991), 55~57面 참조].

32) 前揭 江伟 主编, 民事诉讼法(第四版), 78面; 前揭 常怡 主编, 民事诉讼法学(第一版), 52面; 前揭 柴发邦 主编, 民事诉讼法学, 北京大学出版社(1994) 참조.

(2) 최고인민법원과 고급인민법원의 감독기능 강화

양심종심제를 취함으로써 지방과 국가의 최상급 인민법원인 고급인민법원과 최고인민법원의 노력을 하급법원의 재판업무의 감독과 지도에 집중시킬 수 있다고 한다.[33)]

Ⅱ. 양심종심제의 특징과 최근의 개선노력

1. 중국 양심종심제의 특징

(1) 급별관할(级别管辖)의 존재

중국의 관할제도에는 우리에게는 생소한 급별관할이 있다. 모든 민사1심사건을 최하위법원인 기층인민법원에서 재판하는 것이 아니라 사건의 종류에 따라 중급인민법원, 고급인민법원 및 최고인민법원도 제1심 사건의 심판을 담당하게 된다. 이 점은 어렵거나 중대한 사건은 제1심부터 상급법원에서 재판하도록 하여 양심종심제에서 올 수 있는 오판의 위험을 줄이려는 데서 나온 것이다. 따라서 언제나 중급인민법원이 종심법원이 되는 것이 아니라 고급인민법원과 최고인민법원도 종심법원이 될 수 있다.

(2) 심판감독절차의 광범한 적용

중국에서는 재심절차를 심판감독절차라고 부른다. 소위 국가간예주의와 진실절대주의를 관철하기 위한 제도로서, 당사자만 재심신청을 할 수 있는 것이 아니라 법원과 검찰원도 재심을 일으킬 수 있도록 한데서 오는 용어이다.

재심신청의 주체가 다양할 뿐만 아니라 재심사유도 너무 넓어 2심으로 종심한다는 의미가 그다지 크지는 않다. 따라서 중국의 양심종심제를 정확하게 표현한다면 〈양심(兩審) + 심판감독(재심)〉이라고 할 수 있다.[34)]

2. 최근의 개선논의

중국의 양심종심제에 대하여는 최근 비판적인 견해가 많으며 이를 개선하기 위한 제안이 나오고 있다.

양심종심제에 대하여는 경제, 문화 수준이 급격히 발전하고 있는 중국의 현실을 감

---

33) 常怡, 上揭書, 同面.
34) 柴发邦 主编, 中国民事诉讼法学, 中国人民公安大学出版社(1993), 123면.

안하면 더 이상 국토가 넓고 교통이 불편하다는 것이 오판가능성을 상쇄할 만한 근거가 될 수 없다는 일반적인 비판 이외에 근래에는 급별관할과 관련하여 문제가 있다는 비판이 있다. 대다수의 사건이 기층인민법원에서 재판되므로 종심은 비교적 하급인 중급인민법원이 되므로 ① 법률적용의 통일을 기하기 어렵고, ② 종심법원도 재판수준이 낮은 경우가 많아 제1심 재판을 바로잡기가 어렵고, ③ 종심법원도 사건의 발원지와 근거리이기 때문에 인정재판[人情案], 인간관계재판[关系案]으로 인하여 중국 민사소송에 있어서 늘 지적되는 소위 지역이기주의[35]를 극복하기 어렵게 한다고 한다.

양심종심제를 어떻게 개선할 것인가에 관하여는 매우 다양한 견해가 나오고 있다. 예컨대 사건의 종류에 따라 다원적인 심급제도를 두고 재심사유를 엄격히 제한하자는 견해,[36] 각급 법원의 기능을 다시 조정하여 최고인민법원을 3심법원으로 하여 법률심을 담당하게 하자는 견해[37] 등이 나오고 있다.

Ⅲ. 양심종심제의 운용

1. 양심종심제의 내용

(1) 중화인민공화국법원조직법 제12조 제1항은 "법원이 사건을 재판함에는 양심종심제를 실시한다"라고 규정하고 제2항에서는 "지방 각급법원의 제1심 사건에 대한 판결 및 재정에 대하여 당사자는 법률이 정하는 절차에 따라 바로 위급의 법원에 상소를 제기할 수 있고, 검찰원은 법률이 정하는 절차에 따라 바로 위급의 법원에 항소(抗訴)할 수 있다"라고 규정하고 있다. 또한 동조 제4항은 "중급인민법원, 고급인민법원 및 최고인민법원이 재판한 제2심 사건에 대한 판결 및 재정과 최고인민법원이 제1심으로 재판한 판결과 재정은 모두 종심적 판결과 재정이며 법률적 효력이 발생하는 판결 및 재정이다"라고 규정하여 모든 사건이 원칙적으로 2심으로 종결됨을 선언하고 있다.

(2) 이를 받아 민사소송법 제164조는 제1항에서 당사자가 지방 각급법원의 제1심

---

35) 예컨대 현지인과 타지인간의 재판에서 현지인에게 유리한 재판을 하는 경우가 많고 이를 지역이기주의(지방보호주의)라 한다.

36) 章武生, 我国民事审级制度之重校塑, 江伟 主编, 中国民事审判改革研究, 中国政法大学出版社(2003), 370面.

37) 傅郁林审级制度的建构原理, 上揭 江伟 主编, 中国民事审判改革研究, 中国政法大学出版社(2003), 332面.

판결에 불복하는 경우에는 판결서의 송달일로부터 15일 이내에 바로 위급의 법원에 상소를 제기할 수 있도록 하고 있으며, 제2항에서는 제1심 법원의 재정에 대하여도 재정서의 송달일로부터 10일 이내에 바로 위급의 법원에 상소를 제기할 수 있다고 하고 있다. 한편 민사소송법 제175조는 “제2심 법원의 판결과 재정은 종심적인 판결과 재정이다”라고 하여 더 이상의 상소를 막고 있다.

이에 따라 기층인민법원이 1심으로 재판한 사건은 중급인민법원이 종심법원이 되며, 중급인민법원이 1심으로 재판한 사건은 고급인민법원이, 고급인민법원이 1심으로 재판한 사건은 최고인민법원이 그 종심법원이 된다.

2. 예외(단심제의 적용)

양심종심제에 의하는 경우 외에 일정한 사건은 단심으로 종결하도록 하고 있다. 즉 민사소송법 제155조는 “최고인민법원의 판결, 재정 및 법률이 상소를 허용하지 않는 판결과 재정은 법률적 효력을 발생시킨다”라고 규정하고 있다. 이에 따라 최고인민법원이 1심으로 재판하는 경우에는 단심으로 종결된다. 또한 민사소송법 제178조는 “특별절차(민사소송법 제15장)가 적용되는 사건에 대하여는 일심종심(一审终审)제를 시행한다”라고 하여 이들 사건에 대한 상소를 허용하지 않는다. 여기의 특별절차에 속하는 사건은 일종의 비송사건으로 실종·사망선고사건, 공민의 행위능력의 배제 혹은 제한을 위한 사건, 재산의 무주(無主)를 선언하기 위한 사건이 포함된다.

Ⅳ. 심급제도 관련용어의 정리

1. 재판의 종류와 상소

관할과 심급제도가 우리와 완전히 다르기 때문에 중국의 상소제도와 관련된 용어는 우리와는 매우 다르다.

중국의 재판의 종류는 판결(判決), 재정(裁定), 결정(決定)의 3종이 있다. 판결의 의미는 우리와 같으나 결정이라는 용어는 우리와 달리 사용하고 있다. 즉 중국에서는 절차관련사항에 내리는 재판을 재정(裁定)과 결정(決定)의 두 가지로 구별하여 부르고 있으며 각각 그 재판사항과 재판의 효력을 달리 취급한다. 이 중 우리 제도상의 결정에 가까운 것은 재정으로 서면 또는 구술로 할 수 있으며 이에 대하여는 상소를 허용한다. 다만 상소기간은 판결보다 짧아 10일이다. 재정(裁定)에 의하여 재판하는 사항은 ① 소의 불수리재정, ② 관할권 이의에 대한 재정, ③ 소의 각하의 재정, ④ 소 취하의 허가 또는 불허가의 재정, ⑤ 판결서의 오기의 보정(補正) 등이다(민사소송법 제140조). 위의 재정 중 불수리재정, 관할권 이의에 대한 재정, 소각하의 재정에 대하여만 상소가 허용된다.[38]

이에 비하여 중국법상의 결정(決定)은 상소를 허용하지 않고 다만 법률의 규정이 있는 경우만 당해 법원에 복의[再議] 신청을 허용한다. 형식은 역시 서면과 구술 모두 가능하다. 결정에 의하여 재판할 수 있는 사항은 매우 제한적이며 ① 회피의 재판(민사소송법 제47조), ② 불가항력에 의한 기일 부준수(不遵守)에 따른 기한의 연기신청에 대한 재판(제76조), ③ 민사소송 방해행위에 대하여 강제조치를 하는 재판(제106조), ④ 심판감독절차인 재심회부의 결정(제177조)과 심판위원회의 결정, ⑤ 소송비용의 유예, 감액, 면제 신청에 대한 재판(〈人民法院诉讼收费办法〉 제27조), ⑥ 강제집행정지결정 등에서만 결정의 형식을 취한다.

한편 드물기는 하나 우리의 명령과 유사하다고 생각되는 것으로 지령(指令)이라는 용어를 사용하기도 한다(예컨대 민사소송법 제177조 제2항). 또 우리의 중재판정에 해당하는 중국의 용어는 재결(裁決: 동법 제259조 등)이다.

2. 재판에 대한 불복관련 용어

양심종심제가 실시되기 때문에 불복에 관련된 용어가 우리와 매우 다름에도 주의해야 한다. 결정에 대하여는 상급심에의 불복은 허용되지 않는다. 판결과 일부의 재정에 대하여는 불복을 허용하나 단 1회에 한하기 때문에 항소, 상고와 같은 구분이 필요가 없으므로 상소라는 말로 통일한다. 또한 판결에 대한 불복이냐, 재정에 대한 불복이냐에 따른 용어에 차이가 없는 것도 특징이다. 이에 따라 불복과 관련된 용어를 보면 다음과 같다

(1) 상소(上訴)

당사자가 법원의 재판에 대하여 하는 불복은 모두 상소라는 용어로 통일하여 부른다. 판결에 대한 것이건 재정에 대한 것이건 불문한다(법조법 제12조, 민사소송법 제164조 등). 또한 재판의 종류에 따른 불복절차에 차이를 두지 않기 때문에 우리 제도상의 항고(抗告), 재항고(再抗告)라는 용어는 사용하지 않고 있다. 다만 상소기간은 판결에 대한 것은 15일이고 재정에 대한 것은 10일로 차이가 난다(동조 제2항).

---

38) 张卫平, 民事诉讼法, 法律出版社(2004), 132面 참조.

(2) 항소(抗訴)

중국 민사소송법에서 항소는 검찰원이 민사재판에 대한 감독절차의 일환으로 제기하는 재심요청을 가리키는 용어임에 주의해야 한다(법조법 제11조, 민사소송법 제208조 등). 다만 형사소송절차에서는 제1심 판결에 대한 검찰원의 불복도 항소라 한다(이른바 2심 항소).

제3장 민사소송의 주관(主管)과 관할

중국의 법원의 재판권의 분장(分掌)관계는 독특한 면이 있다. 우선 주관(主管)이라는 말을 사용하여 법원과 기타 국가기관 혹은 사회단체간의 분쟁해결 기능을 분속시키고 있으며, 4급의 법원체제를 가지고 있을 뿐만 아니라 관할에도 우리와 달리 급별관할의 구분이 있다.

우선 사건이 법원의 주관(법원이 민사사건을 수리할 수 있는 범위)에 속하여야 하며 법원의 주관에 속하는 사건을 구체적으로 어느 급의 어느 법원이 재판권을 행사할 것인지가 결정된다. 우리와 같이 제1심은 모두 지방법원에서 재판하는 제도와는 다르며 합의부와 단독부간의 사물관할 문제는 별 의미가 없다(합의제원칙).

제1절 민사소송의 주관(主管)

Ⅰ. 주관의 개념

우리나라와 같이 3권 분립이 확립된 정치체제하에서는 재판권은 제3의 권력기관인 법원에 속하는 것이며 국가의 행정기관이나 사회단체가 이를 행사하면 위헌으로 된다. 다만 법원 재판의 전심절차를 설치할 수는 있으나 예외적인 경우에 매우 제한된 범위에서 인정되며, 전심절차의 결과에 불복하는 경우는 최종적으로 법원의 재판을 받을 수 있는 권리가 보장된다.

그러나 3권 분립주의를 취하지 않는 사회주의 국가에서는 민사분쟁의 해결을 반드시 법원이 담당해야 한다는 관념이 없거나 희박하다. 즉 민주집중제(民主集中制)를 취하는[1] 정치체제하에서는 독립된 제3의 권력기관으로서의 법원은 인정되지 않으므로[2]

민사분쟁을 법원이 아닌 다른 국가기관이나 사회단체가 최종적으로 해결하는 것도 용인하게 되며, 이에 따라 법원이 다룰 사건, 기타 국가기관 혹은 사회단체가 해결할 사건을 나누어 보는 경향이 있다.

즉 법원과 기타 국가기관, 사회단체간에 민사분쟁 해결을 위한 분업관계가 인정되고 이 관계를 주관(主管)이라 한다. 따라서 주관은 사회주의 민사소송에만 존재하는 특수한 개념으로, 분쟁해결이 법원만의 특허사항은 아니라는 생각이 보편화되어 있던 과거 사회주의적 사회환경을 반영하는 개념이다.[3] 이와 같은 사상과 특징이 극명하게 드러나는 예는 역시 구소련 민사소송법에서 찾을 수 있다.

중국은 구소련 민사소송법의 영향으로 주관의 개념을 도입했으나 상당히 수정된 형태로 도입되었다. 즉 법원과 기타기관의 분업관계는 인정하되 법원이 최종적인 판단을 한다는 원칙 즉 사법최종해결원칙(司法最終解決原則)을 1982년 민사소송법(試行法)을 제정할 때부터 인정하고 있다. 사법최종해결원칙을 두고 있다고는 하나 중국에서는 여전히 법원 이외의 기관이 사건을 최종적으로 해결하고 법원에의 불복을 인정하지 않는 경우도 있고 전심절차가 상당히 널리 인정되고 있는 점에서 현재 상당한 비판을 받고 있다.[4]

우선 주관이라는 용어가 부적절하다는 비판이 있으며 실제로 다른 용어를 사용하는 경우가 많다. 원래 주관(主管)이라는 말에는 능동적인 의미[5]가 내포되어 있기 때문에 소송절차의 수동성(不告不理)과 맞지 않는 비과학적 용어라고 비판한다. 이에 따라 2000년 이전에 출판된 서적에는 모두 주관이라는 용어를 사용하고 있으나 최근에는 사건의 수리범위[受案范围]라는 용어를 사용하거나[6] 민사심판권의 작용범위[7]라는 용어를 사용하기도 하며, 민사심판권과 민사재판권은 다른 개념이라는 설명과 함께 민

1) 중국의 민주집중제에 관하여는 본서 제2편 제1장 중국의 법원부분 참조. 이에 의하면 법원도 집중권력을 가진 인민대표대회가 만들어내는 하나의 국가기관에 불과하고 그 위상이 다른 국가기관과 다를 것이 없게 된다.
2) 권력기관은 오로지 인민대표대회이다.
3) 우리의 재판권의 범위에 해당한다고 할 수 있겠으나 그 기본정신이 전혀 다르다는 점을 주의해야 한다. 중국도 재판권은 법원이 통일적으로 행사한다(민사소송법 제6조)고 되어있으나, 주관은 재판권을 행사하는 법원이 스스로 그 수리범위를 통제하여 법원과 기타 기관과의 정책적 조정을 하기 위한 개념으로 볼 수 있다.
4) 비판의 자세한 내용은 江伟 主编, 前揭 民事诉讼法(第四版), 108面~130面 참조.
5) 능동적인 의미가 있다는 말은 재판권의 행사와 관련하여 원고가 법원에 소를 제기하더라도 법원 스스로 이 사건을 심판할 것인지 아니면 다른 국가기관이나 사회단체 등에 해결을 미룰 것인지를 정할 수 있다는 뉘앙스를 내포하고 있다는 말이다.
6) 江伟 主编, 前揭 民事诉讼法(第四版), 84面 이하.
7) 江伟 主编, 前揭 民事诉讼法专论, 108面 이하.

사재판권의 범위[8]라는 용어를 사용하기도 한다. 그러나 최근에 출판된 교과서에서도 여전히 주관이라는 용어를 사용하는 경우도 많다.[9] 본서에서는 그 기본정신, 역사적 연원이나 내용에서 우리의 민사재판권 개념과 다름을 강조하기 위하여 주관이라는 용어를 그대로 사용하기로 한다.

둘째로 주관개념이 국가본위로 운용된다는 점에 대하여 많은 비판이 있다. 원래 사회주의 계획경제시대에는 법률이나 소송절차도 국가의 통치에 필요한 도구에 불과한 것으로 취급되어 모두 국가 권력위주로 해석되어 절차의 공정성 등은 독립된 가치를 인정받지 못하였다. 개혁개방이 심화되어 시장경제가 도입된 중국에서는 법률이나 소송절차도 마땅히 개인의 권리위주로 개편되고 해석되어야 할 것이다. 그럼에도 불구하고 여전히 절차가 국가 권력위주로 운용되어 원고의 제소가 있음에도 불구하고 국가를 대표하는 법원이 그 사건을 수리할 것인지를 스스로 결정할 권한을 가지도록 하는 것은 불합리하다는 것이다.

이에 따라 때로는 법원이 주관제도를 너무 적극적으로 사용하기도 하며[10] 반대로 주관을 너무 소극적으로 해석하여 국민의 재판받을 권리를 침해하게 된다는 것이다. 즉 명문의 규정으로 분명히 주관(법원의 사건수리범위)을 정해 놓은 사건의 경우에는 문제가 없으나, 그렇지 않은 경우에는 각종의 사법해석[11]을 통하여 법원이 그 사건의 수리여부를 정해야 하는데[12] 때로는 수리범위를 과도하게 인정하기도 하고 때로는 민사사건임에 틀림이 없음에도 불구하고 명문의 규정이 없다는 것을 이유로 불수리의 결정을 하기도 하여 말썽이 되기도 한다고 한다.[13] 예컨대 껄끄러운 내용의 사건이나 판결하기 어려운 사건을 명문의 규정(법원의 주관이라는)이 없다는 이유로 불수리 결정하거나 행정기관에 처리를 미루기도 하며 새로운 종류의 사건을 아직 경제조건이나 사회조건이 성숙되지 않았음을 이유로 불수리하도록 통지하는 경우가 있다.[14]

그 전형적인 예로는 증권거래관련 손해배상사건을 들 수 있다. 중국에서 증권거래

---

8) 张卫平, 前揭 民事诉讼法, 77面 이하.
9) 谭兵, 李浩 主编, 前揭 民事诉讼法学, 100面 이하; 赵钢, 占善刚, 刘学在 著, 前揭 民事诉讼法, 78面 이하 등.
10) 개혁개방의 초기에는 법원이 자기 법원의 사건을 스스로 만들어내기도 하였다고 한다(江伟 主编, 前揭 民事诉讼法专论, 113면).
11) 사건을 법원이 수리해야 하는가에 대하여 최고인민법원은 수시로 통지나 비복으로 해석을 내리고 있다.
12) 주의할 점은 중국의 경우는 헌법상 기본권으로서의 재판청구권이 아직 인정되지 않고 있다는 것이다. 따라서 민사사건을 가지고 법원에 소장을 제출했다 하더라도 곧바로 재판이 시작되는 것이 아니라 수리절차를 거쳐 수리결정이 내려져야 비로소 절차가 개시된다(수리절차는 후술).
13) 수리제도의 존재로 인하여 법원이 재판을 거부하지 못한다는 원칙이 상당히 후퇴하게 된다.
14) 자세한 것은 江伟 主编, 前揭 民事诉讼法专论, 113면~116面 참조.

가 시작되자 회사의 허위공시, 내부자 거래 등으로 인한 피해자가 속출하게 되었다. 2001년 최고인민법원은 통지를 내려 수리할 시기가 아직 성숙되지 않았다는 것을 이유로 내부자 거래, 사기, 시장조작 등으로 인한 손해배상청구사건을 당분간 수리하지 말 것을 지시하였다. 그 후 이 통지에 대한 비난의 화살이 빗발치자 불과 3개월 후에 다시 통지를 내려 허위진술[虚假陈述]로 인한 손해배상사건에 한하여 수리하도록 지시하였다.[15)]

이와 같이 법원이 사법해석을 통하여 당사자의 소권을 제한하거나 박탈할 수 있다는 것은 서방국가에서 본다면 불가사의한 일일 것이고 당사자의 권리구제는 물론 법원자신의 권위와 사회적 지위의 확보에도 불리하다는 비판을 받고 있다.[16)] 그러나 이와 같은 일은 중국의 현실을 감안할 때 어느 정도 불가피한 일이라는 주장도 있다. 그 주된 논거는 법원의 심판능력을 감안할 때 신종의 사건을 즉각적으로 적절히 해결할 능력이 아직 미흡하며, 판결이 국가정책과 마찰을 일으켜 판결내용을 실현할 수 없는 경우에는 오히려 법원의 이미지를 추락시킬 수 있다는 것이다. 이 문제를 민사재판권과 정책조정의 문제로 별도로 다루는 경우도 있다.[17)] 또 최근에는 소의 이익 개념을 사용하여 법원의 수리범위를 정해야 한다는 견해가 많이 주장되고 있다.

Ⅱ. 법원의 주관범위

1. 법원의 주관에 속하는 사건

민사소송법 제3조는 "법원이 공민 사이, 법인 사이, 기타 조직 사이와 이들 서로간에 재산관계 및 신분관계로 인하여 제기하는 민사소송을 수리한 경우는 이 법의 규정을 적용한다"라고 규정하여 일단 공민 사이, 법인 사이, 기타 조직 사이 혹은 이들 상호간에 발생한 민사사건이 법원이 수리할 수 있는 민사사건임을 간접적으로 밝히고 있다. 그러나 이 규정은 매우 추상적이고 수리한 경우 그 적용규범이 민사소송법이라

15) 2003년에는 최고인민법원이 다시 〈증권시장의 허위진술로 인한 민사배상사건에 관한 약간의 규정(关于审理证券市场因虚假陈述引发的民事赔偿案件的若干规定)〉[法释(2003) 2号]으로 대체하였으며 정보 공개의무자의 허위진술로 인한 손해배상사건은 증권감독관리위원회 등 감독기관에 의해 행정벌을 받거나 형사처벌을 받은 자에 대한 경우에만 법원이 수리하도록 하고 있다(규정 제6조).

16) 江伟 主编, 前揭 民事诉讼法专论, 112面.

17) 张卫平, 前揭 民事诉讼法, 79~80面. 이해가 가는 견해라고 생각된다.

는 점을 밝히고 있을 뿐 구체적으로 어떤 사건을 법원이 수리하여 재판할 수 있는지를 직접 규정하지 않고 있다. 결국 법원의 수리범위(주관범위)는 다른 법률의 규정 혹은 최고인민법원의 사법해석에 주로 의지하게 된다.

다만 법원의 주관에 속하기 위해서는 (1) 사건의 법률관계가 민사실체법에 따라 형성된 관계이어야 하며, (2) 민사성 즉 재산권과 신분권 관련사건이어야 하며, (3) 평등한 주체간에 발생한 법률상의 분쟁이어야 한다고 한다.[18]

현재 법률과 사법해석 등에 의하여 법원의 주관에 속하는 민사사건은 다음과 같다.[19]

⑴ 민법의 규율을 받는 재산관계와 신분관계에서 발생한 사건

즉 계약분쟁, 불법행위사건, 상속분쟁, 저작권분쟁, 특허권분쟁[20], 명예권 및 초상권 분쟁 등이 여기에 속한다.

⑵ 혼인법의 규율을 받는 혼인가정관계로부터 발생하는 분쟁사건

이혼사건, 입양사건, 존속부양사건과 비속부양사건 등이 여기에 속한다.

⑶ 노동법의 규율을 받는 노동계약관계로부터 발생한 노동쟁의사건의 일부분

중국의 노동법 제79조에 의하면 노동관계분쟁은 우선 그 고용단위의 노동조정위원회의 조정을 거쳐 중재위원회의 재결(裁决)을 받아야 하고(직접 중재위위원회에 중재신청을 할 수도 있다), 중재재결에 불복하는 경우에는 법원에 제소할 수 있도록 하고 있다. 이러한 종류에 속하는 사건으로는 기업과 직공간 노동계약의 이행을 둘러싼 분쟁, 직공의 파면[開除], 사직 및 제명과 관련된 사건, 사영기업이나 중외합자기업에서 발생하는 노동분쟁 등이 있으며 점차 그 수가 증가하고 있다. 그러나 이와 같이 중재 후에 다시 민사소송을 허용하는 방식에 대하여는 사법자원(司法資源)의 낭비라는 비판이 있다.[21]

⑷ 민사소송법이 규정하고 있는 특수한 유형의 사건

중국 민사소송법은 선거권자격사건, 공민의 행위무능력 혹은 행위능력의 제한을 인정하는 사건, 공민의 실종선고와 사망선고를 하는 사건, 재산의 무주(無主)를 인정하는 사건, 독촉사건, 공시최고사건에 민사소송법을 적용한다고 하고 있다. 다만 선거

18) 廖中洪 主编, 前揭 民事诉讼改革, 35面 참조.
19) 潘剑锋, 前揭書, 118面.
20) 다만 특허권 침해, 상표권 침해 등 지적재산권관련 사건은 대체로 조정을 거치도록 하고 있다.
21) 潘剑锋, 前揭書, 118面. 다만 약간의 사건에 대하여는 사용자는 법원에 제소할 수 없도록 하고 있다. 자세한 내용은 후술 법원 이외의 분쟁해결기관 부분 참조.

권자격사건에 대해서는 공법적 성질이 강하고 주체간의 평등성을 인정할 수 없으므로 민사사건으로 볼 수 없어서 법원의 민사사건 주관범위에서 제외해야 한다는 견해가 많다.[22)]

2. 법원의 주관에 속하지 않는 사건

다음과 같은 사건은 법원이 수리하지 않는다. 물론 법률 또는 최고인민법원의 사법해석(司法解釋), 비복(批復) 등에 근거하여 수리를 거부한다.

(1) 토지 소유권 혹은 사용권에 관한 사건

토지소유권 및 사용권에 관한 분쟁은 당사자의 협상으로 해결하며 협상이 되지 않을 때는 인민정부가 처리한다(토지관리법 제16조).[23)] 단위(기관)간의 쟁의는 현(縣)급 이상의 인민정부가 처리하며 개인 간의 쟁의 혹은 개인과 단위 간의 쟁의는 향(鄕)급 혹은 현(縣)급 이상의 인민정부가 처리한다. 이 처리에 불복하는 경우에는 법원에 제소할 수 있으나, 인민정부의 처리는 행정재결이므로 이에 대한 불복은 행정소송이 되며 민사소송의 대상이 되지 않는다.[24)] 징용(徵用)으로 인한 보상비에 관한 분쟁은 원래 토지소유권이 농촌집체경제조직에 있으므로 대등한 당사자간의 분쟁이라 할 수 없으므로 법원의 수리범위에 속하지 않으며 관련 행정부문이 협상하여 처리하도록 하라는 최고인민법원의 비복(批复)이 있었다.

(2) 동거관계의 해지를 둘러싼 분쟁

최고인민법원은 혼인법적용에 관한 약간 문제의 해석(2)[25)]에 의하면 당사자가 동거관계의 해지를 청구하는 소를 제기하는 경우에는 법원이 수리하지 않도록 되어있다(제1조 본문). 다만 배우자 있는 자와 이성간의 동거관계의 해지를 위한 소(제1조 단서), 동거기간의 재산분할 및 자녀부양문제로 제기한 소(동조 제2항)는 이를 수리한다.

(3) 법인 기타 조직의 정신적 손해배상청구소송

자연인의 생명권, 신체권, 성명권 등의 침해로 정신적 손해가 발생하는 경우에는 법원이 수리하여 심판하지만, 법인 혹은 기타 조직이 인격권침해로 인하여 손해배상

---

22) 廖中洪, 前揭書, 38面 등.
23) 中华人民共和国土地管理法(2004年 修正).
24) 赵钢, 占善刚, 刘学在 著, 前揭 民事诉讼法, 80面 참조. 토지의 소유권과 사용권에 관한 분쟁의 해결에 행정청의 처리를 일종의 전치절차로 하고 있는 점이 특이하다.
25) 〈关于适用中华人民共和国婚姻法若干问题的解释(二)〉, 2003년. 혼인법과 관련된 사건의 수리여부를 정하고 있다.

청구를 하는 경우에는 이를 수리하지 않는다.[26)]

(4) 형사사건 피해자의 정신적 손해배상청구사건

중국에도 부대소송제도(附帶訴訟制度)가 있다. 다만 형사사건에 부대하여 청구할 수 있는 민사사건의 범위에 관하여는 최고인민법원의 규정에[27)] 따라 물질적 손해에 관하여는 수리를 하나 정신적 손해에 관하여는 수리하지 않고 있다. 나아가서 형사사건이 종결된 후에 별도의 정신적 손해배상을 구하는 민사소송을 제기하는 경우도 이를 수리하지 말도록 비복(批復)을 내린 바 있다.[28)]

(5) 증권거래소의 감독 직책과 관련된 민사분쟁

최고인민법원의 규정[29)]에 의하면 투자자가 증권발행인 및 그 관련자, 증권거래소 회원 및 그 관련자의 주식의 상장과 거래활동에 대한 증권거래소의 감독직책의 수행과 관련하여 제기한 사건 중 직접 투자자의 이익에 관련되지 않는 사건으로 제소하는 경우에는 수리하지 않도록 하고 있다.

(6) 이주(移住: 拆迁) 보상비에 관한 분쟁

2005년 최고인민법원은 이주보상비(移住補償費)에 관하여 합의가 되지 않아 법원에 민사소송을 제기하는 경우에는 이를 수리하지 말고 〈도시주택이주관리조례(城市房屋拆迁管理条例)〉 제16조 규정에 따라 관련 행정부문에서 해결하도록 당사자에게 고지해 주라는 비복(批復)을 내린 바가 있다.[30)]

---

26) 〈최고인민법원의 민사불법행위의 정신적 손해 배상책임에 관한 약간문제의 해석(最高人民法院关于确定民事侵权精神损害赔偿责任若干问题的解释)〉[法释(2001) 7号] 제1조 및 제5조 참조.

27) 〈최고인민법원의 형사부대민사소송범위 문제에 관한 규정(最高人民法院关于刑事附带民事诉讼范围问题的规定)〉[法释(2000) 47号] 제1조.

28) 〈최고인민법원의 법원이 형사사건 피해자가 정신적 손해배상을 청구하는 민사소송을 제기한 경우에 수리할 것인지에 대한 비복(最高人民法院关于人民法院是否受理刑事案件被害人提起精神损害赔偿民事诉讼问题的批复)〉[法释(2002) 17号].

29) 〈최고인민법원의 증권거래소감독직능과 관련된 민사사건의 관할과 수리문제에 대한 규정(最高人民法院关于对与证券交易所监管职能相关的诉讼案件管辖与受理问题的规定)〉[法释(2005) 1号] 제3조.

30) 〈最高人民法院关于当事人达不成拆迁补偿安置协议就补偿安置争议提起民事诉讼人民法院是否受理问题的批复〉法释(2005) 9号. 그러나 비복의 근거가 되었던 城市房屋拆迁管理条例는 2011년 1월 21일부로 폐지되었다.

Ⅲ. 법원 이외의 분쟁해결기관

중국에는 민사사건을 처리하는 기관 및 단체가 다양하게 존재한다. 우선 민간자치기구인 인민조정위원회는 각종의 민사분쟁을 처리할 수 있으며, 기업도 스스로 기업과 직원간의 분쟁을 조정할 수 있다. 최고인민법원은 2002년에 인민조정의 효력을 강화하여 조정이 달성된 경우에는 당사자 간에 계약(契約)이 성립한 것으로 본다. 다만 법원은 인민조정위원회의 조정을 지도·감독할 수 있으므로 합의내용이 당사자의 의사와 불일치하거나 법률, 기타 강행성 행정법규에 어긋나거나 공공이익을 해한다고 인정할 때는 판결로 이를 변경하거나 취소할 수 있다.[31] 2012년 개정에서는 인민조정위원회의 조정조서를 확인해주는 절차를 마련하였다(민소법 제194조, 제195조).

소속단위 내부의 문제에 대하여 과거 중국의 법원은 철저히 불간섭주의를 취하여 내부문제로 인한 소의 제기에 대하여 늘 불수리결정을 해왔다. 그러나 최근에는 내부분쟁에 대한 법원의 주관을 확장해야 한다는 의견이 받아들여져 수리결정을 하는 경우가 늘어나고 있다.[32] 아직도 학생과 학교간의 교과목설치를 둘러싼 분쟁이나 직공과 소속단위가 운영하는 유치원간의 탁아연령을 둘러싼 분쟁 등은 불수리결정을 하도록 하고 있다.[33]

그 밖에 행정기관도 널리 행정조정을 할 수 있다. 다만 행정조정에 대하여 불복하는 경우에는 법원에 제소할 길이 열려있다. 행정법규위반이 행정처벌과 민사배상책임을 초래하는 경우에는 민사배상책임에 관하여는 행정기관에 조정을 신청하고 이에 불복하는 경우에 법원에 제소하는 경우와 행정기관의 처리와 법원에의 제소 중 선택을 할 수 있는 경우도 있다.[34]

마지막으로 중재기구의 중재를 들 수 있다. 중국에는 직할시와 성, 자치구의 인민정부소재지나 시에 설치된 구(區)에 중재위원회가 설립되어 있다(중재법 제10조). 중재위원회는 각종의 민사사건을 처리할 수 있으나 다만 혼인, 입양, 감호(監護), 부양, 상속에 관한 분쟁이나 행정기관이 처리해야 할 행정쟁의는 중재할 수 없다(같은 법 제3조). 우리와 달리 각지에 중재기구가 상설되어 있다는 점에서 차이가 있으며, 중재 재

---

31) 谭兵, 李浩 主编, 前揭 民事诉讼法学, 102面.

32) 예컨대 직원의 사택공급을 둘러싼 분쟁 등은 매우 중대한 사안이므로 법원이 수리결정을 하고 있다.

33) 江伟 主编, 前揭 民事诉讼法专论, 126面.

34) 예컨대 〈특허법(中华人民共和国专利法)〉(2008年 修正) 제60조. 특허관리기관에 처리를 신청한 경우 그 처리에 불복하는 경우에는 행정소송을 제기할 수 있다.

결(裁決: 우리의 仲裁判定에 해당) 전에 조정을 실시할 수 있는 점에서 이른바 조정-중재(med-arbitration)에 해당한다(같은 법 제51조). 중재합의가 있는 사건을 법원에 제소하는 경우에는 불수리의 결정을 한다. 중재재결에 중재법 제58조 소정의 하자가 있는 경우에는 중재위원회 소재지의 중급인민법원에 그 재결의 취소를 청구하는 소를 제기할 수 있다. 이 경우 법원의 합의부는 제58조 제1항 소정의 하자가 있는 경우 이외에 사회공공이익을 해한다고 인정하는 경우에도 중재재결을 취소할 수 있다(같은 조 제3항).

다만 노동쟁의의 중재는 특별한 취급을 한다. 즉 원칙적으로 노동쟁의 중재는 제소의 전치절차이며 제소와 택일적 관계가 아니다(노동법 제79조). 노동쟁의의 해결을 위하여 중국은 최근 〈노동쟁의조정중재법(中华人民共和国劳动争议调解仲裁法)〉(2007년 12월 29일 제정, 2008년 5월 1일부터 시행)을 제정하였다. 노동쟁의중재위원회는 성, 자지구(自治區), 직할시가 실제수요에 따라 그 소속 현, 시, 시할구(市割區)에 설치하며 행정구역과 일치시키지는 않는다(동법 제17조). 그리고 중재위원은 노동행정 부문의 대표, 노조대표 및 기업측의 대표로 구성되며 홀수로 구성한다(동법 제19조). 노동쟁의중재와 소의 제기는 전자를 거친 경우에만 제소할 수 있는 것이 원칙이나 중재신청 후 45일 이내에 재결하지 않는 경우[복잡한 사건의 경우는 노동중재위원회 주임의 허가(비준)를 얻어 1월 이내의 기간으로 연장할 수 있다]에는 당사자가 직접 법원에 제소할 수 있다(동법 제43조).

노동쟁의중재위원회의 재결의 효력은 특수한 점이 있다. 즉 일반적인 사건에 대한 재결에 불복하는 경우에는 법원에 제소할 수 있도록 하고 있으나[35] "현지 월 최저임금의 12개월분 액수 이하의 노동보수의 청구, 공상의료비의 청구, 경제보상금 혹은 배상금의 청구사건이나 표준노동시간, 휴식휴가, 사회보험 등을 둘러싼 분쟁"의 경우에는 노동쟁의중재위원회의 중재재결을 원칙적으로 종국재결로 하고 있다(동법 제47조). 그러나 노동자(피용자)는 재결서를 받은 날로부터 15일 이내에 법원에 제소할 수 있으며(동법 제48조), 사용자의 경우는 재결에 불복하는 경우에도 법원에 제소할 수 없으나 동법(同法) 제49조 소정의 사유[36]가 있는 경우에는 재결서를 받은 후 30일 이내에 당해 노동쟁의중재위원회 소재지의 중급인민법원에 그 재결의 취소를 구하는 소(중재재결취소의 소)를 제기할 수 있다.

---

35) 이에 대하여는 전술한 바와 같이 사법자원의 낭비라는 비판이 있다.

36) ① 법률, 법규의 적용에 착오가 있음이 확실한 때, ② 노동쟁의중재위원회에 관할권이 없었던 경우, ③ 법정절차를 위반한 경우, ④ 재결의 근거가 된 증거가 위조된 것인 때, ⑤ 상대방이 공정한 재결에 영향을 줄 수 있는 증거를 숨긴 때, ⑥ 중재원이 사건 중재시 수회(收賄)하거나, 사정에 이끌린 경우(徇私舞弊)나 법을 왜곡하여 재결(枉法裁决)한 경우가 중재재결 취소사유(법 제49조)이다.

제2절 법원의 관할

Ⅰ. 관할의 개념과 관할확정의 원칙

1. 관할의 개념[37)]

관할은 각 급의 법원 및 같은 급의 법원간에 제1심의 민사사건을 수리할 수 있는 권한을 분장(分掌)시켜 놓은 것을 말한다. 중국의 법원체계는 기층인민법원, 중급인민법원, 고급인민법원 및 최고인민법원으로 4급의 체계를 이루고 있으며[38)] 최고인민법원을 제외하고는 다수 같은 급의 법원이 산재한다. 따라서 재판권의 실현을 위해서는 관할의 개념이 대단히 중요하다. 4급 법원 체제하의 중국에서는 먼저 제1심 사건을 어느 급의 어떤 법원이 담당할 것인지를 알아야 올바른 제소를 할 수 있다(급별관할). 또 같은 급의 법원 중 어느 법원이 관할권을 갖느냐가 문제된다(지역관할).

이미 상론(詳論)한 바와 같이 중국에서는 이른바 주관(主管)이라는 용어가 큰 의미를 가진다. 주관은 민사소송의 관할을 정하는 전제가 되며 결국 법원의 주관에 속하는 민사사건(법원이 수리할 사건)을 어느 급의 법원이 제1심으로 재판할 것인가를 정하게 되며 이것이 급별관할의 개념이며, 어느 지역의 법원이 재판할 것인지의 문제가 지역관할이다.

관할을 정함에 있어서는 당사자의 주소나 거소, 사건의 성질, 영향력의 대소, 소송가액의 대소, 법률사실의 발생지, 분쟁재산의 소재지, 당사자 간의 협의 등이 중요한 요소로 작용을 하게 된다.[39)]

2. 관할결정의 원칙

민사소송상 관할권을 분장시킴에 있어서는 다음과 같은 원칙이 지켜져야 한다.

(1) 당사자의 소송수행의 편리성

당사자의 편리성을 고려하여 대다수의 민사 제1심 사건의 급별관할을 기층인민법원으로 하고 있으며, 합의관할[協議管轄: 우리나라의 합의관할]을 인정하여 당사자의 소

---

37) 중국의 관할제도에 관한 자세한 내용은 黄川 著, 民事诉讼管辖研究, 中国法制出版社(2001) 참조. 그 밖에도 王福华, 民事诉讼专题研究, 中国法制出版社(2007), 81面 이하 등이 자세하다.

38) 孫漢琦, "中國의 裁判機關과 審級制度에 관한 研究", 法曹 2002. 2(제545권), 238面 이하 참조.

39) 刘家兴, 潘剑锋 主编, 民事诉讼法教程, 北京大学出版社(2010), 83~84面.

송수행의 편의를 도모하고 있다.

(2) 법원의 심리와 판결집행의 편리성

소송 중에는 법원의 일련의 소송행위(소장부본의 송달, 보전조치의 시행, 증거조사 등)가 계속되므로 법원의 심판권행사의 편리성도 관할을 정하는 데 고려된다. 또 판결집행의 편리성도 관할을 정하는 기준이 된다.

(3) 공정한 재판의 보장

가능한 한 공정한 재판을 보장한다는 것도 크게 고려되며 이를 위하여 관할권 이의 제도를 두었다.

(4) 각급 법원의 업무부담의 균형

중국의 법원체계는 4급의 법원을 두고 있으며 몇 개의 전문법원을 설치하고 있다. 기층인민법원은 단지 제1심의 심판작용만을 담당하나 상급법원은 상소사건의 심판과 예하(隷下) 하급법원의 심판업무의 지도·감독의 책임을 지게 된다. 이 점을 감안하여 특히 급별관할에서는 법원의 급이 높아질수록 제1심 관할사건이 줄어들도록 배려하고 있다. 2007년 개정에서 재심을 상급법원에 제기하도록 하고 있어 상급법원의 심리부담이 늘어나게 되었으며, 2012년 개정으로 다시 급별관할을 약간 조정하였다.[40]

(5) 확정성과 탄력성의 조화

관할은 가능한 한 확정되어 있는 것이 바람직하나 소송 중 발생하는 관할에 관한 문제를 적절히 처리하기 위하여 상급법원이 재정(裁定)의 형식으로 대처할 수 있도록 배려하고 있다.

(6) 국가주권 보호의 고려

특히 섭외소송에 있어서 국가의 주권의 보호를 위하여 가능한 한 중국의 법원의 관할권을 유지하려는 태도를 보이고 있다.

3. 관할항정(恒定)의 원칙

중국에서도 관할항정의 원칙이 적용된다. 즉 관할은 제소시를 표준으로 하며 이후에 관할을 정하는 요소의 변경은 관할의 변경을 초래하지 않는다. 다만 여기에는 약간의 문제가 있다. 예컨대 상급법원의 급별관할을 피하기 위하여 소송 목적의 값을

40) 谭兵, 李浩 主编, 前揭 民事诉讼法学, 105面.

적게 하여 제소하고 수리 후에 액수를 추가하는 경우에도 관할항정의 원칙이 적용될 것인지가 문제된다. 특히 양심종심제를 취하는 중국에서는 지역이기주의와 결합하여 자기 거주지 기층인민법원에서 사건을 처리하도록 하는 것이 유리하다고 생각하여 이와 같이 액수를 줄여 제소하는 경우가 많다고 한다. 이에 대하여 최고인민법원은 일반적인 경우에는 관할항정의 원칙을 적용하나 고의로 급별관할규정을 회피하고자 한 경우는 예외로 한다는 비복(批復)[41]을 내린 바가 있다. 다만 이 경우에 그 고의성을 판단하기가 어려울 것이므로 이송해야 한다는 주장이 있다.[42] 소송물의 질적 변경(예컨대 사건의 복잡성이나 사건의 영향범위의 확대)으로 급별관할이 달라진 경우에도 문제가 되나 이 경우도 역시 이송해야 한다고 한다.[43]

Ⅱ. 관할의 종류와 분류

중국 민사소송법 제1편 제2장에는 관할의 종류로 4가지를 규정하고 있다. 즉 급별관할(級別管轄), 지역관할(地域管轄), 이송관할(移送管轄)과 지정관할(指定管轄)로 구분하여 규정을 두고 있다. 다만 이 중 지역관할에 관한 규정은 다시 일반[普通]지역관할, 특수지역관할, 전속관할, 공동관할과 선택관할 및 합의관할[協議管轄]에 관한 6개의 조문으로 나누어진다.

위와 같은 법규에 의한 관할구분 이외에 관할권 분장의 표준, 관할발생의 근거, 관할법규의 강행성의 정도 등에 따라서 강학(講學)상 다음과 같이 관할권을 몇 가지로 구분하고 있다.

1. 법정관할과 재정관할

법정관할은 법규로 정해지는 관할을 말하며 여기에는 급별관할과 지역관할이 속하게 된다. 재정관할은 법원의 재정(裁定)으로 발생하는 관할을 말한다. 관할 중 이송관할, 지정관할, 관할권의 이전(중국에서는 轉移라 함)은 비록 법률에 규정을 두고 있으나 그 실현을 위해서는 반드시 법원의 재정이 필요하므로 재정관할이라 부른다.

41) 〈最高人民法院关于案件级别管辖几个问题的批复〉 法复(1996) 5号.
42) 张卫平, 前揭 民事诉讼法, 86面.
43) 上揭書, 同面.

2. 전속관할과 합의관할[協議管轄]

전속관할은 특정의 사건을 특정의 법원에 배타적으로 관할권을 부여하여 당사자 간의 합의에 의한 변경을 허용하지 않는 관할을 가리킨다. 이에 비하여 합의관할은 관할에 관한 규정에 따르지 않고 당사자 간의 합의에 의하여 발생시키는 관할을 말한다. 관할규정의 임의규정성(任意規定性)을 전제로 한 것이나 우리와는 달리 전속관할, 임의관할이라는 용어는 사용하지 않고 합의관할을 직접 전속관할에 대응하는 관할개념으로 사용한다. 그러나 2012년 개정법에서는 변론(응소)관할(민소법 제127조 제2항)을 인정하게 되었으므로 전속관할에 대응되는 개념으로 합의관할만을 지칭할 수 없게 되었으므로 전속관할과 임의관할로 구분함이 옳을 것이다.

3. 공동관할과 합병관할(合併管轄)

공동관할(관할권의 경합)은 두 개 이상의 법원이 모두 관할권을 갖는 경우(즉 관할권의 경합)를 말하며 합병관할은 견련관할(牽聯管轄)이라고도 불리며 한 사건에 관하여 관할권을 갖는 법원이 원래 관할권이 없던 견련사건에 대하여 갖게 되는 관할을 말한다. 우리의 관련재판적(關聯裁判籍)에 유사한 개념이다.

Ⅲ. 급별관할(級別管轄)

1. 급별관할의 의의와 확정기준

(1) 급별관할의 의의

급별관할은 일정한 표준하에 상하급의 법원간에 제1심의 민사사건을 분배하는 관할을 가리킨다. 여러 차례 언급한 바와 같이 중국은 최고인민법원을 정점으로 4급의 법원이 피라미드와 같은 구조를 이루고 있으며 각급의 법원은 모두 민사 제1심의 재판을 할 수 있도록 되어있는 점에서 우리와 다르다.[44] 따라서 중국에서는 우리와 달리 급별관할이 크게 문제된다.

한편 우리나라 소송제도상의 사물관할이라는 용어는 사용하지 않는다. 왜냐하면 우

44) 행정소송의 대상이 되는 행정사건의 제1심에도 급별관할에 관한 원칙이 적용된다. 행정소송법 제13조 이하에 따라 행정사건도 기층인민법원, 중급인민법원, 고급인민법원 및 최고인민법원 간에 제1심의 관할 분장이 있다. 자세한 것은 馬懷德 主編, 中國行政訴訟法(修訂本), 52面 이하 참조.

리의 사물관할은 같은 법원 내부에서 합의부와 단독판사의 재판권의 분장관계를 정한 것이나 중국의 경우는 어느 급의 법원에서나 합의제가 원칙이고 단독제는 극히 제한적으로 운영되기 때문이다.

중국에서는 사물관할 대신 급별관할의 개념이 사용되며, 복잡하거나 쟁의가 큰 사건, 액수가 큰 사건은 처음부터 중급인민법원 이상의 법원이 제1심으로 재판을 하도록 하고 있다. 요컨대 우리의 사물관할은 지방법원의 합의부와 단독판사의 제1심 재판권의 분장관계인 반면 중국의 급별관할은 급이 다른 법원간의 제1심 재판권의 분장관계를 정하는 것이다.

다만 4급의 법원이 모두 민사 제1심 사건을 담당한다고는 하지만 고급인민법원과 최고인민법원은 그 중요한 임무가 하급법원의 재판업무의 지도와 감독에 있으므로 실제로 담당하는 제1심 사건은 매우 적다. 따라서 급별관할에서 주로 문제가 되는 것은 기층인민법원과 중급인민법원의 급별관할이다.

주의할 점은 중국의 급별관할은 법률로 확정된 것이 아니라 그때그때 필요에 따라 최고인민법원이 사법해석이나 통지, 비복(批復) 등을 통하여 정하는 면이 많기 때문에 어느 사건이 어느 급 법원의 급별관할에 속하는지를 사법해석 등을 통하여 파악해야 하며 사실 이 점이 중국의 소송제도의 난점 중의 하나이다.[45]

(2) 급별관할 확정의 기준

각급 법원 사이의 재판권의 분장표준은 이전에는 이른바 "3결합(三結合)"이라 하여 사건의 성질[案件的性質], 사건의 복잡정도[案件的繁簡程度], 사건의 영향범위[案件的影響範圍]를 종합적으로 고려하여 어느 급의 법원이 제1심을 담당하는가를 정한다고 하였다. 소송목적의 값의 다과(多寡)가 급별관할에 영향을 미치는가에 관하여는 과거에는 부정적이었으나 최근에는 소송물가액이 중요한 표준으로 작용하고 있다.

이를 좀 더 부연하면 다음과 같다.

---

45) 특히 이 문제는 중국의 수리제도와 연결된 면이 있어 외국의 학자나 분쟁당사자가 올바로 관할 법원을 찾아내기가 상당히 어렵다. 예컨대 〈最高人民法院关于审理商标案件有关管辖和法律适用范围问题的解释〉[法师(2002) 1号(自2002年 1月 21日起试行)]을 보면 상표관련사건 중 일련의 사건을 법원이 수리할 것을 정하고(제1조) 그 사건의 급별관할을 정하고 있다(제2조). 따라서 외국의 분쟁당사자로서는 당해 상표관련 사건이 법원의 수리범위(주관의 범위)에 속하는지, 속한다면 어느 법원에 제소를 할 것인지를 이와 관련 있는 최고인민법원의 사법해석을 찾아내어 살펴보아야 하는 어려움을 피할 수 없다. 또 최고인민법원의 사법해석이 아니라도 각 성, 자치구, 직할시의 고급인민법원은 독자적으로 제1심 급별관할을 정하여 최고인민법원의 비준을 받아 시행하므로 사건의 급별관할을 판별하기가 매우 어렵다.

1) 사건의 성질

사건의 성질이라 함은 사건의 속성을 말하는 것으로 예컨대 국내사건인가 섭외사건인가, 특허사건, 해사사건 등의 전문적 사건인가, 일반적인 사건인가를 말하는 것으로 급별관할을 정하는 표준으로 사용된다. 전문적인 사건이나 중대한 섭외사건과 같은 것은 주로 상급의 법원이 제1심을 담당하게 한다.

2) 사건의 복잡성

같은 속성의 사건이라도 사건이 복잡한 것은 상급법원이, 간단한 것은 하급법원이 그 1심을 담당하게 하는 것을 말한다.

3) 사건의 영향범위

사건의 처리결과는 일정부분 사회에 영향을 미치게 되므로 사건의 영향범위에 따라 급별관할을 정한다. 사건의 처리결과가 기층인민법원의 관할구역을 넘어 영향을 미치는 경우에는 중급 혹은 고급인민법원이 제1심을 담당하게 한다.

원래는 위와 같은 세 가지의 요소를 결합(結合)하여 각급의 법원에 제1심의 사건을 분배하고 있었다. 그러나 이와 같은 원칙에 대하여 최근 많은 반성이 있었고 특히 소송목적의 값을 표준으로 삼을 것인가에 관한 논의가 활발히 진행되었다. 원래 중국의 민사소송법을 제정할 당시에는 위의 3가지를 결합(三結合)하여 급별관할을 정할 수 있다고 생각하였으나, 사건의 성질이나 복잡성 혹은 사건의 영향범위는 모호하고 가변적인 것이어서 급별관할의 확정성(確定性)을 확보할 수 없는 경우가 발생할 수 있다는 점, 다른 나라에서는 소송목적의 값을 관할의 표준으로 삼고 있다는 점 등을 들어 소송목적의 값도 급별관할의 표준으로 하여야 한다는 주장이 제기되었으며,[46] 이에 따라 최고인민법원은 각 고급인민법원이 사건의 복잡성, 소송물가액의 다과, 사건의 영향 등의 제반 사정을 고려하여 자기 구역 내의 제1심 사건의 급별관할을 정하여 최고인민법원의 비준을 받아 시행할 수 있도록 하고 있다.[47] 이에 따라 실제로는 각 고급인민법원이 소송목적의 값을 고려하는 급별관할에 관한 규정을 정하여 최고인민법원의 비준을 받아 경제사건, 민사사건에 적용하고 있다.[48] 따라서 소송목적의 값이 급

---

46) 江伟 主编, 前揭 民事诉讼法专论, 132~133면: 陳桂明 主編, 民事訴訟法通論, 中國法政大學出版社(1999), 62面은 級別管轄은 확정성이 중요하므로 장래에는 소송물가액이 그 주된 표준이 되어야 하고 다른 요소는 보조적인 기능을 해야 할 것이라고 한다.

47) 〈약간의견〉 제3조는 "각 성, 자치구, 직할시의 고급인민법원은 민사소송법 제19조 제2항 및 제20조의 규정에 의거하여, 본지의 실제상황으로부터 출발하여, 사건의 복잡·간단, 소송물가액의 대소, 현지의 영향 등의 사정을 고려하여 관할구역 내의 제1심 사건의 급별관할에 관한 의견을 제출하여 최고인민법원에 보고하고 비준을 받을 수 있다"라고 규정하여 소송물가액의 대소가 급별관할의 표준이 될 수 있음을 밝히고 있다.

별관할을 정하는 중요한 요소로 작용한다.

1개의 소송으로 수개의 청구를 하는 경우, 소송 중 청구액을 확장하는 경우 등에 대하여는 최고인민법원의 비복(批復)이 나와 있다.[49] 이에 의하면 병합청구는 합산으로 급별관할을 정하는 것이 원칙이며, 소종진행 중 청구액을 확장하는 경우에는 원칙적으로는 급별관할에 변동을 초래하지 않으나 당사자가 고의로 급별관할 규정을 회피할 목적으로 소송목적의 값을 낮추었다가 후에 확장하는 경우에는 급별관할에 변동을 초래하는 것으로 본다. 그리고 상급법원의 급별관할에 속하는 사건을 하급법원에 넘겨 심리하도록 한 경우에는 구속력을 가지게 되므로 이를 다시 상급법원으로 보내지 못한다.

2. 기층인민법원(基層人民法院)의 제1심 관할

기층인민법원은 법률이 별도로 정하는 사건 이외의 모든 민사사건을 제1심으로 재판한다(법조법 제21조 제1항, 민소법 제17조). 법률에 따라 다른 법원에 제1심 재판권이 부여된 것은 민사소송법에 따라 중급인민법원, 고급인민법원 및 최고인민법원의 관할로 된 것과 전문법원의 관할로 되어있는 것을 가리킨다. 따라서 이 이외의 일체 민사사건은 기층인민법원과 그 파출(派出) 인민법정(人民法庭)의 관할에 속한다. 다만 기층인민법원은 자기가 수리한 사건이 중대하여 상급법원이 재판하는 것이 타당하다고 인정되는 경우에는 상급법원으로 이송할 수 있다(법조법 제21조 제2항). 위에서 말한 바와 같이 근래에는 소송물 가액을 급별관할을 정하는 표준으로 사용하고 있어 일정액 이하의 제1심 사건은 모두 기층인민법원의 관할로 하고 있다. 기층인민법원의 급별관할을 정하는 액수는 각 지역의 경제사정에 따라 달리 정하고 있으며 전국적으로 통일되지 않고 있다.[50] 예컨대 경제가 발전한 광동성(廣東省)의 경우를 보면 광주시(廣州市)나 선전시(深圳市)의 경우에는 600만 위안(元) 미만의 사건을 기층인민법원이 제1심을 담당하며, 경제가 낙후(落後)된 청해성(青海省)의 경우는 20만 위안 미만의 사건을 기층인민법원이 제1심으로 재판하도록 하고 있다.

기층인민법원은 재판사건 이외에도 재판을 요하지 않는 민사분쟁과 경미한 형사사건을 취급하며 인민조정위원회[人民調解委員會]의 직무활동을 지도·감독한다.

---

48) 梁書文·回滬明·楊榮新 主編, 民事訴訟法及配套規定新釋新解, 人民法院出版社, 169~171面 참조.
49) 〈最高人民法院关于执行级别管辖规定几个问题的批复〉 1996年约7日法复(1966) 5号.
50) 唐德华, 前揭 新民事诉讼法(实务精答), 22面 이하 참조.

3. 중급인민법원(中級人民法院)의 제1심 관할

중급인민법원은 ① 기층인민법원이 이송한 사건, ② 기층인민법원의 판결, 재정에 대한 상소사건, ③ 검찰원이 심판감독절차에 따라 제기한 항소사건[51]을 재판하는 이외에 다음과 같은 3종류의 민사사건을 제1심으로 재판한다(민사소송법 제18조).

(1) 중대한 섭외사건(민소법 제18조 제1호)

중대한 섭외사건의 의의에 관하여는 〈약간의견〉 제1조가 "민사소송법 제19조 제1호의 중대한 섭외사건이라 함은 소송목적의 값이 다액(多額)인 사건, 사실관계가 복잡한 사건, 혹은 외국거주 당사자가 많은 사건을 말한다"라고 정의하고 있다. 원래 시행법(試行法)시대에는 모든 섭외사건을 중급인민법원 이상의 법원의 관할(실제로는 중급인민법원)로 하고 있었으나 대외무역의 증가에 따라 연해지구(沿海地區) 중급인민법원의 심리부담이 가중되게 되었고, 시행법시대 9년간 기층인민법원의 재판능력이 향상된 점을 고려하여 1991년 민사소송법을 제정할 때 이를 중대한 섭외사건으로 제한하였다. 따라서 여기에 해당하지 않는 일반적 섭외사건은 민사소송법 제18조에 의하면 기층인민법원이 제1심을 담당하도록 되어있다.[52] 외국의 단독투자기업, 중외합자기업, 중외합작기업 등의 사건은 내국사건으로 보며, 홍콩, 마카오, 대만 기업의 분쟁도 내국사건으로 본다.

근래에는 섭외민상사사건의 소송관할에 관하여 최고인민법원이 새로운 규정[53]을 내려 다시 규율을 하고 있다. 이 규정의 적용을 받는 사건은 ① 섭외계약 및 불법행위사건, ② 신용장 분쟁사건, ③ 국제중재재결의 취소, 승인 및 강제집행 사건, ④ 섭외민상사중재조항의 효력에 대한 심사청구사건, ⑤ 외국의 민상사판결, 재정의 승인과 집행을 구하는 사건으로 한정되며, 이와 같은 섭외사건의 제1심을 담당할 법원도 ① 국무원의 비준을 거쳐 설치된 경제기술개발구의 법원(기층인민법원급에 해당[54]), ② 성도(省都), 자치구의 수도, 직할시 소재지의 중급인민법원, ③ 경제특구 등의 중급인민법원, ④ 최고인민법원이 지정하는 중급인민법원 및 ⑤ 고급인민법원으로 한정하고 있다.[55] 이상에서 본 바와 같이 5종류의 섭외민상사사건의 경우는 대개가 중급인민법

---

51) 전술한 바와 같이 중국의 민사소송에서는 검찰원이 심판활동을 감독할 수 있도록 되어있으며(민소법 제14조), 이에 따라 검찰원이 확정된 재판에 대하여 불복하는 것을 抗訴라 한다(민소법 제208조).

52) 前揭, 梁書文-回滬明-楊榮新 主編, 民事訴訟法及配套規定新釋新解, 182面 참조.

53) 〈最高人民法院关于涉外民商事案件诉讼管辖若干问题的规定〉 法释(2002) 5号 참조.

54) 이에 대한 불복은 소재지 중급인민법원이 관할(위 규정 제2조)하므로 경제기술개발구 인민법원은 기층인민법원급으로 볼 수 있다.

원 이상의 법원의 급별관할로 되었다. 이는 중대한 의미를 가지는 것으로 위 규정의 적용을 받는 섭외사건의 대다수는 이제는 사건의 중대여부를 불문하고 원칙적으로 중급인민법원 이상의 급별관할로 하여 다시 급별관할을 높인 것으로 평가된다.[56)]

그리고 홍콩, 마카오특별행정구 및 대만지구 관련사건은 위 규정을 참조하여 처리한다. 다만 이 규정은 변경지역의 변경무역사건이나 섭외부동산사건 및 섭외지적재산권사건에는 적용되지 않는다.

(2) 관할구역 내에 중대한 영향을 미치는 사건(민소법 제18조 제2호)

여기의 관할구역은 중급인민법원의 관할구역을 말하는 것으로, 사건의 처리결과 발생하는 정치, 경제, 문화적 영향이 기층인민법원의 관할구역을 넘어 중급인민법원의 관할구역 전체에 미치게 되는 사건을 말한다. 중대한 영향의 의미에 관하여는 명문의 규정이 없으며 소송목적의 값의 다과(多寡), 사건의 복잡여부, 당해지역에의 영향 등을 종합 고려하여 고급인민법원이 정하여 최고인민법원의 비준을 받아 시행한다. 예컨대 경제분쟁의 소송단위가 성, 자치구, 직할시 이상에 소속하는 경우에는 일반적으로 중급인민법원이 1심을 담당한다.[57)] 소송물가액의 대소를 보면 예컨대 광동성의 경우는 600만 위안부터 1억 위안 미만의 사건을 중급인민법원이 담당하고 청해성(青海省)의 경우는 20만 위안 이상 1,000만 위안 미만의 사건을 중급인민법원이 담당하도록 되어있다.

(3) 최고인민법원이 중급인민법원의 관할로 정한 사건(민소법 제19조 제3호).

현실적으로 복잡한 사건이나 신종사건의 출현에 대비하여 최고인민법원에 관할지정권을 부여한 것으로(지정관할의 일종) 현재 최고인민법원이 중급인민법원의 제1심관할권을 인정한 것으로 보면 다음과 같다.

① **특허분쟁사건** 특허사건은 〈약간의견〉 제2조에 따라 최고인민법원이 지정하는 중급인민법원이 제1심을 담당하도록 하고 있다. 근래의 최고인민법원의 규정[58)]에 의하면 특허신청권분쟁사건, 특허권침해사건, 특허재심위원회가 특허거부심결을 유지한 것에 대한 불복사건 등 특허분쟁사건은 각 성, 자치구, 직할시의 인민정부소재지의 중급인민법원 또는 최고인민법원이 지정한 중급인민법원이 제1심을 담당하도록 하고 있다. 현재 특허분쟁사건을 다루는 중급인민법원은 모두 43개이다.[59)] 이와 같이 일정

55) 上揭 규정 제1조.
56) 江伟 主编, 前揭 民事诉讼法专论, 136面 참조.
57) 前揭, 江偉 主編, 民事訴訟法, 88面 참조.
58) 〈最高人民法院关于审理专利纠纷案件适用法律问题的若干规定〉 法释(2001) 21号.

한 중급인민법원으로 제한한 것은 사건을 집중시켜 심판능력을 제고하기 위한 것이다.

특허권 이외에 상표사건도 원칙적으로 중급인민법원이 관할하되 각 고급인민법원이 그 관할구역 내의 사정을 고려하여 최고인민법원의 비준을 거쳐 구역 내 비교적 큰 도시의 1~2개 기층인민법원을 지정하여 제1심을 맡을 수 있도록 하고 있다.[60] 또 저작권 관련사건도 중급인민법원이 제1심을 맡되 각 고급인민법원이 관할구역 내의 사정을 참작하여 몇 개의 기층인민법원을 정하여 제1심을 담당할 수 있도록 하고 있다.[61]

그 밖에도 전기집적회로설계에 관련된 사건도 그 종류에 따라 북경 제1중급인민법원이나 성, 자치구, 직할시 인민정부 소재지의 중급인민법원 혹은 경제특구소재지의 중급인민법원에서 제1심을 담당하도록 통지한 바가 있다.[62]

② **경제사건** 그 밖의 일정한 경제사건도 최고인민법원이 중급인민법원에 제1심을 지정한 경우가 있다. 예컨대 증권시장의 허위진술로 인한 민사배상사건이나[63] 선물거래로 인한 분쟁사건,[64] 기술계약분쟁사건,[65] 불공정거래에 관한 사건[66] 등이 현재 중급인민법원의 급별관할로 되어있다.

③ **중재관련사건** 당사자가 합의하여 국내중재기구를 선택하여 중재를 하기로 한 후 일방이 중재합의의 효력에 대하여 이의를 제기하여 법원에 재정(裁定)을 구하는 사건은 그 중재위원회 소재지의 중급인민법원이 관할하며, 당사자가 중재위원회에 관한 약정을 하지 않았거나 약정이 불명확한 경우에는 피고소재지의 중급인민법원이 관할한다.[67]

---

59) 唐德华, 前揭 新民事诉讼法(实务精答) 56面 参조.

60) 〈最高人民法院关于审理商标案件有关管辖和法律适用范围问题的解释〉[法释(2002) 1号(自2002年1月21日起试行)] 제2조 참조. 곧이어 2002년 5월 21일에는 특허권, 상표권관련사건의 법원 내의 분장에 관하여는 지적재산권심판정(知识产权审判庭)과 행정심판정(行政审判庭)에 종류별로 각각 분속시키라는 비복(批复)을 내린바 있다[〈最高人民法院关于专利法, 商标法相关案件分工问题的批复〉 法复(2002) 117号, 2002-5-21].

61) 〈最高人民法院关于审理著作权民事纠纷案件适用法律若干问题的解释〉[法释(2002) 31号] 제2조 参조.

62) 〈最高人民法院关于开展设计集成电路布图设计案件审判工作的通知〉 2001年11月16日.

63) 〈最高人民法院关于证券市场因虚假陈述引发的民事培掺矸间的若干规定〉[法释(2003) 2号(自2003年2月1日起试行)] 제8조 参조.

64) 〈最高人民法院关于审理期货纠纷案件若干问题的规定〉[法释(2003) 10号(自2003年7月1日起试行)] 제7조 参조.

65) 〈最高人民法院关于审理隶属合同纠纷案件适用法律若干问题的解释〉[法释(2004) 20号(自2005年1月1日起试行)] 제43조 参조.

66) 〈最高人民法院关于审理不正当竞争民事案件应用法律若干问题的解释〉[法释(2007) 2号(自2007年2月1日起施行)] 제18조.

67) 〈最高人民法院关于当事人对仲裁协议的效力提出异议由哪一级人民法院管辖问题的批复〉 法释(2005)

4. 고급인민법원의 제1심 관할

고급인민법원은 지방의 최고인민법원으로서 그 주요임무는 중급인민법원의 제1심 재판에 대한 상소와 항소사건의 재판과 기층인민법원 및 중급인민법원의 재판사무의 감독이기 때문에 제1심의 재판은 매우 제한된 수의 사건만을 취급하게 된다.

고급인민법원은 ① 하급법원이 이송한 사건, ② 하급법원의 판결, 재정에 대한 상소사건, ③ 검찰원이 심판감독절차에 따라 제기한 항소사건을 재판한다. 이 이외에 고급인민법원은 그 관할구역 내에 중대한 영향을 미치는 사건을 제1심으로 재판한다(민소법 제19조). 여기의 관할구역은 성, 직할시 및 자치구를 가리키며 이와 같은 구역 전체에 중대한 영향을 미치는 사건만을 제1심으로 다루게 된다. 고급인민법원이 담당하는 제1심 사건은 현재는 소송물가액을 표준으로 정하는 것이 일반적이나 그 밖에도 두 개 이상 관할구역에 걸치는 사건이나 정치상 중대한 영향을 미치는 사건도 담당한다고 한다.

고급인민법원의 급별관할에 관하여는 1999년 최고인민법원이 중대한 통지[68]를 내려 고급인민법원의 급별관할을 제한하여 지방최고인민법원으로서의 감독적 직무에 충실할 수 있도록 하고 있다. 이 통지에 의하면 고급인민법원이 제1심으로 재판할 수 있는 민사 및 경제사건의 최저 소송목적의 값을 각 성, 직할시, 자치구별로 별도로 정하는 동시에 매년 수리할 수 있는 사건의 수를 제한하고 있다. 이 통지 제1조에 따르면 예컨대 북경, 상해, 광동의 고급인민법원이 제1심으로 수리할 수 있는 재산적 청구를 내용으로 하는 민사사건은 소송목적의 값이 1억 위안(경제사건은 8,000만 위안) 이상이어야 하며 매년 10건을 초과하지 못하도록 되어있다. 다만 제3조에 의하면 소송물 가액이 기준에 미치지 못하나 관할구역 내에 중대한 영향을 미친다고 생각하는 사건은 최고인민법원의 비준을 얻어 수리할 수 있도록 하고 있다. 이 통지 후에도 소송목적의 값의 표준이 지켜지지 않는 사례가 많았으며 이에 따라 최고인민법원의 제2심 사건(상소사건)이 증가하여 업무에 지장을 초래하자 2002년에는 재차 통지[69]를 발하여 각급법원의 1999년 통지의 준수를 요구하였으며 이를 지키지 않는 경우에는 바로

25号 自2000年8月12日起施行.

68) 〈最高人民法院关于各高级人民法院受理第一审民事, 经济纠纷案件问题的通知〉 法发(1999) 11号, 1999-4-9. 기층인민법원과 중급인민법원간의 급별관할은 성, 자치구, 직할시의 고급인민법원이 스스로 정하여 최고인민법원의 비준을 받아 시행할 수 있는 것과 달리 고급인민법원의 급별관할은 최고인민법원이 획일적으로 정하고 있다.

69) 〈最高人民法院关于严格执行高级人民法院受理第一审民商事纠纷案件级别管辖标准问题的通知〉 法(2002) 23号, 2002-2-1.

잡을 것이며 사건을 환송하겠다고 경고한 바가 있다.

5. 최고인민법원의 제1심 관할

최고인민법원의 주요임무는 지방각급법원 및 전문법원의 재판업무를 지도·감독하는 것이다. 한편 최고인민법원은 ① 고급인민법원 및 전문법원의 판결과 재정에 대한 상소사건, ② 최고인민검찰원이 심판감독절차에 따라 제기하는 항소사건을 취급하며, ③ 법률, 법규의 해석적용에 관한 사항에 관한 사법해석을 제정·공포하여 법률적용의 통일을 기하는 임무를 수행한다(법조법 제31조, 제32조). 이와 같은 사항 이외에 극히 소수인 다음과 같은 사건을 제1심으로 재판한다(민소법 제20조).

(1) 전국에 중대한 영향을 미치는 사건(동조 제1호)

전국에 중대한 영향을 미치는 사건의 수는 극소수일 것이나 사회전체에 중대한 영향을 미칠 뿐만 아니라 전국 각급의 법원에 심판업무에 지도적인 작용을 할 수 있는 것은 예외적으로 최고인민법원이 제1심으로 재판을 할 수 있을 것이다.[70]

(2) 최고인민법원이 스스로 심리할 것으로 인정한 사건(동조 제2호)

이 규정에 따라 최고인민법원은 스스로 심판할 것으로 인정하는 모든 사건을 제1심으로 다룰 수 있는 권한을 행사할 수 있다. 이것은 법률이 국가의 최고심판기관에 관할상의 특권을 부여한 것으로서, 최고인민법원이 특정 사건을 자기가 심판하는 것이 마땅하다고 인정하기만 하면, 법률의 명확한 규정이 있는지의 여부, 사건이 전국에 걸쳐 중대한 영향을 미칠 것인지의 여부를 묻지 않고 즉시 재판권을 행사할 수 있도록 하고 있다. 이를 통하여 최고인민법원은 전국의 각급 법원을 장악하게 되며, 대표적인 전형적인 사건에 그 심판의 경험을 살려 재판을 하여 지방 각급법원과 전문법원의 심판업무를 지도할 수 있게 되며, 지역이기주의 등 지방의 법원의 심판업무를 방해하는 요소를 제거하여 사건해결의 질을 높이고 법률의 존엄성을 확보할 수 있게 된다. 이 경우에는 사건의 종류는 물론 사건이 이미 지방의 각급 법원에 계속(係屬) 중인지의 여부도 묻지 아니한다.[71]

최근에는 최고인민법원이 민사 제1심을 담당할 필요가 있는지에 대하여 비판을 하는 의견이 많다. 비판의 근거는 제1심을 담당함으로써 최고인민법원의 전국 법원에

---

70) 前揭, 江偉 主編, 民事訴訟法, 89面 참조.

71) 上揭, 江偉 主編, 民事訴訟法, 89面; 梁書文-回滬明-楊榮新 主編, 民事訴訟法及配套規定新釋新解, 202~203면 참조.

대한 감독 기능을 수행하는 데 방해가 되고, 양심종심제를 통일적으로 시행하기도 어렵게 할 뿐만 아니라 비교법적으로도 다른 나라에는 유례가 없다는 점을 들고 있다. 또 실무상으로도 20여 년간 최고인민법원이 실제로 제1심을 담당한 경우가 없다는 점을 지적한다. 아울러 급별관할상의 제1심 법원으로 하지 않아도 민사소송법 제38조[72]에 따라 필요하다면 얼마든지 제1심으로 재판할 길이 있기 때문에 굳이 최고인민법원을 제1심 법원으로 정할 필요가 없다고 한다.[73]

6. 전문법원의 제1심 관할

전문법원의 관할사건은 일반의 법원에는 소를 제기하지 못한다. 현재 민사사건을 다루는 전문법원에는 철로운수법원(鐵路運輸法院)과 해사법원(海事法院), 산림법원(山林法院) 등이 있다. 철로운수법원은 ① 철로화물운송계약분쟁사건, ② 철로 여객 및 수화물 운송계약의 분쟁사건 등 12가지의 철도운송과 관계된 사건을 다룬다.[74] 철로운수법원은 기층인민법원과 중급인민법원의 두 종류가 있으며 기층인민법원은 철로관리분국(鐵路管理分局) 소재지에 설치하며 전국에 현재 58개가 설치되어 있으며, 중급인민법원은 철로관리국소재지에 설치되며 현재 북경 등에 12개가 설치되어 있다.[75]

해사법원은 해사불법행위사건, 해상계약분쟁사건, 해사집행사건, 기타 해사·해상분쟁사건과 해사집행사건 중 총 63가지의 사건을 제1심으로 취급한다.[76] 최고인민법원의 〈약간의견〉 제2조에 따라 해사·해상사건은 해사법원의 관할로 되어있으며 해사법원은 심급상 중급인민법원에 해당한다. 따라서 해사·해상사건의 제2심은 당해 지역의 고급인민법원이 담당한다.[77]

---

72) 민사소송법 제38조 제1항은 "상급법원은 하급법원관할에 속하는 제1심 민사사건을 심리할 권한이 있으며, 자기의 관할에 속하는 제1심 민사사건을 하급법원이 심리하도록 할 수 있다"고 규정하고 있으며 이에 따라 상급법원이 사건을 끌어올려 재판을 하는 것을 제심(提審)이라 한다.

73) 江伟 主编, 前揭 民事诉讼法专论, 136~137面 참조.

74) 最高人民法院의 〈약간의견〉 제30조와 〈最高人民法院关于铁路运输法院对经济纠纷案件管辖范围的规定〉[法(交)发(1990) 8号] 참조.

75) 單國軍 編著, 民事訴訟實務, 19~20面 참조.

76) 〈最高人民法院关于海事法院受理案件范围的若干规定〉[法释(2001) 27号【实施日期】2001-09-18] 참조.

77) 前揭, 單國軍, 民事訴訟實務, 20面.

Ⅳ. 지역관할(土地管轄)

1. 지역관할의 의의

지역관할은 각 법원의 관할구역과 민사사건의 예속관계(隸屬關係)를 표준으로 재판권을 분장하는 것을 말한다. 급별관할이 종적(縱的)으로 상하급 법원간의 재판권의 분장관계를 정하는 것이라면 지역관할은 횡적(橫的)으로 같은 급의 법원간에 재판권을 분장시키는 관계를 가리킨다.[78] 중국에서도 각 법원의 관할구역과 행정구역은 일치하도록 되어있다.[79] 지역관할을 정하는 기본원칙은 당사자와 법원의 관할구역과의 관계, 소송물, 계쟁물 혹은 사실관계와 법원의 관할구역과의 관계를 고려한다는 것이다. 심판적(審判籍: 우리의 재판적)이라는 용어를 사용하여 지역관할은 심판적 소재지의 법원의 관할로 한다고 설명하기도 한다.[80]

지역관할에는 일반지역관할과 특수지역관할의 구분이 있으며 그 밖에도 전속관할과 합의관할[協議管轄] 및 공동관할[競合管轄]도 일종의 지역관할에 속하는 특수한 관할이다.

2. 일반지역관할(一般地域管轄)

일반지역관할은 보통관할 혹은 일반관할이라고도 부르며 당사자의 소재지와 법원간의 예속관계(隸屬關係)를 기준으로 정한다. 즉 일반지역관할은 일종의 인적심판적을 중심으로 정한다. 당사자 중 피고의 심판적(재판적) 소재지를 기준으로 하는 것을 원칙으로 하나 예외적으로 원고의 소재지 등을 중심으로 정하는 것도 있다.

(1) 원칙적인 일반지역관할(피고의 보통심판적에 따르는 경우)

지역관할을 정함에 있어서는 우선 “원고가 피고에게 나아간다(原告就被告)”의 원칙이 적용된다.[81] 따라서 피고와의 관련지점을 심판적으로 보는 것이 원칙이나 예외적인 경우에는 원고와의 관련지점을 심판적으로 보기도 한다.

---

78) 前揭, 江偉 主編, 民事訴訟法, 89面; 刘家兴, 潘剑锋 主编, 民事诉讼法教程, 北京大学出版社(2010), 88面 참조.

79) 前揭 陳桂明 主編, 民事訴訟法通論, 65面.

80) 上揭書, 同面.

81) 原告就被告의 원칙은 남소를 방지하고 법원이 피고의 소환이나 증거조사 또는 판결의 집행을 용이하게 할 수 있도록 하기 위한 것이다.

1) 피고가 공민(自然人)인 경우

중국 민사소송법 제21조 제1항은 "공민에 대하여 제기하는 민사소송은 피고의 주소지 법원이 관할한다. 피고의 주소지와 경상거주지(經常居主地)가 일치하지 않는 경우에는 경상거주지의 법원이 관할한다."라고 규정하여 피고의 소재지 법원이 원칙적인 일반지역관할법원임을 밝히고 있다. 이것은 일종의 보통심판적이므로 사건의 종류를 묻지 않고 일반적으로 적용된다. 여기의 주소지라 함은 공민의 호적소재지[82]를 가리키는 것이며, 경상거주지는 공민이 주소지를 떠나 제소시까지 연속하여 1년 이상 거주하는 지역을 말한다.[83] 연속하여 거주하여야 하므로 주소지를 떠나 1년 이상 되었으나 그 기간 중 거소를 바꾼 경우는 경상거주지에 속하지 않는다. 다만 공민이 입원하고 있는 병원의 소재지는 기간의 장단을 묻지 않고 경상거주지에 포함되지 않는다. 그리고 하나의 소송의 여러 피고의 주소지, 경상거주지가 둘 이상의 법원의 관할구역에 있는 경우 그 각각의 법원은 모두 관할권을 가진다(민소법 제21조 제3항).

최고인민법원은 이 원칙의 적용과 관련하여 특수한 상황에 대처하기 위하여 〈약간의견〉에서 몇 가지 보충적인 조치를 취하고 있다. 즉,

① 당사자 쌍방이 모두 성진(城鎭: 행정구역)의 호적에서 삭제된 경우에는 피고 거주지의 법원이 관할한다(〈약간의견〉 제6조).

② 당사자 쌍방이 모두 감금되었거나 강제교육을 받고 있는 경우에는 피고의 원주소지의 법원이 관할하며, 이때 피고가 1년 이상 감금되거나 강제교육을 받는 경우에는 피고의 피감금지 혹은 강제교육지의 법원이 관할한다(〈약간의견〉 제8조). 원피고 쌍방 모두 감금 또는 강제교육 중이어야 하며 피고만이 감금, 강제교육 중인 경우에는 민소법 제22조에 따라 원고주소지의 법원이 관할한다.

③ 이혼소송의 쌍방이 모두 군인인 경우에는 피고의 주소지 혹은 피고가 속한 단(団: 우리의 연대급) 이상의 부대가 주둔하는 지역의 법원이 관할한다(〈약간의견〉 제11조 제2항).

④ 부부 쌍방이 모두 주소를 떠난 지 1년 이상이 경과된 후 일방이 이혼소송을 제기하는 경우에는 피고의 경상거주지의 법원이 관할한다(〈약간의견〉 제12조). 주의할 점은 피고의 경상거주지가 없는 경우에는 원고가 소를 제기할 당시의 원고의 거주지(원고의 거주지를 말하

82) 일반지역관할을 정하는 표준으로 1982년의 〈시행법〉 제20조는 호적소재지라는 용어를 사용하였으나 그 후 민법통칙이 제정되어 주소라는 용어를 사용하게 되자 1991년의 민사소송법에서는 주소지라는 개념을 사용하였다. 호적(호구: 戸口)을 옮기면 옮긴 곳으로 주소지가 변경되게 된다(민법통칙 제15조). 그런데 호적을 떼어왔으나 일정한 곳에 호적을 올리지 못하고 있는 경우에는 주소지가 없게 되어 문제가 된다. 이에 대비하여 〈약간의견〉 제17조는 경상거주지가 있는 경우에는 그곳의 법원이 관할하며, 경상거주지가 없는 경우에는 다시 나누어 호적을 떼어간 지 1년이 못된 경우에는 원호적소재지 법원의 관할로, 1년을 초과한 경우에는 현거주지의 법원이 관할하도록 하고 있다.

83) 〈약간의견〉 제4조와 제5조.

며 주소지, 경상거주지도 포함되는 개념이다)의 법원이 관할한다는 점이다.[84)]

⑤ 채권자가 〈계약법〉 제73조, 제74조에 따라 채권자대위소송이나 채권자취소소송을 제기하는 경우에는 피고주소지의 법원이 관할한다.

⑥ 감호결정이나 감호관계의 변경에 대하여 불복하는 소의 경우에는 피감호인의 주소지 법원이 관할한다(〈약간의견〉 제10조).

2) 피고가 법인 기타의 조직(組織)인 경우

법인 혹은 기타 조직에 대하여 제기된 민사소송도 피고주소지의 법원이 관할한다(민소법 제21조 제2항). 여기 법인의 주소지라 함은 법인의 주요 영업지 혹은 주된 사무기관 소재지를 말한다(〈약간의견〉 제4조). 계약으로 발생하는 조합[合伙]이나 조합형 연영체(聯營体)는 소위 기타조직이며 이 경우도 주소지인 주된 영업지나 주된 사무기관 소재지가 주소지의 역할을 한다. 다만 기타 조직의 경우는 법인과 달리 느슨할 수 있어 주된 영업지나 사무기구를 가지고 있지 않을 수도 있으므로 이에 대비하여 〈약간의견〉에서는 그 조직의 등기(등록)지의 법원이 관할하도록 하고 있으며, 등기(등록)지가 없는 경우에는 그 구성원의 주소지의 법원의 관할로 되고 수인의 피고(구성원)가 동일 관할구역에 거주하지 않는 경우에는 각 피고의 주소지 법원은 모두 관할권을 갖는다고 규정하고 있다(〈약간의견〉 제17조).

(2) 예외적인 일반지역관할(원고의 보통심판적에 따르는 경우)

위와 같은 피고 중심의 심판적[裁判籍] 이외에 특수한 경우에는 원고의 소송수행의 편의와 법원의 심판의 편의를 위하여 원고의 소재지에 기초를 둔 일반지역관할권을 인정한다. 즉 민사소송법 제22조는 "아래 열거한 민사소송은 원고의 주소지 법원이 관할한다. 원고의 주소지와 경상거주지가 일치하지 않는 경우에는 원고의 경상거주지의 법원이 관할한다."라고 규정하여 원고의 소재지를 지역관할 발생의 근거로 하고 있다. 중국에는 이를 일반지역관할의 예외로 취급하는 경우가 많으나 소송의 종류를 한정하고 있으므로 우리나라의 보통재판적과는 다르며 아래에서 보는 특별재판적의 일종으로 보아야 할 것이다.[85)] 따라서 이 경우도 일반지역관할 규정에 따라 피고의 주소지를 관할하는 법원을 선택해도 무방할 것이다. 민사소송법이 규정하는 이 같은 사건에는 다음과 같은 4가지의 종류가 있다.

1) 중화인민공화국 영역 내에 거주하지 않는 자에 대하여 제기하는 신분관계 소송(동조 제1

---

84) 梁书文 主编, 民事诉讼法适用意见新释, 中国法制出版社(2002), 33면; 江伟 主编, 民事诉讼法(第四版), 中国人民大学出版社(2008), 109面 참조.

85) 일종의 人的特别裁判籍이라 할 수 있을 것.

호). 여기의 신분관계 소송에는 혼인관계, 친자관계, 부양관계 등이 포함된다.

2) 행방불명자 혹은 실종선고를 받은 자에 대하여 제기하는 신분관계 소송(동조 제2호).

3) 강제교육[勞動敎養][86]을 받고 있는 자에 대하여 제기하는 소송(동조 제3호). 강제교육을 받는 경우에는 강제로 그 주소지를 떠나 특정 장소에 모여 강제교육을 받기 때문에 원고의 제소 편의를 위한 조치이다. 다만 전술한 바와 같이 당사자 쌍방이 모두 강제교육을 받고 있는 경우에는 피고의 원주소지의 법원이 관할하며, 이때 피고가 1년 이상 강제교육을 받는 경우에는 강제교육지의 법원이 관할한다.

4) 감금된 자에 대하여 제기하는 민사소송(〈약간의견〉 제4호). 여기의 감금된 자라 함은 현재 감옥에서 노동개조(勞動改造)를 받고 있는 기결수와 미결수를 포함하는 개념이다.[87] 다만 전술한 바와 같이 쌍방당사자 모두가 감금된 경우에는 피고의 원주소지의 법원이 관할하며, 피고가 1년 이상 감금되는 경우에는 감금지의 법원이 관할한다.

이 밖에도 특수한 경우에 대비하여 〈약간의견〉에서는 몇 가지 보충적인 규정을 두고 있다. 즉 ① 피고만이 성진(城鎭)의 호적에서 삭제된 경우에는 원고의 주소지의 법원이 관할한다(〈약간의견〉 제6조). ② 존속부양료를 독촉하는 소송에서 수인의 피고가 동일한 관할구역 내에 거주하지 않는 경우에는 원고의 주소지 법원이 관할할 수 있다(〈약간의견〉 제9조). ③ 군인 아닌 자가 군인에 대하여 이혼소송을 제기하는 경우에 그 군인이 문관직(文職)이 아닌 경우에는 원고주소지 법원이 관할한다(〈약간의견〉 제11조 제1항). ④ 부부의 일방이 주소지를 떠나 1년 이상이 경과하고 그 상대방이 이혼소송을 제기하는 경우에는 원고주소지 법원이 관할한다(〈약간의견〉 제12조).

---

86) 개정 전에는 노동교양이라 하였다. 노동교양은 중국 특유의 일종의 행정처벌이었다. 노동교양의 대상이 되는 자는 경미한 위법행위로 형사처벌의 대상이 되지 않는 범죄를 저지른 사람이며, 이들을 노동교양관리위원회(공안, 사법행정, 민정, 노동 등의 부문의 책임자로 구성)의 결정에 따라 일정한 장소(노동교양관리소: 감옥과는 별도로 전국에 약 300여 개의 노동교양소가 설치되어있었다고 함)에 보내 노동과 교육을 실시하였다. 그러나 실제로는 이 수용결정을 공안기관이 노동교양관리위원회의 명의로 행사하였다고 하며, 기간은 3년 이내이었다. 이 노동교양제도는 과거부터 많은 비판을 받아왔으며 이것을 사법절차로 수렴하거나 폐지해야 한다는 견해가 상당히 많았다. 그 골자는 사법절차를 거치지 않고 인신을 구속하는 것은 법적근거가 미약할 뿐만 아니라 인권침해의 소지가 있으며 중국이 서명한 유엔의 〈공민의 권리 및 정치권리에 관한 국제공약〉 제9조 제1항의 위반이라는 점이다[자세한 것은 谭世贵 主编, 中国司法制度(第二版), 法律出版社(2008), 247面 이하 참조]. 2012년 개정민사소송법 제22조는 노동교양이라는 말을 사용하지 않고 강제교육조치를 받는 자(被采取强制性教育措施的人)라는 용어를 사용하여 장래 폐지될 때를 대비하고 있었다. 노동교양제도는 2013년 11월을 기해 폐지되었다(〈中共中央关于全面深化改革若干重大问题的决定〉 2013.11.15.).

87) 前揭, 江偉 主編, 民事訴訟法, 91面. 노동개조는 법원의 판결에 의한 정식의 형사벌이며 유기징역, 무기징역, 사형의 2년 연기를 받은 자에 대하여 감옥에 수감하여 노동과 교육을 실시하는 것을 말한다. 谭世贵 主编, 上揭 中国司法制度(第二版), 218面 이하 참조.

(3) 섭외적 이혼소송의 일반관할

섭외적 이혼소송 관할에 관하여 최고인민법원은 특별한 취급을 하고 있다(〈약간의견〉 제13조 내지 16조).

즉 중국 내에서 혼인하고 외국에 정주(定住: 확고히 거주지를 정함)하는 화교인 경우, 정주국(定住國) 법원이 이혼소송은 혼인의 체결지의 법원의 관할에 속한다는 이유로 수리하지 않아 중국의 법원에 이혼소송을 제기하는 경우에는 혼인의 체결지 혹은 일방의 국내 최후의 거주지의 법원이 관할한다(〈약간의견〉 제13조). 그리고 외국에서 혼인하고 역시 외국에 정주하는 화교가 이혼소송을 하려는 경우, 정주국의 법원이 이혼소송은 국적 소재국 법원의 관할에 속한다는 이유로 수리하지 않아 중국의 법원에 소송을 제기하는 경우에는 일방의 원주소지 혹은 국내의 최후 거주지의 법원이 관할한다(〈약간의견〉 제14조). 중국공민의 일방이 외국에 거주하고 다른 일방이 국내에 거주하는 경우에는 어느 일방이 이혼소송을 제기하는지를 묻지 않고 국내 일방의 주소지 법원은 모두 관할권을 가지며, 만약 국외의 일방이 거주국의 외국법원에 제소하고 국내의 일방이 중국의 법원에 제소하는 경우에는 수소법원도 관할권을 가진다(〈약간의견〉 제15조). 한편 중국의 공민 쌍방이 아직 외국에 정주하지 않고 있는 상황하에서 일방이 법원에 이혼소송을 제기하는 경우에는 원고 혹은 피고의 원주소지의 법원이 관할한다(〈약간의견〉 제16조).

3. 특수지역관할(特殊地域管轄)

특수지역관할은 특별관할이라고 불리기도 하며, 보통 소송물이나 계쟁물 혹은 사실관계 소재지를 표준으로 하여 정하는 관할을 말하며[88] 중국 민사소송법에서는 제23조 이하에 9가지의 특수지역관할을 규정하고 있다. 우리나라의 특별재판적에 해당하는 개념이다. 따라서 위에서 말한 일반지역관할과 서로 배척하는 관계가 아니라 경합[89]하는 관계이므로 원고의 선택에 따라 특별심판적을 선택하거나 보통심판적(피고소재지) 소재지의 법원에 제소할 수 있다. 이 점은 민사소송법 제23조 이하의 규정이 피고주소지 법원의 관할권을 함께 명시한 것으로도 명백하다. 이와 같은 특수지역관할을 인정하는 것은 물론 당사자의 편의와 법원의 증거조사의 편의를 고려한 것이다. 특수지역관할에 속하는 것을 보면 다음과 같다.

---

88) 上揭, 江偉 主編, 民事訴訟法, 92面; 陳桂明 主編, 民事訴訟法通論, 67~68面. 일종의 물적재판적이다.

89) 재판권의 경합관계를 중국에서는 공동관할, 공동관할권이라 부른다.

(1) 계약분쟁[90)]으로 인한 소송

계약상의 분쟁으로 제기되는 소송은 피고주소지 혹은 계약이행지의 법원이 관할한다(민소법 제23조).[91)] 다만 계약을 체결하고 아직 실제의 이행이 없는 동안 분쟁이 발생한 경우로서, 계약의 이행지로 되어있는 곳에 쌍방당사자의 주소가 존재하지 않는 경우에는 피고주소지의 법원만이 관할권을 가진다(〈약간의견〉 제18조). 그 이유는 아직 이행이 없는 동안 분쟁이 발생한 것이라면 이행지를 재판적으로 하는 것은 실제적인 의미가 없을 뿐만 아니라 이행지 법원이 심리하게 되면 오히려 불편하기만 하므로 〈약간의견〉 제18조로 민사소송법 제23조를 배척하여 일원화한 것이라 하며, 만약 원고가 이행지의 법원에 제소한 경우에는 피고주소지 법원으로 이송할 수 있다고 한다.[92)]

계약의 이행지는 계약서에 규정된 의무이행지를 말한다. 계약의 이행지는 계약 조항으로 명확히 하는 것이 필요하나 만약 이행지가 불명확하다면 계약법 제62조에 의거하여 이행지를 확정할 것이다. 계약법 제62조 제3호에 의하면 이행지가 불명확한 경우에는 화폐의 지급의 경우에는 화폐를 받을 사람의 주소지가 이행지가 되며(일종의 지참채무), 부동산의 경우에는 그 소재지, 기타 물건의 경우에는 이행의무자의 소재지가 이행지로 된다. 그리고 계약의 명칭과 계약의 내용이 일치하지 않는 경우는 그 실질적 내용을 기준으로 한다.[93)] 쌍무계약의 이행지는 대개는 비금전적인 이행을 하는 곳을 이행지로 삼고 있으나,[94)] 천태만상의 계약의 이행지를 간단히 확정할 수 없으므로 최고인민법원에서는 여러 차례에 걸쳐 사법해석과 비복(批復)을 내린 바 있다. 계약의 이행지의 확정에 관련된 문제를 계약의 종류별로 최고인민법원의 사법해석과 비복들을 중심으로 살펴보면 다음과 같다.

1) 매매계약의 이행지

매매계약의 이행지를 어떻게 확정할 것인가와 관련하여서는 〈약간의견〉 제19조가 규정하고 있었으나 1996년 최고인민법원의 새로운 규정[95)]으로 인하여 폐지되었다.

---

90) 계약을 중국에서는 합동(合同)이라 부른다. 중국은 1999년 3월에 〈中华人民共和国合同法〉을 제정하여 같은 해 10월 1일부터 시행하고 있다.

91) 이전의 시행법(1982)에서는 "계약분쟁으로 제기되는 소송은 계약의 이행지 혹은 체결지의 인민법원이 관할한다"로 되어있었으나, 계약의 체결지를 둘러싸고 여러 가지 문제점이 발생하자 현행법에서 이와 같이 변경하였다.

92) 梁书文 主编, 前揭 民事诉讼法适用意见新释, 36~37面 참조.

93) 〈最高人民法院关于经济合同的名称与内容不一致时如何确定管辖权问题的批复〉 法复(1996) 16号, 1996-11-13.

94) 前揭, 梁書文·回滬明·楊榮新 主編, 民事訴訟法及配套規定新釋新解, 277面.

새로운 규정에 의하면 매매계약의 이행지는 우선 ① 당사자가 계약 중 명확히 이행지를 약정한 경우는 이에 따르고, 당사자의 명확한 이행지 약정이 없는 경우에는 약정된 목적물의 인도지점을 이행지로 본다. 주의할 점은 이 경우 화물의 도달지, 도달역 소재지[到站地], 검수지, 설치장소 등은 모두 여기의 계약이행지로 보지 않는다(규정 제1조). ② 당사자가 계약 중 명확히 이행지 또는 목적물 인도지점을 약정하였으나 실제 이행 중 서면방식이나 당사자 쌍방이 일치하여 인정한 다른 방법으로 변경한 경우에는 변경 후의 약정으로 이행지를 확정한다. 당사자가 다른 방법으로 약정을 변경하거나 계약을 변경하면서도 이행지 문제는 손대지 않은 경우에는 여전히 원계약의 약정에 따라 이행지를 확정한다(규정 제2조). ③ 당사자가 계약 중 이행지 혹은 목적물 인도지를 명확히 약정하지 않았거나, 약정을 하였더라도 아직 실제로 인도하지 않은 경우로서 당사자 쌍방의 주소가 모두 계약 중 약정된 이행지에 없는 경우(이때는 상술한 바와 같이 피고의 주소지 법원이 관할한다) 또는 구두매매계약의 분쟁사건의 경우에는 모두 이행지에 의하여 사건의 관할을 정하지 않는다(규정 제3조). 따라서 민사소송법 제23조의 원칙을 적용해야 한다.

2) 가공도급계약[加工承揽合同]의 이행지

가공도급계약이라 함은 주문자의 요청에 따라 가공자가 자기의 기술, 인력을 들여 일정한 일을 완성하기로 하는 일종의 도급계약을 말한다. 종류는 매우 다양하며 수리, 수선, 광고 등이 여기에 속한다. 이 계약의 이행지는 가공행위지이며, 다만 계약상 별도의 이행지가 있는 경우는 제외한다(〈약간의견〉 제20조). 가공행위 개시로부터 완성까지 여러 곳을 거친 경우에는 모두 이행지로 본다.

3) 임대차 혹은 융자임대차계약[融资租赁合同]의 이행지

물건의 임대차 혹은 융자임대차계약은 계약에 달리 정한 바가 없으면 그 물건의 사용지를 계약의 이행지로 본다(약간의견 제21조). 융자임대차계약이라 함은 임차인이 매도인과 목적물을 지정하면 임대인이 그 물건을 매수하여 임차인에게 교부하여 사용케 하고 임차인이 임대료를 지급하는 계약을 말한다(리스계약에 유사).[96] 재산의 임대차나 융자임대차계약도 민사소송법 제23조의 적용을 받아 피고의 주소지 혹은 계약의 이행지의 특수지역관할에 속하며 〈약간의견〉에서 이행지를 그 물건의 사용지(임차인이 사용하고 있는 곳)로 정하고 있는 것이다.

---

95) 〈最高人民法院关于在确定经济纠纷案件管辖中如何确定购销合同履行地问题的规定〉 法发(1996) 28号, 1996-9-12.

96) 융자임대차계약의 내용은 前揭 〈中華人民共和國合同法〉 제237조 내지 250조 참조.

한편 금전소비대차의 관할과 관련하여 최고인민법원은 당사자간의 약정이 없으면 채권자의 소재지를 그 이행지로 본다는 비복(批復)을 내렸다.[97)]

4) 보상무역계약(補償貿易契約)의 이행지

보상무역계약의 이행지는 투자를 받은 자의 주요 의무이행지를 계약의 이행지로 본다(〈약간의견〉 제22조). 보상무역계약이라 함은 당사자의 일방이 상대방이 제공하는 기계설비 혹은 기술을 사용하여 물건을 생산하고 그 생산물로 설비 또는 기술의 사용료를 지급하기로 약정하는 계약을 말한다.[98)] 우리에게 낯선 용어로 원래 중국 내의 외국투자자를 의식한 규정이나 아주 특수한 계약은 아니며 현재는 국적을 불문하는 듯하며 이런 종류의 계약으로부터 발생하는 분쟁의 관할을 정하는 것으로 보아야 한다. 이 경우 주요 의무이행지는 투자를 받은 사람이 생산활동을 하는 곳이라고 보아야 한다.

(2) 보험계약분쟁으로 인한 사건

보험으로 인한 사건은 피고의 주소지 또는 보험목적물의 소재지의 법원이 관할한다(민소법 제24조). 보험목적물이라 함은 당사자가 지향하는 권리의무의 대상물인 재산, 신체건강, 생명 등을 말하며, 보험목적물이 운송수단 혹은 운송화물인 경우에는 피고주소지 혹은 운송수단의 등기(등록)지, 운송목적지, 보험사고의 발생지의 법원이 관할한다(〈약간의견〉 제25조).

해상보험계약으로 인한 분쟁사건은 보험목적물 소재지, 사고발생지 혹은 피고주소지의 해사법원의 관할로 된다.[99)]

(3) 어음 · 수표[100)]로 인한 사건

어음 · 수표의 분쟁으로 인한 사건은 지급지 혹은 피고주소지의 법원이 관할한다(민소법 제25조). 여기의 지급지는 어음 · 수표상에 기재된 지급지를 말하며 어음 · 수표상에 지급지의 기재가 없는 경우에는 지급인(지급대리인 포함)의 주소지 혹은 주된 영업소 소재지를 지급지로 본다(〈약간의견〉 제26조).[101)]

---

97) 〈最高人民法院关于如何确定借款合同履行地问题的批复〉 法复(1993) 10号, 1993-11-17.

98) 前揭, 梁書文·回滬明·楊榮新 主編, 民事訴訟法及配套規定新釋新解, 279面. 이른바 구상무역(barter trade)과는 무관하다.

99) 前揭 〈中华人民共和国海事诉讼特别程序法〉 제6조 제2항 제4호 참조.

100) 중국에서는 어음·수표를 票据라는 단어로 묶어서 사용한다. 1995년에 〈中華人民共和國票據法〉을 제정하여 시행 중이며 2004년에 개정이 있었다. 이 票据法에서는汇票(환어음), 本票(약속어음), 支票(수표)의 3종을 규정하고 있다(동법 제2조 제2항).

101) 어음·수표와 관련된 최고인민법원의 사법해석으로는 〈最高人民法院关于审理票据纠纷案件若干问题的规定〉[法释(2000) 32号, 2000-11-21]이 있다.

(4) 회사관계로 인한 사건

회사의 설립, 주주자격의 확인, 이윤분배, 해산 등으로 인한 분쟁으로 인하여 제기하는 소송은 회사주소지의 인민법원이 관할한다(민소법 제26조). 이 규정은 2012년 개정법에서 신설한 것으로 일종의 특수지역관할에 속한다. 이 조항은 특히 2005년에 개정된 회사법[公司法]이 회사법률관계의 주체에게 널리 제소권을 부여하자 회사관계소송이 날로 증가하고 다양화해가는 점을 감안하여 신설한 것이다.[102)]

우리나라는 회사관계소송은 대체적으로 회사 본점소재지 법원의 전속관할로 되어 있다.

(5) 운송계약으로 인한 사건

철도, 도로, 수상, 항공운송 및 연계운송계약의 분쟁으로 제기되는 소송은 운송 시발지, 목적지 혹은 피고주소지의 법원이 관할한다(민소법 제27조). 여기에는 여객운송과 화물운송이 포함된다. 주의할 점은 수상운송 혹은 수륙연계운송과 관련하여 해사법원의 관할구역 내에서 분쟁이 발생한 경우에는 해사법원이 관할하며,[103)] 철도운송과 관련하여 발생한 분쟁은 철로운수법원[104)]이 관할한다는 점이다.

(6) 불법행위[105)]로 인한 손해배상사건

불법행위로 인하여 제기되는 소송은 불법행위지 혹은 피고의 주소지의 법원이 관할한다(민소법 제28조). 여기의 불법행위지에는 행위지와 결과발생지가 포함된다(〈약간의견〉 제28조). 침해되는 권리에 따라 다음과 같이 특별히 규율하는 것도 있다.

1) 제조물의 하자로 인한 분쟁

제품의 하자로 인하여 타인의 재산, 신체에 손해를 야기한 경우에는 제품의 제조지, 제품의 판매지, 손해의 발생지와 피고의 주소지 법원이 모두 관할권을 갖는다(〈약간의견〉 제29조).

2) 인터넷 저작권침해사건

인터넷 저작권침해로 인한 분쟁사건은 침해행위지 혹은 피고주소지 법원이 관할하며 이 경우 침해행위지에는 인터넷 서버 혹은 단말기 설비 소재지가 포함된다. 그리

---

102) 奚晓明 主编, ≪中华人民共和国民事诉讼法≫ 修改条文理解与适用, 人民法院出版社(2012. 9), 61面 참조.

103) 前揭 〈中华人民共和国海事诉讼特别程序法〉 제6조 내지 제11조.

104) 〈最高人民法院关于铁路运输法院对经济纠纷案件管辖范围的规定〉 法(交)发(1990) 8号, 1990-06-16.

105) 중국에서는 侵權行爲라는 용어를 주로 사용한다.

고 침해행위지나 피고주소지가 명확하지 않은 경우에는 원고가 침해내용을 발견한 단말기 등의 설비 소재지를 침해행위지로 볼 수 있다.[106] 도메인네임[域名]의 침해사건의 경우도 마찬가지이다.[107]

3) 지적재산권의 침해사건

특허권의 침해행위로 인하여 제기되는 소송은 침해행위지 혹은 피고의 주소지 법원이 관할한다. 침해행위지에 관하여는 최고인민법원의 특별한 규정이 있다.[108] 상표권의 침해로 인한 손해배상청구사건은 상표법 제13조, 제52조가 정하는 불법행위의 실시지, 침해상품의 보관지 혹은 압류지, 피고주소지의 법원이 관할한다.[109] 저작권침해로 인한 사건의 경우에는 중국 저작권법 제46조, 제47조 소정의 침해행위가 실시된 곳, 불법복제품의 보관지나 압류지 혹은 피고의 주소지의 법원이 관할한다.[110]

4) 철도, 도로, 수상 및 항공사고로 인한 사건

철도, 도로, 수상 및 항공사고로 인하여 손해배상을 청구하는 소송은 사고발생지 또는 차량, 선박의 최초도착지, 항공기의 최초착륙지 혹은 피고의 주소지의 법원이 관할한다(민소법 제29조).

5) 선박충돌 기타 해사사건으로 인한 사건

선박충돌 또는 기타 해사손해사고로 인하여 손해배상을 청구하는 소송은 충돌발생지, 충돌선박 최초도착지, 가해선박이 압류된 곳 또는 피고주소지의 법원이 관할한다(민소법 제30조). 여기의 기타 해손사고라 함은 충돌 외에 좌초, 실화, 폭발, 침몰 등으로 인한 사건을 가리킨다.

6) 기타 불법행위 손해배상사건

이 밖에도 명예권침해사건의 경우도 민사소송법 제28조의 적용을 받아 침해행위지 혹은 피고주소지의 법원이 관할하며, 이 경우 침해행위지에는 침해행위의 발생지와 결과발생지가 포함된다. 그리고 결과발생지는 침해를 당한 자연인, 법인 기타 조직이

---

106) 〈最高人民法院关于审理涉及计算机网络著作权纠纷案件适用法律若干问题的解释〉(2006年 修正)[法释(2006) 11号, 2006-12-08] 제1조 참조.

107) 〈最高人民法院关于审理涉及计算机网络域名民事纠纷案件适用法律若干问题的解释〉[法释(2001) 24号, 2001-07-17] 제2조 참조.

108) 〈最高人民法院关于审理专利纠纷案件适用法律问题的若干规定规定〉[法释(2001) 21号, 自2001. 7. 1起 施行] 제5조 및 제6조 참조.

109) 〈最高人民法院关于审理商标民事纠纷案件适用法律若干问题的解释〉[法释(2002) 32号, 2002-10-12)] 제6조 참조.

110) 〈最高人民法院关于审理著作权民事纠纷案件适用法律若干问题的解释〉[(法释(2002) 31号【颁布日期】2002-10-12] 제4조 및 제5조 참조.

주소지가 된다고 한다.[111] 또 증권시장허위진술로 인한 손해배상사건은 발행인이나 상장회사를 상대로 하는 경우는 그 소재지의 중급인민법원이 관할하며, 발행인이나 상장회사 이외의 자를 상대로 하는 경우에는 피고 소재지를 관할하는 중급인민법원이 관할하도록 하고 있다.[112] 또 선물거래로부터 발생하는 불법행위소송도 민사소송법 제29조에 따라 관할을 정한다.[113]

(7) 해난구조료 사건

해난구조비용으로 인하여 제기되는 소송은 구조지 혹은 피구조선박의 최초도착지의 법원이 관할한다(민소법 제31조). 해난구조사건과 뒤의 공동해손사건의 경우는 특수관할에 속함에도 불구하고 위에서 본 다른 특수관할의 경우와는 달리 피고주소지를 언급하지 않고 있다. 이에 대하여 만약 피고주소지의 법원에 제소할 수 없다는 것이 입법취지라면 차라리 전속관할로 옮기는 것이 타당하다는 주장이 있으며, 이렇게 하는 것이 일반관할과 특수관할 간의 관계를 관할의 경합으로 보아 원고가 선택할 수 있는 관계라는 이론에 부합하는 것이라 한다.[114]

(8) 공동해손(共同海損)으로 인한 사건

공동해손으로 인하여 제기되는 사건은 선박의 최초도착지, 공동해손 계산지 혹은 항정(航程)이 끝나는 곳의 법원이 관할한다(민소법 제32조). 공동해손의 경우 중국에서 계산을 하는 경우는 보통 북경이 그 계산지가 된다.[115][116]

4. 전속관할(專屬管轄)

전속관할은 특정의 사건을 어느 법원의 배타적 관할로 정한 것을 말한다. 따라서 일반지역관할이나 특수지역관할에 관한 규정은 적용되지 않고, 당사자의 합의에 의한 관할의 변경이 허용되지 않는다. 중국 민사소송법 제33조는 전속관할에 속하는 것으로 다음의 세 종류의 사건을 규정하고 있다. 전속관할에 속하는 사건을 한 조문에 모아 놓은 점에서 우리 민사소송법과 다르다.

---

111) 〈最高人民法院关于审理名誉权案件若干问题的解答〉 法发(1993)15号, 1993-08-07; 〈最高人民法院关于审理名誉权案件若干问题的解释〉 法释(1998) 26号, 1998-09-15 참조.

112) 前揭 〈最高人民法院关于证券市场因虚假陈述引发的民事培掺矸间的若干规定〉 제9조 참조.

113) 前揭 〈最高人民法院关于审理期货纠纷案件若干问题的规定〉 제4조 및 제5조 참조.

114) 汤维建 主编, 前揭 民事诉讼法学, 186面 참조.

115) 江伟 主编, 前揭 民事诉讼法(第四版), 113면; 谭兵, 李浩 主编, 民事诉讼法学, 115面 참조.

116) 공동해손에 관하여는 1975년 국제무역촉진위원회가 공포한 〈中国国际贸易促进委员会共同海损理算暂行规则〉(1975-01-01)이 있다.

(1) 부동산 분쟁으로 인한 사건

부동산의 분쟁으로 인하여 제기되는 사건은 부동산소재지 법원이 전속적으로 관할한다(동조 제1호). 부동산에 관한 분쟁은 예컨대 산림, 토지, 주택, 수리시설 등에 관한 소유권과 상린관계, 경계에 관한 소송 같은 것이다.

(2) 항구작업(港口作業) 관련 소송

항구작업 중 발생하는 분쟁으로 인한 소송은 항구소재지의 법원의 관할로 한다(동조 제2호). 항구작업 중 발생하는 분쟁은 두 가지로 분류될 수 있다. 하나는 선적작업, 거룻배작업, 창고작업 등에서 발생하는 것이며, 다른 하나는 항구의 오염, 항구시설의 훼손 등과 같이 위법적인 행위로 인하여 타인에게 물적, 인적 손해를 야기하는 사건이다. 주의할 점은 항구작업과 관련된 분쟁의 대다수는 최고인민법원의 규정[117]에 따라 해사·해상사건으로 분류되어 해사법원이 관할하게 된다는 점이다. 따라서 민소법 제33조가 적용되는 것은 해사법원의 관할구역 이외에 소재하는 항구와 관련된 사건이나 최고인민법원 규정에 의하여 해사·해상사건으로 분류되지 않는 사건을 말하며 이러한 사건을 그 항구의 소재지를 관할하는 법원이 관할하게 된다.

(3) 유산상속으로 인한 사건

유산상속으로 인하여 제기되는 소송은 피상속인 사망시의 주소지 혹은 주요유산 소재지의 법원이 관할한다(동조 제3호). 유산상속 분쟁에는 상속권 유무에 관한 분쟁, 상속순위에 관한 분쟁, 상속재산의 분할에 관한 분쟁 등이 포함된다. 유산이 두 개 이상의 법원의 관할구역에 산재하는 경우에는 주요유산(主要遺産)을 가리는 것이 중요하다. 통상 유산 중 부동산이 포함된 경우에는 부동산의 소재지가 주요유산 소재지가 되며 동산 중에는 가치가 높은 것이 주요유산이 된다. 주의할 점은 주요유산이 부동산이 되는 경우에도 제33조 제1호가 적용되지 않고 여기의 제3호가 적용되어 부동산의 소재지 또는 피상속인의 사망시의 주소지가 모두 심판적이 된다는 점이다.[118]

이 외에도 민사소송법 제266조에 의하면 중화인민공화국에서 이행될 중외합자경영기업계약, 중외합작경영기업계약, 중외합작 자연자원탐사개발계약으로부터 발생하는 분쟁으로 인하여 제기되는 소송은 중화인민공화국 법원이 전속적으로 관할하도록 되어있다. 전속적 국제관할에 해당할 것이다.

---

117) 前揭 〈最高人民法院关于海事法院受理案件范围的若干规定〉 참조.

118) 前揭, 江偉 主編, 民事訴訟法, 95面; 陳桂明, 民事訴訟法通論, 73; 谭兵, 李浩 主编, 前揭 民事诉讼法学 116面 등.

5. 합의관할(合意管轄)[119)]

(1) 합의관할의 의의

합의관할은 약정관할 혹은 협의관할이라고도 하며 당사자 쌍방이 분쟁의 발생전후에 법정 요건에 따라 서면의 방식으로 관할법원을 정하는 것을 말한다. 중국의 합의관할은 그 취지는 우리의 합의관할과 같으나 적용범위에서는 현저한 차이가 있다. 합의관할은 이전의 시행법 시대에는 없던 제도였으며 당사자 처분권주의를 확대하여 사법의 민주화를 강화한다는 의미로 1991년 법에서 신설한 것이다.[120)] 2012년 개정법에서는 합의관할에 관한 규정을 수정하여 그 적용범위와 선택할 수 있는 심판적(재판적)의 범위를 넓혔다.

(2) 합의관할의 요건

1) 계약 또는 재산권익에 관한 분쟁으로 인한 사건일 것

2012년 개정 전 구민소법상 합의관할 제도는 모든 민사사건에 적용되는 것이 아니라 계약분쟁으로 인한 사건에만 적용되도록 되어있었다(구민소법 제25조). 그리고 이에 관한 조문의 위치가 제24조 다음에 있기 때문에 구법 제26조의 보험계약사건이나 제28조의 운수계약사건에는 적용이 없는지도 문제될 수 있었으나 계약사건이면 모두 적용된다고 보고 있었다.[121)]

한편 섭외사건의 경우에는 이와 같은 제한이 없었기 때문에 계약사건 이외의 재산적 분쟁사건에도 합의관할이 가능한 것으로 되어 국내외 사건을 달리 취급하였다(구민소법 제242조).[122)]

2012년 개정법에서는 국내외 사건을 통일하여 적용대상을 "계약 혹은 기타 재산권익에 관한 분쟁"으로 확대하였다(민소법 제34조). 이와 같이 국내외 사건을 통일하고 섭외사건에 관한 구민소법 제242조는 삭제하였다.

2) 제1심 관할에 관한 협의일 것

합의는 분쟁 발생 전에 계약의 한 조항으로 되어있는 것이 보통이겠으나 분쟁이 발생한 후라도 소송 전에만 하면 된다(〈약간의견〉 제23조).

제1심의 관할만 합의하여 선택할 수 있고 제2심, 환송심(重審)이나 재심(再審) 또는

119) 중국에서는 협의관할(协议管辖)이라 한다.
120) 陳桂明, 民事訴訟法通論, 74面.
121) 赵钢, 占善刚, 刘学在 著, 前揭 民事诉讼法, 94面 참조.
122) 이 점에 관하여는 내외국민의 동등한 대우를 선언하고 있는 민사소송법 제5조 위반이 아닌지에 대하여 논란이 있었다.

제심(提審)에 관하여는 합의할 수 없다.

3) 법정의 관할 중에서 선택할 것

구민소법 제25조는 관할권 선택의 범위를 엄격히 제한하여 피고의 주소지, 계약의 이행지, 계약의 체결지, 원고주소지, 목적물 소재지의 5종류의 법원 중에서만 합의로 선택할 수 있도록 하고 있었다. 또한 선택은 이 중 하나의 법원만 해야 하며 두 개 이상의 법원을 합의하거나 합의가 불명확한 경우는 합의는 무효로 되며, 이 경우에는 다시 민소법 제24조(계약의 관할권)가 적용되어 피고의 주소지 혹은 계약의 이행지가 심판적이 된다고 하였다(〈약간의견〉 제24조). 이와 같이 선택의 범위를 한정한 것은 한편으로는 강자가 약자를 회유하여 유리하게 관할합의를 하거나 특히 대기업이 약관(約款: 格式)에 의한 거래를 통하여 경제적 약자에게 불리한 합의를 강요하는 것을 방지하는 데 일조(一助)한다고 하나 입법론으로서는 찬성할 수 없다는 견해도 있었다.[123] 또 구민소법에 의하면 섭외사건의 경우에는 쟁의와 실제적 관련이 있는 지점의 법원을 선택할 수 있어서 역시 내외사건을 구별하고 있었다. 이와 같은 점을 감안하여 2012년 개정법은 "피고의 주소지, 계약의 이행지, 계약의 체결지, 원고주소지, 목적물 소재지 등 쟁의와 실제적 관련이 있는 지점"이라고 하여 선택의 폭을 넓히는 동시에 국내외 사건의 차별을 철폐하였다.

4) 서면에 의할 것

구두의 합의는 허용하지 않는다.[124] 계약 중의 한 조항으로 된 경우가 아니라도 이후에 서면으로 관할합의를 하면 된다.

5) 급별관할과 전속관할규정을 위반하지 않을 것

우리의 사물관할은 임의관할로 되어 합의관할이 발생할 수 있으나 이미 본 바와 같이 중국의 급별관할은 우리의 사물관할과는 성질이 다르므로[125] 급별관할을 위반하여, 예컨대 기층인민법원의 급별관할에 속하는 것을 중급인민법원으로 변경하는 것은 허용되지 않는다. 또한 제33조의 전속관할규정의 적용을 받는 사건에 대하여는 관할의 합의가 허용될 수 없다.

---

123) 赵钢, 占善刚, 刘学在 著, 前揭 民事诉讼法, 95面 참조.

124) 汤维建 主编, 前揭 民事诉讼法学, 195面 참조

125) 우리의 사물관할제도는 동일한 지방법원 내의 합의부와 단독판사 간의 심판권의 분장관계를 정한 것에 불과하나 중국의 급별관할제도는 상하 4개의 계층을 이루고 있는 법원 사이에 제1심 사건을 분장시키는 것으로, 명문의 규정이 없고 사법해석에 의하여 자주 변동될 가능성은 있으나 일종의 전속관할로 보아야 할 것이다.

6. 변론(응소)관할(辯論(應訴)管轄: 묵시적 합의관할: 민소법 제127조 제2항)

2012년 개정 전 구법에 의하면 섭외사건의 경우에는 서면방식에 의한 명시적 합의관할(구민소법 제242조)은 물론이고 관할권 없는 법원에 소가 제기되었음에도 불구하고 이의(異議)하지 않고 응소하여 답변한 경우에는 당해 법원에 관할권을 부여하는 묵시적 합의관할(우리의 변론관할제도와 유사)을 인정(구민소법 제243조)하고 있으나, 국내사건의 경우는 묵시적 합의관할에 관한 규정을 두지 않고 있었다. 이와 같은 묵시적 합의관할을 인정할 것인가에 관하여는 종래 부정적인 견해가 우세하였으나,[126] 최근에는 이를 인정해야 한다는 견해도 나오고 있었다. 반대를 하는 견해는 국내사건에 묵시적 합의관할을 인정하면 현재 만연(蔓延)되어 있는 지역이기주의[地方保護主義]의 병폐와 결합되어 법률규정에 미숙한 당사자의 절차권을 해할 염려가 있기 때문이라고 한다. 즉 원고가 자기 지역에 소재하는 관할권이 없는 법원에 소를 제기하면 법원이 관할권 없음을 알면서도 수리하고 이어 피고의 관할이의가 없으면 그대로 소송을 진행하려는 경향이 현재도 있으므로 자칫 약자의 절차권을 박탈할 수 있다고 한다.

그러나 2012년 개정법에서는 이와 같은 국내외 사건간의 차별을 폐지하고, 국내사건의 경우에도 변론관할을 인정하게 되었다. 다만 그 조문 위치는 관할이의에 관한 조문인 제127조에 제2항으로 신설하였다. 즉 당사자가 관할에 관한 이의를 제출하지 않고 응소하여 답변하는 경우에는 수소인민법원에 관할권이 있는 것으로 본다. 다만 급별관할과 전속관할규정을 위반하는 경우에는 변론관할이 발생하지 않는다.

7. 공동관할(관할권의 경합)과 관할의 선택

공동관할은 관할권의 경합이 있는 경우를 말하며 관할의 선택은 경합하는 관할 중에서 하나를 선택하여 제소하는 것을 말한다. 이에 관하여 중국 민사소송법 제35조는 "두 개 이상의 법원이 모두 관할권을 갖는 소송은 원고가 그 중 한 개의 법원을 선택하여 제소할 수 있다. 원고가 관할권 있는 두 개 이상의 법원에 소를 제기한 경우에는 가장 먼저 입안(立案)한 법원이 관할한다"라고 규정하고 있다. 그리고 〈약간의견〉 제33조는 나아가서 관할권 쟁의(관할권을 다투거나 미루는 것)를 막기 위하여 먼저 입안한

126) 前揭, 陳桂明, 民事訴訟法通論, 74面, 75~76面; 谭兵, 李浩 主编, 前揭 民事诉讼法学, 117面; 汤维建 主编, 前揭 民事诉讼法学, 195面 등. 이와 같은 경향에 대하여 前揭, 梁書文·回滬明·楊榮新 主編, 民事訴訟法及配套規定新釋新解, 287面은 전혀 금지하기보다는 소송경제, 당사자의 편의를 위하여 엄격한 요건하에 입법적으로 해결하는 것이 좋다는 견해를 보인다. 또 江伟 主编, 前揭 民事诉讼法(第四版), 117面은 법원의 고지와 피고의 동의를 요건으로 이를 인정할 수 있다는 견해를 보이고 있다.

법원은 다른 관할권 있는 법원에 이송하지 못하도록 하고 있으며, 입안 전에 이미 다른 법원이 입안한 사실을 안 경우에는 다시 입안할 수 없다고 규정한다. 또 입안 후에 다른 법원이 먼저 입안한 사실을 알게 된 경우에는 재정으로 사건을 먼저 입안한 법원으로 이송하도록 하고 있다. 이와 같은 〈약간의견〉의 조치는 과거 지역이기주의의 발로(發露)로 혹은 사건이 부수입을 가져올 수 있는지 여부에 따라 법원이 때로는 관할권을 쟁취하려 하고 때로는 관할권을 미루는 현상이 있었음을 교정하기 위한 것이다. 이에 더 나아가 1994년에는 최고인민법원이 7일 이내에 재정으로 사건을 이송하도록 규정을 내린 바가 있다. 입안의 선후(先后)가 명확하지 않은 경우는 양 법원이 협상하여 결정하고 협상이 실패하는 경우에는 두 법원의 공통되는 상급법원이 재정으로 관할법원을 지정하게 된다.

Ⅴ. 재정관할(裁定管轄)

재정관할은 법원의 재정(裁定)[127)]으로 발생하는 관할이며 법정관할의 미비점을 보완하여 탄력적으로 관할문제에 대처할 수 있도록 고안된 것이다. 재정관할에는 이송관할, 지정관할, 관할권의 이전(轉移)의 세 종류가 있다.

1. 이송관할(移送管轄)

(1) 이송관할의 의의

이송관할은 법원이 사건을 수리한 후에 사건이 자기의 관할에 속하지 않음을 발견한 경우에 법정의 절차로 관할권 있는 법원으로 사건을 이송함으로써 발생하는 관할을 말한다. 이송관할은 이송 후에도 법정 관할권 자체의 변경이 없는 점에서 후술하는 관할권의 이전(轉移)과는 다르다.[128)] 이송은 동급의 법원간에 지역관할의 착오를 시정하기 위하여 이용되는 것이 보통이나 상하급법원간의 이동이 배제되는 것은 아니다.[129)]

127) 裁定은 우리제도의 결정과 같은 재판의 한 종류이다. 중국 제도의 재판의 종류에 관하여는 前揭, 孫漢琦, “中國의 裁判機關과 審級制度에 관한 연구”, 258~259面 참조.

128) 관할위반을 시정하는 조치에 불과하고 이송재정을 통하여 없던 관할이 발생하는 것은 아니므로 이를 별도의 관할로 취급할 필요는 없을 것이므로, 우리의 소송의 이송과 같은 개념으로 보아도 무방할 것이다. 다만 우리와 달리 오로지 관할위반만이 이송원인이 되며 심판의 편의를 위한 이송과 같은 것은 인정하지 않는다는 점을 주의해야 한다.

129) 唐德华, 前揭 新民事诉讼法(实务精答), 101面 참조. 관할위반이 있었던 경우에는 이송제도를

(2) 이송의 요건

1) 사건이 이미 수리(受理)되어 있을 것

사건이 접수되면 수리절차에서 관할권의 유무를 심사하여 자기의 관할에 속하지 않음을 발견한 경우에는 법원은 관할권 있는 법원에 제소하도록 원고에게 고지해 주도록 의무화하고 있다(민소법 제124조 제4호). 따라서 이 단계를 넘어 입안된 후 관할위반임을 발견한 때에만 이송절차가 이용된다. 과거에는 수리 이후에 관할권 없음을 발견한 경우라면 재판의 단계는 묻지 않고 직권으로 이송하며 당사자의 관할이의를 기다릴 필요가 없었다. 그러나 전술한 바와 같이 2012년 개정법에서는 변론관할(민소법 제127조 제2항)을 인정하게 되었으므로 당사자의 이의를 기다려 이송해야 할 것으로 생각된다.

2) 수소법원에 관할권이 없을 것

사건의 입안 후에는 관할항정(恒定)의 원칙이 적용되므로 당사자 주소의 변경 등을 이송의 원인으로 삼을 수 없다(〈약간의견〉 제34조). 두 개 이상의 법원에 관할권이 있는 사건의 경우는 먼저 입안한 법원은 다른 관할권 있는 법원으로 이송할 수 없다(〈약간의견〉 제33조).

관할권 있는 법원이 사건을 수리한 후 행정구역이 변경된 경우에도 관할항정의 원칙이 적용되며 사건을 행정구역 변경 후 관할권을 취득한 법원으로 이송하지 못한다. 나아가 상소사건 혹은 심판감독절차에 따른 재심사건도 관할위반이 있었더라도 원심법원의 상급법원이 심판을 해야 하며, 제2심 법원이 사건을 취소이송하는 경우(发回重审) 또는 상급법원이 재심을 지령한 사건도 모두 관할권이 없었던 원심법원이 심판한다(〈약간의견〉 제35조).

또 뒤에서 보는 민사소송법 제127조에 의한 관할권에 대한 이의가 있는 경우 이의가 이유 있다고 인정되는 경우에는 관할법원으로 이송하는 재정을 해야 한다.

3) 이송받은 법원(수이송법원)에 관할권이 있을 것

두 개 이상의 법원이 모두 관할권을 가지고 있는 경우 한 사건이 관할법원에 각각 모두 입안된 경우에는 늦게 입안한 법원이 다른 법원이 먼저 입안한 사실을 안 후 7일 이내에 사건을 먼저 입안한 법원으로 이송해야 하며, 관할권을 획득하기 위하여 입안기일을 앞당긴 것이 발견된 경우에는 그 법원이나 상급법원이 이를 시정한다.[130]

이용하고 관할위반이 없었던 경우에는 관할권의 이전(移轉: 轉移)을 이용할 것이다.

130) 前揭, 〈最高人民法院关于在经济审判工作中严格执行≪中华人民共和国民事诉讼法≫的若干规定〉[法发(1994) 2号, 1994年 12月22日] 참조.

(3) 이송의 효과

사건이 이송되면 재정의 구속력으로 이송받은 법원(受移送法院)은 반드시 사건을 수리해야 한다. 비록 수이송법원이 사건이 자기의 관할에 속하지 않는다고 인정하여도 스스로 다른 법원으로 이송할 수 없으며, 이때에는 상급법원에 관할의 지정을 요청하여 처리하여야 한다(민소법 제36조 제2문).

2. 지정관할(指定管轄)

(1) 의의

지정관할은 상급법원의 재정(裁定)으로 발생하는 하급법원의 관할권을 말한다. 지정의 원인은 중국 민사소송법 제36조와 제37조에 따라 세 가지가 인정된다.

(2) 지정원인

1) 이송을 받은 사건이 자기의 관할에 속하지 않는다고 판단하는 경우(제36조 제2문)

이 경우는 위에서 말한 바와 같이 상급법원에 관할지정을 신청하여 지정을 받은 후 처리한다.

2) 관할법원이 관할권을 행사할 수 없는 경우(민소법 제37조 제1항)

관할권을 행사할 수 없는 이유는 사실상(예컨대 자연재해)의 이유건 법률상(예컨대 관할법원 법관 전원이 회피에 해당할 때)의 이유이건 묻지 아니한다.

3) 법원간에 관할권 쟁의가 발생한 경우(제2항)

쟁의는 적극적 쟁의이건 소극적 쟁의이건 묻지 아니한다. 관할쟁의가 발생한 경우에는 쟁의의 쌍방이 우선 협상을 통하여 해결하고 협상이 이루어지지 않는 경우에 비로소 지정신청을 한다. 이 경우에는 두 쟁의법원의 공통되는 상급법원이 관할을 지정한다. 따라서 예컨대 같은 지역, 혹은 시할구의 기층인민법원간에 쟁의가 발생한 경우에는 그 지역이 속하는 시의 중급인민법원이 관할을 지정하며, 두 법원이 하나의 성, 자치구, 직할시 내의 지역이나 시를 달리하는 법원인 경우에는 당해 성, 자치구, 직할시의 고급인민법원이 지정하며, 두 법원이 성, 자치구, 직할시를 달리하는 경우에는 그 각 고급인민법원이 협상을 하고 협상이 이루어지지 않는 경우에는 최고인민법원이 관할을 지정한다(〈약간의견〉 제36조). 상급법원이 관할을 지정하는 경우에는 서면으로 신청법원과 피지정법원에 통지하며 신청법원은 통지를 받은 후 즉시 당사자에게 통지한다(〈약간의견〉 제37조).

1994년 최고인민법원의 규정[131]에 의하면 두 개 이상의 법원간에 관할권 쟁의가 발생한 경우에는 관련된 법원은 모두 즉각 사건의 심리를 중지하고 위 〈약간의견〉 제36조에 따라 관할쟁의를 해결해야 하며, 협상이 이루어지지 않는 경우에는 공통되는 상급법원에 보고하여 관할지정을 신청해야 하며 이 경우 상급법원은 신청을 받은 날로부터 30일 이내에 관할지정의 결정을 해야 한다. 만약 관할쟁의가 해결되기 전에 어느 법원이 먼저 판결을 내린 경우에는 상급법원이 절차규정 위반을 이유로 이를 취소하고 다른 법원이 심리하도록 이송하거나 지정을 할 수 있으며, 사건을 끌어올려 스스로 재판[提審]할 수도 있다.

3. 관할권의 이전(移轉: 轉移[132])

(1) 관할권 이전의 의의

관할권의 이전(移轉)은 상급법원의 결정이나 동의로 관할권이 상급법원에서 하급법원으로 혹은 하급법원에서 상급법원으로 이전되는 것을 말한다. 중국의 민사소송상 관할권의 이전과 소송의 이송(이송관할)은 본질적으로 다른 것이다. 우선 관할권의 이전의 본질은 관할권 자체의 변경을 가리키며 소송이송은 관할위반의 사건을 관할법원으로 이송함에 그치는 점에서 다르며, 둘째는 관할권의 이전은 주로 급별관할의 합리적 조정을 위한 것임에 비하여 소송의 이송은 동급법원간의 지역관할의 착오를 교정하는 데에 주안을 둔 제도인 점에서 다르며, 마지막으로 관할권의 이전은 상급법원의 결정이나 동의가 필요함에 비하여 소송이송은 상급법원의 결정이나 동의를 요하지 않는 점에서 다르다. 우리 민소법의 사물관할상 합의부와 단독판사간의 심판의 편의를 위한 이송과 취지는 비슷하다고 할 것이나 중국에서는 관할권 자체가 상하급 법원간에 이전되는 것이므로 우리의 단독판사의 동일법원 합의부로의 이송과 다르다.

(2) 관할권 이전의 종류

민소법 제38조에 따라 이전은 상향식 이전과 하향식 이전[133]으로 구별할 수 있다.

1) 상향식(上向式) 이전

상향식 이전은 관할권을 하급법원에서 상급법원으로 옮기는 것을 말한다. 상향식 이전은 다시 두 가지가 인정된다. 첫째는 상급법원이 하급법원 관할의 제1심 사건을 자기가 심판하는 것이 적당하다고 인정하여 결정으로 자기의 관할로 옮기는 것을 말

---

131) 上揭, 〈最高人民法院关于在经济审判工作中严格执行《中华人民共和国民事诉讼法》的若干规定〉[法发(1994) 29号, 1994年 12月22日] 제3조, 제4조 참조.

132) 법전상의 명칭은 이전(移轉)이 아니라 전이(轉移)이다.

133) 이를 중국에서는 강학상 대체적으로 上调性转移, 下放性转移라고 부른다.

한다[이를 보통 제심(提審)이라 한다: 민소법 제38조 제1항 전문]. 둘째는 하급법원이 자기 관할의 사건을 심리하는 중에 상급법원의 심리가 필요하다고 인정하여 상급법원에 요청하여 동의를 얻어 관할권을 상급법원으로 이전하는 것이다(같은 조 제2항). 전자의 경우는 상급법원의 결정과 동시에 관할권이 이전되나 후자의 경우는 상급법원의 동의가 있어야 관할권이 이전된다.

실무상 상향식 이전이 필요한 경우는 두 가지가 있다고 한다. 하나는 심리 중 사건이 복잡하여 상급법원의 심리를 필요로 함이 드러난 경우이고, 다른 하나는 당사자의 일방이 지역사회에서 영향력이 커서 기관이나 기관장의 간섭으로 인하여 스스로 공정한 판결을 하기가 어렵고 판결을 하면 법원에 불리한 영향이 미칠 염려가 있는 경우라고 한다.[134)]

2) 하향식(下向式) 이전

하향식 이전은 관할권을 상급법원에서 하급법원으로 옮기는 것을 말한다. 즉 상급법원이 자기의 관할에 속하는 사건을 심리하다가 사건이 간단하여 하급법원에서 심리하는 것이 타당하다고 인정하는 경우에 하급법원으로 사건을 보내는 것을 말한다(동조 제1항 후문).

원래 구민소법상의 하향식 이전에는 특별한 제한이 없었기 때문에 적지 않은 문제점을 보이고 있었다고 한다.[135)] 원래 하향식 이전은 수소 상급법원이 사건을 수리(입안)한 후 초보적인 조사를 한 후 상급법원의 심리가 필요하지 않다고 인정하는 경우에 하급법원으로 이전하는 것이 입법의 취지이나, 하향식 이전에 관한 민소법상의 조문이나 〈약간의견〉에 특별한 제한이 없었으므로 남용되는 경우가 많았다고 한다. 즉 상급법원이 입법의 취지에 따라 능동적으로 하급법원으로 이전하는 경우에는 별 문제가 없으나 하급법원의 요청에 응하여 하향식 이전을 해주는 경우가 많았고 이것이 문제가 되었다고 한다.

그 전형적인 사례를 보면 소송목적의 값이 틀림없이 중급인민법원의 급별관할에 속함에도 불구하고 원고가 기층인민법원에 소장과 증거를 제출하면 기층인민법원에서는 수리절차를 미루고 중급인민법원에 먼저 보고하여 자기 법원으로 이전해 줄 것을 요청하고 중급인민법원에서 이를 들어주면 이를 받아 기층인민법원이 비로소 수리결정을 하고 피고에게 소장을 송달하고 심판을 진행하여[136)] 판결을 내리게 된다는 것이

---

134) 唐德华, 前揭, 新民事诉讼法(实务精答), 106面 참조.

135) 江伟 主编, 民事诉讼法专论, 137面 이하; 陳桂明 主編, 民事訴訟法通論, 79~80面 참조.

136) 이에 대하여 피고가 관할권의 이의(민소법 제127조)를 하면 기층인민법원에서는 중급인민법원의 이전허가가 있었음을 이유로 기각하고, 이에 대하여 상소를 하면 중급인민법원에서는 민소

다. 또 때에 따라서는 하급법원이 사건을 수리하고 중급인민법원에 하향식 이전을 요청하여 동의를 받기도 한다고 한다. 이와 같은 행위는 특히 자기 법원의 구성원이 당사자인 사건, 그 지역의 당정간부 혹은 장교 등이 당사자인 사건에서 지역이기주의의 발로로 발생하고 있으며 때로는 기층인민법원에서 액수가 큰 사건을 맡고자 하여[137] 하향식 이전이 이루어지기도 한다고 한다. 이와 같은 것은 급별관할제도를 교란하고 상대방의 절차권을 손상시키는 결과를 야기하게 되므로[138] 하향식 이전은 폐지해야 한다는 견해[139]도 있었으며 존치하되 이를 엄격히 제한하여 일정한 조건하에만 인정해야 한다는 견해[140]도 있다.[141]

2012년 개정에서는 제한론을 받아들여 인정하되 두 가지의 조건하에만 인정하도록 하였다. 즉 ① 하급법원으로 이전할 확실한 필요가 있는 경우(确有必要)만 하향식 이전을 할 수 있도록 제한하였다. 필요가 확실한 경우가 어떤 경우인지를 일의적으로 정할 수 없으므로 법률에는 추상적인 표현으로 그치고 이후 최고인민법원의 사법해석에 의하도록 하고 있다. ② 절차적으로도 반드시 상급인민법원에 보고하여 허가를 받도록 하여 함부로 하향식 이전을 할 수 없도록 하였다. 예컨대 중급인민법원이 기층인민법원으로 이전하는 경우는 고급인민법원의 허가를 받는 것과 같다.

Ⅵ. 관할권에 대한 이의(異議)

1. 제도의 취지

관할이의는 당사자가 수소법원에 대하여 관할권 없음을 주장하는 것을 말한다. 우리의 관할항변과 유사한 개념이다. 관할권의 문제는 복잡하고 다양할 뿐만 아니라 중

법 제38조의 하향식 이전 규정을 들어 기각한다고 한다.

137) 인지대가 곧 자기 법원의 복리후생비로 될 수 있는 중국에서는 될 수 있으면 액수가 큰 사건을 많이 처리하려는 경향이 있다고 한다(前揭 江伟 主编, 民事诉讼法专论, 140面).

138) 특히 이 경우 중급인민법원은 수리를 하기도 이전에 초보적인 조사 없이 기층인민법원으로 관할권을 이전해 주는 것으로 여기에는 인간관계, 이해관계 등이 개입될 소지가 있다고 한다.

139) 江伟 主编, 前揭 民事诉讼法, 100面; 汤维建 主编, 前揭 民事诉讼法学, 192面 등.

140) 예컨대 黄川 著, 前揭 民事诉讼管辖研究, 238面 참조. 이 견해에 의하면 관할권 이의가 없음을 전제로 인정해야 한다고 한다. 즉 상급법원이 주동적으로 자기가 수리한 사건을 하급법원으로 보내는 경우에는 원피고의 이의가 없어야 하고, 하급법원의 요청에 의한 경우에는 피고의 이의가 없어야 한다고 한다.

141) 중국 형사소송법에서는 이미 下向式의 轉移 규정을 폐지하였다고 한다(江伟 主编, 民事诉讼法专论, 142面 참조).

국에서는 아직 당사자나 재판기관의 관할에 대한 이해가 부족하거나, 당사자와 재판기관의 인식이 일치하지 않는 경우가 많고 때로는 지역이기주의의 영향으로 인하여 관할권 없는 법원이 사건을 수리하는 경우가 적지 않다고 한다. 이와 같은 점을 감안하여 관할에 대한 착오를 교정할 기회를 갖는 동시에 원고에게 관할선택의 자유를 보장하는 것에 대응하여 피고에게 관할권에 대한 이의의 기회를 주어 평등의 원칙을 구현하는 의미에서 1991년 민소법이 신설한 제도이다(1882년 시행법상에는 없던 제도이다). 이에 관한 구법상의 제38조를 2012년 개정법에서는 심리 전 준비 쪽으로 옮겨 제127조로 하였다.

2. 이의(異議)의 요건

(1) 사건의 당사자의 이의일 것

이의권을 행사하는 자는 보통 피고이지만 특수한 경우에는 원고에게도 이의권이 있다고 본다.[142] 즉 ① 원고가 관할권 없는 법원에 소를 제기한 것을 수리 후에 발견한 경우, ② 소송개시 후 추가된 원고가 수소법원에 대하여 관할권 이의를 하는 경우, ③ 피고가 제출한 이의가 받아들여지거나 법원이 직권으로 관할이송의 재정을 한 경우에는 원고에게도 이의권을 부여해야 한다고 한다.

그러나 이에 대하여는 피고만이 관할이의를 할 수 있다는 견해도 있다. 즉 ①의 경우는 법원이 피고에게 관할착오가 있음을 고지하거나 이송절차에 따라 관할권 있는 법원으로 이송해야 하는 사안이며, ②의 경우는 필요적 공동소송에서 있을 수 있는 사항이나 법원이 이송해야 하는 사안이며, 통상 공동소송의 경우는 수소법원이 모든 사건에 대하여 관할권을 갖는 경우만 병합심리할 수 있으므로 문제가 발생할 수 없으며, ③의 경우는 원고의 상소권의 문제로 이에 대하여는 민소법 제154조 제2항이 이미 상소를 허용하고 있으므로 피고만이 이의권의 주체가 될 수 있다는 견해도 있다.[143]

참가인에게 이의권을 줄 것인가에 대하여는 논란이 있다. 우선 독립청구권 있는 참가인의 경우에는 이의권이 없다는 견해와 이의권을 가진다는 견해로 대립되어 있다. 이의권이 없다는 견해는,[144] 우선 독립청구권 있는 제3자가 능동적으로 소송에 참가

---

142) 前揭, 陳桂明 主編, 民事訴訟法通論, 81面; 汤维建 主编, 前揭 民事诉讼法学, 193면; 江伟 主编, 前揭 民事诉讼法(第四版) 121面 등.

143) 谭兵, 李浩 主编, 前揭 民事诉讼法学, 120~121面 참조.

144) 前揭, 江偉 主編, 民事訴訟法, 제101面; 前揭 陳桂明 主編, 民事訴訟法通論, 81~82 면; 上揭 谭兵, 李浩 主编, 民事诉讼法学, 121面; 〈最高人民法院第三人能否对管辖权提出异议问题的批复〉[法(经)复(1990) 9号, 1990-7-8] 참조.

하는 경우는 원고의 지위를 가지고 본소의 관할권을 인정하면서 참가하므로 이의권이 필요가 없고, 법원의 참가통지를 받은 제3자는[145] 참가여부를 선택할 수 있고 본소 관할에 이의가 있는 경우는 관할권 있는 법원에 별소를 제기할 수도 있으므로 이의권을 인정할 필요가 없다고 한다. 이에 대하여 독립청구권 있는 참가인은 참가 중 원고와 동일한 지위를 가지므로 관할권 이의를 제출할 수 있다는 견해도 있다.[146]

문제는 독립청구권 없는 제3자의 참가인데[147] 독립청구권 없는 참가인에 대하여 이의권을 줄 것인지에 대하여는 학설이 크게 대립하고 있다. 주로 당사자의 지위가 주어지지 않는다는 점을 이유로 이의권을 부정하는 견해가 많으나[148] 이에 대하여는 이의권을 부여하는 것이 바람직하다는 견해가 대립되어 있다.[149] 이의권을 부여해야 한다는 견해는 이렇게 함으로써 지역이기주의의 폐해를 줄일 수 있으며, 독립청구권 없는 당사자의 경우 피고가 패소하는 경우에는 직접 민사책임을 부담할 수 있으므로 이 경우는 피고와 마찬가지의 지위를 갖는다는 것을 이유로 하고 있다.[150]

(2) 제1심의 민사사건에 대한 것일 것

제1심의 지역관할에 대하여만 이의권을 행사할 수 있다는 견해도 있으나 제1심의 급별관할에 대하여도 이의를 제출할 수 있다고 보는 견해가 우세하다.[151] 한편 최고인민법원도 급별관할에 대한 이의권을 인정한다는 전제하에 그 처리방법을 내린 바 있다(아래 처리부분 참조).

(3) 답변서 제출기한 내의 이의일 것

관할권에 대한 이의는 답변서 제출기간 내, 즉 소장 부본을 받은 날로부터 15일 내에만 제출할 수 있다. 정당한 이유로 기한을 넘긴 경우에 대하여는 규정은 없으나 민

145) 중국의 소송참가제도는 당사자의 능동적인 참가뿐만 아니라 법원의 참가 통지제도를 인정하고 있다.

146) 汤维建 主编, 前揭 民事诉讼法学. 193면.

147) 우리의 보조참가와 유사하나 역시 법원의 참가통지제도가 있는 점에서 다르다.

148) 上揭, 〈最高人民法院第三人能否对管辖权提出异议问题的批复〉 法(经)复(1990) 9号, 1990-7-8; 谭兵, 李浩 主编, 前揭 民事诉讼法学, 121面; 汤维建 主编, 前揭 民事诉讼法学, 192面; 江伟 主编, 民事诉讼法(第四版) 등.

149) 자세한 것은 前揭, 陳桂明 主編, 民事訴訟法通論, 82面 참조.

150) 중국 민사소송법에서는 법원이 보조참가(독립청구권 없는 참가)를 통지할 수 있도록 되어 있으며, 이에 따라 참가한 보조참가인에게 피고에 갈음하여 직접 원고에게 배상을 하도록 판결할 수 있게 되어있다(민소법 제56조 제2항). 이 경우에는 참가인에게는 당사자로서의 권리와 의무가 있다고 규정하고 있다. 재판실무상 지역이기주의와 연결되어 법원이 자기 지방의 원고가 제기한 소에서 피고와 관련 있는 다른 지방의 제3자에게 참가를 통고하고 그에게 직접 배상을 명하는 경우가 많다고 한다(후술 소송참가 부분 참조).

151) 前揭, 陳桂明 主編, 民事訴訟法通論, 83면 참조.

소법 제83조에 따라 추완(追完)을 인정하여 장애의 소멸 후 10일 내에는 법원에 허가를 신청하여 제출할 수 있다고 본다. 정당한 이유 없이 기간을 넘긴 경우에는 이의권을 포기한 것으로 보며 기간을 넘겨 제출한 경우에는 심사를 하지 않는다.[152] 이의는 서면 혹은 구두의 방식으로 할 수 있다.[153] 그러나 간이절차가 적용되는 사건 이외에는 서면으로 해야 한다는 견해도 있다.[154]

3. 이의의 처리

법원이 관할이의를 받은 경우에는 이를 심사하여 이의가 이유가 있는 경우에는 재정으로 사건을 관할권 있는 법원으로 이송한다. 만약 공동관할(관할의 경합)에 속하는 사건인 경우에는 원고의 의사를 물어 이송법원을 정하여야 할 것이다. 이의가 이유 없는 경우에는 신청을 기각하는 재정을 해야 하며 이에 대하여 당사자는 10일 이내에 바로 위급의 법원에 상소할 수 있다. 이송 혹은 기각의 재정은 모두 서면 방식에 의하며 재정이 있기까지는 실체관계의 심리에 들어갈 수 없다. 제1심, 제2심 모두 관할권 이의를 기각한 경우에는 당사자의 신소(申诉)가 있더라도 수소법원의 사건 심리에 영향이 없다. 그 후 본안에 대한 판결이 확정된 경우에 그 본안판결과 관할권 이의에 대한 기각의 재정(裁定) 모두에 대하여 재심을 신청하는 경우에는 만약 관할권 이의에 대한 재정에 잘못이 있더라도 판결내용이 정확하다고 인정하면 변경을 하지 않으며, 양쪽 모두에 잘못이 있다면 심판감독절차에 따라 처리한다. 이 경우 재심에 따라 원판결과 재정을 취소하면 사건을 관할권 있는 법원으로 이송한다.[155]

한편 급별관할에 대한 처리에 관하여는 최고인민법원이 복함[附函]으로 그 처리지침을 내리고 있다. 즉 당사자가 급별관할권에 대하여 이의를 제출한 경우에는 수소법원이 신중히 조사하여 관할권이 없다고 판단되면 관할권 있는 법원으로 이송하고 당사자에게 고지하면 되고, 이 경우에는 재정을 할 필요가 없다.[156] 수소법원이 이송을 거절하는 경우 당사자는 그 상급법원에 이 사정을 보고하고 이의를 신청할 수 있으며

---

152) 〈最高人民法院关于经济纠纷案件当事人享受诉法院提出管辖权异议的期限问题的批复〉[法(经)复(1990) 10号, 1990-8-5] 제1항 참조.

153) 張淑蘭, 前揭 民事訴訟法學, 제189面.

154) 谭兵, 李浩 主编, 前揭 民事诉讼法学, 120面.

155) 前揭 〈最高人民法院关于经济纠纷案件当事人享受诉法院提出管辖权异议的期限问题的批复〉[法(经) (1990) 10号, 1990-8-5] 제3조, 제4조 참조.

156) 재정을 하지 않으므로 상소할 길이 없게 되고 이에 따라 하급법원이 거부하여 이송하지 않는 경우에만 다시 상급법원에 정황을 보고하고 이의를 신청할 수 있도록 되어있어 당사자의 합법적 권익의 보호에 문제가 있다는 지적이 있다[江伟 主编, 前揭 民事诉讼法(第四版), 122面 참조].

이 경우 상급법원은 조사하여 이송할 필요가 있다고 인정하는 경우에는 하급법원에 사건을 관할권 있는 법원으로 이송하라고 통지하여야 한다. 만약 하급법원이 이를 어기고 실체적 판결을 한 경우에는 상급법원은 절차위반을 이유로 그 판결을 취소하고 사건을 관할권 있는 법원으로 이송하고 관계인을 심판기율 위반으로 처벌한다.[157] 만약 하급법원이 이송도 하지 않고 실체적 판결도 하지 않는 경우에는 상급법원이 사건을 관할권 있는 법원으로 이송하는 재정을 하고 관계자를 엄중히 비판하고 정상[情節]이 무거운 경우에는 기율 위반으로 엄중 처벌한다.[158]

157) 〈最高人民法院关于当事人就级别管辖提出异议如何处理问题的复函〉 发函(1995) 95号, 1995-7-3.

158) 〈最高人民法院关于当事人就案件级别管辖权向上级法院提出异议上级法院发函通知移送, 而下级法院拒不移送, 也不作出实体判决应如何处理问题的复函〉 法函(1996) 150号, 1996-10-9.

제3편 중국 민사소송의 당사자제도

제1장 당사자[1)]

제1절 당사자의 개념과 호칭

Ⅰ. 당사자개념의 변천

현재 우리는 소송의 당사자는 순절차적, 형식적 개념인 것으로 당연히 알고 있으나 중국에서는 당사자의 개념을 정의하는 데 역사적으로 상당한 변천이 있었다. 이를 개관한다면 실체법적 이해관계를 가진 자만을 당사자로 보던 전통적 견해에서 절차적, 형식적 개념으로의 변천이라 하겠다.

중국에서 민사소송법(試行法)이 제정된 1982년부터 1990년대 초반까지는 당사자를 정의할 때, 흔히 민사권리의무관계로 인한 분쟁이 발생하여 자기 명의로 소송을 진행하고 재판의 구속을 받는 "직접적인 이해관계자"라고 하였다.[2)] 이와 같은 설명은 결국 실체법적인 관점에서 당사자를 바라보는 것으로 평가되었으며, 쟁의의 대상인 권리의무관계가 자기의 것이거나 자기의 지배를 받는 것인 경우에만 당사자가 될 수 있다는 점에서 이를 실체법상의 이해관계인설이라 하였다. 그리고 이 학설이 전통적인 이론인 것으로 평가되어 왔다.[3)] 이와 같은 이론은 중국 민사소송법 제119조가 제소의 조건을 규정하면서 "원고는 본 사건과 직접적인 이해관계를 갖는 공민, 법인 및 기타 조직일 것"을 요구하고 있는 데서 비롯된 것으로 본다.

---

1) 민사소송의 당사자에 관한 전문연구서로는 肖建华, 民事诉讼当事人研究, 中国政法大学出版社(2002)가 있다. 당사자 이외에 배심원, 증인, 감정인 등이 소송에 관여하게 된다.

2) 王怀安 主编, 前揭 中国民事诉讼法教程, 78面; 柴发邦 主编, 民事诉讼法学, 130面 등.

3) 당사자의 개념을 이와 같이 협소하게 보는 전통적 이론에 의하면 무용의 판결이 나오는 것을 막는 장치인 당사자적격이라는 개념이나 당사자의 확정이라는 개념이 불필요하게 된다. 중국에서 당사자의 확정이나 당사자적격이라는 개념이 근래에 와서야 형성되기 시작한 것은 바로 이 점에서 비롯된 것으로 본다. 이전의 교과서에서는 당사자의 확정이나 당사자적격이라는 별도의 표제를 찾아볼 수 없었으며 근래에 와서야 교과서 등에 본격적으로 사용하기 시작하였다.

이 이론에 의하면 당사자의 개념이 매우 협소해진다. 예컨대 유산관리인, 유언집행인, 파산기업의 청산조 등과 같은 경우는 소송물과 직접적인 이해관계가 없으므로 당사자가 될 수 없으며, 특히 중국 특유의 수리제도(受理制度)와 결합하여 국민의 소권행사를 제한하는 결과를 가져오게 되었다. 즉 수리절차와 심판절차가 분리되어 수리절차에서 입안(立案)하기로 결정하여야 심판절차로 넘어가게 되는데 여기서 제소 조건(민소법 제119조)을 엄격히 심사하면서 실체법상의 이해관계자가 아니라 하여 불수리결정을 하는 경우가 많아 당사자의 제소가 좌절되는 경우가 많았다.[4)]

이에 대한 반성으로 1990년대에 많은 학설[5)]이 나왔으며 현재는 절차적 당사자개념설이 자리를 잡게 되었다.[6)] 이 당사자 개념은 실체법상의 이해관계와 당사자 개념과의 관련을 끊고 절차적인 면에서 당사자를 정의한다. 즉 당사자는 자기 명의로 법원에 대하여 민사권리나 법률관계의 보호를 요청하고 재판의 구속을 받는 기소인(起訴人) 측과 기소를 받는 측이라고 정의하여 거의 우리의 당사자 개념과 일치하게 되었다.

이렇게 함으로써 당사자의 범위를 넓혀 공민의 소권행사를 용이하게 할 수 있다고 한다. 이렇게 본다면 수리절차에서는 사건에 대한 실체법적 측면을 심사할 필요가 없게 되므로 수리절차로 인하여 소권행사가 어렵게 된다는 난점을 해소할 수 있다고 한다.[7)] 이와 같은 장점 때문에 민소법 제119조와는 거리가 있는 해석인 것 같으나 현재 통설적인 지위를 갖추어 가고 있다.[8)]

Ⅱ. 당사자의 호칭(呼稱)

당사자의 호칭은 소송의 원인, 절차의 종류, 절차 중 당사자의 역할에 따라 그 구체

---

4) 사실 원고가 실체법상의 권리자인지는 본안절차가 진행되는 과정에서 비로소 알게 되는데 본안으로 넘어가기 전단계인 수리절차에서 이를 검토한다는 것은 절차가 전도(顚倒)된 것으로 상당히 불합리하다. 그럼에도 불구하고 수리절차에서 민사소송법 제119조의 제소조건을 심사하면서 당사자(원고)를 실체법상 이해관계자로 엄격히 해석하여 불수리하는 경우가 많아 불만이 많았으며 이를 소위 "제소의 난(告狀難)"이라 불렀다. 谭兵, 李浩 主编, 前揭 民事诉讼法学, 제123~124面 참조.

5) 예컨대 권리보호자설, 절차적격과 실체적격의 당사자설 등이 중간에 주장되었다. 자세한 것은 肖建华, 民事诉讼当事人研究, 19面 이하 참조.

6) 谭兵, 李浩 主编, 前揭 民事诉讼法学 同面; 江伟 主编, 前揭 民事诉讼法(第四版); 汤维建 主编, 民事诉讼法学, 197~198面; 赵钢, 占善刚, 刘学在 著, 民事诉讼法, 103면 등.

7) 谭兵, 李浩 主编, 上揭書, 125面.

8) 刘家兴, 潘剑锋 主编, 民事诉讼法教程 96面은 "직접적인 이해관계"라는 요건을 그대로 포함시켜 당사자의 개념을 설명하고 있다. 다만 이 견해에 의하면 실체법적인 이해관계는 소송의 결과가 나와야 알 수 있는 것이므로 여기의 직접적인 이해관계는 소를 통한 주장(诉称)을 토대로 결정해야 한다고 한다. 과거의 적격설(위 각주 5)적인 설명으로 평가된다.

적인 명칭을 달리하고 있다. 제1심 통상 민사소송절차에서 자기 이름으로 재판을 청구하는 자를 원고라 하고 그 상대방을 피고라고 하다. 제2심에서는 자기 명의로 상소심 판결을 구하는 자를 상소인, 그 상대방을 피상소인이라 한다. 중국은 양심종심제를 취하고 있기 때문에 항소인, 상고인 또는 피항소인, 피상고인과 같은 명칭은 없으며 불복하는 재판의 종류에 따라 명칭을 달리하지도 않기 때문에 항고인, 재항고인 등의 명칭도 없다.

소송참가의 경우는 참가의 종류에 따라 후술하는 바와 같이 독립청구권 있는 참가인과 독립청구권 없는 참가인이라는 명칭을 사용한다. 심판감독절차에 따라 이루어지는 재심절차의 경우는 재심에 제1심 절차가 적용되는가 제2심 절차가 적용되는가에 따라 각각 원심원고와 원심피고, 원심상소인과 원심피상소인이라는 명칭을 사용한다. 집행절차에서는 집행신청인과 피집행신청인이라는 명칭이 사용되며 특별절차 중 선거자격사건의 경우는 기소인(起訴人)이라는 명칭이 사용된다. 그리고 실종선고사건, 인정사망사건, 행위무능력 혹은 제한행위능력선고사건, 재산무주(無主)인정사건이나 독촉절차, 공시최고절차, 파산절차 등에서는 신청인과 피신청인이라는 명칭을 사용한다.

제2절 당사자의 확정

Ⅰ. 당사자확정의 개념

소송에 있어서 원고와 피고를 확정하는 것을 말하며 소송의 개시시에 확정할 필요가 있으며, 원피고가 확정되어야 당사자가 당사자능력자인지 소송능력자인지를 검증할 수 있으며 재판기관에 대한 회피의 인정여부, 판결효력의 범위 등을 정할 수 있다. 중국의 절차는 입안(立案: 受理)절차와 심판절차가 명확히 구분되어 있으므로 당사자의 확정문제는 수리절차에서 다루어질 것이다. 따라서 수리절차를 정하고 있는 민소법 제119조에서 원고와 피고의 문제를 제소조건으로 열거하고 있다.

Ⅱ. 당사자확정의 표준

위에 말한 바와 같이 중국에 있어서는 상당한 기간 동안 실체관계를 표준으로 당사자의 개념을 정의하고 있었다. 이렇게 되면 원고와 피고도 실체관계를 따져 확정할 수밖에 없고 당사자의 확정도 당사자의 개념 속에 매몰되어 별도의 논의가 필요치 않게 되었다. 그러나 실체관계는 소송이 종료되어야 알 수 있는 것이어서 일정한 경우에는 당사자를 확정할 수 없게 되는 경우가 있으므로 최근에는 당사자의 개념을 절차법상의 당사자로 이해하게 되었고 이에 따라 실체관계의 주체가 아닌 자도 당사자에 포함될 수 있으므로 당사자의 확정문제가 대두되게 되었다. 실체관계가 아니라면 무엇을 표준으로 원고와 피고를 확정할 것인지에 관하여 최근에는 소송법설(訴訟法說)이 자리를 잡아가고 있는 중이다.[9] 소송법설에는 의사설(意思說), 행위설(行爲說), 표시설(表示說)이 있으며, 이 중 대체적으로 표시설이 지지를 받고 있다.[10]

민사소송법 제119조에는 전술한 바와 같이 원고는 사건과 직접적인 이해관계를 갖는 공민, 법인, 기타 조직이어야 한다는 제한이 있으며, 피고에 관하여는 명확히 기재되어 있으면 된다고 하고 있다. 이 점을 들어 당사자의 확정과 관련하여 원고의 경우는 적격설(適格說)을 취하고 있고 피고의 경우는 표시설을 취하고 있다고 설명하는 경우도 있으나 최근의 경향은 이미 당사자의 개념을 절차법적인 것으로 이해하는 이상 모두 표시설에 의하여 한다는 견해가 통설적 지위를 차지하고 있다.[11] 그리고 표시설에 의하는 경우도 형식적으로 당사자란만을 볼 것이 아니라 소장의 내용 전체를 보아 원고와 피고를 확정해야 한다는 견해가 많으므로 소위 실질적 표시설이 자리잡아 가고 있다고 할 수 있다.[12]

Ⅲ. 당사자확정과 관련된 문제

근래에 당사자 확정문제가 본격적으로 논의되기 시작하자 이와 관련된 사자(死者)를 당사자로 한 소송, 성명모용소송(姓名冒用訴訟), 법인격부인론(法人格否認論)[13] 등도 논의되기 시작하였다.

---

9) 潘劍鋒, 上揭書, 12面 등에는 소송법설에 대한 설명이 나와 있으며 우리나라에서 통용되는 학설과 큰 차이가 없다.

10) 예컨대 上揭書, 同面; 谭兵, 李浩 主编, 民事诉讼法学, 127面 등.

11) 谭兵, 李浩 主编, 上揭 民事诉讼法学, 同面; 江伟 主编, 民事诉讼法(第四版), 128面; 赵钢, 占善刚, 刘学在 著, 民事诉讼法, 104面 등. 이와 같이 표시설로 일원화해야 한다는 견해의 근저(根底)에는 수리절차에서는 원고의 적격을 따져서는 안 되며 원고와 피고가 명확히 표시되어 있으면 입안을 해야 한다는 주장이 깔려있다고 할 수 있다.

12) 赵钢, 占善刚, 刘学在 著, 上揭 民事诉讼法, 同面.

13) 법인격부인을 揭开公司面纱(회사의 베일을 벗긴다)라고 한다.

당사자의 기재가 불명하여 누가 당사자인지를 알 수 없는 경우에는 석명권을 행사하거나 직권으로 조사하여 당사자가 존재하지 않는 경우에는 재정(裁定)으로 각하해야 하며, 당사자가 밝혀지는 경우에는 당사자에게 경정(更正)을 요구하거나 판결시에 소장에 잘못 표시된 당사자와 정확한 당사자를 나란히 기재해야 한다고 한다. 예컨대 원고가 필명으로 제소한 경우에는 기간을 정해 보정으로 명하고 이에 응하지 않는 경우에는 위와 같은 조치가 필요하다고 한다.[14)]

그리고 모용소송의 경우 원고측 모용이 밝혀진 경우에는 피모용자에게 통지하여 피모용자가 제소를 할 의사가 있는지 혹은 모용자에게 대리를 맡길 의사가 있는지를 표명하도록 해야 하며, 이와 같은 의사가 없음이 밝혀진 경우에는 소를 각하해야 한다. 피고측 모용의 경우에는 피모용자에게 통지하여 대리권 위탁서를 제출할 것을 요구해야 하며, 이를 거부하는 경우에는 다른 사람을 대리인으로 위탁하든지 자기가 소송에 참가하도록 해야 한다고 한다.[15)]

다만 사자를 당사자로 한 소송, 성명모용소송의 판결의 효력에 관한 논의는 아직 찾아볼 수 없다.

제3절 당사자능력(當事者能力)

Ⅰ. 당사자능력의 의의

당사자능력 또는 소송권리능력이라 함은 일반적으로 민사소송의 당사자가 되는 데 필요한 법률상의 능력, 즉 자기명의로 소송에 참가하여 소송상의 권리를 향유하고 의무를 부담할 수 있는 자격을 말한다. 중국에서는 소송권리능력이라는 말을 주로 사용한다. 당사자능력은 추상적인 능력으로 실제로 당사자가 되어야 하는가의 문제는 별개이다. 소송 중 당사자능력을 상실하면 일반적으로 승계인이 승계하거나 소송이 종료하게 된다. 민사권리능력과 당사자능력은 밀접한 관계를 가지고 있으며 민사권리능력자는 모두 당사자능력을 가지게 된다. 그러나 민사권리능력과 당사자능력은 별개의

14) 다만 보정명령에 따르지 않는 경우에는 소를 각하해야 한다는 견해도 있다. 赵钢, 占善刚, 刘学在 著, 前揭 民事诉讼法, 104面.

15) 肖建华, 前揭 民事诉讼当事人研究, 39面 참조.

개념이며, 중국에서도 소송의 편의상 민사권리능력이 없는 실체에 대하여도 제한적으로 소송권리능력, 즉 당사자능력을 부여하고 있다.

즉 중국 민사소송법 제48조 제1항은 "공민, 법인 및 기타 조직은 민사소송의 당사자가 될 수 있다."라고 규정하여 공민(자연인)과 법인이 당사자능력자임을 밝히는 동시에, 법인격이 없는 기타 조직도 민사권리능력은 없으나 당사자능력을 인정하고 있다.

Ⅱ. 당사자능력자

1. 공민(公民: 자연인)

공민 즉 자연인은 출생시부터 사망시까지 민사권리능력을 보유한다(중국민법통칙 제9조). 중국 내에 거주하는 외국인과 무국적자도 민사활동의 주체가 될 수 있으며 당사자능력을 가진다.

태아(胎兒)가 당사자능력을 가지는가에 관하여는 현재 부정적인 견해가 많고 실무상으로도 부정하고 있다. 중국의 상속법 제28조는 "유산분할시에는 태아 몫을 남겨두어야 한다. 태아가 사산되는 경우에는 남겨놓은 상속분은 법률에 따라 상속처리 한다"라고 되어있으나, 이 법의 입법취지는 향후 출생하는 경우에 법률이 부여하는 권리를 향유한다는 것이고 태아인 동안에 민사권리능력이나 당사자능력을 향유한다는 것은 아니라고 한다.[16)]

사자(死者)의 경우에 관하여 중국의 저작권법[17)] 제20조는 "저자의 서명권(authorship), 개작권(alteration), 작품의 완정권(integrity)에 관한 권리는 기간의 제한을 받지 않는다"라고 되어있으며, 저작권실시조례[18)] 제15조는 "저자가 사망한 후에는 서명권, 개작권, 완정권은 작가의 상속인 혹은 수유증자가 보호하며, 상속인이나 수유증자가 없는 경우에는 이를 저작권관리 행정부문이 보호한다"라고 되어있다. 이 경우 누구의 명의로 소를 제기하느냐에 관한 규정은 없으나 일반적으로 상속인 등이 자신의 명의로 소를 제기하는 것으로 보고 있다. 사자의 명예권 침해의 경우도 사자의 근친속이 자기 명의로 소를 제기한다고 한다.

---

16) 赵钢, 占善刚, 刘学在 著, 前揭 民事诉讼法, 106面 참조.

17) 〈中华人民共和国著作权法〉은 1990년 제정되어 2001년에 개정되었으며 2010년 2월 26일에 재차 개정되었다.

18) 〈中华人民共和国著作权法实施条例〉(2002-08-02).

2. 법인(法人)

중국의 민법통칙 제36조는 제1항은 "법인은 민사권리능력과 민사행위능력을 가지며 법에 따라 독립하여 민사권리를 향유하며 민사의무를 부담하는 조직이다"라고 법인을 정의하고, 제2항은 "법인의 민사권리능력과 민사행위능력은 법인의 성립으로부터 발생하며 법인의 종료로 소멸한다"라고 규정하고 있다. 따라서 법인은 성립시부터 소멸시, 예컨대 파산, 해산, 합병, 분할 등에 의해 소멸할 때까지 당사자능력을 가진다. 실제로 소송의 수행은 그 법정대표자가 하게 된다(민소법 제48조 제2항).

그룹(集團)은 기업법인의 연합체일 뿐 스스로 기업법인의 자격을 갖지 못한다.[19] 따라서 당사자능력을 갖지 못하고 그 구성원인 각 법인이 당사자능력을 가진다.

3. 기타 조직(組織: 단체)

중국 민사소송법 제48조는 형식적 당사자능력자로 "기타 조직"을 표시하고(제1항), 기타 조직의 경우는 "그 주요 책임자가 소송을 수행한다(제2항)"라고 규정하고 있을 뿐 구체적으로 어떤 조직을 말하는지가 불명확하다. 이에 관하여 최고인민법원은 〈약간의견〉 제40조에서 기타 조직을 정의하고 9가지 조직을 예시하고 있다.

민사권리능력을 정하고 있는 민법통칙에서는 법인 이외의 조직으로 조합[個人合伙][20]과 연영조직(聯營組織)[21]을 명시하고 있을 뿐 기타 조직이라는 용어를 사용하고 있지 않다. 그럼에도 불구하고 민사소송법이 기타 조직이라는 용어를 사용한 이유는 중국의 현실상 조합이나 연영조직 이외에도 매우 다양한 형태의 조직이 경제활동을 하고 분쟁의 주체가 되고 있음을 반영한 것이다.[22]

우리나라의 법인 아닌 사단이나 재단에 해당한다고 할 수 있으나(우리 민소법 제52

---

19) 〈国家工商行政管理局关于印发≪企业集团登记管理暂行规定≫的通知〉(1998-04-06) 제3조.

20) 조합[個人合伙]은 2인 이상의 공민이 합의하여 각자 자금, 실물 혹은 기술 등을 제공하여 공동으로 경영하는 조직을 말한다(중국민법통칙 제30조). 伙는 동아리나 패거리를 뜻하는 夥(과 혹은 화로 읽는다)의 간체자(簡体字)이다.

21) 연영조직은 기업간 혹은 기업과 사업단위간에 서로 연합경영을 하기로 하여 만든 새로운 실체를 말한다. 연영조직은 자체가 법인격을 취득하는 경우(민법통칙 제51조), 참가기업이 공동경영을 하지만 법인격을 취득하지 않은 경우(민법통칙 제52조), 참가기업이 약정에 따라 독자적으로 각자 경영하는 경우(민법통칙 제53조)의 세 가지 형태가 있다. 이 중 전 2자의 경우는 당사자능력을 취득하나 마지막 형태의 경우는 당사자능력이 없으며 소송을 하는 경우 공동소송의 형태를 취하게 된다. 사업단위(事业单位)란 기업단위에 반대되는 개념으로 영리를 직접 목적으로 하지 않고 사회복리의 증진, 문화, 과학, 교육, 위생 등의 수요를 충족시키기 위한 활동을 하는 기관을 말한다.

22) 唐德华, 前揭書, 150~151面.

조) 중국민소법 제48조는 대표자, 관리인의 존재와 같은 요건을 정하지 않고 있다. 이를 보충하기 위하여 〈약간의견〉 제40조는 다음과 같은 4가지의 요건을 정하고 있다.

(1) 합법적으로 성립할 것

기타 조직은 법률에 규정된 절차와 조건에 따라 합법적으로 성립하여야 한다. 즉 등기를 요하는 것은 등기를 경료해야 하고 영업허가를 얻도록 되어있는 경우는 영업허가를 취득하여야 한다. 이와 같은 조건을 갖추지 못하는 조직은 소송권리능력 즉 당사자능력을 갖지 못하며 이 경우는 그 조직의 책임자가 당사자가 되어야 한다.

(2) 일정한 조직기구를 갖추고 있을 것

기타 조직이 당사자능력을 가지기 위해서는 정상적인 활동을 할 수 있는 고유의 조직과 기구를 가지고 있어야 한다. 즉 고유의 명칭과 시설(사무소 등) 및 책임자가 있어야 하며 고정된 직능별 부서와 직원을 가지고 있어야 하며, 단지 명의만 있고 시설이나 조직기구가 없는 경우는 당사자능력이 부정된다.

(3) 일정한 고유재산을 가지고 있을 것

기타 조직은 경영규모와 업무활동의 범위에 상응하는 독자적인 재산을 가지고 있어야 한다. 재산의 출처는 정부나 상급기관으로부터 할당받은 것[拔款]이건(주로 사업단위) 기타 합법적으로 취득한 재산이건(주로 기업법인) 불문한다. 독자적인 재산이 있는 경우에만 독자적으로 민사활동을 할 수 있기 때문이다.

(4) 법인격을 가지지 않을 것

즉 법인 이외의 조직이어야 한다. 주의할 점은 우리나라의 경우 비법인 사단이나 재단이 당사자능력을 취득하는 경우에는 판결의 효력은 단체 자체의 재산에 한정되어 사실상 법인과 동일한 취급을 하는 것이 원칙이나, 중국의 경우는 단체 자신의 재산으로 채무를 완제할 수 없는 경우에는 그 책임자가 나머지를 부담해야 한다는 점을 법인과 기타 조직의 중요한 차이라고 강조하는 경우가 많은 것으로 보아, 소송의 편의를 위해 당사자능력을 인정할 뿐 집행의 경우는 단체의 고유재산에 한정되지는 않는다는 취지인 것으로 이해된다.[23]

〈약간의견〉 제40조는 나아가 당사자능력을 가지는 기타 조직을 다음과 같이 예시하고 있다.

① 법률에 따라 등기하고 영업허가를 취득한 사영독자기업(私營獨自企業)과 조합[合伙]조직.

---

23) 上揭書, 152面; 梁书文 主編, 前揭書, 79, 81面 등.

조합에 소송권리능력(당사자능력)을 부여할 것인가에 관하여는 중국에서도 많은 논란이 있으나 〈약간의견〉은 명백히 이를 당사자능력자로 보고 있다. 그럼에도 불구하고 〈약간의견〉 제47조에 의하면 조합원은 소송 중 공동소송인이 된다고 규정하여 같은 사법해석 안에서 모순되는 규정을 두고 있어 문제가 된다.[24)]

② 법률에 따라 등기하고 영업허가를 취득한 조합형 연영기업(聯營企業)

③ 법률에 따라 등기하고 중국의 영업허가를 취득한 중외합작경영기업, 외자기업

④ 민정부문(民政部門)의 심사를 거쳐 등기하고 사회단체 등기증을 취득한 사회단체

⑤ 법인이 법률에 따라 설립하고 영업허가를 취득한 분사무소[25)]

⑥ 중국인민은행,[26)] 각 전문은행이 각지에 설립한 분점

⑦ 중국인민보험공사가 각지에 설립한 분점

⑧ 심사를 거쳐 등기하고 영업허가를 취득한 향진(鄉鎭), 가도(街道), 촌(村)의 기업

⑨ 본조의 조건을 구비한 기타 조직

거민위원회, 촌민위원회, 가도(街道)의 사무처 등이 여기의 기타 조직에 속하는가에 관하여 논의가 있었으나 현재는 이와 같은 지방행정조직은 일종의 법인으로 취급하고 있어[27)] 여기의 기타 조직에는 속하지 않는 것으로 보고 있다.[28)]

그러나 일정한 경우에는 법률의 규정에 따르지 않고 조직을 설립하는 경우가 있어 이와 같은 조직이 당사자능력을 가지는지가 문제되고 있다. 이와 같은 경우에 대비하여 최고인민법원은 〈약간의견〉 제40조에 이어서 여러 가지 사법해석을 내고 있다. 중요한 것을 보면 다음과 같다.[29)]

① 법인이 법률에 의하지 않고 분사무소를 설립하거나 법률에 따라 설립하였으나 그 사무소가 영업허가를 받지 못한 경우에는 그 분사무소를 설립한 법인이 당사자가 된다(〈약간의견〉 제41조).[30)]

---

24) 이에 대하여 거래의 안전, 상대방의 보호 및 조합원 지위의 공고화를 위하여 완전히 당사자능력을 부여하는 쪽으로 입법을 해야 한다는 주장이 있다(赵钢, 占善刚, 刘学在 著. 前揭 民事诉讼法, 108面).

25) 영업허가를 받은 증권회사의 영업부가 여기의 법인의 분사무소에 해당한다는 최고인민법원의 復函이 있다[1997년 8월 22일, 法函(1997) 98호].

26) 학설은 대체로 중국인민은행은 법인의 지위를 가져야 한다고 주장하며, 법인의 분점은 당사자능력이 없다고 한다.

27) 중국의 민법통칙 제50조는 기관이나 사회단체의 법인성에 관하여 "독립적인 경비(재원)를 가진 기관은 그 성립일로부터 법인의 자격을 가진다"라고 규정하여 지방행정기관은 법인의 자격을 갖는 것으로 보고 있다.

28) 梁書文 主編, 前揭書, 81面; 唐德華, 前揭書, 153면.

29) 이 부분은 당사자적격의 문제로 보아도 무방할 것이나 당사자능력은 모든 소송의 당사자적격이라 할 수 있으므로 당사자능력 부분에서 설명한다.

30) 영업허가를 받은 증권회사의 분사무소가 민사소송의 당사자능력을 가지고 있다는 최고인민법원의 해석으로는 1997년 8월 22일 復函(1977) 98호 참조.

② 법인이나 기타 조직의 구성원이 직무상의 행위 혹은 그가 수권받은 행위로 인하여 소송을 발생시킨 경우에는 그 법인 혹은 조직이 민사소송의 당사자가 된다(〈약간의견〉 제42조).

③ 자영상공업자[個體工商戶], 개인조합[個人合伙] 혹은 사영기업이 집체기업(集體企業)의 지도를 받거나 그 집체기업의 명의로 생산경영활동을 하는 경우에는 자영상공업자, 개인조합 혹은 사영기업과 집체기업이 공동소송인이 된다(〈약간의견〉 제43조). 중국에서는 사영기업 등이 편의상 집체기업의 분기구 혹은 하부단위기업으로 소속되어 경영활동을 하는 경우가 있으며 이 과정에서 소송이 발생하는 경우에는 공동소송인이 된다고 하며 특히 필요적 공동소송인이 되므로 법원은 반드시 병합심리를 하여야 한다고 한다.[31]

④ 자영상공업자, 농촌임대차경영자, 조합조직의 고용인이 고용계약에 정해진 생산경영활동을 하는 중 타인에게 손해를 발생시킨 경우에는 그 고용주가 당사자가 된다. 이 경우 자영상공업자의 경우에는 영업허가상의 업주가 당사자가 되며, 상호가 있는 경우에는 법률문서에 등기된 상호를 표준으로 한다(〈약간의견〉 제45조, 제46조). 그리고 영업허가상의 업주와 실질경영자가 불일치하는 경우에는 양자가 공동소송인이 된다.

⑤ 등기하여야 할 법인 혹은 기타 조직이 등기를 하지 않은 채 법인 혹은 기타 조직의 명의로 민사활동을 하거나, 타인이 법인 혹은 기타 조직의 명의를 모용하여 민사활동을 하는 경우 혹은 법인 기타 조직이 소멸한 후 그대로 그 명칭을 사용하여 민사활동을 하는 경우에는 그 직접책임자가 당사자가 된다(〈약간의견〉 제49조). 등기해야 할 법인 혹은 기타 조직이 등기를 하지 않은 경우라 함은 법인이나 기타 조직의 실질을 갖추었으나 등기를 하지 않은 집단을 가리키는 것이며, 법인 혹은 조직의 명의를 모용하는 타인이라 함은 법인이나 기타 조직의 실질을 전혀 갖추지 못하고 이를 모용하는 자를 말한다.

⑥ 기업법인이 청산절차를 끝내지 않은 채 해산된 경우, 청산조직이 있는 경우에는 청산조직이 당사자가 되고, 청산조직이 없는 경우에는 해산결정을 한 기구가 당사자가 된다(〈약간의견〉 제51조).

⑦ 당사자간의 분쟁이 중재기구의 중재를 거쳤거나 인민조정위원회의 조정을 거친 후 당사자가 이에 불복하여 소를 제기하는 경우에는 그 상대방 당사자가 피고가 된다(〈약간의견〉 제48조). 주의할 점은 1994년 중화인민공화국중재법의 제정으로 중재는 단심으로 되었으며 원칙적으로 중재재결이 내려진 사건에 대하여는 다시 중재를 신청하거나 법원에 소를 제기할 수 없게 되었다는 점이다(중재법 제9조). 그러나 약간의 경우, 예컨대 상기 중재법 제2조와 제77조에 의한 노동쟁의에 대한 중재 또는 농업집체경제조직 내부에서 발생한 농업임대차계약으로 인한 분쟁의 경우에는 중재 후에도 소를 제기할 수 있도록 되어있으며, 위의 조문은 바로 이와 같은 경우를 가리키는 것으로 해석해야 한다. 그리고 그 상대방 당사자가 피고가 된다는 것은 중재기구나 인민조정위원회를 상대로 소를 제기할 수 없고 직접 분쟁의 당사자를 상대로 소를 제기해야 한다는 것을 가리킨다.[32]

⑧ 기업법인이 합병된 경우 합병 전의 민사활동으로 발생한 분쟁은 합병 후의 기업이 당사자

31) 梁書文 主編, 前揭 民事訴訟法適用意見新釋, 85面.
32) 梁書文, 主編 前揭書, 88~89面.

가 된다. 또한 기업법인이 분할된 경우 그 분할 전의 민사활동으로 인한 분쟁은 분할 후의 기업이 공동소송인이 된다(〈약간의견〉 제50조).

특정한 사업을 위하여 조직된 각종 위원회는 독립적인 당사자능력을 가지지 못하며 그 담당자가 당사자능력을 가진다. 이 경우 조직위원회의 재산으로 청산을 해야 하지만 그 재산이 부족하거나 재산이 없는 경우에는 특정의 담당자와 약정이 있는 경우에는 이에 의하며, 약정이 없는 경우에는 모든 담당자가 연대책임을 진다.[33]

유한회사의 설립준비위원회의 경우도 당사자능력을 가지지 못하고 이후 법인이 설립된 경우에는 회사가 당사자가 되어야 하며, 설립이 되지 않은 경우에는 그 책임을 발기인 등이 져야 하며, 이들이 스스로 당사자가 되어야 한다.[34]

Ⅲ. 당사자능력의 효과

당사자능력은 일종의 소송요건에 해당하므로 이를 흠결한 경우에는 소를 각하해야 할 것이다.

소송 중 당사자 일방이 사망하고 승계인이 있는 경우는 소송중지의 재정(裁定)을 하고 승계인에게 통지하여 소송승계를 하도록 하며, 이 경우 피승계인의 소송행위의 효력은 그대로 유지된다(〈약간의견〉 제44조).

제4절 소송능력(訴訟能力)

Ⅰ. 소송능력의 개념

소송능력은 소송행위능력이라고도 하며[35] 당사자가 스스로 자기의 행위로서 소송상의 권리를 행사하고 의무를 이행할 수 있는 능력을 말한다. 당사자능력자, 혹은 당

---

33) 江伟 主编, 前揭 民事诉讼法(第四版), 131面. 다만 2001년 조직되었던 북경올림픽조직위원회는 법인이었다고 한다.

34) 上揭書, 同面.

35) 중국에서는 주로 소송행위능력이라는 말을 사용한다.

사자적격이 있는 자라 하더라도 소송행위능력이 없는 경우에는 스스로 소송행위를 할 수 없고 법정대리인이나 법정대리인에 의하여 선임된 소송대리인을 통하여만 소송행위를 할 수 있다.

Ⅱ. 소송능력자

1. 민법상의 행위능력과 소송능력의 관계

민법상의 행위능력과 소송능력은 밀접한 관계를 가지고 있으나 완전히 대응관계를 이루는 것은 아니다. 자연인의 행위능력과 소송능력은 모두 자연인의 연령 및 정신능력과 관련된다. 민법상 중국의 행위능력제도와 우리나라의 행위능력제도에는 차이가 있다.

2. 자연인(自然人)

민법상 미성년자, 민사행위무능력자, 제한민사행위능력자의 경우는 원칙적으로 소송능력을 갖지 못한다. 다만 중국과 한국의 무능력자 제도가 다르기 때문에 약간의 차이가 있다. 기본적으로 완전민사행위능력자, 제한민사행위능력자, 민사행위무능력자로 구분한다.

(1) 연령에 따른 행위능력의 취급

중국민법통칙에 의하면 18세 이상의 공민을 성년자로 취급하여 완전민사행위능력자로 본다(동법 제11조 제항). 그리고 10세 이상 18세 미만의 미성년자를 제한민사행위능력자로 보며(동법 제12조), 제한민사행위능력자는 그 연령과 지력(智力)에 상응하는 민사활동을 할 수 있으며 그 이외의 민사활동은 그의 법정대리인이 하거나 법정대리인의 동의를 얻어 스스로 할 수 있다. 다만 우리와 달리 16세 이상 18세 미만의 미성년자가 자기의 노동수입을 주된 생활자금으로 하고 있는 경우에는 완전민사행위능력자로 본다(동법 제11조 제2항). 10세 미만의 미성년자는 민사행위무능력자이며 이들은 그 법정대리인이 민사활동을 대리해야 한다(동법 제12조 제2항). 미성년자의 행위능력을 10세를 기준으로 다시 나누는 점과 16세 이상의 미성년자의 행위능력을 생활자금 조달능력에 따라 달리 취급하는 점이 우리와 다르다.

(2) 지력(智力)에 따른 행위능력의 제한

한편 성년자라 하더라도 자기의 행위를 변별할 수 없는 정신질환자는 민사행위무능력자로(우리의 피성년후견인에 해당할 것), 그 법정대리인이 민사활동을 대리하여야 하며, 자기의 행위에 대한 변별이 불완전한 자는 제한민사행위능력자(우리의 피한정후견인에 해당할 것)이며 그의 정신건강상태에 상응하는 민사활동 이외에는 그 법정대리인이 대리하거나 법정대리인의 동의를 얻어 행위를 해야 한다(동법 제13조). 이 경우에는 민사소송법의 규정에 따라 민사행위무능력 혹은 제한민사행위능력의 선고가 있어야 한다(민소법 제187조 이하).

위의 민사행위무능력자와 제한민사행위능력자는 모두 소송무능력자로서 소송행위는 법정대리인 혹은 법정대리인의 위탁을 받은 소송대리인이 하여야 한다. 민사행위무능력자와 제한민사행위능력자의 법정대리인은 감호인(監護人)[36]이 되며 감호인이 되는 순서는 민법통칙 제16조 이하에 의한다.

3. 법인 기타 단체(조직)

우리나라와는 달리 중국의 민사소송에서는 법인과 기타 당사자능력을 가지고 있는 조직(단체)의 경우는 당사자능력과 소송능력이 완전히 일치한다. 즉 법인과 당사자능력을 가진 기타 조직(단체)은 당사자능력자이자 소송능력자이다.[37]

다만 실제로 소송의 수행은 그 법정대표자가 하게 된다(민소법 제49조 제2항). 주의할 것은 우리와는 달리 법인 자체가 그 법정대표자를 통하여 자기의 소송행위를 하는 것이며, 법정대표자가 법정대리인의 역할을 하는 것이 아니라는 점이다. 법인의 법정대표자라 함은 그 법인의 정직책임자[正職負責人]를 가리키며 정직의 책임자가 없는 경우에는 그 사업을 담당하는 부직책임자[副職負責人]가 법정대표자가 된다. 이사회가 설치된 법인은 대표이사[董事長]가 법정대표자가 되며 대표이사가 없는 경우는 이사회의 수권을 받은 자가 법정대표자가 된다(〈약간의견〉 제38조).

기타 조직(단체)의 경우에도 법인과 동일하다. 다만 실제의 소송행위는 그 주요책임자가 수행한다.

36) 중국에서는 연령에 따른 미성년자의 법정대리인(친권자)과 지력(智力)에 따른 민사행위능력자의 법정대리인(후견인)의 명칭을 구별하지 않고 모두 감호인이라 한다. 그리고 감호인의 자격과 순위도 우리와 다르다. 특히 친족관계가 없는 친구도 일정한 자나 기관의 동의를 얻은 경우는 감호인이 될 수 있는 점에서 우리와 다르다(민법통칙 제16조, 제17조 참조).

37) 潘劍鋒, 前揭書, 149~150面.

Ⅲ. 소송능력 흠결의 효과

소송능력을 갖추지 못한 자의 소송행위 또는 이에 대한 상대방의 소송행위는 무효이다. 다만 법정대리인 혹은 능력을 취득한 본인의 추인이 있으면 하자는 치유되어 효력을 가진다.[38)]

Ⅳ. 변론능력과의 관계

당사자와 대리인의 변론능력과 소송능력과의 관계를 보면, 우선 중국의 경우에는 변호사대리 원칙조차 확립되어 있지 않으므로 변호사 강제주의는 발붙일 곳이 없다. 따라서 변호사자격을 기준으로 한 본인과 대리인의 변론능력 제한은 의미가 없다. 그리고 당사자 본인의 변론능력을 제한하는 우리 민소법 제144조와 같은 규정을 두고 있지 않으므로 소송능력자는 모두 변론능력자로 보아야 한다.[39)]

제5절 당사자적격(當事者適格: 정당한 당사자)

Ⅰ. 당사자적격의 개념

당사자적격은 정당한 당사자라 부르기도 하며, 자기명의로 원고와 피고가 되어 소송을 수행하고 판결을 받을 수 있는 자격을 말한다. 일반석인 소송권리능력(당사자능력)을 갖춘 자라 하더라도 다시 당사자적격을 갖추어야 당사자로서 소송을 수행하고 자기 명의로 판결을 받을 수 있다. 당사자적격은 실체법과 관련하여 논의되며 우리나라에서는 실체법상의 관리처분권을 당사자적격 유무판단의 기준으로 하고 있다. 즉 소송물인 권리 또는 법률관계의 실체법상관리처분권의 주체가 당사자적격을 갖는 것을 원칙으로 하되 예외적인 경우에는 제3자가 타인의 권리 또는 법률관계에 대한 관리처분권을 얻어 자기 명의로 소송을 수행할 수 있다(제3자 소송담당).

38) 谭兵, 李浩 主编, 前揭 民事诉讼法学, 130面.
39) 上揭書, 同面.

전술한 바와 같이 당사자의 개념을 실체법상의 개념으로 파악하던 시대에는 중국의 민소법상 당사자적격의 개념이 형성될 여지가 없었다. 오로지 소송물과 실체법적으로 직접적인 이해관계를 갖는 자만이 당사자이기 때문에[40] 수리절차에서 입안된 사건의 당사자는 당연히 당사자적격을 갖추는 것으로 취급되었다. 그러나 근래에 소위 절차법상의 당사자 개념이 자리를 잡게 되자 당사자적격의 문제가 대두되기 시작하였으며 최근의 민사소송법상의 중요한 문제로 부각되게 되었다.

Ⅱ. 당사자적격 판단기준에 관한 논의

당사자적격 판단의 기준을 어디에서 구하는가에 관하여 중국 학자들간에 상당한 논란이 있다. 대체적인 논의를 보면 우선 당사자적격은 소송실시권을 기초로 한다는 점에는 이론이 없다. 다만 소송실시권의 기초가 무엇인가에 관하여는 상당한 논란이 있다.

처음에는 중국에서도 실체법상의 관리처분권을 기초로 하여 관리처분권을 가지는 자가 소송실시권을 갖는 정당한 당사자라고 하였다.[41] 그리고 분쟁의 대상인 권리 또는 법률관계의 실체법상의 주체는 당연히 관리처분권을 가지므로 당사자 적격자이나, 이에 한정되지 않고 특수한 경우에는 제3자가 관리처분권을 가지며 이 경우에는 그 제3자가 당사자적격을 갖는다고 하였다.

그러나 최근에는 관리처분권으로는 확인의 소의 당사자적격을 판단할 수 없다는 것을 근거로 소의 이익을 표준으로 당사자적격을 따져야 한다는 견해가 날로 세를 얻어가고 있다.[42]

소의 이익은 대체로 분쟁해결의 필요성과 실효성이라고 설명한다.[43] 이 개념을 가

---

40) 더구나 이는 수리절차에서 심사하였다.

41) 陈桂明 主编, 前揭 民事诉讼法通论, 88面; 张卫平 著, 民事诉讼法(第二版), 法律出版社(2010), 142面 등에는 이전의 교과서에서는 당사자능력과 당사자적격을 구별하지 않았으나, 당사자의 적격 개념이 없었던 것은 아니고 다만 이를 당사자의 개념과 특징을 설명하는 부분에서 다루었었다는 기술(記述)이 보인다.

42) 肖建华, 前揭 民事诉讼当事人研究, 103면 이하; 江伟 主编, 前揭 民事诉讼法专论, 135面; 谭兵, 李浩 主编, 前揭 民事诉讼法学 132面; 江伟 主编, 前揭 民事诉讼法专论, 194面 이하 등 참조.

43) 江伟 主编, 上揭 民事诉讼法专论, 同面. 소의 이익은 소송물인 권리나 법률관계가 본안판결을 받기에 적합한 자격이 있는지의 여부, 즉 권리보호의 필요성 내지 이익을 가리키는 것으로 소의 객체인 소송물을 검증함으로써 불필요한 판결이 나오는 것을 막기 위한 장치로 보아야 하고, 당사자적격은 당사자가 본안판결을 받기에 적합한 자격이 있는지의 여부를 가리는 것이다. 소의 이익과 당사자적격은 모두 무의미한 판결이 나오는 것을 막는 점에서는 같으나 전자가 소송물

지고 이행의 소, 확인의 소, 형성의 소[44]의 당사자적격을 각각 판별할 수 있다고 한다.

Ⅲ. 각종 소의 당사자적격[45]

1. 이행의 소

(1) 현재 이행의 소[46]의 소의 이익

현재 이행의 소는 당연히 소의 이익 즉 분쟁해결의 필요성과 실효성이 인정된다고 한다. 원고가 제소 전에 피고에게 최고(催告)를 했는지의 여부, 피고가 채무의 이행을 거절했는지의 여부나 피고가 자발적으로 이행할 의사가 없었는지의 여부를 묻지 않고 소의 이익이 인정되며 원고적격이나 피고적격을 인정할 수 있다고 한다.

(2) 장래 이행의 소의 소의 이익

장래 이행의 소는 기한의 미도래(未到來), 조건의 미성취(未成就) 등이 요건이 되므로 원고가 미리 청구해 둘 필요가 있는 경우만 소의 이익이 인정되며 원고적격을 인정받는다고 한다. 미리 청구해둘 필요가 있는 경우로 다음과 같이 3가지를 들고 있다.

① 의무자가 이미 의무의 존재에 대하여 다툰 경우. 예컨대 계속적·반복적 의무의 현재분(現在分)을 이행하지 않은 경우와 같다.[47]

② 채무의 성질상 이행이 지연되면 채무의 이행이 무의미해지는 정기채무(定期債務)의 경우.

③ 본래 급부의 대상청구를 하는 경우. 이행의 소를 제기하면서 장래 이행불능이 될 것을 염려하여 금전적 대상청구를 하는 경우를 말하며 이 경우에는 반드시 본래의 청구와 병합하여 청구해야 한다.[48]

에 관한 것인 반면 후자는 당사자와 관련된 것이다. 따라서 소의 이익의 존부를 가지고 당사자적격의 유무를 가리는 것은 적절한 태도가 아니라 생각된다. 다만 확인의 소는 확인의 이익(소의 이익)과 당사자적격이 표리관계를 이루고 있으므로 확인의 이익을 가지고 있는지의 여부로 당사자적격의 유무를 가리게 될 수 있을 것이다.

44) 중국에서는 아직 확인의 소나 형성의 소가 큰 주목을 받지 못하고 있으나 근래에는 학자들의 관심을 받고 있다.

45) 자세한 중국에서의 논의는 肖建华, 前揭 民事诉讼当事人研究, 112面 이하 참조.

46) 중국에서는 이행의 소라는 명칭보다는 급부의 소(給付之訴)라는 말을 더 자주 사용한다.

47) 중국 계약법 제166조의 분할급부계약의 현재분을 이행하지 않은 경우 등이 이에 해당한다.

48) 江伟 主编, 前揭 民事诉讼法(第四版), 135面 참조.

(3) 부작위청구소송

법원에 일정한 작위 혹은 부작위 청구를 하는 소송을 말하며 이 경우는 침해의 상태, 장래 침해의 계속 가능성 여부를 가려 소의 이익을 인정한다. 현재 중국의 공익소송에서 많이 볼 수 있다.[49)]

2. 확인의 소

확인의 소는 권리 또는 법률관계의 확인을 구하는 소로 중국에서는 흔히 볼 수 없는 형태의 소이다. 확인의 소에 대하여는 이른바 보충성의 원칙이 적용된다고 하며, 이행의 소를 제기할 수 있는 지위에 있는 자는 확인의 이익이 없으며, 본안의 절차문제에 관한 확인의 이익도 인정되지 않는다고 한다.[50)]

확인의 소의 소의 이익은 확인의 이익을 토대로 파악하며, 확인의 소의 대상적격이나 확인의 이익의 개념 및 내용은 우리와 유사하게 보고 있다. 즉 권리 또는 법률관계에 대하여만 인정되고 사실관계에는 인정되지 않으며, 현재의 권리관계이어야 하며, 적극적 확인을 구할 수 있는 지위에 있는 자는 소극적 확인을 구할 수 없다. 또 확인의 이익은 즉시확정의 법률상의 이익이 있어야 하며, 즉시확정의 법률상의 이익이 긍정되려면 자기의 법률상의 지위에 현존하는 위험이 있어야 한다고 한다.[51)]

3. 형성의 소

형성의 소는 법정주의를 취하므로 법률이 구체적으로 형성권(형성소권)을 정하고 있으면 곧 소의 이익이 인정된다고 한다. 다만 법률이 달리 정하고 있는 경우는 예외적으로 소의 이익이 부정된다. 예컨대 민소법 제124조 제7호는 "이혼을 불허하는 판결을 내린 이혼사건 및 조정으로 사이가 회복된 이혼사건, 입양관계를 유지하는 판결이 내려지거나 유지하도록 조정된 사건에서 새로운 사정이나 이유가 없음에도 불구하고 원고가 6개월 이내에 다시 소를 제기한 경우는 수리하지 아니 한다"고 되어있다.

---

49) 上揭書, 同面.
50) 예컨대 소송대리권의 존부에 대한 확인, 소송요건의 구비여부에 대한 확인은 허용되지 않는다고 한다. 上揭書, 同面.
51) 上揭書, 136面.

Ⅳ. 제3자 소송담당

당사자적격이 논의되자 제3자 소송담당도 이전과는 달리 별도의 항목으로 다루게 되었다. 제3자 소송담당은 타인간의 권리나 법률관계를 둘러싼 분쟁을 제3자가 자기 명의로 타인을 위하여 또는 타인을 대표하여 소송을 수행하는 것을 말한다. 타인이 소송수행권을 취득하는 근거를 표준으로 법정소송담당과 임의적 소송담당으로 나눈다.[52] 그러나 현재 중국에서는 법정소송담당만이 인정되며 임의적 소송담당은 인정되지 않는 것으로 보인다.[53]

법정소송담당으로 중국에서 인정되고 있는 것은 다음과 같다.

1. 파산기업 관리인의 소송담당

중국의 기업파산법[54] 제25조 제1항 제7호는 관리인이 채무자를 대표하여 소송, 중재 혹은 기타 법률절차에 참가할 수 있다고 하여 관리인의 소송담당을 인정하고 있다.

2. 사자(死者)의 근친속의 소송담당[55]

사자의 명예권이 침해된 경우에는 사자의 근친속이 법원에 소를 제기할 수 있으며 여기의 근친속이라 함은 사자의 배우자, 부모, 자녀, 형제자매, 조부모, 외조부모, 손자녀, 외손자녀를 가리킨다.[56]

3. 실종자의 재산관리인의 소송담당[57]

최고인민법원의 〈민법통칙의 집행관철에 관한 약간의견〉 제32조에 의하면 실종선고를 받은 자의 재산관리인이 실종자가 납부하지 않은 세금이나 변제하지 않은 채무

---

52) 예컨대 赵钢, 占善刚, 刘学在 著, 前揭 民事诉讼法, 111面.

53) 중국에서는 변호사대리원칙이 없기 때문에 변호사가 아닌 사람도 대리인이 될 수 있으므로 임의적 소송담당에 대한 욕구가 그리 크지 않을 것으로 생각된다.

54) 중국은 2006년 8월 기업파산법을 제정하고 2007년 6월 1일을 기해 시행하고 있다. 정식명칭은 〈中华人民共和国企业破产法〉이며 총 12장 136조로 되어있다. 이 법의 제정으로 이전에 민사소송법 제19장에 있던 기업법인 파산절차는 삭제되었다.

55) 우리 법제상으로는 법정소송담당, 임의적 소송담당 어느 것에도 해당하지 않으므로 이와 같은 소송은 불가능할 것이다. 다만 형법 제308조의 사자 명예훼손죄에 해당될 것이다.

56) 〈最高人民法院关于审理名誉权案件若干问题的解答〉[法发(1993) 15号, 1993-08-07] 제5문(問) 참조.

57) 우리는 재산관리인을 법정대리인으로 취급하므로 제3자 소송담당으로 보지 않는다.

기타 비용의 지급을 거절하여 채권자가 소송을 제기하는 경우에는 법원이 관리인을 피고로 세워야 한다고 하며, 재산관리인은 실종자의 채무자에 대하여 채무의 상환을 구하는 경우에는 원고가 되어 소를 제기할 수 있다고 하고 있다.[58]

또한 실종선고의 신청이나 행위능력제한에 관한 신청은 이해관계인이 할 수 있도록 되어있다(민소법 제166조 및 170조).

4. 유산관리인, 유언집행인의 소송담당

중국의 상속법에는 이와 같은 유산관리인 혹은 유언집행인에 관한 명문의 규정이 없으나 민법이론상 이를 인정해야 하며 이 경우에는 유산관리인, 유언집행인만이 원고와 피고가 되어야 한다고 한다.[59] 소송 중 당사자가 사망한 경우 다음에 보는 바와 같이 대체적으로 상속인이 소송을 승계하는 것으로 보고 있다.

제6절 당사자의 변경

Ⅰ. 당사자 변경의 의의

소송이 진행되는 도중 당사자가 교체되거나 추가되는 것을 당사자의 변경이라 한다. 우리의 당연승계 및 특정적 승계와 동일한 선상에 있는 제도이나 법률규정의 미비점이 많다. 당사자의 변경과 관련하여 소송승계에 관한 규정은 약간 있으나 임의적 당사자변경에 관한 규정은 없다.

Ⅱ. 소송승계

소송이 진행되는 도중에 포괄적인 승계사유가 발생한 경우이다. 이 경우 승계인은 피승계인의 소송상 지위를 그대로 승계하게 되며, 피승계인의 기왕(旣往)의 소송행위

---

58) 〈最高人民法院关于贯彻执行≪中华人民共和国民法通则≫若干问题的意见[试行](一)〉(1988-01-26).
59) 赵钢, 占善刚, 刘学在 著, 前揭 民事诉讼法, 112面 참조.

도 모두 효력이 유지된다. 현재 중국에서는 다음과 같은 승계사유를 인정하고 있다.

1. 당사자의 사망

소송진행 중 당사자가 사망한 경우에는 그 상속인이 소송을 승계한다. 〈약간의견〉 제44조는 "소송 중 일방당사자가 사망한 경우, 상속인이 있는 경우에는 소송을 중지하는 재정을 하여야 한다. 법원은 즉시 상속인에게 통지하여 소송을 승계하도록 하여야 하며, 피승계인이 이미 한 소송행위는 승계인에 대하여 유효하다"고 규정하고 있다. 통지를 받은 상속인이 승계를 거부하는 경우에는 민사소송법 제151조 제1호를 준용하여 소송권리를 포기한 것으로 보고 소송을 종결하여야 할 것이다.[60] 중국의 상속법상으로는 아직 유산관리인제도, 유언집행인제도가 없기 때문에 이론상은 별론으로 하고, 실제로는 상속인이 소송을 승계하는 것이 일반적이다.[61]

2. 법인의 해산 등

소송 중 법인이 합병되거나 분리되어 소멸한 경우에는 합병 후의 법인 혹은 분리 후에 새로 성립한 법인이 소송권리를 승계하여 소송에 참가한다(〈약간의견〉 제50조). 법인이 해산되거나 설립이 취소되거나 파산이 선고된 경우에는 그 청산기구가 소송을 승계한다.

Ⅲ. 임의적 당사자변경

중국의 민사소송법에는 임의적 당사자변경에 대한 명문의 규정이 없다.[62] 그러나 실무상으로는 늘 행해지는 것이며, 중국의 법원은 우리보다 더 적극적인 면이 있다.

1. 교환적 변경

임의적 당사자변경은 당사자적격을 그르친 경우에 이를 바로잡는 수단이며 중국에서는 이를 수리절차에서 가리는 것이 보통이다. 다만 수리절차에서 정당한 당사자로

---

60) 梁书文 主编, 前揭 民事诉讼法适用意见新释, 99面 참조.
61) 谭兵, 李浩 主编, 前揭 民事诉讼法学, 135面.
62) 우리의 과거 판례는 임의적 당사자변경을 허용하지 않았으나 1990년 개정시 현행법 제68조, 제260조, 제261조를 신설하여 부분적으로 임의적 당사자변경을 허용하게 되었다.

교체하지 못한 경우에는 소송 중 적격자로 당사자를 교체하게 된다. 이렇게 되면 교체 전의 당사자가 행한 소송행위는 신당사자에게 대하여 효력이 없다.[63]

실무상의 통상적인 처리방법은 다음과 같다고 한다. 우선 원고적격이 흠결된 경우 법원이 원고의 교체를 통지하며 이때 원고가 소송에서 탈퇴하기를 거부하는 경우에는 재정으로 소를 각하하며, 원고적격자가 참가하기를 거부하는 경우에는 소송심리를 종결한다. 피고의 적격이 흠결된 경우에도 법원이 그 교체를 통지하며, 이때 원고가 피고의 교체를 원하지 않는 경우에는 재정으로 소를 각하한다. 그리고 적격자인 피고가 소송에 참가하기를 거부하여 두 차례에 걸친 소환에도 불구하고 정당한 이유 없이 불출석하는 경우에는 법률에 따라 구인(拘引)하거나 결석판결을 한다.[64]

소송 중 당사자가 소송물인 권리나 계쟁물을 양도한 경우에 대하여도 규정이 없으나 이 경우도 당사자의 변경을 허용하자는 것이 학설의 견해인 듯하나 구체적으로 당사자항정주의를 취할 것인지 승계주의를 취할 것인지에 대하여는 명확한 설명은 없다.[65]

2. 추가적 변경(당사자의 추가)

소송진행 중 당사자를 추가하는 경우는 공동소송에서 일부가 탈루된 경우에 발생한다. 민사소송법 제132조는 "반드시 공동으로 소송을 진행하여야 할 당사자가 소송에 참가하지 않은 경우 법원은 그에게 소송에 참가하도록 통지하여야 한다"고 규정하고 있다. 이 규정에 대한 사법해석인 〈약간의견〉 제57조에 의하면 이 경우에는 민소법 제132조에 따라 참가를 통지하여야 하며 당사자도 법원에 참가신청을 할 수 있다고 한다. 당사자가 참가신청을 한 경우에는 심사를 하여 이유가 없는 경우에는 재정으로 기각을 하고 이유가 있는 경우에는 서면으로 추가될 당사자에게 소송에 참가할 것을 통지하여야 한다고 한다(자세한 것은 후술하는 공동소송 부분 참조).

원고에 한하여 추가할 수 있는지에 관하여는 〈약간의견〉 제58조가 "공동소송인의 추가를 통지하는 경우에는 다른 당사자에게도 통지를 해야 한다"라고 하는 점으로 미루어 피고의 추가도 인정된다고 본다. 또 민사소송법 제56조에 의하면 독립적인 청구권 없는 제3자[66]라도 사건의 처리결과와 법률상 이해관계가 있는 경우에는 소송에 참

63) 蔡虹 著, 民事诉讼法学(第二版), 北京大学出版社(2010), 157面 참조.

64) 上揭書, 同面.

65) 谭兵, 李浩 主编, 前揭 民事诉讼法学, 136面; 赵钢, 占善刚, 刘学在 著, 前揭 民事诉讼法, 112~113면 참조.

66) 우리나라의 보조참가와 유사한 것이나 중국의 경우는 보조참가인을 법원이 추가시키고 그에게 직접 의무를 이행하도록 판결을 할 수 있는 점에서 큰 차이가 있으며 이 경우에는 참가인은 당사자의 지위를 가지게 된다(후술하는 소송참가 부분 참조).

가할 것을 신청할 수 있으며 법원도 그에게 소송에 참가할 것을 통지할 수 있다고 하고 있으므로, 독립청구권 없는 제3자도 법원의 통지에 의하여 추가될 수 있을 것이다.

당사자의 추가는 제1심은 물론 제2심에서도 가능한 것으로 보고 있다.[67] 제2심에서 추가하면 추가되는 자의 심급의 이익과 관련하여 논란이 있으나 이 경우에는 제2심에서 가급적 조정으로 사건을 마무리 할 것이고 조정이 성립하지 않는 경우에는 제1심으로 환송하여 재판하도록 하는 것이 옳다는 견해가 나와 있다.

제7절 당사자의 권리와 의무

당사자의 소송상의 권리라 함은 당사자의 실체법적, 소송법적 권익을 보호하기 위하여 민사소송법이 부여하는 권리이며, 소송상의 의무는 소송질서를 유지하여 소송활동이 순조롭게 진행되도록 하기 위하여 당사자에게 그 준수를 요구하는 의무이다. 특히 중국의 민사소송법은 당사자의 소송방해 행위에 대하여는 별도의 장(제10장)을 두어 엄격히 처리하고 있다. 당사자의 권리와 의무를 직접적으로 규정하고 있는 곳은 민사소송법 제49조 제1항과 제2항, 제50조 내지 제51조이다.

Ⅰ. 당사자의 권리

당사자가 향유하는 소송상의 권리를 실체법상의 권리를 처분할 수 있는 권리와 소송법상의 권리를 처분할 수 있는 권리로 나누어 설명하기도 하나 실체법상의 권리의 처분(예컨대 청구의 포기)도 소송행위를 통하여 하기 때문에 양자를 구별할 필요는 없을 것이다.[68]

1. 사법적 보호를 청구할 수 있는 권리

공민이나 법인 기타 조직이 민사권리의 침해를 받았거나 법률관계를 둘러싸고 분쟁

---

67) 谭兵, 李浩 主编, 前揭 民事诉讼法学, 同面; 赵钢, 占善刚, 刘学在 著, 前揭 民事诉讼法, 同面 참조.
68) 刘家兴, 潘剑锋 主编, 民事诉讼法教程, 100面 참조.

이 발생한 경우에는 그 보호를 법원에 청구할 수 있다. 이를 위하여 구체적으로 원고는 제소권을 가지며 피고는 답변을 할 권리, 반소권을 가진다. 또 원고는 제소 후에 소송상의 청구를 변경하거나 포기할 권리를 가지며 피고는 상대방의 청구를 인낙할 수 있는 권리를 가진다. 또 법원의 제1심 판결에 대하여 상소를 제기하여 자기에게 유리하게 판결을 변경해줄 것을 청구할 수 있다. 나아가 법률적 효력이 발생한 판결, 재정, 조정서라도 법정의 사유가 있는 경우에는 바로 위급의 법원에 재심을 청구할 권리를 가진다.

2. 소송대리인 선임권

당사자는 소송 중 타인의 도움을 받을 권리가 있으며 당사자 1인당 1 내지 2명의 대리인을 선임하여 소송을 대리하게 할 수 있다.

3. 회피신청권

법관 등의 공정성을 기대할 수 없는 경우에는 법정의 회피사유를 가지고 있는 법관, 서기, 통역인, 감정인, 검증인에 대하여 심리나 사건과 관련 있는 직무로부터 제외해 줄 것을 신청할 수 있다.

4. 증거의 수집제출권

당사자는 자기의 합법적인 권익을 보호하기 위하여 자기에게 유리한 증거를 수집하고 이를 법원에 제출할 권한을 갖는다. 나아가서 객관적인 원인으로 스스로 증거를 수집할 수 없는 경우에는 법원에 조사수집해 줄 것을 요청할 수 있으며, 멸실 등의 우려가 있는 증거에 대하여는 증거보전을 신청할 수 있다. 또한 법정에 제출된 증거에 대하여 당사자는 다시 조사, 감정 혹은 검증을 해달라고 요청할 수 있다.

5. 진술과 질증(質證)을 할 권리

당사자는 자기의 주장과 의견을 제출하고 상대방이 제출하거나 법원이 수집한 증거에 대하여 질증을 할 권리를 가진다.[69]

---

69) 질증에 관한 것은 본서 증거부분 참조.

6. 조정신청의 권리

소송진행 중 당사자는 법원에 조정을 신청할 권리를 가지며, 법원이나 상대방의 조정신청을 거절할 권리를 가진다.

7. 화해를 할 권리

당사자는 법원이 재판을 내리기 전에 스스로 협상을 통하여 화해를 하여 소송을 종결시킬 수 있다.[70)]

8. 소송서류와 법률문서의 열람과 복제권

당사자는 사건과 관련 있는 자료를 열람할 권한이 있으며, 관련자료와 법률문서를 복제할 권리가 있다. 또한 변론조서에 잘못이 있는 경우에는 이를 정정해 줄 것을 청구할 수 있다.

9. 집행신청권

당사자가 이행의무가 기재된 법률문서를 자발적으로 이행하지 않는 경우에는 법원에 그 집행을 신청할 수 있다.

10. 보전신청[71)]과 우선집행 신청권[72)]

당사자는 요건을 갖춘 경우에 보전과 우선집행을 신청할 수 있다.

Ⅱ. 당사자의 의무

1. 법률에 따라 자기의 권리를 행사할 의무

당사자는 법률의 규정에 의거하여 그 권리를 행사해야 하며 이를 남용해서는 안 된다.

70) 화해에 의한 소송의 종결은 우리 제도와 매우 다르다(본서 소송의 종료 부분 참조).
71) 2007년 법까지는 재산보전이라는 용어를 사용하였으나 2012년 개정으로 재산을 뺀 보전이라는 용어로 고쳤다(민소법 제100조 이하).
72) 우선집행은 존속부양료, 배우자간의 부양료, 비속부양료(양육비), 근로보수 등을 청구하는 경우에 긴급한 수요가 인정되는 경우에 당사자의 신청에 따라 판결 전에 미리 집행하는 것을 말한다(민소법 제106조).

2. 소송질서의 준수의무

당사자는 소송질서를 준수해야 하고 법원의 소송지휘에 복종해야 하며 법원의 심판권을 존중해야 한다. 이를 위반하는 경우에는 상당히 엄중한 제재를 받게 된다(민소법 제10장).

3. 법률적 효력이 발생한 법률문서를 이행해야 할 의무

당사자는 법률적 효력이 발생한 판결서, 재정서, 조정서에 확정된 의무를 자발적으로 이행해야 하며 그 이행을 거부하면 강제집행의 대상이 된다.

제2장 중국의 다수당사자 소송관계

제1절 서언(序言)

다수당사자가 관여되는 소송관계를 위한 중국 민소법상의 제도는 과거 공동소송(민소법 제52조), 대표자소송(代表人訴訟: 민소법 제53조, 제54조), 소송참가(第三人制度: 민소법 제56조)로 대별되었으나, 2012년 개정으로 공익소송(민소법 제55조)이 추가되었다.[1] 이 중 공동소송은, 그 개념은 우리와 같으나 공동소송의 종류에 있어서는 공동소송인 간의 관계에 주안을 두어 필요적 공동소송과 보통공동소송으로 구별하는 점에서 우리 분류방법과는 다른 규율을 하고 있다.

대표자소송제도는 우리의 선정당사자제도와 유사한 것과 영미법상의 집단소송(class action)과 유사한 두 가지 종류가 있으며, 제소시에 당사자의 수가 확정된 경우에는 선정당사자소송과 유사하게 처리를 하고 제소시에 당사자의 수가 확정되지 않은 경우에는 영미식의 집단소송에 근접한 방식으로 처리하고 있다. 그리고 소송참가제도는 참가의 형태를 독립청구권 있는 제3자의 참가와 독립청구권 없는 제3자의 참가로 나누어 규정하고 있다. 또 상술한 바와 같이 다년간 큰 논란을 겪었던 공익소송제도를 2012년 신설하게 되었다(민소법 제55조).

중국의 다수당사자 소송관계는 여러 가지 점에서 우리의 제도와 차이가 있다. 그 근본적인 이유는 결국 국가간예주의, 사법의 미독립(未獨立)에서 찾을 수 있을 것이다. 우선 국가간예주의의 영향으로 처분권주의와 변론주의가 제대로 정착되지 못하였으며, 이로 인하여 상당히 많은 부분에서 우리 제도와 차이를 보이고 있다. 그리고 사법권의 독립이 없는 중국에서는 법전에 있는 제도의 활용도 다른 국가기관의 눈치를

1) 전체적으로 보아서 현재까지는 공동소송이 상당히 중시되고 있으며 대표당사자소송은 그 필요성에도 불구하고 실무상 기피되는 현상을 볼 수 있다.

보아야 하는 면이 있다. 따라서 중국의 다수당사자 소송관계는 우리가 정확히 이해하기 몹시 어려운 면이 있다.

중국도 사회주의 색채를 상당히 보유하고 있는 현행의 민사소송법상의 다수당사자 소송제도로는, 이미 성숙된 시장경제체제하에서 빈발(頻發)하는 다수자 관련의 집단적 민사분쟁을 합리적으로 처리할 수 없는 상태에 이르렀다는 점을 인식하게 되었다. 이에 따라 특히 학계에서는 서구의 다수당사자 소송제도에 상당한 관심을 표하고 있으며 이를 거울삼아 중국의 제도를 수정하려는 노력이 활발하다. 학자들의 성향에 따라 현재의 제도 내에서 외국의 제도를 참고하여 문제점을 해결하려는 견해를 보이는 경우가 있는가 하면, 아예 서구제도의 틀을 중국에 들여오려는 과감한 견해도 있다. 중국의 민사소송법 교과서들을 보아도 저자마다 다른 견해를 보이거나 혹은 같은 견해라도 틀(frame)을 달리하여 서술하고 있어 명료하게 중국의 다수당사자 소송관계를 이해하기에 큰 어려움이 있다.

제2절 공동소송

Ⅰ. 공동소송 개설(概說)

공동소송이라 함은 원고측 또는 피고측 혹은 그 쌍방의 당사자가 복수인 소송을 가리킨다. 같은 편에 있는 당사자를 각각 공동원고, 공동피고라고 하며 보통은 공동소송인이라 칭한다. 원고측이 다수인 경우를 적극적 공동소송(積極的共同訴訟)이라 하고 피고측이 다수인 소송을 소극적 공동소송(消極的共同訴訟), 또 양측이 모두 복수당사자인 소송을 혼합적 공동소송(混合的共同訴訟)이라 부르기도 한다.[2)]

공동소송제도의 취지는 민사실체법상의 제도와 보조를 맞추고 소송경제의 이상을 달성함과 동시에 법원이 관련성이 있는 소송에서 모순된 판결을 하는 것을 방지하는데 있다는 점에서는 우리와 다를 것이 없다.[3)]

중국의 민소법 제52조 제1항은 "당사자의 일방 혹은 쌍방이 2인 이상이며, 그 소송

2) 江伟 主编, 前揭 民事诉讼法, 118~119面 参조.
3) 梁书文, 回沪明, 杨荣新 主编, 前揭 民事诉讼法及配套规定新释新解(上), 687~689面 참조.

물(소송표적: 訴訟標的[4])이 공동이거나, 소송물이 동일한 종류이며 법원이 병합심리가 가능하다고 인정하고 당사자가 동의하는 경우에는 공동소송으로 한다"라고 규정하고 있다. 이 규정으로부터 공동소송의 요건과 종류를 알 수 있으며, 같은 조 제2항이 그 심리원칙을 정하고 있다.

규정이 애매하기 때문에 해석을 둘러싸고 많은 이견이 있고 이를 해결하기 위하여 최고인민법원은 〈약간의견〉에서 적지 않은 조문(제43조, 제44조, 제52조 내지 제58조 등)을 할애(割愛)하여 민소법 제52조를 보충하였으며, 그 후에도 많은 사법해석을 내린 바가 있다.

급별관할이 있는 중국에서 공동소송의 제1심은 어느 법원이 맡아야 하는지도 문제가 된다. 특히 당사자의 수가 많은 공동소송의 경우는 사건이 복잡할 수 있기 때문에 중급인민법원 내지 고급인민법원이 제1심을 담당해야 하는지가 문제된다. 이에 관하여 최고인민법원은 통지[5]를 내려 당사자수가 많은 공동소송의 경우에도 급별관할에 관한 규정에 따라 기층인민법원이 수리하되, 고급인민법원 관할 내에 중대한 영향을 미칠 수 있는 사건은 중급인민법원이 수리하고 상황이 특수하여 고급인민법원이 제1심을 맡아야 할 확실한 필요가 있는 경우에는 최고인민법원의 비준을 받아 고급인민법원이 수리할 수 있도록 하였다.

중국 민사소송상 공동소송의 종류에는 필요적 공동소송[6]과 보통공동소송의 두 가지가 있다. 아래에서 보는 바와 같이 소송물이 여러 사람에게 공동으로 귀속되어 있는 경우를 필요적 공동소송이라 하며 소송물이 같은 종류에 속하는 경우를 보통공동소송으로 본다. 이와 같은 분류방법은 우리와는 매우 다른 방식이다.

또 현재까지는 특수한 형태의 공동소송을 인정하지 않고 있어 우리나라에 있는 소의 주관적 예비적·선택적 병합과 같은 것은 별도로 인정하지 않고 있다. 다만 필요적 공동소송에서 유사필요적 공동소송을 새로 인정하여 고유필요적 공동소송과 달리 규율하려는 시도가 학설을 중심으로 활발히 전개되고 있을 뿐이다.

---

4) 중국에서는 소송물이라는 용어도 사용하기는 하나 诉讼标的이 법전상의 용어이다(민소법 제53조 등). 독일어 Streitgegenstand의 역어(譯語)이다. 우리에게 소송표적이라는 용어는 생소하므로 이하에서는 소송물로 고쳐 쓰기로 한다.

5) 〈最高人民法院关于人民法院受理共同诉讼案件问题的通知〉 法(2005)270号, 2005-12-30.

6) 우리나라는 2002년 개정시 필요적 공동소송을 필수적 공동소송으로 개칭하였으나, 중국에서는 시행법(試行法, 1982) 시대부터 줄곧 필요적 공동소송이라는 용어를 쓰고 있으므로 이하에서는 이 용례(用例)를 따라 중국의 제도를 말할 때는 필요적 공동소송이라 부르기로 한다.

Ⅱ. 공동소송 요건과 공동소송 분류

1. 중국의 공동소송의 요건의 특징

중국 민사소송법 제52조 제1항은 공동소송의 주관적 요건을 정하고 있는 규정이라 할 수 있다. 이를 우리 민사소송법 제65조와 비교하면 다음과 같은 차이를 발견할 수 있다.

우선 우리 민사소송법 제65조는 병합심리하기에 적합한 각 청구의 상호공통성을 규정한 것으로 전문(前文)과 후문(後文)으로 나뉘어져 있다. 그리고 전문은 다시 전단(前段)과 후단(後段)으로 나뉘어 결국 공동소송을 할 수 있는 경우를 3가지로 보고 있다. 즉 제65조 전문의 전단은 소송의 목적되는 권리의무가 여러 사람에게 공통되는 경우(권리의무의 공통)를, 후단은 소송의 목적되는 권리의무가 동일한 사실상 혹은 법률상의 원인으로 말미암아 생기는 경우(발생원인의 공통)를 공동소송의 요건으로 정하고 있다. 그리고 제65조 후문은 소송의 목적되는 권리의무가 같은 종류의 것이고 같은 종류의 원인으로 발생하는 경우(권리의무의 성질과 발생원인의 동종성)를 공동소송의 요건으로 정하고 있다. 3가지의 요건을 분석하면 후문의 경우보다는 전문이, 또 전문 중 후단보다는 전단이 청구상호간 공통성이 강하고, 공동소송인간의 주관적 관련성이 더 깊다고 평가할 수 있다.

한편 중국 민사소송법 제52조 제1항은 소송물이 공동인 경우와 소송물이 동종인 경우 두 가지를 정하고 있다. 역시 이 경우도 후자보다는 전자가 더 관련성이 깊다고 평가할 수 있다.

우리의 공동소송요건과 비교하면, 우선 중국의 경우는 우리 민사소송법 제65조 전문 후단에 해당하는 "발생원인의 공통"이 빠져있음을 알 수 있다. 여기에 해당하는 소송을 어떻게 처리하여야 하는가가 중국에서는 문제가 된다. 후술하는 바와 같이 이 경우를 중국에서는 일부는 필요적 공동소송으로, 나머지는 보통공동소송으로 취급하고 있다. 또 후자의 경우도 우리와 달리 소송물의 동종성은 요구하나 발생원인의 동종성에 관하여는 침묵하고 있다.

또 중국의 공동소송제도에서는 필요적 공동소송의 경우는 언제나 소송물(권리의무관계)이 1개라고 보기 때문에 객관적 요건, 즉 청구병합의 요건은 문제되지 않는다. 즉 소송물이 한 개이므로 ① 병합되는 청구가 동종의 절차에 의하여 심판될 수 있을 것, ② 수소법원이 각 청구에 대하여 관할권을 가질 것과 같은 요건은 필요가 없게 된다. 따라서 객관적 요건은 보통공동소송의 경우에만 필요한 것으로 본다.

2. 주관적 요건과 공동소송의 분류

공동소송의 요건과 관련하여 또 한 가지 주의할 점은 위에서 언급한 바와 같이 중국의 경우는 이 주관적 요건이 공동소송의 종류를 규정(規定)한다는 것이다. 즉 권리의무가 공통인 때는 필요적 공동소송으로, 권리의무가 동종성을 갖춘 데 불과한 경우는 보통공동소송으로 취급을 한다. 이 점은 우리 민사소송제도가 제65조는 공동소송을 하기에 적합한 권리의무간의 상호공통성을 정한 것에 불과하고, 필수적 공동소송과 통상공동소송은 권리의무(소송물)의 합일확정이 필요한지에 따라 별도로 정하는 점과 큰 차이가 있다.

이와 같은 분류방식의 차이로 말미암아 뒤에서 보는 바와 같이 우리나라 같으면 당연히 통상공동소송으로 처리될 많은 분쟁이 중국에서는 필요적 공동소송으로 취급되고 있음을 주의해야 한다. 예컨대 공유관계를 둘러싼 분쟁, 연대채무로부터 발생하는 분쟁, 수인에 대한 동일한 소유권의 확인청구, 주채무자와 보증인을 공동피고로 하는 사건, 공동 불법행위로 인하여 발생하는 분쟁 등은 중국에서는 모두 필요적 공동소송으로 취급한다.

이와 같은 분류방식은 중국민사소송제도의 출발점인 사회주의 민사소송제도와 관련이 있다고 생각한다. 최근 학자들의 강한 반대가 있기는 하나 사회주의 민사소송의 기본원칙인 진실절대주의와 국가간예원칙이 여전히 명문의 규정이 없는 기본원칙으로서 그 영향력을 발휘하고 있다. 진실절대주의와 국가간예원칙은 처분권주의와 변론주의의 부정 내지 위축을 초래하게 된다.

공동소송에서도 처분권주의는 상당히 심한 제한을 받고 있으며, 그 적례(適例)는 필요적 공동소송에서 권리의무자 중 탈루된 자가 있는 때에는 법원이 강제로 이를 가입시켜 원피고로 할 수 있다는 점에서 볼 수 있다. 한편 심리에서 변론주의가 배제되거나 위축되므로 당사자의 소송행위의 내용에 따라 승패가 결정된다는 것을 쉽게 받아들일 수 없는 것이 전통적인 사회주의 민사소송이었다. 간단히 말한다면 공동권리자는 언제나 같이 소송에 참가하여야 하며(처분권주의의 배제) 만약 승소한다면 모두 같이 승소해야 하고 패소한다면 모두 같이 패소해야 한다(변론주의의 배제 내지 위축[7])는 것이 그간 통용되던 중국 민사소송법의 원칙이라는 것이다.[8]

---

7) 국가(법원)가 재판을 하면서 같은 사건에 누구는 승소하고 누구는 패소한다는 점을 용인할 수는 없다는 것이다. 이에 비하여 우리의 민사소송에 있어서는 변론주의가 확고히 자리 잡고 있으므로 공동소송인간에도 공격방어 방법의 제출 여하에 따라 승패가 달라지는 것이 원칙이므로, 통상공동소송이 원칙적인 공동소송 형태이고 필요적 공동소송은 이례적인 것이 된다.

8) 최근 서구식 모델을 주장하는 학자들은 유사필요적 공동소송의 인정을 주장하기도 하나 기본적

이와 같은 논리라면 자연스럽게 공동의 권리의무자는 모두 우리의 고유필수적 공동소송인의 지위에 서게 되며 소송의 결과는 당연히 합일확정되어야 할 것이다. 필자(筆者)의 생각으로는 바로 이와 같은 중국의 전통적 소송관으로 인하여 우리식이라면 마땅히 통상공동소송으로 취급해야 할 상당수의 사건이 필요적 공동소송으로 취급되고 있다고 본다.

이와 같이 많은 수의 사건이 필요적 공동소송으로 취급되므로 중국의 공동소송제도 하에서는 필요적 공동소송이 오히려 공동소송의 원칙적인 형태로 취급되고 있음을 볼 수 있다. 공동소송 부분에 대한 교과서의 서술순서를 보면 대다수의 저자들이 필요적 공동소송을 먼저 기술하고 보통공동소송을 나중에 기술하는 점에서도 이와 같은 사실을 간취(看取)할 수 있다.[9]

Ⅲ. 필요적 공동소송(必要的共同訴訟)

1. 필요적 공동소송의 의의

필요적 공동소송이라 함은 당사자의 일방 혹은 쌍방이 2인 이상이고 그 소송물(소송표적)이 공동인 경우를 말한다(민소법 제52조 제1항). 여기의 소송물(소송표적)이 공동이라 함은 수인 간에 권리 또는 의무가 공통인 경우를 가리킨다.[10] 요컨대 공동소송의 주관적 요건 중 우리 민소법 제65조의 전문 중 전단의 권리공통 및 의무공통에 해당하는 경우를 필요적 공동소송으로 처리함을 알 수 있다. 중국에서는 원래 고유필요적 공동소송과 유사필요적 공동소송을 구분하지 않고 모든 필요적 공동소송은 공동소송이 강제되는 고유필요적 공동소송(不可分의 訴)으로 취급되고 있었다. 불가분의 소이므로 공동소송인 중 탈루된 자에 대하여는 이를 추가하여 병합심리하게 하였다.[11] 그러나 최근에는 유사필요적 공동소송의 필요성을 강조하는 견해가 나와 있고 실무적으로도 일정한 경우에는 유사필요적 공동소송의 법리에 따르는 경우도 있다고 한다. 이에 따르면 필요적 공동소송이지만 소송공동(訴訟共同), 즉 공동소송의 강제는 없는 형태도 인정될 수 있다고 한다.

으로 권리의무의 공동성을 기준으로 공동소송을 분류하는 방식 자체에 대하여는 그다지 이견을 보이지 않고 있다.

9) 다만 최근의 교과서 중 江伟 主编, 前揭 民事诉讼法(第四版), 141面 이하만은 보통공동소송을 먼저 기술하고 있다.

10) 江伟 主编, 前揭 民事诉讼法, 121面.

11) 梁书文, 回沪明, 杨荣新 主编, 前揭 民事诉讼法及配套规定新释新解(上), 688面.

2. 필요적 공동소송에 해당하는 사건

어느 경우가 필요적 공동소송이 되는가는 결국 실체법의 해석에 의존할 수밖에 없다. 실체법상 처분권 내지 관리권이 수인에게 공동으로 귀속되어 있는 경우에는 소송수행권(당사자적격)도 수인에게 공동으로 귀속되므로 필요적 공동소송 관계가 발생한다. 대표적인 것으로는 재산의 공동소유관계가 이에 해당한다. 전형적인 예로는 재산의 공유관계를 들 수 있으며(〈약간의견〉 제56조), 구체적으로는 조합원[合伙人][12]이 조합재산을 공유하는 경우, 공동상속인의 상속재산의 공유, 부부재산의 공유, 지적재산권의 공유관계를 들 수 있다.[13] 다만 공유관계라 하더라도 재산권의 침해를 이유로 보존행위로서 소를 제기하는 경우에는 전원이 제소할 필요는 없으므로 필요적 공동소송으로 볼 필요가 없다는 견해도 있다.[14]

또 동일한 사실상 혹은 법률상의 원인으로 수인이 공동의 권리의무를 가지게 되는 경우도 실무상 필요적 공동소송관계를 인정하는 경향이 있었으며 최근에는 학설도 마찬가지의 설명을 하는 경우도 있다.[15] 전형적인 예로는 수인의 공동가해로 손해를 입은 자가 손해배상청구를 하는 경우를 들 수 있다.

이 이외에도 최고인민법원의 거듭된 사법해석에 의하여 상당히 많은 사례가 필요적 공동소송으로 편입되었다. 필요적 공동소송으로 보는 중요한 사례를 보면 다음과 같다.

(1) 집체기업(集體企業)의 업무지원을 받는 개인 등[16]

자영업자[个体工商户], 개인조합[合伙] 혹은 사영기업이 집체기업의 업무지원을 받으

12) 合伙는 공동의 경영을 위한 사람의 결합체를 가리키는 것으로 우리의 조합과 유사하다고 볼 수 있다. 동업관계라고 번역하는 경우도 있다. 개인조합[个人合伙]은 2명 이상의 공민(자연인)이 합의에 따라 각자 자금, 실물, 기술 등을 제공하고 공동으로 경영하는 조직체를 말한다(중국 민법통칙 제30조).

13) 2007년 제정된 중국의 물권법상 공동소유형태에는 총유, 합유는 없고 공유밖에 없다. 다만 공유는 다시 지분권이 인정되는 안분공유(安份共有)와 지분권이 인정되지 않는 공동공유(共同共有)로 구분된다(중국 물권법 제93조 이하). 공유자가 채권자, 채무자가 되는 경우에는 대외적으로는 안분공유, 공동공유를 묻지 않고 연대채권, 연대채무가 발생하는 것으로 보며, 다만 내부적으로는 안분공유의 경우는 지분권의 한도에서 채권을 가지고 채무를 부담한다(동법 제102조). 연대채권, 채무관계로부터 발생하는 분쟁은 모두 필요적 공동소송의 대상이 된다고 하므로 공유관계로 제3자와 분쟁이 발생하는 경우는 모두 필요적 공동소송에 해당하게 된다.

14) 张卫平 著, 前揭 民事诉讼法(第二版), 152面.

15) 蔡虹 著, 前揭 民事诉讼法学(第二版), 163면.

16) 중국의 민법통칙에 의하면 기업법인에는 전민소유제(국유)기업, 집체소유제기업이 있다(민법통칙 제41조 이하). 이들은 사영기업과 다른 취급을 받는다. 집체기업은 예컨대 성, 향(乡), 촌(村) 등이 운영하는 기업을 말한다(예: 〈江西省人民政府关于加快全省乡村集体企业产权制度改革的通知〉 2000-02-25).

며 그 집체기업의 명의로 생산경영활동을 하는 경우, 그 개인사업자, 개인조합[合伙] 혹은 사영기업과 그들을 지원하는 집체기업은 소송상 필요적 공동소송인이 된다(〈약간의견〉 제43조).

(2) 영업허가증에 등기된 업주와 실제경영자가 다른 경우

자영업자[个体工商户]가 소송에 관련된 경우 영업허가증에 등기된 업주와 실제경영자가 필요적 공동소송인이 된다(〈약간의견〉 제46조).

(3) 개인조합의 전조합원

개인조합의 전조합원은 소송 중 필요적 공동소송인이 된다. 이 경우 조합은 대표자를 선출하여 소송을 진행할 수 있으며, 대표자를 선출할 때에는 전체조합원이 선출서를 작성하여야 한다(〈약간의견〉 47조). 조합원의 의견이 일치하지 않는 경우에는 대표자를 선출할 수 없고 전원이 나와 공동소송을 해야 한다. 조합의 당사자능력을 인정하고 있는 것과 모순되어 문제이다.

(4) 기업법인이 분리된(分立) 경우

기업법인이 나누어진 경우, 나누어지기 전의 민사활동으로 분쟁이 발생한 경우에는 분리 후의 기업들이 공동소송인이 된다.

(5) 타인의 소개서, 계약용 인장, 날인된 백지계약서 또는 은행계좌를 빌려 민사활동을 한 경우

이와 같은 불건전한 행위로부터 소송이 발생한 경우에는 빌려준 사람과 빌린 사람이 공동소송인이 된다(〈약간의견〉 52조).

(6) 보증관계로 인한 연대책임에 관한 분쟁

보증인과 주채무자간의 관계에 관하여 담보법이 제정되기 전에는 제소의 형태에 따라서 (i) 채권자가 보증인과 주채무자 모두에게 권리를 주장하는 경우에는 언제나 필요적 공동소송으로 취급하고, (ii) 채권자가 보증인에 대하여만 소를 제기한 경우에는, 보증계약에 명확히 보증인이 연대책임을 진다고 약정되어 있는 경우 이외에는 법원이 주채무자(피보증인)에 대하여 참가의 통지를 하여 공동피고로 하며, (iii) 채권자가 주채무자(피보증인)만을 상대로 소를 제기한 경우에는 피보증인에 대한 단독소송으로 취급하였다(〈약간의견〉 제53조).

그러나 현재는 담보법이 제정되어[17] 보증을 일반보증과 연대보증으로 나누고 일반

17) 담보법은 1995년에 제정되었고 〈약간의견〉은 1992년에 공포되었다.

보증의 경우에는 보증인에게 선소항변권(先訴抗辯權: 담보법 제17조 제2항)[18]을 부여하고 있기 때문에 일반보증의 경우에는 공동소송이 될 수 없으며, 연대보증의 경우만 보증인과 주채무자가 필요적 공동소송인의 관계에 서게 되었다고 한다.[19] 그러나 연대보증의 경우에도 채권자가 언제나 채무자와 보증인을 공동피고로 하여야 하는 것은 아니고 양자 중의 하나를 피고로 삼을 수도 있도록 하고 있는 점에서 이른바 고유필요적 공동소송으로 볼 수는 없다고 본다.[20]

(7) 공동상속된 유산으로 인한 사건

공동상속된 유산에 관한 소송은 필요적 공동소송으로 본다(〈약간의견〉 제54조). 즉 타인이 공동상속된 상속권의 전부 혹은 일부를 침해하여 일부의 상속인이 소를 제기한 경우에는 법원이 나머지 상속인에게 통지하여 공동원고로 소송에 참가하게 하여야 하며, 통지를 받은 상속인이 상속권을 포기함이 없이 불참하는 경우에도 법원은 그를 공동원고로 취급하여야 한다. 공동상속인 내부의 분쟁도 필요적 공동소송으로 보아야 한다.

(8) 부적절한 대리관계로 인한 분쟁

부적절한 대리관계로부터 발생하는 책임은 연대책임으로 의무공통의 일종으로 처리한다(〈약간의견〉 제55조). 예컨대 본인이 대리인의 위법행위를 알고도 묵인한 경우나, 대리인이 본인의 위탁사항이 위법인 것을 알면서도 대리행위를 한 경우는 본인과 대리인이 공동피고로 되어야 하며(민법통칙 제67조), 대리인과 제3자가 공모하여 본인의 이익을 해하거나 제3자가 대리인에게 대리권이 없는 것을 안 경우나, 권한을 넘은 대리라는 것이나 이미 대리권이 소멸했다는 것을 알면서 대리인과 법률행위를 한 경우에는 대리인과 제3자가 공동피고로 되어야 한다. 나아가 수권의 범위가 명확하지 않은 경우(민법 통칙 제65조 제3항)에는 본인과 대리인이 제3자에게 연대책임을 부담하여 공동피고로 되어야 한다.

(9) 공동불법행위로 인한 손해배상사건

공동불법행위로 타인의 재산권, 지적재산권, 신체권을 침해한 경우에 공동불법행위자는 필요적 공동소송인의 지위에 선다. 예컨대 甲이 고층빌딩 앞을 지나가는데

---

18) 우리의 최고검색의 항변권과 비슷한 개념으로 채무자의 재산에 대하여 법원의 판결 혹은 중재판정을 거친 후 주채무자의 재산에 대하여 집행을 한 후 부족분에 대하여만 보증인이 책임을 진다는 원칙하에 먼저 주채무자에 대하여 소를 제기하라는 항변을 할 수 있는 권한을 말한다.

19) 梁书文, 回沪明, 杨荣新 主编, 前揭 民事诉讼法及配套规定新释新解(上), 690~691面.

20) 〈最高人民法院关于适用≪中华人民共和国担保法≫若干问题的解释〉[法释(2000) 44号, 2000-12-08] 제126조.

乙, 丙, 丁 3인이 모두 수박 껍질을 던져 그 중 하나에 의하여 부상을 당했으나 누가 던진 것에 맞았는지를 알 수 없는 경우는 乙, 丙, 丁을 공동피고로 하여 손해배상을 구하는 소를 제기할 수 있다.[21] 피해자가 공동불법행위자 중 일부에 대하여만 소를 제기한 경우에는 법원이 다른 불법행위자를 추가하여 공동피고로 하여야 한다.[22]

(10) 부양관계의 분쟁

부양관계[23]에 있는 부모나 양부모와 자녀 혹은 양자녀의 관계에서 발생하는 분쟁은 부모 혹은 양부모, 자녀 혹은 양자녀가 모두 원고 또는 피고가 되어야 한다. 예컨대 수인이 부모를 부양해야 하는 경우에는 부양관계로 소송이 발생하면 모든 부양자가 공동소송인이 되어야 한다. 왜냐하면 모든 부양자가 공동피고가 되어야 부양의 방식(부양료를 지급할 것인가 아니면 돌볼 것인가), 부담비율 등을 각각의 경제사정 등을 참고하여 정할 수 있기 때문이라고 한다. 다만 이미 당사자간의 약정이나 판결에 의하여 부담의 방식, 부담비율이 확정되면 이후에는 단독소송의 대상이 된다. 그러나 이미 정해진 것이라고 하더라도 경제사정의 변동 등으로 다시 정할 필요가 있는 경우에는 다시 필요적 공동소송이 된다고 한다.[24]

(11) 원고용자(元雇傭者)가 신고용자와 피고용자를 공동피고로 하는 경우

고용관계가 해제되지 않은 노동자를 다른 사람이 고용하여 분쟁이 발생하는 경우, 원래의 고용자는 노동자와 신고용자를 공동피고로 소송을 제기할 수 있다. 또한 원래의 고용자가 신고용자 혹은 노동자 어느 일방에 대하여 소를 제기하면서 나머지 일방을 소송참가인으로 끌어들일 수도 있다.[25]

3. 유사필요적 공동소송의 문제

전술한 바와 같이 원래 중국에서는 필요적 공동소송은 이른바 불가분의 소로 전원이 모두 소송에 참가하여야 하고 승패도 일률적이어야 하는 고유필요적 공동소송을 가리키는 말로 사용되었다. 이러한 전제하에 공동소송인의 추가제도(민소법 제132조)

---

21) 谭兵, 李浩 主编, 前揭 民事诉讼法学, 140面.

22) 〈最高人民法院关于审理人身损害赔偿案件适用法律若干问题的解释〉[法释(2003) 20号, 2003-12-26] 제5조.

23) 중국에서는 부모가 자녀를 부양하는 것을 무양(撫養)이라고 하고 자녀가 부모를 부양하는 것을 섬양(贍養)이라 한다.

24) 刘家兴, 潘剑锋 主编, 前揭 民事诉讼法教程, 107面 참조.

25) 〈最高人民法院关于审理劳动争议案件适用法律若干问题的解释〉 [法释(2001) 14호, 2001-04-16] 제11조. 후술하는 바와 같이 중국에서는 제3자를 당사자의 신청이나 직권으로 참가시켜 이에 대하여 이행명령을 하는 제도가 있다.

를 두고 있다. 그러나 최근에는 공동소송이 강제되지 않는 유사필요적 공동소송을 인정하여야 한다는 견해가 매우 활발히 주장되고 있다.[26] 이에 따라 필요적 공동소송을 고유필요적 공동소송과 유사필요적 공동소송으로 나누어 기술하는 교과서도 나오고 있다.[27] 그러나 어떤 경우가 유사필요적 공동소송인지에 관하여는 우리와 다른 견해를 보이고 있다. 우리나라에서는 주로 상법상의 회사관계소송에서 그 예를 많이 찾고 있으나 중국의 경우에는 이와 같은 것은 간단히 외국의 예로 소개하고 있을 뿐이고 주로 다음과 같은 경우를 유사필요적 공동소송으로 보아야 한다고 주장한다.

(1) 동일한 사실상 혹은 법률상의 원인으로 발생한 소송물

중국 민사소송법 제52조에는 우리나라 민사소송법 제65조 전문 후단의 "동일한 사실상 혹은 법률상의 원인"에 대한 규정이 없다. 따라서 중국에서는 소송물이 공통이거나 동종류인 경우 이외에 발생원인을 공통으로 하는 경우를 어떻게 처리할 것인가에 관하여 상당히 논란이 되고 있다. 이제까지 중국의 실무상으로는 이를 필요적 공동소송(고유필요적 공동소송)으로 처리하기도 하고 보통공동소송으로 처리하기도 하여 일관성이 없었다고 한다. 법률의 규정이 없으므로 결국 법원의 재량권의 남용으로 이어지는 경우가 많다고 한다.[28] 예를 들면 식당의 조리용 화로가 폭발하여 수인의 고객이 상해를 입어 그 수인이 공동소송을 제기한 경우를 법원이 분리심판하는 경우도 있다고 한다.[29] 또 반대로 아무런 근거 없이 부당하게 당사자를 추가하여 필요적 공동소송(고유필요적 공동소송)으로 처리하는 경우도 있다고 한다. 예를 들면 乙이 甲으로부터 물건을 매수하기로 계약을 하고 그 자금을 신용회사 丙으로부터 대부받으면서 그 대여금은 당해물건을 구입하는 데 사용하고 구입한 물건에 저당권을 설정하기로 한 후, 甲으로부터 넘겨받은 물건을 팔아서 甲에게 물건대금으로 지급하지 않고 丙의 대출금의 상환에 사용하여 甲이 乙에 대하여 소를 제기한 경우 법원이 丙을 피고로 추가하여 丙에게 지급을 명한 경우도 있다고 한다.[30]

위와 같은 경우 법원의 재량권이 너무 넓어지므로 일종의 유사필요적 공동소송으로 보아 앞의 예에서는 분리심판[31]을 하지 못하도록 견제하고 뒤의 경우는 함부로 제3자를 추가하지 못하도록 해야 한다고 한다. 그러나 이와 같이 동일한 사실상 혹은 법률

26) 江伟 主编, 前揭 民事诉讼法专论, 200面 이하; 张卫平 著, 上揭 民事诉讼法(第二版), 153면 이하; 常怡 主编, 民事诉讼法学, 中国法制出版社(2008), 163면 이하 등.
27) 대표적으로는 张卫平 著, 上揭 民事诉讼法(第二版)을 들 수 있다.
28) 常怡 主编, 前揭 民事诉讼法学, 165面 이하 참조.
29) 上揭書 同面. 그 이유는 사건처리수를 늘리기 위한 것이었다고 한다.
30) 上揭書 同面. 그 이유는 지역이기주의에서 비롯된 것이었다고 한다.
31) 이를 보통공동소송으로 보면 후술하는 바와 같이 법원이 직권으로 분리심판할 수 있다.

상 원인으로 공동소송이 발생하는 경우는 권리의무의 공통을 인정할 수 없으므로 보통공동소송으로 보아야 할 것이다.[32)]

(2) 연대관계소송

위에서 본 바와 같이 연대채권, 연대채무로부터 발생하는 소송은 필요적 공동소송(고유필요적 공동소송)으로 보아온 것이 이제까지의 견해였으나 중국의 경우도 이미 실체법상 채권자가 연대채무자 전원을 피고로 할 수도 있고 일부만을 피고로 할 수도 있도록 선택권을 부여하고 있으므로 실체법과의 조화를 위하여 연대관계로부터 발생하는 소송은 유사필요적 공동소송으로 처리해야 한다는 주장도 있다. 왜냐하면 이를 고유필요적 공동소송으로 처리하면 채권자가 자기의 의사로 연대채무자 중 일부만을 피고로 한 경우에도 법원이 나머지 채무자를 모두 직권으로 피고로 추가하게 되어 실체법과 어긋나기 때문이라 한다.[33)] 이 견해도 결국 채권자가 일부연대채무자를 피고로 소를 제기한 경우 법원이 나머지를 추가할 수 없다는 것일 뿐, 채권자가 연대채무자 전원을 공동피고로 한 경우에는 고유필요적 공동소송으로 보아야 한다는 전제하에 있는 것이며, 이와 같은 태도는 처분권주의와 변론주의가 확립되지 않은데서 오는 것임은 이미 언급한 바와 같다.

학자에 따라서는 연대보증의 경우 최고인민법원의 사법해석[34)]에 따라 보증인이나 채무자 중 하나를 피고로 할 수도 있고 양자를 공동피고로 할 수 있다는 것을 근거로 중국의 경우도 법률상 유사필요적 공동소송이 인정되고 있다는 주장도 있다.[35)]

(3) 증권시장의 허위진술로 인한 손해배상사건

최고인민법원의 사법해석에 의하면 증권시장에서의 허위공시 등으로 인하여 다수의 피해자가 발생한 경우에는 피해자는 단독소송과 공동소송 중에 선택하여 제소할 수 있도록 되어있다.[36)] 이 경우의 공동소송은 공동소송이 강제되지 않는 점에서 전통적인 필요적 공동소송과는 다르다. 따라서 이것을 유사필요적 공동소송의 한 형태로 파악할 수 있을 것 같다. 다만 다수의 원고 중 일부는 단독소송으로 제소하고 일부는

---

32) 张卫平 著, 上揭 民事诉讼法(第二版), 157面 이하 참조.

33) 张卫平 著, 前揭 民事诉讼法(第二版), 155面 참조.

34) 〈最高人民法院关于适用≪中华人民共和国担保法≫若干问题的解释〉[法释(2000) 44号, 2000-12-08] 제126조.

35) 江伟 主编, 前揭 民事诉讼法(第四版), 143면. 이를 상대적 불가분의 소라고 하는 학자도 있다(张淑兰 主编, 前揭 民事诉讼法学, 110~111面).

36) 〈最高人民法院关于审理证券市场因虚假陈述引发的民事赔偿案件的若干规定〉[法释(2003) 2号, 自2003年2月1日起试行] 제12조.

공동소송의 형태로 제소한 경우에는 법원이 단독소송을 제기한 당사자에게 공동소송에 참가할 것을 통지할 수 있도록 되어있어 완전한 유사필수적 공동소송이라고는 할 수 없을 것이다. 그리고 여러 개의 공동소송이 제기된 경우에도 법원이 이를 병합하여 한 개의 공동소송으로 심리할 수 있도록 하고 있다. 원고가 현저히 많은 경우도 이른바 대표자소송을 제기할 수 없고 공동소송을 제기하여야 한다는 점을 주의해야 한다(후술 대표자소송 부분 참조).

4. 필요적 공동소송의 심판

필요적 공동소송의 경우는 보통공동소송에 비하여 특별한 취급을 한다. 특히 중국의 필요적 공동소송은 아직까지는 모두 공동소송이 강제되는 불가분의 소라는 점을 유의해야 한다. 따라서 모든 공동의 권리의무자가 참가해야 심판이 가능하며 탈락된 자를 반드시 추가하여야 한다. 심리에 있어서도 보통공동소송과 달리 소송자료의 통일을 위하여 소송행위간에 일정한 요건하에 공통적인 효력을 부여하고 있다.

(1) 탈루(脫漏)된 자의 추가

1) 의의

이미 언급한 바와 같이 중국의 필요적 공동소송은 모두 소송공동의 요청이 있는 불가분의 소이다. 따라서 공동의 권리 혹은 의무를 가지고 있는 모든 당사자가 공동원고 혹은 공동피고로 참가하여야 소 자체가 적법해진다. 따라서 법원이 심리를 하는 중 필요적 공동소송인이 탈루된 것을 발견한 경우에는 이를 추가하는 조치를 취하여야 한다(민소법 제132조). 다만 최근 주장되는 유사필요적 공동소송의 경우에는 추가가 불가하다고 하며, 학자들은 국가간예의 남용(재량권의 남용)을 막기 위하여 이제까지의 불가분적인 공동소송 외에 유사필요적 공동소송을 인정하여야 한다고 주장하고 있다.[37] 또 앞에서 본 바와 같이 주채무자와 연대보증인의 관계와 같이 법률상 일방에 대하여만 소를 제기할 수도 있고 쌍방을 공동피고로 할 수 있도록 하고 있는 경우에는 당사자의 탈루 문제는 발생할 수 없으며, 만약 채권자가 일방에 대하여만 소를 제기한 경우에는 불고불리의 원칙에 따라야 하므로 당사자의 추가(참가통지)를 할 수 없다.

당사자의 추가는 제1심은 물론 제2심에서도 할 수 있다고 하며, 제2심에서야 추가된 경우 제2심 법원은 가급적 조정을 통해 결안(結案)을 해야 하며, 조정이 되지 않는 경우에는 제1심으로 환송하여 심급의 이익을 보호해야 한다고 한다.[38]

---

37) 江伟 主编, 前揭 民事诉讼法专论, 203면 참조.

2) 추가의 방식(참가통지)

필요적 공동소송인의 추가방식은 참가의 통지이며 두 가지 방식이 인정된다. 즉 법원이 직권으로 참가통지를 하는 경우와 당사자의 신청에 의해 법원이 참가통지를 하는 경우 모두 인정된다(〈약간의견〉 제57조).[39] 피고측은 물론이고 원고의 추가도 언제나 가능하다고 보는 점[40]에서 처분권주의의 제한을 볼 수 있다. 법원이 어느 쪽의 공동소송인을 추가하는 경우에는 다른 당사자에게도 이를 통지해야 한다.

① 직권에 의한 참가통지

필요적 공동소송인이 참가하지 않고 있음을 발견한 때에는 법원은 민소법 제132조에 따라 참가를 통지해야 한다(〈약간의견〉 제57조). 민소법 제132조는 "반드시 공동으로 소송을 진행해야 하는 당사자가 소송에 참가하지 않고 있는 경우에는 법원은 통지를 하여 그가 소송에 참가하도록 하여야 한다"라고 규정하고 있다.

② 당사자의 신청에 의한 참가통지

필요적 공동소송인이 탈루된 경우에 당사자도 법원에 추가신청을 할 수 있다(〈약간의견〉 제57조). 이 경우 법원은 당사자의 추가신청을 심사하여 신청이 이유 없는 경우에는 재정으로 기각하고 신청이 이유 있는 경우에는 서면으로 탈루된 자의 참가를 통지하여야 한다. 이는 우리 민소법 제68조에 따른 추가신청에 해당하는 것이라고 볼 수 있다.

3) 참가통지의 효과

원고로 참가하라는 통지를 받은 자가 명확히 자기의 실체적 권리를 포기한다는 의사표시가 있는 경우에는 당사자로 추가할 수 없으나, 자기의 권리를 포기하겠다는 의사표시를 하지 않고 참가하지 않는 경우에는 그대로 공동원고로 취급을 하며 그 불참은 심리에 영향을 주지 않고 그에 대하여도 판결을 한다(〈약간의견〉 제58조). 피고로 참가하라는 통지를 받은 자가 참가하지 않는 경우 필수적으로 참가해야 소송을 진행할 수 있는 경우에는 두 차례의 소환장을 받고 정당한 이유 없이 불출석하는 경우에는 구인(拘引)을 할 수 있으며, 반드시 참석해야 할 필요가 없는 경우에는 구인은 하지 않고 결석판결을 할 뿐이다.[41]

---

38) 赵钢, 占善刚, 刘学在 著, 前揭 民事诉讼法, 113면 참조.

39) 梁书文, 回沪明, 杨荣新 主编, 前揭 民事诉讼法及配套规定新释新解(上), 693면.

40) 刘家兴, 潘剑锋 主编, 前揭 民事诉讼法教程, 109面. 특히 이 견해에 의하면 처분권주의의 위반이라는 주장은 처분권주의를 절대시하는 것으로 찬성할 수 없다고 한다.

41) 梁书文, 回沪明, 杨荣新 主编, 前揭 民事诉讼法及配套规定新释新解(上), 693면; 谭兵, 李浩 主编, 前揭 民事诉讼法学, 140面.

(2) 필요적 공동소송의 심리

필요적 공동소송의 심리원칙에 관한 중국의 민소법의 규정은 우리 민소법 제67조에 비해 매우 간단하게 되어있어서 많은 문제점을 야기하고 있다. 즉 민소법 제52조 제2항의 전문은 단지 "공동소송의 일방당사자가 소송물(소송표적)에 대하여 공동의 권리의무를 가지는 경우에는 그 중 1인의 소송행위는 다른 공동소송인의 승인을 받은 경우에만 다른 공동소송인에 대하여 효력이 있다"라고 규정하고 있다. 이 규정은 공동소송인간의 견련성(牽聯性)을 강조하여 협상(協商)의 원칙을 천명한 것이라고 할 수 있으나 많은 문제점을 가지고 있다. 즉 1인의 소송행위의 성질이 유리한 경우에도 이 원칙이 적용되는가, 상대방의 공동소송인 중의 1인에 대한 소송행위는 어떤 효력을 가지는가 또 공동소송인 중 1인에게 절차의 중단, 중지의 사유가 발생한 경우에는 전체절차에 영향을 미치는가 등에 관하여는 규정이 없어 문제이다. 특히 공동소송인 중 1인이 불출석하거나 1인이라도 반대하는 경우에는 소송이 불가능해지므로 승인절차를 없애고 소송행위의 유리, 불리에 따라 정해야 한다는 견해가 최근 많이 주장되고 있다.[42]

1) 병합요건과 소송요건의 심사

소송요건을 갖추지 못한 경우는 각하할 것이나, 병합요건 중 소송공동과 관련하여 공동소송인 중 일부의 탈루문제는 우리와는 달리 신청 또는 직권에 의하여 추가하도록 되어있으므로 각하의 대상이 되지 않을 것이다.

2) 공동소송인 중 1인의 행위

공동소송인 중 1인의 행위는 다른 공동소송인의 승인을 받지 않으면 효력이 없다. 승인은 서면 혹은 구두로 할 수 있다. 구두승인의 경우는 조서에 기재해야 한다.[43] 규정상 유리한 행위와 불리한 행위를 구분하지 않고 있기 때문에 문제이나 실무상으로는 전체에 유리한 행위는 즉시 모든 공동소송인에 대하여 효력이 있는 것으로 보고 있으며, 승인을 요하는 경우도 반대의 의사표시가 없는 경우에는 승인한 것으로 보아 요건을 완화하여 탄력적으로 대처하고 있다.[44] 그리고 상소는 각자 자유롭게 할 수 있으며 1인의 상소는 다른 공동소송인의 승인을 받지 않더라도 전체에 대하여 효력이 있다. 왜냐하면 상소 후에도 불가분의 소가 유지되어야 하고 합일확정의 요청이 여전히 있기 때문이다.[45]

42) 예컨대 谭兵, 李浩 主编, 前揭 民事诉讼法学, 142面.
43) 梁书文, 回沪明, 杨荣新 主编, 前揭 民事诉讼法及配套规定新释新解(上), 694面.
44) 江伟 主编, 前揭 民事诉讼法, 123면.

3) 공동소송인 중 1인에 대한 상대방의 행위

공동소송인 중 1인에 대한 상대방의 행위의 효력에 관하여는 규정이 없으나 상대방의 소송수행의 편의를 위하여 전체에 대하여 효력이 있다고 보아야 할 것이다.

4) 공동소송인 중 1인에게 발생한 절차중단, 중지사유의 효력

이에 관하여도 규정이 없으나 전체 소송이 모두 중단 또는 중지되는 것으로 보아야 할 것이다.[46)]

5) 기간준수의 효력

공동소송인 중 1인이 기간을 준수하면 전체에 대하여 기간준수의 효력이 있다고 보아야 한다.

Ⅳ. 보통공동소송

1. 보통공동소송의 의의

보통공동소송(普通共同訴訟) 혹은 비필요적 공동소송(非必要的共同訴訟)이라 함은 당사자의 일방 혹은 쌍방이 2인 이상이고 그 소송물(소송표적)이 동일종류이며 법원이 병합심리를 인정하고 당사자가 병합심리에 동의한 소송을 가리킨다(민소법 제52조 제1항). 이 경우에는 공동소송인간에 공동의 이해관계가 없기 때문에 공동소송으로 병합심리를 할 수도 있고 단독소송으로 분리심판을 할 수도 있다. 따라서 공동소송으로 병합심리할 것인가는 법원이 당사자의 동의에 근거하여 소송절차의 간소화, 시간과 비용의 절약의 관점에서 결정할 문제이다.

보통공동소송과 필요적 공동소송의 차이는 다음과 같다.

(1) 소송물(訴訟標的)의 동일여부

필요적 공동소송의 소송물(소송표적)은 공동소송인간에 동일한 것이나 보통공동소송의 경우에는 단지 같은 종류일 뿐이다.

(2) 소송물의 개수

필요적 공동소송의 경우에는 소송상의 청구가 단일(적어도 단일한 것으로 평가할 수 있어야 한다)하나 보통공동소송의 경우에는 2개 이상이 존재한다. 즉 수개 소의 병합관

45) 张卫平 著, 前揭 民事诉讼法(第二版), 156面.
46) 谭兵, 李浩 主编, 前揭 民事诉讼法学, 142面.

계이다.

(3) 소송의 가분성

필요적 공동소송은 불가분의 소(유사필요적 공동소송은 예외)이나 보통공동소송은 가분의 소이다.

2. 보통공동소송의 요건

(1) 소송물(訴訟標的)의 동종성

소송물(소송표적)이 동일 종류일 것이라는 요건은 병합된 각 소송물(소송표적)이 비록 별개이기는 하지만 그 법률상의 성질이 동일한 것을 가리킨다. 보통공동소송의 유형을 발생원인을 중심으로 보면 다음과 같다.

1) 동종의 사실상 혹은 법률상 원인에 기인한 소송물(發生原因의 同種性)

우리 민소법 제65조의 후문에 해당하는 경우가 전형적인 모습일 것이다.

예컨대 甲이 집 세 채를 각각 乙, 丙, 丁에게 세를 주었으나 모두 차임을 지급하지 않아 임대료의 청구를 하는 소를 제기하는 경우에는 乙, 丙, 丁간에는 연대관계를 인정할 수 없으므로 乙, 丙, 丁은 보통공동소송인의 관계에 서게 된다.[47] 또 몇 가구의 농민이 촌민위원회를 상대로 각각 임대차계약에 따른 청구를 할 수 있는 경우, 같은 종류의 매매를 이유로 수인의 매수인에게 대금지급을 청구하는 경우 등이 여기에 속할 것이다.

2) 같은 사실상 혹은 법률상 원인에 기인한 소송물(발생원인의 동일)

문제는 발생원인이 하나이나 각자 독립한 권리를 갖거나 독립적인 의무를 부담하는 경우이다. 이에 대하여는 여러 차례 언급한 바와 같이 중국 민사소송법이 침묵을 하기 때문에 학자들의 견해도 일치하지 않는다. 이에 대히여는 이미 언급한 바와 같이 유사필수적 공동소송관계로 보아야 한다는 견해가 있는가 하면 보통공동소송에 불과하다는 견해도 있다. 어느 것으로 보나 법원에 의한 추가통지가 불가능한 점에서는 마찬가지이나 보통공동소송으로 보는 것이 마땅하다고 본다.[48]

예컨대 甲의 집에 세를 들어 사는 乙, 丙이 집의 천장이 무너져 부상을 당한 경우나 동일한 교통사고로 수인이 부상을 당한 경우와 같이 하나의 사실상의 원인에 기해 각각 독립적인 손해배상청구권을 취득한 경우는 권리의 성질이 동일할 뿐이므로 함께

---

47) 梁书文, 回沪明, 杨荣新 主编, 前揭 民事诉讼法及配套规定新释新解(上), 695面.

48) 张卫平 著, 前揭 民事诉讼法(第二版), 158面; 谭兵, 李浩 主编, 前揭 民事诉讼法学, 143면 참조.

소를 제기한다면 보통공동소송에 해당한다.

3) 수인에 대하여 동일한 권리의 확인을 구하는 소

甲이 둘 사이에 전혀 관계가 없는 乙, 丙에 대하여 가옥의 소유권의 존재확인의 소를 제기하는 경우에는 乙, 丙은 공동의무자가 아니므로 보통공동소송인이 될 것이다.

때에 따라서는 하나의 절차에 보통공동소송과 필요적 공동소송이 공존하는 경우도 있을 수 있다. 예컨대 각각 독립적으로 양어장을 경영하는 3인이 2사람이 공동출자하여 경영하는 조합기업[合伙企業]이 배출한 폐수로 피해를 본 경우에는 양어장을 경영하는 3인은 공동권리자가 아니기 때문에 보통공동소송인에 해당하나 조합기업을 경영하는 2인은 공동불법행위자로 연대관계가 인정되어 필요적 공동소송인의 관계에 서게 된다.[49)]

(2) 병합되는 청구가 동종절차에 의할 수 있는 것이고 법원이 병합된 각 청구에 대하여 관할권을 가질 것

필요적 공동소송의 경우는 소송물이 하나임에 비하여 보통공동소송의 경우는 청구병합이 있으므로 청구병합의 요건을 갖추어야 하기 때문이다.

(3) 병합심리의 목적에 부합할 것

보통공동소송제도를 설립한 목적은 소송절차를 간소화하고 시간, 경비의 낭비를 막는 점에 주안을 두고 있으므로 소송관계가 이와 같은 목적에 부응할 수 있는 것이어야 한다.

(4) 당사자의 병합제기가 있을 것

보통공동소송에 있어서는 필요적 공동소송과는 달리 공동소송을 제기하느냐 복수의 단독소송을 제기하느냐는 원고의 자유이다. 따라서 원고가 공동소송을 제기하지 않고 단독소송을 제기한 경우(예컨대 집주인이 3인의 임대료 미납자 중 1인만을 상대로 소를 제기한 경우)에는 통상적인 경우에는 법원이 직권으로 다른 미납자의 소송참가를 통지할 수 없다.[50)]

(5) 법원의 허가와 상대방의 동의가 있을 것

보통공동소송의 경우는 병합심리의 여부가 법원의 판단에 맡겨져 있어, 우리 제도

49) 张淑兰 主编, 前揭 民事诉讼法学, 113~114面 참조. 조합은 기타 조직으로 스스로 당사자능력을 가지므로 조합원이 공동소송인이 될 필요가 없다는 견해도 있다.

50) 전술한 바와 같이 필요적 공동소송의 경우는 직권으로 참가통지를 하여 당사자를 추가할 수 있음을 주의해야 한다.

와는 다르다. 따라서 법원은 병합심리의 요건이 충족되었는지 여부와 병합심리의 목적에 부합하는지를 판단하여 병합심리의 여부를 정할 수 있다. 그리고 법원이 병합심리가 필요하다고 인정하는 경우에도 다시 당사자(특히 공동피고)의 의견을 들어 병합심리에 동의하는 경우만 공동소송으로 심리할 수 있고 동의하지 않는 경우에는 분리심판해야 한다(민소법 제53조 제1항). 다만 실무상으로는 심판건수를 늘리기 위하여 병합심리를 해야 함에도 수개의 단독심리로 처리하는 경우도 있다고 한다.[51)]

3. 보통공동소송의 심리

보통공동소송은 병합된 청구간에 유사성이 있을 뿐 청구가 공동소송인간에 공통되지 않기 때문(가분의 소)에 각 공동소송인은 강한 독립성을 보유하게 된다. 다만 보통공동소송인간에도 청구의 유사성과 동일절차에서 심리받는다는 점으로부터 견련관계를 인정할 수 있으며, 같은 사건에 대한 엇갈리는 판결을 극히 꺼리는 중국의 소송제도에서는 이론상 공동소송인간의 독립성을 인정한다 하더라도 그 독립성은 우리의 제도와는 차이가 날 수밖에 없다.[52)]

(1) 소송요건과 병합요건의 심리

소송요건과 병합요건은 공동소송인별로 각각 심사하여 흠결이 있는 청구만 수리를 거부한다. 소송요건이나 병합요건은 별도의 수리절차에서 심사하게 된다.

(2) 공동소송인 독립의 원칙

보통공동소송의 심리원칙으로 중국의 민소법은 제52조 제2항 후문에서 "공동소송인 일방당사자가 소송물(소송표적)에 대하여 공동의 권리의무를 가지고 있지 않은 경우에는 그 중 1인의 소송행위는 다른 공동소송인에 대하여 효력을 발생하지 아니한다"라고만 간단히 규정하고 있다. 이 규정은 우리 민소법 제66조(공동소송인 독립의 원칙)와 같은 의미를 갖는 것으로 본다. 따라서 각 공동소송인인 다른 공동소송인의 간섭을 받음이 없이 자기의 청구나 자기에 대한 청구에 관하여 독자적으로 다음과 같이 소송행위를 할 수 있다.

1) 1人의 소송행위

공동소송인은 각각 다른 공동소송인의 견제를 받음이 없이 독자적으로 모든 소송

51) 梁书文, 回沪明, 杨荣新 主编, 前揭 民事诉讼法及配套规定新释新解(上), 696面 참조.

52) 예컨대 같은 교통사고로 부상을 당한 수인이 공동소송을 하는 경우에는 보통공동소송으로 취급하기는 하나 이들 간의 승패의 엇갈림(변론주의에 따른)을 쉽게 받아들일 수 없는 것이 중국의 현실이다. 바로 이러한 점이 필요적 공동소송이 비대해진 이유이다.

행위를 할 수 있다. 따라서 자백, 소의 취하신청, 화해 등의 불리한 행위도 제한 없이 할 수 있으며 이 행위의 효과는 다른 공동소송인에게는 미치지 아니한다. 또한 각 공동소송인은 각별로 소송대리인을 선임할 수 있으며, 다른 공동소송인의 증인이 될 수 있다.[53)]

2) 상대방의 1인에 대한 행위

상대방의 공동소송인 중 1인에 대한 소송행위의 효력도 다른 공동소송인에 대하여는 미치지 아니하며, 공동소송인 각각에 대하여 서로 다른 내용이나 대립되는 내용의 소송행위를 해도 무방하다. 예컨대 공동소송인 중 1인과는 화해를 하고 나머지에 대하여는 다투거나 1인에 대하여는 인낙(認諾: 承認)을 하고 다른 공동소송인에 대하여는 다투더라도 무방하다.[54)]

3) 공동소송인 1인에 관한 사유

공동소송인 중 1인에 대하여 절차의 중단, 중지 사유가 발생한 경우는 그 공동소송인과 관계된 청구에 대한 절차만이 중단, 중지되고 나머지 청구에는 영향을 미치지 아니한다.

또한 소송심리 중 병합심리가 소송경제를 해한다고 인정할 때에는 변론을 분리하여 각별로 심판할 수 있다.

(3) 독립의 원칙의 한계와 수정

이와 같이 보통공동소송인간에는 독립의 원칙이 적용되지만 원래 소송상의 청구간에 유사성이 있고 또 동일절차에서 병합심리된다는 점으로부터 일정한 영향을 서로 받게 되며, 때에 따라서는 독립의 원칙을 수정하고자 하는 이론도 나오고 있다.

1) 공동소송인 상호간의 증언과 소송행위의 증명효

각 공동소송인은 다른 공동소송인을 위하여 증언을 할 수 있다(실제로는 다른 소송의 증인역할을 하는 것임). 또 때에 따라서는 공동소송인 중 1인의 작위 또는 부작위가 다른 공동소송인의 사실인정에 일정한 증명작용을 함을 인정하고 있다. 예컨대 공동소송인 중 甲이 계쟁물에 대한 소유권을 다투는 경우 다른 공동소송인 乙이 그 소유권이 있음을 인정하는 경우에는 乙의 행위의 효력이 甲의 사실인정에도 영향을 미친다는 것이다.[55)] 우리의 증거원인 중 변론전체의 취지와 마찬가지의 역할을 하고 있다고

---

53) 谭兵, 李浩 主编, 前揭 民事诉讼法学, 143면.
54) 上揭書 同面.
55) 梁书文, 回沪明, 杨荣新 主编, 前揭 民事诉讼法及配套规定新释新解(上), 697面; 张卫平 著, 前揭 民事诉讼法(第二版).

볼 수 있다.

2) 공동소송인독립의 원칙의 수정

공동소송인의 각 청구 혹은 공동소송인에 대한 각 청구가 일정한 견련성이 있는 경우(예컨대 동일한 사실상의 원인으로부터 발생한 경우)에는 공동소송인독립의 원칙에 일정한 한계가 있음을 인정하고 소송자료 통일의 관점에서 주장공통의 원칙과 증거공통의 원칙을 인정하고자 하는 견해도 있다.56) 즉 공동소송인 중 1人의 주장이 유리한 것이고 다른 공동소송인이 반대하지 않는 경우에는 다른 공동소송인에게도 효력을 인정해야 하며(주장공통), 공동소송인 중 1인이 제출한 증거로부터 얻은 자료를 다른 공동소송인 주장의 사실인정에 사용할 수 있다고(증거공통) 한다. 이 밖에도 공동소송인 중 1인이 제출한 항변이 상대방의 주장을 부인하기에 족한 경우에는 이를 다른 공동소송인과 상대방 사이에 있어서도 고려해야 한다고 한다(항변공통).

공동소송인 독립의 원칙에 대한 수정이론은 사실 중국에서는 새로운 것은 아니다. 진실절대주의(국가간예주의)가 아직 위력을 발휘하고 있고 변론주의가 위축되어 있는 중국에서는 진실발견을 위하여 필요하다고 하면 자연스럽게 독립의 원칙을 후퇴시킬 수 있는 토대가 형성되어 있다고 할 수 있다. 이에 따라 공통의 소송자료가 집적되고 상당수의 보통공동소송에서 승패가 합일확정된다.

제3절 대표자소송[代表人訴訟]

Ⅰ. 서언(序言)

1. 의의와 연혁

대표자소송은 소송의 진행을 편의롭게 하기 위하여 다수의 일방당사자 중에서 대표자를 선출하여 그가 전체의 이익을 대표하여 소송을 수행하도록 하는 제도이다. 공동이해관계자가 현저히 다수인 경우 공동소송절차의 불편과 비경제에 대한 대책으로 새로이 마련된 것이다. 이 제도는 공동소송제도를 기초로 하면서, 소송대리제도가 갖는

---

56) 江伟 主编, 前揭 民事诉讼法(第四版), 142面; 谭兵, 李浩 主编, 前揭 民事诉讼法学, 144面.

소송의 간소화 기능을 흡수한 것이라는 평가를 하고 있기도 하지만 소송대리제도와는 다른 제도이다.[57)]

이 제도는 미국의 집단소송제도(class action)와 일본의 선정당사자제도를 참고로 하는 동시에 1980년대 이래의 중국의 집단분쟁 해결의 경험을 토대로 마련한 것이다.[58)] 소송의 개시시에 당사자의 수가 이미 확정된 경우에는 선정당사자제도를 토대로 해결대책을 마련하고(민소법 제53), 소송개시시에 당사자의 수를 확정할 수 없는 경우에는 미국의 집단소송제도를 토대로 제도를 마련한 점(민소법 제54조)에서 그 특색을 찾을 수 있다.

이 제도의 시행상의 문제점을 해결하기 위하여 최고인민법원은 1992년의 〈약간의견〉에서 적지 않은 보충규정을 마련하고 있다(〈약간의견〉 제59조 내지 제64조).

중국에서도 개혁개방이 심화되고 경제발전이 가속화되자 집단적 분쟁(현대형 분쟁)이 대량으로 발생하고 있으며 현재 큰 사회문제로 등장하고 있다. 현대형 분쟁의 특징은 현저히 다수인 이해관계자를 가지고, 개개인이 가지는 청구권의 액수는 소액이나 그 합산액은 거액에 이르게 되는 데 있다. 대표당사자소송은 바로 이와 같은 현대형 분쟁에 대한 입법적인 대책이라고 볼 수 있다. 현대형 분쟁을 해결하기 위한 소송제도를 중국에서는 흔히 군체소송(群體訴訟)이라 부른다.[59)]

대표당사자소송 이외에도 중국에서는 단체소송도 일부 도입되어 있고 실무에서는 이른바 시범소송과 유사한 제도를 사용하기도 하는 등 다양한 방법을 모색하고 있다.

2. 적용영역

중국에서 대표자소송이 적용될 수 있다고 거론되는 분야는 다음과 같다.[60)] ① 제조물책임에 따른 손해배상청구사건, ② 환경오염피해로 인한 손해배상청구사건, ③ 농촌임대차계약 또는 농업부산물구매계약으로 인한 분쟁사건(일방의 불이행 또는 일방적인 계약파기나 계약의 변경으로 인하여 발생하는 분쟁),[61)] ④ 상호를 사용하는 법인격 없는 연영조직(聯營組織) 또는 조합[合伙組織]의 경영활동 중 다수의 연영조직 구성원 혹은 조

57) 후술하는 바와 같이 대표자의 권한을 특별수권을 받지 않은 대리인과 같게 보는 점에서 대리제도의 일부를 흡수했다는 표현을 할 수는 있을 것이다.

58) 江伟 主编, 前揭 民事诉讼法, 129面; 梁书文, 回沪明, 杨荣新 主编, 前揭 民事诉讼法及配套规定新释新解(上), 699面.

59) 군체소송의 범주에 속하는 제도로는 대표자소송 이외에 시범소송(model action)이 최근 부각되고 있다.

60) 梁书文, 回沪明, 杨荣新 主编, 前揭 民事诉讼法及配套规定新释新解(上), 700面 참조.

61) 〈最高人民法院关于审理农业承包合同纠纷案件若干问题的规定〉 法释(1999) 15号, 1999-6-28.

합원과 다른 사람간에 발생하는 분쟁, ⑤ 기업발행의 채권이 지급불능이 되는 경우의 기업과 채권 소지인간의 분쟁, ⑥ 주식회사의 경영자의 기만행위로 인해 발생하는 경영자와 주주간의 분쟁, ⑦ 허위광고로 인한 분쟁, ⑧ 기업경영자와 다수의 직공 간에 발생하는 분쟁.

이 밖에도 증권시장의 허위진술로 인하여 발생하는 손해배상사건도 여기에 속할 수 있으나 최고인민법원은 2002년의 통지[62)]에서 허위진술로 인하여 발생한 민사배상사건은 단독소송이나 공동소송의 형식으로 수리해야 하며 집단소송의 형식으로는 수리하지 말도록 하고 있다. 다만 이듬해인 2003년에 공포한 최고인민법원의 사법해석[63)]에서는 당사자가 단독소송을 할 것인지 공동소송을 할 것인지를 선택할 수 있다고 하면서, 공동원고의 수는 개정심리 전까지 확정하여야 하며, 확정된 원고의 수가 현저히 많은 경우에는 2인 내지 5인의 대표자를 선출하여 소송을 할 수 있도록 하고 있다. 이에 의하면 수리는 공동소송의 형식으로 하되 공동소송인의 수는 개정심리 전까지 확정하고 확정된 수가 현저히 많은 경우에는 대표자소송을 할 수 있다고 본다. 그리고 이 대표자는 선출자의 특별수권을 얻어 원고를 대표하여 개정심리에 참가하고 청구의 변경, 청구의 포기를 할 수 있으며, 피고측과 화해 혹은 조정합의를 할 수 있다.

3. 대표자소송의 종류

대표당사자소송은 그 소송의 개시시에 이미 당사자의 수가 확정되어 있느냐의 여부에 따라 당사자수가 확정된 대표당사자소송(민소법 제53조)과 당사자수가 확정되지 않은 대표자소송(민소법 제54조)으로 나뉘며, 전자는 주로 일본의 선정당사자제도를 모델로 한 것이며, 후자는 미국의 집단소송제도를 모델로 한 것으로 그 요건과 절차가 상당히 다르다.[64)]

---

62) 〈最高人民法院关于受理证券市场因虚假陈述引发的民事侵权纠纷案件有关问题的通知〉 [中华人民共和国对外贸易经济合作部2001年第9号令, 2002-01-15] 제4조. 여기서는 집단소송이라는 용어를 사용하고 있으나 이것은 대표자소송을 가리키는 말로 보아야 한다[张卫平 著, 前揭 民事诉讼法(第二版), 제163면 참조].

63) 〈最高人民法院关于审理证券市场因虚假陈述引发的民事赔偿案件的若干规定〉 [法释(2003) 2号, 2003年2月1日起试行] 제12조 내지 제16조 참조.

64) 일부의 견해(梁书文 主编, 民事诉讼法适用意见新释, 104面 이하)에 의하면 당사자의 수가 확정된 대표자소송을 공동소송의 대표자소송이라 하고 당사자의 수가 확정되지 않은 대표자소송을 군체소송으로 보나 이렇게 보면 군체소송의 범위가 너무 협소해질 것이다. 현재 중국의 대다수의 견해에 의하면 현대형분쟁을 해결하기 위한 제도를 일반적으로 군체소송(群體訴訟)으로 부른다.

Ⅱ. 확정다수자의 대표자소송

1. 의 의

당사자의 수가 확정된 대표자소송이라 함은 제소당시에 이미 공동이해관계자의 수가 확정되어 있는 공동소송에서 그 대표자를 선출하여 진행하는 소송을 가리킨다. 민소법 제53조 제1문은 "당사자 일방의 수가 매우 많은(衆多) 공동소송에서 당사자는 대표자를 선출하여 소송을 진행할 수 있다"라고 규정하고 있다. 대표당사자소송은 기본적으로 공동소송을 기반으로 하고 있음을 알 수 있으며, 이 경우의 공동소송은 필요적 공동소송에 해당하는 경우는 물론 보통공동소송의 경우에도 대표자를 선출하여 소송을 진행할 수 있다.[65]

2. 요 건

(1) 다수당사자의 소송물(소송표적)이 공통이거나 동일 종류의 것일 것

즉 공동소송의 주관적 요건과 같다. 특히 당사자수가 확정된 대표당사자소송의 경우는 그 주관적 요건이 공동소송의 요건과 동일하기 때문에 필요적 공동소송에 해당하는 경우는 물론 보통공동소송에 해당하는 경우에도 이 제도를 이용할 수 있다.[66] 이에 비해 당사자의 수가 확정되지 않은 대표자소송의 경우에는 소송물(소송표적)이 동일한 종류인 때(즉 보통공동소송인 때)로 한정하고 있다.

(2) 당사자 수가 다수일 것

당사자의 수가 현저히 다수여서 모두 법정에 나오는 것이 불가능하거나 매우 불편한 경우에 이 제도를 이용할 가치가 있을 것이다. 어느 정도의 다수이어야 하는가에 관하여는 민소법에서는 다중[衆多]이라는 표현만을 하고 있으나 〈약간의견〉 제59조는 "민소법 제53조와 제54조 규정의 당사자 수의 衆多라 함은 일반적으로 10인 이상을 가리킨다"[67]라고 규정하고 있다. 따라서 2인 이상 9인 이하는 공동소송을 이용해야

---

65) 梁书文, 回沪明, 杨荣新 主编, 前揭 民事诉讼法及配套规定新释新解(上), 701面.

66) 우리의 경우는 민소법 제65조의 후단에 속하는 경우(중국의 普通共同訴訟에 해당하는 경우)에는 選定當事者制度를 이용하지 못한다.

67) 다만 행정소송의 경우는 5인 이상으로 보고 있는 최고인민법원의 사법해석(〈最高人民法院关于执行≪中华人民共和国行政诉讼法≫若干问题的解释〉[法释(2000) 8号] 第14条)이 있어서 문제가 되고 있으며, 각급의 법원이 집단소송에 관한 통계를 낼 때 편의상 일괄적으로 5인 이상을 모두 집단소송으로 집계하는 경우도 흔하다고 한다. 행정소송에 관한 위 해석에 의하면 5인 이상의 원고가 있는 경우는 1 내지 5인의 대표자를 선정해야 하며 지정된 기간 내에 선정하지 않는 경

하며, 10인 이상의 경우만 이 제도를 이용할 수 있다고 볼 것이다.[68] 다만 10인 이상인 경우에 반드시 대표자소송제도를 이용해야 하는 것은 아니고, 예컨대 10인 이상의 당사자가 이 제도의 이용을 거부하고 자기가 직접 소송할 것을 요구하거나, 의견이 일치되지 않아서 일부는 직접소송을 요구하고 일부는 대표자를 선출하는 경우도 인정해야 할 것이다. 이와 같은 경우에는 공동소송제도와 대표당사자소송이 병용된다고 할 수 있다. 다만 필요적 공동소송에 속하는 대표자소송의 경우에는 모든 공동소송인이 참가해야 할 것이다.

(3) 소제기시에 당사자가 확정되어 있을 것

제54조가 적용되는 경우와는 달리 아무리 당사자의 수가 많더라도 제53조의 적용을 위해서는 제소시에 이미 당사자의 수가 확정되어 있어야 한다. 주의할 것은 다수의 이해관계자가 있더라도 우리와 마찬가지로 해석상 비법인 단체(기타 조직: 민소법 제48조)를 형성하여 대표자나 관리인이 있는 경우에는 그 단체명의로 단독소송을 할 수 있으므로 이 제도를 이용할 수 없다는 점이다.[69]

또한 공동의 이해관계자가 필요적 공동소송인의 관계에 있는 경우에는 비록 자기의 권리가 침해된 것을 모르는 자가 있는 경우라도 법원이 직권으로 그 참가를 통지해야 하고, 이해관계자 중 참가를 원하지 않는 자가 있어도 자기의 실체적 권리를 포기하지 않는 한 여전히 당사자로 되어야 하므로 모두 당사자가 확정된 경우로 보아야 한다. 이에 비하여 보통공동소송인의 지위에 서는 경우에는 자기의 권리가 침해된 것을 모르는 자가 있는 경우는 이 절차를 적용할 수 없으며, 당사자 중 일부가 이 절차에 참여하기를 원하지 않는 경우에는 별소를 제기할 수 있다.

(4) 대표자의 선출

대표자로 선출될 수 있는 자는 반드시 공동의 이해관계자 중의 1인이어야 하며, 소송능력을 가지고 있어야 할 뿐만 아니라 전체구성원의 권익을 보호할 수 있는 자이어야 한다.[70] 대표자의 선출방법은 〈약간의견〉 제60조가 정하고 있다. 이에 따르면 상황에 따라 3가지의 방법 중 하나를 취할 수 있다. 즉, (i) 다수당사자간에 의견이 일치하는 경우에는 전체가 대표자를 선출한다. (ii) 다수자간에 대표자에 관한 의견이 일치하지 않아 부분적으로 대립하는 경우에는 이해를 같이 하는 자들끼리 각각 대표

우에는 법원이 직권으로 지정할 수 있다고 한다.

68) 张淑兰 主编, 前揭 民事诉讼法学, 117面.

69) 梁书文, 回沪明, 杨荣新 主编, 前揭 民事诉讼法及配套规定新释新解(上), 702面.

70) 上揭書, 同面; 张淑兰 主编, 前揭 民事诉讼法学, 121면 등.

자를 선출한다. (iii) 다수자 중 일부는 대표자를 선출하였으나 나머지는 대표자를 선출하지 못하거나 대표자선출을 원하지 않는 경우에는 소송관계가 필요적 공동소송에 해당하는 경우에는 소송에 참가하여야 하며, 보통공동소송의 경우에는 소송에 참가할 수도 있고 별소를 제기할 수도 있다.[71] 주의할 점은 어떤 경우라도 당사자의 수가 확정되지 않은 대표자소송과는 달리 법원이 대표자를 지정할 수는 없다는 것이다. 대표자의 수는 2인 내지 5인 이하로 하여야 한다(〈약간의견〉 제62조).

3. 관할법원

대표당사자 소송의 관할에 관하여는 민사소송법에 규정이 없다. 따라서 민사소송의 일반관할 원칙에 따를 수밖에 없다.

(1) 급별관할

당사자의 수가 매우 많고 소송물 가액이 큰 사건, 영향이 상당히 큰 사건은 중급인민법원이 관할하고, 사건이 간단하고, 영향이 비교적 작고 소송물 가액이 비교적 적은 사건은 기층인민법원이 관할하게 될 것이다.[72]

(2) 지역관할

불법행위 혹은 계약으로 인한 분쟁 중 대표자가 다수인을 대표하여 원고가 되어 소를 제기하는 경우에는 불법행위사건 혹은 계약사건의 예에 따라 지역관할을 정할 것이고 전속관할에 속하는 것은 민사소송법상의 전속관할 규정에 따른다. 증권시장의 허위진술로 인한 사건[73]의 경우 성, 직할시, 자치구의 인민정부소재지의 시나 계획단열시[计划单列市][74]의 중급인민법원이 관할한다. 또 투자자가 여러 명의 피고에 대하여 민사배상을 구하는 경우에는 증권의 발행인 또는 상장회사 소재지의 관할권 있는 중급인민법원이 관할한다.[75]

---

71) 梁书文, 回沪明, 杨荣新 主编, 前揭 民事诉讼法及配套规定新释新解(上), 703면; 赵钢, 占善刚, 刘学在 著, 前揭 民事诉讼法, 122面 참조.

72) 谭兵, 李浩 主编, 前揭 民事诉讼法学, 151面; 江伟 主编, 前揭 民事诉讼法(第四版), 146面 참조.

73) 증권시장의 허위공시로 인한 손해배상사건은 행위자의 행정처벌, 형사처벌을 전치절차로 하고 있음을 주의해야 한다(前揭 〈最高人民法院关于审理证券市场因虚假陈述引发的民事赔偿案件的若干规定〉 제6조 참조). 노동쟁의로 인한 대표자소송도 노동중재위원회의 재결을 전치절차로 한다.

74) 계획단열시[计划单列市]는 1980년대에 나타난 중국의 행정구역의 일종으로 성(省)은 아니나 경제관리체제상 성급(省級)의 관리권한이 부여된 일부의 대도시를 말한다. 성급의 관리권을 주므로 그 수입과 지출이 성을 거치지 않고 직접 중앙과 연결되는 점에서 일반의 경제특구와 다르다. 1990년대에는 14개가 있었으나 2011년 현재는 따리엔[大连], 칭따오[青岛], 닝뽀[宁波], 샤먼[厦门], 선전(深圳)의 5개 도시가 남아있다.

75) 上揭 〈最高人民法院关于审理证券市场因虚假陈述引发的民事赔偿案件的若干规定〉 제8조, 제9조.

4. 심판절차

(1) 대표자소송의 수리

일반적인 경우에 소는 대표자가 전체당사자의 명의로 법원에 제기한다.[76] 대표자소송을 수리(受理)함에 있어서는 일반적인 소송요건을 갖추었는지의 여부와 더불어 대표자소송의 요건을 갖추었는지를 심사한다. 이때 대표자소송의 남용을 막기 위하여 대표자의 자격에 대한 심사를 하게 된다. 대표자의 자격은 피대표자와 공동의 이해관계를 가지고 있는지, 소송능력을 갖추고 있는지와 대표자가 전체구성원의 이익을 잘 보호할 수 있는 자인지 등을 종합적으로 검토하며 당사자의 자격이 이에 미달하는 경우에는 수리하지 않는다.[77]

(2) 대표자의 소송수행

대표자는 사건의 당사자이자 대표자이므로 직접 소송을 진행한다. 소송 중 소송대리인을 선임할 수도 있으나 이 경우도 직접 출정하여 필요한 소송활동을 하여야 하며, 대리인의 수는 대표자 1인당 2인을 초과하지 못한다(〈약간의견〉 제62조).

(3) 소송대표자의 권한

민소법 제53조 제2문은 "대표자의 소송행위는 그 대표를 받는 당사자에게 효력이 있다. 단, 대표자가 소송상의 청구를 변경, 포기하거나 상대방의 소송상의 청구를 인낙하거나 화해를 하는 경우에는 대표를 받는 당사자의 동의를 얻어야 한다"라고 규정하고 있다. 따라서 대표자가 특별수권사항이 아닌 일반적인 대표권을 행사하는 경우에는 동의를 얻을 필요가 없다. 즉 대표자의 지위는 특별수권을 받지 않은 대리인과 유사하며 우리나라의 선정당사자가 완전한 당사자인 것과는 차이가 있다.

(4) 법원의 심리

대표자소송의 경우는 보통절차를 적용하여 심리하여야 하며 간이절차를 적용할 수 없다.

5. 판결의 송달과 효력

판결내용이 현저히 다수의 원고에게 금전적 배상을 명하는 것인 경우에는 실무상 판결서의 주문에는 총액만을 표시하고 별지로 각 원고의 성명과 그가 받을 배상액을

---

76) 张淑兰 主编, 前揭 民事诉讼法学, 121面.
77) 谭兵, 李浩 主编, 前揭 民事诉讼法学, 151~152面.

적은 표를 만들어 판결서에 첨부한다.[78] 대표당사자소송의 판결은 법정의 방식에 따라 송달되어야 하며, 이 경우 판결서는 각 당사자에게 개별적으로 송달해야 하는 것으로 본다. 따라서 대표자에게만 송달하거나 대표자를 통해 일괄(一括) 송달해서는 안 된다.[79] 판결의 효력은 대표자뿐만 아니라 배후의 피대표자에게 미침은 물론이다.

Ⅲ. 미확정 다수자의 대표자소송

1. 의 의

당사자의 수가 확정되지 않은 대표자소송이라 함은 소송물(소송표적)이 동일종류에 속하는 다수당사자가 소송을 하는 경우 그 제소시에 소송에 참가하는 당사자의 수가 확정되지 않은 소송을 말한다(민소법 제54조 제1항). 이 제도는 전술한 바와 같이 미국의 집단소송(class action)을 기초로 하여 만든 것이다. 다만 미국의 집단소송이 이른바 제외신청(opt-out)의 방식을 취하고 있는 반면 중국의 대표자소송은 가입신청(opt-in)에 의하여 당사자를 사후적으로 확정하는 점이 다르다.

위에서 설명한 당사자의 수가 확정된 대표자소송과 유사한 점도 있으나, ① 제소시에 당사자의 수가 확정되어야 하는지의 여부, ② 적용이 가능한 공동소송의 종류, ③ 소송대표자 선출방법, ④ 재판의 효력의 범위 면에서 명백히 차이를 보이는 계통(系統)이 다른 제도이다.

2. 요 건

위에서 설명한 당사자의 수가 확정된 대표자소송과 더불어 다수당사자의 소송관계를 간소화하기 위한 제도이므로 요건도 동일한 면이 있으나 다음 두 가지는 당사자의 수가 확정되지 않은 대표자소송에 특유한 것이다.

(1) 소송물의 유사성(동일종류일 것)

민소법 제54조 제1항은 "소송물(소송표적)이 동일종류이고, 당사자의 수가 매우 많고, 제소시에 그 인원수가 확정되지 않은 경우에는"이라고 규정하여 제53조가 "당사자의 일방이 다수인 공동소송의 경우에는"이라고 규정한 것과 다르다. 즉 공동소송관

---

78) 上揭書, 152面.
79) 张淑兰 主编, 前揭 民事诉讼法学, 122面.

계가 보통공동소송에 해당하는 경우만 이용이 가능하고 필요적 공동소송관계에 해당하는 경우는 제53조의 이용은 가능하나 본조의 이용은 불가능하다.[80)] 필요적 공동소송의 경우에는 직권으로라도 탈루된 자를 추가하여야 하므로 당사자의 수가 확정된 경우로 취급하기 때문일 것이다.

공해의 공동피해자나 제조물책임을 물을 수 있는 다수의 소비자 등이 미확정 다수자의 대표소송에 속하는 적례(適例)일 것이다.

(2) 제소시에 당사자의 수가 미확정(未確定)일 것

제소시에 당사자의 수가 확정되지 않았다는 것은 소송에 참가하기 원하는 사람의 수가 아직 명확하지 않다는 것을 가리키며, 불명(不明)의 이유는 ① 분쟁의 직접적 당사자의 범위가 불명확한 경우, ② 자기의 권리가 침해된 것을 알고 있는 권리자의 범위가 불명확한 경우, ③ 같이 참가하고자 하는 자의 수가 명확하지 않은 경우 등에서 찾을 수 있을 것이다.

3. 심판절차

(1) 제소와 수리

수리절차에서 법원이 당사자의 수가 확정되지 않은 대표자소송의 요건과 기타 제소요건을 갖추고 있다고 판단하면 사건을 입안하여 수리한다. 사건의 수리비는 당사자의 수가 확정되지 않았으므로 미리 확정할 수 없다. 따라서 예납(豫納)을 받지 않고 사건이 종결된 후 소송물(소송표적) 가액에 따라 패소자가 부담하도록 한다.[81)]

(2) 공고와 등기

민소법 제54조 제1항은 "법원은 공고를 하여 사건의 실정과 소송상의 청구를 설명하고 권리자는 일정한 기간 내에 법원에 등기를 할 수 있음을 통지할 수 있다"라고 규정하고 있다. 공고는 소외에 있는 제소자와 같은 종류의 권리를 가지고 있는 자에게 등기할 기회를 주는 동시에 당사자를 확정하는 데 그 목적이 있다. 등기의 기간은 법원이 사건의 실정에 맞추어 결정하나 최소 30일 이상의 기간을 주어야 한다(〈약간의견〉 제63조). 공고의 방식에는 특별한 제한이 없으므로 법원 공고란에 게시하거나 일간지 등 매체(媒體)에 공고를 할 수도 있다.

공고에 관하여는 다음과 같은 점을 주의해야 한다.

---

80) 张卫平 著, 前揭 民事诉讼法(第二版), 162面.
81) 梁书文, 回沪明, 杨荣新 主编, 民事诉讼法及配套规定新释新解(上), 708面 참조.

① 공고절차는 필수적인 절차는 아니라는 점이다. 법문도 "……. 할 수 있다"라고 할 뿐 필수적인 절차로 하지 않고 있다. 사건 중 예컨대 이미 제소한 사람들이 다른 사람과 같이 소송을 하기를 원하지 않는 경우, 권리자가 산재(散在)하여 그들의 참여로 인하여 현저한 절차지연을 초래할 염려가 있는 경우, 이미 제소한 당사자의 수가 많아 더 이상의 참가가 있는 경우는 법원의 수용능력을 초과할 염려가 있는 경우에는 공고를 해서는 안 될 것이다.[82] 이와 같이 공고가 임의적으로 될 수 있는 것은 이 제도를 이용할 수 있는 관계가 보통공동소송인의 관계에 불과하기 때문일 것이다.

② 공고는 참가의 최고(催告)는 아니므로 소외인이 등기신청을 할지의 여부는 자유이다. 등기신청을 하지 않은 권리자는 자기의 제소기간 내라면 별도의 소를 제기할 수 있다.

③ 공고된 등기신청기간 내에 신청이 있더라도 모두 등기가 되는 것은 아니다. 즉 등기신청이 있더라도 신청인이 자기와 상대방 당사자간의 법률관계 및 자기가 입은 손해를 증명해야 하며 입증하지 못하는 경우에는 등기해 주지 않는다(〈약간의견〉 第64條). 이 경우에는 당사자는 별소를 제기하면 된다. 여기서 필요한 증명의 정도는 일정한 증거를 가지고 자기의 권리가 침해되었다는 것을 밝히면 족한 것으로 보아야 하며 등기 심사시에 너무 엄격히 증명을 요구해서는 안 된다.[83] 주장사실이 진실인지, 제출한 증거가 증명력이 있는 것인지는 심리의 종결시에 비로소 판명되는 것이기 때문이다.

등기에 의하여 당사자의 수는 확정되며 이 점에서 미국의 집단소송(class action)과는 반대이다. 따라서 등기하지 않는 자는 당사자가 될 수 없으며 제소기간 내[84]에 별

---

82) 上揭書, 709面.

83) 上揭書, 同面.

84) 중국의 민법통칙 제7장에서는 소송시효를 정하고 있다. 이에 따르면 일반적인 민사권리는 소송시효가 2년이며(第135條), 신체상해로 인한 손해배상청구, 매매목적물의 하자에 의한 사건, 임대료의 지체 혹은 거부로 인한 사건, 임치물의 멸실 혹은 훼손으로 인한 사건의 경우는 소송시효가 1년이다(第136條). 시효의 기산점은 권리침해를 알았거나 알 수 있었던 시점부터 개시되며, 침해일로부터 20년이 경과하면 보호되지 않는다(第137條).

중국에서는 소멸시효라는 용어는 사용하지 않고 소송시효 즉 법원에 소를 제기하여 보호를 받을 수 있는 시적한계를 두고 있을 뿐이다. 이와 같이 법원에 소를 제기할 수 있는 기간이라고 한다면 일종의 출소기간(出訴期間)을 의미하는 것으로 보기 쉽다. 그러나 우리의 출소기간(제척기간)은 주로 형성권이 그 대상으로 되는 반면, 중국의 소송시효의 대상이 되는 권리는 이러한 구별이 없으며 청구권에 대하여도 널리 적용이 되는 점에서 다르다. 더구나 중국 민법통칙 제140조에 의하면 소의 제기, 당사자 일방의 의무이행의 요구 혹은 의무이행의 동의가 있으면 소송시효가 중단된다고 하고 있으므로 중단을 인정하지 않는 제척기간이라 하기는 곤란하다. 따라서 소송시효는 소멸시효 기능을 하는 특수한 기간으로 보아야 할 것이다.

일정기간의 경과만으로 권리를 잃는다거나 권리를 취득한다는 것을 인정하기 어려운 사회주

소를 제기할 수 있을 뿐이다.

(3) 대표자의 선출

전술한 당사자의 수가 확정된 대표자소송의 경우는 어느 경우라도 법원이 대표자의 선정에 개입할 수 없으나 당사자의 수가 확정되지 않은 대표자소송의 경우에는 법원이 대표자의 선출에 개입할 수 있다.[85] 즉 당사자의 수가 확정되지 않은 대표자소송의 경우에는 대표를 당사자(소를 제기한 당사자와 기간 내에 등기한 자)가 뽑는 방식 이외에 ① 법원이 당사자와 협의하여 확정하는 방법, ② 협의가 이루어지지 않는 경우에는 법원이 지정하는 방식을 허용하고 있다(〈적용의견〉 제61조). 법원이 당사자와 협의하는 방식은 먼저 법원이 대표자의 후보자명단[人選]을 만들어 당사자와 협상하여 그 중 당사자가 동의하는 자를 대표자로 한다. 그리고 법원이 지정하는 방식은 당사자간의 선출이나 협의에 의한 선출이 불가능한 경우에만 보충적으로 사용해야 한다. 그러나 일단 지정이 되면 당사자나 등기를 한 참가인은 이에 불복하지 못한다.[86]

(4) 대표자의 권한

대표자의 권한은 당사자의 수가 확정된 대표자소송과 기본적으로는 동일하다. 따라서 대표자의 소송행위는 그에 의하여 대표되는 자에 대하여 효력이 있다. 다만 대표자가 소송상의 청구를 변경하거나 포기하는 경우 또는 상대방의 소송상 청구에 대하여 인낙하거나 화해를 하는 경우에는 피대표자의 동의를 얻어야 한다(민소법 제55조 제3항). 대표자가 각각 별개의 집단에서 복수로 선출된 경우는 그 자의 소송물의 처분행위는 그가 대표하는 자에 대하여만 미치는 것으로 본다.[87]

의적 법률 환경 아래에서 소멸시효제도와 취득시효제도를 정면으로 인정하기 곤란한 점을 감안한 입법일 것이다. 따라서 소송시효는 그 완성으로 실체적 권리의 소멸이 초래되는 것은 아니며, 그 후의 변제도 재무의 본시에 따른 변제로 완진 유효하게 된다. 또 소송시효기간이 지난 후에도 소를 제기하는 데에는 지장이 없으며 다만 상대방의 소송시효 완성의 항변이 있으면 청구를 기각한다고 한다(이른바 승소권소멸주의). 항변이 없는 경우에는 법원이 능동적으로 소송시효완성을 인정해서는 안 된다고 한다. 우리의 소멸시효 기간에 비해 중국의 소송시효기간은 매우 단기인 특징을 보이고 있다. 2007년 물권법이 제정되었으나 취득시효제도는 여전히 채택되지 않았다.

85) 최고인민법원은 1999년의 규정에서 농촌임대차계약[承包合同]에서 수급자가 많은 경우에는 대표자를 선출하여 소송을 하여야 하며, 공동수급자가 대표자를 선출할 수 없는 경우에는 법원이 대표명단을 작성하여 공동수급자와 협의하여 대표자를 정하고 협상이 되지 않는 경우에는 법원이 대표자를 지정한다(〈最高人民法院关于审理农业承包合同纠纷案件若干问题的规定〉[法释(1999) 15号, 1999-6-28] 제4조 참조)고 하여 당사자의 수가 확정되지 않은 대표자소송과 같은 방법으로 대표자를 선출하라고 하였으나, 이 경우는 당사자가 확정된 소송으로 보아야 할 것이며, 이 규정은 2008년 12월 28일 폐지되었다.

86) 梁书文, 回沪明, 杨荣新 主编, 前揭 民事诉讼法及配套规定新释新解(上), 711面.

4. 판결의 효력

당사자의 수가 확정되지 않은 대표자소송에서 내린 판결, 재정의 효력은 당사자에 대하여만 미친다. 여기의 당사자는 제소한 당사자와 등기한 당사자 및 그 상대방을 가리킨다. 따라서 등기하지 않은 권리자는 직접 이 판결, 재정의 집행을 신청할 수 없다.

다만 등기하지 않은 권리자가 제소기간 내에 소송을 제기한 경우 그 청구가 이유 있는 때에는 이미 내린 판결과 재정을 그대로 적용하기로 하는 재정(裁定)을 한다(민소법 제54조 제4항, 〈약간의견〉 제64조 제3문). 따라서 이 경우에는 다시 재판할 필요가 없으며 원판결, 재정과 저촉되는 재판을 할 수 없다. 이를 판결효력의 확장이라 한다.[88]

이와 같은 전소판결 효력의 확장으로 상당히 어려운 문제가 발생할 수 있다. 즉 ① 전소의 판결, 재정에 오류가 있음을 후소 제기 후에 발견한 경우, ② 후소 제기시 전소의 판결이나 재정이 아직 확정되지 않은 경우, ③ 전소와는 달리 후소에서는 조정[調解]이 성립하는 경우, ④ 전소에서 조정으로 끝난 경우 등에 어떻게 처리할 것인지가 상당히 곤란한 문제로 된다. 이에 대하여는 ①의 경우에는 원장의 허가를 얻어 후소를 중지하고 심판감독절차에 따라 전소판결에 대하여 재심을 하여야 하며, ②의 경우에는 전소판결이나 재정을 적용할 수 없으며(따라서 심판을 진행할 것이다), ③의 경우는 조정의 내용이 전소의 판결, 재정과 모순되지 않는 경우에는 조정서를 작성하여 결안해야 하며, ④의 경우에는 판결이나 재정이 아니므로 당사자간에 전소 조정과 완전히 일치하는 조정이 성립되었다 하더라도 전소의 조정서를 적용해서는 안 되며 새로 조정서를 작성해야 한다는 견해가 나와 있다.[89]

Ⅳ. 집단분쟁과 대표자소송의 현실

중국은 1991년에 이미 환경분쟁 등 집단분쟁을 해결할 수 있는 제도를 만들어 놓기는 하였다. 그러나 중국의 사법실무에서는 이 제도가 거의 치지도외(置之度外)의 상태

---

87) 张淑兰 主编, 前揭 民事诉讼法学, 126面.

88) 이와 같이 후소에 확장되는 전소판결의 효력을 예결적 효력(預決的 效力)이라 부른다. 이와 같은 처리는 합리적일 것 같으나 결국 피해자가 적극적으로 소를 제기하지 않고 남의 소제기를 기다리는 현상, 이른바 편승현상(便乘現象)을 초래하는 단점이 있다고 한다. 즉 다른 사람이 소를 제기하여 승소가 확정되면 비로소 자기도 개별적으로 소를 제기하여 승소판결을 이용한다는 것이다(다만 제소기간 내이어야 할 것이다). 이렇게 함으로써 패소로부터 올 수 있는 위험을 모면하고 시간과 노력을 절약하려 한다는 것이다(汤维建 主编, 前揭 民事诉讼法学, 232面 참조).

89) 梁书文, 回沪明, 杨荣新 主编, 民事诉讼法及配套规定新释新解(上), 712~713면 참조.

에 있다. 특히 환경분쟁을 해결하기 위하여 적합하다고 볼 수 있는 당사자수가 확정되지 않은 대표자소송(제54조)은 입법의 실패라고 공언하는 견해도 있다.[90] 그 원인은 중국의 사법제도 전반의 현실을 도외시하고 너무 앞선 입법을 하였다는데서 찾고 있다.

특히 실무에서는 이 제도를 거의 이용하지 않고 있다. 최고인민법원의 이와 같은 의중(意中)과 태도는 앞서 본 증권시장 허위공시로 인한 사건에 대한 거듭된 사법해석에서도 간취(看取)할 수 있었다. 즉 될 수 있으면 집단적인 분쟁을 법원으로 끌어들이지 않으려 하고, 법원이 수리한다고 하더라도 가능하면 단독소송이나 공동소송의 형태로 이끌어 나가려는 태도가 역력(歷歷)하였다. 또 공동소송의 경우도 될 수 있으면 당사자의 수를 줄여 여러 개로 나누어 심리하려는 경향이 있다.[91] 이와 같은 실무의 경향에는 내외의 두 가지 원인이 크게 작용한다고 한다.

우선 외부적인 원인으로는 사법권의 위상(位相)의 취약성을 들 수 있다. 사법권의 독립이 이루어지지 않은 중국에서는 법원의 위상이 권력체계상 변방(邊方)의 위치에 머물고 있다. 이에 따라 법원의 합법적인 판결이라 하더라도 그 판결이 사회에 극렬한 반향(反響)을 일으켜 집단적인 진정(陳情: 上訪) 사태를 초래한다면 권력자들이 좋아하지 않을 것이므로, 법원은 일종의 자아보호의식의 발로(發露)로 대표자소송을 배척하는 경향을 보인다고 한다.[92] 소위 "(사회의) 안정이 모든 것을 압도한다(稳定压倒一切)"는 슬로건이 통하는 중국에서는 집단적인 소송은 법원에게 뜨거운 감자일 수밖에 없다는 것이다. 비단 당정(黨政)의 권력기관뿐만 아니라 집단을 이룬 당사자도 때로는 불리한 판결에 대하여 집단의 힘을 과시하며 진정소동을 벌일 수 있으므로 이래저래 집단소송을 담당하는 법원은 약세(弱勢)일 수밖에 없다고 해도 과장은 아니다. 따라서 대표자소송이 제기된 경우에도 흔히 이를 개별소송 혹은 몇 개의 공동소송으로 나누어 처리하는 경향이 강하다고 한다.

둘째로 내부적인 원인도 대표당사자소송의 이용률을 낮추는 큰 원인이 된다고 한다. 집단적인 분쟁을 나누어 처리할 것인지 혹은 대표자소송을 처리할 것인지에 대하

90) 范愉 著, 集团诉讼问题研究, 北京大学出版社(2005), 424面.

91) 2002년 최고인민법원이 증권시장의 허위진술(공시)로 인한 손해배상사건을 수리하라는 통지가 있고 나서 곧바로 대형 집단분쟁이 접수되었다(이른바 大庆联谊案). 최고인민법원의 통지대로 공동소송을 제기할 수밖에 없었으며 이에 따라 변호사들의 노력으로 107인의 공동원고를 가진 제1의 공동소송과 274명의 공동원고가 참여하는 제2의 공동소송이 차례로 제기되고 수리절차에서 입안되었다. 그러나 그 후 법원이 이 두 소송을 분해하여 15 내지 20인이 공동원고인 소송으로 변경할 것을 요구하면서 불응하면 개정심리를 하지 않겠다고 강요하였다고 한다.

92) 江伟 主编, 前揭 民事诉讼法(第四版), 150面 참조; 汤维建 主编, 前揭 民事诉讼法学, 232面도 비슷한 견해이다.

여 뚜렷한 규정이 없는 중국에서는 법원이 절대적인 재량권을 행사할 수 있으므로 위에서 말한 외부적 요소를 감안하는 외에 내부적으로는 자기의 이익을 고려하여 개별소송으로 혹은 공동소송으로 처리한다고 한다. 즉 여러 개의 사건으로 나누어 처리하는 것이 사건처리 숫자를 늘리는 데 절대적으로 유리할 뿐만 아니라, 조정률을 높일 수 있으며 부차적으로 상소율도 낮출 수 있기 때문에 이를 선호한다고 한다. 또 이렇게 함으로써 사건수리비(인지대) 수입의 증대를 도모할 수 있는 이점이 있다고 한다.[93)]

위와 같은 내부적·외부적 요인으로 말미암아 현재 중국의 대표당사자소송에 관한 민사소송법 제53조와 제54조는 거의 사문화(死文化)되었다는 평가를 받고 있다. 그러나 집단적인 분쟁을 모두 개별적으로 처리하거나 여러 개의 공동소송을 나누어 처리하는 것은 당사자들이 원하는 일이 아닐 뿐만 아니라 반복재판으로 인한 업무량 증가 등을 감안할 때 반드시 법원에 득이 된다고 볼 수만도 없다. 최근 실무에서는 대표자소송의 대안으로 시범소송을 도입하려는 경향을 보이고 있기도 하다.

Ⅴ. 대표자소송 외의 다수당사자 소송제도

최근 중국에서는 위와 같은 선정당사자제도와 미국식 집단소송(class action)에 기초를 둔 대표자소송 이외에 다수당사자의 분쟁관계를 간편히 해결하기 위한 제도를 모색 중이며 일부는 이미 실무상 이용되고 있기도 하다. 대표적으로 논의되는 것은 시범소송(model action, Musterklage)과 단체소송(Verbandsklage)이다.

1. 시범소송제도

시범소송(示范诉讼)은 실험성(实验性) 소송이라고도 하며 최근 중국에서 명문의 근거는 없으나 상당히 논의가 되고 있는 제도이다. 독일이나 일본의 테스트 케이스(test case)를 본받은 것이며 학설은 이 제도로 대표자당사자소송을 대체하려는 경향이 있으며 실무상으로도 실제로 이용되고 있다.

즉 최근 전형적인 시험소송은 아니나 유사한 방법으로 집단적인 분쟁을 해결하려는 논의가 있었으며 실무상으로도 비슷한 취급을 하여 소송의 간소화를 도모한 경우도

93) 중국의 경우는 사건수리비가 그 법원의 복리후생비로 사용될 수 있는 여지가 있으며, 사건수리비는 비례체감제(比例遞減制)를 취하고 있으므로 다액의 한 개 사건보다는 소액의 다수의 사건으로 처리하는 것이 수리비를 더 받을 수 있는 방법이라고 한다.

발견되고 있다. 예를 들면[94] 다수의 주주가 허위공시를 이유로 손해배상을 청구한 사건에서, 우선 3인의 주주의 배상사건을 심리하고, 나머지도 몇 개의 조로 쪼개어 시차를 두고 심리한 후 한 번에 1심판결을 한 예도 있으며, 수십 명의 주택매수인이 개발사업자를 상대로 손해배상을 청구한 경우에 우선 한 명의 청구를 떼어내어 판결한 경우도 있다고 한다.

이와 같은 방법으로 대표당사자소송의 어려움을 돌파하려는 시도는 학자들의 긍정적인 반응을 얻기도 하나, 나머지 당사자들의 절차보장과 관련하여 주의할 점이 있다는 지적도 있다.[95]

2. 단체소송제도

근래 중국의 몇몇 개의 법규에서는 독일식의 법정소송담당 이론을 빌려 일정한 단체에 독자적인 소송수행권을 부여하여 이른바 단체소송(Verbandsklage)의 길을 열어놓고 있다. 그 예로 들 수 있는 것은 공회(工會: 노동조합)와 입주자위원회[业主委员会]이다.

(1) 공회(노동조합)

공회법[96] 제20조 제3항은 "기업이 단체협약을 위반하여 직공의 노동권익을 침해한 경우, 공회는 법률에 따라 기업이 책임을 부담할 것을 요구할 수 있으며, 단체협약의 이행으로 인하여 쟁의가 발생한 경우에는 공회가 노동중재위원회에 중재를 요청할 수 있으며, 중재기구가 수리를 거절하거나 중재위원회의 재결에 불복하는 경우에는 법원에 소를 제기할 수 있다"라고 하여 공회 즉 노동조합의 당사자적격을 인정하고 있다. 또한 노동계약법[97] 제56조도 "고용단위가 단체협약을 위반하여 직공의 노동권익을 침해한 경우에 공회는 법률에 따라 고용단위에 대하여 책임을 부담할 것을 요구할 수 있으며, 단체협약의 이행으로 인하여 쟁의가 발생한 경우에 협상을 통하여 해결할 수 없는 경우에는 공회가 법률에 따라 중재의 신청, 소의 제기를 할 수 있다"라고 규정하고 있다. 이에 따라 공회 즉 노동조합은 자신의 명의로 구성원을 위하여 독자적으

---

94) 이 예는 江伟 主编, 前揭 民事诉讼法(第四版), 149~150面에서 전재(轉載)한 것임.

95) 上揭書 同面.

96) 정식 명칭은 〈中华人民共和国工会法〉(全国人民代表大会, 2001.10.27)이며 이를 받아 지방의 인민대표대회에서는 이 법의 시행을 위한 독자적인 규칙을 제정하여 현지의 사정에 맞게 적용하고 있다(예컨대 深圳市实施〈中华人民共和国工会法〉办法, 2003-10-20).

97) 정식 명칭은 〈中华人民共和国劳动合同法〉(全国人大常务委员会, 2007.6.29.)이며 노동법(中华人民共和国劳动法: 1994년 제정)과는 별개의 법률이다.

로 소를 제기할 수 있게 되었다.

(2) 입주자위원회

건물의 입주자위원회[98]는 건물의 관리와 관련하여 입주자를 대표하여 건물관리회사에 대하여 퇴거, 관계 장부의 교부 등을 청구하는 소를 자기 이름으로 제기할 수 있는 자격이 주어져 있다. 건물의 관리에 관한 사항을 정하기 위하여 국무원은 2007년 건물관리조례[99]를 공포하였고 지방에서도 이를 받아 비슷한 조례를 만들어 시행하고 있다.

이 밖에도 투자자보호영역, 소비자보호영역, 환경보호영역에 있어서 단체소송의 도입이 필요하다는 주장이 제기되고 있다.[100]

제4절 공익소송

Ⅰ. 의의와 입법과정

1. 의 의

개정법은 제55조를 신설하여 "환경오염, 다수의 소비자의 합법적 권익 침해 등 사회공공이익을 해하는 행위에 대하여는 법률이 규정하는 기관 및 관련 조직이 인민법원에 소를 제기할 수 있다"라고 규정하고 있다.

공익소송(公益訴訟)은 공공이익의 보호를 제1차적 목적으로 하는 소송이다. 따라서 개인의 이익과 관련되는 이른바 사익소송(私益訴訟)과 대응되는 개념이다. 무엇이 공공이익인지는 매우 모호한 개념이나 사익과는 명확히 구분해야 한다. 개개인의 이해관계를 넘어 공동체 전체와 관련되는 이해관계를 공공이익이라 하며,[101] 예컨대 생태

---

98) 业(業)主委员会라고 한다. 여기의 업주는 사업주라는 말이 아니라 상가, 아파트, 주택 등 건물의 소유주를 가리킨다. 그리고 이와 같은 건물의 관리업무를 物业(業) 또는 物业(業)管理라 한다. 또 입주자 측과 관리회사 측의 건물관리계약을 物业(業)服务合同이라고 한다.

99) 정식 명칭은 物业管理条例(2007年 修正)이며 여기에 입주자대표대회, 입주자위원회, 건물의 관리 등에 관한 사항을 규정하고 있다.

100) 江伟 主编, 前揭 民事诉讼法(第四版), 153면 참조.

101) 공공이익에 국가이익이 포함되는지에 대하여 논란이 있다. 국가소유권 등 국가이익은 헌법, 물권법 등에 의하여 국무원이 국가를 대표하여 행사하도록 명확히 규정되어 있으므로 공공이익에

보호, 환경복원[环境治理], 지속가능한 발전 등은 널리 공공이익으로 간주된다.

해양환경오염으로 수많은 연안 어민의 양식, 어획에 막대한 손해가 초래되었고 해양환경, 해양생태에도 손해가 초래된 경우, 어민의 양식, 어획고의 감소에 따른 손해배상청구는 원고의 수가 아무리 많다고 하더라도 사익소송일 뿐이다. 그러나 환경손해에 대하여 그 오염제거비용, 생태의 회복 및 복원비용, 자원손실액 등을 청구하는 소송은 공익소송의 범주에 들어가게 된다.[102] 여기서 주목해야 할 것은 환경오염으로 인한 사적이익의 침해나 소비자 권익의 침해가 아니라 공공이익의 침해에 대한 대책이라는 점이다. 따라서 원고는 전통적인 당사자 개념과는 달리 사건과 직접적인 이해관계가 없는 자 혹은 기관이 되게 된다.

사익소송이 사후구제를 주안으로 하는 데 비하여 공익소송은 사전구제가 그 목적인 경우가 많으며 이에 따라 소송물도 부작위 청구인 경우가 많다.[103] 또 공익소송의 판결은 피고가 또다시 공공이익을 침해하지 않도록 할 뿐만 아니라 피고의 향후의 활동에 대한 정책자체의 변경을 초래하기도 하며, 심지어는 국가의 법률개정도 이끌어낼 수 있다는 점에서 사익소송이 구비할 수 없는 기능을 발휘할 수도 있다.[104]

2. 입법과정

구민사소송법 제108조(개정법 제119조)는 원고는 본안과 직접적인 이해관계를 가진 공민, 법인 기타 조직이야 한다는 원고의 조건을 규정하고 있다. 이와 같은 조건하에서는 직접적인 이해관계를 가지지 않은 기관, 조직, 개인이 공공이익을 위하여 민사소송을 제기할 수 없다.

그러나 근래 인민대표대회나 정협위원(政協委員: 정치협상회의 위원)들의 창의(倡義)하에 인민검찰원, 행정기관, 사회단체가 제기한 공익소송을 법원이 수리·재판하면서 공익소송의 길을 적극적으로 모색해 왔다. 예컨대 1997년에는 행정기관이 국유부동산을 현저히 저가에 매도하기로 계약을 맺은 것에 대하여 검찰원이 원고로 법원에 그 매매계약의 무효확인을 구한 소를 법원이 수리하여 인용한 것이 있으며, 이와 유사하

포함되지 않는다고 하나 대체로 사회주의공유제 국가인 중국에서는 국가이익과 사회의 이익을 구분하지 않고 모두 공공이익의 개념에 포함되는 것으로 취급한다(全国人大常委会法制工作委员会民法室 编著, ≪中华人民共和国民事诉讼法≫ 解释与适用, 人民法院出版社, 2012.9, 69面 참조).

102) 上揭書, 94面 참조.

103) 李浩/刘敏, "중국공익소송제도의 구축", 2012년 제4회 한중 민사소송법학회 발표논문 제1面 참조.

104) 上揭 논문 제2面 참조.

게 검찰원이 국유재산의 유실을 막기 위하여 제기한 소송이 근 200건에 달한다고 하며, 그 밖에도 환경오염, 도벌(盜伐), 선박기름 기타 오염물질의 유출 등을 이유로 검찰원이나 행정기관이 원고가 되어 손해배상청구를 한 소송이 상당히 있다.[105)]

이와 같은 실무례(實務例), 사회적 필요 등을 감안하여 민사소송에 별도의 규정을 둠으로써 민소법 제119조의 원고의 조건에 예외를 인정하여 공익소송제도를 두게 되었다.

이에 따라 2012년 개정법에서는 제5장 소송참가인 중 제1절 당사자 부분에 제55조를 신설하여 공익소송을 도입하였다. 사실 공익소송은 원고의 자격, 사건의 범위, 수리의 기준, 소송행위의 제한, 소송비용, 증거조사, 재판의 효력 등 소송절차 전체가 일반의 사익소송과 차이가 날 수밖에 없으며, 또 남소(濫訴)를 방지할 필요도 매우 크다. 따라서 당사자 부분에 하나의 조문을 신설하는 것으로는 만족스럽지 못할 것이고 하나의 절(節)을 두는 것이 타당할 것이라는 견해도 많았으나,[106)] 우선 제소에 장애가 되던 원고의 자격을 완화하고, 남소를 막기 위하여 공익소송의 적용범위(대상)를 추상적으로라도 규정하는 조문을 두고 그 밖의 자세한 것은 향후의 연구와 입법에 맡기기로 한 것이다.[107)]

Ⅱ. 공익소송의 대상

민소법 제55조는 공익소송의 적용범위(대상)에 관하여 우선 가장 전형적이고 발생빈도가 높은 환경오염, 다수 소비자의 합법적 권익의 침해를 들고 뒤에 등(等)을 붙여 이에 한정되지 않는다는 것을 표시하였다. 따라서 예컨대 이미 실무가 인정하는 국유자산의 유실행위, 시장의 경쟁을 파괴하는 독점행위 등으로부터 공공이익이 침해되는 경우에는 공익소송의 대상이 될 것이다.

그리고 이미 언급한 바와 같이 위와 같은 행위로부터 개인의 재산권의 침해 등이 이루어져 이에 대한 배상청구를 하는 것은 공익소송이 되지 못하고, 개인의 이해관계를 넘어 사회의 공공이익이 침해된 경우 이의 회복을 위하여 소를 제기하는 경우만이

---

105) 奚晓明 主编, 前揭 《中华人民共和国民事诉讼法》 修改条文理解与适用, 91~92面 참조. 이와 같은 손해배상 청구형의 공익소송이 사익소송과 다른 점은 배상받은 금전을 대체로 국고(國庫)에 납입한다는 점이다.

106) 李浩/刘敏, 前揭 논문, 11~12面 참조.

107) 奚晓明 主编, 前揭 《中华人民共和国民事诉讼法》 修改条文理解与适用, 92面 참조.

공익소송에 해당되게 된다는 점을 주의해야 한다.

Ⅲ. 공익소송의 원고적격

공익소송의 원고적격은 법률이 규정하는 기관 및 관련조직만이 가지게 된다. 여기의 "법률이 규정하는" 이라는 말은 관련조직에도 적용되게 된다. 따라서 법률이 규정하는 기관 및 법률이 규정하는 관련조직이 원고가 될 수 있다.

원래 제1차 심사용초안[108]에는 "관련 기관, 사회단체"라고 되어있었으나 너무 모호하고 불확정적이라는 비판에 제2차 심사용초안에서는 "법률이 규정하는 기관 및 관련 사회단체"라고 제한하였다. 그 후 최종 통과과정에서 "법률이 정하는 기관 및 관련조직"[109]으로 변경하게 되었다.

법률이 규정하는 기관 및 관련조직이어야 하므로 이 규정만으로 원고적격자를 가릴 수 없으며 관련 법률의 규정을 검토하여야 할 것이다. 현재 원고적격을 정하고 있는 법률로는 해양환경보호법이 유일하며 여기에는 "해양생태의 파괴, 해양수산자원의 파괴, 해양보호구의 파괴로 국가에 중대한 손실을 끼친 경우에는 해양환경 감독관리권을 가진 부문의 대표가 이 법의 규정에 따라 국가를 대표하여 손해배상의 요구를 할 수 있다"[110]라고 되어있다. 향후 환경보호법, 소비자권익보호법 등에 공익소송의 제소권자를 규정하게 될 것이다.

다만 여기의 기관에 인민검찰원이 해당되느냐에 관하여 학설은 일치하여 검찰원이 제소권을 가진다고 한다. 검찰원이 제1차적인 제소권자라고 하는 경우가 많으나 학설에 따라서는 그 행위로 인하여 불리한 영향을 받은 자가 소를 제기하지 아니한 상황에서 검찰이 보충적인 제소권자가 되어야 한다는 견해도 있다.[111]

---

108) 2011년 10월 24일에 전인대 상무위원회 제23차 회의에 제출됨.

109) 관련사회단체보다 관련조직이 약간 넓은 개념이라 한다. 奚晓明 主编, 前揭 〈中华人民共和国民事诉讼法〉修改条文理解与适用, 93면 각주 1 참조.

110) 〈中华人民共和国海洋环境保护法〉(全国人民代表大会常务委员会, 1999.12.25.) 제90조 제2항.

111) 李浩/刘敏, 前揭 논문, 11面 참조.

제5절 소송참가

Ⅰ. 소송참가의 개념

중국 민사소송법에서는 제3자가 소송에 참가하는 것 자체를 제3인(第三人)이라 부른다. 소송참가는 타인간의 소송이 계속 중 제3자가 소송에 가입하는 것을 말하는 점에서는 우리의 소송참가와 다를 것이 없지만 참가의 종류와 판결의 효력 등에서 많은 차이가 있다. 특히 중국 민사소송법에서는 소송참가에 관하여 단 하나의 조문(민소법 제56조)만을 두고 있어서 해석상 많은 문제점을 보이고 있으며 현재 학설의 대립이 매우 심하며 입법적으로 해결해야 할 부분이 많다.

중국 민사소송법 제56조 제1항은 "당사자 쌍방의 소송물에 대하여 제3자가 독립적인 청구권을 가지고 있다고 인정하는 경우에는 소를 제기할 권리가 있다"라고 규정하고 있으며 제2항에서는 "당사자 쌍방의 소송물에 대하여 제3자가 비록 독립적인 청구권을 가지고 있지 않으나 사건의 처리결과와 법률상의 이해관계가 있는 경우에는 소송참가를 신청할 수 있으며 법원은 소송참가를 통지할 수 있다"라고 규정하고 있다. 전자를 독립청구권 있는 소송참가라고 하며 후자를 독립청구권 없는 소송참가라 부른다.

독립청구권 있는 소송참가는 우리 제도의 독립당사자 참가와 유사하고 독립청구권 없는 소송참가는 보조참가와 유사하다고 할 수 있으나 우리 제도와는 상당한 차이가 있다. 이 중 특히 독립적 청구권 없는 소송참가에 많은 문제점이 있다.

중국 민사소송에서는 우리의 공동소송참가(한국민소법 제83조)나 공동소송적 보조참가(한국민소법 제78조)는 인정되지 않는다. 우리의 공동소송참가는 참가 후의 소송형태가 필수적 공동소송이 된다. 중국의 필요적 공동소송에서는 법원이 통지를 하여 반드시 참가시키므로 사실 공동소송참가제도는 별 의미가 없다고 할 수 있을 것이다. 공동소송적 보조참가에 해당하는 경우는 별도의 규정 없이도 법원의 통지를 통하여 참가시킬 수 있지 않을까 생각된다.

Ⅱ. 독립청구권 있는 소송참가

1. 의의 및 소송구조

(1) 의의

독립청구권 있는 소송참가라 함은 타인간의 소송이 진행되는 도중 원피고간의 소송상의 청구(소송물: 소송표적)인 권리의 전부 또는 일부가 자기의 권리에 속한다는 주장을 하면서 소제기의 방식으로 본소에 참가하는 것을 말한다(민소법 제56조 제1항). 소제기의 방식으로 참가하므로 참가인은 원고의 지위를 가지게 되므로 본소의 원고와 피고는 참가인에 대하여 각각 반소를 제기할 수 있다.

우리 민소법 제79조 제1항과는 달리 “사해방지 참가”에 대한 규정이 없다는 점을 주의해야 한다. 그러나 최근에는 사해방지를 위한 참가도 필요하다는 논의가 강하다.[112)]

(2) 소송구조

중국의 독립청구권 있는 소송참가는 독일과 일본의 주참가소송(主參加訴訟)에 해당하는 개념으로 파악하는 것이 다수의 견해이다.[113)] 따라서 참가인은 본소의 원고와 피고를 공동피고로 새로운 소를 제기하는 것이며 이에 따라 본소와 참가소송이 병합심리되는 것이라는 견해가 현재로는 다수의 지위를 차지하고 있다.

이 견해에 의하면 참가인은 언제나 원고의 지위를 가지게 되며, 독자적으로 소송행위를 할 수 있으며 본소의 원피고로부터 아무런 견제를 받지 않게 된다.[114)]

그러나 근래에는 3면소송설[115)]도 나오고 있으며 또 사안에 따라 공동소송으로 파악할 것, 주참가소송으로 파악할 것, 3면소송으로 파악할 것이라는 학설도 나오고 있다.[116)]

---

112) 예컨대 肖建华, 前揭 民事诉讼当事人研究, 272~274面은 이전에는 중국 민법상 채권자취소권에 관한 규정이 없었으나 현재는 계약법(합동법) 제74조로 채권자취소의 소를 제기할 수 있도록 하고 있는 점 등을 감안하면 사해방지를 위한 참가를 인정할 필요가 매우 크다는 주장을 하고 있다. 같은 견해로는 江伟 主编, 前揭 民事诉讼法, 124面.

113) 潘剑锋, 前揭 民事诉讼原理, 182面; 梁书文, 回沪明, 杨荣新 主编, 民事诉讼法及配套规定新释新解(上), 716~717面; 张卫平 著, 前揭 民事诉讼法(第二版), 164面 등.

114) 潘剑锋, 前揭 民事诉讼原理, 183면; 江伟 主编, 前揭 民事诉讼法, 125面.

115) 다만 3면소송설(三方訴訟說)을 표방하면서도 대개 본소와 참가소송의 병합을 인정하므로 진정한 의미의 3면소송설로는 볼 수 없으며 단지 3자간의 대립을 강조한 것 이상의 의미는 없다.

116) 자세한 것은 肖建华, 前揭 民事诉讼当事人研究, 295面 참조.

2. 참가의 요건

독립청구권 있는 소송참가는 일종의 소이기 때문에 소의 요건인 중국 민사소송법 제119조 소정의 요건을 갖추어야 하는 동시에 다음과 같은 요건을 아울러 구비해야 한다.

(1) 본소 원피고간의 소송물에 대하여 독립적인 청구권을 주장할 것

참가인은 원고의 주장에도 피고의 주장에도 동의하지 않는 독립적 자기의 청구권을 주장해야 하며(민소법 제56조 제1항), 원피고 중 누가 승소해도 자기의 권리가 침해당한다는 주장을 해야 한다. 이 경우 청구권은 실체법상의 청구권을 가리키는 것으로 이해되며[117] 소송의 목적인 권리의 전부 혹은 일부가 자기의 권리라고 주장하는 경우에 참가가 허용된다.

예컨대 甲과 乙이 X가옥의 소유권을 둘러싸고 다투고 있는 중 丙이 X가옥은 자기의 소유에 속한다고 주장하여 참가하는 경우는 권리 전부를 주장하는 경우이고, 화가가 그림 두 점을 남기고 사망하여 그 자녀 甲과 乙이 그 소유권을 가지고 다투고 있는 경우 丙이 그 중 하나는 이미 자기가 화가로부터 증여받은 것이라고 주장하여 참가하는 경우는 권리의 일부를 주장하는 경우이다.

어느 경우라도 참가인이 권리를 주장하면 그 자체로 참가요건은 갖춘 것이 되며 법원은 그 청구권의 성립여부를 심사할 필요가 없으며 또 참가를 거절할 수 없다.

(2) 타인간의 소송이 진행 중일 것

타인간의 소송이 진행 중이어야 하므로 소송절차가 아닌 집행절차나 민사소송법에 있는 특별절차(대개 비송절차)의 경우에는 참가가 불가능하다. 또한 소송진행 중에 하여야 하므로 소송계속 후 즉 수리절차를 거쳐 입안된 후[118] 변론종결 전까지 참가할 수 있다.

소송이 제1심에서 진행 중인 경우에는 참가에 문제가 없으나 제2심 진행 중이거나 제2심 법원에서 재심절차가 진행 중에 참가신청을 할 수 있는지에 대하여는 견해가 대립한다. 제1심 변론종결 전에만 참가신청을 할 수 있다는 견해도 있다.[119] 그 이유로는 양심종심제의 원칙상 참가인이 상소할 권리를 상실하기 때문이라고 한다. 그러

117) 梁书文, 回沪明, 杨荣新 主编, 前揭 民事诉讼法及配套规定新释新解(上), 717面.
118) 원피고가 확정된 경우 즉 피고가 응소한 때부터 참가할 수 있다는 견해도 있다[张卫平 著, 前揭 民事诉讼法(第二版), 166面].
119) 汤维建 主编, 前揭 民事诉讼法学, 220面.

나 제2심에 와서야 참가신청을 한 경우 실무상으로는 우선 조정을 시도하여 합의가 달성되면 조정방식으로 절차를 종료하고[120] 조정합의가 달성되지 않는 경우에는 제1심 판결을 취소하고 환송하여 제1심 법원이 다시 재판하도록 한다고 한다.[121] 학설로는 제2심에서도 참가신청을 할 수 있으며, 제2심 법원이 심리 후 제1심 판결이 잘못된 것으로 판단하는 경우에는 제1심으로 환송할 것이고, 제1심 법원의 판단이 정확하다고 인정하는 경우에는 참가인에게 제1심 법원에 별소를 제기하도록 고지해 주어야 한다고 하는 견해도 있다.[122]

(3) 소제기의 방식을 갖출 것

독립적 청구권이 없는 자의 소송참가(민소법 제56조 제2항)와는 달리 독립적 청구권 있는 소송참가의 경우에는 소제기의 방식을 요구하고 있다. 따라서 참가인은 소장에 준하는 서면을 제출해야 하며 이 경우 본소의 원고와 피고는 공동피고가 되어야 한다. 따라서 참가인이 본소 원피고 중 어느 일방과 다툼이 없는 경우에는 참가가 불가능하다(편면적 참가를 인정하지 않는다). 또 소장에 준하는 인지대를 납부해야 한다.

참가는 제3자가 주도적으로 참가신청을 하는 것이 원칙이나 중국의 경우에는 국가간예주의가 보편적으로 통용되기 때문에 제3자가 소송계속사실을 알지 못하여 참가신청을 하지 못하는 경우에는 법원이 권리가 있는 제3자에게 참가의 통지를 할 수 있으며 또 그렇게 하는 것이 실무라고 한다. 그러나 주의할 점은 공동소송[123]과는 달리 통지를 받은 자가 참가하지 않는 경우라도 참가를 강제할 수는 없다고 본다.[124] 심리 중 제3자에게 권리가 있음을 발견하여 참가통지를 하였음에도 제3자가 참가하지 않는 경우, 실무상으로는 본소청구를 기각하는 듯하다.[125] 이와 같은 처리도 역시 사회주의 민사소송의 특색인 국가간예주의, 진실절대주의로부터 연유한 것이라 생각된다.[126]

120) 조정으로 종료되는 경우에는 상소의 문제가 발생하지 않는다.
121) 唐德华, 前揭 新民事诉讼法(实务精答), 187, 189面 참조; 张卫平 著, 前揭 民事诉讼法(第二版), 166面도 같은 견해이다.
122) 何文燕-廖永安 著, 民事诉讼理论与改革的探索, 中国检察出版社(2002), 230面 참조.
123) 전술한 바와 같이 필요적 공동소송의 경우 일부가 탈루(脱漏)된 경우에는 법원이 직권으로 또는 신청을 받아 참가를 통지할 수 있으며 이 경우 통지를 받은 공동권리자가 자기의 실체적 권리를 포기하지 않는 한 출석하지 않아도 당사자로 되어 판결을 받는다. 또 후술하는 바와 같이 독립청구권 없는 참가의 경우에도 참가를 강제할 수 있도록 하고 있다.
124) 潘剑锋, 前揭 民事诉讼原理, 184面; 唐德华, 前揭 新民事诉讼法(实务精答), 190面.
125) 唐德华, 前揭 新民事诉讼法(实务精答), 190面 참조.
126) 즉 법원이 제3자의 권리에 속한다는 것을 안 이상 본소 당사자의 승소를 선언할 수는 없다고 보는 듯하다.

3. 심판과 판결

독립청구권 있는 소송참가가 허용되는 경우에 본 소송에 주참가소송이 병합된 것으로 보는 경우에는 병합소송의 원리와 공동소송의 원리에 따라 심리를 진행한다.

참가인의 지위는 원고이기 때문에 원고로서의 권리를 향유하고 의무를 부담한다. 따라서 참가인이 출석통지를 받고 정당한 이유 없이 불출석하거나 법원의 허가를 받지 않고 중도에 퇴정하는 경우에는 민사소송법 제143조의 예에 따라 소의 취하로 처리한다.

또한 제3자가 참가한 후에 본소의 원고가 소 취하를 하고 법원이 이를 허가한 경우[127)]에는 본소 원피고를 상대로 하는 참가인의 공동소송이 남는 것으로 보아 심리를 계속하게 된다.

Ⅲ. 독립청구권 없는 소송참가

1. 의의와 종류

독립청구권 없는 제3자의 참가라 함은 다른 사람의 소송상의 청구(소송물: 소송표적)에 대하여 직접적인 권리는 없으나, 타인간에 현재 진행 중인 소송의 결과와 자기의 법률상의 이해관계가 관련이 되기 때문에 자기의 이익을 보호하기 위하여 참가하는 것을 말한다. 우리나라의 보조참가에 상당하는 참가로 볼 수 있으나, 중국 민사소송법 제56조 제2항에 의하면 "법원이 민사책임을 부담하도록 판결하는 참가인은 당사자의 소송권리와 의무를 가진다"라고 하여 독립청구권 없는 소송참가인에게 법원이 직접 민사책임을 부담시킬 수도 있음을 보여주고 있어 우리와는 완전히 다른 면이 있다.

따라서 독립청구권 없는 소송참가의 경우는 참가인의 지위에 따라 두 가지가 있음을 알 수 있다. 즉 ① 참가인이 직접 민사책임을 부담하지 않는 참가(우리의 보조참가에 해당할 것), ② 참가인이 직접민사책임을 부담하게 되는 참가[128)]로 나눌 수 있다. 법문상의 구분은 아니나 현재 대다수 학자들은 위와 같은 두 가지 형태를 모두 인정하고

127) 중국 민사소송에서는 소의 취하에는 법원의 허가가 필요하다.

128) 마치 보조참가가 있는 소송에서 참가인·피참가인 측이 패소하여 피참가인이 판결채무를 이행한 후 피참가인이 참가인에 대하여 구상청구를 하는 제2의 소를 제기한 것을 하나의 소에 모아 놓은 것과 같이 보고 법원이 중간을 생략하고 참가인이 원고에게 직접 민사책임을 부담하도록 명하는 경우이다.

있으며 이를 각각 보조형 독립청구권 없는 참가와 피고형 독립청구권 없는 참가로 부르거나 순수한 보조참가와 준독립적 참가(準獨立第三人)로 나누어 설명하는 견해도 있다.[129)]

우리의 보조참가에 상당하는 제도라고 할 수는 있으나 중국의 이 제도는 주로 두 번째 형태, 즉 참가인에게 직접 이행명령을 할 수 있는 경우를 상정(想定)하고 입법을 한 것이라 하며 이를 통하여 3자간의 분쟁을 하나의 소송절차에서 해결하는 것을 목적으로 하고 있다고 한다.[130)] 직접민사책임을 부담하지 않는 참가가 강학상으로는 인정된다고 하나 법원의 심판결과 참가인에게 책임이 있음을 알게 된 경우에는 예외 없이 참가인에게 직접 이행을 명하기 때문에 실무상으로는 두 번째의 참가로 취급함이 일반적인 것 같다.[131)]

예를 들어 맥주병이 폭발하여 부상을 당한 사람이 맥주회사를 상대로 손해배상을 구하는 소를 제기한 경우 피고가 맥주병의 폭발이 맥주병 제조회사의 불량 맥주병 공급으로 인한 것이라고 주장하는 경우를 생각하면, 소 외의 맥주병 제조회사는 독립적인 청구권이 없는 자로 제56조 제2항에 따라 참가를 할 수 있는 지위에 있다고 할 수 있다. 맥주병 제조회사가 피고측에 참가하여 공격방어를 하였으나 참가인측이 패소하면 법원은 참가인인 맥주병 제조회사에게 직접 원고에게 배상할 것을 명하는 판결을 할 수 있다는 것이 이 제도의 골자(骨子)이다.[132)]

이 제도에 관하여는 현재 많은 비판이 있으며 참가인의 지위가 당사자인지 등을 둘러싸고 많은 논란을 야기하고 있다.

---

129) 江伟 主编, 前揭 民事诉讼法, 126~127面; 肖建华, 前揭 民事诉讼当事人研究, 302面 이하 참조.

130) 국가간예주의를 기초로 하고 있음을 알 수 있다. 즉 국가가 소송에 적극적으로 간예할 수 있는 상태에서는 우선 피참가인(피고)에게 배상을 명하는 판결을 하고 피참가인이 다시 참가인에게 구상을 청구하는 소를 제기하게 한다는 것은 쓸데없는 사법자원의 낭비라고 생각할 수 있다. 즉 이 경우에는 직접 참가인에게 배상을 명하면 간단히 일거에 분쟁을 해결할 수 있으며, 참가하지 않는 경우라도 제3자의 책임에 속함을 인정하는 경우에는 직권으로 그 제3자에게 참가를 통지하여 이에 대하여 배상을 명할 수도 있다고 입법자들은 생각했었음을 알 수 있다(처분권주의의 후퇴에 관하여는 제1편 중국 민사소송법의 특징 부분 참조).

131) 참가인이 능동적으로 참가한 경우, 즉 직접 민사책임을 질 생각이 없이 단순히 승소보조를 위하여 참가한 경우라도, 후에 법원이 민사책임을 인정하는 판결을 하는 경우에는, 결국 참가인의 주관적 의사와 관계없이 민사책임을 지는 참가인 것으로 전환된 것으로 보아야 한다고 한다[张卫平 著, 前揭 民事诉讼法(第二版), 171面 참조].

132) 승소에 자신이 없는 맥주병 제조회사는 당연히 참가를 기피할 것이므로 뒤에서 보는 바와 같이 법원의 통지에 의한 참가를 인정하고 있다. 이와 같은 점을 감안하면 이 제도는 참가인보다는 원고의 보호에 치중하는 제도이며 이 점은 소위 지역이기주의와 맞물려 상당한 폐해를 낳고 있다고 한다.

2. 참가의 요건

(1) 사건처리결과와 법률상의 이해관계가 있을 것

법률상의 이해관계라 함은 실체법상의 권리의무관계에 영향을 미치는 것을 말하며 사실상의 이해관계나 순 경제적인 이해관계는 이에 포함되지 않는다. 따라서 감정상의 문제, 또는 명예와 관련된 경우에는 참가가 불가능하고 예컨대, 손해배상 청구소송에서 원고와 생활을 같이 하고 있는 배우자, 자녀 혹은 친척과 같은 경우는 순 경제적인 이유에 불과하므로 참가할 수 없다.

또한 법률상의 이해관계는 사법상의 이해관계를 지칭하며 형법상 혹은 행정법상의 이해관계는 이에 포함되지 않는다고 한다.[133]

소송의 결과와 법률상 이해관계를 가진다 함은, 일방의 패소로 불이익을 부담하는 경우(의무적 이해관계)로 한정하고자 하는 견해도 있으나[134] 다수설과 실무는 권리를 취득하는 경우도 포함되는 것으로 본다.[135]

(2) 소의 수리 후[136] 판결 전일 것

중국의 민사소송제도에는 우리와는 달리 수리절차(입안절차)가 별도로 존재하며 입안정(立案庭)이 수리결정을 하여야 비로소 소송계속이 발생하므로 그 이후에만 참가를 할 수 있다. 참가할 수 있는 심급과 관련하여 학설의 일치를 보지 못하고 있다. 독립청구권 있는 참가의 경우와 마찬가지로 제1심 절차에 한한다고 하는 견해도 있으나,[137] 제2심 절차에서 참가신청을 하는 경우에는 일단 조정을 시도하고 조정이 성립하지 않으면 심급이익의 보호를 위하여 원심법원으로 환송하여야 한다는 견해가 많고 실무도 그렇게 처리한다고 한다. 그러나 제2심 법원에서 제3자에게 직접 민사책임을

---

133) 梁书文, 回沪明, 杨荣新 主编, 前揭 民事诉讼法及配套规定新释新解(上), 720面 참조.

134) 汤维建 主编, 前揭 民事诉讼法学, 223面.

135) 唐德华, 前揭 新民事诉讼法(实务精答), 192面 참조. 다만 실무상 의무적 이해관계를 가진 경우가 압도적이라 한다. 그러나 소송의 결과와 관계없이 당사자의 일방에 대하여 일정한 의무를 부담하는 자는 여기의 참가 자격을 가지지 못한다고 한다. 예컨대 甲과 乙간에 철재를 제공하기로 하는 계약을 맺었으나 乙이 이행을 하지 않자 甲이 계약의 이행과 손해의 배상을 구하는 소를 제기한 경우 乙이 자기와 丙 사이에 철재를 공급하기로 하는 계약이 있었으나 丙의 불이행으로 인하여 자기의 이행이 불가능하였다고 주장하는 경우의 丙과 같은 자는, 소송의 결과와 관계없이 乙에 대하여 이행의무를 부담하는 것이고 乙이 패소하여야 비로소 이행의무를 부담하게 되는 것이 아니라는 점에서 그 관계는 사실상의 관계일 뿐 소송의 결과와 법률상의 이해관계를 가진다고 볼 수 없다 한다. 이와 같은 경우도 독립청구권 없는 제3자로 보면 참가의 범위가 무한히 확대될 염려가 있기 때문이라고 한다.

136) 원피고가 확정된 경우 즉 피고가 응소한 때부터 참가할 수 있다는 견해도 있다[张卫平 著, 前揭 民事诉讼法(第二版), 166面].

137) 汤维建 主编, 前揭 民事诉讼法学, 222面. 주로 상소권의 상실을 그 이유로 한다.

부담하도록 하는 재판을 하지 않을 경우에는 심급의 이익이 문제되지 않으므로 참가를 허용하고 판결을 하여도 좋으나, 조사결과 제2심에서 제3자의 직접 민사책임을 인정할 필요가 있다고 인정되는 경우에는 조정의 방식을 우선 적용하고 조정이 성립되지 않는 경우에는 제3자가 심급의 이익을 포기하는 경우에는 직접 민사책임을 부담하도록 하는 판결을 하고 심급의 이익을 포기하지 않는 경우에는 원심법원으로 환송해야 할 것이라는 견해도 있다.[138)]

3. 참가절차

민사소송법 제56조 제2항은 "당사자 쌍방의 소송상 청구에 대하여 제3자가 독립적인 청구권이 없는 경우에도 사건의 처리결과가 그와 법률상의 이해관계가 있는 경우에는 소송에의 참가를 신청할 수 있으며 법원은 그에게 통지하여 소송에 참가하게 할 수 있다"라고 규정하고 있다. 이에 따라 독립적 청구권 없는 제3자의 참가방식에는 참가신청과 법원의 직권통지라는 두 가지 방식이 인정되고 있다.

(1) 참가신청

제3자가 스스로 참가하는 경우에는 참가신청서를 법원에 제출해야 하며 신청서에는 참가의 이유를 설명해야 하며 심사를 거쳐 법원이 동의하는 경우에 비로소 참가가 가능하다. 이와 같이 제3자가 주동적으로 참가하는 경우는 담보관계 소송을 제외하고는 거의 없다고 한다.[139)] 따라서 독립청구권 없는 참가는 거의 법원의 통지에 의하여 이루어진다고 할 수 있다.

(2) 법원의 통지에 의한 참가

우리나라 민사소송법과는 달리 중국민사소송에서는 수소법원이 소송의 결과에 이해관계가 있는 제3자에게 통지하여 참가하게 할 수 있다. 만약 통지를 받고 정당한 이유 없이 불출석하는 경우에도 심리에 지장이 없으며 결석판결을 할 수 있다.[140)] 독립청구권 없는 참가는 거의 법원의 직권에 의한 통지에 의하여 이루어지며 더욱이 이 통지에 대하여는 이의권이 주어져 있지도 않다.[141)]

---

138) 梁书文, 回沪明, 杨荣新 主编, 前揭 民事诉讼法及配套规定新释新解(上), 722~723面 참조.

139) 张卫平 著, 前揭 民事诉讼法(第二版), 170面 참조. 참가했다가 패소하면 법원이 직접 자기에게 이행을 명할 것이 거의 틀림없기 때문일 것이다.

140) 梁书文, 回沪明, 杨荣新 主编, 前揭 民事诉讼法及配套规定新释新解(上), 722面. 반대설도 있음. 예컨대 潘剑锋, 前揭 民事诉讼原理, 187面은 참가통지는 필요적 공동소송에 있어서의 당사자의 추가(통지에 의한 추가)와는 다른 것으로 참가통지에 응할 법률상의 의무가 없다고 한다.

141) 제도의 개선책으로 이의권을 부여하자는 견해도 있다(汤维建 主编, 前揭 民事诉讼法学, 225面).

직권에 의한 통지에 대하여는 많은 비판이 있다. 우선 법원의 중립성의 훼손을 초래하는 처분권주의를 무시하는 처사이며, 심판을 한 법원이 당사자가 아닌 제3자가 책임을 져야 한다는 자신의 인식을 관철하고자 하는 그릇된 고집에서 비롯된 것이라는 비판이 있으며,[142] 또 실무상 지역이기주의의 폐단 중의 하나로 함부로 제3자에게 참가통지를 하는 경우가 있어 불합리한 결과가 도출되는 경우도 많다고 한다. 즉 참가인에게 직접이행을 명하는 판결을 할 수 있는 점을 악용하여 자기 지방 사람인 원고의 편의를 위하여 함부로 제3자에게 참가통지를 하고 "참가인이 직접 원고에게 이행을 하라"는 판결을 하는 경우가 많아 문제가 된다고 한다.[143] 이와 같은 점을 시정하기 위하여 최고인민법원은 1994년 경제사건 심판에 있어서 〈민사소송법을 엄격히 지킬 것에 관한 약간의 규정〉[144]을 공포하여 법원에 의한 참가통지의 범위를 제한하고 있다. 즉 다음과 같은 경우에는 직권통지를 하지 못한다.

① 소송물과 직접적인 견련관계가 없고 반환의무나 배상의무를 부담하지 않는 제3자(통지 제10조).

② 원고 혹은 피고와 중재합의가 있거나 관할합의가 있는 소외인 혹은 전속관할사건의 일방당사자(통지 제10조).

③ 제조물의 품질에 관한 분쟁사건의 제3자로서 다음과 같은 자(통지 제11조).

a) 증거에 의해 이미 계약상의 약정 혹은 법률규정에 부합하는 제품을 제공했음이 증명되는 자

b) 사건 당사자가 품질에 대한 이의제출기간 이내에 이의를 제출하지 않은 경우의 물품제공자

c) 물품을 받은 측에서 이미 제품의 품질을 인정한 경우의 물품제공자

④ 이미 의무를 이행했거나, 법률에 따라 일방당사자의 재산을 취득하고 이에 상응하는 대가를 지불한 제3자(통지 제11조).

그러나 오히려 참가통지를 허용하는 사법해석도 많이 있다. 예컨대 최고인민법원의 계약법에 관한 사법해석[145]에 의하면 ① 채권자가 제3채무자에 대하여 법원에 채권자

---

142) 汤维建 主编, 上揭書, 224面 참조. 이 통지제도는 바로 처분권주의를 무시하는 국가간예주의의 표현이다.

143) 지역이기주의에 관한 반대여론이 강한 경우에는 독립적 청구권 없는 제3자의 참가제도의 이용률이 대폭 감소한다고 한다(肖建华, 前揭 民事诉讼当事人研究, 312面 참조).

144) 〈最高人民法院关于在经济审判工作中严格执行≪中华人民共和国民事诉讼法≫的若干规定〉法发(1994) 29号, 1994-12-22.

145) 〈最高人民法院关于适用≪中华人民共和国合同法≫若干问题的解释(一)〉[法釋(1999) 19호, 1999-12-19] 제16조.

대위소송을 제기하면서 채무자를 제3인(참가인)으로 하지 않은 경우에는 법원은 채무자를 참가인으로 추가할 수 있으며(제16조), ② 채권자가 취소권행사를 위한 소를 제기하면서 채무자만을 피고로 하고 수익자를 피고로 하지 않은 경우에는 법원이 수익자를 참가인으로 할 수 있으며(제24조), 채권의 양도계약 후 채권의 양수인과 채무자간에 분쟁이 발생하여 소가 제기된 경우 채무자가 채권자의 권리에 대하여 항변하는 경우에는 채권자를 참가인으로 할 수 있다(제27조)고 하고 있다. 여기의 참가인으로 할 수 있다는 취지는 법원이 직권으로 통지를 할 수 있다는 의미이다.

4. 참가인의 소송상의 지위

(1) 개 설

독립청구권 없는 제3자의 소송상 지위에 관하여 민사소송법 제56조 제2항은 "법원이 제3자에 대하여 민사책임을 부담하도록 판결하는 경우에 그 제3자는 당사자의 소송상 권리와 의무가 있다"라고 규정하고 있다. 이에 대하여 민사책임을 부담하는 판결을 하지 않는 경우에는 참가인에게 당사자의 지위가 있느냐에 관하여 논의가 있었고 이를 보충하기 위하여 〈약간의견〉 제66조는 "소송 중 독립청구권 없는 제3자는 당사자의 소송상 권리와 의무가 있으며, 제3자에게 민사책임을 부담하는 판결을 하는 경우에는 그 제3자는 상소를 제기할 권리가 있다. 다만 그 제3자는 제1심에서는 사건에 대한 관할이의를 제출할 수 없으며, 청구의 포기, 변경 혹은 소의 취하를 할 수 없다"라고 규정하고 있다. 이와 같은 규정을 어떻게 해석할 것인가에 관하여는 많은 논의가 있다.

(2) 참가인의 지위에 관한 학설

중국의 독립청구권 없는 참가인(제3자)제도에서는 참가인에게 의무부담을 명하는 판결을 할 수 있으며, 거의 모든 참가소송에서 참가인에게 직접 의무부담을 명하는 판결을 하고 있음은 위에서 말한 바와 같다.[146] 법원이 통지를 통하여 제3자를 참가인으로 참가시키는 목적 자체도 피고가 장차 원고에게 부담할 민사책임을 참가인에게 이전하여 참가인이 직접 원고에게 일정한 이행을 하도록 명하는 데 있다고 한다.

이와 같은 제도의 특성상 이론상 피할 수 없는 모순이 존재하게 된다. 즉 참가인에게 당사자의 지위를 부정하면 직접 참가인에게 이행을 명하는 판결을 할 도리가 없게 되고, 당사자의 지위를 부여한다면 결국 소가 없음에도 불구하고 당사자의 지위를 부

146) 肖建华, 前揭 民事诉讼当事人研究, 304面.

여하게 되어 처분권주의를 위반하는 이론상 모순이 되게 된다.[147] 따라서 현재 다양한 학설이 주장되고 있으며 이를 대별하면 다음과 같다.[148]

① 당사자가 아니라 독특한 지위를 갖는 참가인(參加人)이라는 학설
② 당사자이며 당사자로서의 권리와 의무가 있다는 학설
③ 당사자이나 언제나 피고의 지위만을 갖는다는 학설
④ 민사책임을 부담하는 경우는 당사자이나 민사책임을 부담하지 않는 경우는 당사자가 아니라는 학설[149]

이론적으로는 제④설이 타당할 것 같으나 양자를 구별하지 않고 "독립청구권 없는 참가인에게 당사자의 권리와 의무가 있다"는 〈약간의견〉 제66조의 규정, 참가인의 행위의 제한에 관한 우리 민사소송법 제76조 제1항이나 제2항과 같은 제한이 없는 점 등을 고려하면 민사책임을 부담하지 않는 경우라도 당사자의 지위를 부정할 수 없으므로 ②설을 취하는 수밖에 없을 것 같다.

다만 당사자의 지위를 인정한다 하더라도 완전히 독립적인 지위가 부여될 수는 없으며 피참가인과의 사이에 부종성(附從性)을 부인할 수 없고 제한적인 능력을 가질 뿐이다.[150]

참가인의 지위는 당사자라고 해야 할 것이나 구체적으로 어떤 권리를 행사할 수 있는지는 판결의 내용이 참가인에게 민사책임을 명하느냐에 달려 있다고 할 수밖에 없다.

(3) 민사책임을 명하는 판결을 받는 참가인

판결에 의하여 직접 민사책임을 부담하게 되는 당사자의 지위는 본소의 당사자의 지위와 거의 유사하다고 본다. 그러나 참가인에게 당사자의 지위를 부여한다 하더라도 본소당사자의 지위가 아니라 참가에 의해 새로 형성된 별개의 소의 당사자가 됨에 불과하다고 해야 한다고 한다.[151] 이 경우를 우리나라의 보조참가제도에 대입(代入)한다면, 패소한 피참가인이 참가인을 상대로 제기하는 제2차적 소송이 처음부터 결합된 것으로 이해할 수 있으며 참가인은 제2차적 소송의 당사자로 보아야 할 것이다.

---

147) 上揭書, 305面. 입법자들이 처분권주의라는 심리원칙을 염두에 둔 것은 아닐 것이나 현재 학자들은 될 수 있으면 처분권주의와 변론주의를 거론하여 국가간예주의를 벗어난 설명을 하려는 경향이 있다.

148) 江伟 主编, 前揭 民事诉讼法, 126面.

149) 张卫平 著, 前揭 民事诉讼法(第二版), 167面 이하.

150) 이와 같은 지위를 독립청구권 있는 제3자와 구별하여 광의의 당사자라고 부르기도 한다[梁书文, 回沪明, 杨荣新 主编, 民事诉讼法及配套规定新释新解(上), 724面; 唐德华, 前揭 新民事诉讼法(实务精答), 194面 등].

151) 唐德华, 上揭 新民事诉讼法(实务精答), 同面.

민사소송법도 제56조에서 법원이 민사책임을 부담하도록 판결하는 참가인은 당사자의 소송상 권리와 의무가 있다고 하고 있으며, 특히 〈약간규정〉 제66조는 이 경우에는 참가인이 독자적으로 상소할 수 있도록 하고 있다. 그러나 참가인은 본소에 관하여는 주도권을 가질 수 없으므로 관할권에 대한 의의, 청구의 포기 혹은 변경, 소의 취하는 하지 못하도록 하고 있다(〈약간규정〉 제66조 단서).

문제는 참가인이 민사책임을 부담할 것인지는 판결에 와서야 결정되는 것인 데 비하여 본소의 당사자와 유사한 지위를 갖느냐의 문제는 참가시에 확정할 문제이므로 소송진행 중 참가인이 할 수 있는 행위와 할 수 없는 행위를 결정하기가 곤란하다는 점이다. 이와 관련해서는 참가 개시시에 그 목적이 어디에 있는가를 고려하여 확정해야 한다고 한다.[152] 즉 피고의 신청에 의하거나 법원의 직권통지의 목적이 참가인의 민사책임 유무를 정하는 데 있는 경우라면 처음부터 당사자의 권리의무를 인정하여 참가인이 청구의 인낙, 화해 혹은 조정의 신청을 할 수 있도록 하고 반소를 제기하는 것도 인정할 것이라 한다.[153]

(4) 민사책임 부담의 판결을 받지 않는 참가인

참가인이 언제나 민사책임을 부담하는 판결을 받는 것은 아니므로 일률적으로 위와 같이 말할 수 있는 것은 아니다. 심리결과 제3자에게 민사책임을 직접 부담하도록 명하지 못하게 되는 경우가 있을 것이다. 이 경우에도 〈약간의견〉 제66조의 규정 등과의 관련상 당사자의 지위를 인정하여야 하는 점에서는 다를 바 없으나, 직접 이행판결을 받는 참가인보다 독립성이 약하고 부종성이 강하다고 할 수 있으므로 권한을 더욱 제한하여 독립하여 상소를 제기할 수 없도록 하고 있다(〈약간의견〉 제66조 제2문의 반대해석).

학설에 따라서는 이와 같은 경우에는 우리나라식의 순수한 보조참가로 이해하고 당사자의 지위를 부여하지 않는 것으로 보자는 견해도 있다.[154] 이 견해에 의하면 이 경우에는 참가인이 참가적 효력을 받을 수 있도록 해야 한다고 한다. 민사책임을 부담하도록 하는 판결에서는 참가소송에서 제2차 소송의 내용을 포함하여 일거에 해결하므로 참가적 효력이라는 것이 별 의미가 없게 된다.

---

152) 江伟 主编, 前揭 民事诉讼法. 제127面.

153) 唐德华, 前揭 新民事诉讼法(实务精答), 196面.

154) 입법적인 해결을 위한 제언인 경우가 대부분이다. 예컨대 肖建华, 前揭 民事诉讼当事人研究, 316面 이하; 汤维建, 向泰 编著, 民事诉讼法, 中国人民大学出版社(2003), 142面; 江 江伟 主编, 前揭 民事诉讼法, 128~129面 등.

Ⅳ. 제3자 취소의 소

1. 의 의

중국의 민사소송제도하에서는 소송을 통해 제3자의 권익을 침해하는 경우가 매우 많이 발생한다. 특히 근래에 법원에서 조정제도가 활성화되는 것에 발맞추어 소를 제기하고 곧 조정합의를 함으로써 제3자가 소 제기 사실을 알 겨를도 없이 절차를 종료시킴으로써 제3자의 이익을 해하는 경우가 증가하고 있다.

이와 같은 경우에 제3자가 구제를 받을 수 있는 방법은 이제까지 두 가지가 있었다.

우선 제3자는 위에서 본 독립청구권 있는 소송참가나 독립청구권 없는 소송참가를 함으로써 자기의 권익을 지킬 수 있으며, 독립청구권 없는 제3자의 경우에는 법원도 그에 대하여 통지를 해줌으로써 참가의 기회를 줄 수 있도록 되어있다(민소법 제56조 제1항, 제2항). 그러나 이것은 어디까지나 제3자가 그 소송계속사실을 안 경우에 효과가 있는 것이다. 제3자로서는 소송계속사실을 알기가 매우 어려우며, 법원으로서도 어떤 제3자가 본안과 이해관계 있는지를 명확히 알 수 없는 경우가 많아 통지를 제대로 해 줄 수 없는 경우가 많다.

또 하나는 부당 취득된 사위판결(詐僞判決)을 가지고 집행을 하려 하는 경우 제3자가 집행이의를 하여 구제를 받는 방법이다. 즉 집행과정 중 제3자[案外人]는 집행목적물에 대하여 서면으로 이의를 제출하여 다툴 수 있으며, 이 경우 법원은 서면이의를 받은 날로부터 15일 이내에 심사를 하여 이유가 있는 경우에는 재정(裁定)으로 그 목적물에 대한 집행을 중지하며, 이유가 없는 경우는 재정으로 기각한다. 제3자나 당사자가 이 재정에 불복하여 원판결, 재정이 잘못된 것이라 인정하는 경우에는 심판감독절차에 따라 처리한다(구민소법 제204조, 개정법 제227조). 그러나 이것은 집행과정에 진입한 경우에만 효과가 있는 것이며 예컨대 확인판결이나 형성판결과 같이 집행이 필요 없는 수단을 사용하거나 이행판결이라 하더라도 강제집행에 들어가지 않는 경우에는 유효한 구제수단이 될 수 없다.

이에 2012년 개정법에서는 제56조에 제3항을 신설하여 이른바 제3자 취소의 소[第三人撤销之诉]를 신설하였다. 즉 이미 재판, 조정서가 확정되었으나 집행에 진입하지 않은 경우라 하더라도 구제를 받을 수 있도록 하였으며, 독립청구권 있는 참가 혹은 독립청구권 없는 참가를 할 수 있는 위치에 있는 제3자가 자기의 책임에 돌릴 수 없는 사유로 인하여 소송에 참가하지 못한 경우는 자기의 민사권익이 침해된 사실을 알았거나 알 수 있었던 날로부터 6개월 이내에 그 판결, 재정 혹은 조정서를 낸 법원에 원판결, 재정, 조정서의 변경이나 취소를 구하는 소를 제기할 수 있도록 하였다(제56조 제3항). 이를 이른바 제3자 취소의 소라 한다.

구제 방법에 관한 입법례로는 ① 제3자 재심의 방법을 이용하도록 하는 경우(일종의 사해재심), ② 별소를 제기하도록 하는 경우,[155] ③ 제3자 취소의 소를 인정하는 경우 등이 있으나, 이번 개정에서는 취소의 소를 인정하는 길을 택하였다.[156] 이는 대만 민사소송법을 본받은 것으로 보인다.[157]

2. 요 건

(1) 소제기의 주체

제3자 취소의 소는 법률상 이해관계가 있어 소송참가의 자격이 있는 제3자만이 제기할 수 있다. 이 경우 독립청구권 있는 참가인지 독립청구권 없는 참가인지를 묻지 않는다(제56조 제3항에는 전2항에 규정된 참가인이라 하고 있다).

(2) 귀책사유 없이 소송에 참가할 수 없었을 것

따라서 예컨대 당사자가 통모하여 은밀히 소송을 진행하여 제3자가 알 수 없었던 경우나 알았다 하더라도 지진(地震) 등 불가항력으로 소송에 참가할 수 없었던 경우에만 취소의 소를 제기할 수 있다. 또 자기에게 귀책사유가 없다는 점은 소를 제기하는 제3자가 증명책임을 부담해야 한다.

독립청구권 없는 참가의 경우에는 법원도 제3자에게 참가를 통지할 수 있도록 되어 있다. 그러나 전술한 바와 같이 법원이 통지를 해서는 안 되는 경우도 있다.[158] 이와 같은 경우라면 법원의 통지가 없었다는 점을 이유로 취소의 소를 제기할 수 없다.

(3) 판결, 재정, 조정서 내용의 착오

취소의 소는 이미 법률적 효력이 발생한 판결, 재정, 조정서에 착오가 있는 경우에

---

155) 별소를 통하는 경우는 확정된 원판결 등이 그대로 남아있게 되어 판결의 저촉(抵觸) 문제가 발생할 수 있으므로 그다지 바람직한 방법은 아니다.

156) 재심이 매우 널리 인정되는 중국에서는 당사자가 아니라 하더라도 법원이나 검찰원에 신소(申訴)를 제기하여 간접적으로 제3자가 재심절차를 일으킬 수 있으므로 재심의 방법으로 구제하자는 견해도 있었다.

157) 재심의 신청이 심리의 재개신청이라면 취소의 소는 확정된 재판, 조정서의 내용을 변경하거나 취소해달라는 새로운 소인 점에서 다르다. 대만 민사소송법이 1992년 개정시 취소의 소를 신설하였다. 다만 중국과 다른 점은 이를 당사자에 관한 부분에 규정하지 않고 재심절차의 말미에 부가하였다(대만 민사소송법 제507조의 1 내지 507조의 5).

158) 前揭 〈最高人民法院关于在经济审判工作中严格执行≪中华人民共和国民事诉讼法≫ 的若干规定〉 [法发(1994) 29号, 1994-12-22]에는 법원이 참가통지를 할 수 없는 경우를 규정하고 있다.

이를 바로 잡기 위하여 제기하는 것이다. 착오는 내용이 잘못된 것을 가리키는 것이며 절차상의 하자는 이에 해당하지 않는다. 이 점 재심신청과 다르며 단순히 민소법 제200조의 재심사유에 해당한다 하여 취소의 소를 제기할 수 없다. 왜냐하면 재심사유에는 절차적인 하자가 포함되어 있기 때문이다.

제3자 취소의 소는 본소와는 별개의 소이기는 하지만 본소 결과의 착오를 이유로 그 취소를 구하는 것이므로 반드시 증거를 제공하여 그 착오를 증명해야 한다. 따라서 별소라고 하여 민소법 제119조의 제소조건을 단순히 적용해서는 안 된다.

(4) 제3자의 민사권익을 해할 것

중국의 불법행위책임법[159] 제2조에는 민사권익을 생명권, 건강권, 성명권, 명예권, 영예권, 초상권, 프라이버시권, 혼인자주권, 감호권, 소유권, 용익물권, 담보물권, 저작권 등의 지적재산권, 주주권, 상속권 등 인신과 재산에 관한 권익이라 정의하고 있으며 제3자 취소의 소에서도 마찬가지로 보아야 할 것이다.[160]

일반의 채권침해는 여기에 해당하지 않을 것이나 선박우선 특권(해상법 제22~23조)과 같이 우선권이 있는 채권이거나 채권자취소권의 대상이 되는 채권(계약법 제75조) 등의 경우는 이에 해당한다고 한다.[161]

(5) 제소기간

제3자 취소의 소는 자기의 민사권익이 침해된 것을 안 날 혹은 알 수 있었던 날로부터 6개월 이내에 제기하여야 한다. 이 기간은 불변기간이며 연장, 중단, 중지에 관한 규정이 적용되지 않는다.

(6) 관할법원

제3자 취소의 소는 법률적 효력이 발생한 판결, 재정, 조정서를 낸 법원의 전속관할로 한다. 따라서 민사소송법의 급별관할, 토지관할에 관한 규정이 적용되지 않는다.

판결 등을 낸 법원은 제1심 법원일 수도 있고 제2심 법원일 수도 있다. 이와 같이 판결 등을 낸 법원의 전속관할로 한 이유는 사건의 내용을 잘 알 수 있을 뿐만 아니라 혹시 상급법원의 판결을 하급법원이 취소, 변경하게 되는 것을 방지하기 위한 것이라 한다.[162]

---

159) 〈中华人民共和国侵权责任法〉 主席令11届第21号, 2009-12-26.
160) 奚晓明 主编, 前揭 ≪中华人民共和国民事诉讼法≫ 修改条文理解与适用, 107面 참조.
161) 上揭書, 같은 면.
162) 全国人大常委会法制工作委员会民法室 编著, ≪中华人民共和国民事诉讼法≫ 解释与适用, 人民法院出版社, 2012.9, 83面 참조.

3. 절차와 판결

제3자 취소의 소도 재심신청이 아니라 소이므로 ① 소장(신청서)의 제출, ② 심사와 수리, ③ 심판절차, ④ 판결의 단계를 거치게 된다. 제3자가 신청인(원고)이 되며 원판결, 재정, 조정서의 당사자가 피신청인(피고)이 된다. 신청(소의 제기)만으로 집행정지의 효력이 발생하는지에 관하여 명문의 규정은 없으나, 민소법 제199조가 재심신청으로 집행이 정지되지 않음을 선언하고 있는 점을 감안하면 자동적으로는 정지되지 않는다고 할 것이다.[163)]

심판을 거쳐 제3자의 소송상 청구가 이유 있는 경우에는 원판결, 재정, 조정서를 변경하거나 취소해야 하며, 이유가 없는 경우는 기각해야 한다. 원판결, 재정, 조정서 중 제3자에게 불리한 부분을 변경하거나 취소하는 경우에는 동시에 제3자와 원심당사자간, 원심당사자간의 실체적 권리관계에 대하여 다시 재판을 해야 한다.

제6절 소송대리제도

I. 소송대리인의 의의와 종류

1. 소송대리인의 의의[164)]

소송대리인이라 함은 법률의 규정 혹은 당사자의 위임에 따라 당사자 본인의 이름으로 소송행위를 하거나 상대방으로부터 소송행위를 받는 사람을 가리킨다. 소송대리인은 당사자의 능력을 보충(법정대리)하거나 능력을 확장(위탁대리)하는 기능을 하며, 본인의 이름으로 본인의 계산으로 소송활동을 하므로 대표자소송의 대표자나 제3자 소송담당에 있어서의 소송담당자와 다르다. 또 대리인의 소송행위의 효력은 모두 본인에게 귀속되므로 대리인은 판결의 효력을 받지 않는다. 또 대리인은 수권의 범위 내에서만 소송행위를 할 수 있으며 범위를 넘는 소송행위는 그 효력이 발생하지 않는다.

---

163) 대만 민사소송법 제507조의 3은 명문으로 확정된 원판결의 집행이 정지되지 않는다고 하고 있다.

164) 중국의 소송대리제도에 관한 문헌으로는 金鎬, "중국의 소송대리제도에 관한 연구"(연세대학교 석사학위논문)가 있다.

중국의 대리제도는 우리나라와 매우 다른 면이 있다. 법정대리의 경우는 이른바 감호인(監護人)으로 일원화되어 있으며, 위탁대리의 경우에는 아직 변호사대리원칙이 확립되지 않은 결과 변호사 자격이 없는 자의 대리가 보편화되어 있는 점에서 우리와 크게 다르다.

2. 소송대리인의 종류

시행법(試行法) 시대에는 법정대리인, 위탁대리인과 지정대리인(일종의 특별대리인)의 3종을 인정하고 있었다. 그러나 현행법에는 법정대리인(민소법 제57조)과 위탁대리인(제58조 제2항)의 두 가지만을 규정하고 있다. 시행법 시대의 지정대리인은 법원의 지정에 의하여 대리권을 취득하는 자를 말하며 그 대리권한은 일반적으로 법정대리인과 같은 것으로 취급을 하였다.[165] 지정의 필요성은 즉각 소송행위를 하여야 하나 감호인의 문제가 해결되지 않은 경우나 법정대리인이 소를 제기하였으나 그 후 대리권을 상실하고 다른 법정대리인(감호인)을 찾을 수 없는 경우에 발생한다고 하였으나, 1991년 민사소송법의 제정시에 삭제하였다.[166]

현재는 소송대리의 종류를 법정대리인과 위탁대리인으로 양분하는 것이 대다수의 견해이다. 민사소송법 제57조 후단의 "법정대리인간에 대리책임을 서로 미루는 경우에는 법원이 그 중 1인을 지정하여 소송을 대리하게 한다"라는 규정이나 〈약간의견〉 제67조의 "당사자에게 민법통칙 제16조 제1항, 제2항 혹은 제17조 제1항에 규정된 감호인(監護人)이 없는 경우에는 제17조 제3항에 규정된 관계 조직(組織)이 소송기간 중의 법정대리인을 맡는다"라는 규정은 모두 법정대리인에 관한 규정이며 지정대리인을 정한 것은 아니라는 점을 그 근거로 한다.

그러나 일정한 경우, 예컨대 증거보전을 위한 경우나, 미성년의 양자가 양부모를 상대로 입양관계 해지를 구하는 소 등에서는 법원이 대리인을 지정할 필요가 있다고 하며, 이 경우에는 민법통칙 제64조[167]를 유추하여 법원에게 지정권을 줄 수 있다고 하는 견해도 있다. 이와 같은 경우는 소송법상의 특별대리인에 해당할 것이나 중국의 현행 민사소송법에는 이와 같은 명문의 규정이 없으므로 민법통칙을 유추하자는 견해

165) 王怀安 主编, 前揭 中国民事诉讼法教程, 103面 이하.

166) 우리나라의 특별대리인(민사소송법 제62조, 제378조)과 비슷한 경우에 대비한 것이나, 중국의 감호인의 범위는 우리의 법정대리인보다 훨씬 넓기 때문에 감호인이 없는 경우란 거의 생각할 수 없다는 것이 삭제의 이유였다고 한다.

167) 중국 민법통칙 제64조는 대리에는 법정대리, 위탁대리와 지정대리가 있다고 하고, 지정대리는 법원 혹은 지정된 단위(기관)가 지정한다고 되어있다.

일 것이다.[168]

주의할 점은 우리나라의 법인은 일종의 소송무능력자로 법인의 대표자에게 법정대리에 관한 규정이 준용되지만, 중국의 경우에는 법인과 대표자의 관계는 대리관계가 아니라는 점이다. 법인의 법정대표자는 법인의 명의로 법인을 대표하여 행위를 진행하며 그의 행위는 법인 본인의 행위이며 그 의사표시는 법인의 의사표시로 취급되며 그 행위의 효과도 모두 직접 법인에 귀속된다는 점이다.

Ⅱ. 법정대리인

1. 법정대리인의 의의

법정대리인[監護人]이라 함은 중국 민법통칙상의 감호권(監護權)에 기초하여 소송무능력자의 소송행위를 대리하는 자를 말한다. 오로지 소송무능력자에게만 법정대리인의 대리가 인정되며 법률의 규정에 따라 직접 대리권을 취득한다. 소송무능력자는 직접 소송행위를 할 수 없고 법정대리인을 통하여만 소송행위를 할 수 있다.

민소법 제57조 제1항은 "소송무능력자는 그 감호인이 법정대리인이 되어 소송을 대리한다"라고 규정하고 있으며, 〈약간의견〉 제67조도 "소송 중 민사행위무능력자, 제한민사행위능력자의 감호인은 그 법정대리인이 된다"라고 규정하여 감호인이 법정대리인임을 명확히 하고 있다. 즉 법정대리인의 범위와 순서는 감호인의 범위 및 순서와 일치한다.

2. 법정대리인의 범위와 지정

(1) 법정대리인이 되는 자

민법통칙 제16조는 미성년자[169]의 감호인을 규정하고 있다. 이 규정에 의하면 미성년자의 부모가 제1차적인 감호인이 되며, 미성년자의 부모가 사망하였거나 감호능력이 없는 경우에는 다음의 순서로 감호인이 된다(제1항). ① 조부모와 외조부모, ② 형과 누나, ③ 기타 관계가 밀접한 근친속이나 친구로 감호책임을 부담할 의사가 있고,

---

168) 赵钢, 占善刚, 刘学在 著, 前揭 民事诉讼法, 132面; 王怀安 主编, 前揭 中国民事诉讼法教程, 103面. 소송법상의 특별대리도 일종의 법정대리로 보는 우리의 입장에서는 이를 법정대리와 다른 종류로 볼 것은 아니므로 다수설의 견해도 수긍이 간다.

169) 중국 민법통칙상의 미성년자에 관하여는 제3편 제1장 제4절 참조.

미성년자 부모의 소재단위나 미성년자의 주소지의 거민위원회(居民委員會) 혹은 촌민위원회(村民委員會)[170]의 동의를 받은 자.

위에 해당하는 감호인이 없는 경우에는 미성년자의 부모의 소재단위나 미성년자의 주소지의 거민위원회, 촌민위원회 혹은 그 지역의 민정부문(기관)이 감호인의 직무를 담당한다(제3항). 다만 이 경우에는 〈약간의견〉 제67조에 따라 소송기간 동안만 거민위원회 등이 법정대리인이 된다.

행위무능력자의 경우[171] 민법통칙 제17조에 따라 ① 배우자, ② 부모, ③ 성년의 자녀, ④ 기타 근친속, ⑤ 관계가 밀접한 기타 친속이나 친구로 감호책임을 담당할 의사가 있고 정신질환자의 소재단위나 주소지의 거민위원회 혹은 촌민위원회의 동의를 얻은 자의 순서로 감호인이 된다(제1항). 미성년자의 경우와 마찬가지로 이에 해당하는 감호인이 없는 경우에는 정신질환자의 소재단위나 주소지의 거민위원회 혹은 촌민위원회나 그 지역 민정부문(기관)이 감호인의 직무를 담당한다(제3항). 역시 이 경우에도 〈약간의견〉 제67조에 따라 소송기간 동안만 거민위원회 등이 법정대리인이 된다.

(2) 법정대리인의 지정

법정대리인이 수인이 있는 경우 서로 대리책임을 미루는 경우에는 법원이 그 중 1명을 지정하여 소송을 대리하게 한다(민소법 제57조 제2문). 또 〈약간의견〉 제67조는 행위무능력자의 경우 당사자가 미리 감호인을 확정해 놓지 않은 경우에는 감호인의 자격이 있는 자들이 협의하여 법정대리인을 정하고 협의가 실패하는 경우에는 법원이 그들 중 법정대리인을 지정하도록 하고 있다.

3. 법정대리인의 권한

법정대리인의 권한은 본인과 거의 같다. 따라서 자기의 의사로 청구의 포기·인낙, 화해, 청구의 변경, 반소나 상소의 제기를 할 수 있으며 법정대리인의 모든 행위는 본인의 행위와 동일하게 취급된다. 이를 흔히 전권대리(全權代理)라고 한다. 권리만을 행사하는 것이 아니라 소송상의 의무도 법정대리인이 부담한다. 예컨대 적법한 기일통지서를 받고도 출석하지 않는 경우에는 원고측인 경우는 소의 취하로 처리하고 피고

---

170) 居民委員會와 村民委員會는 도시거주민 또는 농촌거주민을 위한 자치조직이며 국가기관이 아니다. 이 위원회는 전국 각 지역에 설치되어 법률과 국가정책의 선전 및 교육, 거주지의 공공적 사무의 처리, 민간분쟁의 조정, 지역치안의 유지, 정부에의 의견상달(意見上達) 등의 일을 한다.

171) 민사행위무능력자와 제한민사행위능력자를 가리킨다.

측인 경우에는 결석판결을 받을 수 있다.[172]

법정대리인이 수인인 경우 공동대리인지 각자대리인지에 대하여는 명문의 규정이 없다. 그러나 실무상으로는 공동대리로 취급하는 것이 통례라 한다.[173] 따라서 원칙적으로 수인이 공동으로 행위를 해야 하며, 1인의 행위는 민사소송법 제52조 제2항의 필요적 공동소송의 심리원칙을 유추하여 다른 법정대리인의 동의를 얻은 경우에만 효력이 발생하는 것으로 취급한다고 한다.

4. 법정대리권의 소멸

법정대리권은 감호권을 바탕으로 하여 인정되는 것이므로 감호권의 소멸원인은 곧 법정대리권의 소멸원인이 된다. 즉 다음과 같은 경우에는 법정대리권이 소멸한다.

(1) 피대리인이 소송능력을 취득하거나 회복한 경우

즉 미성년자이던 본인이 소송 중 18세에 달하게 되거나(소송능력의 취득), 법원으로부터 민사무능력 혹은 제한민사능력의 선고가 취소되는 경우(소송능력의 회복)에는 법정대리권이 소멸한다.

(2) 법정대리인이 소송능력을 상실하는 경우

(3) 피대리인 혹은 법정대리인의 사망

피대리인이 사망하면 감호권이 소멸하므로 법정대리권도 소멸하고, 대리인이 사망하는 경우도 원래 법정대리권이 본인과 대리인간의 신분관계를 기초로 인정된 전속적인 성질의 것이므로 승계가 될 수 없고 법정대리권은 소멸하게 된다.

(4) 법정대리인의 대리권이 상실되거나 취소된 경우

예를 들면 입양관계로 인하여 양부모가 감호권을 취득하여 법정대리인이 되었는데 소송진행 중 쌍방의 합의로 입양관계를 종지한 경우에는 법정대리권도 소멸하게 되며, 민법 통칙 제18조 제3항[174]에 따라 법원이 감호인 자격을 취소한 경우에도 법정대리권이 소멸한다.

---

172) 梁书文, 回沪明, 杨荣新 主编, 民事诉讼法及配套规定新释新解(上), 736~737面 참조.

173) 赵钢, 占善刚, 刘学在 著, 民事诉讼法, 134面 참조.

174) 감호인이 보호의무를 이행하지 않거나 피감호인의 이익을 침해하는 등의 행위를 하는 경우에는 관계인이나 유관기관의 신청에 따라 인민법원이 감호인의 자격을 취소한다.

Ⅲ. 위탁대리인(소송위임에 의한 대리인)

1. 위탁대리인의 의의

위탁대리인[175]이라 함은 당사자 본인 혹은 법정대리인의 수권을 받아 수권의 범위 내에서 본인의 이름으로 소송행위를 하는 자를 말한다. 수권에 의한 대리이므로 이를 수권대리인(受權代理人) 혹은 의정대리인(意定代理人)이라고도 한다. 민사소송법 제58조 제1항은 당사자, 법정대리인은 1 내지 2인에게 위탁하여 소송대리인이 되게 할 수 있다고 규정하고 있다.

위탁대리인은 대리권의 발생원인이 수권인 점 이외에도 대리권의 범위가 위탁인의 위탁사항에 의하여 정해진다는 점에서도 법정대리와 차이가 있다. 또 위탁대리의 경우는 자연인만 담당할 수 있으며 법인 기타 조직은 위탁대리인이 될 수 없다.

중국의 위탁대리제도는 우리나라와는 매우 큰 차이를 보이는 분야 중의 하나이다. 즉 변호사대리원칙이 확립되어 있지 않기 때문에 위탁대리인이 될 수 있는 자의 범위가 매우 넓다.

2. 위탁대리인의 자격

2012년 개정 민사소송법 제58조 제2항은 ① 변호사, 기층법률사무원[基层法律服务工作者], ② 당사자의 근친속 혹은 그 직원, ③ 당사자의 거주지역공동체[社区], 단위 및 관련사회단체에게 추천하는 자는 위탁대리인이 될 수 있다고 하고 있다. 이 규정은 아직 중국에는 변호사대리원칙이 확립되지 않았음을 보여준다. 변호사 이외의 자연인(공민)의 대리를 널리 공민대리라 한다. 중국에서 공민대리를 인정해야 하는지에 관하여는 1991년 민사소송법 제정시에도 격심한 논쟁이 있었다. 그러나 당시의 경제사정, 변호사의 부족(광대한 무변의 농촌지역) 등을 감안하여 공민대리를 인정해야 한다는 결정을 내렸다. 그 후 20여 년이 지난 오늘날에도 이 공민대리제도를 존치하여야 하는지에 관하여 2012년 개정시에 다시 한 번 격심한 논란을 겪었다.

공민대리제도는 변호사를 선임할 여력이 없는 당사자 특히 농촌지역의 빈곤층에게는 아직도 그 권리보호를 위하여 매우 필요한 제도이다. 그러나 오늘날 공민대리는 매우 많은 문제점을 드러내고 있다. 문제점으로 지적되는 것으로는 ① 공민대리인이

---

175) 우리나라의 소송위임에 의한 대리인, 즉 협의의 소송대리인에 해당할 것이나 중국의 용어인 위탁대리인을 사용하기로 한다.

법률규정을 몰라 절차진행에 방해가 되는 경우가 많고, ② 공민대리인이 소송대리를 도맡아 거의 직업화하는 폐단이 있으며, ③ 공민대리가 비용을 받는 것이 보편화되어 법률서비스 시장을 교란한다는 점 등이다.

격렬한 토론이 있었음에도 불구하고 2012년 개정에서도 공민대리를 인정하는 것으로 결론을 내렸다. 다만 개정법에서는 과거와 달리 위탁대리인이 될 수 있는 자를 열거하는 방식을 취했으며, 개정 전 법에 있었던 "기타 법원의 허가를 얻은 자"를 제외하였다. 공민대리가 가능하다 하더라도 현재는 변호사가 위탁대리인의 대종(大宗)을 이루고 있음은 물론이다.

한편 최고인민법원의 사법해석에 의하면,[176] 법원에서 재판업무에 참여했던 법관이나 기타 직원[177]은 이직(離職) 후 2년 내에는 소송대리를 할 수 없으며, 2년 후라도 이직 전의 소속법원이 심리하는 사건[178]에 대하여는 당사자가 회피할 수 있으며 법원은 이를 받아들여야 한다. 다만 당사자의 근친속이나 감호인으로서 대리하는 경우에 예외로 한다. 또 법관이나 기타 법원직원의 배우자, 자녀 혹은 부모는 그 법원의 사건을 대리하지 못한다.

(1) 변호사[律師]

변호사법[律師法]에 따라 변호사개업증서를 받고 법률사무에 복무하는 자가 변호사이며 이들이 현재는 소송대리의 중핵(中核)을 이루고 있다(민소법 제58조 제2항 제1호).

사회주의화된 이후 중국의 변호사제도는 형극(荊棘)의 길을 걸어왔다고 해도 과언이 아니다. 사회주의화 초기에는 소련식의 변호사제도를 받아들여 변호사제도를 수립하려는 움직임을 보여왔고 그 결실로 1957년에는 4장 22조로 구성된 〈변호사임시조례[律师暂行条例(草案)]〉가 만들어졌었으나, 당시 소위 법률허무주의의 광풍(狂風)과 정치적 문제로 인하여 변호사는 비판의 대상이 되었고, 1959년에 사법부가 폐지되면서 위 조례도 2년도 못 가 폐지되었다. 이후 중국은 22년간에 달하는 변호사제도의 공백기를 맞게 되었다.[179] 그 후 1980년에 와서야 다시 〈중화인민공화국율사잠행조례(中华人民共和国律师暂行条列)〉가 만들어졌으며 이 조례에 따라 변호사의 사무기관인 "법률고문처(法律顧問處)"가 설치되게 되었으며 1987년에는 그 명칭을 "법률사무소"로 개칭하였다. 이 법률사무소는 국가기관의 일부였으며 국가의 경비로 운영되었다. 1988

176) 〈最高人民法院关于审判人员严格执行回避制度的若干规定〉[法发(2000) 5号] 제4조 및 제5조.

177) 인민배심원은 그가 관여한 사건이 아닌 한 위탁대리인이 될 수 있다고 한다[唐德华, 前揭 新民事诉讼法(实务精答), 208面 참조].

178) 중국에서는 법원간에 법관의 인사이동이 없다는 점을 기억해야 한다.

179) 谭世贵 主编, 前揭 中国司法制度(第二版), 294~295面 참조.

년에는 "합작법률사무소"가 허용되게 되어 비로소 국가기관으로부터 탈피하여 자기의 책임하에 자기의 경비로 운영하는 변호사사무소의 시대가 열리게 되었다. 그 후 1993년에 다시 개혁을 하여 "조합형"인 법률사무소를 허용하게 되었으며 이에 따라 변호사사무소의 종류는 국가가 운영하는 법률사무소, 합작법률사무소, 조합법률사무소와 개인법률사무소가 병존하는 시대를 맞게 되었다.

한편 1996년에는 정식으로 〈중화인민공화국율사법(中华人民共和国律师法)〉을 제정하게 되었고, 2001년과 2007년의 개정으로 오늘에 이르고 있다.[180] 변호사의 자격도 2001년 개정으로 이전의 "율사시험" 대신 전국적인 통일사법고시의 합격자로 제한하게 되었다.

변호사의 종류는 전업변호사와 겸직변호사, 보통변호사와 특허변호사가 있다. 전업변호사[专职律师]는 전문적으로 변호사의 업무만 하는 자를 말하며 일정한 직장에 다니면서 변호사의 업무를 겸하는 자를 겸직변호사[兼职律师]라 한다. 다만 공무원은 변호사를 겸할 수 없다(변호사법 제11조). 보통변호사[普通律师]는 사법고시를 통과하여 변호사의 자격을 취득한 자를 말하며, 특허변호사[特许律师]는 사법고시를 통하지 않고 변호사 자격을 얻는 자를 말한다. 즉 대학본과 이상의 학력을 가지고, 법률사무종사자가 부족한 영역(法律服务人员紧缺领域)에서 15년 이상 특정 전문분야를 담당하였고, 그 전문분야의 고급직함[高级职称]을 가지고 있거나 이와 동등한 전문분야 지식과 법률지식을 가진 자로서 변호사 개업허가신청을 하여 국무원 사법행정부문의 심사에 합격한 자를 말한다(변호사법 제8조). 특허변호사는 특정 전문분야[181]의 소송대리만 할 수 있는 점에서 보통변호사와 다르다.

(2) 기층법률사무원(민소법 제58조 제2항 제1호)

기층법률사무원[基层法律服务工作者]은 국가가 실시하는 기층법률사무원 업무자격통일고시에 합격하거나 기층법률종사원 업무자격심사를[182] 통과한 자를 말하며, 이들

---

180) 上揭書, 同面. 이에 의하면 2006년 현재 전국에 약 13만 명의 변호사가 있고, 법률사무소가 약 13,000개소가 있다고 한다.

181) 특허변호사의 관리는 국무원이 정하는 규정(办法)에 의하도록 하고 있는데(변호사법 제8조) 이를 위하여 국무원에서는 2012년 현재 특허변호사개업허가 심사조례의 제정을 위한 의견조회를 하고 있다[特许律师执业考核条例(征求意见稿)]. 조례안(條例案)에 의하면 법률종사자가 부족한 영역 즉 향후 특허변호사의 배출영역으로 ① 국제경제무역법률사무 영역, ② 지적재산권법률사무 영역, ③ 금융증권법률사무 영역, ④ 환경보호법률 영역, ⑤ 고급신기술법률사무 영역, ⑥ 기타 영역(언론, 신문, 의료사고처리 등)을 예시하고 있다(동 조례 부록).

182) 기층법률사무원에 관한 기본적인 규정은 사법부(司法部)가 2000년 3월 31일(사법부령 제60호)에 공포한 〈基层法律服务工作者管理办法〉이다. 이 규정에 의하면 원칙적으로 시험에 합격해야 하나(제6조), ① 대학 법률전공 이상의 학력을 가지거나, ② 전문대 이상의 학력을 가지고

에게는 성(省)급 사법행정기관이 사법부에 보고하여 기층법률사무원 개업허가증(基层法律服务工作者执业资格证书)을 수여하도록 한다. 이들의 주요업무는 민사, 경제, 행정소송에 소송대리인으로 참가하는 일이다. 다만 이들의 업무범위와 변호사의 업무범위에는 약간의 차이가 있다. 즉 이들은 당사자 중의 어느 하나라도 자기 관할구역 사람인 경우만 대리를 할 수 있으며 양쪽 모두 다른 구역사람인 경우에는 소송대리를 할 수 없다.[183)]

2000년 2월에 전국적인 첫 통일 고시를 실시하였으며, 2011년 현재 전국에 19,000여개의 기층법률사무소가 있으며 여기에 약 73,000명의 기층법률사무원이 일을 하고 있다.

기층법률사무원은 이전부터 위탁대리인이 되어 소송에 참여하여 왔으나 구민사소송법에는 이에 관한 규정이 없었다(구민소법 제58조 제2항). 2012년 개정법에서는 기층법률사무원을 변호사와 나란히 규정을 하여(민소법 제58조 제2항 제1호) 변호사와 마찬가지로 위탁대리인의 지위를 가질 수 있음을 명정(明定)하였다. 다만 기층법률사무원은 그 법적지위가 변호사가 아니므로 지위가 공민대리인인지 아니면 변호사와 공민대리인 이외의 독립적인 제3유형의 대리인인지에 관하여는 여전히 논란의 여지가 있다.[184)]

(2) 당사자의 근친속

당사자의 근친속(近親屬)은 위탁대리인이 될 수 있다(민소법 제58조 제2항 제2호). 근친속의 정의는 일정하지 않다. 근친속을 정의하는 법규는 현재 3가지이다. 먼저 민법통칙에 대한 사법해석[185)]은 배우자, 부모, 자녀, 형제자매, 조부모, 외조부모, 손자녀, 외손자녀를 근친속으로 보고 있다.[186)] 그러나 형사소송법은 근친속을 남편, 아내, 부, 모, 자, 녀, 동복[同胞]의 형제자매로 한정하고 있다.[187)] 또 행정소송법에 대한 사법해석[188)]은 근친속을 배우자, 부모, 자녀, 형제자매, 조부모, 외조부모, 손자녀, 외손자녀 및 기타 부양, 섬양(赡养) 관계에 있는 친속이라고 넓게 정의하고 있다.

5년 이상 심판·검찰업무, 사법행정업무 혹은 인민대표대회나 정부에서 법제공작을 한 사람은 시험을 치지 않고 자격심사를 청구하여 기층법률사무원 자격을 취득할 수 있게 되어있다.

183) 奚晓明 主编, 前揭 ≪中华人民共和国民事诉讼法≫ 修改条文理解与适用, 117面 참조.

184) 上揭書, 118面 참조.

185) 最高人民法院关于贯彻执行 ≪中华人民共和国民法通则≫ 若干问题的意见(试行)[最高人民法院: 法(办)发(1998) 6号, 1988-01-26] 제12조.

186) 赵钢, 占善刚, 刘学在 著, 民事诉讼法, 武汉大学出版社(2008), 137面 참조.

187) 〈中华人民共和国刑事诉讼法〉(全国人民代表大会: 中华人民共和国主席令第五十五号, 2012-3-14) 제106조 제6호.

188) 最高人民法院关于执行 ≪中华人民共和国行政诉讼法≫ 若干问题的解释[最高人民法院: 法释(2000) 8号, 2000-3-8) 제11조.

근친속의 범위를 가장 넓게 잡은 것은 행정소송법에 대한 사법해석이며, 가장 좁게 잡은 것은 형사소송법이다. 민법통칙에 대한 사법해석이 그 중간에 위치하는 것으로 위탁대리인이 될 수 있는 근친속의 개념은 이에 따라 정해진다는 것이 통설이다.

(3) 당사자의 직원

당사자의 직원[工作人员]이라 함은 당사자가 단위(單位)인 때 그 소속직원을 말한다. 단위의 성질에 따라 그 직원도 다를 것이다. 예컨대 단위가 기업법인인 경우에는 이와 근로계약을 체결하고 있는 직원이 될 것이다.

(4) 당사자의 거주지역공통체,[189] 소재단위[190] 및 관련 사회단체가 추천하는 공민

당사자의 거주지역공동체(社区)에서는 그 공동체에 거주하는 공민을 위하여 소송대리인을 추천할 수 있다. 소재단위도 소송대리인을 추천할 수 있다. 소재단위라 함은 당사자와 업무상 관계를 맞고 있는 조직을 말하며, 여기에는 국가기관은 물론이고, 기업·사업단위 기타 조직도 포함된다.[191]

관련 사회단체라 함은 대체로 당사자가 조직상 의존관계를 맺고 있는 단체를 말하며, 예컨대 여성연합회[女联], 노동조합[工会], 장애인연합회, 문인연합회, 소비자협의회 등이 여기에 해당한다. 이와 같은 관련 사회단체는 특정 당사자를 위하여 소송대리인을 추천할 수 있다. 그러나 단체는 그 자신의 명의로 소송을 대리할 수는 없다.[192]

3. 위탁대리인의 지위

(1) 대리권의 증명

위탁대리인의 자격은 위탁자가 서명하거나 날인한 위탁서(委託書)를 법원에 제출함으로써 증명한다(민소법 제59조 제1항). 위탁서는 개정심리 전까지 법원에 제출하도록

189) 거주지역공통체(社区)라 함은 사람들이 공동생활을 하는 일정 지역을 말한다. 그 성립요건으로는 ① 일정한 지리적 구역, ② 일정수의 인구, ③ 주민간에 공동의식과 이익이 있고 비교적 친밀한 왕래가 있어야 한다. 하나의 촌락(村落), 가도(街道), 현(县), 시(市)는 모두 규모가 다른 거주지역공동체라 할 수 있다. 다만 보통 지역공동체(社区)라 할 때는 비교적 작은 단위를 가리키며, 예컨대 농촌의 촌(村)이나 향(乡), 도시의 주택구역(住宅小社区: 예컨대 中关新园社区라고 불리는 지역공동체와 같다)과 같은 것을 말한다.

190) 단위(單位)라는 용어가 중국 법률에서 많이 사용된다. 단위는 개인이 소속되어 있는 단체나 기관, 직장 등을 말한다.

191) 이전에는 사람들이 단위별로 거주했으나(单位人) 갈수록 단위를 떠나 거주하는 사람(社会人)이 늘어가자, 소송대리인을 추천할 수 있는 주체에 지역공동체(社区)를 추가한 것이다(前揭 奚晓明 主编, 前揭 ≪中华人民共和国民事诉讼法≫ 修改条文理解与适用, 119面 参조).

192) 上揭 奚晓明 主编, 前揭 ≪中华人民共和国民事诉讼法≫ 修改条文理解与适用, 119面 참조.

하고 있다(〈약간의견〉 第69조).[193] 외국에 거주하는 중국인이 외국으로부터 위임장을 우편으로 보내거나 인편(人便)으로 보내는 경우에는 거주국에 주재하는 중국의 대사관이나 영사관의 증명을 거쳐야 한다. 대사관, 영사관이 없는 경우에는 거주국에 주재하는 중국과 외교관계가 있는 제3국의 대사관이나 영사관이 증명하고 다시 그 제3국에 주재하는 중국의 대사관이나 영사관이 증명하거나 그 지역의 애국적인 화교단체가 증명하도록 하는 복잡한 경로를 거치도록 하고 있다(제3항).

대리권의 존부는 법원이 직권으로 조사하며, 대리권이 없음이 드러난 경우에는 당사자나 그 법정대리인이 추인(追認)하지 않는 한 법률적 효력이 발생하지 않으며 무권대리인은 그때까지의 소송비용을 부담해야 한다.

(2) 대리인의 수와 공동대리의 문제

대리인의 수는 1 내지 2인이라고 명문의 규정을 두고 있음도 우리와 다른 점이다(민소법 第58조 제1항). 따라서 2인 이상의 대리인을 선임할 수 없다. 2인의 대리인을 선임한 경우 대리원칙에 관하여는 규정을 두고 있지 않으며, 이에 대한 사법해석도 나와 있는 것이 없다. 다만 2인의 대리인을 선임하는 경우에는 양자의 의견이 일치하지 않는 경우 누구의 의사표시를 표준으로 할 것인지를 위탁서에 명확히 해두는 것이 원칙이다. 위탁서에 이와 같은 정함이 없고 두 사람의 대리인의 의사가 불일치하는 경우 이를 어떻게 처리해야 하는지가 문제이며 이에 대하여는 공동대리가 원칙이라는 견해가[194] 있는가 하면 당사자의 의사표시와 마찬가지로 뒤에 한 의사표시를 표준으로 해야 한다는 견해도 있다.[195]

(3) 위탁대리권의 범위

위탁서에는 위임사항과 권한을 명확히 기록하여야 한다(민소법 第59조 제1항). 소송물의 처분과 관련된 특별수권사항을 제외하고 일반적인 소송행위는 모두 할 수 있음은 물론이다. 즉 제소, 답변, 회피신청, 사실의 주장, 증거의 제공 등을 당사자의 동의 없이 할 수 있다. 그러나 소송물의 처분행위, 즉 청구의 포기·인낙, 청구의 변경, 화해, 반소 등에는 특별수권이 필요하다(민소법 第59조 제2항).

이전부터 위탁서의 작성에 모호한 용어를 사용하여 문제가 되어왔다. 특히 위탁서에 전권대리(全權代理)라고만 표시하고 구체적인 권한을 적지 않는 경우가 있어 다툼이

---

193) 심리 중에는 소송대리인을 선임할 수 없다는 취지인지에 의문이 있다.

194) 赵钢, 占善刚, 刘学在 著, 民事诉讼法, 138面. 이 견해에 의하면 양자간의 의사표시가 일치하지 않는 경우에는 의사표시의 효력이 발생하지 않을 것이다.

195) 潘剑锋, 前揭 民事诉讼原理, 198面.

발생하는 경우가 많았다. 이에 대하여 최고인민법원은 전권대리라고 적은 것만으로는 특별수권을 받은 것으로 볼 수 없고 그 대리인은 청구의 포기·인낙 등을 할 수 없다는 사법해석을 내렸다(〈약간의견〉 제69조). 위탁대리인에게 복대리인(複代理人) 선임권이 있는지에 관하여는 특별한 규정이 없으나 실무상으로는 본인의 동의를 얻도록 하고 있다.[196] 위탁대리인은 위탁서의 명시적 특별수권 없이는 집행을 대리하지 못한다.[197]

소송을 대리하는 변호사 및 기타 소송대리인은 증거를 조사수집하고 당해사건의 관련 자료를 열람할 권한이 있다. 당해사건 관련자료 열람의 범위 및 방법은 최고인민법원이 정한다(민소법 제61조). 변호사인 소송대리인은 변호사법[律師法] 제30조에 의하여 이 권리를 보장받고 있다. 이 외에도 최고인민법원은 소송자료의 열람, 복사 등과 관련하여 상당히 자세한 사법해석을 내린 바 있다.[198]

4. 위탁인의 지위

다른 사람에게 소송을 위탁한 당사자도 여전히 소송수행권을 유지한다. 이와 관련하여 위탁자가 대리인의 사실진술을 경정할 권한(경정권: 更正權)을 가지는가에 대하여 민사소송법이나 〈약간의견〉에는 규정이 없다. 그러나 최고인민법원의 증거에 관한 사법해석[199]에 의하면 "법정에 출석해 있던 당사자가 대리인이 상대방의 진술에 대하여 자백한 경우 이를 부인하지 않는 경우에는 당사자가 자백한 것으로 본다"라는 규정이 있음에 비추어 볼 때 당사자는 대리인의 사실상의 진술에 대하여 경정권을 가진다고 볼 것이다.

또 이혼사건의 경우에는 의사표시가 불가능한 경우를 제외하고는 본인도 출석해야 하며, 특수한 사정으로 출석할 수 없는 경우에는 법원에 자기의 의견서를 제출해야 한다(민소법 제62조).

5. 위탁대리권의 소멸

위탁대리권은 다음의 사유로 소멸한다.

(1) 대리사무의 종료

중국의 위탁대리도 우리나라와 마찬가지로 심급대리가 원칙이다. 따라서 대리권도

196) 唐德华, 前揭 新民事诉讼法(实务精答), 209面 참조.
197) 〈最高人民法院关于民事诉讼委托代理人的代理权限问题的批复〉 法复(1997) 1号.
198) 〈最高人民法院关于诉讼代理人查阅民事案件材料的规定〉 法释(2002) 39号.
199) 〈最高人民法院关于民事诉讼证据的若干规定〉[法释(2001) 33号] 제8조 제3항.

그 심급이 종료하는 때 소멸하게 된다. 제1심 변호사가 계속 제2심을 대리하는 경우에도 당사자가 다시 수권을 해야 한다.[200] 일반적으로는 재판서를 송달받은 때 대리권이 소멸하나 상소에 대한 특별수권이 있는 경우에는 상소장을 제출한 때 소멸하는 것으로 보아야 한다.

(2) 소송대리권의 해지

소송 중 위탁을 해지한 경우에는 대리권이 소멸하며 이 경우에는 서면으로 이를 법원에 고지해야 하며 법원이 이를 상대방 당사자에게 통지하여야 한다(민소법 제60조).

(3) 소송대리인의 사망

(4) 소송대리인의 소송능력 상실

소송대리인에게 소송능력을 요구하는 중국에서는 위탁대리인이 소송 중 소송능력을 상실하는 경우에는 더 이상 대리를 할 수 없다.

200) 赵钢, 占善刚, 刘学在 著, 民事诉讼法, 136面 참조.

제4편

제1심 소송절차

제1장 | 서언(序言)

제2장 | 제소와 수리

제3장 | 변론절차

제4장 | 증 거

제5장 | 소송의 종료

제6장 | 간이절차

제7장 | 소송 방해행위에 대한 강제조치

제1장 서언(序言)

제1절 민사소송절차의 종류

중국 민사소송절차를 크게 나눈다면 제1심 절차, 제2심 절차 및 심판감독절차로 나눌 수 있다. 중국에서는 2심종심제를 취하고 있기 때문에 3심 절차가 존재하지 않는다. 심판감독절차는 재심절차라고도 하며 이미 법적효력이 발생한 재판에 착오가 있음이 확실하다고 인정하는 경우에 각급법원, 당사자 또는 각급검찰원이 그 재심을 신청하는 절차로 심급적 성질을 갖지 않는 특수한 절차이다. 제1심 절차에는 보통절차, 간이절차, 특별절차가 포함된다. 이 중 앞의 두 가지에 대하여는 상소가 인정되나 특별절차에는 상소가 인정되지 않으므로 단심제로 되어있다(제178조). 선거자격사건(제181~182조), 실종선고, 사망선고사건(제183~186조), 공민의 민사행위무능력, 제한민사행위능력을 인정하는 사건(제187~190조), 재산의 무주(無主)를 인정하는 사건(제191~193조) 따위의 비송사건이 특별절차에 속한다.[1] 1991년 정식으로 민사소송법을 제정할 때 독촉절차(구법 제189조~제192조: 개정법 제214조~제217조)와 기업법인의 파산절차(구법 제199조~제206조)를 신설하였으나 현재는 기업법인파산절차는 단행법으로 분리되었으며, 2007년 개정시에 민사소송법에서 삭제되었다. 간이절차는 기층인민법원 및 그 파출법정이 사실이 분명하고 권리의무관계가 분명하여 다툼이 심하지 않은 간단한 민사사건을 심리하는 절차를 말한다(제157조~163조). 이 중 제1심 보통절차가 기본적인 절차이며 각종 절차에 정함이 없는 사항에 관하여는 제1심 보통절차의 규정을 준용하는 것이 원칙이다.

1) 각종 非訟事件節次를 민사소송법에 포함시킨 것이 우리와 다르다. 전에는 행정사건도 민사소송절차에 포함시켰으나(試行法 제3조 제2항), 행정소송법이 시행(1990년 9월 30일)됨에 따라 행정사건은 민사법원의 관할에서 제외되게 되었다.

제2절 제1심 보통절차의 개념

제1심 보통절차는 당사자의 제소와 법원의 수리결정으로 개시되는 것으로 법원이 제1심 민사사건의 심리에 보편적으로 적용하는 절차이다. 또한 이는 제1심 절차 중의 가장 기본적인 절차로 대다수의 사건이 이 절차에 따라 심리된다. 보통절차는 제소→수리→심판전준비절차→개정심리의 순서를 밟게 되며, 개정심리는 다시 법정심리의 준비→법정조사→법정변론→합의정의 평의→판결의 선고의 순서를 밟게 된다. 우리의 통상절차에 해당한다고 할 수 있다.

보통절차는 다른 절차와 비교할 때 다음과 같은 특징을 가지게 된다.

① 절차의 완정성(完整性)

보통절차는 위에서 말한 절차단계 모두에 관하여 비교적 구체적인 규정을 두고 있으며 절차진행 중 발생할 수 있는 여러 가지 문제(예컨대 절차의 중지 혹은 소송종결)에 관한 규정도 아울러 하고 있는 점에서 절차의 완정성을 갖추고 있다. 제1심 간이절차 및 제2심 절차에는 단지 보통절차와 상이한 부분에 대하여만 규정을 두고 있으므로, 법원이 간이절차를 적용하는 경우와 제2심 사건을 심리함에 있어서는 당해절차에 별도로 규정을 둔 것 이외에는 모두 보통절차를 적용하여 재판해야 한다. 특별절차(비송절차)와 재심절차의 경우도 마찬가지로 별도의 규정을 두지 않은 사항에 대하여는 모두 보통절차의 규정을 준용하여 심리한다.

② 제2심 법원이 제1심으로 환송한 사건, 심판감독절차에 따라 재심결정된 사건에는 모두 보통절차를 적용하여 심리하게 된다. 전소절차가 간이절차인 경우에도 마찬가지이다. 또한 간이절차를 이용할 수 있는 사건도 수리 후 필요하다고 인정하면 보통절차를 적용하여 심리할 수 있다. 간이절차의 이용은 민사소송법상 강제적인 것이 아니라 선택적인 것으로 보아야 한다.[2] 그리고 중급인민법원 이상의 법원이 제1심 사건을 심리하는 경우에는 간이절차를 적용할 수 없고 반드시 보통절차를 적용하여 심리하여야 한다.

따라서 보통절차는 민사소송전반에 걸쳐 중요한 작용을 하는 가장 기본적인 절차이다.

---

2) 赵钢, 占善刚, 刘学在 著, 前揭 民事诉讼法, 259面 참조. 다만 법문에는 "이 장(간이절차)의 규정을 적용한다"라고 되어있어 "적용할 수 있다"라는 표현과는 다르다.

제3절 보전처분과 우선집행

집행재산의 일실을 방지하기 위하여 또는 침해의 즉각적인 중지를 위하여 소송 중 혹은 소를 제기하기 전에 재산에 대하여 보전신청을 하거나 특정한 작위 또는 부작위를 신청하는 것을 보전처분이라 한다. 원래 중국의 민사소송법에서는 재산에 대한 보전만 인정할 뿐 작위 또는 부작위를 구하는 이른바 행위보전은 인정하지 않고 있었다. 따라서 민사소송법 제9장의 표제(標題)도 재산보전과 우선집행[先予执行]으로 되어 있었다. 그러나 2012년 개정으로 행위보전제도를 도입하여 제9장의 표제도 재산을 빼고 보전이라 하였다. 우리나라에는 없는 독특한 제도로 우선집행제도가 있음을 주의해야 한다. 광의로는 양자를 포괄하여 보전제도라고 하기도 하나 재산보전과 우선집행은 다른 제도이다.

Ⅰ. 보전처분

1. 보전의 개념

보전(保全)이라 함은 당사자 일방의 행위 또는 기타 사정으로 인하여 판결이 집행불능이 되거나 집행이 어려워질 가능성이 있는 경우에 당사자의 신청에 의하여 또는 법원이 직권으로 본안과 관계있는 재산에 강제적 조치를 취하거나 일정한 작위나 부작위를 명하는 것을 말한다.[3] 위에서 본 바와 같이 2012년 개정으로 행위보전이 도입되었으므로 이제 보전은 재산보전과 행위보전 양자를 포함하는 개념으로 확대되었다.

보전처분은 소송 중의 보전과 제소 전의 보전으로 나뉠 수 있다. 소송 중의 보전은 당사자의 신청이나 법원의 직권으로 할 수 있으나(제100조 제1항 제2문), 제소 전의 보전은 이해관계인만이 신청할 수 있다(제101조 제1항).

2. 재산보전과 행위보전

보전에는 재산보전과 행위보전이 있다.

---

3) 시행법(試行法) 시대에는 소송보전이라는 제목하에 제92조 이하에 규정하고 있었으나 1991년 법은 제목을 재산보전이라 바꾸고 제9장에 우선집행과 함께 규정하고 있었다. 2012년에는 행위보전이 도입됨에 따라 9장의 표제를 '보전'으로 바꾸었다.

(1) 재산보전(財産保全)

재산보전이라 함은 법원이 재정(裁定)으로 당사자 일방의 재산을 압류(査封, 扣押)하거나 동결(凍結)하여 재산의 이전, 처분 등을 막아 장래의 집행을 용이하게 하기 위한 조치를 말한다. 재산이라는 개념에는 금전과 비금전적인 것이 모두 포함되므로 우리와 같은 금전채권을 이유로 하는 가압류와 비금전적인 채권을 바탕으로 하는 가처분을 구분하지 않고 있었다.[4] 재산보전은 주로 재산의 급부를 내용으로 하는 이행의 소에서 실시되는 것이나 확인의 소나 형성의 소를 전제로 하는 경우에도 가능하다는 견해도 있다.[5]

재산보전은 청구의 범위 또는 본안과 관련 있는 재물에 한정된다(민소법 제102조 제1항). 따라서 보전청구가 소송상의 청구를 초과하는 경우에는 그 초과부분에 대하여는 보전조치를 해 주지 않는다.[6] 본안과 관련이 있는 재물이라 함은 당사자가 소송상으로 청구한 것은 아니나 후에 강제집행에 관련될 수 있는 재물을 말한다. 예컨대 이혼소송 중 후에 분할해야 할 공유재산이나 채무의 변제를 구하는 소를 제기한 원고가 직접 신청하지 않은 피고의 다른 재산과 같은 것을 가리킨다.[7]

저당물이나 유치물에 대하여도 보전조치를 할 수 있으나 저당권자나 유치권자의 우선권을 해하지는 못한다(〈약간의견〉 제102조). 여기의 저당물에는 질물(質物)도 포함되는 것으로 해석해야 한다.[8] 또한 채무자의 제3자에 대한 채권도 보전조치의 대상이 된다. 즉 채무자의 재산이 보전청구를 만족시킬 수 없고 제3자에 대하여 만기가 도래한 채권을 가지고 있는 경우에는 채권자의 신청에 따라 압류하고 그 제3자에게 채무자에게 상환하지 말라는 재정(裁定)을 할 수 있으며, 이 경우 제3자가 상환하기를 요구하는 경우에는 법원이 그 재물이나 가액을 보관해야 한다(〈약간의견〉 제105조). 주의할 점은 기한이 도래한 채권에 한하며 반드시 채권자의 청구가 있는 경우에 한하며 직권으로는 할 수 없다는 점이다. 그리고 소외의 제3자의 재산에 대하여는 재산보전

---

4) 张卫平 著, 前揭 民事诉讼法(第二版), 249面 참조. 그러나 2012년 법 개정으로 행위보전이 도입되었으며 그 대상은 주로 금전채권 이외의 채권이 될 것이므로(全国人大常委会法制工作委员会民法室 编著, 前揭 《中华人民共和国民事诉讼法》 解释与适用, 224面) 행위보전은 우리의 가처분제도와 유사한 면을 가지게 될 것이다. 중국의 경우는 재산보전과 행위보전을 동일한 조문(개정법 제100조 제1항 등)에서 병렬적으로 규정하고 있어 문제가 될 듯하다.

5) 赵钢, 占善刚, 刘学在 著, 前揭 民事诉讼法, 221面. 여기서는 이혼의 소를 예로 들고 있다. 이혼판결 후 재산의 분할, 자녀의 부양 등 재산문제가 있을 수 있으므로 재산보전을 할 필요가 있다고 한다.

6) 上揭書 同面.

7) 上揭書 同面.

8) 梁书文 主编, 前揭 民事诉讼法适用意见新释, 179面.

조치를 취할 수 없으며, 제3자가 사건과 관계있는 물건을 선의취득(善意取得)한 경우에도 재산보전을 해서는 안 된다.[9)]

채무자가 기한이 되면 취득하게 될 수익에 대하여 재산보전조치를 취하여 그가 수익을 수취하는 것을 제한하고 관계기간에 협조해 줄 것을 통지할 수 있다(〈약간의견〉 第104조). 여기의 수익은 생산물, 이윤(利潤), 이자 등을 말하는 것이다.[10)]

(2) 행위보전(行爲保全)

행위보전이라 함은 법원이 재정(裁定)을 통하여 일방당사자에게 일정한 행위를 할 것을 명하거나 일정한 행위를 하지 말 것을 명하는 것을 말한다. 예컨대 목적물의 처분을 금지하는 명령을 하거나 불법행위를 하지 말 것을 명령하는 것과 같다. 다만 종국판결이 나기 전에 부양료, 임금 등을 지불할 것을 명하는 것도 일종의 행위보전이라 할 것이나 이에 관하여는 뒤에 보는 바와 같이 우선집행제도를 따로 두고 있다.

전술한 바와 같이 2012년 개정 전에는 보전처분으로 일정한 행위를 요구하거나 일정한 행위를 금지하는 처분을 할 수 없었다. 그러나 근래 행위에 관한 규정을 두어 보전제도의 완정(完整)을 기해야 한다는 주장이 크게 대두되고 있었다.[11)] 또 여러 특별법에서는 이른바 행위보전을 인정하고 있어서 민사소송법과 보조가 맞지 않았다. 예컨대 해사소송절차특별절차법 제4장에는 작위나 부작위를 요구하는 보전조치를 인정하고 있었으며, 〈특허법(中华人民共和国专利法)〉(2008年 修正) 제66조에 의하면 특허권자 혹은 이해관계인이 제3자가 특허권침해행위를 하고 있거나 곧 침해할 염려가 있음을 증명하고 즉시 저지하지 않으면 회복이 어려운 손해가 발생한 염려가 있는 경우에는 제소 전에 법원에 그 행위의 정지를 구하는 명령을 신청할 수 있도록 하고 있으며, 이와 유사한 규정은 저작권법 제49조, 상표법 제57조 등에서도 발견할 수 있었다. 이와 같은 특별법이 적용되는 특수한 사건 이외에 통상의 민사소송에서도 행위보전을 인정해야 한다는 주장이 받아들여져 이번의 개정에 이르게 된 것이다.

---

9) 前揭 〈最高人民法院关于在经济审判工作中严格执行《中华人民共和国民事诉讼法》的若干规定〉 [法发(1994) 29号] 제14조.

10) 梁书文 主编, 前揭 民事诉讼法适用意见新释, 181面.

11) 江伟 主编, 前揭 民事诉讼法(第四版), 241~242面; 赵钢, 占善刚, 刘学在 著, 前揭 民事诉讼法, 223面. 다만 뒤에 설명한 우선집행의 경우는 〈약간의견〉 제107조에 따라 일정한 행위를 요구할 수 있으나, "당사자간의 권리관계가 명확해야 한다"는 전제조건이 있기 때문에 재산보전과는 다른 제도이다.

3. 소송 중 보전과 제소 전 보전

재산보전은 소송 중에 실시하는 소송 중의 보전과 소제기 전에 하는 제소 전 보전으로 구분된다.

(1) 소송 중의 보전

소송 중에는 당사자의 신청에 의해 또는 필요하다고 인정되는 경우에는 직권으로 재산보전의 재정(裁定)을 하거나 일정한 행위를 하거나 일정한 행위를 금지하는 재정을 할 수 있다(제100조 제1항). 이번 개정에서는 직권에 의한 보전은 법원의 지나친 간섭이고 실무상 거의 시행되지 않는다는 것을 근거로 폐지하자는 의견도 있었으나, 광대한 국토와 경제발전의 불균형을 가지고 있는 중국에서는 아직도 법원에 의한 보전을 인정하는 것이 공민의 합법적 권익을 보호하는 데 유리하다는 주장이 승리하여 그대로 유지하게 되었다.[12)13)]

소송 중의 보전에서 주의할 점은 다음과 같다.

(가) 소송 중의 보전은 제1심뿐만 아니라 제2심 절차 진행 중에도 할 수 있다. 당사자가 제1심 판결에 불복하여 상소하는 경우 제2심 법원(상소심법원)이 소송서류를 받기 전이라도 당사자가 재산을 이전, 은닉, 매각 혹은 훼손하는 행위를 하는 경우에는 제1심 법원이 신청에 따라 혹은 직권으로 재산보전조치를 취할 수 있으며 제1심 법원은 재산보전의 재정서를 지체없이 제2심 법원으로 보내야 한다(〈약간의견〉 제103조). 제2심 재판이 선고된 후에는 재산보전신청을 할 것이 아니라 집행신청을 해야 한다. 이 점 재산보전은 물론 행위보전도 마찬가지이다.[14)]

(나) 신청은 신청서의 제출로 하여야 한다. 보전의 범위는 신청한 범위에 한정되므로 신청인은 신청시에 반드시 어떤 재산에 대한 보전을 원하는가를 밝혀야 한다. 소송 중의 재산보전은 법원이 직권으로도 할 수 있게 되어있으나 직권보전은 신청보전의 보충적인 의미를 가지는 것이므로 법원이 보전의 필요가 있다고 인정하나 당사자가 신청하지 않는 경우라도 일단 신청을 시사(示唆)하고 그래도 하지 않는 경우에만 직권으로 실시하여야 한다.[15)]

---

12) 全国人大常委会法制工作委员会民法室 编著, 前揭 《中华人民共和国民事诉讼法》 解释与适用, 157~158面 참조.

13) 前揭 〈最高人民法院关于在经济审判工作中严格执行 《中华人民共和国民事诉讼法》 的若干规定〉 제13조에는 법원이 직권으로 보전조치를 할 수 있는 경우를 구체화해 놓았다.

14) 全国人大常委会法制工作委员会民法室 编著, 前揭 《中华人民共和国民事诉讼法》 解释与适用, 157面.

15) 梁书文, 回沪明, 杨荣新 主编, 前揭 民事诉讼法及配套规定新释新解(上), 943面 참조.

(다) 재산보전의 신청원인은 ① 일방당사자가 본안과 관련 있는 재물을 고의로 매각, 훼손, 이전, 은닉 또는 낭비[揮霍]하여 집행곤란이 발생할 염려가 있거나, ② 쟁의 재산의 보관이 어려워 변질될 염려가 있는 등의 기타 사유가 있어야 한다. 또 행위보전의 신청원인은 즉시 일정한 행위를 하거나 행위를 중지하지 않으면 회복이 불가능하거나 매우 어려운 사정이 있어야 한다.

(라) 법원이 담보제공명령을 하는 경우에는 신청인은 담보를 제공하여야 한다(제100조 제2항). 담보제공명령에 불응하는 경우에는 법원은 재산보전신청을 기각하는 재정(裁定)을 할 수 있다. 다음에 설명하는 제소 전의 신청과는 달리 담보제공명령의 여부는 법원의 재량에 속한다(可以责令). 따라서 신청인이 예컨대 국영대기업이고 자력이 충분하다고 인정하는 경우에는 제공명령을 하지 않을 수 있다.[16] 담보의 종류는 묻지 아니하며 물적 담보는 물론 인적 담보도 가능하다. 담보에 관한 사항도 재산보전과 행위보전 모두에 적용된다.

(마) 재산보전 신청을 받은 법원이 사정이 긴급을 요한다고 인정하면 반드시 48시간 이내에 재산보전의 재정을 해야 하며, 재산보전의 재정을 한 경우에는 즉시 집행을 개시해야 한다(민소법 제100조 제3항). 2012년 개정 작업 중 모든 보전신청은 긴급을 요하는 것이므로 48시간 이내에 집행해야 한다는 규정을 삭제하는 것이 타당하다는 견해도 있었으나 예컨대, 물건의 이전을 막기 위한 압류[즉 사봉(査封)이나, 구압(扣押)]와 같은 조치는 긴급을 요하나, 일정한 행위를 요구하거나 금지하는 행위보전의 경우는 피신청인의 의견을 들어볼 필요도 있으므로 48시간이라는 기간의 구애를 받을 필요가 없다는 주장이 채택되어 그대로 유지되었다.[17] 재산보전의 재정을 한 법원이 직접 집행관에게 재정서를 보내어 집행을 개시하게 하며 신청인의 의견을 들을 필요가 없다.[18]

(2) 제소 전 보전신청

이해관계인이 긴급한 사정으로 인하여 즉시 재산보전을 신청하지 않으면 그 합법적 권익에 회복하기 어려운 손해가 발생할 수 있는 경우에는 제소 전 혹은 중재신청 전에 피보전재산 소재지, 피신청인 주소지 혹은 사건에 대한 관할권이 있는 법원에 보전조치를 취해줄 것을 신청할 수 있다(민소법 제101조 제1항). 2012년 개정으로 중재신청 전에도 보전신청을 할 수 있도록 하였으며, 보전신청 법원도 위와 같이 구체화되

16) 赵钢, 占善刚, 刘学在 著, 前揭 民事诉讼法, 225面.
17) 全国人大常委会法制工作委员会民法室 编著, 前揭 《中华人民共和国民事诉讼法》 解释与适用, 160面 참조.
18) 梁书文, 回沪明, 杨荣新 主编, 前揭 民事诉讼法及配套规定新释新解(上), 944面.

게 되었다.

제소 전의 재산보전에서 주의할 점은 다음과 같다.

(가) 신청인은 이해관계인이어야 한다. 소송 중 신청의 경우는 당사자 혹은 그 대리인이나, 제소 전에는 당사자라 할 수 없으므로 이해관계인이라 칭하는 것이다. 이해관계인은 다른 공민, 법인 또는 기타 조직과 이해가 충돌되는 자를 말한다. 이해관계인만 보전절차를 일으킬 수 있으며 소송 중의 보전과는 달리 법원에 의한 직권 보전조치는 불가능하다. 그리고 신청은 피보전재산 소재지, 피신청인 주소지 혹은 사건에 대한 관할권이 있는 법원에 해야 한다.

(나) 긴급한 사정이 있어야 한다. 여기의 긴급한 사정이라 함은 즉시 보전신청을 하지 않으면 회복하기 어려운 손해를 입을 가능성이 있는 사정을 말한다. 예컨대 해사손해사건에서 외국국적의 가해선박이 도주할 태세를 취하는 경우에는 도주 후에 다시 제소하고 집행을 한다는 것은 매우 어려우므로 긴급한 사정이 있는 경우에 해당한다.

(다) 신청은 제소 또는 중재신청 전까지 하면 된다. 주의할 점은 이는 제소시를 말하는 것이며 심리의 개시를 말하는 것이 아니라는 점이다. 상술한 바와 같이 이번 개정으로 중재신청을 하기 전에도 법원에 보전신청을 할 수 있도록 되어있다. 중재법(제28조)에도 역시 이와 같은 규정이 있음을 감안한 것이다.

(라) 신청인은 담보를 제공하여야 한다. 소송 중의 보전신청은 담보제공을 명할 수 있다(可以責令)고 되어있으나 제소 전 신청의 경우는 신청인은 담보를 제공해야 한다(應當提供擔保) 라고 하여 보전신청에는 반드시 담보를 제공하여, 이후 오류에 의한 손해를 보전케 하고 본안에 관해 알지 못하는 법원이 신속하게 보전 재정을 할 수 있도록 하였다. 담보를 제공하지 않는 경우는 신청을 기각하는 재정을 해야 한다(민소법 제101조 제1항). 담보의 액수는 보전청구액에 상당하여야 하며(〈약간의견〉 제98조), 담보의 조건은 법률의 규정에 따르나 법률의 규정이 없는 경우에는 법원이 심시히여 결정한다.[19]

(마) 제소 전의 보전신청에 대하여는 신청을 접수한 후 48시간 내에 재정(裁定)을 내려야 하며 보전조치를 취하는 재정이 내려진 경우에는 즉시 그 집행을 개시하여야 한다(민소법 제101조 제2항). 소송 중의 보전신청은 긴급한 경우에 한하여 48시간 내에 보전의 재정을 하도록 되어있으나 제소 전 보전신청은 그 전제가 긴급한 상황이므로 언제나 48시간 내에 조치를 취하게 된다.

---

19) 前揭〈最高人民法院关于在经济审判工作中严格执行《中华人民共和国民事诉讼法》的若干规定〉[法发(1994) 29号] 제12조.

법원이 보전조치를 취한 후 30일 내에 신청인이 소를 제기하지 않는 경우에는 법원은 그 재산보전을 해제하여야 한다(같은 조 제3항). 즉 법원이 보전조치를 취한 후 30일 내에 본안에 관한 소를 제기하지 않는 경우에는 이를 해제한다. 2012년 개정 전에는 15일 이내로 되어있었으나 너무 짧다는 견해를 받아들여 30일로 하였다. 부제소의 원인이 당사자 간의 화해인 경우는 문제가 없으나 신청인이 태만하여 기한을 놓치는 경우는 보전해제조치라는 불이익이 즉시 발생하므로 신청인은 제소 전 보전을 신청하고 즉시 소장을 작성하여 제소하여야 한다.

4. 보전의 방법

재산보전은 청구의 범위 또는 본안과 관련 있는 재물에 한정되며(민소법 제102조), 보전은 다음과 같은 압류조치를 통하여 한다(제103조).[20]

(1) 사봉(査封)

사봉은 법원이 보전할 재물을 점검하여 봉인쪽지[封条]를 붙여서 현장에 보관하는 것을 말한다. 부동산이나 기타 이동성이 없는 물건에 주로 사용되는 방법이다. 사봉을 한 후에는 피신청인 또는 다른 단위나 개인은 자의(恣意)로 이를 처분하거나 이동하지 못하며 나아가서 다른 법원도 이미 사봉된 재물을 다른 사건의 보전물로 재차 사봉하지 못한다(민소법 제103조 제2항).

(2) 구압(扣押)

구압이라 함은 법원이 재물을 일정한 장소로 옮겨 억류해 두어 일정기간 동안 피신청인의 사용과 처분을 금하는 것을 말한다. 주로 이동성이 있는 동산에 대하여 취하는 방법이다. 피신청인의 주거(住居)에서 구압을 하는 경우에는 반드시 압류대장을 만들어 피신청인과 현장증인의 서명이나 날인을 받아 사건기록에 첨부해야 한다.[21] 구압물은 다른 곳으로 옮겨 보관하거나 법원이 직접 보관한다.

부동산(예컨대 가옥)이나 등기된 동산(예: 자동차나 선박)을 보전하는 경우에는 직접 사봉이나 구압하는 방법을 사용하지 않고, 당해 재산의 증서를 압류하고 관련 등기기관에 통지하여 재산권의 이전을 금지하는 방법을 사용할 수 있다.[22] 이 경우에는 사용, 수익은 금지되지 않는다. 실무상으로는 이 방법을 많이 사용한다고 한다. 다만 이

---

20) 중국에서는 압류를 그 대상물에 따라 사봉(査封), 구압(扣押), 동결(凍結)이라 각각 다르게 부른다.
21) 唐德华, 前揭 新民事诉讼法(实务精答).
22) 梁书文, 回沪明, 杨荣新 主编, 前揭 民事诉讼法及配套规定新释新解(上), 976面.

와 같은 방법을 통해서는 보전의 목적을 달성할 수 없다고 인정하는 경우에는 직접 재산에 대하여 사봉을 하거나 구압을 할 수 있다(〈약간의견〉 제101조).

(3) 동결(凍結)

동결은 은행, 신용회사, 증권회사 등에 통지하여 예금[存款], 증권의 전부 또는 일부에 대하여 그 처분 또는 인출을 법정절차에 따라 금지하는 것을 말한다. 재산의 동결조치를 취한 경우는 즉시 이를 재산이 동결된 자에게 통지하여야 하며(민소법 제103조 제1항), 동결된 재산에 대하여는 중복하여 동결하지 못한다(동조 제2항). 통상적으로 동결이 이용되는 경우는 ① 피신청인이 은행예금을 가지고 있음이 분명한데도 예금통장을 제출하지 않은 경우의 동결, ② 기관, 단체 또는 기업이나 사업단위의 유동자금에 대한 동결이라 한다.[23] 동결 후 즉시 통지하여 피신청인에게 이의[复议] 신청의 기회를 주는 동시에 담보를 제공하고 해제신청(解除申請)을 할 기회를 부여하여야 한다.

(4) 기타 법률에 규정된 방법

계절상품, 생물인 수산물, 과일, 채소 등 쉽게 부패나 변질이 되어 장기 보관이 부적당한 물건에 대하여 보전조치를 취하는 경우에는 당사자에게 제때에 처리하도록 하여 그 가액(價額)을 법원이 보존할 수 있으며, 필요하다고 인정되면 법원이 환가(換價)하여 그 가액을 보존할 수 있다(〈약간의견 제99조).

5. 피신청인의 권리

재산보전신청을 하는 경우 언제나 이유가 있는 것은 아니므로 민사소송법은 피신청인에게 다음과 같은 권리를 부여하고 있다.

(1) 이의[复议]신청권

당사자는 재산보전에 대하여 불복하는 경우에는 1차에 한하여 이의를 신청할 수 있다(민소법 제108조). 그러나 이 이의기간에는 보전재정(保全裁定)의 집행은 정지되지 않는다.

(2) 보전조치해제 요구권

재산분쟁 사건에는 피신청인은 담보를 제공하고 보전조치의 해제를 청구할 수 있으며 법원은 이를 해제하는 재정을 하여야 한다(민소법 제104조). 2012년 개정 전과 달리 개정법에서는 재산분쟁 사건의 경우만 해제요구를 할 수 있도록 하고 있다. 개정 전

---

23) 唐德华, 前揭 新民事诉讼法(实务精答), 346面.

에는 행위보전 자체가 인정되지 않았었다.

담보는 물적담보와 인적담보를 묻지 않는다.[24] 그리고 제소 전 재산보전인 경우에는 보전 후 30일 내에 제소하지 않으면 법원이 그 보전을 해제한다.

(3) 배상청구권

보전신청에 착오가 있는 경우에는 신청인은 피신청인이 보전조치로 인하여 입은 손실을 배상하여야 한다(민소법 제105조). 따라서 착오로 보전신청을 한 경우는 피신청인은 배상청구를 할 수 있다. 예컨대 보전조치를 했으나 종국판결에서 소의 각하 또는 청구의 기각이 내려진 경우와 같은 경우이다. 또 제소 전 보전신청을 하고 제소를 하지 않는 경우에도 피신청인은 손해배상을 구하는 소를 제기할 수 있다. 제소 전 보전신청 후 신청인이 소를 제기한 경우 또는 소송 중에 보전신청을 한 경우는 피신청인은 본안심리를 하는 법원에 배상청구를 할 수 있다.

민사소송법 제105조는 신청에 착오가 있는 경우에 배상해야 한다는 규정을 두고 있을 뿐이나 법원의 직권에 의한 보전이 후에 착오로 밝혀진 경우에도 배상을 해야 한다.

즉 수소법원의 원장이나 상급법원이 재산보전 조치에 착오가 있음을 발견한 경우에는 심판감독절차에 따라 이를 바로잡아야 하며, 신청인의 잘못인 경우는 신청인이 배상하고, 법원의 직권 보전조치가 잘못된 경우에는 법률[25]의 규정에 따라 법원이 이를 배상한다.[26]

Ⅱ. 우선집행[先予执行]

1. 우선집행의 의의

우선집행이라 함은 소송과정 중 신청에 따라 일방당사자에게 일정한 금액 혹은 특정물을 상대방 당사자에게 우선 지급하라는 재정 또는 일정한 행위를 하라는 혹은 하

---

24) 梁书文, 回沪明, 杨荣新 主编, 前揭 民事诉讼法及配套规定新释新解(上), 979面 참조.

25) ≪中华人民共和国国家赔偿法≫ 제38조. 즉 인민법원이 민사소송, 행정소송과정 중에 민사소송 방해행위에 대한 위법한 조치, 위법한 보전조치 혹은 효력이 발생한 판결, 재정 기타 법률문서의 집행의 착오로 인하여 손해를 발생시켜 청구인이 배상을 청구한 경우에는 이 법의 형사배상 절차에 관한 규정을 적용한다고 규정하고 있다.

26) 前揭 〈最高人民法院关于在经济审判工作中严格执行 ≪中华人民共和国民事诉讼法≫ 的若干规定〉 [法发(1994) 29号] 제19조.

지 말라는 재정을 하는 것을 말한다. 이와 같이 소송이 아직 끝나지 않았음에도 중간에 미리 집행을 하도록 하는 이유는 당사자의 생활이나 생산활동에 급박한 필요가 있거나 당사자의 권리보호에 불가결하고 시급한 필요가 있는 경우에 대처하기 위한 것이다. 재판의 형식은 재정이다. 중국민사소송의 독특한 제도이며 이 제도는 그동안 이른바 행위보전의 기능을 일부 담당해 온 것으로 평가된다.[27)]

2. 우선집행의 적용범위

어떤 본안사건이 계속 중인 경우에 우선집행의 재정을 할 것인가에 대하여는 민사소송법 제106조가 정하고 있으며 이를 보충하기 위한 〈약간의견〉 제107조가 나와 있다. 다음과 같은 경우에 우선집행의 재정을 할 수 있다.

(1) 존속부양료[赡养费], 부부간부양료[抚养费],[28)] 양육비[抚育费], 구휼금[抚恤金][29)], 의료비[30)]를 청구하는 사건
(2) 근로보수를 청구하는 사건
(3) 긴급한 사정으로 인하여 우선집행이 필요한 사건

어떤 경우가 긴급한 사정에 해당하는지에 대하여여는 〈약간의견〉 제107조가 다음과 같은 4가지의 경우를 열거하고 있다. 즉 ① 즉각 침해를 정지하거나 방해를 배제해야 하는 경우, ② 즉각 어떤 행위를 제지해야 하는 경우, ③ 생산원료, 생산도구의 구매에 지불했던 돈을 즉각 반환받아야 하는 경우, ④ 생산과 경영의 회복을 위하여 보험료의 신속한 지급이 필요한 경우 등이다. 침해의 정지나 방해의 배제가 긴급히 필요하다는 것은 예컨대 특허권이나 상표권의 침해와 같은 경우를 생각할 수 있으며, 즉각 어떤 행위를 제지할 필요가 있는 경우라 함은 즉각 제지하지 않으면 침해가 확대되어 당사자는 물론 국가의 이익도 해할 염려가 있는 경우라 한다.[31)] 또 생산원료

---

27) 奚晓明 主编, 前揭 ≪中华人民共和国民事诉讼法≫ 修改条文理解与适用, 170面.
28) 부부간의 부양료 혹은 이혼 후의 일방의 타방에 대한 부양료를 말한다.
29) 중국에서는 이를 무휼금(抚恤金) 혹은 무휼비(抚恤費)라 한다. 이는 군인, 국가기관의 피고용자 등이 업무 중 사망하거나 공상을 당한 경우 그 본인 또는 사망자의 가족에게 지급하는 금전을 말한다. 사망한 경우에는 가족이 그 부양가족의 수에 따라 받게 되며, 노동능력을 상실한 경우에는 사망시까지 일정한 생활부조비를 받게 된다. 이에 관한 기본적인 규범은 〈중국노동보험조례(中华人民共和国劳动保险条例)〉이다.
30) 의료비는 치료 중 비용을 지불할 능력이 없는 경우만 우선집행이 허용되며 지불능력이 있는 경우에는 판결확정 후 강제집행을 통해야 한다(奚晓明 主编, 前揭 ≪中华人民共和国民事诉讼法≫ 修改条文理解与适用, 170面).
31) 梁书文 主编, 前揭 民事诉讼法适用意见新释, 189面 참조. 그 예로는 국가가 보호를 요구하는 문화재를 팔려고 하거나 남의 귀중품을 침해하여 팔려고 하는 경우 등을 들고 있다.

나 도구의 구입비를 긴급히 반환받아야 하는 경우라 함은 매매계약 후 매도인이 생산원료나 도구를 인도하지 않아 그 돈을 급히 반환받아야만 경영활동을 계속할 수 있는 경우(달리 자금을 마련할 길이 없는 경우)를 상정(想定)한 것이라 한다.[32] 〈약간의견〉에서 말한 경우는 모두 행위를 요구하는 것인 점에서 부양료사건이나 근로보수사건과 차이가 있다. 이런 점에서 본다면 일종의 행위보존이라고도 볼 수 있으나 보전의 경우에는 원피고간의 법률관계가 그리 명확하지 않아도 되나 우선집행의 경우에는 법률관계가 명확할 것을 요건으로 하고 있고 생활이나 생산에 급히 소요되는 경우이어야 하는 점에서 차이가 있다.

3. 요건과 절차

우선집행을 신청하기 위해서는 ① 이행의 소가 진행 중이어야 하며, ② 당사자간의 권리관계가 명확해야 하며, ③ 우선집행을 하지 않으면 신청인의 생활 또는 생산경영에 중대한 영향을 미칠 염려가 있어야 한다. 또 피신청인에게 이행능력이 있어야 한다(민소법 제107조 제1항).

법원이 우선집행의 재정을 하기 위해서는 당사자의 서면에 의한 신청이 있어야 하며, 사건을 수리하고 종국판결을 하기 전에만 우선집행의 재정(裁定)을 할 수 있으며(〈약간의견〉 제106조), 반드시 개정심리를 거친 후에만 재정을 할 수 있다. 또한 관할권이 아직 확정되지 않은 경우에는 우선집행의 재정을 할 수 없다.[33] 여기의 개정심리는 우선집행의 요건을 확인하기 위한 개정심리를 말하며 본안의 개정심리를 의미하는 것은 아니다.[34]

법원은 신청인에게 담보를 제공할 것을 명할 수 있으며 이에 따르지 않는 경우에는 신청을 기각할 수 있다(민소법 제107조 제2항). 다만 담보제공은 필수적인 것은 아니므로 법원이 담보의 제공이 신청을 어렵게 한다고 판단하면 담보제공을 요구하지 않을 수 있다.

법원이 우선집행의 재정을 한 후에 신청한 당사자가 소 취하의 신청을 한 경우에는 이를 즉시 상대방 당사자, 소송참가인 혹은 기타 사건과 관련있는 소외인에게 통지를 해야 한다. 만약 이들이 소 취하신청의 통지를 받고 소 취하신청에 대한 법원의 허가가 있기 전에 소 취하에 이의를 제출하는 경우에는 소 취하의 신청을 기각한다.[35] 소

32) 上揭書, 同面.
33) 前揭 〈最高人民法院关于在经济审判工作中严格执行 ≪中华人民共和国民事诉讼法≫ 的若干规定〉 [法发(1994) 29号] 제16조.
34) 张卫平 著, 前揭 民事诉讼法(第二版), 254面 참조.

가 취하되는 경우에는 우선집행도 취소되어야 할 것이므로 이미 받은 우선집행금을 반환해야 할 것이나, 부양료, 무휼금, 근로보수 등은 이미 소비한 경우가 많을 것이므로 문제가 될 것이다.

당사자가 우선집행의 재정에 대하여 불복하는 경우에는 한 차례에 한하여 복의(复议: 再議)를 신청할 수 있으나 복의기간에는 집행이 정지되지 않는다. 복의결과 원래의 재정이 부당하다고 인정하면 새로운 재정으로 이를 변경하거나 취소해야 한다(〈약간의견〉 제110조).

4. 우선집행의 사후구제

우선집행신청을 한 당사자가 최종적으로 패소하거나 승소금액이 오히려 우선집행금액에 미치지 못하는 경우에는 법원이 그 우선집행으로 인하여 받은 이익의 반환을 명해야 한다(〈약간의견〉 제111조). 반환명령을 받은 자가 반환을 거부하는 경우에는 상대방이 강제집행신청을 할 수 있으며 이 경우에는 역집행(逆執行: 执行回转)에 관한 민사소송법 제233조의 적용을 받게 된다. 잘못된 우선집행으로 인하여 피신청인이 손해를 입은 경우에는 이를 배상해야 한다(민소법 제107조 제2항 제2문).

---

35) 前揭 〈最高人民法院关于在经济审判工作中严格执行 《中华人民共和国民事诉讼法》 的若干规定〉 [法发(1994) 29号] 제18조. 중국의 소 취하제도는 법원의 허가를 요하고 있는 점에서 우리와 다르다.

제2장 제소와 수리

제1절 서언(序言)

중국의 소송절차는 독특하게도 수리절차와 심판절차가 분리되어 있다. 이를 위하여 법원의 재판기관은 입안정(立案庭)과 심판정(审判庭)으로 명확히 구분되어 있다. 따라서 당사자가 소장을 제출한다고 하여 곧바로 심판절차가 개시되는 것이 아니라 수소법원 입안정이 제소조건의 합치여부를 심사를 한 후 수리하기로 결정을 하여 심판정으로 넘겨야 비로소 심판절차가 개시된다. 사건을 수리한 후에야 법원도 정식으로 당해사건에 대한 재판권을 가지게 되며 절차에 따라 사건을 재판해줄 의무를 부담하게 되며, 당사자도 비로소 원고와 피고의 지위를 가지게 된다. 즉 당사자의 제소라는 소송행위와 수리결정이라는 법원의 소송행위가 결합되어야 비로소 소송이 개시될 수 있다. 이와 같은 시스템을 중국에서는 입안과 심판의 분리[立审分离]라고 한다.[1] 이 수리절차에 대하여는 이하에 보는 바와 같이 여러 가지 불합리한 점이 있으며 현재 많은 비판이 있다.

1) 〈最高人民法院关于人民法院立案工作的暂行规定〉(1997-05-29) 제5조는 "법원은 입안과 심판의 분리원칙을 실행한다"라고 규정하여 양자를 명확히 구분하고 있다. 그리고 입안은 전문기구가 담당하며 이 기구는 고소신소심판정(告诉申诉审判庭)안에 설치하거나 단독의 기관을 설치할 수 있다고 한다(제6조). 이에 따라 모든 법원에는 이른바 입안정이 설치되어 수리절차를 담당하고 있다. 이와 같은 입안절차(수리절차)는 제1심의 사건에만 적용되는 것이 아니라 상소심이나 재심에도 적용된다는 점을 주의해야 한다(제19조 이하).

제2절 당사자의 제소

Ⅰ. 제소[起訴[2)]]의 조건

1. 의 의

제소의 조건은 소의 제기가 적법해지기 위한 요건을 말한다. 우리의 소송요건과 유사한 개념[3)]이나 중국 민사소송법에서는 실체문제와 관련이 있는 것, 혹은 우리에게는 없는 주관(主管)[4)]이라는 요건을 제소조건으로 하고 있는 등 우리의 소송요건보다는 넓은 개념이다. 그만큼 입안정의 권한이 크다는 것을 보여주고 있다. 따라서 우리 식의 소송요건도 여기에 포함되므로 일단 수리절차에서 일괄적으로 심사를 한다고 보면 될 것이다.[5)]

2. 제소조건

제소조건에 대하여 민사소송법 제119조는 다음과 같은 4가지의 요건을 정하고 있으며 이를 흔히 적극적 조건이라 한다. 그러나 예컨대 중복제소에 해당하지 않을 것 등의 소극적 요건(우리의 소송요건에 해당)[6)]도 제소조건에 포함시켜야 한다.[7)]

(1) 민사소송법상의 소송조건

1) 원고는 본안과 직접적인 이해관계를 갖는 공민, 법인 및 기타 조직일 것(제1호)

당사자능력이 있는 자는 원칙적으로 당사자가 될 수 있으나 원고적격은 본안과 직접적인 이해관계를 갖는 자에게만 부여하고 있다. 본안과 직접적인 이해관계를 갖는다는 것은 원고가 분쟁이 발생한 법률관계의 주체인 것을 가리킨다고 한다. 예컨대, 이혼소송에서의 배우자, 계약분쟁에서의 계약당사자와 같은 자가 이에 해당한다. 그

---

2) 우리는 형사사건에서 소추기관이 재판을 요구하는 것을 기소라 하나 중국에서는 민사소송에서도 소의 제기를 起訴라 한다.
3) 张卫平 著, 前揭 民事诉讼法(第二版), 281面은 소송요건(본안판결요건)을 제소조건에 넣어 입안정에서 심사하도록 된 것이 이른바 기소난(起诉难)의 원인이라 한다.
4) 주관에 관하여는 제2편 제3장 제1절 민사소송의 주관 부분 참조.
5) 수리절차에서 심사하여 요건이 충족되지 않은 경우는 불수리의 재정을 한다. 만약 여기서 그 흠결을 발견하지 못하고 심판정에 넘긴 경우에는 할 수 없이 심판정이 재정으로 소를 각하한다.
6) 소극적 요건은 최고인민법원의 사법해석에 의하여 인정되는 것도 있고 어떤 것은 심판실무상 인정하는 것도 있다.
7) 张卫平 著, 前揭 民事诉讼法(第二版).

러나 드물게는 이해관계자가 아닌 제3자도 타인간의 권리관계에 관하여 원고의 지위를 가질 수 있다고 한다(제3자 소송 담당). 이 조건을 충족하고 있는지의 여부는 실체관계를 심사해야 알 수 있는 경우가 많아 입안정의 권한이 심판정의 권한과 중복되게 되어 많은 비판을 받고 있다.[8)]

2) 명확한 피고가 존재할 것(제2호)

피고의 경우는 명확히 하여 다른 사람과 혼동하지 않도록 할 것만 요구할 뿐 원고와는 달리 직접적인 이해관계가 있을 것이라는 것을 요구하지 않는다.

3) 구체적인 소송상의 청구 및 사실, 이유가 있을 것(제3호)

구체적인 소송상의 청구란 원고가 소송을 통하여 달성하고자 하는 목적을 말하는 것으로 금전의 급부, 재산의 반환, 손해의 배상, 이혼, 침해의 중지, 영향의 제거, 명예회복, 사과[賠禮] 등의 구체적인 목적을 말하며 우리의 청구취지에 해당한다. 또한 원고는 청구의 원인되는 사실과 이유를 제출하여 자기의 소송상의 청구가 근거 있음을 주장하여야 한다(우리의 청구원인에 해당). 주목할 점은 시행법(試行法)은 제81조 제2호에서 구체적인 소송상의 청구 및 사실근거를 요구하였으나 1991년의 민사소송법에서는 구제적인 소송상의 청구 및 사실, 이유로 고쳤다는 점이다. 과거 수리절차에서 제소조건 심사시에 "사실근거의 기재"를 소송 중에 증거를 제출할 책임과 동시(同視)하여 증명사실에 관한 증거를 제시하지 않은 것을 이유로 불수리재정을 하는 폐단이 있었기 때문에 "근거"라는 문구를 뺀 것이라 한다. 그러므로 입안정에서는 사실 및 이유가 기재되어 있는지의 여부를 형식적으로 심사함에 그쳐야 하나 여전히 사실과 이유의 진실성을 문제삼아 불수리하는 경우가 있어 문제가 발생한다고 한다.

4) 법원이 수리할 민사소송의 범위에 속하고 수소법원의 관할에 속할 것(제4호)

법원이 수리할 민사소송의 범위라는 것은 이른바 법원의 주관(主管)에 속한다는 것을 의미한다. 주관이라는 개념은 사회주의 민사소송에 독특한 개념으로 우리의 재판권과는 그 출발점이 다른 점은 이미 제2편 제3장에서 언급했다. 수소법원의 관할권을 요구하므로 수리절차에서 이를 가려 관할권이 없는 경우에는 불수리의 결정을 하게 된다.

3. 기타 소송조건

위에서 말한 4가지의 요건을 갖춘 경우에는 반드시 수리해야 한다고 하고 있으나

---

8) 입안에 성공하면 곧 승소로 이어지게 되는 폐단이 있으며 본안과의 이해관계 유무를 과도하게 심사하여 입안정이 권한을 강화하려 하는 점이 문제로 지적되고 있다.

(민소법 제123조 본문), 민사소송법 자체에도 다른 이유로 소를 수리할 수 없는 경우를 열거하고 있으며(제124조 각호의 경우)[9] 이 밖에도 최고인민법원의 사법해석이나 재판 실무상 인정하는 다른 것들도 소위 제소조건으로 보아 이를 구비하지 못한 경우에는 불수리재정을 하는 경우가 있다(후술하는 수리절차 참조).

Ⅱ. 제소의 방식과 소장의 기재사항

1. 제소의 방식

제소는 원칙적으로 법원에 소장을 제출함으로써 하며, 피고의 수에 상응하는 부본을 제출하여야 한다(민소법 제120조 제1항). 다만 소장의 작성에 현저한 곤란이 있는 경우에는 구술로 제소할 수 있으며, 이 경우에는 법원이 조서에 기입하고 상대방 당사자에게 고지한다(동조 제2항).

2. 소장의 기재사항

소장에는 다음과 같은 사항을 기재하여야 한다(민소법 제121조).

(1) 당사자에 관한 기본사항

원고의 성명, 성별, 연령, 민족, 직업, 직장단위 및 주소, 연락방법을 기입하며, 법인 또는 기타 조직인 경우는 명칭, 주소 및 법정대표자 또는 주요책임자의 성명, 직무, 연락방법을 적는다(제1호). 피고의 경우는 성명, 성별, 직장단위, 주소 등의 정보를, 법인 또는 기타 조직은 그 명칭, 주소 등의 정보를 적는다(제2호).

기재의 순서는 원고, 피고의 순서로 기재하며 원고 측에 소송대리인이 있는 경우에는 원고에 관한 기본사항의 기재 후에 그에 관한 사항을 기재한다.

(2) 소송상의 청구 및 근거가 되는 사실과 이유(제3호)

소송상의 청구는 원고가 법원에 자기의 민사권익의 보호를 청구하는 구체적인 내용을 말한다. 사실은 분쟁발생의 경과로 객관적인 상황을 말한다. 아울러 사실의 기초

---

9) 제124조의 내용은 불수리재정을 할 경우에 어떻게 처리해야 하는지를 정하고 있는데, 그 내용을 보면 제119조의 네 가지 요건(적극적 요건)의 흠결 이외에도 불수리재정을 할 수 있다는 전제하에 있기 때문에 제124조 각호의 사유는 소위 소극적 제소요건으로 불리기도 한다. 즉 제119조 요건의 흠결 이외에도 소를 제기할 수 없는 사유를 제124조가 담고 있다. 예컨대 제5호의 확정판결의 존재 등은 일종의 소극적 제소조건으로 작용할 것이다.

위에 법률에 의거하여 시비책임을 천명하여 소송상 청구의 이유를 설명하여야 한다.

(3) 증거 및 증거의 출처, 증인의 성명과 주소(제4호)

원고의 소송상 청구 이유의 유무, 근거사실의 존재여부는 증거에 의해 증명되어야 한다. 또한 증거를 제출하는 경우에는 그 증거의 출처[來源]도 함께 제시하여 법원의 조사를 편리하게 하여야 한다. 제출하는 증거가 증언인 경우에는 증인의 성명, 주소, 직장 등을 표시하여 한다. 여기의 증거 및 증거의 출처라는 것은 원고가 자기의 주장을 증명하기 위하여 제출하는 증거와 그 획득 경위를 말하는 것이며 이 증거가 장차 증거능력과 증명력을 가질지는 심판정이 개정심리를 통하여 결정할 것이므로 기재를 너무 엄격히 요구할 것은 아니다.[10)]

이와 같은 기재사항 외에도 소장에는 제소일자와 원고의 서명 혹은 날인이 있어야 하며, 제소시 이미 소송대리인을 선임한 경우에는 수권위탁서를 함께 제출하여야 한다. 또한 구술제소인 경우에는 위와 같은 사항을 물어 조서에 기입하여야 한다.

소장에 상대방을 깔보거나 욕하는 문구 혹은 인신공격을 하는 문구가 있어 갈등을 심화시켜 사건의 해결에 지장이 있다고 인정하는 경우에는 법원은 실사구시(實事求是)에 입각해 소장 내용을 고칠 것을 설득하여야 한다. 그러나 이는 설득에 그치므로 고치지 않고 고집하면 그대로 소장부본을 송달해야 한다(〈약간의견〉 제140조).

제3절 심사와 수리

Ⅰ. 수리절차와 선행조정[先行调解]

1. 수리절차의 의의

수리는 법원이 원고의 제소를 심사하여 법률이 정하는 제소조건에 부합하는 경우에 입안심리할 것을 결정하는 소송절차의 개시를 야기하는 일종의 소송행위이다. 여러 차례 언급한 바와 같이 중국의 소송제도는 당사자의 제소와 법원의 수리라는 두 가지의 소송행위가 합쳐져야 비로소 심판절차가 개시된다. 수리절차는 입안정(立案庭)에서

10) 赵钢, 占善刚, 刘学在 著, 前揭 民事诉讼法, 263面.

실시된다. 이 수리절차는 우리나라나 다른 서구국가에서는 찾을 수 없는 독특한 절차이다.

우리나라의 제도와 비교하여 말한다면 재판장의 소장심사권, 재판부의 소송요건심사권을 통틀어 입안정이 행사하도록 하고 있는 제도이다. 따라서 수리절차에서는 소장의 적식여부를 가리는 동시에 소위 제소조건이 갖추어진 것인지를 심사하게 된다. 이 중 후자 즉 제소조건이 특히 문제가 된다. 제소조건 중의 일부(예컨대 원고의 사건과의 실질적 관련성)는 실질적으로 심리를 하는 과정에서 알게 되는 것인데 이를 당사자에게 의견진술 기회를 주지도 않는 법원의 단독적인 직권활동에 의하여 판단한다는 것은 당사자의 소권행사를 방해하는 것이라는 비판이 있는가 하면, 제소조건 중 법원의 주관에 속하는지의 여부는 법원의 주관이라는 용어자체가 과학적이지 못하고 법률적인 개념이라기보다는 행정적인 색채가 강한 요건이어서 법원의 자의적 해석으로 당사자의 정당한 제소가 불수리의 재정을 받을 수도 있다는 비판이 가해지고 있다.[11)]

중국의 수리절차는 인민신방제도(人民信訪制度)를 토대로 만들어진 것이라 한다.[12)] 이와 같은 성질의 수리절차는 사법의 전문성이 현저히 결여되었던 과거[13)]에는 당사자에게 편의를 제공하기도 하고 사법자원의 효율적인 분배에도 일조한다는 평가를 받기도 하였으나[14)] 현재는 소위 사법의 문턱[门槛]만을 높여 당사자의 소권행사만 가로막는다는 비판을 받고 있다. 이에 대한 대책으로는 수리절차를 순수한 절차법상의 입안등기(立案登記)제도로 대체하여야 한다는 견해가 있는가 하면[15)] 입안등기제도는 현재의 중국의 사정으로는 곤란하므로 수리절차를 두되 형식적인 심사만을 하도록 하여야

---

11) 江伟 主编, 前揭 民事诉讼法专论, 367面. 법원의 주관에 해당하는지에 관하여 최고인민법원 자체도 이를 부인하다가 인정하는 경우도 있음은 이미 법원의 주관부분에서 본 바와 같다. 어떻게 보면 이현령비현령(耳懸鈴鼻懸鈴)의 개념이라 할 수 있을 것이다.

12) 江伟 主编, 上揭書, 366面 참조. 신방제도는 일종의 진정제도를 말하는 것으로 기관에 찾아가 자기의 고충을 해결해달라는 행위를 신방이라 한다. 현새의 입안질차는 대기실[接待室]제도에서 진정처리처[信访办]를 거쳐 고신정(告申庭)으로 또다시 입안정으로 일련의 개혁을 통하여 형성된 것이라 한다.

13) 이미 법원의 주관(主管) 부분에서 본 바와 같이 과거 사회주의 국가에서는 분쟁해결을 법원이 전담한다는 의식이 희박하였으며, 국민들의 법의식도 법원에 가야 할 것과 다른 기관에 가야 할 것을 가리지 못하는 수준이었다. 그러나 현재는 사법의 전문성도 어느 정도 갖추어졌고 국민의 법의식도 높아져 소송사건이 아닌 것을 가지고 법원에 오는 경우도 드물게 되어 결국 수리절차는 불필요한 것이 아니냐는 의문이 생기게 되었다.

14) 다른 기관이 해결해야 할 문제를 가지고 법원을 찾은 당사자에 대하여 수리절차에서 불수리의 재정을 하면서 찾아가야 할 기관을 가르쳐 주기도 하며(민소법 제124조의 조치), 간단한 사건의 경우는 심판절차를 개시하지 않고 즉석에서 조정을 하거나 처리를 하여 당사자의 편의와 사법자원의 효율적 분배를 도모할 수 있다고 한다.

15) 赵钢, 占善刚, 刘学在 著, 前揭 民事诉讼法, 265~266面 참조. 이 견해에 의하면 수리절차에서는 거의 심사가 폐지되게 될 것이고 우리나라의 소장접수제도와 유사하게 될 것이다.

한다는 견해가 나와 있다.[16] 이 견해에 의하면 소위 기소난(起诉难)은 제소의 조건에 실체적 판결, 즉 본안판결의 요건(우리의 소송요건)을 모두 포함시켜 놓은 데서 그 원인을 찾을 수 있다고 하며, 이를 해결하기 위하여는 수리절차에서는 형식적인 문제, 예컨대 소장의 필요적 기재사항의 기재, 소송비용의 납부여부 등만을 심사하도록 해야 한다고 한다. 그리고 나머지, 예컨대 원고가 본안과 이해관계가 있는지, 사건이 법원의 주관에 속하는지, 수소법원에 관할권이 있는지, 일사부재리(一事不再理)에 해당하는지나 중재합의가 있는지 등 실체판결을 하는 데 필요한 요건은 모두 소송이 개시된 후, 즉 입안(立案) 후에 심리하도록 해야 한다고 한다. 즉 이 견해에 의하면 우리의 재판장의 소장심사권만을 입안정(立案庭)에서 대행하도록 하고 나머지의 소송요건은 심판정에서 심사하도록 함으로써 사법의 문턱을 낮출 수 있다고 한다.

2. 선행조정[先行调解]

당사자가 법원에 제소를 한 경우라도 법원이 조정이 적당하다고 인정하면 우선 조정을 실시한다. 다만 당사자가 조정을 거절하는 경우에는 그러하지 아니하다(민소법 제122조).

이 제도는 2012년 개정시에 새로 도입된 것이다.[17] 중국의 조정중시 전통에서 비롯된 것이며 이미 2009년 최고인민법원이 내렸던 "소송과 비송의 연결"에 관한 사법해석[18]에서 수리 전(입안 전) 혹은 수리 후 개정 전에 조정을 할 수 있도록 하고 있었다. 이 제도의 성과가 상당히 좋은 것으로 평가되어 이번 개정에서 정식 조문을 두게 된 것이다.

이에 따라 소장을 받은 법원은 사건의 구체적인 상황을 참작하여 입안(立案)을 하기 전에 혹은 입안 후라도 개정 전까지는 조정을 실시할 수 있다. 다만 입안 전의 사전조정에 대하여 당사자가 동의하지 않거나 상의하여 정한 기간 내에 조정합의가 성립하지 않으면 즉시 입안해야 한다. 그러나 입안 후라도 개정 전에는 다시 사전조정이 가능하다. 당사자의 동의는 반드시 명시적일 필요는 없으며 묵시적인 동의라도 무방하다.

그리고 선행조정이 실시되기 위해서는 사건이 조정에 적합(适宜调解)해야 한다. 예

16) 张卫平 著, 前揭 民事诉讼法(第二版), 285面도 같은 견해이다.

17) 우리나라도 최근 이른바 조기조정제도가 신설되어 시행되고 있다. 조기조정은 재판부가 변론기일을 지정하기 전 또는 지정하였더라도 본격적인 재판을 시작하기 전에 사건을 조정에 회부하여 재판부의 관여 없이 조정위원이 주도하여 단기간에 진행하는 조정을 말한다.

18) 정식명칭은 前揭 〈소송과 비송이 건전하게 연결된 분쟁해결 기제(机制: 메커니즘)의 건립에 관한 약간의견(最高人民法院关于建立健全诉讼与非诉讼相衔接的矛盾纠纷解决机制的若干意见)〉이며 이 의견 제14조 이하에 사전조정제도에 관한 규정을 두고 있다.

컨대 가사분쟁, 상린관계분쟁, 사실관계가 명료하고 쟁의가 그다지 크지 않은 사건이 여기에 해당할 것이다.

Ⅱ. 심사와 수리·불수리

1. 심 사

입안정(立案庭)의 수리절차에서는 원고의 제소에 대하여 두 가지를 심사하게 된다. 하나는 원고의 제소가 제소조건(민소법 제119조)을 구비하고 있는지의 여부이며, 둘째는 절차적인 문제로 소장의 적식(適式) 여부의 심사이다. 소장에 흠결이 있는 경우에는 기한을 정하여 보정하게 한다. 문제가 되는 것은 첫 번째의 제소조건의 구비여부에 대한 심사이다. 이 수리절차의 합리적인 시행을 위하여 최고인민법원은 적지 않은 사법해석을 내리고 있다.

심사는 당사자가 제출한 자료만을 가지고 입안정이 비공개로 하게 되며, 민소법 제119조의 4가지 조건을 모두 갖춘 제소는 반드시 수리하여야 한다고 규정하고 있다(민소법 제123조). 그러나 실제로는 제119조에 규정된 적극적 요건 이외에도 각종의 소극적 요건(예컨대, 확정판결의 존재여부 등)도 함께 포괄적으로 심사하게 된다. 왜냐하면 민사소송법 제124조가 이와 같은 소극적 요건을 흠결한 경우에도 불수리결정을 할 것을 전제로 하여 그 처리방침을 정하고 있기 때문이다. 즉 민소법 제123조는 인민법원은 당사자가 법률에 따라 향유하는 제소권리를 보장해야 하며, 본법 제119조에 부합하는 제소는 반드시 수리해야 한다고 하고 있다. 그러나 바로 다음의 제124조는 불수리(不受理) 재정(裁定)을 하는 때에 관한 처리 지침을 규정하고 있는데 이미 제119조의 적극적인 요건을 넘어 소극적인 요건의 흠결에 따른 불수리결정을 예정하고 있다. 따라서 제123조를 이유로 적극적 요건을 갖춘 경우에는 소극적 요건의 구비여부에 관계없이 반드시 수리결정을 해야 한다고 할 수는 없다.[19]

법원은 소장 혹은 구술제소를 받은 후, 심사를 거쳐 제소조건에 부합된다고 인정하는 경우에는 7일 이내에 입안하고 당사자에게 통지하며, 제소조건에 부합되지 않는다고 인정하는 경우에는 7일 이내에 불수리의 재정을 한다. 원고가 불수리 재정에 불복

19) 입안정의 과도한 심사권한을 제한하여 이른바 "기소난(起诉难)"을 해결하기 위한 방편으로 제123조를 적용하여 적극적 요건을 갖춘 경우에는 반드시 수리결정을 하여야 하는 것으로 해석할 필요가 있다는 견해도 있다(赵钢, 占善刚, 刘学在 著, 前揭 民事诉讼法, 264面 각주 ① 참조).

하는 경우에는 상소를 제기할 수 있다(제123조 제2문).

이 입안기간은 법원이 소장 혹은 구술제소를 받은 다음날로부터 기산하며, 원고에게 소장의 보정을 명한 경우는 보정한 소장을 접수한 다음날로부터 기산한다. 또 상급법원이 하급법원으로 보냈거나, 기층인민법원이 그 소속 인민법정(人民法庭)으로 보내 수리하도록 한 사건은 그 하급법원이나 인민법정이 소장을 받은 다음날로부터 기산한다(〈약간의견〉 제79조, 제80조).

2. 수리(受理: 입안)재정

(1) 의 의

심사결과 소송조건을 갖춘 것으로 판단하는 경우에는 사건의 성질에 따라 제소심사를 담당한 법관이 직접 입안결정을 하거나 입안정의 정장(庭長)에게 보고하여 허가(비준)를 받도록 하며, 중대하거나 어려운 사건의 경우에는 법원장에게 보고하여 허가(비준)를 받거나 심판위원회의 토론을 거치도록 한다.[20] 입안이 결정되면 입안번호를 부여하며, 입안등기표에 기입한 다음 사건수리비를 계산하여 이를 원고에게 통지한다. 입안결정이 있은 후 입안정은 2일 이내에 사건을 심판정으로 보내 심리하게 한다.[21]

(2) 수리(입안)의 법적효과

원고의 제소가 입안정에 의하여 수리되면 소송법상 혹은 실체법상 우리의 소제기의 효과와 유사한 효과가 발생한다.

1) 소송법상의 효과

이른바 소송계속의 효과가 발생한다.[22] 따라서 수소법원은 확정적으로 관할권을 행사할 수 있게 되며, 이후에야 비로소 소송참가, 반소의 제기, 청구의 변경 등이 가능해지게 되며, 이 단계에 와서야 관할과 당사자도 고정되게 된다. 이에 따라 당사자는 비로소 원고와 피고의 지위를 획득하게 되며 각각 당사자로서의 권리와 의무를 가지게 된다.[23]

수리 후에는 중복제소의 금지원칙도 적용될 것이나 중국의 민사소송법에는 중복제

---

20) 前揭 〈最高人民法院关于人民法院立案工作的暂行规定〉(1997-05-29) 제13조.

21) 上揭 規定 제14조 제15조.

22) 张卫平 著, 前揭 民事诉讼法(第二版), 282面은 소송계속의 효과는 수리결정에 의하여 발생하는 것이 아니라 원고의 제소시에 발생한다고 한다. 그러나 소장부본을 송달하는 시점도 입안결정 이후인 점, 관할권의 경합이 있는 경우는 먼저 수리한 법원이 관할권을 행사하도록 하고 있는 점을 고려하면 입안결정이 있어야 소송계속이 된다고 보아야 할 것이다.

23) 실무상 피고에게 소장부본을 송달하는 것도 입안결정 이후이다.

소금지에 관한 명문(明文)의 규정은 없다.

2) 실체법상의 효과

실체법상의 효과로 가장 중요한 것은 소송시효[24]중단의 효과를 들 수 있다. 이 소송시효중단의 효과는 소송계속의 효과와는 달리 제소시에 발생하는 것으로 보아야 할 것이다. 왜냐하면 당사자가 소송시효 완성에 임박하여 제소를 한 경우에 입안절차로 인하여 소송시효가 완성될 수도 있기 때문이다. 그러나 많은 학자들은 이를 수리의 효과로 보고 있다.[25]

소송시효가 중단되면 중단된 시점부터 다시 전 기간이 계산된다(민법통칙 제140조 제2문). 소를 제기한 후 불수리의 재정이 있거나 당사자가 소를 취하한 경우에는 중단의 효과가 어떻게 되는지에 관하여 논의가 있으며, 불수리의 재정이 있는 경우 혹은 당사자의 소취하가 있는 경우에는 소송시효의 중단이 없다고 보아야 할 것이다. 이와 같은 경우에는 소송시효는 소제기 전에 이미 진행된 것과 연결하여 계산하되 소의 제기와 불수리재정 혹은 취하 사이의 시간의 경과는 공제를 해 줄 것이다.[26]

피고가 소송시효 완성의 주장을 하지 않은 경우 법원이 이를 직권으로 고려해 줄 수 있는지에 관하여는 학설이 나뉜다. 일부의 견해는 법원이 이미 알게 된 바에야 실사구시의 정신으로 이를 반영할 수 있다고 하며, 반대 견해는 이와 같은 것은 법원의 공정성을 무너뜨리는 것이며 현재 변론주의를 정착시키려 하는 경향에 반하므로 직권으로 고려해서는 안 된다고 한다.[27]

(3) 수리 후의 조치

인민법원이 수리한 사건에 대하여는 상황에 따라 다음과 같이 처리한다(민소법 제133조). 이 조문은 2012년 개정으로 신설된 것이다.

(가) 당사자간의 쟁의가 없어 독촉절차의 조건에 부합하는 경우에는 독촉절차로 전환할 수 있다(제1호).[28]

---

24) 중국의 민법통칙 제7장에서는 소송시효(訴訟時效)를 정하고 있다. 이에 따르면 일반적인 민사권리는 소송시효가 2년이며(제135조), 신체상해로 인한 손해배상청구, 매매목적물의 하자에 의한 사건, 임대료의 지체 혹은 거부로 인한 사건, 임치물의 멸실 혹은 훼손으로 인한 사건의 경우는 소송시효가 1년이다(제136조). 시효의 기산점은 권리침해를 알았거나 알 수 있었던 시점부터 개시되며, 침해일로부터 20년이 경과하면 보호되지 않는다(제137조).

25) 赵钢, 占善刚, 刘学在 著, 前揭 民事诉讼法, 266面; 齐树洁主编, 民事诉讼法(第2版), 中国人民大学出版社(2010) 등. 다만 张卫平 著, 前揭 民事诉讼法(第二版), 282面은 이를 당사자의 소제기 즉 소장 제출의 효과로 보고 있다.

26) 齐树洁 主编, 上揭書, 같은 면.

27) 张卫平 著, 前揭 民事诉讼法(第二版), 283面 참조.

28) 독촉절차의 활용이 저조한 것을 개선하기 위한 조치이다. 자세한 것은 독촉절차 부분 참조.

(나) 개정 전에 조정이 가능한 경우라면 조정방식을 취하여 분쟁을 신속히 해결한다(제2호).

(다) 사건의 상황을 참작하여 간이절차를 취할 것인지 보통절차를 취할 것인지를 확정한다(제3호).

(라) 개정심리가 필요한 경우에는 당사자간의 증거교환을 요구하는 방식 등을 통하여 쟁의의 초점을 명확히 해야 한다(제4호).

3. 불수리(不受理)의 재정

제소조건을 갖추지 못한 소에 대하여는 수리하지 않으며 이 경우에는 불수리의 재정을 한다. 입안정에서 이를 가리지 못하고 입안 후에야 비로소 제소조건을 갖추지 못했음을 발견한 경우에는 그 사건을 맡은 심판정에서 재정으로 제소를 각하[29]한다. 불수리의 재정서는 입안심사를 담당한 법관, 서기가 서명을 하며, 제소각하의 재정서는 그 사건을 심리한 법관과 서기가 서명한다(〈약간의견〉 제139조). 불수리의 재정은 모두 입안정의 정장(庭長)이나 법원장의 허가[批准]를 받도록 하고 있다.[30]

주의할 점은 처음부터 무조건 불수리의 재정을 하는 것이 아니라 민소법 제124조에 규정된 7가지의 경우에는 이에 따라 적당한 조치를 하며(고지, 통지 등)[31] 그럼에도 불구하고 제소를 고집하는 경우에만 불수리의 재정을 한다는 점이다.[32] 이 7가지의 경우에 대한 처리지침은 사실 과거 중국 국민들의 법의식이 낮던 시대에 분쟁이 발생하면 무조건 법원을 찾던 시대상을 반영하는 것으로 보아야 하며, 흔히 저지르는 실수에 대하여 입안정에서 법에 규정된 대로 처리를 해줌으로써 당사자의 편의를 돌보아 주는 동시에 사건을 추려 내주어 법원의 사법자원의 낭비를 막고자 한 것으로 보아야 한다. 또 이와 같은 점이 수리절차 설립의 한 이유이기도 하였다.

제124조의 7가지 상황을 분류한다면 이 중 3가지는 당사자가 흔히 혼동하는 법원의 주관과 관할(즉 제119조 제4호의 제소조건)에 관련된 것이나, 나머지 4가지는 민소법 제119조의 적극적 제소요건과는 관련이 없는 것이고 이를 흔히 소극적 소송조건이라 한다. 따라서 전술한 바와 같이 입안정은 적극적 소송조건만을 심사하는 것이 아니라 소극적 소송조건의 위반 여부도 아울러 심사하게 된다.

---

29) 중국에서는 일본식 용어인 각하(却下)와 기각(棄却)을 사용하지 않고 모두 박회(驳回)라고 한다. 다만 소의 각하는 驳回起诉(기소의 박회)로, 청구기각은 驳回诉讼请求(소송상 청구의 박회)라고 하여 뒤에 목적어를 달리 붙여서 구분하고 있다.

30) 前揭 〈最高人民法院关于人民法院立案工作的暂行规定〉(1997-05-29) 제12조.

31) 일단 법원이 수리하지 않겠다는 의향을 내보이는 의미가 있다. 이에 따르면 그대로 끝나고 제소를 고집하면 불수리의 재정을 한다.

32) 前揭 〈最高人民法院关于人民法院立案工作的暂行规定〉(1997-05-29) 제11조.

구체적인 처리는 다음과 같다.

(1) 주관과 관할의 혼동

① 행정소송법의 규정에 따라 행정소송사건의 범위에 속하는 것은 원고에게 행정소송을 제기하도록 고지한다(민소법 제124조 제1호). 이는 과거 행정사건도 민사소송에 의하도록 되어있었던 것(시행법 제3조)을 행정소송법의 제정(1990년 9월 30일 시행)으로 인하여 행정사건을 민사사건에서 제외함에 따라 1991년 법에 신설한 것이다.

② 법률의 규정에 따라 다른 기관이 처리할 쟁의는 원고에게 관련기관에 그 해결을 신청하도록 고지한다(제3호). 법원의 주관에 속하지 않는 사건을 말하며, 예컨대 어떤 간부의 기율위반을 고발하는 내용인 경우에는 원고에게 감찰기관이나 간부의 소속기관에 제출하도록 고지하고 공민의 치안관리처벌조례 위반에 대한 고발은 공안기관에 제출하도록 고지해 준다.

③ 당해법원의 관할에 속하지 않는 사건은 원고에게 관할권이 있는 법원에 제소하도록 고지한다(제4호). 입안된 후에야 비로소 수소법원에 관할권 없음을 발견한 경우에는 관할법원으로 이송한다(〈약간의견〉 제141조). 원래 중국 민사소송법에는 변론관할에 관한 조항이 없었으나 2012년 개정으로 제127조 제2항을 신설하여 변론관할을 인정하게 되었으므로 피고의 태도를 보아가면서 이송해야 할 것이다.

(2) 기타 소극적 소송조건의 위반

① 법률의 규정에 따라 당사자 쌍방이 스스로 계약분쟁을 중재기구에 중재신청을 하기로 서면합의를 하여 법원에 제소할 수 없는 것인 때에는 원고에게 중재기구에 중재를 신청하도록 고지한다(제2호). 넓은 의미에서는 주관의 혼동이라고 할 수도 있다.

다만 중재조항이나 중재합의가 무효이거나 실효된 경우 또는 내용의 불명확으로 집행할 수 없는 경우에는 법원이 수리하여야 한다(〈약간의견〉 제145조). 이 경우에 피고가 법원의 관할권에 대하여 이의를 제기한 경우에는 수소법원이 관할권에 대한 재정(裁定)을 해야 한다(〈약간의견〉 제147조).

또 중재조항이나 중재합의에 의하여 선택된 중재기구가 존재하지 않거나, 중재하기로 한 사항이 중재기구의 권한범위를 넘는 경우에도 법원은 그 제소를 수리할 수 있다(〈약간의견〉 제146조). 중재조항이나 중재협의가 있었음에도 이를 밝히지 않고 당사자 일방이 제소하여 법원이 수리한 경우에 상대방 당사자가 응소하여 답변한 경우에는 그 법원에 관할권이 있는 것으로 본다(〈약간의견〉 제148조).

② 판결, 재정, 조정서가 이미 법적효력을 발생한 사건[33]에 대하여 당사자가 다시

제소한 경우에는 원고에게 재심신청을 하도록 고지한다. 2012년 개정 전에는 "신소(申訴)[34]로 처리된다는 것을 고지한다"였으나 재심신청을 하도록 고지하는 것으로 고쳤다. 다만 법원이 소의 취하[撤訴]를[35] 허용하는 재정을 한 경우에는 제외한다(제5호). 법원이 판결한 이미 법적효력이 발생한 판결, 재정, 조정서에 대하여는 다시 제소할 수 없고 심판감독절차에 따라 당사자가 재심을 신청하도록 한 것이다. 다만 예컨대 제1심 절차 중 소외의 합의 등의 원인으로 소의 취하를 신청하여 법원이 이를 허락했던 경우에는 새로 제기한 소를 수리해야 한다(〈약간의견〉 제144조 제1항). 법원에 의하여 소의 취하로 취급된 경우[36]도 마찬가지이다.

③ 법률의 규정에 따라 일정기간 내에는 제소할 수 없도록 되어있는 사건을 제소할 수 없는 기간에 제소한 경우에는 수리하지 않는다(제6호). 제소할 수 없는 기간을 소위 금소기간(禁訴期間)이라 한다. 예컨대 여성의 임신 중, 분만 후 1년 이내 혹은 임신중절 후 6개월 이내에는 여성을 상대로 이혼의 소를 제기할 수 없다(중국혼인법 제34조). 다만 여성측이 이혼의 소를 제기하거나 법원이 이혼의 소를 제기할 확실한 필요가 있다고 인정하는 경우에는 이 제한을 받지 않는다.

④ 이혼을 불허하는 판결을 내린 이혼사건 및 조정으로 관계가 회복된 이혼사건, 입양관계를 유지하는 판결이 내려지거나 유지하는 것으로 조정된 사건에서 새로운 사

---

33) 제1심 판결, 재정에 불복하지 않은 경우, 종심인 제2심 판결, 재정(裁定), 최고인민법원의 제1심 판결, 재정을 가리킨다.

34) 신소(申訴)는 공민이나 기업 · 사업단위가 어떤 문제의 처리가 부정확하다고 인정하는 경우에 국가기관(국가기관의 종류를 묻지 않는다)에 그 이유를 밝혀 다시 처리해 달라는 신청을 하는 것을 말하며 우리의 진정(陳情)과 비슷하나 훨씬 강한 보호를 받는 헌법상의 권리이다(헌법 제41조). 신소의 종류를 대별하면 법원의 재판에 관한 소송상의 신소와 기타 행정기관의 행정처리, 행정벌 기타 기율 처분에 관한 비소송상의 신소로 나눌 수 있다. 따라서 법원의 재판에 대하여도 법원이나 검찰기관에 신소를 제기하여 바로잡아 달라는 신소를 할 수 있으며, 이 신소에 입각하여 법원장 혹은 검찰원장이 심판감독절차를 발동하여 재심절차를 일으킬 수 있도록 되어있다. 또 신소는 대개 구속적 신소로 반드시 처리를 해주어야 한다. 예컨대 신소가 이유 있다고 인정하는 경우에는 법원장이 심판위원회의 토론에 회부하여 재심여부를 결정하는 것과 같다. 신소기간에는 그 처분의 집행이 정지되지 않는다. 따라서 확정된 판결, 재정에 대하여 당사자가 불복하는 길은 스스로 재심의 신청을 하거나 법원이나 검찰에 신소를 제기하는 두 가지 방법이 있게 된다. 각 기관이 신소를 비롯한 각종의 민원을 처리하는 일반적 절차를 규율하는 법규가 소위 〈신방조례(信访条例)〉이며 여기의 신(信)은 편지를 말하며 방(访)은 직접방문을 말하는 것이다. 신방조례는 중앙의 국무원이 공포한 것(国务院令 第431号, 2005-1-10)이 기본이 되며 이를 바탕으로 각 성 또는 국가기관들이 독자적인 조례를 만들어 시행하기도 한다. 신방 중에서 상위의 기관을 찾아가 진정하는 것을 흔히 상방(上访)이라 한다.

35) 撤訴(=撤回訴訟)는 우리의 訴取下와 같은 개념이다. 중국의 경우는 원고가 마음대로 소를 취하할 수 없으며 법원의 허가(裁定)를 얻도록 되어있다.

36) 예컨대 입안 후 수리비(인지대)를 계산하여 예납할 것을 통지하였으나 이에 따르지 않는 경우에는 소가 취하된 것으로 처리한다(〈약간의견〉 제143조).

정이나 이유가 없음에도 불구하고 원고가 6개월 이내에 다시 제소한 경우에는 수리하지 않는다(제7호). 마찬가지의 법리로 원고가 취하한 이혼사건 혹은 법원에 의하여 취하로 취급된 사건에 새로운 사정, 새로운 이유가 없음에도 6월 이내에 다시 소를 제기한 경우에도 수리하지 않는다(〈약간의견〉 제144조 제2항). 다만 피고가 다시 소를 제기하는 경우에는 이와 같은 제한을 받지 않는다(〈약간의견〉 제150조).

4. 불수리재정을 할 수 없는 경우

최고인민법원의 사법해석에 의하면 다음과 같은 경우에는 불수리의 제정을 할 수 없고 반드시 수리를 해야 한다.

1) 불수리의 재정 혹은 소각하 재정을 한 사건으로 원고가 재차 소를 제기한 경우로 소송조건을 갖추고 있는 경우(〈약간의견〉 제142조). 예컨대 금소기간 후에 다시 소를 제기한 것과 같은 경우이다.

2) 환자 혹은 그 가족이 의료사고 기술감정위원회의 의료사고결론에는 이의하지 않으면서 단지 의료기관에 대하여 경제적 손실에 대한 배상을 청구하는 소를 제기한 경우에는 민사손해배상사건으로 수리하여야 한다(〈약간의견〉 제149조).

3) 부부 중 일방이 행방불명인 경우에 상대방이 실종선고나 사망선고의 신청을 하지 않고 단지 이혼신청을 하는 소를 제기한 경우에는 수리를 해야 하며 행방불명자에 대하여는 공시송달을 한다(〈약간의견〉 제151조).

4) 존속부양료, 비속부양료(양육비), 부부간부양료사건에서 재판이 확정된 후 새로운 사정, 새로운 이유가 있어 증액 또는 감액을 신청하는 소를 제기한 경우에는 새로운 사건으로 수리해야 한다(〈약간의견〉 제152조).

5) 당사자가 소송시효를 넘겨서 제소를 한 경우에는 불수리의 재정을 할 수 없고, 재판 중 소송시효의 중단, 중지, 혹은 연장 사유가 없음이 밝혀진 경우에는 청구기각을 해야 한다(〈약간의견〉 제153조). 즉 수리절차에서는 그간에 소송시효의 중단, 중지, 연장의 사유가 있었는지를 심사할 수 없으므로 일단 수리를 하여 심리를 거쳐 판단해야 한다는 것이며, 만약 심리결과 이와 같은 사유가 있음이 인정되면 원고의 승소를, 없으면 제소각하를 하지 않고 원고의 패소(청구기각)를 선언한다는 것이다.

제4절 반소(反訴)의 제기와 수리

Ⅰ. 반소의 의의

민사소송법 제51조는 "피고는 청구를 인낙하거나 반박할 수 있으며 반소를 제기할 수 있다."라고 하여 피고의 반소권을 인정하고 있다. 또 제140조는 피고가 반소를 제기한 경우에는 이를 본소에 병합하여 심리할 수 있도록 하고 있다. 반소는 소송 개시 후 법정변론의 종결 전에 피고가 본소원고에 대하여 본소청구 또는 사실과 관계있는 독립적인 청구를 하는 것을 말한다. 예컨대 가옥을 임대한 원고가 임차인에게 임대료[租金]의 지급을 청구하는 소를 제기한 경우에 피고가 원고에 대하여 수년간 방치한 가옥의 수리를 청구하는 경우와 같다.

Ⅱ. 반소의 요건

(1) 본소의 피고가 본소의 원고에 대하여 제기할 것

본소 피고만이 반소를 제기할 수 있으므로 독립청구권 있는 제3자가 본소의 원고를 상대로 제기한 소는 소송참가에 불과할 뿐 반소가 아니다. 이에 대하여 참가인에 대하여 본소의 원피고는 각각 반소를 제기할 수 있으며, 공동소송인 중 일부의 또는 일부에 대한 반소도 가능하다.

(2) 본소 제기 후 법정변론의 종결 전에 제기할 것

민사소송법에서는 반소를 제기할 수 있는 기간에 대한 규정이 없다. 학설은 제140조의 해석과 관련하여 대체적으로 반소는 본소의 수리 후 법정변론 종결 전에 제기할 수 있다고 한다.[37] 그러나 2001년 공포한 최고인민법원의 증거에 관한 사법해석에 의하면 반소는 당사자의 증거제출기간 만료 전에 제기해야 한다고 하여 기한을 대폭 앞당기고 있다. 증거제출기간은 법정변론이 개시되기 전에 해당하므로 이와 같은 조치가 옳은지에 대하여는 상당한 의문이 제기되고 있다.[38]

제2심에서 반소를 제기할 수 있는가에 대하여 민사소송법에는 규정이 없으나 〈약간의견〉에 의하면 반소는 제기할 수 있는 것으로 하되 반소에 대하여는 판결을 하지

---

37) 张卫平 著, 前揭 民事诉讼法(第二版), 299面; 谭兵, 李浩 主编, 前揭 民事诉讼法学, 前揭 民事诉讼法学, 59面 등.

38) 谭兵, 李浩 主编, 上揭書, 같은 면 참조.

않고 조정을 시도하고 조정이 달성되지 않는 경우에는 별소를 제기하도록 고지하여야 한다고 하였다(〈약간의견〉 제184조). 이에 대하여 본소 원고의 동의를 얻어 반소에 대하여도 제2심 법원이 판결을 하도록 함이 바람직하다는 견해도 있다.[39]

(3) 본소가 계속 중인 법원에 제기할 것

반소청구가 다른 법원의 전속관할에 속하는 경우에는 반소를 제기할 수 없으며, 반소는 본소와 동일한 절차에 의해 심리될 수 있는 것이어야 한다. 따라서 본소가 간이절차에 의하여 심리되는 중 보통절차에 속하는 반소를 제기할 수 없으며, 기층인민법원에서 본소절차가 진행되는 도중 중급인민법원의 급별관할에 속하는 반소를 제기할 수 없다.[40] 그러나 역으로 보통절차를 적용하고 있는 본소에 대하여 간이절차에 해당하는 사건을 반소로 제기하는 것은 허용된다고 본다.

(4) 본소청구 또는 사실과 관계있는 독립된 청구일 것

민사소송법에는 요건에 관한 명시의 규정이 없으나 반소청구와 본소청구는 청구간에 직접적인 관련이 있거나 본소의 방어방법과 반소청구가 관련이 있는 경우에만 제기할 수 있다.[41]

Ⅲ. 제기절차 및 처리

(1) 반소는 별도의 반소장을 제출하는 것이 원칙이나 답변서에 이를 기재해도 무방하며 개정심리시에 구술로 제기해도 무방하다. 반소도 소이므로 민사소송법 제119조의 제소의 조건을 갖추고 있어야 하며, 본소와 마찬가지로 인지대를 예납해야 한다. 다만 본소의 청구와 동일한 청구의 경우는 인지대를 낼 필요가 없다.[42]

(2) 법원은 반소가 제기되는 경우는 이를 본소와 병합하여 심리해야 하나 반드시 병합심리해야 하는 것은 아니며 병합심리로 인하여 절차지연의 염려가 있는 경우에는 분리심판해도 된다. 병합심리를 하는 경우에도 판결은 분별하여 각각 해야 한다.

반소가 제기된 후 본소가 취하되더라도 반소의 효력에 영향을 미치지 아니하며, 법원은 계속 반소를 심리해야 한다.

---

39) 上揭書, 같은 면.

40) 이 경우 기층인민법원이 본소와 반소를 일괄하여 중급인민법원으로 이송할 수 있게 하는 것이 바람직하다는 견해도 있다(上揭書, 같은 면).

41) 张卫平 著, 前揭 民事诉讼法(第二版), 300面.

42) 上揭書, 301面.

제3장 변론절차

제1절 심리의 준비(변론의 준비)

Ⅰ. 의 의

심리의 순리적 진행을 위하여 법원은 수리 후 개정심리에 들어가기 전에 일련의 준비 작업을 한다. 이를 심리 전 준비라고 하며 현재는 필수적인 절차로 되어있다. 과거의 중국의 전통적 재판방식은 심리 전 준비를 당사자와 무관하게 법관이 주도하여 진행하고[1] 개정심리는 형식적으로 하는, 소위 이미 정해놓고 하는 심리로 흐르는 경우가 많았다. 이에 대한 반성으로 1990년대 이후에는 준비절차를 거치지 않고 직접 심리에 들어가는 방식이 각 지역 법원 사이에 시행되기 시작하였다.[2] 즉 모든 절차를 양 당사자가 대석한 상태로 진행하여 당사자의 지위를 강화하였으며 일부 간단한 사건에는 이 방법이 효율적이기도 했다. 그러나 많은 경우 준비 없이 하는 개정심리는 요령부득의 절차가 되어 오히려 소송의 신속한 진행을 방해하고 정확한 판결을 하는데도 지장이 있음을 알게 되었고, 이에 따라 심리 전의 준비절차를 다시 중시하게 되었으며 현재 이 준비절차의 개선이 심판방식 개선 중의 중요한 과제로 되어있다. 근래에는 이 준비절차와 관련하여 여러 개의 사법해석이 나왔고 2001년에는 최고인민법원의 증거규정[3]이 반포되어 증거와 관련된 준비절차에 괄목할만한 변화를 가져왔다.

---

1) 이를 암상조작(暗箱操作: 어둠 상자 속의 조작)이라 한다. 江伟 主编, 前揭 民事诉讼法(第四版), 282面 참조.
2) 上揭書 同面.
3) 정식명칭은 〈最高人民法院关于适用 ≪关于民事诉讼证据的若干规定≫ 中有关举证时限规定的通知〉[法发(2008) 42号]이다. 이하 〈증거규정〉이라 한다.

Ⅱ. 심리의 준비

민사소송법과 관련 사법해석에 의하면 준비절차에서는 아래와 같은 준비작업을 하게 된다.

(1) 소송서류의 송달

법원은 사건의 수리 후 입안일로부터 5일 이내에 소장 부본을 피고에게 송달해 주어야 하며(민소법 第125조), 원고가 구술로 제소한 경우에는 5일 이내에 구술제소 조서의 사본을 피고에게 송달하거나 원고가 제소한 내용을 구술로 피고에게 통고해 주어야 한다(민소법 第120조 第2항).

한편 피고는 소장 부본을 송달받은 날로부터 15일 이내에 답변서[答辩状]를 제출하여야 하며 법원은 이를 받은 날로부터 5일 이내에 그 부본을 원고에게 송달하여야 한다(민소법 第125조). 답변서에는 피고의 성명, 성별, 연령, 민족(民族), 직업, 근무기관, 주소, 연락방법을 적어야 하며, 법인 기타 조직인 경우에는 그 명칭, 주소 및 법정대표자 혹은 주요책임자의 성명, 직무, 연락방법을 적어야 한다(2012년 개정시 신설).

중국의 경우 답변서 제출은 의무화되어 있지 않기 때문에 답변서 부제출로 불이익이 초래되지는 않으며 또 절차의 진행을 방해하지도 않는다(第125조 第2항). 다만 증거규정 제32조에 의하면 "피고는 답변기간 내에 서면의 답변을 하여 원고의 소송상의 청구 및 주장사실과 이유에 대하여 의견을 제출해야 한다"고 하여 마치 의무인 것처럼 되어있으나 의무로 보지는 않는다.[4)]

소장부본과 답변서 이외에도 원고와 피고에게 각각 수리통지서와 응소통지서를 보낸다. 이때에는 이른바 거증통지서(擧證通知書)를 함께 송달하며 이 통지서에는 증명책임의 분배원칙과 조건, 법원에 조사·취증을 신청할 수 있는 사정, 법원이 사건의 상황에 따라 지정하는 거증기간과 그 기간 도과의 효과를 적어 당사자의 증거활동을 지도한다(증거규정 第33조).

(2) 소송상 권리의무의 고지와 합의부 구성원의 고지

수리통지서 및 응소통지서에 당사자의 소송상의 권리의무를 적어 고지해 주거나 구두로 고지해 주어야 한다(민소법 第126조).

---

4) 江伟 主编, 前揭 民事诉讼法(第四版), 283面 참조. 그러나 학자에 따라서는 이 규정으로 인하여 답변서제출이 의무화된 것과 거의 같다는 견해를 보이기도 한다(赵钢, 占善刚, 刘学在 著, 民事诉讼法, 271面). 그러나 이 규정위반에 대한 제재에 관한 아무런 규정도 없기 때문에 의무화한 것으로 보기는 어렵다.

보통절차가 적용되는 경우에는 반드시 합의부를 구성하여야 하며 합의부가 구성되면 합의부 구성원을 3일 이내에 당사자에게 고지하여 회피신청 여부를 검토할 수 있게 하여야 한다(민소법 第128조). 고지 후 합의부 구성원이 변경되는 경우도 3일 이내에 이를 고지해주어야 하며, 변경이 심리개시 전 3일 이내에 이루어진 경우에는 개정을 그만큼 순연(順延)한다.[5]

(3) 소송자료의 검토와 필요한 증거의 조사수집

담당 재판부는 소송자료를 면밀히 검토하고 필요한 증거를 조사하고 수집하여야 한다(민소법 第129조). 검토해야 할 소송자료로 중요한 것은 원고가 제출한 소장과 이에 첨부한 증거자료, 피고가 제출한 답변서와 이에 첨부한 증거자료를 들 수 있다.

재판기관이 소송자료를 검토한 후 법원이 증거를 조사 · 수집할 필요가 있는 경우에는 증거를 조사 · 수집하여야 한다. 법원이 증거를 조사하여 수집해야 하는 경우에는 두 가지가 있다. 하나는 당사자 혹은 소송대리인이 객관적인 원인으로 인하여 스스로 증거를 수집할 수 없어 법원에 조사와 수집을 신청한 경우이고, 둘째는 법원 스스로가 사건의 심리에 필요함을 인정하여 직권으로 증거를 조사하는 경우이다(민소법 第64조 第1항).[6]

법원이 파견한 사람이 조사를 할 때에는 피조사인에게 자기의 신분을 증명하는 증명서[證件]를 제시하여야 한다(민소법 第130조). 조사조서는 피조사인의 열람을 거친 후 피조사자와 조사관이 서명 혹은 날인한다(같은 조 第2문).

외지에 있는 증거는 그 지역의 법원에 위탁하여 조사하게 할 수 있다(민소법 第131조 第1문). 조사를 위탁할 때는 명확한 조사항목과 요구사항을 제시하여야 하나, 위탁받은 법원은 위탁한 항목과 관계있는 증거를 발견한 때에는 스스로 보충적인 조사를 할 수 있다(第2문). 위탁받은 법원은 위탁서를 받은 후 30일 내에 조사를 마쳐야 하며, 사정으로 인하여 조사를 완료할 수 없는 경우에는 위의 기간 내에 위탁한 법원에 이를 서면으로 고지하여야 한다(第3문).

(4) 당사자의 추가

반드시 공동으로 소송을 해야 하는 당사자가 소송에 참가하지 않는 경우에는 법원

---

5) 最高人民法院关于印发 ≪第一审经济纠纷案件适用普通程序开庭审理的若干规定≫ 的通知(附英文) [法发(1993) 34号] 제1조.

6) 이와 같은 직권조사는 당사자가 신청한 증거로는 심증을 형성할 수 없는 경우에 보충적으로 하는 우리보다는 훨씬 포괄적인 점에서 사회주의 민사소송제도에서의 국가간예 내지는 진실절대주의의 모습을 볼 수 있다. 객관적 원인 또는 필요하다고 인정하는 경우의 의미에 관하여는 증거규정 제15조 내지 제17조가 정하고 있다(후술하는 증거편 참조).

이 그에게 참가의 통지를 하여야 한다(민소법 제132조). 분쟁을 발본적(拔本的)으로 해결한다는 취지와 권리자의 보호를 위하여 법원이 탈루된 당사자를 추가하는 제도이다. 심판정이 심리의 준비 중에 각종 자료를 면밀히 조사해 본 결과 탈루된 당사자가 있는 경우를 발견하면 이를 직권으로 혹은 신청을 통하여 추가한다.[7] 여기의 당사자는 넓은 개념으로 보아야 하며 원피고 이외에 참가하여야 할 소송참가인이 탈루된 경우도 포함됨을 주의하여야 한다.

참가의 통지를 받은 원고가 명백히 자기의 실체적 권리를 포기하는 경우에는 참가시키지 않으나, 포기하지도 않고 참가하지도 않는 경우에는 그대로 공동소송인으로 삼아 심리를 진행하며 판결의 효력도 통지를 받은 자에게 똑같이 미친다(〈약간의견〉 제58조). 피고가 통지를 받고도 참가하지 않는 경우에는 결석판결을 할 수 있으며 반드시 참가해야 하는 피고의 경우에는 구인절차를 통해 강제로 출석시킨다.

또 소송참가에서 본 바와 같이 중국의 경우 소송의 결과와 관련 있는 제3자를 직권 또는 당사자의 신청에 따라 이른바 독립청구권 없는 참가인으로 참가할 것을 통지할 수 있다.

(5) 거증기간의 지정과 증거의 교환

거증기간[举证时限]이라 함은 당사자가 법원에 증거를 제출할 수 있는 기간을 말하며 이 기간을 어기면 실권효의 제재가 따른다(증거규정 제34조 제1항). 즉 정해진 기간 내에 증거자료를 제출하지 않으면 입증권(立證權)을 포기한 것으로 보며, 기간을 넘겨 제출하는 경우에는 질증(質證)절차[8]를 실시하지 않는다. 다만 상대방이 질증에 동의한 경우에는 질증을 실시한다.

증거의 교환이라 함은 일정한 일시에 일정한 장소에 모여 법관의 주재 아래 상호 가지고 있는 증거를 교환하는 것을 말한다(증거규정 제37조 이하).[9]

---

7) 자세한 것은 제3편 제2장 다수당사자 소송관계 부분 참조. 중국의 공동소송은 필요적(필수적) 공동소송인 경우가 많으며 필요적 공동소송인 경우에는 고유필요적 공동소송인 것이 원칙이다. 이와 같이 법원이 필요적 공동소송인을 주도적으로 추가하는 제도가 국가간예주의의 산물임은 물론이다.

8) 질증은 제출한 증거에 대하여 상대방에게 의견진술, 반박의 기회를 주는 절차를 말하며 개정변론에서 이루어진다. 질증을 거친 증거만이 사실인정의 근거로 사용될 수 있다(자세한 것은 증거 부분 참조). 기간을 어겨 제출한 증거에 대하여는 상대방이 질증에 동의할 수도 있으므로 동의하는지를 반드시 석명해야 한다.

9) 이 제도는 위의 거증기간 제도와 합하여 미국의 discovery 제도를 법정안으로 끌어들이려고 한 시도로 보인다(거증기간의 지정과 증거의 교환에 관한 자세한 것은 뒤 증거편 해당 부분 참조).

(6) 기타 심리준비

전문기관의 감정이나 조사가 필요한 경우에는 법정의 감정기관이나 관련 기관에 넘겨 감정 조사를 실시할 수 있으며, 당사자가 감정을 신청하는 경우에는 거증기간 내에 하여야 한다.

또한 당사자가 자발적으로 원하는 경우에는 개정심리 전에 당사자 및 그 소송대리인을 불러 스스로 협상하여 화해할 수 있도록 할 수 있으며 여기서 화해가 달성되어 원고가 소의 취하를 원하거나 당사자가 조정서를 원하는 경우에는 심사를 하여 화해내용이 법률에 위반되거나 제3자의 이익을 해하지 않는다고 인정되는 경우에는 취하를 허가[10]해주거나 조정서를 발급해준다.[11]

그리고 민사소송법 제135조의 순회심리나 현지재판이 필요한지의 결정도 이 심리준비단계에서 하게 되며, 당사자가 증거보전을 신청하는 것도 거증기한 만료 7일 전까지 하도록 되어있으므로 증거보전절차도 심리준비단계에서 하게 된다(증거규정 제23조).

제2절 개정심리(변론과 증거조사)

Ⅰ. 의의와 방식

심리 전의 준비 작업을 마친 후 소송은 개정심리단계로 들어간다. 보통절차가 적용되는 사건에 있어서 개정심리는 당사자와 기타 소송참여인이 출석하여 합의정(合議庭)의 주재하에 전면적으로 실체적인 심리를 실시하는 것을 말한다. 심리는 법정에서 하는 것이 원칙이나 필요하다고 인정하는 경우에는 순회심리하거나 현지에 나가 심리할 수 있다(就地办案, 민소법 제135조).[12]

개정심리의 방식은 공개심리가 원칙이나 일정한 경우에는 비공개로 할 수 있다. 공

---

10) 중국은 소의 취하에 법원의 허가가 필요함에 주의해야 한다.

11) 赵钢, 占善刚, 刘学在 著, 前揭 民事诉讼法, 274面 참조.

12) 대개 법원 내의 법정에서 하나 순회공개심리가 필요하다고 인정하는 경우에는 적당한 장소를 선택하여 심리한다(〈最高人民法院关于严格执行公开审判制度的若干规定〉 제8조). 적당한 장소로 볼 수 있는 곳은 강당, 극장, 체육관, 학교의 모의법정 등을 들 수 있다(赵钢, 占善刚, 刘学在 著, 前揭 民事诉讼法, 275面).

개심리는 심리과정을 사회일반에 공개하여 일반인의 방청과 기자의 보도를 허용하는 심리방식으로서 민사소송의 원칙적 심리방식이다.[13] 민사소송법 제134조는 "법원의 민사사건의 심리는 국가비밀, 개인의 사생활[個人隱私]에 관련되는 것 또는 법률이 별도로 규정하는 것을 제외하고는 공개하여야 한다." 라고 하여 원칙적으로 공개주의를 천명(闡明)하고 있다.

비공개 심리에는 두 가지 방식이 있다. 하나는 위와 같이 국가기밀 혹은 개인의 사생활에 관계되는 것(제134조 제1문)으로, 이 경우는 당사자의 신청이 없더라도 의무적으로 비공개로 심리를 하게 된다. 또 하나는 이혼사건, 상업상의 비밀에 관련되는 사건의 경우로 이때는 당사자가 비공개를 신청하는 경우에 한하여 비공개로 할 수 있다(민소법 제134조 제2문). 비공개심리의 대상이 되는 상업상의 비밀의 범위는 여기저기 규정이 산재(散在)하여 통일을 이루지 못하고 있으나,[14] 〈약간의견〉 제154조는 기술상의 비밀, 상업정보, 예컨대 생산기술, 배합방법, 거래연락처, 판매망 등 당사자가 공개를 원하지 않는 상공업상의 비밀을 가리키는 것으로 보고 있다.

심리의 방식은 구술심리에 의한다.

Ⅱ. 개정심리의 순서

중국의 민사소송법은 개정심리를 일정한 순서에 입각하여 진행하도록 규정하고 있다. 즉 개정준비→법정조사→법정변론→평의 및 판결의 순서로 진행하도록 정하고 있다. 법정조사단계의 첫머리에 원고의 본안에 대한 신청과 피고의 반대신청이 행해지는 것은 틀림이 없으나 그 이후의 법정조사절차(증거의 현출과 질증)와 법정변론절차 간에는 법률상으로는 구분이 되어있으나 실무상으로는 양자가 결합된 형태로 실시되는 경우가 많다.[15]

---

13) 공개심리를 관철하기 위하여 최고인민법원은 1999년 上揭 〈最高人民法院关于严格执行公开审判制度的若干规定〉을 공포하여 심리의 공개에 관한 제반사항을 정하고 있다.

14) 〈반부정당경쟁법(中华人民共和国反不正当竞争法)〉 제10조 제2항은 "상업비밀이라 함은 공중이 알지 못함으로써 권리자에게 경제적 이익을 가져오는, 실용성을 갖추고 권리자가 비밀을 위한 조치를 취해놓은 기술정보 또는 경영정보를 말한다"고 정의하고 있다.

15) 张卫平 著, 前揭 民事诉讼法(第二版), 288面; 全国人大常委会法制工作委员会民法室 编著, 前揭 ≪中华人民共和国民事诉讼法≫ 解释与适用, 231面 참조.

1. 개정준비

(1) 개정의 통지

법원은 개정 3일 전에 이를 당사자 및 기타 소송참여인에게 통지하여야 한다(민소법 제136조 제1문). 3일 전이라는 기한은 소환장[傳票] 또는 통지서가 당사자 및 기타 소송참여인에게 송달되는 시점을 말하는 것으로 발송의 기한을 가리키는 것이 아니다. 또 공개심리의 경우는 당사자의 성명, 사건분류명칭[案由] 및 개정시간과 장소를 공고하여야 한다(제2문).

(2) 출석 확인 및 법정기율(法庭紀律) 선포

개정심리 전에 서기는 당사자 및 기타 소송참여인의 출석여부를 확인하여야 한다(민소법 제137조 제1문). 출석하지 않은 경우에는 이를 심판장에게 보고하며 합의정은 상황에 따라 심리를 연기할 것인지 혹은 소송중지를 할 것인지를 결정한다. 원고가 소환장을 받고도 정당한 이유 없이 출석하지 않은 때는 소가 취하된 것으로 처리할 수 있으며, 피고가 정당한 사유 없이 출석하지 않은 경우에는 결석판결을 할 수 있다.[16]

당사자 및 소송참여인이 출석한 경우 또는 합의정이 심리의 연기나 소송중지를 할 필요가 없다고 결정한 경우에는 서기가 당사자와 소송대리인의 입정을 선포하고 이들과 방청인들에게 법정기율을 선포한다.[17] 그리고 전체의 기립(起立)을 요구하고 심판장, 법관 및 배심원의 입장을 선포하고 이들이 입장한 후 재판장에게 당사자 등의 출석상황을 보고한다.

(3) 재판장의 법정조사 전의 조치

재판장은 먼저 당사자와 대리인의 신분을 확인하고 각 당사자에게 상대방의 출석자에 대하여 이의가 없는지를 물은 다음 사건의 개요와 개정을 선포한다. 심리를 공개하지 않는 경우에는 그 이유를 설명해야 한다. 그 후 합의정의 구성원과 서기의 명단을 선포하고, 당사자에 관련되는 소송상의 권리의무를 고지한 다음 당사자에게 회피신청을 할 것인가를 물어야 한다(민소법 제137조 제2문).

2. 법정조사

개정준비가 끝나면 본격적인 당사자의 공방이 시작된다. 중국의 변론단계는 법정조

16) 最高人民法院关于〈第一审经济纠纷案件适用普通程序开庭审理的若干规定〉 제9조.
17) 上揭 규정 제10조 및 제11조.

사단계와 법정변론단계로 구분하여 진행되는 것이 특징이다. 법정조사단계는 그 첫 단계로서 먼저 당사자의 본안의 신청과 반대신청이 행해지고 본격적인 주장사실에 대한 조사가 이어진다. 이 단계에서 소위 각종 증거에 대한 조사와 질증(質證)이 행해진다. 질증이라 함은 각종 증거 및 이에 대한 조사를 둘러싼 당사자간의 논박행위(論駁行爲)를 총칭하는 말이다. 이러한 질증을 거친 증거만이 사실인정의 근거로 삼을 수 있으며, 질증 후 법원이 바로 증거능력과 증명력을 인정할 수 있으면 그 자리에서 인정(認定)을 선언하고, 그 자리에서 인정할 수 없는 경우에는 휴정하여 합의를 하며, 합의결과 추가 입증활동 혹은 감정이나 검증이 필요하다고 인정하면 이를 시행한 후 재질증을 거친 후 인정한다.[18] 법원이 스스로 수집한 증거 중 당사자의 신청에 의하여 수집한 것은 신청한 자의 증거로 보며, 법원이 직권으로 수집한 증거는 법정조사 때 제시하여 의견을 구하고 수집의 상황을 설명하고 증거로 사용한다.[19]

법정조사단계는 당사자의 본안의 신청에 해당하는 진술을 통하여 소송상의 청구를 확실하게 하고 사건의 사실과 증거를 조사하는 단계이다. 당사자는 이 단계에서도 새로운 증거를 제출할 수 있고(민소법 제139조 제1문), 원고는 청구를 추가할 수 있으며 피고는 반소를 제기할 수 있으며, 소송참가인도 본안과 관계있는 청구를 제출할 수 있다. 추가된 청구, 반소, 소송참가인의 청구는 본안과 병합하여 심리할 수 있다(민소법 제140조).[20]

법정조사는 다음의 순서로 진행된다(민소법 제138조).

(1) 당사자의 진술(제1호)[21]

당사자의 진술은 원고, 피고, 소송참가인의 순서로 진행된다. 우선 원고가 소송상 청구와 이유를 간략히 구술로 진술하거나 소장을 낭독한다. 다음 피고가 원고의 청구와 이유에 대하여 이를 인정하는지 혹은 부정하는지에 대한 답변을 한다. 이때 쌍방이

---

18) 〈最高人民法院关于民事经济审判方式改革问题的若干规定〉[法释(1998) 14号] 제12조.

19) 江伟 主编, 前揭 民事诉讼法(第四版), 289面.

20) 이 점과 관련하여 주의할 것이 있다. 민사소송법에는 이 단계 즉 개정심리단계까지 청구의 추가 반소의 제기, 제3자의 소송참가가 가능한 것으로 되어있으나 전술(심리준비 부분 참조)한 바와 같이 〈증거규정〉 제34조 제3항에 의하면 이와 같은 소송행위는 증거제출기한(심리준비 중 법원이 정한 기한)까지만 할 수 있도록 하고 있다. 따라서 법률을 최고인민법원의 사법해석에 의하여 변경한 것이 되어 타당하지 못한 면이 있다(赵钢, 占善刚, 刘学在 著, 前揭 民事诉讼法, 282面 참조).

21) 당사자의 진술이 민소법 제138조 법정조사의 대상에 다른 증거와 함께 규정되어 있으나, 여기의 당사자의 진술에는 본안의 신청 및 반대 신청과 그 밖의 진술로 나누어 보아야 할 것이며, 본안 신청과 반대신청은 질증의 대상이 될 수 없고 그 밖의 진술만이 질증의 대상이 된다고 할 것이다[江伟 主编, 前揭 民事诉讼法(第四版), 288面 각주 ① 참조].

인정한 사실은 조서에 기록하고 조사에서 제외한다. 다음 소송참가인이 진술한다. 참가인 중 독립청구권 있는 참가인은 자기의 소송상의 청구와 이유를 진술하며, 독립청구권 없는 참가인은 원피고의 진술에 대하여 이를 인정하는가 혹은 부정하는가를 진술한다. 다음 원피고가 참가인의 진술에 대하여 답변한다. 당사자의 진술이 끝나면 심판장이 쟁의의 초점(焦點) 혹은 법정조사의 중점을 추려 내어 당사자의 의견을 구한다.[22]

이와 같은 당사자의 본안에 대한 진술과 심판장의 요약이 끝난 후 증거에 대한 조사와 질증의 단계로 넘어간다.[23]

(2) 각종 증거의 현출(顯出)과 질증

당사자의 진술이 있은 후에는 다음과 같은 순서로 법적조사(증거의 현출과 질증)가 진행된다.

(가) 증인에게 그 권리와 의무를 고지하고 증언을 하게 하며, 법원에 출석하지 않은 증인의 서면증언을 낭독한다,

(나) 서증, 물증, 시청자료와 전자정보의 제출한다.

(다) 감정인이 감정의견을 낭독한다.

(라) 검증조서를 낭독한다.

법정조사단계에서 당사자는 새로운 증거를 제출할 수 있다(민소법 제139조 제1문). 또 당사자는 법원의 허가를 얻어 증인, 감정인, 검증인에게 발문(發問)할 수 있으며(제2문), 다시 조사, 감정, 검증을 해달라는 요구를 할 수 있다. 다만 이를 허용할 것인지는 법원이 결정한다(제3문).

3. 법정변론

법정변론은 합의정의 주재하에 이미 법정조사로 기본적으로 밝혀진 사실과 증거를 토대로 쌍방당사자가 구술로 자기의 관점을 천명하고 상대방의 주장을 반박하는 구술변론을 말한다. 즉 어느 정도 밝혀진 사실과 증거의 토대 위에 서로 구술에 의한 공격방어를 하는 절차를 말한다. 전술한 바와 같이 법정조사와 법정변론이 함께 행해지는 경우도 있으나 법정변론을 생략할 수는 없다.[24] 그리고 예컨대 손해배상청구사건에서의 손해액의 산정, 도시거주자 혹은 농촌거주자의 평균수입액, 평균소비액, 평균임금

---

22) 前揭〈最高人民法院关于民事经济审判方式改革问题的若干规定〉 제8조.
23) 상세한 것은 뒤의 증거편 해당 부분 참조.
24) 당사자의 변론권은 민소법 제12조의 기본원칙으로 되어있으며 이 변론권의 박탈은 재심신청 사유로 되어있다(제200조 제9호).

등도 모두 법정변론 종결시를 표준으로 하여 정한다.

이 단계에서도 새로운 사실의 주장과 증거의 제출이 금지되는 것은 아니며, 새로운 사실과 증거가 나온 경우에는 심판장은 법정변론을 일시 정지하고 다시 법정조사로 돌아갈 수 있다.[25]

법정변론의 순서도 법정되어 있어 다음과 같은 순서로 진행된다(민소법 제141조 제1문).

(가) 원고 및 그 소송대리인의 발언(제1문 제1호)

(나) 피고 및 그 소송대리인의 답변(제2호)

(다) 소송참가인 및 그 소송대리인의 발언 또는 답변(제3호)

(라) 상호변론

이와 같은 한 차례의 변론이 지나가면 심판장이 당사자에게 보충의견이 없는지를 묻고 계속발언을 원하면 허용하되 중복된 발언을 하지 말도록 주의를 준다. 보충의견이 없는 경우에는 심판장이 변론의 종결을 선언한다.[26] 법정변론의 종결을 선포한 후에는 재판장이 원고, 피고, 소송참가인의 순서로 최후의견을 묻는다(동조 제2항).[27]

또한 변론이 종결되어도 조정이 가능한 것이라면 판결 전이면 조정을 진행할 수 있으며 조정이 성립하지 않는 때에는 바로 판결해야 한다(민소법 제142조 제2문). 즉 법정조사와 법정변론을 통하여 사실관계가 명확해진 후에는 심판장이 원피고, 독립청구권 있는 소송참가인의 순서로 조정을 원하는지를 묻고 당사자가 원하는 경우에는 즉시 혹은 휴정 후에 조정을 시도할 수 있다.[28]

4. 합의정의 평의(評議)

법정변론이 종결되면 휴정을 선언하고 합의정 구성원은 퇴정하여 평의에 들어간다. 합의부 평의는 법정심리의 결과를 토대로 요건사실을 인정하여 시비를 가리고 법률을 정확히 적용하여 다툼 있는 권리의무관계에 대해 판단을 하는 것을 말한다. 평의에는 다수결의 원칙(중국에서는 소수가 다수에 복종하는 원칙이라고 풀어쓴다)을 적용하나 소수의견도 그대로 조서에 기록해야 한다. 평의조서에는 합의정 구성원의 서명이 있어야 한

---

25) 江伟 主编, 前揭 民事诉讼法(第四版), 290; 赵钢, 占善刚, 刘学在 著, 前揭 民事诉讼法, 281面 등.

26) 前揭 〈最高人民法院关于印发 ≪第一审经济纠纷案件适用普通程序开庭审理的若干规定≫ 的通知〉 제34조.

27) 上揭 규정 제36조에 의하면 변론종결 선언 후에 최후의견을 듣는다.

28) 上揭 규정 제37조 내지 제40조.

다. 합의 중 사실관계가 아직 명확하지 않고 당사자의 증거의 보충이나 법원의 직권증거조사가 필요함을 발견한 경우에는 심리를 연기할 수 있고 이 경우는 속개된 심리에서 그 연기의 이유와 시간, 그리고 당사자가 보충증거를 제출할 기한을 알려준다.

5. 판결의 선고

법정심리의 종류를 불문하고 판결의 선고는 언제나 공개하여야 한다(민소법 제148조 제1항). 판결의 선고에는 두 가지 방식이 있다. 법정변론의 종결일에 바로 선고하는 방식(이를 当庭判决이라 한다)과 선고기일을 잡아 하는 방식(이를 定期判决이라 한다)이 그것이다. 변론종결일에 바로 선고하는 경우에는 재판부가 다시 입정하여 심판장이 판결의 결론을 선언한다. 이 경우는 10일 이내에 판결서를 당사자에게 송달한다(민소법 제148조 제2항). 달리 기일을 정하여 선고할 사건[29]은 다른 기일에 판결을 선고하고 즉시 판결서를 발급한다. 이 경우 당사자가 판결서의 수령을 거부하는 경우에는 판결서는 송달된 것으로 본다(〈약간의견〉 제90조).

판결을 선고하는 경우에는 반드시 당사자에게 상소할 권리, 상소기간 및 상소를 제기할 법원을 알려주어(민소법 제148조 제3항) 법의 부지로 인한 상소권 상실을 막아야 한다. 또한 이혼판결을 선고하는 경우에는 당사자에게 판결이 법률적 효력을 발생하기 전에는 다른 결혼을 할 수 없다는 점을 고지해 주어야 한다(제4항). 판결이 법률적 효력(판결의 확정)이 발생하기 전에는[30] 혼인관계가 해소되지 않음에도 불구하고 법률지식의 부족으로 인하여 중혼상태가 되는 것을 막기 위한 규정이다.

법원이 보통절차를 적용하여 심리하는 사건은 입안일로부터 6개월 이내에 심리를 마쳐야 한다(민소법 제149조 본문). 이 기간은 이를 연장하고자 하는 경우는 법원장의 허가(비준)를 얻어 6개월을 연장할 수 있고, 재차 연장할 필요가 있는 경우에는 상급법원에 보고하여 그 허가(비준)을 신청해야 한다(같은 조 단서). 재연기는 3개월 이내만 가능하다.

---

29) 복잡하거나 사회적 영향이 큰 사건의 경우에는 당일판결이 부적당할 것이다. 원래 중국의 소송제도에서는 당일 바로 판결하는 것을 기본으로 하고 있으나 최근에는 민사판결의 경우 당일 바로 판결하는 비율이 점점 낮아지고 있으며 선고기일을 잡는 경우가 많다고 한다. 다만 간이절차를 적용하는 사건의 경우는 일반적으로 당일판결을 한다. 간혹 당일판결률을 높이기 위하여 특별히 심리할 것이 없음에도 심리기일을 열고 바로 판결을 선고하는 경우도 있으며 이와 같은 경우는 기일판결(定期判决)로 보아야 한다[唐德华, 前揭 新民事诉讼法(实务精答), 445~446面 참조].

30) 판결이 법률적 효력이 발생하는 경우는 ① 제1심 법원의 판결서를 받고 상소기한 내에 상소를 하지 않는 경우, ② 제2심 법원의 판결이 난 경우, ③ 최고인민법원의 제1심 판결이 난 경우이다.

6. 개정심리의 연기

(1) 의 의

법원이 이미 당사자와 기타 소송참여인에게 기일을 통지하고 이를 공고한 후에 또는 개정심리 중에 법률이 규정하는 원인으로 인하여 달리 기일을 정하여 심리하는 것을 심리의 연기라 한다(민소법 제146조). 이는 재판실무 중 흔히 발생하는 휴정(休庭)과는 다른 개념이다. 휴정은 예컨대 법관이 퇴정하여 상의하기 위하여도 할 수 있으며 통상적인 상황하에서도 발생하는 반면 심리의 연기는 제146조 소정의 사유가 있는 경우만 가능하며 새로운 기일을 정해야 한다.

일반적으로는 한번 기일이 정해진 경우는 이를 준수하는 것이 재판의 순리적인 진행을 위하여 필요하나 일정한 경우는 이를 무리하게 준수하는 경우는 당사자의 변론권한을 해할 염려가 있으며 사건의 정확한 처리에 오히려 장애가 될 수 있기 때문에 법이 특히 심리의 연기를 인정하고 있다.

(2) 연기의 요건

민사소송법 제146조는 다음과 같이 심리를 연기할 수 있는 사유로 네 가지를 열거하고 있다. 이 연기는 법원이 직권으로 할 수 있으나 개정심리 중에 당사자도 연기를 신청할 수 있다. 다만 연기여부는 법원이 결정하며 연기를 결정하는 경우는 지체 없이 당사자와 기타 소송참여인에게 이를 통지해야 한다.

① 반드시 참가해야 할 당사자 기타 소송참여인이 정당한 이유로 출석하지 않은 경우(제1호).[31]

반드시 출석해야 할 당사자로는 이혼사건의 당사자,[32] 각종 부양의무, 양육의무를 부담하는 자로서 그가 출석하지 않으면 사건의 진상을 알 수 없는 피고 등을 가리킨다고 한다. 그리고 반드시 출석해야 할 기타 소송참여인으로서는 예컨대 법정대리인, 통역자 등을 말한다고 한다. 이와 같은 자도 반드시 불출석에 정당한 이유가 있는 경우만 개정심리를 연기할 수 있다.

② 당사자가 회피신청을 한 경우(제2호)

당사자가 회피신청을 한 경우에 즉시 그 이유 유무를 결정할 수 없거나 결정할 수 있더라도 다른 적당한 대체인원이 없는 경우는 심리를 연기하여야 한다. 예컨대 회피

---

31) 1982년도의 試行法 제116조 제1호에는 "정당한 이유"라는 요건이 없었다.

32) 민소법 제62조는 "이혼사건에 소송대리인이 있는 경우에도 의사표시가 불능인 경우를 제외하고는 본인도 출석해야 한다. 특수한 사정으로 출석할 수 없는 경우에는 법원에 의견서를 제출해야 한다."고 하여 본인출석을 의무화하고 있다.

사유를 개정심리 중에야 알게 된 경우에는 심리 중에도 회피신청을 할 수 있으며 이 경우 회피신청이 이유 있는 경우에는 심리를 연기해야 한다.

③ 새로운 증인의 출석을 통지하거나 새로운 증거를 조사 · 수집할 필요가 있거나, 재감정, 재검증이나 보충조사가 필요한 경우(제3호)

이 경우는 기일의 연기라기보다는 기일의 속행일 것이다.[33]

④ 기타 연기해야 할 사정이 있는 경우(제4호)

보충규정으로서 예컨대 이혼사건에서 조정이 불성립하는 경우 즉시 재판을 하면 뜻밖의 재판이 될 수 있거나, 합의부 구성원 중의 일부가 발병한 경우 등이 이에 속할 수 있을 것이다.

7. 변론조서(법정조서)의 작성

개정심리가 진행되는 도중 서기는 모든 심리활동을 조서에 기록해야 하며 이에 재판참여인과 서기가 서명해야 한다(민소법 제147조). 또 이 조서는 그 자리에서 낭독해주거나 당사자와 기타 소송참여인에게 통지하여 그 자리에서 또는 5일 이내에 열람하게 할 수 있다. 당사자 혹은 기타 소송참여인은 자기진술이 기록에 빠졌거나 착오가 있다고 인정하는 경우에는 그 보충·정정을 신청할 권리가 있다. 보충·정정을 해주지 않는 경우에는 그 보충·정정신청 사항을 소송기록에 기록하여야 한다(동조 제2항). 그리고 법정조서에는 당사자 및 기타 소송관계자가 서명 혹은 날인한다. 서명날인을 거절하는 경우는 그 사실을 기록하여 소송기록에 첨부한다(제3항).

최근 중국의 일부법원에서도 이 법정조서의 수기(手記) 대신 녹음, 녹화 등의 방법을 사용하고 있다.[34]

33) 중국에서는 속행기일의 개념을 사용하지 않고 속행기일을 휴정 후의 재개정으로 보는 것 같으나 휴정과 기일의 속행은 구분해야 할 것이다.

34) 赵钢, 占善刚, 刘学在 著, 前揭 民事诉讼法, 284面.

제3절 기간과 송달

Ⅰ. 기 간

1. 기간의 개념

기간은 법원, 당사자 및 기타 소송참여인이 소송행위를 하여야 하는 기한을 말한다. 주의할 점은 광의의 기간에는 기한(期限)과 기일(期日)[35]이 포함되는 것인데 중국 민사소송법 제82조 이하는 기한에 관한 규정이라는 점이다.[36] 즉 이를 협의(狹義)의 기간이라고도 한다.

민사소송법에 기간을 정하는 목적과 의의는 당사자가 적시에 소송상의 권리를 행사하고 의무를 이행하도록 하고 법원이 적시에 재판을 하도록 하여 민사분쟁을 가능한 신속히 해결하는 데에 있다. 중국 민사소송법은 제7장 제1절에 두 개의 조문을 두어 법정기간과 지정기간, 기간의 계산, 기간의 도과와 기간의 순연에 관하여 규정하고 있다.[37]

2. 기간의 종류

기간에는 법정기간과 지정기간이 있으며(민소법 제82조 제1항), 근래에는 당사자가 약정을 할 수 있는 약정기간도 인정하고 있다(증거규정 등). 또 고칠 수 없는 불변기간과 고칠 수 있는 가변기간의 구분도 강학상 이루어지고 있다.

(1) 법정기간, 지정기간, 약정기간

법정기간은 법률이 직접 규정한 기간을 말한다. 민사소송법에 직접 규정된 기간으로 중요한 것으로는 다음과 같은 것을 들 수 있다.

1) 법정기간

① 입안결정 또는 불수리재정기간(민소법 제123조). 법원이 소장 또는 구술제소를 접

35) 중국 민사소송법에는 기일에 관한 규정이 없다고 설명하는 것이 보통이나[예컨대 齐树洁主编, 前揭 民事诉讼法(第2版), 148面] 제136조는 개정심리 기일을 3일 전에 통지하도록 되어있으며, 제143조나 제144조는 기일의 해태(불출석 등)의 효과를 정하고 있으므로 기일에 관한 규정이 없다고는 할 수 없다,

36) 刘家兴, 潘剑锋 主编, 前揭 民事诉讼法教程(第三版), 174面; 张卫平 著, 前揭 民事诉讼法(第二版), 270面.

37) 민법통칙에는 제9장 부칙(제154조)에 유사한 규정을 두고 있다.

수하고 심사를 거쳐, 제소조건이 갖추어졌다고 인정하는 경우는 7일 이내에 입안결정을 하여야 하며, 제소조건을 갖추지 못한 경우에는 7일 이내에 불수리의 재정을 하여야 한다.

② 공시(公告)송달의 경우는 공고한 날로부터 60일이 지나면 송달된 것으로 본다(민소법 제92조).

③ 법원이 보통절차를 적용하여 사건을 심리하는 경우는 입안일로부터 6개월 이내에 결심을 해야 한다. 간이절차를 적용하는 경우는 입안일로부터 3개월 이내에 결심한다(민소법 제149조).

④ 피고는 소장부본의 송달을 받은 후 15일 이내에 답변서를 제출하여야 한다(민소법 제125조).

⑤ 당사자가 제1심의 판결과 재정에 불복하는 경우에는 판결은 송달을 받은 후 15일 이내에, 재정은 10일 이내에 상급법원에 상소할 수 있다.

⑥ 집행신청을 할 수 있는 기간은 판결 등이 확정된 후 2년이다(민소법 제239조).[38]

⑦ 섭외사건에 대한 기한은 제25장 이하에 내국사건과 별도로 정하고 있다.[39]

2) 지정기간

지정기간은 법원이 구체적인 상황에 따라 확정한 기간을 말한다. 예컨대 "甲은 15일 이내에 출입에 장애가 되는 주방부분을 철거하라"는 판결과 같은 것이다. 법정기간은 일반적으로 불변기간인 반면 지정기간은 특수한 사정이 있는 때에는 당사자의 신청 또는 직권으로 이를 변경하거나 새로 정할 수 있는 점에서 양자는 구별된다.

3) 약정기간

당사자간의 약정에 의하여 정해지는 기간을 말하며 이전에는 인정하고 있지 않았으나 처분권주의의 강화를 위하여 최근에는 이를 인정하려는 경향이 있다. 예컨대 이미 개정심리의 준비 부분에서 언급한 거증기한(擧證期限)은 원칙적으로 양 당사자가 협상하여 정하도록 하고 있다(증거규정 제33조 제2항).

(2) 불변기간과 가변기간

일반적으로 법정기간은 불변기간으로 보고 지정기간은 가변기간으로 보나 우리의 불변기간의 개념과는 다른 의미이다. 법정기간은 불변기간이라고 하지만 예컨대 제1심의 결심기간은 원래 6개월이나 특별한 사정이 있으면 6개월을 연장할 수 있으며 다

38) 이전에는 쌍방 혹은 일방당사자가 공민인 경우는 1년, 쌍방이 법인 또는 기타 조직인 경우는 6개월 이내에 집행신청을 하여야 한다고 되어있었으나 2007년 개정에서 2년으로 통일했다.

39) 또한 소송시효기간은 민법통칙 제7장(135조 이하)에 규정되어 있다.

시 3개월을 재연장할 수 있는 점에서 우리나라의 불변기간과는 달리 취급한다.[40)]

3. 기간의 계산

기간의 계산은 시(時), 일(日), 월(月), 년(年)으로 하며, 기간이 시작되는 시와 일은 기간에 산입하지 않는다(민소법 제82조 제2항). 또한 만기일이 명절 또는 공휴일인 경우에는 그 이후의 제1일을 만기일로 한다(동조 제3항). 또한 기간에는 도상기간(途上期間)이 포함되지 않는다. 따라서 소송문서가 기간만료 전에 우편으로 부쳐진 경우에는 기간이 도과(徒過)된 것으로 보지 않는다(동조 제4항).[41)]

4. 기간의 도과와 기간의 순연(順延)

기간의 도과(중국에서는 耽误라 한다)는 당사자 기타 소송참여인이 규정된 기간 내에 소송행위를 하지 않거나 이를 완성하지 않는 것을 말한다. 당사자가 고의 또는 과실로 기간을 도과한 경우에는 순연을 할 수 없으나, 당사자의 고의 또는 과실이 없이 기간을 도과한 경우에는 기간의 순연을 신청할 수 있다. 민사소송법 제83조는 "당사자가 불가항력 기타 정당한 사유로 기한을 준수하지 못한 경우에는 장애가 제거된 후 10일 이내에 기한의 순연을 신청할 수 있으며 그 허가여부는 법원이 결정한다."라고 하여 기한의 순연을 인정하고 있다. 불가항력이라 함은 지진, 홍수 등과 같이 당사자가 예견할 수 없었고 피할 수 없었을 뿐만 아니라 이를 극복할 수도 없는 객관적 사정을 말한다. 기타 정당한 이유라 함은 예컨대, 당사자가 돌연 중병에 걸린 경우 또는 기타 소송참여인이 교통사고로 중상을 입어 기한 내에 소송행위를 할 수 없거나 이를 완성할 수 없는 경우를 말한다.

기간의 순연을 신청하는 경우에는 반드시 장애가 제거된 후 10일 이내에 하여야 한다. 법원은 심사를 거쳐 불가항력 또는 기타 정당한 이유로 인정되는 경우에는 순연의 결정을 한다. 이 경우 기간이 법정기간에 속하는 때는 순연을 하고,[42)] 지정기간인 경우는 법원이 구체적 상황에 따라 순연하거나 다시 기한을 정한다.

---

40) 또 법문에 불변기간이라는 용어를 사용하지 않고 있으므로 강학상의 용어일 뿐이다.

41) 중국에서도 이상, 이하, 이내에는 그 수(本數)가 포함되는 것으로 보며, 미만(不滿) 또는 이외(以外)에는 그 수(本數)가 포함되지 않는 것으로 본다(중국 민법통칙 제155조).

42) 우리의 불변기간의 도과와 소송행위의 추완과 유사한 개념이나 먼저 순연신청을 해야 한다는 점, 남은기간만 순연시켜 준다는 점 등에서 차이가 있다. 예컨대 15일의 상소기간이 진행 중 제10일에 불가항력이 발생하여 상소기간을 도과하고 그 후 장애가 제거된 후 순연신청을 하여 받아들여졌다면 법정기간인 상소기간(15일)을 변경할 수 없으므로 나머지 기간(5일)에 한하여 상소를 할 수 있도록 순연(順延)한다.

Ⅱ. 송 달

1. 송달의 개념

법원이 법정절차에 따라 소송서류를 당사자 기타 소송참여인에게 교부하는 일종의 소송행위를 송달이라 한다. 민사소송에 있어서 송달의 대상이 되는 서류에는 소장부본, 상소장부본, 답변서부본, 소환장[转票], 통지서, 조정서, 판결서, 재정서, 불이익고지서[43] 등이 있으며 반드시 법정절차에 따라 송달하여야 한다. 이에 비하여 법원간 혹은 법원과 유관기관 사이의 질의응답[请示], 보고나 서신 따위는 여기의 소송서류에 속하지 않는 행정문서이며 행정절차로 처리한다.

소송서류의 송달에는 반드시 송달영수증[送达回证]이 있어야 하며 수송달인은 이 송달영수증에 영수일자를 기재하고 서명 혹은 날인을 해야 하며(민소법 제84조 제1항), 또한 수송달인이 송달영수증에 서명하여 영수한 날을 송달일로 한다(제2항).

2. 송달의 방식

민사소송법이 규정하고 있는 송달의 방법은 다음의 7가지이다(민소법 제85조 이하).

(1) 직접송달

송달의 원칙적인 방식으로 소송서류를 직접 수송달인에게 교부하는 방식을 말한다(민소법 제85조 제1항). 가장 기본이 되는 송달방식이며, 주로 법원의 사법경찰 혹은 서기가 송달업무를 담당하며[44] 수송달인에게 직접 교부하고 서명을 받는다.

수송달인이 공민이고 본인이 부재중인 경우는 동거하는 성년의 가족에게 교부하여 서명·영수하게 하고, 수송달인이 법인인 경우는 그 법인의 대표자에게, 법인 이외의 조직인 경우에는 그 주요책임자에게 교부하거나 법인 또는 조직의 문서수령 책임자에게 교부하여 서명·영수하게 한다. 수송달인에게 소송대리인이 있는 경우에는 그 대리인에게 교부하여 서명·영수하게 할 수 있으며, 수송달인이 법원에 대리영수인을 지정한 경우에는 그 대리영수인에게 교부하여 서명·영수하게 할 수 있다. 또한 이와 같은 경우에는 수송달인의 성년가족, 법인 기타 조직의 문서수령책임자, 소송대리인

43) 人民法院民事诉讼风险提示书(2003-12-26). 최고인민법원은 2003년에 민사소송 중 당사자가 흔히 저지르는 오류 17가지를 정리하여 그 오류에 대한 법적효과를 적어놓은 문건을 확정하여 전국법원에 그 사용을 지시하였다. 이를 불이익고지서라 한다.

44) 蔡虹 著, 前揭書 民事诉讼法学(第二版), 192面. 우리의 교부송달이 주로 우편집배원을 통하는 것과 다르다.

혹은 대리영수인이 송달영수증에 서명하여 수령한 일자를 송달일자로 한다(제2항).

(2) 유치(留置)송달

수송달인 또는 그 성년가족이 소송서류의 접수를 거절하는 경우에는 그 소송서류를 수송달인의 주소에 유치함으로써 송달된 것으로 보는 것을 유치송달이라 한다. 유치송달을 하는 경우는 관련 기층조직 또는 수송달인의 소속단위의 대표의 참여를 요청하여 상황을 설명하고 송달영수증에 수령거절사유 및 일자를 기재하고 송달인과 참여인[見證人]이 서명 또는 날인하고 소송서류를 수송달인의 주소에 놓아두어야 한다. 2012년 개정으로 소송문서를 수송달인의 주소에 유치하고 사진촬영, 녹화 등의 방식으로 송달과정을 기록하는 방법도 인정되게 되었다(민소법 제86조).

(3) 위탁송달

수송달인이 외지에 거주하는 경우에는 현지의 법원에 위탁하여 송달할 수 있다(제88조). 예컨대 북경시 어떤 구(區)의 법원이 운남성 어떤 현(縣)에 거주하는 피고에게 소장부본을 송달하는 경우는 운남성 그 현(縣)의 법원에 위탁하여 이를 송달할 수 있다. 다른 법원에 위탁하여 송달하는 경우에는 위탁법원은 위탁서, 송달을 요하는 문서 및 송달영수증을 갖추어 보내야 하며, 수송달인이 송달영수증에 서명하여 받은 날을 송달일로 본다(〈약간의견〉 제86조).

(4) 우편송달

직접송달이 곤란한 경우에는 소송서류를 등기우편으로 송달할 수 있다. 우편으로 송달하는 경우는 배달증명서[掛號回執]에 기재된 문서수령일자를 송달일자로 한다(제88조 제2문). 원래 위탁송달과 우편송달은 직접송달이 곤란한 경우에 법원이 둘 중 하나를 선택할 수 있는 관계에 있으나 실무상 압도적으로 우편송달을 취한다.[45] 그런데 우편송달의 경우 확실한 송달이 어렵고 중간에 유실되는 경우도 있어 최고인민법원은 2004년 〈법원의 우편송달에 관한 규정〉[46]을 반포하여 우편송달의 방식, 효력 등을 규율하고 있다. 이 규정에 의하면 당사자는 제소 혹은 답변서 제출시 자기의 정확한 송달주소를 적은 송달주소확인서(우편번호와 연락전화번호 포함)를 제출하도록 되어있으며, 중간에 주소가 변경되는 경우에는 서면으로 보고할 것을 요구하고 있다. 당사자가 송달주소의 제공을 거절하는 경우에는 호적부상의 주소 혹은 경상거주지를 송달주소로 본다(법인 혹은 기타 조직의 경우는 등기상의 주소지).

---

45) 谭兵, 李浩 主编, 前揭 民事诉讼法学, 248面.
46) 〈最高人民法院关于以法院专递方式邮寄送达民事诉讼文书的若干规定〉 法释(2004) 13号.

당사자가 확인한 송달주소지로 한 경우는 우편기관이 송달영수증을 정해진 기한 내에 법원으로 보내야 하며, 만약 확인된 주소로 5일 이내에 3회 송달을 시도하였으나 실패하고 전화 등의 방법으로도 수송달인과 접촉할 수 없는 경우에는 규정된 일자 내에 법원으로 그 이유를 덧붙여 돌려보내야 한다.

우편송달은 수송달자가 수령한 경우에는 송달영수증에 적힌 날짜를 송달일로 보며, 주소제공의 거절, 주소의 부정확 등 제반사유로 수송달인이 영수하지 않은 경우에는 문서가 반송된 날을 송달일로 본다.[47)]

(5) 전교송달(转交送达)

법률의 규정에 따라 관련 기관이 소송서류를 수송달인에게 전달해주는 것을 전교송달이라 한다. 법률이 규정하는 전교송달에는 다음과 같은 3가지가 있다.

① 수송달인이 군인인 경우에는 그 소속부대의 단(团)[48)] 이상 단위의 정치기관을 통하여 전교한다(민소법 제89조).

② 수송달인이 감금 중인 경우는 소속 감옥 또는 노동개조 단위를 통하여 전교한다(민소법 제90조 제1항).

③ 수송달인이 강제교육 중인 경우는 그 소속 강제교육[49)] 단위를 통하여 전교한다(동조 제2항).

위와 같이 대리송달하는 기관, 단위는 소송서류 접수 후 즉시 수송달인에게 교부하여 서명영수하게 하여야 하며, 송달영수증에 서명하여 영수한 일자를 송달일자로 한다(민소법 제91조).

(6) 간이송달

2012년 개정으로 수송달인의 동의가 있는 경우에는 팩스, 이메일 등 그 수신을 확인할 수 있는 방식으로 소송문서를 송달할 수 있게 하였다. 다만 판결서, 재정서나 조정서는 이 방식을 취하지 못한다(제87조 제1항). 이 방식의 송달을 하는 경우에는 팩스, 이메일 등이 수송달인의 특정 시스템에 도달한 날을 송달일로 본다(같은 조 제2항).

(7) 공시(公告)송달

공시송달은 법원이 공고를 하여 특정일자까지 소송서류를 받아가든가 일정한 소송

---

47) 上揭 규정 제11조. 우리의 우편송달이 발신주의를 취하고 있는 것과 달리 중국은 도달주의를 원칙으로 하고 있으며, 도달이 불가능한 경우에는 문서가 되돌아온 날을 송달일로 보고 있다.

48) 단(团)은 군대의 편성단위로 영(營)의 상급이며 우리의 연대(聯隊) 정도에 해당한다.

49) 중국의 노동개조와 강제교육의 의미에 관하여는 제2편 제3장 제2절 지역관할 부분 각주 86, 87 참조.

행위를 할 것을 요구하고 지정된 일자가 지나면 송달된 것으로 보는 방식의 송달이다. 민사소송법에 공시송달을 할 수 있는 것으로 규정하고 있는 것은 ① 수송달인이 행방불명인 경우와, ② 위에서 본 직접송달, 유치송달, 위탁송달, 우편송달, 전교송달이나 기타의 방법으로 송달할 수 없는 경우의 두 가지이다.

공고는 법원공고판, 송달받을 자의 주소지에 붙이거나 신문에 게재할 수도 있다(〈약간의견〉 제88조). 현재 실무로는 신문에 고지하는 것이 대부분이며, 신문 중 전국에 배포되는 전문적인 신문, 예컨대 〈중국법원보〉, 〈법제일보〉 등에 게재한다고 한다.[50)]

소장부본 혹은 상소장 부본을 공시송달을 하는 경우에는 그 소 또는 상소의 요점을 설명해야 하며, 답변을 할 기간, 답변을 하지 않는 경우의 법적효과를 적어야 하며, 소환장을 공시송달하는 경우에는 출석지점과 시간 및 불출석의 법적효과를 적어야 한다. 그리고 판결서 등을 송달하는 경우에는 그 주요내용을 적어야 하며, 상소할 권리, 상소기간, 상소할 법원 등을 적어야 한다(〈약간의견〉 제89조).

공시송달의 경우는 공시한 날로부터 60일이 지나면 송달된 것으로 본다(민소법 제92조 제1항). 시행법(試行法) 제75조 제1항은 공시기간을 3개월로 하고 있었으나 1991년 민사소송법에서는 60일로 단축하고 있다. 또한 공시송달을 한 때에는 소송기록(案卷)에 그 원인 및 경과를 기재하여야 한다(민소법 제92조 제2항).

3. 송달의 효력

소송서류가 송달되면 법률상의 효력이 발생한다. 그 효력은 송달되는 소송서류의 종류에 따라 다르다. 예컨대, 소장부본을 송달한 경우에는 피고는 답변서를 제출할 권리를 가지는 동시에 소송에 응소할 의무를 부담하며, 판결서 또는 재정서가 송달되면 이에 불복하는 자는 상소를 제기할 권리가 발생하는 동시에 상소기간이 진행되기 시작한다. 또한 판결서 또는 조정서가 송달된 후 일방당사자가 이를 이행하지 않는 경우에는 상대방 당사자는 법원에 강제집행을 신청할 수 있다.

---

50) 谭兵, 李浩 主编, 前揭 民事诉讼法学, 25面, 각주 14 참조.

제4절 절차의 중지와 소송의 종결

Ⅰ. 소송의 중지

1. 중지의 개념

소송진행 중에 극복할 수 없고 피할 수 없는 특수한 사정이 발생한 경우에 소송절차를 잠시 중지하는 것을 소송의 중지라 한다. 이 제도 역시 당사자의 변론권을 보호하는 데 주안을 두어 민사소송법이 규정한 것이다. 그러나 이는 다음과 같은 점에서 이미 본 개정심리의 연기와 다르다.

① 심리의 연기는 기일을 다른 날로 다시 정하는 것인 반면에 소송의 중지는 중지사유가 있는 경우에 소송절차를 중지하는 것이다.

② 심리의 연기는 그 재개일을 법원이 확정하나 소송의 중지는 그 재개일을 예측할 수 없으므로 중지원인이 해소된 경우에야 소송절차를 재개한다.

③ 심리의 연기는 기일을 연장하는 데 불과하므로 예컨대 조사 · 취증과 같은 다른 소송활동은 정지되지 않는다. 반면에 소송의 중지는 소송절차 자체가 중지되므로 일체의 소송활동이 중지된다. 소송의 중지는 우리의 소송의 정지(停止)와 같은 개념이라고 할 수 있다.[51)]

2. 소송중지의 원인

민사소송법 제150조 제1항은 다음과 같이 여섯 가지의 소송중지 원인을 규정하고 있다.

① 당사자 일방의 사망으로 승계인의 소송참가여부에 대한 의사표시를 기다릴 필요가 있는 때(제1호)

당사자 일방이 소송 중 사망한 경우는 소송을 진행할 수 없으므로 그 승계인의 참가를 기다려야 할 경우가 있다. 이때 참가할 승계인의 의사표시가 시간을 요하는 경우는 절차를 중지할 수 있다. 다만 주의할 것은 이와 같이 절차가 중지되는 것은 재산상의 다툼에 한하며, 신분관계로 인한 분쟁의 경우는 일방당사자의 사망은 승계의 문

51) 우리는 소송의 중단과 중지를 달리 취급하나 중국의 경우는 하나로 묶어 중지라고 표현한다. 중국 민소법 제150조 제1호~3호는 우리의 중단사유, 제4호와 제5호 사유는 우리의 중지사유에 각각 해당할 것이다.

제를 남기지 않는 경우가 많다는 점이다. 예컨대 이혼소송의 일방이 사망한 경우는 제151조 제3호의 소송종결의 사유가 되고 소송중지의 사유로는 되지 않는다.

② **당사자 일방이 소송능력을 상실하고 아직 법정대리인이 확정되지 않은 때**(제2호)

소송 중 예컨대 당사자의 일방이 민사행위무능력의 선고, 혹은 제한민사행위능력의 선고를 받은 경우에는 민법통칙의 규정에 따라 감호인을 선임하여 감호인이 법정대리인이 되어 소송행위를 대리하여야 한다. 이 경우 대리인의 확정이 곤란하고 비교적 장시간을 요하는 경우는 소송을 중지할 수 있다.

③ **일방당사자로 된 법인 또는 기타 조직이 소멸하였으나 아직 그 권리의무의 승계인이 확정되지 않은 때**(제3호)

이는 1991년 법에서 신설한 것으로 소송 중 법인 또는 기타 조직이 해산 또는 합병 또는 파산으로 소멸하면 그 권리의무를 승계할 법인 기타 조직 혹은 청산조직이 소송을 승계하여야 하나, 아직 그 권리의무를 승계할 자가 확정되지 않은 경우를 위한 것이다.

④ **당사자 일방이 불가항력적인 사유로 소송에 참가할 수 없을 때**(제4호)

불가항력에 의한 불참인지의 여부는 법원이 판단하며, 일반적으로 지진, 홍수 또는 전쟁 등 인력으로는 항거할 수 없는 사유를 말한다.

⑤ **본안의 판단이 다른 사건의 심리결과에 따라야 하는 경우에 그 다른 사건의 심리가 아직 끝나지 않은 때**(제5호)

예컨대 상속사건의 진행 중에 제3자가 주요 상속재산인 가옥의 소유권을 주장하여 소를 제기한 경우는 가옥의 소유권에 대한 소송이 종료되지 않으면 본안인 상속사건의 심리가 어려우므로 소유권에 대한 소송이 종료되기까지 소송을 중지할 수 있다.

⑥ **기타 소송을 중단해야 할 사정이 있는 때**(제6호)

보충적인 규징으로 법원이 재량으로 핀단한디.

3. 중지의 절차와 효력

소송의 중지는 법원이 재정(裁定)으로 한다. 재정은 원칙적으로 서면의 재정으로 하나 구술로도 가능하다. 구술재정의 경우는 재정을 당사자에게 선고하고 조서에 기록하며, 재정서를 작성하는 경우는 재판관여인, 서기가 서명하고 법원의 직인을 압날하여 송달한다.

중지의 효력은 선고와 동시에 발생하며, 이에 대하여는 상소할 수 없으며 복의(复议)를 신청할 수도 없다고 해석된다(민소법 제154조 제2항). 중지원인이 해소된 경우에는 당사자의 신청 또는 법원의 직권에 의해 중지된 절차가 재개된다(민소법 제150조 제2항). 재개에 대한 새로운 재정은 필요가 없으며,[52] 중지 이전에 법원 또는 소송관여인이 한 소송행위의 효력은 유지된다.

Ⅱ. 소송의 종결

1. 소송종결의 개념

소송 중 당사자 일방의 사망이라는 특수한 사정이 발생하여 소송의 속행이 불가능하거나 속행이 의미가 없는 경우에 재정(裁定)으로 절차를 거두는 것을 소송의 종결이라 한다. 소송의 종결은 소송의 중지와 다음과 같은 점에서 다르다. ① 소송종결원인은 언제나 당사자의 사망으로 인하여 발생하는 반면에 소송의 중지는 그 원인이 비교적 다양하며 보충적인 규정이 있다(민소법 제150조 제6호 참조). ② 소송종결은 소송절차를 거두는 점에서 소송이 종료됨에 비하여 소송의 중지는 절차를 잠시 정지하는 것으로 중지원인이 해소되면 절차가 재개된다.

소송종결의 재정은 그 원인이나 효력으로 볼 때 우리의 소송종료선언의 판결과 유사한 개념이라 할 수 있을 것이다.[53]

2. 소송종결의 원인

민사소송법은 제151조에 다음과 같은 네 가지의 원인을 규정하고 있다.

(1) 원고가 사망하고 그 상속인이 없거나 상속인이 소송권리를 포기한 경우(제1호)

원고가 사망하고 그 상속인이 없거나 있더라도 원고가 주장하는 권리를 계속 주장할 의사가 없는 경우에는 더 이상 절차를 진행할 필요가 없다. 다만 피고의 반소가 있는 경우에는 사자의 상속인이 소송을 수계할 의사가 없다 하더라도 피상속인의 유산을 상속한 이상 소송종결을 할 수 없고 상속인에게 소송에 참가할 것을 통지하여야 한다. 이 경우 상속인이 수계를 거부하는 경우는 민사소송법 제144조에 따라 결석판결을 해야 할 것이다.

---

52) 谭兵, 李浩 主编, 民事诉讼法学, 306面.

53) 중국의 경우는 소의 취하에 법원의 허가가 필요하고 소취하의 효력을 다투는 기일지정신청이 인정되지 않으므로 기일지정신청이 이유 없는 경우와 같은 종결사유는 인정되지 않을 것이다.

(2) 피고가 사망하고 유산이 없으며 그 의무를 승계할 자도 없는 경우(제2호)

이러한 상황하에서는 더 이상 절차진행의 의미가 없으므로 소송을 종결해야 한다. 의무를 승계할 자가 없다는 것에는 의무를 승계할 자가 이를 거부하는 것은 포함되지 아니하며, “유산이 없으며”와 “승계할 자가 없는”이라는 두 조건은 택일적인 것이 아니라 중첩적인 것으로 보아야 하므로 양자 모두를 갖추는 경우에 한하여 소송을 종결할 수 있다.

(3) 이혼사건에서 당사자 일방이 사망한 경우(제3호)

이혼사건의 당사자 일방이 사망하면 혼인관계가 자연히 해소되므로 더 이상 절차를 진행할 의미가 없으므로 소송을 종결해야 한다.[54)]

(4) 존속부양료, 비속부양료(양육비), 부부간부양료의 청구 및 입양관계의 해제를 청구하는 사건에서 당사자 일방이 사망한 경우(제4호)

이와 같은 권리는 일신전속적이므로 당사자 일방이 사망하면 소송을 더 이상 계속할 필요가 없게 된다. 입양관계의 해제를 구하는 경우도 당사자의 일방이 사망하면 양자간의 신분관계는 자동으로 소멸하므로 소송의 계속이 필요 없게 된다.[55)]

3. 소송종결의 효과

법원이 소송을 종결하는 경우는 언제나 재정(裁定)으로 하여야 하며(민소법 제154조 제1항 제6호), 사법행정적인 방법으로 해서는 아니 된다. 재정은 일반적으로 서면으로 하며 이에는 재판관여인과 서기가 서명하고 법원의 직인을 날인한다. 소송종결의 효과는 재정서의 송달과 동시에 발생하며, 이에 대하여는 상소나 복의신청을 할 수 없다(같은 조 제2항). 종결된 소송에 대하여는 다시 소를 제기하지 못한다.

---

54) 과거 중국의 이혼소송의 실무에서는 당사자 일방이 사망한 경우도 당사자가 소송의 속행을 고집하는 경우가 있다고 한다. 예컨대 이혼소송을 제기한 단계에서 당사자 일방이 사형판결을 받아 즉시 집행된 경우에 상대방당사자가 사형당한 범죄자의 배우자였다는 오명을 쓰는 것을 피하기 위하여 이혼판결을 고집하는 수가 있으며, 어떤 경우는 이혼판결이 난 사건의 당사자 일방이 사망한 경우에 상대방당사자가 이에 불복하여 상소를 고집하는 경우도 있다고 한다.

55) 谭兵, 李浩 主编, 民事诉讼法学, 307面 참조.

제4장 증 거

제1절 증거서설(證據緖說)

Ⅰ. 증거의 의의

민사재판은 법률을 대전제로 하고 사실을 소전제로 하여 3단논법에 의하여 당사자간의 권리의무관계에 대하여 결론을 내리는 것을 말한다. 이와 같은 결론을 내리기 위하여는 우선 소전제가 되는 사실을 확정하여야 하며 이 사실을 확정하기 위하여는 그 존재나 부존재에 대하여 법관이 확신을 가져야 한다. 법관에게 그 존재 혹은 부존재에 대하여 확신을 줄 수 있는 것을 널리 증거라 한다. 즉 당사자가 주장한 사실은 증거에 의하여 뒷받침할 수 있을 때 비로소 자기가 원하던 대로 사실관계가 확정될 것이며 이를 바탕으로 자기가 원하던 재판의 결과를 이끌어낼 수가 있게 된다. 이를 법관의 입장에서 본다면 증거에 의하여 확신을 갖게 된 사실만을 소송자료로 이용하여야 하며 증거의 뒷받침이 없는 사실을 함부로 소송자료로 삼아 재판을 해서는 안 된다는 것으로 요약될 수 있다. 따라서 당사자의 입장에서나 법원의 입장에서나 증거는 재판과 뗄 수 없는 관계를 가지게 되며 민사소송의 중추로서의 역할을 하게 된다.

당사자가 자기의 사실주장을 뒷받침하기 위하여 증거를 제출하면 그대로 주장사실의 진실성이 인정되는 것은 아니며, 제출된 증거에 대하여 일정한 절차에 의한 조사를 거치게 되며 그 조사결과의 평가에 의하여 증거의 진실성이 인정될 때 비로소 주장사실 자체의 진실성도 인정되게 된다.

넓은 의미의 증거에는 여러 가지 의미가 포함될 수 있다. 법관에게 확신을 주기 위하여 제출하는 유형물 자체를 의미하기도 하며(이를 증거방법이라 한다), 증거조사 결과 얻은 내용을 가리키기도 하며(이를 증거자료라 한다) 때로는 결과적으로 사실의 인정에 동원되는 자료나 상황(이를 증거원인이라 한다)을 가리키기도 한다.

이와 같은 원리는 우리의 증거법이나 중국의 증거법이나 차이가 있을 수 없다. 그러나 중국의 증거법에서는 우리와 다른 용어를 사용하는 경우가 있으며, 증거조사절차, 증거력의 판단에도 상당한 차이가 있다. 또 사회주의 민사소송의 전통과 관련하여 상당한 갈등을 빚고 있는 분야도 바로 증거법의 분야이다.

Ⅱ. 중국 증거법의 발전

1. 서언(序言)

중국 민사소송법 연구 중 가장 앞서 있는 분야는 증거법 분야이다. 그 이유는 증거가 민사소송에서 차지하는 비중이 절대적이라는 데에도 있지만 1990년대 후반부터 학자들의 경향이 과거 구소련식의 소송모델로부터 탈피하려고 노력한 데에서 찾아볼 수 있다. 구소련식 모델의 영향을 받은 중국의 민사소송체계 전체를 한꺼번에 바꿀 수는 없겠으나 증거법 분야를 개선함으로써 사회주의식 모델에서 서구식의 모델로 접근하려는 시도를 끊임없이 해왔고[1] 또 시장경제체제의 심화와 더불어 실무도 점차 이를 수용해가게 되어 증거법의 발전이 급속히 이루어졌다.

최고인민법원은 1998년에 〈민사 · 경제 심판방식 개혁문제에 관한 약간의 규정〉[2] 이라는 사법해석을 공포하여 심판방식의 전환을 모색하기 시작하였으며, 2001년에는 증거에 관한 사법해석인 〈증거규정〉[3]을 공포함으로써 이를 강력히 뒷받침하였다. 이에 따라 그동안의 실무관행을 고쳐 법원의 중립을 강조하고 소송주체로서의 당사자의 역할을 강조하는 방향으로 나아가고 있다. 바꾸어 말하면 민사소송법 자체를 고치지 않고 민사소송의 중추인 증거에 관한 태도를 사법해석(司法解釋)을 통하여 수정함으로

1) 예컨대 변론주의는 1982년의 試行法이나 1991년 민사소송법의 소송자료수집에 대한 기본원칙이라고 볼 수 없었으나 2001년 최고인민법원의 증거규정이 나옴으로써 사실에 대한 주장책임, 증거에 대한 책임, 자백의 구속력이 인정되게 되어 이제는 소송자료의 수집에 대한 입법주의가 직권탐지주의에서 상당히 변론주의로 기울게 되었다.

2) 〈最高人民法院关于民事经济审判方式改革问题的若干规定〉 法释(1998) 14号.

3) 〈最高人民法院关于民事诉讼证据的若干规定〉 法释(2001) 33号. 이 사법해석은 총 83조에 달하는 방대한 규정으로서 민사소송법 제6장 증거편(제63조~제81조)의 규정, 1992년 최고인민법원이 내린 민사소송법에 대한 기본적인 사법해석 즉 우리가 〈약간의견〉이라 약칭(略稱)하였던 〈最高人民法院关于适用中华人民共和国民事诉讼法若干问题的意见〉[法发(1992) 22号]의 증거관련 규정(제70조~제78조)은 물론 그 이후에 수차례 내린 사법해석을 종합하여 만든 것이며 증거에 관한 법규로서 결정판이라 할 수 있다. 이 규정 제82조에 의하면 이 규정의 내용과 다른 그동안의 사법해석은 그 효력이 없는 것으로 되어있기 때문이다. 이하에서는 이 증거관련 사법해석을 〈증거규정〉이라 줄여 부르기로 한다.

써 우회적으로 심판방식을 국가의 무한한 간섭을 허용하는 사회주의적인 것으로부터 당사자간의 경쟁을 기본으로 하는 변론주의적인 방식으로 전환하였다고 할 수 있다.[4]

또 근래에는 아예 증거법을 정식의 단행법률[5]로 제정하려는 움직임을 보이고 있었으며 이와 같은 움직임이 최고인민법원의 〈증거규정〉으로 우선 결정(結晶)되었다고 할 수도 있다. 이러한 움직임은 구소련 민사소송법에서 연유했던 국가간예주의와 진실절대주의[6]를 증거법을 통하여 극복하려는 것이라고도 요약할 수 있다.

2. 국가간예주의(國家干預主義)로부터의 탈피

(1) 국가간예주의의 의의와 유래(由來)

국가간예주의는 한마디로 민사소송에 국가가 적극 간섭을 하는 것을 당연시하는 입법주의(立法主義)이다. 국가간예주의의 이론적 근거는 사회주의 국가에서의 공민의 민사권리는 사회주의 공유제를 기초로 하여 발생하는 것이기 때문에 공민의 민사권리행사는 결국 국가, 사회, 집체의 이익과 관련을 맺게 된다는 점에서 구하고 있다. 사회주의 민사소송제도의 원조(元祖)는 구소련의 민사소송법[7]이며 기본적인 특징은 소송제도의 분석과 평가를 계급론의 관점에서 찾는다는 것이다. 즉 자본주의 국가의 소송제도는 자산계급(資産階級)에 봉사하는 허구의 제도이며 소련민사소송법은 무산계급(無産階級)을 위하여 봉사하는 무산계급을 위한 제도로 우월한 제도라고 주장한다.[8]

---

4) 민사소송법 자체를 바꾸지 않고 최고인민법의 사법해석(특히 증거에 관한)을 통하여 개혁하게 된 이유는 법률의 개정은 전국인민대표대회 또는 상무위원회에서 하여야 하나, 정치적으로 사회주의를 고수하고 있는 중국에서 서구자본주의적 민사소송제도로의 대전환은 사실상 어렵다는 데에 있다. 2007년 처음으로 민사소송법 개정이 있었으나 학자들의 강력한 주장에도 불구하고 대폭적인 개정은 이루어지지 않았고, 재심절차와 집행절차 부분에 대하여만 개정이 이루어진 점에서도 그 어려움을 알 수 있다. 그러나 개혁개방의 심화로 시장경제체제가 깊숙이 침투하게 됨에 따라 이전의 사회주의적 소송방식으로는 분쟁해결에 대한 사회적 요청에 부응할 수 없다는 점이 분명해지게 되었고, 이를 절감한 최고인민법원이 스스로 사법해석을 통하여 우회적으로 심판방식의 개혁에 나서게 되었다.

5) 전국인민대표자대회 혹은 그 상무위원회가 제정을 한다.

6) 국가간예주의와 진실절대주의에 관하여는 제1편 제2장 중국 민사소송제도의 특색부분 참조.

7) 구소련은 1923년에 레닌의 주도하에 이른바 〈소비에트민사소송법전(苏维埃民事诉讼法典)〉을 제정하였다. 그 후 1961년에는 소비에트가맹국의 입법을 통일하기 위하여 〈소련 및 가맹공화국 민사소송강요(苏联和各加盟共和国民事诉讼纲要)〉를 제정하였다. 이 강요(綱要)에 근거하여 1964년에는 정식으로 〈러시아소비에트연방사회주의공화국민사소송법전(俄罗斯苏维埃联邦社会主义共和国民事诉讼法典)〉을 제정하였다. 이 법전이 위의 강요(綱要)와 더불어 구소련 민사소송제도의 기본규범이 되었고 그 후 불가리아, 헝가리, 폴란드 등 동구(東歐)국가의 민사소송법에 중대한 영향을 미쳤으며 사회주의 국가 민사소송법의 전범(典範)이 되었다(柴发邦 主编, 中国民事诉讼法学, 中国人民公安大学出版社(1993), 35面 이하 참조).

8) 张卫平, 转换的逻辑, 法律出版社(2007), 176面 참조.

그러므로 사회적, 경제적으로 열세한 지위에 있는 노동자, 농민의 권익을 보호하기 위해서는 자본주의 민사소송법과는 전혀 다른 제도를 마련해야 하며, 사회주의 민사소송은 결국 국가가 적극적으로 민사소송에 간섭하여 객관적 진실을 밝혀주는 소송형태가 되어야 한다는 것이다

이미 여러 차례 언급한 바와 같이 중국의 민사소송법은 사회주의 민사소송법의 모델이던 구소련(舊蘇聯) 민사소송법의 영향을 크게 받았다. 즉 1950년대부터 구소련 민사소송법의 큰 영향을 받아 왔으며 국가간예주의(國家干預主義)를 당연한 원칙으로 받아들였다. 이 원칙은 1982년 민사소송법(試行法)에 특히 두드러졌고 1991년 정식 제정된 민사소송법에서도 직접 이를 천명(闡明)한 규정이 없을 뿐 사실상 그대로 인정되고 있었다.

(2) 증거법과 국가간예주의

국가간예주의는 증거법 분야에서도 위력을 발휘하고 있었으며 이 점은 우선 소송자료의 수집을 법원이 주도적으로 해야 한다는 것으로 나타났다. 즉 1982년의 시행법(試行法) 제56조는 한편으로는 "당사자는 자기가 제출한 주장에 대하여 증거를 제공할 책임이 있다"라고 하면서도, 다른 한편으로는 "법원은 법정절차에 따라 증거를 전면적으로, 객관적으로 조사하여 수집해야 한다"라고 규정하고 있었다. 이 규정은 당사자가 증거를 제출할 책임을 부담한다고 하지만,[9] 결국에는 법원은 당사자의 제출, 부제출에 구속되지 않고 스스로 전면적으로 또 객관적으로 증거를 조사하여 수집해야 한다는 것이었으며, 시행법 당시의 실무관행도 당사자가 제출한 증거보다는 자기가 스스로 조사하여 수집한 증거를 중시하는 경향이 있었다고 한다.[10] 즉 당시의 소송자료의 수집에 관한 원칙은 철저히 직권탐지주의적이었으며 이와 같은 경향은 구소련식의 사회주의 민사소송제도에서는 보편적인 현상이었다.

그러나 직권탐지주의적인 민사소송의 운영은 당사자의 증거의 수집 · 제출 의욕을 저하시키고 법원에 대한 의타심(依他心)을 조장하였을 뿐만 아니라 법원의 중립에 중대한 영향을 미치게 되었다. 즉 법원이 일방적으로 증거를 조사하고 수집하는 과정에서 선입견이 발생하여 이후의 개정심리를 형식적인 절차로 전락시킬 뿐만 아니라, 특정 증거를 조사함에 있어서 당사자의 일방과만 접촉하게 되고 더구나 법정 밖의 증거

9) 책임이 있다는 규정은 당사자의 증거제공을 독려(督勵)하는 의미였을 뿐 변론주의를 생각하며 둔 것은 아니었고, 당사자가 제출한 증거는 법원의 증거수집을 위한 단서로서의 역할을 하는 것으로 이해되었다.

10) 谭兵, 李浩 主编, 民事诉讼法学, 法律出版社(2009), 214面 참조.

조사에는 그 당사자나 소송대리인만을 대동하게 되어 부패의 원인이 되었으며, 증거의 조사수집의 주체와 증거에 대한 최종판단의 주체가 동일하게 되어 심판권의 남용으로 귀결되는 경우가 자주 발생하게 되었다.[11)]

(3) 국가간예로부터의 탈피

증거의 수집과 관련한 국가간예의 탈피는 다음과 같은 단계를 거치며 이루어졌다.

1) 1980년대 말부터는 학계를 중심으로 증거수집에 있어서 당사자의 역할을 강조하기 시작하였고, 1991년 민사소송법을 정식으로 제정할 때는 당사자에게 제출책임을 부과함과 동시에 당사자 및 그 소송대리인이 객관적인 원인으로 스스로 조사, 수집을 할 수 없는 증거 또는 법원이 사건의 심리에 필요하다고 인정하는 증거에 한하여 스스로 수집할 수 있다고 제한을 하게 되었다(민소법 제64조 제1항 및 제2항). 그리고 법원은 증거의 수집이 아니라 수집된 증거에 대한 심사와 확인만을 전면적, 객관적으로 할 수 있도록 법원의 권한을 제한하였다(같은 조 제3항). 그리고 다시 민사소송법에 대한 최고인민법원의 기본적인 사법해석(司法解釋)인 〈약간의견〉[12)]의 제73조가 법원이 직권으로 조사·수집할 수 있는 증거의 범위를 한층 더 구체화하였다.

2) 1998년에는 다시 그동안의 경험을 종합하여 새로운 사법해석[13)]을 내려 ① 당사자 및 그 소송대리인이 객관적 원인으로 인하여 스스로 수집할 수 없어 법원에 그 조사·수집을 신청[14)]하고 그 증거의 실마리를 제공한 경우, ② 법원이 검증을 하거나 감정을 위촉해야 할 경우, ③ 당사자 쌍방이 제출한 사건의 주요사실에 영향을 미치는 증거자료가 상호 모순되어 법정심리 중 질증(質證)[15)]절차를 거쳐도 그 효력을 확정할 수 없는 경우, ④ 법원이 스스로 조사·수집해야 할 것으로 인정한 기타 증거로 한정하였다.

3) 2001년 〈증거규정〉을 제정하면서는 법원의 증거 수집은 더욱 제한되게 되었고 다음과 같이 당사자의 신청 없이도 수집할 수 있는 경우와 신청이 필요한 경우로 나누어 규율하게 되었다.

(가) 당사자의 신청 없이 직권으로 조사·수집할 수 있는 증거

법원이 당사자의 신청이 없어도 스스로 조사하여 수집할 수 있는 것은 ① 국가의 이익, 사회공공이익 혹은 타인의 합법적인 권익에 손해를 가할 가능성이 있는 사실과

11) 上揭書, 같은 면 참조.
12) 〈最高人民法院关于适用中华人民共和国民事诉讼法若干问题的意见〉[(法发(1992) 22号)]을 말한다.
13) 前揭 〈最高人民法院关于民事经济审判方式改革问题的若干规定〉 제3조.
14) 신청이 있어야 함을 분명히 하고 있다.
15) 당사자가 증거를 내놓고 상호 논박하는 절차를 말한다(후술 참조).

관련된 증거, ② 직권에 의한 당사자의 추가,[16] 소송중지, 소송종결,[17] 회피 등 절차적인 사항에 관계되는 사실과 관계있는 증거로 한정하고 있다(〈증거규정〉 제15조).

(나) 당사자의 신청에 의해 법원이 조사·수집할 수 있는 증거

위의 두 가지 이외에는 반드시 당사자 또는 소송대리인의 신청이 있어야 비로소 법원이 증거를 조사·수집할 수 있다(〈증거규정〉 제16조). 그리고 당사자가 법원에 조사·수집을 신청할 수 있는 증거도 ① 국가기관이 보관하고 있어 법원이 직권으로 조사·수집해야만 하는 국가의 보존문서[當案] 형태의 자료, ② 국가의 비밀, 상업비밀, 개인의 사생활에 관계된 자료, ③ 당사자 및 그 소송대리인이 명백히 객관적 원인으로 인하여 스스로 수집할 수 없는 기타 자료에 한정된다(〈증거규정〉 제17조).

이전의 사법해석과 비교하면 특히 "당사자 쌍방이 제출한 사건의 주요사실에 영향을 미치는 증거자료가 상호 모순되어 법정심리와 질증(質證)절차를 거쳐도 그 효력을 확정할 수 없는 경우"가 빠져 있어 법원의 직권에 의한 증거수집의 범위가 그만큼 좁아졌음을 알 수 있다. 위와 같은 경우는 결국 증명책임의 분배로 해결해야 할 것이다.[18] 이상의 변화를 보면 과거의 철저한 직권탐지주의적 증거제도로부터 변론주의적 증거제도로 상당 정도 옮겨갔음을 알 수 있다.

3. 진실절대주의(眞實絶對主義)[19]로부터의 탈피

소송은 그 종류를 막론하고 진실을 찾아가는 절차임에 틀림없다. 민사소송의 이상 중 적정(適正)의 이상이 이를 말해준다. 민사재판이 적정하기 위해서는 우선 사실의 인정이 진실에 부합해야 한다. 문제는 민사소송에서 추구해야 하는 진실이 반드시 객관적 진실이어야 하는지이다. 이를 둘러싸고 중국에서는 줄곧 논쟁을 벌여왔다. 이 논쟁도 궁극적으로는 사회주의 민사소송 계열에 속하는 중국의 민사소송법을 어떻게 시장경제체제에 조화시키느냐에 관한 논쟁이라 할 수 있다.

자유경쟁을 허용하는 시장경제체제하에서는 소송에서도 양 당사자의 경쟁을 인정하게 되었고 이에 따라 일찍이 주장책임, 증명책임이 정착되었고 진위불명에 대한 대

16) 전술한 바와 같이 중국의 민사소송제도에서는 필수적 공동소송인 중 탈루된 자가 있는 경우 통지를 하여 참가시키거나(민소법 제132조), 보조참가인(독립청구권 없는 보조참가인)의 자격이 있는 자가 소송에 참가하지 않은 경우는 직권으로 소송에 추가할 수 있도록 되어있다(민소법 제56조 제2항).

17) 소송 중 당사자 일방의 사망이라는 특수한 사정이 발생하여 소송의 속행이 불가능하거나 속행이 의미가 없는 경우에 절차를 거두는 것을 소송의 종결이라 한다(민소법 제151조).

18) 谭兵, 李浩 主编, 前揭 民事诉讼法学, 216面 참조.

19) 진실절대주의는 國家干預主義의 파생원칙으로 볼 수도 있다.

책으로 증명책임분배원칙이 확립되기에 이르렀다. 따라서 사인간(私人間)의 분쟁을 해결하는 절차인 민사소송에서는 객관적 진실을 과도하게 추구할 수는 없다는 인식이 보편화되게 되었다. 왜냐하면 객관적 진실을 과도하게 추구하기 위하여는 많은 경우에 법원의 개입이 필요하고 법원이 과도하게 개입을 하게 되면 경쟁의 세계에서 절대로 놓칠 수 없는 공평의 원칙을 희생해야 하기 때문이다.[20]

그러나 계획경제를 추구하던 사회주의 국가(특히 구소련)에서는 당사자간의 사적인 법률관계를 부정하고 그 사적법률관계를 탄생시키는, 경쟁을 불가결의 요소로 하는 시장을 부정하였다. 그 대신 국가가 국민의 생활을 책임져야 한다고 생각하였으며 이와 같은 사고는 소송제도에도 그대로 반영되었다. 즉 국가가 국민의 법률생활도 책임져야 하므로 국가가 운영하는 법원은 권리가 있는 자에게는 반드시 권리를 부여하고 의무가 있는 자에 대하여는 반드시 그 의무를 이행시켜야 하고 이것이 국가의 책무(責務)라고 생각하였으며, 바로 이 점이 자본주의 소송제도보다 우월한 점이라고 내세웠다.[21]

따라서 재판은 언제나 적정(適正)해야 하며 이를 위하여 법원이 추구해야 할 진실은 어디까지나 객관적 진실이라고 단언했다. 이와 같은 도그마(dogma)를 관철하기 위해서는 증거법의 분야에서도 국가의 무한대의 간섭을 인정할 수밖에 없고 객관적 진실에 봉사하는 것이라면 수단의 합법성은 문제 삼을 필요도 없었다.

여러 차례 말한 바와 같이 중국의 민사소송제도는 구소련의 민사소송제도를 깊이 참조하여 수립한 것이며, 특히 1982년의 시행법(試行法)은 구소련식의 사회주의 민사소송제도의 특색이 상당히 농후하였다. 시행법 시대부터 중국의 민사소송법 기본원칙편에는 "법원이 민사사건을 재판함에 있어서는 사실을 근거로 하고 법률을 기준으로 해야 한다(人民法院审理民事案件, 必须以事实为根据, 以法律为准绳)"라는 조항(민소법 제7조)이 있었다. 이 조문의 해석과 관련하여 1990년대 중반까지는 여기서 말하는 사실은 진실에 입각한 객관적 사실을 말하는 것이라고 모두 해석해 왔으며, 객관적 사실이 바탕이 되어야 하는 것은 이른바 3대 소송(형사소송, 민사소송, 행정소송)에 공통되는 요구라고 생각하였다.[22] 그러나 최근에는 이때의 진실(사실)은 법률적 진실[23] 혹은 상대적 진실[24]이라는 견해가 있는가 하면, 어떤 견해에 의하면 증명의 목적은 객관적 진

20) 민사소송의 4대 이상을 이야기할 때 먼저 공평을 내세우는 것도 우연은 아니다.

21) 심지어 처분권주의, 변론주의를 기초로 하는 자본주의 국가의 소송제도는 많이 배우고 변호사를 선임할 수 있는 자산계급의 이익을 대변하는 허구적인 제도라고 극언(極言)하기도 하였다.

22) 이 기본원칙을 흔히 공유원칙(共有原則)이라 하며 이는 민사소송에만 적용되는 것이 아니라 모든 소송에 공통적으로 적용되는 원칙이라는 의미이다.

23) 절차적 진실이라는 말과 동의어로 민사소송의 기본원칙인 처분권주의, 변론주의의 틀 안에서 발견할 수 있는 진실로, 객관적 진실에의 최대한 근사치를 말하는 것이다.

실이며 증명의 정도는 법률적 진실이라고 보는 견해도 있다. 그러나 여전히 객관적 진실 발견이 증거법의 근본 목적이라는 견해도 많이 있다.[25)]

진실발견을 어느 정도로 중시하느냐 하는 문제는 증거법의 전반에 걸쳐 상당한 영향을 미치게 된다. 국가간예주의(國家干預主義)에서 말한 법원의 직권조사 범위의 광협(廣狹) 이외에도 증거의 제출기간(수시제출 혹은 적시제출), 위법수집증거의 증거능력, 석명권의 범위, 객관적 증명책임의 인정여부, 새로운 증거(新證據)의 취급 등에 중대한 영향을 미친다. 이러한 문제에 관하여 과거 시행법(試行法) 시대와는 달리 최근에는 절차공정, 소송의 효율성(신속과 경제)의 관점을 함께 고려하려는 경향을 보이고 있으나, 중국의 정치적, 사회적 배경의 특수성으로 인하여 우리제도와 완전히 같은 취급을 바랄 수는 없다. 예컨대 새로운 증거[26)]는 증거제출기간에 따른 실권효의 제재를 받지 않을 뿐만 아니라 재심신청 사유로도 되어있다. 이와 같은 점은 증거법이 이전의 사회주의 민사소송법으로부터 벗어나기 위하여 많이 노력을 해왔지만 여전히 진실절대주의가 증거법, 나아가서는 소송절차 자체에 상당한 영향력을 유지하고 있음을 보여주는 것으로 평가할 수 있다.

4. 증거규정의 공포

1990년대부터 논의되기 시작한 심판방식 개혁의 논의는 1990년대 중반에 들어오면서 가속화되기 시작했으며 1990년대 말에는 최고인민법원의 결단을 통하여 큰 진전

---

24) 근래에 중국에서는 실체공정이냐 절차공정이냐에 관한 우리에게는 생소할 수밖에 없는 논의가 상당히 활발하게 전개되었다. 사회주의 민사소송제도가 전반적으로 통용되던 시절에는 실체공정이 강조되어, 법원은 실체법상의 권리관계를 정확히 파악하여 권리자와 의무자를 공정하게 가려주어야 한다는 점을 의심을 하지 않았다. 이를 위하여 양 당사자의 절차상의 공평은 후퇴할 수밖에 없었다. 그러나 1990년대부터는 소련식의 사회주의 민사소송에서 벗어나려는 움식임이 매우 강하게 일어났으며 이에 따라 처분권주의, 변론주의를 강조하는 이른바 절차공정론이 활발하게 전개되게 되었고 많은 지지를 받고 있다[肖建国 著, 民事诉讼程序价值论, 中国人民大学出版社(2000), 153面 이하; 鲁千晓, 吴新梅 著, 诉讼程序公正论, 人民法院出版社(2004), 3面 이하가 자세하다].

25) 예컨대 江伟 主编, 民事诉讼法专论, 中国人民大学出版社(2005), 224面 이하는 증거법의 제1의 목적은 객관적 진실발견이고 절차의 공정, 소송효율 등은 제2차적인 목적이라 한다.

26) 신증거(新證據)는 새로 발견한 증거 내지는 특수한 원인으로 이전에 제출할 수 없었던 증거를 말한다. 이와 같은 새로운 증거가 제한 없이 재심사유가 되는 이유는 진실절대주의의 영향이라고 할 수밖에 없다. 이에 따라 중국에서는 재심이 폭넓게 인정되고 있는데 여기에는 진실절대주의의 파생원칙이라 할 수 있는 "잘못이 있으면 반드시 바로잡아야 한다"는 유착필규(有錯必糾) 정신이 한 몫을 더하고 있다. 이러한 재심제도하에서 기판력이 제대로 자리를 잡을 수 없음은 물론이다. 다만 새로운 증거의 의미 내지 범위를 조정하고 있으며 최근에는 그 범위를 좁혀가는 추세에 있다.

을 보게 되었다.

이미 언급한 최고인민법원의 1998년 〈민사 · 경제 심판방식 개혁문제에 관한 약간의 규정〉에서 비롯된 심판방식의 개혁은 2001년 최고인민법원이 〈증거규정〉을 공포함으로써 일단락을 맺게 되었다. 〈증거규정〉은 증명책임, 증명의 정도, 불요증사실로서의 자백, 법원의 증거의 조사와 수집, 감정, 증거제출의 시한, 재판의 기초로서의 법률적 사실의 개념, 심증형성의 원칙(자유심증주의), 위법수집한 증거의 증거능력 등 증거와 관련된 제반사항을 담고 있어 증거에 관한 독립된 단행법이라 해도 과언이 아니다.

〈증거규정〉이 담고 있는 정신은 국가간예주의(國家干預主義)를 폐지하는 것을 목표로 했을 것이나 이를 완전히 불식했다고는 볼 수 없다. 특히 실무를 중심으로 저변에는 여전히 국가간예주의가 흐르고 있음을 부인할 수 없다. 그러나 〈증거규정〉에 의한 심판방식의 개혁에 따라 불완전하기는 하지만 변론주의가 자리 잡게 되었고 국가간예주의나 진실절대주의가 약화되는 결과를 가져온 것만은 틀림없다. 즉 무분별한 법원의 간섭을 배제하고 재판에 있어서 경쟁의 원리에 따른 당사자의 역할이 중시되게 되었고 법원이 좀 더 중립적인 자세를 가지게 되었으며, 무한정 객관적 진실을 추구하던 경향에서 벗어나 진위불명인 채로 재판을 종결할 수도 있다는 점을 인정하게 되었다.

〈증거규칙〉의 맨 앞에 "당사자의 거증(擧證)"이라는 제목 장(章) 아래 증명책임분배[27]에 관한 중요한 규정을 두고 있다. 계약사건에서의 증명책임분배(제5조), 불법행위에 기한 손해배상청구사건에서의 증명책임의 전환(제4조)과 노동쟁의사건의 증명책임분배(제6조) 및 법정분배기준이 없는 경우를 대비한 법원의 재량에 의한 증명책임의 분배(제7조)가 주를 이루고 있다. 특히 불법행위에 기한 손해배상사건에서 우리와는 달리 매우 적극적으로 증명책임을 전환(轉換)하고 있음이 주목된다.

Ⅲ. 증거능력과 증거력

증거가 사실확정의 도구로 사용되기 위해서는 증거능력을 갖추고 있어야 하며 또 그 증거력(증명력)이 인정되어야 한다. 증거력 평가에 있어서 자유심증주의를 취하는 우리의 법제에서는 위법하게 수집한 증거의 증거력이 문제가 될 뿐 증거능력은 그게 제한하지 않는 것이 원칙이다. 중국에서도 근래에 위법수집된 증거의 증거능력을 인

27) 공식명칭은 거증책임과 분배원칙(举证责任与分配原则)이다. 그러나 교과서에서는 거증이라는 말보다는 증명이라는 말을 많이 사용한다.

정해야 하는지에 관하여 상당한 논의가 있었고, 또 법관의 증거력 평가에 있어서 자유심증주의냐 법정증거주의냐에 관한 논란이 있었으며 이와 같은 논란은 〈증거규정〉의 공포로 어느 정도 해결되었다.

1. 증거능력(證據能力)

증거능력을 증거자격이라고도 한다. 즉 민사소송에서 있어서 증거로 취급되어 조사와 평가의 대상이 될 수 있는 법률상의 자격을 말한다. 자유심증주의를 취하는 대륙법계 국가에서는 민사소송에서 증거능력을 크게 문제삼지 않는 전통이 있으며 중국도 기본적으로는 같은 취급을 한다. 다만 위법하게 수집된 증거에 증거능력을 부여할 것인지에 관하여는 대륙법계 국가에서 상당한 논란이 있다.[28)]

중국의 경우에는 합법적인 증거만이 증거능력을 가진다는 원론적인 표현 아래 증거의 합법성을 요구하고 있으나, 실제로는 위법수집된 증거 외에는 모두 합법적인 증거로 보기 때문에 무엇이 합법적인 증거인지에 관한 문제보다는, 위법수집된 증거에도 증거능력을 인정할 것인지가 문제될 뿐이므로 이 점 우리와 다를 것이 없다. 다만 위법수집된 증거의 증거능력을 인정할 것인가에 관하여는 상당한 논란이 있으며 법원의 태도도 동요하여 왔다.

학설로는 위법수집된 증거는 합법성을 결여하므로 증거능력을 부정해야 한다는 견해가 있었으나, 1990년대 중반까지는 전통적으로 객관적 진실을 중시하는 입장에서 증거의 내용 자체가 진실한 것이어서 요건사실의 증명에 사용할 수 있는 것이라면 그 취득의 합법성은 요구하지 않는 경향을 보여왔다.[29)] 그러나 1990년대 중반에 와서 최고인민법원은 비복(批復)[30)]을 통하여 몰래 상대방과의 대화를 녹음한 자료의 증거능력을 부정하게 되었다. 그러나 이와 같은 태도는 결국 녹음이나 녹화를 통한 증명활동의 전면적인 금지나 마찬가지이고 객관적 진실을 밝히는 데 큰 장애가 된다는 비판이 있었다. 이를 감안하여 〈증거규정〉에서는 "타인의 합법적인 권익을 침해하거나 법률의 금지규정을 어기는 방법으로 취득한 증거는 사건사실의 인정의 근거로 사용할 수 없다(증거규정 제68조)"라고 비합법적인 증거의 범위를 축소하였다.[31)] 다만 합법적

---

28) 우리도 마찬가지이며 우리의 판례는 증거능력을 인정하고 있다.

29) 谭兵, 李浩 主编, 前揭 民事诉讼法学, 165面 참조.

30) 〈最高人民法院关于未经对方当事人同意私自录制其谈话取得的资料不能作为证据使用的批复〉 法复(1995) 2号, 1995-03-06. 하북성 고급인민법원의 질의에 대하여 최고인민법원은 비복을 통하여 상대방의 동의를 얻지 않고 몰래 그 대화를 녹음한 것은 증거의 합법성을 인정할 수 없으므로 증거로 사용할 수 없다는 비복을 내렸다.

31) 2001년 이 규정이 실시된 이후 실무상 타인의 주거나 사무실에 도청기나 녹화장치를 설치하는

권익이 무엇인지 법률의 금지규정이 무엇인지 등에 관한 사항은 아직 모호한 입장이므로 이후의 판례나 또 다른 사법해석이 필요할 것이다.

2. 증거의 증거력(證據力)과 자유심증주의

증거의 증거력 혹은 증명력이라 함은 증거가 사실을 증명할 수 있는 힘을 말한다. 이 증거력 평가를 어떻게 할 것인가에 관하여는 역사적으로 법정증거주의로부터 자유심증주의로의 발전이 있었으며 중국의 경우도 최근 상당한 변화가 있었다(후술 증명의 과정 부분 참조).

제2절 증거의 분류와 증거의 종류

Ⅰ. 증거의 강학(講學)상의 분류

중국에서도 증거를 강학상 여러 가지로 분류하고 있다.

1. 본증과 반증

증명책임의 소재를 따져 증명책임을 부담하는 자가 제출하는 증거를 본증(本證)이라 하며 본증에 의하여 생긴 법관의 확신을 저지하기 위하여 증명책임을 부담하지 않는 자가 제출하는 증거를 반증(反證)이라 한다. 본증의 경우는 법관에게 확신을 주어야 증명에 성공하는 반면 반증은 본증에 의해 생긴 법관의 확신을 동요시키는 정도로도 성공할 수 있는 점에 차이가 있으며, 본증이 부족하여 법관의 확신이 생기지 않는 경우에는 반증을 할 필요가 없으며 법원으로서도 반증을 조사할 필요가 없는 점에서 양자는 차이가 있다. 반증의 경우를 직접반증과 간접반증으로 나누기도 한다.

2. 직접증거와 간접증거

주요사실의 존재를 직접 증명하기 위한 증거를 직접증거라고 하며 간접사실이나 보

등 심각한 위법행위를 제외하고는 몰래 녹음하거나 녹화한 자료를 증거로 사용하는 사례가 급격히 늘었고 법원도 그 증거능력을 인정한다고 한다(谭兵, 李浩 主编, 前揭 民事诉讼法学, 165面, 각주 2 참조).

조사실을 증명하기 위한 증거를 간접증거라 한다. 예컨대 계약의 존재를 직접 증명할 수 있는 계약서와 같은 것은 직접증거이고, 주요사실인 과실을 추정할 수 있게 해주는 음주운전의 증언이나, 증언의 신뢰성에 영향을 줄 수 있는(보조사실) 위증죄의 유죄 판결을 받은 사실과 같은 것을 증명하기 위한 증거는 간접증거에 해당한다.[32)]

3. 원시증거와 전래증거

증거는 원시증거와 전래증거로 나눌 수 있다. 원시증거는 제1차적인 증거를 말하는 것으로 당사자가 작성한 계약서, 친필의 유언서, 증인의 직접 목격한 사실의 증언과 같은 것이 원시증거이다. 전래증거는 파생증거라고도 하며 원시증거로부터 파생되어 나온 증거를 말하며 복제(複製)나 전언(傳言) 등 중간단계를 거쳐 만들어진 제2차적인 증거를 말한다. 예컨대 계약서의 초본(베낀 것), 물증의 복제품, 증인의 전언과 같은 것은 전래증거에 해당한다.

증거를 제출하는 경우 문서는 원본을 제출해야 하며, 물증은 원물을 제출하는 것이 원칙이나 원본 혹은 원물을 제출하는 것이 현저히 곤란한 경우에는 복제품, 사진, 부본 또는 초본을 제출할 수 있다(민소법 제70조 제1항). 또 법원이 당사자의 신청을 받아 직접 증거를 조사수집하는 경우에는 원물을 수집해야 하며, 다만 피조사자가 원물을 제공하는 데에 확실한 곤란이 있는 경우에는 복제품 혹은 사진을 제공할 수 있으며 이 경우에는 조사조서에 그 사정을 기록해야 한다(《증거규정》 제21조).

Ⅱ. 민사소송법상의 증거의 종류

1. 서언(序言)

중국 민사소송법 제63조 제1항은 특이하게도 증거의 종류를 명문으로 규정하고 있다. 개정 전의 법률은 증거의 종류로 ① 서증, ② 물증, ③ 시청각자료, ④ 증인의 증언, ⑤ 당사자의 진술, ⑥ 감정결론 및 ⑦ 검증조서의 7가지를 규정하고 있었다. 그리고 2012년 개정에서는 증거의 종류에 전자정보[電子數據]가 추가되었으며 배열의 순서를 달리하고 감정결론을 감정의견으로 고쳤다. 이에 따라 증거는 ① 당사자의 진술,

32) 谭兵, 李浩 主编, 前揭 民事诉讼法学, 169面. 직접증거는 단독으로 사건사실을 증명할 수 있으며 간접증거는 단독으로 사건사실을 증명할 수 없다고 하나 반드시 그런 것을 아닐 것이다.

② 서증, ③ 물증, ④ 시청각자료, ⑤ 전자정보, ⑥ 증인의 증언, ⑦ 감정의견, ⑧ 검증조서의 8가지로 되었다.

증거는 객관적으로 존재하는 사실을 특정의 표현형식을 빌려서 제출하여야 재판관여인이 이를 인식할 수 있다는 취지에서 규정을 둔 것이나, 증거방법과 증거자료를 구분하여 보는 우리의 입장에서는 상당히 이해하기 곤란한 부분이 있다.

8가지 중 앞의 ②, ③, ④, ⑤ 즉 서증, 물증, 시청각자료 및 전자정보는 증거조사의 대상이 되는 증거방법인 반면, 나머지 증인의 증언, 당사자의 진술, 감정의견 및 검증조서는 증거조사의 결과로 증거자료에 해당하는 것인데 이 두 종류의 증거(증거방법으로서의 증거와 증거자료로서의 증거)가 한 조문에 증거의 종류라는 제목으로 묶여있기 때문에 어색한 느낌을 지울 수 없다. 또 물증에 대한 증거조사 결과가 검증조서일 것인데 양자가 각각 별개의 증거인 것처럼 규정되어 있는 것도 이해하기 곤란한 점이 있다.

우리나라를 포함하여 독일이나 일본 등은 증거의 종류를 민사소송법에 규정한 것이 아니라 증거조사절차를 대개 5 내지 6가지로 나누어 규정하고 있다. 우리나라의 예를 들면 증인신문, 감정, 서증, 검증, 당사자신문, 그 밖의 증거에 대한 증거조사로 나누어 증거조사의 방법과 절차를 규정할 뿐 증거방법으로서의 증거나 증거자료로서의 증거의 종류를 명문으로 정한 것은 없다.[33] 원래 자유심증주의를 취하는 민사소송에서는 증거의 종류를 한정하지 않는다(증거방법의 무제한). 따라서 민사소송법에 증거의 종류를 열거하고 있는 듯한 인상을 주는 것도 우리로서는 이해하기 곤란하다.[34]

이와 같이 된 이유는 중국에서는 이제까지 증거를 증거방법과 증거자료로 나누어 취급하지 않고 단일한 의미로 사용하여 왔기 때문이다. 즉 증거에 대한 그동안의 정의(定義)를 보면 사실인정에 사용될 객관적 사실이라는 설, 사실인정의 수단과 방법이라는 설, 사실증명의 근거라는 설 등이 있으나 어느 학설도 증거방법과 증거자료를 구분하지는 않고 있다.[35]

---

33) 증거조사 절차에 대응하여 굳이 증거의 종류를 열거한다면 증인, 감정물, 문서, 검증물, 당사자본인, 그 밖의 증거가 될 것이다. 일본은 증인신문, 당사자신문, 감정, 서증, 검증으로 나뉘어 있다.

34) 이 점에 관하여 중국에서도 증거의 분류에 문제가 있다는 논의가 있다(예컨대 常怡 主编, 前揭 民事诉讼法学, 206面 이하). 또 학자에 따라서는 증거의 종류라는 제목하에 민사소송법 제63조에는 8종의 증거가 있다고 하면서도 여기의 증거는 증거자료의 다른 표현이라는 말을 하는 경우도 있다[예컨대 张卫平 著, 前揭 民事诉讼法(第二版), 186面]. 그러나 앞의 세 가지는 증거자료라 할 수 없을 것이다.

35) 奚晓明 主编, ≪中华人民共和国民事诉讼法≫ 修改条文理解与适用, 人民法院出版社(2012), 123~124面 참조.

이와 같이 증거방법과 증거자료를 구분하지 않고 증거의 종류를 법으로 정하는 것은 구소련 민사소송법에서 유래한 것이라 한다.[36] 또 중국 민사소송에서 모든 증거는 당사자의 질증(質證)[37]을 거쳐야 사실인정의 근거가 될 수 있는데, 질증의 대상으로서의 증거에는 증거방법 자체(예컨대 문서, 문서 이외의 물건, 시청각자료, 전자정보)인 경우도 있고 증거조사의 결과인 증거자료(예컨대 증언, 당사자의 진술, 감정의견이나 검증조서)가 되는 경우도 있다는 점에서 질증의 대상이 됨에는 증거방법과 증거자료 사이에 차이가 없게 된다. 따라서 여기의 8가지 증거의 종류는 그다지 큰 의미를 갖는 것은 아니고 질증의 대상을 유형별로 예시한 것일 뿐, 증거방법의 한정이나 열거와는 관계가 없다고 보아야 할 것이다.[38]

증거법 모두(冒頭)에 증거의 종류를 명시하고 있기 때문에 중국의 교과서는 대부분 증거편을 크게 ① 민사증거의 종류와 ② 민사소송에서의 증명으로 나누고 있다. 민사증거의 종류에서는 주로 각종 증거의 의의와 특징을 다루며 민사소송의 증명에서는 증거의 제출과 교환, 질증, 인증 등 사실인정의 과정과 증명책임을 주로 다룬다.

2. 증거의 종류

(1) 당사자의 진술

당사자의 진술은 당사자가 소송과정 중 법원에 대하여 사건사실의 상황에 관하여 한 진술을 말한다. 당사자의 진술 중 소송증거가 되는 것은 사실에 관한 진술을 말하는 것이며 개정심리 모두(冒頭)에 하는 원고측의 본안의 신청에 해당하는 진술과 피고측의 반대신청은 여기의 증거가 되는 진술이 아니다.

법원은 당사자의 진술에 대하여 당해사건의 기타 증거와 결합하여 사실인정의 근거로 할 수 있는지의 여부를 심사, 확정해야 한다(민소법 제75조 제1항). 당사자가 진술을 거부하는 경우에도 법원은 다른 증거에 의거하여 사실인정을 할 수 있다(동조 제2항).[39]

---

36) 구소련 민사소송법 제15장, 제16장에 증거의 종류를 법정하고 있었으며 구소련이 해체된 후에 러시아민사소송법 제49조도 거의 그대로 따르고 있다고 한다. 위와 같은 구소련의 입법례를 1982년 시행법(試行法)이 받아들여 오늘에 이른 것이라 한다(奚晓明 主编, 上揭書, 125面).

37) 질증은 증거조사와는 다른 개념이다. 증거조사는 법원의 소송행위(민소법 제64조 제3항)인 반면 질증은 법원의 증거조사(법정조사) 단계에서 벌어지는 당사자간의 논박행위이다(민소법 제68조). 중국의 증거법의 특징 중의 하나는 증거는 반드시 질증을 거쳐야 사실인정의 근거로 사용할 수 있다는 점이다. 이미 조사를 거친 검증조서와 같은 증거(민소법 제63조)도 다시 법정에 현출하여 당사자의 논박을 거쳐야 증거로 사용할 수 있다. 증인과 같은 인증에 대한 질증은 증거조사(증인신문) 중에 같은 장소에서 동시에 이루어지게 된다.

38) 법문에서는 열거인 것 같으나 실무는 열거로 취급하지 않는다고 한다. 예컨대 2012년에 추가된 전자정보는 이전에는 시청각자료의 특수형태 혹은 서증의 특수형태로 인정하고 있었다 한다.

당사자의 진술은 다음과 같이 분별하여 취급을 한다.

우선 상대방의 진술을 인정하는 자기에게 불리한 진술은 소위 자백이 되므로 상대방의 증명책임을 면제시켜 주게 된다. 자기에게 유리한 진술은 다른 증거로 그 진실성을 증명한 경우가 아니면 증명력이 부정된다. 흔히 소비대차관련 사건에서 차용증을 제시하지 않고 대여사실의 주장만을 하는 경우가 많으며 이에 대하여는 최고인민법원이 사법해석을 통하여 차용증을 제시할 것을 요구하고, 차용증이 없는 경우에는 다른 사실적 근거를 제시할 것을 요구하도록 하고 있으며, 이에 부응하지 못하는 경우에는 사건을 수리하지 말라는 지시를 한 바가 있다.[40]

(2) 서증(書證)[41]

1) 의 의

서증은 문자, 부호 또는 도화로 일정한 사상을 표현한 유형물로서 그 내용이 사건사실을 증명할 수 있는 것을 말한다. 반드시 종이일 필요는 없으며 나무, 대나무, 돌, 금속 등이어도 서증이 되는 데 지장이 없다. 서증은 여기에 표현된 의사내용이 증거가 되는 특징을 가지고 있으며 직접 요건사실을 증명할 수 있는 경우가 많아 증거로서의 가치가 다른 증거보다 높다.

2) 서증의 종류

(가) 공문서와 사문서

공무원이 그 직무상 작성한 문서를 공문서라 함은 우리와 다를 것이 없다. 그러나 중국에서는 국가기관이 작성한 문서 이외에도 기업 · 사업 단위나 사회단체가 그 직무상 작성한 문서도 공문서로 불리는 것을 조심하여야 한다.[42] 공문서 이외의 문서는 모두 사문서이다. 증거력은 일반적으로 공문서가 비공문서보다 큰 것으로 취급된다. 즉 국가기관, 사회단체가 직권으로 제작한 공문서인 서증의 증명력은 일반적으로 다른 문서보다 큰 것으로 취급할 수 있다(〈증거규정〉 제77조 제1호).

---

39) 우리의 경우는 당사자 신문(선서가 필요)을 거쳐 얻어낸 진술이 증거자료가 되는 것이나 원래 사회주의 국가에서는 당사자의 신문이라는 절차를 따로 두지 않고 당사자의 진술을 다른 증거자료와 동렬(同列)에 두어 독립적인 증거로 하는 전통이 있다(구소련 민사소송법 등). 다만 그대로 사실인정의 근거로 삼지 않고 법원이 다른 증거와 결합하여 심사를 한 후에 사실인정의 근거로 삼을 수 있도록 제한한다. 중국도 이러한 입법례를 따른 것이다.

40) 〈最高人民法院关于人民法院审理借贷案件的若干意见〉[法(民)发(1991) 21号] 제4조.

41) 서증(書證)은 문서에 대한 증거조사의 준말로 쓰이는 경우(예컨대 우리 민사소송법 제343조 이하의 서증)가 있고, 또 문서인 증거의 준말로 쓰이는 경우(증거방법으로서의 문서)가 있다. 여기의 서증은 후자의 용례로 문서로 된 증거의 줄임말로 보아야 한다.

42) 谭兵, 李浩 主编, 前揭 民事诉讼法学, 172面 참조.

(나) 처분문서와 보고문서

문서의 내용과 그 법적 효력을 기준으로 분류하는 것으로, 일정한 민사법률 행위가 기재된 문서를 처분문서라 하고 이 문서의 작성으로 인하여 일정한 민사법률 관계가 발생하거나 변경, 소멸하는 문서를 가리킨다. 예컨대 계약서, 계약변경의 합의서, 유언서, 수권위탁서와 같은 것이 처분문서에 속한다. 보고문서[43]는 일정한 사실이 기재되어 있으나 민사 권리의무관계를 일으키지 않는 문서를 말한다. 일기, 편지, 회의록, 상업장부, 병원의 진료기록부와 같은 것이 여기에 속한다.

(다) 보통문서와 특별문서

그 작성에 특정한 형식이나 절차가 필요한지의 여부에 따라 문서를 보통문서와 특별문서로 구분하기도 한다. 예컨대 토지사용권증서, 부동산증서나 공증된 계약서 등이 특별문서에 속한다. 특별문서는 보통문서보다 강한 증명력을 인정받는다.

(라) 원본, 정본, 부본, 초본

정본(正本)은 원본과 같은 내용을 담고 대외적으로 원본과 동일한 효력을 인정받는 문서를 말하며, 부본(副本)은 문서의 직접 당사자가 아닌 다른 사람에게 주기 위하여 별도로 작성된 것으로 그 내용이나 효력은 정본과 같다. 초본[节录本]은 문서의 일부를 베낀 것을 말한다.

3) 서증의 제출

문서로 증명하려는 자가 그 문서를 소지하고 있는 경우에는 그 문서를 법원에 직접 제출하면 된다.[44] 문서를 상대방 당사자나 제3자가 소지하고 있는 경우에 우리 민사소송에서는 법원에 문서제출명령신청을 하도록 하고 있으며 법원이 이유가 있다고 인정하여 제출명령을 했음에도 불구하고 정당한 이유 없이 제출하지 않으면 그 문서에 대한 상대방의 주장이 진실한 것으로 인정되는 제재가 따른다(한민소 제349조).

중국의 경우에는 문서제출명령 신청제도가 없으며 민사소송법에는 이에 대한 특별한 규정이 없다. 실무상으로는 증거를 제출하려는 측이 법원에 상황을 설명하면 그 문서를 증거로 제출하고자 하는 당사자가 객관적인 원인으로 인하여 스스로 수집할 수 없다고 인정하는 경우에는 법원이 직접 조사 · 수집한다.[45] 또 증거를 가지고 있는 당사자가 정당한 이유 없이 증거의 제출을 거부하고 있음을 증거로 증명하고, 거증자가 그 증거의 내용이 상대방에게 불리한 내용이라는 주장을 하는 경우에는 그 주장사

43) 중국에서는 이를 흔히 보도서증(報道性書證)이라 부른다.

44) 문서의 제출은 문서에 대한 증거조사의 신청에 해당한다.

45) 谭兵, 李浩 主编, 前揭 民事诉讼法学, 174面; 张卫平 著, 前揭 民事诉讼法(第二版), 188面.

실이 성립된 것으로 추정할 수 있다(〈증거규정〉 제75조).[46]

서증을 제출하는 경우에는 원본을 제출하여야 한다. 다만 원본을 제출하는 것이 현저히 곤란한 경우에는 부본 또는 초본을 제출할 수 있다(민소법 제68조 제1항). 외국문의 서증을 제출하는 경우에는 중문역본을 첨부해야 한다(동조 제2항).

4) 서증의 증거력

서증의 증거력은 형식적 증거력과 실질적 증거력으로 구분된다. 형식적 증거력은 문서자체의 성립이 진정한지의 여부에 관한 것이며, 실질적 증거력은 문서의 내용이 진실에 부합하는지에 관계된 것이다. 문서는 형식적 증거력이 확보되어야 실질적 증거력의 유무도 판단할 수 있다. 중국 민사소송에서는 증명력의 대소를 정해놓고 이에 따를 수 있도록 하고 있다(〈증거규정〉 제77조).[47]

(3) 물증(物證)[48]

물증은 그 존재, 성상(性狀), 품질 또는 특징이 사건사실의 증명에 이용되는 물품을 말한다. 예컨대, 소유권이 다투어지고 있는 물품, 계약의 목적물, 손해를 입은 공사재물 등이 이에 속한다. 때에 따라서는 서면의 문서도 물증이 되는 경우가 있다. 즉 서면의 외형, 품질 혹은 특징이 사건사실의 증명에 사용되는 경우는 물증이 되며, 그것이 담고 있는 사상내용이 일정한 사건사실을 증명하는 경우에는 서증이 된다. 물건 중 문서인 증거(서증)나 시청자료, 전자정보 매체 등은 별도의 증거로 되어있으므로 물증에서 제외된다.[49]

그러나 물증은 그것이 담고 있는 사상내용이 문제되지 않을 뿐 아니라 법률이 서증에 대하여는 일정한 형식을 요구하는 경우가 있어도 물증에는 이러한 요구를 하는 경우가 있을 수 없다는 점에서 양자는 구별된다.[50]

물증을 제출하는 경우도 원물을 제출하는 것이 원칙이나 원물을 제출하는 것이 현저히 곤란한 경우에는 복제품 또는 사진으로 대체할 수 있다(민소법 제68조).

---

46) 일종의 민사소송 방해행위로 취급한다(민소법 제111조).

47) 이른바 최적증거규칙(원문은 最佳证据规则)이라 하여 각종 증거간의 증명력의 대소를 정해 놓고 이에 따를 수 있도록 하고 있다. 다만 의무적인 것은 아니고 이 원칙에 따라 증명력을 인정할 수 있다고 하고 있다.

48) 강학상 증거를 인증(人證)과 물증(物證)으로 나누는 것은 보편화된 분류이나 서증, 시청각자료와 나란히 물증을 증거의 종류로 규정한 것은 확실히 어색한 면이 있다. 서증이나 시청각자료도 물증에 속하기 때문이다. 이와 같이 물증을 하나의 독립된 증거로 보는 것은 역시 구소련 민사소송법의 전통을 이어 받은 것이라 한다(奚晓明 主编, 前揭書, 129面 참조).

49) 우리의 검증물에 해당한다고 할 수 있을 것이다.

50) 张卫平 著, 前揭 民事诉讼法(第二版), 175面.

(4) 시청자료(視聽資料)

시청(각)자료라 함은 필름, 녹화테이프, 녹음테이프 등을 이용하여 영상 혹은 음향을 재생하여 요증사실을 증명할 수 있는 증거를 말한다. 따라서 영상이나 음향이 저장된 필름, 녹화테이프, 녹음테이프 등이 여기의 시청자료에 해당한다. 2012년 개정 전의 민사소송법에서는 컴퓨터에 보존된 데이터 역시 시청자료의 범주에 포함되어 있었으나 이번 개정으로 전자정보(데이터)는 독립된 증거로 되었다. 따라서 이제는 시청자료는 녹음자료와 녹화자료에 한정되게 되었다.

이러한 시청각자료가 독립의 증거가 되느냐에 관하여는 다툼이 있으나 중국 민사소송법에서는 명확히 독립된 증거의 하나로 보고 있음을 주의해야 한다. 시청자료는 ① 사상내용으로 사건의 증명에 사용되는 서증의 범주에 속하는 것, ② 담고 있는 영상의 존재와 형상으로 사건의 증명에 사용되는 물증의 범주에 속하는 것, ③ 서증과 물증의 성질을 겸유하고 있는 것으로 나눌 수 있다. 이러한 성질을 감안하면 시청각자료를 독립된 종류의 증거로 보지 않을 수도 있다. 그러나 물증은 그 외부적 형상, 특징으로 사건사실을 증명하는 것이나 언제나 정적(靜的)인 형식으로 나타나는 점에서 일정한 사람이나 물건의 특징, 형상 내지는 어떤 행위의 발생과 전개를 재생함으로써 동적(動的)인 형식으로 나타나는 시청각자료와는 구별될 수 있다. 또한 서증은 문자와 부호로 일정한 사상을 표현하는 것임에 비하여 시청각자료는 일정한 사상내용, 법률관계의 발생시의 상황을 재생하기는 하나 녹음, 녹화 등에 실린 음조(音調), 음색(音色), 형상, 동작으로 사상내용을 재생하는 점에서 서증과 다르다. 이러한 점을 감안하여 시청각자료를 독립의 증거로 규정한 것이다.[51)]

법원은 시청각자료에 대하여 그 진위를 판별하고 다른 증거와 결합하여 당해사건의 사실인정의 근거로 할 수 있는지 여부를 심사 · 확정해야 한다(민소법 제71조). 또 진위에 의심이 있는 시청자료는 단독으로 사실인정의 증거로 사용할 수 없다(《증거규정》 제69조 제3호).

(5) 전자정보(電子情報)

전자정보[52)] 혹은 전자증거는 전자우편, 전자서명, 전자기록, 인터넷 홈페이지, 도메인 등이나 컴퓨터 디스켓 등 컴퓨터 등 전자장비와 관련된 증거를 말한다.[53)] 이와

---

51) 시청자료를 서증, 물증과 다른 독립한 증거로 취급한 것은 1982년 민사소송법(試行法) 제55조가 최초이며 이때부터 줄곧 시청자료를 독립된 증거로 취급해 왔다.

52) 원문용어는 전자데이터[电子数据]이다. 그러나 정보 자체뿐만 아니라 정보를 담고 있는 매개물도 포함되는 개념으로 보아야 할 것이다.

같은 전자증거를 어떻게 취급할 것인지에 대하여는 각국의 입법이 일치되지 않고 있다. 우리 민사소송법은 그 밖의 증거로 하여(한민소 제374조) 그 증거조사 방법은 감정, 서증, 검증의 규정에 준하여 대법원규칙으로 정하도록 하고 있다.

2012년 개정 전에는 전자증거를 어떻게 취급할 것인가에 대하여 견해가 대립하고 있었다. 주류적인 의견은 시청자료의 범위에 포함시켜야 한다는 것이었으나 서증설, 물증설, 혼합증거설, 독립증거설 등의 반대 견해가 있었다. 그러나 전자증거는 전통적인 증거나 시청자료와는 여러 면에서 차이가 나므로 독립된 증거로 하는 것이 타당하는 견해가 우세하여 이번 개정에서 독립된 증거의 하나로 편입하게 되었다.[54)]

(6) 증인의 증언

1) 증인의 의의와 범위

증인은 사건상황을 알고 있는 자로서 법원으로부터 출석하여 증언을 하도록 소환을 받은 자를 말한다. 증인이 법원에 대하여 한 사건의 상황을 설명하는 진술을 증언(證言)이라 한다.

증인의 조건에 대하여 민사소송법 제72조 제1항은 "사건의 상황을 아는 모든 단위 및 개인은 출석하여 증언할 의무가 있다." 라고 하여 일반적인 증인조건을 규정하는 한편 제2항에서는 "의사표시를 정확히 할 수 없는 자는 증언을 할 수 없다." 라고 하여 제한을 가하고 있다.

자연인이 아닌 단위(직장 등 자연인이 속한 법인이나 기타 조직)도 증인능력을 가진다고 보는 점이 특이하다. 단위가 증인이 되는 경우에는 결국 그 단위의 법정대표자, 책임자 또는 그들로부터 수권을 받은 자연인이 증언할 수밖에 없을 것이다. 자연인 외에 기타 단위가 증인이 될 수 있다는 민소법의 규정에 대하여는 반대의 견해도 있다.[55)] 증인이 증언을 하는 경우에는 유관단위의 책임자는 이를 지원해야 한다(민소법 제72조 제1항).

다음과 같은 경우는 증인능력이 부정된다.

(가) 의사표시를 정확히 할 수 없는 자

의사표시를 정확히 할 수 없는 자와 민사행위무능력자 혹은 제한민사행위능력자의 관계를 평면적으로 연결시킬 수는 없으며 중요한 것은 의사표시를 정확히 할 수 있는

53) 谭兵, 李浩 主编, 前揭 民事诉讼法学, 184~185面.

54) 全人大常务会法制工作委员会民法室 编著, 解释与适用, 人民法院出版社(2012), 93面 이하 참조. 다만 구체적인 증거조사방법은 최고인민법원의 사법해석을 기다려야 할 것이다.

55) 江伟 主编, 前揭 民事诉讼法(第四版), 183面~184面.

지의 여부이다. 따라서 민사행위무능력자나 제한민사행위능력자라 하더라도 그 증명을 요하는 사실과 그 연령, 지력(智力) 혹은 정신건강상태를 비교하여 일정한 경우에는 증인능력을 부여해야 한다(〈증거규정〉 제53조 제2항).

(나) 소송대리인

동일사건에서 소송대리인이자 증인이 되는 것은 중국에서는 허용되지 않는다. 따라서 소송대리인이 증언을 하고자 하면 소송대리인을 사퇴해야 한다.[56]

(다) 심판에 참여하는 법관, 서기, 감정인, 통역, 배심원, 검찰원

심판에 참여하는 법관, 서기, 감정인, 통역, 배심원, 검찰원 등도 증인능력을 가질 수 없다.

2) 증인의 권리와 의무

(가) 증인의 권리

증인은 자기의 증언이 잘못 기재되었거나 기재가 누락된 경우에 이를 경정해달라는 청구를 할 수 있으며, 증언과 관련하여 신변에 위협을 느끼는 경우에는 법원에 보호를 요청할 수 있고, 증언으로 인하여 감소한 수입 기타 합리적인 비용에 대한 보상을 청구할 권리가 있다. 증인이 출석증언으로 말미암아 지출한 교통비, 숙박비, 식비 등 필요한 경비 내지는 일실손실[务工损失]은 패소자가 부담한다. 그리고 당사자가 증인의 증언을 신청한 경우에는 그가 비용을 미리 지급해야 하며, 법원이 증인에게 증언할 것을 통지한 경우에는 법원이 그 비용을 미리 지급해야 한다(민소법 제74조, 〈증거규정〉 제54조 제3항).

(나) 증인의 의무

증인은 출석의무와 진술의무를 부담한다(민소법 제72조). 증인의 출석증언의무를 정하고는 있으나 출석의무 불이행에 대한 제재규정이 없는 중국에서는 소환을 받은 증인이 출석하지 않는 경우가 상당히 많으며, 출석증언을 하는 대신 서면증언을 하는 경우가 빈번하여 증인에 대한 질증(質證)에 상당한 애로가 있을 뿐만 아니라 증언서의 기재형식이나 내용도 충실하지 못하여 문제가 된다고 한다.[57] 최근에는 정당한 이유

56) 谭兵, 李浩 主编, 前揭 民事诉讼法学, 177面; 蔡虹 著, 前揭 民事诉讼法学(第二版), 227面; 张卫平 著, 前揭 民事诉讼法(第二版), 194面 참조.

57) 이와 같은 어려움을 타개하기 위하여 근래 곤명시(昆明市) 중급인민법원(심판방식개혁의 시험법원 중의 하나임)에서는 서면증언에 대하여 ① 반드시 증인의 신분증명서와 증인능력을 증명하는 문건을 첨부하여야 하고, ② 서면증언에 대하여 쌍방당사자가 이를 인정하지 않는 경우에는 단독으로 사실인정의 근거로 삼을 수 없다는 제한을 가하고 있다고 한다(谭兵, 李浩 主编, 前揭 民事诉讼法学, 178面 참조).

없이 출석하지 않은 증인의 서면증언은 단독으로 사실인정의 근거로 할 수 없도록 하고 있다(〈증거규정〉 제69조 제5호).

2012년 개정에서는 제73조를 신설하여 서면증언, 영상전송 혹은 시청자료에 의한 증언을 할 수 있는 경우를 규정하고 있다. 즉 이와 같은 간접적인 증언을 할 수 있는 경우로는 ① 건강상의 원인으로 출석이 불가능한 경우, ② 자연재해 등 불가항력적인 사유로 출석이 불가능한 경우, ③ 거리가 멀고 교통이 불편하여 출석이 불가능한 경우, ④ 기타 정당한 이유로 출석이 불가능한 경우가 있으며, 이때에는 서면증언 등 간접적인 방법으로 증언을 할 수 있다.

증인이 증언을 함에 있어서는 자기가 경험한 사실을 그대로 진술해야 하며 이를 증감하거나 왜곡해서는 안 된다. 문제는 위에서 말한 바와 같이 소환장을 받고도 출석하지 않는 증인에 대한 제재규정이 없을 뿐만 아니라, 형법상의 위증죄(僞證罪)의 구성요건에 민사소송 중의 위증은 포함되지 않는다는 점이며 이는 여전히 장래의 과제로 남아있다(중국 형법 제305조).[58] 중국은 아직 증인의 선서를 제도화하지 않고 있다.[59]

증인은 개정심리를 방청할 수 없으며, 증인이 증언을 하는 동안 다른 증인은 재정해서는 안 되는 것이 원칙이다. 그러나 법원이 필요하다고 인정하는 경우에는 대질을 할 수 있다(〈증거규정〉 제58조).

(7) 감정의견(鑑定意見)

1) 의의

감정의견은 감정인이 자기의 전문지식[60]과 기능을 사용하여 민사사건의 전문적인 문제에 대하여 분석 및 감별을 한 후 내린 결론적 의견을 말한다. 의학감정, 지문감정, 제품품질감정, 기술감정, 문서감정, 회계감정 등이 여기에 속한다. 중국에서는 이를 흔히 사법감정(司法鑑定)이라 부른다. 2012년 개정 전에는 이를 감정결론(鑑定結論)이라고 하였으나 감정결론이라는 용어는 더 이상 의문을 가지거나 뒤집을 수 없는 결론적인 의견이라는 느낌을 주므로 부적당하다고 하여 감정의견이라는 용어를 사용하게 되었다.[61] 그리고 이번 개정에서는 이전에 〈증거규정〉에서 규정하였던 사항을 대

---

58) 上揭書 同面.

59) 최근 일부의 법원에서 증언 전에 선서를 시키는 경우가 있다고 하나 위증죄의 경고는 없으며 도덕적 의무감을 고취하는 수단으로 사용되고 있다고 한다. 선서제도가 영미국가의 기독교 신앙에 토대를 두었던 점이 무신론적 사회주의 법원칙에 거부감을 주고 있는 것이 가장 큰 이유이다.

60) 전문가의 지식을 이용하는 방법은 법계에 따라 차이가 있다. 영미법계에서는 이른바 전문가증인(expert witness) 제도를 이용하는 반면 대륙법계 국가에서는 대개 감정제도를 이용한다.

폭 본법에 수용하였다.

2) 감정의 절차

(가) 감정의 개시

당사자는 사실을 규명함에 있어서 전문적인 문제에 대하여 법원에 감정을 신청할 수 있다(민소법 제76조 제1항). 감정신청은 거증기한 내에 해야 한다(다만 재감정신청의 경우는 이 기한의 제한을 받지 아니한다: 〈증거규정〉 제25조). 감정을 요하는 사항에 대하여 법원은 석명권을 행사하여 감정신청을 하도록 할 수 있으며 이때 증명책임을 부담하는 당사자가 법원이 정해준 기한 내에 정당한 이유 없이 감정신청을 하지 않거나 감정비용을 예납하지 않거나 혹은 감정에 필요한 재료를 제공하지 않아서 쟁의사실이 감정을 통하여 확정될 수 없는 상황이 발생하는 경우에는 증명책임의 원리에 따라 그 법적책임을 부담해야 한다(〈증거규정〉 제25조 제2항).

개정 전에는 직권에 의한 감정제도를 두지 않고 있었으나 2012년 개정법에서는 당사자가 감정신청을 하지 않는 경우라도 법원이 전문적인 문제에 감정이 필요하다고 인정하면 자격을 갖춘 감정인에게 위탁하여 감정을 하도록 하고 있다(민소법 제76조 제2항). 이에 따라 위의 감정을 위한 석명제도는 별 의미가 없어졌다고 할 수 있다.

이와 같은 사법감정(司法鑑定: 公鑑定) 이외에 당사자가 제소 전 혹은 절차진행 중 법원의 동의를 얻지 않고 감정기관에 위탁하여 사감정(私鑑定)[62]을 실시하는 경우도 있으나 이와 같은 사감정에 대하여는 상대방이 대부분 이의를 제기하여 재감정을 신청하므로(〈증거규정〉 제28조) 별 의미가 없다고 한다.

(나) 감정기구 또는 기관의 확정

감정신청에 대하여 법원이 동의하면 양 당사자는 합의하여 감정기구 혹은 감정인을 확정할 수 있으며, 합의가 되지 않는 경우에는 법원이 이를 지정한다(민소법 제76조 제1항, 〈증거규정〉 제26조).[63] 감정기구 혹은 감정인의 자격, 관리 등에 관하여는 별도로 정하고 있다. 사법감정의 감정인과 감정기구에 대하여는 등기제도를 시행하여 관리하며 전국적으로는 국무원의 사법행정부문이 이를 주관하며 각 성의 사법행정부문이 감정인과 감정기구의 등기를 관장한다.[64]

---

61) 2012년 3월에 개정된 형사소송법에서 먼저 감정의견이라는 용어를 사용하였다.

62) 자행위탁감정(自行委托鉴定)이라 한다. 이 경우도 국가가 관리하는 감정기관에 해야 하는 점에서 감정기관이나 감정인은 공감정에서와 같다.

63) 우리의 경우는 법원이 지정하는 점에서 다르다.

64) 〈全国人大会常委会关于司法鉴定管理问题的决定〉(2005-02-28) 제2조 및 제3조. 전인대 상무위원회의 이 결정에 따라 같은 해(2005년) 잇달아 〈司法鉴定机构登记管理办法〉(中华人民共和国司法部令 第96号)과 〈司法鉴定人登记管理办法〉이 공포되어 사법감정인과 사법감정기구의 등기업

(다) 감정의견서의 작성

감정인은 감정이 필요한 사건의 소송자료를 볼 권리가 있으며, 필요한 경우에는 당사자, 증인을 심문할 수 있다. 감정인은 감정의견을 서면으로 제출해야 하며, 감정서에 서명 혹은 날인해야 한다(민소법 제77조 제2문). 감정인은 독립하여 감정을 실시하여 감정서를 작성해야 하며 다수의 감정인이 참가한 경우 의견이 일치하지 않는 경우에는 감정서에 이를 기재하여야 한다.

법원은 제출된 감정의견서에 대하여 ① 위탁인의 성명 또는 명칭, 감정위탁의 내용, ② 감정위탁한 재료, ③ 감정의 근거 및 사용된 과학기술수단, ④ 감정과정에 대한 설명, ⑤ 명확한 감정결론, ⑥ 감정인의 감정자격에 대한 설명, ⑦ 감정인 및 감정기구의 서명과 날인 등을 조사하여야 한다(〈증거규정〉 제29조).

3) 감정인의 출석증언과 재감정

(가) 감정에 대한 이의

당사자가 감정의견에 이의가 있거나 법원이 감정인이 출석할 필요가 있다고 인정하는 경우에는 감정인은 출석하여 증언을 해야 한다. 법원의 통지를 받고도 출석을 거부하여 증언하지 않는 경우에는 감정의견을 사실인정의 근거로 할 수 없다. 이 경우 감정비용을 지불한 당사자는 그 반환을 요구할 수 있다(민소법 제78조).

(나) 재감정

중국의 재판실무에서는 이제까지 중복되는 감정으로 인한 폐해가 심하였으며 이를 타개하기 위하여 다음과 같은 경우에 해당함을 증거를 제출하여 증명한 때에만 재감정을 허용하도록 하였다(〈증거규정〉 제27조 제1항).

① 감정기구나 감정인이 관련 자격을 갖추지 못하였던 경우
② 감정절차에 중대한 법률위반이 있었던 경우
③ 감정의견에 명백히 근거가 부족한 경우
④ 질증(質證)을 통하여 증거로 사용할 수 없는 기타 사정이 있음이 인정된 경우

다만 결함 있는 감정의견이라도 보충감정이나 재질증(再質證) 혹은 보충질증 등의 방법으로 해결할 수 있는 경우에는 재감정을 허락하지 않는다(동조 제2항).

4) 전문가보조인[专家辅助人]제도

2001년 〈증거규정〉에서는 전문가보조인제도를 신설하였다(제61조). 전문가보조인

무에 관한 사항을 규율하게 되었다. 한편 감정업무의 절차에 관한 사항은 2007년 사법부가 〈司法鉴定程序通则〉(司法部令 第107号)을 내려 감정의 위탁과 수리, 사법감정의 실시, 감정서의 작성 등에 관한 사항을 규율하고 있다.

은 당사자의 초빙을 받아 전문적인 문제에 대하여 당사자가 법원에 설명하는 것을 도와주고 질증절차에서 당사자를 도와주는 전문적 지식을 가진 사람을 말한다. 전문가보조인과 감정인은 우선 선임방식이 다르다. 감정인은 주로 법원이 선임하거나 당사자 쌍방의 합의에 의하여 정하므로 원고측 감정인, 피고측 감정인의 구별이 없으나 전문가보조인은 각자가 자기를 위한 전문가보조인을 초빙하기 때문에 각자 개별적으로 둘 수 있다.

그리고 감정인은 자기의 감정의견을 제출하는 자이나 전문가보조인은 의견을 내지 않고 소송에서 당사자 일방의 설명, 질증(質證) 등을 도와주므로 그 기능이 감정인과 다르다.

당사자는 법원에 1 내지 2인의 전문가보조인의 초빙을 신청할 수 있으며 그 허부(許否)는 법원이 정한다. 그리고 허용되는 경우 그 비용은 신청한 사람이 부담한다(〈증거규정〉 제61조 제1항). 전문가보조인은 소송 중 다음과 같은 권한을 가진다.

(가) 질문권

설명이 필요한 전문적인 문제를 이해하기 위하여 전문가보조인은 감정인을 포함하여 모든 소송참여인에게 발문(發問)할 수 있다.

(나) 설명권

전문가보조인은 분명히 해야 할 전문적인 문제에 대하여 법정에서 설명할 권리를 가진다.

(다) 대질권

양측이 모두 전문가보조인을 초빙한 경우에는 상대방의 전문가보조인과 사건 중의 문제에 대하여 대질을 요청할 권리를 가진다.

(라) 보수청구권

전문가보조인은 초빙한 측에 대하여 보수를 청구할 권리를 가진다.

한편 전문가보조인은 출석의무를 부담하며, 공정하게 진술할 의무를 부담한다.

2012년 개정법에서는 제79조를 신설하여 "당사자는 법원에 전문지식을 가진 자에게 출석하여 감정인이 제출한 감정의견이나 전문적 문제에 대하여 의견을 제출할 것을 통지해 달라고 신청할 수 있다"라고 규정하고 있다.

(8) 검증조서[勘验笔录]

1) 의 의

검증조서는 법원이 재판관계인간에 다툼 있는 현장(토지, 산림, 택지 등) 또는 물건에 대하여 검증[관찰, 측량, 도시(圖示), 촬영 등]을 하고 그 결과를 기록한 것을 말한다. 중요한 것으로는 현장검증조서, 물증검증조서와 신체검증조서가 있다. 검증의 공정성을 확보하기 위하여 감정인과 마찬가지로 검증인에 대하여도 회피를 할 수 있으며(민소법 제44조 제4항), 당사자에게 재검증신청권도 주어져 있다(그 허부는 법원이 정한다. 민소법 제139조). 검증조서는 조사의 결과를 담은 것임에도 불구하고 서증이나 물증(민소법 제63조 제2호 및 제3호)과 함께 증거의 종류로 되어있는 점이 특이하다.

2) 작 성

검증조서는 당사자의 신청에 의하여 작성하는 경우와 법원이 직권으로 작성하는 경우가 있다. 당사자가 신청하는 경우에는 검증의 대상과 검증을 통하여 증명하려는 사건사실을 적시해야 하며, 검증물이 상대방 혹은 제3자의 점유하에 있는 경우에는 그 상황을 설명해야 한다.[65)]

물증 또는 현장을 검증함에 있어서 검증인은 법원의 증명서를 제시하여야 하며, 현지의 기층인민조직 혹은 당사자 소속 단위에 사람의 파견을 요청하여 참가하게 하여야 한다. 또한 당사자 혹은 당사자의 성년가족도 검증에 참가하여야 하나 이들이 참여를 거부하여도 검증의 진행에는 영향이 없다(민소법 제80조 제1항). 한편 유관 단위나 개인은 법원의 통지에 따라 현장을 보존하고 검증작업에 협조할 의무가 있다(동조 제2항). 검증인은 검증상황 및 결과를 조서로 작성하고 검증인, 당사자 및 요청에 의하여 참가한 자가 서명 또는 날인을 해야 한다(동조 제3항, 〈증거규정〉 제30조).

검증조서는 문자의 기재를 주로 하나 사진, 촬영, 측량, 도면을 보조수단으로 할 수 있다. 검증도중 전문적인 기술적 문제에 봉착(逢着)하는 경우에는 감정인에게 참가를 통지할 수 있다.[66)]

제3절 증거보전(證據保全)

Ⅰ. 증거보전의 의의

증거보전이라 함은 증거가 멸실될 가능성이 있거나 이후에는 취득하기 어려운 사정

65) 谭兵, 李浩 主编, 前揭 民事诉讼法学, 184面 참조.
66) 上揭書 同面.

이 있는 때에 당사자 또는 이해관계인의 신청에 따라 또는 법원의 직권으로 조치를 취하여 증거를 확보해 두는 제도를 말한다(민소법 제81조). 증거보전은 제소 전에 신청에 의하여 하는 경우와 제소 후 개정심리 전에 하는 소송 중의 증거보전으로 나눌 수 있다. 2012년 개정에서는 과거 74조를 대폭 개정하여 제81조로 하였다.

Ⅱ. 증거보전의 요건

1. 멸실우려 등

민사소송법 제81조에 의하면 증거가 멸실될 우려가 있거나 이후에는 취득하기 어려운 사정이 있는 때에 한하여 보전조치를 할 수 있도록 하고 있다. 증거가 멸실될 우려가 있는 경우라 함은 예컨대, 증인이 연로(年老)하거나 질병이 있어 사망의 가능성이 있는 경우라든가, 소송증거가 될 물건이 변질, 부패 기타의 사정으로 증명력을 상실할 가능성이 있는 경우와 같이 즉시 보전조치를 취하지 않으면 소송상 증거로 사용할 수 없는 사정이 있는 경우를 말한다. 또한 즉시 보전조치를 취하지 않으면 이후에는 취득하기 어려운 사정이 있는 경우라는 것은 증거를 취득할 방법이 없다는 것을 의미하지는 않으며, 예컨대 증인이 외국으로 유학을 가려고 한다거나 이민을 가려고 하는 등과 같이 이후의 조사취증이 비교적 어려운 경우를 말한다. 이상의 둘 중의 하나의 요건을 갖추면 증거보전조치를 취할 수 있다.

2. 개정 전(開庭前)일 것

개정 후에는 증거조사단계에 들어가기 때문에 증거보전의 필요가 없다.[67] 따라서 증거보전은 제소 전 혹은 제소 후 개정심리 전에 할 수 있으며 제소 후에 당사자가 신청하는 경우에는 거증기한 만료 7일 이전이어야 한다(〈증거규정〉 제23조 제1항).

Ⅲ. 증거보전의 종류

1. 제소 전 증거보전

개정 전 민사소송법에는 제소 전 증거보전에 관한 규정이 없었다. 다만 〈증거규정〉

67) 张卫平 著, 前揭 民事诉讼法(第二版), 200面 참조. 그러나 이렇게 제한할 필요가 있는지 의문이다.

제23조 제3항이 법률이나 사법해석이 제소 전 증거보전을 규정하고 있는 경우에는 그 규정에 따른다고 하고 있었다. 예컨대 특허법,[68] 상표법,[69] 저작권법[70] 등의 최근 개정에 의하여 지적재산권자는 제소 전에도 법원에 증거보전 신청을 할 수 있게 되었으며[71] 법원이 신청을 수리하는 경우에는 담보의 제공을 명할 수 있다.

그러나 2012년 개정에서 제81조 제2항을 신설하여 제소 전 증거보전을 민사소송법이 명문(明文)으로 인정하게 되었다. 즉 이해관계인[72]은 긴급한 상황으로 인하여 증거가 멸실되거나 이후에는 취득하기 어려운 사정이 있는 경우에 소제기 전 혹은 중재신청 전에 증거보전을 신청할 수 있다고 하였다.

제소 전에 증거보전을 하는 경우는 이해관계인의 신청이 있는 때에 한하며 직권으로는 보전을 할 수 없다. 신청은 서면으로 해야 하며 서면에는 보전이 필요한 증거의 종류, 그 증거로 증명하려는 사실, 증거보전신청을 하는 이유를 기재해야 한다.

2. 소송 중의 증거보전

민사소송의 개시 혹은 진행 중에 취하는 보전조치로 그 성질과 목적은 소송 전의 증거보전과 같다. 당사자의 신청에 의하는 경우가 대부분이겠으나, 소송 중 법원이 증거가 멸실될 가능성이 있거나 이후에는 취득하기 어려운 사정이 있음을 발견한 때에는 당사자의 신청이 없더라도 능동적으로 보전조치를 할 수 있다(제81조 제1항). 이는 법원에 증거의 조사수집의무를 부과한 것과 보조를 같이 하는 것으로 볼 수 있다(민소법 제64조 제2항, 제65조 참조). 2012년 개정 전에는 신청의 주체를 소송참가인으로 하고 있었으나 개정법에서는 이를 더 한정하여 당사자로 하였다.

Ⅳ. 증거보전의 관할

증거보전의 관할법원은 제소 전 증거보전인지 소송 중 증거보전인지에 따라 다르다. 제소 전 증거보전은 증거소재지, 피신청인의 주소지 혹은 그 사건에 대한 관할권

---

68) 〈最高人民法院关于对诉前停止侵犯专利权行为适用法律问题的若干规定〉[法释(2001) 20号] 제16조 제1항.

69) 〈中华人民共和国商标法〉 제58조 제1항.

70) 〈中华人民共和国著作权法〉(2010年 修正) 제50조.

71) 해사소송에 있어서도 제소 전에 보전될 증거소재지의 해사법원에 증거보전신청을 할 수 있도록 되어있다[〈中华人民共和国海事诉讼特别程序法〉(中华人民共和国主席令 第28号) 제5장 제63조].

72) 제소 전이므로 당사자라 할 수 없다.

있는 법원에 신청할 수 있도록 하고 있다(민소법 제81조 제2항). 그러나 제소 전 증거보전은 일반적으로 공증기관의 관장사항으로 되어있다(공증법[73] 제11조).[74] 따라서 일반적인 경우에는 증인소재지, 물증소재지의 공증기관에 신청을 하게 되며 예외적인 경우에만 법원에 제출할 수 있도록 되어있다. 신청을 접수한 법원은 반드시 48시간 이내에 신청을 받아들일지에 대한 재정을 해야 하며 신청을 받아들인 경우는 즉시 집행을 해야 한다. 또 보전조치를 취한 후 신청인이 15일 이내에 제소하지 않는 경우에는 이를 해제해야 한다. 이에 비해 소송 중의 증거보전신청은 그 수소법원에 하게 된다.

V. 증거보전의 방법

2012년 개정 전에는 증거보전의 방법에 대하여 특별한 규정을 두고 있지 않았다. 이에 비해 개정법에서는 제81조 제3항을 신설하여 증거보전의 기타 절차는 본법 제9장의 보전관련 규정을 참조하여 적용한다고 규정하였다. 이에 따라 민사소송이 규정하고 있는 증거방법(민소법 제63조 제1항에 규정된 8가지 종류)에 따라 보전조치의 방식이 달라질 것이다. 예컨대 증인에 대하여는 증언을 청취하여 조서를 작성해 두거나 녹음 또는 녹화를 할 수 있을 것이며, 물증의 경우는 사봉(查封), 구압(扣押)을 할 수 있을 것이다. 또 때에 따라서는 감정이나 검증을 하여 조서를 작성해두거나 촬영, 녹화를 하거나 원물을 보존하는 방법을 취할 수도 있을 것이며, 서증의 경우도 촬영 또는 복제의 방법을 취할 수 있을 것이다(〈증거규정〉 제24조 제1항).

법원이 증거보전조치를 취하는 경우에는 당사자 혹은 소송대리인의의 참여를 요구할 수 있다(〈증거규정〉 제24조 제2항). 당사자 혹은 소송대리인이 반드시 참가해야 보전을 할 수 있는 것은 아니며, 중국의 재판실무에서는 일반적으로 당사자에게 참가통지를 하지 않는다고 한다.[75]

---

73) 공증기관과 공증업무를 규율하기 위하여 2005년 공증법(〈中华人民共和国公证法, 中华人民共和国主席令第三十九号〉 2005-08-28)이 제정되어 2006년 3월 1일부터 시행되고 있으며, 이 법 제11조에 의하면 공증기구는 자연인, 법인 기타 조직의 신청을 받아 증거보전을 할 수 있게 되어있다.

74) 谭兵, 李浩 主编, 前揭 民事诉讼法学, 186面 참조.

75) 上揭書, 187面.

제4절 민사소송 중의 증명

Ⅰ. 증명의 대상과 불요증사실

1. 증명의 대상

재판에 있어서 증명이 필요한 사항과 증명이 필요없는 사항을 가리는 것은 불필요한 증거조사를 방지하여 효율적인 심리활동을 하는 데 중요하다. 증명의 대상은 당사자에게는 증거의 수집제공의 범위를 확정해 줄 뿐만 아니라 질증(質證)과 변론의 범위를 정해주는 점에서, 법원에게는 심리의 대상을 정해주고 증거조사의 범위를 확정해 주는 점에서 매우 중요한 작용을 한다.

당사자에게 증명의 목적은 법관을 설복하여 자기가 주장한 사실을 믿게 하여 궁극적으로 자기에게 유리한 재판을 이끌어내는 것이며, 법원으로서는 다툼 있는 사실의 진위를 가려 자기의 재판의 근거를 확립하는 것이 그 목적이다. 따라서 사실(事實)은 가장 기본적인 증명의 대상이 된다.

법률은 원래 법원의 소관사항이므로 일반적인 경우에는 증명의 대상이 되지 않으나 특수한 경우에는 증명을 할 필요가 있으며, 경험칙도 일반적인 것은 증명할 필요가 없으나 특수한 것은 법관도 모를 수 있으므로 증명의 대상이 된다.

(1) 사 실

민사재판은 법률을 대전제(大前提)로 하고 사실을 소전제로 하여 추론(推論)을 통하여 결론을 얻어내는 것이므로 소전제(小前提)인 사실을 먼저 확정해야 한다. 따라서 사실은 가장 기본적인 증명의 대상이다.

사실은 외부에서 인식할 수 있는 외계의 사실과 고의나 과실과 같은 내심의 사실로 구분될 수 있으나 모두 증명의 대상이 된다.

또 민사소송에서는 사실을 주요사실, 간접사실, 보조사실로 나누나 모두 일단 증명의 대상이 된다고 볼 수 있다. 이 중 가장 중요한 것은 주요사실이다. 민사분쟁은 권리나 법률관계의 발생, 변경, 소멸을 둘러싼 다툼이며, 권리나 법률관계의 발생, 변경, 소멸은 실체법규가 정한 요건사실 즉 주요사실이 채워진 경우에 일어나기 때문이다. 그러나 자기가 주장하는 주요사실을 증명할 수 없는 경우에는 간접사실을 주장하여 주요사실을 이끌어낼 필요가 있으므로 간접사실도 그 한도 내에서 증명의 대상이 된다. 그리고 증거의 신빙성(증명력의 유무 및 대소)에 영향을 주는 보조사실도 간접적으로 주요사실의 존부에 대한 법관의 판단에 영향을 줄 수 있으므로 증명의 대상이 될 수가 있다.

한편 소송절차와 관련된 사실(절차법적 사실)도 증명의 대상이 된다. 예컨대 중재합의의 사실이나 관할합의의 사실 등은 이를 주장하는 경우 증명이 필요하다.

(2) 경험법칙(經驗法則)

경험법칙은 생활경험의 축적으로부터 귀납적(歸納的)으로 추출해낸 사물자연의 이치를 말하는 것이다. 이러한 경험법칙은 법관의 사실관계에 대한 심증형성에 있어서는 사용되는 법칙이다. 특히 일정한 간접사실로부터 주요사실을 추론해내는 사실상의 추정에서 매우 중요한 역할을 한다.

경험법칙이 증명의 대상이 되는지에 관하여는 다툼이 있다. 부정설[76]은 경험칙은 일정한 사실을 소전제로 하여 작용하는 일종의 대전제의 기능을 하므로 법률과 마찬가지로 증명의 대상이 되지 않는다고 한다. 그러나 경험법칙에는 건전한 상식을 가진 일반인이면 모두 알 수 있는 것이 있는가 하면 과학, 기술, 예술에 상당한 조예가 있는 경우에만 알 수 있는 경험칙이 있으므로 후자의 경우만 증명의 대상이 된다는 견해도 있다.[77]

(3) 법 규

법규는 법률전문가인 법관이 알아야 할 것이므로 일반적인 경우에는 증명의 대상이 되지 않는다. 다만 외국법이나 지방법규,[78] 특수한 관습법과 같은 것은 법관으로서도 모를 수 있고 오히려 당사자가 더 잘 알고 있을 수가 있으므로 증명의 대상이 된다.

2. 불요증사실

위에서 말한 바와 같이 경험칙이나 법규는 특수한 경우를 제외하고는 증명의 대상이 되지 않는다. 반면에 사실은 원칙적으로 모두 증명의 대상이 되나 특수한 경우에는 사실임에도 증명을 요하지 않는 경우가 있다. 이를 특히 불요증사실이라 부른다. 민사소송법에는 규정이 없으나 〈증거규정〉 제8조와 제9조는 증명을 요하지 않는 사실을 명정(明定)하고 있다.

---

76) 예컨대 谭兵, 李浩 主编, 前揭 民事诉讼法学, 205面.
77) 예컨대 张卫平 著, 前揭 民事诉讼法(第二版), 204面.
78) 중국의 인민대표대회나 중앙정부가 만든 것이 아니라 각 성(省) 인민대표대회 혹은 성의 정부가 만든 법규를 말하며 중국에서는 地方性法規라 한다.

(1) 소송상 자백한 사실(재판상 자백)[79]

1) 의 의

소송상 자백은 일방당사자가 소송 중 상대방의 자기에 대한 불리한 진술을 시인하는 것, 즉 상대방의 진술과 일치하는 진술을 하는 것을 말한다. 사실에 대한 시인인 점에서 청구의 인낙[80]과는 다른 개념이다.

중국의 민사소송에 잠류(潛流)하는 국가간예원칙과 진실절대주의에 의한다면 양 당사자의 일치하는 진술이 있었다고 하여 법원이 이에 구속된다는 생각을 할 수 없다. 원래 소송상의 자백은 변론주의의 구성부분이며 국가간예주의와 진실절대주의하에서는 변론주의가 들어설 자리가 없기 때문이다. 따라서 중국의 민사소송법에는 재판상 자백에 관한 규정이 없다.[81] 그러나 1990년대부터는 학자들을 중심으로 구소련식의 사회주의 민사소송으로부터 탈피하려는 경향을 보여왔으며[82] 그 결과 2001년 최고인민법원은 〈증거규정〉을 반포하게 되었다.[83] 여기에 소송상 자백에 관한 규정을 두게 되었으며(〈증거규정〉제8조), 그 내용은 우리의 제도와 비슷하다.

그러나 실무에서는 소송상 자백제도의 운용을 둘러싸고 여전히 고민을 하는 부분이 적지 않다. 뒤에 보는 바와 같이 재판상 자백의 효력과 관련하여 학자들 사이에도 아직 의견이 일치되지 않는 부분이 있다.

---

79) 중국에서는 자백이라는 말보다는 자인(自认)이라는 용어를 많이 사용하며 〈증거규정〉상의 공식적인 용어도 자인으로 되어있다.

80) 중국에서는 소송상청구의 승인(诉讼请求的承认)이라 한다.

81) 오히려 중국 민사소송법 제75조 제1항은 법원은 당사자의 진술에 대하여 당해사건의 기타 증거와 결합하여 사실인정의 근거로 할 수 있는지의 여부를 심사·확정해야 한다고 하여 자백의 효력을 부정하는 듯한 태도를 내보이고 있다.

82) 국가간예주의와 진실절대주의에 관하여는 제1편 제2장 및 제3장 제2절(변론원칙과 처분주의 부분)을 참조할 것.

83) 1982년에 제정된 민사소송법(試行法)은 개혁개방의 초기에 만든 것으로 구소련식의 사회주의 민사소송법적인 색채가 농후하였다. 개혁개방이 궤도에 오른 시기인 1991년에 제정된 현행의 민사소송법은 시행법에 비한다면 사회주의적인 색채가 어느 정도 엷어졌다고 할 수 있으나 기본적으로는 여전히 국가간예원칙과 진실절대주의를 바탕으로 하고 있다. 이후 1990년대 중반부터 시장경제의 도입이 심화되자 학자들은 사회주의 민사소송법이 경쟁을 바탕으로 하는 시장경제체제에서는 맞지 않는다는 점을 인식하고 처분권주의와 변론주의를 바탕으로 하는 서구식의 민사소송제도로 바꾸어야 하다는 주장을 활발하게 전개하였다. 이와 같은 주장은 2001년 최고인민법원의 〈증거규정〉으로 결실을 보게 되었다. 증거규정에는 재판상 자백의 법원에 대한 구속력을 인정하고 증명책임에 관한 규정을 둠으로써 사실이 진위불명인 상태로도 재판이 마쳐질 수 있다는 점을 공식적으로 인정하여 진실절대주의(객관적 진실을 추구하는)와 결별하게 되었다. 따라서 이 〈증거규정〉은 전체 민사소송법의 운용에 일대 혁명을 가져왔다고 평가할 수 있을 것이다.

2) 소송상 자백의 요건

(가) 사실상의 진술에 대한 것일 것

재판상 자백은 자기에게 불리한 주요사실을 시인하는 것을 말한다. 간접사실이나 보조사실에 대한 일치하는 진술은 자백의 효력이 없다. 간접사실이나 보조사실에 대한 자백을 인정하면 법관의 자유심증권한을 지나치게 제한하는 결과가 되기 때문이다.[84] 사실에 대하여만 인정되므로 권리주장에 대하여는 자백이 인정되지 않는다.[85]

(나) 자기에게 불리한 진술일 것

자기에게 불리한 진술에 한하여 자백의 효력이 발생하며 자기에게 유리한 주장에 대한 일치하는 진술에는 자백이 성립하지 않는다. 자기에게 불리한 진술의 의미를 상대방의 증명책임을 면제시켜주는 자백의 효력을 중시하여 상대방에게 증명책임이 있는 사실로 보는 경우도 있으나, 널리 그 시인으로 인하여 패소의 가능성이 초래되는 사실로 보기도 하다.[86]

(다) 소송 중의 진술일 것

소송이 진행되는 도중에 하는 진술이어야 한다. 이 점과 관련하여 우리의 경우는 변론 중의 진술에 한하여 자백이 성립하며 설사 증거조사과정(당사자본인신문)에서 상대방의 진술과 일치하는 진술이 나오더라도 자백이 성립하지 않는 것으로 본다. 그러나 중국의 경우는 증거교환과정 및 개정심리과정으로 넓게 보고 있다. 증거의 교환과정에서도 자백을 인정하여 쟁점을 좁히고 증거조사의 대상을 축소하는 효력을 중시하기 때문이다.[87] 소장이나 답변서에 자기에게 불리한 사실을 기재한 경우에도 자백은 성립한다(〈증거규정〉 제74조).

(라) 상대방의 주장과 일치할 것

상대방의 진술이 먼저 있고 후에 일치하는 진술을 하는 경우는 물론 자기가 먼저 불리한 진술을 하고 이를 상대방이 원용한 경우에도 자백이 성립한다(선행자백).

상대방의 자백과 완전히 일치하지 않아도 일치하는 범위에서는 자백이 인정된다. 예컨대 1만 위안의 대여사실 주장에 대하여 3천 위안의 대여주장은 그 한도 내에서 자백이 성립한다. 또 1만 위안의 대여주장에 대하여 증여라고 주장하는 경우는 1만 위안의 금전수수사실에 대하여 자백이 성립한다. 변제항변의 경우에 대여사실에 대한 자백이 성립함은 물론이다.

---

84) 谭兵, 李浩 主编, 前揭 民事诉讼法学, 192面.
85) 张卫平 著, 前揭 民事诉讼法(第二版), 206面.
86) 谭兵, 李浩 主编, 前揭 民事诉讼法学, 192面.
87) 上揭書 同面.

진술은 명시적이어야 하는지에 관하여 중국의 민사소송법에는 자백간주(自白看做) 규정이 없고 실무상으로도 명시적이어야 한다고 하여왔으나, 〈증거규정〉의 공포와 동시에 묵시적 진술도 인정되게 되었다. 즉 일방당사자의 진술에 대하여 상대방 당사자가 시인도 부인도 하지 않는 경우에는, 법원이 충분히 설명을 해주고 물어본 후, 그럼에도 불구하고 긍정 혹은 부정의 의사표시를 하지 않는 경우에는 시인한 것으로 본다(〈증거규정〉 第8조 第2항: 일종의 자백간주).

당사자 본인 또는 법정대리인의 진술이 자백을 성립시키는 것은 물론이고 소송대리인의 진술도 자백이 된다. 즉 위탁대리인이 소송에 참가하는 경우에 그 대리인의 시인은 일반적으로 당사자의 시인으로 보며, 당사자가 법정에 출석하였으면서도 소송대리인의 시인을 당사자가 부인하지 않으면 당사자가 시인한 것으로 본다(반대 해석으로 당사자는 경정권을 가진다). 다만 그 자백으로 인하여 상대방의 청구를 인낙하는 것으로 이어지는 경우에는 특별수권을 받지 않은 소송대리인의 시인은 자백이 되지 않는다(〈증거규정〉 第8조 第3항).

3) 소송상 자백의 효력

소송상 자백이 성립하면 우선 상대방의 증명책임이 면제되어 불요증 사실로 된다(〈증거규정〉 第8조 第1항). 다만 신분관계소송에서는 예외이다(동조 제1항 단서). 신분관계를 다루는 가사소송제도가 따로 없는 중국에서는 신분관계분쟁도 민사소송절차에 의하여 다루게 되며[88] 이 경우는 실체적 진실이 중요하므로 법원이 필요하다고 인정하면 직권으로 증거조사하거나 당사자에게 증명을 요구할 수 있게 한 것이다. 이와 같은 증명책임의 면제 이외에도 자백은 당사자와 법원에 대하여 구속력을 발휘하게 된다.

(가) 당사자에 대한 구속력

당사자는 자백한 사실을 함부로 철회하지 못한다. 다만 ① 개정변론 종결 전에 당사자의 동의를 얻은 경우, ② 충분한 증거로 자백이 상대방의 협박이나 중대한 착오로 인한 것임과 사실과 부합하지 않는다는 점을 증명한 경우에는 자백을 철회할 수 있다.

(나) 법원에 대한 구속력

자백이 성립한 경우에는 법원은 자백한 대로 사실인정을 하여야 하며 자백한 사실에 대하여 함부로 증거조사를 해서는 안 된다. 다만 위에서 본 바와 같이 신분관계 사

---

88) 최근 가사소송법을 제정하려는 움직임도 있다.

건에서는 법원은 증명을 요구하거나 직권으로 증거조사를 할 수 있다.

이와 같은 자백의 법원에 대한 구속력은 진실발견을 법원의 제1의 사명으로 하고 있던 중국의 전통적 민사소송 관념에서는 상당히 이질적인 것이다. 특히 민사소송법 제7조는 기본원칙으로 반드시 사실을 근거로 할 것(必须以事实为根据)을 요구하고 있으며 이때의 사실이 객관적 사실임은 널리 공인되어 왔다. 이와 같은 관점에서 본다면 당사자의 자백에 법원이 구속되어 그 진실여부를 가리지 못한다는 것은 기본원칙을 위반하는 것이라 할 수도 있다. 현재는 이미 〈증거규칙〉에서 자백의 효력을 인정하고 있으므로 자백제도 자체에 대하여 반대하는 견해는 볼 수 없다. 그러나 그 구속력이 상소심이나 재심에서도 유지되느냐에 관하여는 학설상 논란이 있다.

예컨대 제1심에서 자백을 하여 패소판결을 받은 당사자가 상소를 제기하고 상소심에서 증거를 제공하여 자백한 사실이 부합하지 않음을 증명하는 경우에 상소심에서는 제1심 판결을 취소할 수 있는가. 또 제1심, 제2심에서 자백으로 인하여 패소확정된 당사자가 증거를 제출하여 자백한 사실이 진실에 부합하지 않는다는 점을 증명하면서 재심신청을 하는 경우 그 재심신청을 받아주어야 하는가에 대하여는 학설의 대립이 있다. 1설에 의하면 모두 긍정하여 제1심 판결을 취소할 수 있으며 재심청구를 받아들여야 한다고 한다. 그 근거는 역시 만약 이를 받아들이지 않으면 민사소송법 제7조의 반드시 사실을 근거로 재판해야 한다는 기본원칙에 위배된다는 점을 들고 있다.[89] 그러나 2설에 의하면 이와 같은 경우 절차의 안정, 신의성실원칙의 위반을 들어 부정해야 한다고 한다.[90]

이와 같은 논의가 아직까지 소멸되지 않은 것은 재판이 진실에 어긋난다는 것을 법원이 알면서도 이를 묵인할 수 있느냐라는 사고가 완전히 사라지지 않은 것을 보여주는 것이며, 국가(법원)는 반드시 권리를 침해당한 공민의 권리를 찾아주어야 한다는 국가간예주의 내지는 진실절대주의가 아직도 힘을 발휘하고 있다는 증거이기도 하다.

(2) 주지(周知)의 사실 및 자연법칙과 정리(定理)

주지의 사실은 사람들이 모두 알고 있는 사실을 말하며 예컨대 2008년 5월 12일에 사천성에 대지진이 발생했던 사실과 같이 전세계에 모두 알려진 사실은 물론 소송이

89) 谭兵, 李浩 主编, 前揭 民事诉讼法学, 194面은 정면으로 이와 같은 주장을 하지는 않으나 당사자가 자백을 통하여 법률규정을 위반하거나 기타 비합법적인 목적을 달성하려 하거나 악의의 통모의 의심이 있는 경우에는 자백에 구속될 필요없이 사실에 대하여 조사를 진행해야 한다고 한다.

90) 张卫平 著, 前揭 民事诉讼法(第二版), 207~208面 참조. 다만 자백의 철회사유에 해당하는 경우는 별론이라고 한다.

진행 중인 지역의 어느 학교에서 집단적인 식중독 사건이 발생하여 수십 명의 학생이 병원에 입원했었다는 사실과 같이 일정 지역에 널리 알려진 사실도 포함된다. 법원이 직무상 알고 있는 사실도 증명을 요하지 않는다고 하여야 할 것이다. 다만 이와 같은 사실에 대하여도 상대방의 이의와 증거제출을 막는 것은 아니라고 한다.[91]

자연과학의 법칙과 정리(예컨대 기하학상의 정리)도 증명을 요하지 않음은 물론이다.

(3) 추정된 사실

경험칙을 사용하여 전제사실로부터 일정한 주요사실 내지 권리를 이끌어내는 논리적 조작을 추정이라 한다. 추정에는 법관이 재판과정에서 스스로 경험칙을 사용하여 전제사실로부터 일정한 주요사실을 추론해내는 사실상의 추정과 추정법규에 의한 추정이 있다. 전자를 사실상의 추정이라 하며 후자를 법률상의 추정이라 한다. 또 추정법규를 보면 전제사실로부터 일정한 사실을 추정하는 경우와 일정한 권리를 추정하는 것이 있으며 전자를 법률상의 사실추정, 후자를 법률상의 권리추정이라 한다.

사실상의 추정의 경우는 전제사실을 증명하여 법관이 주요사실에 대하여 심증이 형성되면 주요사실 자체는 증명할 필요가 없는 점에서 불요증사실이 되나 상대방이 반증을 제출하여 법관의 심증을 동요시키면 다시 증명을 요하는 사실이 된다. 법률상의 추정의 경우에는 추정법규에 의하여 일정한 주요사실이 인정되게 되므로 반증(反證)으로는 추정이 깨지지 않고 상대방이 법률상의 추정을 깨뜨릴 수 있는 반대사실을 주장하여 이에 대하여 법관에게 확신을 줄 때 비로소 추정이 깨지게 된다. 따라서 이 경우에는 증명책임이 전환되며 추정을 깨뜨리려는 당사자의 증명은 본증(本證)이 된다.

〈증거규정〉 제9조 제3호는 법률의 규정 혹은 이미 알려진 사실과 일상생활의 경험법칙에 의하여 추정될 수 있는 사실을 불요증사실로 정하고 있다. 전단은 법률상의 추정을, 후단은 사실상의 추정을 말하는 것으로 해석할 수 있다.

(4) 다른 절차에서 확정된 사실

〈증거규정〉 제9조 제4호 및 제5호는 ① 이미 법률적 효력이 발생한 재판에서 확인된 사실과 ② 이미 효력이 발생한 중재기구의 재결(裁決)[92]에서 확인된 사실을 불요증사실로 규정하고 있다.[93]

법률적 효력이 발생한 판결이라 함은 확정된 형사판결, 행정판결 및 민사판결을 의미한 것으로 보며 이미 이와 같은 판결에서 확인된 사실은 더 이상 증명할 필요가 없

---

91) 谭兵, 李浩 主编, 前揭 民事诉讼法学, 194面; 张卫平 著, 前揭 民事诉讼法(第二版), 205面 등.
92) 중국에서는 중재판정을 중재재결(仲裁裁决)이라 부른다.
93) 이와 같은 효력을 중국에서는 예결적 효력(预决的效力)이라 한다.

다는 취지이다. 이와 같이 취급하는 것은 소송의 효율성을 제고하고 상호모순된 판결이 나오는 것을 방지하고자 하는 취지이나 판례상 증명효(證明效)만 인정되는 우리 민사소송제도와 비교하면 과도한 느낌이 있다. 진실절대주의와 관련이 있는 재심이 광범위하게 인정되는 중국의 민사소송제도에서 기판력이 인정될 수 있는지에 관하여 상당히 논란이 있으며 민사소송법에서는 확정된 판결을 법률적 효력이 발생한 판결이라는 애매한 표현을 사용하고 있다. 만약 기판력의 개념을 인정하는 입장이라면 증거법상의 이 규정은 기판력의 객관적 범위를 판결이유 중의 사실인정에까지 넓히는 것과 유사한 점이 있어 주목된다.[94)]

이 규정의 적용과 관련하여서는 다음과 같은 경우에는 신중한 적용이 요청된다는 주장이 있다.[95)]

1) 특별절차에서 인정한 사실

중국 민사소송법 제2편 제15장은 선거자격사건, 실종선고, 사망선고사건, 행위무능력 내지 행위능력제한사건 등 비송사건에 해당하는 사건을 심판하는 특별절차를 정하고 있다. 이와 같은 절차 중의 사실은 예컨대 미성년자가 성년자로 되는 것과 같이 시간의 경과에 따라 사실이 변화할 수 있으므로 여기서 확정된 사실을 불요증사실로 인정할 것인지는 신중한 판단이 요구될 것이다.

2) 형사판결에서 인정한 사실

형사판결에 유죄의 확정판결을 받은 경우는 예컨대 상해의 사실이나 비방(誹謗)의 사실이 확정되는 것이고 후에 손해배상을 구하는 민사소송에서 재차 증명할 필요가 없을 것이다. 무죄판결을 받은 경우는 ① 범죄사실이 부정되어 무죄의 판결을 받는 경우와 ② 증거부족 등의 원인으로 무죄판결을 받는 경우가 있을 것이다. 전자의 경우에는 예컨대 불법행위를 이유로 손해배상을 구하는 후소(민사소송)에서도 불법행위가 없었다는 점을 증명할 필요가 없을 것이나, 후자의 경우는 형사소송과 민사소송에서 요구하는 증명의 정도가 다르기 때문에 형사소송에서의 무죄판결이 곧 민사소송에서도 불법행위가 없었다는 것으로 되지는 않을 것이다.

3) 전소에서의 절차보장

이와 같은 후소에서의 증명불요의 효력이 인정되기 위해서는 전소절차에서 당사자

---

94) 谭兵, 李浩 主编, 前揭 民事诉讼法学, 195面. 그러나 이는 증명불요의 효력이 인정되는 것이지 전소판결 중의 사실인정을 공격할 수 없다는 취지는 아닌 점에서 완전한 기판력으로 볼 수는 없다고 본다. 즉 법원을 구속할 수는 있어도 상대방 당사자를 구속할 수는 없을 것이다.

95) 上揭書 同面.

의 공격방어 기회가 충분이 보장되었어야 하며 예컨대 결석판결이나 자백에 의한 판결이었던 경우에는 이 규정을 적용해서는 안 될 것이다.

4) 상대방의 공격

이 효력은 법원의 사실인정과 관련하여 전소판결과 다른 사실인정을 할 수 없으며 당사자에게 증명을 요구할 수 없다는 점에서는 의미가 있으나 상대방도 더 이상 공격할 수 없다는 취지는 아닌 것으로 해석해야 한다. 따라서 상대방이 반대의 증거를 들어 이를 공격하는 경우에는 법원이 다시 사실확정을 위한 조사를 해야 한다.[96)]

중재판정에서 확정된 사실도 같은 취급을 한다는 점을 주의해야 한다.

(5) 공증된 사실

법정절차를 거쳐 공증된 법률행위, 법률사실 및 문서는 법원이 사실인정의 근거로 하여야 한다. 다만 공증을 번복하기에 충분한 반증이 있는 경우에는 그러하지 않다(민소법 제69조, 〈증거규정〉 제9조 제6호). 따라서 당사자의 주장사실이 이미 공증을 통하여 증명된 경우에는 불요증사실로 된다.

그러나 이는 절대적인 것은 아니며 당사자가 반증(법문상으로는 반증으로 되어있으나 정확한 의미의 반증은 아닐 것이다)을 들어 이를 뒤집을 수 있으며 이 경우에는 다시 그 사실을 주장한 사람이 증명을 해야 한다.

Ⅱ. 증명의 과정

1. 증거의 제출과 증거의 교환

(1) 거증기한(擧證期限)의 지정과 실권효

1) 거증기한의 개념과 실권효

(가) 거증기한의 개념

거증기한[97)]이라 함은 소송 중 당사자가 법원에 증거를 제출할 수 있는 기간을 말한

96) 따라서 그다지 큰 의미가 있는 것은 아니다. 왜냐하면 상대방의 다툼을 통하여 법원은 결국 전소와 다른 사실확정을 할 수도 있기 때문이다. 우리 판례의 경우도 전소판결에서의 사실인정은 이른바 증거효를 가진다고 보는 점에서 이와 유사한 효력을 가져올 수 있다.

97) 〈증거규정〉상의 정식명칭이 거증기한(擧證期限)이므로 그대로 사용하기로 하나 엄밀히 말하면 소송자료를 제출할 기간을 말한다. 중국에서는 흔히 재판의 근거 즉 소송자료를 증거라는 말로 표현을 하며 여기에는 사실주장과 증거가 포함되는 것으로 보아야 할 때가 많다. 예컨대 민사소송법 제63조는 증거의 종류로 당사자의 진술을 같이 규정하고 있는 것과 같다. 여기의 당사자의

다. 민사소송법에는 거증기한제도가 없었으며 철저히 수시제출주의(隨時提出主義)로 실무가 운영되었으므로[98] 시기에 늦게 제출하는 증거를 배척할 수 없었으며 이에 따라 소송이 지연되었었다. 그러나 〈증거규정〉이 공포된 후에는 이른바 거증기한(증거제출기한)을 정하게 되었으며 이 기간 내에 증거를 제출하지 않으면 실권되게 되었다(〈증거규정〉 제34조 제1항). 즉 2001년 증거규정의 제정을 계기로 수시제출주의는 기한 내 제출주의로 변경되었다. 2012년 개정법에서는 이와 같은 〈증거규정〉상의 원칙을 수용하여 우선 적시제출주의를 천명하고 그 위반에 대한 조치를 규정하게 되었다(제65조와 제66조를 신설). 이에 의하면 당사자는 자기가 제출한 주장에 대하여 적시(제때에)에 증거를 제공하여야 한다(민소법 제65조 제1항). 그리고 법원은 당사자의 주장과 사건의 심리상황을 감안하여 당사자가 증거를 제출할 기간을 확정해야 하며, 당사자가 그 기간 내에 증거를 제출하기 곤란한 경우에는 법원에 그 기한의 연장을 신청할 수 있다. 당사자가 그 기한을 넘겨 증거를 제출하는 경우에는 법원이 그 이유를 설명하도록 명할 수 있으며, 이에 불응하거나 설명한 이유가 성립하지 않는 경우에는 상황에 따라 그 증거를 채택하지 않거나 증거를 채택한 후 훈계하거나 벌금을 부과할 수 있다(같은 조 제2항).

법원은 사건에 대한 수리통지서와 응소통지서를 보낼 때 거증통지서(擧證通知書)를 함께 송달한다. 이 거증통지서에는 법원이 사건에 따라 지정한 거증기한[99]과 이를 어긴 경우의 법적효과를 적게 되어있다(〈증거규정〉 제33조 제1항).[100]

당사자가 기간 내에 증거자료를 제출한 경우에는 법원이 그 인수증[收据]을 발급해야 하며, 여기에는 증거의 명칭, 면수, 개수, 원본인지 복사본인지, 받은 시간 등을 적고 담당 직원이 서명 혹은 날인을 해야 한다(민소법 제66조).

(나) 실권효

거증기한을 어기면 실권효의 제재가 따른다(증거규정 제34조 제1항). 즉 정해진 기간

진술은 반드시 우리와 같은 당사자신문과정에서 나온 자료만을 가리키는 것이 아니라는 점을 주의해야 한다. 당사자신문절차를 따로 정하고 있지도 않으며 당사자의 진술은 증거의 일종으로 질증을 거쳐 재판의 근거가 될 수 있다는 점에서 증거의 일종으로 볼 뿐이다. 〈증거규정〉에는 증거재료(證據材料)를 거증기한 내에 제출하도록 하고 있으나 사실주장 없는 증거의 제출은 무의미하므로 주장도 이 기간 내에 해야 할 것이다.

98) 과거 객관적 진실을 무한대로 추구하던 시기에는 진실을 밝힐 수 있는 증거가 늦었다고 배척할 이유도 없었다.

99) 기간은 당사자가 협상하여 정할 수도 있다.

100) 〈증거규정〉상의 거증기한제도는 우리 민사소송법 제147조의 재정기간제도와 유사하다. 특히 양 당사자가 상의한 후 법원의 인가를 얻어 기간을 정할 수 있다는 점에서 양 당사자의 의견을 들어 법원이 정하는 우리의 제도와 비슷한 면이 있다.

내에 증거자료를 제출하지 않으면 입증권을 포기한 것으로 보며, 기한을 넘겨 제출하는 경우에는 〈증거규정〉에는 질증(質證)절차를 실시하지 않는다고 되어있으나 2012년 개정법에서는 위에서 본 바와 같이 증거로 채택하지 않거나[101] 훈계, 벌금 부과 중의 제재를 가하도록 하고 있다. 다만 상대방이 질증에 동의한 경우에는 질증을 실시한다. 이 실권효의 규정은 사회주의 민사소송법의 진실절대주의와 관련하여 상당히 어려운 문제를 야기한다. 따라서 신중히 운용해야 한다는 의견이 아직도 많다.[102]

또 한 가지 주의하여야 할 점이 있다. 민사소송법 제139조 제1항은 "당사자는 법정에서 새로운 증거를 제출할 수 있다"고 규정하고 있으므로 새로운 증거의 경우에는 실권되지 않는다는 점이다. 새로운 증거는 비단 거증기한의 실권효의 예외가 될 뿐만 아니라 재심사유로도 되어있는 점에서 매우 중요하다. 신증거의 개념을 아주 넓게 잡으면 거증기한제도는 무의미해질 것이고, 확정판결에 대한 재심도 너무 널리 인정되게 되어 법적안정성을 해치게 될 것이다.[103] 제1심 절차에서 신증거는 ① 당사자가 거증기한(증거제출기간) 만료 후에 새로 발견한 증거, ② 당사자가 객관적인 원인으로 거증기한 내에 증거를 제출할 방법이 없어 법원의 허락을 얻어 기한을 연장했음에도 불구하고 그 기한 내에도 제출할 수 없었던 증거로 한정된다(〈증거규정〉 제41조 제1항).[104] 다만 ②의 경우에는 그 증거에 대한 심리 없이는 재판의 공정을 해할 현저한 위험이 있는 경우에 한정된다(〈증거규정〉 제43조 제2항).

2) 거증기한의 확정

실무상 거증기한은 일반적으로는 법원이 제반사정을 참작하여 정하며 이를 거증통지서에 적어 보내왔다. 이를 토대로 2012년 개정법에서는 그 근거규정을 두게 되었다(민소법 제65조 제2항; 〈증거규정〉 제33조 제1항). 이때 이 기한의 도과에 대한 법적효과도 아울러 알려주게 된다. 법원이 정하는 거증기한은 30일보다 적어서는 안 된다. 30일은 수리통지서와 응소통지서를 받은 날로부터 계산한다(〈증거규정〉 제33조 제3항). 다만 간이절차를 적용하는 사건의 경우에는 이 제한을 받지 않는다(동 규정 제81조). 그러나 당사자 쌍방이 협상하여 거증기한을 정할 수도 있는데 이 경우에는 반드시 법원

101) 질증을 실시하지 않는다는 것은 곧 증거자료로 사실인정의 근거로 삼을 수 없다는 점에서 증거를 배척한 것이나 마찬가지가 된다.

102) 江伟 主编, 前揭 民事诉讼法(第四版), 285面 참조.

103) 사실 이 점도 사회주의 민사소송법의 특징이기도 하다. 새로운 증거가 있으며 언제라도 다시 제출하여 다툴 수 있다는 것은 진실절대주의의 산물이라 할 것이다(자세한 것은 심판감독절차 부분 참조).

104) 법원이 기한 내에 제출하는 것이 어렵다는 점을 인정했던 증거이므로 기간 후의 제출도 차단하지 않는다.

의 인가를 받아야 한다(〈증거규정〉 제33조 제2항).

한 가지 주의할 점은 뒤에 설명하는 증거교환절차를 시행하는 경우에는 그 증거교환기일은 바로 거증기한의 만료일로 보아야 한다는 점이다. 증거교환기일 전까지는 증거의 제출이 허용될 수밖에 없기 때문이다.[105] 증거규정도 법원이 증거교환을 실시하는 경우에는 증거교환기일에 거증기한이 만료된다고 하고 있다(〈증거규정〉 제38조 제2항).

당사자가 정해진 기한 내에 증거를 제출할 수 없는 확실한 사정이 있는 경우에는 연기신청을 할 수 있으며, 한 번의 재연기신청도 할 수 있다(〈증거규정〉 제36조). 그리고 청구의 변경이 이루어진 경우에는 법원이 다시 거증기한을 지정한다(〈증거규정〉 제35조 제2항).

특이한 것은 당사자의 추가신청, 청구의 변경 혹은 반소도 이 거증기한의 만료 전에 해야 한다고 한다(〈증거규정〉제34조 제3항).[106]

(2) 증거의 교환

증거의 교환이라 함은 일정한 일시에 일정한 장소에 모여 법관의 주재하에 상호 가지고 있는 증거를 교환하는 것을 말한다(〈증거규정〉 제37조 이하).[107] 변론준비의 핵심을 이루는 절차이기는 하나 모든 사건에 대하여 적용되는 것은 아니고 ① 당사자의 신청이 있는 경우, ② 증거가 많거나 복잡하고 어려운 사건에서 적용되며, 당사자의 신청이 있는 경우에는 법원이 개정심리 전에 증거를 교환하게 할 수 있다고 되어있으며(임의적), 증거가 많거나 복잡한 사건의 경우에는 답변기간이 만료된 후 개정심리 전에 교환을 하도록 해야 한다고 되어있다(필요적).

증거교환의 구체적 일시는 당사자가 협상하여 법원의 허가를 받을 수도 있고 법원이 정할 수도 있다(〈증거규정〉 제38조 제1항).

증거교환절차는 심판정의 법관이 주재하며, 이를 통하여 쌍방당사자간의 주요쟁점을 확정하며, 이 과정에서 당사자가 이의하지 않는 사실과 증거는 조서에 기록하여야 하며, 이의가 있는 사실과 증거는 요증사실의 분류에 따라 조서에 그 이의의 이유와

105) 谭兵, 李浩 主编, 前揭 民事诉讼法学, 218面; 张卫平 著, 前揭 民事诉讼法(第二版), 225面.

106) 이와 같은 사항을 증거규정에서 다루는 것도 어색하고 민사소송법 제140조에 의하면 이와 같은 것은 개정심리시에 할 수 있는 것으로 하고 있는 점과도 어긋난다(赵钢, 占善刚, 刘学在 著, 前揭 民事诉讼法, 273面 각주 ② 참조). 학자에 따라서는 〈증거규정〉 제34조 제3항의 법문 중 마땅히(应当)를 반드시(必须)로 해석해서는 안 된다고 하여 개정심리시에 청구의 추가, 변경 등을 할 수 있다고 하기도 한다[张卫平 著, 前揭 民事诉讼法(第二版), 288面].

107) 미국의 디스커버리 제도와 비교될 수 있을 것이다. 그러나 증거교환은 법원의 주재하에 진행된다는 점, 강제개시(상대방의 요청에 의한 개시) 제도가 없다는 점에 차이가 있다.

함께 기록한다(〈증거규정〉 제39조). 교환 횟수는 일반적인 경우에는 2회를 초과하지 못하나 중대하고 어려운 사건 혹은 사건내용이 특별히 복잡한 사건은 제한을 받지 않는다(〈증거규정〉 제40조).

증거교환절차는 과거 개정심리에서 실시하던 것을 심리준비절차로 앞당긴 것이고 그 본질은 준비작업에 그치는 것이므로 주재 법관의 권한에는 제한이 있어야 한다. 예컨대 당사자의 동의 없이는 증인에 대하여 심문을 할 수 없으며 실체문제에 대하여 미리 판단을 해서는 안 된다.[108)]

2. 질증(質證)

(1) 질증의 의의

질증은 당사자, 소송대리인 혹은 소송참가인이 법원의 주재하에 제출된 각종 증거에 대하여 그 진실성, 합법성, 사건과의 관련성이나 증명력의 대소에 대하여 설명하고 논박하는 것 혹은 그 과정을 말한다. 민사소송법 제68조는 증거는 법정에 내놓고 당사자가 상호 질증해야 한다고 하고 있으며, 〈증거규정〉은 더 나아가 질증을 거치지 않은 증거는 사건 사실인정의 근거로 할 수 없다고 규정하고 있다(제47조 제1항 제2문).[109)] 개정심리 중 법정조사(증거조사) 단계의 대부분이 이 질증을 중심으로 하여 전개된다. 질증의 주체는 당사자와 소송대리인, 소송참가인이며 법원은 질증절차를 주재하고 당사자에게 발문을 할 수 있으나 질증의 주체는 아니며, 질증 후 그 가치평가인 인증(認證)의 주체이다. 이 점에서 우리의 증거조사와는 다른 개념이다.[110)] 원래 질(質)은 바로잡는다는 말이다(質은 正也).

그렇다고 하여 법원의 증거조사가 부정되는 것은 아니며 질증절차는 증거조사 중 반드시 거쳐야 하는 기본적인 조사방법으로 기능을 하게 된다.[111)] 이와 같은 질증은 당사자와 법원에 각각 중요한 작용을 하게 된다. 당사자로서는 이 절차에서 자기가

108) 江伟 主编, 前揭 民事诉讼法(第四版), 285面.

109) 이른바 대질(对质)과 구별해야 한다. 대질이라 함은 쌍방당사자가 각자 신청한 전문가 사이에 사건의 전문적인 문제에 관하여 논박을 하는 것이나 복수의 증인간의 논박을 말한다. 이에 비해 질증은 사건의 당사자, 소송대리인, 소송참가인이 증거를 둘러싸고 논박을 하는 것이다.

110) 우리의 증거조사는 법원의 소송행위이므로 당사자에게 기일의 통지는 해주나 당사자가 참석하지 않아도 진행할 수 있는 반면, 중국의 증거조사에는 반드시 질증이 실시되며 이는 당사자의 소송행위이므로 당사자의 참여 없이는 불가능하다.

111) 우리 민사소송에서도 증거조사의 결과에 대하여 당사자에게 증거항변이나 반증을 할 수 있도록 다시 변론을 할 기회를 주어야 하고, 직권조사 결과에 대하여도 의견진술의 기회를 주어야 할 것이나 증인신문을 제외하고는 증거조사 과정에서 당사자에게 주도권을 주는 질증과 같은 공방의 기회를 주기는 곤란할 것이다.

제출한 증거가 진실하고 증명력을 갖추고 있다고 주장하고, 상대방이 제출한 증거에 대하여 거짓증거라거나 위법수집된 증거라는 등의 주장을 함으로써 자기의 권리를 지킬 수 있는 수단이 된다. 법원에 대하여는 당사자가 제출한 증거재료(증거방법)를 증거(증거자료)로 바꿀 수 있는 필요적 절차가 되며 증거조사의 법정형식의 일종이 된다. 중국의 민사소송법도 대륙법계의 체계를 취한다고 하나(사실 사회주의 민사소송에 바탕을 두고 있으므로 정확히는 대륙법계라고 할 수는 없을 것이다) 증거조사에서는 당사자에게 주도권을 주고 있다고 할 수 있을 것이다.[112)]

질증은 공개하는 것이 원칙이나 국가기밀, 상업기밀, 개인의 프라이버시에 관계되거나 기타 법률이 비밀을 보장할 것으로 규정하고 있는 증거에 대하여는 개정심리시에 공개질증을 하지 못한다(〈증거규정〉 제48조).[113)]

(2) 질증의 객체

질증은 증거에 대하여 실시되는 것임에는 의문이 없으나 중국 민사소송법에서는 아직 변론주의가 확립되지는 않았기 때문에 법원에 현출되는 증거가 당사자가 수집 · 제출한 것 이외에도, ① 당사자의 신청에 따라 법원이 수집한 증거, ② 법원 자신이 직권탐지한 증거가 있기 때문에 모든 증거가 질증의 객체가 되는지가 문제된다.

우선 당사자의 신청에 의하여 법원이 수집한 증거는 그 수집을 신청한 당사자가 제출한 증거로 보아 질증의 대상으로 한다(〈증거규정〉 제51조 제2항). 문제는 법원이 스스로 수집한 증거도 질증의 대상이 되는지이다. 이 점에 관하여 법원은 직권으로 조사수집한 증거를 법정에 내놓고 당사자의 의견을 들어야 하며, 그 증거를 조사수집하게 된 상황을 설명해 줄 수 있다(같은 조 제3항)고 되어있을 뿐이다. 따라서 당사자는 법원이 직권으로 조사 · 수집한 증거에 대하여 의견을 제시할 수 있으나 법원과 질의 응답식의 논박을 할 수는 없다 할 것이므로 질증의 대상이 되지는 않는다고 보는 견해가 있으며, 이 견해에 의하면 당사자의 의견을 듣고 법원이 수긍하는 경우에는 스스로 그 증거를 철회하면 된다고 한다.[114)] 그러나 모든 증거는 질증을 거쳐야 하며(민소법 제68조) 질증을 거치지 않은 증거는 사실인정의 자료가 될 수 있다고 명정(明定)하

---

112) 다만 실무상 질증이 제대로 실시되고 있는지는 다른 문제이다. 여러 가지 원인으로 증인증언, 감정결론, 검증조서에 대하여는 제대로 실시되지 않는다는 비판도 있다[梁书文, 回沪明, 杨荣新 主编, 前揭 民事诉讼法及配套规定新释新解(上), 812~815面].

113) 국가기밀에 속하는 증거에 대하여 질증을 하는 경우, 당사자가 그 기밀에 대한 접촉권한이 없는 자인 경우에는 질증을 실시할 도리가 없으므로 그 증거의 효력은 법원이 정할 수밖에 없을 것이다[张卫平 著, 前揭 民事诉讼法(第二版), 237面].

114) 张卫平 著, 前揭 民事诉讼法(第二版), 236面 참조.

고 있으므로(〈증거규정〉 제47조 제1항) 이 경우도 양 당사자가 질증을 해야 한다고 본다.[115)]

증거교환기일에 상대방 당사자가 성립을 인정하여 조서에 기록된 증거는 개정심리시에 법관이 이를 설명한 후 질증을 하지 않고 사실인정의 근거로 할 수 있다(〈증거규정〉 제47조 제2항).

(3) 질증의 순서

절차적으로 보아 질증은 4개의 단계로 나눌 수 있다. 즉 ① 증거의 현출단계, ② 증거의 인부,[116)] ③ 질의단계[质询阶段], ④ 변증단계[辩证阶段][117)]로 나눌 수 있다.

또 증거간의 순서를 본다면 우선 원고가 제출한 증거에 대하여 피고와 소송참가인이 질증하고, 다음으로 피고가 제출한 증거, 소송참가인이 제출한 증거의 순으로 질증한다(〈증거규정〉 제51조 제1항).

(4) 각종 증거에 대한 질증

질증의 방법은 법정증거(8종)의 종류에 따라 다르다. 즉 서증, 물증, 시청자료와 같은 것은 법정에 이를 내놓고 서로 공박을 하게 되며 증인증언이나 감정의견과 같은 것은 직접 증인, 감정인을 출석시켜 이에 대하여 질의·응답식의 질증을 하게 된다.

(가) 증인증언과 질증

증인증언에 대한 질증방법은 증인의 출석 증언시에 질의·응답하는 방식을 취한다. 즉 증인은 법정에 출석하여 증언하고 당사자의 질문을 받아야 한다(〈증거규정 제55조 제1항).[118)] 다만 법원이 주재하는 증거교환 기일에 나와 출석하여 증언을 한 경우에는 법정에 출석하여 증언한 것으로 인정할 수 있다(같은 조 제2항).

증인의 증언이 끝나면 우선 쌍방당사자에게 증언에 대한 의견을 물으며, 당사자나 소송참가인은 법원의 허가를 얻어 증인에 대하여 발문(發問)할 수 있다. 법정에 출석하지 않는 증인이 작성하여 제출한 서면증언은 법정에서 낭독해야 하며 당사자, 소송참가인은 그 증언에 대하여 의견을 발표할 수 있다.

---

115) 谭兵, 李浩 主编, 前揭 民事诉讼法学, 222面도 같은 견해이다.

116) 이를 증거자인(证据自认)이라 한다. 상대방이 제출한 증거의 진실성을 인정하면 그대로 사실인정의 근거로 할 수 있다는 의미에서 마치 우리의 문서에 대한 인부절차와 같은 형식을 띠게 된다. 그러나 우리의 인부절차는 서증절차에서 실시되며 문서의 형식적 증거력만 인정되는 점에서 중국의 제도와는 차이가 있다.

117) 증거의 진실성, 관련성, 증명력의 유무, 대소 등에 대한 본격적인 논박이 행해지는 단계이다.

118) 증인신문방식상 교호신문제도를 채택한 우리나라도 증인에 대한 질의·응답의 주도권은 원칙적으로 당사자가 갖는 점에서 중국과 유사하다고 할 수 있다. 따라서 질증이 이질감을 주지는 않는다.

(나) 감정의견과 질증

감정의견은 법원이 전문적인 문제에 대하여 감정기관에 교부하여 그 전문지식을 이용하는 경우 그 감정기관의 연구결론을 말한다.

2012년 개정 전에는 감정인이 법정에 나와 감정서를 낭독하고 당사자의 질의를 받아야 한다고 하였으며(〈증거규정〉 제59조 제1항), 특수한 원인으로 법정에 나올 수 없는 경우에는 법원의 허락을 얻어 당사자의 질의에 서면으로 답할 수 있다고 하였었다(같은 조 제2항). 그러나 개정법에서는 당사자가 감정의견에 대하여 이의하거나 인민법원이 필요하다고 인정하는 경우에만 감정인이 출석하여 증언하는 것으로 고쳤다(민소법 제78조). 따라서 감정의견에 대한 질증은 당사자의 이의에 의하여 개시된다. 당사자와 소송참가인은 출석한 감정인에 대하여 발문(發問)할 수 있다(민소법 제139조), 감정에 착오가 있다고 인정하는 경우는 법원에 재감정을 신청할 수 있으나 재감정의 여부는 법원이 결정한다.

한편 〈증거규정〉 제61조에 의하면 당사자는 1 내지 2명의 전문적 지식을 가진 사람을 법원에 출석시켜 전문적인 문제에 대하여 설명할 수 있도록 신청할 수 있으며, 그 비용은 신청인이 부담하도록 하고 있다. 이를 전문가보조인이라 한다. 법원과 당사자는 이 전문가보조인에 대하여 질문을 할 수 있으며, 각자가 신청한 전문가보조인을 출석시켜 대질할 수 있다. 그리고 이 전문가보조인은 감정인에 대하여 질문을 할 수 있다.

(다) 검증조서와 질증

수소법원이 심리 전 혹은 심리 중 물증이나 현장에 대한 조사를 한 경우에는 그 결과 작성된 조서도 증거의 일종이므로 낭독을 통하여 법정에 제시되어야 한다. 이에 대하여도 당사자 및 소송참가인은 의견을 발표할 수 있으며 법원의 허가를 얻어 검증인(검증을 실시한 법관)에 대하여 발문할 수 있다. 검증에 착오가 있다고 생각되는 경우에는 법원에 재검증을 신청할 수 있으며 그 허부는 법원이 결정한다.

(라) 서증, 물증 및 시청각자료와 질증

민소법 제63조 및 제66조의 규정에 따라 모든 증거는 법정에 제시하여 당사자 상호간의 질증을 받아야 하며, 이를 통해 사실여부가 판명된 것만이 사실인정의 근거로 사용될 수 있다. 따라서 사건사실을 증명하기 위한 서증, 물증, 시청각자료는 모두 법정에 제시되어야 하며, 당사자 또는 소송참가인은 제시된 증거에 대하여 그 진실성, 합법성, 증명력의 유무 등에 대하여 자기의 의견을 발표하고 상대방의 견해를 반박할 수 있다.

그리고 서증, 물증, 시청각자료를 질증을 하는 경우에는 당사자는 그 원본이나 원물을 제시할 것을 요구할 수 있다. 다만 ① 원본, 원물을 제기하는 것이 매우 곤란하고 법원의 허가를 얻은 경우, ② 원본이나 원물이 존재하지 않으나 원본, 원물과 일치한다는 것을 증거에 의하여 증명할 수 있는 경우에는 복사본, 복제품을 제출할 수 있다(〈증거규정〉 제49조).

(5) 조서의 작성

질증은 일반적으로 매 증거마다 실시하는 것이 원칙이나 당사자의 동의가 있는 경우에는 관련있는 증거를 한 개의 조에 몰아 실시할 수 있다. 또 사건에 2개 이상의 독립적인 청구가 있는 경우에는 각각의 소송상의 청구에 대하여 독립적으로 질증을 할 수 있다(〈증거규정〉 52조).

법원은 당사자의 질증에 관한 상황을 조서에 기입하고 당사자가 이를 확인하고 서명 또는 날인하게 하여야 한다(〈증거규정〉 제62조).

이상과 같은 순서에 의한 질증과 법정조사가 끝나면 심판장이 새로운 증거를 제출할 것이 있는지를 물은 후 법정조사의 종결을 선포하고 다음 단계인 법정변론단계로 넘어가게 된다.

3. 인증(認證)

(1) 의 의

전술한 바와 같이 법정조사단계에서는 질증이 실시되며 질증을 거치면서 법원은 증거조사(審核)를 하게 된다. 그러나 법원은 당사자의 질증에 구속되는 것은 아니며 독자적으로 증거를 면밀히 조사하고 판단하여 증거를 사실인정의 근거로 삼을 것인지를 판단한다. 사실인정의 근거로 사용하기로 하는 결정을 소위 인증(認證), 혹은 인정(認定)이라 한다.

인증과 사실인정은 구별되는 개념이다. 즉 사실인정이 목적이라면 인증은 그 수단에 해당하는 것으로 먼저 각 증거(증거자료)가 사실인정의 근거로 삼을 수 있는 자격을 갖추고 있는지에 대한 판단을 하는 것이다. 즉 증거자료의 자격구비 여부에 대한 판단을 인증이라 하며 증명력의 판단은 사실인정의 단계에서 필요한 자유심증 영역의 문제이다.[119] 또 사실의 인정은 변론종결 후 평가단계에서 종합적으로 판단하는 심증

---

119) 이와 같은 단계적 구분은 논리적 구분이라 할 것이며 실무상 반드시 두 단계로 나누어 실시하는 것은 아닐 것이다. 중국의 교과서를 보면 양자를 구분하여 서술하는 경우보다 양자를 합하여 설명하는 경우도 많다.

형성 행위를 말하며 인증은 법정조사 단계의 말미(末尾)에 개개의 증거에 대하여 이를 사실인정에 사용할 것인지를 판단하는 것이다.[120]

(2) 인증의 기준과 방법

제출된 증거가 사실인정의 근거로 될 수 있느냐는 그 증거가 객관성, 관련성과 합법성을 갖추고 있는지를 기준으로 판단한다.[121] 즉 제출된 개개의 단일증거에 대하여 그 기준을 충족하고 있는지를 판단해야 하며 이와 같은 판단을 함에는 ① 증거가 원본, 원물인지 복사본, 복제품인 경우는 원본, 원물과 부합하는 것인지, ② 증거와 본안사실과 관련이 있는지, ③ 증거의 형식, 출처가 법률의 규정에 부합하는지, ④ 증거의 내용이 진실한 것인지,[122] ⑤ 증인 혹은 증거를 제공한 자가 당사자와 이해관계를 가지고 있는지를 판단해야 한다(〈증거규정〉 제65조).

개개의 증거에 대하여 고립적으로 위의 기준에 비추어 판단하는 경우도 있을 것이나 각 증거간의 관계, 사건사실과의 관계 등을 고려하여 종합적으로 판단할 수도 있을 것이다(〈증거규정〉 제66조). 그리고 위법수집된 증거의 경우는 전술한 바와 같이 동요가 있었으나 현재는 타인의 합법적인 권익을 침해하거나 법률이 금지하는 방법으로 취득한 증거는 사건사실의 인정에 사용할 수 없도록 제한하고 있다(〈증거규정〉 제68조).

이와 같은 인증의 시기는 구체적 상황에 따라 다를 것이며 질증 후 바로 가능한 경우에는 즉시 인증을 할 것이고, 그렇지 않은 경우에는 휴정하고 합의하여 인정할 것이다.[123]

4. 사실인정(심증형성)

법원은 증거로 충분히 증명된 사실을 근거로 재판을 해야 한다(〈증거규정〉 제63조). 따라서 증명력을 가진 증거에 의하여 사실인정(事實認定: 心證形成)을 해야 하며 이를 위해서는 증거의 증명력의 유무와 증명력의 대소를 판단해야 한다. 증거가 증명력을 갖추었는지의 여부, 증명력의 대소 판단을 어떠한 방식으로 할 것인가에 대하여는 법정증거주의와 자유심증주의의 대립이 있다.

(1) 자유심증주의와 법정증거주의

증거의 증거력 혹은 증명력이라 함은 증거가 사실을 증명하는 힘을 말한다. 이 증

---

120) 谭兵, 李浩 主编, 前揭 民事诉讼法学, 223面 참조.
121) 이를 三性의 原則이라 한다.
122) 내용의 진실성 유무는 증명력과 관계있는 것으로 증거자료의 자격과는 직접적인 관계가 없을 것이다.
123) 谭兵, 李浩 主编, 前揭 民事诉讼法学, 224面.

거력 평가를 어떻게 할 것인가에 관하여는 역사적으로 법정증거주의로부터 자유심증주의로의 발전이 있었다. 법정증거주의(法定證據主義)[124]는 증거능력이나 증명력의 평가를 법규로 정해놓고(증거법칙) 법관의 자유로운 심증활동을 인정하지 않는 입법주의를 말하며, 근저(根底)에는 법관에 대한 불신이 깔려 있다. 이에 비하여 자유심증주의(自由心證主義)[125]는 법관을 증거법칙의 구속으로부터 해방시켜 그 직업적 양심에 따라 자유로운 판단으로 증거력을 평가하도록 하는 것을 말하며 현대 모든 국가는 자유심증주의를 취하고 있다고 할 수 있다. 주의할 점은 자유심증주의를 취한다 하더라도 모든 것을 법관에게 일임하는 것은 아니고 예외적으로 증거방법이나 증거력을 법으로 정하는 경우도 있다는 점이다. 이 한도 내에서 법관이 증거법칙의 구속을 받는 것은 자연스러운 것이다.[126]

(2) 중국의 심증형성의 원칙

1) 자유심증주의

중국의 민사소송법에는 증거력평가, 사실인정(심증형성)에 대한 직접적인 규정이 없다. 그러나 실무상으로는 당연히 증거자료와 기타 재판에 나타난 상황(우리의 변론전체의 취지)을 종합적으로 고려하여 증거력을 평가하여 왔다.[127] 그러나 2001년 〈증거규정〉에서는 증명력 평가에 관한 원칙을 선언하고 있다.

즉 "법관은 법정절차에 따라 전면적, 객관적으로 증거를 면밀히 조사하여야 하며, 법률의 규정에 의거하여 법관의 직업적 도덕[128]에 따라, 논리와 추리 및 일상생활경험을 활용하여 증거의 증명력 유무 및 증명력의 대소를 독립하여 판단하고, 그 판단의 이유와 결과를 공개하여야 한다(〈증거규정〉 제64조)"고 선언하고 있다. 증거규정의 이 선언은 일종의 자유심증주의를 천명한 것이라 할 수 있을 것이다.[129]

다만 중국의 증거법상으로는 소위 자유심증주의에 예외를 상당히 많이 인정하고 있음에 주의해야 한다(〈증거규정〉 제69조 내지 78조에 집중되어 있다). 즉 중국의 증거력평

---

124) 게르만 고대법에서 유래한 것으로 알려져 있다. 직업법관제도가 자리 잡기 전 법관의 소양이 천차만별이므로 법관의 자유로운 판단에 맡기는 경우는 부정확한 사실인정은 물론 사실인정권의 남용이 염려되던 시대상황이 법정증거주의를 낳게 되었으며 중세 이후의 이태리법 등에서 채용하고 있었다.

125) 1806년 프랑스 민사소송법에서 유래한 것이다.

126) 다만 자유심증주의에 예외를 어느 정도 인정하느냐는 그 국가의 법관의 소양, 신뢰성 등에 따라 국가마다 다를 것이다.

127) 谭兵, 李浩 主编, 前揭 民事诉讼法学, 167面 참조.

128) 2001년 10월 최고인민법원은 〈法官職業道德基本準則〉을 제정 · 공포하였다(2010년 개정).

129) 증명력 유무 및 대소 판단에 관한 원칙이나 증명력 판단은 사실확정의 수단이므로 이를 사실확정 내지 심증형성에 관한 원칙이라고 해도 무방할 것이다.

가(심증형성)에 관한 원칙은 증거법정주의에 의한 제한을 비교적 많이 받는 자유심증주의라고 할 수 있다.

2) 자유심증주의의 제한

자유심증주의를 선언한 〈증거규정〉 제64조의 내재적 제한 이외에도 〈증거규정〉에는 여러 가지 증거방법이나 증명력에 관한 규정을 두고 있다.[130)]

(개) 증거능력에 관한 규정

전술한 ① 증인의 자격에 관한 규정(민소법 제72조 제2항), ② 위법수집된 증거의 증거능력제한 규정(〈증거규정〉 제68조), ③ 질증을 거치지 않는 증거의 배제(〈증거규정 제47조), ④ 거증기한을 넘긴 증거 배제(〈증거규칙〉 제34조 등: 신증거는 제외) 이외에도 다음과 같은 제한 규정이 있다.

(i) 조정과 화해 중에 자백한 사실

소송 중 당사자가 조정합의를 위하여 혹은 화해의 목적으로 한 사실에 관한 자백(自認)은 그 후에 소송에서 불리한 증거로 사용할 수 없다(〈증거규정〉 제67조).

(ii) 당사자 진술[131)]의 증거능력

당사자가 자기의 진술에 대하여 단지 진술만 할 뿐 기타 관련증거를 제출하지 못하는 경우에는 그 주장은 증거로 사용할 수 없다. 다만 상대방 당사자가 자백한 경우는 제외한다(〈증거규정〉 제76조).

(iii) 보강증거(補强證據)가 필요한 증거

다음과 같은 증거는 단독으로 사건사실의 인정에 사용할 수 없고 반드시 보강증거가 필요하다고 한다(〈증거규정〉 제69조). ① 미성년자의 증언으로서 그 연령과 지력에 상당하지 않은 증언, ② 당사자의 일방 혹은 그 대리인과 이해관계가 있는 증인의 증언, ③ 의심이 가는 시청각자료, ④ 원문서 혹은 원물과 대조할 방법이 없는 복사문서 혹은 복제품, ⑤ 정당한 이유 없이 출석하지 않은 증인의 증언(예컨대 허가를 받지 않고 문서로 제출한 증언) 등.

---

130) 우리 민소법 제202조보다 내재적 조건을 강화하고 있으며, 보충적 증거원인이 됨에 그치는 증거자료를 널리 명문으로 규정하고 있는 점(〈증거규정〉 제69조), 때로는 증명력의 대소를 직접 명문으로 규정하고 있는 점(〈증거규정〉 제77조) 등을 감안하면 비교적 제한을 많이 받는 자유심증주의라고 할 것이다. 이와 같은 제한은 결국 법관의 직업적 능력이나 자질이 아직 전폭적으로 신뢰할 수 있는 수준에 도달하지 않았음을 우려한 것이라 할 수 있다. 자유심증주의는 직업법관제도가 확립되고 법관의 능력이 상당한 수준에 도달한 후에 그 기능을 발휘할 수 있는 원칙이다.

131) 당사자의 진술은 열거된 8가지 증거 중의 하나(민소법 제63조 제1항 제1호). 우리 민사소송에서의 당사자신문의 결과를 말하는 것이 아니다.

(나) 증명력의 유무, 대소 등에 관한 규정

(i) 증명력의 유무에 관한 규정

a) 감정의견(鑑定意見)의 증명력 법원이 위탁한 감정기관이 작출(作出)한 감정의견은 당사자가 이를 반박하기 충분한 상반되는 증거와 이유를 제출하지 않는 경우에는 그 증명력을 인정할 수 있다(〈증거규정〉 제71조).

b) 본증과 상반증거의 증명력 일방당사자가 제출한 증거로 상대방 당사자가 인정한 것 혹은 상대방 당사자가 제출한 상반증거가 반박하기에 부족한 경우에는 법원이 그 증명력을 확인해 줄 수 있다. 한편 일방당사자가 제출한 증거에 대하여 다른 당사자가 이의하고 반박증거를 제출한 경우, 이 반박증거를 상대방이 인정한 경우에는 그 반박증거의 증명력을 확인해 줄 수 있다(〈증거규정〉 제72조).

c) 자백과 번의(翻意: 중국용어는 反悔) 소송과정 중 당사자가 소장, 답변서, 당사자의 진술, 위탁대리인의 대리진술 중에 자기에게 불리한 사실을 승인하거나 인정한 증거는 법원이 이를 확인해 주어야 한다. 다만 당사자가 번의하고 그를 뒤집기 충분한 상반되는 증거를 가진 경우에는 그러하지 아니하다(〈증거규정〉 제74조).

(ii) 증명력의 대소에 관한 규정[132)]

〈증거규정〉 제77조에 의하면 ① 국가기관, 사회단체가 직권에 의해 제작한 공문서는 일반적으로 기타 문서보다 증명력이 크며, ② 물증, 정부보관 공문서(檔案), 감정의견, 검증조서 혹은 공증, 등기된 문서의 증명력은 일반적으로 기타 문서나 시청각자료 또는 증인의 증언보다 크며, ③ 원시증거(原始證據)의 증명력은 일반적으로 전래증거(傳來證據)보다 증명력이 크며, ④ 직접증거의 증명력은 일반적으로 간접증거의 증명력보다 크며, ⑤ 증인이 그와 친속 혹은 친밀한 관계에 있는 당사자에게 한 유리한 증언의 증명력은 일반적으로 다른 증인의 증언보다 작다.

한편 법관의 자유심증권한은 공개를 전제로 하는 것이며(〈증거규정〉 제64조) 재판문서 중에 증거의 채부(採否)와 그 이유를 밝혀야 한다. 다만 당사자간에 다툼이 없는 증거의 채부 이유는 재판서에 기재하지 않을 수 있다(〈증거규정〉 제79조).

(iii) 완전한 증명력을 가진 증거

일방당사자가 다음과 같은 증거를 제출하고 상대방 당사자가 이의를 제출했으나 이를 반박하기 충분한 상반증거를 가지고 있지 않은 경우에는 법원이 그 증거의 증명력을 인정해야 한다(〈증거규정〉 제70조). ① 서증원본 또는 원본과 대조하여 틀림없는 복사본, 사진, 부본, 초본, ② 물증인 원물 또는 원물과 대조하여 틀림없는 복제품, 사

132) 이 원칙을 最佳證據規則이라 한다.

진, 영상자료 등, ③ 다른 증거로 증명이 되고 합법적인 수단으로 취득되고 의문점이 없는 시청자료(視聽資料) 혹은 시청자료와 대조하여 틀림없는 복제품, ④ 일방당사자가 법원에 신청하여 법정절차에 따라 제작된 물증이나 현장에 대한 감정조서.

(3) 증명의 정도(程度)

1) 의 의

자유심증주의하에서 법원이 사실인정을 하기 위하여 필요한 심증의 정도를 증명의 정도라 하며, 중국에서는 흔히 증명의 표준 혹은 증명의 요구라 한다. 증명의 표준에 달하지 못하면 결국 사실은 진위불명(眞僞不明) 사태가 되어 결국 증명책임분배(證明責任分配)의 원칙에 따라 당사자 일방에게 불리하게 사실인정을 하게 된다. 따라서 증명의 정도는 스스로 그 확신에 의해 사실인정을 할지 아니면 증명책임분배로 갈 것인지에 대한 기준으로서 기능을 하게 된다.

2) 증명의 정도(표준)

진실절대주의의 전통을 가진 사회주의 민사소송제도를 수립했던 중국에서는 증명의 표준을 어떻게 정할 것인가에 관해서도 객관적 진실설과 개연성설 사이에 논쟁이 있으며 전자가 전통적인 견해라면 후자가 근래에 세력을 얻고 있는 학설이다.

(가) 객관적 진실설

민사소송법이 제정되고도 상당히 오랜 기간 중국에서는 소송의 종류를 막론하고 "사실관계가 분명해지고(事实清楚) 증거가 확실하고 충분(证据确实充分)"해야 비로소 사실인정을 할 수 있다는 일원설(一元說)이 주도적 지위를 점하고 있었다.[133] 따라서 형사소송은 물론 민사소송에서도 증거가 질적으로 확실하고 양적으로 충분해야 한다고 해석을 하고 있었다. 이 점은 이미 언급한 바와 같이 민사소송법 제7조가 기본원칙으로 "사실을 근거로 하고 법률을 기준으로 해야 한다"고 정하고 있고, 당시에는 여기서 말하는 사실은 진실이 담보된 객관적 사실이라는 해석이 지배하고 있던 사정과 일치하는 것이었다.[134] 이에 따라 모든 사실이 명확히 밝혀지고 다른 결론이 나올 가능성이 없어야[135] 비로소 사실인정을 할 수 있다고 하였다.[136]

---

133) 赵钢, 占善刚, 刘学在 著, 前揭 民事诉讼法, 187面 등. 이른바 3대 소송(민사소송, 형사소송 및 행정소송)에 동일한 증명의 정도를 요구해야 한다는 것이다.

134) 객관적 진실에 반대되는 개념으로 중국에서는 법률적 진실이라는 용어를 근래에 사용하고 있다. 법률적 진실은 법관의 인식의 유한성을 인정하고 법관이 사실인정을 할 때 증거규칙을 준수하면서 현재 제출된 증거로부터 얻어낼 수 있는 최대 근사치의 진실을 말하는 것이라 한다[刘家兴, 潘剑锋 主编, 民事诉讼法教程(第三版), 北京大学出版社(2010), 163面]. 이전과 달리 현재는 민사소송에서 요구하는 진실은 법률적 진실이라는 견해가 우세하다.

그러나 근래에 이와 같은 객관적 진실설은 소송의 종류의 차이를 무시한 견해이며 소위 진실절대주의를 과도하게 강조하는 것이라는 비판이 제기되게 되었으며 이에 따라 최근에는 개연성설이 다수를 차지하게 되었다.

(나) 개연성설(蓋然性說)

개연성설은 자유심증주의를 취하는 대륙법계[137]의 국가에서 널리 취하고 있는 학설이며 한국, 독일과 일본에서 주류를 이루는 견해이다. 자유심증주의하에서는 당사자의 증명활동이 법관에게 사실의 진위에 대한 내적 확신을 가져다 줄 때 비로소 사실인정이 가능한 것이며, 이와 같은 법관의 내적확신은 상대적인 개념으로 자연과학적인 혹은 논리적인 확실성과는 다르다. 그러나 어느 정도의 내적 확신이 설 때 스스로 사실인정을 할 수 있느냐는 여전히 문제이며, 결국 사실일 개연성 혹은 사실이 아닐 개연성의 정도에 대한 법관의 확신의 높고 낮음(高低)의 문제가 된다.

최근 중국에서도 이 개연성설이 많은 지지를 받고 있다.[138] 개연성의 정도는 학자에 따라서 낮은 개연성, 비교적 높은 개연성, 고도의 개연성의 셋으로 나누기도 하며[139] 비교적 높은 개연성과 고도의 개연성[140]으로 양분하기도 한다. 대체적으로 일반적인 민사소송에서 요구하는 증명의 정도는 고도의 개연성이라 하며 그 확신의 정도는 80% 이상이어야 한다고 한다. 다만 극히 입증이 곤란한 사건[141]에서는 비교적 높은 개연성에 만족해야 한다고 한다.[142] 또 실체법적 사실이 아닌 절차법적 사실의 인정에도 비교적 높은 개연성으로 족하다고 한다.[143]

---

135) 谭兵, 李浩 主编, 前揭 民事诉讼法学, 210~211面 참조.

136) 궁극적으로 여기에 도달하지 못하는 경우도 많을 것인데도 이와 같은 요구를 하는 것은, 객관적 증명책임분배의 개념이 없던 당시로서는, 개연성설이 오히려 일정한 기준도 없이 법관의 자의적인 판단을 허용할 위험성이 있었기 때문이다. 이러한 사정은 두터운 심판감독절차를 필요로 하게 만들었으며 현재도 민사소송법 제16장은 심판감독절차라는 표제(標題)를 달고 광범위한 재심을 허용하고 있다.

137) 영미법계에서는 형사소송에서는 증거가 "합리적인 의심을 넘을 것(proof beyond reasonable doubt)"을 요구하고 있으나, 민사소송에서는 일반적인 경우에는 "증거의 우월(preponderance of evidence)"로 만족하고, 특수한 경우에만 "명백하고도 설득력 있는 증거(clear and convincing evidence)"를 요구하여 이를 강화하고 있을 뿐이다.

138) 다만 영미식의 증거우월[이를 중국에서는 우세한 증거(优势证据)라 한다]로 족하다는 견해도 있다[예컨대 刘家兴, 潘剑锋 主编, 前揭 民事诉讼法教程(第三版), 163~164面].

139) 张卫平 著, 前揭 民事诉讼法(第二版), 220面.

140) 谭兵, 李浩 主编, 前揭 民事诉讼法学, 213面.

141) 공해사건, 의료사건이나 제조물 책임과 같은 사건. 주의할 것은 중국에서는 이와 같은 소송에서 과실이나 인과관계의 증명책임이 과감하게 전환되어 있다는 점이다.

142) 张卫平 著, 前揭 民事诉讼法(第二版), 220面.

143) 谭兵, 李浩 主编, 前揭 民事诉讼法学, 213面. 중국에서는 증명과 소명(疎明)의 구분을 하지 않는 것이 일반적이고 우리의 소명에 해당하는 것이 비교적 높은 개연성이라고 보면 비슷할 것

한편 〈증거규칙〉 第73조 제1항은 "당사자 쌍방이 동일한 사실에 대하여 상반되는 증거를 제출하였으나, 그 어느 것도 상대방의 증거를 부정하기에 충분한 근거가 되지 못하는 경우에는, 법원은 사건의 상황을 참조하여 일방이 제출한 증거의 증명력이 다른 쪽이 제출한 증거의 증명력보다 명백히 큰지를 판단하고, 증명력이 큰 증거를 확인해 주어야 한다"고 규정하고 있다. 이는 증명력의 대소를 비교하여 사실을 인정할 수 있는 점에서 일견 증거의 우월과 비슷한 의미를 가진다고 판단되나 학자들은 이 규정이 고도의 개연성 원칙을 천명한 것이라고 한다.[144] 즉 이 조항은 위에서 말한 일원설(一元說)의 객관적 진실에는 미치지 못하나 하나의 증거의 증명력이 다른 것보다 명백히 큰 경우는 그 증거가 보여주는 것이 진실일 개연성이 높으므로 그 증거를 사실인정의 근거로 해야 한다는 원칙을 정한 것이라 한다.

Ⅲ. 증명책임

1. 증명책임(證明責任)의 의의

중국 민사소송법상 증명책임이라는 개념은 역사적으로 변천을 겪었다. 이전에는 증명책임의 개념을 어떻게 파악하는가에 관하여 소위 행위책임설(行为责任说), 2중의의설[双重含义说], 위험부담설[危险负担说]의 논쟁이 있었다.[145] 이는 중국 민사소송법의 성격, 역사적 발전에 기인하는 것이다.

행위책임설은 증명책임은 당사자가 자기가 주장한 사실에 대한 증거를 제출할 책임, 즉 주관적 증명책임[146]을 의미한다고 하는 학설이다.[147] 중국에서 1982년 시행법(試行法)이 제정되자 증명책임의 개념에 관하여 이 행위설이 곧 통설화되었으며, 이와 같은 현상은 1991년 민사소송법이 정식으로 제기된 이후에도 상당기간 즉 1990년대

이다.

144) 汤维建 主编, 民事诉讼法学, 北京大学出版社(2008), 268面; 赵钢, 占善刚, 刘学在 著, 前揭 民事诉讼法, 188面; 齐树洁 主编, 民事诉讼法(第3版), 中国人民大学出版社(2013), 204~205面 등. 그러나 완전히 일치한 견해는 아니며, 谭兵, 李浩 主编, 前揭 民事诉讼法学, 213面은 이 규정은 비교적 높은 개연성을 요구하는 원칙이라고 한다.

145) 赵钢, 占善刚, 刘学在 著, 民事诉讼法, 武汉大学出版社(2008), 177面 이하.

146) 주관적 증명책임, 즉 불이익 부담을 면하기 위하여 증거를 제출해야 할 책임을 가리킨다.

147) 사실 로마법 이래로 오랜 기간 동안 "주장하는 사람이 증거를 댄다(谁主张, 谁举证)"라는 법격언과 같이 증거제공책임을 증명책임으로 인식하는 것이 일반적이었다. 이와 같은 태도는 독일에서도 19세기 말에 진위불명과 증명책임을 연관시키지 전까지는 통용되었다(谭兵, 李浩 主编, 前揭 民事诉讼法学, 197面 참조).

중반까지는 그대로 이어졌다.[148)]

법률의 규정을 보면 시행법(試行法) 제56조에서 “당사자는 자기가 주장한 사실에 대하여 증거를 제공할 책임이 있다”고 최초로 규정한 이래 같은 내용이 1991년 제정된 현행법 제64조 제1항에 그대로 계승되었고[149)] 학설도 그때까지 이를 증거제공책임이라고 인식하는 데 의문을 품지 않았다.

따라서 이 시기까지는 아직 결과책임으로서의 객관적 증명책임의 개념은 형성되지 못한 상태였다. 증거제출책임(주관적 증명책임)이 곧 증명책임인 것으로 보고 진위불명(眞僞不明)에 대한 불이익의 부담인 객관적 증명책임을 도외시한 이유는 한마디로 진위불명 상태로 판결한다는 것을 인정하지 않으려는 태도에서 기인하는 것이었다.

당시에는 사회주의적 소송제도를 견지하고 있었기 때문에 변론주의는 설 땅이 없었고 소송자료의 수집은 법원의 직권탐지에 의존하고 있었으며[150)] 더구나 모든 재판은 객관적 진실에 입각하여 하여야 한다는 원칙[151)]이 위세를 떨치던 시대였기 때문에 진위불명상태로 재판을 한다는 것을 용납하기가 어려웠다. 즉 진위불명상태에 대하여 극도로 부정적인 태도를 취하였기 때문에[152)] 결과책임으로서의 객관적 증명책임을 인

---

148) 이 시대에 출판된 많은 교과서에 증명책임을 이와 같이 설명하고 있다. 예컨대 王怀安 主编, 中国民事诉讼法教程, 人民法院出版社(1988), 126~127面; 柴发邦 主编, 中国民事诉讼法学, 中国人民公安大学出版社(1993), 331面 이하; 常怡 主编, 民事诉讼法学(第一版), 中国政法大学出版社(1994), 164~167面; 杨荣新 主编, 中国民事诉讼法, 中国政法大学出版社(1992), 284面 이하; 周道鸾 主编, 民事诉讼法教程, 法律出版社(1993), 139面 이하 등. 이 당시에는 증명책임이라는 말보다는 거증책임(擧證責任)이라는 말을 사용하였다.

149) 이 규정은 증거제공의 책임을 천명(闡明)한 것일 뿐 증거 부제공(不提供)에 대한 법적효과를 언급하지 않고 있다. 1991년 시행법을 정식의 민사소송법으로 고치는 과정에서 증거 부제공에 대한 법적효과 즉 패소책임의 부담을 추가할 것인지에 대하여 격렬한 논쟁이 있었으나, 당시에는 사회주의적 소송관 즉 국가간예주의와 진실절대주의가 굳건히 자리 잡고 있었기 때문에 증거의 수집은 원칙적으로 법원이 한다는 생각이 강하였으며(직권탐지주의), 당시 국민의 대다수가 농민인 점을 감안하여 증거를 제대로 제출하지 못한 것을 이유로 패소판결을 할 수는 없다는 의견이 승리하여 결국 시행법의 규정과 똑같은 내용의 제64조 제1항을 두게 되었다[上揭 常怡 主编, 民事诉讼法学(第一版), 165~166面 참조]. 따라서 이 규정은 서방 국가의 변론주의의 내용인 실질적인 객관적 증명책임을 정한 것이 아니라 증거제출의 유도에 불과하다고 할 수 있다.

150) 아직 변론주의를 자본주의하에서 자산계급의 이익에 봉사하는 것이라고 매도하던 시대였다. 따라서 법원이 알아서 증거를 조사하고 수집하여 객관적 사실을 소송자료로 삼는 것이 원칙이고 당사자의 입증활동에 법원이 구애(拘碍)를 받아서는 안 된다고 생각하고 있었다(國家干預主義).

151) 민사소송법 제7조는 민사소송의 기본원칙으로 “법원은 민사사건을 심리함에 있어서 반드시 사실을 근거로 하고 법률을 그 규준으로 해야 한다(人民法院审理民事案件, 必须以事实为根据, 以法律为准绳)”고 선언하고 있었으며 여기의 사실은 객관적 사실이라는 점에 대하여 그 당시에는 의문을 품지 않았다. 다만 현재에는 이 사실은 이른바 법률적 사실(법규에 정해진 절차에 따라 최대한 그 객관성을 확보한 사실)이라고 봄이 일반적이다.

정할 수가 없었다.[153)]

그 후 개혁개방이 심화되며 경쟁을 본질적인 요소로 보는 자본주의적 시장경제체제가 깊숙이 침투하게 되자, 당사자의 책임을 강조하는 변론주의의 개념이 들어오게 되었으며 증명이 불충분하면 권리자라 하여도 경쟁의 원리에 따라 그것만으로 패소할 수도 있다는 생각을 하게 되었다. 그리고 아무리 법원이 증거를 조사 · 수집한다 해도 진위불명(真伪不明) 사태가 발생할 수 있다는 점도 점차 시인하게 되었다.[154)]

이에 따라 객관적 증명책임 개념이 1990년대 말부터 받아들여지게 되었으며 이 개념은 그 후 입법이나 최고인민법원의 사법해석에도 반영되게 되었다.[155)] 따라서 현재 행위책임설은 거의 자취를 감추게 되었으며 주관적 증명책임과 객관적 증명책임을 모두 인정하는 2중의의설 또는 진위불명시의 불이익한 재판을 받을 위험부담이 곧 증명책임이라고 하여 객관적 증명책임만을 강조하는 위험부담설이 주류를 이루게 되었다.[156)] 따라서 현재는 증명책임의 개념에 관해서는 우리와 큰 차이가 없게 되었다.

2. 증명책임의 작용

증명책임은 사실관계에 대한 법원의 심증이 형성되지 않는 경우, 즉 당사자의 주장사실이 진위불명의 상태에 빠지는 경우 이를 이유로 재판을 거부할 수 없는 법원에게 이를 헤쳐 나가 판결을 할 수 있는 방도를 마련해주는 역할을 한다. 그러나 이와 같은 기능은 법원의 측면에서만 본 것이고 이것이 전부는 아니다. 당사자에게 공격방어의 목표를 설정해 주기도 하고 또 주장책임의 소재를 밝혀주기도 하며 본증과 반증을 구분하는 기준이 되기도 한다. 이와 같이 민사소송 전반에 걸쳐 중요한 작용을 하기 때문에 흔히 증명책임을 민사소송의 척추(脊椎)라고 한다.[157)]

---

152) 직권탐지주의를 취한다 하더라도 법원의 증거의 조사 · 수집에 한계가 있음은 분명한데 애써 이에 대하여는 눈을 감고 법원이 조사를 하면 모든 것이 밝혀질 수 있다는 가정을 하는 것은 사회주의 국가에서 널리 통용되던 국가의 무오류성이론(無誤謬性理論)에서 그 근원을 찾을 수 있다. 즉 법원은 스스로 객관적 진실을 탐지해낼 역량(力量)을 가지고 있다고 강변(强辯)하던 시대였다.

153) 赵钢, 占善刚, 刘学在 著, 前揭 民事诉讼法, 177面 참조. 간단히 말하면 증거는 국가가 조사하여 수집하는 것이며 국가가 증거를 조사·수집하는 한 진위불명이란 있을 수 없다는 생각을 할 수밖에 없었으며 이에 따라 증명책임을 진위불명 사태와 연결할 도리가 없었다.

154) 사회주의에서의 국가 내지 영도자의 무오류성(無誤謬性)의 dogma는 그만큼 희석(稀釋)되었다고 해도 될 것이다.

155) 대표적인 것이 〈증거규정〉이다.

156) 赵钢, 占善刚, 刘学在 著, 前揭 民事诉讼法, 178面.

157) 谭兵, 李浩 主编, 前揭 民事诉讼法学, 198面.

3. 증명책임과 주장책임

주장책임은 당사자가 자기에게 유리한 주장을 할 부담을 말하며 바꾸어 말하면 자기가 주장하지 않으면 재판의 자료로 사용할 수 없기 때문에 불리한 재판을 받을 수 있다는 일종의 책임을 말한다. 변론주의가 정착되지 않았던 초기 중국 민사소송에서는 당사자가 주장하지 않은 사실도 법원이 얼마든지 탐지하여 재판의 자료로 삼을 수 있었고 또한 그것이 곧 법원의 의무였다.

그러나 1990년대 말부터 진행된 심판절차 개혁의 성과로 변론주의가 자리를 잡아가게 되었으며, 이에 따라 법원도 당사자가 주장하지 않은 사실을 능동적으로 조사하지 않게 되었으며 당사자의 주장책임이 증명책임과 마찬가지로 강조되게 되었다.[158]

주장책임은 논리적으로 증명책임에 선행되는 것이나 양자가 반드시 호응(呼應)관계를 이루는 것은 아니다. 예컨대 자백한 사실과 같은 경우에는 주장책임에 대응하는 증명책임이 없다. 주장책임의 분배에는 일반적으로 증명책임의 분배원칙과 같은 기준이 적용된다.

4. 증명책임의 분배

(1) 의 의

증명책임의 분배에 관한 논의가 중국에서 이루어지기 시작한 것은 그 역사가 그리 길지 않다.[159] 변론주의 개념이 들어오고서야 비로소 객관적 증명책임의 분배문제가 논의되기 시작하였기 때문이다. 그러나 그 논의의 내용은 우리의 것과 크게 다른 것은 없다. 주지하는 바와 같이 증명책임은 주장된 사실이 진위불명 사태에 빠진 경우에 이로 인하여 당사자가 받게 될 불리한 재판에 대한 위험부담을 가리킨다(객관적 증명책임).[160] 이와 같은 위험부담은 원고와 피고 사이에 분배되어야 마땅하고 그 분배는 공평과 정의에 부합해야 한다. 또 진위불명인 경우 법관의 자의(恣意)를 막고 재판에 대한 신뢰를 얻기 위해서는 사정에 따라 변경되어서는 안 되며 사전에 명확히 그 분배기준이 정해져 있어야 한다.

따라서 그 기준은 당사자의 사정(원고인지 피고인지의 여부)에 따라 달라져서는 안 되

---

158) 上揭書, 199面 참조.

159) 1990년대 중반까지의 중국의 학설이나 실무에서는 결과 책임으로서의 객관적 증명책임의 분배라는 것을 인정하지 않았다.

160) 일반적으로는 진위불명은 주장된 사실은 존재하지 않는 것으로 취급되나 예외적인 경우에는 존재하는 것으로 취급된다. 예컨대 증명책임의 전환이 있는 경우에는 오히려 존재하는 것으로 보고 상대방이 그 부존재를 증명해야 한다.

며 소송의 진행에 따라 원 · 피고 사이에 옮겨 다녀서도 안 된다. 따라서 소송의 구체적인 사정을 떠나 미리 추상적으로 정해져 있어야 한다. 그러나 중국에서는 후술하는 바와 같이 법관의 재량에 의한 분배를 인정하고 있음을 주의해야 한다.

증명책임분배의 문제가 실체법상의 문제인지 소송법상의 문제인지에 대해서는 학설의 대립이 있다. 그러나 일반적으로 민사소송은 사인의 권리 또는 법률관계에 관한 분쟁을 해결하는 것이고 사인의 권리 또는 법률관계는 근거 실체법규의 요건사실을 충족함에 따라 발생, 변경, 소멸하는 것이며, 이 요건사실에 대한 법관의 심증형성이 곤란한 경우에 대한 대비책이 증명책임인 점을 감안한다면 실체법상의 문제라고 볼 것이다.[161)]

(2) 증명책임분배의 기준에 관한 학설

증명책임의 분배기준은 명확해야 하며 공평과 정의에 부합해야 한다. 실체법규에 요건사실에 대한 증명책임을 명시한 경우도 있으나 소수이고 소송 중에 주장되는 사실은 천태만상이므로 이를 모두 실체법규에 명시할 도리도 없다. 따라서 명문의 규정을 떠나 사실의 진위불명 상태에 적용할 추상적이고 일반적인 기준을 세울 필요가 있다. 어떤 기준에 따라 증명책임을 분배할 것인지에 대하여는 다양한 학설이 주장되고 있다. 중국에서도 우리와 거의 같은 내용의 논의가 이루어지고 있다.

1) 요증사실분류설(要證事實分類說)[162)]

이 학설은 증명을 필요로 하는 사실을 그 속성에 따라서 분류하여 증명책임을 일괄적으로 분배하고자 한다. 즉 사실을 적극적 사실과 소극적 사실로 분류하거나 외계의 사실과 내심적 사실로 분류하여 적극적 사실과 외계의 사실은 주장하는 자가 증명책임을 부담하고, 소극적 사실[163)]이나 내심의 사실[164)]은 주장하는 자가 증명책임을 부담하지 않고 상대방이 그 부존재를 증명해야 한다고 하는 것이 이 학설의 골자(骨子)이다.

---

161) 우리와 달리 중국에서는 실체법상의 문제라는 것이 일치된 견해이다.

162) 이를 중국에서는 대증사실분류설(待证事实分类说)이라고 부른다.

163) 소극적 사실은 일반적으로 아직 발생하지 않은 사실이므로 증명할 방법이 없다거나 소극적 사실로는 법률관계의 변동을 가져오지 않으므로 증명할 필요가 없다는 점 등을 이유로 증명책임을 부과하지 않는다고 한다(谭兵, 李浩 主编, 前揭 民事诉讼法学, 201面 참조). 예컨대 원고가 계약의 체결을 주장하고 피고는 이를 부인한다면 원고주장사실은 적극적 사실이고 피고주장사실은 소극적 사실에 속하므로 원고가 증명책임을 부담한다고 한다.

164) 내심적 사실(内界의 사실이라고도 한다)은 예컨대 선의, 악의, 고의, 과실과 같은 것을 말하며 외부에서 이를 직접 감지할 수 없으며 증명이 지극히 곤란하므로 이를 주장한다고 하여 증명책임을 부과할 수는 없다고 한다.

이 학설은 소극적 사실이나 내심적 사실이 증명하기 매우 곤란하다는 점을 지적하여 일정한 경우에는 추정(推定) 등의 방식을 통하여 증명책임을 면제하거나 경감시켜 줄 필요가 있다는 점을 명확히 한 공로가 있다. 그러나 그 분류기준이 명확하지 않을 뿐만 아니라[165] 소극적 사실이나 내심적 사실도 모두 증명이 불가능한 점이 아니라는 비판을[166] 받고 있으며 현재는 중국에서도 지지를 받지 못하고 있다.

2) 법률요건분류설(法律要件分類說)

법률요건분류설은 주장사실이 속한 법률요건의 종류에 따라 증명책임을 분배하고자 하는 학설이다. 법률요건은 실체법규가 정하고 있는 권리변동의 요건이고 이것이 충족되면 그 효과로 권리 또는 법률관계가 발생, 변경, 소멸하게 된다. 이와 같은 점에 착안하여 주장사실이 어느 법규의 요건사실에 속하는가를 기준으로 하여 증명책임을 분배하고자 하는 것이 이 학설의 요지이다. 법률요건분류설에도 여러 가지의 유파가 있으나 대표적인 것은 로젠베르크(Rosenberg)의 규범설(規範說)이며 이 학설이 중국에서도 널리 지지를 받고 있다.

규범설은 주장사실이 어느 규범(법규)의 요건사실에 해당하는지를 기준으로 증명책임을 분배하므로 그 분배의 기준이 되는 규범자체를 분류할 필요가 있게 된다.[167] 이 학설은 각종의 요건사실을 담고 있는 규범(법규)을 ① 권리발생규범(기본규범, 통상규범), ② 권리장애규범, ③ 권리소멸규범, ④ 권리저지규범[168]으로 나누었으며 후 3자를 기본규범과 대비하여 반대규범(反對規範)으로 부르기도 한다.

통상적인 소송에서는 원고가 실체법상의 권리 또는 법률관계의 존재를 주장하기 때문에 원고는 권리발생규범의 요건사실에 속하는 사실에 대하여 증명책임을 부담하며 반대규범의 요건사실은 피고가 부담하게 되나, 소극적 확인의 소에서는 거꾸로 원고가 반대규범의 요건사실에 속하는 사실에 대하여 증명책임을 부담한다.

---

165) 적극적 사실을 표현 방법을 바꾸어 소극적으로 진술하여 증명책임을 회피할 수 있는 불합리한 결과가 초래될 수도 있을 것이다.

166) 소극적 사실도 간접사실을 통하여 증명할 수 있는 경우가 있으며(예컨대 알리바이를 주장한다면 이는 현장에 없었다는 소극적인 주장이나 그 시간에 다른 장소에 있었다는 점을 증명하여 현장부재를 증명할 수 있을 것이다), 내심적 사실인 선의, 악의, 고의, 과실 등도 때에 따라서는 밖으로 드러난 행동으로부터 간접적으로 증명할 수 있을 것이므로 일률적으로 소극적 사실이나 내심적 사실을 증명책임의 밖에 두는 것은 불합리한 점이 있다. 또 실체법규에서도 내심적 사실인 과실 등에 대하여 직접 증명책임을 부담시키는 경우가 있는 점과도 어긋난다 하겠다(예컨대 자기에게 과실 없음을 증명하도록 한 경우).

167) 요증사실분류설에서는 주장사실자체를 분류했으나 법률요건분류설에서는 그 주장사실이 속하는 법률요건 나아가서는 그 요건을 정하고 있는 규범을 분류한다.

168) 중국에서는 흔히 권리배제규범(權利排除規範)으로 부르나 적절한 것 같지는 않다.

위와 같은 법률요건분류설이 현재 중국에서도 통설화되어 있으며 〈증거규정〉에서도 뒤에 보는 바와 같이 이 학설에 따라 명문으로 증명책임을 분배하고 있다.

(3) 증명책임분배체계

중국의 각종 법규와 학설을 통해 증명책임분배에 관한 법률체계를 살펴보면 ① 실체법 규정에 따른 증명책임의 분배, ② 최고인민법원의 사법해석에 따른 증명책임의 분배, ③ 법관의 재량에 의한 증명책임의 분배, ④ 증거계약에 따른 증명책임의 분배로 대별할 수 있다.[169] 대체적으로 학설과 판례에 의하도록 되어있는 우리와 달리 증명책임분배 관련 규정이 많은 것이 특징이다.

1) 실체법상의 증명책임분배에 관한 규정

소수이기는 하나 중국의 실체법에도 명확히 증명책임을 정하고 있는 법규가 있다. 예컨대 민법통칙 제126조, 계약법[合同法] 제68조 및 제152조, 특허법[专利法] 제57조 제2항, 저작권법(著作权法) 제52조와 같은 경우는 증명책임을 명확히 하고 있다. 그러나 대부분의 실체법규는 증명책임을 언급하지 않고 있기 때문에 결국은 실체법규의 논리구조, 실체법규간의 관계에 따라 법률요건분류설적으로 증명책임을 정해야 할 것이다. 예컨대 민법통칙 제106조 제2항은 "공민, 법인이 과실로 인하여 국가, 집체의 재산 혹은 타인의 재산이나 신체에 손해를 끼친 경우에는 민사책임을 부담해야 한다"라는 규정을 두고 있는데 이는 손해배상청구권의 근거규범이고 이에 비하여 같은 법 제107조(불가항력), 제128조(정당방위), 제129조(긴급피난)와 같은 것은 권리장애규범이므로 전자에 대하여는 원고가, 후자에 대하여는 피고가 각각 증명책임을 부담한다고 해석될 것이다.

2) 사법해석에 의한 증명책임의 분배

민사관계 실체법 혹은 절차법의 적용에 있어서 불분명하거나 규정이 없는 경우를 보충하기 위하여 최고인민법원은 많은 사법해석을 내리고 있으며 이는 실질적으로 법률과 같은 역할을 한다. 〈증거규정〉은 실체법은 아니나 광의의 민사소송법규이면서도 학설과 판례에 맡긴 우리 민사소송법과는 달리 증명책임의 분배에 관한 규정을 두고 있다. 여기에 해당하는 사건의 경우 이 규정에 의하여 증명책임이 분배됨은 물론이다.[170]

169) 谭兵, 李浩 主编, 前揭 民事诉讼法学, 203~205面.

170) 〈最高人民法院关于审理票据纠纷案件若干问题的规定〉[法释(2000) 32号] 제9조; 〈最高人民法院关于适用中华人民共和国婚姻法若干问题的解释〉[法释(2001) 30号] 제18조 등도 사법해석으로서 증명책임을 정하고 있다.

3) 법관의 재량에 의한 증명책임의 분배

〈증거규정〉 제7조는 “법률에 구체적인 규정이 없고 이 규정 및 기타 사법해석에 의하여 증명책임의 분담을 정할 방법이 없는 경우에는, 법원이 공평의 원칙 및 신의성실의 원칙에 기초를 두고 당사자의 증명능력 등의 요소를 종합적으로 고려하여 증명책임의 부담을 확정할 수 있다”라고 하여 보충적인 규정을 두고 있다. 〈증거규정〉에 계약소송, 불법행위소송 및 노동쟁의에 의한 사건에 관한 증명책임분배의 원칙만을 정하고 있으므로 이것으로 증명책임의 분배가 불가능한 경우를 대비한 것이다.

이 경우에는 법률요건분류설에서 말하는 기준 이외의 다른 기준을 세울 수도 있을 것이며, 때로는 법률요건분류설을 취하면서도 구체적인 사정에 따라 적절하게 증명책임을 경감하여 주거나 전환해 줄 수 있을 것이다.[171] 예컨대 공평의 원칙에 근거하여 증거와의 거리, 증거의 통제가능성, 요증사실의 개연성 등을 고려하여 재량으로 증명책임을 분배할 수 있을 것이다. 또 당사자의 객관적 조건(법률지식이나 소송기술의 정도)이나 경제적 조건(경제적 약자인 경우) 등을 고려하여 적절하게 증명책임을 경감해줄 수도 있을 것이다.[172]

4) 증거계약(證據契約)에 따른 증명책임의 분배

증거계약은 증거법관련 당사자간의 계약을 말하는 것으로, 협의로 보면 자백계약, 중재감정계약, 증거방법계약이 여기에 속할 것이나 광의로 보면 증명책임에 관한 계약도 이에 포함될 수 있다고 본다. 예컨대 당사자간에 계약을 체결하면서 일정한 사실에 대하여 어느 일방이 증명책임을 부담할 것인가를 합의해 둔 경우라면, 지나치게 불공평하거나 불합리한 경우가 아니라면 중국에서도 법원은 이 계약에 따라 증명책임을 분배할 것이다.[173] 이미 중국에서도 심판방식의 개혁에 따라 민사소송에서 당사자의 주체적(主體的) 역할을 상당히 인정하고 있기 때문이다.

(4) 〈증거규정〉상의 증명책임분배

〈증거규정〉에는 계약분쟁, 노동분쟁, 불법행위 분쟁에 관하여 증명책임분배 기준을 정하고 있다. 특히 불법행위사건의 경우에는 우리와 달리 증명책임의 전환을 널리 인정하고 있으므로 주의할 필요가 있다.

---

171) 이 규정도 심판방식의 개혁에도 불구하고 민사소송에 있어서 법원의 역할을 강조해온 그동안의 전통에서 비롯된 것으로 보인다.

172) 前揭 最高人民法院关于民事诉讼证据的若干规定(注释本), 7~8面 참조.

173) 谭兵, 李浩 主编, 前揭 民事诉讼法学, 204~205面.

1) 계약분쟁사건의 증명책임의 분배

계약[174]분쟁사건에 있어서의 증명책임분배는 〈증거규정〉 제5조가 정하고 있다. 이 규정은 일반적인 계약분쟁에 널리 적용될 수 있는 것으로서 법률요건분류설을 따른 것으로 평가되고 있다.[175] 그 내용을 보면 다음과 같다.

① 계약의 성립과 그 효력을 주장하는 당사자는 계약의 체결과 효력발생에 관한 사실에 대하여 증명책임을 부담한다(제1항 전문).
② 계약관계의 변경, 해제, 종지(終止), 취소를 주장하는 당사자는 그 계약관계의 변동에 관한 사실에 대하여 증명책임을 부담한다(제1항 후문).
③ 계약의 이행과 관련하여 분쟁이 발생한 경우에는 이행의무를 부담하는 당사자가 증명책임을 부담한다(제2항). 예컨대 변제사실은 변제의무자가 증명책임을 부담한다.
④ 대리권의 발생에 관하여 분쟁이 발생하는 경우에는 대리권의 존재를 주장하는 당사자가 그 증명책임을 부담한다(제3항).

위의 내용을 보면 결국 권리의 발생에 필요한 법조의 요건사실(위의 ①, ④)은 그 권리를 주장하는 자가 부담하고 권리의 변경이나 소멸 등에 필요한 요건사실(위의 ②, ③)은 상대방이 담당하도록 하고 있는 점에서 법률요건분류설을 충실히 따랐다고 볼 수 있다.

사실 이와 같은 명문의 규정이 없어도 일반적인 계약사건에 대하여는 법률요건분류설에 따라 같은 결론에 도달한 것이나 명문의 규정을 두고 있음이 특색이다. 이와 같이 명문의 규정을 두다 보니 행위능력에 관한 사실은 누가 증명책임을 부담하는지, 이행의무가 부작위(不作爲)인 경우에도 이행의무를 부담하는 측이 증명책임을 부담하는지에 관하여는 규정이 없다는 등의 논의가 발생하기도 한다. 전자에 대하여 행위능력의 부존재를 오히려 권리발생의 장애(障碍)사유로 보아 계약의 효력을 부인하는 측이 증명책임을 부담해야 한다는 견해도 있다.[176] 이행의무가 소극적 이행의무인 부작위인 경우는 대체로 그 위반을 주장하는 측이 증명책임을 부담한다고 한다.[177]

2) 불법행위 소송과 증명책임의 분배

일반 불법행위에 기한 손해배상청구권이 발생하기 위해서는 ① 손해의 발생, ② 가해행위와 위법성, ③ 가해자의 고의 또는 과실, ④ 인과관계라는 4가지 요건사실이

174) 중국법률 용어에 계약(契约)이라는 말이 없는 것은 아니나 합동(合同)이라는 용어가 널리 사용되고 있으며 계약법의 공식명칭도 〈中华人民共和国合同法〉이다.
175) 赵钢, 占善刚, 刘学在 著, 前揭 民事诉讼法, 182面 참조.
176) 谭兵, 李浩 主编, 前揭 民事诉讼法学, 205조.
177) 上揭書 같은 面; 张卫平 著, 前揭 民事诉讼法(第二版), 215面 등.

충족되어야 한다. 법률요건분류설에 의하면 4가지 모두 권리의 발생을 주장하는 피해자인 원고가 증명책임을 부담하게 된다. 이와 같은 점은 증거의 편재(偏在)가 심한 현대형 소송인 제조물책임소송, 공해소송, 의료과오소송에서 당사자간의 실질적인 평등을 심하게 저해하고 사회적 약자인 피고에게 지나친 증명의 부담을 준다는 비판을 초래하게 된다. 이에 따라 원고의 증명책임을 경감하기 위한 이론들이 나오고 있다.

중국의 〈증거규정〉은 이와 같은 특수한 소송에서 문제되는 과실이나 인과관계에 관하여 과감하게 명문(明文)으로 증명책임의 전환을 인정하고 있다.[178] 즉 〈증거규정〉 제4조[179]는 "불법행위소송의 증명책임분배와 그 전환[180]"이라는 표제(標題)하에 8가지 유형의 사건을 열거하여 그 증명책임의 소재를 명시하고 있다. 이 중 다음 5가지는 증명책임의 전환으로 평가되고 있으며 나머지 3가지는 증명책임의 전환이 아니라 무과실책임을 선언한 것일 뿐이라는 평가를 받고 있다. 차례로 보기로 한다.

(가) 증명책임의 전환

(i) 특허권 침해사건

신상품의 제조와 관련하여 특허권침해 여부에 관한 분쟁이 발생한 경우에는 상품을 제조한 측에서 그 제조방법이 특허방법과 다르다는 사실에 대하여 증명책임을 부담한다(제1호).

(ii) 환경오염으로 인한 손해배상청구사건

환경오염으로 인한 손해배상청구사건에서는 가해자가 법률의 규정에 따른 면책사유 및 그 행위와 손해결과 간에 인과관계가 존재하지 않는다는 점에 대하여 증명책임을 부담한다(제3호). 여기의 면책사유는 일종의 항변이므로 원래부터 가해자인 피고가 부담해야 할 것이나, 인과관계는 손해배상청구권의 발생요건임에도 이를 가해자인 피고에게 증명책임을 전환하고 있음을 볼 수 있다.[181]

---

178) 이와 같은 과감한 전환조치가 가능하였던 것은 역시 사회주의 민사소송의 전통에서 찾을 수 있을 것이다. 즉 국가 이외에 사회적 강자를 인정하지 않던 사회주의 중국에서 시장경제의 도입과 더불어 생산의 주체가 다양해지자 생산주체간의 실질적 불평등을 불가피하게 인정하게 되었다. 그러나 이와 같은 불평등의 인정은 최소한에 그쳐야 하며 특히 침해된 권리의 회복을 위한 소송에서만은 실질적 평등을 보장해 주어야 한다는 consensus를 이루어 내기가 그리 어렵지 않았다는 점에서, 과감한 증명책임의 전환이 큰 저항 없이 이루어질 수 있었다고 본다. 또 사회주의 민사소송의 요청인 객관적 진실규명을 포기하는 데 대한 사회적 약자를 위한 반대급부의 의미도 있을 것이다.

179) 〈증거규정〉 제4조는 1992년에 공포된 〈약간규정〉, 즉 前揭 〈最高人民法院关于适用中华人民共和国民事诉讼法若干问题的意见〉[法发(1992) 22号] 제74조를 계승·발전시킨 것이다.

180) 명칭은 도치(倒置)로 되어있다. 중국에서는 전환은 전이(轉移)라는 용어로 표현하여 법률상의 추정의 경우에만 사용하고 추정법규가 아닌 법규에서 증명책임을 역전시키는 것은 도치(倒置)라 부른다.

(iii) **건물 등의 도괴(倒壞), 부속물의 낙하 등으로 인한 손해배상청구사건**

건축물 기타 시설물 또는 건축물에 올려놓은 물건 또는 매달아 놓은 물건이 붕괴되거나, 떨어져 나오거나 추락하여 사람에게 손해를 입힌 사건으로 인한 불법행위소송에서는 그 소유자 또는 관리인이 자기의 무과실에 대하여 증명책임을 부담한다(제4호). 즉 과실에 관하여 증명책임을 전환하고 있다.182)

(iv) **의료과실에 의한 손해배상청구사건**

의료행위로부터 야기된 손해배상청구사건에서는 의료기관이 의료행위와 손해의 결과 사이에 인과관계가 없다는 점과 의료행위에 과실이 없다는 점에 대하여 증명책임을 부담한다(제8호). 과실과 인과관계 모두 피고인 의료기관에 증명책임을 전환시키고 있다.

(v) **공동의 위험행위로 인한 손해배상청구사건**

공동으로 위험행위를 한 자는 자기의 행위와 손해 사이에 인과관계가 없음에 대하여 증명책임을 부담한다(제7호).183)

(나) 무과실책임에 관한 규정

무과실책임에 속하는 특수 불법행위로 인한 손해배상청구권의 요건사실에는 과실이 필요 없게 되고, 나머지 요건 즉 ① 손해의 발생, ② 가해행위와 위법성, ③ 인과관계만이 원고의 증명책임으로 돌아가게 된다. 이 세 가지 요건을 충족하면 손해배상청구권이 성립하고 예컨대 피해자가 고의로 사고를 야기하였다거나 면책사항의 주장과 같은 것은 피고 측의 항변사항으로 원래부터 피고의 증명책임으로 돌아가게 된다.

중국의 특수 불법행위는 일반적으로 무과실책임으로 되어있으며 극히 예외적인 경

---

181) 환경오염으로 인한 손해배상청구권은 무과실책임이므로 과실은 증명할 필요가 없다(중국 민법통칙 제124조).

182) 중국 민법통칙 제126조에도 같은 내용이 규정되어 있다. 우리의 공작물의 설치보존의 하자에 의한 손해배상청구소송과는 구체적인 내용이 다르지만 굳이 비교한다면, 우리는 점유자와 소유자를 구분하여 점유자는 과실 없음을 증명하면 면책(免責)이 되는 중간적 책임을 부담하고 점유자가 면책되는 경우에 소유자는 무과실책임을 부담하게 하고 있다(우리 민법 제758조). 그러나 중국에서는 중간적 책임이라는 개념을 사용하지 않기 때문에 소유자까지 포함하여 일괄적으로 증명책임의 전환으로 보는 듯하다.

183) 중국 민법통칙 제130조에는 "2인 이상이 공동불법행위로 인하여 타인에게 손해를 가한 경우에는 연대책임을 부담한다"라고 규정되어 있다. 공동불법행위에는 협의의 공동불법행위와 가해자 불명의 공동불법행위가 있다. 중국에서는 협의의 공동불법행위를 공동가해행위라 하고 가해자 불명의 공동불법행위를 공동위험행위라고 부른다[中华人民共和国民法通则(注释本), 法律出版社刊(2010), 75面 참조]. 이 중 공동가해행위(협의의 공동불법행위)의 경우에는 면책이 되지 않고 연대책임을 지게 되나 공동위험행위(가해자 불명의 공동불법행위)는 증명책임의 전환을 전제로 면책이 가능하다. 〈증거규정〉 제4조 제1항 제7호는 이와 같은 공동위험행위에 관한 규정이다.

우에는 과실의 추정을 인정하고 있다.[184) 〈증거규정〉 제4조에는 다음과 같은 3가지의 손해배상 사건의 증명책임에 관한 규정이 있는데 모두 고의 · 과실, 면책사유에 관련된 것으로서 이들 불법행위가 무과실책임에 속함을 선언한 것일 뿐 과실에 대한 증명책임의 전환을 정한 것은 아니라고 보아야 한다는 것이 대체적인 견해이다.[185)]

(i) 고도의 위험한 작업으로 인한 손해배상사건

고도의 위험한 작업으로 인하여 사람에게 손해를 끼친 불법행위사건에서는 가해자는 피해자가 고의로 손해를 야기했다는 사실에 대하여 증명책임을 부담한다(제2호).[186)]

(ii) 사양(飼養)동물의 가해로 인한 손해배상사건

기르는 동물로 인하여 사람에게 손해가 발생한 경우에는 그 사육자 혹은 관리인이 피해자나 제3자에게 과실이 있다는 점에 대하여 증명책임을 부담한다(제5호). 주의할 점은 이 사건에서 책임을 지는 것은 사육자나 관리인이고 그 소유자는 아니라는 점이다.[187)]

(iii) 제조물 결함으로 인한 손해배상청구사건

제조물 결함으로 인하여 사람에게 손해를 입힌 불법행위소송에서는 제조물의 생산자가 법률에 규정된 면책사유에 대하여 증명책임을 부담한다(제6호).

---

184) 중국 민법통칙 제125조는 "공공장소, 노변(路邊) 혹은 통로에서 구덩이를 파거나 지하 시설물을 수리하면서 명확한 표지(標識)를 설치하지 않거나 안전조치를 취하지 않아 타인의 손해를 야기한 시공자는 민사책임을 부담해야 한다"라고 규정하고 있는데 이 시공자(소유자가 아님)의 책임에는 과실의 추정이 적용된다고 한다(前揭 中华人民共和国民法通则(注释本), 72面 참조).

185) 谭兵, 李浩 主编, 前揭 民事诉讼法学, 206面; 赵钢, 占善刚, 刘学在 著, 前揭 民事诉讼法, 183面.

186) 중국 민법통칙 제123조는 "고공, 고압, 인화성, 폭발성, 극독(劇毒), 방사선, 고속운송도구 등 주위환경에 고도의 위험성을 초래하는 작업으로 타인에게 손해를 야기한 자는 그 민사책임을 부담해야 한다. 다만 피해자가 고의로 손해를 야기했다는 점을 증명할 수 있는 경우에는 민사책임을 부담하지 않는다"라는 규정이 있다. 이 경우를 중국에서는 전형적인 무과실책임의 일종으로 본다[前揭 中华人民共和国民法通则(注释本), 71面 참조]. 따라서 상대방의 고의를 주장하는 것은 일종의 항변이므로 본래부터 가해자에게 증명책임이 있다고 본다. 우리나라의 자동차손해배상보장법 제3조 2호에 의하면 승객이 사상한 경우에는 승객의 고의 또는 자살행위를 입증하도록 하여 무과실책임으로 하고 있으며 승객 이외의 자가 사상(死傷)한 경우에는 중간책임으로 자기의 무과실 등을 입증할 수 있도록 하여 증명책임을 전환하는 중간책임으로 하고 있으나 사실상 무과실책임에 가까울 정도로 엄격하다.

187) 중국 민법통칙 제127조에도 유사한 내용의 규정이 있으며 이 조문의 해석도 무과실책임이라고 한다. 우리 민법 제759조는 동물의 점유자나 보관자의 손해배상 책임을 인정하면서 자기가 동물의 종류나 성질에 따라 그 보관에 상당한 주의를 해태하지 않은 점을 입증한 경우에는 책임을 면하도록 하여 점유자의 책임을 중간적 책임으로 구성하고 있으나, 중국의 경우에는 피해자나 제3자의 과실을 증명하도록 한 점이 우리와 다르며 동물의 사육자나 관리자의 책임은 무과실책임에 속한다.

3) 노동쟁의사건의 증명책임분배

노동쟁의사건은 ① 노동관계의 확인을 둘러싼 분쟁, ② 노동계약의 체결, 이행, 변경, 해제 및 종료를 둘러싼 분쟁, ③ 제명, 해고와 사직 및 휴직을 둘러싼 분쟁, ④ 근로시간, 휴식과 휴가, 사회보험, 복리, 직업훈련 및 노동보호를 둘러싼 분쟁, ⑤ 노동보수, 공상의료비(公傷醫療費), 경제적 보상 및 배상금을 둘러싼 분쟁 등 다양하다.

이들 분쟁 중 "고용자 측의 제명[开除], 해고, 노동계약의 해제, 노동보수의 삭감, 노동자의 근로연한의 계산 등의 결정"과 관련하여 발생한 쟁의의 경우에는 고용자 측이 증명책임을 부담하도록 하고 있다(〈증거규정〉 제6조). 사회적 약자 보호의 목적하에 이와 같은 소송에서의 증명책임을 고용자 측이 부담하도록 하고 있다.

노동쟁의사건은 먼저 노동자와 고용자 측이 협상에 의하여 해결하고, 당사자가 협상을 원하지 않거나 협상이 이루어지지 않는 경우에는 조정기구에 조정신청을 하고, 조정을 원하지 않거나 조정이 성립하지 않는 경우에는, 노동쟁의중재위원회에 중재를 신청할 수 있으며, 중재판정[188]에 불복하는 경우에는 법원에 소를 제기하여 해결하도록 하고 있다.[189]

Ⅳ. 증명방해에 대한 대책

1. 증명방해의 의의

증명방해라 함은 증명책임을 부담하지 않는 당사자가 작위 또는 부작위를 통하여 증명책임을 부담하는 상대방 당사자가 주장사실을 증명하는 것을 방해하는 것을 의미한다. 이전 시행법(試行法) 시대나 심판방식 개혁 이전에는 주로 법원이 증거를 조사하고 수집하였으므로 당사자간의 증명방해 문제가 그리 부각되지 못하였고 주로 법원에 대한 민사소송 방해행위가 문제되었다. 그러나 1990년대 말 이후 심판방식을 개혁하여 변론주의 방식을 채택한 후로는 당사자의 증명활동이 중요한 위치를 차지하게 되고 법원이 스스로 증거를 조사하여 수집하는 경우가 현저히 줄어들고 법원의 역할이 주로 법원에 현출된 증거의 심사와 증거력의 판단에 집중되게 되자 당사자간의 증

188) 중국에서는 중재판정을 중재재결(仲裁裁决)이라 한다.

189) 〈中华人民共和国劳动争议调解仲裁法〉[中华人民共和国主席令 第80号(2007)] 제4조 및 제5조. 다만 대부분의 경우 중재판정을 거친 후에 다시 법원에 소를 제기할 수 있도록 한 점이 특징이다. 이 점에 관하여는 사법자원의 낭비라는 비판도 있다.

명방해의 문제가 수면 위로 드러나게 되었다.

증명방해의 양상(様相)도 매우 다양하여 상대방이 증명에 사용할 수 있는 증거를 훼멸(毀滅), 은닉(隱匿), 변조(變造)하는 것으로부터 협박, 매수 등의 방법으로 증인의 출석을 방해하는 등의 현상이 도처에서 발생하고 있으며, 심지어는 채무자가 채권자가 제출한 차용증서를 그 자리에서 삼켜버리거나 찢어 버리는 경우도 발생한 경우가 있다고 한다.[190]

이와 같은 증명방해에 대한 대책이 마련되어야 한다는 목소리가 점차 커져 가고 있으며 상당한 연구의 성과도 있다.[191]

2. 증명방해에 대한 대책

증명방해는 넓게 보면 민사소송 방해행위에 해당하고 원래부터 중국의 민사소송법에는 한 개의 장(章)[192]을 할애하여 이를 엄격히 금지하고 있다. 이 민사소송을 방해하는 행위에 대하여 강제조치를 취할 수 있도록 한 조치는 원래 법원이 직권으로 증거를 조사하여 수집하던 시기(시행법 시기와 1990년대 말기까지)에 법원의 조사와 수집을 방해하는 것을 막고자 한 취지이므로[193] 심판방식 개혁 후의 당사자 간의 증명방해와는 그 적용국면을 달리하는 것이다. 그러나 이 규정을 널리 해석하면 당사자간의 행위에 대하여도 적용할 수 있을 것이다.

민사소송법 제111조에는 ① 중요한 증거를 위조, 훼멸하여 법원의 심리를 방해한 경우(제1항 제1호), ② 폭력, 협박, 매수의 방법으로 증인의 증언을 저지하거나 타인을 사주, 매수, 협박하여 위증케 하는 경우를 민사소송을 방해하는 행위로 이에 대하여는 그 경중에 따라 벌금, 구류를 과할 수 있으며 범죄를 구성하는 경우에는 형사책임을 물을 수 있도록 하고 있다.

다만 이와 같은 규정은 처벌로 위하(威哧)하여 예방적 기능을 기대할 수 있을 뿐, 실제로 증명방해행위가 발생한 경우 그 구제책이나 민사소송 자체에 어떠한 영향을 주느냐(방해행위의 효력)와는 관계가 없다. 따라서 다음과 같은 방법이 그 대책으로 논의되고 있다.

---

190) 张卫平 著, 前揭 民事诉讼法(第二版), 240面 참조.

191) 증명방해에 대한 전문적인 연구서(研究書)로는 毕玉谦 著, 民事诉讼证明妨碍研究, 北京大学出版社(2010)가 있다.

192) 제1편 제10장(제109조 내지 제117조).

193) 법원에 대한 도전(挑戰)으로 간주하여 엄중한 책임을 묻고자 한 것이다.

(1) 법원에 대한 조사 · 수집의 신청

시행법 시대는 물론 현재까지도 당사자는 일정한 경우에 법원에 증거를 조사·수집해 달라고 신청할 수 있도록 되어있다. 이전보다는 수집신청의 요건이 강화되어 가고 있으나[194] 현재도 당사자 및 그 소송대리인이 명백히 객관적인 원인으로 인하여 스스로 수집할 수 없는 자료는 법원에 그 조사·수집을 신청할 수 있도록 되어있다(〈증거규칙〉 제17조).

상대방의 증명방해를 증명할 수 있다면 이는 객관적인 원인에 해당할 수 있어서 법원에 그 조사와 수집을 신청할 수 있을 것이다. 증명방해에 대한 어느 정도의 대책은 될 수 있을 것이다. 다만 이 경우는 자칫 법원이 일방당사자의 소송도구로 전락할 우려도 있고, 증거제출의무와 면책특권이 명확히 규정되지 않은 중국에서는 자칫 무기대등의 원칙을 훼손할 수도 있을 것이다.[195]

(2) 주장사실의 성립추정

〈증거규칙〉 제75조는 "당사자 일방이 증서를 소지하고 있음에도 불구하고 정당한 이유 없이 제공하지 않는 것을 증거로써 증명한 경우에, 그 상대방이 그 증거의 내용이 소지인에게 불리한 것임을 주장하는 경우에는 그 주장이 성립한 것으로 추정할 수 있다"고 규정하고 있다.[196]

당사자의 주장이 성립한 것으로 본다는 규정의 의미가 무엇인지는 확실하지 않으나 중국에서는 당사자가 주장하는 요건사실이 증명된 것으로 추정한다는 말로 해석하는 듯하다.[197]

또 〈증거법〉 제75조의 규정을 민사소송법 제111조를 직접 보충하는 것으로 보아 부제공(不提供)뿐만 아니라 훼멸(毁滅) 등에 대한 대책으로 삼을 수 있다는 견해도 있다.[198][199]

194) 자세한 것은 본장 제1절 II. 중국 증거법의 발전 부분 참조.

195) 张卫平 著, 前揭 民事诉讼法(第二版), 241面 참조.

196) 이 〈증거규칙〉 제75조는 그 이전(1998년)에 심판방식 개혁의 일환으로 최고인민법원이 내린 사법해석 〈最高人民法院关于民事经济审判方式改革问题的若干规定〉 제30조를 그대로 옮긴 것이다.

197) 张卫平 著, 前揭 民事诉讼法(第二版), 241面~245面.

198) 毕玉谦 著, 前揭 民事诉讼证明妨碍研究, 390~391面. 즉 마치 우리 민소법 제350조와 제351조 모두에 공통적으로 적용될 수 있다는 견해이다.

199) 하남성의 농부 이모(李某)가 강모(康某)로부터 농사용 삼륜차를 2,800위안에 사고 돈이 부족하다는 이유로 1,200위안만 지불하고 1,600백 위안에 대한 차용증(欠条)을 작성하여 교부하였으나 이를 지불하지 않자 법원에 소를 제기한 사건에서, 현법원이 파출법정을 꾸려 현지에 나가 재판하게 되었다. 원고가 제출한 차용증에 대하여 인부절차를 하던 중 피고가 갑자기 이를

(3) 증명책임의 전환

증거의 편재(偏在)가 심한 현대형 소송에 대한 대책으로 〈증거규정〉 제4조는 상당히 적극적으로 증명책임을 전환시키고 있다. 그 특징은 증명방해가 있는 경우만 증명책임을 전환시키는 것이 아니라 처음부터 증명책임을 피고에게 전환시키고 있는 점에 큰 특징이 있다. 다만 제조물책임소송에서는 무과실책임만 인정하고 인과관계에 관하여는 규정이 없다. 이에 대하여 판례를 통하여 방해행위에 대한 효과로 증명책임을 전환할 수 있는지가 논의되고 있으며 학자에 따라서는 전환에 적극적인 경우도 있다.[200)]

(4) 증명도의 경감

상대방의 방해행위가 있는 경우 증명책임을 부담하는 당사자의 증명도(證明度)를 낮추어 고도의 개연성에서 중등(中等)의 혹은 저도(低度)의 개연성으로 증명도를 낮추어 줄 수 있다는 논의가 있다.[201)]

그러나 이렇게 하면 결국 법원의 자유재량(自由裁量)이 개입되어야 하는데 현재 중국의 사정으로는 상책(上策)이 되지 못한다는 견해도 있다.[202)]

(5) 기타 방법

위의 방법 이외에도 상책은 아니나 자백간주(自白看做: 擬制自白)를 인정하자는 견해도 있으며[203)] 방해행위가 있는 경우에는 직접 방해자의 패소를 선언하는 판결을 내리거나 독립적인 민사책임을 부담시킬 수 있지 않은가 하는 논의도 있다.[204)]

구격 입안에 집어 넣자 법관이 황급히 이를 빼내려 했으나 결국 여백(餘白) 부분만 빼앗는 것에 그쳤다. 이 사건에서 법원은 원고의 주장사실을 인정하여 피고에게 1,600위안을 지급하라는 판결을 내림과 동시에 민사소송 방해행위(법원에 대한)를 인정하여 구류 15일과 1,000위안의 벌금을 내렸다(上揭 毕玉谦 著, 民事诉讼证明妨碍研究, 391面에서 轉載). 이 경우도 〈증거규정〉 제75조를 근거로 할 수 있다고 하며, 한편으로는 민사소송법 제111조에 따라 처벌함으로써 이러한 행위를 하지 못하도록 하는 효과를 거둘 수 있다고 한다.

200) 예컨대 张卫平 著, 前揭 民事诉讼法(第二版), 245~246面. 다만 이 경우는 방해자의 주관적 심리를 중시하여 고의인 경우에 전환을 인정하고 과실에 의한 방해에 관하여는 증명도의 경감을 하는 것이 낫다고 한다.

201) 毕玉谦 著, 前揭 民事诉讼证明妨碍研究, 434面 이하 참조.

202) 张卫平 著, 前揭 民事诉讼法(第二版), 245面. 전통관념상 자유심증원칙이 국민들 사이에 받아들여지기가 곤란하며 법관의 자질이나 품성에 대한 사회의 신뢰가 결여되어 있기 때문에 이와 같은 방법을 사용하는 경우에는 강렬한 저항이 있을 것이라 한다.

203) 张卫平 著, 上揭書, 245~246面.

204) 毕玉谦 著, 前揭 民事诉讼证明妨碍研究, 441面 이하 참조.

제5장 소송의 종료

제1절 서언(序言)

중국 민사소송법상 소송의 종료 사유에 대하여는 상당히 주의할 점이 있다. 이미 여러 차례 언급한 바와 같이 중국의 민사소송법에는 명문의 규정은 없으나 소위 국가간예원칙과 진실절대주의가 아직 영향력을 잃지 않고 있으며 사회주의 민사소송법의 특징을 상당부분 가지고 있다. 비록 1990년대 말부터 심판방식의 개혁이 진행되어 증거법 부분에서 괄목할 만한 수준의 발전이 있었고 이를 통하여 변론주의가 자리를 잡게 된 점이 인정되나 다른 부분에 대하여는 여전히 사회주의적 특색을 보이고 있다.

절차의 종료면에서 본다면 국가간예주의와 진실절대주의가 처분권주의를 위축시켜 당사자의 행위에 의한 소송의 종료를 인정하지 않으려는 태도를 보이고 있다. 절차가 개시되면 오로지 법원만이 절차의 종료여부를 결정할 수 있으며 당사자가 절차의 존속을 결정할 수 없다는 것이다. 즉 이미 시작된 절차에는 법원이 진실을 밝혀 이에 맞는 판결을 하거나 법원이 진행하는 조정(법원조정)에 의하여 절차를 종료할 수 있다는 생각을 가지고 있다.

따라서 우리의 소송상의 화해제도, 청구의 포기, 인낙제도, 소의 취하제도는 이를 부인하거나 법원조정의 범위 내로 포섭하여 종결지으려는 태도를 보이기 때문에 상당히 다른 내용을 가지게 된다. 소의 취하도 법원의 허가를 받도록 함으로써 법원만이 절차를 종결할 수 있다는 원칙을 고수하고 있다.

요컨대 소송절차의 종료사유는 원칙적으로 법원조정과 재판(판결, 재정 등)이며, 소의 취하도 법원의 행위가 개재되어야만 절차의 종료를 인정하며, 소송상 화해나 청구의 포기, 인낙은 독립적인 소송종료 사유가 되지 못한다.

제2절 법원조정과 화해

Ⅰ. 법원조정(調停)[1)]

1. 조정의 의의

중국에서는 조정이 분쟁해결 수단으로 매우 광범위하게 이용되고 있다. 조정은 제3자가 개입하여 분쟁의 당사자를 알선, 설득하여 화해에 이르게 하는 절차를 말한다. 조정은 크게 소송내적 조정과 소송외적 조정으로 나눌 수 있다. 소송내적 조정은 소송절차 진행 중에 법관의 주재하에 이루어지는 조정을 말하며 흔히 이를 법원조정이라 한다.[2)] 소송외적 조정은 소송절차 밖에서 이루어지는 조정을 말하며 인민조정(민간조정),[3)] 행정조정 및 중재절차 중의 조정이 여기에 속한다.

중국은 역사적으로 분쟁해결에 있어서 조정을 중시하는 전통을 가지고 있었다.[4)] 그러나 현대의 조정중시원칙은 공산혁명기의 해방구에서 조정을 중시하던 전통에서 비롯된 것이라 한다. 1964년에는 군중에 의지하여, 조사연구를 하고, 현지에서 해결하며, 조정을 위주로 한다(依靠群众[5)], 调查研究, 就地解决, 调解为主)라는 16자 원칙이 마련되어 오랜 기간 적용되었다. 1982년 민사소송법(試行法)이 제정되기 전까지 민사분쟁해결방식은 위의 16자 원칙이 보여주는 바와 같이 조정이 원칙적인 방식이고 판결이 보충적인 방식이었다(調解爲主,審判爲輔). 이에 따라 실무에서 조정을 과도하게 추구하여 강제적인 조정, 무원칙적인 조정 등이 횡행(橫行)하였고, 조정률을 높이려고 일부러 판결을 해주지 않는 폐단이 있었다. 왜냐하면 법원의 업무능력의 우열을 판단하는 기준으로 조정률을 사용하였으며 75% 이상 심지어는 90% 이상의 조정률을 요구하기도 하였기 때문이다.[6)]

---

1) 중국의 법원조정에 관한 국내문헌으로는 김호(金鎬), "중국의 법원조정에 관한 연구", 중국법연구 제12집(2009.12), 179面 이하가 있다.
2) 다만 뒤에 보는 바와 같이 소위 협조조정과 위탁조정도 인정되고 있어 반드시 법관에 의하는 것만도 아니고 또 반드시 법정에서만 이루어지는 것이 아니라는 점을 주의해야 한다.
3) 중국에는 지역의 단위(도시의 주민위원회, 농촌의 촌민위원회)로 혹은 직장단위로 수많은 민간인민조정위원회가 설치되어 사소한 사건을 조정하고 있다. 여기서 조정이 성립하면 분쟁 당사자간에 계약이 성립한 것으로 본다. 인민조정제도에 관하여는 손한기, "중국 인민조정제도에 관한 연구", 비교사법 제10권 제3호 참조.
4) 조정중시의 원칙은 제1편 제3장 제2절 V 참조.
5) 군중에 의지한다는 말은 상당히 큰 의미를 갖는 말이다. 법률에 따르는 것이 아니라 군중의 의사에 따른다는 말이며 이 시대의 사회상을 보여주는 것이다.

이와 같은 폐단을 시정하기 위하여 1982년의 시행법을 제정할 때에는 조정위주라는 말을 폐지하고 제6조에서 조정중시[着重調解]라는 용어를 사용하여 조정과 판결의 관계를 다시 정립하려고 하였다. 그러나 중시[着重]라는 용어자체가 모호하여 과학적이지 못하고 기본정신 자체에 큰 변화가 없는 것으로 평가되어 조정에 치중하는 폐단을 불식할 수 없었다.

이와 같은 반성하에 1991년 정식으로 민사소송법을 제정하면서 조정중시[着重調解]에서 중시(着重: 강조한다 혹은 중시한다라는 의미)라는 말을 빼고 대신 "자유의사 및 합법의 원칙에 따라(根據自願和合法的原則)"라는 요건을 추가하였다(민소법 제9조). 자유의사에 의한다는 것은 절차법적으로는 당사자가 스스로 조정을 신청하거나 법원의 조정에 동의를 해야 한다는 의미이고,[7] 실체법적으로 조정은 상호양보가 전제되어야 한다는 뜻이라고 한다. 합법이라는 말은 절차법적으로는 법원이 조정을 함에는 엄격히 법률의 규정을 준수해야 한다는 것이고 실체법적으로는 합의의 내용이 법률, 법규에 어긋나지 않아야 한다는 뜻이라고 한다.[8]

최근에 다시 중국에서는 조정을 강조하기 시작하였으며 2000년대에 들어와 최고인민법원은 거듭 사법해석을 내려 조정을 권장하는 동시에 조정의 절차를 정비하였다. 즉 2004년에는 〈민사조정업무에 관한 약간의 규정〉[9]을 공포하였으며 2007년에는 거듭 〈소송조정의 적극적 작용에 관한 약간의 의견〉[10]을 내려 조정제도의 적극적인 활용을 촉구하였다.[11] 그 뒤에도 2009년에는 〈소송과 소송외 제도의 결합에 의한 분쟁해결제도의 건전한 건립에 관한 약간의견〉[12]을 내어 조정제도의 활성화를 촉구하는 등 마치 1980년대 조정중시 시대로 되돌아간 느낌을 줄 정도이다.[13]

---

6) 赵钢, 占善刚, 刘学在 著, 前揭 民事诉讼法, 47面.
7) 常怡 主编, 前揭 民事诉讼法学(第一版), 37面 참조.
8) 上揭書, 38面.
9) 〈最高人民法院关于人民法院民事调解工作若干问题的规定〉 法释(2004) 12号. 이하 〈조정규정〉이라 부른다.
10) 〈最高人民法院关于进一步发挥诉讼调解在构建社会主义和谐社会中积极作用的若干意见〉. 이하 〈조정의견〉이라 부른다.
11) 공산당 제16기 제6차 전체회의에서 채택한 조화로운 사회(和谐社会)의 건설이라는 목표를 관철하기 위하여 최고인민법원에서는 판결보다는 조정을 중시하라는 지침을 내리게 된 것이며(위 〈조정의견〉의 전문에서 명백히 이를 밝히고 있다), 특히 조정결안의 수량, 조정결안의 비율을 제고하도록 독려하고 있다(위 〈조정의견〉 제4조).
12) 〈最高人民法院关于建立健全诉讼与非诉讼相衔接的矛盾纠纷解决机制的若干意见〉 法发(2009) 45号.
13) 刘家兴, 潘剑锋 主编, 前揭 民事诉讼法教程(第三版), 181面 참조. 현재로서는 판결보다도 우선하는 것으로 보아야 할 것이다.

2. 법원조정의 법적성질

법원조정은 조정서를 작성하여 소송을 종료하는 이른바 결안방식(結案方式)의 하나이다. 그 법적 성질이 무엇인가에 관하여는 상당한 논란이 있다. 전통적으로는 법원조정은 법원이 민사심판권을 행사하는 방법의 일종이라 하여 처분권주의에 바탕을 둔 당사자의 자주적 소송종료 행위임을 인정하지 않았으나, 최근에는 법원의 심판권행사와 당사자의 처분권주의가 결합된 것으로 보는 견해도 있다.[14] 그러나 모두 법원의 심판권행사 방법의 일종이라는 점을 앞세우는 공통점을 가지고 있다. 중국의 법원조정제도는 심리절차와 구별되는 별개의 절차로 인식되기보다는 심리의 한 방식으로 보는 점에서 우리와 다르다.[15]

3. 법원조정의 적용절차와 적용범위

(1) 법원조정의 적용절차

법원조정을 기본적인 결안방식 중의 하나로 보는 중국에서는 민사소송의 절차단계를 묻지 않고 널리 모든 절차에서 조정을 할 수 있도록 되어있다. 즉 제1심, 제2심을 묻지 않으며, 재심절차에서도 조정이 가능하다(〈조정규정〉 제1조).

(2) 법원조정의 적용대상

조정을 통하여 해결될 가능성이 있는 모든 사건에 대하여 법원은 조정을 실시해야 하는 것이 원칙이다(〈조정규정〉 제2조 본문). 다만 ① 특별절차가 적용되는 사건, ② 독촉절차, ③ 공시최고절차, ④ 파산사건, ⑤ 혼인, 신분관계의 확인사건, ⑥ 기타 사건의 성질상 조정을 할 수 없는 사건의 경우에는 조정을 실시하지 않는다(같은 조 단서).

민사소송법 제15장은 ① 선거자격사건, ② 실종선고, 사망선고사건, ③ 행위무능력과 행위능력 제한 사건, ④ 무주재산 인정사건 등을 특별절차의 대상으로 정하고 있다. 이 중 선거자격사건을 제외하고는 모두 비송사건이다. 이와 같은 비송사건의 경우에는 그 성질상 조정이 불가하다고 할 수 있으며 선거자격사건은 소송사건이나 당사자의 합의로 처분할 수 있는 사건이 아니므로 조정의 대상이 될 수 없을 것이다.[16]

---

14) 上揭書, 180面; 刘家兴, 潘剑锋 主编, 前揭 民事诉讼法教程(第三版), 226面 참조.

15) 한국에서는 판결절차의 진행 중에 조정이 적합하다고 판단하면 법원이 일단 조정에 회부하는 재판(결정)을 하고 조정을 실시해야 하나(한국 민사조정법 제6조), 중국의 경우는 그렇게 보지 않고 당사자의 신청이 있거나 당사자의 승낙이 있는 경우에만 별도의 회부재판 없이 조정을 실시하게 된다. 따라서 우리의 강제조정제도는 없다고 보아야 한다. 법원조정을 다른 말로 소송 중의 조정이라고 하기도 한다(全国人大常委会法制工作委员会民法室 编著, 前揭 ≪中华人民共和国民事诉讼法≫ 解释与适用, 144面).

혼인, 신분관계의 확인을 위한 소송도 당사자간의 합의로 신분관계를 창설할 수 없는 것이므로 조정의 대상이 되지 못한다.

주의할 것은 비록 조정을 적극 권장하지만 모든 사건에 조정전치주의를 취하는 것은 아니라는 점이다. 명시적으로 적용대상에 제외한 것 이외에도 조정이 부적합하다고 인정되면 조정을 실시하지 않을 수도 있다.[17)18)]

다만 최고인민법원은 특히 집단이익[群體利益]에 관련된 사건, 정부 및 관련기관의 협력이 필요한 사건, 당사자 수가 현저히 많은 공동소송, 집단소송사건, 사회적으로 민감한 사건 등에 대하여는 조정에 중점을 두라는 지침을 내리고 있다(〈조정의견〉 제5조).[19)]

4. 법원조정의 원칙

법원조정에 대하여는 이른바 3대 원칙 즉 자유의사의 원칙, 사실이 명확하고 시비가 분명할 원칙, 합법성의 원칙이 적용된다고 한다.

(1) 자유의사의 원칙(自愿原则)

자유의사의 원칙은 법원이 당사자에게 조정을 강요할 수 없다는 원칙이며 위에서 말한 바와 같이 1991년 민사소송법에서 처음 도입된 원칙이다(민소법 제9조, 제93조, 제96조).[20)]

---

16) 중국에는 별도의 가사소송법이나 비송사건절차법이 없다. 다만 선거자격사건은 헌법소송에 속할 것이나 마땅한 절차가 없으므로 여기에 규정한 것이다.

17) 谭兵, 李浩 主编, 前揭 民事诉讼法学, 227面.

18) 조정전치주의를 취하고 있는 사건으로는 이혼사건(혼인법 제32조 제2항)과 간이절차를 적용하는 사건 중의 일부, 즉 혼인가정분쟁 및 상속분쟁, 노동계약분쟁, 교통사고 및 공상(公傷)사고로 인한 분쟁 중 권리의무관계가 비교적 명확한 사건, 택지 혹은 상린관계분쟁, 조합합의에 관한 분쟁이 있다[〈最高人民法院关于适用简易程序审理民事案件的若干规定〉[法释(2003) 15号] 제14조].

19) 조화로운 사회건설의 모토를 구현하기 위하여 판결이 가져올 수 있는 사회적 파장을 될 수 있으면 막아보려는 취지일 것이다. 중국에서는 흔히 이와 같은 정책을 "사회의 안정이 모든 것을 압도한다(稳定压倒一切)"라는 말로 표현하기도 한다.

20) 당연한 사리를 규정으로 둔 것 같으나 공산화 이후 줄곧 분쟁해결은 소송이 아니라 조정으로 해결해야 한다는 원칙이 시행되어 왔으며, 1982년 시행법에 와서야 "조정을 위주로 하고 판결을 보조로 한다"는 원칙에서 벗어나 약간 순화된 표현인 "조정중시[着重调解]"라는 표현을 썼으나 여전히 조정의 강요가 빈발하고 있었던 점을 감안하면 이해가 가는 조항이다. 1991년 민사소송법 개정 초안의 설명을 보면 당시까지의 조정제도의 폐단을 세 가지로 요약하고 있다. 즉 ① 강박에 의한 조정의 문제, ② 사실과 시비를 분명히 가리지 않고 조정하는 폐단, ③ 조정합의가 달성된 후에 이를 번복하는 경우 즉시 판결해 주지 않고 고의로 판결을 지연하는 문제이다[关于中华人民共和国〈民事诉讼法(试行)〉:(修改草案)的说明 5 참조].

그러나 당사자의 신청이 있는 경우에만 조정을 할 수 있는 것은 아니며 법원이 직권으로 조정을 하는데 적극적으로 반대하지 않으면 묵시적인 승낙으로 보고 절차를 진행한다.[21] 절차진행 중에 조정을 강요해서는 안 되는 것은 물론이다.

(2) 사실이 명확하고, 시비가 분명해야 할 원칙(事实清楚, 是非分明的原则)

법원이 조정을 하는 경우에는 명백한 사실을 기초로 하여 시비를 가리고 조정을 진행해야 한다(민소법 제93조). 따라서 조정을 하기 전에는 법원이 먼저 사실관계를 확실하게 파악하고 이를 기초로 시비를 가리는 등의 준비작업을 해야 한다.[22]

(3) 합법의 원칙(合法原则)

조정합의의 내용은 법률의 규정을 위반할 수 없다(민소법 제96조).

조정합의의 내용이 법률이나 행정법규의 강제규정(강행규정)을 위반한 경우에는 법원이 확인을 거절한다(〈조정규정〉 제12조 제4호).[23]

5. 조정의 절차와 방식

(1) 조정의 절차

1) 조정의 개시[24]와 시한

민사소송법에는 조정을 개시할 수 있는 시점에 관한 규정이 없으나 〈조정규칙〉에는 법원조정은 제1심, 제2심은 물론 재심절차에서도 할 수 있으며, 조정은 답변기간 만료 후 재판을 하기 전까지 할 수 있다고 되어있다(제1조).

따라서 수리절차 후 소장 부본을 송달받은 날로부터 15일 이후에 개시하는 것이 원칙이다. 그러나 양 당사자의 동의가 있는 경우에는 답변기간 만료 전에도 조정을 할 수 있다(제1조 단서). 단, 답변기간 만료 전에 조정을 하는 경우에는 보통절차 사건의 경우에는 15일, 간이절차 사건인 경우는 7일 이내에 해야 하는 것이 원칙이나 양 당사자의 동의가 있는 경우에는 기한을 넘어서도 조정을 계속할 수 있다. 다만 이 연장

---

21) 谭兵, 李浩 主编, 前揭 民事诉讼法学, 229面. 조정을 소송절차와 일부(심판권행사의 방법)로 보기 때문에 별도의 회부재판은 필요 없으나 당사자의 승낙은 묵시적으로라도 반드시 필요하다. 따라서 강제조정은 인정되지 않는다.

22) 역시 당연한 것 같으나 위 각주 20에서 본 바와 같은, 법원이 무턱대고 조정을 강요하던 과거의 관행에 대한 반성에서 나온 것이다.

23) 조정합의가 달성되면 법원의 확인절차를 거쳐 조서에 기재되게 된다(〈조정규정〉 제13조).

24) 중국에는 우리와 달리 당사자가 소를 제기하지 않고 처음부터 법원에 조정을 신청하는 제도는 없다는 점을 주의해야 한다. 즉 소가 제기된 것을 전제로 하여 언제부터 조정을 개시할 수 있는지의 문제가 조정의 개시 문제이다.

된 기간은 심리기간[25]에 산입하지 않는다.[26]

최근에 나온 사법해석에 의하면 소장의 접수나 구술제소를 받은 법원이 수리절차 전(입안 전)에 직권이나 당사자의 신청에 의하여 행정기관, 인민조정조직, 상사조정조직, 직종별 조정조직[27] 혹은 기타 조정직능을 갖춘 조직을 파견하여 조정을 시도할 수 있도록 되어있다.[28] 즉 입안 전에도 소송외적 조정을 시도할 수 있다는 것이다. 그리고 여기서 조정이 성립하지 않는 경우에는 즉시 입안한다는 것이다. 그리고 2012년 개정으로 이른바 선행조정[先行调解] 제도가 도입되어 수리절차 이전 또는 수리 후 개정 전까지도 법원조정을 할 수 있게 되었음을 주의해야 한다(민소법 제122조).

조정은 재판을 하기 전까지 시도할 수 있도록 되어있다. 재판을 하기 전까지라는 문면(文面)으로는 합의정의 평의시에도 가능할 것이나 법정변론 종결까지로 보아야 할 것이다.[29]

2) 조정의 진행

(가) 조정관여인의 고지

당사자에게 조정 주재자 및 서기의 성명을 고지하고 회피 등 소송상의 권리와 의무를 고지해 주어야 한다(〈조정규정〉 제5조). 간이절차를 적용하는 사건은 1인의 법관이 주재하며, 보통절차 사건의 경우는 합의정(合議庭)이 조정을 하거나 합의정 구성원 중 1인을 지정하여 주재하게 할 수 있다(민소법 제94조 제1항).

(나) 조정의 공개여부

조정은 법정에서 할 수도 있으나 될 수 있으면 현지에 나아가서 진행하도록 해야 한다(민소법 제94조 제1항).[30]

조정의 공개여부는 당사자의 뜻에 달려 있다. 즉 비공개를 원하는 경우에는 비공개로 진행하며(〈조정규정〉 제7조 제1항), 공개를 원하는 경우에는 공개를 해야 한다.[31] 그

---

25) 보통절차는 6개월 이내에 판결을 해야 하며 1차에 한하여 6개월을 연장할 수 있으며 간이절차의 경우에는 3개월 이내에 심판을 마치도록 되어있다(민소법 제149조, 제161조).

26) 마라톤식 조정으로 법원의 심리기간을 공동화할 수 있으므로 이 기간을 심리기간에 산입하지 않는다. 예컨대 보통절차에서 5달간 조정을 하다가 조정이 달성되지 않으면 심리기간이 1개월밖에 되지 않으므로 연장된 기간은 여기에 산입하지 않는다는 것이다.

27) 예컨대 요식업, 건설업 등의 업종별로 인민조정조직이 있는 경우 그 조직을 말한다.

28) 前揭 〈最高人民法院关于建立健全诉讼与非诉讼相衔接的矛盾纠纷解决机制的若干意见〉[法发(2009) 45号] 제14조. 법원조정이 아닌 점을 주의해야 한다.

29) 谭兵, 李浩 主编, 前揭 民事诉讼法学, 230面의 각주 14 참조.

30) 조문에 가능한 현지에 나가 진행해야 한다(尽可能就地进行)고 명시하고 있으며, 실제로 산간벽지에 나가 조정활동을 하는 경우도 많다고 한다(全国人大常委会法制工作委员会民法室 编著, 前揭 ≪中华人民共和国民事诉讼法≫ 解释与适用, 147面 참조).

31) 조정규정 제7조 제1항은 "당사자가 비공개 조정을 신청하는 경우에는 법원은 이를 허용해야 한

리고 담당 법관이나 조정 참여조직이나 개인은 조정에 관련된 정보에 대하여 엄격히 비밀을 지켜야 하며, 당사자가 원하는 경우에는 조정합의 내용을 공개해서는 안 된다(〈조정규정〉 제12조).

(다) 대면조정과 개별조정

조정절차 중 당사자는 같이 나와야 하는 것이 원칙이나 필요하다고 인정하는 경우에는 조정법관이 개별적으로 만나면서 조정을 진행할 수도 있다(〈조정규정〉 제7조 제2항). 조정을 위한 당사자나 증인의 소환방식은 구술통지나 전화 같은 간편한 방식으로 할 수 있다(민소법 제94조 제2항).

(라) 조정안의 제출

중국에서는 조정안은 당사자가 제출하는 것이 원칙이며 조정법관은 당사자의 협상에 참고할 수 있도록 자기의 조정안을 제출할 수 있도록 되어있다(〈조정규정〉 제8조). 조정법관이 낸 것은 당사자의 협상의 참고자료의 의미만 가질 뿐 이를 강요할 수는 없다. 그러나 많은 경우에 당사자가 서로 먼저 자기의 패(牌)를 보여주기를 꺼려하여 조정법관이 조정안을 마련한다고 한다.[32]

(마) 조정의 실패

충분한 조정을 거쳤음에도 조정합의가 이루어지지 않은 경우에는 제때에 판결을 해야 한다(민소법 제99조).

(2) 특수한 조정 방식

조정의 특수한 방식으로 이른바 협조조정과 위탁조정이 있다.

1) 협조조정(協助調停) 방식

법원이 필요하다고 인정하는 경우에는 유관단위(기관)나 개인을 요청하여 조정을 실시할 수 있으며 이를 협조조정이라 한다.[33] 이 경우 요청을 받은 단위나 개인은 이를 거절해서는 안 된다(민소법 제95조). 즉 당사자와 특정한 관계를 맺고 있거나 사건과 일정한 관련이 있는 기업·사업단위나 기타 사회단체나 조직 또는 전문지식이나 특정한 사회경험을 가지고 있고 당사자와 일정한 관계를 가지고 있어서 조정의 촉진에 도움이 될 수 있는 개인을 요청하여 조정법관과 함께 조정을 시행하는 것을 말한

다"고 규정하여 형식상 공개가 원칙인 것으로 규정되어 있다.

32) 谭兵, 李浩 主编, 前揭 民事诉讼法学, 233面. 주의할 점은 뒤에 설명하는 협조조정의 경우 협조인은 법관이 아니므로 조정안을 낼 수 없다는 것이다.

33) 상설 조정기관으로서의 조정위원회가 없는 중국에서, 조정의 활성화를 위하여 필요시마다 외부의 기관이나 개인을 요청하여 일종의 위원회를 구성하여 조정을 하는 것이다.

다(〈조정규정〉 제3조). 협조조정의 주재자는 여전히 법관이다.

2) 위탁조정(委託[34]調停) 방식

중국 특유의 법원조정 방식으로 양 당사자의 동의를 얻어 위 협조조정의 협조기관 또는 개인에게 조정을 맡기고 이들이 행한 조정내용을 법원이 확인해 주는 제도이다(〈조정규정〉 제3조 제2항).[35] 즉 법관 외의 사회조직이나 개인이 위탁을 받아 조정을 한 경우에 조정합의가 이루어지면 조정을 한 조직이나 개인이 합의서에 서명하거나 날인을 하여 법원으로 보낸다. 이를 확인하여 법원이 조정서(調停書)를 작성하며 여기에는 직접 조정을 했던 조직이나 개인은 서명 혹은 날인을 할 수 없다(〈조정의견〉 제17조).

법원 외의 기관 혹은 개인의 조정을 법원조정에 연계시킨 조정방식이며[36] 민사소송법에는 근거가 없고 최고인민법원의 사법해석으로 창안한 것이다. 그러나 중국에서는 법원조정이 판결절차와 더불어 심판활동의 한 방식으로 보면서 이를 민간에 위탁하는 것이 과연 법리상 옳은 일인지에 대하여는 의문이 있다.[37]

6. 조정합의의 내용

조정합의는 양 당사자가 조정절차를 거쳐 분쟁을 해결하고 소송을 종결할 것을 약정하는 것을 말한다. 조정합의는 법원의 확인을 거쳐 조서에 기재하고 기명날인함으로써 효력이 발생한다. 다음과 같은 점을 주의해야 한다.

(1) 자유의사(自願)의 원칙과 합법의 원칙

조정합의는 양 당사자간의 자발적인 합의이어야 하며, 법원의 강박 등에 의하여 이루어져서는 안 되며 합의의 내용이 법률의 규정에 위배되어서는 안 된다(민소법 제96조).

---

34) 중국에서는 위탁의 한자를 委托으로 표기한다(委托调解).

35) 최근 우리나라에서도 일부 법원(중앙지방법원) 이른바 외부연계형 조정을 인정하고 있음이 주목된다. 즉 외부기관이 주도하여 조정을 실시하고 그 결과를 조정담당판사에게 보고하는 방식으로 중국의 위탁식 조정방식과 유사한다.

36) 소장제출 후 수리절차를 하기 전에도 민간조정기구에 조정을 시도할 수 있도록 한 것과도 같은 맥락이다.

37) 전술한 바와 같이 중국에서는 조정을 별개의 절차가 아니라 판결절차와 더불어 또다른 심판절차의 한 방식으로 취급한다. 따라서 심판활동을 민간에 위탁한 것이 되며, 이는 민사소송법 제6조 제1항이 "민사사건의 심판권은 법원이 통일적으로 행사한다"라고 규정한 것과도 어긋나는 것으로 보인다. 최근 조정을 중시하라는 권력기관(全人大 내지는 共産黨)의 의지를 받아 최고인민법원이 고심 끝에 내놓은 방안이다. 중국에서도 법리상 문제가 있다고 보는 견해가 있다(赵钢, 占善刚, 刘学在 著, 前揭 民事诉讼法, 209面 참조).

(2) 소송상의 청구의 범위를 넘는 합의

조정합의는 원고의 소송상의 청구를 초과하여 이루어져도 법원이 이를 허가해줄 수 있다(〈조정규칙 제9조). 양적으로 질적으로 모두 초과할 수 있다고 본다. 즉 청구액을 넘는 합의 혹은 청구가 없었던 다른 청구에 대한 합의가 포함되어 있어도 된다.[38]

(3) 위약책임 규정

조정합의에는 일방이 조정합의를 이행하지 않을 때에는 민사책임을 부담해야 한다는 약정을 한 경우도 유효하다(〈조정규정〉 제10조 제1항). 당사자가 조정합의를 이행하지 않아 조건이 성취된 경우에는 이를 근거로 강제집행신청을 할 수 있다. 다만 이 위약책임을 부담한 경우에는 다시 민사소송법 제253조에 따른 지연책임을 물을 수 없다.

그리고 위약책임의 일종이므로 당사자의 이행이 없는 경우에 법원에 다시 재판을 해달라고 청구할 수 있다는 조항을 두는 것은 허용되지 않는다(같은 조 제2항).

(4) 조정합의에 대한 담보

조정합의를 함에 있어서 일방이 담보를 제공하거나 소외의 제3자가 당사자를 위하여 담보를 제공하기로 약정하는 것도 허용된다(〈조정규정〉 제11조 제1항). 소외의 제3자가 담보를 제공하는 경우 법원은 조정서를 작성할 때 담보제공자를 명시해야 하며 조정서를 담보제공자에게도 송달해야 한다. 그러나 담보제공자가 조정서를 수령하기를 거부한다 해도 조정서가 효력이 발생하는 데는 지장이 없다(같은 조 제2항). 조정서의 이 담보약정도 조건이 성취되면 집행권원이 되어 강제집행을 신청할 수 있다(제19조 제1항).

(5) 법원의 조정합의 심사책임

조정합의가 성립하면 법원이 이를 심사하여야 하며 이를 근거로 조정합의를 (그 유효함을) 확인해 주거나 확인을 거절할 수 있다.[39]

다만 다음과 같은 경우에는 확인을 거절해야 한다. 즉 합의의 내용이 ① 국가이익이나 사회공공이익을 침해하는 경우, ② 소외인의 이익을 침해하는 경우, ③ 당사자의 진실한 의사에 반하는 경우, ④ 법률이나 행정법규 중 금지규정을 위반한 경우에

---

38) 이 경우는 청구의 추가와 당사자의 인낙(認諾)이 이루어진 것으로 볼 수 있다는 견해도 있다(谭兵, 李浩 主编, 前揭 民事诉讼法学, 234面 각주 21).

39) 중국의 법규에서 간혹 "확인"이라는 용어가 나온다. 이는 대체로 어떤 행위의 존재나 유효성을 심사한다는 뜻이며 이를 바탕으로 일정한 조치를 취하거나(예컨대 조정서의 작성), 이 확인을 결정의 형식으로 통지한다(예컨대 인민조정서에 대한 기층인민법원의 확인).

는 확인해 줄 수 없다(〈조정규정〉 제12조).[40)]

(6) 조정서의 작성여부

조정합의에 대한 확인결과 조건을 갖추고 있다고 확인되면 조정서를 작성하는 것이 원칙이다. 다만 다음과 같은 경우에는 조정서를 작성하지 않을 수도 있다. 즉 ① 조정으로 사이가 회복된 이혼사건, ② 입양관계를 유지하기로 조정된 사건, ③ 즉시 이행될 수 있는 사건, ④ 기타 조정서의 작성이 필요하지 않다고 인정되는 사건에서는 조정서를 작성하지 않을 수 있다(민소법 제98조 제1항). 조정서를 작성하지 않는 경우에는 합의내용을 조서에 기입하고 당사자 쌍방, 법관, 서기가 서명 또는 날인하면 즉시 법률적 효력이 발생한다(같은 조 제2항).

〈조정규정〉 제13조는 이를 더 세분화하여 ① 양 당사자가 조정합의에 서명 또는 날인하기로 동의한 경우에 효력이 발생[41)]하며, ② 법원이 확인을 거쳐 조서 혹은 별지에 기록한 후 당사자, 조정법관, 서기원이 서명 혹은 날인하면 즉시 법률적 효력이 발생한다고 하고 있다. 조정서를 작성하지 않을 수 있는 경우라도 당사자가 작성을 요구하는 경우에는 이를 작성하여 송달해 주어야 한다. 다만 이 경우에는 송달수령을 거부해도 효력에는 지장이 없다.

7. 조정서의 작성

조정합의를 심사한 후 요건을 갖추었다고 확인하는 경우에는 위 4가지 경우(민소법 제98조 제1항 소정)를 제외하고는 조정서를 작성해야 한다. 조정서에는 소송상의 청구, 사건의 사실과 조정의 결과를 기록한 후 심판원(법관), 서기가 서명하고 법원의 인장을 날인한다(민소법 제97조). 조정서에는 소송비용에 관한 사항이 추가된다. 소송비용에 관하여 당사자간의 합의가 이루어지지 않는 경우에는 법원이 이를 결정한다(〈조정규정〉 제14조).

당사자가 조정서와 조정합의의 본뜻이 일치하지 않는다고 이의를 제기하는 경우에는 법원이 이를 심사하여 이유가 있다고 인정하는 경우에는 합의된 내용대로 그 내용을 변경하는 재정(裁定)을 할 수 있다(〈조정규정〉 제16조).

부분적으로 조정합의가 달성된 경우에는 그 부분에 관하여만 우선 조정서를 작성할

40) 최근 최고인민법원은 확인의무를 성실히 수행할 것을 다시 촉구한 바 있다(〈조정의견〉 제8조).

41) 이때의 효력은 조정합의 자체의 효력을 가리키는 것이 아니라 서명 또는 날인하기로 한 동의에 일종의 계약과 같은 효력을 인정하여 후에 함부로 서명이나 날인을 거절할 수 없도록 하고자 한 것으로 본다(谭兵, 李浩 主编, 前揭 民事诉讼法学, 235面의 각주 25 참조).

수 있다(제17조 제1항). 또 소송상의 청구 중 중요부분에 대하여 합의가 되고 당사자가 법원에 나머지 부분에 대한 처리의견을 내 줄 것과 이를 수용할 뜻을 표시한 경우에는 법원의 처리의견은 조정합의의 내용의 일부로 되며 조정서 제작시 이를 조정서에 기입한다(같은 조 제2항). 당사자는 조정합의에 근거하여 그 내용대로 판결을 해달라는 신청을 할 수 없다(〈조정규정〉 제18조).

8. 조정의 효력

조정서는 당사자가 서명하여 수령한 후 즉시 법률적 효력을 갖는다(민소법 제97조 제3항). 조정서가 송달되기 전에 일방이 마음을 바꾸는 경우(번복하는 경우)[42]에는 법원은 제때에 판결을 해야 한다(민소법 제99조). 송달을 시도했으나 당사자가 마음을 바꾸어 송달서에 서명을 거부하고 수령하지 않는 경우에는 판결을 할 수밖에 없어 문제이다. 이를 해결하기 위하여 〈조정규정〉에서는 조정서에 의하여 권리를 향유하거나 의무를 부담하지 않는 측 당사자가 송달을 거부하는 경우에는 조정서의 효력에 영향이 없다고 하고 있다(제15조).

조정서가 송달되면 법률적 효력이 발생되어 본안사건이 종결되므로 법원이 다시 이에 대하여 재판을 할 수 없다. 다만 일부에 대하여만 조정서가 작성된 경우에는 나머지 부분에 대하여 재판을 할 수 있다. 당사자간에도 권리의무가 확정되며 다시 같은 사건으로 제소할 수 없게 된다. 또 당연히 이 조정서는 집행권원이 되어 조정서의 불이행시에는 이를 근거로 강제집행을 신청할 수 있다.

Ⅱ. 인민조정[43]

1. 인민조정의 의의

2012년 개정 전 민사소송법 제16조는 인민조정원칙을 민사소송의 기본원칙 중의 하나로 규정하고 있었다. 그러나 인민조정은 법원의 조정활동이 아닌 순수한 민간조정기구의 조정이므로 민사소송의 기본원칙이 될 수 없다는 비판에 따라 개정법에서는 이를 기본원칙에서 삭제하게 되었다. 그러나 인민조정은 중국의 분쟁해결 기제(機制)

---

42) 중국의 법률용어로는 반회(反悔)라는 말을 사용한다.

43) 중국의 인민조정제도에 관한 자세한 것은 孫漢琦, "中國의 人民調停制度에 관한 硏究", 比較私法 10권 제3호, 제1面 이하 참조.

로서 중요한 역할을 담당하고 있었으며, 이를 이른바 중국 사법업무(司法工作)의 제1 방어선이라고 중시해 왔으며 중국사법제도의 우수한 전통이라고 자부해 왔다.[44] 한동안 침체기를 겪고 있다가 최근 이를 다시 강조하는 추세이며, 2010년에는 정식으로 〈인민조정법〉[45]이 제정되었고 2011년에는 이에 관한 최고인민법원의 사법해석도 나와 활성화를 꾀하고 있다.

2. 인민조정위원회와 인민조정의 법적 성질

인민조정위원회는 대중적 조직인 동시에 자치적 조직이다.[46][47] 개정 전 민사소송법 제16조는 중국 헌법 제111조에 근거를 둔 규정이다.[48] 인민조정위원회는 민간의 자치조직이며 국가의 사법기관이나 행정기관이 아니다. 즉 민간기관의 성격을 가진 대중에 대한 자아교육(自我教育), 자아감독(自我監督) 및 분쟁의 자주적 해결을 위한 조직이다. 인민조정도 기층인민정부 혹은 기층인민법원의 지도하에 하도록 하고 있으나 여기의 지도는 법원조정에서와 같은 직접적인 관여를 말하는 것이 아니라, 조정요원의 정책과 법률에 관한 지식을 강화해 주고 업무훈련을 해주거나 어려운 사건에 대한 자문을 해주는 등의 간접적인 지도를 말하는 것이다.[49] 인민조정과 관련하여서는 일체의 비용을 받지 않는다(인민조정법〉 제4조).

3. 인민조정과 자유의사(自願)의 원칙

인민조정은 시종일관 자유의사의 원칙에 따라야 한다. 따라서 조정의 어느 단계에서든 강제적인 요소가 개입해서는 안 되며 언제나 원하는 경우만 조정활동을 하며 원

---

44) 王怀安 主编, 前揭 中国民事诉讼法教程, 39面; 江伟, 杨荣新 主编, 人民调解概论, 法律出版社(1990), 22面 이하; 张新民, 王欣新 主编, 人民调解员工作手册, 中国法制出版社(2000), 9面 참조.

45) 〈中华人民共和国人民调解法〉(中华人民共和国主席令第三十四号: 2010)과 〈最高人民法院关于人民调解协议司法确认程序的若干规定〉[法释(2011) 5号]. 이하 〈인민조정법〉, 〈인민조정규정〉이라 한다.

46) 인민조정위원회는 농촌에서는 지역단위로, 도시에서는 지역 및 직장단위로 설치되며(설립근거는 〈인민조정법〉 제34조이다) 현재 그 수는 80여만 개에 이르고, 2008년에는 500만여 건을 처리했으며 조정의 성공률이 96.9%에 달하고, 인민조정절차를 거친 사건이 다시 법원에 제소된 것은 1%가 되지 않는다고 한다(奚晓明 主编, 前揭 《中华人民共和国民事诉讼法》 修改条文理解与适用, 385 각주 1 참조).

47) 인민조정위원회의 조직과 조정절차에 관한 법규로는 1989년 국무원이 발포(發布)한 〈人民調解委員會組織條例〉가 있었으나 이제는 〈인민조정법〉으로 대체되게 되었다.

48) 즉 중국헌법 제111조 제2항은 "거민위원회(居民委员会), 촌민위원회(村民委员会)는 인민조정, 치안보위, 공공위생 등을 위한 위원회를 설치한다"고 규정하고 있다.

49) 王怀安 主编, 前揭 中国民事诉讼法教程, 41面.

하는 경우만 조정합의가 달성된다.

4. 조정합의의 효력

인민조정에서의 합의의 효력에 관하여, 1982년의 시행법(試行法) 제14조 제2항에서는 "조정을 원하지 않거나 조정이 이루어지지 않는 경우에는 인민법원에 제소할 수 있다"라고 하여 조정이 달성된 경우에도 이를 무시하고 법원에 제소할 수 있는지의 여부에 의문이 있었으나, 1991년 정식의 민사소송법에서는 번복[反悔]하는 경우도 법원에 제소할 수 있도록 하여 자유의사원칙을 한층 강화하고 있었다(제16조). 이와 같이 자유의사의 원칙을 강조하다 보니 인민조정의 분쟁해결의 실효성이 떨어지고 이용률도 점차 낮아지게 되었다. 특히 법원조정과는 달리 인민조정에 의하여 조정이 성립하였다 하더라도 당사자가 소를 제기하면 이전의 조정합의는 아무런 효력이 없는 것으로 보는 것이 과거 최고인민법원의 태도였다. 즉 조정이 달성되었다 하더라도 다시 소를 제기할 수 있음은 물론이고 수소법원은 합의내용에 구속받음이 없이 다시 전면적으로 심리하여 재판한다는 것이 최고인민법원의 입장이었다.

따라서 개정 전 민사소송법 제16조 제2항의 "당사자는 조정에서 달성된 합의를 이행하여야 한다"라는 규정은 선언적 의미를 가질 뿐이라고 보았다. 이러한 최고인민법원의 태도는 결국 인민조정제도의 이용을 꺼리게 만들었으며 인민조정위원회의 활동을 위축시키게 되었고 이에 따라 사건이 법원으로 몰리게 되는 폐단을 초래하게 되었다. 이에 따라 근래에는 이의 적극적 활용을 촉구하는 내용의 통지가 나오게 되었으며[50] 인민조정제도의 정비를 위하여 몇 가지 규정[51]을 연달아 발표하여 달성된 조정합의에 민법상의 계약과 동일한 효력을 부여하는 명문의 규정을 두어[52] 제도의 활성화를 꾀하고 있다. 더욱이 최근(2009년)에는 〈소송과 소송 외의 제도의 상호 결합에 의한 분쟁해결 제도의 건전한 건립에 관한 약간의견〉[53]을 공포해 인민조정서에 집행

---

50) 예컨대 2002년 1월 1일자 최고인민법원과 사법부의 〈신시대 인민조정공작의 진일보 강화에 관한 의견에 관한 통지(最高人民法院, 司法部关于进一步加强新时期人民调解工作的意见的通知)〉에 의하면 인민조정의 법률적 효력을 인정할 것을 촉구하고 조직의 건전화, 조정위원의 수준향상, 인민법원의 지도강화 등을 요구하고 있다.

51) 대표적인 것으로는 2002년에 발표된 최고인민법원의 〈인민조정 합의가 이루어진 민사사건의 심리에 관한 약간의 규정(最高人民法院关于审理涉及人民调解协议的民事案件的若干规定)〉과 같은 해 사법부가 공포한 〈인민조정작업에 관한 약간의 규정(人民调解工作若干规定)〉이다.

52) 前揭 〈最高人民法院关于审理涉及人民调解协议的民事案件的若干规定〉의 제1조는 "인민조정위원회의 조정을 거쳐 달성된 합의에 민사권리의무에 관한 내용이 있고 당사자가 서명 또는 날인한 경우에는 민사계약의 성질을 가진다. 당사자는 약정에 따라 자기의 의무를 이행해야 하며 함부로 합의를 변경하거나 해제하지 못한다"고 규정하고 있었다.

력을 부여하는 방법을 자세히 정하고 있었다.

이와 같은 일련의 규정들을 합하여 2010년에는 정식으로 〈인민조정법〉이 제정되어 2011년부터 시행되고 있다. 이 법에 따르면 인민조정이 성립한 경우 양 당사자가 인민법원에 서면으로 확인신청을 할 수 있도록 하고 있다(〈인민조정규정〉 제2조, 제3조).[54] 기층인민법원은 심사를 하여 법률이나 행정법규의 강제규정을 위반하지 않는 등(같은 규정 제7) 요건을 갖추고 있다고 판단되면 확인결정을 해서 송달해 준다. 이 확인결정의 송달과 동시에 인민조정서는 법률적 효력을 갖게 되며(판결과 동일) 당사자가 조정합의를 이행하지 않는 경우에는 이를 토대로 법원에 강제집행신청을 할 수 있다(〈인민조정법〉 제33조 제1항, 〈인민조정규정〉 제9조). 반대로 무효확인이 난 경우에는 당사자가 다시 인민조정 방식을 통하여 조정을 하거나 인민법원에 소를 제기할 수 있다(〈인민조정법〉 제33조 제2항).

Ⅲ. 소송 중의 화해

1. 화해의 의의

소송 중의 화해는 소송절차가 진행되는 중에 양 당사자가 서로 양보하여 합의를 이루어 절차를 종료시키고자 하는 행위를 말한다. 사적 자치와 처분권주의를 바탕으로 하는 분쟁의 자주적 해결을 위한 제도이나 중국에서는 그 의미와 효력에 있어서 우리와 차이가 있다.

중국 민사소송법 제50조는 "당사자 쌍방은 스스로 화해를 할 수 있다"라고 규정하고 있으나 화해의 절차와 효력에 관하여는 전혀 규정을 두고 있지 않고 있어 소송상의 화해가 독자적인 소송종료사유가 되지 못하고 있다.[55] 화해의 처리에 관하여는 최고인민법원의 사법해석인 〈조정규정〉과 〈조정의견〉에 약간의 규정을 두고 있을 뿐이다.[56]

---

53) 前揭 〈最高人民法院关于建立健全诉讼与非诉讼相衔接的矛盾纠纷解决机制的若干意见〉 法发(2009) 45号.

54) 2012년 개정에서는 제15장에 제194조와 제195조를 신설하여 인민조정서의 확인절차를 특별절차에 포함시켰다(제194조, 제195조). 자세한 내용은 특별절차 부분 참조.

55) 赵钢, 占善刚, 刘学在 著, 前揭 民事诉讼法, 215面 참조.

56) 중국 민사소송법에 의하면 판결절차가 진행되는 도중뿐만 아니라 집행절차 진행 중에도 화해를 할 수 있도록 하고 있다(민소법 제230조). 집행절차 중 화해에 대하여는 오히려 그 절차와 효력을 정하고 있다. 즉 집행 중 화해가 이루어지면 이를 집행조서에 기록하고 당사자 쌍방이 서명

이와 같이 화해에 관한 것을 조정에 관한 사법해석에 규정을 두는 파행적(跛行的) 처리는 소가 제기된 경우 이 절차를 종결할 수 있는 것은 법원뿐이며, 법원의 결안방식은 재판과 법원조정 둘뿐이라는 원칙에서 비롯된 것이다. 당사자가 소를 취하하는 방법도 있으나 이것도 법원의 허가를 얻도록 하고 있기 때문에 결국 소송의 종료는 법원만이 할 수 있다는 원칙이 유지되게 된다.

즉 민사소송법 제50조가 화해를 할 수 있다고 규정하고 있지만, 일단 소가 제기되면 이 사건에 대한 심판권은 법원만이 가지게 되며 법원의 심판권의 행사가 당사자간의 화해와 같은 사정에 의하여 좌우될 수 없다는 태도에서 비롯된 것이다.[57] 이와 같은 경직된 태도는 청구의 포기나, 인낙에 관한 규정이 없는 점에서도 간취(看取)할 수 있다.

그러나 비록 화해가 아닌 조정에 관한 사법해석이기는 하나 〈조정규정〉과 〈조정의견〉에는 화해에 대한 법원의 협력방안, 달성된 화해의 처리방법 등에 관한 규정을 두고 있어 약간의 진전을 보이고 있다.

2. 화해의 절차

화해는 원래 제3자의 간여 없이 양 당사자간에 이루어지는 점에서 조정과 다르다. 그러나 최고인민법원의 사법해석에 의하면 당사자가 법원에 화해활동에 협조해달라는 신청을 하는 경우에는 법원이 심판보조원을 파견하거나 관련기관이나 개인을 요청하여 협조해줄 것을 위탁할 수 있다고 한다(〈조정규정〉 제4조 제2항).[58] 파견되는 법원의 심판보조원은 주로 서기라고 한다.[59] 이 경우 소위 협조는 알선(斡旋) 정도에 그쳐야 하며 그 과정을 주재해서는 안 된다. 또 심판이 진행되는 도중 당사자가 법정외의 화해를 하겠다고 신청하는 경우 이에 소요되는 시간은 심리기한에 산입하지 않는다(같은 조 제1항 제2문).

따라서 우리와 같은 처분권주의에 바탕을 둔 순연한 의미의 소송종료사유로서의 소송상 화해와는 차이가 크다.

혹은 날인을 하고 집행관은 집행을 중지한다. 그 후 화해내용을 이행하지 않는 경우에는 당사자가 집행의 속개를 신청할 수 있고 이에 따라 이전의 집행권원으로 집행절차가 회복되게 된다.

57) 민사소송법의 규율 태도를 보면 "화해를 해도 좋다. 그러나 그 효과를 당사자의 마음대로 정할 수 있는 것은 아니다"라는 뉘앙스를 짙게 풍긴다. 당사자 처분권주의가 제한된 것이며 국가간예주의의 색채가 농후하다. 즉 당사자만의 의사로 소송종료 효과를 낼 수 없다는 태도이다.

58) 화해는 순전히 당사자간의 합의에 의할 수도 있으나 위와 같이 법원이 협조자로서 일정한 역할을 하는 경우도 있으므로 조정에 관한 사법해석에 화해에 관한 사항을 같이 규정한 것으로 보인다.

59) 谭兵, 李浩 主编, 前揭 民事诉讼法学, 239面; 赵钢, 占善刚, 刘学在 著, 前揭 民事诉讼法, 216面.

3. 화해의 효력

위에 본 바와 같이 중국에서는 소송상 화해를 독립적인 소송종료사유로 보지 않기 때문에 화해로 인하여 소송이 종료될 수 없다. 이와 같이 화해를 독립적인 소송종료사유로 보지 않기 때문에 화해판결이나 화해조서제도 자체가 없다. 즉 당사자간에 화해를 할 수 있는 권리는 인정되고 있으나 절차종료사유로서의 화해제도는 아직 수립되지 않았다.[60] 그러나 이미 절차진행의 의미가 없어진 마당에 절차를 고집할 수는 없을 것이고,[61] 어떤 방식으로든 절차는 종료되어야 할 것이다. 위 조정에 관한 사법해석 등에 의하면 당사자는 다음 2가지 중 하나를 선택할 수 있도록 되어있다.

(1) 조정조서의 작성의 신청

소송이 진행되는 과정에서 당사자간에 화해가 달성된 경우에는 법원에 조정서의 작성을 신청할 수 있으며, 이 경우 법원은 당사자의 합의를 확인하여 이에 근거하여 조정조서를 작성해 줄 수 있다(〈조정규정〉 제4조 제1항).

법적 성질이 다른 화해에 대하여 조정조서를 작성해 주는 것이어서 법리상 이상한 면이 있으나, 전술한 바와 같이 오로지 법원에 의한 조정과 재판(판결, 재정)만을 절차종료사유로 할 뿐 당사자의 자주적인 종료행위를 인정하지 않는데서 오는 부득이한 일로 볼 것이고,[62] 또 서기를 파견해 주는 등 알선(斡旋)을 해주는 경우도 있으므로 조정과 큰 차이를 두지 않는 것도 이 이유 중의 하나일 것이다.

화해에 바탕을 두고 조정서의 작성을 신청한 경우에 법원은 화해내용에 ① 법률이나 행정법규의 강행규정을 어기지 않았는지, ② 국가나 사회공공이익을 침해하지 않는지, ③ 합의내용이 당사자의 처분권의 범주에 속하는 사항인지, ④ 당사자간의 분

---

60) 蔡虹 著, 前揭 民事诉讼法学(第二版), 279面 참조. 최근 많은 학자들이 화해제도를 수립해야 한다고 주장하고 있음을 주목해야 한다. 자세한 내용은 王福华, 前揭 民事诉讼专题研究, 291面 이하 참조.

61) 사회주의 민사소송제도가 그대로 통용되던 시절에는 당사자가 적당히 권리의무관계를 변형해 가면서 소송을 종료하는 것 자체를 인정하지 않았을 것이다. 이 정도의 내용도 소위 처분권주의라는 용어를 사용하기 시작한 이후의 일이다[중국 민사소송법은 제13조에 "당사자는 법률이 정하는 범위 내에서 자신의 민사상의 권리와 소송상의 권리를 포기할 수 있다"라고 규정하고 있으나 아직 여러 가지 면에서 처분권주의가 확립되었다고 보기는 어렵다(자세한 것은 제1편 제3장 제2절 X. 처분원칙 부분 참조)].

62) 민사소송법 제51조는 청구의 포기(이를 放弃라 한다)와 인낙(이를 承认이라 한다)을 할 수 있다고 규정하고 있으나 그 절차나 효력에 관한 규정이 전혀 없다. 특히 〈조정규정〉 등 사법해석에서도 화해와 달리 청구의 포기 · 인낙이 성립한 경우 조정조서의 작성을 신청할 수 있다는 규정을 두고 있지 않기 때문에 조정서에 의한 종결도 불가능할 것으로 보이며, 확실치는 않으나 결국 심리를 종료하고(요건을 심사한 후) 판결을 하게 될 것으로 보인다.

쟁내용이 소외의 제3자의 권익에 관련되지 않는지, ⑤ 합의에서 지정한 재산권상에 소외 제3자의 권리가 존재하지 않는지, ⑥ 합의내용이 선량한 풍속과 공공도덕에 부합하는지를 종합적으로 평가하여 그 효력의 유무를 확인해야 한다(〈조정의견〉 제14조). 이와 같은 조건을 만족하는 경우에는 조정서를 작성해 준다. 화해달성 후 조정서의 작성을 신청하지 않고 판결서를 작성해달라고 하는 경우에는 이를 불허한다(〈조정규정〉 제18조).

제2심 절차 진행 중 화해가 달성된 경우에도 당사자의 신청에 의하여 조정서를 작성해 줄 수 있다(〈약간의견〉 제191조).

(2) 소의 취하의 신청

소송을 종료하고자 하는 목적은 원고가 소를 취하하면 달성할 수 있을 것이다. 이 경우도 소의 취하에 법원의 허가를 얻어야 한다. 그러나 실무에서는 당사자 간에 화해가 달성된 경우에 조정서 작성보다는 소 취하의 신청을 적극 권유한다고 한다. 조정서의 작성에 드는 수고를 면하기 위한 것이나 소의 취하에 의하여서는 조정서와 달리 기판력이나 집행력을 확보할 수 없는 점에서 매우 불안전한 해결방식이고 분쟁이 재연되면 다시 소를 제기해야 하는 점에서 화해가 달성되었음에도 소를 취하하게 하는 것은 문제가 있다.[63)]

제2심 절차에서 합의를 하고 소의 취하를 신청하는 경우에도 법원의 심사를 거쳐 허용될 수 있다(〈약간의견〉 제191조 제2문). 다만 이 경우는 소의 취하가 아니라 상소의 취하로 보아 집행력이 발생한다고 보아야 할 것이다.[64)]

---

63) 조정서의 작성보다 소 취하를 권유하는 미끼로는 인지대 반액의 환급을 사용한다고 한다. 즉 소 취하의 경우에는 인지대의 반액을 환급해 주나 조정서 작성의 경우는 환급이 없는 점을 이용하여 당사자로 하여금 소 취하 신청을 하도록 한다고 한다(王福华, 前揭 民事诉讼专题研究, 268面 참조). 다만 실무에서는 소 취하의 허가를 하기 전에 합의내용을 이행시키는 듯하다.

64) 梁书文 主编, 前揭 民事诉讼法适用意见新释, 286~287面; 赵钢, 占善刚, 刘学在 著, 前揭 民事诉讼法, 217面.

제3절 소의 취하와 결석판결(缺席判決)

Ⅰ. 소의 취하[65)]

1. 개념 및 종류

소의 취하는 법원이 사건을 수리한 후 판결을 내리기 전에 원고가 제소를 철회하는 행위를 말한다. 소의 취하는 당사자의 신청에 의한 철회와 법원이 소의 취하로 처리하는 것의 두 종류가 있다. 전자는 당사자가 자기의 소송권리를 적극적으로 처분하는 것이고 후자는 자기의 소송권리를 소극적으로 처분하는 것이다. 어느 것이나 모두 소송권리의 처분임에는 다름이 없고 당사자가 소를 취하함에 있어서 자기의 실체적 권리를 처분하지 않은 경우는 취하 후에 다시 제소할 수 있다. 민사소송법 제13조 제2항은 "당사자는 법률이 규정하는 범위 내에서 자기의 민사상의 권리와 소송상의 권리를 처분할 수 있다"라고 규정하고 있다.[66)]

2. 당사자의 신청에 의한 소의 취하

(1) 요 건

원고가 소를 취하하기 위해서는 다음과 같은 요건을 갖추어야 한다.

(가) 원고(또는 특별수권을 받은 소송대리인)의 신청일 것

독립청구권 있는 소송참가인도 자기의 청구(일종의 소)를 취하할 수 있으며 반소원고도 반소를 취하할 수 있다. 신청은 서면 또는 구술로 수소인민법원에 내용을 명확히 하여 하여야 한다.

(나) 원고 자신의 자유로운 의사결정에 의할 것

따라서 법원은 소의 취하를 강박해서는 안 된다. 언제나 원고 자신의 진실한 의사에 기하여야 하며 법관을 포함하여 누구라도 소를 취하하도록 강박, 회유하거나 설복 또는 선동해서는 안 된다.

---

65) 중국에서는 소의 취하를 주로 철소(撤诉)라 부르며 간혹 소의 철회(撤回)라고 하기도 한다.

66) 소의 취하가 처분권주의상 당사자의 권리임에 틀림없고 법원이 이에 간섭할 수 없는 것이 원칙이다. 그러나 중국에서는 이를 당사자의 자유행사가 보장된 권리로 보지 않고 법원에 허가신청을 하도록 하고 있어 역시 당사자가 절차의 존속을 좌우하는 것을 허용하지 않겠다는 국가간예주의의 영향하에 있음을 알 수 있다. 그러나 근래에는 소 취하가 불허되는 경우는 매우 적고 오히려 적극 종용하는 쪽으로 법원이 간예(干預)한다고 한다.

(다) 법률이 규정하는 범위 내의 신청일 것

이를 흔히 정당(正當), 합법성의 요건이라 한다. 법률이 규정하는 범위 내에서만 자기의 권리를 처분할 수 있으므로 소의 취하가 사회의 공공이익 및 타인의 민사권익을 해하는 것이어서는 아니 된다.

(라) 판결의 선고 전에 신청할 것(민소법 제145조 제1항)

법문에 판결의 선고 전으로 되어있으나 학설로는 개정변론 종결 전까지로 보는 것이 적당하다는 의견도 있다.[67] 그리고 민사소송법에서는 제1심 보통절차에서만 규정을 하고 있을 뿐 상소심(제2심 절차)에서 소의 취하신청이 가능한지에 대하여는 침묵하고 있다. 그러나 〈약간의견〉에 의하면 당사자 간에 화해가 성립하여 원고가 소의 취하를 신청한 경우에는 심사하여 조건을 갖추고 있으면 이를 허용해야 한다고 규정하고 있다(〈약간의견〉 제191조).[68]

(2) 취하의 방식과 법원의 허가

소의 취하는 자동적으로 소송계속의 소급적 소멸을 가져오지 않고 법원의 허가가 있어야 한다. 우선 소를 취하하기 위해서는 서면이나 구술로 법원에 소 취하의 신청을 해야 한다. 일반적으로는 소취하신청서를 제출하게 된다.

당사자의 신청이 있으면 법원은 위와 같은 요건이 갖추어졌는지의 여부를 심사하여 요건을 갖춘 경우는 재정(裁定)으로 소의 취하를 허가하고 요건을 갖추지 못한 경우는 신청을 기각하는 재정을 한다.[69]

학설로서는 위의 요건 중 정당성, 합법성의 요건은 필요 없으며 법원도 허가여부를 심사함에 있어서 이와 같은 실질적 심사를 해서는 아니 된다는 견해도 있다.[70] 또 실무에서는 소 취하의 신청이 기각되는 경우는 매우 드물며 오히려 법원이 지나치게 소 취하를 종용(慫慂)하는 것이 문제라 한다.[71]

---

67) 赵钢, 占善刚, 刘学在 著, 前揭 民事诉讼法, 287面 각주 2 참조.

68) 〈약간의견〉 제109조는 제2심에서 화해가 달성된 경우의 처리문제로서 이때에는 ① 조정서의 작성 신청, ② 소 취하의 신청을 할 수 있다는 규정이다. 따라서 화해합의 없이 소 취하 신청을 할 수 있는지는 여전히 규정을 찾을 수 없다고 보아야 한다.

69) 소의 취하를 당사자의 행위에 의한 절차의 종료행위로 보지 않고 절차진행 중에 돌발한 특수한 문제로 취급한다. 중국의 대다수의 교과서가 소의 취하를 법원의 재판과 더불어 소송종료 쪽에 기술하지 않고 제1심 절차 쪽에서 절차의 중단과 중지와 함께 다루고 있는 점에서도 이와 같은 태도를 엿볼 수 있다.

70) 张卫平 著, 前揭 民事诉讼法(第二版), 296面.

71) 王福华, 前揭 民事诉讼专题研究, 268面 참조. 결안수(結案數)를 법관의 고과(考課) 표준으로 삼는 데서 이와 같은 현상이 발생한다고 한다.

3. 소 취하의 간주(擬制)

법원은 일정한 경우 당사자의 부작위(不作爲)를 소의 취하로 간주하여 처리할 수 있다. 즉 다음과 같은 경우에는 소가 취하된 것으로 처리한다.

(1) 원고의 불출석과 무단(無斷) 퇴정

원고가 소환장(召喚狀)[72]에 의한 소환을 받고 정당한 이유 없이 불출석하거나 법원의 허가 없이 중도에 퇴정하는 경우에는 소의 취하로 처리할 수 있도록 하고 있다(민소법 제143조). 그러나 소의 취하로 처리할 수 있다는 말은 반드시 소의 취하로 처리해야 한다는 말과는 다르다. 따라서 법률의 규정에 비추어 소의 취하의 요건을 갖춘 경우는 소의 취하로 처리하고 요건을 갖추지 못한 경우는 계속하여 심리할 수도 있다는 말로 해석해야 한다(자동처리 되는 인지대 미납의 경우는 제외).[73] 또 주의할 것은 1982년의 시행법(試行法) 제112조는 "두 차례의 합법적인 소환을 받고(两次合法转换)"라고 하였으나 1991년 민사소송법부터는 "소환장에 의한 소환을 받고(传票转换)"로 고쳤다는 점이다. 따라서 한 차례의 불출석으로도 소 취하의 간주가 가능해졌다고 보아야 한다.

행위무능력자의 법정대리인이 소환장에 의한 소환을 받고도 정당한 이유 없이 출석하지 않는 경우에는 민사소송법 제143조에 준하여 소가 취하된 것으로 처리한다(〈약간의견〉 제158조). 법정대리인이 법원의 허가 없이 무단 퇴정한 경우도 같이 취급해야 할 것이다.

(2) 원고가 인지대(印紙代)를 예납하지 않는 경우

법원의 통지에도 불구하고 인지대를 예납하지 않거나 지급연기, 감액, 지급면제의 신청이 기각되었음에도 불구하고 인지대를 납부하지 않는 경우에는 소가 자동적으로 취하된 것으로 취급한다(〈약간의견〉 제143조).

(3) 독립청구권 있는 제3자가 불출석하거나 법원의 허가 없이 중도 퇴정

독립청구권 있는 제3자(참가인)가 소환장에 의한 소환을 받고도 정당한 이유 없이 불출석하거나 법원의 허가 없이 중도에 퇴정하는 경우에도 역시 취하로 처리된다(〈약간의견〉 제159조).

---

72) 중국에서는 소환장을 전표[传票]라 한다.

73) 중국의 법조문에서 "할 수 있다(可以)", "함이 마땅하다(应当)", "반드시 해야 한다(必须)"는 각각 다른 의미를 가지고 있음에 주의해야 한다.

4. 소 취하의 효력

소가 취하되거나 취하된 것으로 처리되면 처음부터 소가 제기되지 않은 것으로 취급된다. 따라서 소송계속이 소급적으로 소멸한다. 소송계속만 소멸하기 때문에 청구의 포기와는 달리 실체법상 권리는 변동되지 않는다.

또 소송참가인이나 반소원고의 소의 취하는 본소의 존속에 영향을 주지 않는다. 소송참가가 있는 경우 본소 원고의 취하도 전체소송의 소멸을 가져오지 않는다. 이때에는 참가인의 본소 원피고에 대한 공동소송형태로 심리가 진행된다(〈약간의견〉 제160조).

소가 제기되지 않은 상태로 됨에 불과하므로 원고는 재소를 할 수 있다(〈약간의견〉 제144조 제1항). 재소금지에 관한 규정은 존재하지 않는다.

소의 취하로 소송시효의 중단이 있게 된다. 이 경우 시효기간의 계산에 관하여는 처음부터 다시 진행된다는 견해도 있으나 소제기시에 진행된 기간의 잔여기간이 계속 진행된다는 견해도 있다.[74]

Ⅱ. 결석판결(缺席判決)

1. 결석판결의 의의

결석판결은 대석판결(對席判決)의 반대되는 용어로 당사자 중의 일방이 불출석하는 경우에 법에 따라 내리는 판결을 말한다. 대개 피고(혹은 피고에 준하는 자)의 불출석에 대하여 내리지만 때로는 원고의 불출석에 대하여도 결석판결이 이루어질 수 있음에 주의해야 한다.

2. 결석판결의 요건

① 피고가 소환장에 의한 소환을 받고 정당한 이유 없이 출석하지 않거나, 법원의 허가 없이 중도에 퇴정하는 경우(민소법 제144조).

주의할 것은 반드시 출석해야 하는 피고의 경우에는 구인 등의 방식을 취하고 결석판결을 하지 않는다는 점이다. 피고인 소송무능력자의 법정대리인이 불출석한 경우도 동일하게 결석판결을 할 수 있다(〈약간의견〉 제158조 후단).

② 판결 전에 원고가 한 소 취하의 신청에 대하여 법원이 불허가의 재정을 한 경우, 원

---

74) 赵钢, 占善刚, 刘学在 著, 前揭 民事诉讼法, 289面.

고가 소환장에 의한 소환을 받고도 정당한 이유 없이 불출석하는 경우(제145조 제2항).[75)]

③ 원고가 소환장에 의한 소환을 받고 정당한 이유 없이 불출석하거나 법원의 허가를 받지 않고 중도에 퇴정한 경우로서 소 취하로 간주되지 않는 경우(제143조 전단의 반대해석).[76)]

즉 이 경우는 소 취하로 간주해도 되나 결석판결을 할 수도 있다.

④ 피고가 반소를 제기한 상황하에서 원고가 소환장에 의한 소환을 받고도 불출석하거나 법원의 허가를 받지 않고 중도에 퇴정한 경우(제143조 후단).

이 경우는 반소절차에 대하여 결석판결을 할 수 있다.

⑤ 독립청구권 없는 참가인이 불출석한 경우.

독립청구권이 없는 참가인이 소환장에 의한 소환을 받고 정당한 이유 없이 불출석하는 경우에는 심리에 영향을 미치지 않는다(〈약간의견〉 제162조). 따라서 이에 대하여 결석판결을 할 수 있다.[77)] 그리고 규정은 없으나 독립청구권 있는 참가인이 정당한 이유 없이 불출석하는 경우에도 결석판결을 할 수 있을 것이다.

⑥ 소송무능력자의 이혼소송에서 법정대리인이 불출석한 경우.

소송무능력자의 이혼소송에서 법정대리인이 출석할 수 없는 경우에는 수소법원이 사실을 조사하여 분명히 한 다음 판결을 해야 한다(〈약간의견〉 제157조). 즉 결석판결을 해야 한다는 것이나 무능력자가 피고인 경우만 결석판결을 할 것이고 원고 측인 경우에는 소의 취하로 처리하는 것이 옳을 것이다.[78)]

3. 결석판결의 절차

중국의 결석판결제도에 관하여는 주의할 점이 있다. 즉 결석판결제도는 결석자에 대한 징벌의 의미가 있는 것이 아니라 절차의 진행을 할 수 있도록 하는 제도에 그친다는 것이다. 따라서 불출석하면 상대방의 주장에 대하여 자백(자백간주)한 것으로 보고 무조건 그의 패소판결을 하는 것이 아니라 불출석한 당사자가 제출한 소장 또는 답변서와 증거를 자세히 조사한 후에 결석판결을 내리게 된다. 왜냐하면 결석판결도

---

75) 원고의 소 취하 신청과 관련되어 결석판결이 이루어지는 경우가 있으므로 교과서에서는 소의 취하와 함께 결석판결을 다루는 것이 일반적이다.

76) 앞서 본 바와 같이 소의 취하로 간주할 것인지는 재량적이므로 때로는 결석판결로 처리할 수 있다.

77) 중국에서는 우리의 보조참가인에 유사한 참가인을 독립청구권 없는 참가인이라 하며 특이하게 이에 대하여 직접 민사책임을 부담시키는 판결을 할 수 있다(자세한 것은 제3편 제2장 제5절 Ⅲ. 독립청구권 없는 참가인 부분 참조).

78) 赵钢, 占善刚, 刘学在 著, 前揭 民事诉讼法, 290面 각주 2 참조.

판결이므로 기본원칙 즉 “사실을 근거로 하고 법률을 규준으로 한다(민소법 제7조)”는 원칙에서 벗어날 수 없기 때문이다. 따라서 결석한 일방당사자의 합법적인 권익도 충분히 고려해야 하며 때로는 결석한 자에 대하여 승소판결도 할 수 있다.[79)]

제4절 법원의 재판

Ⅰ. 재판의 개념과 종류

민사사건을 심리한 법원이 당사자간의 권리의무관계에 대하여 내리는 결론적 판단, 재판이 진행되는 과정에서 발생하는 절차적인 문제나 특수한 사안에 대하여 내리는 법원의 판단을 모두 재판이라 한다. 좀 더 추상적으로 말한다면 사건을 심리하는 법원이 내리는 각종의 판단(의사표시)이 곧 재판이다. 재판 중 권리의무관계에 대하여 내리는 종국적 재판이 가장 중요함은 물론이다.

재판에는 여러 가지 종류가 있으나 가장 기본적인 분류는 그 판단대상에 따라 분류하는 것이며 이에 따르면 재판은 판결(判決), 재정(裁定), 결정(決定)으로 나뉘게 되며, 광의로는 명령(命令)도 이에 포함된다. 주의할 점은 우리의 결정에 유사한 형식을 재정이라 하며 결정은 재정과는 다른 판단대상을 가진다는 점이다.[80)]

그 밖에도 법률적 효력이 발생한 재판(生效裁判)과 법률적 효력이 발생하지 않은 재판[81)]으로 나눌 수 있으며, 표현방식에 따라 서면재판과 구술재판으로 나눌 수도 있다.

---

79) 上揭書, 289面 참조.

80) 중국의 재판체계는 재판기관(예컨대 합의부)이 독립하여 재판을 하는 것이 아니라 내부적으로 일정한 지휘를 받게 되므로 내부적으로 지휘를 하는 재판양식이 필요하게 되어 재정 이외에 결정을 따로 두게 된 것이다. 예컨대 법원장 혹은 심판위원회의 결정과 같이 재판기관(협의의 법원)에 대하여 일정한 지침을 내려줄 수 있는 계통이 있으므로 재판기관과 이들과의 관계를 규율하는 형식이 필요하게 되자 순수한 절차적인 문제에 대한 판단 (재정) 이외에 다른 양식의 재판(결정)이 필요하게 된 것이다. 다만 뒤에 보는 바와 같이 수직적인 관계뿐만 아니라 법원의 구성과 관련한 사항(예컨대 회피의 결정) 등도 결정의 대상으로 하고 있음을 주의해야 한다. 요컨대 중국 민사소송에서의 법원의 재판은 판결, 재정, 결정, 명령의 네 가지로 구분되는 점에서 우리와 다르다.

81) 법률적 효력이라는 애매한 개념을 사용한다. 이에 관하여는 후술하는 판결의 효력 부분 참조.

Ⅱ. 판결(判決)

1. 판결의 의의

판결이라 함은 법원이 민사사건의 심리를 종결하고 밝혀진 사실과 관련 법규에 의거하여 당사자의 민사상의 권리의무에 관한 다툼 또는 신청인이 제출한 신청에 대하여 내린 강제성을 구비한 결단을 말한다. 이는 재판권을 행사한 법원의 의사표시인 동시에 국가의지의 구체적 표현이다.[82] 법원은 심리를 종결한 후 반드시 조사, 입증된 사실과 법률에 의거하여 법정의 절차에 따라 판결서를 작성해야 한다.

2. 판결의 종류

중국에서도 판결을 여러 가지의 관점에서 법률상 또는 강학상 구분하고 있다. 이를 대별하면 다음과 같다.

(1) 적용되는 절차와 대상에 따라 소송사건판결과 비송사건판결로 구분된다. 우리와 달리 중국에서는 직접 권리의무관계에 대한 분쟁이 아닌 비송사건에 대한 재판의 형식도 판결인 점을 주의해야 한다. 비송사건에 대하여는 민사소송법에 규정을 둔 특별절차가 적용되며 비송사건에 대한 판결에 대하여는 상소가 허용되지 않는다. 예컨대 실종선고나 사망선고, 행위무능력이나 제한행위능력의 인정, 재산의 무주(無主)를 인정하는 판결 등이 비송사건에 대한 판결이다.

(2) 판결의 내용과 성질에 따라 이행판결(履行判決),[83] 확인판결(確認判決), 형성판결(形成判決)로 나눈다. 소의 형식에 따른 판결의 명칭이다. 주의할 것은 과거에는 형성권이라는 개념이 없었으므로 형성의 소나 형성판결이라는 용어를 사용하지 않았다.[84] 대신 변경의 소와 변경판결이라는 용어를 사용했다는 점이다. 그러나 최근에는 실체법에서 형성권을 인정하게 됨에 따라 형성의 소, 형성판결, 형성력이라는 용어가 보편화되었다.[85]

---

82) 국가의지의 구체적 표현이라는 말은 요즈음은 잘 사용하지 않는다. 이는 과거 사회주의 색채가 강한 심판방식을 취할 때 즐겨 사용했던 개념으로 권력기관의 재판에의 개입을 전제로 한 표현이다. 그러나 현재도 이와 같은 표현을 사용하고 있는 경우도 있으며[예컨대, 刘家兴, 潘剑锋 主编, 前揭 民事诉讼法教程(第三版), 北京大学出版社(2010), 234面], 실제로 아직 사법권의 독립이 이루어지지 않은 상태를 감안하면 일면 타당한 면도 있다.

83) 중국에서는 이행판결보다는 급부판결(給付判決)이라는 용어를 주로 사용한다.

84) 법원의 판결에 의한 새로운 권리의무관계의 창설을 인정하지 않던 구소련 민사소송법의 영향이라 한다[张卫平 著, 前揭 民事诉讼法(第二版), 110面 참조]. 형성의 소를 우리는 변동의 소라고 부르기도 하며 변동은 권리의 발생(창설)도 포함하는 개념이다.

(3) 판결로 해결하는 다툼의 범위에 따라 전부판결과 부분판결(部分判決)로 나눈다. 부분판결에 관하여는 제153조는 "법원이 사건을 심리함에 있어서 그중 일부분의 사실관계가 명백해진 경우에는 그 부분에 대하여 먼저 판결할 수 있다"라는 규정을 두고 있다. 먼저 판결하는 부분과 나머지 부분이 가분적인 성질을 가지는 경우에 한하여 부분판결이 인정됨은 물론이다.[86)]

(4) 쌍방당사자가 출석하여 소송에 참석했는지의 여부에 따라 대석판결과 결석판결로 나눈다.

(5) 판결이 법률적 효력을 발생하느냐에 따라 법률적 효력이 발생한 판결(生效判決)과 법률적 효력이 발생하지 않은 판결로 나눈다. 법률적 효력이 발생한 판결에는 제2심 법원이 내린 종국판결, 법원이 특별절차에 따라 내린 판결,[87)] 최고인민법원의 판결 및 제1심 법원이 내린 판결로 당사자가 법정기간 내에 상소하지 않은 판결이 포함된다. 법률적 효력이 발생하지 않은 판결로 중요한 것은 제1심 법원이 내린 판결로 아직 상소기간이 경과하지 않은 판결이다. 우리의 확정판결과 미확정판결에 해당하는 구분이다.

(6) 판결의 선후에 따라 원판결과 보충판결(補充判決)로 나눌 수 있다.

보충판결이라 함은 판결이 주문(主文)을 빠뜨린 경우에 이를 보충하기 위하여 원판결 후에 내리는 판결을 말한다.[88)] 예컨대 판결을 하면서 소송비용에 대한 판단을 빠뜨린 경우와 같다. 판단의 무의식적 유탈인 점에서 위의 부분판결과 구분된다. 우리의 추가판결에 해당한다고 할 수 있다. 주문의 유탈인 점에서 공격방어방법에 대한 판단유탈과 다르며 오기, 오산 등에 대한 구제책이 아닌 점에서 판결의 경정과도 다르다.

이 밖에도 종국판결과 중간판결의 구분을 시도하는 견해도 있다.[89)] 또 최근에는 소송판결과 본안판결에 대한 소개도 있으며,[90)] 제1심 판결, 제2심 판결, 재심판결 등의

---

85) 다만 아직 형성의 소의 대상이 형성권소권에 한정됨에 대한 인식이 부족하여 일반 형성권도 형성판결의 대상이라고 설명하는 경우도 있다. 예컨대 上揭書 109面은 계약의 해제나 취소가 형성판결의 전형적인 것이라 설명하기도 한다.

86) 실무에서는 거의 사용되지 않아 사문화된 규정이라고 한다(赵钢, 占善刚, 刘学在 著, 前揭 民事诉讼法, 321面 참조).

87) 특별절차에 해당하는 비송적 성질의 재판은 단심제이다(후술하는 특별절차 참조).

88) 대체로 보충판결을 하기보다는 원판결서를 회수하여 추가로 기재해주는 방법을 취하는 것이 실무라고 한다[张卫平 著, 前揭 民事诉讼法(第二版), 110面 참조].

89) 上揭書, 112面.

90) 谭兵, 李浩 主编, 前揭 民事诉讼法学, 333面. 뒤에 보는 바와 같이 중국 민사소송에서 소송판결(소의 각하)에 해당하는 것은 두 가지가 있다. 즉 입안절차(수리절차)에서 하는 불수리의 재정과 입안 후 수소법원에서 하는 기소각하[驳回起诉]의 재정이 그것이며 본안판결에 해당하는 청구

구분이 있음은 물론이다.

3. 판결서의 기재사항

판결서에는 판결의 결과와 그 판결을 내린 이유를 적어야 한다. 판결서에는 다음과 같은 사항이 포함되어야 한다(민소법 제152조). 대체로 모두(冒頭), 본문(本文) 및 말미(末尾)[91]의 셋으로 나누어 설명되고 있다. 다만 모든 판결서가 동일한 것은 아니다. 예컨대 비송사건에 대한 판결의 경우는 권리에 대한 분쟁이 없으므로 쟁의의 사실과 이유 등을 적을 필요가 없다. 2012년 개정으로 "판결서에는 판결의 결과와 이유를 적어 밝혀야 한다"라는 문구가 추가되었다(제512조 제1항).

(1) 모두(冒頭)

판결의 앞머리에는 표제와 사건번호, 당사자와 기타 소송참가인에 관한 기본적인 인적사항, 사건의 분류명칭(案由)과 개정심리시간, 심판조직(담당재판부), 적용되는 절차(보통절차인지 혹은 간이절차인지 등) 등을 적는다.

1) 표제 및 사건번호

여기의 표제는 사건을 담당하는 법원을 표시하는 것이다. 그리고 사건번호는 수리절차에서 부여되었던 것을 그대로 사용한다. 그리고 표제와 사건번호는 흔히 연달아 기재한다.[92]

2) 당사자 등의 기본사항

법률에 규정이 없으나 판결서의 앞머리(冒頭)에는 당사자 등에 대한 기본적인 사항을 적어야 한다. 쌍방당사자, 소송참가인, 소송대리인의 성명, 성별, 연령, 민족(民族), 호적소재지(籍貫) 등과 주소를 적어야 하며, 당사자가 법인 또는 기타 조직인 경우는 그 명칭, 소재지와 그 법정대표자 혹은 주요책임자의 성명, 주소를 적어야 한다.

3) 사건분류명칭(案由)

사건의 내용에 따라 분류하는 명칭이 정해져 있으며, 판결에는 이 명칭을 적어야 한다. 예컨대 이혼분쟁[离婚纠纷], 초상권분쟁[肖像权纠纷]과 같이 적는다.[93]

기각은 소송상 청구기각[驳回诉讼请求]의 판결이다. 즉 우리의 소송판결에 해당하는 재판은 판결이 아닌 재정으로 함이 특징이다.

91) 중국에서는 이를 각각 앞머리(首部), 정문(正文), 미부(尾部)라 한다.

92) 예컨대 北京市海淀区法院民事判决书(2008)海民初字000号와 같이 적는다(谭兵, 李浩 主编, 前揭 民事诉讼法学, 333面에서 전재).

93) 사건분류명칭을 안유(案由)라고 한다. 전국적으로 통일적인 명칭을 사용할 수 있도록 최고인민법원에서는 이에 관한 규정을 내리고 있다[民事案件案由规定(2011年 修正): 2008년에 처음 공포

(2) 본문(正文)

본문은 정문이라 하며 판결서의 가장 중요한 분이다. 여기에는 당사자의 권리청구와 그 주장사실, 판결이유 및 판결주문을 적는다.

1) 당사자의 청구와 주장사실(민소법 제152조 제1항 제1호)

원고의 소송상의 청구 및 그 주장사실과 이유를 적고 피고의 답변과 그 주장사실 및 이유를 적는다. 반소가 있는 경우에는 반소청구와 그 주장사실과 이유를 적어야 하며, 독립청구권 있는 소송참가가 있는 경우에는 역시 그 청구와 주장사실 및 이유를 적어야 한다.

2) 판결에서 인정된 사실과 그 이유 및 적용된 법률과 이유(제2호)

판결서의 이 부분을 통상 이유부분이라 한다.[94] 판결에서 인정된 사실이라 함은 법원이 조사연구, 개정심리 또는 증거조사 결과 진실한 것으로 밝혀진 사실을 말한다. 이유는 사실을 토대로 시비를 가리는 논리적 과정을 말한다. 이와 아울러 확정된 사실에 적용한 법률의 조항도 표시해야 한다. 2012년 개정으로 법률적용의 이유도 기재하도록 되었다. 다만 간이절차의 판결서나 조정서의 경우는 이를 간단히 적거나 생략할 수도 있다.[95]

3) 판결의 결과 및 소송비용의 부담(主文: 제3호)

이 부분을 판결의 주문이라 한다. 주문에는 소송결과뿐만 아니라 소송비용의 부담이 포함되게 된다. 판결의 결과는 법원이 사건사실을 토대로 법률규정에 따라 당사자 간에 다투어지는 법률관계에 대하여 내린 결론을 말하며, 명확하고 구체적이야 하며 집행이 가능하도록 내어야 한다.

소송비용의 부담은 책임의 대소에 따라 어느 편이 부담할 것이냐 혹은 어떻게 분담할 것이냐를 명확히 하고 그 구체적인 액수도 적어야 한다.[96]

되었고 2011년에 수정되었다]. 이에 따른 사건분류표에는 현재 민사사건에 대하여 총 424개의 분류명칭을 열거하고 있으며 이 중에서 하나를 골라 기재하면 된다.

94) 이 부분만을 따로 떼어 정문(正文)이라 부르는 경우도 있다[예컨대 刘家兴, 潘剑锋 主编, 前揭 民事诉讼法教程(第三版), 238面].

95) 谭兵, 李浩 主编, 前揭 民事诉讼法学, 334面. 그러나 이 부분의 기재가 너무 소략(疏略)하여 결국 상소율이 늘어간다는 지적도 있다. 예컨대 사실인정을 무조건 "본원은 다음과 같이 인정한다"라고만 하거나 법률의 근거를 정확히 밝히지 않고 "법률의 규정에 따라 …" 등으로 표시하는 폐단이 상당히 있다고 한다(赵钢, 占善刚, 刘学在 著, 前揭 民事诉讼法, 321面 참조).

96) 중국 민사소송에서는 소송비용확정절차가 따로 없기 때문에 액수까지 판결서에 적는다. 그리고 가집행제도가 없기 때문에 가집행에 관한 사항은 주문에 들어갈 수 없다.

(3) 말미(末尾)

판결서의 끝 부분에는 상소가 허용되는지의 여부, 상소기간과 법원을 적어야 하며, 합의정의 구성원 혹은 독임법관(단독사건인 경우), 서기가 서명하여야 한다. 또 재판서의 작성 연, 월, 일을 적고 법원의 인장을 찍는다(제152조 제2항).

판결서에 상소가 허용되는지의 여부를 표시하고 허용되는 경우에는 그 기간 및 상소법원을 적도록 하고 있음이 특이하다. 상소장은 원심제출주의를 취하고 있다.[97)]

4. 판결의 효력[98)]

(1) 서언

판결이 내려지면 즉시 기속력이 발생하고 또 일정한 사유가 발생하면 더 이상 통상의 방법으로 다툴 수 없는 효력인 형식적 확정력이 발생한다. 전자가 법원에 대한 구속력이라면 후자는 당사자에 대한 구속력이다.

형식적 확정력을 갖게 된 판결을 중국에서는 법률적 효력이 발생한 판결(生效判决: 우리의 확정판결)이라 한다. 형식적 확정력을 갖게 되면 비로소 판결의 본래적 효력 즉 기판력, 형성력, 집행력이 발생한다. 그리고 이 형식적 확정력은 재심 등 특별한 불복절차를 통해서만 제거될 수 있다.

중국의 법률적 효력을 갖춘 판결도 이론적으로는 위와 같은 본래적 효력을 발생시킨다고 볼 수 있을 것이다. 그러나 너무나 광범위하게 재심을 허용하고 있기 때문에 이와 같은 본래적 효력(특히 기판력)은 제대로 기능을 발휘하고 있지 못함이 현실이다.

또 형식적 확정력을 갖춘 판결은 법률요건적 효력, 반사적 효력, 증명적 효력 등을 부수적으로 갖게 된다.

(2) 기속력(羈束力)

판결이 한번 선고되면 판결에 대한 신용과 법적 안정성을 확보하기 위하여 즉시 선고법원이 이를 마음대로 철회하거나 변경할 수 없는 효력이 발생하며 이를 기속력이라 한다. 즉 선고법원 자신을 묶는 효력이 발생하며 이를 판결의 자박성(自縛性)이라 한다.[99)]

---

97) 刘家兴, 潘剑锋 主编, 前揭 民事诉讼法教程(第三版), 239面. 예컨대 "본원의 판결에 불복하는 경우에는 판결서를 받은 날로부터 15일 이내에 상소장을 본원에 제출하여 00 법원에 상소할 수 있다"라고 적는다고 한다.

98) 판결의 효력에 관한 국내 문헌으로는 尹文希, "중국 민사소송에 있어서 판결의 효력에 관한 연구"(연세대학교 대학원 석사논문)가 있다.

이 기속력을 완화하는 것이 판결의 경정(更正)제도이다. 중국 민사소송법에는 경정에 관한 직접적인 조문이 없으나 판결서 중의 오기, 오산, 표현의 불명확 등은 재정(裁定)으로 이를 바로 잡을 수 있다(민소법 제154조 제7호).[100)]

(3) 형식적 확정력(법률적 효력)

선고된 판결에 대하여 더 이상 통상적인 방법으로 다툴 수 없도록 당사자를 구속하는 힘을 형식적 확정력이라 한다. 형식적 확정력을 갖춘 판결을 확정판결이라 한다. 판결이 확정되면 비로소 사건이 종국적으로 해결되게 되며, 판결내용에 따른 효력 즉 기판력, 형성력 및 집행력이 발생하게 된다.

중국 민사소송법에서는 이 형식적 확정력을 법률적 효력이라 하며 이와 같은 효력이 발생된 판결을 법률적 효력이 발생한 판결, 혹은 이를 줄여서 생효판결(生效判决)이라 한다.

법률적 효력이 발생한 판결로는 최고인민법원의 제1심 판결, 제2심 법원의 판결(양심종심제), 상소가 허용되지 않는 판결(예컨대 비송사건에 대한 판결), 상소기간이 지나도록 상소하지 않은 판결이 있다(민소법 제155조). 이와 같은 판결은 법률적 효력이 발생한 판결로 더 이상 통상적인 방법으로는 다툴 수 없게 되며 판결의 내용에 따라 기판력, 형성력 및 집행력이 발생한다.

중국의 법률적 효력이 발생한 판결에 집행력과 형성력이 인정됨은 우리와 그리 다르지 않으나 기판력이 발생하는지에 대하여는 상당한 주의가 필요하다. 왜냐하면 재심이 거의 무제한이라 할 만큼 널리 허용되기 때문이다. 이하에서는 형성력과 집행력 등을 먼저 살펴보고 기판력은 뒤에 좀 더 자세히 논하기로 한다.[101)]

(4) 형성력

확정 판결의 내용이 새로운 권리 또는 법률관계의 발생, 기존 권리 또는 법률관계의 변경이나 소멸을 초래하는 내용을 담고 있는 경우에는 그 내용대로 권리나 법률관계가 변동되며 이와 같은 판결의 효력을 형성력이라 한다. 형성력은 형성의 소에 따

---

99) 최근 중국에서도 기속력(羈束力)이라는 용어를 사용하기도 하나(谭兵, 李浩 主编, 前揭 民事诉讼法学, 335面), 전통적으로는 구속력(拘束力)이라는 포괄적인 용어를 사용해 왔다. 기속력은 구속력 중 법원에 대한 구속력을 가리키는 말이다. 이 이외에도 구속력은 당사자에 대한 구속력, 대사회적 구속력을 포함한다고 한다[刘家兴, 潘剑锋 主编, 前揭 民事诉讼法教程(第三版), 240面].

100) 江伟 主编, 前揭 民事诉讼法(第四版), 316面.

101) 형성력과 집행력도 재심에 따라 형식적 확정력이 제거되면 소멸되는 점에서 기판력과 같다. 기판력이라는 개념은 중국 민사소송법에서 근래에야 도입된 것이나 가장 중요한 효력인 점에서 중국에서 최근에 활발히 논의되고 있다.

라 선고되는 형성판결에 특유한 효력이다.

그러나 중국에는 판결의 종류 부분에서 본 바와 같이 이전에는 형성판결이라는 용어를 사용하지 않고 변경판결이라는 용어를 사용하여 왔으며, 실체법상 형성권도 근래에서야 인정되기 시작하여 이에 대한 이해가 완전하지 못하다.[102)]

(5) 집행력

집행력은 당사자가 판결의 내용을 자발적으로 이행하지 않는 경우에 당사자의 신청이나 법원의 직권에 의한 요청[103)]에 의하여 국가의 강제력을 동원하여 판결내용을 실현시킬 수 있는 힘을 말한다. 확정판결은 집행신청의 근거[104)](집행권원) 중 가장 보편적이고 중요한 것이다.

집행력은 모든 판결에 부여되는 것은 아니고 원칙적으로 이행판결(급부판결)만이 가지게 된다. 그러나 확인판결이나 형성판결의 경우에도 소송비용에 관하여는 집행력을 가진다.[105)] 또 확정판결만이 집행근거가 되는 것은 아니고 기타의 법률문서, 예컨대 중재기구의 중재재결서, 법원의 조정서, 우선집행[106)]이나 재산보전을 명한 재정서 등도 모두 집행근거가 될 수 있다.

(6) 판결의 기타 효력

판결이 확정되면 그 본래적 효력인 기판력, 형성력, 집행력 이외에도 여러 가지 효력이 발생하게 된다. 예컨대 민법 등 실체법규가 확정판결의 존재를 요건화하고 있는 경우에는 그 요건을 충족시켜 주는 효력(법률요건적 효력)[107)]이 발생하기도 하며, 당사자와 실체법상 일정한 관계를 맺고 있는 소외의 제3자[108)]에게도 간접적으로 영향을

102) 실체법상의 형성권과 형성소권의 차이를 분명히 인식하지 못한 경우(예컨대 계약의 취소와 해제가 형성의 소의 대상이 되는 것으로 보는 경우)가 있는가 하면, 형성력을 기판력과 혼동하여 구분하지 못한 경우도 발견할 수 있다. 예컨대 실체법규와 어긋난 판결 즉 오판이 구속력을 갖게 되는 것도 그 판결내용대로 법률적 효력이 발생하므로 이행판결이나 확인판결에도 형성력이 있다고 설명하는 경우도 있다[江伟 主编, 前揭 民事诉讼法(第四版), 317面]. 기판력의 본질에 관하여 실체법적 성질을 인정해야 한다고 하면서 오판의 경우는 형성력이 발생한다고 하나 형성의 소는 법정주의를 취하고 있는 점과 배치된다.

103) 중국의 민사집행에서는 당사자의 신청에 의하여만 집행이 개시되는 것이 아니라 판결법원이 직접 집행기관에 확정판결을 넘겨 집행절차를 개시하도록 하는 경우도 있다(국가간예주의의 영향으로 볼 수 있으며 처분권주의가 제대로 정착되지 않았음을 알 수 있다).

104) 중국에서는 집행권원(執行權原)을 대부분 교과서에서 집행근거(執行根據)라고 표현한다.

105) 중국에는 소송비용확정절차가 별도로 존재하지 않고 판결서에 그 부담액까지 모두 기재하므로 판결 중 소송비용부분에 대하여도 집행력이 발생한다고 해야 한다.

106) 소송이 아직 끝나지 않았음에도 불구하고 긴급한 필요가 있는 경우(예컨대 부양료) 신청에 따라 일방당사자에게 일정한 금액 혹은 재산을 상대방 당사자에게 우선 지급하라는 재정을 하는 것을 말한다(제4편 제1장 제3절 우선집행 부분 참조).

107) 명문의 규정이 필요하며 실체법상의 효력이다.

미치게 된다(반사적 효력).[109)]

한 가지 주의할 점은 전소판결에서 확정된 사실은 불요증사실로 되어 이른바 사실적 효력이 발생한다는 것이다. 이를 우리나라에서도 확정판결은 일정한 증명효(證明效)를 가지는 것으로 되어있다. 그러나 중국에서는 더 나아가 전소확정판결에서 확정된 사실은 아예 불요증사실로 하고 있음이 주목된다. 즉 〈증거규정〉[110)] 제9조에 의하면 이미 법률적 효력이 발생한(확정된) 재판에서 확정한 사실은 증명을 요하지 않는다고 하고 있다(제1항 제4호).[111)] 여기서 말하는 재판에는 판결뿐만 아니라 조정서, 실체관계를 내용으로 하는 재정서(裁定書)도 포함된다고 보아야 한다.[112)] 다만 상대방이 이를 뒤집기에 충분한 상반되는 증거를 가지고 있는 경우에는 다시 증명을 요한다(제2항).

5. 확정판결과 기판력

(1) 서언

기판력은 확정판결의 내용이 갖는 강제적 통용력 내지 구속력을 말한다. 기판력은 당사자와 법원 양자를 모두 구속하게 되는 점에서 기속력이나 형식적 확정력과 다르다. 그리고 기판력은 후소가 제기된 경우 비로소 문제가 되는 점에서 전소판결 자체와 관계있는 기속력이나 형식적 확정력과 다르다. 즉 당사자는 후일 같은 사실을 가지고 다시 소송을 제기하여 전소판결의 내용을 다투는 것이 금지되며, 전소판결을 선결적인 문제로 담고 있는 새로운 소가 제기된 경우 법원은 선결문제를 판단함에 있어서 전소판결과 모순, 저촉되는 판단을 할 수 없게 된다. 요컨대 기판력은 불가쟁성(不可爭性)과 불가반성(不可反性)을 내용으로 하는 전소확정판결 내용의 후소에 대한 구속력 내지 통용력이라고 할 수 있다.

기판력은 정도의 차이는 있을지라도 재판제도의 운용에 있어서는 불가결한 요소일 것이다. 민사재판은 결국 국가의 제도이며 이는 납세자가 모두 공평하게 이용할 수

108) 예컨대 주채무자와 보증인의 관계를 맺고 있는 경우 주채무자가 승소확정 판결을 받으면 보증인도 보증채무의 이행을 거절할 수 있다.

109) 최근 이와 같은 효력에 관한 언급을 한 교과서도 볼 수 있다[张卫平 著, 前揭 民事诉讼法(第二版), 117面 이하].

110) 〈증거규정〉에 관한 자세한 내용은 제4편 제4장 제1절 참조.

111) 법률적 효력이 발생한 중재재결이나 효력이 발생한 공증문서에서 증명하고 있는 사실도 불요증사실로 하고 있다(제5호, 제6호).

112) 最高人民法院关于民事诉讼证据的若干规定(注释本), 法律出版社(2009), 10面 참조. 이 규정이 나오기 전에도 실무상 같은 취급을 했었다고 한다[张卫平 著, 前揭 民事诉讼法(第二版), 119面 참조].

있어야 하므로 같은 사건의 되풀이는 다른 사람들의 법원에의 접근을 막게 되고, 사회전체의 법적안정성을 저해할 것이 분명하기 때문이다. 그러나 기판력도 역사적 산물이므로 그 사회가 가지고 있는 전통, 정치·사회 체제의 영향을 받는다고 할 수밖에 없다.

(2) 중국 민사소송에 있어서의 기판력 문제

1) 중국의 기판력제도의 역사와 문제점

중국의 민사소송제도에서 기판력은 매우 독특한 역사와 특징을 가지고 있다. 도대체 중국의 확정판결에 기판력이 존재하는가라는 의문을 갖게 하는 여러 가지 요소가 작용하고 있기 때문이다.[113] 따라서 중국의 민사소송제도에서 가장 이해하기 어려운 부분이기도 하다.

우선 기판력이라는 용어자체도 학자들의 연구로 1990년대 말부터 사용되기 시작했으며 그 이전에는 거의 사용되지 않았다.[114] 그때까지는 법률적 효력 발생(生效判決: 확정판결)의 효과로 ① 배제성(排除性), ② 불가쟁성 및 ③ 집행성을 드는 것이 통설화된 견해였고[115] 이와 같은 상태가 1990년대 말까지 계속되었다. 배제성이라는 것은 같은 당사자가 같은 사건으로 다시 제소하거나 같은 사건을 법원이 다시 심리할 수 없다는 것을 말한 것이며, 불가쟁성은 법률적 효력이 발생한 판결에 대하여는 당사자가 상소를 제기하여 다툴 수 없는 효력을 말한다고 하였다.[116] 이 중 배제성이 현재의 기판력 개념과 유사한 내용을 가진다고 볼 수 있고 오히려 불가쟁성은 형식적 확정력과 같은 개념으로 볼 수 있다.

기판력과 유사한 개념인 배제성에서는 우선 시적 한계를 설명하지 않고 있으며 객관적 범위나 주관적 범위에 관한 이론적 설명이 전혀 결여되어 있는 등 단적으로 말하면 기판력이라는 개념 자체가 아직 정립되지 않았다고 할 수 있다. 1982년에 벌써

---

113) 사석에서 중국의 민사소송제도에는 기판력이 존재하지 않는다고 단언하는 중국의 학자도 있다.

114) 거의 유일하게 1993년 출판된 柴发邦 主编, 中国民事诉讼法学, 中国人民公安大学出版社(1993), 398面에 판결의 효력으로 기판력을 언급하고 있으나, 그 설명에 의하면 기판력에는 형식적 확정력과 실질적 확정력이 포함된다고 하며 형식적 확정력이라 함은 당사자가 판결에서 인정한 사실로 다시 소를 제기하거나 상소를 제기할 수 없게 되는 효력이라고 설명하는 등 기판력 본연의 내용과는 거리가 멀다.

115) 杨荣新 主编, 前揭 中国民事诉讼法, 中国政法大学出版社(1992), 458~459面; 张卫平 著, 前揭 民事诉讼法(第二版), 115面 참조.

116) 생효판결(生效判決) 즉 법률적 효력이 발생한 판결의 효과를 설명하면서 다시 상소를 할 수 없는 효력이라고 설명하는 점도 이상하며, 이에 더하여 법원이 함부로 고칠 수 없는 효력(기속력에 유사)도 이 불가쟁성에 포함된다고 하고 있다(杨荣新 主编, 上揭書, 같은 面).

민사소송법(試行法)이 제정되어 실시되고 있었음에도 이와 같이 장기간 소송제도의 핵심 중의 하나[117]인 기판력이 주목을 받지 못하고 있었던 이유는 다음과 같은 점에서 찾을 수 있을 것이다.

(가) 사회주의 민사소송법의 특질

중국 민사소송법은 구소련 민사소송법의 영향을 크게 받은 사회주의 민사소송법이다.[118] 국가간예주의하의 사회주의 민사소송법은 객관적 진실을 중시하고(眞實絕對主義) 잘못이 있으면 반드시 바로잡아야 한다(有錯必糾)는 원칙에 입각하고 있다.[119] 그런데 기판력과 객관적 진실 내지 유착필규(有錯必糾)와는 이율배반(二律背反)적일 수밖에 없다. 따라서 오판임에도 불구하고 더 이상 다툴 수 없다는 기판력이 자리 잡을 여지가 없었으며 잘못된 재판은 언제라도 고쳐야 하는 것으로 인식해 왔다.

또 중국의 전통적인 소송관(訴訟觀)인 "잘못을 고치는 것을 꺼리지 않는다(不憚改錯)"[120]는 문구를 자랑스럽게 여겨온 점도 기판력이 일찍 생성되는 것을 저해한 요소일 것이다.

(나) 재심의 광범위한 허용

위의 진실절대주의 내지 유착필규의 관념은 필연적으로 서구제도에서는 유례를 찾을 수 없는 재심제도를 만들어냈다. 재심은 기판력의 한계를 정해주는 특별한 불복수단으로 매우 제한적으로 운용되는 것이 서구의 제도이나 중국에서는 재심에 거의 제한이 없을 정도로 관대하게 운용되고 있다. 재심신청의 주체, 재심사유, 재심기간 등에 대하여 우리로서는 거의 상상할 수 없을 정도로 관대하며[121] 이와 같은 관대한 재심제도는 기판력제도의 정착에는 치명적인 요소로 작용하고 있다. 2007년 재심절차 부분에 대한 민사소송법의 개정이 있었으나 기본적인 태도는 변한 것이 없다고 보아야 한다. 법률적 효력이 발생한 사건으로 다시 소를 제기하면 재심을 신청하도록 고지한다(제124조 5호).

(다) 사법권 독립의 취약성

삼권분립체제가 아닌 중국의 정치체제 속에서 법원은 독립적인 지위를 차지하지 못

117) 또 하나 그동안 주목을 받지 못하여 온 부분은 기판력과 밀접한 관련이 있는 소송물이다.

118) 1982년의 시행법(試行法)은 물론 1991년에 제정된 현행 민사소송법도 마찬가지이다.

119) 국가간예주의에 관하여는 제1편 제2장 참조. 경쟁을 근간으로 하는 자본주의 시장경제체제를 부정하고 국가가 모든 국민의 생활(법률생활 포함)을 책임진다는 계획경제적인 사회주의체제에서는 국가기관인 법원도 책임지고 반드시 객관적 진실에 맞는 재판을 해야 한다는 일종의 강박관념을 가질 수밖에 없다.

120) 중국만의 소송관은 아닐 것이며 동양 사회의 공통적인 현상일 것이고, 우리나라도 예외는 아닐 것이다.

121) 중국의 재심절차에 관하여는 제5편 재심절차 부분 참조.

하고 있다.[122] 이와 같은 상황하에서 법원의 확정판결은 비단 당사자의 재심신청에 의하여만 도전을 받는 것이 아니라 각종의 기관 예컨대 행정기관, 입법기관, 당조직 등에 의하여 끊임없는 도전을 받게 되고 이에 따라 법원의 판결은 결국 권위성을 상실할 수밖에 없다.[123]

(라) 법관의 자질에 관한 문제

법관의 법률적 소양과 인격은 재판의 신뢰에 적지 않은 영향을 미친다. 그러나 현재의 상황은 국민의 전폭적인 신뢰를 얻기에 부족한 상황이다. 이와 같은 환경하에서는 어떻게든 법원의 판결에서 벗어나려고 하는 시도가 이어지게 마련이고 이 점도 기판력이 정착될 수 없는 큰 이유 중의 하나이다.[124] 다만 이 점은 통일 사법고시[125]의 실시로 인하여 장래에는 큰 진전이 있을 것으로 기대된다.

2) 기판력의 현재와 미래

결론적으로 말한다면 중국의 민사소송제도하에서 판결의 확정에 따른 효력으로서 넓은 의미의 기판력의 존재는 부정할 수는 없으나 아직 제대로 제도화되지는 못했다고 할 수 있을 것이다.

우선 중국 민사소송법 제155조는 "최고인민법원의 판결, 재정 및 법률에 의해 상소가 허용되지 않거나 상소기간을 초과하도록 상소하지 않은 판결, 재정은 법률적 효력을 발생하는 판결, 재정이다"라고 되어있고, 제175조는 "제2심 법원의 판결, 재정은 종심적 판결, 재정이다"라고 되어있으나 여기의 법률적 효력이 구체적으로 무엇을 의미하는지에 관하여는 아무런 규정이 없다. 현재의 재판실무 등을 참작할 때 기판력을 포함하는 것이라 볼 수는 없고 결국 형식적 확정력을 의미한다고 해석되며 기판력에 관한 규정은 없는 것으로 보아야 한다.[126]

현재도 동일사건이 반복하여 재판되는 일이 상당히 있으며, 반복적인 재심이 행해지는 것도 드문 일이 아니며, 이에 따라 전후 모순되는 판결이 나오는 경우도 많고 전소판결을 선결문제로 하는 후소에서 전소판결을 완전히 무시하는 판결도 나오는 등 기판력이 전반적으로 작동하지 않고 있다고 한다.[127]

---

122) 법원의 권력구조상의 위상에 관하여는 제2편 제1장 제1절 중국의 법원 부분 참조.

123) 江伟 主编, 前揭 民事诉讼法专论, 81~82面 참조.

124) 上揭書, 82面 참조.

125) 중국의 법관제도에 관하여는 제2편 제2절 중국의 법관제도 부분 참조.

126) 그러나 이것이 곧 기판력을 전적으로 부정하는 것은 아니다. 원래 기판력은 상당부분 이론에 의지하는 것이며 중국에도 판결확정에 구속력을 인정하는 것은 마찬가지이다. 다만 재심제도의 운용 등과 관련하여 어느 정도 강하게 인정하느냐가 문제일 것이다.

127) 江伟 主编, 前揭 民事诉讼法专论, 80面 참조. 같은 면은 또 "사실상 현재 중국의 상황을 보면

시장경제체제의 심화와 함께 중국의 민사소송제도에도 변화의 바람이 불고 있다. 즉 1990년대 말부터 학자들은 사회주의적 색채가 짙은 심판방식을 개혁하고자 많은 노력을 하여 왔으며,[128] 특히 기판력에 관한 많은 연구를 하고 있다. 따라서 학자들은 과거 막연히 구속력이라고 설명되던 부분들을 기판력의 틀에 넣어 다시 설명하고 있으며 기판력의 제도화와 강화를 요구하고 있다. 기판력제도의 정착을 위해서 학자들은 ① 당사자의 절차보장을 강화하여 기판력의 강화를 위한 기초를 마련할 것, ② 재심절차를 개혁하여 기판력의 강화를 위한 제도적 보장을 할 것, ③ 법관의 자질을 제고하여 당사자의 의심을 제거할 것, ④ 사회의 소송관념을 전환시키고 제도완비를 통하여 기판력을 존중하는 법제환경을 조성할 것을 주문하고 있다.[129][130]

(3) 기판력의 범위

기판력은 일종의 강제적 통용력을 가리키는 것이다. 이와 같은 구속력은 무한정 미치는 것이 아니라 일정한 범위를 가지고 있다. 즉 구속력은 일정한 시점에 있어서의 법원의 판단에만 미치며(기판력의 시적범위), 일정한 사항에 대한 판단에만 미치며(객관적 범위), 일정한 범위 내의 사람에게만 미친다(주관적 범위). 한편 기판력은 후소가 제기된 경우에만 미치게 되며 기판력의 구속을 받기 위해서는 후소가 전소판결의 기판력의 시적범위, 객관적 범위 및 주관적 범위 모두에 포섭되어야 한다. 다시 말하면 세 가지 중 한 가지 범위(예컨대 시적범위)라도 벗어나게 되면 기판력은 작동할 수 없다.[131] 중국의 확정판결에 기판력이 없다고 하거나 기판력이 제도화되지 않았다고 할 수 있는 근거는 주로 관용적인 재심제도로 인하여 시적범위(그 내용인 차단효)를 벗어나는 일이 너무 많다는 데에서 오는 것이다.[132]

1) 기판력의 객관적 범위

기판력의 객관적 범위는 어느 사항에 대한 판단에 기판력을 부여할 것인지의 문제

기판력의 문제는 이론상으로는 중시되고, 입법상으로는 경시되고, 실무상으로는 무시되고 있다"고 비유적으로 언급하고 있다.

128) 심판방식의 개혁은 법원측에서도 받아들인 것도 상당히 있다. 이미 증거편에서 본 바와 같이 불완전하나마 직권 탐지주의에서 변론주의 방식으로 바꾼 것이 대표적인 예이다.

129) 江伟 主编, 前揭 民事诉讼法专论, 83面.

130) 절차상 변론주의와 처분권주의가 제대로 작동하지 않고 사법 부패가 만연하고, 사법종사자의 자질이 부족한 중국의 실정에서 소송의 효율성을 추구하는 기판력제도를 성급히 도입하는 것을 찬성할 수 없다는 견해도 있다(常怡 主编, 前揭 民事诉讼法学, 134面 이하).

131) 같은 소송물로 같은 사람이 후소를 제기한다 하더라도 전소 변론종결 후의 사실을 가지고 소를 제기하는 경우에는 전소판결의 기판력에 저촉되지 않는다.

132) 객관적 범위나 주관적 범위에 관하여는 규정이 없으므로 이론적으로라도 해결할 수 있으나 시적범위와 관련한 차단효는 명문에 의한 광범위한 재심에 의하여 거의 무력화되고 있기 때문이다.

이다. 대륙법계의 국가에서는 독일의 예에 따라 소송물에 대한 결론적 판단인 판결주문에 한하여 기판력이 미치고 판결이유 중의 판단, 즉 사실관계에 관한 판단이나, 항변에 대한 판단에는 기판력이 미치지 않는 것이 원칙이다. 다만 상계항변의 경우에는 전소 확정판결의 동요를 막기 위하여 상계하자고 대항한 수액에 한하여 기판력이 있는 것으로 하고 있다.[133)]

판결주문은 소송물에 대한 판단이므로 기판력의 객관적 범위는 소송물이론과 밀접한 관련이 있다. 신소송물이론을 취하는 경우에는 기판력의 객관적 범위가 넓어지고 구소송물이론을 취하는 경우에는 기판력의 객관적 범위가 좁아진다. 구소송물이론에서는 소송의 목적이 같더라도 실체법상 권리주장에 따라 소송물이 특정되므로 소송의 목적이 같더라도 실체법상 권리주장이 다르면 다른 소송물로 보기 때문이다.

중국의 민사소송법에는 기판력의 객관적 범위에 관한 규정이 없다. 따라서 이론적으로 해결해야 하며 학자들은 대부분 원칙적으로 주문에 한하여 기판력이 있다고 주장한다.[134)] 그러나 실무의 경우에는 주문과 이유의 구분을 하지 않고 기판력(구속력)이 있는 것으로 취급한다고 한다. 따라서 전소의 판결 이유 중의 판단사항을 가지고 소를 제기하는 것이 허용되지 않고, 소를 제기했다 하더라도 후소의 피고가 전소판결 이유를 항변으로 제출하면 법원이 이를 받아들여 원고의 청구를 기각한다고 한다.[135)136)] 따라서 실무상으로는 기판력의 확장이론이나 쟁점효이론이 필요 없을 것으로 보인다.

또 기판력과 관련된 소송물이론에 있어서는 중국의 학계에서는 아직 통설이 형성되지 않은 것으로 보이며, 실무는 대체로 구소송물이론과 같은 취급을 한다고 한다.[137)] 그러나 불법행위에 기한 손해배상청구소송에서 위자료(정신적 피해에 대한 손해배상)를 청구하지 않았다가 후소로 이를 청구하는 경우에는 수리하지 말도록 하라는 최고인민법원의 사법해석이 있다.[138)]

---

133) 명문이 규정이 없으나 중국의 학자들도 모두 상계항변의 기판력을 인정하고 있다[江伟 主编, 前揭 民事诉讼法(第四版), 325面; 谭兵, 李浩 主编, 前揭 民事诉讼法学, 338~339面; 张卫平 著, 前揭 民事诉讼法(第二版), 127面 등].

134) 赵钢, 占善刚, 刘学在 著, 前揭 民事诉讼法, 328面; 江伟 主编, 前揭 民事诉讼法(第四版), 324面 등.

135) 张卫平 著, 前揭 民事诉讼法(第二版), 124面.

136) 〈증거규정〉 제9조는 전소에서 확정한 사실은 증명을 요하지 않는다고 규정하고 있음도 주의해야 한다. 따라서 피고의 항변은 대부분 그대로 받아들여질 것이다.

137) 谭兵, 李浩 主编, 上揭書, 338面.

138) 〈最高人民法院关于确定民事侵权精神损害赔偿责任若干问题的解释〉[法释(2001) 7号] 제6조. 이 규정을 일부청구에 대한 문제로 보고 전면적 부정설을 취하고 있다고 설명하는 견해도 있다[张卫平 著, 前揭 民事诉讼法(第二版),127面].

2) 기판력의 주관적 범위

기판력의 주관적 범위는 누구와 누구 사이에 기판력을 적용할 것인가의 문제이다. 변론주의를 취하고 있는 법제에서는 직접 소송에 참가하여 공격방어를 한 당사자에게만 기판력이 미치는 것이 원칙이다(기판력의 상대성의 원칙). 따라서 소외의 제3자, 대리인, 통상공동소송에 있어서의 다른 공동소송인에 대하여는 기판력이 미치지 않는다. 다만 예외적으로 당사자와 동시(同視)할 수 있는 제3자에 대하여는 기판력의 실효성을 확보하기 위하여 기판력을 확장한다. 그러나 이 경우에는 반드시 법률의 규정이 있어야 한다.

예컨대 변론종결 후의 승계인(우리 민소법 제218조 제1항),[139] 청구목적물의 소지자(제218조 제1항), 제3자 소송담당의 경우의 권리의 귀속주체(제218조 제3항), 소송탈퇴자(제80조, 제82조) 등이 그 예이다. 그리고 법률관계의 획일적 확정을 요하는 소송에서는 기판력이 대세적 효력을 갖기도 한다.

중국의 민사소송법에는 기판력의 주관적 범위에 관한 규정이 없다. 그러나 학설은 대체로 대륙법계의 민사소송이론에 따라 비슷한 주관적 범위를 설정하고 있다.[140]

3) 기판력의 시적범위

(가) 기판력의 표준시

민사소송의 대상이 되는 권리나 법률관계는 고정된 것이 아니라 시간이 흐름에 따라 변동될 수 있는 성질을 가지고 있다. 따라서 확정판결의 구속력도 결국 일정 시점에 있어서의 법원의 판단에 국한될 수밖에 없다. 구속의 기준이 되는 시점을 표준시 혹은 기준시라 하며 이 시점에 있어서의 법원의 판단에만 구속력이 미친다. 표준시는 일반적으로 사실심 변론종결시가 된다. 왜냐하면 그때까지 당사자는 공격방어방법을 제출할 수 있고 이를 토대로만 법원은 재판을 할 수 있기 때문이다.

중국은 양심종심제를 취하고 있으며 제2심은 사실심이자 법률심이다. 따라서 기판력의 표준시에 관하여는 주의할 점이 있다. 제1심 판결이 확정된 경우에는 제1심 법정변론 종결시가 표준시가 됨에 의문이 없으나 제2심 판결이 확정된 경우가 문제이다. 제2심은 사실심을 겸하기는 하나 제2심에서는 소위 신증거[141]만을 제출할 수 있을 뿐 여타 제1심에서 제출하지 않았던 증거는 이를 제출할 수 없도록 되어있다. 따라

---

139) 독일의 경우는 당사자 항정주의를 취하기 때문에 변론종결 전후를 묻지 않고 당사자의 승계인에게 기판력이 미치게 된다.

140) 张卫平 著, 前揭 民事诉讼法(第二版), 128~130面; 赵钢, 占善刚, 刘学在 著, 前揭 民事诉讼法, 328面; 江伟 主编, 前揭 民事诉讼法(第四版), 325面 등.

141) 신증거의 개념은 재심절차 부분 참조.

서 제2심(상소심)에서 신증거가 제출되었거나 제1심 판결이 변경된 경우에는 제2심 법정변론 종결일이 기판력의 표준시가 되며, 제2심에서 신증거가 제출되지 않아 제1심 판결이 유지되었거나 상소가 각하된 경우에는 제1심 법정변론종결일이 기준시가 된다.[142)]

(나) 기판력의 차단효(遮斷效)

기판력이 실효성을 갖기 위해서는 표준시 이전에 존재하고 있었던 공격방어방법(사실과 증거)을 제출하여 후소를 제기할 수 없도록 차단해야 할 필요가 있으며 이와 같이 표준시 이전에 존재했던 공격방어방법을 후소에 제출하는 것을 막는 효력을 실권효 혹은 차단효라 한다. 기판력은 법적 안정성의 필요에 의하여 인정되는 것이므로 구체적인 사정을 고려하지 않고 일률적으로 적용되므로 표준시 이전에 특정한 공격방어방법의 존재를 당사자가 알고 있었는지의 여부나 모르는 점에 과실에 있는지의 여부를 묻지 않고 일률적으로 차단된다.

중국 민사소송법상 기판력과 관련하여 가장 문제가 되는 것이 이 차단효이다.[143)] 이 차단효를 인정한다 하더라도 재심사유가 상당히 관대하기 때문에 신소(후소)를 제기하지 않고 확정판결에 대하여 재심신청을 함으로써 기판력을 무력화할 수 있기 때문이다. 즉 민사소송법 제200조 제1항 제1호가 "당사자에게 원판결 혹은 재정을 뒤집을 수 있는 새로운 증거가 있는 경우"를 재심사유로 하고 있으며 이 신증거에 제1심에서 발견하지 못한 증거를 포함시킨다면 실질적으로 기판력의 차단효는 무력화되기 때문이다. 따라서 최근에는 신증거의 개념을 좁게 해석하려는 경향이 있다.

Ⅲ. 재정(裁定)

1. 재정의 의의

민사소송의 진행 중에 법원이 소송절차상의 문제 혹은 실체문제에 관련되기는 하나 실체문제(본안)를 결정하지 않는 문제에 대하여 내리는 판단을 재정이라 한다. 소위 실체문제에 관련되나 실체문제를 결정하지 않는 문제라는 것은 사건의 심리에 있어서

142) 江伟 主编, 前揭 民事诉讼法(第四版), 323~324面 참조.

143) 객관적 범위나 주관적 범위는 법률의 규정이 없어도 학설과 실무를 이론에 따라 해결할 수 있겠으나, 시적범위와 관련된 차단효의 경우는 재심절차에서 상당히 관대한 재심사유를 명문으로 인정하고 있기 때문에 이론적으로 해결하기도 곤란할 것이다.

특수문제에 대하여 판단을 해야 하나 그 자체가 실체문제를 해결하는 것이 아닌 응급적인 조치를 말한다.[144] 예컨대 보전의 재정이나 우선집행의 재정과 같은 것이 여기에 속한다.

판결과 재정은 모두 법원이 사건의 심리와 관련하여 내리는 판단이나 양자는 다음과 같은 점에서 명확히 구분된다.

(1) 판결이 해결하는 것은 실체상의 문제로 당사자의 실체적 다툼 및 청구에 대하여 내리는 결론인 반면 재정으로 해결하는 것은 사건의 절차상의 문제이거나 본안과 관련있으나 본안 자체를 해결하지 않는 문제에 관한 것이다.

(2) 판결은 사건의 전부 또는 일부에 대하여 심리를 종결한 후에 내리는 데 반하여 재정은 소송절차의 진행 중 수시로 내릴 수 있으며 심리의 종결시[145]나 종결 후에도 할 수 있다.[146]

(3) 판결은 일반적으로 1개의 사건에 하나를 내리는 반면 재정은 1개의 사건에 대하여도 필요에 따라 여러 개를 내릴 수 있다.

(4) 법원이 보통절차 또는 간이절차를 적용하여 사건을 심리하여 내리는 판결은 모두 당사자가 법정기간 내에 상소할 수 있는 데 반하여 재정은 후술하는 바와 같이 소를 각하하는 재정 등 몇 개의 경우만 상소가 허용되고 나머지는 상소가 허용되지 않는다. 그리고 상소기간도 판결의 경우는 15일이고 재정은 10일이다.

(5) 판결은 반드시 서면의 형식을 취해야 하나 재정은 서면 형식 이외에 구술의 형식으로도 할 수 있다. 재정을 서면 형식으로 하는 경우에는 재정서를 관계인에게 송달하며 구술로 하는 경우는 조서에 기입한다.

2. 재정의 적용범위

민사소송법 제154조 제1항은 재정으로 재판해야 할 사항을 다음과 같이 정하고 있다.

(1) 소의 불수리(제1호)

소가 제기되면 입안정의 수리절차를 거치게 되며 구체적으로는 다음과 같은 경우에 불수리의 재정을 한다.

① 원고의 제소사항이 법원의 주관에 속하지 않거나 주관범위에 속하더라도 수소

144) 刘家兴, 潘剑锋 主编, 前揭 民事诉讼法教程(第三版), 241面 참조.
145) 소의 각하도 재정으로 한다.
146) 예컨대 판결서의 오류를 바로 잡는 재정(경정).

법원의 관할에 속하지 않는 경우

② 원고의 제소가 제소조건을 충족하지 못하고 보정의 가능성이 없거나 정해진 기간 내에 보정하지 않는 경우

③ 법률상 일정한 기간 내에 제소하지 못하도록 되어있음에도 그 기간 내에 제소를 한 경우

위와 같은 경우에는 7일 이내에 불수리의 재정을 해야 하며 이에 불복하는 경우에는 재정서를 받은 날로부터 10일 내에 바로 위급의 법원에 상소를 할 수 있다.

(2) 소의 각하(제3호)

수리절차에서 입안된 후 심리 중 소권이 없음이 드러나거나 제소조건을 충족하지 못했음을 발견한 경우에는 재정으로 소를 각하한다.[147] 상소각하의 재정에 대하여도 재정서를 받은 날로부터 10일 내에 상소를 할 수 있다.

소의 각하를 판결로 하지 않고 재정으로 함에 주의해야 한다. 위의 입안정에서 하는 불수리의 재정과 구분해야 하며 불수리의 재정은 7일 이내에 해야 한다.

(3) 관할권에 이의가 있는 경우(제2호)

당사자가 관할권에 대하여 이의가 있는 경우에는 답변서 제출기간 내에 이의를 제출할 수 있으며, 이의에 대하여 심사를 한 결과 이유가 있는 경우에는 사건을 관할권 있는 법원으로 이송하는 재정을 하고 이유가 없는 때는 기각하는 재정을 해야 한다(민소법 제127조). 이 재정에 대하여도 10일 이내에 상소를 할 수 있다.

(4) 보전 및 우선집행[先予執行](제4호)

보전 또는 우선집행은 사실상 실체문제이나 보전은 재산의 귀속을 정하는 것이 아닌 점에서 본안과는 구별되며 우선집행도 특수한(긴박한) 사정에 기하여 임시로 금전이나 재산을 지급하라는 것이며 종국적으로 본안을 확정하는 것은 아니므로 재정으로 한다. 보전이나 우선집행 재정에 대하여는 상소를 제기할 수 없고 재정을 한 법원에 1회에 한하여 복의(复议)를 신청할 수 있다. 그러나 복의기간에는 그 집행이 정지되지 않는다(민소법 제108조).

(5) 소 취하의 허가 또는 불허가(제5호)

원고가 제소 후에 소 취하의 신청을 하는 경우 그 허부는 법원이 재정으로 결정한

147) 소의 각하를 기소의 박회(驳回起诉)라 한다. 이에 비하여 청구의 기각은 판결로 하며 이를 소송상 청구의 박회(驳回诉讼请求)라 한다. 양자 모두 상소할 수 있으나 소의 각하에는 10일, 청구기각의 판결에는 15일의 상소기간이 주어진다.

다(민소법 제145조 제1항). 불허가를 하는 경우는 드물지만 소의 취하가 국가, 집체 혹은 타인의 합법적인 권익을 해하는 경우에는 불허가의 재정을 한다.

(6) 소송의 중지 또는 종결(제6호)

민소법 제150조, 제151조의 소송의 중단 또는 종결은 법원이 재정의 형식으로 한다.

(7) 판결서의 오기[筆誤]의 보정(제7호)

법원의 판결서에 오기 등의 착오가 있어 이를 보정하는 경우는 재정의 형식으로 한다. 그러나 재판의 탈루 등의 경우는 재정으로 보정하지 못한다.

(8) 집행의 중지 또는 종결(제8호)

집행의 중지는 집행 중 특수한 사정으로 인하여 중간에 정지하는 것을 말하며 종결은 특수한 사정의 발생으로 계속 진행의 가능성이나 필요성이 없게 된 경우에 그 집행을 종료시키는 것으로 모두 재정의 형식으로 한다.

(9) 중재재결의 취소와 집행불허(제9호)

중재재결이 법률적 효력이 발생한 후 당사자가 이를 이행하지 않는 경우에는 상대방이 관할권 있는 법원에 집행을 신청할 수 있다. 이 경우 피집행 당사자가 중재재결에 집행을 허가하지 못할 사유가 있음을 증거로 증명한 경우에는 법원이 심리하여 집행불허의 재정을 한다. 또 2012년 개정으로 중재재결을 취소[撤销]하는 재정을 할 수 있도록 하고 있다. 이는 최근 중재관련 법률[148)]에서 법원에 중재재결을 취소해달라는 신청을 할 수 있도록 하고 있는 것을 민사소송법에 반영한 것이다.

(10) 공증기관이 강제집행의 효력을 부여한 채권증서의 집행불허(제10호)

민사소송법 제238조 제2항에 의하면 공증채권증서에 착오가 있음이 확실한 경우에는 법원은 부집행의 재정을 하고 재정서를 쌍방당사자 및 공증기관에 송달한다.

(11) 기타 재정으로 해결해야 할 필요가 있는 사항(제11호)

위의 10가지 이외에도 재정으로 재판해야 하는 경우가 상당히 있다. 예컨대 간이절차를 보통절차로 이행하는 재정, 제2심 법원이 제1심 재판을 취소하는 재정, 심판감독절차에 따라 재심을 결정하고 원판결의 집행을 중지하는 재정, 독촉절차에서 지급명령 신청을 기각하는 재정, 파산절차로의 이행을 선고하는 재정, 외국판결의 승인과 집행의 재정 등이 있다.

---

148) 예컨대 중재법 제58조, 노동쟁의조정법 제49조 등.

3. 재정서의 기재내용

재정은 구술로도 할 수 있으나 비교적 중대한 절차적 문제에 관한 사항에 대하여는 서면으로 재정을 하는 것이 보통이다. 구술로 재정을 하는 경우에는 이를 조서에 기입하며, 서면으로 하는 경우는 재판관여인, 서기가 서명하고 법원의 인장을 날인한다(민소법 제154조 제3항). 재정서에는 판결서와 기본적으로 동일한 사항을 기재한다. 즉 (1) 당사자에 관한 기본적인 사항 및 소송대리인, 사건분류명칭(案由), (2) 인정된 사실, 이유, 적용된 법률조항, (3) 재정사항, (4) 상소가 허용되는 재정인 때는 상소기간 및 상소법원, 복의신청이 허용되는 재정은 복의의 권리가 있다는 것과 복의법원, (5) 재정일자 등을 기재한다. 2012년 개정으로 재정서에는 재정의 결과 및 재정의 이유를 적어야 한다는 문구가 추가되었다.

4. 재정의 효력

재정서가 법률적 효력이 발생하면 역시 구속력이 발생한다. 그리고 우선집행의 재정과 같은 경우에는 집행력도 발생한다. 재정은 그 종류와 성질에 따라 법률적 효력이 발생하는 시간이 다르다.

재정 중에 민소법 제154조 제1항의 1호 내지 3호에 해당하는 재정, 즉 소송 불수리의 재정, 관할권 이의에 대한 재정 및 소 각하의 재정은 예외적으로 상소를 허용하고 있다. 이러한 재정에 대하여는 재정서를 송달받은 날로부터 10일 이내에 상소를 제기할 수 있다(민소법 제164조 제2항). 따라서 10일이 경과해야 비로소 재정이 확정되게 된다. 그러나 다른 재정은 상소를 허용하지 않으므로 선고 혹은 송달로 즉시 법률적 효력이 발생하는 것이 원칙이다. 다만 제154조 제1항 제4호 소정의 보전 및 우선집행에 관한 재정에 대하여는 1차에 한하여 복의(复议)를 신청할 수 있다. 그러나 복의기간에는 집행이 정지되지 않는다(민소법 제108조).

재정의 효력은 당사자 및 기타 소송참여인에게 구속력이 발생하며 일정한 경우에는 당사자 이외의 사회 관련기관이나 그 구성원에게도 효력이 발생한다. 예컨대 재산에 대한 보전의 재정에 따라 은행이 당사자의 예금을 동결해야 하는 경우와 같다.

판결은 언제나 법원을 구속하나(기속력) 재정은 그 목적이나 기능에 따라 법원에 대한 구속력의 유무가 결정된다. 예컨대 당사자의 소송상의 권리와 관련되는 재정은 법원이 함부로 철회하거나 변경할 수 없다. 예컨대 간이절차를 보통절차로 바꾸는 재정이나 소 취하를 허용하는 재정 등은 법원이 함부로 이를 철회할 수 없다. 그러나 순수한 소송지휘에 해당하는 재정의 경우에는 일반적으로 구속력이 없으므로 법원이 경우에 따라 이를 취소하거나 변경할 수 있다.[149)]

Ⅳ. 결정(決定)

1. 결정의 개념 및 특성

결정은 법원이 소송진행 중 소송절차의 순조로운 진행을 위하여 민사소송법의 규정에 따라 소송 중 발생하는 특수한 사항에 대하여 내리는 판단을 말한다. 순조로운 진행을 위하여는 때로는 내부적으로 해결해야 할 문제도 있고 때로는 외부에 효력이 미쳐야 되는 경우도 있다. 전자의 경우는 사법행정적 성격도 있다고 본다.[150)] 결정은 결정서의 방식으로 할 수도 있고 구술의 방식으로도 할 수 있다. 결정서를 작성하는 경우 그 내용은 대체로 재정서와 같다.[151)]

결정도 법원의 판단 형식의 일종이나 판결이나 재정과는 다음과 같은 점에서 구별된다.

① 판결 또는 재정은 실체문제 또는 소송절차 문제를 해결하기 위한 것임에 대하여 결정은 실체문제나 절차문제와는 직접적인 관련이 없으나 소송의 순조로운 진행에 관계되는 사항에 대하여 행해진다. 예컨대 소송 중 발생하는 소송방해행위에 대하여는 이를 제때 해결하지 않으면 소송의 순조로운 진행이 불가능해지므로 이에 대하여 일정한 강제조치를 결정으로 하는 것과 같다.

② 결정으로 해결하는 사항은 긴급을 요하는 것으로 즉시 해결하지 않으면 소송의 진행을 방해하는 사항인 것이 보통이다. 예컨대 당사자가 개정심리 준비단계에서 회피를 신청한 경우와 같다.

③ 판결이나 재정은 상소할 수 있으나 결정에 대하는 상소를 할 수 없다. 다만 일정한 경우는 1차에 한하여 복의(复议)를 신청할 수 있다.[152)] 예컨대 회피신청에 대한 결정에 대하여는 1차에 한하여 복의를 신청할 수 있다(민소법 제47조). 다만 복의기간 중에는 집행이 정지되지 않는다.

대체적으로 위와 같은 특징을 가지고 있다고 하나 재정과 결정의 본질적인 차이점을 설명하기는 매우 어렵다. 그럼에도 불구하고 재정과 결정을 구분하게 된 것은 우

149) 刘家兴, 潘剑锋 主编, 前揭 民事诉讼法教程(第三版), 244~245面 참조.
150) 上揭書, 245面.
151) 赵钢, 占善刚, 刘学在 著, 前揭 民事诉讼法, 332面.
152) 예컨대 회피신청에 대한 결정에 대하여는 1차에 한하여 복의를 신청할 수 있다(민소법 제47조).

리와 달리 재판기관(협의의 법원)의 독립을 인정하지 않고 심판위원회와 재판부의 수직적 관계를 인정하고 있는데서 오는 것으로 본다. 즉 우리와 달리 심판위원회가 재판부를 지휘하는 내용의 재판형식이 필요하기 때문에 부득이 결정을 재정으로부터 분리해낸 것으로 보이며 나머지는 적당히 긴박성의 요구 등을 참작하여 분배한 것으로 판단된다. 아래의 결정의 적용 대상 중 심판위원회의 결정만이 재정과 본질적으로 구별된다고 볼 수 있다.

2. 결정이 적용되는 범위

결정으로 해결할 것으로 민사소송법이 규정하고 있는 중요한 사항은 다음과 같다.

(1) 당사자의 회피신청에 대한 결정

법원은 당사자가 제출한 회피신청에 대하여 제출로부터 3일 이내에 구술 또는 서면의 형식으로 결정을 내려야 한다. 신청인이 결정에 이의가 있는 경우는 결정을 받은 때 일회에 한해 복의를 신청할 수 있다. 복의기간 동안은 회피신청을 받은 자의 사건참여가 정지되지 아니한다(민소법 제47조).

(2) 당사자의 기간의 순연신청에 대한 결정

당사자가 불가항력 혹은 기타 정당한 이유로 기한을 지키지 못한 경우에는 장애가 제거된 후 10일 이내에 기한의 연장을 신청할 수 있으며 그 허가여부는 법원이 결정한다(민소법 제83조).

(3) 민사소송 방해행위에 대한 벌금, 구류 등의 강제조치의 결정

민사소송 방해행위에 대한 강제조치는 반드시 법원이 결정한다(민소법 제117조). 그리고 구인, 벌금, 구류를 과하는 경우에는 반드시 법원장의 비준을 받아야 한다(민소법 제116조).

(4) 소송비용의 감면, 연기의 결정

당사자가 소송비용을 납부하기가 현저히 곤란한 경우에는 규정에 따라 법원에 그 유예, 감액 또는 면제를 신청할 수 있다(민소법 제118조 제2항). 그 허용여부는 법원이 결정한다.

(5) 심판위원회의 결정

심판위원회[153]의 재판방식은 결정이다. 즉 심판위원회가 중대하고 어려운 사건에

153) 심판위원회에 관한 자세한 사항은 제2편 제2장 제3절 심판위원회 부분 참조.

대하여 처리지침을 내릴 때 혹은 법원장이 제기한 심판감독절차(재심신청)에 대한 판단은 모두 결정의 형식을 취한다. 심판위원회의 결정은 직접 당사자에게 직접 작용을 하지 않고 재판기관에 대하여만 구속력을 갖는다는 점에서 다른 재정이나 결정과 본질적으로 차이가 있다.

3. 결정의 효력

결정에 대하여는 일체 상소를 허용하지 않는다. 이 점에서 재정과 차이가 난다. 그러나 신체의 자유나 재산권에 영향을 미치는 결정에 대하여는 법률이 1차에 한해 복의를 신청할 수 있도록 하고 있다. 예컨대 민사소송방해에 대하여 벌금, 구류를 과하는 결정에 대하여는 바로 위급의 법원에 복의를 신청할 수 있다. 그러나 복의기간에는 집행이 정지되지 않는다(민소법 제116조 제3항).

V. 명령(命令)

1. 명령의 의의와 특징

명령은 법원의 심판권과 소송지휘권에 입각하여 소송의 진행이나 권리보호를 위하여 내리는 법원의 의사표시를 말한다. 우리는 명령은 재판장, 수명법관, 수탁판사 등 법관 개인의 판단표시를 가리키는 말로 사용하나 때로는 수소법원의 판단표시임에도 명령이라는 용어를 사용하는 경우도 있다.[154)]

2. 명령의 적용범위

(1) 지급명령[155)]

지급명령은 독촉절차에서 채권자의 신청에 따라 채무자를 신문하지 않고 채무의 청산을 명하는 재판을 말한다. 이에 따라 채무자는 15일 이내에 채무를 변제하거나 법원에 서면으로 이의를 신청해야 한다(민소법 제216조 제2항). 지급명령은 법원의 재판으로 보아야 한다.

154) 문서제출명령, 지급명령, 압류명령 등은 명령이라는 명칭을 가지고 있으나 법관 개인의 재판이 아니라 수소법원의 판단인 결정의 성질을 가지고 있다.

155) 지급명령을 중국에서는 지부령(支付令)이라 한다. 위 각주에서 본 바와 같이 우리나라에서는 그 성질을 결정으로 본다.

(2) 검색령[156)]

집행절차 중 피집행인이 법률문서에 의하여 확정된 의무를 이행하지 않고 재산을 은닉하는 경우에 법원이 그 주소지 혹은 재산 은닉지를 검색할 수 있도록 발령하는 명령을 의미한다. 명령은 법원장이 서명하여 발한다(민소법 제248조). 법원장 개인의 재판의 형식이다.

(3) 압류명령[157)]

집행절차에서 피집행인의 재산을 압류하도록 하는 명령을 말한다. 압류명령이 집행되면 의무자의 재산에 대한 점유와 사용이 금지되나 선박이나 항공기 등은 점유를 배제하지 않고 그 이전이나 도주를 방지한다. 압류명령도 법원의 재판이며 재판장의 개인의 판단표시는 아니다.

그 밖에도 예컨대 재산에 대한 보전의 해제도 명령의 방식을 사용한다(민소법 제101조).[158)]

3. 명령의 효력

명령은 일반적으로 요식행위이며 서면으로 함이 원칙이다. 또 명령은 일반적으로 긴박한 사정하에 발하는 것이므로 발령과 동시에 법률적 효력이 발생함이 원칙이다. 다만 지급명령과 같은 경우에는 명령을 받고 15일 이내에 채무의 변제나 이의신청을 하지 않는 경우에 비로소 확정판결과 동일한 효력이 발생한다.

명령에는 상소는 물론 복의(复议) 신청도 허용되지 않는다.[159)]

Ⅵ. 판결서 등의 공개

1. 의 의

2012년 개정법에서는 일반인이 법률적 효력이 발생한 판결서, 재정서 등을 열람할 수 있다는 규정을 신설하여 재판서의 공개제도를 도입하였다. 다만 국가기밀, 상업비밀 또는 개인의 프라이버시에 관계되는 경우는 제외한다(제156조). 민사소송 개정작업

156) 원래의 법률상 용어는 수사령(搜査令)이다.
157) 중국에서는 구압령(扣押令)이라 한다.
158) 刘家兴, 潘剑锋 主编, 前揭 民事诉讼法教程(第三版), 247~248面 참조.
159) 上揭書, 248面 참조.

의 진행 중에 변호사, 전문가들이 여러 방면으로 재판문서의 공개제도를 도입할 것을 주장하였고 이에 부응하여 당사자나 소송대리인이 아닌 일반인(公衆)이 판결서 등을 열람할 수 있는 제도를 마련한 것이다.

2. 공개의 요건과 범위

당사자는 사건과 관련있는 각종의 자료를 열람하고 복사할 권리가 있으며(민소법 제49조), 소송대리를 하는 변호사 기타 대리인은 관련자료를 열람할 권리가 있다(민소법 제61조).[160] 이와 같이 사건과 관련있는 당사자나 소송대리인을 넘어 일반 공중에게 재판문서를 공개한다는 점에서 의의가 있다.

그러나 당사자나 소송대리인과는 달리 판결, 재정서가 이미 확정되어 법률적 효력이 발생한 경우에만 열람을 할 수 있으며, 국가의 기밀, 상업상의 비밀이나 개인의 프라이버시에 관련된 재판문서는 공개하지 않는다.

3. 공개의 방법

판례집을 발간하기도 하나 인터넷을 이용하여 공개할 수도 있다. 최고인민법원은 2009년에 〈사법공개에 관한 6항의 규정〉[161]을 공포하여 이에 관한 사항을 규율하고 있다. 또 재판문서의 공개제도를 시험할 수 있도록 100개의 시범법원을 지정하여 운영하고 있다.

인터넷에 재판문서를 공개하는 경우에는 당사자의 주소, 연락처, 신분증번호, 은행계좌 등 개인정보 내지 증인 등 소송참여인 및 당사자의 근친속의 개인정보가 공개되지 않도록 기술적 처리를 해야 한다.[162]

160) 대리인의 소송자료 열람에 관하여는 〈最高人民法院关于诉讼代理人查阅民事案件材料的规定〉[法释(2002) 39号, 2002-11-15] 참조.

161) 〈最高人民法院关于司法公开的六项规定〉[法发(2009) 58号, 2009-12-8] 참조. 이에 따르면 법원은 입안, 심리, 집행, 증거조사, 재판문서는 물론 심판업무도 공개하도록 독려하고 있다.

162) 〈最高人民法院关于人民法院在互联网公布裁判文书的规定〉[法释(2013) 26号, 2013-11-21] 제6조 등.

제6장 간이절차

제1절 간이절차의 의의와 발전

Ⅰ. 간이절차의 의의

간이절차라 함은 제1심 절차 중 간단한 민사사건을 심리하는 절차를 말한다. 위에서 설명한 제1심 보통절차는 전면적이고 완정(完整)적인 절차인 반면에 간이절차는 보통절차를 기초로 하여 간략화한 절차로 간단한 사건의 심리에만 적용되는 절차이다. 기층인민법원이 수리하는 사건 중에는 사실관계가 분명하고 권리의무관계가 명확하고 다툼이 그리 심하지 않은 사건이 적지 않다. 이러한 간단한 민사분쟁을 가급적 신속히 해결하기 위하여 민사소송법은 한편으로는 당사자의 편의를 위하고 한편으로는 법원의 심리의 편의를 위하는 동시에 사건을 적시에 해결하기 위하여 제13장에 특별한 규정을 두고 있다.

간이절차에는 보통절차와 다른 절차적 규정과 적용범위에 관하여만 규정을 하고 있으므로 법원이 간단한 민사사건을 심리하는 경우 이 장의 규정을 적용하는 외에 규정이 없는 경우에는 보통절차의 관련규정을 적용해야 한다.

Ⅱ. 간이절차의 발전

중국의 간이절차의 역사는 이른바 해방전쟁시기의 마석오(馬錫五)식 심판방식[1)]에서

1) 馬錫五(1898~1962)는 陝西省에서 출생하여 공산당에 입당한 이래 행정관으로 활동하는 동시에 1946년에는 陝甘寧邊區(陝西省, 甘肅省, 寧夏回族自治區)의 고등법원장을 거쳤고 1954년에는 최고인민법원 부원장을 역임하였다. 인격이 고매하고 청빈한 것으로 이름났으며 마석오가 수립한 재판방식은 초기 중국 민사소송제도의 수립에 매우 큰 영향을 주었다. 마석오의 재판광경을

비롯된 것이다. 이 마석오식 심판방식은 매우 간편, 신속하였으며 사회주의화 이후 중국 소송제도의 수립에 큰 영향을 미쳤다.

1982년의 시행법(試行法)에도 간이절차에 관한 독립된 장(章)을 두었고 1991년에 제정된 현행 민사소송법에도 역시 제13장을 간이절차에 할애(割愛)하고 있다. 그 후 21세기에 들어와 경제의 급속한 성장과 함께 사건 수가 격증하고 그 중에서 간이사건으로 처리되는 비율도 엄청나게 높아지게 되었다.[2)]

이와 같이 간이절차 적용사건이 폭증함에도 불구하고 2012년 개정 전 민사소송법에는 제13장에 단 5개의 조문(구법 제142조~146조)의 규정을 소략하게 두고 있을 뿐이어서 간이절차의 운용에 애로가 있었다.[3)] 이에 대한 대책으로 2003년에 최고인민법원은 간이절차에 관한 규정[4)]을 공포하여 절차를 대폭 정비하였다. 이 규정에서는 특히 일부에 대하여 조정전치주의를 취하고 있는 점, 당사자에게 간이절차를 선택할 수 있는 선택권을 부여한 점 등이 특히 주목된다. 최근에는 이 간이절차와는 별도로 소액사건절차에 적용되는 특별법을 제정하려는 움직임이 활발하였다.[5)]

2012년 개정에서는 위와 같은 움직임을 받아들여 몇 가지 중대한 개선을 하게 되었다. 특히 당사자에게 간이절차를 선택할 수 있는 권한을 부여하였으며(민소법 제157조 제2항), 간이절차 중에 법원이 필요하다고 인정하면 보통절차로 전환하는 재정(裁定)을 할 수 있는 제도(민소법 제163조)를 신설하였다. 그리고 제162조를 신설하여 간이사건으로서 소송목적의 값이 일정액 이하인 사건에 대하여는 단심제(一審終審)를 시행하도록 하였다.

기술한 것을 보면 "마석오 동지는 깊숙이 군중 속에 들어가 군중에 의지하여 군중 속에서 재판하였다. 어느 지방에 도착하면 언제나 원고와 피고 및 주위사람을 불러놓고, 쌍방의 말을 듣고 문제점이 밝혀지면 곧 서너 마디 간단한 말로 재판을 하고 이의가 있는지를 물었다. 이에 대하여 모두 박수를 쳐 동의를 하면 사건이 곧바로 해결되었으며 군중들은 그를 마청천(馬青天)이라 불렀다"고 한다(중국길림대학출판사간, 中华实用法学大词典, 126面 및 张卫平, 前揭 转换的逻辑, 172面에서 전재).

2) 2000년대에 들어와 간이절차를 적용하는 사건의 수가 기층인민법원의 총 사건수의 70% 이상에 달하게 되었으며, 연해공업지역에서는 90%에 달하는 경우도 있다고 한다(谭兵, 李浩 主编, 前揭 民事诉讼法学, 311面 참조).

3) 1992년의 사법해석인 〈약간규정〉에는 제168조~175조를 두어 이를 보충하고 있다. 그러나 완전한 것이 되지 못하여 그동안 송달의 어려움, 심리기한의 초과, 조정률의 저하 등의 문제가 있었다고 한다.

4) 最高人民法院关于适用简易程序审理民事案件的若干规定【发文字号】法释(2003) 15号. 이하에서는 〈간이절차규정〉이라 한다.

5) 谭兵, 李浩 主编, 前揭 民事诉讼法学, 309面; 蔡虹 著, 前揭 民事诉讼法学(第二版), 294面 이하.

제2절 간이절차의 적용범위

민사소송법 제157조 및 〈간이절차규정〉에 따라 법원이 간이절차를 적용하여 심리하기 위해서는 다음과 같은 조건을 갖추어야 한다.

Ⅰ. 간이절차 법원

간이절차는 기층인민법원과 그 파출법정이 사건을 심리하는 경우만 사용할 수 있다.[6] 여기의 파출법정(派出法庭)이라 함은 법원이 임시로 구성하는 순회심판정 또는 고정된 인민법정(人民法庭)을 말한다. 인민법정은 기층인민법원의 파출기구로 일반적으로 기층인민법원이 멀고 주민이 비교적 많이 사는 지역에 주민의 소송수행의 편의를 위하여 설치되는 고정적 재판조직이며 인민법정이 진행하는 재판은 기층인민법원의 재판의 일부가 된다. 중급인민법원, 고급인민법원 및 최고인민법원의 심리에는 간이절차를 적용할 수 없다. 급별관할(級別管轄)에 따라 이들 법원이 관할하는 사건은 간단한 사건이 아니므로 심리의 신중을 기하기 위하여 간이절차를 적용할 수 없도록 하고 있다.

또 간이절차는 제1심에서만 적용할 수 있고 상소사건에서는 적용할 수 없으며, 상급법원에 의한 취소환송 사건이나 심판감독절차에 따른 재심절차에도 적용할 수 없다.

Ⅱ. 간단한 사건

제157조 제1항에 의하면 사실이 분명하고 권리의무관계가 명확하며 다툼이 심하지 않은 사건에 간이절차를 적용하도록 하고 있다. 그러나 이 요건은 매우 모호하므로 이를 보충하기 위하여 〈약간의견〉 제168조는 다음과 같은 설명을 하고 있다. 첫째, 사실이 분명하다(事实清楚)는 것은 당사자 간의 쟁의에 대한 진술이 기본적으로 일치

6) 1982년 시행법(試行法) 제104조 제2항은 “법원이 법정을 파출(派出)하여 순회심리하는 경우는 중대하고 복잡한 사건을 제외하고는 간이절차를 적용한다.” 라고 하여, 순회재판의 경우는 간이절차를 적용하는 것을 원칙으로 하였으나, 실무경험상 간이절차에 의하는 경우는 심리의 신중을 기할 수 없고 제때에 결심을 하기 어려운 점을 감안하여 1991년의 현행법에서는 이 항을 삭제하여, 파출법정도 원칙적으로 보통절차에 의하여 심리하게 하고 간단한 사건에 한하여 간이절차를 적용하도록 하였다.

하고, 이를 뒷받침할 수 있는 증거를 충분히 제출하여 법원이 더 이상 증거를 조사·수집하지 않고도 사실을 확정하고 시비를 가릴 수 있는 것을 가리킨다고 한다. 둘째, 권리의무관계가 명확하다는 것은 누가 책임을 져야 하고 누가 권리를 가지고 있는지가 명확한 것을 말한다. 셋째, 다툼이 심하지 않다는 것은 당사자 간에 사건에 대한 시비와 책임, 소송물에 대한 쟁의점에 관하여 원칙적으로 이견이 없는 경우를 말한다고 한다.

위의 3가지를 모두 갖춘 경우에 한하여 간이절차를 적용하여 심리할 수 있다. 예컨대, 부부의 감정이 이미 확연하게 갈라지고 공동재산의 분할이나 자녀의 양육에 대하여 당사자 사이에 별 다툼이 없는 이혼사건이나,[7] 대차관계가 명확하고 증거가 충분한 사건, 계약당사자간에 다투는 사실이 분명하고 권리의무관계가 명확하며 다툼이 있는 액수가 그리 크지 않은 사건에 대하여는 간이절차를 적용할 수 있다.[8]

그러나 이 〈약간의견〉의 규정도 역시 애매한 점이 많고 특히 심리를 해보기 전에 사실관계가 분명한지, 권리의무관계가 명확한지, 다툼이 크지 않은지의 여부를 알 수 없어, 법원간 절차적용의 통일을 기할 수 없고 결국 사법의 공평을 해할 소지가 많은 것이 사실이다. 이 점을 감안하여 2003년의 〈간이절차규정〉은 다음과 같은 사건에는 간이절차를 적용할 수 없다고 하고 있다.

① 제소시 피고가 행방불명인 경우(제1조 제1항)

이미 실종선고를 받은 경우가 아닌 한 법원은 마땅히 원고에게 피고의 최후 주소지와 연락방법을 물어 응소통지서를 송달해야 하며 간이절차를 적용해서는 안 된다.

② 취소환송된 사건[9]

일반적으로 복잡한 사건일 것이므로 환송심에서 보통절차에 따라 다시 합의정을 구성하여 재판해야 한다.

③ 공동소송 중 일방 혹은 쌍방의 당사자 수가 많은 경우

당사자가 수가 어느 정도에 달해야 하는지에 관하여는 〈약간의견〉 제59조에 따라 일반적으로 10인 이상을 가리키는 것으로 보아야 한다.

④ 법률이 특별절차, 심판감독절차, 독촉절차, 공시최고절차 및 기업파산절차를 적용하도록 규정한 사건

⑤ 법원이 간이절차를 적용하는 것이 부적당하다고 인정하는 사건

---

7) 중국에는 별도의 가사소송절차가 없다.
8) 梁书文 主编, 前揭 民事诉讼法适用意见新释, 261~262面 참조.
9) 중국에서는 취소(파기)환송을 발회중심(发回重审)이라 한다.

Ⅲ. 당사자의 절차선택(간이절차의 선택권)

2012년 개정시 당사자의 간이절차 선택권을 명문화하였다(제157조 제2항 신설). 개정 전에도 〈간이절차규정〉 제2조는 보통절차를 적용할 사건도 당사자간의 합의로 간이절차에 의하여 심판받을 수 있도록 하고 있었다. 즉 당사자간의 자발적인 합의가 있고 법원의 심사와 동의를 얻으면 보통절차 사건에도 간이절차를 적용할 수 있었다(제2조 제1항). 그리고 법원의 무리한 간이절차로의 전환을 막기 위하여 주의적으로 법원이 자유의사(自願)의 원칙을 위반하여 보통절차를 간이절차로 전환할 수 없다는 규정을 두고 있었다(제2조 제2항).

이 제도는 2012년 민사소송법 개정에서 수용한 것인데 약간의 차이가 있다. 즉 〈간이절차규정〉상의 제도는 당사자간의 합의가 있더라도 법원의 심사와 동의를 얻는 경우에만 간이절차로의 전환이 인정되었으나 이번 민사소송법의 개정으로 양 당사자간의 합의가 있으면 법원은 더 이상 심사를 하지 않고 반드시 간이절차로 전환하도록 했다.[10] 즉 법원의 심사와 동의제도가 폐지되었다.

당사자의 합의는 보통절차를 간이절차로 전환하는 합의만 인정되며 반대로의 합의 즉 간이절차를 보통절차로 전환하는 합의는 인정되지 않는다. 당사자간의 합의는 서면의 합의를 요하는지에 대하여는 규정이 없으나 합의서를 제출해야 한다는 견해도 있다. 또 소송대리인이 합의를 하는 경우에는 특별수권이 필요하다고 해야 할 것이다.

Ⅳ. 보통절차로 전환하는 재정(裁定)

2012년 개정으로 제163조가 신설되었다. 이에 따라 법원이 심리를 하는 과정에서 사건에 간이절차를 적용하는 것이 부적당함을 발견한 경우에는 보통절차로 전환하는 재정을 할 수 있게 되었다. 이것도 역시 〈간이절차규정〉에서 인정하고 있던 것을 본법에 수용한 것이다. 이 규정 제3조는 ① 간이절차를 적용하여 심판하는 것에 대하여 당사자가 이의하고 이의가 성립하는 경우, ② 법원이 심리 중 간이절차의 적용이 부적당함을 발견한 경우에는 사건을 보통절차로 돌릴 수 있도록 하고 있었다. 이 중 후자만을 본법에 받아들이고 전자는 규정에 그대로 둔 것이다.

---

10) 全国人大常委会法制工作委员会民法室 编著, 前揭 《中华人民共和国民事诉讼法》 解释与适用, 260面 참조.

이와 같이 간이절차에서 보통절차로의 전환이 필요하게 되는 사정은 여러 가지일 것이다. 예컨대 당사자의 청구의 변경(병합), 당사자가 인민법원에 증거의 조사수집을 청구하는 경우, 간단하고 소액인 사건이지만 하나의 특징적 유형의 사건으로 굳어질 수 있는 대표성을 띤 사건임을 발견한 경우 등이 여기에 속할 것이다.

제3절 간이절차의 특징

간이절차는 보통절차에 비하여 다음과 같은 특징을 가진다.

Ⅰ. 간편한 제소방식

1. 구술제소의 허용

보통절차의 경우는 제소는 원칙적으로 서면의 소장을 제출함으로써 하고, 예외적으로 원고가 소장의 작성에 현저한 곤란이 있는 경우에만 구술제소가 허용된다(민소법 제120조 제2항). 이에 비하여 간이절차의 경우는 원고의 소장작성의 곤란 유무와 관계없이 구술제소가 가능하다(민소법 제158조 제1항).

2. 임의출석(任意出席)의 허용

당사자 쌍방이 동시에 기층인민법원 또는 그 파출법정에 출석하여 분쟁의 해결을 청구할 수 있으며, 이 경우 법원은 즉시 심리를 해줄 수도 있고 별도의 기일을 정해 심리할 수도 있다(제158조 제2항).

Ⅱ. 간편한 소환과 송달방식

제159조의 규정에 따라 기층인민법원 또는 그 파출법정이 간이절차를 적용하여 민사사건을 심리하는 경우에는 간편한 방식으로 당사자와 증인을 소환할 수 있다. 간단

한 방식이라 함은 소환장을 송달하지 않고 인편(人便)의 전갈[捎口信], 전화, 팩스, e-mail 등으로 수시로 쌍방당사자와 증인을 소환하는 것을 말한다(〈간이절차규정〉 제6조). 또 보통절차에서는 개정 3일 전까지 당사자에게 통지하여야 하나(민소법 제136조) 간이절차에서는 이 제한을 받지 않는다(민소법 제160조). 다만 이와 같은 간편한 방식으로 소환을 한 경우에는 당사자가 이미 통지를 받았음을 확인해 주거나 다른 증거에 의하여 받았음을 증명할 수 있는 경우가 아니면 소 취하의 처리나 결석판결을 할 수 없다(〈간이절차규정〉 제18조).

소송서류의 송달도 보통절차상이 송달방법을 사용하지 않고 Fax, e-mail 등 수령을 확인할 수 있는 간편한 방식을 사용할 수 있다.

Ⅲ. 단독심리

중국 법원의 심판기관에는 합의정(合議庭)과 독임정(獨任庭)의 두 가지가 있다. 간이절차의 경우는 법관 1인(독임정)이 단독심리하며 합의부를 구성하지 않는다(제160조 전단). 다만 심판원(법관)이 심리를 해야 하며 서기가 심리해서는 안 되며, 심판에 서기가 반드시 참여해야 하며 법관이 서기를 겸할 수 없다. 독임정의 경우도 회피에 관한 규정은 적용되므로 당사자에게 심판원과 서기의 명단을 고지해야 한다.

또 개정시에는 서기가 당사자와 소송참여인의 출석을 확인하여 불출석인 경우는 즉시 법관에게 보고하며 법관은 심리의 연기나 심리의 중지를 할 것인지를 결정하여야 한다.

Ⅳ. 간이한 변론절차

간이절차를 적용하여 심리하는 경우는 보통절차에 적용되는 법정조사와 법정변론의 심리단계상의 순서나 각 단계에 있어서의 순서에 관한 제한을 받지 않고 법관이 간편한 방식으로 심리한다. 심리 전의 준비단계를 생략할 수 있으며 법정조사와 법정변론의 단계를 구분하지 않고 통합하여 실시할 수 있으며, 각 단계에 법정되어 있는 순서를 지키지 않아도 무방하다. 즉 제138조(법정조사의 순서)와 제141조(법정변론의 순서)를 준용하지 않는다(민소법 제160조 후단).

또 개정시에는 심판원이 당사자의 청구 및 답변에 근거하여 쟁의를 정리하여 당사자의 확인을 구한 후 당사자가 이에 초점을 맞추어 증명, 질증(質證) 및 변론을 하게 할 수 있으며, 당사자간에 사실에 대하여 다툼이 없는 경우에는 당사자의 법률적용에 관한 의견을 들은 후 곧바로 판결이나 재정을 할 수 있다(〈간이절차규정〉 제21조).

또 간이절차에서는 법원이 특히 필요하다고 인정하는 경우 이외에는 개정심리는 1회로 종결해야 한다(〈간이절차규정〉 제26조).

위와 같은 심리의 간이화를 위한 명문의 근거를 2012년 개정에서는 159조에 두고 있다. 그러나 간편한 방식으로 소환하고, 간편한 방식으로 송달하고 심리도 간편한 방식으로 할 수 있으나 당사자에게 자기의 의견을 진술할 권리를 보장해야 한다는 단서를 두고 있다.

Ⅴ. 심리기간의 단축

간이절차를 적용하여 심리하는 사건은 입안일로부터 3개월 이내에 심리를 마쳐야 한다(민소법 제161조). 보통절차의 사건처리기간인 6개월에 비하여 심리기간이 짧을 뿐만 아니라 보통절차의 경우는 필요에 따라 연장할 수 있는 규정을 두고 있으나 간이절차의 경우에는 이를 연장할 수 있는 규정을 두지 않고 있다. 따라서 간이절차를 적용하여 심리하였으나 3개월 내에 심리를 마치지 못하는 경우에는 보통절차를 적용하여 심리하여야 하며, 이 경우 보통절차로 사건을 전환하기 전까지 경과된 기간은 보통절차의 기간에 합산하여야 한다.

Ⅵ. 당일 선고제도

간이절차를 적용하는 사건은 심리당일 바로 판결을 선고하는 것이 원칙이며 기일을 정해 선고하는 것이 예외이다(〈간이절차규정〉 제27조).[11] 즉시 선고하는 것이 소송의 효율성에 이바지할 뿐만 아니라 판결과정에 외부적 요인이 개입하는 것을 막는데도 유익하다고 한다.[12]

11) 중국의 판결선고 방법은 두 가지가 있다. 하나는 법정변론 후 그 자리에서 선고하는 당정선고(当庭宣告)이고 다른 하나는 선고기일을 정해서 선고하는 정기선고(定期宣告)이다. 보통절차에서는 후자를 일반적으로 사용하나 간이절차에서는 전자가 원칙이다.

12) 谭兵, 李浩 主编, 前揭 民事诉讼法学, 313面.

Ⅶ. 판결서 작성의 간이화

보통절차와 달리 간이절차를 적용하는 사건 중 아래와 같은 유형의 사건의 경우에는 재판서 작성시 사실인정 부분과 판결이유 부분을 적당히 간소화할 수 있다(〈간이절차규정〉 제32조).[13)]

(1) 조정합의가 이루어져 조정서를 작성하는 경우
(2) 당사자 일방이 소송 중 명백히 상대방의 소송청구 전부 혹은 일부를 인낙하는 경우[14)]
(3) 당사자의 사건사실에 대한 다툼이 없거나 다툼이 크지 않은 경우
(4) 개인의 사생활 혹은 상업상의 비밀과 관련된 사건으로 당사자 일방이 재판문서의 관계부분을 간략히 해달라고 요구하고 법원이 그 이유가 정당하다고 인정한 경우
(5) 당사자 쌍방이 일치하여 재판문서의 간략화에 동의한 경우

Ⅷ. 간이절차와 조정전치(調停前置)

간이사건 중 다음의 사건의 경우는 조정전치주의를 취하고 있으므로 개정심리시에 반드시 조정을 먼저 시도해야 한다(〈간이절차규정〉 제14조 제1항). 다만 사건의 성질 및 당사자의 실제상황으로 인해 조정이 불가능하거나 조정이 필요 없음이 명백한 경우는 제외한다(제2항).

(1) 혼인 및 가정 분쟁사건과 상속분쟁(제1호)
(2) 노무계약 분쟁사건(제2호)
(3) 교통사고 및 공상(工傷)사고[15)]로 인하여 발생한 분쟁으로 권리의무관계가 비교적 명확한 손해배상청구사건(제3호)
(4) 대지(垈地) 및 상린관계(相隣關係)로 인한 사건(제4호)
(5) 조합 합의에 관한 사건(제5호)
(6) 소송물가액이 비교적 소액인 사건(제6호)

---

13) 기재를 생략하는 것은 인정하고 있지 않다.
14) 인낙조서제도가 없고 판결을 함에 주의해야 한다.
15) 공상사고는 산업재해를 가리키는 말이다.

제4절 소액소송절차

Ⅰ. 소액소송의 의의

소송목적의 값이 소액인 소송을 말한다. 어느 정도를 소액으로 보는지는 국가마다 차이가 있으나 일정액에 이르지 못하는 소액을 청구하는 소송을 별도로 취급하는 것은 현대국가의 공통된 현상이다.[16] 소액을 청구하는 소송에도 일반의 소송과 같이 정치(精緻)하고 엄격한 절차를 강요하면 승소시 얻을 수 있는 경제적 가치보다 큰 물적, 시간적 비용이 들어갈 수 있기 때문에, 권리자가 부득이 권리의 구제를 포기하거나 소송 이외에 조정과 같은 제도에 의존할 수밖에 없게 되기 때문이다.

시장경제가 이미 깊이 침투된 중국에서는 최근 민사사건의 수가 격증하고 있으며 그중 상당수가 소송목적의 값이 작은 소액소송이다. 이에 따라 중국에서도 상당부분을 차지하는 소액소송을 간이절차를 통하여 소화함으로써 일면으로는 법원의 부담을 경감하고 다른 면으로는 소액의 권리도 소송을 통해 구제받을 수 있는 수단을 마련함으로써 소액채권자의 법원에의 접근을 보장하기 위하여 2000년대 초반부터 꾸준히 연구를 해왔다.[17] 그리고 최근에는 최고인민법원이 전국의 90개의 기층인민법원을 시험법원으로 지정하여 소액사건에 대한 신속한 재판을 시도하고 그 결과를 취합하였다.[18]

또 2011년 8월에는 한중민사소송법 국제학술대회를 개최하여 한국의 소액소송제도에 대한 입법과 시행의 경험을 구하였다.[19] 이와 같은 노력은 2012년 개정 민사소송법 제162조로 결실을 맺게 되었다.

---

16) 한국은 1973년에 소액사건심판법을 제정하여 통상의 민사소송절차보다 훨씬 간편한 절차를 통하여 소액의 권리를 구제받을 수 있도록 하였다. 현재 이 법의 적용을 받는 사건은 2000만 원 이하인 사건이며 이와 같은 소액사건이 전체민사사건의 70%를 상회하고 있다.

17) 2002년 8월 8일부터 중국인민대학에서 개최된 국제학술대회의 주제 중의 하나로 소액소송이 다루어졌으며 중국인민대학의 范愉 교수가 小额诉讼程序研究를 발표한 바가 있다. 이 대회의 성과물은 比较民事诉讼法国际研讨会论文集, 江伟主编, 中国政法大学出版社(2004. 3)로 출판되었다. 필자가 처음 참가한 중국의 학술대회였으며 여기서 "한국 민사소송제도와 민사소송법(韩国的民事诉讼制度及民事诉讼法)"이라는 글을 발표하였다(위 논문집 424面 이하).

18) 이를 위해 최고인민법원은 2011년 〈关于部分基层人民法院开展小额速裁试点工作的指导意见〉을 내려 그 작업을 지도 감독하였다.

19) 2011년 8월 12일부터 남경사범대학(南京师范大学) 법학원에서 개최되었으며 한국 측에서는 한국민사소송법학회 李時潤 顧問이 한국 소액심판법의 제정 경위와 그 의미를 상세히 설명하였고 부산대학교의 金尙永 교수가 한국의 소액심판제도라는 주제로 발표를 하였다.

Ⅱ. 소액소송제도의 구조

중국 민사소송법에는 위에서 본 바와 같이 보통절차와 구분되는 간이절차를 별개의 장(제13장)으로 인정하고 있으므로 소액소송을 별개의 장(章)을 마련하거나 별개의 단행법으로 입법하지 않고 간이절차의 장에 제162조로 신설하였다.

소액소송제도를 만들면서 다음과 같은 점을 유념하였다고 한다.

① 공정과 효율의 균형

소액소송절차는 간이소송절차보다도 더 간이, 신속하게 진행되도록 하여 심판의 효율성을 제고하되 절차의 공정도 무시되어서는 안 된다는 점을 고려하여 단심으로 하되 재심사유가 있는 경우에는 재심신청을 할 수 있도록 하였다.

② 중국의 국정(國情)의 고려

소송제도는 국가 · 사회를 규율하는 규범이므로 그 국가와 사회의 사정을 고려하여 제도를 설계하는 것은 당연하다. 중국은 국토가 광대하고 지역간 경제적인 격차가 심한 나라이다. 이와 같은 점을 고려하여 소액소송절차 대상사건의 소송목적의 값을 획일적으로 정하지 않고 각 지역이 사정을 고려하여 정할 수 있도록 하였다.

③ 현재의 제도와의 연계성

별도의 제도를 만들기보다는 현행의 민사소송제도와 연결이 되도록 하는 데 중점을 두었다. 따라서 현행의 보통절차, 간이절차, 심급제도, 재심제도와 결합되도록 하였다.

Ⅲ. 중국의 소액소송절차

1. 의 의

민사소송법 제162조는 기층인민법원과 그 파출법정이 이 법 제157조 제1항의 규정에 부합하는 간단한 사건을 심리하는 경우에, 그 소송목적의 값(标的额)이 각 성(省), 자치구(自治區), 직할시(直轄市)의 전년도 취업자의 연평균 소득(임금)의 30% 이하인 경우에는 일심종심(一审終审: 단심)제를 실시한다고 규정하여 일정액 이하의 사건에 대한 특례를 도입함으로써 일반 간이절차와 구별되는 소액소송제도를 신설하였다.

2. 급별관할(級別管轄)

소액소송은 통상의 간이절차와 마찬가지로 기층인민법원과 그 소속(派出) 인민법정에서만 실시되며 중급인민법원 이상의 법원에서는 실시하지 않는다.

3. 적용대상 사건

보통절차를 적용해야 하는 사건은 소액소송절차의 대상이 되지 못한다. 따라서 소액소송의 대상이 되기 위해서는 위 간이절차가 적용되는 사건이어야 한다. 즉 제157조 제1항에 규정된 사실관계가 분명하고 권리의무관계가 명확하며 다툼이 심하지 않은 사건에 해당하는 경우만 소액소송절차를 적용할 수 있다. 따라서 액수가 적은 사건이라도 위에 해당하지 않는 사건은 소액소송의 대상이 되지 않는다.

4. 소송물의 가액[标的额]

소송목적의 값을 얼마 이하로 하는지가 이번 입법에 있어서 가장 큰 쟁점이었다. 즉 ① 5000위안 이하로 하자는 견해, ② 사정에 따라 1만 위안 내지 5만 위안 이하로 하자는 견해, ③ 5만 위안 이하로 하자는 견해, ④ 5000 위안 내지 2만 위안으로 하되 각 지역의 고급인민법원이 그 관할구역의 경제사정을 고려하여 확정하고 최고인민법원에 이를 보고하여 허가를 받도록 하자는 견해 등 다양한 주장이 개진(開陳)되었다.

최고인민법원이 시험법원을 운영해보고 내린 결론은 소액의 표준으로는 1만 위안 정도가 적당하다고 판단을 하였다.[20] 그러나 입법과정 중 전인대 상무위원회에서 절대금액으로 하는 것이 부적당하다는 의견이 나와 연구 끝에 국토가 광대하고 경제발전의 지역적 차이가 큰 점을 고려하여 상대적인 금액으로 하기로 결정되었다.

이 결정에 따라 소액은 표준은 각 성, 자치구, 직할시의 전년도 취업자의 평균소득(임금)의 30% 이하로 결정하였다.[21] 이에 따라 각 지역의 경제발전 상황을 고려할 수 있게 되었으며, 한편으로는 매년마다 국가통계국의 통계수치에 따라 소액사건의 범위를 조정해야 하게 되었다.[22]

---

20) 全国人大常委会法制工作委员会民法室 编著, 前揭 《中华人民共和国民事诉讼法》 解释与适用, 270面 참조.

21) 이 결정을 위하여 개정위원회에서는 각국의 국민소득에 대한 소액사건 대상 금액간의 비율을 조사하였다고 하며 그 결과 나라마다 다르나 2%에서 20%에 달하는 것을 발견했다고 한다(上揭書, 269面 참조).

22) 예컨대 2011년 북경시의 취업인구의 평균수입은 75,482위안이다. 따라서 북경지역의 소액소송의 대상사건은 그 30%인 22,000위안 내외가 된다고 한다. 전국적인 평균을 보면 약 10,000위

5. 심급제도

소액소송의 심급제는 나라마다 다르다. 즉 단심제로 하되 이의권을 주는 경우도 있고, 단심제를 원칙으로 하고 특별한 경우만 제2심을 허용하는 경우, 2심제로 운영하고 재심을 허용하는 경우도 있다.[23] 중국의 경우는 소액소송은 단심제로 운영하도록 하였다(민소법 제162조). 소액사건에도 양심종심제를 시행한다면 보통의 간이절차와 구별이 없어져 새로 제도를 만든 취지가 대폭 훼손될 것을 감안한 것이다.

단심제로 하면서 불복수단을 두지 않은 입법례는 거의 없다는 점을 감안하여 소액판결에 어떤 불복수단을 허용할 것이냐가 논의되었다. 처음 최고인민법원이 시험법원을 운영할 때는 일심종심으로 하고 그 원심법원에 이의신청을 할 수 있는 것으로 하였다.[24]

그러나 연구 결과 이의신청으로는 구제기능을 기대할 수 없다는 결론에 도달해 재심제도에 맡기기로 결정하였다. 따라서 소액소송의 판결에 불복하는 경우에는 민사소송법 제200조 규정에 따라 재심사유가 있는 경우에는 재심신청을 할 수 있게 되었다.[25]

6. 간이절차에 관한 규정 적용

위 심급제를 제외하고는 간이절차에 적용된 간편한 방식이 모두 적용되게 된다. 따라서 구술제소, 임의출석,[26] 당사자와 증인의 간편한 방식에 의한 소환, 송달의 간편화, 독임제(獨任制) 심리, 법정조사와 법정변론의 통합운영 등을 할 수 있다. 또 최고인민법원의 시험법원 운영에서는 야간, 휴일의 개정도 허용했으며, 심리는 원칙적으로 입안일로부터 1개월 이내에 마쳐야 하고 이 기간을 넘기면 보통절차로 넘기도록 하였다.

안 정도라 한다. 그리고 이 구체적인 액수는 최고인민법원이 매년 정해 공포한다고 한다(上揭書, 272面).

23) 우리나라는 상고이유를 제한하여 실질적으로 2심제와 같이 운영하고 있다(소액사건심판법 제3조).

24) 前揭 〈关于部分基层人民法院开展小额速裁试点工作的指导意见〉 참조.

25) 재심사유가 매우 광범위한 중국의 재심제도를 감안한다면 거의 제2심에 해당한다고 해도 과언은 아닐 것이다.

26) 중국에서는 당즉심리(当即审理)라 한다.

제7장 소송 방해행위에 대한 강제조치

제1절 개념과 법적 성질

민사소송 방해행위에 대한 강제조치라 함은 법원이 민사소송을 진행하는 도중 소송참여인이나 소외의 제3자가 소송절차를 교란하는 데 대하여 일정한 강제조치를 취함으로써 절차의 순조로운 진행을 도모하기 위한 강제력의 사용을 말한다. 여기의 민사소송에는 판결절차는 물론 집행절차도 포함되는 광의의 개념이다. 또 상대방의 증명을 방해하는 것도 소송방해의 일종이다.[1)]

민사소송절차를 방해하는 데 대하여 일정한 제재를 가하는 것은 모든 국가의 공통적인 현상이나 대체로 해당절차 부분에서 개별적으로 규정을 두나, 중국은 이를 한 장(제10장)에 몰아서 규정을 두고 있는 것이 특색이다. 그리고 그 내용도 매우 광범위하고 강제조치의 내용도 다양하고 강력하다. 또 소외의 제3자에 대하여도 적용된다는 점도 주의해야 한다.[2)]

민사소송 방해행위에 대한 강제조치는 형사제재, 민사제재 혹은 행정제재와는 달리 순수한 절차법적 근거규정에 따라 가해진다. 특히 형사제재와는 그 주체,[3)] 적용대상,[4)] 목적[5)]에서 완전히 다른 것임을 주의해야 한다.

---

1) 증명방해에 관하여는 제4편 제4장 제4절 IV. 증명방해에 대한 대책 부분 참조.

2) 소송절차를 단순히 당사자간의 다툼의 장으로 보지 않고 국가의 재판권행사의 측면을 강조하는 사회주의 민사소송법의 특색을 보여주는 것이다. 민사소송 방해행위에 대한 조치의 목적 내지 의의를 절차의 순조로운 진행을 보장하는 것을 넘어 국민의 자각적인 법률준수를 위한 교육에서도 찾는 점도 특이하다(谭兵, 李浩 主编, 前揭 民事诉讼法学, 261面; 赵钢, 占善刚, 刘学在 著, 前揭 民事诉讼法, 230面 등). 중국의 민사소송법 제2조도 민사소송법의 목적 중의 하나로 "공민이 자각적으로 법률을 지키도록 교육하여 사회질서와 경제질서를 유지보호하며 사회주의 건설사업이 순조롭게 진행되도록 하는"데에 있다고 하고 있음을 주의해야 한다.

3) 형사제재의 주체는 공안기관, 국가안전기관, 검찰원 및 법원 등 다양하나 여기의 강제조치는 오로지 법원만이 행사할 수 있다(민소법 제117조).

4) 형사제재는 범죄피의자, 현행범 혹은 중대한 범죄의 혐의를 받고 있는 자에게 적용된다(중국 형

강제조치가 취해지기 위해서는 이미 방해행위가 이루어져 민사소송의 정상적인 진행을 방해하고 있어야 하며, 방해행위는 작위, 부작위를 불문한다. 예컨대 법정에서 시끄럽게 소란을 떨거나 법정에서 물리적인 충격행위를 하거나 증거를 위조·변조하는 등의 작위는 물론이고 반드시 출석해야 하는 자가 불출석하는 등의 부작위도 여기에 속한다.

또 강제조치는 방해행위가 고의적인 경우에 한한다.[6] 따라서 과실로 민사소송의 정상적인 진행을 방해한 것에 그치는 경우에는 강제조치를 취할 수 없다.

2012년 개정에서는 제112조와 제113조를 신설하고 그 밖에도 약간의 수정이 있었다.

제2절 소송 방해행위의 종류

민사소송 방해행위는 민사소송법 제109조 내지 제113조와 각종의 사법해석에 명시되어 있다. 이를 열거하면 다음과 같다.

Ⅰ. 피고의 불출석

반드시 출석해야 하는 피고가 두 번에 걸쳐 소환장을 통한 소환을 받고도 정당한 이유 없이 이를 거부하여 출석하지 않는 경우에는 민사소송 방해행위에 해당한다(민소법 제109조).

반드시 출석해야 하는 피고라 함은 피고의 출석 없이 결석판결을 하는 것이 부적당한 경우를 가리키는 말이며, 존속부양의무, 비속부양의무, 부부간의 부양의무[7]를 부

사소송법 제50조, 제61조).

5) 형사제재는 주로 예방적 목적 내지 기능을 가지고 있는 데 대하여 민사소송에서의 강제조치는 이미 행해지고 있는 행위를 배제하는 데 그 목적과 기능이 있다.

6) 谭兵, 李浩 主编, 前揭 民事诉讼法学, 264面 참조.

7) 중국의 혼인법에 의하면 존속에 대한 공양의 의무를 섬양(赡养)의무라 하고 자녀를 보살필 의무를 무양(抚养)의무라고 하며 동년배간 특히 이혼 부부간의 부조의무를 부양(扶养)의무라 하여 구분한다. 그러나 형법이나 민법통칙 등에서는 부양(扶养)의무라는 말로 통일하여 사용하는 경우도 있으며 이 경우의 부양은 3자가 모두 포함되는 광의의 개념으로 보아야 한다.

담하며 불출석하면 사실관계를 밝힐 수 없는 피고를 말한다(〈약간의견〉 제112조 제1항). 또 미성년자가 국가, 집체 혹은 타인에게 손해를 가한 경우의 그 법정대리인도 반드시 출석해야 하는 피고에 속한다(같은 조 제2항). 또 집행과정에서 반드시 출석하여 법원의 신문을 받아야 할 자가 불출석하는 경우도 민사소송 방해행위를 구성한다.[8)]

두 번에 걸쳐 소환장에 의하여 소환을 받아야 한다. 그리고 정당한 이유 없다는 것은 불가항력 기타 법정에 나올 수 없는 특수한 사정이 없는 경우를 가리키는 말이다.

Ⅱ. 법정규칙의 위반행위

법정(法庭) 규칙의 위배라 함은 큰 소리로 소란을 떨거나 법정에 물리력을 행사하는 경우, 심판원에 대하여 모욕, 비방, 협박 구타를 하는 등 법정질서를 교란하는 행위로서 비교적 그 정도가 가벼운 것을 말한다(민소법 제110조). 정도가 심한 경우는 민사소송 방해행위로 처리하지 않고 형사처벌의 대상으로 한다(같은 조 제2항).

Ⅲ. 소송참여인 혹은 기타인(소외인)의 방해행위

소송참여인 기타 사람이 다음과 같은 행위를 하는 경우에는 벌금, 구류에 처하고 범죄를 구성하는 경우에는 형사책임을 추궁한다. 또 단위(기관)가 아래와 같은 행위를 한 경우에는 그 주요책임자 또는 직접책임자에게 벌금, 구류를 과하고 범죄를 구성하는 경우에는 형사책임을 추궁한다(제111조 제2항).

① 주요증거의 위조 · 훼손 등(민소법 제111조 제1항 제1호)

주요증거를 위조, 훼멸하여 민사소송심리를 방해하는 경우를 말하며, 이 경우도 비교적 그 정도가 가벼워 범죄를 구성하지 않는 경우를 말한다. 비슷한 내용이 〈증거규정〉 제80조에도 있다.

② 증언방해와 위증교사(제2호)

소송참여인 혹은 기타 제3자가 폭력, 협박, 매수의 방법으로 증인의 증언을 방해하거나 매수, 협박으로 다른 사람에게 위증을 시킨 것으로 비교적 정도가 가벼워 아직 범죄를 구성하지 않는 것을 말한다. 〈증거규정〉 제89조에 유사한 규정이 있다.

---

8) 〈最高人民法院关于人民法院执行工作若干问题的规定〉[法释(1998) 15号] 제97조.

③ 압류물의 훼손 · 은닉 등(제3호)

사봉(査封),[9] 구압(扣押)된 재산 또는 점검하여 그 보관을 명한 재산을 숨기거나 이전하거나 매각하거나, 훼손하거나, 동결된 재산을 이전하는 행위로서 그 정도가 비교적 경미하여 범죄를 구성하지 않는 행위를 말한다.

④ 사법공무원 등에 대한 폭행행위 등(제4호)

사법공무원, 소송참여인, 증인, 번역인, 감정인, 검증인, 집행협조자에 대하여 모욕, 비방, 무고[誣陷], 구타하거나 보복을 가하는 행위로 정도가 비교적 가벼워 범죄를 구성하지 않는 행위를 말한다.

⑤ 직무집행방해 행위(제5호)

소송참여인 기타인의 폭력, 위협, 기타 방법으로 사법공무원의 직무집행을 방해하는 행위로서 정도가 가벼워 아직 범죄를 구성하지 않는 행위를 말하며, 여기의 사법공무원이라 함은 법관, 집행관, 서기, 사법경찰관, 법원의 법의(法醫) 등을 말한다.

⑥ 확정된 법률문서[10]의 불이행 행위(제6조)

이미 법률적 효력이 발생한 법원의 판결, 재정을 거부하여 이행하지 않는 행위도 민사소송 방해행위에 해당한다. 이에 대한 사법해석(〈약간의견〉 제123조)에 의하면 다음과 같은 경우가 이에 해당한다고 한다.

(1) 법률문서의 효력이 발생한 후 재산을 은닉, 이전, 매각, 훼손하여 법원의 집행행위를 방해하는 경우
(2) 폭력, 위협 기타 방법으로 법원의 집행행위에 항거하거나 방해하는 행위
(3) 이행능력이 있음에도 불구하고 법원의 판결서, 재정서, 조해서 및 지급명령을 이행하지 않는 행위

또 이미 법원에 의하여 동결된 예금을 함부로 풀어주는 행위나, 폭력이나 협박 기타 방법으로 사법공무원의 예금의 조사, 동결, 이체 등을 방해하는 행위, 법원의 협조통지서를 받은 후 당사자에게 이를 알려주거나 재산의 이전이나 은닉을 도와주는 행위도 민사소송 방해행위에 해당한다(〈약간의견〉 제124조).

---

9) 사봉(査封)은 법원이 보전할 재물을 점검하여 봉인쪽지(封条)를 붙여서 현장에 보관하는 것을 말한다. 부동산이나 기타 이동성이 없는 물건에 주로 사용되는 방법이다.

10) 법률문서라 함은 법원의 의사표시가 담긴 판결서, 재정서, 공증기관의 공증문서 등을 가리키는 말이다.

Ⅳ. 조사와 집행에 대한 협조의무 있는 단위(기관)의 방해행위(민소법 제114조)

협조의무가 있는 기관이나 단위가 법원의 조사와 집행을 방해하는 다음과 같은 행위를 하는 경우에는 법원이 협조의무를 이행하도록 명령하는 외에도 벌금을 부과할 수 있다(제114조 제1항). 또 이와 같은 경우에는 그 단위의 주요책임자 혹은 직접 책임자에게 벌금을 부과할 수 있고, 그래도 이행하지 않는 경우에는 구류를 할 수 있다. 동시에 감찰기관이나 기타 유관기관에 기율처분(紀律處分)을 하도록 사법건의(司法建議)를 할 수 있다(같은 조 제2항).

1. 조사 · 취증 방해행위

관련단위(기관)가 법원의 조사 · 취증을 거절하거나 방해하는 경우(제114조 제1항 제1호) 민소법 제67조 제1항은 법원은 관계단위(기관)와 개인에 대하여 조사 · 취증을 할 수 있으며 단위와 개인은 이를 거절하지 못한다고 규정하고 있다. 조사 · 취증에 협조해야 하는 단위로는 예컨대 부동산관리를 담당하는 부서, 토지, 임야관리부서와 같이 공문서[档案]를 보관하는 기관, 진료기록을 가지고 있는 병원 등을 말한다. 이러한 기관이 가지고 있는 문서를 제출하지 않거나 조사를 방해하면 민사소송 방해행위가 된다.

2. 집행방해행위(제2호)

(1) 금융기관의 집행방해

유관단위가 법원의 집행협조통지서를 받은 후 조회[查询], 압류[扣押], 동결(冻结), 이체[划拨], 환가[变价]에 대한 협조를 거절하는 경우는 민사소송 방해행위가 된다. 여기의 유관단위(기관)는 주로 은행, 신용회사, 증권회사, 증권거래소, 보험회사 등 금융계정을 관리하는 회사를 말하며, 2012년 개정 전에는 그 주체를 “은행, 신용합작사 및 기타 저축업무를 담당하는 단위”로 한정하고 있었다. 그리고 개정법에서는 압류[扣押]와 환가[变价] 방해를 추가하였다. 압류는 관련 금융자산증서를 압류하는 것을 말하며 환가는 채권, 주식 등을 환가하는 것을 말한다.

(2) 피집행인 수입의 압류 거부행위 등(제3호)

관련된 단위가 법원의 집행협조통지서를 받은 후 피집행인의 수입의 압류[扣留]를 거부하거나 관련된 재산권증서의 이전절차의 처리를 거부하거나 관련된 증표[票證], 증서(證書) 기타의 재산권의 인도를 거부하는 경우에도 민사소송 방해행위가 된다.

(3) 기타 협조기관의 협조거부행위

그 밖에도 협조의무 있는 기관이나 단위의 협조거절 행위도 민사소송 방해행위에 해당한다.

Ⅴ. 거짓소송이나 조정을 통한 타인의 권리침해

당사자간의 악의의 통모[串通]에 의한 소송이나 조정을 통해 타인의 합법적 권익의 침해를 기도(企图)하는 경우는 법원은 그 청구를 기각하며 정절(情節)의 경중(輕重)을 가려 벌금, 구류를 과하며 범죄를 구성하는 경우에는 형사책임을 추궁한다(제112조).

이 조문은 2012년 개정에서 신설된 것이다. 악의의 통모를 하여 소송이나 조정을 통하여 합법적인 타인의 권리를 침해하는 경우가 최근 속출하여 법원의 정상적인 심리활동에 지장을 주고 있음을 감안하여 규정을 두게 된 것이다. 이와 같은 불법적인 활동을 악의소송(恶意诉讼) 혹은 거짓소송[虚假诉讼]이라 한다.[11)]

이와 같은 거짓소송에 대하여 법원은 우선 그 청구를 기각하며 당사자에게는 그 정절의 경중에 따라 벌금을 과하거나 구류를 과하고 형사책임을 구성하는 경우는 증명방해죄[妨害作证罪], 사기죄[诈骗罪] 등의 형사책임을 추궁한다.

Ⅵ. 통모에 의한 집행면탈행위

피집행인이 타인과 악의의 통모[串通]를 하여 소송, 중재, 조정 등의 방식을 통하여 법률문서에 의해 확정된 의무의 이행을 면탈[逃避]하는 경우는 정절(情節)의 경중을 가려 벌금, 구류에 처하고 범죄를 구성하는 경우에는 형사책임을 추궁한다(민소법 제113조).

이 조항도 최근 횡행(橫行)하는 집행면탈행위를 근절하기 위하여 필요하다는 최고인민법원의 건의를 받아들여 2012년 개정에서 신설한 것이다.

---

11) 입법의 배경에 관해 자세한 것은 奚晓明 主编, 前揭《中华人民共和国民事诉讼法》修改条文理解与适用, 235面 이하 참조.

제3절 강제조치의 종류와 그 적용

민사소송법 제110조 등에 명시된 강제조치에는 구인, 훈계, 퇴정명령, 벌금, 구류의 5가지가 있다.

1. 구인(拘引)[12]

구인이라 함은 사법경찰관이 강제로 법정이나 현장으로 관계자를 데리고 오는 것을 말한다. 구인은 앞에서 본 바와 같이 반드시 법정에 나와야 할 피고, 법정대리인, 반드시 집행현장에 와야 할 피집행인에 한정되어 적용된다. 주의할 점은 민사소송법의 규정에 의하면 구인할 수 있다고 되어있으므로 반드시 구인해야 하는 것은 아니다. 그리고 구인시에는 반드시 구인장을 발부하여 집행하며 구인을 집행하기 전에 출정(出庭) 혹은 불참의 효과를 설명하여 비평(批評)과 교육을 한 후에 그래도 거부하는 경우에 집행해야 한다(〈약간의견〉 제113조). 구인된 자에 대한 조사와 신문은 24시간을 넘지 못하며 자기 관할 밖에서 구인을 집행하여야 하는 경우에는 현지법원의 협조를 받아야 한다.[13]

2. 훈계(訓戒)

훈계는 지도와 경고를 합친 말로 비평과 교육의 방법으로 민사소송 방해행위자에 대하여 그 잘못된 점을 지적하여 바로잡도록 하는 것을 말하며 가장 약한 강제조치이다. 주로 소송참여인 기타인이 법정규칙을 어겼으나 그 정상이 매우 경미한 경우에 적용되며, 퇴정명령, 벌금, 구류 등을 할 필요가 없다고 인정되는 경우에 실시한다. 벌금이나 구류와 달리 이를 위한 특별한 절차가 요구되지는 않는다.

3. 퇴정명령

법정규칙을 위반한 자에 대하여 심판원이 법정에서 나갈 것을 요구하거나 사법경찰을 통하여 밖으로 나가게 하는 것을 말한다. 조치의 강도가 훈계보다는 강하고 벌금이나 구류보다는 약한 것으로 훈계와 마찬가지로 특별한 절차가 요구되는 것은 아니다.

---

12) 구인을 중국에서는 구전(拘传)이라 한다.
13) 〈最高人民法院关于人民法院执行工作若干问题的规定〉[法释(1998) 15号] 제98조, 제99조 참조.

4. 벌금[罚款]의 부과

벌금의 부과는 퇴정명령보다는 강하고 구류보다는 약한 강제조치이며 비교적 널리 이용되는 조치이다. 그리고 벌금부터는 일정한 절차를 거칠 것이 요구된다.

2012년 개정에서는 민사소송 방해행위에 대한 제재의 실효성 확보를 위하여 벌금액을 대폭 상향 조정하였다. 즉 개인의 경우에는 인민폐 1만 위안 이하에서 인민폐 10만 위안 이하로, 단위(기관)인 경우에는 인민폐 1만 위안 이상 30만 위안 이하에서 인민폐 5만 위안 이상 100만 위안 이하로 대폭 인상하였다(민소법 제115조 제1항).[14)]

벌금을 부과하는 경우에는 반드시 법원장의 비준을 받아야 하며 결정서를 사용해야 한다. 결정에 불복하는 경우에는 한 번에 한하여 바로 위급의 법원에 복의를 신청할 수 있으나 복의기간에 집행이 정지되지는 않는다(민소법 제116조 제3항). 복의신청에 대하여 상급법원은 5일 이내에 결정을 하여 이를 하급법원 및 당사자에게 통지하여야 한다(〈약간의견〉 제121조). 상급법원이 하급법원의 벌금의 부과가 부당하다고 인정하는 경우에는 결정서를 작성하여 하급법원의 벌금결정을 취소 또는 변경하여야 하며 긴급한 경우에는 구두로 통지한 후 3일 이내에 결정서를 내린다(〈약간의견〉 제122조).

벌금과 구류는 단독적으로 부과할 수도 있으며 이를 병과할 수도 있다(〈약간의견〉 제118조). 그러나 하나의 행위에 대하여 연속하여 부과할 수는 없다(제119조).

벌금에 해당하는 행위를 단위(기관)가 범한 경우에는 그 주요책임자 혹은 직접책임자에 대하여 이를 과할 수 있으며, 범죄를 구성하는 경우에는 이들에게 형사책임을 추궁할 수 있다(민소법 제111조 제2항).

5. 구류(拘留)

구류는 민사소송 방해행위자의 신체의 자유를 박탈하는 가장 중한 강제조치이다. 구류가 적용되는 방해행위는 소송참여인이나 기타인의 법정규칙의 위반행위 중 훈계, 퇴정명령, 벌금으로는 부족하다고 인정하는 중한 방해행위 등이다.

구류의 기간은 15일 이하이며(민소법 제115조 제2항), 반드시 법원장의 비준을 받아야 한다. 또 언제나 결정서를 사용해야 하며 이 결정에 대하여는 한 번에 한하여 바로 위급의 법원에 복의를 신청할 수 있으나 복의기간에 집행이 정지되지는 않는다(민소법 제116조 제3항). 피구류자는 공안기간에 넘겨 간수(看守)하게 하며 구류기간 중 자기의

14) 2007년 민사소송법 개정 전에는 벌금액이 개인은 인민폐 1천 위안 이하, 단위의 경우 1천 위안 이상 3만 위안 이하였으나 법정질서를 바로잡기 위하여 2007년 개정으로 벌금액을 10배로 올렸다.

잘못을 인정하고 고치는 경우에는 기한 전이라도 법원이 결정으로 구류를 해제할 수 있다(민소법 제115조 제3항).

구류는 가장 중한 강제조치이기 때문에 사법해석(〈약간의견〉 제114조~119조, 제121~제122조)에서 비교적 자세한 절차를 요구하고 있다. 구류는 사법경찰관이 피구류자를 현지의 공안기관에 넘겨 간수하게 하며 피구류자가 관할구역 밖에 거주하는 경우에는 구류결정을 한 법원이 직원을 그 자의 소재지법원에 파견하여 그 법원의 협조를 얻어 집행한다. 소란을 떨거나 법정에 물리력을 행사하거나 폭력, 위협 등의 방법으로 공무집행을 방해하는 경우에는 즉시 구류조치를 취하고 곧바로 법원장에게 보고하여 비준절차를 밟으면 된다.

위에서 본 바와 같이 벌금과 구류는 단독적으로 부과할 수도 있으며 이를 병과(竝科)할 수도 있다(〈약간의견〉 제118조). 그러나 하나의 행위에 대하여 연속하여 부과할 수는 없다(제119조).

구류에 해당하는 행위를 단위(기관)가 범한 경우에는 그 주요책임자 혹은 직접책임자에 대하여 이를 과할 수 있으며, 범죄를 구성하는 경우에는 이들에게 형사책임을 추궁할 수 있다(민소법 제102조 제2항).

제5편 상소심절차 및 심판감독절차

제1장 상소심절차(제2심 절차)

제1절 상소심절차의 의의와 목적

Ⅰ. 상소심의 의의

상소는 자기에게 불리한 법원의 재판에 대하여 상급법원에 불복하여 그 재판의 취소를 구하거나 자기에게 유리하게 변경을 해달라고 하는 당사자의 통상적인 불복행위를 말한다. 중국의 심급제도는 양심종심제(兩審終審制)를 취하고 있기 때문에 상소심은 곧 제2심 절차를 의미하고 제2심의 판결은 종심판결이 되어 판결은 확정되게 된다(법률적 효력이 발생한 판결). 양심종심제를 취하고 있기 때문에 우리와 같은 항소(제2심 절차), 상고(제3심 절차)와 같은 구분이 없이 상소라는 하나의 용어를 사용한다.[1] 또 우리는 상소의 대상인 재판의 종류에 따라서 판결에 대하여는 항소, 상고라는 용어를 사용하고 결정, 명령에 대한 불복은 항고, 재항고라는 용어를 사용하나 중국에서는 재판의 종류에 따라 절차를 따로 마련하고 있지 않기 때문에 재정에 대한 불복도 상소라고 한다.[2]

Ⅱ. 상소심의 목적

상소심의 목적은 사실인정과 법령적용의 잘못을 바로 잡아 당사자의 권리구제를 도모함과 동시에 법령의 해석과 적용의 통일을 기하는 데 있다. 즉 상소심은 사실심인

1) 3심제를 취하는 국가의 제3심을 설명할 때는 第2審上訴, 第3審上訴라고 하는 경우도 있다.
2) 주의할 것은 결정, 명령에 대하여는 상소를 허용하지 않고 있으며, 재정도 제한적으로 상소를 허용한다는 점이다.

동시에 법률심의 기능을 하게 된다. 3심제를 취하고 있는 우리는 제3심인 상고심을 법률심으로 하여 법률적용의 통일을 주로 여기에 맡기고 있으나 2심제를 취하는 중국에서는 결국 법령의 해석, 적용의 통일도 제2심 절차가 그 임무를 담당할 수밖에 없다. 당사자의 권리구제와 법령의 해석과 적용의 통일 중 어디에 중점을 두어야 하는가가 문제이나 전자에 무게를 두어야 할 것이다.[3)]

문제는 절대다수의 제1심 사건을 기층인민법원이 담당하고 있는 중국에서 대부분의 사건의 최종심이 중급인민법원이 되나, 중급인민법원은 4급체제 중 비교적 낮은 등급의 법원이며 전국에 산재해 있으므로 법률의 해석과 적용의 통일을 기하기가 무척 어렵다는 데 있다. 이러한 어려움은 결국 극히 광범위하게 이루어지는 심판감독절차(재심절차)를 필요로 하게 되는 폐단이 있다.[4)] 최근에는 심급제도를 개선하여 3심제로 하고 최고인민법원[5)]은 제2심을 담당하지 않도록 하고 법률심으로서의 기능만 담당하게 하자는 견해도 나오고 있다.[6)]

Ⅲ. 상소심의 구조

사실심이자 법률심인 상소심의 절차구조를 어떻게 파악할 것인가가 중국에서는 상당히 어려운 문제이다. 이는 상소심의 목적과도 어느 정도 관련이 있는 문제이다. 중국에서는 대륙법계 국가의 항소심의 구조와 관련된 논의를 도입하여 상소심의 구조를 설명하려고 하고 있다. 항소심의 구조에 관한 학설은 대체로 3가지로 구분될 수 있다. 즉 복심설, 사후심설, 속심설이 그것이다.

복심설(覆審說)은 상소심이 제1심의 소송자료와는 무관하게 다시 전면적으로 소송자료를 수집하여 이에 따라 재판한다는 견해이다. 즉 법원은 다시 전면적으로 사건의 심리에 필요한 사실과 증거를 수집해야 하며 당사자도 자유롭게 제1심에서 제출하지 않았던 사실과 증거를 제출할 수 있다고 한다. 이른바 변론갱신권(辯論更新權)을 무제

---

3) 张卫平 著, 前揭 民事诉讼法(第二版), 313面 참조.

4) 하급법원이 최고인민법원에 대해 질의를 하고 그 해석에 따라 재판하는 비복절차[批复程序]도 이러한 어려움에서 발생하는 것이라 할 수 있다.

5) 중국에는 우리에게는 없는 급별관할이 있으며 이에 따라 모든 사건의 제1심을 기층인민법원이 담당하는 것이 아니라 사건의 종류에 따라 중급인민법원, 고급인민법원 심지어는 최고인민법원도 제1심을 담당하도록 하고 있다. 따라서 고급인민법원이 제1심을 담당한 사건의 제2심은 최고인민법원이 담당한다(자세한 것은 제2편 제3장 제2절 법원의 관할 부분 참조).

6) 江伟 主编, 前揭 民事诉讼法专论, 406面(傅郁林 집필부분). 그러나 양심종심제를 찬성하는 견해도 많이 있다(예컨대 赵钢, 占善刚, 刘学在 著, 前揭 民事诉讼法, 305面).

한 인정한다는 것이다. 진실발견에는 장점이 있으나 제1심을 경시하게 되고 소송경제에 반하는 단점이 있다.

사후심설(事後審說)은 상소심은 제1심의 소송자료의 테두리 내에서 그 재판의 당부를 심사한다는 설이다. 이 설에 의하면 당사자는 제2심에서 새로운 사실을 주장할 수 없으며, 제1심에서 제출하지 않았던 새로운 증거를 제출할 수 없다고 한다. 소송경제에는 장점이 있으나 진실발견에는 단점이 있다.[7)]

속심설(續審說)은 위 두 학설의 절충설로 제1심의 소송자료를 기초로 하되 적절히 새로운 자료를 추가하여 재판한다는 학설이다. 즉 변론갱신권을 적절히 제한하면서 새로운 변론을 열어 재판한다는 학설이다. 이 학설은 우리의 항소심 구조에 관한 통설[8)]이기도 하다.

제2심이 종심인 중국에서 상소심은 전통적으로 복심제를 취하고 있었다고 할 수 있다.[9)] 사회주의 혁명기는 물론이고 1982년 제정된 민사소송법상으로도 복심제를 취하고 있었으며[10)] 이와 같은 입장은 1991년의 현행법에도 유지되고 있었다고 해야 한다.[11)] 그러나 1990년대 말부터 진행된 심판방식개혁에 따라 법원의 직권증거조사 범위를 대폭 축소하고 당사자의 변론갱신권도 제한하기 시작하였다. 2001년에 나온 최고인민법원의 〈증거규정〉에 의하면 제2심 절차에서 당사자가 제출할 수 있는 새로운 증거(新證據)를 ① 제1심 절차의 종료 후에 새로 발견한 증거, ② 당사자가 제1심 절차에서 법원에 증거의 조사수집을 신청하였음에도[12)] 받아들여지지 않았으나, 제2심이 당사자의 조사수집 신청을 받아들여야 했을 것으로 인정한 증거로 한정하고 있다(〈증거규정〉 제41조 제2호). 따라서 현재는 속심설이 통설적인 지위를 차지하고 있다.[13)]

---

7) 오스트리아 민사소송법은 이 주의를 취한다고 한다(赵钢, 占善刚, 刘学在, 上揭書, 305面).

8) 독일이나 일본도 항소심의 구조를 속심제로 보는 것이 통설이다.

9) 江伟 主编, 前揭 民事诉讼法(第四版), 329面 참조.

10) 1982년 試行法 제149조는 "제2심 법원은 제1심 법원이 인정한 사실 및 법률적용에 대하여 전면적으로 심사해야 하며, 상소범위의 제한을 받지 않는다"라고 규정하고 있었다. 이와 같은 경향은 구소련식의 사회주의 민사소송에서 공통적으로 볼 수 있는 것이었다. 다만 루마니아 민사소송법은 속심적인 구조를 가지고 있었다고 한다[江伟 主编, 前揭 民事诉讼法专论, 399~400面(傅郁林 집필부분 참조)].

11) 현행법 제168조는 상소심의 심판범위를 상소청구와 관련된 사실과 법률적용에 한정하고 있으나 바로 뒤에 나온 〈약간의견〉에서는 상소청구의 범위를 넘을 수 있도록 했으며, 상소심의 변론갱신권 제한에 관한 특별한 규정을 두지 않았다.

12) 중국의 민사소송에서는 일정한 경우 법원에 증거를 조사하여 수집해달라는 신청을 할 수 있다. 즉 ① 국가의 유관기관이 보관하고 있어 법원이 직권으로 조사·수집해야만 하는 국가의 보존문서(當案)인 자료, ② 국가의 비밀, 상업비밀, 개인의 사생활에 관계된 자료, ③ 당사자 및 그 소송대리인이 명백히 객관적인 원인으로 인하여 스스로 수집할 수 없는 기타 자료는 법원에 그 조사와 수집을 신청할 수 있다(〈증거규정〉 제17조).

제2절 상소의 제기와 수리

Ⅰ. 상소의 요건

상소를 제기하기 위하여는 다음과 같은 요건을 갖추어야 한다.

1. 제1심 판결 · 재정에 관한 불복일 것

지방 각급법원이 보통절차 혹은 간이절차를 적용하여 내린 제1심의 판결 또는 재정이 상소의 대상이 된다(민소법 제164조). 그러나 최고인민법원이 내린 제1심 재판은 종심재판으로 상소가 허용되지 않으며, 판결이라 하더라도 보통절차나 간이절차를 적용하여 내린 것에 한하여 상소가 허용되며, 특별절차[14)]나 공시최고절차에서 내린 판결도 종심적인 판결이며 상소가 허용되지 않는다는 점을 주의해야 한다. 또 2012년 신설된 소액소송(제162조)은 1심종심주의를 취하므로 상소가 허용되지 않는다.

또 재정의 경우는 매우 한정적으로 다음과 같은 3가지만 상소가 허용된다. ① 수리절차에서 내린 불수리의 재정, ② 관할권 이의에 대한 재정, ③ 소 각하의 재정이 그것이다.

2. 상소심의 당사자적격

제1심의 당사자였던 경우에만 상소인과 피상소인이 될 수 있다. 따라서 제1심에서 원고, 피고, 공동소송인, 대표당사자,[15)] 독립청구권 있는 소송참가인, 독립청구권 없는 소송참가인 중 판결에 의하여 민사책임을 부담하는 자[16)] 등이 상소인이 될 수 있다.

---

13) 江伟 主编, 前揭 民事诉讼法(第四版), 329面; 赵钢, 占善刚, 刘学在 著, 前揭 民事诉讼法, 306面; 谭兵, 李浩 主编, 前揭 民事诉讼法学, 319面 등.

14) 실종선고, 사망선고 등 대부분 비송절차이며 비송절차에서도 재판방식은 판결인 점을 주의해야 한다.

15) 민소법 제53조 및 제54조의 대표당사자 소송에서의 소송대표자를 말한다.

16) 독립청구권 없는 소송참가인은 우리의 보조참가인에 상당하는 것이나 주의를 요한다. 즉 독립청구권 없는 보조참가인에게도 일정한 경우에는 직접 이행을 명할 수 있으며(민소법 제56조) 이 경우의 참가인에게는 상소권이 주어진다(〈약간규정〉 제66조). 예컨대 맥주병의 폭발로 인한 피해자가 맥주회사를 상대로 손해배상을 청구한 경우 그 맥주병을 납품한 맥주병 제조회사를 참가시켜 직접 그에게 손해배상을 하도록 하는 것과 같다(자세한 사항은 제3편 제2장 제5절 소송참가 부분 참조).

필요적 공동소송인 중 1인 혹은 일부만 상소를 제기한 경우에 대하여는 상소심의 상소인, 피상소인의 지위부여에 관하여 특별한 취급을 한다(〈약간의견〉 제177조).[17] 즉 ① 상소가 상대방 당사자와의 사이에만 권리의무 분담에 관하여 다툼이 있을 뿐 다른 공동소송인의 이익에는 관계없는 경우에는 그 상대방 당사자만 피상소인으로 기재하며 다른 공동소송인은 원심에서의 지위대로 기재하고(즉 원심원고 혹은 원심피고로 기재한다), ② 상소가 공동소송인간의 권리의무 분담에 관한 다툼일 뿐 상대방 당사자의 이익과는 관계없는 경우에는 상소하지 않은 다른 공동소송인만 피상소인이 되며 상대방 당사자는 원심에서의 지위대로 기재한다, ③ 상소가 다른 공동소송인은 물론 상대방과의 다툼도 포함된 경우에는 모두 피상소인으로 된다.

3. 상소제기 기한

제1심 판결에 대한 상소기간은 15일 이내이며, 재정에 대한 상소는 10일 이내이다(민소법 제164조). 그리고 그 기간은 판결서 혹은 재정서를 송달받은 다음 날로부터 계산한다. 이 기간은 불변기간이다.[18] 다만 당사자가 불가항력 혹은 기타 정당한 이유로 인하여 기간을 지키지 못한 경우에는 그 장애가 제거된 날로부터 10일 이내에 기한의 연장을 신청할 수 있다. 그러나 그 허가 여부는 법원이 정한다(민소법 제83조).

4. 상소의 이익

상소는 상소의 이익이 있는 경우에만 제기할 수 있다. 비록 명문의 규정이 없으나 상소제도의 목적과 기능에 비추어 당연한 요구이다. 어느 경우에 상소의 이익이 있는지의 여부에 관하여 형식적 불복설, 실질적 불복설, 절충설, 신실질적 불복설 등의 학설이 있으나 우리나라에서는 형식적 불복설이 통설, 판례이다. 형식적 불복설에 의하면 신청과 주문을 비교하여 신청보다 주문이 적게 나온 경우에 상소의 이익이 있다고 한다. 다만 약간의 예외를 인정하고 있다. 중국에서는 상소의 이익에 관하여는 별로 논의가 없으나 형식적 불복설을 기준으로 하고 상계항변이 받아들여져 전부 승소한

---

17) 중국의 필요적 공동소송과 보통공동소송의 구별은 합일확정의 요청이 있는지에 따라 정해지는 것이 아니라 소송물인 권리관계가 수인에게 공동인지의 여부에 따른다. 따라서 우리제도에서는 통상공동소송으로 취급되는 많은 경우(특히 우리 민소법 제65조 전문에 해당하는 경우)가 필요적 공동소송으로 취급되고 있다(필요적 공동소송이 원칙임). 따라서 1인의 상소로 언제나 전원에 대하여 상소의 효력이 발생한다고 할 수는 없다(자세한 사항은 제3편 제2장 제2절 공동소송 부분 참조).

18) 불변기간임을 명문으로 선언하지는 않고 있다.

피고도 상소의 이익이 있다는 등의 논의를 하는 경우도 있다.[19]

Ⅱ. 상소장의 제출

1. 상소장의 기재내용

상소는 상소장을 제출함으로써 한다(민소법 제165조). 상소장에는 당사자의 성명, 법인의 명칭 및 그 대표자의 성명 혹은 기타 조직의 명칭 및 그 주요책임자의 성명이 포함되어야 하며, 원심법원의 명칭, 사건번호 및 사건의 분류명칭(案由)[20]을 표시하며 상소의 청구 및 이유가 포함되어야 한다.

법원이 판결서나 재정서를 송달할 때 당사자가 구술로 상소의 의사표시를 하더라도 법원은 반드시 기한 내에 상소장을 제출해야 한다는 점을 고지해야 한다. 이 기간 내에 상소장을 제출하지 않으면 상소를 제출하지 않은 것으로 본다(〈약간의견〉 제178조). 민사행위무능력자, 제한민사행위능력자의 법정대리인은 당사자를 대리하여 상소를 제기할 수 있다(〈약간의견〉 제179조).

2. 상소장의 원심제출주의

상소장은 원심법원을 통하여 제출해야 하며, 상대방 당사자 혹은 대표자에 상응하는 부본을 제출해야 한다(민소법 제166조 제1항). 그러나 직접 상소법원에 제출해도 무효는 아니며 이 경우에는 상소법원이 5일 이내에 상소장을 원심법원으로 보내야 한다(제2항).

3. 상소제기의 효력

상소가 제기되면 제1심 판결은 확정이 차단되고 사건이 상소심으로 이심된다. 상소에는 상소불가분의 원칙이 적용되어 제1심 판결 중 일부에만 상소한 경우에도 그 전부가 확정이 차단되고 상소심으로 이송된다. 단일한 소뿐만 아니라 청구의 병합의 경우도 마찬가지이며, 본소에 대한 불복은 반소부분도 확정을 차단하고 상소심으로 이

---

19) 赵钢, 占善刚, 刘学在 著, 前揭 民事诉讼法, 307~308面.

20) 사건의 분류명칭을 안유(案由)라고 한다. 전국적으로 통일적인 명칭을 사용할 수 있도록 최고인민법원에서는 이에 관한 규정을 내리고 있다[〈民事案件案由规定〉(2011年 修正): 2008년에 처음 공포되었고 2011년에 수정되었다]. 따라서 여기서 맞는 것을 선택하여 기재하면 된다.

심시키게 된다.[21)]

Ⅲ. 상소의 수리절차

1. 원심법원의 심사

상소장을 원칙적으로 원심법원에 제출하도록 한 이유는 당사자의 편의를 위한 점도 있으나 원심법원이 상소의 요건에 대한 초보적인 심사를 하여 불비한 점이 있으면 바로 조치를 할 수 있도록 하기 위한 것이다.

원심법원이 상소장을 심사한 결과 상소의 요건을 갖추지 못하였고 또 보정의 가능성이 없는 경우에는 즉시 재정으로 상소를 각하해야 한다. 예컨대 상소의 이익이 없거나, 상소를 허용하지 않는 재정에 대한 상소이거나 상소기한을 넘긴 경우와 같다. 상소요건을 갖추지 못하였으나 보정이 가능한 경우에는 기한을 정하여 보정을 명해야 할 것이며 이 기간 내에 보정이 이루어지지 않는 경우에도 역시 상소를 각하한다.

상소요건을 갖추었거나 보정이 이루어진 경우에는 원심법원은 5일 이내에 상소장 부본을 피상소인에게 송달해야 하며 상대방은 이를 받은 후 15일 이내에 답변서를 제출해야 한다. 답변서를 받은 원심법원은 답변서의 부본을 5일 이내에 상소인에게 송달해야 하나 피상소인이 답변서를 제출하지 않아도 상소심의 심리에는 지장이 없다(민소법 제167조 제1항).

원심법원은 상소장과 답변서를 받은 후 5일 이내에 이를 사건기록 및 증거와 함께 상소심 법원(제2심 법원)으로 송부해야 하며 이로써 사건은 제1심 법원을 떠나 제2심 법원으로 이심되게 된다.

2. 상소심법원의 심사와 입안(立案)

상소장, 답변서, 소송기록 및 증거를 송부받은 제2심 법원은 다시 상소요건의 흠결 여부를 심사하게 되며, 이 경우 원심법원에서 내린 판단은 상소심법원을 구속하지 않는다.[22)] 심사의 대상이 되는 것은 ① 상소장의 기재내용과 부본(副本)이 맞게 갖추어져 있는지, ② 상소기간 내의 상소인지 및 당사자가 불가항력 등의 원인으로 제출 연기신청을 했던 경우에는 이에 관한 서면자료, ③ 상소심의 비용의 예납 혹은 상소비

21) 赵钢, 占善刚, 刘学在 著, 前揭 民事诉讼法, 310面.
22) 上揭書, 311面.

용의 연기, 감액, 면제 등의 신청에 관한 사항이다.[23] 원심법원이 보낸 서류에 미비한 점이 있으면 즉시 통지하여 보정을 하도록 한다. 상소요건을 갖추지 못하는 경우에는 역시 상소각하의 재정을 한다.

상소법원의 입안정이 심사한 결과 오류가 없다고 인정되면 5일 이내에 입안등기표에 기록하고, 사건번호를 매기고 당사자에게 사건수리통지서와 응소통지서를 보낸다. 그리고 입안등기를 한 다음날 사건자료를 해당 심판정으로 보내어 상소심의 수리절차를 종료한다.[24]

제3절 상소심절차

상소심절차는 제14장의 제2심 절차에 관한 규정을 적용하며 여기에 규정이 없는 사항은 제1심의 보통절차에 관한 규정을 적용한다(민소법 제174조). 그러나 상소심의 절차와 관련해서는 우선 상소심의 심판범위가 문제되며 심리의 방식도 제1심 보통절차와 다른 것이 적지 않다.

I. 상소심의 심판범위

상소심의 심판범위에 관하여 중국의 민사소송은 세 차례에 걸쳐 심한 변동을 겪었다. 이 변동과정은 과거 극단적으로 직권주의적인 태도를 보이던 국가간예주의로부터 당사자 처분권주의로의 이행을 보여주고 있는 것이다. 아직은 완전하지는 않으나 과거보다는 상당히 당사자의 처분권을 존중하고 있다고 평가할 수 있다.

즉 1982년의 시행법(試行法) 제149조는 "제2심 법원은 제1심 법원이 인정한 사실 및 법률적용에 대하여 전면적으로 심사해야 하며, 상소범위의 제한을 받지 않는다"라고 규정하고 있었다. 이 규정은 바로 국가간예주의와 진실절대주의의 원칙을 선언한 것이며 그 시대의 실무관행도 제2심 법원은 상소청구의 범위의 제한을 받지 않고 전면

23) 〈最高人民法院关于人民法院立案工作的暂行规定〉(1997-05-29) 제20조.
24) 上揭規定 제21조.

적으로 심리하여 새로 재판을 한다는 것이었다.[25)]

이에 비하여 1991년 제정된 민사소송법 제151조(현행법 제168조)는 "제2심 법원은 상소청구와 관련된 사실과 법률의 적용에 대하여 심사를 하여야 한다"라고 규정하고 있다. 즉 시행법 시대보다는 당사자의 소송주체로서의 지위와 처분권주의를 매우 존중하는 진전된 태도를 보이고 있다. 그러나 이 규정은 당시의 사회분위기 및 재판실무와 너무 차이가 나는 것이었으며, 이를 반영하듯 곧이어 실무측(최고인민법원)에서 공포한 〈약간의견〉 제180조는[26)] "제2심 법원이 민사소송법 제151조를 적용하여 상소인의 상소청구와 관련된 사실과 법률적용을 심사할 때에, 상소청구 이외에 원판결에 착오가 있음을 발견한 경우에는 이것도 마땅히 바로잡아야 한다"라고 규정하였다. 즉 최고인민법원은 민사소송법 제151조의 규정에도 불구하고 다시 국가간예와 진실절대주의를 강조하는 태도를 보인 것이었다.[27)] 이와 같은 최고인민법원의 태도는 당시 구소련식의 사회주의 민사소송에서 탈피하려는 학자들의 노력에 정면으로 배치되는 것이었으며 많은 비판을 받게 되었다.

1990년대 말에 시장경제체제가 성숙해지면서 사건이 격증하게 되었고 학계는 물론 최고인민법원도 심판방식의 개선의 의지를 보이기 시작하였으며 그 결실로 1998년에는 심판방식 개선을 위한 중대한 사법해석[28)]을 내리게 되었다. 이 사법해석 제35조는 "제2심 사건의 심리는 당사자의 상소청구를 둘러싸고(圍繞) 진행되어야 하며 당사자가 청구하지 않은 것은 심사를 해서는 아니 된다(본문)"라고 규정하여 일단 민사소송법 제151조의 정신으로 되돌아갔다. 그러나 그 단서에는 "판결이 금지성 법률이나 규정을 위반한 경우, 사회공공이익이나 타인의 이익을 침해하는 경우는 제외한다"라고 규정하고 있다.[29)] 이에 따라 현재는 단서에 해당하지 않는 한 상소인의 청구범위 내에서만 심판하는 것으로 되게 되었다.

---

25) 따라서 불고불리(不告不理)나 불이익금지원칙이라는 개념도 형성되지 않았다.

26) 민사소송법은 입법기관인 전국인민대표대회에서 재정한 것이며 〈약간의견〉은 사법기관인 최고인민법원에서 공포한 것이다. 1991년의 민사소송법은 처분권주의를 처음 명문으로 선언하였으며 이에 맞추어 상소심의 심판범위도 상소청구와 관련된 것으로 제한하는 입법을 하였으나 당시의 사회상황이나 실무관행과는 심한 괴리(乖離)가 있었다. 이렇게 되자 사법해석권을 가진 최고인민법원은 국가간예주의와 처분권주의 중 하나를 선택해야 하는 난처한 입장에 빠지게 되었다. 〈약간의견〉 제180조는 그 당시의 농후한 사회주의적 색채와 실무관행을 감안하여 국가간예 쪽으로 결단을 한 것으로 볼 수 있다.

27) 상소심의 구조도 복심적인 것으로 보았다.

28) 〈最高人民法院关于民事经济审判方式改革问题的若干规定〉[法释(1998) 14号].

29) 제2심이 종심이자 법률 해석의 통일을 담당하는 법률심임을 감안한 것이라고 하나 역시 처분권주의와는 거리가 있다고 보아야 한다.

Ⅱ. 상소심의 심리방식

상소심은 합의부를 구성하여 재판한다. 제2심 절차는 제1심 절차에 대한 감독의 의미도 있으므로 반드시 합의부에서 재판하며 독임정(獨任庭)에서 재판할 수 없다. 또 합의부의 구성도 제1심과는 달리 인민배심제를 취할 수 없고 모두 심판원(법관)으로 구성해야 한다. 또 상소사건의 심리는 본원(本院)에서 심리하는 것이 일반적이겠으나 경우에 따라서는 사건의 발생지나 원심 법원 소재지에 가서 심리할 수도 있다(민소법 제169조 제2항).

상소심은 사실심의 역할과 법률심의 역할을 동시에 하는 것이므로 원칙적으로 개정심리(開庭審理)의 방식을 취하도록 하고 있다(민소법 제169조 제1항 전문). 즉 상소인과 피상소인 및 기타 소송참여인을 소환하여 대석시키고, 법정조사, 법정변론, 합의부의 평의와 선고 등 전과정을 거치게 하여 구술주의 원칙과 변론주의 원칙을 구현하여야 한다.

그러나 합의부가 소송기록의 열독(閱讀)과 조사, 당사자의 심문을 거친 결과 새로운 사실, 증거 또는 이유가 없어, 개정심리가 필요하지 않다고 인정하는 경우에는 개정하지 않고 심리할 수 있다(제1항 제2문). 즉 예외적으로 일종의 약식심리(略式審理)[30]방식을 취할 수도 있도록 하고 있다. 약식심리도 합의부가 주관하며 기록의 열독 이외에도 조사를 하고 당사자를 심문하는 점에서 서면재판과는 다른 개념이다.[31]

이 약식심리 절차는 합의부가 소송기록의 열독(閱讀)과 조사, 당사자의 심문을 거쳐 면밀히 사실관계를 조사하여 명확히 한 후에 예외적으로 실시할 수 있는 절차이다.[32] 〈약간의견〉 제188조는 다음과 같은 경우에 약식심리절차를 취할 수 있다고 한다.

① 제1심의 불수리 재정, 관할이의에 대한 재정 및 소각하의 재정에 대한 상소사건
② 당사자의 상소청구가 인정될 수 없음이 명백한 사건
③ 원심의 사실인정에는 착오가 없고 법률의 적용에만 착오가 있는 사건

---

30) 이와 같은 약식의 심리방식을 2012년 개정 전에는 "경행재판(径行裁判: 径行은 지름길로 곧바로 간다는 뜻이다)을 할 수 있다"라고 표현하였으나 이번 개정에서는 "새로운 사실, 증거, 이유가 없는 경우"라는 조건을 추가하는 동시에 "개정하지 않고 심리할 수 있다"라고 하고 있다.

31) 대석변론을 거치지 않는 점에서 절차의 정당성이 의심스러우며 이후에는 폐지함이 좋겠다는 견해도 있다[张卫平 著, 前揭 民事诉讼法(第二版), 318面].

32) 개정심리가 원칙이고 약식심리절차는 예외적으로 운용되어야 한다는 것이 법의 취지이나 실무에서는 약식심리가 개정심리를 압도하여 상소심 절차의 약 70%를 차지하는 것도 중국 상소제도의 문제점의 하나라고 한다. 이와 같은 상소심의 운용은 재판에 대한 불신을 초래하게 되고 결국 재심절차로 이어지게 되는 폐단이 있다고 한다[江伟 主编, 前揭 民事诉讼法专论, 401~402面(傅郁林 집필부분) 참조].

④ 원판결이 법정절차를 위반하여 사건의 정확한 해결에 영향을 미쳤을 가능성이 있어 환송해야 할 사건

Ⅲ. 상소심에서의 신증거의 제출

상소심은 사실심인 동시에 법률심이므로 상소심에서 당사자는 새로운 증거[33]를 제출할 수 있다. 제2심의 증거제출, 질증, 인증(認證)의 절차는 제1심과 약간 다른 면이 있다. 즉 새로운 증거의 인정여부와 증거제출기간에서 제1심과 차이가 난다.

1. 새로운 증거(신증거)의 의의

우선 제2심인 상소심에서는 이른바 새로운 증거(신증거)의 제출이 허용되나 제2심에서 제출하는 모든 증거가 새로운 증거로 취급되는 것이 아니고 다음과 같은 경우만 신증거로 되어 이에 대하여 증거제출기간의 제한, 질증, 인증 등의 절차를 새로 밟게 된다.

(1) 제1심 절차 종료 후에 새로 발견된 증거(〈증거규정〉 제41조 제1항 제2호 전문)

여기의 새로 발견된 증거라 함은 제1심 절차 종료 후에야 비로소 생성(生成)된 증거는 물론이고 그 이전에 존재했으나 당사자가 알지 못했던 증거도 포함된다.

(2) 당사자가 제1심의 증거제출기간 만료 전에 법원에 그 조사와 수집을 신청했으나 허락을 받지 못했던 증거로서, 제2심 법원의 심사결과 마땅히 허락되었어야 한다고 인정되며 당사자가 그 조사수집을 신청한 증거(〈증거규정〉 제41조 제1항 제2호 후문)

예컨대 필요한 증거가 상대방의 상업비밀에 속하는 것이어서 자기로서는 수집할 도리가 없다고 설명하면서 특정한 영업관련 서류의 조사수집을 제1심 법원에 신청했으나 제1심에서 받아들여지지 않아 수집하지 못했던 것인데 제2심 법원에서 신청이 허락되어 법원이 조사수집하게 된 증거와 같은 것을 말한다.

(3) 증거제출 연기신청이 허락되었으나 객관적인 원인으로 그 기간 내에 제출할 수 없었던 증거이나 그 증거에 대한 심리 없이는 재판이 불공정해질 것이 명백한 증거(〈증거규정〉 제43조 제2항)

원래 증거제출기간이 지나 제출한 증거는 신증거로 취급되지 않아 법원이 이를 채택하지 않는다. 그러나 기간 내에 증거를 제출하기가 매우 어려운 경우에는 증거제출

33) 중국에서는 訴訟資料 즉 사실과 증거를 한마디로 증거라고 표현하는 경우가 많다.

기한 내에 그 제출기간의 연장을 신청할 수 있다(〈증거규정〉 제36조). 그 연장된 기간 내에도 제출할 수 없었던 증거이나 이 증거가 공정한 재판을 위하여 반드시 필요한 경우에는 신증거[34]로 취급한다.

2. 상소심의 증거제출기한

상소심의 증거제출기한은 위의 실권되지 않는 신증거를 제출할 기한을 말하는 것이다. 당사자가 상소심에서 새로운 증거를 제출하는 경우에는 제2심 개정 전 또는 개정 심리시에 제출하면 된다. 다만 제2심이 개정심리를 하지 않는 경우[35]에는 법원이 지정한 기한 내에 제출하면 된다(〈증거규정〉 제42조 제2항).

Ⅳ. 상소심의 심리기한

상소심의 심리기한은 판결에 대한 상소의 경우에는 제2심의 입안일로부터 3개월이며 특별한 사정으로 연장할 필요가 있는 경우에는 법원장의 비준을 얻어 연장할 수 있다(민소법 제176조 제1항). 재정에 대한 상소심은 제2심 입안일로부터 30일 내에 종심재정을 해야 하며(제2항), 연장이 허용되지 않는다.

제4절 상소심의 재판

상소심인 제2심 법원에서 내리는 재판의 형식도 판결과 재정의 두 가지가 있다. 그리고 내용에 따라 분류하면 상소기각의 재판, 취소자판, 취소환송의 재판으로 나눌

34) 신증거는 실권되지 않는 증거라는 의미이다. 제1심에서도 기한 연장을 해주었으나 그 기한 내에도 제출할 수 없었던 증거는 실권효를 받지 않는다(제41조 제1항). 그 이유는 법원이 그 제출이 어렵다는 점을 인정했던 증거라는 점에서 찾을 수 있다. 그러나 이와 같은 증거라도 그 증거에 대한 심리 없이는 재판의 공평을 해할 염려가 있는 경우에만 제출이 허용된다. 이와 같은 증거는 역시 사실심인 제2심 절차에서도 허용되는 것으로 보아야 할 것이다(谭兵, 李浩 主编, 前揭 民事诉讼法学, 325面). 그러나 이러한 증거의 제출이 허용되는 것은 제1심에 한한다는 견해도 있다[最高人民法院关于民事诉讼证据的若干规定(注释本), 法律出版社(2009), 34面].

35) 앞의 상소심의 심리방식에서 본 약식심리를 하는 경우를 말한다.

수 있다.[36)37)]

이하에서는 판결에 대한 불복과 재정에 대한 불복으로 나누어 살펴보기로 한다.

Ⅰ. 판결 및 재정에 대한 상소사건에 대한 재판

2012년 개정에서는 재정에 대한 제2심의 재판에 관하여도 판결에 대한 재판과 함께 규정하였다. 즉 개정 전에는 재정에 대한 상소에 대하여는 모두 재정의 형식으로 처리한다(개정 전 민소법 제154조, 개정법 제171조)고 규정할 뿐 취소자판, 취소환송 등을 허용할 것인지 등에 대하여는 규정을 하지 않았었다. 그러나 실무상으로는 재정에 대한 상소도 판결에 대한 상소에 준하여 처리해 왔다고 한다. 개정민소법 제170조는 판결과 재정을 함께 규정함으로써 이를 통일하였다.

1. 원판결, 재정의 유지[38)](민소법 제170조 제1항 제1호)

원심판결, 재정이 정당하다고 인정하는 경우, 즉 사실인정이 분명하고 법률적용에 착오가 없는 경우에는 판결, 재정으로 상소를 기각하고 원판결, 재정을 유지한다. 또 규정은 없으나[39)] 제2심에서 신증거의 제출이 허용되므로 원래 제1심의 판결이유가 정당하지 않더라도 제2심에서 피상소인이 제출한 증거가 인정되어 같은 결론에 도달한

---

36) 중국의 교과서에서는 우리의 상소장 각하명령이나 상소각하판결은 상소심재판의 종류로 거론하지 않는 것이 일반적이다. 상소장 각하와 상소각하를 구별하는 경우가 별로 없으며 모두 상소각하(驳回上诉)라고 부르는 것이 보통이며, 상소각하는 원심법원과 상소심법원의 입안정에서 각각 재정으로 한다(赵钢, 占善刚, 刘学在 著, 前揭 民事诉讼法, 311面). 그러나 입안정의 수리절차가 끝난 후 합의정에서 상소요건의 불비를 비로소 발견할 수도 있을 것이므로 상소심의 재판에 상소각하도 포함되어야 할 것이 아닌가 생각된다.

37) 상소심이 진행되는 도중에 비로소 원래 제1심에서 수리해서는 안 되는 사건이었음을 발견한 경우에는 상소심법원이 원심법원으로 환송하여 소의 각하를 하도록 하지 않고 직접 소 각하의 재정(裁定驳回起诉)을 할 수 있다(〈약간의견〉 제186조).

38) 중국에서는 기각(棄却)과 각하(却下)를 구분하지 않고 박회(驳回)라는 용어를 사용한다. 따라서 소의 각하는 기소의 박회(驳回起诉), 청구기각은 소송청구의 박회(驳回诉讼请求)라고 부른다. 따라서 상소기각은 상소청구의 박회(驳回上诉请求)라고 해야 옳을 것이나(赵钢, 占善刚, 刘学在 著, 前揭 民事诉讼法, 315面은 이렇게 부른다) 오히려 그냥 상소의 박회(驳回上诉)라고 하는 경우가 많다[江伟 主编, 前揭 民事诉讼法(第四版), 340面; 谭兵, 李浩 主编, 前揭 民事诉讼法学, 326面; 张卫平 著, 前揭 民事诉讼法(第二版), 319面 등]. 다만 각하 또는 환송의 경우는 재판의 형식이 재정이기 때문에 앞뒤에 재정이 붙은 것은 각하에 해당하는 재판일 것이므로 큰 혼란은 없다. 즉 상소박해재정(驳回上诉裁定)은 상소의 각하로 상소박해판결(驳回上诉判决)은 상소기각으로 각각 이해하면 된다.

39) 우리 민사소송법 제414조 제2항과 같은 규정은 없다.

경우에는 상소기각의 판결을 할 수 있다고 본다.[40] 예컨대 원고가 대여금 반환청구의 소를 제기한 사건의 제1심에서 피고의 변제항변이 인정되어 원고가 패소하고 상소한 사건에서, 제2심 법원 심리결과 변제가 없었으나 피고의 출소기간 도과의 항변을 받아들인 경우와 같다.

2. 취소자판 등(제2호)[41]

원심재판의 전부 또는 일부를 취소하고 스스로 재판을 하는 것을 말한다. 즉 원판결이나 재정의 사실인정에 착오가 있거나 법률적용에 착오가 있는 경우에는 판결, 재정으로 고쳐 재판하거나 취소 혹은 변경한다. 2012년 개정 전에는 원판결의 법률적용에 착오가 있는 경우에는 법에 따라 고쳐 재판한다고 하였으나, 개정으로 사실인정의 착오도 취소자판의 대상으로 추가되었으며 재정의 경우는 이를 취소하거나 변경할 수 있다고 하였다(민소법 제170조 제1항 제2호).[42]

또 원심재판의 사실인정에 착오가 있는 경우에 취소하고 제1심으로 환송할 수 있도록 하였던 것을 자판으로 못 박은 것이다. 따라서 일반적인 사실인정의 착오는 모두 자판을 하도록 하고 기본적 사실조차 불명확히 한 경우에만 임의적 환송의 대상으로 하였다(제3호).

3. 취소환송(取消還送)의 재정(제3호, 제4호)[43]

제2심의 심리결과 제1심 판결의 착오가 중대하여 자판을 하면 심급의 이익을 해할 염려가 있는 경우에는 원심법원으로 돌려보내어(发回) 다시 재판하게(重审)한다. 환송에는 필요적 환송과 임의적 환송이 있다.[44]

환송은 언제나 재정의 형식으로 하며 환송심에서는 다시 합의부를 구성하여 재판해야 하며(원심이 독임정 사건이었던 경우도 환송심은 합의정에서 한다) 이 합의부에는 원심판결에 참여했던 심판원이 참여할 수 없다. 또 환송심의 판결은 여전히 제1심 재판이므로 이에 대하여 다시 상소를 할 수 있다.

---

40) 赵钢, 占善刚, 刘学在 著, 前揭 民事诉讼法, 315面.

41) 고쳐 다시 재판하는 것을 말하며 의법개판(依法改判)이라 한다.

42) 2012년 개정에서는 취소자판 외에도 취소변경을 할 수 있다고 규정하였으며, 여기의 취소·변경할 수 있다는 규정은 원심재정을 대상으로 한 것이라 한다.

43) 발회중심(发回重审)이라 하며 이 재판의 형식은 재정(裁定)임을 주의해야 한다.

44) 우리 민사소송법은 항소심의 임의적 환송제도를 폐지하였으나 중국에는 임의적 환송제도가 있을 뿐만 아니라 매우 빈번히 사용된다. 중국의 제2심(상소심)은 종심재판이기 때문에 우리의 항소심과는 달리 보아야 한다.

(1) 필요적 환송(제4호)

원판결이 법정절차를 위반하여 사건의 정확한 판결에 영향을 주었을 가능성이 있는 경우는 재정으로 원판결을 취소하고 원심법원에 환송하여 다시 심리하게 한다(민소법 제170조 제1항 제4호). 이를 필요적 환송이라 한다. 그 구체적인 경우는 원래 〈약간의견〉에 제시되어 있었다. 즉 ① 본안을 심리한 심판원, 서기가 회피를 해야 함에도 회피하지 않은 경우, ② 개정심리를 거치지 않고 판결한 경우, ③ 보통절차가 적용되는 사건에서 당사자에게 소환장에 의한 소환절차를 거치지 않고 결석판결을 한 경우, ④ 기타 법정절차를 크게 어긴 경우에는 반드시 원심으로 사건을 돌려보내 다시 재판하게 해야 한다(〈약간의견〉 제181조).

또 다음과 같은 경우에는 제2심 절차에서 조정을 시도해보고 조정이 성립하지 않으면 제1심 법원으로 환송해야 한다고 한다.

① 당사자가 제1심에서 제출한 소송청구(소송물)에 대한 심리와 판결이 탈루된 경우에는 제2심 법원에서 자유의사의 원칙에 입각해 조정을 해 보고 조정이 성립되지 않으면 원심으로 환송한다(〈약간의견〉 제182조).[45]

② 반드시 소송에 참가해야 하는 당사자가 제1심에서 참가하지 않았던 경우에도 제2심에서 이를 포함하여 조정을 시도할 수 있으며 조정이 성립하지 않는 경우는 원심으로 환송한다(〈약간의견〉 제183조).

③ 제1심에서 이혼을 불허하는 재판을 한 경우 상소심에서 이혼을 허용해야 한다고 인정하는 경우에는 당사자의 자유의사의 원칙에 입각하여 자녀의 부양, 재산문제 등을 함께 묶어 조정을 할 수 있으며, 조정이 성립하지 않는 경우에는 원심으로 환송해야 한다(〈약간의견〉 제185조).

2012년 개정에서는 그 중대한 절차규정 위반의 예로 원판결이 당사자를 탈루시켰거나 위법하게 결석판결을 한 경우를 들었다(제170조 제1항 제4호).

(2) 임의적 환송(제3호)

개정 전에는 원판결의 사실인정에 착오가 있거나 사실인정이 불명확하거나 증거가 부족한 경우에는 원판결을 취소하고 제1심으로 환송하거나, 스스로 사실관계를 분명히 한 후 원판결을 변경할 수도 있다(개정 전 민소법 제153조 제1항 제3호)고 하였다. 이때 자판하지 않고 원심으로 돌려보내 다시 재판하게 하는 것을 임의적 환송이라 한다.

근래 임의적 환송이 과도하게 사용되어 심리의 지연과 소송비용의 증가를 가져오는

45) 조정은 심급의 이익을 고려할 필요가 없는 점에서 중국에서는 항소심에 적극 이용하고 있다. 조정은 항상 자유의사(自願)의 원칙을 강조한다. 자원 즉 자유의사는 임의복종을 의미한다.

폐단이 있었다고 한다.[46] 이를 교정하기 위하여 2012년 개정에서는 기본적 사실의 인정이 불명확한 경우에만 원판결을 취소하는 재정을 하고 원심법원에 환송하거나 사실을 명확히 한 후 고쳐 재판할 수 있다고 하였다.

그리고 과거 사법 해석[47]에 의해 임의적 환송을 1회로 제한하던 것을 받아들여 명문으로 규정하게 되었다. 즉 취소환송된 사건에 대하여 원심인민법원이 판결을 한 후, 당사자가 다시 상소를 한 경우에는 제2심 법원은 다시 취소환송하지 못한다(민소법 제170조 제2항).

Ⅱ. 재정에 대한 상소재판 후의 조치

재정에 대한 상소사건의 재판은 일률적으로 재정의 형식으로 한다(민소법 제171조). 제2심의 재정은 종심적 재정이며 재정서가 당사자에게 송달되면 즉시 법률적 효력이 발생한다. 또 위에서 본 바와 같이 판결과 마찬가지로 ① 원재정의 유지, ② 취소자판 혹은 취소·변경, ③ 취소환송을 할 수 있다(제170조).

심리결과 원심 재정의 사실인정이 정확하지 않거나 법률적용에 착오가 있다고 인정하는 경우에는 원심 재정을 취소하며, 취소 후의 조치는 불복한 재정의 내용에 따라 달라진다.[48]

1. 불수리재정의 취소

제1심의 불수리의 재정이 잘못된 경우에는 그 재정을 취소하고 제1심 법원에 입안수리를 지령(指令)한다(〈약간의견〉 제187조 전문).

2. 소 각하의 재정을 취소하는 경우

제2심 법원이 제1심의 소 각하 재정을 취소하는 경우에는 제1심 법원에 심리를 진

---

46) 江伟 主编, 前揭 民事诉讼法专论, 405~406面(傅郁林 집필부분) 참조. 그 이유는 심리기간제도와 행정관리지표의 압력 때문이라 한다. 특히 연말 결안수를 취합할 즈음에 이와 같은 현상이 두드러지며, 제1심은 급히 결안하여 사건을 제2심으로 가게 하고, 제2심은 자판보다는 다시 급히 제1심으로 환송하여 다른 재판부에 배당되게 하고, 여기서도 빨리 재판하면 다시 상소하게 되고 하는 식으로 결안수를 늘리는 경향이 있다고 한다.

47) 〈最高人民法院关于人民法院对民事案件发回重审和指令再审有关问题的规定〉[法释(2002) 24号] 제1조. 환송심의 재판에 여전히 착오가 있는 경우에는 제2심 법원이 자판해야 한다.

48) 입안정의 불수리재정, 관할이의에 대한 재정, 소 각하의 재정에 한하여 상소가 허용됨을 주의해야 한다.

행하라는 지령을 내린다(〈약간의견〉 제187조 후문).

3. 관할권 이의에 대한 재정을 취소한 경우

관할권에 대한 이의를 기각하는 재정을 취소하는 경우에는 원심법원에 심리를 중지하고 사건을 관할권 있는 법원으로 이송하라는 지령을 내린다.[49)]

제5절 상소심관련 문제

Ⅰ. 상소심에서의 조정

1. 의의와 조정의 대상

제2심 법원이 상소사건을 심리하는 경우에는 조정을 실시할 수 있다(민소법 제172조). 중국에서는 조정을 중요한 소송종결 사유로 보며 상소심에서도 상소청구의 범위나 원심의 소송상의 청구(소송물)의 제한을 받지 않고 널리 조정을 할 수 있다. 필요적 환송에서 본 바와 같이 ① 당사자가 제1심에서 제출한 소송청구(소송물)에 대한 심리와 판결이 탈루된 경우(〈약간의견〉 제182조), ② 반드시 소송에 참가해야 하는 당사자가 제1심에서 참가하지 않았던 경우(〈약간의견〉 제183조), ③ 제1심에서 이혼을 불허하는 재판을 한 경우 상소심에서 이혼을 허용해야 한다고 인정하는 경우에는 당사자의 자유의사의 원칙에 입각하여 자녀의 부양, 재산문제 등을 함께 묶어 조정을 할 수 있다(〈약간의견〉 제185조).

또 제2심 절차에서 원심원고가 독립된 소송물을 추가하거나 원심피고가 반소를 제기한 경우에도 자유의사의 원칙에 입각하여 제2심에서 조정을 할 수 있다. 다만 이 경우 조정이 성립하지 않는 경우에는 당사자에게 별소를 제기하라고 고지해야 한다(〈약간의견〉 제184조).[50)]

---

49) 〈약간의견〉에는 이에 관한 규정이 없다. 그러나 다른 비복 등을 보면 대개 이와 같이 하도록 하고 있다.

50) 환송하지 않고 별소의 제기를 고지하는 이유는 이미 제1심 재판이 종결된 마당에 다시 제1심으로 보내는 경우에는 이미 병합심리의 이점인 소송경제의 달성을 실기하였고 환송심으로 인하여 원심의 쟁의의 종결이 늦추어질 뿐임을 고려한 것이라 한다. 〈약간의견〉의 제정시에는 아예 상소

2. 조정의 효력

제2심에서 조정이 달성된 경우에는 조정서를 작성하고 이에 법관, 서기가 서명하고 법원의 인장을 찍는다. 그리고 조정서가 송달되면 원심판결은 즉시 취소된 것으로 본다(민소법 제172조).

제2심에서 조정이 성립된 경우에는 언제나 조정서를 작성해야 한다.[51] 왜냐하면 제2심에서 조정이 성립되면 제1심 판결은 취소되게 되는데 이때 조정서가 제1심 판결이 효력이 없다는 것을 증명할 수 있기 때문이다.[52] 조정서가 송달되면 명문의 규정으로 원판결이 즉시 취소된 것으로 보기 때문에 별도로 원판결을 취소하는 재정을 할 필요도 없고 조정서에 원판결의 취소를 기재할 필요도 없다.

Ⅱ. 불이익변경금지 원칙

1. 원칙의 의의

불이익변경금지의 원칙은 원래 항소심의 판결의 변경 범위에 관한 것으로 처분권주의에 근거한 판결변경 금지의 원칙이다.[53] 즉 당사자의 처분권주의를 상소심에 적용한 결과이며 항소나 부대항소한 당사자가 신청한 불복의 한도 내에서만 변경이 가능하고 이를 넘어서는 이익으로도 불이익으로도 제1심 판결을 변경할 수 없다는 것이다. 이 원칙은 한편으로는 당사자의 자유로운 상소권의 행사를 보장해주는 것이기도 한다.

2. 중국 민사소송과 불이익변경금지 원칙

중국의 민사소송법에는 불이익변경금지에 관한 명문의 규정이 없다. 그럼에도 불구

심에서 자판하도록 하자는 견해도 있었다고 한다(梁书文 主编, 前揭 民事诉讼法适用意见新释, 281~282面 참조).

51) 제1심에서 조정이 달성된 경우에는 일정한 경우 조정서를 작성하지 않을 수 있다. 즉 ① 조정으로 사이가 회복된 이혼사건, ② 입양관계를 유지하기로 조정된 사건, ③ 즉시 이행될 수 있는 사건, ④ 기타 조정서의 작성이 필요하지 않다고 인정되는 사건에서는 조정서를 작성하지 않을 수 있다(민소법 제98조 제1항).

52) 谭兵, 李浩 主编, 前揭 民事诉讼法学, 328面.

53) 우리 민사소송법 제415조는 "제1심 판결은 그 불복의 한도 안에서 바꿀 수 있다. 다만 상계에 관한 주장을 인정하는 경우에는 그러하지 아니하다"라고 하여 불이익변경금지 원칙을 두고 있다.

하고 이 원칙을 상소심에 적용할 수 있는지에 관하여 상당한 논의가 있다. 대체적으로 학자들은 이 원칙을 확립해야 한다는 견해이나[54] 실무는 이 문제에 대하여 그다지 호의적이지 않은 것 같다.

불이익금지의 원칙은 처분권주의에 기초를 두고 있으므로 중국의 민사소송에서 당사자 처분권주의가 어느 정도 실현되는가와 밀접한 관련이 있다. 또 이 문제는 이미 살펴본 상소심의 심판범위와도 밀접한 관련이 있다고 하겠다. 원래 처분권주의와 사회주의 민사소송에서의 국가간예주의 내지는 진실절대주의와는 서로 어울리지 않는 이념이다.

사회주의적인 색채가 매우 농후했던 시행법(試行法)에는 물론 현행법의 제정 후에도 상당기간 동안 처분권주의[55]는 국가간예와 진실절대주의에 압도당하고 있었다. 또 이미 본 바와 같이 이전에는 상소심의 심판범위에 제한이 없었다. 이와 같은 환경하에서는 예컨대 甲이 乙에 대하여 1,000만 원의 손해배상 청구를 하여 500만 원의 손해배상을 인정하는 판결을 받고 상소한 경우 상소심의 심리결과 손해는 200만 원에 그침이 발견된 경우 법원은 객관적 사실에 입각한 재판을 해야 하므로 서슴지 않고 제1심 판결을 고쳐 200만 원의 손해배상을 명하는 판결을 할 것이다. 또 이 판결 내용이 객관적 진실에 부합된다면 이 판결을 비난할 여지도 별로 없었다.[56]

그러나 1990년대 후반에 와서는 시장경제체제가 심화되게 되었으며 결국 이를 뒷받침하는 소송제도의 개혁문제가 필연적으로 대두되게 되었다. 이때부터 학자들은 민사소송법에 규정되어 있는 처분권주의와 변론주의를 새로운 시각에서 바라보게 되었으며, 국가간예원칙 내지는 진실절대주의에 강한 반대를 표시하게 되었다. 그리고 최고인민법원도 심판방식을 변론주의 방식으로 전환하게 되었다. 그러나 이미 항소심의 심판범위 문제에서 보았듯이 아직 사회주의인 정치체제, 이미 고착화되어 있는 국가간예주의를 일조일석에 고칠 수는 없었다.[57]

---

54) 张卫平 著, 前揭 民事诉讼法(第二版), 323面; 赵钢, 占善刚, 刘学在 著, 前揭 民事诉讼法, 313~314面; 常怡 主编, 前揭 民事诉讼法学, 490面 등.

55) 처분권주의는 흔히 처분주의라고 불리며 1982년의 試行法 제11조에도 현행법 제13조와 똑같은 내용의 규정을 두고 있었다. 그러나 시행법 당시의 처분권주의에 대한 해석은 매우 제한적이었으며 국가간예를 앞세우는 해석을 해왔다. 예컨대 王怀安 主编, 前揭 中国民事诉讼法教程(1988년 출판), 38面에 의하면 "처분주의는 자산계급국가의 민사소송법에 모두 규정을 두고 있는 원칙이다. 그러나 우리 민사소송법이 규정하고 있는 처분주의는 자산계급국가의 민사소송법 중의 처분원칙과는 본질적으로 구별이 있다 -(중략)- 따라서 처분원칙은 상대적인 것이며, 반드시 법률에 규정된 범위 내에서만 행사할 수 있는 것이며, 이 정신은 국가의 민사관계에 대한 간예에 체현(體現)되어 있다"라고 해설하고 있다.

56) 张卫平 著, 前揭 民事诉讼法(第二版), 322面.

57) 상소심의 심판범위에 관한 1992년의 〈약간규정〉 제180조는 민사소송법 제151조를 뒤집는 일종

현재도 실무상으로는 불이익변경금지는 제대로 구현되지 않고 있으며[58] 최고인민법원도 이에 대하여 분명한 태도를 보이고 있지는 않다.[59] 그러나 학자들은 조속히 불이익변경금지 원칙을 확립해야 한다는 데 거의 이견이 없으며, 학설에 따라서는 항소심의 심판범위에 관한 민사소송법 제168조, 〈심판방식개혁 규정〉 제35조 규정으로부터 이 원칙을 추론해 낼 수 있다고 하기도 한다.[60]

Ⅲ. 상소의 취하와 소의 취하

1. 상소의 취하

민사소송법 제173조는 제2심 판결의 선고가 있기 전에 상소인이 상소의 취하를 신청한 경우에는 그 허가여부를 제2심 법원이 재정한다라고 규정하고 있다. 또 〈약간의견〉 제190조는 당사자가 제2심 절차의 진행 중 상소의 취하를 신청한 경우에는 법원이 심사를 하여 제1심 판결에 잘못이 있음을 발견하거나[61] 쌍방당사자가 통모하여 국가 및 집체의 이익, 사회공공이익 내지는 타인의 합법적인 이익을 해하는 것을 발견한 경우에는 취하를 허가하지 않아야 한다고 하여 역시 처분권주의를 상당히 제한하고 있다.

법원의 취하 허가는 서면 혹은 구술방식 모두 가능하다 할 것이나 대체로 허가의 경우는 서면재정으로 하고 불허가의 재정은 대부분 구두재정을 한다고 한다.[62]

상소 취하의 효력에 관하여는 법원의 상소 취하를 허가하는 재정이 있게 되면 상소권의 포기가 있는 것으로 보아 곧 판결이 확정된다는 것이 통설이다. 따라서 아직 상소기간 도과 전이라 하더라도 다시 상소할 수 없다고 한다.[63]

의 반동적인 해석이었으며 그 후 1998년 〈심판방식개혁 규정〉 제35조를 통하여 민사소송법 취지에 가깝게 입장을 바꾸었다. 이렇게 본다면 사실 1991년의 민사소송법은 표면적으로는 상당히 진보적인 내용을 담고 있었다고도 볼 수 있다.

58) 张卫平 著, 前揭 民事诉讼法(第二版), 322面 등 참조.

59) 자본주의적인 처분권주의를 위하여 사회주의적인 진실절대주의를 완전히 포기할 것인지는 정치체제와 관련하여 상당히 고민스러운 문제일 것임에 틀림없다. 특히 사법권의 독립이 없는 점이 가장 큰 걸림돌이 될 것이다.

60) 赵钢, 占善刚, 刘学在 著, 前揭 民事诉讼法, 313~314面. 그러나 심판범위의 문제와 판결변경의 문제는 일단 구분되어야 할 것이다.

61) 잘못된 재판이 그대로 굳어지는 것을 참지 못하는 것이 바로 유착필규(有錯必糾) 정신이며 국가간예의 표현 중의 하나이다.

62) 江伟 主编, 前揭 民事诉讼法(第四版), 336面.

63) 张卫平 著, 前揭 民事诉讼法(第二版), 317面은 반대. 소의 취하와 상소의 취하는 본질적으로 차이

2. 소의 취하

민사소송법 제174조에 의하면 항소심절차에 관하여 특별한 규정이 없으면 제1심 보통절차에 관한 규정을 적용한다고 한다. 따라서 상소심에서의 소의 취하도 민사소송법 제145조의 규정에 따라 허용된다고 할 것이다. 〈약간규정〉 제191조도 상소심에서의 소의 취하 신청과 그 허가에 관한 규정을 두고 있다. 그러나 상소심에서의 소의 취하는 양 당사자간에 화해가 달성되었음을 전제로만 취하신청을 할 수 있도록 하고 있음을 주의해야 한다. 따라서 원고의 자유로운 의사에 의한 취하를 인정한 것은 아니며 취하신청의 사유는 반드시 양 당사자간에 화해가 이루어졌다는 것이어야 한다.[64)]

Ⅳ. 부대상소(附帶上訴)

1. 부대상소의 의의

부대상소[65)]는 상대방이 제기한 상소에 부대하여 자기에게 유리한 심판을 구하는 것을 말한다. 즉 상소심의 심판범위가 상대방(상소인)의 불복범위로 한정되어 피상소인에게 유리한 판결이 나올 가능성이 없게 되는 것을 막기 위하여 피상소인이 상소인의 상소에 덧붙여 자기의 청구를 함으로써 상소심의 심판범위를 확장시키는 행위를 말한다.

부대상소의 성질에 관하여는 상소설과 비상소설이 있으나 우리의 통설과 판례는 비상소설을 취함으로써 제1심에서 전부승소한 자라 하더라도 부대상소를 할 수 있다고 한다.

부대상소는 공평의 견지에서 인정되는 것이며 특히 자기는 상소를 할 마음이 없어 상소기간을 도과시켰는데 상대방이 의외로 상소를 한 경우에 이에 대응할 수 있게 한 것이다.

부대상소의 주된 효력은 불이익변경금지 원칙을 배제시켜 상소심에서 상소인에게 오히려 불이익한 판결을 할 수 있게 해 주는 데 있다.

가 없으므로 아직 상소기간 내라면 취하한 당사자도 다시 상소할 수 있다고 보아야 한다고 한다.

64) 이렇게 제한하는 이유는 제1심 판결의 권위를 존중하고 남취하를 방지하기 위한 것이라 한다(赵钢, 占善刚, 刘学在 著, 前揭 民事诉讼法, 318面 참조).

65) 우리는 부대항소라 부르나 중국에서는 부대상소로 부를 수밖에 없다.

2. 중국 민사소송에 있어서의 부대상소

중국에서 상소심과 관련해서는 두 가지의 고민이 있다.

첫째는 제1심의 당사자는 상소를 할 것인지 아닌지를 결정하기가 몹시 어렵다는 점이다. 상소를 해도 별 이익은 없을 것 같으나 그대로 두자니 상대방이 상소하고 자기는 상소기간을 놓치지 않을까 하는 걱정 때문에 결국은 상소를 해놓고 제2심이 되어 가는 것을 보면서 상소를 취하하거나 조정을 받을 속셈으로 무조건 상소를 하는 경향이 있다고 한다.[66)]

둘째로 제2심의 재판 감독기능과 처분권주의의 충돌이다. 중국의 현실에서 상소심의 심판범위를 완전히 상소인의 불복범위로 한정을 하자고 하니 상소인이 불복하지 않은 부분도 잘못된 재판이 너무 많아 그대로 좌시(坐視)하기가 어렵다는 점이다.[67)] 따라서 불이익변경금지 원칙을 관철하기도 몹시 어려워 지금까지도 실무에서는 불이익변경금지 원칙을 달가워하지 않고 있음은 이미 언급한 바와 같다.[68)] 그러나 학자들은 심판방식을 개선하는 바에야 상소심의 심판범위도 완전히 상소인의 불복범위로 한정하고 불이익변경금지 원칙을 세워야 한다고 주장하고 있다. 문제는 불이익변경금지 원칙을 세우면 상소를 하지 않았던 당사자는 의외의 재판을 받을 염려가 있다는 점이다.[69)]

위와 같은 곤란을 제거하는데 부대상소가 큰 기능을 할 수 있다는 점에서 학자들은 부대상소제도가 필요하다고 한다.[70)] 그러나 민사소송법에는 부대상소에 관한 규정이 없을 뿐만 아니라 최고인민법원의 사법해석은 오히려 부대상소를 인정하지 않고 있다

---

66) 특히 변호사가 대리하는 소송에서 이와 같은 경향이 많다고 한다[江伟 主编, 前揭 民事诉讼法专论, 407面(傅郁林 집필부분) 참조].

67) 바로 이 점 때문에 최고인민법원의 〈약간의견〉 제180조가 나오게 된 것이다.

68) 상소심의 심판범위 제한이 없던 시대에는 불이익변경금지 원칙이 나올 여지도 없었고 상소심법원이 전면적으로 다시 심리하여 객관적 진실에 맞는 판결을 해야 하므로 부대상소제도도 불필요한 것이었으며 개념조차 생성되지 않았었다. 심판방식 개혁 후 당사자 처분권주의가 전면으로 나오자 심판범위의 제한, 불이익변경금지 원칙, 부대상소와 같은 논의가 나오게 된 것이다.

69) 이 점은 특히 중국의 재판실무가 조정과 판결을 연결하는 방식을 취하고 있음과 매우 큰 관계가 있다고 한다. 사실관계를 확정하고 법률을 적용하여 일도양단식의 판결을 하는 것이 아니라 상호양보를 유도하여 이를 토대로 판결을 하기 때문에 결국 판결을 받아도 하나는 얻고 하나는 잃는 판결을 받는 경우가 많다고 한다. 이 경우 약간 억울한 감이 있더라도 참고 있는데 상대방이 불의에 상소를 제기하면 자기로서는 상소기간이 이미 도과하여 대항할 방법이 없다는 것이다. 이 점도 결국 상소율을 높이는 큰 원인이 된다고 한다[江伟 主编, 前揭 民事诉讼法专论, 408面(傅郁林 집필부분) 참조].

70) 불필요한 상소를 억제하고, 처분권주의의 철저화에서 오는 불합리한 점을 개선하기 위해서 이 제도가 필요하다고 한다[江伟 主编, 上揭書, 407面(傅郁林 집필부분); 江伟 主编, 前揭 民事诉讼法(第四版), 335面 등].

고 볼 수 있다. 즉 1998년에 나온 민사경제심판방식의 개혁에 관한 규정에서는 피상소인이 답변 중에 제1심 판결의 내용을 변경하거나 보충을 해줄 것을 요구하는 경우에도 제2심 법원은 이를 심사하지 않을 수 있다고 하여 부대상소에 유사한 청구를 묵살할 수 있다는 태도를 보이고 있다.[71]

71) 前揭 〈最高人民法院关于民事经济审判方式改革问题的若干规定〉[法释(1998) 14号] 제36조.

제2장 재심절차(심판감독절차)

제1절 재심절차 개설(概說)[1)]

Ⅰ. 재심절차의 의의

재심은 확정된 종국판결에 대하여 그 판결을 그대로 유지하는 것이 심히 부당할 정도로 중대한 하자(재심사유)가 있는 경우 그 판결의 취소와 함께 이미 종결된 사건에 대한 재심판을 구하는 것을 말한다. 원래 판결은 한번 확정되면 정당한 판결인지 부당한 판결인지를 묻지 않고 기판력이 발생하여 법원이나 당사자가 그 판결내용을 다툴 수가 없는 것이 원칙이다. 왜냐하면 쉽게 판결내용을 다툴 수 있다면 재판의 위신을 해하게 되고 이미 확정판결에 따라 형성 · 유지되어온 법률관계를 뒤집게 되어 법적안정성이나 법률생활의 안정을 기할 수 없게 되기 때문이다.

그러나 중대한 하자가 있는 판결을 그대로 유지하는 것은 국민의 재판에 대한 신뢰를 저버리는 것이며 구체적으로는 당사자에게 심히 부당한 판결내용을 강요하는 것은 정의의 실현을 도외시하는 것이 된다. 이와 같은 이유로 예외적인 경우(재심사유에 해당하는 경우)에는 확정판결에 부여된 기판력을 제거하여 다시 재판을 받을 수 있는 제도를 두게 되었으며 이것이 곧 재심절차이다. 따라서 재심절차는 기판력을 바탕으로 하고 예외적으로 이를 제거하는 절차라고 할 수 있다. 서구의 민사소송제도에서는 일찍이 기판력제도를 확립하였으나 사회주의 민사소송에서는 기판력이 확고히 자리잡지 못하였고 재심을 널리 허용하는 전통을 가지고 있다.[2)]

---

1) 중국의 재심절차에 관한 자세한 내용은 손한기, “중국의 재심절차에 관한 연구”, 민사소송(제15권 제2호, 2011년), 363面; 윤문희(尹文希), “재심절차에 관한 연구(한국과 중국의 재심제도의 비교를 중심으로)”, 2014. 2 연세대학교 박사학위 논문 참조.

2) 재심과 기판력은 서로 모순관계를 이루게 되어 기판력이 확고한 경우에는 재심을 매우 제한적으로 인정하게 되며 재심을 널리 허용하게 되면 결국 기판력이 자리를 잡지 못하게 된다. 중국의

재심은 판결에 대한 불복신청이라는 점에서는 상소와 같으나 이미 확정된 판결을 대상으로 하는 점에서 상소와 다른 개념이며 상소의 효과인 확정차단이나 이심의 효력이 없다. 상소가 통상적인 불복수단이라면 재심은 판결이 이미 확정되었음에도 인정되는 특별한 불복수단[3)]이라고 할 수 있다.

Ⅱ. 중국 재심절차의 연혁

중국의 재심절차는 민사소송법 제16장에 "심판감독절차"라는 제목으로 규정되어 있다.[4)] 이와 같은 명칭은 우리에게는 매우 생소한 것으로 서구의 민사소송법에서는 찾아볼 수 없는 사회주의 민사소송법 특유의 명칭이다. 확정된 판결에 대하여 재심판을 하는 절차임에도 불구하고 재심이라는 명칭을 사용하지 않고 심판감독절차라는 명칭을 사용한 것은 중국 민사소송법의 제정에 큰 영향을 미친 구소련의 민사소송법에서 연유한 것이다.

(1) 구소련법상 심판감독절차는 법률규정에 따라 권한을 가진 공직자(검찰장, 법원장 및 부법원장)가 제기한 확정재판에 대한 항의(항소)에 대하여 법원이 재심을 진행하는 절차를 가리키는 것이었다(苏联和各加盟共和国民事诉讼纲要 제49조).[5)] 당사자로서는 이 심판감독절차를 일으킬 수 없으며 검찰장이나 법원장에게 신소(申訴)[6)]를 할 수 있을 뿐이며 신소를 받은 검찰장이나 법원장이 이에 입각하여 항소(抗訴)를 제기하면 비로소 심판감독절차가 개시되는 것이었다. 여기의 신소는 당사자의 민사소송법상의 권리가 아니라 국민의 헌법상의 권리에 속하는 것으로 신소장은 소송문서가 아니라 검찰

민사소송에서는 재심이 매우 관대하게 허용되고 있기 때문에 결국 기판력이 도외시되거나 유명무실한 것으로 평가되어 왔으며 기판력이 본격적으로 논의되기 시작한 것도 1990년대 중반 이후의 일이다.

3) 원판결의 취소나 변경을 구하는 점에서는 상소와 유사하므로 때로는 비상상소라고 부르기도 한다.

4) 재심절차와 심판감독절차가 같은 개념인지 다른 개념인지에 대하여 중국에서는 동일설(同一說)과 부동일설(不同一說)의 대립이 있다. 전통적으로 동일설이 통설의 지위를 점하고 있었으나 최근에는 부동일설이 점차 세를 얻고 있다(常怡 主编, 前揭 民事诉讼法学, 498面). 부동일설은 장래 재심절차를 당사자의 재심의 소 위주로 개편해야 한다는 주장을 함축(含蓄)하고 있다.

5) 陈刚, 中国民事审判监督程序的现状与发展, 2010년 연세대학교 중국법연구센터 개최 한중국제학술대회 발표논문 참조.

6) 신소(申訴)는 공민이나 기업·사업단위가 어떤 문제의 처리가 부정확하다고 인정하는 경우에 국가기관(국가기관의 종류를 묻지 않는다)에 그 이유를 밝혀 다시 처리해 달라는 신청을 말한다. 신소에 관한 자세한 것은 본서 제4편 제2장 제3절 심사와 수리 부분 각주 34 참조.

장이나 법원장에게 정보를 제공하는 역할[7)]을 하는 것이었다.

한편 당사자에게는 "새로운 상황에 따른 재심청구"를 할 수 있는 별개의 통로를 마련하고 있었다(苏联和各加盟共和国民事诉讼纲要 제53조). 여기의 "새로운 상황"이라 함은 원심판결의 내용을 변경할 수 있는 새로운 사실의 존재를 말하는 것이었으며, ① 이미 존재하는 사실 중 당사자가 법원의 판결시 알지 못하였거나 알 수 없었던 사실, ② 판결 후 발견한 신증거 등이 여기에 해당하는 새로운 상황으로 인정되었었다.

따라서 구소련에서는 당사자의 신소에 입각한 검찰장, 법원장이 일으키는 심판감독절차와 당사자가 신청하는 재심절차는 각각 별개의 절차이었다. 그러나 양자 모두 확정판결의 취소, 변경과 재심판이 초래되는 점에서는 동일하였다.

(2) 구소련법의 영향을 받은 중국에서도 심판감독절차를 도입하게 되었다(그 효시는 1954년에 공포한 〈중화인민공화국법원조직법〉이었다).[8)] 그 입법의 목적은 착오가 있으면 바로잡고 법률의 존엄을 지키기 위하여 민사재판활동에 국가간예를 하기 위한 것이었다. 그 후 문화혁명으로 모든 법률제도가 혼란을 겪게 되었으며 1982년 제정된 민사소송법(試行法)에 와서야 〈법원조직법〉이 규정한 심판감독절차를 구체적으로 실행하기 위하여 제14장에 민사심판감독절차를 규정하게 되었다. 그러나 시행법(試行法) 제157조에는 법원이 확실히 착오가 있는 확정된 민사재판에 대하여 재차 심리를 진행할 수 있다고 하고 있을 뿐 검찰원의 심판감독절차에 관하여는 침묵하고 있어서 이전의 법률, 즉 1979년의 〈법원조직법〉 제14조 제3항[9)]과 1979년 〈검찰원조직법〉 제18조[10)]의 규정과 어긋나고 있었다.

이를 시정하기 위하여 1991년 정식으로 민사소송법을 제정할 때 제16장에 시행법(試行法)상의 심판감독절차를 존치하는 동시에 검찰원의 항소(抗訴)에 따른 심판감독을 추가하게 되었다.

한편 1982년의 시행법(試行法) 제158조에는 당사자에게 법원에 신소(申訴)할 수 있

7) 마치 다른 기관의 통보나 신문잡지 등의 보도와 같이 재판의 잘못에 대한 정보를 얻을 수 있는 자료역할을 하는 것으로 취급되었다.

8) 구소련과 마찬가지로 중국의 사법제도에서도 법관의 물적독립은 인정되지 않고 재판기관은 각종의 감독을 받는 것이 원칙이며(이에 관하여는 제1편 제3장 기본원칙 부분 참조) 법원도 그 재판기관의 심판행위를 감독한 권한을 가지고 있다(심판감독권). 또한 중국 헌법 제129조는 검찰원은 국가의 법률감독기관임을 명시하고 있다(법률감독권).

9) 1979년의 〈법원조직법〉 제14조 제3항은 "최고인민검찰원은 각급 법원의 법적 효력이 있는 판결과 재정에 대하여, 상급 검찰원은 하급 법원의 법적 효력이 있는 판결과 재정에 대하여 착오가 있다고 확인되는 경우에 심판감독절차에 따라 항소를 제기할 권한이 있다"라고 규정되어 있었다.

10) 1979년의 〈검찰원조직법〉 제18조에도 "최고인민검찰원은 각급 법원의 법적 효력이 있는 판결과 재정에 대하여, 상급 검찰원은 하급 법원의 효력이 있는 판결과 재정에 대하여 착오가 있다고 확인되는 경우에 심판감독절차에 따라 항소를 제기해야 한다"라고 되어있었다.

는 권한을 규정하고 있었으며 당사자의 신소에 따라 법원이 원심재판에 대하여 재심사를 하도록 하고 있었다.[11] 이는 신소를 단지 심판감독절차를 일으킬 수 있는 정보로 취급하던 구소련의 태도와는 다른 것으로 당사자가 심판감독절차를 요구할 수 있는 권리의 일종으로 취급되어 법원의 재판업무에 큰 부담을 주게 되었다.[12]

이에 따라 1991년 정식으로 민사소송법을 제정할 때에 시행법 제158조의 신소(申訴) 규정을 삭제하고 대안으로 당사자의 재심신청의 권한을 두게 되었다(민소법 제178조).[13] 이에 따라 중국에서는 구소련의 민사소송법과는 달리 심판감독절차를 정하고 있는 제16장에서 법원 및 검찰원의 본래적 의미의 심판감독절차와 함께 당사자의 재심신청을 규정하게 되어[14] 명칭상 혼란을 초래하게 되었다. 이전에는 국가간예와 진실절대주의의 개념이 강하였으므로 대체로 심판감독절차라는 용어를 사용하고 있었으나[15] 최근에는 국가간예나 진실절대주의[16]가 상당한 비판을 받고 있고 어차피 모두 재심판을 초래할 수 있다는 공통점이 있다는 의미에서 재심절차라는 용어를 사용하는 예가 늘어나고 있다.[17] 이하 본서에서도 재심절차라는 용어를 사용하기로 한다.

(3) 2007년에는 민사소송법의 개정이 있었으며 그 개정은 재심절차와 집행절차의 두 방면에서 이루어졌다. 재심절차와 관련하여서는 재심제기의 기간, 재심법원에 대한 규정의 정비와 아울러 재심사유를 세분화하고 검찰원의 재심사유와 당사자의 재심신청사유를 통일하는 등 대폭적인 정비를 하였다. 또한 2008년 11월 10일에는 최고인

---

11) 王怀安 主编, 前揭 中国民事诉讼法教程, 269面 이하.

12) 시행법 제158조는 구소련 민사소송법의 당사자의 재심신청제도에 해당하는 것을 심판감독절차에 일원화하여 받아들인 것으로 보이나 구소련의 재심절차는 심판감독절차와는 별개의 절차이었던 점과 차이가 있다.

13) 신소(申訴)는 내용, 시간, 심급의 요건이 없는 점에서 재심신청과는 많은 차이가 있다. 그러나 민사소송법 제178조가 신소를 삭제하고 재심신청으로 대체하였다고 하여 국민의 신소권이 부정되는 것이 아닐 것이다(신소권은 헌법상의 권리이다). 재심신청도 소의 제기가 아니고 법원에 대한 신청임에 그치는 점에서 일종의 규범화된 신소라 할 수 있을 것이다. 결국 당사자는 스스로 재심신청을 할 수 있는 동시에 법원이나 인민검찰에 신소를 하여 심판감독절차를 일으킴으로써 사건에 대한 재심판을 이끌어낼 수 있게 되었다고 하여야 한다.

14) 陈刚, 前揭 中国民事审判监督程序的现状与发展.

15) 2000년대 이전의 교과서는 거의 모두 심판감독절차라는 용어를 사용하고 있었다. 그러나 현재도 여전히 심판감독절차라는 용어를 사용하는 경우도 적지 않다[예컨대, 谭兵, 李浩 主编, 前揭 民事诉讼法学, 345面 이하; 蔡虹 著, 前揭 民事诉讼法学(第二版), 320面 등]. 그리고 심판감독절차와 재심절차는 다른 개념이며 심판감독절차는 재심절차를 일으키는 절차를 말하며 재심절차는 사건을 다시 심판하는 절차(후속절차)를 지칭하는 것이라는 견해도 있다(赵钢, 占善刚, 刘学在 著, 前揭 民事诉讼法, 333面).

16) 국가간예주의와 진실절대주의에 관한 것은 제1편 제2장 중국 민사소송제도의 특색 부분 참조.

17) 예컨대 张卫平 著, 前揭 民事诉讼法(第二版), 325面 이하; 江伟 主编, 前揭 民事诉讼法(第四版), 343面 이하; 齐树洁 主编, 前揭 民事诉讼法(第2版); 刘家兴, 潘剑锋 主编, 前揭 民事诉讼法教程(第三版), 261面 등.

민법원 심판위원회가 개정된 재심절차에 관한 사법해석을 내려 부족한 부분을 보충하고 있다.[18]

한편 이번 개정작업 당시 민사소송법수정안(초안)에 대한 의견 수렴시 많은 학자들이 심판감독절차를 당사자의 소권을 핵심으로 하는 재심절차로 개편하자는 의견을 내었으나 채택되지 않고 여전히 심판감독권 위주의 표제가 유지되었다.[19]

(4) 2012년 민사소송법 개정시에도 몇 가지 중요한 변경이 있었다. 우선 검찰의 감독권한을 강화하여 ① 검찰건의제도를 신설하였으며, ② 인민법원의 조정활동에도 감독권을 행사할 수 있도록 하였으며 당사자나 소외인에 대한 조사 수단을 추가하였다. 또 재심의 심급에 관한 규정을 일정한 경우에는 원심법원에도 신청할 수 있도록 하였으며, 당사자가 검찰건의나 항소(抗訴)를 신청할 수 있는 근거규정을 마련하였다. 그리고 재심신청기간도 다시 고쳐 6월로 하였다. 이번 개정에도 제16장의 명칭이 문제가 되어 재심절차로 하자는 견해가 상당히 많았다. 그러나 법원조직법, 인민검찰원조직법 내지 최근 개정된 형사소송법 등에서 여전히 심판감독절차라는 명칭을 사용하고 있는 것과 보조를 맞추어야 한다는 견해가 받아들여져 심판감독절차라는 명칭을 유지하게 되었다.[20]

Ⅲ. 재심절차의 종류

위에서 언급한 바와 같이 중국의 재심절차는 당사자의 재심신청에 의하는 경우 이외에도 법원의 재심결정에 의한 것, 검찰원의 항소에 의한 것이 포함되어 있다. 이 중 당사자의 재심신청은 당사자의 권리구제를 위한 제도라는 점에서 우리와 다를 것이 없다. 그러나 법원에 의한 재심이나 검찰원의 항소에 의한 재심은 원래는 당사자의 권리구제보다는 법원의 심판감독권 내지는 검찰원의 법률감독권의 행사를 위한 절차인 점에서 우리에게는 없는 사회주의 민사소송법 특유의 제도이다. 다만 법원이나 검

18) 정식명칭은 〈최고인민법원의 중화인민공화국 민사소송법 심판감독절차의 적용에 관한 약간 문제에 대한 해석〈最高人民法院关于适用 ≪中华人民共和国民事诉讼法≫ 审判监督程序若干问题的解释〉[法释(2008) 14号]이다. 이하에서는 줄여 심판감독해석(審判監督解釋)이라 부르기로 한다. 최고인민법원이 이전에 내린 해석과 일치하지 않는 부분은 새로운 해석에 의하고 이 새로운 해석에 규정이 없는 것은 이전의 해석에 의한다(심판감독해석 제43조). 따라서 이전의 〈약간의견〉상의 재심절차에 관한 규정도 상당 부분 효력이 유지되고 있음에 주의해야 한다.

19) 蔡虹 著, 前揭 民事诉讼法学(第二版), 321面 각주 ① 참조.

20) 全国人大常委会法制工作委员会民法室 编著, 前揭 ≪中华人民共和国民事诉讼法≫ 解释与适用, 317面.

찰원이 확정된 재판에 착오가 있음을 발견하는 통로는 스스로 인지하는 경우도 있겠으나 대부분 당사자의 신소(申訴)에 의지하고 있다는 점을 주의해야 한다. 이에 따라 당사자로서는 스스로 재심신청을 하거나 법원이나 검찰원에 신소를 하여 심판감독절차로서의 재심을 일으킬 수 있게 된다.

이와 같은 감독권에 의한 확정된 재판의 재심판을 인정하고 있는 점을 설명하기 위하여 재심절차를 감독형 재심과 구제형 재심으로 나누고, 중국의 재심제도는 전형적인 감독형 재심이며 대륙법계 국가의 재심제도는 권리구제형 재심이라고 설명하기도 한다.[21]

제2절 당사자의 신청에 의한 재심

Ⅰ. 당사자의 재심신청의 의의

재심의 신청은 당사자 및 그 법정대리인이 이미 법률적 효력이 발생한 판결, 재정 혹은 조정서에 착오가 있다고 인정하여 법원에 그 사건의 재심판과 그 변경을 청구하는 소송행위를 말한다. 재심신청은 당사자의 소송상 부여받는 권리 중의 하나이며 당사자의 소권의 구체적 체현(體現)의 일종이나 중국에서는 우리와 달리 소가 아니라 재심의 신청이라는 점을 주의해야 한다.[22] 또 당사자의 재심신청은 신소(申訴)와는 다른 것이라는 점을 주의해야 한다. 재심신청은 적용되는 사건의 범위나 그 신청기간, 관할 등에 엄격한 제한이 있으나, 신소의 경우는 이러한 제한이 없으므로 확정된 판결 등에 대하여 언제라도 어느 기관(법원, 검찰원)에도 제기할 수 있다.

민사소송법 제16장은 ① 법원의 재심결정(제198조), ② 당사자의 재심신청(제199조), ③ 검찰원의 항소(제208조)의 순으로 재심절차 발동 근거를 정하고 있으나 당사자의 재

---

21) 江伟 主编, 前揭 民事诉讼法(第四版), 346面 참조. 이와 같은 감독형 재심제도에서는 당연히 국가의 간예를 강조하고 당사자의 처분권주의를 경시하게 된다고 한다.

22) 재심신청이 별개의 소의 성질을 갖지 못한 점은 실무상 무한신청의 현상을 초래한다고 한다(常怡 主编, 前揭 民事诉讼法学, 499面 이하). 그러나 구법시대에는 재심의 심리절차, 심리기한에 관한 규정을 두지 않았고 공개적이고 계통적인 절차규정이 없었던 점에 비하여 개정법에서는 비교적 자세한 규정과 절차를 마련함으로써 재심의 소권화의 기초를 닦았다고 볼 수 있다는 견해도 있다[蔡虹 著, 前揭 民事诉讼法学(第二版), 324面].

심신청이 권리구제를 위한 기본적인 제도라는 점을 감안하여 먼저 살펴보기로 한다.

Ⅱ. 재심신청의 요건

재심을 일으키면 이미 확정된 법률관계가 다시 분쟁상태로 되돌아가게 되므로 다음과 같은 일정한 조건을 갖추는 경우만 재심신청을 할 수 있다.

1. 재심신청의 주체에 관한 요건

재심을 신청할 수 있는 것은 원칙적으로 원심의 당사자이다(민소법 제199조). 그러나 여기의 당사자에는 좁은 의미의 원고와 피고 이외에도 독립청구권 있는 소송참가인,[23] 독립청구권 없는 당사자로서 판결로 민사책임의 부담을 명 받은 자[24] 등과 그 법정대리인이 포함된다. 또 원심 중 마땅히 당사자로 되어야 할 자이나 탈루되었던 자도 재심신청의 당사자가 될 수 있으며[25] 재심신청에 대한 심사가 진행되는 도중 상대방도 재심을 신청하는 경우에는 역시 재심당사자로 된다(심판감독해석 제22조).

또한 소외인으로 원판결, 재정, 조정서상의 집행목적물에 대하여 권리를 주장하는 자로서 별도의 소를 제기할 수 없는 경우에는 판결, 재정 혹은 조정서가 법률적 효력이 발생한 후 2년 이내 혹은 자기 권리의 침해를 알았거나 알 수 있었던 날로부터 3개월 이내에 그 판결, 재정, 조정서를 낸 법원에 재심신청을 할 수 있다(심판감독해석 제5조 제1항). 나아가 집행과정에 소외인이 집행목적물에 대하여 서면으로 이의를 제기하였다가 기각당한 경우에도 불복하면 재심절차에 따라 처리한다(동조 제2항).

2. 재심신청의 대상에 관한 요건

재심신청을 할 수 있는 것은 이미 법률적 효력이 발생한 판결, 재정 및 조정서이다(민소법 제199조, 제201조). 그러나 법규로 재심신청이 금지된 경우는 예외이다. 법규로 재심신청이 금지된 경우를 보면 다음과 같다.

① 이미 법률적 효력이 발생한 혼인관계를 해제하는 판결이나 조정서에 대하여는

23) 우리의 독립당사자 참가의 경우와 유사.

24) 독립청구권 없는 소송참가인은 우리의 보조참가인에 해당한다고 할 것이나 중국에서는 일정한 경우에 독립청구권 없는 참가인에 대하여 직접 민사책임의 부담을 명할 수 있는 점을 주의해야 한다(자세한 것은 본서 제3편 제2장 제5절 Ⅲ의 독립청구권 없는 소송참가 부분 참조).

25) 张卫平 著, 前揭 民事诉讼法(第二版), 331面 참조.

재심신청을 할 수 없다(민소법 제202조). 다만 이혼사건 중 재산분할과 같이 재산에 관련된 부분에 대하여는 재심신청을 할 수 있다(〈약간의견 제209조).

② 독촉절차, 공시최고절차, 기업법인 파산절차에 의한 사건에서 내린 재판(〈약간의견〉 제207조 전단)도 재심신청을 할 수 없다.[26)]

③ 심판감독절차에 따라 심리한 후 원재판을 유지하기로 한 재판에 대하여는 재심신청을 할 수 없다(〈약간의견〉 제207조 후단).[27)]

④ 재정(裁定) 중에는 불수리(不受理)의 재정이나 소 각하의 재정만이 재심신청의 대상이 된다(〈약간의견〉 제208조).

당사자가 재심신청을 할 수 없는 사건은 법원 스스로도 재심결정을 할 수 없다고 보아야 할 것이다.[28)]

3. 재심신청의 기한

재심신청은 판결, 재정, 조정합의가 법률적 효력을 발생한 후 6월 이내에 하여야 한다(민소법 제205조).[29)] 2012년 개정 전에는 2년 이내에 신청할 수 있도록 하던 것을 6개월로 단축하였다. 이것은 실무 중 주로 기본사실의 증거부족, 법률적용의 착오 등을 이유로 2년이 다 되어서야 재심신청을 하여 법률관계의 조기 확정을 방해하는 사례가 많다는 지적에 따라 단축한 것이다.[30)]

다만 ① 판결, 재정이 법률적 효력이 발생한 후에 원재판을 뒤집기에 충분한 새로운 증거가 발견된 경우(제201조 재심사유 제1호), ② 판결, 재정의 법률적 효력이 발생한 후 원재판의 사실인정에 사용된 주요증거가 위조된 것임을 발견한 경우(제3호 사유), ③ 판결, 재정의 법률적 효력이 발생한 후 그 재판의 근거가 되었던 법률문서가 폐지되거나 변경된 경우(제12호 사유), ④ 판결, 재정의 법률적 효력이 발생한 후 법관이 독직수회(贪污受贿)하거나, 사정(私情)에 이끌린 재판(徇私舞弊), 법을 왜곡하여 재판

---

26) 독촉절차는 〈약간의견〉의 규정에도 불구하고 효력이 발생한 지급명령에 착오가 있음을 발견한 경우에는 법원이 심판위원회에 회부하여 토론 결정한 후 지급명령을 취소하고 채권자의 신청을 기각할 수 있도록 되어있음을 주의해야 한다[〈最高人民法院关于适用督促程序若干问题的规定〉(法释(2001) 2号) 제11조]. 그러나 당사자가 재심신청을 할 수 있다는 규정은 없다.

27) 신소와 같이 무제한으로 허용되어 재판의 권위를 해치고 사회생활 중의 민사, 경제질서의 안정성을 해하는 것을 방지하기 위한 것이다(梁书文 主编, 前揭 民事诉讼法适用意见新释, 325面).

28) 张卫平 著, 前揭 民事诉讼法(第二版), 331面 참조.

29) 이 기간은 중단, 중지가 없는 불변기간으로 본다(全国人大常委会法制工作委员会民法室 编著, 前揭 ≪中华人民共和国民事诉讼法≫ 解释与适用, 337面).

30) 대신 예외사유(제205조 제2문)에 해당하는 경우에는 개정 전에는 사유를 안 날, 알았어야 할 날로부터 3개월의 신청기간을 주던 것을 6개월로 늘려 주었다.

(枉法裁判)을 한 것을 발견한(제13호 사유) 경우에는 그것을 안 날 또는 알았어야 할 날로부터 6개월 이내에 재심신청을 할 수 있다. 즉 예외적으로 재심신청기간을 연장해준다. 1991년 민소법 제182조에는 재심기간 2년에 대한 예외사유를 인정하지 않았으나 2007년 개정법에서 위 ③④의 예외사유 두 개를 인정하게 되었고 2012년 개정에서는 다시 예외사유로 ①②를 추가하여 네 개로 하였다.

이와 같은 재심신청 기한은 당사자의 신청에만 적용되며 법원의 재심결정이나 검찰원의 항소에는 기한을 두고 있지 않기 때문에 실무상 당사자는 재심신청기간이 지나고도 법원이나 검찰원에 신소(申訴)를 하여 심판감독절차를 일으켜 재심의 목적을 달성하는 경우가 많아 문제이다.[31]

4. 재심사유의 존재

당사자가 재심을 신청하기 위하여는 민소법 제200조 소정의 재심사유를 반드시 제시하여야 한다. 이를 제시하지 않는 경우에는 재심신청은 각하당하게 된다. 2007년의 개정법은 재심사유를 대폭 정비하여 15가지로 구체화하였다. 그 후 2012년 개정에서 다시 조정하여 13개의 재심사유를 두게 되었다. 재심사유는 아래에서 별도로 살피기로 한다.

Ⅲ. 재심신청의 절차와 방식

2007년 개정법은 1991년 법에 비하면 당사자의 재심신청의 절차와 방식에 관하여 비교적 자세한 규정을 두고 있다. 그 후 2012년 개정으로 다시 보완을 하게 되었다.

1. 재심관할 법원

2007년 개정 전의 민사소송법 제178조는 당사자가 원심법원 혹은 바로 위급의 법원에 재심을 신청할 수 있다고 되어있었다. 그러나 2007년 개정법 같은 조는 당사자가 바로 위급의 법원에 재심을 신청할 수 있다고 하여 재심신청법원의 급별관할을 높

---

31) 张卫平 著, 前揭 民事诉讼法(第二版), 330面. 법원의 재심결정이나 검찰원의 항소에 기한을 두지 않은 이유는 입법취지상 권리구제를 위한 당사자의 재심신청과는 달리 양자는 실사구시(實事求是), 유착필규(有錯必糾)의 실현을 위한 심판감독절차이므로 여기에 기한을 두면 사회주의 민사소송의 기본원칙인 국가간예, 진실절대주의를 훼손(毁損)할 염려가 있기 때문이라고 한다.

였다.[32] 이와 같이 개정을 한 이유는 원심과 상급법원에 재심신청과 신소(申訴)를 겹쳐서 하는 폐단을 바로잡고, 원심법원이 스스로의 잘못을 교정하기 곤란한 점, 원심법원의 재심신청처리의 공정성에 대한 당사자의 의구심 등을 고려한 것이라 한다.[33] 즉 상급법원에서 재심 실시여부를 판단하게 하여(재심여부 결정을 상급법원이 하도록 한다) 원심법원이 여러 가지 핑계로 재심신청을 각하 · 기각하고 본안에 대한 재심리에 들어가지 않는 것을 방지하기 위한 것이라는 것이다.[34]

상급법원의 재심결정 이후의 본안심리도 상급법원이 모두 한다면 상급법원의 심리부담이 과중하게 될 염려가 있는 동시에 사건이 적체되어 심리의 지연 등이 초래될 수도 있다. 이를 해결하기 위하여 2007년 개정법에서는 제181조 제2항을 두어 재심절차가 시작된 후(즉 재심의 재정(결정)을 한 후) 일정한 조건하에 그 심리를 다른 하급법원이나 원심법원에 맡길 수 있는 길을 열어 놓았다(본안의 심리에 관하여는 후술). 결론적으로 말한다면 재심의 신청과 재심의 결정은 상급법원에서 하고 재심의 심리는 상급법원, 하급법원, 원심법원이 분담할 수 있는 길을 열어 놓았다.

2007년의 위와 같은 개정은 대체적으로 환영을 받았으나 공민이 재심신청을 하는 경우의 편의성과 관련하여 약간의 문제가 제기되었다. 즉 확정된 재판에 대하여 상급법원에만 재심신청을 할 수 있도록 한 결과 공민이 장거리의 교통불편을 감수해야 하는 문제가 있고, 일방당사자가 다수인 경우에는 사건의 발생지에서 심판을 하는 것이 편리하다는 점이 지적되었다. 이에 따라 2012년 개정에서는 2007년 개정법의 원칙, 즉 바로 위급의 법원에 재심신청으로 하도록 한 것을 유지하여 일반원칙으로 두고 예외적인 경우로 ① 당사자 일방이 현저히 다수(众多)이거나 ② 당사자 쌍방이 모두 공민인 경우에는 원심인민법원에 재심신청을 할 수 있도록 하였다.

2. 재심신청의 방식

당사자가 재심을 신청하는 경우에는 재심신청서 등의 자료를 제출하여야 한다(제203조 제1문). 재심신청서에는 ① 재심신청인과 그 상대방의 성명, 주소 및 연락방법, 법인 기타 조직의 명칭, 주소 및 법정대리인 혹은 주요책임자의 성명, 직책 및 연락방

32) 우리의 재심관할이 재심의 대상인 원판결법원인 점과 다르다.

33) 蔡虹 著, 前揭 民事诉讼法学(第二版), 328面. 절대 다수의 제1심 재판이 기층인민법원에서 이루어지는 점을 감안하면 이 개정으로 인하여 바로 위의 상급법원인 중급인민법원의 부담이 증가한 것으로 볼 수 있을 것이다.

34) 이와 같이 여러 가지 핑계로 본안에 대한 재심리를 거부하는 데서 오는 폐해, 즉 재심의 문턱이 높은 것을 소위 신소난(申訴難: 엄격한 의미의 신소는 아니다)이라 하며 개정법은 이의 해결에 도움이 된다고 한다.

법 등 기본적인 사항, ② 원심법원의 명칭, 원판결, 재정, 조정문서의 사건번호, ③ 재심신청의 법정 사유 및 그 구체적인 사실과 이유, ④ 구체적인 재심청구 등이 기재되어야 하며(〈심판감독해석〉 제3조), 이미 법률적 효력이 발생한 판결서, 재정서, 조정서를 제출해야 하며, 신분증명 및 그 관련 증거자료도 제출해야 한다(제4조).

그리고 상대방의 수에 상응하는 재심신청서의 부본을 제출해야 한다.

Ⅳ. 재심신청의 처리(재심사유 등의 심사)

1. 재심신청의 등기

소의 제기에 대한 수리절차와는 달리 재심신청에 대하여는 신청자료가 법률의 규정에 부합하면 곧 수리의 등기(登記)를 하고 여타의 것에 대하여는 심사를 하지 않는다.[35] 즉 법원은 법률의 규정에 맞는 재심신청서 등의 자료를 받은 날로부터 5일 이내에 재심신청인에게 수리통지를 하는 등의 수리등기절차를 완료하고 상대방 당사자에게 수리통지서와 재심신청서 부본을 발송한다(〈심판감독해석〉 제7조). 상대방 당사자는 재심신청서 부본을 송달받은 날로부터 15일 이내에 서면의 의견서를 제출해야 한다.[36] 다만 의견서를 제출하지 않아도 법원의 심사에 영향을 주지 않는다(민소법 제203조). 재심신청인이 제출한 재심신청서 혹은 기타 자료가 법률의 규정에 부합하지 않거나 인신공격적인 내용 등을 담고 있어 갈등을 격화시킬 염려가 있는 경우에는 법원은 재심신청인에게 그 보충 혹은 보정을 구한 후 수리등기를 할 수 있다(〈심판감독해석〉 제6조).

이와 같은 절차는 이전의 민사소송법에는 규정이 없었던 것으로 재심신청 당사자의 지위 강화에 의미가 있는 것이다. 왜냐하면 이와 같은 절차규정이 없던 구법시대에는

35) 谭兵, 李浩 主编, 前揭 民事诉讼法学, 355面 참조. 소의 제기에 대한 수리절차는 입안정에서 하며 소송요건의 구비여부 등을 여기서 심사한다. 그러나 재심신청의 경우에는 이 단계에서는 재심사유 구비여부 등을 심사하지 않고 법률의 규정에 맞는 서류를 제출하면 곧 수리의 등기를 한다(수리절차에 관하여는 제4편 제2장 제소와 수리 부분 참조). 특히 〈심판감독해석〉은 제1조에서 "당사자가 민사소송법 제184조에 규정된 기한 내에, 민사소송법 제179조에 열거된 재심사유를 가지고 원심법원의 바로 위급의 법원에 재심을 신청한 경우에는 바로 위급의 법원은 이를 수리해야 한다"라고 규정하여 형식적인 것 이외에 대한 심사를 해서는 안 된다는 점을 강조하고 있다.

36) 여기의 서면의견(의견서)은 사건의 재심에 대한 태도를 말하는 것으로 재심에의 동의 및 이와 관련된 사실을 표명하는 것이며 소의 제기에 대한 답변서를 의미하는 것은 아니다[蔡虹 著, 前揭 民事诉讼法学(第二版), 331面 참조]. 중국의 재심신청은 신청이며 소가 아니다.

재심신청이 신소(申訴)와 유사한 외관을 갖게 되어 재심절차의 발동이 법원의 재량에 달린 것처럼 운용되었었기 때문이다.

2. 재심신청에 대한 심사

(1) 심사기관 및 심사 범위

법원이 수리등기절차를 마친 뒤에는 합의정(合議庭)을 구성하여 재심신청에 대한 심사를 한다. 언제나 합의정에서 심사하며 독임제(獨任制) 방식을 사용해서는 안 된다(〈심판감독해석〉 제8조). 합의정에서는 주로 법으로 정한 재심사유를 주장하고 있는지, 주장된 재심사유가 성립하는지 내지는 재심신청 기한을 준수했는지의 여부를 심사하게 된다. 그리고 소외인이 재심을 신청한 경우[37] 그 자에게 권리가 있는지, 별소를 제기할 수 없는지, 신청기간을 준수하였는지 등을 심사하게 된다.

(2) 심사의 방식

심사의 방식에는 3가지가 있다. 즉 ① 신청서 등의 자료만으로 심사하여 재정을 하는 방법[经行裁定] ② 원심기록심사[调卷审查] 방식 ③ 당사자를 출석시켜 심문하는 방식[询问审查]의 3가지 중 한 가지를 택하여 심사한다. 우선 당사자가 제출한 자료만으로 재심사유를 구비하고 있는지를 판단할 수 있는 경우에는 직접 재심의 재정(재심의 입안)을 하거나 재심신청을 기각하고[经行裁定: 〈심판감독해석〉 제19조], 이것만으로는 판단하기 곤란한 경우에는 원심의 사건기록[原审卷宗]을 받아 조사하는 방식을 취하게 된다(〈심판감독해석〉 제20조). 원심 사건기록만으로도 미흡한 경우에는 당사자를 신문하는 방식을 취할 수 있다(〈심판감독해석〉 제21조 제1항). 특히 재심사유로 "원판결, 재정을 뒤집기에 족한 새로운 증거(민소법 제179조 제1호 사유)"를 주장하는 경우에는 반드시 당사자를 신문하도록 되어있다(〈심판감독해석〉 제21조 제2항).

(3) 심사의 기간과 재판의 방식

재심신청에 대한 심사, 즉 재심입안 여부의 결정은 재심신청서를 받은 날로부터 3개월 이내에 하도록 되어있으며, 특수한 경우에는 법원장의 비준을 얻어 연장할 수 있다(민소법 제204조). 심사의 결과 재심신청이 민소법 제200조(재심사유)에 규정된 사유에 해당한다고 인정하는 경우에는 재심의 재정(裁定)을 하여야 하며, 제200조의 규정에 부합하지 않거나 제205조 소정의 재심신청 기한을 초과한 경우에는 재심신청을

37) 제3자가 판결, 재정 등이 확정한 집행목적물에 대한 권리를 주장하고 또 별소로는 다툴 수 없는 경우 제기하는 재심(〈심판감독해석〉 제5조).

기각하는 재정(裁定)을 하여야 한다. 주의할 것은 재심신청에 대한 심사가 진행되는 도중 검찰원의 항소가 있게 되면 당사자의 신청이 재심사유에 해당하는지의 여부와 관계없이 언제나 재심을 하기로 하는 재정을 해야 하며,[38] 이 경우는 당사자가 신청한 구체적인 재심청구는 재심의 심리의 범위에 포함되게 된다는 점이다(〈심판감독해석〉 제26조). 또 심사가 진행되는 도중 상대방 당사자도 재심을 신청한 경우에는 그도 재심신청인으로 취급하여야 하며 그가 제출한 재심신청도 함께 심사해야 한다.

받아들이는 것이나 물리치는 것이나 모두 재판의 일종인 재정으로 하게 된 점이 개정 전 민소법상 통지로 하고 있던 점과 차이가 있다.[39]

당사자의 재심신청에 따른 심사기간 중에는 원판결, 재정 등의 집행이 정지되지 않는다(민소법 제199조 제2문).

(4) 재심신청의 취하와 심사의 종결

재심을 신청한 자는 심사기간 중에 신청을 취하할 수 있으나 그 허부는 법원이 재정한다.[40] 또 재심신청인이 소환장으로 소환을 받고도 정당한 이유 없이 신문받기를 거부하는 경우에는 재심신청을 취하한 것으로 처리할 수 있다(〈심판감독해석〉 제23조 제2항).

재심신청에 대한 심사 중 다음과 같은 사정이 발생하는 경우에는 심사종결의 재정을 하고 사건을 마무리 할 수 있다(〈심판감독해석〉 제25조).

① 당사자가 사망하고 그 권리의무 승계인이 없거나 승계인이 재심신청을 포기한 경우

② 이행의 소 중 급부의무자인 신청인이 사망하고 집행에 제공될 재산이 없고 또 의무를 승계할 자도 없는 경우

③ 당사자가 집행화해[41]를 하고 이미 이에 따른 이행의무를 완결한 경우, 다만 당사자가 집행합의 속에 재심신청권을 포기하지 않는다는 뜻을 보류해 놓은 경우는 심사가 종결되지 않는다.

---

38) 후술하는 바와 같이 검찰원의 항소가 있는 경우에는 법원은 재심사의 여부를 결정할 권한이 없으며 무조건 재심을 진행해야 한다.

39) 개정 전의 민소법에는 이에 관한 규정이 없었으며 〈약간의견〉 제206조가 재심여부를 통지하도록 하고 있었다. 통지는 상소할 방법이 없는 반면 재정의 경우는 상소가 가능할 수 있다는 점에서 재심 당사자의 지위를 강화한 것으로 볼 수 있다. 소를 각하하는 재정에 준하여 상소를 허용할 수도 있을 것이라 생각된다.

40) 중국식 명칭은 철회(撤回)이다(〈심판감독해석〉 제23조).

41) 집행절차의 진행 중에 당사자간의 화해(합의)로 집행절차를 중지하거나 종료할 수 있도록 되어 있다(후술 집행부분 참조).

④ 당사자간의 쟁의가 별소로 해결될 수 있는 것인 경우

V. 본안의 심리

재심신청에 대한 심사 결과 재심을 하기로 결정(재정: 재심의 입안)하게 되면 사건의 본안에 대한 재심리가 진행된다. 위에서 말한 바와 같이 중국에서는 재심여부의 결정 주체와 본안심리의 주체가 분리될 수 있다는 특징을 가지고 있다.

1. 본안심리 법원

재심을 하기로 결정된 사건에 대한 본안심리를 어느 법원이 할 것인지에 대하여 민소법 제204조 제2항은 "당사자의 신청에 따라 재심을 하기로 재정한 사건은 중급인민법원 이상의 법원이 심리한다. 단 당사자가 제199조의 규정에 따라 기층인민법원을 선택하여 재심신청을 한 경우는 제외한다(이 부분은 2012년 개정으로 추가된 것임). 최고인민법원, 고급인민법원이 재심을 하기로 재정한 사건은 본원이 재심을 하거나 기타 법원이 재심을 하도록 할 수 있으며, 원심법원이 재심을 하도록 할 수 있다"라고 규정하고 있다.[42] 이렇게 한 이유는 원심법원에 재심을 제기하는 경우, 그 재심결정을 미루거나 함부로 거부할 수 있으므로 상급법원에 신청을 하도록 하여 편견 없이 신속히 재심결정을 하도록 하여 재심신청 당사자의 지위를 강화하는 동시에, 이로 인한 상급법원의 사건의 적체(積滯)로 인한 또다른 폐해, 즉 심리의 지연을 방지하기 위한 것이다.[43]

〈심판감독해석〉 제27조는 위 민소법의 규정을 좀 더 구체화하고 있다. 이에 따르면 상일급(바로 위급)의 법원이 심사를 거쳐 재심사유가 성립한다고 인정한 사건은 일반적인 경우에는 그 재정(결정)을 한 법원이 사건을 끌어 올려 심리를 한다(이를 提審이라 한다)고 한다. 그러나 그 결정을 한 법원이 최고인민법원이나 고급인민법원인 경우에는 본안심리의 부담을 경감하기 위하여 특별한 취급을 하고 있다. 즉 재심결정을 한 최고인민법원 혹은 고급인민법원은 원심법원과 동급인 다른 법원을 지정하여 사건의 심리를 하도록 할 수 있으며(이를 指定再審이라 한다), 경우에 따라서는 원심법원에 사

42) 재심여부의 결정과 본안심리의 법원이 다를 수 있다. 이 점도 우리와 다르다. 우리나라의 재심제도는 원판결법원에 재심의 소를 제기하고 여기서 재심요건과 재심사유를 심사하여 재심결정을 하면 스스로 본안심리를 한다.

43) 蔡虹 著, 前揭 民事诉讼法学(第二版), 328~320面 참조.

건의 재심리를 하도록 명령(指令)할 수 있도록 하고 있다(이를 指令再審이라 한다).

따라서 재심신청을 한 사건이 어느 법원에서 종심이 되었는지에 따라 재심의 본안심리법원이 달라질 수 있다.

(1) 기층인민법원의 판결에 대한 재심신청인 경우

이 경우에는 바로 위급의 법원이 중급인민법원이므로 지정재심이나 지령재심을 할 수 없고 언제나 재심결정을 한 중급인민법원 자신이 심리를 하여야 한다. 다만 2012년 개정에 따라 당사자 수가 현저히 다수이거나 당사자 쌍방이 공민인 경우에는 원심법원에 재심신청을 할 수 있으므로 이에 따라 기층인민법원에 재심신청을 한 경우에는 그 재심여부의 결정, 재심의 본안심리 모두 기층인민법원에서 하게 될 것이다.

(2) 중급인민법원의 판결에 대한 재심신청인 경우

이 경우는 원칙적으로 고급인민법원에 재심신청을 하여야 하고 여기서 재심결정이 나면 스스로 본안심리를 할 수도 있고, 사정을 보아 원심중급인민법원과 동급인 다른 중급인민법원을 지정하여 심리를 하게 하거나(지정재심) 원심중급인민법에 재심리를 명할 수도 있게 된다(지령재심).

다만 역시 2012년 개정에 따라 당사자 수가 현저히 다수이거나 당사자 쌍방이 공민인 경우에는 중급인민법원에 재심신청을 할 수 있고 이 경우 그 재심여부의 결정, 재심의 본안심리 모두 중급인민법원에서 하게 될 것이다.

(3) 고급인민법원의 판결에 대한 재심신청인 경우

이 경우에는 최고인민법원 자신이 본안심리를 하거나 사정을 보아 원심인 고급인민법원과 동급인 다른 고급인민법원을 지정하여 심리하게 하거나 원심인 고급인민법원에 재심리를 명할 수 있다.

지정재심을 할지의 여부는 사건의 영향 정도 내지는 사건참여인의 사정을 근거로 결정을 하며, 지정재심을 할 필요가 있다고 인정하는 경우에도 당사자의 소송권리의 행사의 편의, 법원의 심리의 편의 등의 요소를 고려해야 한다(〈심판감독해석〉 제28조).

원심법원에 재심리를 명하는 지령재심에 관하여는 주의할 점이 있다. 즉 다음과 같은 경우에는 원심법원에 재심리를 명해서는 안 되며 스스로 재판(提審)을 하거나 지정재심을 해야 한다(〈심판감독해석〉 제29조).

① 원심법원에 그 사건에 대한 관할권이 없는 경우, ② 원심의 법관이 사건의 심리중 독직수회(贪污受贿), 사정(私情)에 이끌린 재판(徇私舞弊), 법을 왜곡하여 재판(枉法裁判)한 경우, ③ 원심판결, 재정이 원심법원의 심판위원회의 토론 결정에 따라 내린 것

인 때,[44] ④ 기타 원심법원에 재심리를 명령하는 것이 적당하지 않은 경우

2. 본안의 심리(심판)

(1) 원판결 등의 집행중지의 재정

모든 재심사건을 심판할 때는 원칙적으로 원판결, 재정, 조정서의 집행을 중지하는 재정을 하여야 하며 이 집행중지의 재정은 법원장이 서명하고 법원의 인장을 찍어 당사자 쌍방에게 송달해야 한다(민소법 제206조).[45] 주의할 점은 당사자의 재심신청만으로는 집행이 자동적으로 중지되지 아니하며 재심을 하기로 결정한 경우에만 집행중지의 재정을 하여 원재판 등의 집행력을 중지시킨다는 점이다. 다만 존속부양료(赡养费), 부부간부양료(抚养费), 양육비(抚育费), 무휼금(抚恤金), 의료비, 노동보수 등의 사건은 진행을 중지하지 않을 수 있다(같은 조 단서: 2012년 개정에서 신설).

(2) 본안심리절차

재심절차는 그 판결 등이 제1심 법원에서 내린 경우에는 제1심 절차에 따라 심리하며, 제2심 법원의 판결 등인 경우에는 제2심 절차에 따라 심리를 한다(민소법 제207조, 제40조 제3항). 또 재심사건의 심리는 별도의 합의부를 구성하여 심리하며 이 경우 원심합의부의 구성원 혹은 원심의 단독심판원은 재심합의부의 구성원이 될 수 없다.

제1심 절차에 따라 진행된 재심사건에 대한 재판에 대하여 당사자는 다시 상소를 할 수 있다. 그러나 제2심 절차에 따라 내린 재심재판은 법률적 효력이 발생하는 재판으로 다시 상소할 수 없다(양심종심제도의 관철).

주의할 점은 상급법원이 재심결정을 하고 사건을 끌어올려 스스로 재판하는 경우(提審再審)에는, 원재판이 제1심 법원이 내린 것인지 제2심 법원이 내린 것인지를 묻지 않고 언제나 제2심 절차에 따라 심리를 하게 되며 여기서 내린 재판은 법률적 효력이 발생하는 것으로 상소가 허용되지 않는다는 점이다(민소법 제207조 제3문).

재심절차는 개정심리(변론의 실시)를 하는 것이 원칙이다. 다만 제2심 절차를 적용하여 심리하는 경우에 당사자 쌍방이 이미 다른 방식으로 충분히 의견을 개진하였고 개정을 하지 않는 것에 대하여 서면으로 동의한 경우에는 예외적으로 개정을 하지 않

44) 중국의 민사소송에서는 일정한 경우(예컨대 복잡한 사건) 합의부나 단독판사가 직접 판단을 하지 않고 그 법원의 심판위원회의 토론 결정에 따라 재판하는 경우가 있다(제2편 제2장 제3절 심판위원회 부분 참조). 이와 같은 경우는 재심리를 명령한다 하더라도 결론이 달라질 수가 없을 것이다.

45) 당사자의 신청에 의한 경우뿐만 아니라 법원의 재심결정에 의한 경우, 검찰원의 항소에 의한 경우도 집행중지의 재정을 해야 한다.

을 수 있다(〈심판감독해석〉 제31조 제2항).

개정심리를 하는 경우에는 우선 재심신청인이 재심청구와 이유를 진술하고 다음에 피신청인 혹은 기타 원심당사자가 의견을 진술한다(〈심판감독해석〉 제32조 제1호).[46)]

(3) 재심사건의 심판범위

재심사건의 본안심리에 있어서 심판의 범위가 어디까지인지의 문제에 관하여 민사소송법에는 특별한 규정이 없다. 원래 사회주의 민사소송제도에서는 국가간예, 진실절대주의 원칙상 상소심이나 재심에서의 심판범위의 제한이라는 개념이 없었으며, 상소심의 심판범위에 관하여도 상당한 논란이 있었다.[47)]

재심의 심판범위에 관하여 민사소송법에는 규정이 없으나 〈심판감독해석〉 제33조가 이를 한정하고 있다. 이 규정에 의하면 재심의 심리범위는 구체적인 재심청구의 범위 내에서[48)] 심리를 해야 한다. 특히 당사자가 원심의 범위를 초과하여 소송상의 청구를 추가하거나 변경하는 경우는 재심의 심리범위에 속하지 않는다고 하고 있다. 다만 이 부분이 국가의 이익, 사회의 이익에 관련이 되거나 당사자가 이미 원심에서 소송상의 청구를 추가하거나 변경할 것을 청구하였으나 원심법원이 이에 대하여 심리를 하지 않은 경우로서 달리 소송상의 청구로 만들 수 없는 경우(즉 별소를 제기할 수 없는 경우)에는 예외적으로 재심의 심리범위에 속하는 것으로 본다.

다만 재심의 결과 원판결이 취소 · 환송된 후에 당사자가 소송상의 청구를 추가하기를 신청하는 경우에는 민사소송법 제140조를 적용하여 병합심리하게 된다(같은 조 제2항).

---

46) 이에 비해 후술하는 검찰원의 항소에 의한 경우에는 우선 항소기관이 항소서를 낭독한 후 항소를 신청했던 당사자가 진술하고, 그 다음에 피신청인의 답변 및 기타 원심 당사자의 진술이 있게 된다(〈심판감독해석〉 제32조 제2호). 또 법원의 직권에 의한 재심의 경우에는 당사자는 그 원심 중의 소송상의 지위에 따른 순서에 의하여 의견을 발표한다(제3호).

47) 원래 상소심의 심판범위는 당사자의 불복범위와 전혀 관계없이 전면적으로 다시 심판하여 왔으나(1982년의 시행법), 1991년의 민소법 제151조가 "상소청구와 관련있는 사실과 법률적용"으로 한정을 하였으며, 실무상으로는 상당한 곡절을 겪은 후 1998년 〈最高人民法院关于民事经济审判方式改革问题的若干规定〉[法释(1998) 14号] 제35조가 "제2심 사건의 심리는 당사자의 상소청구를 둘러싸고(圍繞)하고 진행되어야 하며 당사자가 청구하지 않은 것은 심사를 해서는 아니 된다"하여 이를 확인하게 되었다. 다만 이 조 단서에는 "판결이 금지성 법률이나 규정을 위반한 경우, 사회공익이나 타인의 이익을 침해하는 경우는 제외한다"라고 규정하고 있다(자세한 것은 본서 제5편 제1장 제3절 I.상소심의 심판범위 부분 참조).

48) 검찰원의 항소에 의한 재심절차에서는 검찰원이 항소로 지지를 해준 당사자의 청구의 범위 내로 한정된다. 즉 당사자가 검찰원에 잘못되었다고 주장한 사항 중 검찰원이 타당하다고 인정하여 항소장에 기재한 사항이 될 것이다.

3. 재심신청의 취하와 소의 취하

재심기간 중 재심신청인은 재심의 취하를 신청할 수 있으며 그 허가여부는 법원이 재정한다. 허가의 재정을 한 경우에는 재심절차를 종결해야 한다. 또 재심을 신청한 당사자가 소환장에 의한 소환을 받고도 정당한 이유 없이 불출석하거나 법원의 허가를 받지 않고 중도에 퇴정하는 경우에는 재정으로 재심신청을 자동적으로 취하한 것으로 처리할 수 있다(〈심판감독해석〉 제34조 제2항). 재심신청이 취하된 경우에는 원판결 등의 집행절차가 회복되게 된다.

제1심 절차를 적용하여 진행되는 재심절차 중에 제1심 원고가 소의 취하(撤回起诉)를 신청한 경우 그 허가여부는 법원이 정하며 이를 허가한 경우에는 원판결, 재정, 조정서를 취소해야 한다(〈심판감독해석〉 제35조).

4. 재심 중의 조정

중국 민사소송상 조정은 시종일관 중시되는 제도이며 재심 중에도 제1심 절차를 적용하는 것이건 제2심 절차를 적용하는 것이건 언제나 조정이 가능하다. 재심 중 조정이 성립하면 법원이 조정서를 작성하며 이것을 당사자가 서명하여 받아들인 경우에는 즉시 법률적 효력이 발생하며 원판결, 재정은 취소된 것으로 본다(〈심판감독해석〉 제36조).

Ⅵ. 재심사건에 대한 재판

1. 원판결을 유지하는 판결과 재정

재심의 결과 재심법원이 원판결, 재정의 사실인정이 분명하고 법률의 적용이 정확하고 심판절차가 합법적이었다고 인정하는 경우에는 원판결, 재정을 유지하는 판결, 재정을 한다. 그리고 원판결, 재정의 사실인정, 법률적용, 이유 등에 하자가 있더라도 그 재판의 결과가 정확하다고 인정하는 경우에는 재심판결, 재정 중에 그 하자를 바로잡고 그 결과를 유지하는 판결, 재정을 한다(〈심판감독해석〉 제37조).

2. 원판결 · 재정을 변경하는 재판

재심의 결과 원판결, 재정의 사실인정, 법률적용 혹은 심판절차에 잘못이 있다고 인정하는 경우에는 그 사정에 따라 원판결의 전부 혹은 일부를 취소하고 새로 인정된 사실, 정확한 법률적용에 입각하여 사건에 대하여 새로운 판결, 재정을 내린다. 또 새로운 증거에 의하여 원판결, 재정에 확실한 잘못이 있음을 증명한 경우에도 새로 재판을 한다(〈심판감독해석〉 제39조). 다만 이 경우 재심신청인의 과실로 원심에서 제때에 입증하지 못하여 재심하기에 이른 경우에는 피신청인은 그 증가된 여비, 일당 등을 청구할 수 있다(〈심판감독해석〉 제39조).

3. 취소 · 환송판결

원판결, 재정을 취소하고 원심법원으로 사건을 환송하는 재판은 다음과 같은 경우에 한다(〈심판감독해석〉 제38조).

(1) 제2심 절차를 적용하여 재심절차를 진행한 결과 원판결의 사실인정에 착오가 있거나 사실인정이 불분명한 점을 발견하였으나, 원심법원이 사실조사를 하는 것이 편리하고 분쟁의 해소에 도움이 된다고 인정하는 경우에는 원판결을 취소하고 환송할 수 있다.

(2) 재심절차에서 원심법원이 반드시 참가해야 할 당사자를 빠뜨린 것을 발견하여, (이들을 포함하여) 조정을 시도하였으나 조정이 성립되지 않은 경우에는 원판결을 취소하고 환송한다.

또 소외인이 신청한 재심에서, 재심법원이 그 신청인이 필요적 공동소송인에 해당한다고 인정하는 경우에는 제1심 적용의 재심인 경우에는 그를 당사자로 추가하여 새로운 판결을 할 것이고, 제2심 적용의 재심절차인 경우에는 그를 포함하여 조정을 시도해 보고 조정이 불성립하는 경우에는 원판결을 취소하고 환송하여야 하며 환송심에서 그를 당사자로 추가해야 한다.[49)]

4. 재심신청의 기각

조정방식으로 완결된 사건에 대하여 재심신청을 한 경우, 재심결과 신청인이 주장하는 자유의사 원칙의 위반이 없었음을 발견하고, 또 조정합의의 내용이 법률의 강행규정을 위반한 일이 없음을 발견한 경우에는 재심신청을 기각하는 재정을 하며, 원조정서의 집행절차를 회복시킨다(〈심판감독해석〉 제40조).

---

49) 蔡虹 著, 前揭 民事诉讼法学(第二版), 338面.

5. 소의 각하

이 밖에도 재심절차에서 소제기 자체가 민사소송법 소정의 수리조건을 구비하지 못하였다고 인정하는 경우에는 제1, 2심의 판결을 취소하는 재정을 하고 소를 각하해야 한다(〈약간의견〉 제210조 제1항 제1호).

Ⅶ. 재심사유

1. 재심사유의 의의

재심사유 또는 재심이유는 법원이 이미 법률적 효력이 발생한 판결, 재정, 조정서에 대하여 다시 심리를 할 수 있는 사유, 즉 사실과 이유를 가리킨다. 재심사유를 좁게 인정할 것인지 혹은 넓게 관대하게 인정할 것인지의 여부는 결국 기판력이 갖는 실체관계에 대한 확정력의 강도에 중대한 영향을 미치게 된다. 일반적으로 말한다면 일찍이 자유경쟁을 인정하고 변론주의를 확립한 서구세계에서는 민사소송에서 실체적 진실발견을 무한히 추구할 수 없다는 생각이 확립되었고 재판도 한번 확정되면 그 내용이 실체적 진실에 합치하는지의 여부를 떠나 함부로 다툴 수 없다는 원칙이 세워지게 되었다. 이에 따라 재심절차는 그 주체, 제기기간에 제한을 주는 것은 물론 재심청구의 사유도 매우 제한적으로 인정되어 확정된 재판 등을 그대로 통용시킬 수 없는 아주 예외적인 경우로 한정하게 되었다. 그러나 사회주의 민사소송제도를 취하고 있는 중국에서는 국가가 정당한 재판을 보장할 필요가 있기 때문에 잘못된 재판은 언제라도 바로잡을 수 있으며(實事求是, 有錯必糾) 이를 위하여 국가는 적극적으로 민사재판에 간여할 수 있다(國家干預主義)는 생각을 기초로 재심절차를 마련하였다. 다만 근래에는 자유경쟁을 인정하는 시장경제체제가 심화됨에 따라 이와 같은 전통적인 사상이 동요하고 있으며 이는 재심사유의 인정에도 큰 영향을 미치고 있다.

2. 재심사유의 변천

중국 민사소송에 있어서 재심사유는 다음과 같은 특수한 문제를 내포하고 있다.

(1) 재심의 제기 주체와 재심사유

이미 본 바와 같이 중국 민사소송제도에서는 재심을 일으킬 수 있는 주체가 당사자에 한정되는 것이 아니라 법원과 검찰원도 심판감독절차[50]에 따라 재심을 일으킬 수 있게 된다. 그렇다면 당사자가 재심신청을 할 수 있는 사유에 대한 규정은 법원의 재심결정의 사유, 검찰원의 항소제기의 사유로도 공통적으로 적용되는 것인지, 아니면 재심사유(민소법 제200조: 당사자의 재심사유)는 당사자가 재심신청을 하는 데만 적용되는 것이고, 법원이나 검찰원은 각각 심판감독권, 법률감독권에 따라 정의실현의 감독자로 재심절차를 일으키는 것이므로 당사자의 재심사유와는 무관하게 독자적으로 재심을 일으킬 수 있는지가 문제된다.

1) 1982년의 민사소송법(試行法)에서는 재심절차를 일으킬 수 있는 것은 법원뿐이었으며 그 요건은 법원의 판결이나 재정에 "착오가 있음이 확실한 것(确有错误)"을 발견한 경우이었다[민사소송법(試行法) 제157조]. 그리고 당사자는 재심신청을 할 수 있는 것이 아니라 신소(申訴)를 제기할 권리가 있을 뿐이었다(같은 법 제158조). 원래 신소에는 아무런 제한이 없는 반면에 신소 자체로 재심을 일으킬 수 없는 것이므로 결국 신소를 받은 법원이 재판에 잘못이 있다고 판단하여 재심결정을 하는 경우에만 재심절차가 개시되었었다. 그리고 재판에 확실한 잘못이 있는지의 여부는 결국 법원이 재량으로 판단할 수밖에 없는 것이므로 이 시기에는 법률상 재심사유라는 것이 존재하지 않았다.

2) 1991년 정식의 민사소송법을 제정하면서 심판감독절차의 주체로 검찰원을 추가하는 동시에 당사자에게는 재심신청권을 부여하게 되었다(1991년 민소법 제185조, 제178조). 그리고 당사자가 재심신청을 할 수 있는 5가지의 사유를 정하게 되었다(같은 법 제179조). 그러나 법원의 재심결정의 사유로는 여전히 "착오가 있음이 확실한 것을 발견한 경우"로 되어있었다(같은 법 제177조). 한편 검찰원이 항소를 제기할 수 있는 사유는 당사자의 재심신청사유와 별도로 4가지를 규정하고 있었다(같은 법 제185조 제1항). 당사자의 재심사유와 검찰원의 항소사유를 비교하면 당사자의 재심사유 중 "원판결, 재정을 뒤집기에 충분한 새로운 증거가 있는 경우"가 검찰원의 항소사유에는 없었다. 즉 검찰원의 항소사유와 당사자의 재심사유에 차별을 두었었다.

3) 2007년 민사소송법의 개정에서는 당사자의 재심신청사유와 검찰원의 항소사유를 통일하였다(2007년 개정민소법 제179조, 제187조). 따라서 1991년 민사소송법과 같은 차이가 없어지게 되어 당사자의 재심사유는 곧 검찰원의 항소사유가 되게 되었다. 그러나 법원의 재심결정 사유는 여전히 "잘못이 있는 것이 확실"한 것을 발견한 경우라

50) 중국 민사소송법 제16장은 심판감독절차라는 표제하에 법원의 재심결정, 검찰원의 항소는 물론 당사자의 재심신청도 아울러 규율하고 있다. 따라서 넓은 의미의 재심에는 법원과 검찰원도 그 주체가 될 수 있으며, 반대로 넓은 의미의 심판감독절차에는 당사자의 재심신청도 포함된다는 약간 어색한 점이 있다. 당사자의 재심신청과 법원·검찰원의 심판감독을 별개로 규율하자는 주장도 있다(陈刚, 前揭 中国民事审判监督程序的现状与发展).

고 하고 있다.

(2) 2007년 개정과 재심사유의 정비

원래 1991년 법에서는 재심신청사유로 5가지를 들고 있었다. 즉 제179조는 재심사유로 ① 원판결, 재정을 뒤집기에 족한 새로운 증거(新證據)가 있는 경우,[51] ② 원판결, 재정이 인정한 사실에 주요한 증거가 부족한 경우, ③ 원판결, 재정의 법률적용에 착오가 있음이 확실한 경우, ④ 법원의 법정절차위반이 사건의 정확한 판결, 재정에 영향을 미쳤을 가능성이 있는 경우, ⑤ 법관 등이 사건의 심리시에 독직수회(贪污受贿), 사정(私情)에 이끌린 재판(徇私舞弊), 법을 왜곡하여 재판(枉法裁判)한 경우를 들고 있었다.

위와 같은 재심사유에 관하여는 많은 비판이 있었다. 그 비판의 주요 포인트는 ① 개념의 불명확으로 인하여 그 한계를 정하기 어렵고, ② 이에 따라 법원의 재량권이 지나치게 넓어 자의적인 판단을 하기 쉽다는 점, ③ 재심사유가 너무 포괄적이어서 재심신청이 쉬워 재심이 너무 많이 발생한다는 점에 모아졌다.[52]

이에 2007년 개정에서는 구법 제179조 제1항과 제2항을 통하여 재심사유를 15개로 세분화하여 한편으로는 법원의 자의적인 판단을 막고, 다른 한편으로는 당사자가 막연한 주장을 하여 재심신청하는 것을 방지하려는 노력을 하였다.

(3) 2012년 개정과 재심사유

2012년 개정에서는 개정 전 법 제179조 제1항과 제2항의 재심사유를 통합하여 규정하였다. 또 2007년 법에서 인정되던 ① 법률의 규정을 위반하여 관할을 그르친 경우(제7호)와 ② 법정절차를 위반한 것이 사건에 대한 정확한 판결, 재정을 내리는 데 영향을 주었을 가능성이 있는 경우(제2항 전단)를 삭제하여 재심사유를 13개로 조정하였다.

관할위반을 재심사유로 한 것에 대하여는 원래 비판이 있었다. 즉 이미 관할이의제도[53]가 설치되어 있으므로 관할이의의 재정이 확정된 경우 이에 대하여 재심을 제기할 수 있을 뿐 판결자체를 상대로 재심을 제기할 수 있도록 하는 것은 관할권의 과잉보호라는 지적이었다.[54] 또 법정절차위반 중 중요한 것은 구체적으로 재심사유로 하

---

51) 신증거의 의미에 관하여 〈증거규정(정식명칭은 最高人民法院关于民事诉讼证据的若干规定)〉[法释(2001) 33号] 제44조는 "원심의 개정심리 종결 후 새로 발견한 증거"라고 정의하고 있었다.

52) 江伟 主编, 前揭 民事诉讼法(第四版), 349面 참조.

53) 관할이의에 관하여는 본서 제2편 제3장 제2절 Ⅵ. 관할권에 대한 이의 부분 참조.

54) 张卫平 著, 前揭 民事诉讼法(第二版), 354面. 관할위반을 재심사유로 하는 것이 큰 폐해 중의 하나인 지역이기주의를 방지하는 데 유효하다고 하는 견해도 있으나 지역이기주의의 근절은 사법체제

였으므로 이에 따르면 되고 기타 미세(微細)한 것까지 재심사유로 할 필요는 없다는 지적에 따라 위 ②를 재심사유에서 제외하였다.

3. 판결 · 재정에 대한 재심사유

현재 판결, 재정에 관한 재심사유는 다음과 같이 13개로 세분화하고 있다(제200조). 또한 조정서에 대한 재심신청의 사유는 별도로 제201조에 규정을 두고 있다.

(1) 원판결, 재정을 뒤집기에 족한 새로운 증거가 있는 경우(민소법 제200조 제1항 제1호)

새로운 증거의 의미에 관하여는 2001년에 최고인민법원이 내린 〈증거규정〉에 의하면 "원심의 개정심리가 종결된 후 새로 발견한 증거"라고 정의하고 있었다(제44조). 그러나 〈심판감독해석〉에 의하면 오히려 그 범위를 확대하여 개정심리 종결 후에 새로 나타난 증거까지 포함시키고 있다.

즉 이 해석에 의하면 신증거라 함은 ① 원심의 개정심리 종결 전에 이미 객관적으로 존재하고 있었으나 개정심리 종결 후에야 발견한 증거, ② 원심의 개정심리 전에 이미 발견하였으나 객관적인 원인으로 인하여 취득할 수 없었거나 법정의 기한 내에 제출할 수 없었던 증거, ③ 감정결론이나 검증조서를 작성했던 자가 원심의 개정심리 종결 후에 다시 감정, 검증을 하여 원래의 결론을 뒤집은 증거를 말한다고 한다(〈심판감독해석〉 제10조 제1항).

또 당사자가 원심 중에 제출한 주요증거임에도 원심이 질증(質證)과 인증(認證)[55]을 하지 않은 증거로서 원판결, 재정을 족히 뒤집을 수 있는 증거도 신증거로 보고 있다(같은 조 제2항). 이와 같은 새로운 증거를 제출할 시한에 관하여는 이 〈심판감독해석〉에는 규정이 없으므로 여전히 〈증거규정〉이 적용되어 재심신청시에 제출해야 하는 것으로 보아야 한다(제44조 제2항).

새로운 증거는 우리나라의 재심사유에는 없는 것[56]으로 증거의 종류를 가리지 않고 새로운 증거의 존재를 재심사유로 하고 있는 점에서 재심신청이 상당히 관대하게 허용되는 것을 알 수 있다.[57] 원판결을 뒤집기에 족한 것인지의 여부는 여전히 법원

와 정치체제의 개혁으로 해결해야 할 것이며 관할권에 그 기능을 주어서는 안 된다고 한다.

55) 질증은 당사자가 제출한 증거를 공개해놓고 상호 논박하는 절차를 말하며 인증은 증거로 인정하는 절차를 말한다(자세한 것은 본편 제4편 제4장 제4절 Ⅱ. 증명의 과정 부분 참조).

56) 일본 민사소송법에도 없다. 다만 독일 민사소송법 §580 Nr.7에는 이전에 이미 확정된 판결(a)이나 자기에게 유리한 재판을 가져올 것으로 인정되는 다른 문서(Urkunde)의 발견이 재심사유로 되어있다.

57) 우리나라에서는 사실심변론종결시까지 존재했던 사실이나 증거는 우선 기판력의 차단효(시적범위 내)에 의하여 새로운 소에서 제출하여 전소판결과 다른 판결을 구할 수 없으며, 재심사유로

의 판단에 맡겨져 있다고 보아야 할 것이며, 사실 뒤집기에 족한지의 여부는 본안에 대한 재심리를 해보아야 비로소 알 수 있는 사항이므로 재심신청의 사항으로는 적당치 않은 면도 있다.[58)]

(2) 원판결, 재정이 인정한 기본사실이 증거에 의하여 증명되지 않는 경우(제2호)

이 규정은 개정 전의 민소법이 "원판결, 재정의 사실인정에 주요한 증거가 부족한 경우"라고 지극히 추상적으로 규정되어 있던 것을 개정한 것이다.

여기서 문제되는 것은 기본적 사실이 무엇을 가리키는 것인지이다. 이에 대하여 〈심판감독해석〉은 기본적 사실은 일반적으로 판결, 재정의 결과에 실질적 영향이 있는 것으로, 당사자의 자격이나 사건 성질의 확정에 사용되거나, 구체적인 권리의무와 민사책임의 인정에 주요 근거가 되는 사실을 말한다고 한다(제11조).

증거에 의해 증명되지 않았다는 것은 사건의 기본사실의 인정에 필수적인 증거를 결여하고 있어서 인정사실이 증명의 표준(고도의 개연성)에 도달하지 못한 것을 말한다.

(3) 원판결, 재정의 사실인정에 사용된 증거가 위조된 경우(제3호)

문제는 사실인정에 사용된 증거가 위조된 것이라면 모두 재심사유가 되는지이다. 그러나 여기서 말하는 사실은 이른바 기본사실을 가리키는 것으로 보고 기본적 사실을 인정한 증거가 위조된 경우로 한정해야 할 것이다.[59)] 그리고 법문에는 위조만 규정되어 있으나 변조(變造)도 포함되는 것으로 보아야 할 것이다.

(4) 원판결, 재정의 사실인정에 사용된 주요증거가 질증을 거치지 않은 것인 경우(제4호)

중국의 민사소송에서 모든 증거는 법정에 내어 놓고(出示) 당사자의 상호질증(質證)을 거쳐야 한다(민소법 제68조, 〈증거규정〉 제47조). 질증을 거치지 않은 증거는 사실인정에 사용할 수 없다. 여기서 말하는 사실은 이른바 기본사실을 가리키는 것으로 보고 기본사실을 인정한 증거가 질증을 거치지 않은 경우로 한정해야 할 것이다.[60)]

도 되어있지 않으므로 재심의 소를 제기할 수도 없을 것이다. 이와 같은 결과는 소위 진실절대주의를 바탕에 깔고 있는 사회주의 민사소송에서는 도저히 용인할 수 없었을 것이다. 그러나 최근 중국의 민사소송에도 변론주의가 적용되기 시작한 점을 감안하면 이와 같은 재심사유는 기판력제도를 본질적으로 훼손하는 것이며 재심과 관련하여 변론주의도 다시 부정하게 되는 결과가 될 것이다. 왜냐하면 변론주의는 당사자의 주장책임과 증명책임을 그 내용으로 하는 것이므로 변론에 공격방어방법을 제출하지 않아 패소하였다면 그 결과가 객관적 진실에 반하는 것이라 하더라도 잘못된 재판이라고 할 수 없을 것이다. 그럼에도 불구하고 아무런 제한 없이 신증거 제출만으로 재심절차가 개시될 수 있다면 기판력은 물론 변론주의도 부정하는 것이 될 것이기 때문이다.

58) 江伟 主编, 前揭 民事诉讼法(第四版), 349面 참조.

59) 谭兵, 李浩 主编, 前揭 民事诉讼法学, 352面; 张卫平 著, 前揭 民事诉讼法(第二版), 353面 등.

(5) 사건의 심리에 필요한 주요증거로, 당사자가 객관적인 원인으로 스스로 수집할 수 없어서 법원에 서면으로 그 조사·수집을 신청하였으나 법원이 조사·수집하지 않은 경우(제5호)

여기의 사건의 심리에 필요한 증거라 함은 사건의 기본사실의 인정에 반드시 필요한 증거를 가리킨다(〈심판감독해석〉 제12조). 중국의 민사소송에서는 당사자 및 그 소송대리인이 객관적 원인으로 스스로 증거를 수집할 수 없는 증거, 또는 법원이 사건의 심리에 필요하다고 인정하는 증거는 법원이 이를 조사, 수집하도록 되어있다(민소법 제64조 제2항). 예컨대 은행계좌에 관한 정보와 같은 증거는 서면의 신청으로 법원의 조사와 수집을 신청할 수 있다.[61] 이와 같은 경우 원심법원이 조사·수집하지 않은 경우에는 재심사유에 해당한다.

(6) 원판결, 재정의 법률적용에 착오가 있음이 확실한 경우(제6호)

어떤 경우가 법률적용의 확실한 착오에 해당하는지에 관하여는 〈심판감독해석〉 제13조가 이를 정하고 있다. 즉 다음과 같은 경우에는 법률적용의 착오로 재심을 신청할 수 있다.

① 적용된 법률과 사건의 성질이 명백히 부합하지 않는 경우
② 민사책임의 확정이 명백히 당사자의 약정 혹은 법률의 규정에 위배되는 경우
③ 이미 실효된 법률 혹은 아직 시행되지 않는 법률을 적용한 경우
④ 법률소급규정의 위반
⑤ 법률적용규칙의 위반
⑥ 입법취지의 명백한 위반

착오가 있는지의 여부는 심리를 마쳐야 알 수 있는 것이므로 여기의 착오가 있음이 확실한 경우는 착오가 있을 가능성이 매우 큰 경우로 이해해야 할 것이다.[62]

(7) 심판조직 구성이 위법하거나 마땅히 회피(回避)하여야 할 법관 등이 회피하지 않은 경우(제7호)

예컨대 법관자격이 없는 자가 합의부에 포함된 경우 등이 이에 해당할 것이다.

(8) 소송무능력자가 법정대리인의 대리를 받지 못한 경우 또는 소송에 참가해야 할

60) 张卫平 上揭書, 같은 면.
61) 법원이 조사·수집하는 증거의 범위는 점차 좁아지고 있다(자세한 것은 제4편 제4장 증거 부분 참조).
62) 张卫平 著, 前揭 民事诉讼法(第二版), 354面.

당사자가 자기 혹은 소송대리인의 책임 없는 사유로 소송에 참가하지 못한 경우(제8호)

(9) 법률의 규정을 위반하여 당사자의 변론권을 박탈한 경우(제9호)

예컨대 개정심리 도중 법관이 당사자의 변론권의 행사를 허용하지 않는 경우는 물론이고 소장부본을 송달하지 않아 결국 당사자가 변론권을 행사하지 못하게 된 경우도 이에 포함된다. 다만 법률에 따라 결석재판(缺席裁判)을 하여 바로 판결, 재정을 하는 경우는 이에 해당하지 않는다(〈심판감독해석〉 제15조). 재심사유가 과도하게 확대되는 것을 막기 위한 해석이므로 좁게 보아야 할 것이다.

(10) 소환장(传票)에 의한 소환을 하지 않고 결석판결을 한 경우(제10호)

결석판결은 당사자의 도주, 소송방해 등에 대한 일종의 제재이므로 결석판결을 하기 위하여는 반드시 소환장 송달의 방식으로 당사자를 소환해야 한다.

(11) 원판결, 재정이 당사자의 소송상 청구를 누락하거나 이를 초과한 경우(제11호)

중국의 민사소송에서도 이제는 처분권주의가 적용되므로 당사자의 신청을 초과하여 재판을 할 수 없으며 이를 어기면 재심사유가 된다. 당사자가 신청한 사항에 대한 재판을 누락한 경우에도 같다(이 경우 우리나라에서는 추가판결의 대상이 될 것이다).

(12) 판결, 재정의 근거가 되었던 법률문서(法律文書)가 취소 혹은 변경된 경우(제12호)

원판결, 재정의 기본사실 및 사건의 성질 인정이 다른 법률문서를 근거로 한 것인데 그 근거 법률문서가 취소 혹은 변경된 경우를 가리키며 재심사유가 된다(〈심판감독해석〉 제16조). 예컨대 주택소유권을 인정하였는데 후에 주택소유권증서가 취소된 경우와 같다.

(13) 법관 등이 사건의 심리 중 독직수회(贪污受贿), 사정(私情)에 이끌린 재판(徇私舞弊), 법을 왜곡하여 재판(枉法裁判)한 경우(제13호)

이와 같은 행위를 재심사유로 하기 위해서는 그 행위가 관련 형사법률문서 또는 기율처분결정(紀律處分決定)에 의하여 확인될 수 있어야 한다(〈심판감독해석〉 제18조).

4. 조정서(調停書)에 대한 재심사유

법률적 효력이 발생한 조정서에 대하여도 일정한 경우 재심을 신청할 수 있다(민소법 제201조). 즉 당사자가 이미 법률적 효력이 발생한 조정서에 대하여 당해 조정이 자유의사의 원칙(自愿原则)을 위반하여 무리하게 이루어졌거나 조정합의의 내용이 법률에 위반되는 경우에는 재심을 신청할 수 있으며 조사결과 사실로 인정되면 법원은 반드시 재심을 해주어야 한다.

주의할 점은 조정서에 대하여 재심을 신청할 때에는 반드시 관련증거를 제출하여 재심사유의 존재를 증명해야 한다는 점이다.

제3절 법원의 재심결정에 의한 재심

Ⅰ. 의 의

법원의 결정에 의한 재심이라 함은 법원이 본원 혹은 하급법원의 판결이나 재정, 혹은 조정서에 잘못이 있음이 확실한 것을 발견한 경우, 그 자신의 결정에 의하여 사건을 재심사하는 제도를 말한다. 법원의 심판감독권에 입각한 감독행위의 일종이다.

중국의 헌법, 법원조직법과 민사소송법의 규정에 의하면 각급법원의 원장과 심판위원회는 자기법원에 대한 심판감독권을 가지고 있으며, 최고인민법원은 지방의 각급법원과 전문법원에 대한 심판감독권을, 지방의 상급법원은 하급법원에 대한 심판감독권을 가지고 있다.[63] 이 심판감독권에 의해 확정된 재판에 대하여 법원 자신이 재심절차를 일으킬 수 있다. 사회주의 민사소송법상의 제도로 많은 비판을 받고 있으나 2007년과 2012년의 개정에도 거의 손을 대지 않았으며, 그 조문의 위치(재심절차의 첫머리에 위치)나 실무상으로는 오히려 당사자의 신청에 의한 재심보다 우위를 점하고 있다.

Ⅱ. 재심결정의 요건

민사소송법의 규정에 의하면 법원이 재심을 발동시키기 위하여는 다음과 같은 요건이 필요하다.

---

63) 자세한 것은 제1편 제3장 중국 민사소송법의 기본원칙과 제4장 중국 민사소송의 기본제도 부분 참조.

1. 주체에 관한 요건

재심을 발동시킬 수 있는 주체는 원심법원의 법원장과 심판위원회, 최고인민법원 및 상급법원이다.

2. 판결, 재정이 법률적 효력을 발생한 경우일 것

아직 확정되지 않은 판결, 재정에 대하는 재심결정을 할 수 없다. 확정된 조정서도 재심의 대상이 된다.

3. 법률적 효력이 발생한 판결, 재정에 착오가 있음이 분명할 것

일종의 재심사유에 해당한다. 당사자의 신청에 의한 재심이나 검찰원의 항소에 의한 재심의 경우에는 재심사유가 13가지로 구체화되어 있으나 법원의 결정에 의한 재심의 경우는 "판결, 재정에 착오가 있음이 확실한 것(确有错误)을 발견한 경우"라고만 되어있을 뿐 어떤 경우가 이에 해당하는지에 대한 자세한 규정이 없다. 여기의 착오에는 사실인정의 착오, 법률적용의 착오 모두 포함된다고 해야 할 것이다.

재심에 일종의 제한을 가한 것이기는 하나 너무 추상적인 개념이고 착오의 유무는 재심을 완료해야 비로소 밝혀지는 것이므로 논리상 모순이 있다는 비판이 있다.[64] 이 점과 관련하여 당사자의 재심사유인 제200조를 법원의 재심결정에도 적용할 것인지에 대한 논란이 있다. 학설로는 제200조 소정의 사유가 있는 경우에만 법원도 재심결정을 할 수 있도록 하는 것이 바람직하다는 견해도 있으나 제200조는 명문으로 "당사자의 신청"이라고 되어있으므로 이와 같은 해석은 불가능할 것으로 보인다. 따라서 여전히 착오가 있는지의 여부는 법원이 재량으로 판단할 수밖에 없을 것이다.[65]

Ⅲ. 재심결정의 절차

1. 원심법원의 재심결정

각급 법원의 원장은 자기 법원의 이미 법률적 효력이 발생한 판결, 재정, 조정서에

64) 江伟 主编, 前揭 民事诉讼法(第四版), 358面.

65) 검찰원의 항소에는 제200조가 준용된다. 별도의 입법조치가 필요하다는 견해도 있다[张卫平 著, 前揭 民事诉讼法(第二版), 334面].

착오가 있음이 분명하여 재심이 필요하다고 인정되면 심판위원회에 넘겨 재심여부를 결정하도록 해야 한다(민소법 제198조).[66]

심판위원회가 재심을 결정하면 원판결, 재정의 집행을 중지하는 재정을 해야 하며 이 재정에는 원장이 서명하고 법원의 인장을 찍어야 한다(민소법 제206조).

그리고 별도의 합의부를 구성하여 심리한다. 제1심 법원의 경우는 제1심 절차에 따라 제2심 법원인 경우는 제2심 절차에 따라 심리를 진행하며, 제1심에서 재심을 한 경우는 당사자가 상소를 할 수 있다. 제2심에서 한 재심의 재판은 종심재판에 해당하여 상소를 할 수 없다.

원심법원이 동일 사건에 대한 재심결정은 거듭할 수 없고 한 번만 할 수 있다.[67]

2. 최고인민법원과 상급법원의 재심결정

최고인민법원과 상급법원이 재심결정을 하는 경우에는 제심(提審: 끌어올려 재판하는 것)을 하거나 하급법원에 재심을 명할 수 있다(指令再審).[68]

(1) 최고인민법원의 재심결정

최고인민법원은 지방의 각급법원, 전문법원의 판결, 재정, 조정서에 착오가 있음이 분명하다고 인정되면 재심결정을 할 수 있다. 이 경우 스스로 재심의 심리를 하기로 하는 경우는 하급법원에 통지를 하여 사건기록을 송부하도록 하여 심리를 진행하며(提審), 이 경우는 최고인민법원 자신이 원재판의 집행을 중지하는 재정을 해야 한다. 다만 존속부양료, 부부간부양료, 양육비, 무휼금, 의료비, 노동보수 등에 관한 사건은 집행을 중지하지 않을 수 있다(2012년 제206조 단서 신설).

하급법원에 재심을 명령하는 경우에는 지령이 하급법원에 도달한 날 재심이 제기된 것으로 보아야 하며, 하급법원은 즉시 재심의 재정(裁定)을 하고 심리를 진행한다. 그리고 심리 후 내린 재판은 최고인민법원에 송부하여 보고한다.

---

66) 심판위원회는 각급법원에 설치되며 법원장이 회의를 주재한다. 따라서 법원장이 회부하고 주재하므로 그의 영향력이 매우 크다고 할 수 있다(심판위원회에 관하여는 제2편 제2장 제3절 심판위원회 부분 참조).

67) 〈最高人民法院关于人民法院对民事案件发回重审和指令再审有关问题的规定〉[法释(2002) 24号] 제3조.

68) 최고인민법원이나 상급법원이 어떤 경로로 하급심법원의 착오를 알 수 있느냐에 관한 명확한 규정이 없기 때문에 비정상적인 신소(申訴)가 횡행하는 현상이 초래되기도 한다(常怡 主编, 前揭 民事诉讼法学, 499面 참조).

(2) 상급법원의 재심결정

상급법원은 하급법원의 재판에 대하여 감독활동을 할 수 있으며, 이 경우에도 스스로 사건을 끌어올려 재판하거나 하급법원에 재심을 명령할 수 있다. 제심(提審)을 하는 경우는 역시 하급법원에 통지를 하여 사건자료를 송부받아 스스로 심리를 진행한다. 하급법원에 재심을 명하는 경우에는 상황을 설명하고 이유를 지적하여 주고 재심을 하도록 고지한다. 재심을 한 하급법원은 재심의 결과를 재심명령을 발한 상급법원에 보고해야 한다.

상급법원이 하급법원에 재심을 명령하는 것은 1회에 한하며, 이 명령에 따라 행한 재심 판결, 재정에 대하여 다시 재심을 할 필요가 있다고 인정하면 상급법원이 끌어올려 재심을 해야 한다(提審). 다만 상급법원이 하급법원의 법정절차 위반을 이유로 재심을 명령하는 경우는 횟수의 제한을 받지 아니한다.[69]

제4절 인민검찰원의 항소(抗訴)에 의한 재심

Ⅰ. 민사항소의 의의

인민검찰원은 국가의 법률감독기관의 지위를 가지고 있다. 이 국가의 법률기관의 지위에서 검찰원은 민사심판활동에 관한 감독권을 행사할 수 있고, 그 주요한 행사방법은 법률적 효력이 발생한 법원의 재판에 대하여 항소(抗訴)를 제기하는 것이다.[70]

항소를 제기할 정보 즉 재판 잘못의 인지(認知)의 출처로 가장 빈번한 것은 당사자 기타 이해관계인의 신소(申訴)일 것이나 이 밖에도 다른 국가기관 등이 처리를 요청한 것, 상급검찰원이 처리를 하도록 보낸 것, 검찰원이 스스로 발견한 것도 항소제기의 기초가 된다.[71]

---

69) 前揭 〈最高人民法院关于人民法院对民事案件发回重审和指令再审有关问题的规定〉 제2조.

70) 중국에서는 일반적으로 검찰원이 법원의 재판에 대하여 불복하는 것을 항소라 한다. 그러나 민사소송상의 항소와 형사소송상의 항소는 서로 다른 면이 있다. 민사소송상의 항소는 이미 확정된 재판에 대하여 재심을 청구하는 사후감독적인 조치이나 형사소송상의 항소는 확정된 재판(재심항소)은 물론 미확정의 재판에 대하여도 제기(2심항소)할 수 있다.

71) 〈人民检察院民事行政抗诉案件办案规则〉 제4조.

검찰원이 민사재판에 대하여 재심을 요청하는 것이 과연 옳은 것인가에 대하여는 많은 비판이 있다. 그러나 2007년의 개정에도 불구하고 여전히 이 제도는 유지되고 있었으며, 2012년의 개정에서는 아래에서 보는 바와 같이 오히려 이를 강화하였다.

Ⅱ. 항소의 요건

검찰원이 항소를 제기하기 위해서는 다음과 같은 요건을 갖추어야 한다.

1. 항소의 주체

(1) 최고인민검찰원과 상급인민검찰원

최고인민검찰원은 각급법원의 법률적 효력이 발생한 판결, 재정에 대하여 항소를 제기할 수 있으며, 상급검찰원은 하급법원의 법률적 효력이 발생한 판결, 재정에 대하여 항소를 제기할 수 있다(제208조 제1항).[72] 조정서가 국가이익, 사회공공이익을 침해하는 것을 발견한 경우에도 항소를 제기한다.

(2) 동급(同級)의 인민검찰원

2012년 개정 전 법은 지방의 각급 인민검찰원은 같은 급의 인민법원의 판결, 재정에 대하여는 직접 항소를 할 수 없고, 상급인민검찰원에 제청(提請)하여 상급인민검찰원이 그 인민법원에 항소를 제기하도록 되어있었다(구법 제187조 제2항). 그러나 2012년 개정으로 검찰건의(檢察建議)제도가 신설되었다. 즉 2012년 개정법은 제208조 제2항에서 인민법원과 같은 급의 인민검찰원은 이전과 같이 상급인민검찰원에 항소해줄 것을 신청할 수 있는 이외에 스스로 직접 같은 급 인민법원에 재심검찰건의를 하고 이를 상급인민검찰원에 보고할 수 있도록 하였다. 이와 같은 재심검찰건의제도는 2001년 최고인민검찰원이 내린 〈人民检察院民事行政办案规则〉에서 처음 언급한 이래 2011년에는 최고인민법원과 최고인민검찰원이 합동으로 내린 〈关于民事审判活动与行政诉讼活动实行法律监督的若干规定(试行)〉 제6조, 제7조에 규정되어 있던 것이었다. 이를 2012년의 민사소송법 개정에서 흡수한 것이다.[73][74]

---

72) 법문상 "제기하여야(应当提出抗诉) 한다"로 되어있으므로 항소사유(제200조 사유)가 존재한다고 판단하면 반드시 항소를 제기하여야 한다(법률감독기관으로서의 직무이다).

73) 奚晓明 主编, 前揭 ≪中华人民共和国民事诉讼法≫ 修改条文理解与适用, 28~29面 참조.

74) 재심건의 이외에도 같은 급의 인민검찰원은 법관의 위법행위를 바로잡고 처벌해줄 것을 요구하는 건의도 할 수 있다(제208조 제3항).

(3) 당사자

2012년 개정법에서는 당사자가 일정한 경우에만 인민검찰원에 검찰건의 혹은 항소를 해달라는 신청을 할 수 있도록 제한하고 있다(제209조). 그 취지는 이전에는 당사자가 일변 법원에 재심신청을 하고 일변 인민검찰원에 항소신청을 하여 두 국가기관이 중복하여 심사를 초래하는 경우가 많았음을 고려한 것이다.

따라서 당사자는 우선 법원에 재심신청을 해야 하며 ① 법원이 재심신청을 각하한 경우, ② 재심신청에 대하여 법원이 법정기간을 넘겨 재심여부에 대한 재정을 하지 않는 경우, ③ 재심판결, 재정에 잘못이 있음이 명확한 경우에만 인민검찰원에 검찰건의 혹은 항소신청을 할 수 있도록 하였다. 이에 따라 법원에의 재심신청→인민검찰원에의 검찰건의, 항소의 신청으로 순서가 법정되게 되었으므로 법원과 검찰의 중복 심사는 피할 수 있게 되었다.[75)]

이와 같은 당사자의 검찰건의 혹은 항소신청에 대하여 인민검찰원은 3개월 이내에 검찰건의나 항소를 할 것인지의 여부를 결정해야 한다(제209조 제2항). 그리고 이와 같은 결정을 하는 데 필요하다고 인정하면 당사자나 소외인을 조사하여 사정을 파악할 수 있다(제210조). 또 당사자는 재차 인민검찰원에 검찰건의 혹은 항소 신청을 할 수 없다(제209조 제2항).[76)]

2. 이미 법률적 효력이 발생한 판결, 재정일 것

확정되지 않은 재판에 대하여는 당사자가 상소를 할 수 있을 뿐 검찰이 항소를 제기할 수 없다. 확정된 것이라면 조정서도 항소의 대상이 될 수 있다. 구법에는 명문의 규정이 없었으나 2012년 개정법에는 조정서가 국가이익이나 사회공공이익을 해하는 것을 발견한 경우에는 항소를 제기하여야 한다고 규정하고 있다(제208조 제1항).

3. 항소사유가 존재할 것

2007년 개정 전의 민사소송법에서는 항소사유를 ① 원판결, 재정이 인정한 사실에 주요한 증거가 부족한 경우, ② 원판결, 재정의 법률적용에 착오가 있음이 확실한 경

---

75) 검찰건의 혹은 항소의 신청은 일종의 요건이 붙은 규범화된 신소(申訴)라 할 수 있을 것이다. 다만 이것으로 헌법상의 일반의 신소권 즉 요건상의 제한이 없는 신소권이 배제되는지는 확실치 않다.

76) 이를 통해 이른바 “심리가 끝났다고 끝난 것이 아닌(終审不终)” 사태가 발생하는 것을 어느 정도 막을 수 있게 되었다고 한다.

우, ③ 법원의 법정절차위반이 사건의 정확한 판결, 재정에 영향을 미쳤을 가능성이 있는 경우, ④ 법관 등이 사건의 심리시에 독직수회(贪污受贿), 사정(私情)에 이끌린 재판(徇私舞弊), 법을 왜곡하여 재판(枉法裁判)한 경우를 들고 있었다(제185조). 이를 당시의 당사자의 재심신청사유와 비교하면 재심신청 사유 중 첫 번째인 원판결, 재정을 뒤집기에 족한 새로운 증거의 존재가 제외되어 있었다. 2007년 개정시 항소사유와 재심신청사유를 통일하여 검찰원은 당사자의 재심신청사유(구법 제179조의 15가지)에 해당하는 경우에는 모두 항소를 제기할 수 있도록 하였다(구법 민소법 제187조). 이와 같은 태도는 2012년 개정에도 그대로 유지되고 있다. 다만 재심사유가 13개로 축소되었을 뿐이다.

Ⅲ. 항소의 절차

항소를 제기하기 위하여는 항소장(抗诉书)을 작성하여야 한다(민소법 제212조). 항소장에는 사건의 출처(來源), 사건의 기본적인 상황, 법원의 심리 상황 및 항소이유를 적어야 하며, 검찰장이 서명하고 검찰원의 인장을 날인하여야 한다. 또 항소장부본을 당사자에게 송달하고 바로 위급의 검찰원에 송부하여 보고하여야 한다.[77]

검찰기관의 항소와 당사자의 재심신청은 그 취급에 있어서 큰 차이가 난다. 이미 본 바와 같이 당사자의 재심신청시에는 그 재심사유의 성립여부를 법원이 심사하게 되므로 당사자의 재심신청 자체가 자동적으로 사건의 재심사를 초래하는 것은 아니다. 그러나 검찰원은 법률감독기관이므로 항소사유의 유무를 스스로 판단하게 되며 법원은 이에 간여할 수 없다. 따라서 검찰원이 이미 항소사유가 존재하는 것으로 판단하여 항소를 제기하면 법원은 이에 구속되어 반드시 재심을 해야 한다. 따라서 검찰원은 스스로 재심 발동의 주체로서의 지위를 가지게 된 셈이다.

Ⅳ. 심리절차

전술한 바와 같이 검찰원이 항소사유가 있다고 하여 제기한 항소에 대하여 법원은 그 항소사유의 성립여부를 심사할 수 없고 항소장을 접수한 날로부터 30일 내에 재심

77) 〈人民检察院民事行政抗诉案件办案规则〉 제40조, 제41조.

의 재정을 해야 한다(민소법 제211조 제1문). 재심의 본안심리는 항소를 제기받은 법원에서 하는 것이 원칙이나 민소법 제200조 제1항 제1호부터 5호에 해당하는 항소사유[78]에 의한 항소의 경우에는 한 급 아래의 법원에 넘겨 재심하도록 할 수 있다(같은 조 제2문). 다만 예컨대 그 하급법원의 재심신청을 거쳐 당사자가 검찰원에 재심건의 혹은 항소 신청을 하여 이에 따라 항소가 이루어진 사건은 그 법원이 다시 재심하도록 할 수 없다(단서).

항소사건을 재심리하는 경우에는 반드시 검찰원에 통지하여 그 직원을 파견하여 법정에 출석하도록 해야 한다(민소법 제213조; 검찰원조직법 제18조 제2항).

제5절 재심제도의 문제점

Ⅰ. 당사자의 신청에 의한 재심

1. 재심신청과 신소(申訴)

위에서 본 바와 같이 중국의 재심제도에서는 재심발동의 주체가 당사자뿐만 아니라 법원과 검찰원도 독자적으로 재심절차를 일으킬 수 있도록 되어있다. 그리고 재심의 대상(판결, 재정의 종류)면에서도 차이가 없으므로 당사자가 재심을 제기할 수 있는 사건은 법원도, 검찰원도 모두 재심을 일으킬 수 있게 되어있다.

이렇게 본다면 당사자가 스스로 재심을 신청하는 것과 법원이나 검찰원에 신소(申訴)를 하여 법원의 재심결정, 검찰원의 항소를 통한 재심을 얻어내는 것 중 어느 것이 유리할지를 생각하지 않을 수 없다. 분명히 당사자로서는 신소를 통하여 재심을 일으키는 것이 더 효과적이라고 생각할 것이다.[79]

---

78) 모두 증거와 관련된 항소사유이다.

79) 법원의 심판위원회의 결정으로 재심을 하는 경우(재심을 맡은 합의부는 상당한 압력을 느낄 것이다), 검찰원이 항소를 하여 재심을 하는 경우(이 경우에는 특히 검찰원에서 직원을 파견하여 편들어주는 격이다)는 당사자가 스스로 재심신청을 하여 재심절차를 수행하는 것보다 훨씬 유리한 면이 있다고 할 수 있다. 왜냐하면 실제로 당사자가 재심신청을 하여 재심절차가 이루어지는 경우는 양 당사자간의 균형이 유지되나 인민법원의 재심결정이나 검찰원의 항소에 의한 경우에는 신소(申訴)를 한 당사자측(신소가 받아들여진 경우라면)이 압도적으로 우세한 지위를 차지하게 될 것이다.

이와 같은 이유로 마땅히 재심제도의 중심을 차지해야 할 당사자의 재심신청제도가[80] 그동안 변방으로 밀려나고 신소의 남발과 국가기관의 민사소송에의 과도한 간섭을 초래하게 된다.

이에 대한 대책으로 학자들은 법원이 재심결정을 할 수 있는 사건, 검찰원이 항소를 할 수 있는 사건의 범위를 축소함으로써 당사자의 신청에 의한 재심에 주도적 지위를 부여하여야 한다는 주장을 하고 있으나 2007년과 2012년의 재심절차 개정에서도 이 부분은 거의 손을 대지 못하였다.

2. 재심사유의 문제

2007년 개정법의 큰 업적으로 재심사유를 구체화한 것을 들고 있다. 그러나 재심사유와 관련하여서도 문제점이 적지 않다.

(1) 보충성 원칙의 미확립

우선 재심사유에 대하여 보충성의 원칙이 세워지지 않았다는 것이 문제이다. 재심제도는 상소할 기회를 부여하면서 제1심과 상소심에서 다툴 것은 모두 다투게 하고 판결이 확정되면 기판력이 발생하여 이전의 절차에서 제출하지 않았던 공격방어방법을 새로운 소를 통하여 제출하는 것을 일률적으로 막는 동시에(기판력의 차단효), 이전의 절차에서 상소를 통하여 제출할 수 있었던 사유는 재심사유로 인정하지 않는 것이 기본적인 구조이며 이와 같은 원칙을 보충성의 원칙이라 한다. 그러나 중국에서는 이 보충성의 원칙이 통용되고 있지 않다.[81] 이에 따라 상소심에서 주장했어야 할 것도 흔히 재심사유로 하는 폐단이 있다.[82]

(2) 지나치게 관대한 재심사유(기판력의 경시)

민사소송은 개인간의 사적권리관계를 둘러싼 분쟁을 해결하는 절차이다. 따라서 처분권주의와 변론주의가 심리의 기본원칙이며 심리 중 당사자의 주도권을 인정하는 동

---

80) 서구제도에서는 재심은 오직 당사자만 제기할 수 있을 뿐 기타 기관이 재심을 발동시킬 수 있다는 것은 상상을 할 수 없는 일이다. 중국에서는 이전에는 오히려 당사자의 재심신청권을 인정하지 않고 신소의 권리만을 인정하다가(試行法 제158조), 1991년 민사소송법에서 당사자의 재심신청권을 인정하였으나 재심발동의 주도적 지위를 차지하지 못하고 있다.

81) 谭兵, 李浩 主编, 前揭 民事诉讼法学, 354面 참조. 추후 입법에 의하여 보충성의 원칙을 확립하여 통상적인 불복수단을 이용하도록 촉구해야 한다고 한다.

82) 예컨대 소송청구의 누락이나 소송청구를 초과하는 재판(200조 제1항 제11호); 법률적용의 착오(제6호) 등은 모두 상소를 제기하여 주장할 수 있음에도 불구하고 상소를 제기하지 않고 이들을 재심사유로 하여 재심을 제기하는 경향이 있다[不打二审打再审: 江伟 主编, 前揭 民事诉讼法(第四版), 349].

시에 결과에 대한 책임도 당사자가 부담하는 것을 원칙으로 한다. 이에 따라 당사자는 제1심과 상소심을 통하여 공격방어의 기회를 갖는 동시에 상소를 하지 않았거나 허용되는 심급을 모두 거친 경우(즉 판결이 확정된 경우)에는 그 결과에 대하여도 스스로 책임을 져야 하며 이것이 곧 기판력제도라고 할 수 있다. 그 결과 확정판결은 존엄성을 갖추게 되는 것이며 당사자의 법률생활도 안정되게 된다.

기판력제도의 요체(要諦)는 "판결이 확정되면 동일한 당사자는 동일한 사건(소송물)을 가지고 전소 사실심변론종결시(공격방어의 최종시점)에 이미 존재하고 있던 사유(사실 및 증거)를 내세워 다시 소를 제기하여 전소판결과 다른 내용의 판결을 구할 수 없다"는 것이다. 즉 확정된 판결의 내용을 강제적으로 통용시키는 힘이 곧 기판력이고 이는 전소판결이 정당한 판결인지 부당한 판결인지를 묻지 않는 것이 원칙이다(부당한 판결이 확정된 것도 당사자의 책임일 뿐).

그러나 일반인의 정의관념에 비추어 도저히 용인할 수 없는 판결, 당사자에게 책임을 돌리는 것이 지나치게 부당한 판결을 기판력의 이름 아래 강요하는 것은 스스로 법원의 재판에 대한 불신을 초래하는 것이며, 불리한 재판을 받은 당사자에게 지나치게 가혹한 것을 강요하는 것임을 부인할 수 없다. 따라서 기판력제도를 가지고 있는 나라에서는 예외 없이 이와 같은 특수한 경우를 처리하기 위하여 특별한 불복수단을 가지고 있으며, 이것이 곧 재심절차이다.

재심절차에서는 재심을 제기할 수 있는 사유를 엄격히 제한하여 열거하고 재심의 제기기간도 엄격히 제한하여 기판력제도가 지나치게 손상되는 것을 방지하고 있다. 재심제기의 요건을 갖추면 새로운 소를 제기하는 것은 금지되나(기판력) 이미 확정된 판결 자체의 기판력을 제거하고 이전의 소를 되살려 다시 재판을 하게 된다. 이와 같이 기판력제도와 재심제도는 밀접한 관계를 맺고 있다.

재심사유를 분석해 보면 이는 결국 기판력의 차단효(시적범위와 관련된다)[83]와 밀접한 관련이 있음을 알 수 있다. 즉 표준시 이전에 존재했던 사실이나 증거임에도 불구하고(즉 새로운 소를 제기하려고 시도한다면 차단되어야 할 사유임에도 불구하고[84]) 이를 주장하여 기판력을 제거하여 확정판결을 실효시키고 다시 확정 전의 절차로 돌아가 심판을 받을 수 있도록 보장한 것이 재심사유이다. 따라서 재심사유의 다과(多寡)는 기

83) 재판이 확정되면 표준시에 있어서의 법원의 재판에 기판력(강제적 통용력, 불가쟁력)이 발생하고, 표준시 이전에 존재했던 사실이나 증거를 새로운 소를 통하여 제출하는 것을 차단해야 그 기판력은 유지될 수 있다. 따라서 표준시 이전에 존재했던 모든 사실과 증거에 대하여는 차단효가 발생하는 것이 원칙이다(예외적으로 차단되지 않는 경우도 있다).

84) 따라서 재심사유를 주장하여 새로운 소를 제기하는 것은 기판력에 의하여 차단될 것이다.

판력의 강약(强弱)에 반비례하는 것이라 할 수 있다.

재심사유를 어느 정도로 인정할 것인지는 국가의 입법정책 영역에 속하는 것이라 할 수 있다. 따라서 같은 대륙법계 국가간에도 약간의 차이가 있는 것은 불가피한 일이다.[85)]

재심사유의 설정이 입법정책상의 문제라 하더라도 중국의 재심사유는 지나치게 관대하다는 점을 부인할 수 없다. 따라서 기판력제도를 확립하기가 매우 어려울 것으로 보인다.[86)] 왜냐하면 우선 민사소송법 자체에 기판력을 인정하고 있지 않고 있으며, 이를 학설이 이론적으로 받아들이려 해도 명문의 재심사유가 너무 관대하여 기판력의 차단효가 사실상 힘을 발휘할 수 없기 때문에 이를 받아들인다 하더라도 실효성이 없는 공허한 것이 될 것이다.

예컨대 중국 민사소송법 제200조 제1항 제1호 사유인 "원판결, 재정을 뒤집기에 족한 새로운 증거가 있는 경우"[87)]를 보면 이와 같은 사유는 비록 "원재판을 뒤집기에 족한"이라는 조건이 있기는 하나 기판력의 관점에서 본다면 당연히 차단될 것인데, 명문으로 재심사유로 되어있으므로 이를 가지고 재심신청을 하여 동일한 사건에 대한 재차의 심판을 구할 수 있게 되기 때문에 기판력제도가 의도하는 법적안정성을 기대하기 어려울 것이다.

---

85) 예건대 한국과 일본의 재심사유를 비교하면 거의 같으나(일본민사소송법 제338조; 한국민사소송법 제451조 제1항) 한국민사소송법 제451조 제1항의 11호 사유인 "당사자가 상대방의 주소 또는 거소를 알고 있었음에도 불구하고 있는 곳을 잘 모른다고 하거나 주소와 거소를 거짓으로 하여 소를 제기한 때"는 일본 민사소송법의 재심사유로 되어있지 않다. 나머지 10개의 재심사유는 같다. 또 ZPO § 580 Nr.7(b)에는 한국이나 일본에는 없는 "새로운 문서"의 존재가 재심사유로 되어있다.

86) 사회주의 민사소송 이념이 강하던 시대에는 기판력이라는 개념조차 없었다. 그 시대를 지배했던 원칙은 진실절대주의이고 이를 위해 국가의 무한간섭이 용납되었으므로 재판이 한번 확정되면 다시 다툴 수 없다는 기판력이 들어설 자리가 없었다. 그러나 최근에는 학자들을 중심으로 변론주의와 처분권주의를 강조하고 기판력제도의 필요성을 강조하는 견해가 점차 주류를 이루어가고 있다. 그러나 아직도 법문에는 기판력이라는 용어는 없으며 대체로 재판의 형식적 확정력을 의미하는 것으로 보이는 "법률적 효력"이라는 용어를 사용할 뿐이다.

87) 재심사유로서의 신증거의 범위를 한정한다고 하나, ① 원심의 개정심리 종결 전에 이미 객관적으로 존재하고 있었으나 개정심리 종결 후에야 발견한 증거, ② 원심의 개정심리 전에 이미 발견하였으나 객관적인 원인으로 인하여 취득할 수 없었거나 법정의 기한 내에 제출할 수 없었던 증거, ③ 감정결론이나 검증조서를 작성했던 자가 원심의 개정심리 종결 후에 다시 감정, 검증을 하여 원래의 결론을 뒤집은 증거 등이 여기에 해당한다고 하여(〈심판감독해석〉 제10조 제1항) 사실상 제한이 없는 것이나 마찬가지인 것으로 보인다. 배제되는 것은 결국 존재하는 것을 알고 고의로 이를 제출하지 않았던 경우 정도라고 할 수밖에 없고 고의로 제출하지 않았다는 것을 인정하기가 상당히 어려울 것이다.

3. 재심신청기간의 문제

재심신청은 판결, 재정, 조정합의가 법률적 효력을 발생한 후 6개월 이내에 하여야 한다. 6개월 후에도 ① 판결, 재정이 법률적 효력이 발생한 후에 원재판을 뒤집기에 충분한 새로운 증거가 발견된 경우(제200조 재심사유 제1호), ② 판결, 재정의 법률적 효력이 발생한 후 원재판의 사실인정에 사용된 주요증거가 위조된 것임을 발견한 경우(제3호 사유), ③ 판결, 재정의 법률적 효력이 발생한 후 그 재판의 근거가 되었던 법률문서가 폐지되거나 변경된 경우(제12호 사유), ④ 판결, 재정의 법률적 효력이 발생한 후 법관이 독직수회(贪污受贿)하거나, 사정(私情)에 이끌린 재판(徇私舞弊), 법을 왜곡하여 재판(枉法裁判)을 한 것을 발견한 경우(제13호 사유)에는 그것을 안 날 또는 알았어야 할 날로부터 6개월 이내에 재심신청을 할 수 있다(제205조).

재심신청기간은 우선 이 기간이 불변기간인지 제척기간인지에 관한 명확한 규정이 없으며 이 기한은 당사자의 신청에만 적용되며 법원의 재심결정이나 검찰원의 항소에는 기한을 두고 있지 않기 때문에 실무상 당사자가 재심신청기간이 지나고도 법원이나 검찰원에 신소(申訴)를 하여 심판감독절차를 일으켜 재심의 목적을 달성하는 경우가 많아 문제이다.

Ⅱ. 법원의 재심결정에 의한 재심

법원이 결정을 함으로써 재심절차를 발동시키는 제도는 서구의 민사소송에서는 찾아볼 수 없는 제도이다. 이렇게 되면 법원 자신이 원고이자 재판기관이 되는 이상한 구조를 갖게 될 뿐만 아니라, 민사소송의 기본인 불고불리(不告不理) 원칙을 정면으로 부정하게 되며[88] 소송 중 법원이 중립적인 위치에 있어야 한다는 소송제도의 기본적인 요구를 부정하게 되기 때문이다.

그러나 사회주의 민사소송제도에서 출발한 중국의 민사소송에서는 법원의 결정에 의한 재심이 현재도 유효한 제도로서 실시되고 있다. 이와 같은 법원의 재심결정제도는 검찰원의 항소제도와 더불어 사실상 당사자에 의한 재심신청제도가 재심의 주도적인 지위를 확립하는 데 큰 장애가 됨과 동시에 실무상의 재심제도의 폐단도 상당부분 여기서 초래된다는 점도 부인할 수 없다.[89] 더구나 법원의 결정에 의한 재심이나 검

88) 대다수의 법원에 의한 재심결정이 신소를 통하여 이루어진다는 점을 감안하면 전혀 당사자가 개입하지 않은 재심결정은 드물 것이다.

찰원의 항소에 의한 재심은 그 제기 시한이 없기 때문에 당사자의 재심신청기간이 이미 도과된 경우도 법원이나 검찰원에 신소를 제기하여 재심을 이끌어낼 수 있으므로 소위 무한재심(無限再審)의 폐단의 온상(溫床) 역할을 한다.

학계에서는 법원의 결정에 의한 재심제도는 폐지되어야 한다는 점에 거의 이론이 없으며, 사실 실무측에서도 이 점에 대한 개선이 있어야 한다는 점에 큰 이론은 없는 것 같다. 근래 최고인민법원에서는 일부의 법원을 시험법원[試点法院]으로 정하여 연구를 시키고 실험적 심리를 진행시키고 있다.[90] 그러나 이 제도가 근시일 내에 폐지될 것 같지는 않다.

일부의 학자는 개선책으로 법원의 석명권[91] 제도를 이용할 것을 건의하고 있다. 즉 일정한 사건으로 한정하여 법원이 당사자에게 그 재판의 하자를 설명해주고 재심청구를 유도하자는 것이다. 즉 법원구성의 위법, 판결참여법관의 범법행위, 전소판결과의 모순, 폐지된 법률, 미발효의 법률의 적용 등 절차적인 중대한 하자나 법률의 하자 등으로 제한하고, 이 같은 사유의 존재를 당사자에게 설명해주고 재심청구를 하도록 유도하되 그 재심신청의 여부는 궁극적으로 당사자가 결정하게 하여야 한다고 한다.

Ⅲ. 검찰원의 항소에 의한 재심

검찰원의 항소(抗訴)에 의한 재심의 발동도 많은 비판을 받고 있는 부분 중의 하나이다. 특히 검찰원의 항소에도 기한의 제한이 없을 뿐만 아니라 항소를 제기할 수 있는 사건의 범위도 특별한 명문상의 제한이 없다.[92] 또 2007년 개정법은 당사자의 재심사유와 검찰원의 항소사유를 일원화하여 새로운 증거의 발견도 항소사유로 하고 있다.[93]

---

89) 江伟 主编, 前揭 民事诉讼法(第四版), 358~359面.

90) 上揭書, 같은 면. 심천중급인민법원(深圳市中级人民法院)과 청도중급인민법원(青岛市中级人民法院)을 시험법원으로 지정하였으며 각각 재심제도에 관한 임시규정을 만들어 시행하고 있다고 한다. 그리고 그 방향은 당사자의 신청에 의한 재심에 무게를 두고 있다고 한다.

91) 上揭書, 같은 면. 석명권을 중국에서는 흔히 천명권(阐明权)이라고 한다.

92) 이와 같은 점은 과거(1991년 법 시행시) 재심을 둘러싸고 검찰원과 인민법원간의 불화를 초래하기도 하였다. 예컨대 검찰원의 항소에 대하여 최고인민법원이 항소를 수리하지 말라는 지침을 내리는 경우도 있었다(常怡 主编, 前揭 民事诉讼法学, 499面 참조).

93) 이 점에 대하여는 ① 원래 신증거의 발견은 전소법원의 잘못이 아니라 당사자의 증거미제출에 의한 것임에 불과하므로 심판감독의 대상은 아니라는 점, ② 만약 당사자가 신소를 하면서 증거의 단서(线索)를 제공하는 경우에는 검찰로서는 이를 조사하여 수집하지 않을 수 없을 것이고 이렇게 되면 검찰의 부담이 증가할 뿐만 아니라 당사자의 지위의 평등을 해치게 될 것이므로 타

당사자의 재심신청과 다름없는 검찰의 재심발동권의 행사는 국가기관이 지나치게 사인의 권리관계에 개입을 하는 것이 되며, 기간의 제한이 없는 항소권의 발동은 법률생활의 안정을 저해할 뿐만 아니라, 신소의 폭주[94]로 민사항소 업무가 과중하게 되어 검찰 본연의 임무에 지장을 초래하는 점에서 많은 비판을 받고 있다.

그러나 검찰의 항소권을 전면적으로 부정하기 어려운 면이 있으므로, 근래 학계에서는 검찰원의 항소를 일정한 사건에 한정해야 한다는 견해가 주류를 이루고 있다. 대체적으로 공익사건, 공익사건이 아니라도 선량한 풍속과 법률제도에 관한 사건에 한정해야 한다는 견해가 많다.

공익소송이 무엇인지에 관하여 다툼이 있기는 하나 예컨대, 국유재산유실사건(國有財産流失事件), 환경침해사건 등이 흔히 공익사건으로 거론되고 있다. 또 선량한 풍속이나 법률제도와 관련된 사건은 비록 공익사건은 아니나 검찰이 개입을 할 수 있는 사건이라고 한다. 흔히 부양관계사건과 같은 것이 전자의 예로 일컬어지며, 부동산사건이나 특허권사건 또는 전소판결과 모순을 초래하는 사건 등이 후자의 예로 거론된다.

학자에 따라서는 인민대표대회나 그 상무위원회가 감독적 견지에서 재심을 신청하는 것도 검찰원의 항소를 통하도록 해야 한다는 견해도 있다.[95]

당치 않다는 비판이 있다(常怡 主编, 前揭 民事诉讼法学, 516面).

94) 견해에 따라서는 폭주하는 신소(申訴)와 상방(上訪)을 고려할 때 이를 검찰원에 집중시켜 여과함으로써 법원의 부담을 줄이고 기타 당정기관의 간섭을 덜어낼 수 있다는 장점이 있다고 한다. 그러나 헌법상 당정의 모든 기관에 신소와 상방을 할 수 있도록 되어있는 것을 검찰원에 집중시킬 도리도 없으므로(법원에의 신소를 막을 도리도 없다) 무리한 이론이다(江伟 主编, 前揭 民事诉讼法专论, 420~421面 참조).

95) 江伟 主编, 前揭 民事诉讼法(第四版), 362面 참조. 중국의 정치체제는 전국인민대표대회를 정점으로 지방 각급의 인민대표대회가 모든 권력을 행사는 국가이다. 따라서 인민대표대회는 모든 국가기관의 활동을 감독할 권한을 가지고 있으며, 법원도 정기적으로 인민대표대회에 연도사업보고를 해야 한다. 따라서 당연히 법원의 심판활동도 감독할 수 있다. 그러나 심판활동의 감독(즉 재심의 발동)을 위한 명확한 통로가 법정되어 있지 않아 문제라고 한다. 대개 법원에 사건을 넘겨(이를 人大交办案件이라 한다) 이를 처리하도록 하는 것이 실무이나 이를 인민검찰의 항소로 그 통로를 바꾸자는 견해이다.

제 6 편
특별절차

제1장 특별절차 서설(緖說)

제1절 특별절차의 개념

특별절차라 함은 통상절차에 대응하는 일련의 절차를 말한다. 우리나라에는 통상의 민사소송절차와 구별되는 소액사건심판절차, 행정소송절차, 가사소송절차와 같은 특별소송절차가 마련되어 있으며, 소송절차와는 달리 비송사건에 적용되는 비송절차가 따로 마련되어 있다. 넓은 의미에서는 비송절차를 포함하여 가사소송절차, 행정소송절차를 특별절차라고 할 수 있을 것이다.

민사소송법이 통상의 민사소송절차의 규율을 위한 법률체계이나 오로지 통상의 민사소송절차만을 규정한 입법례는 거의 없으며, 각국은 그 나라의 사정에 맞추어 일정한 특별절차를 민사소송법전에 규정하고 있다. 이와 같은 점은 특별절차를 별도의 단행법(單行法)으로 분리하여 규율할 것이냐 아니면 민사소송법에 두어 일정한 한도에서는 민사소송의 통칙적 규정을 준용하도록 할 것이냐에 대한 입법적 선택이라고 할 수 있다.

우리나라는 비교적 많은 단행법을 가지고 있는 입법례에 속한다.[1] 소액소송, 행정소송, 가사소송은 각각 소액사건심판법, 행정소송법, 가사소송법을 따로 제정하여 민사소송법에서 분리하는 입법을 하고 있다.[2]

한편 비송사건에 대하여는 비송사건절차법이 일반법의 역할을 하며 가사소송법상

---

1) 일본의 경우는 어음 · 수표사건, 소액사건에 관한 절차, 독촉절차가 민사소송법전에 포함되어 있다. 또 독일의 민사소송법전에는 증서 · 수표소송, 독촉절차, 가사소송절차가 포함되어 있으며 중재절차도 민사소송법전에 담고 있다.

2) 물론 이 경우에도 소액사건심판법, 행정소송법, 가사소송법과 민사소송법은 특별법과 일반법의 관계에 있게 되며 특별절차에는 특별법이 우선 적용되나 특별법에 규정이 없는 사항에 관하여는 민사소송법을 적용하도록 하고 있다(예: 행정소송법 제8조, 가사소송법 제12조, 소액사건심판법 제2조 제2항).

의 가사비송에 대하여는 가사소송법이 우선 적용되며 여기에 규정이 없는 사항에 관하여는 비송사건절차법의 통칙적 규정을 준용하도록 하고 있다(가사소송법 제34조).[3] 그러나 독촉절차와 비송적 성격을 가진 공시최고절차는 여전히 민사소송법에 포함되어 있고 민사소송법의 통칙적 규정을 적용하도록 하고 있다.

제2절 중국의 특별절차

중국은 전통적으로 소송사건, 비송사건을 불문하고 특별절차를 별도의 단행법으로 규율하는 대신 민사소송법전에 규정을 두는 경향을 보여 왔다. 1982년의 민사소송법(試行法)에서는 제12장 특별절차라는 표제(標題)하에 선거인명부사건, 실종자에 대한 사망선고사건, 공민의 행위무능력을 인정하는 사건, 재산의 주인 없음을 인정하는 사건에 대한 절차규정을 두고 있었다. 1991년 민사소송법에서는 이를 제15장으로 이어받는 동시에 실종선고사건, 공민의 행위능력제한을 인정하는 사건을 추가하였다. 또 독촉절차(제17장), 공시최고절차(제19장), 기업법인파산절차(제19장)[4]를 신설하였다.

또 행정소송법(1989년 4월 제정되어 1990년 10월 1일부터 시행)이 제정되기 전까지는 행정소송도 민사소송법의 적용을 받는 것으로 되어있었으며, 가사소송은 여전히 단행법을 가지지 못하고 민사소송법의 적용을 받고 있다.[5] 특별절차 중 해사절차만은 단행법을 두어 해사소송사건과 해사비송사건을 별도로 취급하고 있음을 주의해야 한다.

2012년 개정 전의 민사소송법에 따르면 제15장 특별절차라는 표제 아래 ① 선거자격에 관련된 사건(제2절: 제164조, 165조), ② 실종선고, 사망선고사건(제3절: 제166조 내지 제169조), ③ 공민의 행위무능력 인정사건, 공민의 행위능력 제한사건(제4절: 제170조 내지 제173조), ④ 재산의 무주(無主) 인정사건(제5절: 제174조 내지 176조)의 네 가지 사건에 관한 절차를 마련하고 있으며, 이 밖에도 제17장에 독촉절차(제191조 내지 194조에)를 그리고 제18장에 공시최고절차(제195조 내지 제200조)에 관한 규정을 두고 있었다.

2012년 개정으로 제15장 특별절차에 ⑤ 조정합의확인 사건(제6절: 194조, 195조)과 ⑥ 담보권실행 사건(제7절: 제196조, 제197조)이 추가되어 모두 6가지 사건이 규정되게

3) 비송사건절차에도 기일, 기간, 소명방법, 인증과 감정에 관한 사항은 민사소송법의 규정을 준용하도록 하고 있다(비송사건절차법 제10조).
4) 기업법인파산절차는 최근 단행법이 제정되면서 2007년 민사소송법 개정시에 삭제되었다.
5) 다만 최근에 가사소송법을 분리하여 단행법으로 하려고 노력하고 있다.

되었다(민소법 제177조 이하).

이 중 제15장에 규정된 6가지 절차를 협의의 특별절차라 하고 독촉절차와 공시최고 절차를 합하여 광의의 특별절차라 부르기도 한다.[6)]

---

6) 张卫平 著, 前揭 民事诉讼法(第二版), 392面.

제2장 민소법 제15장의 특별절차

제1절 개설(概說)

중국의 법제에는 비송사건에 관한 일반법은 없으며 민사소송법에서 특별절차로 규율하고 있다. 즉 제15장에서는 ① 선거자격사건, ② 실종선고와 사망선고사건, ② 공민의 행위무능력 인정사건, 행위능력 제한사건, ④ 재산의 무주 인정사건, ⑤ 조정합의확인 사건(제6절: 194조, 195조)과 ⑥ 담보권실행 사건(제7절: 제196조, 제197조)에 관한 특별절차를 두고 있다.

특별절차와 보통절차(간이절차 포함)의 기본적인 차이는 특별절차가 적용되는 사건은 양 당사자의 민사권익에 대한 쟁송이 없는 일종의 비송사건[1]이라는 점이다. 따라서 심리 중 사건이 민사권익에 대한 쟁의를 내용으로 하는 것임이 밝혀진 경우에는 특별절차를 종결하는 재정(裁定)을 하고 이해관계인에게 별도의 소를 제기하라고 고지해 주어야 한다(민소법 제179조). 그러나 선거자격사건과 같은 것은 민사비송이라 할 수도 없는 것임에도 민사소송법에 절차규정을 두고 있음을 주의해야 한다.

특별절차의 절차적 특징은 다음과 같다.

(1) 특별법의 우선적용

민사소송법 제15장은 일종의 특별법으로 위에서 말한 사건을 심리함에는 우선 이 장의 규정을 적용해야 하며, 이 장에 규정이 없는 사항에 관하여는 민사소송법의 다른 규정, 즉 보통절차에 관한 규정과 다른 법률의 관련규정을 적용해야 한다(민소법 제177조).

---

1) 소송과 비송의 구별에 관하여 중국에서는 비교적 엄격한 태도를 보이고 있으며 쟁송성의 유무를 기준으로 소송과 비송을 가린다. 따라서 쟁송성 있는 비송(예컨대 우리의 가사소송법상 마류 비송사건)은 인정하지 않는 것으로 보인다.

(2) 당사자의 대립이 부존재

일종의 비송사건이므로 원고와 피고의 개념이 없으며 신청인의 신청 혹은 제소인의 제소에 의하여 절차가 개시될 뿐이다.

(3) 독임제(獨任制)의 시행

특별절차에는 선거자격사건과 특별히 어려운 사건 이외에는 원칙적으로 단독판사가 재판한다(민소법 제178조). 보통절차에서는 합의제가 원칙인 것과 차이가 있다. 다만 선거자격사건, 중대하거나 어려운 사건은 합의부를 구성하여 심판한다.

(4) 단심제

특별절차가 적용되는 사건은 단심제(一审终审)가 적용되므로 상소가 허용되지 않는다.

(5) 재심절차(심판감독절차)의 부적용

특별절차가 적용되는 사건에는 재심절차의 적용이 없다. 따라서 재판이 확정된 후 사실인정이나 법률적용에 잘못이 있음이 발견되거나 새로운 사정이 발생한 경우에는, 이해관계인의 신청에 따라 원심법원이 다시 특별절차에 따라 원판결을 취소하고 새로운 판결을 해야 한다.

(6) 단기간의 심리기간

특별절차 사건은 원칙적으로 입안일로부터 30일 이내 혹은 공고기간 만료 후 30일 이내에 심리를 종결해야 하며 기간을 연장해야 할 특별한 사정이 있는 경우에는 법원장의 허가를 얻어야 연기할 수 있다. 특히 선거자격사건은 반드시 선거일 이전에 심리를 마쳐야 하며, 선거일 이후로 심리간을 연장할 수 없다(민소법 제180조).

(7) 절차비용의 면제

특별절차 사건에는 수리비를 받지 않는다.

제2절 선거자격사건

Ⅰ. 선거자격사건의 의의

선거자격사건이라 함은 선거위원회가 발표한 선거인명부[选民资格名单]에 이의가 있는 경우에, 우선 해당 선거위원회에 신소(申訴)를 제기하여 그 처리결정을 받은 후, 이 결정에 불복하여 선거구의 기층인민법원에 그 결정의 취소를 구하는 소를 제기한 사건을 가리킨다(민소법 제181조).

중국의 선거법에 의하면 18세에 달한 공민은 선거권과 피선거권을 가지게 되며, 18세에 달하지 않은 공민이나 정치적 권리가 박탈된 자 혹은 선거권을 행사할 수 없는 정신질환자의 경우에는 선거인명부에서 제외된다. 그리고 선거위원회는 선거일 20일 전에 선거인명부를 공포하고 선거증[选民证]을 발급해야 한다. 이 선거인명부에 대하여 이의[2]가 있는 공민은 해당 선거위원회에 신소를 제기할 수 있으며, 신소를 받은 선거위원회는 반드시 3일 이내에 결정을 해야 하며 이 결정에 불복하는 경우에는 법원에 제소할 수 있다. 원래 이 사건은 민사법률관계에 관련된 것이 아님에도 중국에서는 이를 민사소송법에 특별절차 사건으로 하고 있음이 특징이다.

Ⅱ. 선거자격사건의 심리절차

1. 신소와 제소

선거인명부에 이의가 있는 경우에는 반드시 선거위원회의 결정을 거쳐야 한다. 따라서 우선 선거위원회에 신소(申訴)를 제기하여야 하며 선거위원회는 3일 이내에 결정을 해야 한다. 그리고 이 신소에 대한 처리결정에 불복하는 경우에는 늦어도 선거일 5일 이전에 그 선거구 소재의 기층인민법원에 제소를 해야 한다(민소법 제181조).

신소와 제소의 주체는 선거인 자신에 한정되는 것이 아니라 다른 조직이나 다른 공민도 그 주체가 될 수 있다. 선거권이 주어져서는 안 될 자가 선거권을 행사하는 것을 방지하기 위한 것이다.

---

2) 이의는 선거권이 주어져야 할 공민이 누락된 경우뿐만 아니라 선거권이 없는 자가 등재되어 있는 경우도 포함된다[张卫平 著, 前揭 民事诉讼法(第二版), 393面].

2. 심리와 판결

다른 비송사건과는 달리 선거자격사건에 대하여는 합의제가 실시되며, 합의부는 반드시 법관으로 구성되어야 하며 배심제를 적용하지 않는다.

제소자가 선거인 자신인 경우에는 사건을 심리할 때 그 제소자와 선거위원회에만 통지하여 참가시키면 되나, 제소자가 제3의 공민인 경우[3)]에는 제소자, 선거위원회, 그 관련공민 모두에게 통지하여 참가하도록 해야 한다. 심리 중에는 관계인의 진술을 청취하며 관계인간의 상호 변론도 허용된다.

선거자격사건의 심리는 반드시 선거일 이전에 종결해야 하며, 선거일 전에 판결서를 제소자와 선거위원회에 송달해야 한다. 그리고 제3자의 선거자격에 관련된 사건의 경우에는 해당 공민에게도 통지해 주어야 한다(민소법 제182조).

제3절 실종선고사건과 사망선고사건

Ⅰ. 실종선고사건

1. 의 의

실종선고사건은 공민이 자기의 주소지를 떠나 행방불명이 된 경우, 법률이 정한 기간 동안 아무런 소식이 없는 경우 이해관계인의 신청에 따라 법원이 실종선고를 하는 사건을 가리킨다.

실종제도는 행방불명된 자의 재산관리는 물론 실종자와 이해관계 있는 다른 사람의 권익을 보호하기 위한 제도이며 민법통칙(제2장 제3절)상의 제도이며 이를 실현시키기 위하여 민사소송법에 특별절차를 마련한 것이다.

주의할 점은 중국의 실종선고제도는 우리의 실종선고와는 다른 제도라는 점이다. 그 선고의 효력을 중심으로 본다면 우리의 재산관리인을 정하지 않은 경우의 부재자 재산관리제도에 유사한 것이라 할 수 있다. 즉 행방불명자의 재산관리를 하는 것을 그 주된 목적으로 하고 있어 우리의 부재자 재산관리제도와 그 취지가 같다. 다만 ①

3) 선거인명부에 등재된 다른 사람의 선거자격을 다투는 경우를 말한다.

행방불명을 요건으로 하고 있다는 점, ② 판결에 의한 선고와 취소가 행해진다는 점, ③ 행방불명 기간과 공고기간을 법정하고 있다는 점 등이 우리의 실종선고와 유사한 외관을 가지고 있다.

제도의 취지나 선고의 효력의 면에서 본다면 아래에서 볼 사망선고제도가 우리의 실종선고제도에 상당하는 것이라고 할 수 있다.

2. 심리와 판결

(1) 신청

신청은 이해관계인이 할 수 있으며, 실종선고를 신청하기 위해서는 다음과 같은 요건을 갖추어야 한다.

1) 실종기간의 만료

실종선고의 신청을 위해서는 행방불명 기간이 만료되어야 한다. 그 기간은 행방불명된 후 계속하여 2년간 소식이 없는 경우에 만료된다. 행방불명은 그 주소지 혹은 거주지를 떠난 후 소식이 없는 것을 가리키며, 중간에 소식이 있었거나 나타난 적이 있는 경우는 그때를 기점으로 다시 2년의 기간을 계산한다. 기산은 소식이 끊긴 다음 날로부터 계산한다.[4)]

전쟁으로 행방불명이 된 경우에는 전쟁의 종료일로부터 계산하며, 특별사고로 인한 실종의 경우에는 그 사고발생일로부터 계산하며, 신문에 심인(尋人)광고를 낸 경우에는 그 신문에 광고가 나간 날로부터 계산한다.

2) 이해관계인

실종선고의 이해관계인은 행방불명자와 신분관계 혹은 민사권리의무 관계를 맺고 있는 자를 가리킨다.

여기에는 실종자의 배우자, 자녀, 형제자매, 조부모, 외조부모, 손자녀, 외손자녀 및 실종자와 민사적 권리의무관계를 맺고 있는 제3자(예컨대 채권채무의 관계에 있는 자)가 포함된다.[5)]

3) 서면신청

실종선고의 신청은 반드시 서면으로 해야 하며 구술로 할 수 없다. 서면에는 실종

---

4) 〈最高人民法院关于贯彻执行 ≪中华人民共和国民法通则≫ 若干问题的意见[试行]〉(一)(1988-01-26) 28조. 행방불명의 의미는 공민이 최후의 거주지를 떠난 후 소식이 없는 것을 가리킨다고 한다(제26조).

5) 上揭 意見 제24조.

의 사실, 시간과 청구사항을 적어야 하며, 공안기관이나 기타 기관이 행방불명 사실을 증명해주는 서면을 첨부해야 한다(민소법 제183조 제2항).

(2) 관할

실종선고사건의 관할은 행방불명인의 주소지를 관할하는 기층인민법원이 행사한다(민소법 제183조 제1항).

(3) 공고

실종선고사건을 수리한 후 법원은 그 실종자의 행방을 찾는 공고를 내야 하며 공고기간은 3개월이다(민소법 제185조 제1항).

(4) 실종선고의 판결

공고기간이 만료된 후 법원은 실종선고의 요건이 충족되었는지의 여부를 확인한 후 실종선고의 판결을 한다. 만약 공고기간 중 실종자가 나타난 경우에는 신청을 기각하는 판결을 한다(민소법제 185조 제2항).

3. 실종선고의 효력

실종선고와 동시에 법원은 실종자의 재산관리인[代管人]을 정해야 한다(민법통칙 제21조).[6] 재산관리인이 될 수 있는 자는 실종자의 배우자, 부모, 성년 자녀 혹은 가까운 근친속이나 친구이다. 재산관리에 분쟁이 발생하거나, 위의 재산관리인이 될 자가 없거나 재산관리를 할 능력이 없는 경우 혹은 실종자의 재산을 관리하는 것이 부적당한 경우(예컨대 실종자의 합법적인 이익을 해할 염려가 있는 경우)에는 법원이 실종자의 재산보호에 유리한 쪽으로 공민이나 관련 조직을 재산관리인으로 지정할 수 있다(민법통칙 제21조 제1항).[7]

재산관리인은 실종자의 재산을 보호하고 실종자가 부담할 세금, 채무, 마땅히 부담해야 할 비용 등을 지불하는 것을 그 직책으로 한다(민법통칙 제21조 제2항). 재산관리인이 위와 같은 채무의 이행을 거절하는 경우, 또는 재산관리인의 채무변제요구를 실종자의 채무자가 거절하는 경우에는 재산관리인이 직접 피고, 원고가 된다.[8]

---

6) 이 점에서 우리의 실종선고제도와는 다르다. 우리 실종선고제도의 경우에는 실종선고가 있게 되면 실종기간의 만료시점에서 실종자가 사망한 것으로 간주한다. 따라서 재산관리인을 선임한다면 상속재산관리인을 선임할 뿐이다.

7) 前揭 意見, 제30조.

8) 上揭 意見, 제32조. 우리나라 부재자 재산관리인은 법정대리인의 일종이므로 직접 당사자가 될 수 없다. 부재자가 재산관리인을 정한 경우에는 임의대리인이 됨은 물론이다.

재산관리인이 지정된 후 지정된 재산관리인이 그 변경을 신청하는 경우에는 이 장의 특별절차를 적용하여 심리하여 변경하거나 신청을 기각한다. 그러나 다른 이해관계인이 재산관리인의 변경을 신청하는 경우에는 법원이 그 신청인에게 재산관리인을 피고로 하여 소를 제기하도록 고지해야 하며 이에 따른 소에는 보통절차가 적용된다.[9)]

실종선고가 있었더라도 실종자의 다른 권리능력이나 신분관계에는 변화가 없다. 따라서 혼인관계는 여전히 지속되며, 상속에 있어서도 여전히 상속인의 지위를 보유하므로 그 상속분을 유보해 두어야 한다.

4. 실종선고의 취소

실종선고를 받은 실종자가 다시 나타난 경우에는 그 본인 혹은 이해관계의 신청에 따라 법원이 그 선고를 취소하는 판결을 해야 한다.

Ⅱ. 사망선고사건

1. 의 의

사망선고사건은 공민의 행방불명이 법정기간 동안 계속된 경우 법원이 이해관계인의 신청에 따라 그 공민의 사망을 선고해야 하는 사건을 말한다. 사망선고는 자연사에 대응하는 개념으로 일종의 법률상의 추정사망이다.

실종선고는 재산관리인을 정해 그 재산을 관리하는 것일 뿐 실종자의 권리능력이나 법률관계에 변동을 초래하지 않는 점에서 임시적인 것으로, 실종자를 둘러싼 권리관계는 여전히 불확정 상태에 놓여 있게 된다. 이와 같은 불확정 상태를 종식시켜 실종자의 종전 소재지를 중심으로 한 법률관계를 모두 정리하는 것이 사망선고이며 역시 민법통칙에 규정된 제도이다.

위에서 말한 바와 같이 이 제도는 그 취지나 선고의 효력으로 볼 때 우리의 실종선고제도에 해당한다고 할 수 있을 것이다.[10)]

---

9) 张卫平 著, 前揭 民事诉讼法(第二版), 396面.
10) 정확히 말한다면 우리의 실종선고제도와 인정사망제도를 합친 것에 유사할 것이다.

2. 사망선고의 요건

(1) 행방불명(下落不明) 사실의 존재

행방불명의 종류에는 ① 종래의 주소 혹은 경상거주지를 떠난 후 행방불명이 된 것,[11] ② 전쟁으로 인한 행방불명, ③ 재난(意外事故), 예컨대 선박의 침몰이나 항공기의 추락, 지진이나 홍수 등의 자연재난으로 인한 행방불명, ④ 재난으로 인해 행방불명된 경우 관계기관이 생존가능성이 없음을 증명해준 경우의 행방불명[12]이 있다.

(2) 법정기간의 만료

행방불명 상태가 일정기간 지속되어야 하며(우리의 실종기간 만료) 이 법정기간은 행방불명의 종류에 따라 다르다. 즉 위 행방불명 중 ①과 ②의 경우에는 4년간 지속이 필요하며,[13] 그 기산점은 공민이 자기의 주소지를 떠난 날의 다음날, 전쟁이 종지된 날이 된다. ③의 경우에는 2년의 기간이 경과해야 한다. 다만 ④의 경우에는 법정기간이 존재하지 않게 된다.

3. 심리와 판결

(1) 신청

실종선고의 신청과는 달리 사망선고를 신청할 수 있는 이해관계인에는 순서가 정해져 있다. 즉 ① 배우자, ② 부모와 자녀, ③ 형제자매, 조부모, 외조부모, 손자녀(손자와 손녀), 외손자녀, ④ 행방불명자와 기타 민사 권리의무 관계에 있는 자의 순으로 사망선고를 신청할 수 있다.[14]

실종선고 신청과 사망선고 신청은 전치관계를 이루지 않으며 실종선고 신청 없이 직접 사망선고를 신청할 수 있다. 또 같은 순위의 이해관계인 중 1인이 사망선고 신청을 하였으나 나머지는 반대하는 경우라 하더라도 사망선고 신청사건으로 심리를 하여 사망선고를 해야 한다.[15]

---

11) 다만 대만에 거주하거나 국외에 거주하여 정상적인 통신수단으로 연락이 불가능한 경우에 그치는 경우에는 사망선고를 할 수 없다고 한다[〈前揭 最高人民法院关于贯彻执行 ≪中华人民共和国民法通则≫若干问题的意见[试行]〉(一)(1988-01-26) 제26조]. 이 경우에는 실종선고만 가능할 것이다.

12) 우리의 인정사망제도에 해당하는 것이다.

13) 전쟁실종도 실종기간이 4년으로 같은 점을 주의해야 한다[张卫平 著, 前揭 民事诉讼法(第二版), 397面; 赵钢, 占善刚, 刘学在 著, 前揭 民事诉讼法, 353面 등].

14) 〈前揭 最高人民法院关于贯彻执行 ≪中华人民共和国民法通则≫ 若干问题的意见[试行]〉(一) (1988-01-26) 제25조.

15) 上揭 意見, 제29조.

(2) 관할

사망선고사건은 행방불명자 주소지의 기층인민법원이 관할한다(민소법 제184조).

(3) 공고

사망선고사건을 수리한 법원은 일정기간 동안 행방불명자를 찾는 공고를 해야 한다. 공고기간은 1년이다. 다만 재난으로 인한 행방불명으로 관계기관의 생존불가능 증명이 있는 사건은 공고기간이 3개월이다(제185조 제1항).

(4) 판결

공고기간의 만료 후 여전히 행방불명인 경우는 법원이 실종자의 사망을 선고하는 판결을 해야 한다. 판결은 선고와 동시에 효력이 발생하며, 판결을 선고한 날이 공민이 사망한 날로 된다.[16)]

4. 사망선고의 효력

사망선고가 있게 되면 종래의 주소지 혹은 경상거주지를 중심으로 이루어졌던 민사 법률관계는 모두 종료되게 되며, 권리능력도 소멸하게 된다. 신분관계도 마찬가지이며 혼인관계는 해소되게 되고 사망선고로 인하여 상속이 개시된다.

다만 일종의 추정 사망인 점에서 실종자가 다른 지역에 생존하고 있는 경우에는 그 지역에서는 권리능력이 있는 것으로 되며 그가 한 법률행위의 효력은 그대로 유효하다.

5. 사망선고의 취소

사망선고를 받은 자가 나타나거나 그 생존이 확인된 경우에는 그 본인이나 이해관계인이 그 선고의 취소를 구할 수 있다. 이 경우 취소를 구하는 이해관계인은 사망선고 신청인에 적용되던 순위에 구애받지 아니한다.

사망선고의 취소판결로 민사 법률관계는 모두 회복되게 된다. 재산관계와 신분관계 모두 회복되나 일정한 제한이 있다.

(1) 재산관계의 회복

사망선고 이후 실종자의 재산을 제3자가 취득한 경우에는 취소판결 이후에 그 반환을 청구할 수 있다. 상속으로 인하여 재산을 취득한 공민이나 조직은 그 원물(原物)을

---

16) 上揭 意見, 제36조. 우리의 실종선고의 경우 실종기간 만료일에 사망한 것으로 간주하는 것과 다르다.

반환해야 하나, 원물 반환이 불가능한 경우에는 적당한 보상을 해야 한다(민법통칙 제25조). 다만 이미 제3자가 그 원물을 합법적으로 취득한 경우에는 반환할 필요가 없다.[17] 이해관계인이 사실을 숨기고 사망선고를 받도록 하고 그 재산을 취득한 경우에는 그 원물과 그 이자를 반환하는 외에 손해배상책임을 부담하게 된다.

(2) 신분관계의 회복

사망선고의 취소판결로 신분관계도 회복된다. 예컨대 해소되었던 혼인관계도 취소판결로 회복된다. 다만 신분관계와 관련해서는 다음과 같은 제한이 있다.

1) 혼인관계가 해소된 배우자가 아직 재혼을 하지 않은 경우에는 취소판결과 동시에 부부관계가 회복된다. 그러나 배우자가 재혼을 했다가 다시 이혼한 경우, 재혼한 후에 그 재혼배우자가 사망하여 혼자가 된 경우에는 이전의 부부관계가 자동적으로 회복되지 않는다.[18]

2) 선고사망 기간 동안 자녀가 타인에게 입양된 경우에는 사망선고의 취소가 있었다 하더라도 단지 자기의 동의 없이 입양되었다는 주장만으로 입양의 무효를 주장하는 것은 허용되지 않는다. 다만 양자와 양부모의 동의가 있는 경우에는 친자관계를 회복시켜 준다.[19]

제4절 민사행위무능력 및 제한민사행위능력 선고사건

Ⅰ. 의 의

민사행위능력은 독립하여 완전 민사활동을 할 수 있는 능력을 말하며 우리의 행위능력과 마찬가지로 법률행위를 할 수 있는 능력을 가리킨다.

중국 민법통칙에 의하면 공민이 18세에 달하면 성년이 되어 완전한 민사행위능력자로 된다. 또 16세에서 17세의 공민이 자기의 노동수입을 주된 생활자금으로 삼고 있는 경우에는 역시 민사행위능력자로 본다(민법통칙 제11조). 이와 같은 공민을 완전

17) 上揭 意見, 제40조.
18) 上揭 意見, 제37조. 부부관계 회복을 위한 구체적인 절차는 규정된 것이 없고 단지 자동적으로 회복되지 않는다고 규정하고 있을 뿐이다.
19) 上揭 意見, 제38조.

민사행위능력자라고 한다.

또 성년인 공민의 정신능력(정신질환)의 정도에 따라 자기행위에 대한 변별능력이 없는 자를 민사행위무능력자[无民事行为能力人]라 하고 자기행위에 대한 변별능력이 불완전한 자를 제한민사행위능력자[限制民事行为能力人]라 한다(민법통칙 제13조).[20]

정신질환의 정도에 따라 변별능력 흠결 또는 불완전을 이유로 행위능력을 부정하거나 제한해 주도록 이해관계인이 법원에 신청할 수 있으며 이를 민사행위무능력, 제한민사행위능력 선고사건이라 한다. 우리나라의 성년후견과 한정후견 사건에 상당하는 것으로 볼 수 있다.

소송진행 중 당사자의 이해관계인이 당사자의 정신질환을 이유로 민사행위무능력 혹은 제한민사행위능력의 선고를 신청하는 경우에는 소송을 중지하고 여기의 특별절차에 따라 입안하여 심리해야 한다(〈약간의견〉 제193조).

Ⅱ. 심리와 판결

1. 신 청

신청은 이해관계인이 하게 되며 이때의 이해관계인은 근친속 혹은 기타 이해관계인이 된다. 여기의 근친속이라 함은 정신질환자의 배우자, 부모, 자녀, 형제자매, 조부모, 외조부모, 손자녀(손자와 손녀), 외손자녀를 가리킨다. 그리고 그 밖의 이해관계인은 근친속 이외에 정신질환자의 친속, 스스로 감호인이 되고자 원하고 그 정신질환자의 소속단위 혹은 소재지의 주민위원회 혹은 촌민위원회의 동의를 받은 친구를 말한다.[21]

신청은 반드시 서면으로 해야 하며, 서면에는 ① 신청인의 성명, 성별, 연령, 주소 및 민사행위무능력, 제한민사행위능력의 선고를 받을 자와의 관계, ② 민사행위무능력, 제한민사행위능력의 선고를 받을 자의 성명, 성별, 연령, 주소 및 행위능력의 부정 혹은 제한의 근거와 사실을 적어야 한다. 그리고 병원의 진단서나 감정결론을 가

20) 정신질환 유무와 관계없이 미성년자 중 10세 이상인 공민은 제한민사행위능력자로 보아 그 지력에 상응하는 행위는 직접 할 수 있으며, 그 이외의 행위는 법정대리인의 대리를 받거나 법정대리인의 동의를 얻어 할 수 있도록 하고 있다. 10세 미만의 미성년자는 민사행위무능력자로 된다. 이와 같은 경우는 연령에 따른 구분으로 법원의 선고를 필요로 하지 않는 점에서 정신질환에 의한 민사행위무능력, 제한민사행위능력과 다르다.

21) 张卫平 著, 前揭 民事诉讼法(第二版), 399面.

지고 있는 경우에는 이를 함께 법원에 제출해야 한다.

2. 관 할

공민의 민사행위무능력, 제한민사행위능력의 선고를 신청하는 사건은 그 공민의 주소지의 기층인민법원이 관할한다(민소법 제187조 제1항).

3. 심 리

법원이 사건을 수리한 후에, 필요하다고 인정하는 경우에는 피신청 공민에 대하여 감정을 실시해야 한다. 그리고 신청인이 이미 감정의견을 제출한 경우에는 이에 대하여 심사를 해야 하며(민소법 제188조), 감정의견에 의문이 있는 경우에는 재감정을 실시할 수 있다.

민사행위무능력 혹은 제한민사행위능력의 선고신청 사건을 심리하는 경우에는 법원은 반드시 피신청인의 근친속을 대리인으로 삼아야 한다. 그러나 근친속 중 신청인은 대리인이 될 수 없다. 또 근친속이 대리인이 되지 않으려고 서로 미루는 경우에는 법원이 그 중 하나를 지정하여 대리인으로 하여야 한다. 그리고 피신청인의 건강상태가 허용되는 경우에는 당사자 본인의 의견을 물어야 한다(민소법 제189조 제1항).

4. 판 결

심리한 후 신청이 사실과 근거를 갖춘 것으로 인정되는 경우에는 민사행위무능력 혹은 제한민사행위능력을 인정하는 판결을 하고, 신청이 사실과 근거를 갖추지 못한 경우에는 신청을 기각하는 판결을 해야 한다(민소법 제189조 제2항).

민사행위무능력 혹은 제한민사행위능력의 선고가 있는 경우에는 감호인(监护人)[22]이 지정되게 된다. 감호인이 되는 순서는 다음과 같다. ① 배우자, ② 부모, ③ 성년자녀, ④ 기타 근친속, ⑤ 관계가 밀접한 기타 친속, 스스로 감호인이 되기를 원하고 정신질환자의 소속단위 혹은 소재지의 주민위원회, 촌민위원회의 동의를 얻은 친구. 또 위의 5종의 감호인이 없는 경우에는 정신질환자의 소속단위 혹은 소재지의 주민위원회, 촌민위원회나 민정부문이 감호를 담당한다(민법통칙 제17조 제3항).

감호인으로 지정된 자가 지정에 불복하는 경우에는 지정통지서를 받은 후 30일 이내에 법원에 소를 제기할 수 있으며, 심리를 거쳐 지정이 부당함을 인정하는 경우에

---

22) 민사행위무능력자 혹은 제한민사행위능력자는 그 감호인이 법정대리인이 된다(민법통칙 제14조).

는 지정을 취소하는 판결을 하고 새로 감호인을 지정한다(〈약간의견〉 제198조).

5. 민사행위무능력, 제한민사행위능력 선고의 취소

민사행위무능력 혹은 제한민사행위능력을 선고받은 자가 정신건강을 회복한 경우에는 그 본인이나 감호인이 선고의 취소를 신청할 수 있으며, 법원이 선고의 원인이 소멸하였음을 인정하는 경우에는 원판결을 취소하는 판결을 해야 한다(민소법 제190조).

제5절 재산무주(無主)인정사건

Ⅰ. 의 의

재산의 주인 없음을 인정하는 사건이라 함은 법원이 공민, 법인 기타 조직의 신청에 따라 심리하여 그 귀속불명의 재산에 대하여 주인 없음을 선언하고 이를 국가 또는 집체의 소유에 귀속케 하는 사건을 말한다. 중국에는 우리와 같은 시효취득제도, 무주물 선점제도, 유실물의 처리제도, 매장물의 발견제도와 같은 것을 두지 않거나 두고 있더라도 귀속불명의 재산은 주인 없음을 선언하여 이를 국가 혹은 집체의 소유에 귀속시키고 있다.[23] 사회주의 법제의 특징이라 할 수 있을 것이다. 이를 통하여 재산의 귀속문제에 대한 분쟁을 해결하고 사회적 재부(財富)의 낭비를 막는다고 한다.[24]

Ⅱ. 무주선언의 요건

재산의 무주를 선언하기 위해서는 다음과 같은 요건을 갖추어야 한다.

---

23) 2007년 제정된 중국의 물권법 제2편 제9장(소유권취득의 특별규정) 제107조 내지 제114조에는 유실물과 매장물의 처리에 관한 규정을 두고 있으나 귀속불명으로 찾아가는 사람이 없는 경우에는 궁극적으로 국가의 소유로 돌아간다고 하고 있다(중국의 기업소득세법 및 물권법 해석서, 법제처-연세대학교 산학협력단, 책임연구, 손한기, 333面 이하 참조). 우리의 경우 습득자, 발견자의 소유로 되는 점과 다르다.

24) 张卫平 著, 前揭 民事诉讼法(第二版), 401面.

1. 유형물일 것

반드시 유형의 재산이어야 하며 무형재산이나 정신적 재산은 대상이 되지 않는다.

2. 재산의 귀속이 불분명할 것

귀속 불명의 원인으로는 다음과 같은 것을 들 수 있다.
(1) 재산의 소유자가 존재하지 않거나 그 소유자를 확정할 방법이 없는 경우
(2) 소유자 불명의 매장물(埋藏物) 혹은 은장물(隐藏物: 숨겨놓은 물건)
(3) 수령해가는 사람이 없는 유실물, 표류물 혹은 도망친 동물
(4) 관계기관이 일정기간 내 찾아갈 것을 지정했으나 찾아가지 않는 유실물, 장물(赃物), 장금(赃款: 깨끗하지 못한 돈)
(5) 상속인이 없는 재산

3. 일정기간 동안 소유자가 없거나 소유자 불명의 상태가 계속될 것

Ⅲ. 심리와 판결

1. 신 청

신청인에 대하여 특별한 제한이 없이 공민, 법인 기타 조직이 신청할 수 있다는 규정만을 두고 있으므로 누구라도 무주선언의 신청을 할 수 있는 것으로 본다.[25)]

신청은 서면으로 해야 하며 서면에는 재산의 종류, 수량 및 재산이 주인이 없음의 근거를 기재하여야 한다(민소법 제191조 제2항).

2. 관 할

재산의 무주 선언을 구하는 사건은 재산소재지의 기층인민법원이 관할한다(민소법 제191조 제1항).

25) 예컨대 매장물의 발견자가 아니라도 무주선언의 신청을 할 수 있을 것이다.

3. 심리와 공고

법원이 신청을 수리하여 입안한 경우에는 조사를 거쳐 재산의 귀속불명임이 밝혀진 경우에는, 일단 찾아가라는 공고를 해야 한다. 이 공고기간은 1년이다(민소법 제192조). 공고기간 동안 재산의 관리인을 정해 관리하도록 해야 한다.

4. 판 결

공고기간 동안 주인이 나타나지 않는 경우에는 재산의 무주를 선언하는 판결을 하여야 하며, 그 재산은 국가 혹은 집체(集體)의 소유로 귀속한다(민소법 제192조). 공고기간 중에 재산의 주인이라 주장하는 사람이 나타나면 절차를 종결하고 그 자에게 별소를 제기하라고 고지해주어야 하며, 이 별소에 대하여는 보통절차를 적용한다(〈약간의견〉 제197조).

5. 무주판결의 취소

재산 원소유자 혹은 합법적인 상속인은 무주판결이 선고된 후에도 자기의 소송시효(우리의 소멸시효와 유사) 내에는 재산의 환급을 청구할 수 있으며, 법원의 심리결과 이유가 있다고 인정되면 원판결을 취소하는 판결을 해야 한다(민소법 제193조). 민법통칙상의 소송시효는 재산 무주선언의 판결이 있었음을 알았거나 알 수 있었던 날로부터 2년이다(민법통칙 제135조).

원판결이 취소된 경우에는 국가 혹은 집체에 귀속한 재산을 환급해야 하며, 환급은 원물로 하는 것이 원칙이나 원물이 없는 경우에는 같은 종류의 물건으로 환급하거나 가액을 반환할 수 있다.

제6절 조정합의 확인사건

Ⅰ. 의 의

최근 중국의 사회적 갈등이 심해짐에 따라 각종의 분쟁이 빈발하고 있다. 이를 조기에 현재에서 해결할 가장 적절한 수단으로 조정을 지목하였다고 해도 과언이 아니다. 따라서 근래 조정을 강조하는 사법해석이 잇달아 공포된 바가 있다. 2012년 민사소송법의 개정에서는 조정과 관련된 2가지의 새로운 제도를 신설하였다.

그 하나는 전술(법원조정 부분 참조)한 선행조정(先行调解: 민소법 제122조)제도의 신설이며 또 하나는 조정합의에 대한 확인절차의 수립이다. 조정합의에 대한 확인제도를 특별절차의 일종으로 신설하여 제15장 제6절로 함으로써 민사소송법과 인민조정법을 연결하여, 법원과 민간기구인 인민조정위원회가 협력하여 분쟁을 해결할 수 있는 길을 열었다.

이 제도는 2010년에 제정된 인민조정법[人民调解法] 제33조[26]와 2011년에 공포된 인민조정합의의 사법확인절차에 관한 규정[27]을 둔 것에 보조를 맞추기 위하여 신설한 것이다.[28]

Ⅱ. 확인의 대상이 되는 조정합의

위에서 본 바와 같이 이 제도는 인민조정법의 확인절차에 발맞추어 신설된 것이므로 인민조정서(조정합의)가 확인의 대상임은 물론이다. 그러나 그 대상을 이와 같이 한정할 것인지에 대하여는 견해가 갈렸으며, 입법과정에서도 논란이 적지 않았다. 그러나 현재 인민조정위원회 이외에도 예컨대 상사조정기구, 직종별조정기구 등 다양한 조정기구가 있으므로 이를 인민조정위원회의 조정으로 한정할 필요는 없다는 견해가 받아들여졌다. 그리고 이미 2009년의 통지[29] 제20조에도 이미 행정기관, 인민조정위원회, 상사조정기구, 직종별조정기구 기타 조정기구에서 달성된 계약과 동일한 성질을 가진 조정합의서도 인민법원에 그 효력의 확인을 신청할 수 있도록 되어있었다.

따라서 인민조정합의 이외의 조정합의도 관계법률에 법원의 확인을 받을 수 있도록 된 경우[30]에는 확인을 신청할 수 있도록 하였다. 즉 민사소송법 제194조는 쌍방당사

26) 인민조정법 제33조에 의하면 "인민조정위원회의 조정을 거쳐 조정합의가 달성된 후, 쌍방당사자가 필요하다고 인정하면 조정합의가 효력을 발생한 후 30일 이내에 공동으로 인민법원에 사법확인을 청구할 수 있으며, 인민법원은 신속히 조정합의를 심사하여 법률에 따라 조정합의의 효력을 확인해야 한다"라고 하고(제1항), 인민법원이 유효하다고 확인한 경우는 집행력을 갖는 것으로 하였다(제2항).

27) 前揭 〈最高人民法院关于人民调解协议司法确认程序的若干规定〉.

28) 이보다 앞선 2009년의 前揭 〈最高人民法院印发 ≪关于建立健全诉讼与非诉讼相衔接的矛盾纠纷解决机制的若干意见≫ 的通知〉 제20조에 이미 법원의 확인을 받을 수 있는 규정을 두고 있었다.

29) 前揭 〈最高人民法院印发 ≪关于建立健全诉讼与非诉讼相衔接的矛盾纠纷解决机制的若干意见≫ 的通知〉.

자는 인민조정법[人民调解法] 등의 법률에 따라 법원에 확인을 신청할 수 있다고 하여 인민조정법에 한정하지 않았다.

그러나 현재로서는 우선 확인의 대상이 되는 것은 인민조정위원회의 조정합의(조정서)일 것이다. 인민조정법에 따르면 인민조정합의서에는 ① 당사자에 관한 기본사항, ② 분쟁의 주요사실, 쟁점 및 각 당사자의 책임, ③ 당사자간에 달성된 합의의 내용, 이행의 방식, 기한을 적으며, 각 당사자가 서명, 날인 혹은 무인(拇印)을 하고 인민조정위원의 서명과 인민조정위원회의 인장을 찍은 날로부터 효력이 발생한다(인민조정법 제29조).[31] 그리고 전술한 바와 같이 이 조정합의는 효력발생일로부터 30일 이내에 법원에 확인신청을 할 수 있다(같은 법 제33조).

Ⅲ. 인민조정합의의 확인절차

민사소송법 제194조는 조정합의의 확인신청은 쌍방이 인민조정법 등의 법률에 따라 공동으로 조정합의가 효력이 발생한 후 30일 이내에 조정기구 소재지의 기층인민법원에 제기한다고 하고 있다. 이 중 인민조정합의의 확인에는 전술한 2011년의 〈인민조정규정〉[32]이 적용된다.

1. 신청과 관할

신청은 신청서의 제출로 하며 여기에는 조정합의서와 신분, 자격증명 등에 관한 증명자료를 첨부해야 한다(〈인민조정규정〉 제3조).

확인신청은 조정을 실시한 인민조정위원회 소재지의 기층인민법원 및 그 파출의 인민법정(人民法庭)이 관할한다. 그리고 인민법원이 입안 전에 인민조정위원회에 사람을 파견하여 조정을 하여 조정합의가 달성되어 당사자가 확인신청을 하는 경우에는 사람을 파견한 인민법원이 관할한다(〈인민조정규정〉 제2조).

30) 노동쟁의조정합의는 여기의 확인의 대상이 아닌 것으로 본다(奚晓明 主编, 前揭 ≪中华人民共和国民事诉讼法≫ 修改条文理解与适用, 384面). 노동쟁의조정합의를 일방이 이행하지 않는 경우에는 〈노동쟁의조정중재법〉에 따라 중재를 신청할 수 있으며, 만약 노동보수, 공사의료비 등의 지급을 미루고 있는 경우라면 같은 법에 따라 지급명령(支付令)을 신청할 수 있도록 되어있으므로 여기의 확인신청의 대상은 아니라는 것이다.

31) 인민조정에 관한 자세한 것은 전술 법원조정 부분 참조.

32) 前揭 〈最高人民法院关于人民调解协议司法确认程序的若干规定〉.

2. 신청의 수리(입안)와 각하

당사자가 인민조정법 제33조에 따라 공동으로 법원에 조정합의의 사법확인을 신청한 경우에는 인민법원이 법률의 규정에 따라 수리해야 하며(〈인민조정규정〉 제1항), 수리비는 받지 않는다(제11항). 수리여부의 결정은 신청서를 받은 후 3일 이내에 해야 하며 수리한 경우는 즉시 수리통지서를 당사자에게 송달해야 한다. 쌍방당사자가 함께 법원에 나와 사법확인을 신청하는 경우에는 즉시(그 자리에서) 수리하여 확인여부를 결정할 수 있다(〈인민조정규정〉 제4조 제1항).

그러나 ① 인민법원의 사건 수리 범위에 속하지 않거나 신청관할권을 위반한 사건(제1호), ② 신분관계 확인사건, ③ 입양관계 확인사건, ④ 혼인관계 확인사건은 수리하지 않는다(〈인민조정규정〉 제4조 제2항).

3. 신청의 확인 혹은 신청의 기각

수리(입안)한 사건은 15일 이내에 그 확인을 해줄 것인지의 여부를 결정해야 하며, 특별한 사정이 있는 경우에는 법원장의 허가를 얻어 10일을 연장할 수 있다. 그리고 확인여부를 결정하기 전에 일방 혹은 쌍방당사자가 사법확인 신청을 철회하는 경우에는 이를 허용해야 한다(〈인민조정규정〉 제5조).

결정절차는 1인의 법관을 지정하여 실시하며 필요한 경우에는 쌍방당사자를 동시에 불러 심문할 수 있다(제6조). 확인해주기로 결정한 경우에는 확인결정서를 작성하며 확인신청을 기각하는 경우에도 기각의 결정서를 작성한다(제8조).

조정합의의 내용이 ① 법률, 행정법규의 강행규정을 위반한 경우, ② 국가이익, 사회공공이익을 침해하는 경우, ③ 제3자의 합법적 권익을 침해하는 경우, ④ 사회의 공서양속을 해하는 경우, ⑤ 내용이 불명확하여 확인할 수 없는 경우, ⑥ 기타 사법확인을 할 수 없는 사정이 있는 때에는 신청을 기각한다(제7조).

4. 확인의 효력

법원의 심리결과 법률의 규정에 부합하여 유효하다고 확인했음에도 불구하고(확인결정서를 작성한 경우) 의무를 부담하는 당사자가 이행을 거절하거나 일부를 이행하지 않는 경우에는 상대방 당사자가 확인결정서를 작성한 법원에 강제집행을 신청할 수 있다(민소법 제195조, 〈인민조정규정〉 제9조).[33] 합의 전부 또는 일부가 무효라고 하여 확

33) 유효한 것으로 확인해준 경우 의무자의 자발적인 이행률이 매우 높기 때문에 강제집행신청을 하

인신청이 기각된 경우 당사자는 다시 인민조정방식으로 원래의 조정합의를 변경하거나 원래의 분쟁사건을 가지고 법원에 소를 제기할 수 있다.

제3자가 법원이 확인해준 조정합의가 자기의 합법적 권익을 침해한다고 인정하는 경우에는 그 권익이 침해된 것을 알거나 알았어야 할 날로부터 1년 이내에 확인결정을 해준 법원에 그 확인결정을 취소해달라는 신청을 할 수 있다(〈인민조정규정〉 제10조).

제7절 담보권실행사건

Ⅰ. 의 의

담보권은 특정재산에 대한 교환가치를 직접 지배하는 것을 내용으로 하는 권리로서 채권의 실현을 목적으로 설정되는 물권을 말한다. 이에 따라 담보물권자는 다른 채권자에 우선하여 채권의 만족을 받게 된다. 중국의 물권법상 담보물권의 종류에도 저당권[抵押权], 질권(质权), 유치권(留置权)이 있다.

중국의 담보물권의 실현방식에는 상당한 변화가 있었다. 1995년 담보법(擔保法)에서는 채무자가 변제기가 되어도 저당권자에 대한 채무를 변제하지 않는 경우에는 저당권 설정자와 합의하여 저당물로 변제충당[折价][34]하거나 경매나 임의매각[变卖]을 통하여 취득한 대금으로 변제를 받을 수 있도록 하고 있었다. 그러나 이와 같은 것은 언제나 저당권자와 저당권설정자간의 합의가 있어야 가능하였으며, 합의가 달성되지 못하는 경우에는 저당권자가 법원에 채무이행을 구하는 소를 제기할 수밖에 없도록 되어있었다(중국 담보법 제53조). 즉 담보권 실행을 위한 경매신청제도가 없었다.

그 후 담보권의 실현을 둘러싼 분쟁이 격증하게 되자 소송을 통해 채무명의를 취득

는 경우는 매우 드물다고 한다. 또 일단 확인신청사건이 수리(입안)되면 확인신청을 기각하는 경우는 거의 없다고 한다. 그 중요한 원인은 수리절차에서 일단 심사하여 장차 기각될 사건의 경우에는 신청인에게 다시 협상할 것을 권고하거나 조정위원회에 다시 조정할 것을 건의하기 때문이라 한다(奚晓明 主编, 前揭 ≪中华人民共和国民事诉讼法≫ 修改条文理解与适用, 387面 参조).

34) 저당물에 적절한 가격을 부여하여 저당권자의 소유로 넘기는 것을 말한다(중국 물권법 제195조). 이행기가 도래한 후에만 가능하며 시장가격을 참조해야 한다(중국의 기업소득세법 및 물권법 해석서, 법제처, 2007년, 449面 참조).

한 후 강제집행을 신청하도록 하는 것은 너무 비경제적이라는 지적이 있었다. 이에 따라 2007년 물권법을 제정할 당시 우선 당사자간의 합의에 따라 간이변제충당하거나 경매나 임의매각을 통하여 담보권의 실행을 하도록 하되(중국물권법 제195조 제1항), 당사자간의 합의가 달성되지 않는 경우에는 저당권자가 법원에 저당재산의 경매 혹은 임의매각을 신청할 수 있다고 하였다(같은 조 제2항).

이와 같이 실체법(물권법)에서는 이미 저당권자가 일방적으로 경매 등을 신청할 수 있다고 하였으나 2012년 개정 전의 민사소송법에는 강제집행 이외에 담보물권의 실행을 위한 별도의 절차가 없어서 문제가 되어 왔다.[35] 이와 같은 점을 개선하기 위하여 특별절차편(제15장)에 별도의 절(節)로 담보권실행 사건을 다루는 절차를 마련하게 되었다. 그러나 우리나라에 담보권실행을 위한 경매(임의경매)와 같은 별도의 절차가 마련된 것으로 보기는 어렵고 경매를 하기로 하는 재정(裁定)이 강제집행의 집행권원(執行權原)이 되어 저당권자는 강제집행을 통하여 만족을 얻게 된다는 점을 주의해야 한다. 다만 단심제인 특별절차를 통하여 집행권원(재정)을 얻는 점에서 소송을 통해 얻는 것보다는 간편하게 되었다.

Ⅱ. 신청의 주체와 관할법원

1. 신청의 주체

담보물권자 내지 기타 담보물권의 실현을 청구할 권한이 있는 자는 법원에 담보물권의 실현을 청구할 수 있다(민소법 제196조). 따라서 신청의 주체에는 두 가지가 있다. 즉 담보물권자와 기타 담보물권의 실현을 청구할 수 있는 자이다.

(1) 담보물권자

담보물권자라 함은 물권법상의 저당권자, 질권자, 유치권자를 말한다. 저당권자에 관하여는 물권법에 명확히 경매, 임의매각[变卖][36]을 법원에 신청할 수 있다고 되어있으나(물권법 제195조 제2항), 질권자나 유치권자에 관하여는 명문의 규정이 없다.

즉 질권자에 대하여는 질권설정자와 합의하여 질물(質物)로 변제충당하거나 질물을

35) 중국에는 담보물권의 실행을 위한 경매제도(임의경매제도)가 따로 없다. 따라서 그동안은 부득이 소송을 통해 확정판결(채무명의)을 받아 강제경매를 신청할 수밖에 없었다.

36) 경매를 통하지 않고 목적물을 적절히 매각하여 환가하는 것을 말한다. 다만 이 경우에는 시장가격을 참조해야 한다(물권법 제219조 제3항 등).

경매, 매매할 수 있다(물권법 제219조 제2항)고 규정되어 있을 뿐 합의가 없는 경우 일방적으로 경매, 매매를 법원에 신청할 수 있는지에 관한 규정이 없다. 또 유치권자의 경우도 마찬가지이다(물권법 제236조 제1항).

그러나 민사소송법 제196조는 신청의 주체를 담보물권자로 하였을 뿐 저당권자에 한정하지 않았으므로 질권자나 유치권자에게도 경매, 매매의 신청권이 있다고 본다.[37)]

(2) 담보물권자 이외의 신청인

담보물권자 이외의 권리자도 일정한 경우에는 경매나 임의매각을 신청할 수 있다(민소법 제196조). 질권설정자는 이행기가 도래한 후 질권자에게 질권을 즉시 행사할 것을 청구할 수 있고 질권자가 이를 행사하지 않는 경우 질권설정자가 법원에 질물의 경매, 임의매각을 신청할 수 있다(물권법 제220조).[38)] 또 유치권에 있어서의 채무자도 이행기가 도래한 후 유치권자에게 유치권의 행사를 청구할 수 있고 이에 응하지 않는 경우에는 스스로 법원에 유치물의 경매, 임의매각을 신청할 수 있다(물권법 제237조). 이와 같은 규정에 의하여 질권설정자와 채무자는 이 절차의 신청권자가 될 수 있다.

그 밖에도 채권법상 공사수급인이 공사 중인 것을 경매신청할 수 있도록 하고 있으며(〈합동법〉 제286조), 〈해상법〉이나 〈민용항공기법〉에도 선박저당권자, 항공기저당권자가 경매신청을 할 수 있다는 규정을 두고 있다.[39)]

2. 관할법원

경매, 임의매각의 신청은 담보재산 소재지 또는 담보물권 등기지의 법원에 하도록 하고 있다(민소법 제196조). 담보재산 소재지 법원을 관할로 한 것은 담보재산에 대하여 압류[즉 사봉(査封) 또는 구압(扣押)]의 편리를 고려한 것이다.

부동산 저당권의 경우는 재산소재지와 등기지가 중복된다. 권리질권의 경우에는 예컨대 특허권, 상표권, 저작권 등에 질권을 설정한 경우에는 등기지의 법원에 신청해야 할 것이다. 유치권의 경우에는 등기가 성립요건이 아니므로 등기지의 법원과는 관련이 없을 것이다.

담보물이 여러 개이고 수개 법원의 관할구역에 산재(散在)한 경우에는 각 법원 모두

---

37) 奚晓明 主编, 前揭 ≪中华人民共和国民事诉讼法≫ 修改条文理解与适用, 416~417面; 全国人大常委会法制工作委员会民法室 编著, 前揭 ≪中华人民共和国民事诉讼法≫ 解释与适用, 315面.

38) 질물의 가격하락 등의 염려가 있는 경우를 대비한 규정이라 한다.

39) 奚晓明 主编, 前揭 ≪中华人民共和国民事诉讼法≫ 修改条文理解与适用, 418面.

관할권이 있는 것으로 보며 당사자는 이 중 한 법원을 선택하여 신청할 수 있다고 본다. 또 여기의 지역관할은 명문의 규정은 없으나 일종의 전속관할(專屬管轄)로 보아야 하며 당사자간의 합의나 응소(應訴)로 이를 변경할 수 없다는 것이 통설이다.[40)]

경매 등의 신청은 기층인민법원의 급별관할(級別管轄)로 되어있다(제196조).

Ⅲ. 절차의 진행

1. 신청과 수리(受理)

신청의 상대방은 담보권설정자, 혹은 담보권자(담보권설정자가 신청하는 경우)가 되며 담보물이 제3자의 점유에 속하는 경우에는 제3자도 피신청인이 될 수 있다.

경매 등의 신청을 하는 경우에는 ① 담보물권의 성립을 증명하는 문서, ② 담보물권의 실행에 필요한 조건이 성취되었음을 증명해 주는 자료를 제출해야 한다.

신청서가 접수되면 우선 관할권을 심사하여야 하며, 자기 관할에 속하는 경우에는 이를 수리해야 한다.

2. 심사와 재정

담보권 실행을 위한 경매 등의 신청절차는 비송적 성질을 갖는 절차이므로 대석적 심사는 필요없다고 보며 1인의 법관이 심사함을 원칙으로 하나 중대하거나 어려운 사건의 경우에는 합의정을 구성하여 심사를 한다(민소법 제178조). 심사는 신청인이 제공한 자료를 토대로 하되 필요하다면 관련당사자를 심문할 수도 있으며 직권증거조사도 가능하다. 심사기간은 제15장 특별절차 제1절의 일반규정이 적용될 것이므로 입안일로부터 30일 이내에 완결하여야 할 것이며 필요한 경우에는 법원장의 허가를 얻어 연장할 수 있다(민소법 제180조).

비송절차이므로 재판의 형식은 재정(裁定)이다(민소법 제197조). 신청이 법률의 규정에 부합한 경우에는 담보재산의 경매 혹은 임의매각을 하기로 하는 재정을 할 것이며, 신청이 법률의 규정에 부합하지 않는 경우에는 신청을 기각하는 재정을 한다. 기각의 재정이 있는 경우 신청인은 법원에 소를 제기할 수 있다.

피신청인이 이의를 하는 경우 이를 어떻게 처리할 것인가에 관하여 논란이 있다. 1

40) 上揭書, 420面 참조.

설에 의하면 신청인의 신청의 합법성만을 심사하면 되고 피신청인의 이의는 절차의 진행에 영향을 주지 않는다고 한다. 반대설에 의하면 피신청인이 이의를 신청하는 경우에는 서면으로 기한을 정하여 법원에 소를 제기할 것을 통지하고 그 기간 내에 소를 제기하지 않으면 경매 등의 재정을 할 것이고 그 기간 내에 소를 제기하면 경매 등의 재정을 위한 절차를 종결해야 한다고 한다.[41)]

3. 재정의 효력

법원이 경매, 임의매각을 하기로 하는 재정(裁定)을 하면 그 재정은 즉시 집행권원[42)]이 된다. 따라서 담보채무의 이행을 거절하거나 일부를 이행하지 않는 경우에는 이를 근거로 강제집행의 신청을 할 수 있다(민소법 제197조).

---

41) 앞으로 사법해석으로 해결할 문제일 것이다.

42) 중국에서는 집행의거(执行依据)라고 한다.

제3장 독촉절차

제1절 독촉절차의 개념과 특징

Ⅰ. 독촉절차(督促節次)의 개념

독촉절차(민소법 제17장)는 지급명령[1]절차라고도 하며, 법원이 채권자의 신청에 따라 지급명령의 방식으로 채무자에게 기한 내에 금전이나 유가증권 관련 의무를 이행할 것을 독촉하고 정해진 기한 내에 이행을 하지 않고 또 이의신청도 하지 않는 경우에는 지급명령이 집행력을 갖도록 하는 절차를 말한다. 독촉절차는 채권채무관계가 명확하여 별로 다툼의 여지가 없는 경우에 복잡하고 비용이 많이 드는 소송절차 대신 이용하여 간단히 집행권원(執行權原)을 취득할 수 있게 하는 제도이다.

원래 독촉절차는 독일 민사소송법 제정시(1877년)에 처음 특별절차로 편입된 것이며, 현재는 우리나라, 일본 등 대륙법계 국가에 널리 도입되어 있다. 중국의 경우는 1982년 시행법(試行法) 제정시에는 독촉절차를 두고 있지 않았으나, 시장경제체제의 도입에 따른 사회 · 경제환경의 변화에 대응하기 위하여 1991년 민사소송법 제정시에 도입하였다.[2] 또 2001년에는 최고인민법원에서 독촉절차에 대한 사법해석[3]을 내려 민사소송법의 독촉절차 규정을 보충하게 되었다. 또 2012년 개정에서는 지급명령에 대한 이의제도 등을 보완하였다.

---

1) 중국에서는 지부령(支付令)이라 한다.

2) 그 후 1999년 제정된 〈해사소송법(中华人民共和国海事诉讼特别程序法)〉 제99조는 "해사사건으로 채권자가 채무자에게 금전이나 유가증권의 지급을 청구하는 경우, 민사소송법상의 독촉절차의 규정에 부합하는 경우에는 관할 해사법원에 지급명령을 신청할 수 있다"라고 하여 해사소송절차에서도 독촉절차를 이용할 수 있도록 하고 있다.

3) 〈最高人民法院关于适用督促程序若干问题的规定〉 法释(2001) 2号, 2001-01-08. 이하에서는 〈독촉규정〉이라 부른다.

Ⅱ. 독촉절차의 특징

1. 비송적 성격

중국의 독촉절차는 쟁의가 없는 사건인 것을 전제로 하는 점에서 일반의 소송절차와 다르며 비송적 성격이 상당히 강하다.[4] 독촉절차의 개시는 소의 제기가 아닌 지급명령의 신청으로 하게 된다.

2012년 민사소송법 개정 전의 제도에서는 지급명령에 대하여 이의신청을 하면 이유유무를 묻지 않고 독촉절차를 종결하는 재정(裁定)을 하였으며, 우리와 같이 자동적으로 소송절차로 이행되지 않았었다. 2012년 개정에서는 제217조를 개정하여 이의에 대한 심사제도와 소송으로의 전환제도를 두게 되었다.

간이절차(简易程序: 민소법 제13장 157조 이하)[5] 역시 신속 · 간이한 채무명의 확보수단이나 절차가 간이화되어 있을 뿐 순연(純然)한 소송절차인 점에서 비송적 성격이 농후한 독촉절차와 다르다.

2. 당사자의 절차선택권

독촉절차는 소송절차의 전치절차가 아니라 독립된 절차이므로 당사자는 자기의 분쟁의 실질을 감안하여 독촉절차와 소송절차 중 선택하여 이용할 수 있다.

3. 절차심리의 간이 · 신속성

독촉절차는 채무자를 소환하지 않고 채권자가 제출한 신청서 및 사실과 증거만으로 지급명령을 하게 되며, 개정심리나 변론을 요하지 않는다. 또 독촉절차는 단심제[一审终审]를 취하며 지급명령에는 상소가 허용되지 않는다. 또 합의부가 아니라 단독판사가 사건을 처리한다(独任制).

---

4) 우리의 독촉절차는 비록 비송적 성격이 있으나 소송절차의 일환으로 보는 점에서 다르다.

5) 간이절차에 관하여는 제4편 제6장 간이절차 부분 참조.

제2절 지급명령

Ⅰ. 지급명령의 신청

1. 신청의 조건

지급명령을 신청하기 위해서는 다음과 같은 조건을 갖추어야 한다.

(1) 신청의 대상

지급명령의 신청대상은 금전, 유가증권에 한한다(민소법 제214조, 〈약간의견〉 제215조).

여기의 금전이라 함은 인민폐(人民币)를 가리키나 외국의 화폐도 지급명령의 대상이 된다.[6] 유가증권이라 함은 환어음[汇票], 약속어음[本票], 수표[支票], 주식[股票], 채권(债券), 국채[国库券], 양도성 예금증서[存款单] 등을 말한다(〈약간의견〉 제215조).

(2) 채권의 변제기 도래(到來) 및 수액의 확정

지급명령을 신청할 수 있기 위해서는 채권이 이미 기한이 도래해 있어야 하며, 수액이 이미 확정되어 당사자간에 다툼이 없어 법원의 조사·취증을 통하여 수액을 인정할 필요가 없어야 한다.[7]

(3) 채권자의 반대급부(对待给付) 의무의 부존재

예컨대 쌍무계약에서 채권자의 채무자에 대한 급부가 선이행을 필요로 하는 것이거나 동시이행의 관계에 있는 경우에는 자기 의무이행을 완료한 경우에만 지급명령을 신청할 수 있다. 그렇지 않은 경우에는 지급명령이 있더라도 채무자가 반대급부 의무의 존재를 이유로 이의하여 지급명령을 무력화할 것이기 때문이다.

(4) 채무자에게 지급명령을 송달할 수 있을 것

채무자는 지급명령을 받은 날로부터 15일 이내에 이의신청을 할 수 있으므로 지급명령은 반드시 채무자에게 송달될 수 있어야 한다. 지급명령의 송달방식은 직접송달 혹은 유치송달의 방식만이 허용되며, 위탁송달, 전교송달, 우편송달이나 공시송달방식은 허용되지 않는다.[8]

---

6) 谭兵, 李浩 主编, 前揭 民事诉讼法学, 420面.
7) 上揭書, 같은 면.
8) 上揭書, 같은 면. 송달의 방식에 관하여는 제4편 제3장 제3절 Ⅱ. 송달부분 참조.

2. 신청의 방식

지급명령의 신청은 서면으로 해야 한다(민소법 제214조). 서면에는 다음과 같은 사항을 기재해야 한다.

(1) 채권자와 채무자의 성명, 성별, 연령, 민족, 직업, 근무단위 및 주소 혹은 경상거주지

법인이나 기타조직의 경우에는 그 명칭, 주소 및 법정대표자 혹은 주요책임자의 성명, 직책을 적으며 소송대리인이 있는 경우에는 이를 아울러 적는다.

(2) 채무자가 지급해야 할 금전의 액수, 증권의 종류와 수량 및 지급을 청구하는 근거사실, 증거

여기에는 채권발생의 사실 및 채권의 존재를 증명할 수 있는 사실과 관련증거가 포함되며, 채권자와 채무자 사이에 다른 채권분쟁(반대급부의 분쟁)이 없음을 밝혀 적어야 한다.

(3) 지급명령을 구하는 취지

신청서에는 채권자가 소를 제기하는 것이 아니라 지급명령을 신청하는 것이라는 점을 분명히 해야 한다.

채권자는 지급명령이 있기 전에는 자유로이 신청을 철회할 수 있으며, 신청을 철회한 경우에는 법원은 재정으로 독촉절차를 종결해야 한다(〈약간의견〉 제217조).

3. 독촉절차의 관할

지급명령의 급별관할은 기층인민법원이다(민소법 제214조). 주의할 점은 다른 급별관할과는 달리 소송목적의 값에 의한 제한을 받지 않고 언제나 기층인민법원이 관할한다는 점이다(〈독촉규정〉 제1조).

지역관할은 채무자의 주소지를 관할하는 기층인민법원이 가지게 된다(〈약간의견〉 제27조). 채무자의 주소지와 경상거주지가 다른 경우에는 경상거주지 법원이 관할권을 갖게 된다. 또 공동채무자의 주소지나 경상거주지가 모두 같은 법원의 관할구역 내에 존재하지 않는 경우에는 각 관련 기층인민법원은 모두 관할권을 갖는 것으로 보며, 채권자는 이 중 어느 법원이라도 선택하여 지급명령을 신청할 수 있다(〈독촉규정〉 제2조). 또 채권자가 두 개 이상의 법원에 지급명령을 신청한 경우에는 먼저 입안(立案)한 법원이 관할권을 행사한다.

Ⅱ. 신청의 수리 · 심사 및 처리

1. 지급명령신청의 수리

독촉절차에서도 수리절차와 심사절차가 구분된다. 지급명령이 신청된 경우에는 먼저 절차관계면의 형식적인 심사를 거치게 된다. 수리절차에서의 심사를 말하며, 주로 채권자가 청구하는 급부의 내용이 금전이나 유가증권인지의 여부, 채권자가 신청자격과 능력을 갖추고 있는지의 여부, 채무의 이행기가 도래했는지의 여부, 채권자와 채무자 사이에 다른 채권채무 분쟁이 없는지의 여부(반대급부의 존재여부), 관할권의 유무, 채무자에게 지급명령을 송달할 수 있는지의 여부, 신청서가 법정의 형식과 내용을 갖추었는지의 여부를 심사하게 된다.

심사를 거쳐 위의 요건을 갖추었다고 인정되면 5일 이내에 수리하여 입안하고 채권자에게 이를 통지한다(민소법 제215조). 신청이 조건을 갖추지 못한 경우에는 5일 이내에 채권자에게 불수리의 통지를 하고 그 이유를 설명해 준다. 불수리의 통지를 받고도 채권자가 신청을 고집하는 경우에는 재정(裁定)으로 그 신청을 각하한다. 다만 법원은 요건 불비를 지적하여 기간을 정하여 보정을 명할 수 있으며, 이 경우 보정기간은 위의 5일의 기간에 산입하지 않는다(〈독촉규정〉 제3조).

2. 지급명령신청에 대한 심사

법원이 지급명령신청을 수리하여 입안한 경우에는 법관 1인이 신청의 이유 유무를 심사한다(独任制). 심사를 함에 있어서는 채무자를 심문하지 않으며 개정심리를 하지 않고 서면심사를 함이 원칙이다. 이때의 심사는 수리절차와는 달리 실질적인 심사를 하게 되며 주로 다음과 같은 사항을 심사한다.

(1) 채권채무관계의 명확성

채권채무관계의 사실관계가 분명하고 쌍방 사이에 실질적인 분쟁이 없어서 조사와 취증에 많은 노력을 할 필요가 없어야 하며, 채권자와 채무자 사이에 채권채무를 둘러싼 다른 분쟁(반대급부의 유무)이 없는지를 심사해야 한다.

(2) 채권채무관계의 합법성

채권자의 신청이 현행 법률제도에 합치해야 하며, 예컨대 불법소득인 경우와 같은 경우에는 지급명령을 할 수 없다.

(3) 신청의 근거사실 및 증거

채권자가 제출한 사실과 증거에 대한 조사를 해야 하며, 증거가 신청의 기본사실과 신청의 이유를 뒷받침하는지를 심사해야 한다.

3. 신청의 기각과 지급명령

심사를 거쳐 법원은 신청을 기각하거나 지급명령을 발해야 한다.

(1) 신청의 기각

심사결과 신청이 이유가 없는 경우에는 15일 이내에 신청을 기각하는 재정을 해야 하며, 이 기각의 재정에 대하여는 상소를 할 수 없다(〈약간의견〉 제216조). 다음과 같은 경우에는 신청을 기각해야 한다(〈독촉규정〉 제5조).

1) 당사자의 부적격[9]
2) 신청된 금전이나 유가증권을 증명하는 문서에 기한을 넘긴 경우에 이자, 위약금, 배상금 등을 지급하기로 하는 약정이 없음에도 채권자가 이자, 위약금 등의 지급을 고집하는 경우
3) 채권자가 신청하는 금전이나 유가증권이 불법소득에 속하는 경우
4) 채권자가 지급명령을 신청하기 전에 이미 법원에 제소 전 보전(诉前保全)을 신청했거나 지급명령의 신청과 동시에 제소 전 보전을 신청한 경우[10]

(2) 지급명령

사실과 증거를 조사한 결과 채권채무관계가 명확하고, 합법적인 경우에는 신청을 수리한 날로부터 15일 이내에 채무자에게 지급명령을 해야 한다(민소법 제216조 제1항).

1) 지급명령(서)의 작성

지급명령에는 다음과 같은 사항을 기재해야 한다(〈약간의견〉 제219조).

① 채권자와 채무자의 성명 혹은 명칭 등 기본적인 사항

---

9) 부적격의 의미가 무엇인지에 대하여는 명확한 설명이 없다. 당사자 적격이나 채권자와 신청과의 직접적인 이해관계 등을 의미하는 것이라면 대부분 수리절차에서 심사를 하여 불수리의 통지를 해야 할 것으로 본다.

10) 실무에서는 지급명령신청에도 보전을 할 수 있다고 한다. 즉 지급명령신청 후 수리 전에 보전신청을 하는 경우에는 제소 전의 보전신청으로 보며, 수리 후 지급명령신청을 기각하거나 지급명령을 발하기 전에 보전신청을 하는 경우에는 소송 중의 보전신청으로 취급하여야 한다고 한다. 나아가 지급명령이 확정된 후 집행 중에도 보전신청을 할 수 있으며 이는 집행 중의 보전으로 본다[唐德华, 前揭 新民事诉讼法(实务精答), 556~557面 참조].

② 채무자가 지급해야 할 금전(금액), 유가증권의 종류와 수량
③ 채무를 이행하거나 이의를 제출할 기간
④ 기한 내 이의를 제출하지 않는 경우의 법적 효과

지급명령에는 법관, 서기가 서명하고 법원의 인장을 찍는다.

지급명령을 송달하는 경우 채무자가 이의 수령을 거절하는 경우에는 송달장소에 유치하여 송달을 할 수 있다(〈약간의견〉 제220조).

2) 지급명령의 효력

지급명령이 채무자에게 송달되면 우선 채무이행에 대한 독촉의 효력이 발생한다. 여기의 채무이행에는 실제의 이행은 물론 채권자와 화해를 하는 것도 포함된다.

채무자가가 지급명령을 송달받고 15일 이내에 이행을 하지 않고 이의를 신청하지도 않는 경우에는 집행력이 발생하며 채권자는 법원에 그 집행을 신청할 수 있다. 집행신청을 할 수 있는 기간은 2년이다(민소법 제239조). 지급명령을 받은 채무자가 불복하는 경우에는 반드시 15일 이내에 이의해야 하며 별도로 소를 제기하더라도 지급명령의 효력에는 지장이 없다(〈약간의견〉 제223조).[11]

3) 지급명령의 실효

다음과 같은 경우에는 지급명령이 실효된다.

① 채무자의 서면에 의한 이의가 성립하는 경우(이유 있는 경우)

② 보증인에 대한 보증채무 이행의 소가 제기된 경우

주채무자에 대한 지급명령은 보증인에게는 효력이 없다. 주채무자에 대한 지급명령이 있은 후 채권자가 보증인에 대하여 보증채무의 이행을 구하는 소를 제기한 경우에는 주채무자에 대한 지급명령은 자동적으로 효력이 상실된다(〈독촉규정〉 4조).

③ 지급명령에 잘못이 있음이 분명하여 심판위원회가 토론 · 결정하여 재정으로 취소한 경우(〈독촉규정〉 제10조)

Ⅲ. 채무자의 이의와 독촉절차의 종결

1. 채무자의 이의

(1) 의의

지급명령은 채무자를 심문하지 않고 채권자의 신청에 대하여 서면심사를 한 후 내

---

11) 지급명령에 대한 불복방법으로는 이의만 인정됨을 주의해야 한다.

리는 것이므로 채무자에게 지급명령에 대하여 이의를 할 권한을 주어 양자간의 균형을 맞추게 된다.

중국의 그동안의 실무를 보면 당사자가 무분별하게 이의권을 행사하는 것이 보통이어서 독촉절차를 이용할 유인(誘因)이 없어 그 이용률이 극히 저조하였다.[12] 더구나 2012년 개정 전에는 서면의 이의신청이 있으면 이유 유무의 심사 없이 바로 독촉절차를 종결해야 했으며 이의에 따른 소송으로의 자동이행도 없었다. 이와 같은 점을 개선하여 독촉절차의 이용률을 제고하기 위하여 이번 개정에서는 이의에 대하여 심사하도록 하였으며, 지급명령이 실효되면 소송절차로 이행되도록 하였다.

(2) 이의의 요건

1) 채무자의 신청

이의는 반드시 채무자 자신이 하여야 하며 다른 사람은 이의를 신청할 수 없다.

2) 이의기간

이의는 지급명령을 송달받은 날로부터 15일 이내에 제출해야 하며 이를 넘긴 이의신청은 재정으로 기각한다.

3) 서면신청

이의는 반드시 서면으로 신청하며 구두방식은 허용되지 않는다(〈약간의견 제221조 제2항).

4) 채무자체에 대한 이의일 것

채무자체가 아닌 예컨대 지급능력이 없다는 등의 의사표시는 지급명령의 효력에 영향이 없다(〈약간의견〉 제221조 제1항). 채권자가 동일한 채권채무관계를 기초로 채무자에 대하여 복수의 지급청구를 한 경우, 채무자가 그 중 하나 또는 일부의 청구에 대하여 이의를 제출한 경우, 나머지 청구에 대한 지급명령은 그대로 유효하다(〈독촉규정〉 제8조). 또 채권자가 동일한 채권채무관계에 기초하여 가분채권을 복수의 채무자를 상대로 지급청구를 한 경우 채무자 중 하나 또는 몇 명이 이의를 제출한 경우에는 나머지 청구에 대한 지급명령의 효력에는 영향을 주지 않는다(〈독촉규정〉 제9조).

(3) 이의에 대한 심사

원래 개정 전의 법에는 서면의 제출로 곧 독촉절차 종결의 재정을 해야 한다고 하였으며(구법 제194조), 최고인민법원의 사법해석에서도 이의신청이 이유 있는지의 여

12) 이용률을 제고하기 위하여 소의 제기가 있는 경우에도 수리 후에 사건을 심사하여 당사자간에 다툼이 없고 독촉절차의 조건에 부합하면 독촉절차로 전환할 수 있도록 하였다(민소법 제133조).

부는 심사하지 않는다고 하였다(〈약간의견〉 제221조). 그러나 개정법에서는 심사를 하여 이의가 성립하는 경우에만 독촉절차를 종결하는 재정을 하도록 하였다.

(4) 이의의 효과

채무자의 이의가 성립하면 다음과 같은 효과가 발생한다(민소법 제217조).

1) 독촉절차의 종결

채무자의 유효한 이의가 있게 되면 법원은 재정으로 독촉절차를 종결해야 한다. 독촉절차의 종결 재정이 있기 전에 채무자가 이의를 철회한 경우에는 이를 허가해야 한다(〈독촉규정〉 제10조). 그러나 유효한 이의가 있으면 지급명령이 자동적으로 효력을 상실한다고 보아야 하므로 이의의 철회 개념이 들어올 여지가 없다는 비판이 있다.[13]

2) 지급명령의 실효

법원의 독촉절차 종결의 재정이 있게 되면 지급명령이 가지고 있던 의무이행 독촉의 효력이 상실된다.

3) 소송으로의 이행(移行)

이의가 성립하는 경우에는 지급명령이 실효된다. 2012년 개정 전의 제도에서는 이의에 따라 자동으로 소송으로 이해되는 것이 아니라 당사자의 선택에 따라 법원에 소를 제기할 수 있도록 하였다(구법 제194조). 불고불리의 원칙과 처분권주의의 존중을 위한 것이었다고 하나,[14] 이로 인하여 독촉절차의 효용이 상당히 저하되었던 점을 부인할 수 없다.[15] 우리나라는 물론 독일이나 일본 등 독촉절차를 두고 있는 국가는 모두 채무자의 이의가 있으면 자동으로 소송으로 옮겨지도록 하고 있다.

이번 개정에서는 제217조에 제2항을 신설하여 지급명령이 실효된 경우에는 소송절차로 옮겨진다고 하였다. 그러나 지급명령을 신청했던 당사자가 이에 동의하지 않고 소를 제기하는 경우는 제외하도록 하고 있다(제2항 단서). 신청인의 절차선택권을 존중하기 위한 것이라 하나 별소를 제기하여 무슨 이익이 있을지가 의문이다.

2. 독촉절차의 종결

당사자의 이의 이외에도 다음과 같은 경우에는 독촉절차가 종결된다.

---

13) 谭兵, 李浩 主编, 前揭 民事诉讼法学, 426面. 실천적으로도 이의의 철회를 인정하지 않아도 채권자는 소를 제기하여 자기의 권익을 지킬 수 있으므로 철회라는 것이 그다지 큰 의미를 가지는 것은 아니라고 한다.

14) 上揭書, 같은 면.

15) 입법상의 실수였다는 견해도 있다(上揭書, 같은 면 각주 3).

(1) 법원의 지급명령신청 기각

지급명령신청을 수리한 후 심사결과 신청이 이유 없다고 인정하는 경우에는 이를 기각하는 재정을 하고 독촉절차를 종결한다.

(2) 채권자의 지급명령신청의 철회

법원이 지급명령을 발하기 전에 채권자가 신청을 철회한 경우에도 법원은 재정으로 독촉절차를 종결하게 된다.

(3) 채권자의 소제기 등

법원이 지급명령신청을 수리한 후 채권자가 동일한 채권관계로 소를 제기한 경우에도 재정으로 독촉절차를 종결하며, 법원이 지급명령을 발한 후 30일 이내에 이를 채무자에게 송달할 방법이 없는 경우에도 재정으로 독촉절차를 종결한다(〈독촉규정〉 제6조).

(4) 심판위원회의 지급명령 취소결정

법원장이 본원의 지급명령이 명백히 잘못된 것을 발견한 경우에는 심판위원회에 넘겨 토론 · 결정하게 할 수 있으며, 심판위원회가 취소하기로 결정하면, 이를 받아 지급명령을 취소하는 재정을 하고 채권자의 지급명령신청을 기각하여 독촉절차를 종결한다(〈독촉규정〉 제11조).

법원의 지급명령신청 기각의 재정과 독촉절차 종결의 재정은 송달과 동시에 효력이 발생하며 이에 대하여는 상소를 제기하거나 복의를 신청할 수 없다.

제4장 공시최고절차

제1절 공시최고절차의 의의와 적용범위

Ⅰ. 의 의

공시최고절차는 당사자의 신청에 의하여, 법원이 공고의 방식으로 증권(票据)이나 법률이 정한 사항에 관하여 불분명한 이해관계인에게 지정된 기간 내에 권리를 신고할 것을 최고하고 기간을 넘겨 권리를 신고하지 않는 경우에는 그 증권이나 법률이 정한 사항과 관련된 권리의 상실을 선고(除權判決)하는 절차를 말한다. 공시최고절차는 비송절차의 일종이나 민사소송법에 규정을 두고 있다(민소법 제18장).[1)]

공시최고절차는 단계적 구조를 이루고 있다. 즉 신청에 따라 권리의 신고를 최고하는 공시최고의 단계와 그 이후에 제권판결을 하는 단계가 명백히 구분이 된다.

공시최고절차가 전형적으로 이용되는 예는 어음, 수표를 도난, 분실한 경우 이를 공시최고절차를 통하여 제권판결을 받아 그 증권의 효력을 상실시키고 증서 없이 권리를 행사하는 경우에서 볼 수 있다. 그러나 공시최고절차의 적용범위에 관하여는 국가마다 차이가 있다.

Ⅱ. 적용범위

공시최고절차가 적용되는 범위는 국가마다 다르다. 중국 민사소송법 제218조는 ① 배서양도가 가능한 증권의 소지인이 그 증권을 도난 또는 분실하였거나 증권이 멸실

1) 공시최고절차를 민사소송법에 규정하는 것은 우리도 마찬가지이며(우리 민소법 제475조 이하) 독일 민사소송법도 공시최고절차를 아울러 규정하고 있다(ZPO §§946-1024).

된 경우, ② 법률의 규정에 의해 공시최고를 신청할 수 있는 그 밖의 사항에 관하여 공시최고절차가 적용된다고 하고 있다.[2)] 공시최고 적용범위로서는 비교적 제한적인 입법례이다.[3)]

1. 배서양도가 가능한 증권

여기의 증권이라 함은 발행인이 자기 또는 지급인(중국에서는 委托人이라 한다)이 증권의 일람(一覽: 见票라 한다) 후 혹은 지정된 일자에 증권의 소지인 또는 수취인에게 조건 없이 일정금액을 지급하도록 되어있는 유가증권을 말한다. 중국의 증권법[4)]에는 유가증권으로 환어음[汇票], 약속어음[本票], 수표[支票]의 3종으로 하고 있다(증권법 제2조).

이 중 환어음[汇票]은 지급인이 일람 후 혹은 지정된 일자에 확정된 금액을 수취인이나 소지자에게 무조건으로 지급하기로 정한 어음을 말한다.[5)] 환어음은 다시 은행환어음과 상업환어음으로 나뉜다(같은 법 제19조 제2항). 그리고 일반적으로 배서양도할 수 있으나 발행인이 배서양도 금지의 문구를 기재한 경우에는 양도할 수 없다(같은 법 제27조). 인수(중국에서는 承兑라 한다)가 필요한 점에서 약속어음과 다르다.

약속어음[本票]은 발행인이 일람 후 즉시 확정된 금액을 수취인 혹은 소지인에게 무조건 지급하기로 한 어음을 말하며, 중국에서는 은행약속어음만 허용되며 상업약속어음이나 개인약속어음은 허용되지 않는다(같은 법 제73조). 모두 기명식이며 배서양도가 가능하다.

수표[支票]는 수표예금[支票存款]을 취급하는 은행 기타 금융기관에 위탁하여 수표의

---

2) 우리나라의 경우는 권리 또는 청구를 신고하지 않으면 그 권리를 잃게 되는 것을 법률로 정한 경우에만 할 수 있다고 되어있으나(우리 민소법 제475조) 다른 법률에서도 민사소송법의 공시최고절차를 이용할 수 있도록 하고 있음을 주의해야 한다. 이에 따라 우리나라에서는 ① 실종선고를 위한 공시최고(가소법 제44조 제1호 나목, 가소규칙 제53조), ② 등기·등록의 말소를 위한 공시최고(부등법 제56조 등), ③ 증권의 무효선고를 위한 공시최고(민소법 제492~제497조)의 세 종류의 공시최고가 인정되고 있다. 이 중 실종선고를 위한 공시최고와 등기·등록의 말소를 위한 공시최고의 경우에는 특정된 자에 대하여 그 행방불명을 이유로 하는 점에서 이해관계자 자체의 불명확을 이유로 하는 증권의 무효선고를 위한 공시최고와 다르다. 이 중 후자 즉 이해관계자의 불명확을 이유로 하는 것이 전형적인 공시최고이다.

3) 유가증권 중에서도 배서양도의 방식이 적용되는 것으로 한정하고 있음을 주의해야 한다. 최근 공시최고의 대상을 확장해야 한다는 견해가 많이 나오고 있다.

4) 명칭은 〈中华人民共和国票据法〉이며 1995년 제정되고 2004년에 개정되었다. 이 법은 우리의 어음법과 수표법을 합친 것에 해당한다고 할 수 있다.

5) 우리 어음법 제33조와 마찬가지로 지급형태는 일람식에는 일람 후 즉시 지급식과 일람 후 정기지급식이 있으며, 지정기간식에는 확정일부식과 발행 후 정기지급식이 있어 4가지의 형태를 인정하고 있다(증권법 제25조).

일람 후 무조건 확정된 금액을 수취인 혹은 소지인에게 지급하도록 발행된 유가증권을 말한다(같은 법 제81조). 그 지급방식에 따라 현금수표[现金支票]와 대체수표[转账支票]로 구분된다(같은 법 제83조). 이 중 대체수표만이 배서양도가 허용된다.[6]

위와 같은 유가증권 중 배서양도가 가능한 것만이 공시최고신청의 대상이 된다. 위의 증권 중 ① 인수거절된 환어음, 지급거절되거나 지급제시기간을 넘긴 증권, ② "현금"이라는 표시가 되어있는 은행환어음 혹은 은행약속어음이나 현금수표는 배서양도가 금지되어 있으므로 공시최고신청을 할 수 없다.[7]

2. 법률의 규정에 의해 공시최고신청이 가능한 것

다른 법률에 의해 공시최고신청이 가능하도록 되어있는 것으로 중요한 것에는 주식[股票]과 선하증권[提单]이 있다.

(1) 주식(股票)

주식은 주식회사[股份有限公司]의 주주임을 증명하는 증서를 말한다. 주식에는 기명주식과 무기명주식이 있으며 이 중 기명주식은 주주가 배서의 방식이나 법률, 기타 행정법규가 정하는 방식으로 양도할 수 있으며, 무기명주식은 주주가 증권거래소에서 그 주식을 양수인에게 교부함으로써 양도할 수 있다. 기명주식이 도난, 분실되거나 멸실된 경우에는 주주가 민사소송법의 규정에 따라 공시최고와 제권판결을 신청할 수 있으며(회사법: 公司法 제144조), 법원의 판결에 따라 그 주식이 실효된 후에 주주는 회사에 대하여 주식의 재발행을 청구할 수 있다. 무기명주식은 양도에 배서가 필요 없으므로 공시최고 신청의 대상이 되지 않는다.[8]

(2) 선하증권(提单) 등 화물수취증

해상운송과 관련하여 증서소지인이 그 증서에 대한 지배력을 상실하거나 증서가 멸실된 경우에는 화물 소재지의 해사법원에 공시최고를 신청할 수 있도록 되어있다(해사소송법 제100조). 여기의 증서에는 선하증권, 송장(送狀), 창고증권[仓单] 등이 포함된다.

---

6) 谭兵, 李浩 主编, 前揭 民事诉讼法学, 431面 참조.
7) 上揭書, 같은 면.
8) 上揭書, 같은 면.

제2절 공시최고절차의 진행

Ⅰ. 신청과 수리

1. 공시최고의 신청

공시최고신청을 할 수 있는 자는 도난, 분실 혹은 멸실된 배서양도가 가능한 유가증권의 최후소지인(민소법 제218조 제1항; 〈약간의견〉 제226조)과 다른 법률에 의하여 공시최고를 신청할 수 있는 기타 증서의 최후소지인이다.

신청은 반드시 서면으로 해야 하며, 신청서에는 액면금액, 소지인[持票人], 배서인 등 증권의 주요내용과 이유, 사실을 적어야 하며(민소법 제218조 제1항), 해사법원에 신청하는 경우에는 증서의 종류(예: 선하증권), 번호, 화물의 품명, 수량, 운송인, 운송위탁인, 화물수취인, 선박명칭 등과 배서인 관련상황, 신청의 이유, 사실 등을 적어야 한다.

공시최고의 관할법원은 유가증권 지급지의 기층인민법원이며, 여기의 지급지는 증권상에 기재된 지급지를 말한다. 증권에 지급지를 기재하지 않은 경우에는 유가증권의 지급인의 소재지 혹은 주요영업소 소재지를 지급지로 본다(〈약간의견〉 제26조). 선하증권 등의 경우에는 화물소재지의 해사법원이 관할한다.

공시최고신청은 공시최고를 하기 전에 철회해야 하는 것이 원칙이나 공시최고기간 중에도 예컨대 증서를 찾은 경우와 같은 경우는 신청을 철회할 수 있으며 이 경우에는 법원이 곧바로 공시최고절차를 종결하는 재정(裁定)을 해야 한다(〈약간의견〉 제235조).

2. 심사와 수리

공시최고신청을 받은 법원은 즉시 신청인의 적격성, 신청사항이 공시최고의 대상이 되는지의 여부, 신청서의 적식여부, 관할권의 유무 등을 심사해야 하며, 심사결과 요건을 갖춘 경우에는 수리를 하고 요건을 갖추지 못했다고 인정되는 경우에는 7일 이내에 신청을 기각하는 재정을 해야 한다. 신청을 수리한 후에는 법관 1인이 절차를 이끌어나가게 된다(獨任制).

Ⅱ. 지급금지의 통지와 권리신고의 공고

1. 지급금지의 통지

법원이 신청을 수리하는 경우에는 동시에 지급인에게 지급금지의 통지를 하여 신청인의 권리가 침해되는 것을 방지해야 한다. 지급금지의 통지를 받은 경우에는 공시최고절차가 종결될 때까지 지급을 해서는 안 되며, 이 명령을 거부하는 경우에는 민사소송 방해행위의 일종으로 보아 처벌[9)]할 수 있으며, 제권판결 후에 여전히 지급의무를 부담하게 된다(〈약간의견〉 第236조).

2. 권리신고의 공고

공시최고신청을 수리하고 지급금지의 통지를 한 후 3일 이내에 이해관계인에게 권리를 신고하도록 공고를 해야 하며, 그 신고기간은 60일 이상이어야 한다(민소법 제219조). 최고에는 ① 공시최고신청인의 성명 혹은 명칭, ② 증권의 종류, 액면액, 발행인, 소지인, 배서인 등, ③ 권리신고의 기간, ④ 공시최고기간 중의 권리의 양도, 기간 중 권리의 미신고의 법률적 효과가 포함되어야 한다(민소법 제220조 제2항; 〈약간의견〉 제228조). 기간 중의 권리의 양도는 무효이다.

공고는 법원의 게시판에 붙이고 관련 신문 기타 매체에 실어야 하며, 법원 소재지에 증권거래소가 있는 경우에는 여기에도 공고를 해야 한다(〈약간의견〉 제229조).

Ⅲ. 권리의 신고

공시최고 기간 내에 이해관계인은 권리의 신고를 할 수 있으며(민소법 제221조), 권리의 신고에는 다음과 같은 점을 주의해야 한다.

1. 신고기간 내에 신고를 해야 하는 것이 원칙이나 신고기간이 지났어도 제권판결이 있기 전에는 신고를 할 수 있으며, 그 효과는 동일하다(〈약간의견〉 제230조).
2. 권리신고는 공시최고 법원에 해야 한다. 따라서 다른 법원이나 신청인에게 신고를 해서는 안 된다. 다른 법원에 이해관계인이 증권상의 권리의 실현을 구하는 소를 제기한 것만으로는 신고가 인정되지 않을 것이다.
3. 신고는 서면방식, 구술방식 모두 가능하다.

---

9) 민소법 제111조, 제114조에 따라 벌금, 구류에 처하거나 형사처벌을 할 수 있다.

신고가 있는 경우 법원은 이를 심사하여야 하며, 신고인에게 그 증권을 제출할 것을 통지하고 신청인에게도 통지하여 일정기간 내에 그 증권을 살펴보도록 해야 한다. 제출한 증권과 신청인이 공시신청한 증권이 일치하지 않을 때는 권리신고를 기각한다(〈약간의견〉 제231조).

권리신고가 유효한 경우에는 공시최고절차는 종결된다. 왜냐하면 공시최고는 불명확한 이해관계인에 대하여 권리신고를 최고하는 비송절차이므로, 이미 유효한 권리신고인이 있는 경우에는 대립당사자가 명확해진 경우이므로 비송절차를 속행해서는 안되기 때문이다. 만약 신청인 혹은 신고인이 법원에 별도의 소를 제기하면 보통절차에 따라 심리할 것이며 이 경우에는 지급지의 법원 혹은 피고소재지의 법원이 관할권을 갖게 된다.[10)]

제3절 제권판결과 불복의 소

Ⅰ. 제권판결(除權判決)

1. 제권판결의 의의와 요건

제권판결은 공시최고기간이 만료된 후 증권이나 증서의 무효를 선언하는 판결을 말한다. 공시최고와 제권판결은 별개의 절차이므로 다시 신청이 있어야 하며, 공시최고절차는 독임정(獨任庭)이 주관하나 제권판결은 판결이므로 합의정(合議庭)에서 하게 된다. 다음과 같은 요건이 필요하다.

(1) 권리의 미신고 혹은 신고의 기각

공시최고기간이 지난 경우라도 제권판결의 선고 전에 신고를 한 경우에는 제권판결을 할 수 없으며, 신청이 있었더라도 기각된 경우에는 제권판결을 할 수 있다. 실제로 이해관계인이 존재하는지의 여부는 묻지 않는다.

(2) 신청인의 신청

공시최고와 제권판결은 별개의 절차이므로 제권판결을 하기 위하여는 공시최고신청

---

10) 张卫平 著, 前揭 民事诉讼法(第二版), 416面; 谭兵, 李浩 主编, 前揭 民事诉讼法学, 434面 등.

인이 권리신고기간 만료일로부터 1개월 이내에 제권판결을 신청하는 경우에만 제권판결을 할 수 있으며, 이 기간을 넘기면 공시최고절차는 종결된다(〈약간의견〉 제232조).

2. 제권판결의 효력

제권판결을 선고한 경우에는 이를 공고해야 하며, 지급인에게 이를 통지해야 한다. 이 판결은 선고와 동시에 확정되며 이에 대하여는 상소가 허용되지 않는다.[11] 제권판결의 확정과 동시에 공시최고절차도 종결되며, 이에 따라 증권, 증서는 무효로 된다(민소법 제222조). 따라서 신청인은 증권(증서) 없이 그 권리를 행사할 수 있으므로 지급인에 대하여 지급청구를 할 수 있게 된다(제권판결 자체가 증권(증서)의 역할을 하는 것으로 보아도 된다). 또 기명주식의 경우에는 회사에 그 재발행을 청구할 수 있으며, 선하증권의 운송인, 화물보관인에 대하여 그 화물의 교부를 청구할 수 있다.

Ⅱ. 제권판결에 대한 불복의 소

제권판결에 대하여는 상소가 허용되지 않으므로 선고와 동시에 확정된다. 그러나 제권판결 자체에 중대한 흠이 있는 경우에는 이해관계인의 구제를 위한 제도가 필요하다. 이를 불복의 소라 한다. 불복의 소는 재심의 소와 유사한 면이 있으나 제권판결에는 피고가 없었다는 점에서 재심의 소와 다르며, 중국의 경우에는 재심은 소가 아니라 신청에 의한다는 점에서 전혀 다른 제도라 할 수 있다.

제권판결에 대한 볼복의 소에는 이해관계인이 원고가 되어 공시최고신청인을 피고로 하여 제권판결을 한 법원에 제기한다.

주의할 점은 중국의 제권판결에 대한 불복의 소의 원인은 정당한 이유로 제권판결 전에 권리신고를 하지 못한 경우라고 하는 점이다(민소법 제223조).[12] 따라서 권리신고를 했으나 기각된 경우에는 불복의 소를 제기할 수 없다. 여기의 정당한 이유라 함은 신고기간 중 이해관계인이 해외에 체류했거나 전쟁, 지진, 홍수 등으로 그 기간을 지

11) 제권판결의 경우에는 신청인의 입장에서는 완승이므로 상소의 이익이 없을 것이고 이해관계인은 판결의 당사자가 아니므로(당사자가 불명확한 경우이므로 피신청인, 피고가 존재하지 않는다) 상소를 할 수 없다.

12) 우리의 제권판결에 대한 불복의 소의 사유와는 큰 차이가 있다. 우리 민사소송법 제490조 제2항은 제권판결에 매우 중대한 하자가 있는 경우(8가지)를 열거하고 있으나 “정당한 사유로 기간 내 권리신고를 하지 못한 경우”와 같은 것은 불복 사유로 되어있지 않다. 권리관계의 조속한 확정을 중시한 것이다.

킬 수 없는 경우를 가리킨다고 한다.[13)]

그리고 이 불복의 소는 제권판결의 공고를 안 날 또는 알았어야 할 날로부터 1년 이내에 제기해야 한다. 불복의 소를 수리한 경우에는 별도의 합의정을 구성하여 보통절차에 따라 심리를 한다(〈약간의견〉 제239조). 심리결과 이유가 있다고 인정되면 제권판결을 취소하는 판결을 한다(형성판결).

---

13) 谭兵, 李浩 主编, 前揭 民事诉讼法学, 435面.

제7편

섭외민사소송절차

제1장 | 섭외민사소송 총설(總說)

제2장 | 섭외민사소송의 관할

제3장 | 섭외민사소송절차의 특수문제

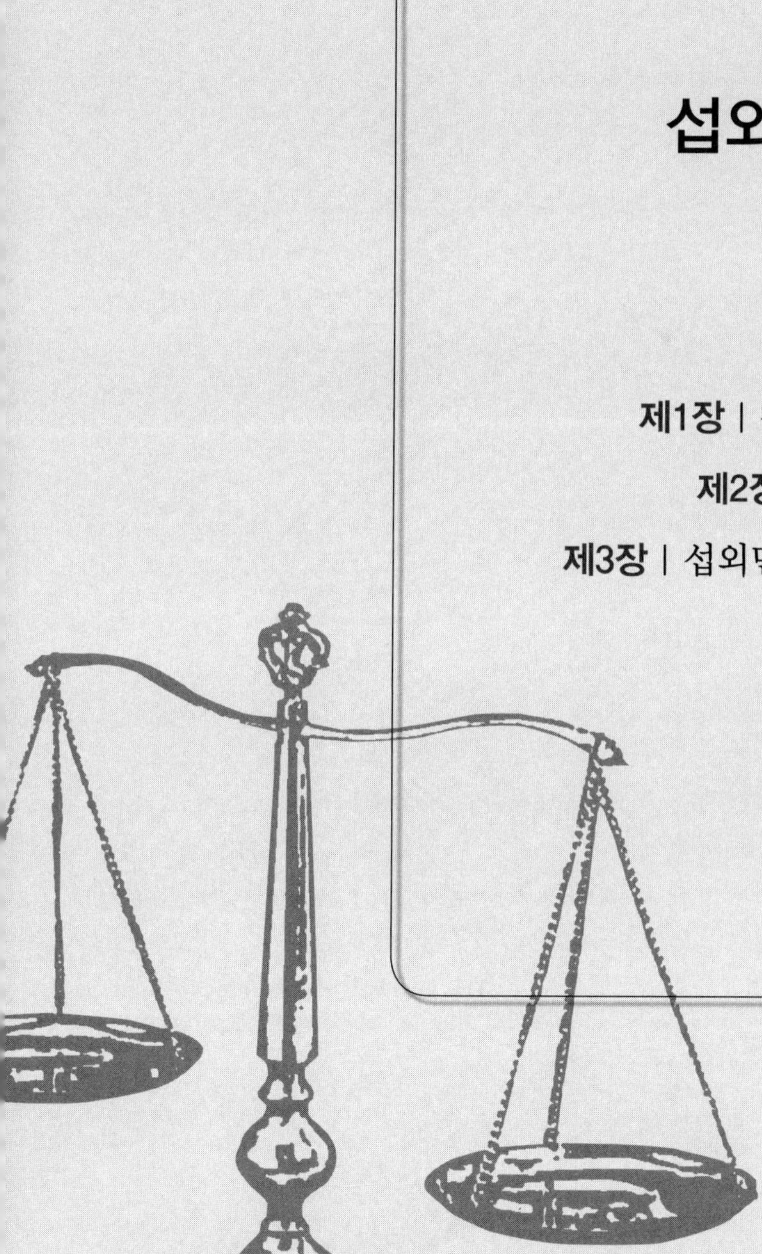

제1장 섭외민사소송 총설(總說)

제1절 섭외민사소송의 개념

I. 의 의

섭외민사소송(涉外民事訴訟)이라 함은 섭외적 민사분쟁의 당사자가 법원에 소를 제기하여 쌍방당사자와 기타 소송참여인의 참가하에 심리를 하여 그 분쟁을 해결하는 절차를 가리킨다. 섭외적 분쟁은 외국과 관련된 요소, 즉 섭외적 요소(涉外的要素)를 가지고 있는 분쟁을 말한다. 〈약간의견〉 제304조는 섭외사건을 "당사자의 일방 또는 쌍방이 외국인, 무국적자, 외국의 기업이나 조직이거나, 당사자간의 민사법률관계의 성립, 변경, 소멸에 필요한 법률사실이 외국에서 발생한 경우, 또는 소송의 목적물이 외국에 있는 민사사건을 섭외민사사건이라 한다"라고 정의하고 있다.[1]

즉 당사자, 법률요건사실, 소송물 중 어느 하나 이상에 섭외적 요소가 있는 사건을 섭외민사사건으로 분류하여 특별한 취급을 하고 있다. 처음부터 섭외적 요소를 가지고 있는 사건은 물론이고 국내사건으로 진행되다가 외국인인 당사자의 추가 혹은 제3자의 소송참가로 인하여 섭외적 요소를 가지게 되는 경우에도 섭외민사사건이 된다.[2] 위 세 가지 요소 이외에 예컨대 외국법원에 위탁하여 취증을 해야 하거나 송달을 할 필요가 있는 경우와 같이 외국의 절차법과 연계되는 사건도 섭외적 민사사건으로 보는 경우도 있다.[3]

---

1) 齐树洁 主编, 前揭 民事诉讼法(第3版), 中国人民大学出版社(2013), 352面 참조.
2) 上揭書, 제363面, 각주 1 참조. 섭외민사소송은 후술하는 바와 같이 거점 중급인민법원에서 집중관할하게 되므로 이 경우에는 사건을 관할권 있는 중급인민법원으로 이송해야 한다고 한다.
3) 上揭書, 같은 면.

Ⅱ. 섭외민사소송의 규율

2012년 개정 전의 중국 민사소송법은 제4편에 섭외민사소송절차에 관한 특별규정이라는 표제 아래 여섯 개의 장(제23장~제28장)에 34개의 조문을 두어 섭외민사소송절차를 규율하고 있었다.[4] 즉 제23장에 일반원칙을, 제24장에서 관할을, 제25장에서 송달과 기간을, 제26장에서 재산보전을 다루고 있으며, 제27장에서는 섭외적 중재를, 제28장에서는 섭외민사소송과 관련된 사법공조(협조)를 규율하고 있었다.

이번 개정으로 우선 제26장(재산보전)을 삭제하였으며, 관할에 관한 규정 중 합의관할과 변론(응소)관할에 관한 개정 전 법의 제242조와 제243조를 삭제하였다. 그 이유는 이 부분은 국내사건과 섭외사건을 구분하여 취급하여 국제사건에만 적용되는 원칙으로 하고 있었으나 2012년의 개정으로 국내사건과 섭외사건을 같은 원칙에 따라 규율하기로 한 데 따른 것이다. 따라서 보전조치와 합의관할과 변론(응소)관할은 국내사건과 다름이 없게 되었다.

섭외민사소송에 대한 입법례는 일치하지 않고 있으며 국가에 따라서는 단행법을 제정하거나 절차의 각 단계마다 섭외적 사건의 특성을 반영한 별도의 규정을 두는 경우도 있으나 중국의 경우에는 제4편에 모아서 규정을 두는 입법을 하고 있다. 또 이를 보충하기 위하여 〈약간의견〉에도 17개의 조문(제304조~제320조)을 두고 있으며 그 밖에도 상당히 많은 사법해석, 조례, 비복 등이 있다. 또 민사소송법 이외에도 민법통칙이나 계약법 등에도 섭외민사소송에 관련된 조문이 있다. 또 섭외민사소송에는 적지 않은 국제조약과 국제관습이 법원(法源)으로 기능을 하고 있다.

제2절 섭외민사소송의 일반원칙

일반원칙이라 함은 섭외민사소송에 적용되는 기본원칙을 가리키며 민사소송법 제23장(제259조~264조)에 모아 규정을 하고 있으나 이 밖에도 민사소송법 제5조(평등과 대등원칙)와 같은 것도 섭외민사소송의 기본원칙으로 볼 수 있다.

---

4) 당시 중국 민사소송법의 총 조문수는 268개였으며, 이 중에는 집행절차, 비송절차도 포함되어 있는 점을 감안하면 섭외민사소송편에 상당히 많은 조문을 할애(割愛)했다고 할 수 있다.

Ⅰ. 중국 민사소송법 적용의 원칙(법정지법주의)

중국 영토 내에서 진행되는 섭외민사소송에는 중국 민사소송법 제4편의 규정을 적용하며, 여기에 규정이 없는 사항은 이 법의 기타 관련 규정을 적용한다(민소법 제259조). 원래 섭외사건에 적용되는 절차법은 "법정지법(lex fori)"이 되는 것이 국제법상의 원칙이며 이를 중국도 채택한 것이다.

이 원칙은 중국에서 재판이 진행되는 경우에 중국의 민사소송법이 적용된다는 것은 물론이고, 외국의 재판이나 외국 중재판정의 승인과 집행에 관한 사항에도 중국의 법률, 중국이 체결하거나 가입한 국제조약의 규정에 따라 심사를 한다는 것이며, 심사 후 이를 승인하는 재정(裁定)을 하여야 비로소 효력이 발생하며, 집행이 필요한 경우에도 중국의 민사소송법에 의거하여 집행한다는 것을 포함한다.

Ⅱ. 동등과 대등의 원칙

외국인, 무국적자, 외국의 기업이나 조직이 중국의 법원에서 제소하거나 응소하는 경우에는 중국의 공민, 법인이나 조직과 동일한 소송상 권리와 의무를 가지게 되며 이를 동등원칙(同等原則)이라 한다(민소법 제5조 제1항).

또 중국의 공민, 법인이나 조직이 외국에서 민사소송을 수행하는 경우, 그 외국이 민사소송에 관한 권리를 제한하는 경우에는 중국도 그 국가의 국민이나 기업 기타 조직이 중국에서 민사소송을 수행하는 경우에 같은 정도의 제한을 가하며 이를 대등원칙(對等原則)이라 한다(제2항).

Ⅲ. 국제조약 우선의 원칙

민사소송법상의 규정과 중국이 체결하거나 참가한 국제조약의 규정이 어긋나는 경우에는 그 국제조약의 규정을 적용한다. 다만 국제조약 중 중국이 보류를 선언한 규정은 우선 적용되지 않는다(민소법 제260조).[5]

---

5) 중국의 정부가 국제조약에 가입하는 경우에는 전국인민대표대회 또는 그 상무위원회의 비준을 받아야 그 효력이 발생한다.

Ⅳ. 사법면책의 원칙

사법면책권(司法免責權)은 외교특권의 일종으로 한 국가가 국내법과 국제조약에 따라 그 나라에 주재하는 외국의 대표 및 조직에 대하여 사법관할권 또는 사법재판권을 면제해 주는 것을 말하며 중국에서는 사법활면권(司法豁免權)이라는 용어를 주로 사용한다. 중국의 민사소송법 제261조는 "외교특권과 면책권을 가지는 외국인, 외국의 조직 혹은 국제조직에 대하여 제기된 민사소송은 중국의 관련 법률과 중국이 체결하거나 참가한 국제조약의 규정에 따라 처리한다"고 하고 있다. 중국의 관련법률로 주요한 것은 1986년에 전인대 상무위원회가 공포한 〈외교특권과 면책조례〉,[6] 1990년 역시 전인대 상무위원회가 공포한 〈영사특권과 면책조례〉[7] 등이 있다. 또 중국은 1975년에 〈비엔나 외교관계 공약〉에, 또 1979년에는 〈비엔나 영사공약〉에 가입한 바 있다.[8]

사법면책에는 형사사법면책과 민사사법면책이 있다. 이 중 형사사법면책은 완전면책이나 민사사법면책은 불완전 면책이며 제한이 있다. 즉 다음과 같은 경우에는 면책이 되지 않고 중국의 재판권이 작용한다.[9]

① 사법면책권을 가지는 외국인, 그 소속기관이 사법면책권을 명확히 포기한 경우
② 외교대표가 사인(私人)의 자격으로 중국의 부동산 소송에 관계된 경우
③ 외교대표가 사인의 신분으로 유언집행인, 유산관리인, 상속인 혹은 사인증여의 수증자로 소송을 수행하는 경우
④ 외교대표가 중국 내에서 공무범위 외의 업무 혹은 상업활동으로 인하여 야기된 소송을 수행하는 경우
⑤ 중국 내에서 차량, 선박, 항공기의 사고로 인하여 소송이 야기된 경우
⑥ 외교대표 본인이 능동적으로 소송을 제기하여 상대방의 반소를 야기한 경우

외국국가를 상대로 민사소송을 제기할 수 있는지에 관하여 법률에 규정된 바는 없으나 학설은 그 외국이 동의하지 않는 한 소를 제기할 수 없다고 본다.[10]

---

6) 〈中华人民共和国外交特权与豁免条例 〉(1986-09-05).
7) 〈中华人民共和国领事特权与豁免条例〉(1990-10-30).
8) 赵钢, 占善刚, 刘学在 著, 前揭 民事诉讼法, 448面 참조.
9) 谭兵, 李浩 主编, 前揭 民事诉讼法学, 365面; 张卫平 著, 前揭 民事诉讼法(第二版), 379面 등 참조.
10) 张卫平, 上揭書, 같은 면.

V. 중국변호사 대리원칙

외국인, 무국적자, 외국의 기업이나 조직이 중국의 법원에서 제소, 응소함에 있어서 변호사의 대리를 위탁할 필요가 있는 경우에는 반드시 중국의 변호사에게 위탁해야 한다(민소법 제 263조). 변호사제도를 국가의 주권에 관계되는 사법제도의 중요한 구성부분으로 보기 때문에 반드시 중국의 변호사에게 대리를 맡겨야 하는 것으로 하고 있다.[11]

그러나 중국에는 변호사대리원칙이 시행되지 않고 있기 때문에 변호사가 아닌 자도 소송대리를 할 수 있으므로, 변호사가 아닌 외국인(본국인)을 대리인으로 선임하는 데는 지장이 없으며, 본국의 변호사라도 중국에서 비변호사의 자격으로 소송대리를 하는 경우도 가능하다.[12] 또 중국에 주재하는 대사관, 영사관의 직원도 본국 국민의 위탁을 받아 그 개인명의로 소송대리를 할 수 있으며, 이 경우에는 외교특권과 사법면책권을 가지지 못한다(〈약간의견〉 제308조). 또 섭외민사소송 중 중국에 주재하는 외국의 대사관, 영사관은 그 직원에게 권한을 주어, 중국에 거주하지 않는 자국민을 위하여 외교대표의 신분으로 그 자국민을 위하여 중국의 변호사나 중국의 공민을 초치(招致)하여 소송대리를 하게 할 수 있다(〈약간의견〉 제309조). 중국의 사정을 알지 못하는 본국에 있는 소송당사자를 위하여 중국의 변호사나 중국 공민을 대리인으로 알선해 줄 수 있다는 규정이다.

중국에 주소가 없는 외국인, 무국적자, 기업 기타 조직이 외국으로부터 대리를 위한 수권위탁서를 중국법원으로 보내는 경우는 복잡한 절차를 거쳐야 한다. 즉 중국에 주소가 없는 외국인, 무국적자, 외국기업 혹은 조직이 중국의 변호사나 다른 사람을 소송대리인으로 위탁하는 경우, 그가 중국 영역 밖에서 수권위탁서를 보내는 경우에는, 그 소재국의 공증기관의 공증을 받아 소재국 주재 중국 대사관, 영사관의 인증을 받거나 중국과 그 소재국 사이에 체결된 조약이 정하는 증명절차를 밟아 제출해야 유효한 제출이 된다(민소법 제264조).

2002년부터는 〈외국법률사무소중국대표기구조례〉[13]가 시행되어 현재 중국에는 몇 개의 한국 법률회사가 대표처를 설립하고 있으나 이 조례에 의하면 중국법률에 관한 사무를 담당할 수 없도록 되어 있고 한정된 5가지의 사무만을 처리할 수 있도록 되어

---

11) 梁书文 主编, 前揭 民事诉讼法适用意见新释, 387面 참조.

12) 赵钢, 占善刚, 刘学在 著, 前揭 民事诉讼法, 451面 참조.

13) 〈外国律师事务所驻华代表机构管理条例〉(中华人民共和国国务院令 第338号: 实施日期 2002-01-01).

있다(위 조례 제15조 참조).

Ⅵ. 중국의 언어와 문자의 사용원칙

섭외민사사건을 심리함에 있어서는 중국에서 통용되는 언어와 문자를 사용하여야 하며, 당사자가 통역을 요구하는 경우에는 이를 제공할 수 있으며 그 비용은 당사자가 부담한다(민소법 제262조). 이 원칙에 따라 외국 당사자가 제출하는 소송서류, 외국 법원이 중국의 법원에 송달을 의뢰하거나 집행협조를 구하는 문서에는 반드시 중문 번역본을 붙여야 한다.

제2장 섭외민사소송의 관할

제1절 섭외민사소송 관할의 의의와 관할원칙

Ⅰ. 섭외민사소송 관할의 의의

섭외민사소송의 관할권은 어느 나라의 법원이 섭외적 민사사건을 처리할 권한과 자격을 가지는가의 문제이며 일종의 국제민사관할권의 문제이다. 한 나라의 재판권은 그 나라의 주권과 밀접한 관계를 가지기 때문에 나라마다 자기의 관할권을 확대하려는 경향이 있다. 그러나 관할의 충돌을 될 수 있으면 방지하여야 한다는 점도 도외시할 수 없다.

보통 무엇을 연결점으로 하느냐에 따라 속지주의(屬地主義)[1)]와 속인주의(屬人主義)[2)]의 구분이 있다. 속지주의는 당사자의 주소지, 거주지나 물건의 소재지, 사실의 발생지를 연결점으로 삼아 섭외적 소송의 국제적 관할을 정하려는 원칙임에 반하여, 속인주의는 당사자의 국적을 관할권행사의 연결점으로 보려는 원칙이다.

Ⅱ. 중국의 섭외민사소송 관할원칙

섭외민사소송에 관한 자국법원의 관할권을 인정할 것인지의 여부를 결정함에 있어서, 중국은 ① 국가주권 보호, ② 사건과 법원 소재지간의 실질적 관련성, ③ 당사자 의사를 기본적으로 고려하여 정한다고 한다.

중국의 민사소송법 제265조는 계약분쟁, 기타 재산권에 관한 분쟁으로 인한 소송

1) 미국, 독일, 오스트리아와 북유럽의 국가들은 속지주의를 원칙으로 하고 있다.
2) 프랑스, 이탈리아 등 라틴계 국가들이 속인주의를 기본원칙으로 삼는 경향이 있다.

에서는, 계약의 체결지, 이행지나 소송 목적물의 소재지 등이 중국에 있는 경우에 자국의 관할권을 인정하고 있으므로, 전체적으로 보아서는 속지주의 국가에 속한다고 할 수 있을 것이다.[3)]

한편 국가주권의 보호를 위하여 일정한 경우에는 중국법원의 전속관할을 인정하며 (민소법 제266조), 당사자의 의사를 존중한다는 의미에서 일정한 사건에 대하여는 국제적 관할합의를 인정한다.

제2절 섭외민사소송 관할에 관한 특별규정

민소법 제24장에는 섭외민사소송의 관할에 관한 몇 개의 규정을 두고 있다.

Ⅰ. 지역관할

우선 피고의 주소가 중국 내에 있는 경우에는 민소법 제259에 따라 민소법의 기타 규정이 준용되므로 피고의 주소지 소재의 법원이 지역관할(일반지역관할)을 갖게 된다. 따라서 피고가 중국 내에 주소를 가지고 있는 섭외사건에 대하여는 일종의 속인주의가 적용된다고 본다.[4)]

그러나 피고가 중국에 주소를 가지고 있지 않는 경우에 대하여는 제265조가 적용되게 된다(특수지역관할). 주의할 점은 모든 사건에 적용되는 것이 아니라 계약분쟁사건과 재산권에 관한 분쟁사건에 한정되며 신분관계사건에는 제265조가 적용되지 않는다는 것이다.

제265조의 규정에 따라 다음과 같은 경우에만 중국의 관할권이 인정된다고 보아야 한다.[5)]

---

3) 중국의 국제관할을 정하는 일반적인 규정은 없으나 결국 심판적에 관한 민사소송법 제2장 제2절(지역관할)을 기준으로 할 것이라는 견해가 있다[张卫平 著, 前揭 民事诉讼法(第二版), 381面]. 여기에 규정된 심판적이 중국의 영역 내에 있는 경우 중국의 관할권을 인정할 것이므로 결국 역추지설(逆推知說)에 입각하여 정한다고 할 수 있다.

4) 谭兵, 李浩 主编, 前揭 民事诉讼法学, 367面.

5) 이 규정은 전체로서의 중국법원의 국제관할권의 발생을 정하는 동시에 중국 법원간의 재판권의

(1) 계약이 중국의 영역 내에서 체결되었거나 이행될 것인 경우에는 계약이 체결지 혹은 이행지의 법원이 관할권을 갖는다.

(2) 불법행위 또는 그 결과발생지가 중국 영역 내인 경우에는 그 행위지 혹은 결과발생지의 법원이 관할권을 갖는다.

(3) 당사자 쌍방이 다투고 있는 재산이 중국의 영역 내에 있는 경우에는 그 소송 목적물 소재지의 법원이 관할권을 갖는다.

(4) 피고가 중국의 영역 내에 압류[扣押]할 수 있는 재산을 가지고 있는 경우에는 그 재산의 소재지 법원이 관할권을 갖는다. 이 경우에는 재산이 피고의 소유에 속하는지를 확실하게 조사해야 하며, 회사의 주식, 지식재산권이나 만기가 도래한 채권도 압류[扣押]할 수 있는 재산에 속한다.

(5) 피고가 중국의 영역 내에 대표기구를 설치하고 있는 경우에는 그 대표기구 소재지의 법원이 관할권을 갖는다.

Ⅱ. 합의관할과 변론(응소)관할

1. 합의관할

2012년 개정 전 민사소송법에서는 국내사건의 경우에는 계약분쟁으로 인한 사건에만 합의관할을 인정하고 섭외사건의 경우에는 이와 같은 제한을 두지 않아 계약사건 이외의 재산적 분쟁사건에도 합의관할이 가능한 것으로 되어 국내외 사건을 달리 취급하고 있었다(구민소법 제25조 및 제242조).[6)]

2012년 개정법에서는 국내외 사건을 통일하여 적용대상을 "계약 혹은 기타 재산권익에 관한 분쟁"으로 확대하였다(민소법 제34조). 이와 같이 국내외 사건을 통일하고 섭외사건에 관한 구민소법 제242조는 삭제하였다.

2. 변론(응소)관할(묵시적 합의관할)

2012년 개정 전 구법에 의하면 섭외사건의 경우에는 서면방식에 의한 명시적 합의관할(구민소법 제242조)은 물론이고 관할권 없는 법원에 소가 제기되었음에도 불구하

분장관계를 정한 것으로 보아야 할 것이다.

6) 이 점에 관하여는 내외국민의 동등한 대우를 선언하고 있는 민사소송법 제5조 위반이 아닌지에 대하여 논란이 있었다.

고 이의(異議)하지 않고 응소하여 답변한 경우에는 당해 법원에 관할권을 부여하는 묵시적 합의관할(우리의 변론관할 제도와 유사)을 인정(구민소법 제243조)하고 있으나, 국내사건의 경우는 묵시적 합의관할에 관한 규정을 두지 않고 있었다. 그러나 2012년 개정법에서는 이와 같은 국내외 사건간의 차별을 폐지하고, 국내사건의 경우에도 변론(응소)관할을 인정하게 되었다(민소법 제127조 제2항). 그리고 섭외사건에만 있던 구민소법 제243조는 삭제하였다.

Ⅲ. 전속관할

섭외사건에서 전속관할이라 함은 법정지의 공공정책과 밀접한 관련이 있어 그 법정지의 법원만이 관할권을 행사할 수 있는 관할을 말한다.

중국 민사소송법에는 특별히 ① 이행지가 중국인 중외합자경영기업의 계약분쟁사건, ② 이행지가 중국인 중외합작경영기업의 계약분쟁사건, ③ 이행지가 중국인 중외합작자연자원탐사개발계약의 분쟁사건의 경우는 중국법원이 관할한다고 하여 일종의 전속관할을 인정하고 있다(민소법 제266조).

또 이론상 섭외사건 중 부동산 관련 소송은 부동산 소재지법원의 전속관할로 보며, 항구작업으로 인하여 발생한 분쟁은 항구소재지 법원의 전속관할로 본다.

전속관할로 되어있는 경우에는 당사자간의 서면의 합의로 관할을 변경할 수 없다. 그러나 전속관할에 속하는 사건이라 하더라도 당사자간의 합의로 섭외중재기구 또는 국제상사중재기구를 선택하여 중재하는 것은 가능하다고 하고 있음을 주의해야 한다(〈약간의견〉 제305조). 즉 중재의 경우는 중국의 중재기구는 물론 외국의 중재기구를 선택해도 무방하다.[7)]

제3절 섭외민사소송의 관할의 집중

섭외민사소송사건은 대체로 복잡하고 소송목적의 값이 크므로 신중히 재판할 필요

7) 梁书文 主编, 前揭 民事诉讼法适用意见新释, 382面 참조.

가 있으며, 사건의 신속 · 정확한 해결을 위하여 소수의 법원에 집중시켜 경험을 축적하게 할 필요가 있다. 이를 감안하여 최고인민법원은 2002년에 〈섭외민상사사건의 관할에 관한 약간 문제의 규정〉[8]을 내려 일정한 종류의 섭외민사사건의 관할을 소수의 법원에 집중시키고 있다.

이 규정에 의하면 섭외민상사사건 중 ① 섭외계약 및 불법행위사건, ② 신용장(信用证) 분쟁사건, ③ 국제중재판정의 취소, 승인 및 집행 신청사건, ④ 섭외민상사중재조항의 효력의 심사사건, ⑤ 외국법원의 섭외민상사사건에 대한 판결, 재정의 승인 및 집행 신청사건은 일반법원에서는 취급하지 못하고(규칙 제3조) 일정한 법원에서만 심판할 수 있도록 하여 관할을 집중시키고 있다(규칙 제1조).[9]

제4절 국제관할의 충돌(경합)

관할의 충돌이란 동일한 당사자의 동일한 섭외적 사건이 두 개 이상의 법원에 계속되는 것을 말한다. 그 형태는 한 당사자가 동일한 피고를 상대로 두 개 이상의 국가의 법원에 소를 제기하는 경우와 한 당사자가 어느 국가의 법원에 소를 제기하고 다른 당사자가 다른 국가의 법원에 소를 제기하는 경우로 나눌 수 있다. 이와 같이 관할이 경합하는 경우에 이를 어떻게 해결하는지에 관하여 각국의 입법례는 일치하는 것은 아니나 대체로 국제조약과 국내의 특별규정에 따라 해결하고 있다. 중국은 민사소송법에 이에 관한 규정을 두지 않고 있으나 〈약간의견〉 등에서 이에 관한 규정을 하고 있기도 하다.

중국법원과 외국법원이 모두 관할권을 가지고 있는 경우, 한 당사자가 외국법원에 소를 제기하고 상대방이 다시 중국법원에 소를 제기한 경우에는 중국의 법원은 이를 수리할 수 있다.[10] 중국 법원이 판결을 한 후 외국법원이나 당사자가 외국판결의 승

---

8) 〈最高人民法院关于涉外民商事案件诉讼管辖若干问题的规定〉[法释(2002) 5号].

9) 섭외민상사사건을 취급하는 법원은 ① 국무원이 비준하여 설립한 경제기술개발구의 법원, ② 성도(省都), 자치구의 수도(首府), 직할시에 소재하는 중급인민법원, ③ 경제특구, 계획단열시(计划单列市: 경제적으로 성급의 지위를 부여하는 특별경제특구) 소재 중급인민법원, ④ 최고인민법원이 지정하는 기타 중급인민법원, ⑤ 고급인민법원의 5가지로 되어있다(위 규칙 제1조).

10) 국제적 중복제소를 인정하지 않는다. 우리나라에서는 외국판결승인예측설이 다수설이며 이에 의하면 외국판결이 국내에서 승인될 개연성이 높은 경우에는 중복제소로 볼 것이다.

인과 집행을 청구하는 경우에는 이를 인정하지 않는다(〈약간의견〉 제306조). 다만 쌍방이 공동참가하거나 체결한 국제조약에 다른 규정이 있는 경우에는 이에 따른다.

또 중국에 거주하는 중국인과 해외에 거주하는 중국인간의 이혼소송에 있어서는 중국법원은 언제나 관할권을 행사할 수 있다. 따라서 일방이 외국의 법원에 이혼소송을 제기하고 상대방이 중국법원에 소를 제기한 경우에는 중국법원은 관할권을 행사할 수 있다(〈약간의견〉 제15조).

제3장 섭외민사소송절차의 특수문제

섭외민사소송절차에 있어서는 국내사건과 여러 가지 면에서 차이가 난다. 중요한 것을 보면 국외 송달, 외국에서의 조사와 취증, 소송행위를 위한 기간 등에서 국내 사건과 매우 다른 점이 있다. 이를 위하여 민사소송법에 특별한 규정을 두고 있으며 때로는 국제조약과 국제관습법이 중요한 법원(法源)의 기능을 하게 된다. 중국은 현재 수십개국[1]과 국제사법공조조약을 체결하고 있을 뿐만 아니라 여러 가지 다변조약(多邊條約)에 가입을 하고 있다.[2]

제1절 섭외민사소송에서의 송달과 기간

Ⅰ. 섭외민사소송에서의 송달

송달이라 함은 법원이 법정의 방식으로 소송서류를 당사자와 기타 소송참여인에게 전달하는 것을 말한다. 섭외민사소송에 있어서도 송달은 역내송달(域內送達), 역외송달(域外送達)이 모두 필요할 것이다. 당사자가 중국에 주소나 경상거주지를 두고 있는 경우라면 일종의 역내송달로 민사소송법의 송달규정에 따라 송달을 하면 되므로 특별한 문제가 발생하지 않는다. 당사자가 중국에 주소나 경상거주지를 두고 있지 않은 경우에 비로소 송달방식에 차이를 가져오며 이에 관하여는 민사소송법 제267조에 특

1) 사법공조조약이 체결된 중요한 국가를 보면 백러시아, 러시아, 벨기에, 이태리, 프랑스, 캐나다, 폴란드 등이다.
2) 중요한 것을 보면, 1958년의 뉴욕협약, 1965년의 헤이그 송달조약, 1970년의 헤이그 취증조약 등이다.

별규정을 두고 있다. 이에 따르면 상황에 따라 다음과 같이 송달을 한다.

1. 국제조약에 따른 송달(제267조 제1호)

우선 수송달인 소재국과 중국간 체결하거나 양국이 공동 가입한 국제조약에 정한 방법에 따라 송달을 한다. 다변조약인 〈헤이그 송달조약〉이 1992년부터 중국에서 효력을 발생하고 있다. 이 조약에 가입한 국가에 대한 송달은 이 조약에 따라 송달을 하게 된다.

2. 외교경로를 통한 송달(제2호)

수송달인 소재국이 중국과 사법공조계약을 맺지 않았고 다변조약인 〈헤이그 송달조약〉에도 가입하지 않은 경우에는 외교경로를 통하여 송달한다. 즉 각 성(省), 직할시의 고급인민법원이 송달할 서류를 중국 외교부에 제출하면, 외교부가 다시 이를 소재국에 주재하는 중국의 외교기관에 전달하고, 소재국 주재 외교기관이 이를 재차 소재국의 외교기관에 전달한 후 그 나라의 법률에 따라 당사자에게 송달하게 된다.[3)]

이 방식은 가장 정규적인 방식이기는 하나 시간과 경비가 과도하게 소요되는 문제점이 있다.

3. 주재 대사관, 영사관을 통한 송달(제3호)

외국에 있는 수송달인이 중국 국적자인 때에는 수송달인 소재국의 중국 대사관이나 영사관을 통하여 송달할 수 있다. 〈헤이그 송달조약〉, 〈비엔나 영사관계조약〉에서 인정하는 방식이며 중국은 두 조약의 가입국이다.

4. 소송대리인을 통한 송달(제4호)

이 방법은 수송달인 소재국과 중국 사이에 외교관계가 없는 경우에 이용된다.[4)] 수송달인이 그를 대신하여 송달을 받을 권한을 부여한 소송대리인에 대하여 송달을 하는 것으로, 이렇게 함으로써 송달의 확실성을 담보할 수 있을 뿐만 아니라, 소송대리

3) 외교경로를 통한 송달을 규율하기 위하여 1986년에는 최고인민법원, 외교부, 사법부가 공동으로 "외교경로를 통한 국외송달에 관한 통지"를 내린 바가 있다. 정식명칭은 〈最高人民法院, 外交部, 司法部关于我国法院和外国法院通过外交途径相互委托送达法律文书若干问题的通知〉[外发(1986) 47号]이다.

4) 张卫平 著, 前揭 民事诉讼法(第二版), 385面 참조.

인이 개인의 자격으로 송달받는 것이므로 국가간의 다툼이 발생하는 것도 방지할 수 있다.

5. 중국 내의 대표기구 등을 통한 송달(제5호)

이 방식의 송달은 수송달인이 외국의 기업이나 조직인 경우에 주로 이용된다. 즉 외국의 기업이나 조직이 중국에 대표기구, 분사무소[分支机构]를 설립한 경우, 또는 업무대행자나 사무처리기구[办事处]를 둔 경우 이들을 통하여 송달할 수 있다.

6. 우편송달(제6호)

우편송달[邮寄送达]은 수송달인 소재국의 법률이 이를 허용하고 있는 경우에만 할 수 있는 송달방식이다. 우편으로 부친 날로부터 3개월이 되면, 송달회신[送达回证]이 도착하지 않는 경우에도 상황을 참작하여 이미 송달받은 것으로 인정할 수 있는 때에는 기간 만기일에 송달된 것으로 간주한다.[5] 2012년 개정 전에는 6개월이던 기간을 3개월로 단축하였다.

7. 팩스, e-mail 등의 방법에 의한 송달(제7호)

2012년 개정법에서는 팩스[传真]나 e-mail[电子邮件] 등 수송달인이 받았다는 것을 확인할 수 있는 방식에 의한 송달도 가능하게 하였다.

8. 공시송달(제8호)

위의 7가지로 송달할 수 없는 경우에는 공시송달(公示送達)[6]을 하며, 공고 후 3개월이 되면 송달된 것으로 본다. 위의 송달방법으로 송달을 시도하였으나 장기간 송달여부에 대한 회신이 없을 때에도 사정을 종합 고려하여 송달이 불가능하다고 판단되면 법원이 공시송달을 할 수 있다고 본다.[7] 원래 6개월이던 송달효력 발생기간을 2012년 개정에서 3개월로 단축하였다.

중국에 주소가 없는 피고에 대하여 공시송달 방식으로 소장을 송달하거나 기일통지서를 보낸 경우, 공고기간이 지나도록 응소하지 않는 경우에는 법원이 결석판결을 하

---

5) 〈헤이그 송달조약〉에 있는 방식이나 중국은 이 조약에 가입하면서 제10조를 보류하였기 때문에 외국법원이 중국 내 주소를 가지고 있는 당사자에게 우편송달하는 것은 불가능하다.

6) 중국에서는 공고송달(公告送達)이라 한다.

7) 谭兵, 李浩 主编, 前揭 民事诉讼法学, 375面.

고 그 판결서를 역시 공시송달로 보내면 된다. 이 판결서 역시 3개월 후에 송달된 것으로 보며, 공고기간(3개월)이 만료된 후 30일 이내에 당사자가 상소하지 않으면 제1심 판결이 확정된다(〈약간의견〉 제307조).

Ⅱ. 섭외민사소송과 기간(期間)

당사자가 중국에 주소를 두지 않은 경우에는 각종의 소송행위를 할 수 있는 기간을 국내사건보다는 길게 해야 한다.

1. 피고의 답변서 제출기간

중국 내에 주소가 없는 피고에게 소장부본을 송달하는 경우, 법원은 피고에게 소장부본을 송달받은 날로부터 30일 이내에 답변서를 제출할 것을 통지해야 한다. 그리고 피고가 연기를 신청한 경우에 그 허가 여부는 법원이 결정한다(민소법 제268조). 국내사건의 경우에는 답변서 제출기간이 15일이다(민소법 제125조 제1항). 당사자 중 중국에 주소를 두고 있는 자에 대하여는 섭외소송에 관한 특별규정이 적용되지 않고 기간에 관한 일반규정이 적용된다.

2. 상소기간과 답변서의 제출기간

중국에 주소가 없는 당사자가 제1심 판결, 재정에 대하여 불복하는 경우에는 그 판결서, 재정서를 송달받은 날로부터 30일 이내에 상소를 제기하여야 한다. 또 피상소인은 상소장 부본을 송달받은 날로부터 역시 30일 이내에 답변서를 제출해야 한다. 당사자가 기간 내에 상소의 제기 또는 답변서의 제출이 불가능하여 기간의 연기를 신청한 경우 그 허가여부는 법원이 결정한다(민소법 제269조).

당사자 중 일방은 중국에 주소를 가지고 있고 상대방은 외국에 주소를 가지고 있는 경우에는 상소기간도 각각 분별하여 적용한다. 즉 중국 내에 주소를 가지고 있는 당사자에 대하여는 일반규정(민소법 164조)을 적용하여 판결에 대하여는 15일, 재정에 대하여는 10일의 상소기간을 적용하고 외국에 있는 자에 대하여는 특별규정에 따라 30일의 상소기간을 적용한다. 판결은 쌍방의 상소기간이 모두 만료되어야 확정된다(〈약간의견〉 제311조).

3. 심리기간

국내사건에 대하여는 제1심은 6개월, 제2심은 3개월(재정에 대한 상소는 30일)의 심리기간의 제한이 있으나(민소법 제149조, 제176조) 섭외사건에 대하여는 이 심리기간의 적용이 없다(민소법 제270조).

제2절 섭외민사소송과 보전조치

보전이라 함은 당사자 일방의 행위나 기타 원인으로 인하여 장래의 판결이나 중재판정이 집행할 수 없게 되거나 어렵게 될 것에 대하여 미리 책임재산을 확보해두거나 일정한 행위를 요구하거나 금지하는 것을 말한다.

2012년 개정 전의 민사소송법에서는 섭외사건과 관련하여 제26장(재산보전)에 특별한 규정을 두고 있다. 당시 국내사건과 섭외사건간에 차이가 나는 점은 다음과 같았다.

(1) 국내사건의 경우에는 당사자의 신청 또는 법원의 직권에 의하여 보전을 할 수 있게 되어있으나(구민소법 제92조), 섭외민사소송에 있어서는 직권에 의한 보전을 인정하지 않고 오로지 당사자의 신청이 있는 경우에만 보전조치를 할 수 있다.

(2) 국내사건의 경우에는 보전조치를 취한 후 이에 대한 사후감독에 관한 규정이 없으나, 섭외민사소송의 경우에는 보전조치 후 필요하다고 인정하면 관계 단위에 통지를 하여 감독하게 할 수 있도록 하고 있다. 이 경우 감독비용은 피신청인이 부담한다(구민소법 제253조).

(3) 제소 전 보전조치의 경우, 국내사건의 경우는 보전조치 후 15일 이내에 소를 제기하도록 되어있으나, 섭외민사소송의 경우에는 보전조치 후 30일 이내에 소를 제기하도록 하고 있다(구민소법 제250조).

그러나 국제사건과 섭외사건간에 차이를 둘 필요가 없다는 견해가 받아들여져 이번 개정에서는 섭외사건에서의 재산보전에 관한 제26장을 삭제하였다.[8)]

8) 과거 섭외사건의 재산보전을 달리 규정하고 있었던 주요 원인은 해사분쟁사건에서 선박의 압류

제3절 사법공조(司法共助)

Ⅰ. 사법공조의 의의와 종류

사법공조[9]라 함은 다른 국가의 법원간에 양국이 체결한 조약이나 참가한 국제조약에 따라, 또는 호혜의 원칙(互惠原則)에 따라 상대방을 위하여 일정한 소송행위를 해주거나 상호간에 법원의 재판이나 중재판정을 승인하고 집행할 수 있도록 해주는 것을 말한다.

사법공조에는 두 가지의 종류가 있다. 첫째는 일반사법공조로 송달, 조사취증 혹은 법률자료의 제공과 같은 행위를 도와주는 것을 말한다. 둘째는 특수사법공조로 이는 외국 법원의 판결, 재정 혹은 섭외중재기구의 중재판정을 승인하고 집행해주는 것을 가리킨다.

Ⅱ. 일반사법공조

민사소송법 제276조는 "중화인민공화국이 체결하거나 참가한 국제조약이나 호혜원칙에 따라 법원 및 외국법원은 서로 문서의 송달, 조사취증 기타 소송행위를 해달라고 청구할 수 있다"고 하고 있다. 이에 따라 송달, 조사취증 등에 대하여 중국과 외국은 공조를 해야 한다.

중국의 법원이 사법공조를 제공하는 경우에는 중국의 법률규정에 따라 절차를 진행하며, 외국법원이 특수한 방식을 요구하는 경우에는 그 방식에 따라 절차를 진행할 수 있으나, 그 방식이 중국의 법률을 위반하는 것이어서는 안 된다(민소법 제279조).

일반사법공조에 관하여는 다음과 같은 점을 주의해야 한다.

(1) 양국간에 체결되거나 공동으로 가입한 국제조약이 있거나 호혜관계가 존재해야

등을 확실히 할 필요가 있었기 때문이라고 한다. 그러나 이미 〈해사소송특별절차법(海事诉讼特别程序法)〉이 제정되어 선박압류나 선적물의 압류를 포함해 해사보전에 관한 비교적 완정된 규범을 갖게 되었다는 점과 또 국내사건과 섭외사건간에 본질적인 차이가 있을 수 없다는 것이 삭제의 배경이었다고 한다(奚晓明 主编, 前揭 ≪中华人民共和国民事诉讼法≫ 修改条文理解与适用, 575面 참조).

9) 중국에서는 사법협조(司法协助)라 한다.

한다(민소법 제276조 제1항).

중국은 1997년에 〈헤이그 취증조약〉에 가입하였다. 이 조약에 의하면 각 체약국은 다른 체약국에 대하여 서면으로 민상사사법절차에 필요한 증거조사를 청구할 수 있도록 되어있다. 그리고 체약국은 다른 체약국으로부터의 서면의 청구를 접수하여 이를 관계기관에 전달해 줄 중앙 담당기관을 지정하도록 되어있다. 조사청구서는 직접 당해국의 중앙기관에 송부하면 되고 다른 기관을 경유할 필요가 없다. 이에 따라 중국 전국인민대표대회 상무위원회는 중국의 사법부(司法部)를 담당 중앙기관으로 지정하였다.

조약관계가 없는 경우에는 외교경로를 이용하여 조사취증해야 한다.

(2) 협조청구 사항이 중국의 주권, 안전 또는 공공이익을 해하지 않는 것이어야 한다(같은 조 제2항).

중국 주재 외국의 대사관과 영사관은 자국 국민에 대하여 문서를 송달하거나 조사취증을 할 수 있으나 중국의 법률을 위반할 수 없으며, 강제조치를 취할 수 없다. 대사관, 영사관 이외의 어떤 기관 또는 개인도 중국의 주관기관의 허가를 받지 않고는 중국 내에서 문서의 송달이나 조사취증을 할 수 없다.

(3) 외국의 법원이 중국의 법원에 사법공조를 청구하는 문서에는 중문 번역본 또는 국제조약이 규정하는 기타 문자본이 첨부되어야 한다. 중국이 외국법원에 사법공조를 청구하는 문서에도 역시 그 국가 문자본 혹은 국제조약이 정한 문자본이 첨부되어야 한다(민소법 제278조).

Ⅲ. 특수사법공조

1. 의의와 요건

특수사법공조라 함은 중국의 법원과 외국의 법원간에 조약이나 호혜원칙에 따라 다른 상대국 법원의 판결, 재정 혹은 중재기구의 중재판정(재결)을 승인하고 집행해주는 것을 말한다.

특수사법 공조의 경우에도 일반사법 공조에 필요한 요건을 갖추어야 한다. 따라서 국제조약이 체결되어 있거나 양국간에 호혜관계가 존재해야 한다.

우선 중국은 근래 많은 국가와 민상사사법공조 조약을 체결하고 있으며, 이들 조약에는 대부분 외국의 재판에 대한 승인과 집행에 관한 조항을 두고 있다.[10] 또 1986년 외국중재판정의 승인과 집행에 관한 〈뉴욕협약〉에 가입하였다. 따라서 체약국 혹은 공동가입국간에는 이들 국제조약에 따라 외국판결 등의 승인과 집행이 이루어지게 된다.

상대 국가와의 사이에 조약관계가 존재하지 않는 경우에는 양국간에 호혜관계가 있어야 한다. 호혜관계라 함은 양국간 상호이익의 관점에서 어떤 특허나 특권을 서로 교환하고 상대방에게 편리를 제공하는 관계를 말한다.[11] 〈약간의견〉 제319조는 중국과 사법공조합의가 없고 호혜관계도 없는 국가의 법원이, 외교경로를 통하지 않고 직접 중국 법원에 사법공조를 청구한 경우에는 이를 거절하고 그 이유를 설명해야 한다고 하여, 적어도 호혜관계의 존재를 조건으로 함을 확실히 하고 있다.[12]

외국법원이 내린 이혼판결의 승인에 관하여는 특별한 사법해석이 있으며[13] 이에 따르면 중국 공민이 승인을 신청하는 경우는 판결국과의 조약이나 호혜관계를 전제로 하고 있지 않다.

2. 외국법원의 재판의 승인과 집행

외국법원의 판결에 대한 승인과 집행은 중국 법원의 심사를 거친 재정(裁定)을 얻어야 한다. 즉 외국법원의 확정판결, 재정에 대하여 중국의 법원에 승인 혹은 집행을 신청하는 경우에는 중국이 체결하거나 가입한 국제조약에 따라 또는 호혜원칙에 따라 심사를 거친 후, 중국 법률의 기본원칙에 위반되지 않고 중국의 주권, 안전, 사회공공이익을 해하지 않는다고 인정하는 경우에는 재정으로 그 효력을 승인하고 필요한 경우에는 집행령을 내리고 민사소송법의 관련규정에 따라 집행한다.[14] 중국 법률의 기본원칙에 위반되거나 국가의 주권, 안전, 사회공공이익에 위반되는 경우에는 승인과 집행을 허용하지 않는다(민소법 제282조).

---

10) 谭兵, 李浩 主编, 前揭 民事诉讼法学, 380面.

11) 上揭書, 같은 면.

12) 그러나 국가의 안전이나 공공정책과 관련 없는 사항에 관하여도 호혜원칙을 고집하는 것은 오히려 국가의 신용을 저해하고 자국민의 보호에도 적당치 않다는 비판도 제기되고 있다(上揭書, 같은 면).

13) 〈最高人民法院关于中国公民申请承认外国法院离婚判决程序问题的规定〉[法(民)发(1991) 21号] 제1조. 다만 이 규정은 중국의 공민이 외국판결의 승인을 요청하는 경우에만 적용된다.

14) 외국법원의 재판이 승인되기 위하여는 적어도 그 외국과 호혜관계에 있어야 하며 그렇지 않은 경우에는 일반적으로 거절된다고 한다. 실제로 1985년에는 미국 법원이 내린 이혼판결의 승인신청을 미국과의 조약이나 호혜관계의 부재를 이유로 거절한 경우도 있다(谭兵, 李浩 主编, 前揭 民事诉讼法学, 375面 각주 8 참조). 다만 위에서 본 바와 같이 중국공민이 이혼판결의 승인을 구하는 경우는 이를 요구하지 않는다.

외국의 재판에 대한 승인과 집행 신청의 관할권은 피집행인의 주소지 혹은 재산의 소재지의 중급인민법원이며, 섭외민상사판결의 승인 · 집행사건은 집중관할 원칙에 따라 최고인민법원이 지정하는 섭외사건 집중관할법원이 관할하게 된다.[15)]

외국법원에 판결이나 재정에 대한 승인과 집행을 신청하는 경우는 위와 달리 취급한다. 즉 피집행인이나 그 재산이 중국에 없는 경우에 그 집행을 청구하는 경우에는 ① 당사자가 직접 관할권 있는 외국법원에 그 승인과 집행을 신청할 수도 있고, ② 중국의 법원이 중국이 체결하거나 가입한 조약, 혹은 호혜원칙에 따라 외국법원에 승인과 집행을 청구할 수도 있다(민소법 제280조 제1항).

주의할 점은 우리나라의 경우에는 외국판결의 승인과 집행을 분리하여 승인에는 별도의 판결을 필요로 하지 않고 우리 민사소송법 제217조의 요건을 갖춘 경우 자동적으로 효력을 갖게 되고, 집행을 위해서는 형식적인 심사를 거친 집행판결을 얻도록 하고 있으나, 중국의 경우는 승인도 법원의 재정을 얻도록 하고 있다는 점이다.

3. 외국 중재판정의 승인과 집행

외국의 중재기관이 내린 중재판정[16)]이 중국 내에서 집행이 필요한 경우에는 당사자가 직접 피집행인의 주소지 혹은 재산소재지의 중급인민법원에 그 승인과 집행을 신청해야 하며, 신청에 대하여 중국의 법원은 중국이 체결하거나 가입한 국제조약 혹은 호혜원칙에 따라 이를 처리한다(민소법 제283조).[17)] 전술한 바와 같이 중국은 1986년 외국 중재판정의 승인과 집행에 관한 〈뉴욕협약〉에 가입하였다.

중국의 섭외중재기구[18)]가 내린 중재판정으로 외국에서 집행하고자 하는 경우에는 역시 당사자가 직접 관할권 있는 외국법원에 직접 그 승인과 집행을 신청해야 한다(민소법 제280조 제2항).

---

15) 前揭 〈最高人民法院关于涉外民商事案件诉讼管辖若干问题的规定〉[法释(2002) 5号] 제3조.

16) 중국에서는 중재재결(仲裁裁决)이라 한다.

17) 관할에 관하여는 법원의 판결과 마찬가지로 집중이 이루어져 최고인민법원이 지정하는 중급인민법원이 맡게 될 것이다. 〈最高人民法院关于涉外民商事案件诉讼管辖若干问题的规定〉[法释(2002) 5号] 제3조.

18) 중국의 섭외중재기구로는 중국국제무역중재위원회와 중국해사중재위원회가 있다.

제 8 편

민사집행절차

제1장 | 민사집행 총설(總說)

제2장 | 민사집행의 요건

제3장 | 민사집행의 절차

제4장 | 집행의 종결과 결안

제5장 | 집행구제(執行救濟)

제6장 | 금전채권의 집행

제7장 | 비금전채권의 집행

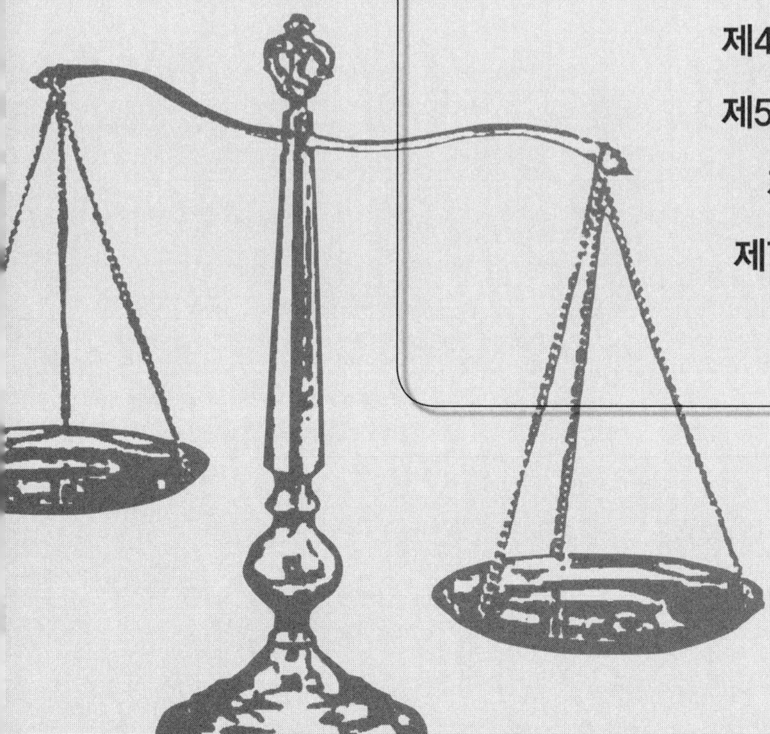

제1장 민사집행 총설(總說)

제1절 민사집행 개설(槪說)

Ⅰ. 민사집행의 의의

민사집행은 집행기관이 법이 정한 절차에 따라 국가의 강제력을 사용하여 집행권원(執行權原)의 내용을 실현시키는 활동을 말한다. 강제집행의 제1차적인 의의는 권리자의 권리실현에 있으나 중국의 강제집행은 권리실현 이외의 다른 의의도 부여하고 있다. 즉 집행은 국가법률의 권위를 유지·보호하는 데 의미를 가진다고 이해하며, 집행의무자에 대한 준법교육의 의미도 가진다고도 본다.[1]

민사집행은 이미 확정된 권리관계를 국가의 공권력을 사용하여 실현하는 절차이다. 즉 법원에 설치된 집행기관이 압류[查封, 扣押], 동결(凍結), 강제경매 등의 수단으로 확정된 채무를 강제로 이행시키는 절차이며, 채무자가 강제집행에 저항하는 경우에는 일정한 제재를 가하는 등 공권력의 사용을 그 본질적인 요소로 한다.

또 민사집행을 위하여는 반드시 집행의 근거가 있어야 하며 이를 집행권원(執行權原)[2]이라 한다. 집행권원이 되는 것은 확정된 판결이나 재정 등이다. 민사집행을 위하여는 당사자의 신청이 필요한 것이 원칙이나 중국의 민사집행에서는 당사자의 신청이 없어도 법원이 직접 집행권원을 집행기관에 넘겨 집행하게 하는 경우도 있음을 주의해야 한다.

1) 潘劍鋒, 民事訴訟原理, 北京大學出版社, 420面.
2) 집행권원을 중국에서는 집행근거(执行根据) 혹은 집행명의(执行名义)라고 부른다.

Ⅱ. 민사집행권의 법적성질

국가가 행사하는 민사집행권의 법적성질을 어떻게 볼 것인가에 관하여 중국에서는 학설이 대립하고 있다. 먼저 사법권설(司法權說)에 의하면 집행권은 법원이 행사하는 것이므로 민사집행권의 성질은 일종의 사법권이라 한다. 이에 비하여 행정권설(行政權說)에 의하면 집행권은 당사자간의 분쟁을 해결하는 것이 목적이 아니라 확정된 권리를 실현시키는 행위이므로 수동성, 중립성을 요소로 하는 사법권과는 구별되며 일종의 행정권에 속한다 한다. 그러나 현재는 절충설이 대세를 이루고 있는 것으로 보인다.[3] 절충설은 집행행위 자체는 행정권의 행사이나 집행구제의 경우에는 분쟁해결적인 성질을 가지므로 사법권 행사의 일종으로 볼 수 있으므로 집행권은 행정권으로서의 성질과 사법권으로서의 성질을 모두 가지고 있는 것으로 본다.

Ⅲ. 민사집행의 분류

민사집행은 그 내용, 대상, 방법 등을 기준으로 다음과 같이 분류된다.

1. 금전집행(金錢執行)과 비금전집행(非金錢執行)

집행권원에 기재되어 있는 청구권의 성질에 따른 분류이며, 금전집행은 채권자가 채무자에 대하여 금전의 지급을 청구함에 따라 진행되는 집행을 말하며, 비금전집행은 채권자가 채무자에 대하여 예컨대 특정물의 인도를 구하거나 채무자에 대하여 일정한 부작위를 청구하는 것과 같이 비금전적인 청구를 해 옴으로써 진행되는 집행을 말한다.

2. 대인집행(對人執行)과 대물집행(對物執行)

집행목적물에 따른 구분으로 대인집행은 사람의 신체의 자유, 명예 등을 대상으로 하는 집행을 말하며, 대물집행은 채무자의 재산 혹은 채권에 대하여 진행되는 집행을 말한다.

---

3) 谭兵, 李浩 主编, 前揭 民事诉讼法学, 441~442面; 张卫平 著, 前揭 民事诉讼法(第二版), 422面 등.

3. 직접집행, 간접집행, 대체집행

집행의 방법에 따른 분류이다. 직접집행은 예컨대 채무자의 예금의 강제인출, 채무자의 동산 또는 부동산에 대한 압류와 경매와 같이 집행기관이 직접 채권의 내용을 실현시키는 집행을 말한다. 간접집행은 채무자의 재산에 직접적인 집행을 하는 것이 아니라 채무자에게 일정한 불이익(채무자의 구류, 출국금지 등)을 가해 그 채무이행을 강제하는 것을 말한다. 대체집행은 불법 건축물의 철거를 건축업자에게 맡기고 그 비용을 채무자에게 부담시키는 것과 같이 제3자에게 그 집행을 맡기고 비용을 채무자에게 부담시키는 방법을 사용하는 집행을 말한다.

4. 종국집행과 보전집행

집행의 효력에 따른 분류이다. 종국집행은 채권자에게 종국적인 만족을 주는 집행으로 만족집행(滿足執行)이라고도 한다. 보전집행은 채무자의 재산을 통제함으로써 다음단계의 집행을 준비하는 효력을 가지는 집행을 말한다. 예컨대 예금에 대한 동결은 일종의 보전집행이며, 예금의 인출이라는 종국집행을 준비하기 위한 것이다.

5. 개별집행과 일반집행

개별채권자의 만족을 위한 집행인지 채권자 전체의 만족을 위한 집행인지에 따라 민사집행은 개별집행과 일반집행으로 분류된다. 채무자의 재산이 전체 채권자의 채권을 만족시킬 수 없는 경우에만 일반집행이 실시된다. 민사소송법상의 집행은 개별집행을 가리키는 것이며, 파산절차 중의 집행이 일반집행에 해당된다.

Ⅳ. 민사집행의 법원(法源)

민사집행법은 집행기관의 조직 및 권한, 집행조치, 집행구제 등을 정하고 있는 법률체계를 말하며, 그 성질은 공법에 속하며 당사자의 합의에 의한 절차조성을 허용하지 않는 강행법이다.

민사집행법의 입법형식에는 민사소송법의 일부로 편입하여 판결절차와 같은 법전에 규정을 두는 형식과 판결절차와 분리하여 단행법으로 제정하는 형식이 있다.[4] 독

4) 터키나 스위스의 경우는 파산법에 개별집행에 관한 규정을 함께 두고 있다.

일의 민사소송법이 전자의 대표적인 예이나, 최근에는 단행법으로 제정하는 것이 세계적인 추세이다.[5] 중국의 경우는 독일과 마찬가지로 민사소송법전에 민사집행편을 두는 형식을 취하고 있으나 최근에는 학계와 실무계 모두 단행법으로 제정해야 한다는 데 견해의 일치를 보고 있으며 이를 위해 노력하고 있다.

중국 민사소송법은 제3편 제19장부터 제22장에 34개의 조문을 두어 민사집행을 규율하고 있다. 복잡한 집행절차에 관한 규범으로는 조문수가 매우 적다. 그러나 광의의 민사집행법에는 민사소송법의 조문 이외에도 각종의 사법해석이 포함되므로 법조문의 수가 적을 뿐 집행규준(規準)이 적다고는 할 수 없다. 문제는 안정적 효력을 가진 정식의 조문이 적고 가변적이고 효력이 법률보다 떨어지는 사법해석에 지나치게 의존하고 있다는 점일 것이다.[6] 단행법으로 통일적인 법전을 만들어야 한다는 주장이 나오는 것도 바로 여기에 연유(緣由)하는 것이다.

1982년 제정된 민사소송법(試行法)에는 제4편에 4장으로 나누어 "일반규정(제15장)", "집행의 이송과 신청(제16장)", "집행조치(제17장)", "집행의 중단과 종결(제18장)"을 두고 있었다. 이후 1991년 정식으로 민사소송법을 제정하면서 "집행담보", "검색", "지연이자와 지연이행금", "원상회복" 등에 관한 규정을 추가하였다. 그 후 2007년 민사소송법 개정시 후술하는 바와 같이 상당 부분 수정하기에 이르렀으며, 2008년에는 최고인민법원이 민사집행에 관한 〈집행해석〉[7]을 내려 이를 보충하고 있다.

그러나 민사집행의 법원(法源)은 민사소송법상의 해당 조문과 2008년의 사법해석에 한정되는 것이 아니라, 이제까지 최고인민법원 등이 내렸던 사법해석 중 2008년의 사법해석에 저촉되지 않는 것도 여전히 그 규범력을 보유하고 있으므로 민사집행의 법원(法源)으로서의 기능을 유지하고 있다. 예컨대 〈약간의견〉 중의 집행관련 해석(제254조~303조) 중 2008년의 〈집행해석〉에 없는 사항에 관한 것이나 모순되지 않는 것은 여전히 효력을 유지하고 있으며, 1998년의 〈집행규정〉[8]도 여전히 그 효력을 유지

5) 한국, 일본, 대만 모두 단행법으로 제정하고 있으며 러시아도 마찬가지이다. 집행절차의 목적, 원칙, 절차 모두 소송절차와는 판이한 점을 고려한 것이다.

6) 최고인민법원의 사법해석 등에 의존하는 것을 "머리가 아프면 머리를 치료하고, 다리가 아프면 다리를 치료하는 식"이라고 표현하기도 한다. 안정적인 법률에 의하지 않고 그때그때 필요한 조치를 하는 것을 가리키는 말이다.

7) 〈最高人民法院关于适用 《中华人民共和国民事诉讼法》 执行程序若干问题的解释〉 法释(2008) 13号, 2008-11-03. 이하 〈집행해석〉이라 부른다. 〈집행해석〉 제40조에 의하면 이 해석이 나오기 전에 최고인민법원이 내린 해석 중 이 해석과 불일치하는 것은 이 해석을 기준으로 한다고 하였으므로 이 〈집행해석〉이 1차적인 해석이 되나, 이전의 해석이라도 이것과 모순되지 않는 것이나 이 해석에 없는 사항에 관한 것은 여전히 그 효력을 보유하고 있음을 주의해야 한다.

8) 〈最高人民法院关于人民法院执行工作若干问题的规定(试行)〉 法释(1998) 15号, 1998-07-18. 이하 〈집행규정〉이라 한다.

하고 있다. 뿐만 아니라 2008년 이후에도 여러 가지 〈통지〉와 〈의견〉이 내려져 집행절차의 규준으로 그 효력을 발하고 있어 대단히 복잡한 양상을 보이고 있다.

V. 중국 민사집행법의 특성

개혁개방이 깊숙한 단계에 왔다고는 하나 아직 중국은 정치체제상 사회주의 국가이다. 따라서 중국의 민사소송은 재판절차, 집행절차를 막론하고 우리 민사소송제도와는 아직 많은 차이를 보이고 있다. 강제집행관련 법률과 제도의 특징 중 중요한 것을 보면 다음과 같다.

1. 국가간예주의(國家干預主義)적 요소의 상존(尙存)

사회주의 민사소송제도의 특징을 한마디로 표현한다면 국가간예주의가 지배하는 절차라고 할 수 있다.[9] 즉 자본주의 민사소송에서는 상상을 할 수 없을 정도로 판결절차나 집행절차에 국가가 간섭을 한다. 국가간예주의는 여러 차례 언급한 바와 같이 사회주의 민사소송제도를 가장 먼저 수립한 구소련의 민사소송법에서 비롯된 것이다.[10] 이 국가간예원칙(國家干預原則)이 집행법에도 영향을 미치는 것은 물론이다. 즉 다음과 같이 국가가 집행에 간여할 수도 있게 된다.

(1) 민사소송법 제100조 제1항은 "법원은 당사자 일방의 행위 또는 기타 원인으로 인하여 판결의 집행이 곤란해지거나 당사자의 손해가 초래될 사건에 대하여 상대방 당사자의 신청에 따라 재산보전의 재정(裁定)을 하거나 그에게 일정한 행위를 하거나 하지 말도록 명령할 수 있다. 당사자가 신청하지 않는 경우라도 법원은 필요한 경우에는 재정으로 보전조치를 취할 수 있다"라고 규정하고 있다. 즉 보전(우리의 가압류나 가처분에 해당)을 당사자의 신청이 없이 법원이 직권으로 할 수 있도록 하고 있다.

(2) 민사소송법 제236조 제1항은 "당사자는 법률적 효력이 발생한 판결, 재정을 반드시 이행하여야 한다. 일방이 이행을 거절하는 경우에는 상대방 당사자가 법원에 집행을 신청할 수 있으며, 법관이 집행관에게 넘겨주어 집행하게 할 수 있다."라고 규정하고 있다. 즉 당사자의 신청이 없는 경우에도 법원이 직접 집행기관에게 넘겨 집행을 개시하게 할 수 있다는 것으로, 상당한 비판을 받아왔으나 이번 개정에서도 그

9) 국가간예주의에 관하여는 제1편 제2장 중국 민사소송제도의 특색 부분 참조.
10) 张卫平, 前揭 转换的逻辑, 96面 이하 참조.

대로 유지되었다.[11)]

(3) 집행채무자가 채무를 이행하지 않고 재산을 은닉하고 있다고 인정하는 경우에는 법원은 검색명령[12)]을 내려 집행채무자 및 그 주소지 혹은 재산은닉지에서 검색을 하여 집행재산을 찾아낼 수 있도록 하고 있다(〈약간의견〉 제285조 내지 288조).

(4) 국가가 집행채무를 이행하지 않는 피집행인의 출국을 금지시키는 등 집행절차 위반에 대한 제재가 대단히 엄격하다.

2. 강제집행과 설복 · 교육의 결합

중국 집행법의 큰 특징의 하나는 강제집행을 국가가 강제력을 동원하여 집행권원(執行權原)의 내용을 실현하는 절차만으로 보지 않고, 설득과 교육을 통하여 자발적인 이행을 촉구하는 절차라는 측면을 더 중시한다는 점이다. 즉 법원은 강제집행을 개시하면 우선 설복과 교육을 통하여 자발적인 이행을 촉구하고, 그래도 이행을 하지 않는 경우에 비로소 강제집행에 착수하는 것을 원칙으로 한다. 이와 같은 설복교육은 강제수단 동원에 대한 필요적 전치절차로 이해되고 있었다.[13)]

이와 같이 강제집행에 있어서 설복교육을 강조하는 경향은 중국의 전통적인 조정중시형 심판방식[14)]과 관련이 있다고 한다. 판결절차의 기본원칙의 하나가 조정중시이며 여기서는 법률의 기계적 적용보다는 조정을 통해 화해에 도달하게 하는 것을 이상으로 하기 때문에 강제집행에 있어서도 집행의 모든 단계에서 설복과 교육을 중시하게 된다고 한다.[15)]

---

11) 법원이 직접 집행을 개시하도록 한 규정은 후술하는 바와 같이 부양료, 양육비, 교육비 등을 염두에 둔 규정이다.

12) 원문은 수사령(搜查令)이다(민소법 제248조).

13) 潘劍鋒, 前揭書, 425面 참조. 그러나 2007년과 2012년의 개정(민소법 제240조)으로 전치적 성격이 대부분 퇴색하였다.

14) 조정중시형의 심판방식은 馬錫五가 調解爲主, 審判爲輔라는 8자 원칙으로 수립했다고 하며, 1982년의 試行法이 이를 기본원칙으로 채택한 이래 현행 민사소송법에서도 기본원칙으로 기능하고 있다(중국 민사소송법 제9조).

15) 江伟 主编, 前揭 民事诉讼法专论, 484面 각주 1 참조.

제2절 집행난(執行難)과 민사소송법 집행편의 개정

Ⅰ. 중국 사회의 집행난(執行難)의 문제

1982년에 민사소송법(試行法)을 제정한 이래 중국에서는 강제집행을 둘러싼 불만이 끊이지 않았다. 특히 1990년대 초기 중앙은행의 화폐정책의 변경으로 지방의 불경기가 심화되게 되고 이에 따라 은행과 기업 간의 분쟁이 격증한 것이 집행난을 가속화시켰다고 한다.[16] 그 후 강제집행 신청 건수가 격증하게 되었으나, 집행채무자는 온갖 수단을 다 동원하여 집행면탈을 시도하고 심지어는 집행관을 협박하는 일도 서슴지 않게 되어 승소판결이 휴지가 되는 일이 비일비재(非一非再)하게 되었다.[17] 이와 같이 집행력을 가진 법률문서가 집행과정에서 여러 가지의 주관적, 객관적 요소로 인하여 집행이 곤란해지는 것을 통틀어 집행난(執行難) 혹은 집행혼란(執行混乱)이라 부른다.[18]

중국 사회의 집행난의 원인에 대하여는 여러 가지 의견이 있다. 중요한 것을 보면 다음과 같다.

1. 지역이기주의[19] 또는 부처이기주의의 발호(跋扈)

각 지방 혹은 특정 부문에서는 자기 지방 혹은 자기 부문의 경제를 위하여 각종의 수단을 동원하여 외지법원의 집행을 방해한다고 한다. 행정기관이 자기 지역의 법원에 쪽지를 보내거나 전화를 걸고 심지어는 집행거부를 지시하기도 하며, 예컨대 은행이 법률에 따른 재산조회, 계좌이체, 현지기업의 계좌자금에 대한 동결 등의 조치를 비밀보장을 구실로 협조하지 않는 경우도 많으며, 이외에도 각종 행정권력과 사법권력을 동원하여 집행을 방해한다고 한다.[20]

---

16) 叶自强 著, 民事诉讼制度的改革, 法律出版社(2001), 354面 참조.

17) 2006년 각급 법원에 접수된 집행신청 건수는 약 213만여 건이라 한다. 이 중 집행채무자가 집행통지서를 받고 이행을 한 것이 71만여 건, 강제조치를 취한 것이 46만여 건이라 한다. 따라서 약 100만 건은 미제로 남아있는 셈이 된다[2007년 6월 18일 전국인민대표대회 상무위원회 위원장이 부의(附議)한 〈中华人民共和国民事诉讼法修正案(草案)〉 6面 참조].

18) 何文燕, 曾瓊, 中国民事强制执行的现状与改革(2010년 8월 26일 연세대학교 중국법센터 학술대회 발표논문) 참조.

19) 중국에서는 지역이기주의를 지방보호주의(地方保护主义), 부처이기주의를 부문보호주의(部门保护主义)라 한다.

2. 법제관념(法制觀念)의 희박

지역이기주의자들 사이에는 법률과 제도에 대한 인식이 아직도 희박(稀薄)하여 "권력이 법보다 앞서고(權大于法), 이해관계가 법에 앞선다(利高于法)"고 생각한다고 한다. 이와 같은 의식은 사회주의 계획경제로부터 시장경제체제로의 과도기에 시장경제 법률제도와 국민의 법의식간의 괴리(乖離)에서 발생하며, 이러한 괴리현상은 사회 각 영역에서 골고루 발생한다고 한다.[21] 이와 같은 생각이 일소(一掃)되지 않는 한 당사자가 집행을 거부하는 것은 다반사가 될 것이며, 심지어는 폭력을 사용하여 집행을 방해하는 것도 별로 이상한 일로 보이지 않게 될 것이라 한다.

3. 법집행과 처벌의 불철저

중국 민사소송법은 제1편 제10장에 민사소송 방해행위에 대한 강제조치에 관하여 자세한 규정을 두고 있다. 이 규정들은 총칙적 규정이므로 민사집행에도 당연히 적용되므로 집행난을 야기하는 모든 행위는 강제조치의 대상이 된다. 또 형법에도 집행난을 유발하는 행위에 대하여 처벌할 수 있는 규정을 두고 있다. 그럼에도 불구하고 지역이기주의로 인하여 때로는 집행관을 살해한 자를 비호하는 경우도 있으며, 집행협조의무가 있는 기관이 협조를 거부하고, 심지어는 집행채무자에게 귀띔을 해주는 등 온갖 방해행위를 한다고 한다.[22]

4. 집행경시의 풍조와 법원의 집행능력의 부족

소위 심판을 중시하고 집행을 경시(重審輕執)하는 풍조[23]도 집행난을 심화시키며 법원의 집행능력의 부족, 집행관의 자질부족, 집행장비의 부족 등이 집행난을 가중시킨다고 한다.

위와 같은 요소들이 복합적으로 작용하여 집행난을 초래한 것이겠으나, 이를 한마디로 간추리면 집행제도의 미비(未備)라 할 수 있을 것이다.[24] 그동안 중국의 학계와 실무계는 집행난 해소를 위한 민사소송법의 개정을 끊임없이 요구하여 왔다. 이에 부응하여 2007년 민사소송법 개정시에는 집행제도를 대폭적으로 정비하게 되었다. 또

---

20) 叶自强, 前揭書, 355面; 何文燕, 曾瓊, 上揭 論文 참조.
21) 叶自强, 上揭書, 354~355面 참조.
22) 上揭書, 같은 면.
23) 집행편의 규정이 30여 개의 조문에 불과한 것도 경시풍조를 보이는 것이라 한다.
24) 潘劍鋒 前揭書, 423~424面; 叶自强, 前揭書, 같은 면.

2012년 민사소송법 개정에서도 인민검찰원의 민사집행업무 감독에 관한 근거규정(개정법 제235조)을 신설하는 등 약간의 개정이 있었다. 개정의 개괄적인 내용은 다음과 같다.

Ⅱ. 민사소송법 집행편의 개정

1. 2007년의 개정

2007년 집행관련 민사소송법 개정의 내용은 대체로 다음과 같다.

(1) 피신청인이 법률문서로 확정된 의무를 이행하지 않는 경우에는 법원이 직접 혹은 관련기관에 통지하여 출국의 제한, 신용정보계통에의 기록, 매체를 통한 채무불이행 정보의 공개 기타 법률이 정한 조치를 취할 수 있도록 하여 피신청인의 의무이행을 촉진하도록 하였다.

(2) 피신청인이 집행재산을 이전하거나 은닉할 염려가 있는 경우에는 집행관이 즉시 강제조치를 할 수 있도록 하였으며,[25] 나아가 피신청인은 집행통지를 받은 날로부터 이전 1년간의 재산상황을 보고하도록 하고 있다. 만약 보고를 거부하거나 허위보고를 한 경우에는 그 정상의 경중에 따라 피신청인 또는 그 법정대리인, 관련단위의 주요책임자 혹은 직접책임자에 대하여 벌금 혹은 구류에 처하도록 하였다.

(3) 과거에는 집행기관으로 "기층인민법원 또는 중급인민법원은 필요에 따라 집행기관을 설치할 수 있다"라고 하여 고급인민법원이나 최고인민법원에는 집행기관을 설치하지 않았으나, 실무상 최고인민법원과 고급인민법원에도 집행기관이 필요하다는 점을 고려하여 개정법에서는 "법원은 필요에 따라 집행기관을 설치할 수 있다"로 고쳤다.

(4) 과거에는 판결과 재정은 제1심 법원이 집행하도록 하고 있었으나, 피신청인의 재산이 제1심 법원 관할지역 이외에 존재하는 경우에 대비하여 개정법은 "법률적 효력이 발생한 민사판결, 재정이나 형사판결, 재정 중 재산관련 부분은 제1심 법원 혹은 제1심 법원과 동급인 피신청인 재산소재지 법원이 집행한다"라고 고쳤으며, "판결이나 재정 이외의 법률문서의 집행은 피신청인 주소지 혹은 피신청인 재산소재지 법원이 집행한다"라고 규정하였다.

---

25) 중국의 강제집행의 순서는 우선 집행통지서를 보내 일정기간 내에 자발적인 이행을 촉구(설복·교육)하고 그 기간 내에 자발적 이행이 없는 경우에 비로소 강제집행을 하는 것이 원칙이다.

(5) 과거에는 집행신청기간이 "당사자 쌍방 혹은 일방이 공민인 경우에는 1년, 당사자 쌍방이 법인 기타 조직인 경우에는 6개월"로 되어있어 그 기간 이후에는 집행신청을 할 수 없도록 하고 있었다. 이와 같은 단기간의 집행기간은 집행에 대한 불만의 큰 원인으로 되고 있을 뿐만 아니라 채무자의 자발적 이행, 당사자간의 화해에 장애가 된다는 비판이 있었다. 개정법에서는 집행신청기간을 연장하여 공민, 법인 기타 조직을 불문하고 통일적으로 2년으로 연장하였으며, 집행시효의 중단, 중지에 관한 규정을 신설하였다.

(6) 법률위반의 집행행위에 대하여 당사자, 이해관계인이 집행을 담당하고 있는 법원에 서면으로 이의를 할 수 있는 집행이의에 관한 규정을 신설하였다.

(7) 지역이기주의 등의 원인으로 집행이 장기 방치되는 경우를 대비하여 집행신청 후 6월 이내에 집행이 되지 않는 경우에는 바로 위급의 법원에 집행을 신청할 수 있도록 하였으며, 바로 위급의 법원은 심사 후 원법원에 대하여 일정기간 내에 집행하도록 명령할 수 있고, 스스로 집행하거나 다른 법원이 집행하도록 결정할 수 있게 하였다.

2. 2012년의 개정

2012년 민사소송법 개정시에도 민사집행편을 약간 수정하였다. 즉 집행화해의 효력과 관련하여 피신청인의 사기, 협박에 의한 화해의 경우는 집행의 속개 신청을 할 수 있도록 하였으며(개정법 제230조 제2항), 이미 언급한 바와 같이 인민검찰원의 민사집행감독권에 대한 근거규정을 마련하였다(개정법 제235조). 그 밖에도 중재판정 집행거부사유의 정비(개정법 제237조) 등도 있었다.

제2장 민사집행의 요건

제1절 집행권원(執行權原)

민사집행의 근거가 되는 권원(權原)을 집행권원 혹은 집행근거라고 하며 집행력 있는 법률문서라는 표현을 사용하기도 한다.[1] 집행력 있는 법률문서라 함은 법정의 기관 혹은 기구가 작성한 문서로 법률적 효력이 발생한 문서로서 일정한 급부를 내용으로 하는 문서를 가리킨다.[2] 중국 민사소송법이 인정하는 집행권원은 다음과 같다.

1. 법원이 작성한 법률적 효력이 발생한 문서(민사소송법 제224조 제1항; 〈약간의견〉 제254조, 제255조; 〈집행규정〉 제2조)[3]

(1) 판결서

가장 일반적인 집행권원이 된다. 민사판결서뿐만 아니라 형사판결서 중 재산관련 부분이나 부대민사소송에 의하여 확정된 민사책임 부분도 집행권원이 된다.

(2) 재정서

재정(裁定)은 우리의 결정에 해당하는 재판형식으로 일반적으로는 절차관련 문제에 대한 판단표시이므로 집행권원이 되지 않으나, 일정한 급부를 내용으로 하는 특별한 경우, 예컨대 보전의 재정, 우선집행의 재정, 원상회복의 재정, 담보 재산에 대한 집행의 재정, 외국법원의 판결 혹은 외국 섭외중재기구의 중재판정의 승인 및 집행에

---

1) 潘劍鋒, 前揭書, 425面 등.

2) 上揭書, 同面.

3) 확정된 판결서 등을 법률적 효력이 발생한 문서라 부르며, 법률적 효력이 발생했다 함은 형식적으로 확정되었다는 의미이나 우리와 달리 확정에 의하여 기판력이 발생한다고 하기는 어렵다. 전술한 바와 같이 중국의 확정된 재판에 대하여는 거의 무제한의 재심이 인정되어 기판력의 존재를 인정하기 어렵기 때문이다. 그러나 집행력이 발생하는 데는 지장이 없다.

관한 재정 등의 경우에는 집행권원이 된다,

(3) 조정서 및 지급명령

법률적 효력이 발생한 조정서는 확정판결과 같은 효력이 있으므로 집행권원이 되며 독촉절차에서 내린 지급명령도 확정되면 집행권원이 된다.

2. 법률의 규정에 의하여 민사법원의 집행에 속하는 기타 법률문서(제224조 제2항)

여기에 속하는 집행권원으로는 다음과 같은 것이 있다.

(1) 중국 중재기구가 작성한 중재재결서 및 조정서(〈약간의견〉 제256조; 〈집행규정〉 제2조 제3항).

중국 중재법에 따라 법원이 내린 보전 및 증거보전의 재정서도 포함된다.

(2) 법원이 재정으로 그 효력을 승인한 외국법원의 판결서, 재정서 및 외국 중재기구가 내린 중재재결서(〈집행규정〉 제2조 제5항).

우리와 달리 외국판결의 승인에도 법원의 재정이 필요함을 주의해야 한다.

(3) 공증기관[4]이 집행력을 부여한 채권문서(〈약간의견〉 제256조; 〈집행규정〉 제2조 제4항).

공증기관이 작성한 문서에 집행승낙의 문구가 기재되어 있는 경우에는 집행권원이 된다(공증법[5] 제37조). 이 경우에는 법원에 집행을 신청하기 전에 우선 공증기관에 집행증서의 발급을 신청해야 한다. 공증기관은 심사를 거쳐 집행증서를 발급해야 하며 집행증서에는 피집행인, 집행목적물, 집행신청의 기한을 기재해야 한다. 채권자는 이 집행증서를 갖춰 관할법원에 집행신청을 한다.

(4) 행정기관 작성문서

행정기관이 작성한 문서 중 행정처벌, 행정처리를 위한 결정 중 법률이 특히 법원의 집행절차를 통하도록 되어있는 문서는 집행권원이 된다.

---

4) 공증기관은 국가가 통일적으로 관리하며 이를 위하여 〈中华人民共和国公证法〉(中华人民共和国主席令第三十九号, 2005-08-28)이 제정되어 2006년부터 시행되고 있다.

5) 〈中华人民共和国公证法〉(2005年8月28日第十届全国人民代表大会常务委员会第十七次会议通过).

제2절 집행의 주체

I. 집행기관

1. 의의 및 변천

집행권을 행사하여 집행업무를 담당하는 기관을 집행기관 혹은 집행기구[6]라 한다. 중국 민사소송법상 집행기관은 역사상 변천을 거쳤다. 즉 집행업무를 심판기관이 스스로 담당하느냐, 독립의 집행기관을 설치할 것이냐에 관하여는 역사적으로 많은 논란이 있었다. 1950년대에는 지방의 각급법원에 일반적으로 집행기관을 두고 있었으며 이는 일종의 독립된 部(庭)로서 민사부, 형사부 등과 동등한 지위를 가지고 있었다(審執分立). 그 후 점차 집행부가 폐지되면서 집행업무는 일반의 민사재판부가 담당하게 되었다(審執合一).

사건을 맡아 처리한 자가 그 집행도 책임진다는 심집합일(審執合一) 제도는 재판부가 사건의 실정과 당사자의 재산상태 혹은 이행능력을 숙지하고 있어 집행절차를 효율적으로 진행할 수 있고, 인력을 절약한다는 장점이 있었으나, 재판활동과 집행활동의 특성의 차이를 무시한 것이라는 비판이 있었다. 또 재판기관이 집행까지 하는 경우에는 법관이 집행가능성 여부를 고려하여 판결을 할 것인지의 여부를 결정하거나 어떤 내용의 판결을 할 것인지를 정하게 되는 불합리한 면이 있고, 자기 판결을 자기가 집행하므로 오판을 시정할 기회가 없게 될 뿐만 아니라, 이로 인하여 심판을 중시하고 집행을 경시하는 이른바 중심경집(重審輕執)의 경향이 심화될 수 있다는 등의 비판이 있었다.[7] 이에 따라 1982년의 시행법(試行法)과 1991년의 민사소송법은 다시 심집분립(審執分立) 주의를 취하여 법원에 집행정(執行庭)을 설치하게 되었다. 다만 재산보전과 우선집행의 경우에는 여전히 재판부가 집행을 하고 있다(〈집행규정〉 제3조).

2. 집행기관의 설치와 구성

(1) 집행기관의 설치

2007년 개정 전 민사소송법(1991년 민소법) 제209조 제3항은 "기층인민법원과 중급

---

6) 중국 민사소송법상의 정식명칭은 집행기구(执行机构)이다(민소법 제228조 제3항).

7) 潘劍鋒, 前揭書, 430面.

인민법원은 필요에 따라 집행기관을 설립할 수 있다"라고 규정하고 있었다. 이에 따라 고급인민법원과 최고인민법원에는 집행정(執行庭)을 설치하지 않도록 되어있었으나, 그 후 실무상 필요에 의하여 고급인민법원에도 집행정을 속속 설치하게 되었으며 최고인민법원에도 집행담당관실(執行辦公室)[8]을 설치하여 각급법원의 집행업무를 감독하게 되었다. 그리고 1990년대 말부터는 최고인민법원이 집행과 집행기관의 개혁에 관한 조치를 속속 취하기 시작하였다. 이 과정에서 집행정(執行庭)은 집행국(執行局)으로 승격되게 되었으며 집행국장은 직제상 부원장급으로 승격되었다. 그리고 집행국의 구조를 재판기관과 집행실시기관으로 나누어 집행관련 재판과 집행실시를 분담하도록 하여 상호 협력과 견제를 하게 하였다.[9]

이와 같은 추세에 부응하여 2007년 개정법에서는 "법원은 필요한 경우 집행기관을 설립할 수 있다(제205조 제3항)"라고 하여 고급인민법원과 최고인민법원에도 집행기관을 설치할 수 있는 근거를 마련하는 동시에,[10] "집행업무는 집행관[11]이 진행한다(같은 조 제1항)"라고 규정하게 되었다.

(2) 집행기관의 구성

현재는 거의 모든 법원의 집행기관이 집행국(執行局)으로 승격되었으며, 집행국의 구성은 법원장, 집행국장, 집행법관, 집행관, 서기와 사법경찰로 구성되어 있다. 이와 같은 조직체를 집행법원이라 부르기도 한다.[12]

1) 법원장

법원장은 집행업무도 통할하므로 집행기관의 구성원이 된다. 집행관이 구인(拘引), 구류(拘留)를 하거나 벌금을 과하는 경우에는 법원장의 허가를 얻어야 하며, 재산에 대한 검색(搜査)을 하는 경우에는 법원장이 서명하여 검색영장을 발한다.

2) 집행국장

집행국의 일상 업무를 총괄하는 기능을 하며, 집행사건의 처리 외에도 중대하고 어려운 집행사건의 토론을 주재한다. 집행국장은 부원장의 지위를 가진다.

3) 집행법관

집행법관은 집행사건에 대한 재판을 하게 되며 집행관의 집행업무를 지휘한다.

8) 조직체계상 정식의 행정부서는 아니나 실제로 집행관련 업무를 전담하는 사무실을 둔 것이다.
9) 谭兵, 李浩 主编, 前揭 民事诉讼法学, 453面 참조.
10) 이미 1998년에 공포된 〈집행규정〉 제1조도 "법원은 필요한 경우 관련 법률의 규정에 따라 집행기관을 설립하여 전문적으로 집행업무를 담당하도록 한다"라는 규정을 두고 있었다.
11) 법전상의 명칭은 집행원(执行员)이다.
12) 谭兵, 李浩 主编, 前揭 民事诉讼法学, 453面 참조.

4) 집행관

집행의 구체적인 업무를 담당하게 되며, 피집행인에 대한 강제조치를 담당한다. 집행관이 강제조치를 취할 때는 반드시 증명서를 내보여야 하며, 집행업무를 완료한 후에는 집행조서를 작성해야 한다. 중국의 〈법관법〉에 의하면 집행관은 법관에 속하지 않으나 법관에 준하여 관리를 한다.[13)]

5) 서기[14)]

서기는 집행 중 기록업무를 담당하여 집행법관과 집행관의 업무를 보조한다.

6) 사법경찰

사법경찰은 집행관의 지휘를 받아 강제조치를 취하는 것을 도와주며 집행의 질서를 유지한다. 중대한 집행조치를 취함에 있어서는 반드시 사법경찰이 참여해야 한다.

집행기관에는 교통수단, 통신설비, 오디오, 비디오 등의 설비와 경호용구 등의 물적 설비를 갖추어 적시에 효율적으로 집행업무를 할 수 있게 하여야 한다(〈집행규정〉 第7조).

Ⅱ. 집행참가인

1. 집행참가인의 의의

집행당사자와 집행에 참여하는 제3자를 집행참가인 또는 집행참여인[15)]이라 한다. 집행절차 중 능동적으로 집행을 신청하는 채권자를 집행신청인(혹은 집행권리자), 그 상대방인 채무자를 피집행인(혹은 피집행신청인, 집행의무자)이라 한다.[16)] 집행신청인은 집행청구액을 변경할 수 있으며 피집행인과 화해를 할 수 있고 집행신청을 철회할 권리를 가진다. 피집행인은 집행신청인과 화해를 할 수 있으며, 자기 또는 가속(家屬)의 생활필수품에 대한 집행을 보류해 달라는 청구를 할 수 있다. 집행에는 당사자인 채권자

---

13) 上揭書, 같은 면 참조. 집행관은 법관임용자격을 참조하여 법원장이 임명한다고 하므로 반드시 법관의 자격을 요하는 것으로 보이지는 않는다(何文燕, 曾瓊, 전게 논문 참조). 그러나 집행 중 화해를 시킬 수 있는 권한이 있는 점을 감안하면 법관의 자격을 가지고 있는 것이 마땅할 것이나 이렇게 되면 집행법관과의 관계가 모호해질 것 같다. 아직 통일적으로 운용되지 않고 지역마다 차이가 있는 듯하다.

14) 법전상 명칭은 서기원(书记员)이다.

15) 중국에서는 참여인(参与人)이라는 용어를 주로 사용한다.

16) 우리는 주로 집행채권자, 집행채무자라는 명칭을 사용한다.

와 채무자 이외에도 집행대리인, 참관인[見證人], 집행협조인 등이 참여하기도 한다.

2. 집행당사자의 변경

집행권원의 효력은 이에 기재된 채권자와 채무자에 대하여만 효력이 있는 것이 원칙이다. 그러나 집행과정 중 제3자가 법정의 원인으로 인하여 집행 채권자 혹은 채무자가 되는 수가 있다. 이를 보통 집행의 승계 혹은 집행당사자의 변경이라 한다. 채권자인 집행신청인이 변경되는 경우와 피집행인인 채무자가 변경되는 경우가 있다.

(1) 집행신청인의 변경[17]

1) 공민인 집행신청인이 사망하거나 실종선고를 받은 경우에는 그 상속인, 유증을 받은 자, 유언집행인, 유산관리인, 재산관리인이 집행채권자의 지위를 이어받는다.

2) 법인이 합병된 경우에는 합병 후의 잔존법인이 승계하며, 법인이 나누어진 경우에는 분할합의 중에 확정된 권리자가 승계한다.

3) 기타 조직이 철폐된 경우에는 그 조직을 설립한 공민 혹은 법인이 승계한다.

4) 법인이 청산절차에 들어간 경우에는 청산인[清偿人] 혹은 청산의무를 책임지는 자가 집행신청인의 지위를 승계한다.

5) 신청인의 성명 혹은 명칭이 변경된 경우에는 변경 후의 신청인이 담당한다.

6) 집행과정 중 신청인이 그 채권을 양도한 경우에는 양수인이 담당한다.

7) 신청인인 기관이 철폐된 경우에는 그 권리를 계속 행사할 기관이 담당하며, 권리를 행사할 기관이 없게 되는 때는 그 철폐결정을 한 기관이 담당한다.

(2) 피집행인의 변경[18]

1) 공민(자연인)인 피집행인이 집행절차 중 사망한 경우에도 법원은 계속 그 유산에 대하여 집행할 수 있다. 상속인이 상속포기를 하지 않은 경우에는 재정으로 상속인을 피집행인으로 변경할 수 있으며 이 경우에는 상속인이 유산의 범위 내에서 채무를 상환한다. 상속인이 상속포기를 한 경우에는 피집행인을 변경할 수 없고 계속 피집행인의 유산에 대하여 집행을 한다(〈약간의견〉 제274조). 유산에 대한 집행이 완료된 경우에는 채권의 전부를 상환받지 못한 경우에도 집행이 종결된다.

2) 피집행인인 법인 기타 조직이 합병되거나 분할된 경우에는 변경 후의 법인 기타

---

17) 谭兵, 李浩 主编, 前揭 民事诉讼法学, 456面 참조.

18) 공민 이외의 피집행인의 변경과 추가에 관한 자세한 사항은 〈집행규정〉 제76조 내지 제83조에 규정되어 있다.

조직이 피집행인이 된다. 기업이 법정절차에 의하여 둘 이상의 기업으로 분할된 경우에는 각 기업은 분할협의시 확정된 채무의 비례에 따라 채무를 부담하며, 법정절차를 거치지 않고 분할된 경우에는 피집행법인으로부터 받은 자산의 비례에 따라 신청인에 대하여 책임을 부담한다(〈집행규정〉 제79조).

또한 법인 기타 조직이 취소된 경우에는 실체법의 규정에 의하여 그 의무를 승계할 자가 있는 경우에는 재정으로 그 권리의무의 승계인을 피집행인으로 할 수 있다(〈약간의견〉 제271조).

3) 법인 기타 조직의 명칭이 변경된 경우에는 변경 후의 법인 기타 조직이 피집행인이 된다(〈약간의견〉 제273조).

4) 법인의 지점이 재산의 부족으로 채무를 청산할 수 없는 경우에는 법원은 그 기업법인을 피집행인으로 추가할 수 있다. 또 기업법인이 직접관리하는 재산으로 채무를 완제할 수 없는 경우에는 법원이 재정으로 그 기업법인의 지점의 재산에 대하여 집행할 수 있다(〈집행규정〉 제78조).

5) 법인 아닌 사영의 독자기업(独资企业)이 채무를 완제하지 못할 경우에는 법원이 재정으로 그 독자기업의 업주의 재산에 대하여 집행할 수 있다(〈집행규정〉 제76조).

회사법상 허용되는 1인 회사의 경우에 회사채무에 대하여 회사와 주주가 연대책임을 지는지가 문제된다. 이 경우는 회사가 독립적인 재산을 소유하는지에 따라 독립의 재산을 가지는 경우에는 주주가 책임을 지지 않으나 독립적인 재산을 가지지 않는 경우에는 주주가 연대책임을 부담한다. 회사가 독립적인 재산을 가지는지의 여부에 대한 판단이 어려우므로 회사법(제64조)은 주주가 회사가 독립적인 재산을 가짐을 증명한 때에 한하여 연대책임을 면하는 것으로 하고 있다. 회사의 재산과 주주의 재산의 분리여부에 대한 판단은 실체법상의 문제이므로 집행기관이 이를 판단하여 주주를 피집행인에 포함시킬 수는 없을 것이다.[19]

6) 조합[合伙] 또는 조합형 연영기업(联营企业)이 채무를 완제할 수 없는 경우에는 법원이 재정으로 조합원 혹은 연영기업에 가입한 법인을 피집행인으로 할 수 있다(〈집행규정〉 제77조).

7) 피집행이 채무를 완제할 수 없는 경우, 설립단위가 조직을 설립할 때 등록자금[注册资金]을 부실기재하거나 등록자금을 빼돌린 경우에는 법원이 재정으로 그 설립단위[开办单位]를 피집행인으로 추가하여 부실기재 혹은 유출의 한도 내에서 신청인에 대하여 책임을 지게 할 수 있다(〈집행규정〉 제80조). 또 피집행인(조직)이 철폐, 말소[注

19) 谭兵, 李浩 主编, 前揭 民事诉讼法学, 457面 참조.

销]되거나 폐업하는 경우에 상급부문 혹은 설립단위가 그 피집행인의 재산을 무상으로 받은 경우에는 그 재산을 받은 범위 내에서 신청인에 대하여 책임을 지도록 할 수 있다(〈집행규정〉 제81조).

제3절 집행의 객체

Ⅰ. 의 의

집행의 대상이 되는 재산(재물) 또는 당사자의 행위를 집행의 객체 혹은 대상이라 한다. 중국의 집행법상 집행의 대상은 재산(재물) 또는 행위에 한정된다(〈약간의견〉 제254조 제1항). 그러나 최근 신체나 신체의 자유도 집행의 대상이 될 수 있다는 견해도 있다. 예컨대 유아인도청구사건에서는 유아(幼兒)의 신체가 집행의 대상이 되며, 부대체적 행위를 청구하는 사건에서는 신체의 자유도 집행의 대상이 된다는 견해도 있다.[20] 부대체적인 행위를 하도록 하기 위하여 피집행인을 구인(拘引), 구류(拘留)하거나 출국을 금지시키는 경우에는 개인의 신체의 자유가 집행의 대상이 되는 것이라 한다.

그러나 중국의 다수설은 아직 신체나 신체의 자유는 집행의 객체가 될 수 없다고 한다. 이 견해에 의하면 유아인도(幼兒引渡) 사건에서 집행의 대상이 되는 것은 유아의 신체가 아니라 유아의 인도라는 행위(作爲)가 집행의 객체이며, 인도를 강제하기 위하여 피집행인을 구류하는 경우도 이는 신체의 자유가 그 집행의 대상이 되는 것이 아니라 단지 민사소송 방해행위에 대한 강제조치일 뿐이라 한다.[21][22]

Ⅱ. 재 산

집행의 객체가 되는 재산 또는 재물이라 함은 법원의 판결서, 재정서, 조정서 등 집행권원이 적시(摘示)하는 금전, 물품, 유가증권 기타 재산을 말한다. 또 유형재산뿐만

20) 上揭書, 451面.
21) 张卫平 著, 前揭 民事诉讼法(第二版), 428面 참조.
22) 중국의 집행실무에서는 금전채권의 집행에 즈음하여 피집행인이 채권자에게 일정기간 노무를 제공하여 채무의 이행에 갈음하는 경우가 있다고 한다. 그러나 이는 강제집행은 아니며 당사자간의 일종의 집행화해라 할 것이다.

아니라 용익물권, 지식재산권 등 무형의 재산도 포함된다. 그리고 현재 피집행인 소유의 재산은 물론 장래 권리의 행사를 통하여 취득할 수 있는 재산(예컨대 기한 도래 후 권리의 행사로 취득할 수 있는 금전 기타 재물)도 포함되며, 집행의무자가 집행기간 동안 악의로 처분한 재산도 포함된다.[23] 그러나 다음과 같은 재산은 집행의 대상이 되지 못한다.

1. 피집행인의 생존에 필요한 재산

피집행인의 근로수입을 압류하여 집행하는 경우는 피집행인 및 그 가족의 부양에 필요한 필수비용은 집행의 대상이 되지 않는다. 또 집행의무자의 소유에 속하는 재산이라 하더라도 본인 또는 그 가족의 생활에 필수적인 물건 혹은 필수비용은 집행의 객체가 될 수 없다(민사소송법 제243조, 제244조).[24]

2. 유통금지물

예컨대 권총, 탄약, 마약 등과 같이 유통이 금지된 물건은 집행의 대상이 될 수 없다. 유통금지물 중 국가가 자유매매를 금지하는 데 그치는 물건은 집행 중 관계기관에 넘겨 국가가 정하는 가격으로 구매하도록 할 수 있다.

3. 사회공익을 위한 재산

예컨대 학교나 유치원의 교육용 시설이나 병원의 의료설비는 집행의 대상이 될 수 없다.[25]

4. 집행이 선량한 풍속에 반하는 재산

예컨대 시체, 묘비, 초상, 제사용품 등과 같은 재산도 집행의 대상이 될 수 없다.

5. 집행이 경제안정을 해하는 재산

성질상 그 집행으로 인하여 국가경제의 안정을 해할 수 있는 재산도 집행의 대상이

---

23) 潘劍鋒, 前揭書, 434面 참조.

24) 재물의 査封, 扣押, 凍結에 관하여는 〈最高人民法院關于人民法院民事執行中查封,扣押,凍結財産的規定〉[法釋(2004) 15호, 2005-1-1]이 나와 있다. 이 규정 제5조에는 사봉 등이 금지되는 물건이 자세히 규정되어 있다.

25) 谭兵, 李浩 主编, 前揭 民事诉讼法学, 450面.

되지 않는다. 예컨대 금융기관의 영업장소, 인민은행이나 그 분점의 사무장소 등과 같은 것은 집행의 대상이 될 수 없다.[26)]

6. 면책특권 관련 재산

중국이 체결하거나 가입한 국제조약에 따라 압류(査封, 扣押)가 금지되는 외국 대사관, 영사관의 재산은 집행의 대상이 되지 않는다.

Ⅲ. 행위(行爲)

집행의 객체가 되는 행위라 함은 집행근거의 법률문서가 그 이행을 요구하는 작위 혹은 부작위를 말한다. 집행의무자에 대하여 이행을 명하는 행위에는 대체적 행위와 비대체적 행위가 있다. 어느 경우라도 피집행인의 신체는 강제집행의 대상이 될 수 없다는 것이 다수설이다. 강제집행을 하는 경우도 벌금의 부과 등 간접강제의 방식을 취하고 직접강제의 방식을 취할 수는 없다.

Ⅳ. 집행객체의 변경

집행절차 진행 중 피집행인 측 사정으로 원집행이 불가능하게 되거나 일시 불가능하게 되는 경우 집행신청인의 동의를 얻어 원집행의 객체를 변경하는 것을 집행객체의 변경이라 한다. 민사소송법에는 규정이 없으나 관련 사법해석에서 집행객체의 변경을 인정하고 있다.

즉 집행절차 중 쌍방당사자자가 합의하여 채무자의 노무 혹은 기타 방식으로 채무를 변제하기로 하는 경우에는 법률의 규정에 위반되지 않고 사회이익과 타인의 이익을 해하지 않는 경우에는 이를 허용하고 조서에 집행화해로 기록한다. 또한 피집행인이 돈이 없어 변제하지 못하여 다른 물건으로 상계하고자 하는 경우 집행신청인의 동의가 있는 경우에는 이를 허용한다. 이 경우 물건의 가격은 당사자의 합의로 정하거나 관련기관에 신청하여 합리적으로 정하여 판결액수에 상당하는 재물을 집행신청인에게 지급한다.

---

26) 谭兵, 李浩 主编, 前揭 民事诉讼法学, 같은 면; 张卫平 著, 前揭 民事诉讼法(第二版), 427面 등.

제4절 민사집행의 관할

중국의 집행절차에서는 법원의 체계와 관련하여 급별관할의 문제가 발생한다. 즉 어느 급의 법원이 민사집행을 담당하느냐라는 급별관할이 먼저 문제되며, 다음으로 같은 급의 법원 중 어느 법원이 담당할 것인가의 지역관할이 문제가 된다.

Ⅰ. 급별관할(級別管轄)

민사집행은 원칙적으로 제1심 관할법원이나 그와 동급인 재산소재지의 법원이 관할하도록 되어있다(민소법 제224조 제1항). 우리와 달리 중국에서는 민사 제1심을 기층인민법원만 담당하는 것이 아니라 중급인민법원, 고급인민법원, 최고인민법원 모두 제1심 법원이 될 수 있다. 그러나 현재 최고인민법원은 제1심 사건을 전혀 수리하지 않고 있으며, 고급인민법원도 매우 적은 수의 사건만을 제1심으로 다루고 있다. 따라서 집행법원이 되는 것은 기층인민법원, 중급인민법원 및 고급인민법원이나 그 중 고급인민법원이 집행법원이 되는 것은 매우 드물 것이다. 대부분의 사건은 기층인민법원의 관할에 속할 것이다.

1. 기층인민법원(基層人民法院)

실제로 대부분의 민사집행사건은 기층인민법원에서 처리하게 된다. 기층인민법원은 ① 기층인민법원의 확정된 법률문서를 집행권원으로 하는 사건, ② 국내중재 과정 중의 재산보전과 증거보전사건(〈집행규정〉 제11조), ③ 상급법원이 기층인민법원이 집행하도록 지정한 사건을 집행한다.

2. 중급인민법원

중급인민법원은 ① 중급인민법원이 제1심으로 재판한 확정된 법률문서를 집행권원으로 하는 사건, ② 중국법원이 그 효력을 승인한 외국의 판결, 외국 중재기구의 중재재결, ③ 중국의 섭외중재기구가 내린 중재재결 및 중재 중의 증거보전과 보전 사건(〈집행규정〉 제12조), ④ 특허관리기관이 처리한 결정 및 처벌결정 사건(〈집행규정〉 제13조), ⑤ 국무원의 각 부분, 성급인민정부 및 해관(출입국관리국)이 내린 결정이나 처벌결정 사건(〈집행규정〉 제14조), ⑥ 법원의 승인을 얻은 홍콩, 마카오, 대만 법원의 판결, 중재판정 사건, ⑦ 중급인민법원이 끌어올린 집행사건과 상급법원의 지정을 받은 사건을 집행한다.[27]

3. 고급인민법원

고급인민법원이 제1심으로 처리한 사건에 대한 집행을 할 것이나 실제로 고급인민법원은 매우 적은 수의 사건만을 집행하며, 주로 하급법원의 집행업무를 감독하는 기능을 한다.

Ⅱ. 지역관할

민사집행의 지역관할은 집행권원의 종류에 따라 다르게 된다.

1. 법원의 판결과 재정

2007년 개정 전의 민사소송법 제207조 제1항은 "법률적 효력이 발생한 민사판결, 재정 및 형사판결, 재정 중 재산에 관한 부분은 제1심 법원이 집행한다"라고 하여 법원의 재판은 일률적으로 제1심 관할법원이 집행하도록 하고 있었다. 그러나 집행재산이 제1심 법원 소재지 이외의 지역에 있는 경우에는 집행에 불편이 따라 불만의 대상이 되어 왔다. 이를 감안하여 2007년 개정법에서는 "제1심 법원 또는 제1심 법원과 동급인 집행재산 소재지 법원이 관할한다"라고 하여 재산소재지 법원의 관할권을 인정하였다(구민소법 제201조 제1항; 현행법 제224조 제1항).

이에 따라 지역관할이 둘이 발생할 수 있으며 집행신청인이 이 중 재산소재지 법원을 선택하는 경우에는 관련 증거자료를 제출하여 그 법원의 관할구역 내에 집행재산이 존재함을 증명해야 한다(〈집행해석〉 제1조).

2. 법원의 판결 · 재정 이외의 법률문서의 집행

법률규정에 따라 법원이 집행하는 기타 법률문서는 피집행인의 주소지 또는 집행재산 소재지의 법원이 집행한다(민사소송법 제224조 제2항). 다만 법률에 다른 규정이 있

---

27) 赵钢, 占善刚, 刘学在 著, 前揭 民事诉讼法, 394面.

는 경우에는 그 규정에 따라야 한다.

(1) 법률적 효력이 발생한 지급명령은 그 지급명령을 발한 법원이 집행한다(〈약간의견〉 第254조).

(2) 국내 중재기구가 내린 중재재결, 공증기관이 집행력을 부여한 채권증서는 피집행인의 주소지 혹은 집행재산 소재지의 법원이 집행한다. 이 경우 어느 급의 법원이 집행할 것인지는 소송사건의 급별관할 규정에 따라 정한다(〈집행규정〉 제10조).

(3) 국내 중재과정 중 당사자의 신청을 통하여 중재기구가 법원에 넘긴 보전신청은 신청인 주소지 혹은 보전 신청된 재산 소재지의 기층인민법원이 집행하며, 증거보전신청은 증거 소재지의 기층인민법원이 집행한다(〈집행규정〉 제11조). 섭외중재기구의 신청에 따른 보전신청 또는 증거보전신청은 위 각 지의 중급인민법원이 집행한다(〈집행규정〉 제12조).

Ⅲ. 집행관할의 특수문제

1. 관할의 경합(공동관할)

두 개 이상의 법원이 관할권을 가지고 있는 경우에는 당사자는 그 중 1개의 법원을 선택하여 신청할 수 있다. 만약 두 개 이상의 법원에 집행을 신청한 경우에는 가장 먼저 입안(立案)한 법원이 관할한다(〈집행규정〉 제15조). 법원이 입안 전에 이미 다른 관할권 있는 법원이 입안한 것을 안 경우에는 중복하여 입안할 수 없다. 또 입안 후에 비로소 다른 법원이 이미 입안한 것을 안 경우에는 사건의 입안을 취소(撤销)해야 하며, 이미 집행조치를 취한 경우에는 파악한 재산을 먼저 입안한 법원에 넘겨야 한다(〈집행해석〉 제2조).

2. 관할권에 대한 이의

법원이 집행신청을 수리한 후 관할에 대하여 이의가 있는 당사자는 집행통지서를 받은 날로부터 10일 이내에 이의를 제기해야 한다(〈집행해석〉 제3조 제1항). 이의에 대한 심사 결과 이의가 이유 있다고 인정하면 집행사건의 입안을 취소하고 당사자에게 관할권 있는 법원에 신청하도록 고지해야 하며, 이의가 이유 없는 경우에는 재정으로 기각한다. 기각의 재정에 불복하는 경우에는 바로 위급의 법원에 복의(复议)를 신청할

수 있다(같은 조 제2항).[28]

주의할 것은 관할 이의에 대한 심사기간이나 복의기간 중에도 집행은 정지되지 않는다는 점이다(같은 조 제3항).

법원간에 집행관할에 관하여 쟁의가 발생한 경우에는 쌍방이 협의하여 해결하며, 협의가 이루어지지 않는 경우에는 쌍방에 공통되는 상급법원에 지정을 신청한다(〈집행규정〉 제16조).

3. 관할권의 이전[轉移[29]]

상하급 법원간의 집행관할은 약간의 변통을 할 수 있다. 즉 특수한 사정이 있는 경우에는 기층인민법원 및 중급인민법원은 상급법원에 신청하여 사건을 상급법원에서 처리하게 할 수 있다(〈집행규정〉 제17조). 상급법원도 특수한 이유가 있는 경우에는 당사자의 신청을 받아 하급법원의 집행사건을 끌어올려 스스로 집행할 수 있다.

4. 집행관할의 변경

집행실무상 소위 지역이기주의의 발호로 인하여 집행사건이 장기간 처리되지 않는 경우가 있다. 이에 대한 대책으로 2007년 개정에서는 제203조(현행법 제226조)를 신설하여 일정한 경우에 관할법원을 변경할 수 있도록 하였다. 즉 법원이 집행신청서를 받은 날로부터 6개월이 넘도록 집행이 되지 않는 경우에는, 집행신청인이 바로 위급의 법원에 집행을 신청할 수 있도록 하고 있으며, 이 경우 그 상급법원은 심사를 한 후 원래의 법원에 대하여 일정한 기간 내에 집행하도록 명령을 하거나, 스스로 집행하거나 다른 법원을 지정하여 집행하게 할 수 있다.

Ⅳ. 위탁집행(委託執行)과 집행의 협조

1. 위탁집행[30]

피집행인 또는 집행재산이 집행신청을 받은 법원의 관할 구역 밖에 있는 경우에는

28) 판결절차에서의 관할이의를 기각한 재정에는 상소가 허용되는 것과 다르다. 다만 재정법원이 아닌 상급법원에 복의신청을 하는 점에서 여타의 복의(재의)와는 다르다.

29) 법전상으로는 전이(轉移)이다.

30) 위탁집행에 관한 자세한 사항은 〈집행규정〉 제111조 이하 및 〈最高人民法院关于委托执行若干问题的规定〉[法释(2011) 11号]을 참조할 것.

직접 현지에 가서 집행을 할 수 있으나, 그것이 불편한 경우에는 현지의 법원에 위탁하여 집행하게 할 수 있다(〈약간의견〉 제259조). 이를 위탁집행이라 한다(민소법 제229조 제1항). 예컨대 군수기업(軍需企業)이 피집행인인 경우에는 군사법원(軍事法院)에 위탁할 수 있으며, 집행목적물이 선박인 경우에는 해사법원(海事法院)에 위탁하여 집행할 수 있다.

위탁집행이 필요한 경우에는 집행신청을 입안한 후 1개월 이내에 하여야 하며, 1개월이 지난 경우에는 수탁법원의 동의가 있어야 한다. 위탁은 동급 법원간에 함이 원칙이나 수탁법원의 동의가 있는 경우에는 바로 위급의 법원에 위탁을 할 수도 있다.

수탁법원은 위탁서면을 받은 날로부터 15일 이내에 집행을 개시하여야 하며 위탁을 거절하지 못한다. 수탁법원은 위탁서면을 받은 후 실체관계를 심사하지 않고 집행을 개시해야 하며, 절차진행 중 집행근거인 법률문서에 착오가 있음을 발견한 경우에는 즉시 위탁법원에 이를 알려야 한다. 수탁법원이 15일 이내에 집행을 개시하지 아니하는 경우에는 위탁법원이 수탁법원의 상급법원에 집행을 개시하라는 명령을 해달라는 청구를 할 수 있다(민소법 제229조 제2항).

위탁집행은 일반적인 경우에는 30일 이내에 집행을 완료해야 하며 늦어도 6개월 이내에 완료해야 한다, 집행완료 후에는 즉시 집행결과를 위탁법원에 서면으로 송부해야 한다. 30일 이내에 집행이 완료되지 않은 경우에도 위탁법원에 집행상황을 서면으로 통보해야 한다.

2. 집행의 협조와 제재(制裁)

(1) 의의

집행협조(执行协助)라 함은 관계단위나 개인이 법원의 통지나 청구를 받아 집행권원의 실현에 협조하는 것을 말한다. 협의의 집행협조는 단위나 개인이 법원의 집행에 협력하는 것을 말하나, 광의로는 법원 사이의 집행의 협조도 포함된다. 법원간의 집행협조는 위에서 본 위탁집행과는 다른 개념이며 집행법원이 다른 법원의 관할구역에서 집행행위를 하는 경우 보조적 행위를 해주는 것에 그치는 것이다. 이하에서는 협의의 개념을 사용하여 단위나 개인의 협조의무와 그 의무 위반에 대한 제재를 살펴보기로 한다.

(2) 협조의무자와 협조의 내용

협조의무를 부담하는 단위나 개인 중 중요한 것으로는 금융기관(은행, 신용합작사와 같이 저축업무를 취급하는 기관), 등기기관(건물, 토지의 등기기관이나 공상등기기관 등), 공안기관 등을 들 수 있다. 협조의무는 법원의 협조통지서에 의해 발생하며, 법원이 협조통지서를 발하는 경우에는 협조를 구하는 구체적인 사항을 기재해야 한다.

1) 동결(冻结)과 이체[划拨]의 협조

피집행인이 금융기관에 예금을 하고 있거나 하고 있을 가능성이 있는 경우에는 법원이 금융기관에 피집행인의 예금의 조회, 동결, 이체에 관한 협조를 청구할 수 있다.

2) 근로수입에 대한 강제집행의 협조

근로자의 근로수입에 대하여 강제조치를 취하는 경우 법원은 그 사용단위에 근로자의 보수를 압류하여 그 수취에 협조해달라는 청구를 할 수 있다.

3) 권리증서의 이전 혹은 이전금지의 협조

예컨대 법원이 피집행인의 건물을 경매하는 경우 건물관리부문에 대하여 건물등기의 이전절차에 대한 협조를 구하거나 건물, 차량, 선박 등에 대하여 보전조치를 하는 경우 관리기관에 소유권의 이전절차를 금지하도록 협조요청하는 것과 같다.

4) 물품의 교부 협조

집행물을 제3자가 소지하고 있는 경우 그 소지인은 법원의 협조 통지에 따라 물건을 집행신청인이나 집행관에게 교부할 의무가 있다.

5) 출국금지의 협조

집행권원에 기재된 채무를 이행하지 않는 자에 대하여는 출국금지의 조치를 취할 수 있으며 이는 공안기관이 실시하게 된다.

6) 신용정보 계통에의 기재, 채무불이행 정보의 공표 협조

집행채무를 이행하지 않는 피집행인에 대하여는 블랙리스트(黑名单)을 작성하여 이를 신용정보 계통에 기록하게 할 수 있으며, 매체를 통하여 이를 공표할 수 있다. 법원내부의 신용정보 계통은 물론이고 외부의 계통 예컨대, 금융기관이나 공상관리기관의 신용정보 계통에도 기록할 수 있으며 금융기관 등은 이에 협조해야 한다. 또 채무불이행을 신문, 방송 등 매체에 통지하여 이를 공표시킬 수 있으며, 이 경우 언론매체는 역시 협조의무를 부담하게 된다.

(3) 협조의무 위반에 대한 제재

1) 전통적인 제재

중국의 민사소송법에서는 민사소송의 방해행위에 대하여 별개의 장을 두어 엄격한 제재를 가하고 있다. 즉 민사소송법 제10장은 민사소송 방해행위를 유형별로 정하여 훈계, 퇴정은 물론 벌금, 구류에 처할 수 있도록 하고 있으며 때로는 형사책임을 추궁

할 수 있도록 하고 있다. 강제집행을 방해하는 행위도 물론 민사소송 방해행위에 해당하며[31] 이에 대하여 엄격한 제재를 가하고 있다(민소법 제111조, 제114조).

2012년 개정법에서는 벌금의 액수를 크게 상향 조정하여 제재의 실효를 도모하고 있다. 즉 개정 전 민사소송법 제104조는 "개인에 대한 벌금액은 인민폐 1만 위안 이하로 한다. 단위에 대한 벌금액은 인민폐 1만 위안 이상 30만 위안 이하로 한다"라고 규정하고 있었으나, 개정법 제115조는 "개인에 대한 벌금액은 인민폐 10만 위안 이하로 한다. 단위에 대한 벌금액은 인민폐 5만 위안 이상 100만 위안 이하로 한다"라고 하여 벌금액수를 대폭 상향 조정하였다.

또한 2007년 개정 전에는 조사나 집행의 협조의무가 있는 단위가 이를 거부하는 경우에는 그 주요책임자 혹은 직접책임자에게 벌금을 부과하거나 감찰기관 등에 기율처분(紀律處分)을 하도록 사법 건의할 수 있는 정도로 하고 있었으나, 2007년 개정법부터는 이에 더하여 직접 구류에 처할 수 있도록 제재를 강화하였다(구법 제103조 제2항; 현행법 제114조 제2항). 다만 구류는 보충적인 것으로 보아야 하므로 우선 벌금을 부과하고 그래도 거부하는 경우에 과하여야 하며 그 기한은 15일 이내이다(민소법 제115조 제2항). 구류는 법원이 공안기관에 넘겨 실시하며 구류 중 잘못을 인정하고 집행에 협조하는 경우에는 앞당겨 이를 해제할 수 있다(같은 조 제3항).

2) 손해배상

민사소송법에는 명문의 규정이 없으나 협조의무의 불이행으로 인하여 집행채권자에게 손해가 발생한 경우에는 그 손해를 배상해야 한다(〈집행규정〉 제33조, 제37조, 제44조, 제56조 등).

예컨대 금융기관이 함부로 예금의 동결을 해제해 주어 그 동결된 예금이 이전된 경우에는 법원이 일단 기한을 정하여 그 회수를 명하고, 기간 내에 회수를 하지 못하는 경우에는 금융기관이 집행신청인에 대하여 손해배상의 책임을 부담하는 것과 같다(〈집행규정〉 제33조).

31) 민사소송법 제111조 제1항 제3호, 제4호, 제5호, 제6호, 제114조는 강제집행과 관련된 민사소송 방해행위이다.

제3장 민사집행의 절차

제1절 집행의 개시

집행의 개시는 집행신청인이 집행관할권 있는 법원에 집행을 신청함으로써 시작되는 것이 일반적이나, 중국의 집행절차에서는 상술한 바와 같이 재판기관이 직접 판결서 등을 집행기관에 넘겨 개시되는 경우도 있다(移送執行).

I. 당사자의 신청에 의한 개시(신청집행)

당사자가 집행신청을 함에는 다음과 같은 요건을 갖추어야 한다. 집행신청에는 신청비의 예납이 필요없으며 집행 후에 납부하면 된다.[1)]

(1) 법률문서의 확정

근거가 되는 법률문서가 이미 법률적 효력이 발생한 것이어야 하고 급부를 내용으로 하는 것이어야 한다.

(2) 법률문서에 규정된 이행기간이 만료되었음에도 불구하고 이행하지 않을 것

(3) 관할권 있는 법원에 신청할 것

(4) 집행신청기간 내에 신청할 것

중국의 강제집행의 경우는 집행채권자가 집행을 신청할 수 있는 기간이 명확히 규정되어 있다. 2007년 개정 전 민사소송법 제219조는 상당히 단기의 신청기간을 두어 불만의 대상이 되어왔다. 즉 집행신청의 기한은 쌍방 혹은 일방당사자가 공민인 경우

1) 〈诉讼费用交纳办法〉(国务院令第 481号, 2006-12-19) 제20조.

에는 1년, 쌍방이 법인 또는 기타 조직인 경우에는 6개월로 되어있었다. 그리고 이 기간은 법률문서에 규정된 이행기간의 최종일로부터 계산하며, 법률문서가 분할이행을 규정한 경우에는 규정된 매 차례의 이행기간의 최종일로부터 계산하도록 하고 있었다. 이에 관하여는 집행신청기간이 너무 짧아 채무자가 채무이행에 어려움을 겪게 되고, 당사자간의 화해를 어렵게 한다는 지적이 끊임없이 제기되어 왔다. 이에 2007년 개정안에서는 공민, 법인의 구별을 없애고 일률적으로 3년의 집행신청기간을 두는 것으로 하였으나,[2] 심의과정에서 너무 길다는 의견이 우세하여 일률적으로 2년으로 하였다(구민소법 제215조: 현행법 제239조). 또한 법률문서에 이행기간이 없는 경우에는 법률문서가 법률적 효력이 발생한 날로부터 기산한다는 규정을 신설하였다(같은 조 제2항 제2문).

(5) 서면의 신청서를 제출하고 집행의 근거 법률문서를 제출할 것

신청서에는 집행신청의 이유, 사항, 대상, 집행신청인이 알고 있는 피집행인의 재산상황 등을 기재해야 한다. 다만 서면작성에 곤란한 사정이 있는 경우에는 구술신청도 가능하다. 신청서 이외에도 ① 집행권원 부본, ② 집행신청인의 신분증서, ③ 상속인 혹은 승계인의 경우에는 상속 혹은 승계를 증명하는 문서 등을 제출해야 한다(〈집행규정〉 제20조).

Ⅱ. 재판기관의 집행이송(執行移送)에 의한 개시

중국의 민사소송법에는 아직 국가간예주의적인 색채가 많이 남아있다. 국가간예원칙이 집행절차에서 표출(表出)된 것 중의 하나가 이른바 이송집행이다(민소법 제236조). 즉 일정한 사건의 경우에는 당사자의 집행신청을 받지 않고 직접 재판을 담당한 재판부(민사심판정)가 집행기관에 이를 넘겨 집행하도록 하는 것이다(이를 移交執行이라고도 한다). 즉 법률문서가 국가이익, 사회이익이나 부녀, 아동, 노인의 생존에 시급한 내용을 담고 있는 경우에는 국가가 직접 간여한다는 것이다. 민사소송법에는 직권으로 이송을 할 수 있는 사건의 종류를 명시하지 않았으나 당사자의 처분의 자유를 지나치게 침해한다는 비판도 있다.[3]

---

2) 前揭 2007년 6월 18일 전국인민대표대회 상무위원회 위원장이 부의(附議)한 〈中华人民共和国民事诉讼法修正案(草案)〉 9面 참조.

3) 예컨대 江伟 主编, 前揭 民事诉讼法专论, 96面.

민사소송법 제236조, 최고인민법원의 〈집행규정〉 제19조 제2항 등의 사법해석에 의하여 이송집행에 부칠 수 있는 사건은 다음과 같다.

(1) 존속부양료[赡养费], 부부간부양료[抚养费],[4] 양육비[抚育费]를 내용으로 하는 법원의 법률문서, 즉 민사 판결서 혹은 조정서(〈집행규정〉 제19조 제2항)

(2) 민사제재결정서 즉 민사소송 방해행위에 대한 벌금, 구류의 결정서(같은 항)

(3) 형사부대민사소송에 대한 판결서, 재정서, 조정서(같은 항)

(4) 보전 및 우선집행[5]의 재정

(5) 국가, 집체 및 공민의 중대한 이익에 영향을 미치는 민사 판결서, 재정서

이송집행은 심판정의 정장 혹은 법원장의 허가를 얻어야 하며 집행이송서를 작성해야 한다. 집행이송서에는 사건의 명칭, 사건번호, 집행의 내용을 적어야 하며, 피집행인의 기본사정, 이행능력과 판결에 대한 피집행인의 기본적인 태도와 집행 중 유의하여야 할 사항 등을 적어 집행의 편의를 도모한다.[6] 실무상으로는 집행의 편의와 정확을 기하기 위하여 사건의 기록도 함께 보낸다고 한다.[7]

제2절 수리(立案)와 집행재산의 조사

Ⅰ. 수리와 불수리

집행신청인의 신청과 재판부의 집행이송을 받은 경우 집행기관은 이에 대한 심사를 거친 후 집행할 것인지와 집행통지서를 발송할 것인지를 결정한다. 심사의 주요내용은 집행신청과 집행이송 요건에 부합하는지와 부집행(不執行) 사유에 해당하지 않는지의 여부이다. 심사 후에는 수리결정을 하여 집행절차를 진행하거나 불수리의 재정(裁

4) 부부간 혹은 이혼 후 일방에 대한 부양료를 말한다.
5) 우선집행(先予執行)은 수소법원이 판결 전에 일방당사자에게 상대방에 대하여 재물이나 특정 행위를 할 것을 재정하고 즉시 집행하는 것을 말한다(민소법 제106조 이하). 판결 전에 하는 점에서 우리의 가집행과는 다르다. 우선집행이 허용되는 사건은 존속부양료, 부부간의 부양료, 양육비, 의료비나 노동임금 등에 관한 사건으로 시급히 이행되지 않으면 생활이 곤란해지는 경우 등에 한정된다.
6) 赵钢, 占善刚, 刘学在 著, 前揭 民事诉讼法, 398面 참조.
7) 唐德华, 前揭 新民事诉讼法(实务精答), 607面 참조.

定)을 하여 절차를 종료시킨다.

1. 불수리 재정

집행신청서와 집행이송서에 흠결(欠缺)이 있는 경우에는 보정을 명하고 집행의 조건을 갖추지 못한 경우 또는 집행불허의 사유에 해당하는 경우에는 7일 이내에 집행신청 또는 집행이송을 기각하는 재정을 하여 이를 통지한다.

집행이 불허되는 사항에는 다음과 같은 것이 있다.

(1) 집행이 신청된 중재재결에 다음과 같은 사항이 있는 경우 합의부가 심사하여 불수리의 재정을 한다(민사소송법 제237조 제2항). 이 경우는 피집행인이 증거를 제출하여 이를 증명해야 한다.

① 당사자가 계약 중에 중재조항을 두지 않았거나 사후에 서면의 중재합의가 달성되지 않은 경우(제1호).

② 재결된 사항이 중재합의의 범위에 속하지 아니하거나 중재기관이 권한 없이 중재한 경우(제2호). 재결된 사항이 부분적으로 중재합의의 범위를 초과하는 경우는 초과부분만 부집행(不執行) 재정의 대상이 된다.

③ 중재부의 구성 혹은 중재의 절차가 법정절차에 위반된 경우(제3호).

④ 재결의 근거가 된 증거가 위조된 것인 경우(제4호). 2012년 개정 전에는 "사실인정의 주요증거가 부족한 경우"이었으나 이번 개정으로 위조된 것에 한하도록 하였다.

⑤ 상대방 당사자가 중재기구에 대하여 공정한 판정에 영향을 주기에 족한 증거를 은폐한 경우(제5조). 2012년 개정 전에는 "법률적용에 착오가 있음이 확실한 경우"이었으나 이를 삭제하고 위와 같은 구체적인 사유를 추가하였다.

⑥ 중재원이 당해사건을 중재하면서 독직수회(瀆職受賄)하거나 사사로운 정에 이끌려 재결(徇私舞弊)하거나 법을 왜곡하여 재결(枉法裁決)한 경우(제6호).

위 사항 이외에도 법원이 당해 재결의 집행이 사회공공이익에 위배된다고 인정하는 경우에는 집행을 허용하지 아니한다(제3항). 부집행(不執行)의 재정서는 쌍방당사자 및 중재기관에 송달하여야 한다.

법원이 부집행(不執行)의 재정을 한 중재재결에 대하여 당사자는 쌍방 사이의 서면의 중재합의를 근거로 다시 중재신청을 하거나 법원에 소를 제기할 수 있다(제5항).

(2) 집행이 신청된 공증채권증서에 착오가 있음이 확실한 경우에는 법원은 부집행의 재정을 하고 재정서를 쌍방당사자 및 공증기관에 송달한다(민소법 제238조 제2항).

2. 수리결정(立案)과 집행통지(執行通知)

집행신청서 혹은 집행이송서가 요건을 갖추고 부집행(不執行)의 대상이 되지 않는 경우에는 7일 이내에 수리결정을 하여야 하며, 수리결정을 한 후에는 3일 이내에 피집행인에 대하여 집행통지서를 송달해야 한다(〈집행규정〉 제24조 제1항 및 제2항). 집행통지서에는 지정된 기간 내에 의무를 이행하도록 하는 명령을 포함해야 하며 만약 기간 내에 이행하지 않는 경우에는 민사소송법 제253조 소정의 지연이자 혹은 지연배상금을 지급해야 함을 기재한다.

집행통지제도는 원래 피집행인에 대한 설복교육(說服教育)과 강제집행을 결합해야 한다는 원칙을 구현하기 위한 것으로 역사적 변천을 거쳤다.

1991년의 민사소송법상의 통지제도는 강제집행에 대하여 완전한 전치관계(前置關係)에 있었다. 즉 당시에는 입안한 후 바로 집행채무자에게 집행통지서를 보내 통지서에 지정된 기간 내에 채무를 이행할 것을 명하고, 그 지정된 기간을 넘기는 경우에 강제집행을 하였다. 여기에 대하여는 우선 판결서 등에 이행기가 확정되어 있음에도 다시 집행관이 그 이행기를 고치는 것이 되어 문제라는 지적이 있었고, 이와 같은 집행의 예고는 피집행인에게 집행재산을 이전, 은닉하거나 다른 기관에 구조요청(지역이기주의의 발로)을 하는 기회를 주기 때문에 집행의 순조로운 진행을 방해한다는 비판을 받았다.

2007년 개정시에는 여기에 제2항을 신설하여 피집행인이 법률문서(執行權原)상의 의무를 이행하지 않고 또 재산을 은닉, 이전할 가능성이 있는 경우에는 이행기간을 주지 않고 바로 강제집행조치(압류 등)를 할 수 있도록 하였다. 그러나 당사자의 은닉이나 이전행위는 매우 은밀히 이루어지는 것이어서 그 가능성 여부를 집행원이나 채권자가 알기 어렵고, 때로는 조사해 보아야 알 수 있다는 것을 핑계로 강제조치를 해주지 않는 경우도 있어 문제가 되어왔다고 한다.

2012년에 다시 이를 개정하여 ① "집행관이 집행신청서 혹은 집행이송서를 받은 경우에는 피집행인에 대하여 집행통지를 해야 하며, 즉시 강제집행 조치를 취할 수 있다"로 고쳤다. 즉 이전의 집행통지에 이행기간을 지정하던 것을 삭제하였으며, ② 재산의 은닉, 이전의 가능성이라는 즉시 강제집행조치를 취하기 위한 조건을 삭제하여 조건 없이 즉시 강제집행을 할 수 있도록 하였다. 이에 따라 이제는 집행관이 집행통지를 하고 바로 재산의 압류, 동결과 같은 강제조치를 할 수 있게 되었다.[8)]

---

8) 全国人大常委会法制工作委员会民法室 编著, 前揭 ≪中华人民共和国民事诉讼法≫ 解释与适用,

Ⅱ. 집행재산의 조사

집행조사는 피집행인의 재산상태를 조사하는 것을 말한다. 중국의 민사집행에서는 집행재산에 대한 조사를 매우 중시한다. 이를 통해 재산이 있음에도 채무를 이행하지 않는 피집행인을 가려내어 제재를 가하기도 하고 이후의 집행을 효율적으로 실시할 수 있게 한다. 집행재산에 대한 조사는 주로 다음과 같은 방법을 사용하고 있다.

1. 신청인의 재산조사 단서의 제공

집행신청인은 집행신청시에 그가 파악한 피집행인의 재산상태 혹은 재산상태를 알 수 있는 실마리(线索: 단서)를 제공해야 한다(〈집행규정〉 제28조). 이를 토대로 법원은 피집행인의 재산상태를 효과적으로 조사할 수 있다. 법원은 피집행인의 재산상황과 의무이행능력을 조사하기 위하여 피집행인 또는 피집행인(법인)의 법정대표자나 책임자를 소환하여 심문할 수 있다(〈집행규정〉 제29조).

2. 법원의 직권조사

법원이 자기 스스로 피집행인의 재산을 조사해내는 것을 말한다. 실무상 신청인이 채무자의 재산상황에 관한 정보를 제공할 수 없는 경우가 많고 기껏해야 재산에 대한 실마리를 제공하는 것에 그치는 경우가 많으므로, 이와 같은 경우에는 법원이 직권으로 재산상황을 조사한다(예컨대 은행에의 조회). 법원의 직권조사에 대하여 기관이나 개인은 조사에 협조할 의무가 있으며 이를 거부하거나 방해하는 경우에는 민사소송 방해행위로 강제조치가 가해질 수 있으므로 강력한 효과가 있는 방법이다.[9)]

3. 피집행인의 재산신고

2007년 개정법에서는 민사집행의 효율성을 제고하고 피집행인의 자발적인 이행을 권장하기 위하여 재산신고제도를 도입하였다.[10)] 즉 피집행인이 집행통지에 따라 법률문서에 확정된 의무를 이행하지 않은 경우에는 현재와 집행통지를 받기 전 1년의 재산상황을 보고해야 하며, 보고를 거부하거나 허위보고를 하는 경우에는 법원이 그 행위의 경중을 가려 피집행인 또는 그 법정대리인, 관련단위의 주요책임자 혹은 직접책

385~387面 참조.

9) 谭兵, 李浩 主编, 前揭 民事诉讼法学, 465~466面.

10) 우리나라의 재산명시제도와 유사하다.

임자에게 벌금을 과하거나 구류를 과할 수 있도록 하였다(민소법 제241조).

재산보고는 법원의 재산보고 명령(报告财产令)에 의해 행해지며 재산보고 명령에는 보고할 재산의 범위, 보고기간 및 보고의 거부 혹은 허위보고에 대한 제재를 알리는 내용을 적어야 한다(〈집행해석〉 제31조). 이에 따라 피집행인은 서면으로 보고를 해야 하며, 보고서에는 ① 수입, 은행예금, 현금, 유가증권, ② 토지사용권, 주택 등 부동산, ③ 교통운수공구, 기계설비, 생산물, 원료 등의 동산, ④ 채권, 주식, 투자수익권, 펀드, 지적재산권 등의 재산적 권리, ⑤ 기타 마땅히 보고해야 할 재산을 기재해야 한다(〈집행해석〉 제32조 제1항). 또 집행통지를 받기 1년 전부터 발생한 재산의 변동상황을 보고해야 하며, 보고 후에 다시 재산상황에 변동이 발생하여 집행신청인의 채권의 실현에 영향을 미칠 수 있게 된 경우에는 변동발생 후 10일 이내에 법원에 추가(보충) 보고를 해야 한다(같은 조 제2항 및 제33조).

피집행인의 재산보고에 대하여 집행신청인이 조사를 요구하는 경우에는 이를 허용해야 하며, 조사로 알게 된 재산상황에 대하여 신청인은 비밀을 준수해야 한다(〈집행해석〉 제34조). 또 법원도 직권으로 또는 집행신청인의 신청에 의해 재산보고의 진실여부를 조사할 수 있다(〈집행해석〉 제35조).

재산보고명령에 위협을 느낀 피집행인이 자발적으로 채무를 이행할 수도 있을 것이며, 자발적으로 채무 전부를 이행한 경우에는 보고절차를 종결하는 재정을 한다(〈집행해석〉 제32조 제3항).

4. 법원의 검색[搜査][11)]

피집행인이 채무를 이행하지 않고 재산을 은닉하는 경우에는 검색령[搜査令]을 내려 피집행인의 신체, 주소지나 재산은닉 장소를 수색할 수 있다(민소법 제248조).[12)] 위의 직권조사가 피집행인 이외의 개인이나 기관에 대하여 조사를 하는 것임에 비하여 검색은 직접 피집행인의 신체나 주소지 등에 대하여 수색을 실시하는 것이다. 검색명령은 법원장이 서명하여 발한다(같은 조 제2항). 법원은 검색을 함에 있어서 재물을 은닉했을 가능성이 있는 장소, 상자 등을 열도록 명령할 수 있으며 이에 따르지 않는 경우에는 강제로 열 수 있다(〈집행규정〉 제31조).

---

11) 법전상의 용어는 수사(搜査), 수사령(搜査令)이다.

12) 재산검색제도는 1982년의 시행법에는 없던 제도이다. 그 후 실무상 재산은닉행위가 횡행(橫行)하여 집행이 극도로 곤란해지자 1991년의 민사소송법에서 도입하게 되었다(谭兵, 李浩 主编, 前揭 民事诉讼法学, 465~466面. 466面 각주 8 참조).

5. 기타 방법에 의한 재산조사

위의 방법 이외에도 예컨대 공안기관, 세무당국 등 다른 국가기관에 대하여 협조통지서를 보내 조사하는 방법이 사용되기도 하며, 민간의 조사기관을 동원하는 경우도 있다고 한다. 또 실무 중 법원이 현상광고(懸賞廣告)를 하여 민간의 첩보를 유발하여 재산의 단서를 찾아내는 방법을 자주 사용한다고 한다.[13)]

제3절 집행조치

집행조치는 법원이 법정의 절차에 따라 의무자에 대하여 강제로 의무를 이행하도록 하여 법률문서의 내용을 실현시키는 방법과 수단을 말하는 것으로, 민사집행의 중추적인 부분이다. 집행조치는 당사자의 이행의무의 종류, 법률문서(집행권원)의 종류, 실제 피집행인의 경제 혹은 재산 상태에 따라 그 방법과 수단을 달리하고 있다. 앞에서 본 바와 같이 중국의 민사집행에서는 원칙적으로 곧바로 강제조치를 취하는 것이 아니라, 일단 집행통지서를 보내고 집행을 개시한다. 그러나 2007년 개정과 2012년 개정(민소법 제240조)으로 이제는 집행통지서에 이행기간을 다시 정해주는 제도는 없어졌으며 즉시 강제집행을 실시할 수 있게 되었다. 즉시 집행을 하는 경우에도 집행통지서는 보내주어야 할 것이며, 이 경우에는 강제집행조치와 동시에 또는 집행조치 후 3일 이내에 발송하면 될 것이다(〈집행해석〉 제30조). 강제조치의 기본 수단은 사봉(查封), 구압(扣押), 동결(凍結)이다.[14)]

---

13) 실제로 사용되는 방법이며 지방의 성(省) 중에는 이를 위한 규정을 만들어 공포한 경우도 적지 않다(谭兵, 李浩 主编, 前揭 民事诉讼法学, 466面 각주 9 참조).

14) 압류의 형식을 말하는 것으로 이에 관한 사법해석으로는 〈最高人民法院关于人民法院民事执行中查封, 扣押, 冻结财产的规定〉[法释(2004) 15号]이 있다. 이하 〈압류규정〉이라 부른다.

제4절 집행의 경합과 분배참가

민사집행 중 동일한 채무자의 집행목적물에 대하여 수인의 채권자가 집행을 요구하는 경우가 있고, 때로는 다른 사람의 집행절차에 참여하여 분배를 요구하는 경우도 발생한다. 전자를 집행경합이라 하고 후자를 분배참가라 한다.

Ⅰ. 집행의 경합

1. 의의와 요건

집행경합은 민사집행의 경합이라고도 말하며, 민사집행절차 중 둘 또는 둘 이상의 채권자가 동시에 또는 앞뒤로 각각 별개의 집행권원을 가지고 피집행인의 특정 재산에 대하여 강제집행을 신청하는 것을 말한다.

넓은 의미의 집행의 경합에는 민사집행과 재산형(沒收, 罰金 등)간의 경합이나 민사집행과 벌금 등의 행정처벌간의 경합도 포함되나 대체적으로 이 경우에는 민사집행이 우선한다는 규정이 있으므로 그다지 문제가 되지 않는다.[15] 이하에서는 민사집행간의 경합에 한정하기로 한다.

집행경합이 발생하기 위하여는 ① 둘 이상의 채권자의 존재, ② 둘 이상의 집행권원의 존재, 즉 채권자가 각각 독립적인 집행권원을 가지고 있을 것, ③ 집행의 목적물이 동일한 채무자의 특정된 재산이고, 모든 집행권을 동시에 만족시킬 수 없을 것, ④ 수인의 채권자가 동시에 또는 앞뒤로 집행을 신청할 것이라는 요건이 필요하다.

2. 경합의 유형과 그 처리

민사집행은 종국적집행(확정된 법률문서의 집행)과 보전집행(절차 중 재산에 대한 보전적 집행)이 있으며, 이에 따라 집행의 경합도 ① 종국집행간의 경합, ② 보전집행간의 경합, ③ 종국집행과 보전집행간의 경합으로 나누어진다.

---

15) 몰수와 몰수할 재산으로 채무를 변제해야 하는 경우에는 민사집행이 우선하도록 되어있으며(〈중국형법〉 제60조), 벌금과 범죄자의 채무간에도 민사집행이 우선하도록 되어있다(같은 법 제36조). 또 예컨대 회사가 법률의 규정을 어겨 민사책임과 벌금을 부담해야 하는 경우, 그 재산이 부족한 경우에는 민사배상책임이 우선한다는 규정 등 행정벌과의 관계에 있어서도 민사집행이 우선한다고 본다(〈중국회사법〉 제215조). 자세한 내용은 江伟 主编, 前揭 民事诉讼法(第四版), 427~428面 참조.

(1) 종국집행간의 경합

수인의 채권자가 각각의 집행권원에 의거하여 동일 집행물에 대하여 동시에 집행신청을 하거나, 이미 한 채권자가 특정의 재산에 대하여 집행을 하는 중 다른 채권자가 그 재산에 대하여 다시 집행신청을 해온 상태를 종국집행의 경합이라 한다. 이 경우에는 다음과 같이 처리한다.

1) 특정물 인도명령의 경합

각지의 법원이 내린 재판의 내용이 충돌하는 경우이며, 이때에는 즉시 집행을 정지하고 공통되는 상급법원에 보고하여 처리하게 한다. 즉 두 법원의 판결 또는 법원의 판결과 중재기구의 중재재결이 동일한 법률관계에 대하여 각각 다른 내용을 담고 있는 경우에는 관계 법원은 즉시 집행을 정지하고 공통되는 상급법원에 보고하여 처리한다(〈집행규정〉 제126조).

2) 종류가 다른 채권간의 경합

소유권과 담보물권에 기초한 채권은 일반의 금전채권에 우선하여 이행을 받는다. 또 수개의 담보물권 사이에는 그 성립의 순서에 따라 이행을 받는다(〈집행규정〉 제88조 제2항). 예컨대 乙이 점유하는 골동품 화병에 대하여 甲은 압류, 경매에 따른 금전청구를 하고, 丙은 소유권에 기해 반환청구하는 경우에는 丙의 집행청구가 우선한다.[16]

3) 수인의 채권이 모두 무담보의 금전채권인 경우[17]

수개의 금전채권을 내용으로 하는 집행권원으로 수인의 채권자가 각각 집행신청을 했고, 모두 그 집행물에 대하여 담보를 가지고 있지 않은 경우에는 법원의 집행조치의 선후에 따른 순서대로 이행을 받는다(〈집행규정〉 제88조 제1항). 다만 이와 같은 경우에도 채권 전부를 만족시킬 수 있는 경우에는 순차로 이행을 받을 것이지만, 채권 전부를 만족시키지 못하는 경우에는 기업법인이 피집행인 경우는 기업법인 파산절차에 의할 것이고, 공민이나 기타 조직인 경우에는 분배참가제도를 이용해야 할 것이다.[18]

---

16) 소유권에 기한 반환청구는 물권적 청구권일 것이다.

17) 금전채권과 특정물 인도채권 사이, 수개의 특정물 인도채권 사이에는 수개의 채권이 동시 만족될 수 없는 상호 배척상태가 발생하나, 모두 무담보인 금전채권 사이에는 집행의 경합이 있을 수 없다고 본다. 왜냐하면 이 경우에는 하나의 청구가 다른 청구를 배척하는 관계가 아니라 단지 교환가치의 부족으로 각 채권을 전부 만족시킬 수 없는 상태가 벌어질 뿐이므로 엄격한 의미의 집행의 경합은 아닐 것이고, 후술하는 분배참가제도의 적용대상으로 보는 것이 타당할 것이다[张卫平 著, 前揭 民事诉讼法(第二版), 437面 참조].

18) 赵钢, 占善刚, 刘学在 著, 前揭 民事诉讼法, 411面. 원래 분배참가제도는 피집행인의 재산 전부 혹은 중요재산이 이미 압류되었고 집행재산이 될 만한 다른 재산이 없는 경우에 적용되는 제도이다. 이에 비하여 집행의 경합은 채무자의 특정재산에 대하여 복수의 집행이 신청된 경우이다.

하나의 집행권원에 수인의 채권자가 있고 채권이 모두 무담보부인 경우에 피집행인의 재산으로 모두 만족시킬 수 없는 경우에는 각 채권의 비율로 지급을 받는다(〈집행규정〉 제88조 제3항).

(2) 보전집행간의 경합

집행목적물에 대하여 수인의 채권자가 동시에 혹은 선후로 보전집행을 청구한 경우의 처리는 보전청구의 내용에 따라 다르다.

먼저 다른 종류의 보전조치, 예컨대 사봉(査封), 구압(扣押), 동결(凍結)이 경합되고 어느 집행채권에도 담보가 붙지 않은 경우에는 먼저 취한 보전조치가 우선한다. 따라서 먼저 보전조치를 취한 쪽이 우선 집행을 받는다.[19]

같은 종류의 보전조치가 경합하는 경우 나중에 취한 보전조치가 먼저 취한 보전조치에 저촉되는 경우에는[예컨대 동일 목적물에 재차 사봉(査封)한 경우[20]] 뒤의 보전조치는 무효이다.

(3) 보전집행과 종국집행간의 경합

재산에 관한 중복적인 사봉, 동결이 금지되므로(민소법 제103조 제2항, 〈약간의견〉 제282조) 보전집행에 의한 사봉, 동결이 행해진 경우에 다시 종국집행을 위한 사봉이나 동결을 할 수 없다. 따라서 보전집행과 종국집행간의 우선순위는 둘 중 어느 것이 먼저냐에 달렸다고 할 수 있다.[21]

Ⅱ. 분배참가제도(分配參加制度)

1. 분배참가[22]의 의의

집행절차 중 피집행인의 재산이 다수의 채권자의 채권을 만족시킬 수 없는 경우에 다른 채권자가 유효한 집행권원을 가지고 이미 개시된 집행절차에 참가하여 집행목적물의 환가액으로부터 공평하게 채권의 만족을 얻는 제도를 분배참가제도라 한다. 파

---

19) 张卫平 著, 前揭 民事诉讼法(第二版), 437面; 谭兵, 李浩 主编, 前揭 民事诉讼法学, 467面 등.
20) 보전집행에 관한 민소법 제102조 제4항에 의하면 재산에 대하여 사봉, 동결이 행해지면 중복적인 사봉, 동결은 금지된다. 또 종국집행에 관하여도 중복적 사봉, 동결을 금지하고 있다(〈약간의견〉 제282조). 우리 민사집행법은 압류의 경합을 인정한다(민사집행법 제87조).
21) 赵钢, 占善刚, 刘学在 著, 前揭 民事诉讼法, 411~421面.
22) 중국의 법률용어로는 참여분배(参与分配)이며 기업법인의 파산절차에 상당하는 것이다.

산절차가 법인의 채권자의 공평만족을 위한 절차라면 분배참가는 개인이나 법인 이외의 조직의 채권자들이 공평한 만족을 얻을 수 있도록 고안된 제도이다. 이에 관하여 민사소송법에는 규정이 없으나 〈약간의견〉과 〈집행규정〉에서 이를 인정하고 있다.

2. 분배참가의 요건

(1) 피집행인이 공민 혹은 기타 조직일 것

여기의 기타 조직은 기업법인 이외의 조직을 말한다. 기업법인의 경우에는 기업법인파산법[23]이 적용되어 파산절차가 시행되기 때문에 분배참가제도를 적용하지 않는다. 다만 기업법인이라도 채권채무관계를 정리하지 않고 이미 해산, 등기말소 혹은 폐업을 한 경우에 그 재산이 모든 채권을 만족시키지 못할 경우에는 여기의 분배참가제도가 적용된다(〈집행규정〉 제96조).

(2) 다수의 채권자가 존재하고 채권자의 채권이 모두 금전채권일 것

따라서 특정물 인도청구권이나 건물, 토지의 명도나 인도를 구하는 채권을 가지고 참가할 수 없다.

(3) 피집행인의 재산이 채권 전부를 만족시킬 수 없을 것

피집행인의 재산전부 또는 주요재산에 대하여 이미 어느 법원이 압류 혹은 동결의 집행조치를 하였고, 다른 마땅한 집행재산이 없거나 다른 재산이 있어도 채권의 전부를 만족시킬 수 없는 경우이어야 한다(〈집행규정〉 제90조). 피집행인에게 다른 집행재산이 있고 이 재산이 자기 채권의 만족에 충분한 경우에는 단독 집행을 할 것이고 참가신청을 할 수 없다.[24]

(4) 금전채권의 집행권원(집행근거)을 가지고 있을 것

참가하기 위해서는 채권자가 이미 집행권원을 가지고 있거나 채무자에 대하여 소를 제기한 경우이어야 한다(〈약간의견〉 297조). 중재를 신청한 채권자도 참가할 수 있다고 본다.[25] 그러나 집행목적물에 대하여 담보물권이나 기타 우선특권을 가진 채권자는 집행권원 없이 곧바로 분배참가신청을 할 수 있으며 여기서 우선변제권을 주장한다

---

23) 기업법인 파산절차는 이전에는 민사소송법의 규정에 의하여 처리되었으나(개정 전 민사소송법 제2편 제19장) 2007년 기업법인파산법이 단행법으로 제정됨에 따라 민사소송법에 있던 규정은 삭제되었다.

24) 谭兵, 李浩 主编, 前揭 民事诉讼法学, 495面 참조.

25) 江伟 主编, 前揭 民事诉讼法(第四版), 465面.

(〈집행규정〉 제93조).

(5) 집행절차 개시 후 절차가 종결 전일 것

종국집행이 개시된 후에 참가신청하는 것이 원칙이다. 그러나 보전집행만 되어있는 경우에도 신청할 수 있으며 이에 관하여 〈집행규정〉 제91조 제2항은 "법원이 취한 집행조치가 보전재정인 경우에는 구체적인 분배는 법원이 사건에 대한 본안심리를 마친 후에 집행해야 한다"라고 규정하고 있다.

3. 분배참가의 절차

분배절차는 가장 먼저 압류 혹은 동결을 한 법원이 주재한다. 먼저 위와 같은 조치를 취한 것이 보전조치였던 경우에는 구체적인 분배는 그 법원이 사건의 심리를 종결한 후에 한다(〈집행규정〉 제91조). 사건의 참가자는 서면의 신청서를 제출해야 하며 신청에서는 참가의 취지, 피집행인이 채무의 전부를 상환하지 못한다는 사실 및 이유를 적고 자기의 집행권원인 법률문서를 첨부해야 한다.

신청서를 받은 집행법원은 이를 심사하여 분배신청의 요건을 갖추고 있다고 인정하면 분배신청을 허용하는 재정을 하고 이를 집행신청인과 피집행인에게 통지한다.

4. 분배의 순위

(1) 분배안(分配案)[26]의 확정

분배신청이 허용되는 경우에는 법원이 분배안을 작성하여 이를 각 채권자와 피집행인에게 송달한다. 그리고 채권자나 피집행인이 이 안에 대하여 이의가 있는 경우에는 분배안을 받은 날로부터 15일 이내에 집행법원에 이의서를 제출해야 한다(〈집행해석〉 제25조).

이의서가 제출된 경우 집행법원은 이의를 하지 않은 채권자와 피집행인에게 이를 통지해야 한다(〈집행해석〉 제26조 제1항). 통지를 받고 15일 이내에 반대의견을 내지 않는 경우에는 집행법원이 이의를 제출한 자의 의견에 따라 분배방안을 검토 · 수정하여 분배를 진행한다.

이의에 대하여 반대의견을 낸 경우에는 이를 원래 이의를 한 자에게 통지를 한다. 이의를 제기했던 자는 이 통지를 받은 후 15일 이내에 반대의견을 제출한 채권자, 피집행인을 피고로 하여 집행법원에 소를 제기할 수 있다. 이 기간 내에 소를 제기하지

26) 중국명칭은 분배방안(分配方案)이다(〈집행해석〉 제25조).

않으면 집행법원이 분배안 원안(原案)에 따라 배당을 실시한다(같은 조 제3항).

(2) 분배의 순서

법원은 분배요구채권의 수액, 집행재산의 범위 등을 참작하여 분배표를 작성하여 배당을 실시한다. 분배의 순서는 〈기업법인파산법〉 제113조의 예에 따른다. 즉 집행재산 중 우선 집행비용, 보전비용 및 소송비용을 공제한 후, ① 법률의 규정에 따라 담보물권에 우선하는 채권, ② 집행목적물 위에 담보물권이 설정되어 있는 채권(동일물 위에 여러 개의 담보물권이 있는 경우에는 그 성립순서에 따라 우선 만족을 받는다), ③ 보통채권의 순으로 배당이 실시된다. 우선권이 없는 채권간에는 채권액의 비례에 따라 분배를 한다(〈집행규정〉 제94조).

제5절 집행 중 화해와 담보의 제공

강제집행이 진행되는 도중 집행신청인과 피집행인은 화해를 하여 집행의 조건을 변경할 수 있으며, 피집행인이 일정한 담보를 제공하고 집행을 일정기간 동안 연기할 수 있다. 전자를 집행화해라 하며 후자를 집행담보라 부른다.

Ⅰ. 집행화해

1. 의 의

집행화해 또는 집행 중의 화해는 집행절차 진행 중 집행신청인과 피집행인간이 법률문서에 확정된 의무의 이행에 관하여 합의를 하는 것을 말한다(민사소송법 제230조). 집행화해는 당사자의 처분권에 기초를 두는 것으로 만약 화해내용이 모두 이행되면 집행절차는 종료하게 된다.

집행화해는 당사자의 자유로운 의사에 기초를 두어야 하며 그 내용이 합법적인 경우에만 효력이 인정되며, 화해의 내용에는 위법하지 않은 한 특별한 제한이 없다. 예컨대 채권자와 채무자간의 권리의무에 관한 사항은 물론 이행의 방식,[27] 집행목적물, 액수, 기간 등을 변경할 수 있으며, 나아가 채무이행의 주체[28]를 변경하는 것도 가능하다(〈집행규정〉 제86조 제1항).

2. 요건과 방식

집행화해는 집행관의 주재하에 하는 것이 아니므로 양 당사자가 자유로이 할 수 있다. 다만 일반적으로는 서면방식을 요구하고 있으며(〈집행규정〉 제86조 제2항) 집행관이 화해서면을 기록에 첨부한다. 그러나 서면의 합의가 아닌 경우도 가능하며 이 경우에는 집행관이 화해의 내용을 조서에 기록하고 쌍방당사자의 서명 혹은 날인을 받는다(같은 항 제3문; 민사소송법 제230조 제1항).

3. 화해의 효력

집행화해는 집행법원의 관여 없이 이루어지는 일종의 채권계약에 불과하므로 집행력이 없음은 물론 화해가 달성되었다 하더라도 법원의 법률적 효력이 발생한 판결(집행권원)이 실효되는 것도 아니다. 단지 신청이 있는 경우 화해내용이 이행되는지를 보아가며 집행절차를 멈추어 줄 뿐이다.

화해가 달성되면 이행여부가 확정될 때까지 일단 절차를 정지하고 기다려야 한다. 화해내용이 완전히 이행되면 집행종료 상황이 발생하나 일방이 이행하지 않는 경우, 이행불능이 확정되면 상대방이 원래의 집행권원의 집행을 재개해달라는 신청을 할 수 있으며, 이 신청에 따라 원래의 집행절차가 속개된다(민사소송법 제230조 제2항). 일부가 이행된 경우에는 그 부분은 집행에서 제외된다(〈약간의견〉 제266조). 2012년 개정법에서는 집행재개신청 사유를 추가하여 집행신청인이 사기나 협박을 받아 피집행인과 화해합의를 한 경우에도 집행재개 신청을 할 수 있도록 하였다.

화해내용이 완전히 이행되었음에도 불구하고 마음을 바꿔 집행의 재개신청을 하는 경우에는 수리(受理)하지 않고 집행종결 처리를 한다(〈약간의견〉 제87조; 〈약간의견〉 제266조). 아직 이행이 없는 동안에 마음을 바꿔 집행의 재개를 청구할 수 있는지에 관하여는 규정이 없으며, 학설도 긍정설과 부정설로 나뉘어져 있다.[29]

집행재개의 신청기간은 어떻게 정할 것인가가 문제된다. 민사소송법에는 규정이 없으나 〈약간의견〉 제267조는 이 경우 재개 신청기간에는 구민사소송법 제219조(개정법

---

27) 예컨대 금전의 교부를 물건으로 대신하기로 하거나 채무를 주식으로 전환하기로 하는 합의 등이 가능하다.

28) 제3자가 대신 이행하기로 하는 합의도 가능하다.

29) 谭兵, 李浩 主编, 前揭 民事诉讼法学, 470面 각주 11 참조.

239조)를 적용한다고 하고 있고, 화해로 인하여 집행이 중지된 경우에는 화해합의에 정해진 이행기의 마지막 날로부터 연속하여 계산한다고 하고 있다.[30)]

Ⅱ. 집행담보(执行担保)제도

1. 의 의

집행담보라 함은 집행절차 진행 중 집행신청인의 동의를 얻어 피집행인 또는 제3자(보증인)가 법원에 담보를 제공하거나 보증을 하고 일정기간 집행을 유예(猶豫)받는 제도를 말한다. 집행담보가 제공되면 법원은 집행의 유예와 그 유예기간을 결정하게 된다(민사소송법 제231조). 피집행인의 사정을 고려하고 한편으로는 집행신청인의 권리보호를 고려하는 제도이다.

2. 담보제공의 요건

(1) 피집행인의 담보의 제공

담보의 종류는 불문하며 물적 담보는 물론이고 인적담보(보증)도 무방하며 물상보증(物上保證)의 형식도 가능하다. 피집행인 또는 물상보증인이 재산으로 담보를 제공한 경우에는 담보법[31)]의 규정에 따라 담보의 종류, 성질에 맞추어 담보물을 법원에 제출하거나 법률이 정한 기관에 가서 등기절차를 밟아야 한다(〈집행규정〉 제84조).

(2) 집행신청인의 동의가 있을 것

반드시 집행신청인의 동의가 필요하다.

(3) 법원의 허가가 있을 것

법원의 결정(决定)이 반드시 필요하며 결정을 할 때에 유예기간도 아울러 정한다. 유예기간에 대하여 민사소송법에는 규정이 없으나 담보에 기간이 정해져 있는 경우에는 그 기간으로 하되 1년을 초과할 수 없다. 유예기간 중 피집행인 혹은 물상보증인이 담보물을 이전, 은닉, 매각, 훼손 등의 행위를 하는 경우에는 법원이 집행절차를 재개

---

30) 唐德华, 前揭 新民事诉讼法(实务精答), 636面에서는 2년의 집행신청기간이 다시 전면적으로 적용된다고 한다.

31) 中華人民共和國擔保法 제2조 등. 담보법이 정하는 담보방식에는 보증, 저당[抵押], 입질[質押], 유치 및 보증금[定金]이 있으며 이 중 집행담보로 사용될 수 있는 것은 보증, 저당 및 입질이다(唐德华, 上揭書 638面).

할 수 있다(〈약간의견〉 제268조).

3. 담보제공의 효력

피집행인의 담보제공에 대하여 집행신청인이 동의하고 법원이 이를 허가하는 결정을 하게 되면, 그 결정에서 정해진 기간 동안 집행이 일시 정지된다. 정지된 기간 중 피집행인이 의무를 완전히 이행하면 집행절차는 종료된다. 정해진 기간 내에 이행이 없는 경우에는 법원이 집행을 재개한다. 집행이 재개되는 경우에는 정지되었던 기간 동안의 지연이자와 지연배상금이 부과된다.

절차가 재개되면 피집행인이 제공한 물적 담보에 대하여는 직접 강제집행을 할 수 있으며 정산(精算)을 거쳐 남은 부분은 돌려주고 부족한 경우는 피집행인의 다른 재산에 대하여 강제집행을 한다.

제3자가 보증을 한 경우에는 보증인이 최고검색(催告檢索)의 항변권을 가질 것인지의 여부에 관하여는 규정이 없다. 담보법상 보증에는 일반보증과 연대보증의 두 가지가 있으므로 일반보증의 경우는 우선 피집행인의 재산에 대하여 집행을 하여야 할 것이고, 연대보증의 경우에는 법원이 선택적으로 강제조치를 취할 수 있다고 본다.[32] 주의할 점은 보증인의 재산에 대하여 집행하는 경우에는 재정(裁定)이 필요하며 집행은 보증의 한도 내에서 하여야 한다(〈약간의견〉. 제270조).

재판절차 중 보증인이 피집행인을 위하여 보증을 했기 때문에 법원이 보전을 하지 않았거나 보전을 해제했던 경우, 심리를 마친 후 집행재산이 없거나 부족함이 드러나면, 판결(법률문서)에 보증인의 책임이 확정되어 있지 않더라도 보증책임 범위 내의 보증인의 재산에 대하여 집행할 수 있다(〈집행규정〉 제85조).

---

32) 上揭書, 640面.

第6절 집행의 유예와 집행의 중지

Ⅰ. 집행의 유예(猶豫)

1. 의 의

집행절차 중 당사자의 신청 또는 직권으로 집행의 진행을 잠시 멈추고 상황을 보아가며 집행절차를 재개할 것인지를 가리키는 것을 집행의 유예(猶豫)[33]라고 한다. 위에서 본 집행 중 담보를 제공하여 집행이 일시적으로 정지되는 것도 일종의 유예(민소법 제231조)에 해당한다. 그러나 이 밖에도 일정한 사유가 발생하면 집행이 유예될 수 있다.

2. 유예의 종류

(1) 당사자 또는 이해관계인의 신청에 의한 유예

다음과 같은 사유가 있는 경우에는 당사자 혹은 이해관계인의 신청에 의하여 법원의 결정으로 그 집행을 유예할 수 있다.[34]

① 집행조치나 집행절차가 법률의 규정에 위반된 경우

② 집행목적물의 권리귀속(權利歸屬)에 쟁의가 있는 경우

③ 피집행인이 집행신청인에 대하여 상계권[抵消权]을 가지고 있는 경우

당사자의 신청에 의한 유예를 허용하는 경우에는 법원이 피집행인에게 상응하는 담보를 제공할 것을 명해야 하며, 집행신청인이 담보를 제공하고 집행의 계속을 요구하는 경우에는 집행을 계속할 수 있다.

(2) 직권에 의한 집행의 유예[35]

상급법원이 이미 집행쟁의 사건을 수리하여 처리하고 있는 경우와 법원이 법률문서에 착오가 있음이 확실하여 심판위원회가 심판감독절차에 따라 심사할 필요가 있다고 결정하는 경우에는 법원이 직권으로 그 집행을 유예할 수 있다.

---

33) 집행의 유예를 중국에서는 暂缓执行(잠완집행)이라 한다. 이에 관한 사법해석으로는 〈最高人民法院关于正确适用暂缓执行措施若干问题的规定〉[法发(2002) 16号, 2002-9-28]이 있다.

34) 위 규정 제3항.

35) 위 규정 제7항.

3. 유예의 절차와 효력

유예여부는 합의정을 구성하여 심판하며, 필요한 경우에는 당사자나 이해관계인의 의견을 들을 수 있다. 신청에 의한 유예는 신청서를 받은 날로부터 15일 이내에 그 유예여부를 결정해야 하며, 유예를 결정한 경우에는 5일 이내에 결정서를 당사자와 이해관계인에게 발송해야 한다. 유예의 기간은 3개월을 넘지 못하나, 특별한 사정이 있는 경우에는 다시 3개월까지 연장할 수 있다.[36)]

유예사유가 소멸한 경우에는 법원이 즉시 집행을 재개해야 하며 이 경우 이전 집행행위의 효력은 그대로 유지된다.

Ⅱ. 집행중지

1. 집행중지(執行中止)의 의의

집행중지라 함은 집행절차의 진행 중 특수한 상황이 발생한 경우 그 집행을 잠시 중지하여 그 원인이 해소된 경우에 절차를 속개하는 것을 말한다. 중지의 원인은 주로 집행의 주체 혹은 객체에 일정한 사정이 발생하여 당분간 진행할 필요가 없게 되거나 진행할 방법이 없는 경우에 발생한다.

2. 중지사유

민사소송법 제256조는 중지사유로 5가지를 열거하고 있다.

(1) 집행신청인이 집행을 연기할 수 있다는 의사표시를 한 경우

당사자의 처분권주의를 존중하는 것이나 중지로 인해 국가, 사회, 집체, 다른 공민의 이익이 침해된다고 인정되는 경우에는 불허(不許)의 재정을 할 수도 있다.

(2) 제3자가 집행목적물에 대하여 확실한 이유가 있는 이의를 제기한 때

이른바 제3자 이의가 있는 경우 집행을 중지할 수 있다. 제3자[案外人] 이의는 제3자가 집행대상물의 전부 또는 일부에 대하여 소유권을 주장하여 그 집행의 정지와 집행대상물의 변경을 청구하는 주장을 하는 것을 말한다. 당사자의 집행이의에 관한 규정이 없었으나 2007년 개정시 신설하였다(민사소송법 제225조).

---

36) 위 규정 제10조.

제3자 이의가 있는 경우에는 심사를 거쳐 이유가 없으면 기각하고 이유가 있다고 인정하면 원장의 허가를 얻어 집행을 중지한다. 만약 집행근거인 판결 등에 착오가 있음을 발견한 경우에는 심판감독절차의 예에 따른다.

(3) 일방당사자인 공민이 사망하여 승계인의 권리 · 의무 승계를 기다려야 할 때

(4) 일방당사자인 법인 또는 기타 조직이 소멸하고 아직 그 권리의무의 승계인이 확정되지 않는 때

(5) 법원이 집행을 중지하여야 할 것으로 인정하는 기타 사유가 있는 때

중지사유에 대한 보충적 규정이다. 어떤 경우가 집행을 중지할 수 있는 사유인지는 구체적으로 판단할 것이나 사법해석(〈집행규정〉 제102조)에 따르면 다음과 같은 경우에는 중지할 수 있다고 한다.

① 법원이 피집행인을 채무자로 한 파산신청을 수리한 경우
② 피집행인이 집행재산이 없음이 확실한 경우
③ 집행목적물이 현재 다른 법원 또는 중재기관에서 쟁의의 대상으로 되어있어, 그 심리의 완료를 기다려 권리의 귀속을 확정할 필요가 있는 경우
④ 일방이 중재재결의 집행을 신청한 데 대하여 상대방이 중재재결의 취소를 신청한 경우
⑤ 중재재결의 피집행인이 민사소송법 제237조 제2항에 따라 법원에 부집행의 신청을 하고 적당한 담보를 제공하는 경우

3. 중지의 절차와 효력

중지는 법원의 서면에 의한 재정(裁定)이 필요하다. 중지의 재정에 대하여는 상소할 수 없다.[37]

재정서에는 중지의 원인과 근거를 적어야 하며, 집행관과 서기가 서명하고 법원의 인장(印章)을 찍어야 한다. 재정서는 쌍방당사자에게 송달하여야 하며 송달 즉시 효력이 발생한다(민사소송법 제234조).

중지재정의 효력이 발생하면 법원의 집행활동은 금지된다. 그러나 집행신청인의 집행 철회신청과 같은 것에 대하여는 이를 허가하는 재정을 할 수 있다고 보아야 한다.

중지원인이 해소된 경우에는 집행절차가 회복된다. 절차의 재개는 당사자의 신청에

37) 唐德华, 前揭 新民事诉讼法(实务精答), 722面.

따라 또는 직권으로 할 수 있으며, 이 경우에도 서면으로 당사자에게 통지하여야 한다(〈집행규정〉 제104조). 절차가 회복되면 중지 전의 집행행위는 그대로 효력이 인정된다.

제4장 집행의 종결과 결안

집행절차가 소멸하는 것을 말하며 중국에서는 이를 집행의 종결과 집행의 결안으로 부른다. 집행이 완료되면 당연히 집행절차는 소멸하게 되나 그 이외에도 집행의 종결로 소멸하는 경우도 있으며, 일정한 경우에는 결안(結案)함으로써 집행절차가 소멸하기도 한다.

Ⅰ. 집행의 종결

1. 집행종결의 의의

집행종결이라 함은 집행절차 진행 중 특수한 사정으로 인하여 절차를 진행할 필요가 없어지거나 진행할 방법이 없는 경우에 절차를 종결하는 것을 말한다. 종결된 절차가 재개되지 않는 점에서 집행의 중지와 다르며, 법률문서의 내용이 완전히 실현되지 않고 종결되는 점에서 집행의 종료[完畢]와 다르다.

2. 종결사유

민사소송법 제257조는 종결사유로 다음과 같은 것을 열거하고 있다.

(1) 신청인이 집행신청을 취소한 때

(2) 집행의 근거가 된 법률문서가 취소된 때

(3) 피집행인이 사망하고 집행에 제공할 유산이 없고 의무승계인이 없는 때

(4) 존속부양료, 부부간부양료, 양육비를 청구하는 사건에서 권리자가 사망한 때

(5) 피집행인인 공민이 생계 곤란으로 빌린 돈을 갚을 능력이 없고 수입원이 없고 또 노동능력을 상실한 경우

(6) 법원이 집행을 종결할 것으로 인정하는 기타 사유가 있을 때

법원이 집행을 종결할 것으로 인정하는 사유는 구체적으로 그때그때 판단할 것이나 〈집행규정〉 제105조는 집행이 진행되는 도중 파산선고를 받은 경우에는 이에 준하여 절차를 종결할 것이라 한다(기업법인의 파산을 가리키는 것일 것이다).

3. 종결의 절차 및 효력

절차의 종결은 법원의 재정(裁定)으로 하여야 하며, 재정서의 송달과 동시에 효력이 발생한다(민사소송법 제258조). 절차종결 재정에 대하여는 상소할 수 없다.[1)]

Ⅱ. 집행의 결안(結案)

집행의 결안이라 함은 집행절차가 종국적으로 소멸하는 것을 총칭하는 것이다. 집행절차가 소멸하는 사유로 〈집행규정〉 제108조는 다음과 같은 4가지를 규정하고 있다.

① 집행의 종료[完畢]: 법률적 효력이 발생한 문서가 확정한 내용이 집행을 통하여 완결된 경우를 말한다.
② 집행종결의 재정을 내린 경우
③ 부집행의 재정을 내린 경우
④ 당사자간에 집행화해가 달성되고 그 내용이 완전히 이행된 경우

집행사건이 결안되면 절차는 다시 회복되지 않고 집행관이 결안보고서를 작성하여 보고하고 규정에 따라 기록을 정리하여 문서보관소에 보낸다.

모든 강제집행은 입안일로부터 6개월 이내에 결안되어야 한다. 다만 집행중지 기간은 공제하며, 특수한 사정으로 연장하고자 하는 경우에는 법원장의 허가를 받아야 한다(〈집행규정〉 제107조).[2)]

중국 민사집행절차에서는 집행이 완료되더라도 채무의 완제가 이루어지지 않는 경우에는 채권자가 다른 재산을 발견하면 수시로 법원에 집행을 신청할 수 있도록 하고 있다. 이를 계속집행이라 한다. 제도의 목적은 채무자의 이행의무를 강제하여 채권자

---

1) 上揭書, 같은 면.
2) 집행결안에 관하여는 〈最高人民法院关于严格执行案件审理期限制度的若干规定〉[法释(2000) 29号, 2000-9-22]에도 자세히 규정되어 있다.

의 권익보호와 거래의 촉진을 도모하고 국가의 관련 제도를 유지하는 데 있다고 한다. 이에 더하여 집행난(執行難: 집행재산의 은닉 등)의 해결이라는 정책적 의미도 있다고 한다.

민사소송법 제254조는 "법원이 본법의 제242조, 제243조, 제244조에 규정된 집행조치를 취한 후에도 피집행인이 여전히 채무를 상환할 수 없는 경우에는, 그 이행의무는 계속된다. 채권자는 피집행인이 다른 재산을 소유하고 있음을 발견(예컨대 제3자에 대한 채권을 가지고 있는 것을 발견한 경우)한 경우에는 수시로 법원에 그 집행을 청구할 수 있다"라고 규정하고 있다. 주의할 점은 이와 같은 집행을 신청함에는 집행신청기간에 관한 제한을 받지 않는다는 점이다(〈약간의견〉 제296조).

계속집행의 예외가 되는 경우로는 두 가지가 있다. 하나는 기업법인이 파산절차를 끝낸 경우이고 다른 하나는 피집행인이 공민이고 생계의 곤란으로 인하여 채무를 상환할 수 없을 뿐만 아니라 수입원이 없고 노동능력이 상실되었다고 판단하여 법원이 집행종결 조치를 한 경우이다.

제5장 집행구제(執行救濟)

제1절 집행구제의 개념

집행구제는 집행당사자나 이해관계인이 위법집행(違法執行)이나 부당집행(不當執行)으로 인한 침해를 방지하거나 회복할 수 있도록 마련해 놓은 절차를 말한다. 위법집행은 예컨대 압류가 금지된 물건을 압류하는 것과 같이 집행법규를 위반하여 집행을 하는 것을 말한다. 부당집행은 집행법규의 위반은 없으나 집행의 결과가 피집행인이나 제3자의 실체법적 권리를 침해하게 되는 것을 말한다. 예컨대 피집행인의 집에 있던 제3자의 물건을 압류하는 경우와 같다.

집행법규의 위반 즉 위법집행에 대하여는 집행이의(執行異議)를 인정하여 구제를 하고 있다. 부당집행에 대하여는 우리나라는 채무자가 제기하는 청구이의의 소와 제3자가 제기하는 제3자 이의의 소를 인정하고 있으나 중국의 경우는 청구이의의 소는 인정하지 않고 제3자 이의의 소만 인정하고 있다.[1)]

제2절 집행이의(執行異議: 위법집행의 구제)

Ⅰ. 의 의

집행이의라 함은 집행당사자 혹은 이해관계인이 집행기관의 위법한 집행행위에 대

1) 중국에는 집행문제도가 없으므로 집행문에 관련된 불복제도도 마련되어 있지 않다. 심리와 집행이 분리되었다고 하나 집행국도 법원의 업무분장 기구에 불과하고 집행국의 수리절차에서 판결의 확정여부를 심사하게 되므로 집행문제도가 필요없기 때문인 것으로 생각된다.

하여, 법원에 이의를 하여 그 시정과 구제를 요구하는 제도를 말한다. 종래 집행절차 중 집행관이 규정위반의 집행을 하거나 법률이 정하지 않은 방법으로 집행을 하는 관행이 있어 소위 집행난(執行難)의 원인의 하나가 되어 왔다.

그럼에도 불구하고 2007년 개정 전의 민사소송법에는 제3자 이의는 인정하고 있었으나 당사자의 집행이의를 인정하는 규정이 없어서 문제가 되어 왔다.[2] 이에 대해 특히 학계의 강한 비판이 있었으며 이를 수용하여 2007년 개정법에서는 제202조(현행법 제225조)를 신설하여 집행이의를 인정하게 되었다. 당사자 및 이해관계인의 이의를 절차상(節次上)의 집행이의라 하고 제3자가 집행목적물에 대하여 자기의 권리를 주장하는 것을 실체상(實體上)의 집행이의라고 부르기도 한다. 후자의 성질은 소(訴)일 것이나 중국의 민사소송법에서는 이의(異議)라는 용어를 사용하고 있다.

Ⅱ. 집행이의의 요건

1. 이의는 당사자(집행신청인, 피집행인) 및 이해관계 있는 제3자가 제기할 것

이해관계인은 법률상의 이해관계인을 말하며 사실상의 이해관계인은 이의할 수 없다.

2. 이의사유

제225조는 법률의 규정에 위반되는 집행행위라고 하고 있다. 위법한 집행행위의 구체적인 종류는 법정되어 있지 않으나, 각종의 집행명령(예: 재산보고명령, 검색명령)이나 집행조치(사봉, 구압, 동결)가 법률의 규정을 위반하여 행해진 경우, 집행행위가 법에 정해진 절차에 따르지 않고 행해진 경우(예컨대 경매를 하면서 재산평가기관의 평가를 거지치 않은 경우) 등이 여기에 속한다 할 것이다.

또 소극적인 행위도 여기에 포함된다. 예컨대 집행조치를 취할 수 있음에도 질질 끌고 이를 시행하지 않는 경우와 같다. 2007년 개정법에서는 집행의 지연을 방지하고자 특별한 제도를 마련하였다. 즉 법원이 집행신청서를 받은 날로부터 6개월 이내에 집행하지 않는 경우에는 신청인이 이의를 할 수 있으며, 아울러 바로 위급의 법원에 집행을 신청할 수 있도록 하여 집행의 지연을 방지하고 있다(구민소법 제203조: 현행

2) 실제 실무에서도 규정의 부재를 이유로 당사자의 이의를 수리하지 않는 경우가 많았다고 한다.

법 第226조). 6개월이라는 기간에는 집행 중 실시된 공고의 기간, 감정평가기간, 관할권 이의에 대한 심사기간, 관할쟁의처리기간, 집행쟁의에 대한 협조기간, 집행유예기간, 집행중지기간은 산입(算入)하지 않는다(〈집행해석〉 제14조).

상급법원에서는 심사한 후 다음에 해당하는 경우에는 기간을 정해 집행할 것을 명령하거나 집행법원을 변경할 수 있다(〈집행해석〉 제11조). ① 집행신청시에 피집행인에게 집행재산이 있었음에도 불구하고 6개월이 넘도록 그 재산에 대하여 집행을 완결하지 않은 경우, ② 집행과정 중 집행할 수 있는 재산을 발견했음에도 발견 후 6개월이 넘도록 그 재산에 대하여 집행을 완결하지 않은 경우, ③ 집행권원에 따른 행위의무를 집행신청 후 6개월이 넘도록 방치하고 필요한 조치를 취하지 않은 경우, ④ 기타 조건이 갖추어진 집행을 6개월이 넘도록 집행하지 않는 경우.

상급법원이 기간을 정해 집행을 명하는 경우에는 집행독촉 명령을 발하고, 이와 관련된 상황을 집행신청인에게 서면으로 통지해야 한다(〈집행해석〉 제12조 제1항). 집행법원이 정당한 이유 없이 지정된 기간 내에 집행을 완결하지 않는 경우에는 재정으로 스스로 집행하거나 그 관할구역 내의 다른 법원이 집행하도록 명령해야 한다(〈집행해석〉 제13조). 그리고 이 경우에는 재정서를 작성하여 당사자에게 송달하고 관련 법원에 통지해야 한다(〈집행해석〉 제12조 제2항).

Ⅲ. 이의의 절차

1. 이의의 제출

이의는 집행개시 후 집행의 종결 전에 해야 한다. 즉 당사자가 집행기관에 집행을 신청하거나 법원이 직권으로 집행기관에 이송한 후로부터 집행이 종료되기 전에 할 수 있다. 종료 후에는 손해를 받은 당사자 등이 국가배상청구의 방법으로 손해를 보전받아야 한다. 다만 집행이 법원의 집행종결 재정으로 끝난 경우에는 종결재정에 대하여 집행이의를 할 수 있다고 본다.[3] 이의는 서면(書面)으로 해야 하며 서면에는 이의의 대상, 이유를 적어야 한다.

3) 唐德华, 前揭 新民事诉讼法(实务精答), 618~619面 참조. 특히 이 종결재정에 대하여는 상소가 허용되지 않기 때문에 이의를 인정할 필요가 있다고 한다.

2. 이의의 처리

이의를 신청한 경우 법원은 이의서를 받은 날로부터 15일 이내에 심사하여 이의가 이유 있는 경우에는 그 행위를 취소하거나 고치는 재정을 하여야 하며, 이의가 이유 없는 경우에는 이를 기각하는 재정을 해야 한다. 법원의 재정에 불복하는 당사자는 재정서를 받은 날로부터 10일 이내에 바로 위급의 법원에 복의(复议)를 신청할 수 있다(민사소송법 제225조). 복의신청서는 집행법원을 통해서 제출해도 되고 상급법원에 직접 제출해도 된다. 집행법원을 통해서 하는 경우에는 집행법원이 5일 이내에 복의에 필요한 사건기록을 상급법원으로 보내야 하며, 상급법원에 직접 복의신청을 한 경우에는 상급법원이 집행법원에 5일 이내에 사건기록을 송부할 것을 통지한다(〈집행해석〉 제7조). 상급법원은 합의정을 구성하여 심리하며 30일 이내에 심사를 완료하여 재정을 내려야 한다. 필요한 경우 법원장의 허가를 얻어 연장할 수 있으나 그 기간도 30일을 넘지 못한다.

이의의 처리를 집행기관에서 하느냐 심판기관에서 하느냐에 관하여 논의가 있으나 제3자 이의와 마찬가지로 집행기관에서 심사를 할 것으로 보인다.

Ⅳ. 이의의 효력

당사자나 이해관계인이 집행지연을 목적으로 이의권을 남용하는 것을 막기 위하여 집행이의에는 절차중단의 효과를 인정하지 않는다. 다만 피집행인이나 이해관계인이 충분한 담보를 제공하고 처분과 조치의 정지를 청구하는 경우에는 법원이 이를 허가할 수 있으며, 이에 대하여 집행신청인이 담보를 제공하고 집행의 계속을 청구하는 경우에는 집행을 계속해야 한다(〈집행해석〉 제10조).

제3절 제3자 이의(제3자異議: 부당집행의 구제)

Ⅰ. 의 의

제3자 이의(異議)[4]라 함은 집행절차 진행 중 제3자가 집행목적물의 전부 또는 일부에 대하여 권리를 주장하는 것을 말한다(민사소송법 제227조). 이를 실체상의 이의라고도 한다. 집행관이 압류 등의 집행조치를 취할 때는 외관에 근거하여 집행할 뿐 스스로 권리의 귀속을 결정할 수 없으므로 때로는 제3자의 재산에 대하여 집행조치를 할 수 있다. 이 경우에 재산에 대한 권리자가 이의를 하는 것을 제3자 이의라 한다.

제3자 이의는 위의 집행이의에 비하여 그 형식상 큰 차이가 있다. 즉 집행이의는 순수한 이의이나, 제3자 이의는 일단 집행기관에서 심사를 하여 재정을 하고, 이 재정에 대하여 불복하는 경우에는 재심신청이나 소의 제기로 이어지기 때문에 명칭은 이의이나 실질은 소의 형식에 가깝다.[5)]

Ⅱ. 제3자 이의의 요건

1. 이의의 주체는 제3자에 한한다.

제3자라 함은 당사자 이외의 자로서 집행행위로 인하여 손해를 받게 되는 사람을 말하며 집행목적과 일정한 이해관계를 갖고 있는 자를 말한다.

2. 제3자가 집행목적에 대하여 자기의 권리를 주장하여야 한다.

목적물 전부에 대한 권리를 주장하는 경우에 한정되는 것이 아니라 공유의 주장 등 부분적인 권리를 주장해도 무방하다. 또 권리의 종류는 소유권을 주장하는 경우가 일반적이겠으나 소유권 이외에도 목적물의 이전이나 교부를 저지할 수 있는 권리면 된다. 예컨대 임차경영권[承包经营权], 택지사용권, 건설용지사용권 등을 가지고도 제3자 이의를 할 수 있다.[6)]

3. 집행절차 개시 후 집행절차가 종료되기 전에 제기하여야 한다.

예외적으로 집행권원상의 의무가 특정물의 교부인 경우에는 일단 집행이 개시되면 신속히 완료되어 개시 후에 이의를 하여서는 이미 늦을 염려가 있으므로 개시 전의

4) 중국에서는 이를 안외인이의(案外人异议)라 한다.
5) 제3자 이의가 일정한 경우에는 재심으로 이어지나 재심이 소가 아닌 신청의 형식으로 진행되는 중국에서는 제3자 이의를 제3자 이의의 소라고 부르기는 곤란한 점이 있다. 그러난 일단 이의를 하고 이의에 대한 재정에 불복하는 경우 일정한 경우에는 이의의 소를 제기하게 되어있으므로 단순히 복의신청권(复议申請權)만 인정되는 위 집행이의와는 차이가 있다.
6) 谭兵, 李浩 主编, 前揭 民事诉讼法学, 477面.

이의를 인정해야 한다고 본다.[7] 집행이 종료된 후에는 국가배상의 방법 등으로 손해를 보전 받아야 한다.

4. 이의는 서면(書面)으로 해야 한다.

신청은 서면방식을 요한다(민사소송법 제227조). 2007년 개정 전의 민사소송법에는 방식에 관한 규정을 두지 않았고, 일반적으로는 서면을 제출하도록 하나 서면작성이 곤란한 경우에는 구술 형식도 허용하고 있었다(《집행규정》 제70조 제2항). 그러나 2007년 개정 이후에 서면의 제출로 통일하였다(민소법 제227조). 신청서에는 이유를 설명해야 하며 필요한 증거를 함께 제출해야 한다. 이의의 제1차적 처리는 집행기관에서 한다.[8]

Ⅲ. 제3자 이의의 절차

제3자 이의는 다음과 같은 2단계의 절차로 처리된다.

1. 집행기관의 처리

제3자 이의가 제기된 경우 우선 집행기관이 15일 이내에 심사를 하여 그 결과 이의가 성립하는 경우에는 그 목적물에 대한 집행을 중지하는 재정을 한다. 이는 잠정적인 정지일 뿐 후에 제3자 이의의 종국적 결론에 따라 다시 재개될 수 있다. 이의가 성립하지 않는 경우에는 재정으로 이의신청을 기각한다.

2. 집행기관의 재정(裁定)에 대한 불복

집행기관의 판단은 초보적인 판단으로 이에 불복하는 절차가 마련되어 있다. 주의할 것은 원래 제3자 이의는 제3자만 제기할 수 있으나, 이의에 대한 집행기관의 재정은 당사자에게도 영향을 미칠 수 있으므로, 이 단계에서의 구제신청의 주체에는 제3자뿐만 아니라 당사자도 포함된다는 점이다.

재정에 대한 불복의 통로는 두 개가 인정된다. 즉 재심신청과 소의 제기이다. 집행

7) 上揭書, 같은 면, 각주 13.

8) 谭兵, 李浩 主编, 前揭 民事诉讼法学, 478面. 집행국이 설치된 경우에는 그 산하 기구에서 이의를 처리한다(그러나 省마다 사정이 다르므로 일률적으로 말하기는 곤란하다).

권원인 원판결 등에 잘못이 있다고 인정하는 경우에는 심판감독절차에 재심을 청구하고, 이의사유가 판결 등의 착오와 관계없는 경우에는 재정서를 송달받은 날로부터 15일 이내에 법원에 소를 제기한다.

(1) 재심의 신청

집행권원인 재판(판결, 재정) 자체에 잘못이 있다고 주장하는 경우에는 그 재판서 자체를 바로잡아야 하므로 재심신청을 해야 한다(민소법 제227조). 예컨대 판결서에 "X 차량을 인도하라"라고 되어있고, 집행과정에서 제3자가 그 차량의 소유권을 주장하여 이의를 했으나 집행기관으로부터 기각당한 경우에는 다음 단계로는 그 판결을 바로잡기 위하여 재심신청을 해야 한다는 것이다.

(2) 이의의 소의 제기

불복의 이유가 재판서 등 집행권원과 관계없는 경우에는 소의 제기 방식으로 다투어야 한다. 즉 집행기관으로부터 재정을 송달받은 날로부터 15일 이내에 법원에 소를 제기해야 한다(민소법 제227조). 예컨대 "50만 위안"의 금전채권의 집행을 위하여 피집행인의 주소지에서 다이아몬드를 압류[扣押]했는데, 이 다이아몬드에 대하여 제3자가 소유권을 주장하여 이의를 제기했다가 기각당한 경우와 같다. 이 경우에는 불복의 원인이 집행권원 자체와는 관계가 없으므로 재심을 신청할 수 없고 법원에 별도로 소를 제기해야 한다. 전형적인 제3자 이의의 소가 제기되는 것이다.

제3자 이의의 소는 기각의 재정서를 송달받은 날로부터 15일 이내에 제기해야 하며, 집행법원이 관할한다(〈집행해석〉 제18조). 일반적인 경우에는 집행신청인을 피고로 하나 집행채무자(피집행인)가 자기 소유라고 주장하는 경우는 양자를 공동피고로 한다(〈집행해석〉 제17조). 제3자 이의의 소가 제기되면 이는 통상의 소이므로 보통의 심판절차에 따라 심리하여 재판한다.

제3자 이의의 소가 제기되어도 심리기간 동안 집행이 정지되지 않는 것이 원칙이다. 그러나 제3자의 청구가 이유 있음이 확실하다고 판단되거나, 충분하고 유효한 담보를 제공하여 집행의 정지를 청구하는 경우에는, 그 목적물에 대한 집행처분의 진행을 정지할 수 있다. 다만 정지신청에 잘못이 있어 상대방에게 손해를 끼친 경우에는 이를 배상해야 한다(〈집행해석〉 제20조).

제4절 역집행(逆執行)

Ⅰ. 의 의

역집행[9] 혹은 재집행이라 함은 집행절차가 완료된 후 그 집행의 근거가 되었던 판결, 재정 등 법률문서가 착오가 있음이 밝혀져 취소 또는 변경된 경우 법원이 다시 조치를 취하여 그 집행 전의 상태로 돌아가게 하는 것을 말한다(민소법 제233조). 이 제도는 중국의 독특한 제도이다. 이 제도의 목적은 당사자의 합법적 권익을 보호하는 데만 한정되는 것이 아니라, 법원의 실사구시(實事求是), 유착필규(有錯必糾)의 업무태도와 책임감을 제고하기 위한 것이라 한다.[10] 집행권원(執行權原)이 취소 또는 변경된 경우에 이를 다시 반영하여 피집행인의 권리를 적극적으로 회복시켜 준다는 점에서 다른 나라에서는 좀처럼 볼 수 없는 제도이다.[11]

Ⅱ. 역집행(逆執行)의 요건

1. 집행절차의 완료

집행과정에서 집행의 근거가 된 법률문서에 잘못이 있음을 발견한 경우에는 집행관이 원장에게 보고하고 허가를 얻어 집행을 중지하며 역집행의 문제가 발생하지 않는다.

---

9) 중국에서는 집행회전(执行回转)이라 부른다.

10) 唐德华, 前揭 新民事诉讼法(实务精答), 646面. 사회주의 민사소송의 저변에 흐르는 진실절대주의와 이를 위한 국가간예원칙이 집행절차에 반영된 것이라 할 수 있다. 판결도 그렇듯이 집행에도 잘못된 것이 있으면 언제나 바로잡아야 한다(有錯必糾)는 정신의 소산(所産)이라 할 수 있다.

11) 예컨대 甲이 사위판결(詐僞判決)의 집행으로 乙의 X건물의 소유권을 취득한 경우를 가정하면, 우리의 경우는 乙이 다시 甲을 상대로 소유권이전등기의 말소를 구하는 소를 제기해야 한다. 다만 전소확정판결을 재심을 통하여 취소하고 말소의 소를 제기해야 하는지에 관하여는 논란이 있을 수 있으나, 乙이 말소의 소를 제기하여 다시 집행권원을 얻어야 한다는 점에는 이론이 없다. 중국의 역집행제도의 발상(發想)은 이와 같은 경우는 집행이 잘못되었으니 집행절차에서 재집행을 통하여 바로잡아야 한다는 것이다. 즉 말소의 소를 새로 제기할 것이 아니라 집행법원에 역집행(逆執行)을 신청하여 해결한다는 것이다.

2. 집행권원(집행근거)의 취소 또는 변경

실무상 집행근거가 취소되는 경우로는 다음과 같은 경우가 있다고 한다.

(1) 우선집행[先予执行][12]의 재정이 집행된 후 수소법원의 확정판결(상소되지 않고 확정된 경우) 혹은 제2심 법원의 종심판결에 의하여 그 우선집행의 재정이 취소된 경우

예컨대 존속부양로 청구사건에서 양자에게 우선집행의 재정을 하여 집행되었는데 후에 본안 판결에서 양친자관계가 부정된 경우와 같다.

(2) 법원의 판결, 재정의 집행이 완료된 후 심판감독절차(재심절차)에서 취소된 경우

(3) 기타 기관이 작성한 법률문서(예: 중재기관의 중재재결서, 공증기관이 집행력을 부여한 공증증서)가 집행된 후 작성기관이나 그 상급기관에 의하여 취소된 경우(〈약간의견〉 제275조)

3. 재산반환의 거부

원래의 집행권원이 취소되어 원집행신청인이 집행으로 얻은 재산을 돌려주는 경우에는 역집행이 필요가 없게 된다.

주의할 점은 집행절차에서 제3자가 집행목적물의 소유권을 취득한 경우에는 역집행의 대상이 되지 않고 확정적으로 소유권을 취득한다는 점이다. 집행법원의 경매절차의 권위를 확보하고 선의의 제3자 보호를 위하여 이미 제3자가 소유권을 취득한 경우에는 이를 역집행의 대상으로 삼을 수 없다. 따라서 오로지 원집행신청인에 대하여만 역집행을 할 수 있다.[13] 민사소송법에는 재산반환의 주체를 "재산을 취득한 사람"으로 하고 있으나(민소법 제233조) 〈증거규정〉에서는 이를 제한하여 "원집행신청인"으로 하고 있다(제109조).

Ⅲ. 절차 및 효과

법원에 의하여 취소된 법률문서의 경우에는 직권 또는 당사자의 신청에 의하여 역집행이 개시되며, 기타기관이 취소한 경우에는 직권에 의한 개시는 불가능하고 신청에 의한 개시만 가능하다(민소법 제233조, 〈약간의견〉 제275조 참조).

---

12) 우선집행[先予执行]이라 함은 심판절차가 종결되기 전에 먼저 집행을 하는 것을 말한다. 예컨대 부양료와 같이 생존을 위해 시급한 집행이 필요한 경우에 판결절차가 종료되기 전에 한다.

13) 赵钢, 占善刚, 刘学在 著, 前揭 民事诉讼法, 419面.

역집행도 일종의 강제집행이며 단지 집행신청인과 피집행인의 지위가 역전되었을 뿐이다. 따라서 집행권원이 필요하며 이 경우에 어느 것이 집행권원이 되는지가 문제이다. 원래의 집행권원을 취소하는 판결 등에는 다시 원래의 피집행인에게 되돌려주라는 문구가 기재될 리가 없으므로 이것이 역집행의 집행권원이 될 수는 없다. 따라서 이 경우에는 원래의 집행권원을 취소한 법률문서(예: 재심판결서)를 가지고 원래의 집행법원에 역집행을 신청하고 이에 근거하여 집행법원이 역집행의 재정(裁定)을 하면 이 역집행의 재정이 집행권원이 된다고 한다.[14)] 법원은 역집행의 재정을 하는 동시에 원집행신청인에 대하여 취득한 재산과 그 과실의 반환을 명하여야 한다. 이를 거부하는 경우에는 강제집행이 시작된다.

강제집행을 위해서는 다시 입안(立案)을 해야 하며 그 후에는 집행절차 관련규정에 따른다. 집행목적이 특정물이었던 경우에는 원물을 반환해야 하며 원물반환이 불가능할 때는 가액을 배상해야 한다(〈집행규정〉 제110조).

제5절 위법집행과 국가배상

위와는 달리 법원이 집행자체를 잘못한 경우에는 일정한 경우에 국가배상을 청구할 수 있다. 즉 확정되지 않은 판결 등의 집행이나 우선집행을 위법하게 한 경우, 제3자의 재산에 잘못 집행한 경우, 압류 등의 과정에서 감독 소홀로 인하여 물건이 훼손되거나 멸실된 경우 등 집행법원의 잘못으로 공민에게 손해를 가한 경우에는 중국 국가배상법 제31조 및 이에 대한 사법해석에 따라 그 직접손해에 대하여 배상책임을 부담한다.

그 절차는 우선 침해행위를 한 법원에 확인청구를 거쳐야 하며 직접 배상위원회에 배상청구를 하는 경우에는 이를 수리하지 않는다.[15)]

---

14) 谭兵, 李浩 主编, 前揭 民事诉讼法学, 480面; 张卫平 著, 前揭 民事诉讼法(第二版), 453面.

15) 이와 관련된 사법해석(司法解釋)으로는 〈最高人民法院关于民事, 行政诉讼中司法赔偿若干问题的解释〉[法释(2000) 27号, 2000-09-21]이 있다.

제6장 금전채권의 집행

제1절 금전채권집행 서설(緖說)

Ⅰ. 금전채권집행의 의의

금전채권은 일정액수의 금전의 지급을 목적으로 한 채권을 말하며, 금전채권의 집행은 집행권원에 확정된 금전채권을 강제로 이행시키기 위한 절차를 말한다. 금전채권의 종류는 매우 다양하다. 대여금반환채권은 물론 손해배상채권, 임대료채권, 소송비나 집행비의 지급을 구할 수 있는 채권도 모두 금전채권임에는 마찬가지이다. 또한 일정한 경우에는 원래는 금전채권이 아니라 결국에서는 금전채권으로 전환되는 경우도 있다. 예컨대 특정의 행위를 대집행(代執行)시킨 경우는 그 집행비용을 피집행인이 부담해야 하며 결국에는 금전채권화하는 경우가 발생한다.

이와 같이 금전채권의 종류가 많고 법원의 집행업무도 주로 금전채권을 둘러싸고 이루어지기 때문에 민사집행법에서는 통상 금전채권의 집행에 상당히 많은 조문을 할애(割愛)하고 있다.

Ⅱ. 금전채권집행의 방법

피집행인이 금전을 소유하고 있는 경우나 은행예금을 가지고 있는 경우에는 그 집행이 비교적 간단하다. 문제는 피집행인이 금전자산을 가지고 있지 못한 경우이다. 이 경우에는 피집행인의 일반 재산인 동산, 부동산에 대하여 집행을 해야 하며 비교적 복잡한 절차를 거치게 된다. 이 경우 집행은 대개 3단계를 거치게 된다. 즉 동산이나 부동산에 강제조치를 취하여(압류), 이를 경매나 임의매각을 통하여 환가하고 그 환가금에 대하여 분배절차를 취하게 된다.

중국의 금전채권의 집행방법은 다양하다. 금융자산에 대한 집행, 근로수입에 대한 집행, 동산·부동산에 대한 집행, 기타 지적재산권과 같은 특수재산에 대한 집행 등이 그것이다.

제2절 금전에 대한 집행방법

Ⅰ. 은행예금(預金) 등 금융자산에 대한 집행

1. 의 의

1991년 민사소송법에서 피집행인의 은행예금에 대한 강제집행방법을 마련한 이후 2007년 개정에서도 그 집행방법이 사용되어 왔다(2007년 개정법 제218조). 그러나 20여 년이 지난 지금 개인의 금융자산의 형태는 예금 외에도 채권(债券), 주식[股票], 펀드[基金] 등으로 다양화하게 되었다. 이를 반영하기 위하여 2012년 개정에서는 구법 제218조를 대폭 개정하였다(개정법 제242조). 개정의 요점은 다음 세 가지이다.

(1) 금융자산 범위의 확대

1991년부터 집행대상으로 되었던 금융자산은 피집행인의 은행예금[存款]뿐이었다. 그러나 최근 금융자산 형태가 다양화한 것에 발맞추어 이를 예금, 채권(债券), 주식[股票], 펀드지분[基金份额]으로 고쳤다.

(2) 집행방법의 다양화

집행대상이 다양화한 것과 보조를 맞추기 위하여 집행방법도 다양화하였다. 즉 이전에는 예금의 동결과 강제이체만을 정하고 있었으나 개정으로 구압(扣押), 동결, 강제이체[划拨], 환가[变价]로 고쳤다.

(3) 금융기관의 확대

개정 전에는 법원의 강제집행에 협조해야 할 기관으로 은행, 신용합작사 등 저축업무를 담당하는 단위로 되어 있었으나 이를 유관단위(有关单位)로 고쳐 여러 기관을 포섭할 수 있도록 하였다.

2. 집행절차와 방법

(1) 집행절차

금융자산에 대한 집행은 법원이 재정(裁定)으로 구압, 동결, 강제이체, 재산의 환가의 결정을 하고 집행협조통지서를 보냄으로써 하며, 유관단위는 반드시 이를 처리해야 한다(제242조 제2항). 이때 법원은 상황에 맞게 구압, 동결, 강제이체 등의 집행방법을 선택하되 그 수액은 피집행인이 이행하여야 할 의무의 범위를 초과할 수 없다(제242조 제1항 제2문).

이 협조통지서의 내용을 이행하지 않으면 민사소송 방해행위에 해당하여 처벌을 받게 된다(민소법 제114조 제1항 제2호). 즉 법원의 협조통지서를 받고 이행을 거절하는 경우에는 협조하라는 명령을 하는 외에 그 단위 및 그 주요책임자, 직접책임자에게 벌금을 부과할 수 있다. 벌금의 부과에도 이행하지 않는 경우에는 그 주요책임자, 직접책임자에게 구류(拘留)를 과할 수 있으며, 동시에 감찰기관이나 기타 관계기관에 기율처분(紀律處分)을 하도록 사법건의(司法建議)를 할 수 있다.

(2) 집행방법

강제집행의 방식에는 다음과 같은 것이 포함된다.

1) 조회(照會)[1]

은행 기타 금융자산을 취급하는 단위에 피집행인의 금융자산 현황을 알아보는 것을 말한다.

2) 구압(扣押: 압류의 일종)

구압은 금융자산 증서를 압류하여 피집행인의 점유, 처분을 막는 임시적인 조치를 말한다.

3) 동결(凍結: 예금압류)[2]

예금압류 즉 동결(凍結)은 법원이 은행 등의 저축기관에 집행협조통지서를 보내 일정기간 동안 피집행인의 예금인출을 금지시키는 것을 말한다. 동결의 목적은 한편으로는 피집행인의 의무이행을 독촉하고 다른 한편으로는 장차 그 예금의 강제이체를 위한 준비를 하는 것이다.[3] 동결 후에는 통상적으로 법원이 일정 기간 내에 의무를

1) 중국에서는 사순(査询)이라 한다.
2) 예금압류를 중국에서는 동결(凍結)이라 한다.

이행할 것을 명령하고, 이 기간에 의무를 이행하는 경우에는 동결을 푼다(解凍). 동결기간은 1회에 6개월을 넘지 못하며 연장할 필요가 있는 경우에는 법원이 동결계속통지서를 발한다. 그러나 그 연장기간은 원래의 기간의 1/2을 초과하지 못한다(〈압류규정〉 제29조). 금융기간이 자의적으로 동결된 예금을 풀어 예금을 이전시킨 경우에는 법원이 기간을 정해 그 회수를 명할 수 있으며, 이 기간 중 회수를 하지 못한 경우에는 이전시킨 금액의 한도 내에서 금융기관이 집행신청인에 대하여 책임을 진다(〈집행규정〉 제33조).

4) 강제이체(强制移替)[4)]

강제이체[划拨]는 법원이 피집행인의 예금 중 일정부분을 잘라내어 집행신청인(채권자)의 은행계좌로 옮기는 것을 말한다. 따라서 강제이체는 집행신청인과 피집행인이 모두 은행에 계좌를 가지고 있는 경우에 할 수 있는 것이며, 직접 권리자의 계좌로 입금할 수 없는 경우에는 일단 법원의 계좌로 입금시킨 후 처리한다. 강제이체는 동결을 거친 후에 하는 것이 보통이겠으나 동결절차를 거치지 않고 직접 강제이체 협조통지서를 보내 할 수도 있다.[5)]

금융기관이 피집행인인 경우에는 그 금융기관이 중국인민은행에 가지고 있는 지불준비금에 대하여는 동결이나 강제이체를 할 수 없으며, 다른 은행에 가지고 있는 예금 또는 중국인민은행에 가지고 있는 지불준비금 이외에 다른 예금에 대하여는 동결, 강제이체를 할 수 있다. 그리고 그 금융기관의 다른 재산에 대하여 강제조치를 취할 수 있으나 영업장소에 대한 사봉(查封)은 허용되지 않는다(〈집행규정〉 제34조).

5) 환가(換價)[6)]

환가는 채권, 주식, 펀드 등의 금융자산을 경매, 임의매각[变卖] 등 법률이 정하고 있는 방식을 통하여 금전화(金錢化)하는 것을 말한다.

---

3) 조회, 동결, 강제이체의 처리는 중국인민은행, 최고인민법원, 최고인민검찰원, 공안부가 공동으로 공포한 〈关于查询, 冻结, 扣划企业事业单位, 机关, 团体银行存款的通知〉[银发(1993) 356号, 1993-12-11]에 따라 처리한다. 그리고 〈집행규정〉 제32조~제35조에도 규정이 있다.

4) 이를 중국에서는 획발(划拨)이라 한다.

5) 谭兵, 李浩 主编, 前揭 民事诉讼法学, 483~484面; 张卫平 著, 前揭 民事诉讼法(第二版), 456面 참조.

6) 법전상 용어는 변가[变价]이다.

Ⅱ. 근로수입에 대한 집행

피집행인이 집행통지에 따라 법률문서에 확정된 의무를 이행하지 않는 경우에는 법원은 이행의무에 해당하는 액수의 피집행인의 수입을 압류(扣留), 강제수취[提取]할 수 있도록 하고 있다.[7] 다만 피집행인 및 그 부양가족의 필수 생활비는 보류하여야 한다(민소법 제243조 제1항). 법원이 수입을 압류, 강제수취할 때에는 재정(裁定)으로 하고 집행협조통지서를 보내야 하며, 피집행인의 소속단위, 은행, 신용합작사나 기타 저축업무를 담당하는 단위는 반드시 이를 처리하여야 한다고 규정하고 있다(같은 조 제2항).

압류[8]는 법원이 집행채무자의 수입 중 일정부분을 강제로 유치하여 이를 받아가지 못하도록 하는 것을 말한다. 압류의 목적은 채무자의 이행을 독촉하고 강제수취의 준비를 함에 있다.

강제수취[9]는 법원이 집행채무자의 수입을 강제로 빼내어 집행신청인에게 교부하는 것을 말한다. 집행채무자의 수입이 은행에 예금된 경우에는 예금증서(통장)의 제출을 명하여야 한다. 예금증서의 제출을 거부하는 경우에는 법원이 은행에 협조통지서를 보내 예금을 강제로 인출하여 법원에 제출하거나 법원이 지정하는 계좌에 입금하도록 하여 집행한다(〈집행규정〉 제35조). 피집행인이 아직 소속 단위에서 수입을 찾아가지 않은 경우에는 법원이 협조통지서를 발해 그 수입을 유치하여 강제수취하여야 한다(〈집행규정〉 제36조).

근로자의 수입에 대한 강제집행 중에 고용단위나 금융기관 등이 법원의 협조통지서를 무시하고 임금을 지급한 경우에는 기한을 정해 이를 회수하도록 명령할 수 있으며, 회수하지 못하는 경우에는 그 기관이나 단위가 피집행인에게 책임을 져야 한다.

---

7) 집행채무자의 주식, 배당금 수입 등의 집행은 〈약간규정〉 제51조 내지 제55조의 규정에 의한다.
8) 근로수입에 대한 근로자의 처분을 금지하는 조치를 말하며 중국에서는 이를 구류(扣留)라 부른다.
9) 강제로 근로수입을 확보하여 집행채권자에게 넘겨주는 것을 중국에서는 제취(提取)라 한다.

제3절 비금전적 재산에 대한 집행

Ⅰ. 동산과 부동산에 대한 집행

1. 의 의

집행신청인의 금전채권의 만족을 위하여 피집행인의 동산, 부동산을 압류하여 이를 경매, 임의매각을 통하여 환가(換價)하고 그 환가금을 집행신청인에게 교부하는 것을 말한다. 동산과 부동산은 그 성질, 경제생활 중의 중요도, 권리의 취득과 변동에 대한 법률규정의 차이를 감안하여 각각 그 집행방법을 별도로 규율하는 것이 일반적인 입법례[10)]이나 중국은 이를 구분하지 않고 함께 규율하고 있다.

강제집행의 첫 단계는 피집행인의 동산, 부동산을 압류하는 것으로부터 시작된다. 그런데 중국의 동산, 부동산의 압류방식에는 두 가지가 있다.[11)] 즉 사봉(查封)과 구압(扣押)의 두 가지가 있으며 우리의 압류방식과는 차이가 있다. 사봉과 구압의 차이는 사봉은 압류쪽지[封条]를 붙여 현지에 보관하는 방법으로 사용하고, 구압은 압류쪽지를 반드시 붙일 필요는 없는 대신 다른 지점으로 옮기는 방식으로 피집행인의 점유를 배제하는 점에서 차이가 난다. 또 사봉은 동산, 부동산에 모두 사용되는 방법인 반면, 구압은 동산에 대해서만 사용할 수 있다는 점에서 차이가 난다.

2. 압류의 기본원칙

압류(사봉, 구압)를 하는 데는 다음과 같은 원칙이 적용된다.[12)]

(1) 공시의 원칙

압류(사봉, 구압)는 집행당사자는 물론 일반인도 현재 집행 중이라는 사실을 알 수

10) 우리 민사집행법은 부동산에 대한 집행을 맨 앞에 자세히 규정해 두고 이를 동산집행 등에 준용하도록 하고 있다.

11) 우리는 부동산, 동산 가리지 않고 피집행인의 재산을 확보하여 경매 등을 위한 조치를 취하는 것을 압류라고 부른다. 다만 공시방법은 부동산의 경우는 압류등기이고 동산의 경우는 대개 압류쪽지(소위 빨간 딱지)를 붙이는 것이다. 중국의 경우에는 압류를 재산의 종류와 압류의 방식에 따라 사봉(查封), 구압(扣押), 동결(凍結)이라는 별도의 명칭을 사용하고 있다. 이하에서는 일반적인 재산 파악행위는 우리식으로 압류라는 용어를 사용하고 구체적인 경우에 대하여는 중국의 용어례에 따라 사봉(查封), 구압(扣押), 동결(凍結)이라는 말을 사용하기로 한다.

12) 재산의 압류(사봉, 구압, 동결)에 관한 사법해석으로 〈最高人民法院关于人民法院民事执行中查封, 扣押, 冻结财产的规定〉[法释(2004) 15号, 2004-11-04]이 있다. 이하 〈압류규정〉이라 한다.

있도록 공시를 해야 한다. 공시의 방법은 압류쪽지를 붙이는 방법, 공고를 하는 방법, 등기기관에 통지하여 등기를 하는 방법 등이 사용된다.

(2) 가치상당(價値相當)의 원칙

초과압류 금지의 원칙을 말한다. 따라서 압류는 채무상당액과 집행비용을 그 한도로 하며 이를 현저히 초과해서는 안 된다. 다만 여기의 상당(相當)의 의미는 현저히 초과해서는 안 된다는 말이며 반드시 일치할 것을 요구하는 것은 아니다. 또 불가분물(不可分物)의 압류에는 이 원칙이 적용되지 않는다.

(3) 이중압류 금지의 원칙

이 원칙은 법원이 사봉(査封), 구압(扣押)한 물건에 대하여는 다른 법원을 포함하여 어떠한 기관도 다시를 이를 사봉(査封), 구압(扣押)할 수 없다는 원칙이다. 우리 집행법이 이중압류를 허용하는 것과 차이가 있다.

이중압류(二重押留)를 금지하는 대신 대기압류 즉 대기사봉(待期査封), 대기구압(待期扣押) 제도를 인정하고 있다.[13] 이미 어느 법원이 압류조치를 취한 경우에 다른 법원이 그 재산의 등기부에 대기압류의 등기를 하거나 대기조서(待期調書)를 작성해두고, 앞의 사봉(査封) 등 압류가 해제되는 경우에 자동적으로 정식의 압류로 전환되도록 하는 제도를 말한다(〈압류규정〉 제28조 제1항). 방법은 등기된 재산인 경우(예: 등기된 부동산)에는 등기기관에 통지하여 대기를 등기하면 되고, 이 경우에 이미 사봉(査封) 등을 실시한 법원은 대기압류를 하고자 하는 법원이 관련 문서와 기록을 열람하는 것을 허용해야 한다(같은 조 제2항). 등기되지 않은 재산에 대한 대기압류는 대기하고자 하는 법원이 대기압류조서를 작성하여 이미 사봉 등을 실시한 법원의 집행관 및 피집행인의 서명을 받아두거나, 사봉 등을 이미 실시한 법원에 서면으로 통지해두는 방식으로 한다(같은 조 제3항).

(4) 압류면제의 원칙

일정한 재산에 대하여는 사봉이나 구압 등의 압류조치를 할 수 없다는 원칙을 말한다. 피집행인의 생존권의 보호를 위한 것으로 그 구체적 범위는 법률과 사법해석으로 정한다.

---

13) 이를 중국에서는 윤후사봉(轮候查封), 윤후구압(轮候扣押)이라 한다. 윤후(轮候)는 순번을 기다린다는 뜻이다. 결국 선행압류가 해제되면 정식의 압류로 되기 때문에 이중압류를 허용하는 것과 큰 차이는 없을 것이다.

3. 압류의 절차와 방법

(1) 서면의 재정(裁定)

집행법원이 압류를 하기로 결정한 경우에는 반드시 서면으로 재정을 해야 하며, 재정서에는 압류물을 표시하여야 한다. 이 재정서는 당사자 쌍방과 관계단위에 송달해야 한다.

(2) 집행협조통지서의 발송

관계단위의 협조가 필요한 경우에는 협조통지서를 보내 압류(사봉, 구압)된 재산에 담보의 설정, 등기의 이전 등을 하지 말도록 해야 한다.

(3) 압류쪽지[封条]의 첩부, 압류재산의 이관(移管), 공고, 사봉등기(査封登記) 등

사봉(査封)은 법원이 집행채무자의 재산에 압류쪽지를 붙여 현지에 보관하여 이를 이전하거나 처분하지 못하도록 하는 조치를 말한다. 사봉은 비교적 이동이 어려운 동산이나 부동산에 대한 조치로서 구체적으로는 통상 봉인쪽지를 붙이는 방식을 취하나, 때로는 공고의 방식을 취하기도 하고, 재산권 증서가 있는 경우는 법원이 이를 회수하기도 한다.

구압(扣押)은 법원이 집행채무자의 재산을 일정한 장소로 이전하여 보관하여 타인이 이를 점유, 사용 또는 처분하지 못하게 하는 것을 말한다. 동산에 대하여만 할 수 있는 조치이다. 다만 선박의 압류는 현지에서 한다.

법원이 재산을 압류하는 때에는 피집행인이 공민인 때에는 피집행인 또는 그의 성년가족에게 참여할 것을 통지하여야 하며, 피집행인이 법인 또는 기타 조직인 때에는 그 법정대표자 또는 주요책임자에게 참여할 것을 통지하여야 한다. 그러나 참여를 거부하는 것은 집행에 영향을 미치지 아니한다. 피집행인이 공민인 경우에는 그 작업단위 또는 재산소재지의 기층조직은 반드시 사람을 파견하여 참가하게 하여야 한다(민사소송법 제245조).

(4) 조서(調書)와 명세서(明細書)의 작성

집행관은 반드시 압류(사봉, 구압)된 재산의 명세서를 작성하여 참여인이 서명 또는 날인하게 한 후에 그 한 부를 피집행인에게 교부하여야 한다. 피집행인이 공민인 경우에는 피집행인의 성년가족에게 교부할 수도 있다(동조 제2항).

(5) 압류재산의 보관과 사용

집행관은 사봉(査封)된 재산을 피집행인에게 책임보관하라고 지정할 수 있다. 피집행인의 과실로 발생한 손실은 피집행인이 부담한다(민소법 제246조). 또 가치에 큰 영향이 없을 때에는 사봉된 재산을 집행채무자가 사용하도록 허용할 수 있다.

4. 압류의 효력

압류의 기본적 효력은 피집행인의 점유와 처분권한을 박탈하는 것이다. 따라서 압류(사봉, 구압) 후 피집행인이 그 목적물을 양도하거나, 목적물 위에 권리를 설정해주는 경우에는 집행신청인에게 대항할 수 없다(〈압류규정〉 제26조). 다만 그 처분행위는 상대적으로 무효일 뿐 피집행인과 상대방 사이에는 유효이다. 따라서 후에 압류가 해제되는 경우에는 완전히 유효한 처분행위가 된다.[14)]

또 제3자는 압류된 재산을 점유하거나 압류에 장애가 되는 행위를 할 수 없다. 그러나 사봉이나 구압을 공시하지 않은 경우에는 선의의 제3자에게는 대항하지 못한다(〈압류규정〉 제26조 제3항).

압류의 효력은 그 종물(從物)과 자연이자에 미치며, 건축물에 대한 사봉은 그 건축물을 위한 토지사용권에 미치고, 토지사용권에 대한 사봉은 그 지상의 건축물에 미친다. 다만 토지사용권과 지상건축물의 소유권이 피집행인과 제3자에게 분속된 경우에는 그러하지 아니하다(〈압류규정〉 제 23조).

사봉, 구압된 물건이 멸실되거나 훼손된 경우에는 그 압류의 효력은 대체물이나 배상된 금전에 미친다. 이 경우에는 법원이 즉시 그 대체물, 배상금을 사봉, 구입하는 재정을 해야 한다(〈압류규정〉 제24조).

5. 압류의 기간

압류의 기간은 동산과 부동산에 차이가 있다. 동산의 사봉이나 구압은 법률이나 사법해석에 달리 규정하지 않는 한 1년을 초과할 수 없으며, 부동산에 대한 사봉은 2년을 초과할 수 없다. 피집행인이 그 연장을 신청한 경우에는 그 압류기간 만료 전에 압류의 계속에 필요한 절차를 밟아야 하며, 그 기간은 원래 기간의 1/2을 초과하지 못한다(〈압류규정〉 제29조).

6. 환가(경매와 임의매각)

재산을 압류(사봉, 구압)한 후 집행관은 피집행인에게 지정된 기간 내에 법률문서에

14) 谭兵, 李浩 主编, 前揭 民事诉讼法学, 488面.

확정된 의무를 이행하라는 명령을 하여야 한다(민소법 제247조 제1문). 즉 환가절차 개시 전에 다시 한번 자발적 이행의 기회를 준 후 이 기한을 넘긴 경우에 비로소 현금화 작업을 개시한다. 환가방법은 경매가 원칙이다.[15] 즉 법원은 압류된 재산을 경매해야 하며, 경매가 부적당하거나 경매를 하지 않기로 당사자 쌍방이 동의한 경우에는 이를 유관단위에 넘겨 임의매각하도록 하거나 법원 자신이 임의매각할 수 있다(제247조 제2문 개정).[16] 또 국가가 자유매매를 금지하는 물품은 관련된 단위에 넘겨 국가가 정하는 가격으로 구매토록 한다(같은 조 제3문).

(1) 경매

1) 경매의 의의

경매[17]는 법원이 피신청인의 재산을 공개경쟁을 통하여 경매인의 주재하에 호가매매(呼價賣買)하는 것을 말한다. 경매의 법적 성질에 관하여는 사법설, 공법설, 절충설의 대립이 있다. 사법설은 경매는 일반 사법상의 매매와 같은 성질을 가지므로 계약법상의 청약과 승낙에 관한 규정을 적용받는다 한다. 공법설은 경매는 일반 사법상의 매매와 달리 공법적 성질을 가지므로 경락인은 목적물을 원시취득하며, 매득물에 대한 부담을 승계할 필요가 없다고 한다. 절충설은 절차법적으로는 공법적 성질을 가지나 실체법상으로는 사법적 성질을 가진다는 학설이다. 현재는 공법설이 우세한 것으로 보인다.[18]

2) 경매의 절차

경매를 하기 위해서는 자격을 갖춘 감정기관의 가격감정을 거쳐야 하나, 재산의 가치가 낮은 것 혹은 쉽게 그 가격을 확정할 수 있는 것에 대하여는 가격감정을 거치지 않아도 되며, 집행당사자가 일치하여 감정을 생략할 것을 신청한 경우에도 실시하지 않을 수 있다.[19] 법원은 감정가격 혹은 시장가격을 참작하여 최저가격을 확정해야 한다. 이 최저가격은 제1차 경매의 경우에는 감정가격 혹은 시가의 80%를 하회(下廻)할 수 없다. 유찰되는 경우에는 최저가격을 20% 이내에서 하향조정할 수 있다.[20]

매각공고는 동산의 경우는 경매일로부터 7일 전에 해야 하며 부동산은 15일 전까지

---

15) 경매를 중국에서는 박매(拍卖)라 하며 임의매각을 변매(变卖)라 한다.

16) 2012년 개정 전에는 법원이 경매와 임의매각 중 하나를 선택할 수 있도록 되어있었다.

17) 〈경매법(中华人民共和国拍卖法)〉은 1996년에 제정되어 2004년의 수정을 거쳤다. 수정 후 최고인민법원은 경매와 임의매각에 관한 사법해석을 내렸다[〈最高人民法院关于人民法院民事执行中拍卖, 变卖财产的规定〉法释(2004) 16号].

18) 谭兵, 李浩 主编, 前揭 民事诉讼法学, 490面.

19) 위 〈最高人民法院关于人民法院民事执行中拍卖, 变卖财产的规定〉[法释(2004) 16号] 제4조.

20) 上揭 규정 제8조.

해야 한다.

경매에 참가하기 위해서는 보증금을 예납해야 한다. 보증금의 액수는 법원이 정하나 최저가격의 5%를 하회(下廻)할 수 없다. 집행신청인이 경매에 참가하는 경우에는 보증금을 낼 필요가 없다.[21)]

3) 경매의 성립

경매가 성립한 경우에는 낙찰자가 15일 이내에 매각대금을 법원에 내거나 법원이 지정하는 계좌에 입금해야 한다. 그리고 법원은 경매성립의 재정을 하여, 대금지급 후 10일 이내에 이를 매수인에게 송달해야 한다.

경매에 참가하는 자가 없거나 최저경매가 이상을 부른 매수인이 없고 경매신청인도 그 최저경매가에 매수할 의사가 없는 경우에는 60일 이내에 새로 경매를 한다.

4) 재경매(再競賣)

매각결정을 받은 매수인이 기한 내에 대금을 지급하지 않는 경우에는 재경매를 실시한다. 재경매를 하는 경우에는 원매수인은 참가할 수 없다. 재경매가액과 원경매가액간의 차액, 경매비용의 손실, 원경매의 수수료는 원매수인이 부담하며, 보증금에서 이를 공제하며 부족한 경우에는 그 보충을 명할 수 있다.[22)]

5) 변제충당(辨濟充當)

변제충당은 피집행인의 재산에 값을 매긴 후 이를 직접 집행신청인에게 교부함으로써 채무의 변제에 갈음하는 것을 말한다. 경매 중 다음과 같은 경우에 변제충당을 할 수 있다.

① 경매참가자가 없거나 참가자의 응찰가가 최저액에 미치지 못하고 집행신청인이 그 경매목적물을 최저가에 인수하기로 신청하거나 동의를 한 경우
② 동산에 대한 새경매가 유찰된 경우

동산의 변제충당은 그 동산을 교부받는 날로부터 소유권이 이전되며, 부동산이나 등기된 동산의 경우에는 변제충당의 재정(裁定)이 집행신청인에게 송달된 때 소유권이 이전된다.

집행신청인이 새경매에서 유찰된 동산을 인수하기를 거절하거나 법률에 따라 이를 이전할 수 없는 경우에는 압류(사봉, 구압)를 해제하여 피집행인에게 돌려주어야 한다.

21) 上揭 규정 제13조.
22) 上揭 규정 제25조 제2항.

(2) 임의매각[变卖]

임의매각은 법원이 피집행인의 재산을 강제로 매각하는 것을 말한다. 경매와 임의매각 중에는 법률 또는 사법해석에 달리 정하지 않는 한 경매가 우선한다(제247조).[23] 일반적으로 경매보다는 환가금이 낮게 되는 것을 감안한 것이다. 따라서 ① 당사자 쌍방이 동의하는 경우, ② 금은 및 그 제품, 현지시장의 공개된 가격이 있는 동산, 부패 혹은 변질되기 쉬운 물건, 계절성 상품, 보관하기가 곤란하거나 보관에 과다한 비용이 들어가는 물건에 한하여 법원의 결정을 통하여 임의매각할 수 있다.[24]

가치가 비교적 크고 용이하게 확정할 수 있는 물건은 감정기관의 감정을 거쳐 매각가격을 정해야 하며, 감정가격에 의한 매각이 실패하는 경우에는 가격을 낮추어 팔 수 있으나 그 가격은 감정가격의 1/2을 밑돌아서는 안 된다. 또 임의매각의 경우에는 법원의 직원은 매수인이 될 수 없다.

(3) 경매와 임의매각의 효력

1) 소유권의 이전

경매 혹은 임의매각이 성립한 경우에 목적물의 소유권은 동산의 경우에는 그 물건을 교부받은 날부터 소유권이 매수인에게 이전되며, 부동산이나 등기된 동산 기타 권리는 경매 또는 임의매각이 성립한 날로부터 그 소유권이 이전된다.

2) 목적물상의 부담의 처리

경매 목적물상에 있던 담보물권 기타 우선변제청구권은 매각대금으로부터 우선 변제를 받고 모두 소멸한다. 다만 당사자간에 달리 약정을 하는 경우에는 그에 따른다.

경매 목적물상에 존재하던 임차권 기타 용익물권은 경매로 인하여 소멸하지 않는다. 다만 용익물권의 존재가 먼저 성립한 담보물권이나 우선변제청구권의 실현에 영향을 미칠 염려가 있는 경우에는 법원이 이를 먼저 제거하고 경매를 진행해야 한다.[25]

3) 환가금의 처리

경매, 임의매각을 통하여 얻음 환가금은 ① 집행비용(사봉, 구압, 경매, 임의매각 중 발생한 비용), ② 우선변제권자에 대한 변제, ③ 일반채권자에 대한 변제의 순으로 사용되며, 나머지는 피집행인에게 돌려준다.

---

23) 上揭 규정, 제2조.
24) 上揭 규정, 제34조.
25) 上揭 규정, 제31조.

7. 강제관리(强制管理)

강제관리는 집행법원이 관리인을 선임하여 사봉(査封)된 부동산, 선박, 항공기 등 특수한 동산에 대하여 관리를 하고 그 관리수입으로 채무를 변제하게 하는 집행조치를 말한다. 즉 관리재산으로부터 나오는 수익을 대상으로 하는 집행을 말한다. 민사소송법에는 강제관리에 관한 규정이 없으며, 〈약간의견〉 제302조에만 그 근거가 될 수 있는 간단한 규정이 있다.[26)]

이 규정에 의하면 강제관리의 대상이 되는 재산에는 특별한 제한이 없으나, 강제관리의 성질상 부동산이나 선박, 민용항공기가 강제관리의 대상이 되는 것이 보통이다.[27)] 경매나 임의매각은 피집행인의 소유권을 박탈하나 강제관리의 경우는 소유권은 그대로 채무자에게 두고 그 사용가치만을 파악하여 집행을 하는 점에 특징이 있다. 또 강제관리는 비교적 장기의 관리기간이 필요한 점에서도 경매, 임의매각과 다르다.

강제관리는 사실상 집행신청인에게는 경매, 임의매각보다 불리한 면이 있기 때문에 부동산이 성질상 경매 등을 할 수 없는 경우, 경매를 하는 것이 명백히 공평을 잃는 경우(예컨대 소액의 채무로 고가의 부동산을 경매하는 것은 공평하지 못하다), 두 번에 걸친 경매가 모두 유찰되는 경우 등에만 실시한다.[28)]

강제관리를 하기 위해서는 법원의 재정(裁定)이 필요하며 이 재정서를 집행당사자에게 송달해야 한다. 재정서가 송달된 후 아직 피집행인이나 제3자가 점유를 하고 있는 경우에는 그 점유를 배제하여 관리인에게 이관해야 한다. 다만 부동산에 대하여 이미 임차인이 있는 경우에는 임대료를 직접 관리인에게 지급할 것을 임차인에게 명령하면 되고 그 점유를 바꿀 필요는 없다.[29)]

강제관리로 채무전부의 변제가 완료되면 강제관리를 종결해야 한다. 또 관리의 실익이 없게 된 경우(예컨대 수익이 관리비용을 제외하고 남는 것이 없는 경우), 목적물이 멸실된 경우에도 강제관리를 종결해야 한다.

---

26) 〈약간의견〉 제302조는 "피집행인의 재산을 경매, 임의매각할 수 없는 경우에는 집행신청인의 동의를 얻어 법원이 가격을 정해 채무의 변제에 갈음하여 집행신청인에게 교부하거나, 집행신청인에게 교부하여 관리하게 할 수 있다: 집행신청인이 이를 받거나 관리하기를 거절하는 경우에는 피집행인에게 돌려준다."라고 규정하고 있으며, 이것이 강제관리의 근거규정이라 한다[江伟 主编, 前揭 民事诉讼法(第四版), 464面 참조].

27) 최근에는 토지사용권도 강제관리의 대상이 된다고 하는 견해가 나오고 있다.

28) 谭兵, 李浩 主编, 前揭 民事诉讼法学, 493面.

29) 江伟 主编, 前揭 民事诉讼法(第四版), 465面.

Ⅱ. 특수한 비금전재산에 대한 집행

동산, 부동산 이외의 재산에 해당하는 것으로는 ① 이행기가 도래한 채권, ② 지적재산권, ③ 투자수익권이나 주권 등이 있다. 이들에 대한 집행방법은 다음과 같다.

1. 이행기가 도래한 채권에 대한 집행

(1) 의의

이행기가 도래한 채권의 집행을 집행신청의 대위(代位申请执行)라고도 한다.[30] 피집행인이 채무를 완제할 수 없으나 제3자에 대하여 이행기가 이미 도래한 채권을 가지고 있는 경우에 법원이 당사자의 신청을 받아 채권을 강제수취하는 방법으로 집행을 할 수 있다.[31]

(2) 요건

1) 피집행인이 채무를 완제할 수 없을 것

우선 피집행인의 재산에 대하여 집행을 할 것이며, 이를 통하여 만족할 수 있는 경우에는 제3자에 대한 채권을 집행목적으로 할 수 없다(〈집행규정〉 제61조).

2) 이행기가 도래한 채무일 것

법문상 이행기가 도래한 채권[到期债权]으로 한정되어 있음을 주의해야 한다. 따라서 아직 이행기가 도래하지 않은 채권에 대하여는 집행할 수 없다.

3) 피집행인의 일신전속권에 해당하지 않을 것

피집행인의 제3자에 대한 채권이 일신전속권에 해당하는 경우에는 대위집행할 수 없다(〈중국계약법〉 제73조).

4) 당사자의 신청

신청은 집행신청인, 피집행인 모두 가능하도록 되어있으나(〈집행규정〉 제61조), 실무상 집행신청인의 신청이 압도적이다.[32] 신청은 서면으로 함이 원칙이다.

5) 제3채무자의 이의가 없을 것

법원이 제3채무자에게 이행통지를 하면, 제3채무자는 15일 이내에 이의신청을 할 수 있으며 이의신청이 있는 경우에는 집행을 할 수 없다. 따라서 이행통지를 받고 이

---

30) 赵钢, 占善刚, 刘学在 著, 前揭 民事诉讼法, 437面.
31) 〈집행규정〉 제61조~69조에 이 집행방법을 인정하고 있다.
32) 谭兵, 李浩 主编, 前揭 民事诉讼法学, 485面.

의도 하지 않고 이행도 하지 않는 경우에 비로소 강제집행을 하게 된다.

(3) 절차

1) 신청과 심사

집행신청인 혹은 피집행인은 서면으로 신청을 하며, 신청서에는 ① 피집행인이 기한이 도래한 채권을 가지고 있다는 사실, ② 채권의 종류와 액수, ③ 대위신청을 하는 이유를 기재해야 하며, 신청서에 대한 심사를 거쳐 집행을 위한 조치를 취할 것인지를 가린다.

2) 이행통지서의 송달

요건을 갖춘 경우에는 법원이 제3채무자에 대하여 이행통지서를 송달한다. 이행통지서에는 다음과 같은 사항을 기재해야 한다(〈집행규정〉 제61조 제2항).

① 제3채무자는 직접 집행신청인에게 이행을 하여야 하며, 피집행인에 대하여 이행해서는 안 된다는 사실
② 제3채무자는 통지서를 받은 날로부터 15일 이내에 집행신청인에게 이행해야 한다는 사실
③ 이의가 있는 경우에는 제3채무자가 이행통지서를 받은 날로부터 15일 이내에 집행법원에 제출해야 한다는 사실
④ 제3채무자가 위의 의무를 위반하는 경우 발생하는 법률적 효과

이행통지는 피집행인과 제3채무자 모두에게 효력이 있다. 이행통지를 송달한 후에는 피집행인이 채무를 포기하거나 이행의 연기를 해주어도 무효이며, 제3자가 통지서를 받았음에도 불구하고 피집행인에게 이행을 하여 회수할 수 없게 된 경우에는 책임을 져야 한다(〈집행규정〉 제66조~제67조).

3) 제3채무자의 이의(異議)

이의도 서면으로 해야 하는 것이 원칙이나, 구술로 할 수도 있다. 구술로 하는 경우에는 집행관이 이를 조서에 기입하고 제3채무자의 서명과 날인을 받아두어야 한다(〈집행규정〉 제62조). 이의는 채무의 부존재, 이행기의 미도래 등 채무자체에 관한 것이어야 하며, 자신의 무자력이나 집행신청인과의 무관계 등은 이의사유가 될 수 없다(〈집행규정〉 제64조). 일부에 대한 이의도 가능하다.

이의에 대한 심사는 형식적인 것에 한정되며, 채권채무관계가 실제로 존재하는지의 여부 등은 심사할 수 없다. 왜냐하면 피집행인과 제3채무자간의 채권채무관계는 별개의 법률관계로 집행기관이 심사하기에는 적절하지 않기 때문이다.[33] 이의가 성립하는 경우에는 더 이상 집행할 수 없다.

4) 제3채무자의 이행

이행통지서를 받고 제3채무자가 집행신청인에게 그 전부 또는 일부를 이행하면 법원이 그 이행을 증명하는 문서를 작성해 준다.

5) 제3채무자에 대한 강제집행

제3채무자가 기간 내에 이행도 하지 않고 이의도 제출하지 않는 경우에는 법원이 그에 대하여 강제집행을 하는 재정을 하고 그 재산에 대하여 집행조치를 취한다.

주의할 것은 제3채무자가 다른 채무자에 대하여 채권을 가지고 있는 경우라도 이는 집행의 대상이 되지 않으며, 제3채무자의 채권 이외의 재산만이 집행재산이 된다는 점이다(〈집행규정〉 第68조).

2. 지적재산권(知的財産權)에 대한 집행

지적재산권 중 재산에 관한 부분은 채무의 변제에 사용할 수 있으므로 강제집행의 대상이 된다. 피집행인이 소유하는 지적재산권에 대하여 집행법원은 먼저 보전적 조치를 취하고, 재정을 내려 피집행인이 특허권, 저작권(재산권 부분), 등록상표 전용권 등 지적재산권을 양도하지 못하도록 한다.

위 지적재산권의 등기를 맡고 있는 기관이 있는 경우에는 집행협조통지서를 보내 권리이전의 등기를 해주지 않도록 해야 하며, 필요한 경우에는 피집행인에게 그 권리증서를 법원에 제출하도록 명령하고 이를 법원에 보관한다.

지적재산권도 그 재산권 부분에 대하여는 경매, 임의매각 등의 환가조치를 취한다(〈집행규정〉 第50조).

3. 배당금 · 상여금에 대한 집행

배당금이나 상여금은 이미 발생한 것과 발생하지 않은 기대수익(期待收益)으로 나뉜다. 이미 발생한 배당금[股息]이나 상여금[红利]에 대하여는 재정을 내려 피집행인의 수취 혹은 피집행인에 대한 지급을 금지하고 직접 집행신청인에게 지급할 것을 기업에 요구하여야 한다. 아직 발생하지 않은 기대수익에 대하여는 예금압류조치를 취하여 두었다가 기간이 도래하면 법원이 이를 수취하고 수취증을 발급한다(〈집행규정〉 第51조).

---

33) 上揭書, 같은 면.

4. 투자수익권 · 주주권에 대한 집행

피집행인이 유한책임회사 기타 법인기업에 투자수익권[投资权益] 혹은 주주권[股权]을 가지고 있는 경우에는 집행법원은 이에 대하여 동결조치를 취할 수 있다. 이 경우에는 해당 기업에 통지하여 동결된 투자수익권, 주주권의 이전절차를 금지하도록 해야 하며, 그 배당금이나 상여금을 피집행인에게 지급하지 못하도록 해야 한다. 피집행인도 동결된 투자수익권, 주주권을 양도할 수 없다(〈집행규정〉 제53조).

피집행인이 가지고 있는 유한책임회사의 주주권을 동결하여 환가하는 경우에는 회사와 전체주주에게 통지를 해야 하며, 다른 주주는 동등한 조건으로 우선 매수할 권리를 가진다. 통지를 받고 20일 내에 우선매수권을 행사하지 않는 경우에는 우선매수권을 포기한 것으로 본다(〈중국회사법〉 제73조).

피집행인이 주식회사[34]의 주권(株券)을 보유하고 있는 경우에는 그 주권을 압류(구압)하여 피집행인으로 하여금 회사법의 규정에 따라 양도하게 하거나 직접 경매, 임의매각의 방식을 취하거나, 그 주권을 집행신청인에 교부하여 채무의 변제를 하게 할 수 있다(〈집행규정〉 제52조).

투자수익권이나 주주권에 대한 집행에는 관련 회사의 협조가 반드시 필요하다. 법원이 협조통지서를 발한 후 피집행인에게 배당금이나 상여금을 지급하거나, 동결된 주주권의 이전 절차를 밟아주어 집행에 지장을 준 경우에는 그 범위 내에서 집행신청인에 대하여 책임을 지게 된다(〈집행규정〉 제56조).

34) 중국의 회사법상 회사에는 유한회사(有限责任公司)와 주식회사(股份有限公司)의 두 가지가 있다.

제7장 비금전채권의 집행

제1절 비금전채권집행 의의

비금전채권집행은 금전의 지급을 목적으로 하지 않는 채권, 즉 특정물의 인도를 내용으로 하거나 특정한 행위를 그 채무의 내용으로 하는 채권의 강제적 실현을 위한 절차를 말한다.

금전채권의 실현을 위하여는 압류→환가(현금화)→분배의 3단계의 절차가 필요하나 비금전채권의 집행에서 있어서는 환가의 문제나 분배의 문제가 발생하지 않는다.

그 집행방법은 채권의 내용에 따라 직접강제, 강제강제, 대체집행, 손해배상의 4종류를 사용하게 된다.

제2절 특정물 인도청구권의 집행

Ⅰ. 의 의

특정물 인도청구권의 집행은 법률문서에 지정된 피집행인의 점유하에 있는 물건을 집행신청인에게 넘겨주는 것을 말한다.

물건의 종류에 따라 부동산집행과 동산집행으로 나눌 수 있으며, 특징은 환가 등의 절차가 필요 없으며, 사봉(査封)이나 구압(扣押)도 반드시 거쳐야 하는 절차는 아니라는 점이다.

물건의 인도집행은 특정물에 대하여만 할 수 있는 것이며, 피집행인이 그 물건을 가지고 있지 않다는 것을 이유로 그의 다른 재산에 대하여 집행할 수 없다.

Ⅱ. 부동산의 인도(명도)집행

부동산의 명도나 인도를 강제적으로 실현시키는 집행을 말하며 여기의 부동산은 토지와 그 지상물을 가리킨다. 이에 따라 민사소송법에는 가옥에서의 퇴거와 토지에서의 퇴출에 관한 규정을 두고 있다(민소법 제250조, 제251조). 절차의 순서는 다음과 같다.

1. 퇴거 · 퇴출의 공고

가옥에서의 퇴거 혹은 토지로부터의 퇴출은 우선 법원장이 서명한 공고로부터 시작된다. 공고에는 그 이행기간을 정해야 하며, 이 기간을 넘긴 경우엔 비로소 집행관의 강제집행이 개시된다(민소법 제250조 제1항).

2. 관계자의 참석

강제집행시에는 피집행인이 공민인 경우에는 피집행인 또는 그의 성년가족에게 참석할 것을 통지하여야 하며 피집행인이 법인 또는 기타 조직인 경우에는 그 법정대표자 또는 주요책임자에게 참석할 것을 통지하여야 한다. 참석의 거부는 집행에 영향을 미치지 아니한다. 피집행인이 공민인 경우에는 그 작업단위 또는 가옥, 토지 소재지의 기층조직은 사람을 파견하여 집행에 참가케 하여야 한다(제250조 제2항). 작업단위나 기층조직을 참가시키는 것은 일면으로는 관련단위나 조직에게 집행과정을 이해시키고, 다른 면으로는 법원을 도와 피집행인이 해야 할 일을 해주도록 하는 데 있다고 한다.[1)]

3. 퇴거와 퇴출의 강제

가옥이나 토지의 점유를 빼앗을 필요가 있는 경우에는 집행관, 서기, 사법경찰이 협력하여 완수하는 경우도 있고 제3자에게 위탁하여 실시하고 그 비용을 피집행인에게 부담시키는 방법을 사용할 수도 있다.

---

1) 谭兵, 李浩 主编, 前揭 民事诉讼法学, 498面.

4. 집행신청인에의 인도

빼앗은 점유를 집행신청인에게 넘겨줌으로써 집행은 완결되며, 부동산 증서 등의 이전이 필요한 경우에는 법원이 관계기관에 협조통지서를 보내 그 수속을 밟을 수 있도록 한다.

가옥으로부터의 강제퇴거시에 반출된 재산은 법원이 사람을 파견하여 지정된 장소로 운반하여 피집행인에게 교부한다. 피집행인이 공민인 경우에는 그의 성년 가족에게 교부할 수 있다. 수령의 거절로 인하여 발생하는 손실은 피집행인이 부담한다(민소법 제250조 제3항).

집행관은 강제집행의 상황을 조서로 작성하여 참석인의 서명 혹은 날인을 받아둔다.

5. 집행종결 후 피집행인 등의 재점유 등

집행이 종결된 후 피집행인이 불법적으로 다시 부동산에 대한 점유를 취득하는 경우에 대한 대책으로는 ① 재차 집행조치를 하여 방해를 배제하는 방법, ② 피집행인을 민사소송방해에 준하여 강제조치를 하는 방법(민소법 제111조[2]) ③ 집행신청인에게 손해가 발생한 경우에는 별소로 손해배상을 구하는 방법 등이 사용될 수 있을 것이다(〈약간의견〉 제303조).

Ⅲ. 동산 인도집행

동산의 인도집행은 피집행인이 점유하고 있는 동산을 넘겨받아 집행신청인의 점유로 옮겨주는 것을 말한다. 여기의 동산에는 대체물, 부대체물과 유가증권이 포함된다.[3] 피집행인이 점유하고 있는 물건에 대한 인도집행과 제3자 점유하에 있는 물건의 인도집행으로 나눌 수 있다.

---

2) 벌금, 구류는 물론 형사책임을 추궁할 수도 있도록 되어있다(제111조 제1항).

3) 법문(제249조)에는 재물 또는 표증(票证)이라 되어있다. 재물성을 갖추는 한 특정물이 아니라 종류물이라도 상관이 없으며, 금전의 경우에는 이미 본 바와 같이 동결과 강제이체, 동결과 강제수취를 통하는 것도 있으나 동산집행의 대상이 되는 경우도 있을 것이다. 또 유가증권 이외의 증서라도 동산 집행의 대상이 된다.

1. 피집행인이 점유하는 동산

피집행인이 가지고 있는 재물이나 유가증권은 집행관이 쌍방을 불러 대면하여 넘겨주게 하거나, 집행관이 피집행인으로부터 받아서 집행신청인에게 전해주는 방식으로 집행한다. 어느 것이나 인수증에 서명을 하여 수령한다.

특정물의 인도는 그 원물을 인도하는 것이 원칙이다. 원물이 은닉되거나 불법적으로 이전된 경우에는 집행법원이 그 제출을 명할 수 있다. 또 원물이 이미 변질, 훼손 혹은 멸실된 경우에는 돈으로 환산하여 배상하도록 재정하거나 목적물의 가치를 감안하여 피집행인의 재산에 대하여 강제집행할 수 있다(〈집행규정〉 제57조).

2. 제3자 점유의 동산

제3자 점유는 다시 ① 피집행인을 위한 점유와 ② 제3자 자신을 위한 점유로 나눌 수 있다.

제3자가 피집행인의 이익을 위해 점유하고 있는 경우에는 관련 단위나 공민이 집행물건을 소지하고 있는 경우가 있다. 관련 단위가 점유를 하고 있는 경우에는 법원의 집행협조통지서에 따라 넘겨주며, 받는 사람이 인수증에 서명하여 수령한다(민소법 제249조 제2항). 공민이 피집행인을 위하여 소지하고 있는 경우에는 법원이 제출하도록 통지하고 제출을 거부하는 경우에는 강제집행을 한다(같은 조 제3항).

제3절 행위청구권의 집행

Ⅰ. 의 의

행위청구권의 집행은 피집행인의 작위(作爲) 또는 부작위(不作爲)를 강제함으로써 집행신청인의 행위청구권을 실현시키는 것을 말한다. 행위청구권은 적극적 행위청구권과 소극적 행위청구권[4]으로 나뉘기도 한다. 또 행위는 대체적 행위와 비대체적 행위

4) 소극적 행위청구권은 부작위청구권을 말하는 것이나 여기에는 신청인의 특정행위에 대한 수인청구권(受忍請求權)도 포함된다. 예컨대 지상권자의 통행을 수인할 것이나 이웃의 배관 매설을 수인할 것을 청구하는 것과 같다.

로 나눌 수도 있으며 각각 그 집행방법을 달리한다.

Ⅱ. 대체적 행위청구권의 집행

대체적 행위를 피집행인이 이행하지 않는 경우에는 제3자에게 위탁하여 그 행위를 하도록 하고 그 비용을 피집행인이 부담하도록 할 수 있다(민소법 제252조). 피집행인이 그 비용부담을 거절하는 경우에는 금전채권의 집행에 준하여 그 재산에 대하여 강제집행을 한다.

Ⅲ. 비대체적 행위청구권의 집행

비대체적 행위(예컨대 배우의 연기)를 의무자가 이행하지 않는 경우 어떤 조치를 취할 것인지에 관하여는 민사소송법에는 규정이 없다. 이에 대하여는 일종의 민사소송 방해행위로 취급하여 강제적인 조치를 취할 수 있고, 때로는 형사책임을 추궁할 수 있다는 것이 학설의 견해였다. 그 후 〈집행규정〉 제60조 제3항은 이를 받아들여 "오로지 피집행인만 완성할 수 있는 행위는 교육을 통해 설득해 보고 그래도 거부하는 경우에는 민사소송 방해행위에 관한 규정에 따라 처리한다"라고 하고 있고, 〈약간의견〉 제283조도 같은 규정을 두고 있다.

민사소송법 제111조 제1항 제6호는 법률적 효력이 발생한 법원의 판결 재정을 거부하여 그 이행을 하지 않는 행위를 민사소송 방해행위로 규정하고 있으며 동조 제1항은 위반행위에 대하여 정상의 경중에 따라 벌금, 구류를 과할 수 있으며 범죄를 구성하는 경우에는 법에 따라 형사책임을 추궁할 수 있다고 하고 있다. 학설로는 권리자가 용인하는 경우에는 의무자와 비슷한 수준의 다른 사람에게 일을 완성하게 할 수 있고, 그 비용은 의무자가 부담하게 할 수 있다고 한다.[5)]

의사표시도 일종의 비대체적 행위이다. 그러나 예컨대 등기의 이전을 명하는 판결이 확정되었다면 의사표시는 법률상 의제되는 것이므로 간접강제를 사용할 필요가 없다. 다만 우리와 다른 점은 우리는 확정판결을 가지고 채권자가 등기를 신청해야 하는 데 반하여 중국에서는 대체로 법원이 등기기관에 협조통지서를 보내 등기절차를 밟도록 한다는 점이다.

---

5) 潘劍鋒, 前揭書, 435面.

부록

중화인민공화국민사소송법

1991년 4월 9일 제7기 전국인민대표대회 제4차 회의에서 통과되었으며, 2007년 10월 28일 제10기 전국인민대표대회 상무위원회 제30차 회의에서 〈중화인민공화국민사소송법의 개정에 관하여〉가 통과되어 제1차 개정이 있었으며, 2012년 8월 31일 제11기 전국인민대표대회 상무위원회 제28차 회의에서 〈중화인민공화국민사소송법의 개정에 관하여〉가 통과됨에 따라 제2차 개정이 있었다.

목 차

제1편 총 칙

제2편 소송절차(심판절차)

제3편 집행절차

제4편 섭외민사소송절차의 특별규정

제1편 총 칙

제1장 임무, 적용범위와 기본원칙

제1조 중화인민공화국민사소송법은 헌법을 근거로 하고 우리나라의 민사재판의 경험 및 실제사정을 결합하여 제정된 것이다.

제2조 중화인민공화국민사소송법의 임무는 당사자가 소송상의 권리를 행사하는 것을 보호하며, 인민법원이 사실을 밝혀 시비를 가리고 정확히 법률을 적용하여 적시에 민사사건을 심리하는 것을 보증하며, 민사권리의무관계를 확인하고 민사위법행위에 제재를 가하여 당사자의 합법적인 권익을 보호하며, 공민이 자각적으로 법률을 지키도록 교육하며, 사회질서와 경제질서를 유지보호하여 사회주의 건설사업이 순조롭게 진행되도록 하는 데에 있다.

제3조 인민법원이 공민사이, 법인사이, 기타 조직사이와 이들 서로 간에 재산관계 및 신분관계로 인하여 제기하는 민사소송을 수리한 경우는 이 법의 규정을 적용한다.

제4조 중화인민공화국영역 내에서 민사소송을 하는 경우는 언제나 이 법을 준수해야 한다.

제5조 ① 외국인, 무국적자, 외국기업과 조직이 인민법원에 소를 제기하고 응소함에 있어서는 중화인민공화국 공민, 법인 및 조직과 동등한 소송상의 권리와 의무가 있다.

② 외국법원이 중화인민공화국 공민, 법인 및 기타 조직의 민사소송권리에 대하여 제한을 가하는 경우는 중화인민공화국 인민법원은 그 국가의 공민, 기업 및 조직의 민사소송권리에 대하여 대등한 원칙을 시행한다.

제6조 ① 민사사건의 심판권은 인민법원이 행사한다.

② 인민법원은 법률의 규정에 따라 독립하여 민사사건을 심판하며 행정기관, 사회단체 및 개인의 간섭을 받지 아니한다.

제7조 인민법원이 민사사건을 재판함에 있어서는 사실을 근거로 하고 법률을 규준(規準)으로 하여야 한다.

제8조 민사소송의 당사자는 평등한 소송상의 권리를 가진다. 인민법원이 민사사건을 심판함에 있어서는 당사자가 소송상의 권리를 행사하는 것을 보장하고 이를 편리케 하여야 하며 당사자에 대하여 법률을 적용함에 있어서는 일률적으로 평등하게 하여야 한다.

제9조 인민법원이 민사사건을 심판함에 있어서는 자유의사 및 합법성의 원칙에 따라 조정을 하여야 한다. 조정이 성립되지 않는 경우에는 제때에 판결을 하여야 한다.

제10조 인민법원이 민사사건을 심판함에 있어서는 법률의 규정에 따라 합의제도, 회피제도, 공개재판제도 및 양심종심제(2심제)를 시행하여야 한다.

제11조 ① 각 민족은 모두 자기 민족의 언어와 문자로 민사소송을 할 권리를 가진다.

② 소수민족이 집단거주하거나 여러 민족이 공통 거주하는 지역에서는 인민법원은 현지민족에 통용(通用)되는 언어와 문자로 심리를 하고 법률문서를 발행하여야 한다.

③ 인민법원은 현지민족에 통용되는 언어, 문자에 통하지 않는 소송관계자에게 통역을 해주어야 한다.

제12조 인민법원이 민사사건을 심리하는 때에는 당사자는 변론을 할 권리를 가진다.

제13조 ① 민사소송에서는 신의성실의 원칙을 지켜야 한다.

② 당사자는 법률이 규정하는 범위 내에서 자신의 민사상의 권리와 소송상의 권리를 처분할 권한이 있다.

제14조 인민검찰원은 민사소송에 대하여 법률적 감독을 할 권한이 있다.

제15조 기관, 사회단체, 기업 · 사업단위는 국가, 집단 혹은 개인의 민사적 권익에 손해를 가하는 행위에 대하여 손해를 입은 단위나 개인이 인민법원에 소를 제기하는 것을 지원할 수 있다.

제16조 민족자치지방의 인민대표대회는 헌법 및 이 법의 원칙에 근거하고 현지민족의 구체적 사정을 참작하여 변통(變通)적인 또는 보충적인 규정을 제정할 수 있다. 자치구(自治區)의 규정은 전국인민대표대회 상무위원회에 보고하여 비준을 받는다. 자치주(自治州), 자치현(自治縣)의 규정은 성(省) 또는 자치구의 인민대표대회 상무위원회에 보고하여 비준을 받고 전국인민대표대회 상무위원회에 보고하여 등록해 둔다.

제2장 관 할

제1절 급별관할

제17조 기층인민법원은 제1심 민사사건을 관할한다. 다만 이 법에 별도의 규정이 있는 것은 제외한다.

제18조 중급인민법원은 아래 열거한 제1심 민사사건을 관할한다.

(1) 중대한 섭외사건

(2) 해당 관할구역에 중대한 영향을 미치는 사건

(3) 최고인민법원이 중급인민법원이 관할하도록 확정한 사건

제19조 고급인민법원은 해당 관할구역에 중대한 영향을 미치는 제1심 민사사건을 관할한다.

제20조 최고인민법원은 아래 열거한 1심 민사사건을 관할한다.

(1) 전국에 중대한 영향을 미치는 사건

(2) 자기 법원이 심판할 것으로 인정하는 사건

제2절 지역(토지)관할

제21조 ① 공민에 대하여 제기하는 민사소송은 피고주소지 인민법원이 관할한다. 피고의 주소지가 경상거주지와 일치하지 않는 경우는 경상거주지 인민법원이 관할한다.

② 법인 또는 기타 조직에 대하여 제기하는 민사소송은 피고주소지 인민법원이 관할한다.

③ 동일한 소송에서 수개의 피고주소지, 경상거주지가 둘 이상 인민법원의 관할구역에 존재하는 경우는 해당 각 인민법원은 모두 관할권을 갖는다.

제22조 아래 열거한 민사소송은 원고주소지 인민법원이 관할하며 원고주소지와 경상거주지가 일치하지 않는 경우에는 원고의 경상거주지 인민법원이 관할한다.

(1) 중화인민공화국 영역 내에 거주하지 않는 사람에 대하여 제기하는 신분관계와 관련된 소송

(2) 행방불명자 혹은 실종 선고된 자에 대하여 제기하는 신분관계와 관련된 소송

(3) 강제교육조치를 받고 있는 자에 대하여 제기하는 소송

(4) 재소자에 대하여 제기하는 소송

제23조 계약분쟁으로 인하여 제기되는 소송은 피고주소지 혹은 계약이행지의 인민법원이 관할한

다.

제24조 보험계약상의 분쟁으로 인하여 제기되는 소송은 피고주소지 혹은 보험목적물소재지의 인민법원이 관할한다.

제25조 어음·수표상의 분쟁으로 인하여 제기되는 소송은 어음·수표의 지급지 혹은 피고주소지의 인민법원이 관할한다.

제26조 회사의 설립, 주주자격의 확인, 이윤의 분배, 해산 등으로 인한 분쟁으로 제기되는 소송은 회사 주소지의 인민법원이 관할한다.

제27조 철도운송, 도로운송, 수상운송, 항공운송 및 연계운송계약상의 분쟁으로 인하여 제기되는 소송은 운송의 출발지, 목적지 혹은 피고주소지의 인민법원이 관할한다.

제28조 불법행위(권리침해행위)로 인하여 제기되는 소송은 불법행위지 혹은 피고주소지 인민법원이 관할한다.

제29조 철도, 도로, 수상, 혹은 항공사고로 인하여 제기되는 손해배상청구소송은 사고발생지 혹은 차량, 선박의 최초 도착지, 항공기의 최초 착륙지 혹은 피고주소지의 인민법원이 관할한다.

제30조 선박충돌 또는 기타 해손사고로 인하여 제기되는 손해배상청구소송은 충돌발생지, 충돌선박의 최초도착지, 가해선박압류지 혹은 피고주소지의 인민법원이 관할한다.

제31조 해난구조비용으로 인하여 제기되는 소송은 구조지 혹은 피구조선박의 최초도착지의 인민법원이 관할한다.

제32조 공동해손으로 인하여 제기되는 소송은 선박의 최초 도착지, 공동해손의 계산지 혹은 항정(航程)이 끝나는 곳의 인민법원이 관할한다.

제33조 아래 열거한 사건은 이 조에 규정된 법원의 전속관할로 한다.

(1) 부동산상의 분쟁으로 인하여 제기되는 소송은 부동산소재지 인민법원이 관할한다.

(2) 항구 작업 중 발생한 분쟁으로 인하여 제기되는 소송은 항구소재지 인민법원이 관할한다.

(3) 유산상속의 분쟁으로 인하여 제기되는 소송은 피상속인 사망시의 주소지 혹은 주요유산소재지의 인민법원이 관할한다.

제34조 계약 또는 기타 재산권익을 둘러싼 분쟁의 당사자는 서면의 합의로 피고주소지, 계약이행지, 계약체결지, 원고주소지, 목적물 소재지 등 쟁의와 실제적인 관련이 있는 지점의 인민법원의 관할을 선택할 수 있다. 다만 이 법의 급별관할 및 전속관할에 관한 규정을 위반할 수 없다.

제35조 두 개 이상 인민법원이 모두 관할권을 갖는 소송에 있어서는 원고는 그 중 하나의 인민법원에 소를 제기할 수 있으며, 원고가 관할권을 갖는 두 개 이상의 인민법원에 제소한 경우에는 가장 먼저 입안(立案)한 인민법원이 관할한다.

제3절 이송관할 및 지정관할

제36조 인민법원이 수리한 사건이 자기의 관할에 속하지 않음을 발견한 경우에는 관할권 있는 인민법원으로 이송하여야 하며 수이송인민법원은 이를 수리하여야 한다. 수이송인민법원이 이송받은 사건이 규정에 비추어 자기의 관할에 속하지 않는다고 인정하는 경우에는

상급인민법원에 보고하여 관할의 지정을 신청하여야 하며 스스로 이를 재이송할 수 없다.

제37조 ① 관할권이 있는 인민법원이 특별한 원인으로 인하여 관할권을 행사할 수 없는 경우에는 상급인민법원이 관할을 지정한다.

② 인민법원 사이에 관할권으로 말미암아 쟁의가 발생한 경우에는 쌍방이 협의하여 해결하며 협의로 해결되지 않는 경우에는 그들의 공통으로 되는 상급법원에 보고하여 관할의 지정을 신청하여야 한다.

제38조 ① 상급인민법원은 하급인민법원관할에 속하는 제1심 민사사건을 심리할 권한이 있다. 자기의 관할에 속하는 제1심 민사사건을 하급인민법원에 넘겨 심리하도록 해야 할 확실한 필요가 있는 경우에는 그 상급인민법에 보고하여 비준을 신청해야 한다.

② 하급인민법원은 그 관할에 속하는 제1심 민사사건이 상급인민법원의 심리가 필요가 있다고 인정하는 경우에는 상급인민법원에 보고하여 그 심리를 신청할 수 있다.

제3장 심판조직

제39조 ① 인민법원이 제1심 민사사건을 심리할 때는 법관과 배심원이 공동으로 합의부를 구성하거나 법관으로 합의부를 구성한다. 합의부의 구성원의 수는 홀수이어야 한다.

② 간이절차를 적용하여 심판하는 사건은 법관 1인이 단독으로 심판한다.

③ 배심원이 배심의 직무를 수행하는 때에는 법관과 동등한 권리의무가 있다.

제40조 ① 인민법원이 제2심 민사사건으로 심리할 때는 법관으로 합의부를 구성한다. 합의부의 구성원의 수는 홀수이어야 한다.

② 환송사건을 심리함에 있어서는 원심인민법원이 제1심 절차에 따라 별도로 합의부를 구성한다.

③ 재심사건을 심판함에 있어서는 원판결이 제1심이었던 것은 제1심의 절차에 따라 별도로 합의부를 구성하고 원판결이 제2심이었던 것 혹은 상급인민법원이 끌어올려 재판(提審)한 판결이었던 것은 제2심 절차에 따라 별도로 합의부를 구성한다.

제41조 합의부의 재판장은 원장 혹은 정장(庭長)[1]이 정하는 1인의 법관이 담당하며, 원장이나 정장이 재판에 참가하는 경우에는 원장 혹은 정장이 담당한다.

제42조 합의부가 사건을 평의하는 경우는 다수결의 원칙에 의한다. 평의는 조서를 작성하여 합의부구성원이 서명하여야 한다. 평의 중의 다른 의견은 사실대로 조서에 기입하여야 한다.

제43조 ① 재판관여인(재판인원)은 법률에 따라 공평하게 재판하여야 한다.

② 재판관여인은 당사자나 그 소송대리인의 향응이나 선물을 받을 수 없다.

③ 재판관여인이 뇌물을 받거나 사적인 이익에 사로잡혀 재판하거나 법을 자의적으로 적용하여 재판하는 행위를 하는 경우는 법적 책임을 추궁하며 범죄를 구성하는 경우는 법에 따라 형사책임을 추궁한다.

---

1) 여기의 정(庭)이라 함은 예컨대 형사심판정, 민사심판정 혹은 경제심판정이라 할 때의 정을 말하며 중국의 법원에는 필요에 따라 이와 같은 정을 둘 수 있도록 되어있다.

제4장 회 피

제44조 ① 심판원 등이 아래 열거한 사항 중의 하나에 해당될 때에는 회피하여야 하며, 당사자는 구술 혹은 서면의 방식으로 그들의 회피를 신청할 수 있다.

(1) 당해 사건의 당사자이거나 당사자나 소송대리인의 근친속인 경우

(2) 당해 사건과 이익관계가 있을 때

(3) 당해 사건 당사자나 소송대리인과 기타의 관계가 있어 사건의 공정심리에 영향을 미칠 가능성이 있는 때

② 심판원 등이 당사자나 소송대리인의 향응이나 선물을 받거나, 규정을 위반하여 당사자나 소송대리인을 접견한 경우에는 당사자는 그들의 회피를 요구할 수 있다.

③ 위의 규정은 서기, 통역인, 감정인, 검증인에 적용한다.

제45조 ① 당사자가 회피신청을 제출하는 때에는 이유를 설명하여 사건의 심리를 개시할 때에 제출하여야 한다. 회피사유를 심리개시 이후에 알게 된 경우에는 법정변론종결 전까지 제출할 수 있다.

② 회피신청을 받은 사람은 인민법원이 회피의 가부를 정하는 결정을 하기 전에는 잠정적으로 사건참여를 정지하여야 한다. 다만 사건이 긴급조치를 취할 것을 요하는 경우는 예외로 한다.

제46조 원장이 재판장을 담당하고 있는 경우의 회피는 재판위원회가 결정하며, 심판원(법관)의 회피는 원장이 결정하며, 기타 인원의 회피는 재판장이 결정한다.

제47조 인민법원은 당사자가 제출한 회피신청에 대하여 제출일로부터 3일 이내에 구술 또는 서면의 형식으로 결정을 내려야 한다. 신청인이 결정에 이의가 있는 경우는 결정을 받은 때 일회에 한해 재의(복의)를 신청할 수 있다. 재의기간 동안 회피신청을 받은 자의 사건참여는 정지되지 아니한다. 인민법원은 재의신청에 대하여 3일 이내에 재의결정을 내려야 하며, 재의신청인에게 이를 통지하여야 한다.

제5장 소송참여인

제1절 당사자

제48조 ① 공민, 법인 및 기타 조직은 민사소송의 당사자가 될 수 있다.

② 법인은 그 법정대표자가 소송을 수행한다. 기타의 조직은 그 주요책임자가 소송을 수행한다.

제49조 ① 당사자는 대리인에게 위임할 권리를 가지며 회피신청의 제출, 증거의 수집제공, 변론의 진행, 조정의 청구, 상소의 제기, 집행신청을 할 권리를 갖는다.

② 당사자는 당해 사건과 관계있는 자료를 열람할 수 있으며 당해 사건의 관련자료와 법률서류를 복제할 수 있다. 관련자료의 열람, 복제의 범위와 방법은 최고인민법원이 정한다.

③ 당사자는 반드시 법률에 따라 소송상의 권리를 행사해야 하며 소송질서를 지키고 법률적 효력이 발생한 판결, 재정 및 조정서를 이행하여야 한다.

제50조 당사자 쌍방은 스스로 화해할 수 있다.

제51조 원고는 소송상의 청구를 포기 또는 변경할 수 있다. 피고는 소송상의 청구를 승인(인낙)하거나 반박할 수 있으며 반소를 제기할 수 있다.

제52조 ① 당사자의 일방 혹은 쌍방이 2인 이상이고, 그 소송물(訴訟標的)이 공동인 때 혹은 소송물이 동일한 종류이고, 인민법원이 병합심리할 수 있다고 인정하며 당사자도 동의하는 경우에는 공동소송이 된다.

② 공동소송의 한편 당사자가 소송물에 대하여 공동의 권리의무를 갖는 경우에는 그 중 1인의 소송행위는 다른 공동소송인의 승인을 얻는 경우에만 그 다른 공동소송인에 대하여 효력이 있다. 소송물에 대하여 공동의 권리의무가 없는 경우에는 그 중 1인의 소송행위는 다른 공동소송인에 대하여 효력을 발생하지 아니한다.

제53조 한편 당사자의 수가 현저히 다수인 공동소송은 당사자가 대표자를 선출하여 소송을 진행할 수 있다. 대표자의 소송행위는 그가 대표하는 당사자에게 효력을 발생한다. 다만 대표자가 소송상의 청구를 변경, 포기하거나 상대방 당사자의 소송상의 청구를 승인(인낙)하거나 화해를 함에 있어서는 반드시 대표되는 당사자의 동의를 거쳐야 한다.

제54조 ① 소송물(소송표적)이 동일한 종류이고 한편 당사자의 수가 현저히 다수이며 소를 제기할 때에 그 수가 아직 확정되지 않은 경우에는, 인민법원은 공고를 하여 사건의 정황 및 소송상의 청구를 설명하고 권리자에게 일정 기간 내에 인민법원에 등기할 것을 통지할 수 있다.

② 인민법원에 등기한 권리자는 대표자를 선출하여 소송을 수행할 수 있으며, 대표자가 선출되지 않는 경우에는 인민법원은 참여한 권리자와 상의하여 대표자를 정할 수 있다.

③ 대표자의 소송행위는 그가 대표하는 당사자에 대하여 효력을 발생한다. 다만 대표자가 소송상의 청구를 변경, 포기하거나 상대방 당사자의 소송상의 청구를 승인(인낙)하거나 화해를 하는 경우에는 반드시 대표되는 당사자의 동의를 거쳐야 한다.

④ 인민법원이 내리는 판결, 재정은 등기를 하여 참가한 모든 권리자에게 효력을 발생한다. 등기에 참가하지 않은 권리자가 소송시효 기간 내에 소송을 제기한 경우는 그 판결, 재정을 적용한다.

제55조 환경오염, 다수소비자의 합법적인 권익의 침해 등 사회공공이익에 손해를 가하는 행위에 대하여는 법률이 규정하는 기관 및 관련조직이 인민법원에 소를 제기할 수 있다.

제56조 ① 당사자의 쌍방의 소송물(소송표적)에 대하여 제3자가 독립적인 청구권을 가지고 있다고 인정하는 경우에는 소를 제기할 수 있다.

② 당사자 쌍방의 소송물(소송표적)에 대하여 제3자가 독립적인 청구권을 가지고 있지는 않으나 사건의 처리결과가 그와 법률상의 이해관계를 가지는 경우에는 소송참가를 신청하거나 인민법원이 그에게 소송에 참가할 것을 통지할 수 있다. 인민법원이 참가인에게 민사책임을 부담하도록 판결하는 경우에는 그는 당사자로서의 소송상의 권리의무를 가진다.

③ 전 2항의 제3자가 그의 책임으로 돌릴 수 없는 사유로 인하여 소송에 참가하지 못한 경우, 법률적 효력이 발생한 판결, 재정, 조정서의 전부 혹은 일부에 잘못(착오)이 있어 자기의 민사권익에 손해를 끼친다는 것을 증거로 증명할 수 있는 경우에는, 그 민사권익이 침해된 것을 알거나 알았어야 할 날로부터 6월 이내에 그 판결, 재정, 조정서를 낸 인민법원에 소를 제기할 수 있다. 인민법원은 심리를 거쳐 그 소송상의 청구가 성립되는 경

우에는 원판결, 재정, 조정서를 변경하거나 취소하여야 하며, 소송상의 청구가 성립하지 않는 경우에는 청구를 기각해야 한다.

제2절 소송대리인

제57조 소송무능력자는 그 감호인[2)]이 법정대리인이 되어 소송을 대리한다. 법정대리인간에 대리책임을 서로 미루는 경우에는 인민법원이 그 중 1인을 지정하여 소송을 대리하게 한다.

제58조 ① 당사자, 법정대리인은 1 내지 2인의 소송대리인을 선임할 수 있다.

② 아래에 열거된 자는 위탁을 받아 소송대리인이 될 수 있다.

(1) 변호사, 기층법률서비스 종사자

(2) 당사자의 근친속 또는 피용인

(3) 당사자 소재지 사구(社區)[3)], 단위(單位) 및 관련 사회단체가 추천하는 공민

제59조 ① 타인에게 소송대리를 위탁하는 경우에는 반드시 인민법원에 위탁인이 서명을 혹은 날인한 위임장을 제출하여야 한다.

② 위임장에는 위임사항과 권한을 명확히 기재하여야 한다. 소송대리인이 소송상의 청구를 승인(인낙), 포기, 변경하거나 화해를 하거나 반소 혹은 상소를 제기함에는 위탁인의 특별수권이 있어야 한다.

③ 외국에 거주하는 중화인민공화국의 공민이 외국으로부터 위임장을 송부하거나 위탁하여 보내는 경우에는 당해국가에 주재하는 중화인민공화국의 대사관이나 영사관의 증명을 거쳐야 한다. 대사관, 영사관이 없는 경우에는 당해국에 주재하는 중화인민공화국과 외교관계가 있는 제3국의 대사관이나 영사관이 증명하고 다시 그 제3국에 주재하는 중화인민공화국의 대사관이나 영사관이 증명하거나, 그 지역의 애국적인 화교단체가 증명하여야 한다.

제60조 소송대리인의 권한을 변경 혹은 해제하는 경우에는 당사자는 인민법원에 서면으로 고지하여야 하며 인민법원은 이를 상대방 당사자에게 통지하여야 한다.

제61조 소송을 대리하는 변호사 및 기타 소송대리인은 증거를 조사수집하고 당해사건의 관련 자료를 열람할 권한이 있다. 당해사건 관련자료 열람의 범위 및 방법은 최고인민법원이 정한다.

제62조 이혼사건에 소송대리인이 있는 경우에는 의사표시가 불가능인 경우를 제외하고는 본인도 출석해야 한다. 특수한 사정으로 출석할 수 없는 경우에는 인민법원에 의견서를 제출해야 한다.

제6장 증 거

제63조 ① 증거에는 아래와 같은 종류가 포함된다.

(1) 당사자의 진술

(2) 서증

---

2) 우리법의 후견인과 친권자를 포함하는 개념이며, 감호인의 종류와 순위는 민법통칙에 규정되어 있다(민법통칙 제16조, 제17조 등).

3) 사구(社區)는 일정한 지역적 범위를 갖는 생활공동체를 가리킨다.

(3) 물증
(4) 시청(각) 자료
(5) 전자 데이터
(6) 증인의 증언
(7) 감정의견
(8) 검증조서

② 증거는 그 확실함이 조사 입증된 후에야 사실인정의 근거로 할 수 있다.

제64조 ① 당사자는 자기가 주장한 사실에 대하여 증거를 제공할 책임이 있다.

② 당사자 및 그 소송대리인이 객관적인 원인으로 인하여 스스로 수집할 수 없는 증거 또는 인민법원이 사건 심리에 필요하다고 인정하는 증거는 인민법원이 조사 · 수집한다.

③ 인민법원은 전면적, 객관적으로 증거를 심사하여 사실과 틀림없음을 확인해야 한다.

제65조 ① 당사자는 자기가 제출한 주장에 대하여 제때(적시에)에 증거를 제공해야 한다.

② 인민법원은 당사자의 주장 및 사건심리의 상황에 근거하여 당사자가 제공해야 할 증거와 그 기한을 확정해야 한다. 당사자가 그 기간 내에 증거를 제공하기에 확실한 어려움이 있는 경우에는 인민법원에 그 기한의 연장을 신청할 수 있으며 인민법원은 당사자의 신청에 근거하여 적절히 연장할 수 있다. 당사자가 기한을 넘겨 증거를 제공하는 경우에는 인민법원의 그 이유를 설명할 것을 명령하여야 한다. 이유의 설명을 거부하거나 이유가 성립하지 않는 경우에는 인민법원이 각각 상황에 따라 그 증거를 채택하지 않거나 채택하되 훈계를 하거나 벌금을 부과할 수 있다.

제66조 인민법원이 당사자가 제출하는 증거재료를 받은 경우에는 인수증(收據)을 발행해야 하며 거기에는 증거의 명칭, 면수, 개수, 원본인지 복사본인지, 접수시간 등을 명확히 기재하고 취급자가 서명 또는 날인을 해야 한다.

제67조 ① 인민법원은 관련된 단위 및 개인에 대하여 증거의 조사 · 취증을 요구할 수 있으며 관련된 단위 및 개인은 이를 거절하지 못한다.

② 인민법원은 관련된 기관 및 개인이 제출한 증명문서의 진위를 판별하여 그 효력을 확정하여야 한다.

제68조 증거는 법정에 현출하여 당사자가 서로 질증(質證)하도록 해야 한다. 국가비밀, 상업상의 비밀 및 개인의 사생활에 관련된 증거에 대하여는 비밀을 유지하여야 하며, 법정에 현출할 필요가 있는 경우에도 공개개정시에 내보여서는 아니 된다.

제69조 법정절차에 따라 공증 · 증명된 법률사실 및 문서는 인민법원이 사실인정의 근거로 하여야 한다. 다만 공증을 번복하기에 충분한 반대증거가 있는 경우는 그러하지 아니하다.

제70조 ① 서증은 원본을 제출하여야 한다. 물증은 원물을 제출하여야 한다. 원본 혹은 원물을 제출하는 것이 현저히 곤란한 경우에는 복제품, 사진, 부본 또는 초본을 제출할 수 있다.

② 외국어로 된 서증을 제출하는 경우에는 중문역본을 첨부하여야 한다.

제71조 인민법원은 시청각자료에 대하여 그 진위를 판별한 후 당해사건의 다른 증거와 결합하여 사실인정의 근거로 할 수 있는지의 여부를 심사, 확정하여야 한다.

제72조 ① 사건의 상황을 아는 모든 단위 및 개인은 출석하여 증언할 의무가 있다. 관련단위의 책임자는 증인이 증언하는 것은 지원하여야 한다.

② 의사표시를 정확히 할 수 없는 자는 증언할 수 없다.

제73조 인민법원의 통지를 거쳐 증인은 법원에 출석하여 증언을 해야 한다. 아래에 열거한 상황 중의 하나에 해당하는 경우에는 인민법원의 허가를 얻어 서면증언을 하거나 영상 전송기술 또는 시청각자료 등으로 증언할 수 있다.

(1) 건강상의 원인으로 출석이 불가능한 경우

(2) 길이 지나치게 멀거나 교통이 불편하여 출석할 수 없는 경우

(3) 자연재해 등 불가항력으로 출석이 불가능한 경우

(4) 기타 정당한 사유로 출석이 불가능한 경우

제74조 증인이 출석 증언으로 말미암아 지출한 교통, 숙박, 식사 등의 필요비용 및 결근으로 인한 손실은 패소한 당사자가 부담한다. 당사자가 증인의 증언을 신청한 경우에는 그 당사자가 우선 체당(替當)하고 당사자의 신청이 없음에도 인민법원이 증인에게 증언할 것을 통지한 경우에는 인민법원이 우선 체당(替當)한다,

제75조 ① 인민법원은 당사자의 진술에 대하여 당해사건의 기타증거와 결합하여 사실인정의 근거로 할 수 있는지의 여부를 심사, 확정하여야 한다.

② 당사자가 진술을 거절하는 것은 인민법원이 증거에 의거하여 사건사실을 인정함에 영향을 미치지 아니한다.

제76조 ① 당사자는 조사 · 증명을 해야 할 전문적인 문제에 대하여 인민법원에 감정을 신청할 수 있다. 당사자가 감정을 신청하는 경우에는 쌍방당사자가 협상하여 자격을 갖춘 감정인을 확정한다. 협상이 이루어지지 않는 경우에는 인민법원이 지정한다.

② 당사자가 감정신청을 하지 않은 경우에도 인민법원이 전문적인 문제에 대하여 감정을 실시할 필요가 있다고 인정하는 경우에는 자격을 구비한 감정인에게 위탁하여 감정을 실시해야 한다.

제77조 감정인은 감정이 필요한 사건자료를 자세히 알아볼 권리가 있으며 필요한 경우에는 당사자, 증인을 심문할 수 있다. 감정인은 서면의 감정의견을 제출해야 하며 감정서에 서명 혹은 날인해야 한다.

제78조 당사자가 감정의견에 이의를 하거나 인민법원이 감정인의 출석이 필요하다고 인정하는 경우에는 감정인은 출석하여 증언해야 한다. 인민법원의 통지에도 감정인이 출석증언을 거부하는 경우에는 그 감정의견은 사실인정의 근거로 할 수 없다. 이 경우 감정비용을 지불한 당사자는 그 감정비용의 반환을 요구할 수 있다.

제79조 당사자는 인민법원이 전문적인 지식을 가진 사람에게 출석하여 감정인이 작성한 감정의견 또는 전문적인 문제에 대하여 의견을 제출하도록 통지해줄 것을 신청할 수 있다.

제80조 ① 물증 혹은 현장을 검증함에 있어서는 검증인은 인민법원의 증명서를 제시하여야 하며, 현지의 기층인민조직 혹은 당사자 소속단위에 사람의 파견을 요청하여 참가하게 하여야 한다. 당사자 또는 당사자의 성년가족도 참여하는 것이 마땅하나, 참여를 거부하여도 검증의 진행에 영향을 미치지 아니한다.

② 관련된 단위 및 개인은 인민법원의 통지에 따라 현장을 보존하고 검증작업에 협조할 의무가 있다.

③ 검증인은 검증상황 및 결과를 조서로 작성하고 검증인 당사자 및 요청에 의해 참가한 자가 서명 또는 날인하여야 한다.

제81조 ① 증거가 멸실될 가능성이 있거나 이후에는 취득하기 어려운 사정이 있는 때에는 당사자는 소송과정 중 인민법원에 대하여 증거보전을 신청할 수 있고 인민법원도 스스로 보전조치를 취할 수 있다.

② 긴급한 상황으로 인하여 증거가 멸실될 가능성이 있거나 이후에는 취득하기 어려운 사정이 있는 경우에는, 소의 제기 또는 중재신청 이전에도 이해관계인이 증거소재지, 피신청인 주소지 또는 그 사건에 대한 관할권을 가지는 인민법원에 증거보전을 신청할 수 있다.

③ 증거보전에 관한 그 밖의 절차에 대하여는 이 법 제9장 보전의 관련규정을 참조하여 적용한다.

제7장 기간, 송달

제1절 기 간

제82조 ① 기간에는 법정기간과 인민법원이 지정한 기간이 포함된다.

② 기간은 시, 일, 월, 년으로 계산한다. 기간이 개시되는 시와 일은 기간에 산입하지 아니한다.

③ 기간만료일이 공휴일인 때에는 공휴일 후의 제1일을 기간만료일로 한다.

④ 기간에는 도달과정의 기간이 포함되지 아니하며, 소송문서가 기간만료 전에 우편으로 발송된 경우에는 기간을 넘긴 것으로 보지 아니한다.

제83조 당사자가 불가항력 혹은 기타 정당한 이유로 기한을 지키지 못한 경우에는 장애가 제거된 후 10일 이내에 기한의 연장(순연)을 신청할 수 있으며 그 허가여부는 인민법원이 결정한다.

제2절 송 달

제84조 ① 소송서류의 송달에는 반드시 송달영수증이 있어야 하며 수송달인이 송달영수증에 영수일자를 기록하고 서명 혹은 날인하여야 한다.

② 수송달인이 송달영수증에 서명하여 영수한 날을 송달일로 한다.

제85조 ① 소송서류는 직접 수송달인에게 교부하여야 한다. 수송달인이 공민이고 본인이 부재중인 경우에는 그 동거의 성년가족(성년가속)에게 교부하여 서명 · 영수케 하고 수송달인이 법인, 기타의 조직인 경우에는 그 법인의 법정대표자, 기타 조직의 주요책임자 또는 당해 법인 또는 조직의 문서수령책임자가 서명하여 영수한다. 수송달인에게 소송대리인이 있는 경우에는 그 대리인에게 교부하여 서명 · 영수케 할 수 있으며 수송달인이 이미 인민법원에 대하여 대리수령인을 지정한 경우에는 그 대리수령인에게 교부하여 서명, 영수케 한다.

② 수송달인의 동거성년가족, 법인 기타조직의 문서수령책임자, 소송대리인 혹은 대리수령인이 송달영수증에 서명하여 수령한 일자를 송달일자로 한다.

제86조 수송달인 또는 그 동거하는 성년가족이 수령 서류의 접수를 거절하는 경우에는, 송달인은 관련된 기층조직 혹은 소속단위의 대표의 참여를 요청하여 상황을 설명하고 송달영수증에 접수거절사유 및 날짜를 기재하고 송달인, 참여인이 서명 또는 날인하고, 소송서류를 수송달인의 주소에 유치하거나, 소송문서를 수송달인의 주소에 놓고 사진, 녹화 등의 방식으로 송달과정을 기록하면 송달된 것으로 본다.

제87조 ① 인민법원은 수송달인이 동의를 얻어 팩스, 전자우편 등 그 받아본 것을 확인할 수 있는 방식으로 소송문서를 송달할 수 있다. 다만 판결서, 재정서, 조정서의 경우는 그러하지 아니하다.

② 전항의 방식을 채택한 경우에는 팩스, 전자우편 등이 수송달인의 특정 시스템(系統)에 도달한 날을 송달일자로 본다.

제88조 소송서류의 직접송달이 곤란한 경우에는 다른 인민법원에 위탁하여 송달하거나 우편으로 송달할 수 있다. 우편송달을 하는 경우에는 배달증명서에 기재된 문서수령날짜를 송달일자로 한다.

제89조 수송달인이 군인인 경우에는 그 소속부대, 단(團[4]) 이상 단위의 정치기관을 통하여 전교(轉交)한다.

제90조 ① 수송달인이 감금 중인 경우는 소속감옥을 통하여 전교한다.

② 수송달인이 강제적 교육조치를 받는 중인 경우에는 그 소속 강제교육기관을 통하여 전교한다.

제91조 대리 전달하는 기관, 단위는 소송서류 접수 후 즉시 수송달인에게 교부하여 서명 · 영수케 하여야 하며, 송달영수증에 서명하여 영수한 일자를 송달 일자로 한다.

제92조 ① 수송달인이 행방불명이거나 본 절에 규정된 혹은 기타의 방식으로 송달할 방법이 없는 경우는 공시송달한다. 공시한 날로부터 60일이 경과하면 송달된 것으로 본다.

② 공시송달은 소송기록에 그 원인 및 경과를 기재하여야 한다.

제8장 조 정

제93조 인민법원이 민사사건을 심리함에 있어서는 당사자 자유의사 원칙에 따라 명백한 사실의 기초 위에 시비를 가리고 조정을 진행한다.

제94조 ① 인민법원의 조정은 법관 1인이 주재하거나 합의정이 주재할 수 있으며, 가능한 한 현지에 나아가 진행하여야 한다.

② 인민법원이 조정을 실시하는 경우 간편한 방식으로 당사자, 증인의 출석을 통지할 수 있다.

제95조 인민법원이 조정을 하는 경우는 관련 단위 및 개인의 협조를 요청할 수 있다. 요청을 받은 단위 및 개인은 인민법원의 조정 실시에 협조하여야 한다.

제96조 조정합의의 달성은 반드시 쌍방의 자유의사에 의하여야 하고 강요하여서는 아니 된다. 조정합의의 내용은 법률규정을 위반할 수 없다.

제97조 ① 조정합의가 달성된 경우는 인민법원은 조정서를 작성하여야 한다. 조정서에는 소송상의 청구, 사건의 사실 및 조정결과를 기록한다.

② 조정서는 조정법관, 서기가 서명하고 인민법원의 인장을 날인하여 당사자 쌍방에게 송달한다.

③ 조정서는 당사자가 서명 · 영수한 후에는 즉시 법률적 효력을 갖는다.

제98조 ① 아래의 사건에서 조정합의가 달성된 경우는 인민법원은 조정서를 작성하지 않을 수

---

4) 군대 편성단위로 영(營)의 위 급으로 우리의 연대 정도에 해당한다.

있다.

(1) 조정으로 사이가 회복된 이혼사건

(2) 조정으로 입양관계가 유지되게 된 사건

(3) 즉시 이행이 가능한 사건

(4) 기타 조정서작성이 필요치 않은 사건

② 조정서작성이 필요치 않은 합의는 조서에 기입하고 당사자 쌍방, 법관, 서기가 서명 또는 날인하면 즉시 법률적 효력을 발생한다.

제99조 조정합의가 달성되지 않거나 조정서 송달 전에 일방이 번복(反悔)한 경우에는 인민법원은 제때(적시)에 판결을 하여야 한다.

제9장 보전[5)]과 우선집행[6)]

제100조 ① 당사자 일방의 행위 또는 기타 원인으로 인하여 판결의 집행이 어려워지거나 당사자에게 기타 손해를 초래케 할 수 있는 사건에 대하여, 인민법원은 상대방 당사자의 신청에 의거하여, 그 재산에 대하여 보전을 실시하거나 그로 하여금 일정한 행위를 하도록 하거나 일정한 행위를 하지 말도록 하는 명령을 할 수 있다. 당사자가 신청하지 않는 경우라도 인민법원은 필요한 경우에는 재정으로 보전조치를 취할 수 있다.

② 인민법원이 보전조치를 취하는 경우에는 신청인에 대하여 담보제공을 명령할 수 있으며 신청인이 담보를 제공하지 아니하는 경우에는 신청을 기각할 수 있다.

③ 인민법원은 신청접수 후 긴급을 요하는 경우에는 48시간 내에 재정을 해야 하며 보전조치를 취하는 재정이 내려진 경우에는 즉시 집행을 시작하여야 한다.

제101조 ① 이해관계인이 긴급한 사정으로 인하여 즉시 보전을 신청하지 않으면 그 합법적 권익이 회복하기 어려운 손해를 입을 수 있는 경우에는 소를 제기하기 전 또는 중재를 신청하기 전에 피보전재산의 소재지, 피신청인의 주소지 또는 사건에 대한 관할권을 가지는 인민법원에 보전조치를 취해줄 것을 신청할 수 있다. 신청인은 담보를 제공하여야 하며 담보를 제공하지 아니하는 경우에는 신청을 기각한다.

② 인민법원은 신청을 접수한 후 48시간 내에 재정을 내려야 하며 보전조치를 취하는 재정을 한 경우에는 즉시 그 집행을 시작하여야 한다.

③ 신청인이 인민법원이 보전조치를 취한 후 30일 내에 소를 제기하지 않거나 중재를 신청하지 않는 경우에는 인민법원은 그 보전을 해제하여야 한다.

제102조 보전은 청구의 범위 또는 본안과 관련 있는 재물에 한정된다.

제103조 ① 재산보전조치는 사봉(査封), 구압(扣押), 동결(凍結)[7)] 또는 기타 법률에 규정된 방법

---

5) 2012년 개정 전까지는 재산보전이라는 용어를 사용하였으나 행위보전제도를 도입하게 되자 재산이라는 말을 빼고 보전이라는 용어로 바꾸었다.

6) 1982년의 시행법(試行法)에서는 선행급부(先行給付)라는 용어를 사용하였으나 1991년 정식 제정된 민사소송법부터는 우선집행(선여집행:先予執行)이라는 용어를 사용하고 있다.

7) 사봉, 구압 및 동결은 모두 압류의 방식이다. 사봉(査封)은 법원이 보전할 재물을 점검하여 봉인쪽지(封条)를 붙여서 현장에 보관하는 것을 말하며, 부동산이나 기타 이동성이 없는 물건에 주로 사용되는 방법이다. 구압(扣押)이라 함은 법원이 재물을 일정한 장소로 옮겨 억류해 두어 일정기간 동안 피신청인의 사용과 처분을 금하는 것을 말하며, 주로 이동성이 있는 동산에 대하여

에 의한다. 인민법원은 재산 보전을 한 후 즉시 재산이 보전된 자에게 통지하여야 한다.

② 재산이 이미 사봉, 동결된 경우에는 중복하여 사봉, 동결하지 못한다.

제104조 재산분쟁 사건에서 피신청인이 담보를 제공하는 경우에는 인민법원은 그 보전을 해제하여야 한다.

제105조 신청에 착오가 있는 때는 신청인은 피신청인이 보전조치로 인하여 입은 손실을 배상해야 한다.

제106조 인민법원은 아래사건에 대하여는 당사자의 신청에 따라 우선집행의 재정을 할 수 있다.

(1) 존속부양료, 부부간부양료, 양육비, 산재보험금[撫恤金][8], 의료비를 청구하는 사건

(2) 노동보수를 청구하는 사건

(3) 긴급사정으로 우선집행을 요하는 사건

제107조 ① 인민법원이 우선집행의 재정을 하는 경우는 아래에 조건에 부합되어야 한다.

(1) 당사자 사이의 권리의무관계가 명확하고 우선집행을 하지 아니하면 장래에 신청인의 생활 또는 생산경영에 중대한 영향을 미칠 것

(2) 피신청인이 이행능력이 있을 것

② 인민법원은 신청인에게 담보제공을 명령할 수 있으며 신청인이 담보를 제공하지 아니하는 경우는 신청을 기각할 수 있다. 신청인이 패소한 경우에는 피신청인이 우선집행으로 입은 재산손실을 배상하여야 한다.

제108조 당사자가 재산보전 혹은 우선집행에 대하여 불복하는 경우에는 1차에 한해 재의를 신청할 수 있다. 재의기간에는 재정의 집행이 정지되지 아니한다.

제10장 민사소송 방해행위에 대한 강제조치

제109조 인민법원은 반드시 출석해야 할 피고가 2차에 걸친 소환장에 의한 부름(傳喚)에도 불구하고 정당한 이유 없이 출석을 거부하는 경우에는 구인(拘傳)을 할 수 있다.

제110조 ① 소송참여인 및 기타의 자는 법정규칙을 지켜야 한다.

② 인민법원은 법정규칙을 위반하는 자에 대하여 훈계를 하거나 퇴정을 명하거나 벌금 또는 구류를 과할 수 있다.

③ 인민법원은 법정에서 소란을 피우거나 법정에 충격을 가하거나 심판인원을 모욕, 비방, 위협, 구타하는 등 법정질서를 엄중히 교란하는 자에 대하여는 법에 따라 형사책임을 추궁하며, 정상(情狀)이 비교적 가벼운 자에 대하여는 벌금, 구류를 과한다.

제111조 ① 소송참여인 혹은 기타의 자가 아래의 행위 중의 하나를 한 경우에는 인민법원은 정상의 경중에 따라 벌금, 구류를 과할 수 있으며 범죄를 구성하는 경우에는 법에 따라 형사책임을 추궁할 수 있다.

(1) 중요한 증거를 위조, 훼멸하여 인민법원의 사건심리를 방해하는 행위

취하는 방법이다. 동결(凍結)은 은행, 신용회사, 증권회사 등에 통지하여 예금(存款), 증권의 전부 또는 일부에 대하여 그 처분 또는 인출을 법정절차에 따라 금지하는 것을 말한다.

8) 무휼금(撫恤金) 혹은 무휼비(撫恤費)라 함은 〈중화인민공화국노동보험조례〉에 따라 노동자가 노동 중 사망하거나 불구 퇴직 후 사망한 후 노동자의 부양직계친족의 수에 따라 노동보험기금 중에서 매월 지급받는 일종의 산재보험금을 말한다.

(2) 폭력, 위협, 매수의 방법으로 증인의 증언을 제지하거나 타인을 교사, 매수, 협박하여 위증케 하는 행위

(3) 사봉, 구압된 재산 또는 점검하여 그 보관을 명한 재산을 숨기거나 이전하거나 매각하거나, 훼손하거나, 동결된 재산을 이전하는 행위

(4) 사법공무원, 소송참여자, 증인, 통역인, 감정인, 검증인, 집행협조자에 대하여 모욕, 비방, 무고(誣陷), 구타하거나 보복을 가하는 행위

(5) 폭력, 위협, 기타 방법으로 사법공무원의 직무 집행을 방해하는 행위

(6) 이미 법률적 효력이 발생한 인민법원의 판결, 재정을 거부하여 이행하지 않는 행위

② 위에 규정된 행위 중의 하나를 범한 단위에 대하여 인민법원은 그 주요책임자 혹은 직접 책임자에 대하여 벌금, 구류를 과할 수 있으며, 범죄를 구성하는 경우는 법에 따라 형사책임을 추궁한다.

제112조 당사자가 악의적인 통모를 하여 소송, 조정 기타 방식을 통하여 타인의 합법적인 권익을 침해하려고 기도하는 경우에는 인민법원은 그 청구를 기각해야 하며 정상의 경중에 따라 벌금, 구류에 처할 수 있으며, 범죄를 구성하는 경우에는 형사책임을 추궁할 수 있다.

제113조 피집행인과 제3자가 악의적인 통모를 하여 소송, 중재, 조정 등의 방식을 통하여 법률문서로 확정된 의무의 이행을 회피하려고 기도하는 경우에는 인민법원은 그 정상이 경중에 따라 벌금, 구류에 처할 수 있으며, 범죄를 구성하는 경우에는 법에 따라 형사책임을 추궁한다.

제114조 ① 조사, 집행의 협조의무가 있는 단위가 아래의 행위 중 하나를 범한 경우에는 인민법원은 그 협조의무의 이행을 명하는 외에 벌금을 부과할 수 있다.

(1) 관련된 단위가 인민법원의 조사와 증거수집을 거절하거나 방해하는 경우

(2) 관련된 단위가 인민법원의 집행협조통지서를 받은 후, 재산의 조회, 동결, 이체 또는 매각의 협조를 거부하는 경우

(3) 관련된 단위가 인민법원의 집행협조통지서를 받은 후 피집행인의 수입의 구압을 거부하거나, 관련된 재산권증서의 이전절차의 처리를 거부하거나 관련된 증표(票證), 증서(證書), 기타 재산권의 인도를 거부하는 경우

(4) 기타 집행협조를 거부하는 행위.

② 위에 규정된 행위를 한 단위에 대하여 인민법원은 그 주요책임자 또는 그 직접책임자에게 벌금을 부과할 수 있으며, 그래도 여전히 협조의무의 이행을 거부하는 경우에는 구류에 처할 수 있다. 또한 감찰기관 또는 관련된 기관에 기율처분(紀律處分)[9]을 하도록 사법건의(司法建議)를 할 수 있다.

제115조 ① 개인에 대한 벌금액은 인민폐 10만 위안 이하로 한다. 단위에 대한 벌금액은 인민폐 5만 위안 이상 100만 위안 이하로 한다.

---

9) 행정처분(行政處分)의 일종으로 공무원이 법률을 어겨 기강을 어지럽혔으나 정상이 가벼워 아직 범죄로는 되지 않는 경우에 국가기관이 가하는 일종의 내부제재이다. 종류는 경고, 기과(記過), 기대과(記大過), 강급(降級), 강직(降職), 철직(撤職), 개제유용찰간(開除留用察看), 개제(開除)의 8종이 있다(〈國務院關于國家行政機關工作人員的獎懲暫行規定〉 참조).

② 구류기간은 15일 이하로 한다.

③ 피구류인은 인민법원이 공안기관에 넘겨 간수(看管)케 한다. 구류기간 동안 피구류인이 잘못을 인정하고 고치는 경우에는 인민법원은 기한 전에 구류를 해제하는 결정을 할 수 있다.

제116조 ① 구인(拘傳), 벌금, 구류는 반드시 법원장의 비준을 거쳐야 한다.

② 구인에는 구인장을 발부하여야 한다.

③ 벌금, 구류에는 결정서를 사용하여야 한다. 결정에 불복하는 경우는 일회에 한하여 바로 위급의 인민법원에 한 법의 재의를 신청할 수 있다. 재의기간에는 집행이 정지되지 아니한다.

제117조 민사소송 방해행위에 대한 강제조치는 반드시 인민법원이 결정한다. 어떠한 단위 및 개인이라도 타인을 불법적으로 구금하거나 타인의 재산을 불법적으로 사사로이 압류하여 채무의 이행을 추구하는 때에는 법에 따라 형사책임을 추궁하거나 구류, 벌금을 과한다.

제11장 소송비용

제118조 ① 당사자는 민사소송을 수행함에 있어서 규정에 따라 사건의 수리비를 납부하여야 한다. 재산사건의 경우는 사건수리비 이외에도 규정에 따라 기타의 소송비용을 납부하여야 한다.

② 당사자가 소송비용을 납부하기가 현저히 곤란한 경우에는 규정에 따라 인민법원에 그 유예, 감액 또는 면제를 신청할 수 있다.

③ 소송비용의 수취방법은 별도로 정한다.

제2편 소송절차(심판절차)

제12장 제1심 보통절차

제1절 소의 제기 및 수리

제119조 소의 제기에는 아래의 조건을 갖추어야 한다.

(1) 원고는 본 사건과 직접적인 이해관계를 갖는 공민, 법인 및 기타 조직이어야 한다.

(2) 명확한 피고가 존재할 것.

(3) 구체적인 소송상의 청구 및 사실, 이유가 있을 것.

(4) 인민법원이 수리할 민사소송의 범위에 속하고 소를 수리하는 인민법원의 관할에 속할 것.

제120조 ① 소의 제기는 인민법원에 소장을 제출함으로써 하며, 피고의 수에 따라 부본을 제출하여야 한다.

② 소장의 작성에 현저한 곤란이 있는 경우는 구술로 소를 제기할 수 있으며, 이 경우는 인민법원이 조서에 기입하고 상대방 당사자에게 고지한다.

제121조 소장에는 아래 사항을 기재하여야 한다.

(1) 원고의 성명, 성별, 연령, 민족, 직업, 근무단위 및 주소, 연락방식, 법인 또는 기타 조직의 명칭, 주소 및 법정대표자 또는 주요책임자의 성명, 직무, 연락방식
(2) 피고의 성명, 성별, 근무단위, 주소 등이 정보
(3) 소송상의 청구 및 근거사실과 이유
(4) 증거 및 증거의 출처, 증인의 성명 및 주소

第122조 당사자가 인민법원에 소를 제기한 민사분쟁이 조정에 적합한 경우에는 우선 조정을 실시한다. 다만 당사자가 조정을 거절하는 경우에는 그러하지 아니하다.

第123조 인민법원은 당사자가 법률의 규정에 따라 향유하는 소제기의 권리를 보장해야 한다. 이 법 제119조에 부합하는 제소는 반드시 수리해야 한다. 제소조건에 부합하는 경우에는 7일 이내에 입안(立案)하고 당사자에게 통지해야 하며, 제소조건에 부합하지 않는 경우에는 7일 이내에 재정서를 작성하여 불수리하여야 한다. 원고가 재정에 불복하는 경우에는 상소할 수 있다.

第124조 아래와 같은 소의 제기에 대하여는 각기 사정을 분별하여 처리한다.
(1) 행정소송법의 규정에 따라 행정소송사건의 범위에 속하는 것은 원고에게 행정소송을 제기하도록 고지한다.
(2) 법률의 규정에 따라 당사자 쌍방이 서면에 의한 중재합의가 이루어져 인민법원에 제소할 수 없는 경우인 때는 원고에게 중재기관에 중재를 신청하도록 고지한다.
(3) 법률의 규정에 따라 다른 기관이 처리해야 할 쟁의는 원고에게 관련된 기관에 그 해결을 신청하도록 고지한다.
(4) 본 법원의 관할에 속하지 않는 사건은 원고에게 관할권이 있는 인민법원에 소를 제기하도록 고지한다.
(5) 판결, 재정, 조정서가 이미 법률적 효력을 발생한 사건에 대하여 당사자가 다시 소를 제기한 경우에는 원고에게 재심신청을 하도록 고지한다. 다만 인민법원이 소의 취하를 허가하는 재정은 제외한다.
(6) 법률의 규정에 따라 일정기한 내에는 소를 제기할 수 없는 사건을 그 기한 내에 제소한 경우에는 수리하지 아니한다.
(7) 이혼을 불허하는 판결을 내린 이혼사건 및 조정으로 사이가 회복된 이혼사건, 입양관계를 유지하는 판결이 내려지거나 유지하도록 조정된 사건에서 새로운 상황이나 이유가 없음에도 불구하고 원고가 6개월 이내에 다시 소를 제기한 경우는 수리하지 아니한다.

제2절 심리 전의 준비

第125조 ① 인민법원은 입안한 날로 부터 5일 이내에 소장부본을 피고에게 송달하여야 하고, 피고는 이를 받은 날로부터 15일 이내에 답변서를 제출하여야 한다. 답변서에는 피고의 성명, 성별, 연령, 민족, 직업, 근무단위, 주소, 연락방식을 적어야 하며, 법인 또는 기타 조직인 경우에는 명칭, 주소 및 법정대표자 또는 주요책임자의 성명, 직무, 연락방식을 기재해야 한다. 인민법원은 답변서를 받은 날로부터 5일 이내에 답변서 부본을 원고에게 발송하여야 한다.
② 피고의 답변서 부제출은 인민법원의 심리에 영향을 미치지 아니한다.

제126조 인민법원은 수리하기로 결정한 사건에 대하여, 당사자에게 사건수리통지서 및 응소통지서 안에 관련되는 소송상의 권리의무를 고지하거나 구술로 고지하여야 한다.

제127조 ① 인민법원이 사건을 수리한 후에 당사자가 관할권에 이의가 있는 경우에는 답변서 제출 기간 내에 이를 제기하여야 한다. 인민법원은 당사자가 제기한 이의를 심사하여 이의가 이유 있는 경우에는 사건을 관할권 있는 인민법원으로 이송하는 재정(裁定)을 하고 이의가 이유 없는 경우에는 기각의 재정을 하여야 한다.

② 당사자가 관할이의를 제출하지 않고 응소하여 답변한 경우에는 수소인민법원에 관할권이 있는 것으로 본다. 단 급별관할 및 전속관할의 규정을 위반하는 경우는 그러하지 아니하다.

제128조 합의부(정) 구성원이 확정된 후에는 3일 이내에 당사자에게 고지하여야 한다.

제129조 심판원 등은 소송자료를 면밀히 검토하고 필요한 증거를 조사 · 수집하여야 한다.

제130조 ① 인민법원이 사람을 파견하여 조사를 할 때에는 피조사자에게 증명서를 제시하여야 한다.

② 조사조서는 피조사자의 열람을 거친 후 피조사자와 조사자가 서명 또는 날인을 한다.

제131조 ① 인민법원은 필요한 경우에는 다른 지역의 인민법원에 위탁하여 조사케 할 수 있다.

② 조사를 위탁함에 있어서는 명확한 항목과 요구사항을 제시하여야 한다. 위탁을 받은 인민법원은 스스로 보충적인 조사를 할 수 있다.

③ 위탁을 받은 인민법원은 위탁서를 받은 후 30일 내에 조사를 마쳐야 한다. 사정으로 인하여 조사를 완료할 수 없는 경우에는 위의 기한 내에 위탁한 인민법원에 이를 서면으로 고지하여야 한다.

제132조 반드시 공동으로 소송을 진행하여야 할 당사자가 소송에 참가하지 않는 경우에는 인민법원은 그에게 소송에 참가하도록 통지하여야 한다.

제133조 인민법원은 수리한 사건을 다음과 같이 상황에 따라 처리하여야 한다.

(1) 당사자간에 쟁의가 없고 독촉절차규정의 조건에 부합하는 경우에는 독촉절차로 전환한다.

(2) 개정 전에 조정이 가능한 것은 조정방식을 택하여 분쟁을 제때(적시)에 해결한다.

(3) 사건이 상황에 근거하여 간이절차를 적용할 것인지 보통절차를 적용할 것인지를 확정한다.

(4) 개정심리가 필요한 경우에는 당사자에게 증거교환을 요구하는 등의 방식을 통하여 쟁의의 초점을 명확히 해야 한다.

제3절 개정심리

제134조 ① 인민법원의 민사사건 심리는 국가기밀, 개인의 사생활에 관련되는 것 또는 법률이 별도로 규정하는 것을 제외하고는 공개하여야 한다.

② 이혼사건, 상업상의 비밀에 관련되는 사건은 당사자가 비공개를 신청하는 때에는 심리를 공개하지 아니 할 수 있다.

제135조 인민법원이 민사사건의 심리함에 필요한 경우에는 순회심리 하거나, 현지에 나아가 재판한다.

제136조 인민법원에서의 민사사건 심리는 개정 3일전에 이를 당사자 및 기타 소송참여인에게 통

지하여야 한다. 공개심리하는 경우는 당사자의 성명, 사건분류명칭 및 개정의 시간, 장소를 공고하여야 한다.

제137조 ① 개정심리 전에 서기는 당사자 및 기타 소송참여인의 출석여부를 확인하고 법정기율을 선포한다.

② 개정심리시에 재판장은 당사자의 본인여부를 확인하고 사건의 분류명칭을 선포하고 심판원 등과 서기의 명단을 선포하고 당사자에게 관련 소송상의 권리의무를 고지하고 당사자에게 회피신청을 할 것인지의 여부를 묻는다.

제138조 법정의 조사는 아래와 같은 순서로 진행한다.

(1) 당사자의 진술

(2) 증인의 권리의무를 고지하고, 증인이 증언을 하며, 출석하지 않은 증인의 증언을 낭독한다.

(3) 서증, 물증 및 시청각자료, 전자데이터를 제시한다.

(4) 감정의견을 낭독한다.

(5) 검증조서를 낭독한다.

제139조 ① 당사자는 법정에서 새로운 증거를 제출할 수 있다.

② 당사자는 법원의 허가를 얻어 증인, 감정인, 검증인에게 질문할 수 있다.

③ 당사자가 조사, 감정 또는 검증을 다시 해 줄 것을 요구하는 경우, 허가여부는 인민법원이 결정한다.

제140조 원고가 소송상의 청구를 추가하는 경우, 피고가 반소를 제기하는 경우, 제3자가 본 사건과 관계있는 소송상의 청구를 제출하는 경우에는 이를 병합심리할 수 있다.

제141조 ① 법정의 변론은 아래와 같은 순서로 진행한다.

(1) 원고 및 그 소송대리인이 발언한다.

(2) 피고 및 그 소송대리인이 답변한다.

(3) 제3자(소송참가인) 및 그 소송대리인이 발언 또는 답변한다.

(4) 상호 변론한다.

② 법정변론이 종결되면 재판장은 원고, 피고, 제3자의 순서로 각각의 최후 의견을 묻는다.

제142조 법정변론이 종결되면 법률에 따라 판결을 내린다. 판결을 하기 전에 조정이 가능한 경우는 아직도 조정을 진행할 수 있으며 조정이 성립하지 않는 때는 제때(즉시) 판결을 하여야 한다.

제143조 원고가 소환장에 의한 소환에도 불구하고[10] 정당한 이유 없이 출석하지 않거나 법원의 허가 없이 심판도중에 퇴정하는 경우에는 소의 취하로 처리할 수 있으며, 피고의 반소가 있는 경우에는 결석판결을 할 수 있다.

제144조 피고가 소환장에 의한 소환을 받고 정당한 이유 없이 출석하지 않거나 법원의 허가 없이 심판도중에 퇴정하는 경우에는 결석판결을 할 수 있다.

---

10) 여기의 소환장에 의한 소환을 받고(傳票傳喚)는 원래 1982년의 시행법(제112조, 113조)에서는 "두 차례의 합법적인 소환을 받고(兩次合法傳喚)"를 고친 것으로 한 번의 불출석으로 소취하의 간주, 결석판결을 할 수 있도록 하고 있음이 주목된다.

제145조 ① 판결의 선고 전에 원고가 소의 취하를 신청한 경우 그 허가여부는 인민법원이 재정(裁定)한다.

② 인민법원이 소의 취하를 불허하는 재정을 한 경우, 원고가 소환장에 의한 소환에 불구하고 정당한 이유 없이 출석하지 않는 경우는 결석판결을 할 수 있다.

제146조 아래와 같은 사정 중의 하나에 해당하는 경우는 개정심리를 연기할 수 있다.

(1) 반드시 출석해야 할 당사자 및 기타 소송참여인이 정당한 이유로 출석하지 아니한 경우

(2) 당사자가 개정심리에 즈음하여 회피신청을 제출한 경우

(3) 새로운 증인의 출석을 통지하거나, 새로운 증거를 조사 · 수집할 필요가 있거나, 재감정, 재검증이 필요하거나 보충조사가 필요한 경우

(4) 기타 연기해야 할 사정이 있는 경우

제147조 ① 서기는 모든 법정심리활동을 조서에 기입하여야 하고 심판원 등과 서기가 서명한다.

② 법정조서는 그 자리에서 낭독하여야 하며 당사자와 기타 소송참여인에게 통지하여 그 자리에서 또는 5일 이내에 열람하게 할 수 있다. 당사자 혹은 기타 소송참여인은 자기진술이 기록에 빠졌거나 착오가 있다고 인정하는 경우에는 그 보충과 정정을 신청할 권리가 있다. 보충과 정정을 해주지 않는 경우에는 그 신청을 소송기록에 기록하여야 한다.

③ 법정조서에는 당사자 및 기타 소송관계자가 서명 혹은 날인한다. 서명날인을 거절하는 경우는 그 사실을 기록하여 소송기록에 첨부한다.

제148조 ① 인민법원의 판결의 선고는 사건심리의 공개 혹은 비공개를 묻지 않고 일률적으로 공개한다.

② 그 자리에서 판결을 선고하는 경우에는 10일 이내에 판결서를 발송하여야 하며 기일을 정해 판결을 선고하는 경우에는 판결 선고 후 즉시 판결서를 교부하여야 한다.

③ 판결을 선고할 때는 당사자에게 상소의 권리, 상소 기간 및 상소할 법원을 고지해 주어야 한다.

④ 이혼판결을 선고하는 경우는 당사자에게 판결이 법률적 효력을 발생하기 전에는 다른 결혼을 할 수 없다는 것을 고지 해주어야 한다.

제149조 인민법원이 보통절차를 적용하여 심리하는 사건은 입안일로부터 6개월 이내에 심리를 마쳐야 한다. 특별한 사정으로 연장할 필요가 있는 경우에는 당해법원의 원장이 비준하여 6개월을 연장할 수 있다. 또 다시 연장할 필요가 있는 경우는 상급인민법원에 보고하여 그 비준을 신청한다.

제4절 소송의 중지와 종결

제150조 ① 아래의 사정 중의 하나에 해당하는 경우는 소송을 중지한다.

(1) 당사자 일방의 사망으로 승계인의 소송참여 여부에 대한 의사표시를 기다릴 필요가 있는 때

(2) 당사자 일방이 소송능력을 상실하고 아직 법정대리인이 확정되지 않은 때

(3) 일방당사자로 된 법인 또는 조직이 소멸하였으나 아직 그 권리의무의 승계인이 확정되지 않은 때

(4) 당사자 일방이 불가항력적인 사유로 소송에 참가할 수 없을 때

(5) 본 사건이 다른 사건의 심리결과에 따라야 하는 경우 그 다른 사건의 심리가 아직 끝나지 않은 경우

(6) 기타 소송을 중지하여야 할 사정이 있는 때

② 소송중단의 원인이 해소된 때는 소송절차가 재개된다.

제151조 아래의 사정 중의 하나에 해당하는 경우는 소송을 종결한다.

(1) 원고가 사망하고 승계인이 없거나 승계인이 소송권리를 포기한 경우

(2) 피고가 사망하고 유산이 없고 그 의무를 승계할 자도 없는 경우

(3) 이혼사건에서 당사자 일방이 사망한 경우

(4) 존속부양료, 부부간부양료, 양육비의 청구 및 입양관계의 해제를 청구하는 사건에서 당사자 일방이 사망한 경우

제5절 판결과 재정[11)]

제152조 ① 판결서에는 판결이 결과 및 그 판결을 낸 이유를 명확히 기재해야 한다. 판결서에는 다음과 같은 내용이 포함된다.

(1) 사건이 분류명칭, 소송상의 청구, 쟁의의 사실과 이유

(2) 판결에 인정된 사실, 이유 및 적용된 법률과 이유

(3) 판결결과 및 소송비용의 부담

(4) 상소기간 및 상소할 법원

② 판결서에는 심판원 등과 서기가 서명하고 인민법원의 인장을 찍는다.

제153조 인민법원이 사건을 심리함에 있어서 그 중 일부분의 사실관계가 명백해진 경우에는 그 부분에 대하여 먼저 판결할 수 있다.

제154조 ① 재정이 적용되는 범위는 아래와 같다.

(1) 소의 불수리

(2) 관할권에 이의가 있는 경우

(3) 소의 각하

(4) 보전 및 우선집행

(5) 소취하의 허가 또는 불허가

(6) 소송의 중지 또는 종결

(7) 판결서의 오기의 보정

(8) 집행의 중지 또는 종결

(9) 중재판정(재결)의 취소 또는 집행불허

(10) 공증기관이 강제집행의 효력을 부여한 채권증서의 집행 불허

(11) 기타 재정으로 해결해야 할 필요가 있는 사항

② 전항의 (1) 내지 (3)호의 재정에 대하여는 상소할 수 있다.

---

11) 재판의 형식은 기본적으로 판결과 재정으로 나뉘며 우리 법의 판결과 결정에 유사한 개념이다. 중국의 현행법전에서는 재판이라는 통칭을 사용하지 않는다(我國現行法律分別稱判決,裁定,不統稱裁判)(《中華實用法學大辭典》, 1748면 참조). 또한 우리의 중재판정에 해당하는 것으로는 중재재결이 있다.

③ 재정서에는 재정의 결과 및 그 재정을 낸 이유를 명확히 기재해야 한다. 재정서에는 심판원 등과 서기가 서명하고 인민법원의 인장을 찍는다. 구술로 한 재정은 조서에 기입한다.

第155조 최고인민법원의 판결, 재정 및 법률에 의해 상소가 허용되지 않거나 상소기간을 초과하도록 상소하지 않은 판결, 재정은 법률적 효력을 발생하는 판결, 재정이다.

第156조 일반인(공중)은 법률적 효력이 발생한 판결서, 재정서를 조사·열람할 수 있다. 다만 국가비밀, 상업비밀, 개인의 프라이버시에 속하는 내용은 그러하지 아니하다.

제13장 간이절차

第157조 ① 기층인민법원 및 그 파출법정(派出法庭)이 사실이 분명하고 권리의무관계가 명확하며 다툼이 심하지 않은 간단한 민사사건을 심리함에 있어서는 본장의 규정을 적용한다.

② 기층인민법원 및 그 파출법정이 전항 이외의 민사사건을 심리하는 경우에, 당사자 쌍방은 간이절차를 적용할 것을 약정할 수 있다.

第158조 ① 간단한 민사사건은 원고가 구술로 소를 제기할 수 있다.

② 당사자 쌍방은 동시에 기층인민법원 또는 그 파출법정에 출석하여 분쟁의 해결을 청구할 수 있다. 기층인민법원 또는 그 파출법정은 이를 즉시 심리할 수도 있고 별도의 기일을 정해 심리할 수도 있다.

第159조 기층인민법원 및 그 파출법정이 간단한 민사사건을 심리하는 경우는 간편한 방식으로 당사자와 증인의 소환, 소송문서의 송달, 사건의 심리를 할 수 있다. 다만 당사자의 의견진술 권리는 보장해 주어야 한다.

第160조 간단한 민사사건은 심판원(법관) 1인이 단독으로 심리하며 이 법의 제136조, 제138조, 제141조의 제한을 받지 아니한다.

第161조 인민법원이 간이절차를 적용하여 사건을 심판하는 경우는 입안일로부터 3개월 이내에 심판을 마쳐야 한다.

第162조 기층인민법원 및 그 파출법정이 이 법 제157조 제1항에 규정된 간단한 민사사건을 심리하는 경우에, 그 소송목적의 값이 각 성(省), 자치구(自治區), 직할시(直轄市)의 전년도 취업자 평균임금의 30% 이하인 경우에는 단심제(一審終審制)를 실시한다.

第163조 인민법원이 심리과정에서 사건이 간이절차를 적용하기에 적당하지 않음을 발견한 경우에는 보통절차로 전환하는 재정을 한다.

제14장 제2심 절차

第164조 ① 당사자가 지방인민법원의 제1심판결에 불복하는 경우에는 판결서 송달일로부터 15일 이내에 한 급 위의 인민법원에 상소할 권리가 있다.

② 당사자가 지방인민법원의 제1심 재정에 불복하는 경우에는 재정서 송달일로부터 10일 이내에 바로 한 급 위의 인민법원에 상소[12]할 권리가 있다.

---

12) 당사자의 불복수단은 판결에 대한 것이든 재정에 대한 것이든 모두 상소라 부른다는 점을 주의하여야 한다. 이는 중국민사소송제도가 2심종심제를 취하고 있기 때문에 항소와 상고를 구별할

제165조 상소는 상소장을 제출함으로써 한다. 상소장의 내용에는 당사자의 성명, 법인의 명칭 및 그 대표자의 성명 혹은 기타 조직의 명칭 및 그 주요책임자의 성명이 포함되어야 하며, 원심 인민법원의 명칭, 사건번호 및 사건 분류명칭이 포함되어야 하며, 상소의 청구 및 이유가 포함되어야 한다.

제166조 ① 상소장은 원심 인민법원을 통하여 제출하여야 하며 상대방 당사자 혹은 대표자의 수에 따라 부본을 제출하여야 한다.

② 당사자가 직접 제2심 인민법원에 상소한 경우에는 제2심 인민법원은 5일 이내에 상소장을 원심 인민법원으로 넘겨주어야 한다.

제167조 ① 원심 인민법원이 상소장을 받으면 5일 이내에 상소장 부본을 상대방 당사자에게 송달하여야 하며, 상대방 당사자는 이를 받은 후 15일 이내에 답변서를 제출하여야 한다. 인민법원은 답변서를 받은 날로부터 5일 이내에 그 부본을 상소인에게 송달하여야 한다. 상대방 당사자가 답변서를 제출하지 않아도 인민법원의 심리에 영향을 미치지 아니한다.

② 원심 인민법원은 상소장, 답변서를 받으면 5일 이내에 모든 소송기록 및 증거와 함께 이를 제2심 인민법원에 송부하여야 한다.

제168조 제2심 인민법원은 상소청구의 관련사실과 적용법률에 대하여 심사를 하여야 한다.

제169조 ① 제2심 인민법원은 상소사건을 합의부를 구성하여 개정심리하여야 한다. 소송기록의 열독(閱卷), 조사와 당사자심문을 거친 후, 새로운 사실, 증거 또는 이유의 제출이 없어, 합의부가 개정심리를 요하지 않는다고 인정하는 경우에는 개정하지 않고 심리할 수 있다.

② 제2심 인민법원의 상소사건 심리는 본원에서 심리할 수도 있고 사건 발생지 또는 원심 인민법원 소재지에 가서 심판할 수도 있다.

제170조 ① 제2심 인민법원은 상소사건을 심리를 거쳐 아래와 같이 사정에 맞추어 분별 처리한다.

(1) 원판결, 재정의 사실인정이 명백하고 법률의 적용이 정확한 경우는 판결, 재정의 방식으로 상소를 기각하고 원판결, 재정을 유지한다.

(2) 원판결, 재정의 사실인정의 착오 또는 법률적용의 착오를 인정하는 경우에는 판결, 재정의 방식으로 법률에 따라 고쳐 재판(改判)하거나, 취소 혹은 변경한다.

(3) 원판결의 기본적 사실인정이 분명하지 않은 경우에는 원판결을 취소하는 재정을 하고 원심인민법원으로 환송하거나 사실을 조사하여 명백히 한 후에 고쳐 재판한다.

(4) 원판결이 당사자를 누락하거나 위법하게 결석판결을 하는 등 법정절차를 엄중하게 위반한 경우에는 원판결을 취소하는 재정을 하고 원심인민법원으로 환송한다.

② 원심 인민법원이 환송된 사건에 대하여 판결을 한 후에 당사자가 상소를 제기한 경우에 제2심 인민법원은 다시 환송할 수 없다

제171조 제2심 인민법원이 제1심 인민법원의 재정에 대하여 불복하는 상소사건을 처리하는 경우는 언제나 재정으로 한다.

필요가 없기 때문이다. 항소(抗訴)라는 용어는 우리와는 달리 인민검찰원이 재판감독의 견지에서 인민법원의 확정된 판결, 재정에 대해 재심요구를 하는 것을 말한다.

제172조 제2심 인민법원이 상소사건을 심리하는 경우, 조정을 진행할 수 있다. 조정의 합의가 이루어지는 경우는 심판원 등, 서기가 서명하고 인민법원의 인장을 찍는다. 조정서가 송달되면 원심인민법원의 판결은 즉시 취소된 것으로 본다.

제173조 제2심 판결의 선고 전에 상소인이 상소의 취하를 신청한 경우에는 그 허가여부를 제2심 인민법원이 재정한다.

제174조 제2심 인민법원이 상소사건을 심리함에 있어서는 본장의 규정을 적용하는 것을 제외하고 제1심 보통절차를 적용한다.

제175조 제2심 인민법원의 판결, 재정은 종심적 판결, 재정이다.

제176조 ① 인민법원이 판결에 대한 상소사건을 심리하는 경우는 제2심 입안일로부터 3개월 내에 심리를 종결하여야 한다. 특별한 사정으로 연장할 필요가 있는 경우는 본원 원장이 비준한다.

② 인민법원이 재정에 대한 상소사건을 심리하는 경우에는 제2심 입안일로부터 30일 내에 종심재정을 내려야 한다.

제15장 특별절차

제1절 일반규정

제177조 인민법원이 선거자격사건, 실종선고 또는 사망선고사건, 공민의 민사행위무능력 또는 민사행위능력의 제한을 인정하는 사건 및 재산의 무주(無主)를 인정하는 사건, 조정합의 확인사건 및 담보물권 실현 사건에는 본장의 규정을 적용한다. 본장이 규정하지 아니한 것을 이 법 및 기타 법률의 관련된 규정을 적용한다.

제178조 본장의 절차에 따라 심리하는 사건은 제1심을 종심으로 한다. 선거자격사건 또는 중대하거나 복잡한 사건은 심판원(법관)으로 합의부를 구성하여 심리하며 기타 사건은 심판원 1인이 단독으로 심리한다.

제179조 인민법원이 본장의 규정에 따라 심리하는 도중에 본안이 민사권익의 다툼에 속하는 것을 발견한 경우에는, 특별절차를 종결하는 재정을 하고 이해관계자에게 달리 소를 제기할 수 있음을 고지하여야 한다.

제180조 인민법원이 특별절차를 적용하여 심리하는 사건은 입안일로부터 30일 이내 또는 공고기간의 만료 후 30일 이내에 심리를 종결하여야 한다. 특별한 사정으로 연장할 필요가 있는 경우는 본원 원장이 비준한다. 다만 선거자격사건을 심리하는 경우는 예외로 한다.

제2절 선거자격사건

제181조 공민이 선거위원회가 선거자격에 관한 신소(申訴)[13]에 대하여 내린 처분에 불복하는 경우는 선거일로부터 5일 이전까지 선거구소재지 기층인민법원에 소를 제기할 수 있다.

제182조 ① 인민법원이 선거자격사건을 수리한 후에는 반드시 선거일 전에 심리를 종결해야 한다.

② 심리에는 소를 제기한 자, 선거위원회의 대표 및 관련된 공민이 반드시 참가해야 한다.

③ 인민법원의 판결은 선거일 전에 선거위원회 및 소를 제기한 자에게 송달하고 관련된

13) 공민의 헌법상의 권리로서 자기에게 불리한 처분 등에 대하여 국가기관 등에 진정을 제기하여 구제를 요구하는 것을 말한다. 신소의 대상과 제기기관에는 제한이 없다.

공민에게 통지하여야 한다.

제3절 실종선고와 사망선고사건

제183조 ① 공민이 행방불명 된 지 2년이 만료되어 이해관계자가 그 실종선고를 신청하는 경우는 행방불명자 주소지의 기층인민법원에 그 신청을 제출한다.

② 신청서에는 실종의 사실, 시간 및 청구를 명확히 기록하고 공안기관 또는 기타 관련기관이 당해 공민의 행방불명을 증명하는 서면을 첨부하여야 한다.

제184조 ① 공민의 행방불명이 4년이 만료된 때 또는 불의의 사고로 행방불명이 되고 관련된 기관이 그 공민의 생존불가능을 증명한 때, 이해관계인이 그 사망선고를 신청하는 경우는 행방불명자의 주소지를 관할하는 기층인민법원에 신청한다.

② 신청서에는 행방불명된 사실, 시간 및 청구를 기록하여야 하며 공안기관 또는 기타 관련된 기관이 그 공민의 행방불명을 증명하는 서면을 첨부하여야 한다.

제185조 ① 인민법원이 실종선고, 사망선고사건을 수리한 후에는 행방불명자를 찾는 공고를 하여야 한다. 실종선고의 공고기간은 3개월로 하고, 사망선고의 공고기간은 1년으로 한다. 불의의 사고로 행방불명이 되고 관련된 기관이 그 생존불가능성을 증명하는 경우의 사망선고의 공고기간은 3개월로 한다.

② 공고기간이 만료된 후에는 인민법원은 실종선고 또는 사망선고되는 사실이 확인되는지 여부에 따라 실종선고 또는 사망선고의 판결을 하거나 신청을 기각하는 판결을 한다.

제186조 실종선고, 사망선고된 공민이 다시 나타난 경우는 본인 또는 이해관계인의 신청을 거쳐 인민법원이 새로운 판결을 하여 원판결을 취소하여야 한다.

제4절 공민의 민사행위무능력, 제한민사행위능력을 인정하는 사건

제187조 ① 공민의 민사행위무능력 또는 제한민사행위능력의 인정 신청은 그 근친속 또는 기타 이해관계자가 그 공민의 주소지를 관할하는 기층인민법원에 제출한다.

② 신청서에는 그 공민의 민사행위무능력의 사실 또는 제한 민사행위능력의 사실 및 근거를 기재하여야 한다.

제188조 신청을 수리한 후 인민법원은 필요가 있는 때는 민사행위무능력자 또는 제한민사행위능력자로 인정되기를 청구당한 공민에 대하여 감정을 실시하여야 한다. 신청인이 이미 감정의견을 제출한 경우에는 그 감정의견을 심사하여야 한다.

제189조 ① 인민법원이 공민의 민사행위무능력 또는 제한민사행위능력의 인정사건을 심리하는 경우는 신청인을 제외한 그 공민의 근친속이 대리인이 된다. 근친속이 서로 미루는 경우는 인민법원이 그 중 1인을 대리인으로 지정한다. 그 공민의 건강상태가 허락하는 경우는 그 본인의 의견도 물어야 한다.

② 인민법원이 심리를 통하여 신청이 사실적 근거가 있다고 인정하는 경우는 그 공민을 민사행위무능력자 또는 제한민사행위능력자로 하는 판결을 하며, 신청이 사실적 근거가 없다고 인정하는 경우에는 기각의 판결을 하여야 한다.

제190조 인민법원은 민사행위무능력자, 제한민사행위능력자로 인정된 자 또는 그의 감호인의 신청으로, 그 공민의 민사행위무능력 또는 제한민사행위능력의 원인이 이미 해소되었음이 실증된 경우에는 새로 판결을 하여 원판결을 취소하여야 한다.

제5절 재산의 무주(無主)를 인정하는 사건

제191조 ① 재산무주의 인정신청은 공민, 법인, 또는 기타 조직이 재산소재지의 기층인민법원에 제출한다.

② 신청서에는 재산의 종류, 수량, 및 재산무주인정 요구의 근거를 명시하여야 한다.

제192조 인민법원이 신청을 수리한 후에는 면밀한 심사를 거쳐 재산의 소유자를 찾는 공고를 하여야 한다. 공고 후 만 1년간 소유자가 찾아가지 않는 경우에는 판결로 재산의 무주를 인정하고 국가 또는 집체의 소유에 귀속케 한다.

제193조 재산 무주인정의 판결을 한 후에 원재산 소유자 혹은 그 승계인이 나타난 경우에는 민법통칙이 규정하는 소송시효시간 내에 재산에 대한 청구를 제출할 수 있으며, 인민법원은 그 사실을 심사확인하고 새로운 판결을 하여 원판결을 취소하여야 한다.

제6절 조정합의 확인사건

제194조 조정합의에 대한 사법확인의 신청은 당사자 쌍방이 인민조정법 등의 법률에 따라, 조정합의가 효력이 발생한 날로부터 30일 이내에 조정조직 소재지 기층인민법원에 공동으로 제출해야 한다.

제195조 인민법원은 신청을 수리한 후 심사를 거쳐 법률의 규정에 부합하는 경우에는 조정합의 유효를 인정하는 재정을 해야 하며, 일방당사자가 그 이행을 거절하거나 완전이행을 하지 않는 경우에는 상대방 당사자는 인민법원에 집행을 신청할 수 있다. 법률의 규정에 부합하지 않는 경우에는 신청을 기각하는 재정을 하여야 하며, 이 경우 당사자는 조정의 방식을 통하여 원조정합의를 변경하거나 새로운 조정합의를 만들어 낼 수 있으며, 인민법원에 소를 제기할 수도 있다.

제7절 담보물권 실현을 위한 사건

제196조 담보물권의 실현을 위한 신청은 담보물권자 내지 기타 담보물권의 실현을 청구할 권한이 있는 자가 물권법 등의 법률에 따라 담보재산 소재지 또는 담보물권 등기지의 기층인민법원에 제출해야 한다.

제197조 인민법원은 신청을 수리한 후 심사를 거쳐 법률의 규정에 부합하는 경우에는 담보재산의 경매(拍賣), 매각(變賣)을 하도록 하는 재정을 해야 하며, 당사자는 그 재정을 근거로 인민법원에 집행을 신청할 수 있다. 법률의 규정에 부합하지 않는 경우에는 신청을 기각하는 재정을 해야 하며 당사자는 인민법원에 소를 제기할 수 있다.

제16장 심판감독절차

제198조 ① 각급의 인민법원원장은 이미 법률적 효력이 발생한 당해 법원의 판결, 재정, 조정서에 착오가 있음이 확실한 것을 발견하여 재심이 필요하다고 인정하는 경우에는 심판위원회에 넘겨 토론·결정하게 하여야 한다.

② 최고인민법원은 지방각급인민법원의 이미 법률적 효력을 발생한 판결, 재정, 조정서에 착오가 있음이 확실한 것을 발견한 경우에, 상급인민법원은 하급인민법원의 이미 법률적 효력이 발생한 판결, 재정, 조정서에 착오가 있음이 확실한 것을 발견한 경우에 이를 끌어올려 스스로 재심하거나 하급인민법원에 재심하도록 명령할 수 있다.

제199조 당사자는 이미 법률적 효력이 발생한 판결, 재정에 대하여 착오가 있다고 인정하는 경우에 바로 위급의 인민법원에 재심을 신청할 수 있다. 일방당사자의 수가 현저히 다수이거나 당사자 쌍방이 공민인 경우에는 원심 인민법원에 재심을 신청할 수 있다. 다만 당사자의 재심신청으로 판결, 재정의 집행이 정지되지 아니한다.

제200조 당사자의 재심신청이 아래 상황 중의 하나에 부합하는 경우에는 인민법원은 재심하여야 한다.

(1) 원판결, 재정을 번복하기에 충분한 새로운 증거가 있는 경우
(2) 원판결, 재정이 인정한 기본사실이 증거에 의해 증명되지 않은 경우
(3) 원판결, 재정의 사실인정의 주요증거가 위조된 것일 때
(4) 원판결, 재정의 사실인정의 주요증거가 질증(質證)[14]을 거치지 않은 것인 때
(5) 사건심리에 필요한 주요증거를 객관적인 원인으로 당사자가 스스로 수집할 수 없어, 서면으로 인민법원에 그 조사 · 수집을 신청하였으나 인민법원이 조사 · 수집하지 않은 경우
(6) 원판결, 재정의 법률적용에 착오가 있는 경우
(7) 심판조직의 구성이 비합법적이거나 법률에 따라 회피(回避)해야 할 자가 회피하지 않은 경우
(8) 소송무능력자가 법정대리인의 대리를 받지 않고 소송행위를 했거나 소송에 참가해야 할 자가 자기 혹은 그 소송대리인의 책임에 돌릴 수 없는 사유로 소송에 참가하지 못한 경우
(9) 법률의 규정에 위반하여 당사자의 변론권을 박탈한 경우
(10) 소환장에 의한 소환을 하지 않고 결석판결을 한 경우
(11) 원판결, 재정이 소송상의 청구를 빠뜨렸거나 청구를 초과한 경우
(12) 원판결, 재정의 근거가 되었던 법률문서가 취소되었거나 변경된 경우
(13) 심판원 등이 그 사건 심리시에 독직수회(貪污受收), 사정에 의한 재판(徇私舞弊), 법을 자의적으로 해석하여 재판(枉法裁判)하는 행위를 한 경우

제201조 당사자가 이미 법률적 효력이 발생한 조정서에 대하여 당해 조정이 자유의사의 원칙을 위반하였거나 조정합의의 내용이 법률에 위반됨을 증거를 제출하여 증명하는 경우에는 재심을 신청할 수 있다. 인민법원은 심리를 거쳐 사실로 확인되면 재심을 하여야 한다.

제202조 당사자는 이미 법률적 효력이 발생한 혼인관계를 해제하는 판결, 조정서에 대하여 재심을 신청할 수 없다.

제203조 당사자가 재심을 신청하는 경우에는 재심신청서 등의 자료를 제출해야 한다. 인민법원은 재심신청서를 받은 날로부터 5일 이내에 재심신청서 부본을 상대방 당사자에게 발송해야 한다. 상대방 당사자는 재심신청서 부본을 받은 날로부터 15일 이내에 의견서를 제출해야 한다. 그러나 의견서의 부제출은 법원의 심리에 영향을 미치지 않는다. 인민법원은 신청인 및 상대방 당사자에게 관련 자료의 보충을 요청할 수 있고 관련 사항에 대하여 심문할 수 있다.

제204조 ① 인민법원은 재심신청서를 받은 날로부터 3월 내에 심사를 하여 이 법의 규정에 부합

14) 증거를 둘러싼 당사자간의 구술의 논박을 질증(質證)이라 한다.

하는 경우에는 재심으로 하기로 하는 재정을 하여야 하며, 이 법의 규정에 부합하지 않는 경우에는 신청을 기각하는 재정을 해야 한다. 특수한 사정으로 인하여 기한의 연장이 필요한 경우에는 본원 원장이 비준한다.

② 당사자의 신청에 따라 재심하기로 재정한 사건은 중급인민법원 이상의 인민법원이 심리한다. 다만 이 법 제199조의 규정에 따른 선택으로 당사자가 기층인민법원에 재심신청을 한 경우에는 제외한다. 최고인민법원, 고급인민법원이 재심하기로 재정한 사건은 본원이 재심하거나 다른 인민법원에 넘겨 재심할 수 있으며, 원심인민법원에 넘겨 재심할 수도 있다.

제205조 당사자의 재심신청은 판결, 재정이 법률적 효력을 발생한 후 6월 내에 제출하여야 한다. 다만 이 법 제200조 제1항, 제3항, 제12항, 제13항에 규정된 사유가 있는 경우에는 그 사유가 있음을 알았거나 알아야 했을 날로부터 6개월 이내에 제출해야 한다.

제206조 심판감독절차에 따라 재심을 결정한 사건에 대해서는 원판결, 재정, 조정서의 집행을 중지하는 재정을 한다. 단, 존속부양료, 부부간부양료, 양육비, 무휼금(撫恤金), 의료비용, 노동보수를 청구하는 사건의 경우는 집행을 중지하지 않을 수 있다.

제207조 ① 인민법원이 심판감독절차에 따라 재심하는 사건은 그 법률적 효력이 발생된 판결, 재정이 제1심 법원이 한 것인 경우는 제1심 절차에 따라 심리하며 재심판결, 재정에 대하여 당사자는 상소할 수 있다. 재심대상인 법률적 효력이 발생한 판결, 재정이 제2심법원이 한 것인 때에는 제2심 절차에 따라 심리하며 그 재심판결, 재정은 법률적 효력을 발생하는 판결, 재정이다. 상급인민법원이 심판감독절차에 따라 끌어올려 스스로 재판하는 경우에는 제2심 절차에 따라 심판하며 그 판결, 재정은 법률적 효력을 발생하는 판결, 재정이다.

② 인민법원이 재심사건을 심판할 때에는 별도의 합의부를 구성하여야 한다.

제208조 ① 최고인민검찰원은 각급인민법원의 이미 법률적 효력이 발생한 판결, 재정에 대하여, 상급인민검찰원은 하급인민법원의 이미 법률적 효력이 발생한 판결, 재정에 대하여, 이 법 제200조에 규정된 사항 중의 하나에 해당함을 발견하거나 조정서가 국가이익, 사회공공이익을 해하는 것을 발견한 경우에는 항소를 제기해야 한다.

② 지방 각급인민검찰원은 동급인민법원의 이미 법률적 효력이 발생한 판결, 재정에 이 법 제200조에 규정된 사유 중의 하나가 있음을 발견하거나 조정서가 국가이익, 사회공공이익을 해함을 발견한 경우에는 그 동급의 인민법원에 검찰건의(檢察建議)를 하고 상급인민검찰원에 보고하여 비안(備案)해 두거나, 상급인민검찰원에 동급인민법원에 대하여 항소해 줄 것을 제청(提請)할 수 있다.

③ 각급인민검찰원은 심판감독절차 이외의 심판절차 중의 심판원 등의 위법행위에 대하여 동급의 인민법원에 검찰건의를 제출할 권한이 있다.

제209조 ① 아래 사항 중의 하나에 해당하는 경우에는 당사자는 인민검찰원에 검찰건의 또는 항소를 해 줄 것을 신청할 수 있다.

(1) 인민법원이 재심신청을 기각한 경우

(2) 인민법원이 기한을 넘겨 재심신청에 대하여 재정하지 않는 경우

(3) 재심판결, 재정에 명백한 잘못(착오)이 있는 경우

② 인민검찰원은 당사자의 신청에 대하여 3월 이내에 심사를 하여 검찰건의 혹은 항소

를 제기하기로 하는 혹은 하지 않기로 하는 결정을 해야 한다. 당사자는 인민검찰원에 재차 검찰건의 또는 항소를 신청할 수 없다.

제210조 인민검찰원이 법률감독직책의 이행으로 검찰건의 혹은 항소를 제기할 필요가 있는 경우에는 당사자 혹은 소외인에 대하여 관련 사항을 면밀히 조사할 수 있다.

제211조 인민검찰원이 항소를 제기한 사건은 이를 접수한 인민법원이 3개월 이내에 재심을 하기로 하는 재정을 해야 한다. 이 법 제200조 제1호 내지 제5호 사항이 있는 경우에는 한 급 아래의 인민법원에 내려 재심하게 할 수 있다. 다만 그 한 급 아래 법원이 재심했던 사건은 제외한다.

제212조 인민검찰원이 인민법원의 판결, 재정, 조정서에 대하여 항소를 제기하기로 결정하는 경우는 항소장을 작성하여야 한다.

제213조 인민법원이 인민검찰원이 제기한 항소사건을 심리하는 때에는 인민검찰원에 통지하여 직원을 파견하여 법정에 출석하게 하여야 한다.

제17장 독촉절차

제214조 ① 채권자가 채무자에게 금전, 유가증권을 청구하는 경우, 아래의 조건에 부합하는 경우에는 관할권 있는 기층인민법원에 지급명령(支付令)을 신청할 수 있다.

(1)채권자와 채무자 사이에 다른 채무분쟁이 없을 것

(2)지급명령을 채무자에게 송달할 수 있을 것

② 신청서에는 급부를 청구하는 금전 혹은 유가증권의 수량 및 그 근거되는 사실, 증거를 제시하여야 한다.

제215조 채권자가 신청을 제출한 후에 인민법원은 5일 이내에 그 수리여부를 채권자에게 통지하여야 한다.

제216조 ① 인민법원이 신청을 수리한 후에는 채권자가 제공한 사실, 근거를 심사한 후, 채권채무관계가 명확하고 합법적인 것에 대하여는 수리일로부터 15일 이내에 채무자에게 지급명령을 발하고, 신청이 불성립하는 것에 대하여는 기각의 재정을 한다.

② 채무자는 지급명령을 받은 날로부터 15일 이내에 채무를 상환하거나 인민법원에 서면으로 이의를 제기하여야 한다.

③ 채무자가 전항에 규정된 기간 내에 이의를 제기하지 않고 또 지급명령을 이행하지도 아니하는 경우에는 채권자는 인민법원에 집행을 신청할 수 있다.

제217조 ① 인민법원이 채무자가 제출하는 서면의 이의를 받은 후에는 심사를 거쳐 이의가 성립하는 경우에는 독촉절차종결의 재정을 하며 지급명령은 자동적으로 효력을 상실한다.

② 지급명령이 실효한 경우에는 사건은 소송절차로 전환된다. 다만 지급명령을 신청한 일방당사자가 동의하지 않고 소를 제기하는 경우는 제외한다.

제18장 공시최고절차

제218조 ① 규정에 따라 배서로 양도할 수 있는 증권(票据)[15]의 소지자는 증권이 도난, 분실 혹

15) 어음 · 수표법(票据法)의 적용을 받는 환어음(匯票), 약속어음(本票), 수표(手票)를 말한다.

은 멸실된 경우에는 증권의 지급지의 기층인민법원에 공시최고를 신청할 수 있다. 법률규정에 따라 공시최고를 신청할 수 있는 기타 사항[16]에 대하여는 본장의 규정을 적용한다.

② 신청인은 인민법원에 신청서를 제출하여야 하며, 신청서에는 증권의 액면금액, 발행인, 소지인, 배서인 등 증권의 주요내용 및 신청의 이유, 사실을 명시하여야 한다.

제219조 인민법원이 신청의 수리를 결정한 때에는 동시에 지급인에 지급을 정지할 것을 통지하고, 3일 이내에 공고를 하여 이해관계인에게 권리의 신고를 독촉하여야 한다. 공시최고기간은 인민법원이 상황에 따라 결정하되 60일 이상이어야 한다.

제220조 ① 지급인은 인민법원의 지급정지의 통지를 받으면 공시최고절차가 종결될 때까지 지급을 정지하여야 한다.

② 공시최고기간 중의 증권상의 권리의 양도행위는 무효이다.

제221조 ① 이해관계인은 공시최고기간 내에 인민법원에 신고하여야 한다.

② 인민법원이 이해관계인의 신고를 받은 후에는 공시최고절차 종결의 재정을 하고 이를 신청인 및 지급인에게 통지하여야 한다.

③ 신청인 또는 신고인은 인민법원에 소를 제기할 수 있다.

제222조 신고인이 없는 경우는 인민법원은 신청인의 신청에 따라 판결로 증권의 무효를 선고하여야 한다. 판결은 공고하여야 하며 지급인에게 통지하여야 한다. 판결의 공고일로부터 신청인은 지급인에 대하여 지급청구를 할 수 있다.

제223조 이해관계인이 정당한 이유로 인하여 판결 전에 인민법원에 신고할 수 없었던 경우에는 판결의 공고를 자신이 안 날 혹은 마땅히 알았어야 할 날로부터 1년 이내에 판결을 한 인민법원에 소를 제기할 수 있다.

제3편 집행절차

제19장 일반규정

제224조 ① 법률적 효력이 발생한 민사판결, 재정 및 형사판결, 재정 중 재산에 관한 부분은 제1심인민법원 또는 제1심법원과 동급의 집행재산 소재지의 인민법원이 집행한다.

② 법률규정에 따라 인민법원이 집행하는 기타 법률문서는 피집행인의 주소지 또는 집행재산 소재지의 인민법원이 집행한다.

제225조 당사자, 이해관계인이 집행행위가 법률의 규정에 위반된다고 인정하는 경우에는 집행을 담당하는 인민법원에 서면으로 이의를 할 수 있다. 당사자, 이해관계인이 서면이의를 제출한 경우, 인민법원은 이의서를 받은 날로부터 15일 이내에 이를 조사하여 이유가 성립하는 경우에는 취소 혹은 바로잡는 재정을 하고, 이의가 성립하지 않는 경우에는 기각의 재정을 하여야 한다. 당사자, 이해관계인이 이 재정에 불복하는 경우에는 재정서를 송달받은 날로부터 10일 내에 한 급 위의 인민법원에 복의(復議)를 신청할 수 있다.

제226조 인민법원이 집행신청서를 받는 날로부터 6월이 지나도록 집행하지 않는 경우, 집행신청

16) 예컨대 회사법상의 기명주식의 도난 등이 여기에 속한다.

인은 한 급 위의 인민법원에 집행을 신청할 수 있다. 그 상급인민법원은 심사를 하여 원래의 인민법원에 일정기간 내에 집행할 것을 명령하거나 본원이 집행하기로 하는 결정을 하거나 다른 인민법원을 지정하여 집행할 것을 명령할 수 있다.

第227조 집행과정 중 제3자가 집행목적물에 대하여 서면의 이의를 제기하는 경우에는 인민법원은 이의서를 받은 날로부터 15일 내에 심사를 하여 이유가 성립하는 경우에는 그 목적물에 대한 집행을 중지하는 재정을 하며, 이유가 성립하지 않는 경우에는 기각의 재정을 한다. 제3자, 당사자가 재정에 불복하고 판결, 재정에 잘못(착오)이 있다고 인정하는 경우에는 심판감독절차에 따라 처리한다. 원판결, 재정과 관련이 없는 경우에는 재정서 송달일로부터 10일 이내에 인민법원에 소를 제기할 수 있다.

第228조 ① 집행업무는 집행원이 담당한다.

② 강제집행조치를 취할 때는 집행원은 신분증(證件)을 제시하여야 한다. 집행이 완료된 후에는 집행상황을 조서로 작성하고 집행에 참여한 관계자가 서명 또는 날인하여야 한다.

③ 인민법원은 필요에 따라 집행기구를 설립할 수 있다.

第229조 ① 피집행인 또는 집행재산이 외지에 있는 경우에는 현지의 인민법원에 위탁하여 대리집행케 할 수 있다. 수탁인민법원은 위탁서면을 받은 후 15일 이내에 집행을 개시하여야 하며 집행을 거절하지 못한다. 집행완료 후에는 집행결과를 즉시 위탁인민법원에 서면으로 송부하여야 하며, 30일 이내에 집행이 완료되지 아니한 경우에도 위탁인민법원에 집행상황을 서면으로 통보하여야 한다.

② 수탁인민법원이 위탁문서를 받은 날로부터 15일 이내에 집행하지 아니하는 경우에는 위탁인민법원은 수탁인민법원의 상급인민법원에 수탁인민법원이 집행하도록 명령해 줄 것을 청구할 수 있다.

第230조 ① 집행 중에 당사자 쌍방이 스스로 화해를 하여 합의가 달성된 경우에는 집행원이 합의내용을 조서에 기입하고 당사자 쌍방이 서명 또는 날인한다.

② 집행신청인이 사기, 협박으로 인하여 피집행인과 화해를 하였거나 당사자가 화해의 합의를 이행하지 아니하는 경우에는 인민법원은 상대방 당사자의 신청에 의거하여 원래 법률적 효력이 있었던 문서의 집행을 재개할 수 있다.

第231조 집행 중 피집행인이 인민법원에 담보를 제공하고 집행신청인의 동의가 있는 경우에는 인민법원은 집행의 일시보류와 그 보류기간을 결정할 수 있다. 피집행인이 기간이 넘도록 이행하지 않는 경우에는 인민법원은 피집행인의 담보재산 또는 물상보증인(擔保人)의 재산에 집행을 할 수 있다.

第232조 피집행인으로 된 공민이 사망한 때에는 그 유산으로 채무를 상환한다. 피집행인으로 된 법인 기타 조직이 소멸한 경우에는 그 권리의무의 승계인이 의무를 이행한다.

第233조 집행완료 후 집행의 근거가 된 판결, 재정 및 기타 법률문서에 착오가 있음이 확실하여 인민법원이 취소한 때에는 인민법원은 이미 집행된 재산에 대하여 재정으로 그 재산의 취득자에게 반환을 명하여야 하며, 반환을 거부하는 경우에는 강제집행하여야 한다.

第234조 인민법원이 작성한 조정서의 집행에는 본편의 규정을 적용한다.

第235조 인민검찰원은 민사집행활동에 대하여 법률감독을 할 권한이 있다.

제20장 집행의 신청 및 이송

제236조 ① 당사자는 법률적 효력이 발생한 판결, 재정을 반드시 이행하여야 한다. 일방당사자가 이행을 거절하는 경우는 상대방 당사자는 인민법원에 집행을 신청할 수 있으며, 심판원(법관)이 집행원에게 이송하여 집행하게 할 수 있다.

② 당사자는 조정서 및 기타 인민법원이 집행하여야 하는 법률문서를 반드시 이행하여야 한다. 일방이 이행을 거절하는 경우에는 상대방 당사자가 인민법원에 그 집행을 신청할 수 있다.

제237조 ① 법률에 의해 설립된 중재기관의 재결[17]을 일방당사자가 이행하지 않는 경우에는 상대방당사자가 관할권 있는 인민법원에 그 집행을 신청할 수 있다. 신청을 받은 인민법원은 이를 집행하여야 한다.

② 피신청인이 증거를 제출하여 중재재결이 아래 사항 중의 하나에 해당한다는 것을 증명한 경우에는 인민법원이 합의부를 구성하여 면밀히 심사한 후 집행을 하지 않는 재정을 한다.

(1) 당사자가 계약 중에 중재조항을 두지 않았거나 사후에 서면의 중재합의가 달성되지 않은 경우

(2) 재결된 사항이 중재합의의 범위에 속하지 아니하거나 중재기관에 중재권한이 없는 경우

(3) 중재정의 구성 혹은 중재의 절차가 법정절차에 위반된 경우

(4) 재결의 근거가 된 증거가 위조된 것인 때

(5) 상대방 당사자가 공정한 중재재결에 영향을 주기에 족한 증거를 중재기구에 숨긴 때

(6) 중재원이 당해사건의 중재시에 독직수회하거나 사적 이익에 사로잡혀 부정을 하였거나 법을 자의적으로 적용하여 재결한 경우

③ 인민법원이 당해 재결의 집행이 사회공공이익에 위배된다고 인정하는 경우에는 집행을 허용하지 아니한다.

④ 재정서는 쌍방당사자 및 중재기관에 송달하여야 한다.

⑤ 인민법원이 부집행의 재정을 한 중재재결에 대하여 당사자는 쌍방 사이의 서면의 중재합의에 의거하여 다시 중재신청을 하거나 인민법원에 소를 제기할 수 있다.

제238조 ① 공증기관이 법률에 따라 강제집행력을 부여한 채권증서를 일방당사자가 이행하지 않는 경우에는 상대방 당사자는 관할권 있는 인민법원에 집행신청을 할 수 있으며 신청받은 인민법원은 이를 집행하여야 한다.

② 공증채권증서에 잘못(착오)이 있음이 확실한 경우에는 인민법원은 부집행의 재정을 하고 재정서를 쌍방당사자 및 공증기관에 송달한다.

제239조 ① 집행신청의 기한은 2년이다. 집행신청 시효의 중지, 중단에 대하여는 소송시효의 중지, 중단에 관한 법률을 적용한다.

② 전항에 규정된 기한은 법률문서에 규정된 이행기간의 최종일로부터 기산하며, 법률

---

17) 우리법의 중재판정에 해당한다.

문서가 분할이행을 규정한 경우에는 규정된 매 차례의 이행기간의 최종일로부터 기산한다. 법률문서에 이행기간에 관한 규정이 없는 경우에는 법률문서가 효력을 발생한 날로부터 기산한다.

제240조 집행원이 집행신청서 또는 이교(移交)된 집행서를 받으면 피집행인에게 집행통지를 발하여야 하며, 즉시 강제집행조치를 취할 수 있다.

제21장 집행조치

제241조 피집행인이 집행통지에 따라 법률문서에 확정된 의무를 이행하지 않는 경우에는, 현재 그리고 집행통지서를 받은 날로부터 이전 1년간의 재산상황을 보고해야 한다. 피집행인이 보고를 거절하거나 허위보고를 하는 경우에는 인민법원은 그 정상의 경중에 따라 피집행인 또는 그 법정대리인, 유관단위의 주요 책임자 또는 직접책임자에 대하여 벌금, 구류를 과할 수 있다.

제242조 ① 피집행인이 집행통지에 따라 법률문서에 확정된 의무를 이행하지 않는 경우에는, 인민법원은 유관단위에 피집행인의 예금, 채권, 주식, 펀드지분 등 재산상황을 조회할 권한이 있다. 인민법원은 상황에 따라서 피집행인의 재산을 구압(扣押), 동결(凍結), 이체(划拨), 매각할 권한이 있다. 다만 인민법원의 피집행인의 재산에 대한 조회, 구압, 동결, 이체, 매각은 피집행인이 이행하여야 할 의무의 범위를 초과하지 못한다.

② 인민법원의 재산의 구압, 동결, 이체, 매각의 결정은 재정으로 하고 집행협조통지서를 발하여야 하며 유관단위는 반드시 이를 처리하여야 한다.

제243조 ① 피집행인이 집행통지에 따라 법률문서에 확정된 의무를 이행하지 않는 경우에는 인민법원은 이행의무에 해당하는 액수를 피집행인의 수입에서 압류하여 수취할 수 있다. 다만 피집행인 및 그 부양가속의 필수 생활비는 보류하여야 한다.

② 인민법원이 수입을 압류, 공제할 때에는 재정으로 하고 집행협조통지서를 발하여야 하며, 피집행인의 소속단위, 은행, 신용합작사 및 기타 저축업무를 하는 단위는 반드시 이를 처리하여야 한다.

제244조 ① 피집행인이 집행통지에 따라 법률문서에 확정된 의무를 이행하지 않는 경우에는 인민법원은 이행의무에 해당하는 범위의 피집행인의 재산을 사봉(査封), 구압(扣押), 동결(凍結), 경매(拍賣),[18] 매각(變賣)할 수 있다. 다만 피집행인 및 그 부양가속의 생활필수품은 보류하여야 한다.

② 인민법원은 재정으로 전항의 조치를 취하여야 한다.

제245조 ① 법원이 재산을 사봉, 구압하는 때에는 피집행인이 공민인 때에는 피집행인 또는 그의 성년가속에게 참여할 것을 통지하여야 하며, 피집행인이 법인 또는 기타 조직인 때에는 그 법정대표자 또는 주요책임자에게 참여할 것을 통지하여야 한다. 참여를 거부하

---

18) 박매(拍賣)는 경매와 같은 것으로 원래 중국의 법률용어사전에도 "구중국자본주의사회의 상업적 매매의 일종(舊中國和資本主義 社會商業賣買的一種方法)"으로 정의되어 있는 바와 같이 사회주의화한 중국에서는 채택되지 않았던 집행방법이었다. 따라서 1982년의 시행법(試行法)에는 없던 규정이다. 拍賣라는 말은 경락을 표시하기 위하여 판자(板子) 또는 철추(鐵錐)로 상을 치는(拍) 것에서 유래된 것이라 한다. 변매(變賣)는 신탁상점 등에 넘겨 매각하게 하거나 구입하게 하는 것을 말한다.

는 것은 집행에 영향을 미치지 아니한다. 피집행인이 공민인 경우에는 그 작업단위 또는 재산소재지의 기층조직은 반드시 사람을 파견하여 참가하게 하여야 한다.

② 집행원은 반드시 시봉 또는 구압된 재산의 명세서를 작성하여 현장 참여인이 서명 또는 날인한 후에 그 한 부를 피집행인에게 교부하여야 한다. 피집행인이 공민인 경우에는 피집행인의 성년가속에게 한 부를 교부할 수도 있다.

第246조 집행원은 사봉된 재산을 피집행인이 책임지고 보관할 것으로 지정할 수 있다. 피집행인의 과실로 발생한 손실은 피집행인이 부담한다.

第247조 재산을 사봉, 구압한 후 집행원은 피집행인에게 지정된 기간 내에 법률문서에 확정된 의무를 이행하라는 명령을 하여야 한다. 피집행인이 기한을 넘겨 이행하지 않는 경우에는 인민법원은 규정에 따라 시봉, 구압된 재산을 경매해야 한다. 경매를 하기에 적당하지 않은 경우 또는 당사자 쌍방의 동의가 있는 경우에는 인민법원이 유관단위에 위탁하여 매각하거나 스스로 매각할 수 있다. 국가가 자유매매를 금지하는 물품은 유관단위에 넘겨 국가가 정하는 가격으로 구입하도록 한다.

第248조 ① 피집행인이 법률문서에 확정된 의무를 이행하지 아니하고 재산을 은닉하는 경우에는 인민법원은 수사명령을 발하여 피집행인 및 그 주소 또는 재산 은닉장소에 대하여 수사를 진행할 수 있다.

② 전항의 조치를 취하는 때에는 원장이 서명하여 수사명령을 발한다.

第249조 ① 법률문서가 교부를 지정하는 재물 또는 증서는 집행원이 쌍방당사자를 소환하여 그 자리에서 교부하게 하거나 집행원이 전교(轉交)하고 교부를 받은 자가 서명하여 인수한다.

② 유관단위가 당해 재물 또는 증서를 소지하고 있는 경우에는 인민법원의 집행협조통지서에 근거하여 전교(轉交)하며 교부를 받은 자가 서명하여 인수한다.

③ 관련된 공민이 당해 재물 또는 증서를 소지하고 있는 경우에는 인민법원이 제출을 통지한다. 제출을 거부하는 경우에는 강제로 집행한다.

第250조 ① 가옥으로부터의 강제퇴거 또는 토지로부터의 강제퇴출은 원장이 서명·공고하여 지정된 기간 내에 피집행인이 이행하도록 명령한다. 피집행인이 기한이 넘도록 이행하지 않는 경우에는 집행원이 강제집행한다.

② 강제집행시에는 피집행인이 공민인 경우에는 피집행인 또는 그의 성년가속에게 참여할 것을 통지하여야 하며 피집행인이 법인 또는 기타 조직인 경우에는 그 법정대표자 또는 주요책임자에게 참여할 것을 통지하여야 한다. 참여의 거부는 집행에 영향을 미치지 아니한다. 피집행인이 공민인 경우에는 그 근무단위의 또는 가옥, 토지 소재지의 기층조직은 사람을 파견하여 집행에 참가하게 하여야 한다. 집행원은 강제집행의 상황을 조서에 기입하여야 하고 현장의 참여인이 서명 또는 날인한다.

③ 가옥으로부터의 강제 퇴거시에는 반출되는 재산은 인민법원이 인원을 파견하여 지정된 장소에 운반하여 피집행인에게 교부한다. 피집행인이 공민인 경우에는 이를 그의 성년가속에게 교부할 수 있다. 수령의 거절로 인하여 발생하는 손실은 피집행인이 부담한다.

第251조 집행 중 관계재산권증서의 이전수속을 하여야 할 필요가 있는 경우에는 인민법원은 관련된 단위에 집행협조통지서를 발할 수 있으며, 관련된 단위는 이를 반드시 처리하여야 한다.

제252조 판결, 재정 및 기타 법률문서에 지정된 행위를 피집행인이 집행통지에 따라 이행하지 아니하는 경우에는 인민법원은 이를 강제집행하거나 관련된 단위 또는 제3자에게 위탁하여 완성하게 할 수 있으며, 그 비용은 피집행인이 부담한다.

제253조 피집행인이 판결, 재정 및 기타 법률문서에 지정된 기간 내에 금전급부의무를 이행하지 않는 경우에는 연체기간의 채무이자의 2배를 지급하여야 한다. 피집행인이 판결, 재정 및 기타 법률문서에 지정된 기간 내에 기타의 의무를 이행하지 않는 경우에는 지연배상금을 지급하여야 한다.

제254조 인민법원이 이 법의 제242조, 제243조, 제244조에 규정된 집행조치를 취한 후에도 피집행인이 여전히 채무를 상환할 수 없는 경우에는 그 이행의무는 계속된다. 채권자는 피집행인이 다른 재산을 소유하고 있음을 발견한 경우에는 수시로 인민법원에 그 집행을 청구할 수 있다.

제255조 피집행인이 법률문서에 확정된 의무를 이행하지 않는 경우에는 인민법원은 그에 대하여 직접 또는 유관단위에 통지하여 출국을 제한할 수 있으며, 신용정보시스템(征信系統)에 기록하거나, 매체를 통하여 이행의무 불이행 정보를 공표하거나 기타 법률이 정하는 조치를 취할 수 있다.

제22장 집행의 중지 및 종결

제256조 ① 아래 열거한 사유의 하나에 해당하는 경우에는 인민법원은 재정으로 집행을 중지하여야 한다.

(1) 신청인이 집행을 연기할 수 있다는 의사표시를 한 때
(2) 제3자가 집행목적물에 대하여 확실한 이유가 있는 이의를 제기한 때
(3) 일방당사자인 공민이 사망하여 승계인의 권리승계 또는 의무의 승계를 기다려야 할 경우
(4) 일방당사자인 법인 또는 기타 조직이 소멸하고 아직 그 권리의무의 승계인이 확정되지 않는 때
(5) 인민법원이 집행을 중지하여야 할 것으로 인정하는 기타 사유가 있는 때

② 중지사유가 해소된 후에는 집행을 속개한다.

제257조 아래 열거한 사유 중의 하나에 해당하는 경우에는 인민법원은 재정으로 집행을 종결해야 한다.

(1) 신청인이 신청을 취소한 때
(2) 집행의 근거가 된 법률문서가 취소된 때
(3) 피집행인인 공민이 사망하고 집행에 제공할 유산이 없고 의무승계인이 없는 때
(4) 존속부양료, 부부간부양료, 양육비를 청구하는 사건에서 권리자가 사망한 때
(5) 피집행인인 공민이 생활 곤란으로 인하여 차용금을 상환할 능력이 없고 수입원이 없으며 또 노동능력을 상실한 경우
(6) 인민법원이 집행을 종결할 것으로 인정하는 기타 사유가 있을 때

제258조 집행의 중지 및 종결의 재정은 당사자에게 송달된 즉시 효력을 발생한다.

제4편 섭외민사소송절차의 특별규정

제23장 일반원칙

제259조 중화인민공화국 영역 내에서 섭외적 민사소송을 진행하는 경우에는 본편의 규정을 적용한다. 본편의 규정이 없는 경우에는 이 법의 기타 관련된 규정을 적용한다.

제260조 중화인민공화국이 체결 혹은 가입한 국제조약에 이 법과 다른 규정이 있는 경우에는 그 국제조약의 규정을 적용한다. 다만 중화인민공화국이 보류를 선언한 조항은 제외한다.

제261조 외교특권과 사법 면제권을 향유하는 외국인, 외국조직 또는 국제조직에 대하여 제기하는 민사소송은 중화인민공화국의 관련된 법률 및 중화인민공화국이 체결 혹은 가입한 국제조약의 규정에 따라 처리한다.

제262조 인민법원이 섭외적 민사사건을 심리함에 있어서는 중화인민공화국에서 통용되는 언어와 문자를 사용하여야 한다. 당사자가 통역을 요구하는 경우는 이를 제공할 수 있으며 그 비용은 당사자가 부담한다.

제263조 외국인, 무국적자, 외국기업 및 조직이 인민법원에 소를 제기, 응소함에 있어서 변호사에게 소송대리를 위탁할 필요가 있는 때에는 반드시 중화인민공화국 변호사에게 위탁하여야 한다.

제264조 중화인민공화국 영역 내에 주소가 없는 외국인, 무국적자, 외국기업 및 조직이 중화인민공화국 변호사 또는 기타의 자에게 소송대리를 위탁하는 경우, 중화인민공화국 영역 외로 부터 우송하거나 전교(轉交)하는 수권위탁서는 소속국가 공증기관의 증명을 거치고 또한 그 국가에 주재하는 중화인민공화국 대사관, 영사관의 증명을 거치거나, 중화인민공화국과 당해 소속국 사이에 체결된 관련 조약에 규정된 증명수속을 이행하여야 비로소 효력이 있다.

제24장 관 할

제265조 계약분쟁 또는 기타 재산권익에 관한 분쟁으로 인하여 중화인민공화국 영역 내에 주소가 없는 피고에 대하여 제기하는 소송은, 계약이 중화인민공화국 영역 내에서 체결되거나 이행될 것인 때, 또는 소송목적물이 중화인민공화국 영역 내에 있거나 피고가 중화인민공화국 영역 내에 압류(구압)될 수 있는 재산을 가지고 있거나, 피고가 중화인민공화국 영역 내에 대표기관을 설치해 놓은 경우에는, 계약체결지, 계약이행지 소송목적물소재지, 압류(구압)될 수 있는 재산의 소재지, 불법행위지 또는 대표기관주소지의 인민법원이 관할할 수 있다.

제266조 중화인민공화국에서 이행될 중외합자경영기업계약[19], 중외합작경영기업계약[20], 중외

---

19) 중외합자경영기업은 외국의 회사, 기업, 기타 경제조직 또는 개인이 중국 법률에 따라 중국정부의 비준을 받아 평등호혜의 원칙에 입각하여 중국 내에서 중국이 회사·기업 기타 경제조직과 공동으로 투자하고 공동으로 기업을 경영하며 공동으로 손익을 부담하는 기업법인조직을 말한다(합자기업법 제1조).

20) 중외합작기업은 출자자들이 합작계약으로 투자 혹은 합작조건, 수익 혹은 생산품의 분배, 위험 및 손해의 분담, 경영관리의 방식 및 합작기업의 종료시 재산의 귀속 등의 사항을 정할 수 있는

합작자연자원탐사개발계약으로부터 발생하는 분쟁으로 인하여 제기되는 소송은 중화인민공화국 인민법원이 관할한다.

第25장 송달, 기간

第267条 인민법원이 중화인민공화국 영역 내에 주소가 없는 당사자에게 소송서류를 송달하는 경우에는 아래 열거한 방식을 사용할 수 있다.

(1) 수송달인 소속국과 중화인민공화국이 체결하였거나 같이 참가한 국제조약에 규정된 방식으로 송달한다.

(2) 외교경로를 통하여 송달한다.

(3) 중화인민공화국 국적을 가진 수송달인에 대하여는 수송달인 소재국 주재 중화인민공화국 대사관 혹은 영사관에 위탁하여 대리 송달한다.

(4) 수송달인의 위탁으로 대신 송달을 받을 권한을 가진 소송대리인에게 송달한다.

(5) 수송달인이 중화인민공화국 영역 내에 설립한 대표기관 또는 송달받을 권한이 있는 기관의 지점, 업무대행인에게 송달한다.

(6) 수송달인의 소속국의 법률이 우편송달을 허용하는 경우에는 우편으로 송달할 수 있으며, 우편으로 보낸 날로부터 만 3개월 동안에 송달영수증이 회송되지 않는 경우에는, 각종 상황으로 보아 이미 송달된 것으로 인정할 수 있는 때에 한하여 기간만기일에 송달된 것으로 본다.

(7) 팩스, 전자우편 등 수송달인이 받아 본 것을 확인할 수 있는 방식으로 송달한다.

(8) 상술한 방법으로 송달할 수 없는 경우에는 공시송달하며 공시일로부터 만 3개월이 지나면 송달된 것으로 본다.

第268조 피고가 중화인민공화국 영역 내에 주소가 없는 경우에도 인민법원은 소장부본을 피고에게 송달하여야 하며, 피고에게 소장부본을 받은 날로부터 30일 내에 답변서를 제출할 것을 통지하여야 한다. 피고가 연기신청을 하는 경우 그 허가여부는 인민법원이 결정한다.

第269조 중화인민공화국 영역 내에 주소가 없는 당사자가 제1심 인민법원의 판결, 재정에 불복하는 경우에는 판결서, 재정서가 송달된 날로부터 30일 내에 상소를 제기할 수 있다. 피상소인은 상소장 부본을 받은 날로부터 30일내에 답변서를 제출하여야 한다. 당사자가 법정기간 내에 상소를 할 수 없거나 답변서를 제출할 수 없어서 연기신청을 하는 경우 그 허가 여부는 인민법원이 결정한다.

第270조 인민법원이 섭외의 민사사건을 심리하는 기간은 이 법 제149조, 제176조의 제한을 받지 아니한다.

기업을 말한다(합작법 제2조). 위의 합자기업이 법률의 규제를 많이 받는 것과 달리 합작기업은 기업의 설립, 조직기구와 경영관리, 해산과 청산 모든 방면에서 법률의 규제를 덜 받는다.

제26장 중 재

제271조 ① 섭외적 경제무역, 운수 및 해사 중에 발생하는 분쟁은 당사자가 계약 중에 중재조항을 삽입하거나 사후에 서면의 중재합의가 성립하여 중화인민공화국 섭외중재기관 또는 기타 중재기관에 중재를 제기하기로 한 경우에는 당사자는 인민법원에 소를 제기하지 못한다.

② 당사자가 계약 중에 중재조항을 삽입하지 않았거나 사후에 서면의 중재합의가 성립하지 않은 경우에는 인민법원에 소를 제기할 수 있다.

제272조 당사자가 보전을 취할 것을 신청한 경우에는 중화인민공화국의 섭외중재기관은 당사자의 신청을 피신청인의 주소지 혹은 재산소재지의 중급인민법원에 넘겨 재정하도록 하여야 한다.

제273조 중화인민공화국 섭외중재기관의 재결을 거친 경우에는 당사자는 인민법원에 소를 제기하지 못한다. 당사자 일방이 중재재결을 이행하지 아니하는 경우에는 상대방 당사자는 피신청인의 주소지 혹은 재산소재지의 중급인민법원에 집행을 신청할 수 있다.

제274조 ① 중화인민공화국 섭외중재기관이 한 재결에 대하여 피신청인이 증거를 제출하여 중재재결이 아래 열거한 사유 중의 하나에 해당함을 증명하는 경우에는, 인민법원은 합의부를 구성하여 면밀히 조사한 후 부집행의 재정을 한다.

(1) 당사자가 계약 중에 중재조항을 삽입하지 아니하였거나 사후에 서면의 중재합의가 성립하지 않을 경우

(2) 피신청인이 중재인의 지정 혹은 중재절차 진행의 통지를 받지 못하였거나 기타 피신청인이 책임질 수 없는 원인으로 의견을 진술할 수 없었던 때

(3) 중재정의 구성 또는 중재의 절차가 중재규정과 부합하지 아니한 때

(4) 재결된 사항이 중재합의의 범위에 속하지 아니하거나 중재기관에 중재할 권한이 없는 경우

② 인민법원은 당해재결의 집행이 사회공공이익에 위배된다고 인정하는 때에는 부집행의 재정을 한다.

제275조 중재재결이 인민법원으로부터 부집행의 재결을 받은 경우에는 당사자는 쌍방 사이에 성립한 서면중재합의를 근거로 새로이 중재신청을 하거나 인민법원에 소를 제기할 수 있다.

제27장 사법공조

제276조 ① 중화인민공화국이 체결하였거나 가입한 국제조약에 근거하여 또는 호혜원칙에 따라 인민법원과 외국법원은 서로 문서의 송달, 조사·취증의 대리 및 기타 소송행위의 수행을 청구할 수 있다.

② 외국법원이 협조를 청구한 사항이 중화인민공화국의 주권, 안전 또는 사회공공이익을 훼손하는 것인 때에는 인민법원은 집행을 하지 아니한다.

제277조 ① 사법공조의 청구 및 제공은 중화인민공화국이 체결 혹은 가입한 국제조약이 규정하는 경로에 따라 하여야 하며, 조약관계가 없는 경우에는 외교경로를 통하여 하여야 한다.

② 중화인민공화국에 주재하는 외국의 대사관과 영사관은 그 국민에 대하여 문서의 송

달과 조사 · 취증을 할 수 있다. 다만 중화인민공화국의 법률을 위반할 수 없으며 강제조치를 취할 수 없다.

③ 전항에 규정된 상황 이외에 중화인민공화국의 주무기관의 허가 없이는 어떠한 외국기관 또는 개인도 중화인민공화국의 영역 내에서 문서의 송달, 조사 · 취증을 할 수 없다.

第278조 ① 외국법원이 인민법원에 사법공조의 제공을 청구하는 청구서 및 그에 첨부된 서류에는 중문번역본 또는 국제조약이 규정하는 기타 문자로 된 문서가 첨부되어야 한다.

② 인민법원이 외국법원에 사법공조의 제공을 청구하는 청구서 및 그에 첨부된 서류에는 당해 나라 문자 번역본 또는 국제조약이 규정하는 기타 문자로 된 문서가 첨부되어야 한다.

第279조 인민법원의 사법공조의 제공은 중화인민공화국 법률에 규정된 절차에 따라 하여야 한다. 외국법원이 특수한 방식을 취할 것을 청구하는 경우에는 그 청구한 특수방식에 따라 할 수도 있다. 그러나 취할 것을 청구한 특수방식이 중화인민공화국의 법률을 위반하는 것이어서는 아니 된다.

第280조 ① 인민법원이 내린 법률적 효력이 발생한 판결, 재정에서, 피집행인 또는 집행재산이 중화인민공화국 영역 내에 없는 경우에 당사자가 그 집행을 청구하는 경우에는, 당사자가 직접 관할권 있는 외국법원에 그 승인 및 집행을 신청할 수도 있고, 인민법원이 중화인민공화국이 체결 또는 가입한 조약의 규정에 따라 또는 호혜원칙에 따라 외국법원에 그 승인 및 집행을 청구할 수도 있다.

② 당사자가 중화인민공화국 섭외중재기관이 한 법률적 효력이 발생한 중재재결의 집행을 청구하는 경우에 피집행인 또는 그 재산이 중화인민공화국 영역 내에 없는 경우에는, 당사자가 직접 관할권 있는 외국법원에 그 승인 및 집행을 신청하여야 한다.

第281조 외국법원이 한 법률적 효력이 발생한 판결, 재정이 중화인민공화국 인민법원의 승인 및 집행을 필요로 하는 경우에는, 당사자가 직접 중화인민공화국의 관할권 있는 중급인민법원에 그 승인 및 집행을 신청할 수도 있고, 외국법원이 그 나라와 중화인민공화국이 체결한 또는 가입한 국제조약의 규정에 따라 또는 호혜원칙에 따라 인민법원에 승인 및 집행을 청구할 수 있다.

第282조 인민법원은 외국법원이 내린 법률적 효력이 발생한 판결, 재정의 승인 및 집행의 신청 또는 청구에 대하여, 중화인민공화국이 체결 혹은 가입한 국제조약에 따라 혹은 호혜원칙에 따라 심사를 한 후, 그것이 중화인민공화국 법률의 기본원칙 또는 국가주권, 안전, 사회공공이익에 위반되지 않는 경우에는 재정으로 그 효력을 승인하고 필요한 경우에는 집행명령을 발하여 이 법의 관계규정에 따라 집행하게 한다. 당해 판결 혹은 재정이 중화인민공화국 법률의 기본원칙 또는 국가주권, 안전, 사회공공이익에 위반되는 경우에는 승인과 집행을 허용하지 않는다.

第283조 외국 중재기관의 재결에 대하여 중화인민공화국 인민법원의 승인 및 집행이 필요한 경우에는, 당사자는 직접 피집행인의 주소지 혹은 그 재산소재지의 중급인민법원에 신청하여야 하며, 인민법원은 중화인민공화국이 체결 혹은 가입한 국제조약에 따라 혹은 호혜원칙에 따라 처리하여야 한다.

第284조 이 법은 공포한 날로부터 시행하며 동시에 〈중화인민공화국 민사소송법(試行)〉은 폐지한다.

찾 | 아 | 보 | 기

[저자약력]

연세대학교 법학과
연세대학교 대학원(법학박사)
대법원 민사소송법 개정위원회 위원
영남대학교 법과대학 교수
중국북경대학교 법학원 방문교수
중국인민대학교 방문교수
미국 Washington University 방문교수
사법시험, 행정고시, 변리사시험, 입법고시 출제위원
연세대학교 법학전문대학원 교수
연세대학교 중국법연구센터 주임
한국민사소송법학회 회장

中國民事訴訟法의 原理와 解釋

2014년 8월 20일 제 1 판 인쇄
2014년 8월 30일 제 1 판 발행

著 者 孫 漢 琦
發行人 林 勸 圭
發行處 弘 文 社

121-856 서울시 마포구 토정로 222 A동 205호
등록 1993. 6. 24. 제1-1543호
TEL. 712-5311(代) FAX. 716-5311

값 49,000원

ISBN 978-89-7770-346-9 93360